Grundlegung der Psychologie

In dieser »Grundlegung« wird der Nachweis geführt, daß die Misere der Psychologie nicht aus einem Zuviel, sondern einem Zuwenig an Wissenschaftlichkeit herrührt. Dieser Nachweis basiert auf einer natur- und gesellschaftsgeschichtlichen Analyse des Psychischen, zentriert um das Konzept der »Handlungsfähigkeit« als praktische Verfügung des Menschen über seine Lebensbedingungen. So ergeben sich neue Ansätze der Bestimmung des Denkens, der Emotionalität und Motivation der Menschen aus dem Zusammenhang zwischen gesellschaftlicher Reproduktion und individueller Existenz. Die jeweils konkreten Erscheinungsweisen subjektiver Befindlichkeit von Menschen unter bürgerlichen Lebensverhältnissen werden von da aus analysierbar anhand der Alternative: »Restriktive Handlungsfähigkeit« als individuell-unmittelbare Bedürfnisbefriedigung und »verallgemeinerte Handlungsfähigkeit« als gemeinsame Erweiterung der gesellschaftlichen Lebensmöglichkeiten. Diese Grundkonzeption wird konkretisiert am Beispiel der Entwicklung der Handlungs- und Erlebnisfähigkeit von Kindern/Jugendlichen.

Schließlich werden die Prinzipien einer psychologischen Forschungsmethodik aus der Einheit von Erkenntnisgewinn und Praxis entfaltet, in welcher die Subjektivität der Menschen nicht eliminiert, sondern zur Grundlage der wissenschaftlichen Objektivierung der Befunde wird.

Der Autor, Begründer der »Kritischen Psychologie«, bezeichnet dieses Buch als sein Hauptwerk, als die Summe all dessen, was er bisher gemacht hat. Es soll die Grundlage für eine wirkliche wissenschaftliche Psychologie im Interesse der Menschen schaffen helfen.

Klaus Holzkamp *ist Professor für Psychologie am Psychologischen Institut für FU Berlin. Zunächst bekannt geworden und akademische Karriere gemacht durch experimentelle Untersuchungen auf den Gebieten der Wahrnehmungs-, Denk- und vor allem Sozialpsychologie; Politisierung mit der Studentenbewegung, Bruch mit dem bürgerlichen Wissenschaftsbetrieb; Erste Phase der Kritischen Psychologie; Versuch einer marxistisch fundierten Kritik der bürgerlichen Psychologie (»Kritische Psychologie. Vorbereitende Arbeiten«, 1972). Wende zum Versuch der Entwicklung einer Kritischen Psychologie als inhaltlicher Neuorientierung der Psychologie durch ihre dialektisch-materialistische Grundlegung: »Sinnliche Erkenntnis. Historischer Ursprung und gesellschaftliche Funktion der Wahrnehmung«, 1973. Sammlung der Aufsätze von 1974 bis 1977: »Gesellschaftlichkeit des Individuums«, Köln 1978. Er ist Herausgeber der »Texte zur Kritischen Psychologie«, der Zeitschrift »Forum Kritische Psychologie« und Mitherausgeber der »Zeitschrift für Sozialpsychologie«.*

Klaus Holzkamp

Grundlegung der Psychologie

Campus Verlag
Frankfurt/New York

CIP-Kurztitelaufnahme der Deutschen Bibliothek

Holzkamp, Klaus:
Grundlegung der Psychologie / Klaus Holzkamp.
Studienausg. – Frankfurt/Main ; New York :
Campus Verlag,1985.
   ISBN 3-593-33572-7

Studienausgabe 1985

Alle Rechte, insbesondere das Recht der Vervielfältigung und Verbreitung sowie der Übersetzung, vorbehalten. Kein Teil des Werkes darf in irgendeiner Form (durch Photokopie, Mikrofilm oder ein anderes Verfahren) ohne schriftliche Genehmigung des Verlages reproduziert oder unter Verwendung elektronischer Systeme verarbeitet, vervielfältigt oder verbreitet werden.
Copyright © 1983 bei Campus Verlag GmbH Frankfurt/Main
Umschlaggestaltung: Eckard Warminski, Frankfurt/Main
Satz: L. Huhn, Maintal
Druck und Bindung: Beltz Offsetdruck, Hemsbach
Printed in Germany

A.N. Leontjew
zum Gedenken

Inhaltsverzeichnis

Übersicht

Vorwort 19

Kapitel 1
Fragestellung und Herangehensweise 23

Kapitel 2
Die genetische Grundform des Psychischen und
ihre evolutionäre Herausbildung; das methodische
Problem des Aufweises qualitativer Sprünge in der
Psychophylogenese 59

Kapitel 3
Die innere Ausgestaltung des Psychischen zu funktional
differenzierten Organismen im Sozialverband 83

Kapitel 4
Die neue Qualität artspezifischer Lern- und
Entwicklungsfähigkeit im Prozeß der Psychophylogenese 121

Kapitel 5
Wechsel der Analyseebene vom Psychischen auf den
Gesamtprozeß: Die neue Qualität der gesellschaftlich-
historischen gegenüber der bloß phylogenetischen Entwicklung 159

Kapitel 6
Inhaltliche Kategorialanalyse des Psychischen in
seiner menschlich-gesellschaftlichen Spezifik:
Bedeutungs-Bedürfnis-Dimensionen als Weltbezug
des handelnden Individuums 207

Kapitel 7
Funktionale Kategorialanalyse des Psychischen in
seiner menschlich-gesellschaftlichen Spezifik:
Erkenntnis/Wertung/Motivation als Funktionsaspekte
der Handlungsfähigkeit 249

Kapitel 8
Kategoriale Bestimmungen menschlicher Individualgeschichte 417

Kapitel 9
Methodologische Prinzipien aktualempirischer Forschung
auf der Grundlage des historischen Paradigmas psychologischer
Wissenschaft 509

Literaturverzeichnis 584

Sachverzeichnis 589

Inhaltsverzeichnis

Kapitelgliederung

Kapitel 1: Fragestellung und Herangehensweise

1.1 Eigenart und Notwendigkeit einer kategorialen Grundlegung der Psychologie 23

> Was ›ist‹ Kritische Psychologie? – Widersprüchliche Ebenen der Auseinandersetzung 23 · Explikation der philosophischen, gesellschaftstheoretischen, kategorialen und einzeltheoretischen Bezugsebene 27 · Zum Verhältnis der Bezugsebenen zueinander 29 · These von der paradigmatisch-kategorialen Stoßrichtung des Beitrags der Kritischen Psychologie 31 · Bestimmung der gegenstandsbezogenen Kategorialanalyse in ihrem Verhältnis zur wissenschaftsgeschichtlichen 35 · Ansatz der zu leistenden kategorialanalytischen Entwicklungsarbeit an vorliegenden kritisch-psychologischen Arbeiten und deren Grenzen 38

1.2 Umrisse des durch die kategoriale Grundlegung zu entwickelnden ›historischen‹ Paradigmas psychologischer Wissenschaft 41

> Ahistorische Gegenstandsverfehlung und Eliminierung des Psychischen in den Kategorien der traditionellen Psychologie 41 · A.N. Leontjews ›historische Herangehensweise‹ sowie objektive Fassung und genetische Herleitung des Psychischen als Wendepunkt in Richtung auf das historische Paradigma 46

1.3 Leitgesichtspunkte funktional-historischer Kategorialanalyse auf der Basis materialistischer Dialektik 48

> Genetische Rekonstruktion als Aufdeckung der ›gegenwärtigen Historizität‹ des Vorgefundenen; Ansatz der Kategorialanalyse an psychologischen ›Vorbegriffen‹ 48 · Bestimmung der Grundform des Psychischen und ihrer Ausdifferenzierung in verschiedene Dimensionen und Funktionsaspekte 52 · Bestimmung des Verhältnisses verschiedener qualitativer Spezifitätsniveaus des Psychischen 54 · Grenzen der funktional-historischen Ursprungs- und Differenzierungsanalyse; Ausblick auf später zu vollziehende methodologische Erweiterungen des kategorialanalytischen Verfahrens 57

Kapitel 2: Die genetische Grundform des Psychischen und ihre evolutionäre Herausbildung; das methodische Problem des Aufweises qualitativer Sprünge in der Psychophylogenese

2.1 Grundbestimmungen des elementaren ›vorpsychischen‹ Lebensprozesses 59

›Leben‹ als selbstreproduktives System auf Populations- und Organismus-Ebene; die funktionale Betrachtensweise 59 · Entwicklung: Erweiterte Reproduktion aus Notwendigkeiten der Systemerhaltung; Mutation und Selektion 62

2.2 Der evolutionäre Entwicklungswiderspruch und die Herausbildung des Organismus-Umwelt-Zusammenhangs 63

›Innerer‹ und ›äußerer‹ Widerspruch; Entwicklung, Stagnation, Verfall 63 · Der Organismus-Umwelt-Zusammenhang als funktionales Widerspiegelungsverhältnis; die funktional-historische Analyse 65 · Entwicklungsdimensionen im vorpsychischen Stadium 66

2.3 Die Ausgangsabstraktion zur Bestimmung der Grundform des Psychischen: Leontjews Konzeption 67

2.4 Die Stufenfolge der Herausbildung des Psychischen als neuer Qualität der phylogenetischen Gesamtentwicklung 70

Ungerichtete Ortsveränderung und Reizbarkeit durch neutrale Agentien als ›vorpsychische‹ Randbedingungen der Entstehung von ›Sensibilität‹ 70 · Umweltpol des Entwicklungswiderspruchs: Relativer Nahrungsmangel unter Bedingungen geformter Nahrungsquellen im konstanten Verhältnis zu neutralen Agentien 72 · Erster qualitativer Sprung: Herausbildung der Sensibilität durch Funktionswechsel der vorpsychischen Dimensionen 74 · Zweiter qualitativer Sprung: Dominanzwechsel zwischen unmittelbarer und signalvermittelter Nahrungsaufnahme 76 · Neue Entwicklungsrichtung durch Sensibilität als spezifischer und bestimmender Funktion der ›psychischen‹ Gesamtstufe 77

2.5 ›Methodische‹ Wendung der Stufenfolge der Entstehung des Psychischen: Fünf Schritte der Analyse des Umschlags von Quantität in Qualität im phylogenetischen Prozeß 78

Kapitel 3: Die innere Ausgestaltung des Psychischen zu funktional differenzierten Organismen im Sozialverband

3.1 Vorbemerkung 83

Kapitelgliederung

3.2 Orientierung, Bedeutungsstrukturen 85

> Funktionsebene der Gradientenorientierung 85 · Funktionsebene der Aussonderung/Identifizierung 87 · Funktionsebene der Diskrimination/Gliederung 89 · Frühformen der ›Analyse‹ und ›Synthese‹: ›Realabstraktive‹ Herausgehobenheit aktivitätsrelevanter Merkmalskombinationen 90 · Inhaltliche Ausdifferenzierung von ›Bedeutungstypen‹ innerhalb der Funktionskreise der ›Fortpflanzung‹ und der ›Lebenssicherung‹ 93

3.3 Emotionalität, Bedarfsstrukturen........................... 95

> Grundbestimmung der Emotionalität: Zustandsabhängige ›Wertung‹ von Umweltgegebenheiten, damit Vermittlungsinstanz zwischen Orientierungsaktivität und Ausführungsaktivität 95 · Inhaltliche Differenzierung der Emotionalität als Herausbildung ›aktionsspezifischer‹ Bedarfsdimensionen und Aktualisierungsbedingungen 99 · Das Verhältnis Kognition/Emotion und die orientierungsleitende Funktion der Emotionalität 107

3.4 Kommunikation, Sozialstrukturen.......................... 112

> Genese und Funktion von Sozialbeziehungen und Kommunikativorientierung 112 · Sozialbeziehungen im Funktionskreis der Fortpflanzung (Sexualkontakt, Familienbildung) und im Funktionskreis der Lebenssicherung (Aggressionshemmung, Territorialverhalten etc.) 116 · Sozialbeziehungen als Aktualisierung artspezifischer Sozialstrukturen; kategoriale Differenzierung in die Ebenen der Population, der Sozialstrukturen und der Einzelorganismen 119

Kapitel 4: Die neue Qualität artspezifischer Lern- und Entwicklungsfähigkeit im Prozeß der Psychophylogenese

4.1 Vorbemerkung 121

4.2 Evolutionäre Herausbildung der Fähigkeit zu individuellem Lernen bis zum Funktionswechsel der Modifikabilität zur neuen Qualität der Lernfähigkeit 123

> Erster Analyseschritt: Heraushebung der Modifikabilität als relevanter unspezifischer Dimension 123 · Zweiter Analyseschritt: Aufweis des Entwicklungswiderspruchs in Richtung auf Lernfähigkeit durch systemgefährdenden Effekt aktueller Umweltveränderungen 125 · Dritter Analyseschritt: Charakterisierung des Funktionswechsels der Modifikabilität als Veränderbarkeit der Funktionsgrundlage durch aktuelle umweltbestimmte Aktivitätsresultate 127 · Zum Verhältnis ›angeboren/gelernt‹ und ›Festgelegtheit/Lernfähigkeit‹ 128

4.3 ›Subsidiäre Lernfähigkeit‹ im Rahmen festgelegter Bedeutungs- und Bedarfsdimensionen (vierter Analyseschritt I)............. 130

Zwischenbemerkung 130 · Differenzierungslernen als gelernte Individualisierung artspezifischer Bedeutungsstrukturen 131 · Lernen aus Fehlern (›Versuch und Irrtum‹) und Lernen der Vermeidung von Fehlern 135 · Die gelernte Modifikation emotionaler Wertungen: ›Bevorzugungsaktivität‹ 136 · Soziales Differenzierungslernen; Dominanzverhalten 138

4.4 Die Stufe der ›autarken Lernfähigkeit‹: ›Motivierte‹ Ausrichtung von Aktivitätssequenzen durch erkundendes Signallernen (vierter Analyseschritt II) 139

Gelernte Veränderung von Aktivitätssequenzen 139 · Einheit des Lernens von Aktivitätssequenzen und von Signalverbindungen: ›autarkes Lernen‹ 142 · Das Lernen von Orientierungsbedeutungen als Reduzierung der Diskrepanz zwischen ›Gelerntem‹ und ›Neuem‹ auf Grundlage eines globalen ›Bedarfs nach Umweltkontrolle‹ 143 · ›Motivation‹ als gelernte Wertungsantizipation: Emotionale Regulationsform der Aktivitätsausrichtung des ›autarken Lernens‹ 147 · Organisation des Orientierungsfeldes auf der Stufe des ›autarken Lernens‹: Gelernte Spezifizierung des ›artspezifischen‹ Gliederungsrahmens; Relationen-Erfassen und Ereignis-Antizipation 148

4.5 Dominanzwechsel von der Festgelegtheit zur Lernfähigkeit: Individuelle ›Hineinentwicklung‹ in den Sozialverband als Voraussetzung für die Realisierung der artspezifischen Möglichkeiten höchster Tiere (vierter Analyseschritt III) 151

Absicherung durch Sozialverbände als Entstehungs- und Entwicklungsbedingung ›autarken Lernens‹ 151 · Herausbildung einer ›Jugend‹-Phase: Jungenaufzucht, ›Erziehung‹, ›Spielverhalten‹ 152 · ›Traditionsbildungen‹ als soziales Beobachtungslernen 154 · ›Sozialisation‹ und ›Soziabilität‹ 154 · ›Sekundäre Automatisierungen‹ als Funktionsgrundlage der Individualentwicklung und der Übergang zur Dominanz der Lernfähigkeit über die Festgelegtheit 156

Kapitel 5: Wechsel der Analyseebene vom Psychischen auf den Gesamtprozeß: Die neue Qualität der gesellschaftlich-historischen gegenüber der bloß phylogenetischen Entwicklung

5.1 Vorbemerkung 159

5.2 Die Hominidenentwicklung bis zum Funktionswechsel der Mittelbenutzung zur Werkzeugherstellung als erstem qualitativen Sprung der Anthropogenese 162

Entwicklung der Manipulationsfähigkeit mit ›Mitteln‹ und des individualisierten Sozialkontaktes im Biotop des Regenwaldes vor der Abspaltung der Hominidenlinie: Relevante Dimensionen auf der früheren Stufe (erster Analyseschritt) 162 · Entwicklungswidersprüche im Steppen-Biotop (zweiter Analyseschritt); Bipedie und

Kapitelgliederung

entlasteter Handgebrauch; Entwicklung der Lernfähigkeit 163 · Entstehung komplexer Sozialverbände mit großer Mitgliederzahl ›oberhalb‹ der Familiengruppen 167 · Herausbildung funktionsteiliger Aktivitäts-Koordination: ›Soziale Motivation‹ und soziale Verallgemeinerung der Vorsorge 168 · Der erste qualitative Sprung zur Menschwerdung: ›Zweck-Mittel-Verkehrung‹ bei sozialer Werkzeugherstellung durch Einbeziehung in funktionsteilige Aktivitäten verallgemeinerter Vorsorge (dritter Analyseschritt) 172

5.3 Die Entfaltung der sozialen Werkzeugherstellung zu gesellschaftlicher Arbeit bis zum Umschlag von der Dominanz der Phylogenese zur Dominanz der gesellschaftlich-historischen Entwicklung (vierter Analyseschritt).............. 174

Wechsel der Analyse-Ebene von der Entwicklung des Psychischen zum übergeordneten phylogenetischen bzw. gesellschaftlich-historischen Gesamtprozeß 174 · Verallgemeinerung der Werkzeuge zu Arbeitsmitteln: Vergegenständlichung-Aneignung als planende Voraussicht in bewußter gesellschaftlicher Realitätskontrolle und Erfahrungs-Kumulation 176 · Herausbildung der ›gesellschaftlichen Natur‹ des Menschen durch ›Selektionsvorteile‹ der gesellschaftlichen Lebensgewinnung, damit deren Rückwirkung auf die genomische Information 178 · Vorbereitung des Dominanzwechsels von der phylogenetischen zur gesellschaftlich-historischen Entwicklung durch ›Übergangsgesetze‹ zur selbständigen Kontinuität des gesellschaftlichen Prozesses 180 · Von der Okkupations- zur Produktionswirtschaft: Dominanz ›innergesellschaftlicher‹ Entwicklungsgesetze 181

5.4 Methodologische Konsequenzen aus der neuen Qualität des gesellschaftlich-historischen Gesamtprozesses für die Kategorialanalyse des Psychischen in seiner menschlich-gesellschaftlichen Spezifik 185

Begründung der Möglichkeit der weiteren funktional-historischen Rekonstruktion der bisher herausgearbeiteten psychischen Funktionsdimensionen und -aspekte in ihrer neuen Qualität als Momente der gesellschaftlichen Natur des Menschen 185 · Aus dem Dominanzumschlag gegenüber der Phylogenese entstehende Grenzen des funktional-historischen Vorgehens bei der kategorialen Erfassung des Psychischen als Aspekt des gesellschaftlich-historischen Gesamtprozesses 189 · Bestimmung des Grundverhältnisses der gesamtgesellschaftlichen Vermitteltheit individueller Existenzerhaltung in seinem psychischen Aspekt als weiterer kategorialanalytischer Leitgesichtspunkt 192 · Leitgesichtspunkt der Konkretisierung der gesamtgesellschaftlichen Vermitteltheit individueller Existenz auf deren lage- und positionsspezifische Ausprägung 195 · Leitgesichtspunkt der Konkretisierung der gesamtgesellschaftlichen Vermitteltheit individueller Existenz auf deren formationsspezifische Ausprägung 198

Kapitel 6: Inhaltliche Kategorialanalyse des Psychischen in seiner menschlich-gesellschaftlichen Spezifik: Bedeutungs-Bedürfnis-Dimensionen als Weltbezug des handelnden Individuums

6.1 Vorbemerkung 207

6.2 Die Herausbildung des Bedeutungs-Bedürfnis-Aspektes der gesellschaftlichen Natur des Menschen 209

›Orientierungsbedeutungen‹-›Kontrollbedarf‹ als spezifisch-bestimmende Entwicklungsdimension 209 · Die Spezifizierung von gelernten Orientierungsbedeutungen zu Arbeitsmittel-Bedeutungen und die Entstehung von Bedeutungs-Bedürfnis-Verhältnissen im Zusammenhang vorsorgend-kooperativer Existenzsicherung 211 · Unspezifisch biosozialer Charakter und gesellschaftliche Formbarkeit von i.w.S. sexuellen Bedeutungs-Bedürfnis-Dimensionen 219 · Genese der Sprache aus Kommunikationsnotwendigkeiten kooperativer Lebensgewinnung 222 · ›Praktische Begriffe‹ im Arbeitsvollzug und deren akustische Kommunizierbarkeit als Ursprung des begrifflich-symbolischen und lautlich-kommunikativen Aspekts der Sprache 226

6.3 Bedeutungen/Bedürfnisse in ihrer Bestimmtheit durch die gesamtgesellschaftliche Vermitteltheit individueller Existenz 229

Gesamtgesellschaftliche Synthese von Bedeutungsstrukturen 229 · Gesamtgesellschaftliche Bedeutungsbezüge als individuelle Handlungsmöglichkeiten: Bewußtes ›Verhalten-Zu‹ und interpersonale Subjekthaftigkeit 233 · Personale Handlungsfähigkeit als gesamtgesellschaftlich vermittelte Verfügung über die eigenen Lebensbedingungen; bewußtes ›Verhalten‹ zur eigenen Bedürftigkeit/Befindlichkeit 239

Kapitel 7: Funktionale Kategorialanalyse des Psychischen in seiner menschlich-gesellschaftlichen Spezifik: Erkenntnis/Wertung/Motivation als Funktionsaspekte der Handlungsfähigkeit

7.1 Vorbemerkung 249

7.2 Die Herausbildung der Funktionsgrundlage von Erkenntnis-Wertungs-Motivationsprozessen in der gesellschaftlichen Natur des Menschen.. 250

Gradientenorientierung, Aussonderung/Identifizierung und Diskrimination/Gliederung: Elementare Ebenen bzw. Kennzeichen der menschlichen Perzeptions-Wertungs-Operations-Koordination 250 · Die Funktionsebene biologisch präformierter, ›subsidiär‹ gesellschaftlich modifizierter Schlüsselkonstellationen 257 · Das

›Prüfen‹ bzw. ›Probieren/Beobachten‹ als mit ›autark‹ gelernter individueller Antizipation sich entwickelnde Funktionsebene: Ausdifferenzierung des ›Denkens‹ 260 · Die Entwicklung gelernter überindividueller Antizipation und Entstehung kooperativ-gesellschaftlicher Zielkonstellationen als Grundlage der Zielgerichtetheit menschlichen Handelns 266 · Individuell geplante Aktivitätsregulation als aus dem ›Beobachten/Probieren‹ sich herausbildende operative Untereinheit menschlichen Handelns 269 · Nichtreduzierbarkeit der Funktionsaspekte von Handlungen auf die operative Ebene der individuell-antizipatorischen Aktivitätsregulation 279 · Das ›Denken‹ von Handlungszusammenhängen und dessen Implikationen für den Wertungs-Motivations-Aspekt des Handelns 283 · ›Doppelgesicht‹ der Wahrnehmung und des operativen ›Könnens‹: Funktionales Gesamtverhältnis zwischen Handlungen und Operationen 301

7.3 Die subjektive/subjektwissenschaftliche Problematik von Erkenntnis/Wertung/Motivation als Aspekten der Handlungsfähigkeit gesamtgesellschaftlich vermittelter individueller Existenz ... 304

Methodische Zwischenbemerkung 304 · Neue Qualität der Vermitteltheit zwischen Operationen und Handlungen bei gesamtgesellschaftlicher Synthese: Die perzeptiv-operative Ebene als Basis und ›verschwindendes Moment‹ individuellen Handelns/Erkennens 307 · Denken, emotionale Wertung und Motivation in ihrer Qualifizierung durch das ›problematische‹ Verhältnis von Individuen zu gesellschaftlichen Handlungsmöglichkeiten: Neue Problemebene subjektwissenschaftlicher Kategorialanalyse 315 · Der interpersonale Aspekt individueller Handlungsfähigkeit: Gesamtgesellschaftliches Kooperationsverhältnis und Vereinzelung/Interaktion/Kooperation auf psychischer Ebene 325 · Subjektive Geschichtlichkeit, ›Gedächtnis‹, Lebensperspektive 332

7.4 Die Vermittlungsebene der ›subjektiven Handlungsgründe‹: Kategoriale Aufschlüsselung des Verhältnisses von gesellschaftlicher Bedingtheit und ›Freiheit‹ der gesamtgesellschaftlichen Möglichkeitsbeziehung von Individuen 342

Die ›subjektwissenschaftliche‹ Fassung des Problems des Zusammenhangs zwischen Erscheinungsformen subjektiver Handlungsfähigkeit/Befindlichkeit und historisch bestimmten objektiven Lebensbedingungen 342 · Objektive Lebensbedingungen und subjektive Handlungsgründe; Verhältnis von ›Bedingtheit‹ und ›Begründetheit‹ menschlicher Handlungen 344 · Verallgemeinerte ›Verständlichkeit‹ von Handlungsgründen aus subjektiven Notwendigkeiten der Bedingungsverfügung, damit ›menschlichen‹ Bedürfnisbefriedigung/Daseinserfüllung: Subjektive Funktionalität 349 · Historisch bestimmte Lebensbedingungen als ›Prämissen‹ subjektiv funktionaler Begründungszusammenhänge; historische Relativität und ›menschliche‹ Universalität der ›doppelten Möglichkeit‹, damit ›Freiheit‹ subjektiven Handelns 352

7.5 Erscheinungsformen subjektiver Handlungsfähigkeit/Befindlichkeit unter historisch bestimmten Lebensbedingungen der bürgerlichen Gesellschaft 356

Fünf Niveaus individualwissenschaftlicher Kategorienbildung 356 · Individualwissenschaftliche Bedeutungsanalyse historisch bestimmter Lage- und Positionsspezifizierungen und ihrer politisch-ideologischen Bezüge auf das gesellschaftliche Ganze 358 · Doppelte Möglichkeit und ›subjektive Möglichkeitsräume‹ 367 Gewinnung/Sicherung ›restriktiver Handlungsfähigkeit‹ als Versuch der subjektiv begründeten/funktionalen Bedrohungsüberwindung unter den ›Prämissen‹ der Unveränderbarkeit bestehender Machtverhältnisse; ›Intersubjektivität‹ vs. ›Instrumentalität‹ menschlicher Beziehungen 370 · Subjektive Begründetheit/Funktionalität restriktiver Handlungsfähigkeit um den Preis der Realitätsausklammerung: ›Selbstfeindschaft‹ und die Genese des ›Unbewußten‹ 376 · Die Denkweisen verallgemeinerter bzw. restriktiver Handlungsfähigkeit: Begreifen vs. Deuten 383 · ›Verallgemeinerbare‹ vs. ›restriktive‹ Emotionalität/Motivation; ›Innerlichkeit‹ und ›innerer Zwang‹ 402

Kapitel 8: Kategoriale Bestimmungen menschlicher Individualgeschichte

8.1 Die individualgeschichtliche Reproduktion der Handlungsfähigkeit: Resultat ontogenetischer Entwicklung zur Bedeutungsverallgemeinerung und Unmittelbarkeitsüberschreitung 417

Kategoriale Aufschließung der menschlichen Individualgeschichte: Entwicklungslogische Rekonstruktion ontogenetischer Voraussetzungen des Prozeßtyps der Handlungsfähigkeit 417 · Die Entwicklungszüge der Unmittelbarkeitsüberschreitung und der Bedeutungsverallgemeinerung als ›re-duktiv‹ rekonstruierbare ontogenetische Voraussetzungen der Handlungsfähigkeit 421 · Methodische Wendung der entwicklungslogisch rekonstruierten Prozeßtypen als Leitgesichtspunkte für die weitere Kategorialanalyse der Ontogenese 425

8.2 Der ontogenetische Entwicklungszug der Bedeutungsverallgemeinerung zur kooperativ-gesellschaftlichen Bedingungsverfügung. . . . 428

Entwicklungsdimensionen und -widersprüche vom (relativ) unspezifischen ›Vorlauf‹ der Ontogenese in Richtung auf die Spezifizierung zur Bedeutungsverallgemeinerung 428 · Die entwicklungslogische ›Zwischensequenz‹ des Übergangs der Kind-Erwachsenen-Koordination vom ›beobachtend-probierenden‹ Soziallernen zur Bedingungsverfügung auf dem Niveau der ›Sozialintentionalität‹ 437 · Die Spezifizierung der individuellen Verwendbarkeit zur Erfassung verallgemeinerter Brauchbarkeiten: Kooperative Erweiterung kindlicher Bedingungsverfügung in Aufhebung des sozialintentionalen Unterstützungsrahmens 446 · Die noch unspezifisch sozialintentionale bzw. bloß ›kooperative‹ Realisierung der Bedrohung/Bedrohungsüberwindung in Richtung auf restriktive oder verallgemeinerte Handlungsfähigkeit unter bürgerlichen Klassenverhältnissen 457

8.3 Der ontogenetische Entwicklungszug der Unmittelbarkeitsüberschreitung bis zum Umschlag in den Prozeßtyp gesamtgesellschaftlich vermittelter Handlungsfähigkeit 473

Widerspruch zwischen der Erweiterung des kooperativen Einflusses des Kindes innerhalb der ›Häuslichkeit‹ und seiner Ausgeschlossenheit von der Teilhabe an diese umgreifenden und tragenden gesellschaftlichen Verfügungsmöglichkeiten 473 · Die praktische Überwindung der Unmittelbarkeit des ›häuslichen‹ Kooperationsrahmens in gesellschaftliche Lebenszentren hinein als Realisierung der kognitiven Distanz des bewußten ›Verhaltens‹ zur Welt und zu sich selbst 480 · Die Alternative ›restriktive-verallgemeinerte Handlungsfähigkeit‹ in ihrer Geprägtheit durch institutionelle entwicklungs-/erziehungsspezifische Verfügungsbehinderungen und -möglichkeiten unter bürgerlichen Klassenverhältnissen 490

8.4 Ontogenetische Konkretisierung der biographischen Dimension der Handlungsfähigkeit: Die eigene Kindheit als Vergangenheit und Gegenwart des Erwachsenen 495

Ontogenetische Entwicklung im Zusammenhang der Kind-Erwachsenen-Koordination und im Zusammenhang ›je meiner‹ Biographie 495 · Verhaftetheit in ›kindlichen‹ Erfahrungs- und Bewältigungsweisen und bewußtes ›Verhältnis‹ zu meiner Kindheit: Momente restriktiver bzw. verallgemeinerter Handlungsfähigkeit des Erwachsenen 498

Kapitel 9: Methodologische Prinzipien aktualempirischer Forschung auf der Grundlage des historischen Paradigmas psychologischer Wissenschaft

9.1 Vorbemerkung 509

9.2 Inhaltliche Bestimmung des Verhältnisses Kategorien/ historische Empirie – Einzeltheorien/Aktualempirie 510

Kategorialbezug und Empiriebezug psychologischer Konzepte 510 · Die analytische Funktion unseres Kategoriensystems im Forschungsprozeß als Kritik/Reinterpretation/Weiterentwicklung psychologischer ›Vorbegriffe‹ 515 · ›Gegenstandsadäquatheit‹ als den wissenschaftlichen Objektivierungskriterien vorgeordnetes methodologisches Kriterium der kategorialen Kritik/Reinterpretation/Weiterentwicklung psychologischer Methoden 520

9.3 ›Kontrollwissenschaftlicher‹ vs. ›subjektwissenschaftlicher‹ Ansatz psychologischer Verfahrensweisen................... 522

Reduzierte Gegenstandsadäquatheit des Variablen-Modells experimentell-statistischer Forschung: Setzung eines kurzschlüssigen Zusammenhangs zwischen Bedingungen und Aktivitäten, damit ›Irrealisierung‹ menschlicher Subjektivität 522 · Der ›kontrollwissenschaftliche‹ Standpunkt des Fremdsetzens von Bedingungen in seiner strukturellen Entsprechung mit dem herrschenden Standpunkt unter bürgerlichen Lebensverhältnissen 528 · Vereinbarkeit des unreduzierten Gegenstandsbezugs auf Subjektivität/Intersubjektivität mit objektivierbarer wissenschaftlicher Erkenntnis: Zurückweisung des methodologischen Subjektivismus 533 · ›Metasubjektiver‹ wissenschaftlicher Verständigungsrahmen zwischen Forscher und Betroffenen in deren Partizipation am Forschungsprozeß 540

9.4 Methodologische Objektivierungskriterien subjektwissenschaftlicher Aktualforschung auf dem Spezifitätsniveau gesamtgesellschaftlicher Vermitteltheit individueller Existenz ... 545

>Die Struktur der ›Möglichkeitsverallgemeinerung‹ 545 · Das einzeltheoretische Konstrukt des je ›typischen Möglichkeitsraums‹ als Grundlage aktualempirischer Verallgemeinerbarkeit/Nachprüfbarkeit subjektwissenschaftlicher Forschungsresultate 550 · Begründbarkeit der empirischen Geltung von Resultaten subjektwissenschaftlicher Aktualforschung aus der Einheit von Praxis und Erkenntnisgewinn 560 · ›Faktische‹ Grenzen subjektiver Verfügungserweiterung und die mögliche Funktion experimentell-statistischer Ansätze im subjektwissenschaftlichen Forschungsprozeß 568

9.5 Methodologische Prinzipien subjektwissenschaftlicher Aktualforschung mit Bezug auf nachgeordnete bzw. weniger spezifische Gegenstandsniveaus 573

›Ebenenintern‹ entstandene Charakteristika der ›gesellschaftlichen Natur‹ des Menschen als selbständiger Gegenstandsbereich aktualempirischer Grundlagenforschung; deren Stellenwert im Gesamt des subjektwissenschaftlichen Forschungsprozesses 573 · Spezifizierung der methodologischen Kriterien der Gegenstandsadäquatheit sowie der Verallgemeinerbarkeit/Nachprüfbarkeit/Geltungsbegründung innerhalb aktualempirischer Grundlagenforschung 576

Vorwort

Als ich vor rund sechs Jahren mit dem Manuskript zu diesem Buch begann, hatte ich vor, unter dem Titel ›Theorie und Praxis der Kritischen Psychologie‹ die bisherigen kritisch-psychologischen Arbeiten über Wahrnehmung, Motivation, Denken, die Genese des Bewußtseins etc., in einer zusammenfassenden Darstellung zu integrieren und von da aus die bisherigen Ansätze daraus abgeleiteter psychologischer Praxis kritisch zu analysieren, um so deren weitere Perspektiven zu verdeutlichen.

Beim Versuch der Verwirklichung dieses Vorhabens ergab sich die erste Komplikation für mich daraus, daß eine Zusammenfassung der bisherigen Arbeiten zur Kritischen Psychologie auf bloß begrifflicher Ebene sich als unmöglich erwies. Ich mußte einsehen, daß ich für die angestrebte Integration, wenn diese nicht äußerlich und beliebig bleiben sollte, das gesamte von uns bisher vorgelegte empirische Material neu durchzuarbeiten hatte, um so den wirklichen Zusammenhang und Stellenwert der bisher bearbeiteten Teilaspekte herausheben zu können.

Dies wiederum zwang mich dazu, die konzeptuellen und methodologischen Grundlagen der Kritischen Psychologie neu zu durchdenken, wobei mir klar wurde, daß die Kritische Psychologie in ihren wesentlichen Beiträgen weder eine neue psychologische Theorie, noch lediglich eine bestimmte psychologische Arbeitsrichtung oder Schule ist, sondern der Versuch, die gesamte Psychologie durch Kritik und Revision ihrer Grundbegriffe und darin eingeschlossenen methodischen Vorstellungen auf eine neue wissenschaftliche Basis zu stellen. Diese wurde – wie sich für mich verdeutlichte – dadurch möglich, daß hier die strenge, methodisch reflektierte Forschung in einen Bereich hineingetragen wurde, innerhalb dessen es bisher nur mehr oder weniger unverbindliche Definitionen, Begriffsklärungen, Deskriptionen, Phänomenanalysen gab: Die Gewinnung der psychologischen Grundbegriffe (von mir ›Kategorien‹ genannt) und dabei insbesondere die Herausarbeitung ihres Bezuges auf den zu untersuchenden Gegenstand. Dies schließt – wie mir klar wurde – die Ausweitung der bisherigen Vorstellungen über empirische Forschung ein, indem durch entsprechende wirklich durchgeführte Analysen nachgewiesen wurde, daß nicht nur die Prüfung von Theorien/Hypothesen, sondern auch die Ableitung der in ihnen enthaltenen Grundbegriffe auf *empirischem* Wege erfolgen kann und muß – wenn auch die hier zugrundeliegende Empirie anderer, ›historischer‹ Art ist und die Forschungsverfahren dieser historischen Empirie anzumessen sind. So klärte sich für mich die Rahmenfragestellung dieses Buches: Den Beitrag der Kritischen Psychologie zur wissenschaftlich fundierten kategorial-methodologischen *Grundlegung der Psychologie* herauszuheben, weiterzuführen und in seinen Konsequenzen zu entwickeln.

Der lange Weg der Realisierung dieser Fragestellung geriet mir zu einem Abenteuer, bei dem sich sozusagen an jeder Wegbiegung neue Gesichtspunkte und Perspektiven eröffneten. So wurde mir erst in der Durchführung der Untersuchung klar, welche Problematik in unseren bisherigen Versuchen der Herausarbeitung der menschlichen Besonderheit des Psychischen lag und wie man diese Problematik überwinden kann. Dabei ergaben sich nicht nur neue methodologische Konzepte über den Nachweis ›qualitativer Sprünge‹ im historischen Prozeß, sondern auch neue inhaltliche Resultate über die Spezifik menschlichen Bewußtseins und menschlicher Subjektivität, und von da aus umfassendere und differenziertere Bestimmungen menschlicher Handlungsfähigkeit (als psychologischer Zentralkategorie). Dies wiederum ermöglichte eine eingehende Auseinanderlegung der Verlaufsformen und -gesetze der Ontogenese (als individualgeschichtlicher Entwicklung der Handlungsfähigkeit) sowie die Heraushebung der Konsequenzen, die sich aus den erarbeiteten kategorial-methodologischen Bestimmungen für die empirische Methodik psychologischer Forschung (als Einheit von Erkenntnisgewinn und Praxis) ergeben.

Wenn man Gewinn von diesem Buch haben will, so muß man sich vor allem anderen vornehmen, es in Ruhe von Anfang bis Ende zu lesen: Es ist in ›entwickelnder‹ Darstellungsweise geschrieben, jeweils spätere Ausführungen begründen sich (samt der eingeführten Terminologie) aus früheren, die einzelnen Teile sind durch mannigfache Verweisungen miteinander verzahnt; dies alles zu dem Zweck, gegenüber der individualistischen Beschränktheit und dem Eklektizismus zeitgenössischen ›Psychologisierens‹ den *Zusammenhang* zwischen gesellschaftlicher Produktion/Reproduktion, ›natürlichen‹ Grundlagen und individueller Subjektivität differenziert und begründet zu rekonstruieren. Man versteht also nichts, wenn man in dem Text nur herumliest (und mag dies dann dem Autor als ›Unverständlichkeit‹ anlasten).

Weiterhin darf man, wenn man etwas von dem Buch haben will, sich nicht durch die gebräuchlichen Vorstellungen und Vorurteile vom Verhältnis psychologischer ›Einzelwissenschaft‹ zur Gesellschaftstheorie, Philosophie, Politik etc. bei der Rezeption des Textes zu sehr behindern lassen: Man hat es hier im Kern mit einer *psychologischen* Untersuchung auf *empirischer* Grundlage zu tun, wenn auch dabei ›Psychologie‹ weitergefaßt ist als in ihren gegenwärtigen ›einzelwissenschaftlichen‹ Beschränkungen und ›Empirie‹ etwas anderes bedeutet, als einem aus der gängigen experimentell-statistischen Forschung bzw. ›empirischen Sozialforschung‹ vertraut ist. Man muß, um sich den Zugang zum vorliegenden Text nicht von vornherein zu verbauen, in Erwägung ziehen, daß es noch andere Kriterien von ›Wissenschaftlichkeit‹ der Psychologie geben könnte als die gegenwärtigen, am Vorbild der Naturwissenschaften orientierten (und dieses Vorbild m.E. verfehlenden) experimentell-statistischen Kriterien: So sind ja auch die Geschichtswissenschaften schließlich ›Wissenschaften‹ mit ausweisbaren methodologischen Kriterien, und warum soll es für die Psychologie so fernliegend sein, sich auch *daran* zu orientieren (wo doch die individuelle Geschichte der Person in gewisser Hinsicht nichts anderes ist als ein ›Mikroaspekt‹ des durch die Individuen getragenen gesellschaftlich-historischen Prozesses).

Man wird mir sagen, es mache große Mühe, dieses Buch zu lesen. Ich halte dem entgegen, daß es auch Mühe gemacht hat, es zu schreiben. Ich würde diese Arbeit nicht der Öffentlichkeit vorlegen, wenn ich nicht der Überzeugung wäre, daß sich deren Lektüre lohnt. Nicht nur, daß sich darin meiner Auffassung nach neue Perspektiven einer psychologischen Forschung und Praxis über die Zusammenhangsblindheit und damit latente Inhumanität der herrschenden Psychologie hinaus ergeben: Darin eröffnen sich auch neue Möglichkeiten, die Oberflächenhaftigkeit der *eigenen* Welt- und Selbstsicht in Richtung auf die klarere praktische Erkenntnis der eigenen Interessen im Lebenszusammenhang der bürgerlichen Klassenwirklichkeit zu durchdringen und so die Handlungsfähigkeit zur Verbesserung der allgemeinen, damit ›je meiner‹ Selbstbestimmung und Lebensqualität weiterzuentwickeln.

Klaus Holzkamp   Berlin-Lichterfelde,
                                                   Februar 1983

Kapitel 1
Fragestellung und Herangehensweise

1.1 Eigenart und Notwendigkeit einer kategorialen Grundlegung der Psychologie

Was ›ist‹ Kritische Psychologie? – Widersprüchliche Ebenen der Auseinandersetzung

Das, was heute als ›Kritische Psychologie‹ vorliegt, ist das Resultat einer rund fünfzehnjährigen, rapiden und vielgestaltigen Entwicklung.[1] Die Diskussionen um die kritische Psychologie haben häufig die Form scharfer Auseinandersetzungen. Dies ist für sich genommen nicht weiter bemerkenswert, da die Kritische Psychologie ihre Auffassungen selbst sehr entschieden vertritt und sich dabei dezidiert kritisch zu anderen Auffassungen verhält. Hervorzuheben sind jedoch die Unterschiedlichkeit und Widersprüchlichkeit der Ebenen und Aspekte, in denen diese Auseinandersetzungen erfolgen, und eine sich darin ausdrückende weitgehende Unklarheit darüber, was ›Kritische Psychologie‹ eigentlich ›ist‹, wie man sie in den gegebenen Kontext der wissenschaftlichen Disziplinen und Methoden einzuordnen hat.

---

1 Dies dokumentiert sich schon äußerlich in zwei Schriftenreihen, ›Texte zur Kritischen Psychologie‹ (bisher 12 Bände, Campus Verlag) und ›Studien zur Kritischen Psychologie‹ (bisher 31 Bände, Pahl Rugenstein Verlag), einer (zweimal im Jahr erscheinenden) Zeitschrift ›Forum Kritische Psychologie‹ (bis einschl. 1985 17 Bände), drei ›Internationalen Kongressen Kritische Psychologie‹ (1977, 1979 und 1984, jeweils in Marburg, einer Vielzahl von Aufsätzen, der Bildung von Arbeitsgruppen im In- und Ausland, sowie der Rezeption in anderen Disziplinen, wie Pädagogik, Sprachwissenschaft, Kunstwissenschaft, Kommunikationswissenschaft, Philosophie, Soziologie (vgl. dazu die seit Bd. 5 laufende und fortgeführte Bibliographie und Dokumentation im ›Forum Kritische Psychologie‹). Aber auch aus der unübersehbaren Zahl von Bezügen auf die Kritische Psychologie und Diskussionen ihrer Positionen in den unterschiedlichsten Zusammenhängen geht hervor, daß ›Kritische Psychologie‹ (mindestens in Europa) als wissenschaftliche Arbeitsrichtung präsent ist.

So wird z.B. von einer Extremposition behauptet, die ›Kritische Psychologie‹ sei eigentlich gar keine Psychologie, sondern Soziologie, Gesellschaftstheorie, eine Spielart ›marxistischer Ideologie‹; nach einer anderen Extremposition ist die ›Kritische Psychologie‹ nichts als eine ›links‹ aufgemachte Variante der traditionellen ›bürgerlichen‹ Psychologie. Aber auch dazwischen finden sich die unterschiedlichsten Einlassungen über ›Kritische Psychologie‹, wie etwa: Sie ›psychologisiere‹ die Politik, sie ›politisiere‹ die Psychologie, sie versuche, die marxistische Gesellschaftstheorie zu ersetzen, sie sei eine Neuauflage der sonst überwundenen einzelwissenschaftlich-psychologischen Schulenbildungen, eine Spielart des ›Kognitivismus‹, sie sei überhaupt nichts Einheitliches, sondern man müsse alle ihre Publikationen bzw. Autoren für sich betrachten etc. Hinsichtlich der methodischen Vorgehensweise der Kritischen Psychologie wird etwa gesagt, sie sei ›spekulativ‹, eine ›späte Rache der geisteswissenschaftlichen Psychologie‹, aber auch, sie sei ›positivistisch‹, verfehle so das (nur ›hermeneutisch‹ o.ä. aufzuklärende) Wesen der Subjektivität; sie wird als ›metatheoretisches‹ Rahmenkonzept für eine davon weitgehend unberührte einzelwissenschaftliche Forschung eingestuft, es wird aber auch gerügt, sie sei nicht experimentell fundiert; man betrachtet sie als mit den gängigen therapeutischen Techniken (wenn man sie nur ›kritisch‹ benutzt) vereinbar, man bemängelt aber auch, sie habe selbst keine hinreichend detaillierte und ›berufspraktisch‹ umsetzbare therapeutische Technik (als Alternative zu ›bürgerlichen‹ Techniken) entwickelt, etc.

Die unter den Kritikern bestehenden Uneinheitlichkeiten und Widersprüchlichkeiten darüber, was ›Kritische Psychologie‹ sei, werden von deren Anhängern oft reproduziert und damit verfestigt. Dies geschieht bereits immer dann, wenn eine Kritik umstandslos jeweils auf der gleichen Ebene beantwortet wird, so etwa der Vorwurf der ›Politisierung‹ der Psychologie mit der Hervorhebung des engen Zusammenhangs zwischen Politik und Psychologie, der Vorwurf, Kritische Psychologie sei ›spekulativ‹, mit der Verdeutlichung ihres empirisch fundierten Verfahrens, der Vorwurf, der Kritischen Psychologie mangle es an einem praktikablen therapeutischen Verfahren, mit dem Hinweis, es gebe doch Ansätze zu solchen Verfahren, wie man etwa im Buch des Legasthenie-Zentrums (PILZ/SCHUBENZ 1979) oder bei OLE DREIER (1980) nachlesen könne. Dies geschieht aber insbesondere dadurch, daß die Kritischen Psychologen ihre eigene wissenschaftliche Entwicklungsarbeit ebenfalls an den unterschiedlichsten Ebenen ansetzen, etwa der eine sich um die philosophische Klärung des Aneignungskonzeptes bemüht, ein anderer unter kritisch-psychologischen Prämissen frühkindliche Entwicklungsprozesse empirisch erforscht und ein dritter dem ›Ruf‹ der ›Praxis‹ folgend ein ›kritisch-psychologisches‹ Therapieverfahren weiterentwickelt – und dies, ohne sich über das Verhältnis dieser verschiedenen Ansätze untereinander und zum Gesamtunternehmen ›Kritische Psychologie‹ Rechenschaft zu geben. Die angesprochene Unklarheit darüber, was ›Kritische Psychologie‹ eigentlich ›sei‹, ist mithin auch eine Unklarheit der ›Kritischen Psychologie‹ über ›sich selbst‹.

Die Vielbezüglichkeit und Vielgestaltigkeit der Kritischen Psychologie, wodurch es schwer ist, sie mit dem gängigen Verständnis von ›Psychologie‹ eindeutig ins Verhältnis zu setzen, ist aus der Art erklärlich, wie sie als Teil und Konsequenz der Studentenbewegung entstanden ist und immer entschiedener sich als Teil der demokratischen Bewegung dieses Landes entwickelt hat: Die Herausbildung der Kritischen Psychologie vollzog sich so von Anfang an nicht nur auf dem Felde der Psychologie, sondern im Zuge einer umfassenden und tiefgreifenden gesellschaftspolitischen und weltanschaulichen Umorientierung. Die Kritik an der traditionellen Psychologie war mithin keine bloß ›einzelwissenschaftliche‹ Angelegenheit, sondern hatte eine politische Stoßrichtung gegen die Psychologie als Herrschafts- und Anpassungswissenschaft und gegen die ›Psychologisierung‹ gesellschaftlicher Widersprüche. Dabei sah und sieht sich die Kritische Psychologie durch ihr demokratisches Engagement nicht nur genötigt, zu politischen Problemen wie der ›Psychologisierung‹ der Arbeitslosigkeit oder des Faschismus wissenschaftlich Stellung zu nehmen, sondern sie steht auch laufend in aktuellen politischen Kämpfen um die institutionelle Durchsetzung und Erhaltung einer demokratischen psychologischen Forschung, Lehre und Berufspraxis, und sie ist deshalb von Versuchen politischer Disziplinierung, Berufsverboten etc. besonders betroffen.

Das Psychologische Institut der Freien Universität in Berlin (West), an dem die Kritische Psychologie entstand, ist Anfang der siebziger Jahre durch die administrative Spaltung des alten Instituts entstanden, bei welcher die ›nicht-linken‹ Mitarbeiter ein eigenes Institut erhielten und so das (zunächst) einheitlich ›linke‹ Institut (das man auf diese Weise zu isolieren und ›auszuhungern‹ hoffte) übrigblieb. Das ›PI‹ mußte seitdem laufend Angriffe auf seine institutionelle Existenz abwehren, was zwar bisher auch gelang (es ist heute als Ausbildungs- und Forschungsstätte eine nicht mehr einfach ›abschaffbare‹ Realität), aber um den Preis mannigfacher innerer Differenzierungs- und Fraktionierungsprozesse angesichts der in der bürgerlichen Gesellschaft strukturell niemals endgültig lösbaren Aufgabe, eine radikal gesellschaftskritische Position mit einer berufsqualifizierenden Ausbildung im üblichen Sinne (durch welche allein das PI als Institution zu erhalten ist) zu verbinden. So sehen sich also auch die ›Kritischen Psychologen‹ als eine von mehreren ›Fraktionen‹ am Institut den unabweisbaren Forderungen der Studenten konfrontiert, sie auf eine radikal demokratische, fortschrittliche, und dennoch unter den gegebenen kapitalistischen Bedingungen ›mögliche‹ (d.h. individuell existenzsichernde) Berufspraxis vorzubereiten.

Wenn nun also in dem damit skizzierten politisch-administrativen Medium der Versuch gemacht wurde, mit der Kritischen Psychologie die umfassende theoretische und methodische Begründung einer psychologischen Wissenschaft im Interesse der Betroffenen zu erarbeiten, so *konnte* dieser wissenschaftliche Entwicklungsprozeß, so sehr er auch um stringente ›innere‹ Argumentationszusammenhänge sich bemühte, von den genannten realen Kampfbedingungen und widersprüchlichen Anforderungen nicht unberührt bleiben. Dies zeigt sich einerseits sowohl in der ›Weite‹ der Konzeption, in welcher auseinanderliegende und partiell divergente gesellschaftstheoretische, politische, philosophische, wissenschaftstheoretische, einzelwissenschaftlich-›psychologische‹ und berufspraktische Aspekte in Zusammenhang gebracht werden mußten, wie in dem politischen Impetus, die gewonnenen Einsichten und Erfahrungen als Moment der demokratischen Bewegung auch organisatorisch zu verankern und durchzusetzen. Gerade dadurch kam es aber andererseits auch zu der eingangs konstatierten Unklarheit über die ›eigentliche‹ Identität der Kritischen Psychologie und über die Eigenart ihres spezifischen Beitrags.

Ich halte diese Unklarheit nicht für ein strukturelles, also im kritisch-psychologischen Grundansatz beschlossenes und somit unüberwindliches Problem. Ich bin aber auch nicht der Auffassung, daß sich diese Problematik, wenn man nur ›weitermacht‹, die begonnenen Forschungs- und Ausbildungsvorhaben vorantreibt sowie die ›Bewegung‹ in Gang hält und weiter organisatorisch absichert, schon im Selbstlauf auflösen wird. Ich gehe vielmehr davon aus, daß in der gegenwärtigen Entwicklungsphase der Kritischen Psychologie die umfassende Anstrengung einer Analyse ihres grundsätzlichen Stellenwerts im Wissenschaftsprozeß, ihrer wesentlichen theoretischen und methodologischen Resultate und der daraus sich ergebenden zentralen Arbeitsperspektiven unerläßlich ist: Nur so sind m.E. die gedankliche Klarheit und damit Handlungsfähigkeit zu gewinnen, von denen aus wir uns zu den gestellten politischen, wissenschaftlichen und institutionellen Anforderungen bewußt ›verhalten‹ und damit unsere Konzeption im Interesse menschlichen Erkenntnisfortschritts, der demokratischen Bewegung und der Betroffenen sinnvoll weiterentwickeln und praktisch wirksam werden lassen können. Diese umfassende analytische Anstrengung wird im vorliegenden Buch unternommen. Es steht damit als grundsätzliche Rück- und Vorausbesinnung quer zu den mannigfachen inhaltlichen Aktivitäten, im Rahmen oder im Namen der Kritischen Psychologie, aber gerade zu dem Zweck, diese Aktivitäten in ihrer Spezifik faßbarer zu machen und zu fördern, ihre Position im Gesamt des Wissenschaftsprozesses zu befestigen und damit ihrem Versickern und Versanden in ›Allem-und-jedem‹, aber auch ihrem Verkommen zu einer bloßen (sich im Gebrauch von Redeformeln dokumentierenden) Überzeugung entgegenzuwirken.

Explikation der philosophischen, gesellschaftstheoretischen, kategorialen und einzeltheoretischen Bezugsebene

Um die damit angedeutete Fragestellung des Buches präzisieren und konkretisieren zu können, hebe ich vorläufig (in Vorwegnahme späterer genauerer Analysen) vier verschiedene Bezugsebenen heraus, auf denen sich die Kritische Psychologie ›kritisch‹ gegenüber traditionell-psychologischen Positionen verhält und durch welche Auseinandersetzungen in unterschiedlicher Weise bestimmt sind:

a. Philosophische Ebene. – Auf dieser allgemeinsten Ebene ist die Kritische Psychologie zu charakterisieren als in der materialistischen Dialektik, wie sie von MARX, ENGELS und LENIN entwickelt wurde, gegründet. Sie übt auf dieser Ebene *konzeptionelle Kritik* an der traditionellen Psychologie, wenn diese als ›mechanisch-materialistisch‹, ›idealistisch‹, ›subjektivistisch‹ o.ä. eingestuft wird, *methodologische Kritik,* wenn sie der traditionellen Psychologie ›metaphysisches‹ Denken (im Gegensatz zum dialektischen Entwicklungsdenken), Blindheit für Realzusammenhänge und Realwidersprüche, willkürlich-›äußerliche‹ Begriffsbildung mit ausschließend-unvermittelten Gegenüberstellungen etc. vorwirft.

b. Gesellschaftstheoretische Ebene. – Auf dieser Ebene gründet sich die Kritische Psychologie im historischen Materialismus (als auf *gesellschaftlich*-historische Prozesse bezogener Spezifizierung materialistischer Dialektik), insbesondere in der ›Kritik der politischen Ökonomie‹ des Kapitalismus, wie sie von Marx im ›Kapital‹ entfaltet wurde. Sie übt auf dieser Ebene *konzeptionelle Kritik* an der traditionellen Psychologie, wenn sie an ihr die Fassung von Klassenantagonismen als bloße ›Schichtspezifika‹, die Reduzierung gesellschaftlicher Verhältnisse auf unmittelbare soziale Interaktion, die Identifizierung von Individuen unter bürgerlichen Verhältnissen mit ›Menschen überhaupt‹ kritisiert, sie übt *methodologische Kritik,* wenn sie die Befangenheit traditionell-psychologischer Begriffsbildung und Methodik in den ›Privatformen‹ der bürgerlichen Ideologie, die blinde gedanklich-methodische Reproduktion der herrschenden Verhältnisse, also die Unfähigkeit, gesellschaftliche Widersprüche mit der Möglichkeit von Entwicklungen über die ›bürgerlichen‹ Formen hinaus in Richtung auf eine Überwindung kapitalistischer Klassenverhältnisse wissenschaftlich abzubilden, etc. hervorhebt.

c. Kategoriale Ebene. – Mit ›Kategorien‹ sind hier diejenigen Grundbegriffe gemeint, mit welchen in einer empirischen Wissenschaft oder in übergreifenden Arbeitsrichtungen innerhalb dieser Wissenschaft (ob implizit oder bewußt) ihr *Gegenstand,* seine Abgrenzung nach außen, sein Wesen, seine innere Struktur, bestimmt sind (in der Physik sind derartige Kategorien etwa ›Masse‹, ›Energie‹, ›Kraft‹ etc.). Solche Kategorien schließen stets bestimmte *methodologische* Vorstellungen darüber ein, wie man wissenschaftlich vorzugehen hat, um den Gegenstand adäquat zu erfassen. Kategorial-methodologische Bestimmungen, die (wiederum implizit oder bewußt) in den gleichen philosophischen und/oder gesellschaftstheoretischen Prämissen gegründet sind, haben dabei zwar gewisse prinzipielle Züge gemeinsam, sind aber durch die beiden übergeordneten Ebenen nicht eindeutig determiniert. Es kann mithin sowohl auf der Basis materialistischer Dialektik wie auf der Basis bürgerlich-›metaphysischer‹ Vorstellungen jeweils in sich unterschiedliche Ansätze kategorialmethodologischer Gegenstandsbestimmung geben.

Kategorial-methodologische Bestimmungen, wie sie von der Kritischen Psychologie entwickelt wurden, sind etwa spezielle Fassungen der Bgriffe des ›Psychischen‹, der ›Tätigkeit‹, der ›Bedeutung‹, der ›Aneignung‹, der ›Handlungsfähigkeit‹ etc., jeweils in kritischer Absetzung von ›traditionellen‹ Kategorien wie ›Erlebnis‹, ›Verhalten‹, ›Reiz‹, ›Lernen durch Verstärkung‹ etc., wobei diese kategoriale Begriffsbildung und -kritik immer auch methodologische Implikationen hat (s.u.).

d. Einzeltheoretische Ebene. – Unter ›Einzeltheorien‹ werden hier ›Theorien‹ im üblichen einzelwissenschaftlichen Sinne verstanden: Solche Einzeltheorien sind zwar stets mit kategorialen Bestimmungen als ihren Grundbegriffen gebildet, enthalten darüberhinaus aber Annahmen über Zusammenhänge mit Bezug auf jeweils ›jetzt und hier‹ vorliegende, also ›*aktualempirische*‹[1] Erscheinungen, schließen also ein Verallgemeinerungsverhältnis zwischen aktualempirischen Daten und generellen Zusammenhangsannahmen ein. Die Art der einzeltheoretischen Annahmen, die Art des darin angesetzten Verallgemeinerungsverhältnisses und die Methodik der aktualempirischen Datengewinnung und -auswertung sind dabei in generellen Zügen bestimmt durch die Eigenart der kategorialen ›Grundbegriffe‹, mit denen die Theorie formuliert ist, und den darin enthaltenen methodologischen Konzeptionen. Die Einzeltheorien sind aber durch die Bestimmungen auf der kategorialen Ebene nicht vollständig determiniert, es sind vielmehr auf der gleichen kategorialen Grundlage unterschiedliche Einzeltheorien möglich, und dies nicht nur in Form von ›Bereichstheorien‹, die den Gegenstand ›arbeitsteilig‹ untereinander aufteilen (wie ›Motivationstheorien‹, ›Wahrnehmungstheorien‹, ›Lerntheorien‹), sondern auch als verschiedene Einzeltheorien, die sich jeweils mit unterschiedlichen Erklärungen auf die gleiche aktualempirische Erscheinung beziehen. Sofern sich dabei gewisse generelle Erklärungsrichtungen gegeneinander abheben, kommt es zu den bekannten einzelwissenschaftlichen Trend-Bildungen: etwa ›Kognitivismus‹ vs. ›Lerntheorien‹ oder (innerhalb dieser) ›Kontiguitätstheorien‹ vs. ›Effekttheorien‹ etc., wobei solche Trends unter gewissen personalen und

---

1 Der Terminus Aktualempirie dient der Abgrenzung von ›historischer Empirie‹ (s.u.).

institutionellen Voraussetzungen sich zu einzelwissenschaftlich-psychologischen ›Schulenbildungen‹ organisieren können.

›Einzeltheoretische‹ Aussagen ›Kritischer Psychologen‹ sind etwa mit kritisch-psychologischen Kategorien als Grundbegriffen formulierte Erklärungen der Entstehung und Eigenart psychischer Störungen, der Natur von Entwicklungskrisen Jugendlicher, der subjektiven Aspekte des Faschismus, der Entwicklung sozialer Beziehungen im frühen Kindesalter, der individuellen Realitätsabwehr bei Denkprozessen etc. jeweils unter kritischem Bezug auf entsprechende traditionell-psychologische Erklärungsansätze und die dabei verwandte Methodik.[1]

Zum Verhältnis der Bezugsebenen zueinander

Wenn man die damit skizzierten Bezugsebenen in ihrem Verhältnis zueinander betrachtet, so wird deutlich, daß ein rational ausweisbarer kritischer oder konstruktiver Bezug wissenschaftlicher Konzeptionen aufeinander, damit eine Klärung von Streitfragen im Sinne des Wissenschaftsfortschritts, auf einer bestimmten Ebene nur möglich sind unter Voraussetzung des *konzeptionellen und methodischen bzw. methodologischen Konsenses auf der jeweils nächsthöheren Ebene*.

So ist etwa bei Auseinandersetzungen zwischen auf den gleichen aktualempirischen Sachverhalt bezogenen unterschiedlichen Einzeltheorien nur dann im Prinzip entscheidbar, welche Theorie die adäquatere Erklärung anbietet bzw. welches methodische Vorgehen das angemessenere ist, wenn in den Grundbegriffen, mit denen die konkurrierenden Theorien gebildet sind, im Prinzip das gleiche ›kategoriale‹ Verständnis der Eigenart des zu erforschenden Gegenstandes und der daraus sich ergebenden Verfahrensmodalitäten beschlossen ist. Sofern eine solche Übereinstimmung nicht besteht, redet man jeweils von etwas anderem, also ›aneinander vorbei‹, und die Auseinandersetzung muß, wenn rationale wissenschaftliche Entscheidungsmöglichkeiten zurückgewonnen werden sollen, auf die kategoriale Bezugsebene gehoben werden; d.h. man kann

---

1 Wir haben die Bezugsebenen hier lediglich zentriert auf unsere Fragestellung, die individualwissenschaftliche Kategorialanalyse, dargelegt, damit allgemeinere Fragen – etwa das Problem, wieweit innerhalb der übergeordneten gesellschaftstheoretischen Bezugsebene wiederum eine Unterscheidung zwischen kategorialen und einzeltheoretischen Niveaus möglich und sinnvoll ist, ebenso das Problem der Beziehung gleichgeordneter ›einzelwissenschaftlicher‹ Kategorienbildungen, etwa ›soziologischer‹ oder ›ökonomischer‹ Art, zur gesellschaftstheoretischen Bezugsebene etc. – aber ausgeklammert. Unsere Ausführungen haben hier also mehr darstellungsheuristischen Wert und beanspruchen keine selbständige ›systematische‹ Dignität (s.u., Kap. 9).

die konkurrierenden Theorien nicht mehr in ihrem einzelwissenschaftlichen Erklärungswert aufeinander beziehen, sondern muß sie auf den Kategorialbezug der in ihnen enthaltenen Grundbegriffe hin analysieren. Sofern auf diese Weise ein ›kategorialer‹ Konsens erreicht werden konnte, kann man unter neuen Prämissen den einzeltheoretisch-aktualempirischen Forschungs- und Auseinandersetzungsprozeß fortführen. Wenn sich dabei ergibt, daß eine Einigung über die kategorialen Grundbestimmungen aus aufweisbaren prinzipiellen Gründen nicht möglich ist, so hat sich erwiesen, daß die scheinbar bloß ›einzelwissenschaftliche‹ Kontroverse in Wirklichkeit sich im Dissens über den psychologischen Gegenstand und seine methodologische Aufschließung gründet, und die Auseinandersetzung muß zukünftig auf kategorialer Ebene geführt werden.

Eines der ›klassischen‹ Beispiele für eine scheinbar bloß ›einzelwissenschaftlich‹-psychologische Auseinandersetzung, in der sich tatsächlich ein prinzipieller ›kategorialer‹ Dissens ausdrückt, ist die berühmte Kontroverse zwischen G.E. MÜLLER und W. KÖHLER über ›Komplextheorie‹ und ›Gestalttheorie‹. Die Kontrahenten argumentieren hier so, als ob ihr Streitfall sich durch präzisere Hypothesenbildung und exakteres experimentelles Vorgehen lösen ließe. In Wirklichkeit aber sind sie, ohne sich das bewußt zu machen, durch prinzipiell verschiedene Vorstellungen darüber, wie der zu erforschende Gegenstand beschaffen ist und was mit Bezug auf ihn ›Erklären‹ heißt, voneinander getrennt. Sie reden deshalb mit ihren einzelwissenschaftlichen Pseudoargumenten, da ›etwas anderes dahintersteckt‹, permanent und notwendig aneinander vorbei. Das Hin- und Her der gegenseitigen Anwürfe bringt nicht die geringste Annäherung oder Klärung, und die Kontroverse wird eher aus Resignation über die Uneinsichtigkeit des jeweils anderen bei Verhärtung des eigenen Standpunktes abgebrochen (vgl. G.E. MÜLLER 1923, 1926, und KÖHLER 1925, 1926).

Das, was damit über das Verhältnis zwischen einzeltheoretischer und kategorialer Ebene gesagt wurde, gilt entsprechend für das Verhältnis zwischen kategorialer Ebene und übergeordneter gesellschaftstheoretischer bzw. philosophischer Ebene: Rational entscheidbare Auseinandersetzungen über das angemessene Gegenstandsverständnis, also die adäquate kategorial-methodologische Grundlegung eines Faches oder Wissensgebietes sind nur unter der Voraussetzung zu führen, daß über den Zusammenhang zwischen Wissenschaftsprozeß und umgreifendem Gesellschaftsprozeß bzw. über das Wesen von Erkenntnis überhaupt, die Art ihres Bezuges auf den Erkenntnisgegenstand, die Gesetzmäßigkeiten ihres Zustandekommens und die Kriterien ihrer Gültigkeit, prinzipieller Konsens besteht. Davon hängt nämlich ab, ob und auf welche Weise man den Kategorialbezug von Einzeltheorien überhaupt als Problem erkennt und anerkennt, mit welchen Denkmitteln und Verfahren man dieses Problem für klärbar erachtet und nach welchen Gesichtspunkten man kategorial-methodologische Bestimmungen als ›gegenstandsadäquat‹

beurteilt. Deswegen muß man sich bei ›kategorialen‹ Auseinandersetzungen (wie bei einzeltheoretischen Auseinandersetzungen des ›kategorialen‹ Konsenses) stets des Konsenses auf gesellschaftstheoretischer bzw. philosophischer, speziell gnoseologischer Ebene versichern, um ›An-einander-Vorbeireden‹ und ›Scheingefechte‹, die den Erkenntnisfortschritt blockieren, zu vermeiden. Ebenso muß die Auseinandersetzung, wenn sich ein solcher Konsens nicht sichern oder herstellen läßt, auch hier explizit auf die nächsthöhere, in diesem Falle gesellschaftstheoretische bzw. philosophisch-gnoseologische Ebene gehoben werden. Bei grundsätzlichen Divergenzen auf dieser Ebene, etwa der Divergenz zwischen dialektisch-materialistischen und ›bürgerlichen‹ Grundpositionen, läßt sich der Konsens in großem Maßstab allerdings nicht mehr bloß wissenschaftsimmanent herstellen, vielmehr ist hier der Kampf zwischen den philosophischen Positionen ein ideeler Aspekt von gesellschaftlichen Klassenkämpfen und wird im Maßstab historischer Umwälzungen entschieden. Dennoch ist auch hier die wissenschaftliche Rationalität nicht suspendiert und das Gespräch zwischen den divergenten Positionen nicht abgeschnitten: Es geht darum, der jeweils anderen Seite den Begründungszusammenhang, aus dem die eigene Position erwächst, so weit wie möglich rational faßbar zu machen, damit die Gründe der Divergenzen Allgemeingut wissenschaftlichen Bewußtseins werden und so das Wesen der gesellschaftlichen Widersprüche und der darin involvierten Interessen für die Betroffenen klarer werden kann.

These von der paradigmatisch-kategorialen Stoßrichtung des Beitrags der Kritischen Psychologie

Mit Hilfe der herausgehobenen vier Bezugsebenen und ihrer Verhältnisbestimmung kann man die verschiedenen Aspekte der Auseinandersetzung um die Kritische Psychologie und die daran ansetzenden Entwicklungslinien in erster Annäherung aufklären und miteinander in Beziehung setzen. Dadurch besteht nun die Möglichkeit, die eingangs sehr allgemein formulierte Fragestellung nach dem grundsätzlichen Stellenwert der Kritischen Psychologie, ihren wesentlichen Resultaten, Methoden und Perspektiven, zu der Fragestellung zu präzisieren, auf *welcher der genannten Bezugsebenen der Schwerpunkt des Beitrags der Kritischen Psychologie zur Wissenschaftsentwicklung* liegt und wie aufgrund dieser Schwerpunktbildung ihr Beitrag auf den anderen Bezugsebenen einzuschätzen ist.

Bei der Analyse der Resultate und Verfahrensweisen der Kritischen Psychologie unter diesem Gesichtspunkt hat sich für mich ergeben, daß es ein Mißverständnis bzw. Selbstmißverständnis der Kritischen Psychologie ist, wenn man sie primär als eine psychologische Einzeltheorie, bzw. eine einzelwissenschaftliche Theorien-Richtung oder ›Schulenbildung‹ betrachtet, daß es aber ebenso unangemessen ist, den besonderen Beitrag der Kritischen Psychologie im Bereich der marxistischen Gesellschaftstheorie oder gar dialektisch-materialistischen Philosophie zu sehen. Der Schwerpunkt des kritisch-psychologischen Beitrags liegt vielmehr – wenn auch noch vermischt mit anderen Aspekten und nicht hinreichend auf den Begriff gekommen – auf der *kategorialen Ebene*. Sie gehört mithin zwar zur *Psychologie*, überschreitet aber das (aus ihrer ›arbeitsteiligen‹ gesellschaftlichen Genese entstandene) verkürzte ›*einzelwissenschaftliche*‹ Verständnis der *bürgerlichen* Psychologie, gemäß welchem der in den Einzeltheorien gegebene allgemeine kategoriale Gegenstandsbezug nicht selbstständig methodisch reflektiert und wissenschaftlich analysiert wird (s.u.).

Dies läßt sich zu der folgenden These, die in diesem Buch in einem bestimmten Aspekt ausgeführt und begründet werden soll, konkretisieren: Die Kritische Psychologie ist real, insbesondere aber nach den in ihr liegenden Möglichkeiten, ein besonders dezidierter und m.E. der entschiedenste Beitrag, auf der Grundlage materialistischer Dialektik für die Individualwissenschaft bzw. Psychologie (s.u.) eine kategoriale Basis zu entwickeln, die den Charakter eines *wissenschaftlichen Paradigmas* hat, also ›den‹ Gegenstand der Individualwissenschaft/Psychologie in seiner äußeren Abgehobenheit und inneren Struktur so eindeutig faßbar und in einem einheitlichen, gegenstandsadäquat gegliederten System kategorialmethodologischer Bestimmungen abbildbar macht, daß auf einzeltheoretisch-aktualempirischer Ebene wissenschaftlich entscheidbare Auseinandersetzungen über die angemessenen Theorien und Methoden, damit ein kontinuierlicher und rational ausweisbarer Wissenschaftsfortschritt möglich werden. Entsprechend liegt unserer These gemäß der genuine methodologische bzw. methodische Beitrag der Kritischen Psychologie darin, daß hier in der Anwendung bestimmte Verfahrensweisen entwickelt und in ihren verallgemeinerbaren Zügen verdeutlicht worden sind, bzw. werden können, mit welchen die genannten kategorial-methodologischen Bestimmungen mit paradigmatischem Charakter wissenschaftlich ausgewiesen herleitbar und begründbar sind.[1] Damit läßt sich auch die Kritik der Kritischen Psychologie an der traditionellen Psychologie in ihren wesentlichen Zügen charakterisieren als Aufweis des Mangels an paradigmatisch qualifizierten kategorialen Grundlagen, damit

---

1 Zum Verhältnis der Ebene der methodologisch-methodischen Grundlage der Ableitung der Kategorien selbst und der Ebene der in den Kategorien enthaltenen methodologischen Grundlagen einzeltheoretisch-aktualempirischer Forschungsmethodik vgl. Kap. 9, S. 510 ff.

der weitgehenden Unfähigkeit, über die Gegenstandsadäquatheit von Einzeltheorien und -methoden zu entscheiden, somit der Unausweisbarkeit des Erkenntnisfortschritts; bzw. als Aufweis des Mangels an methodologisch-methodischen Voraussetzungen, um solche kategorialen Grundlagen wissenschaftlich begründet zu erarbeiten.

Das Verhältnis des genuin ›kategorialen‹ Beitrags der Kritischen Psychologie zur übergeordneten philosophisch-gnoseologischen bzw. gesellschaftstheoretischen Ebene läßt sich der von uns auszuweisenden These gemäß so bestimmen: Wenn gesagt wurde, daß die Kritische Psychologie auf der materialistischen Dialektik und dem historischen Materialismus, wie sie von MARX, ENGELS und LENIN begründet wurden, beruhe, so bedeutet dies, daß wir von der inneren Einheit und Vereinbarkeit sowie der wechselseitigen Durchdringung der verschiedenen Bestandteile des Marxismus ausgehen. Wir heben uns damit eindeutig ab von gegenwärtig unter Marxisten verbreiteten Auffassungen, in welchen LENINS Beitrag zur Weiterentwicklung der marxistischen Theorie geleugnet wird, weiterhin unvereinbare Divergenzen der Positionen von MARX und ENGELS behauptet werden und in der Konsequenz allein MARX, speziell der MARX der Kritik der politischen Ökonomie im ›Kapital‹ als legitime Grundlage anerkannt und die interpretierende Durchdringung des Textes von MARX' ›Kritik‹ als hinreichende Voraussetzung für die Lösung aller relevanten Probleme betrachtet wird.

So haben Vertreter der Kritischen Psychologie vielfach die damit skizzierte ›kapitallogische‹ o.ä. Position kritisiert, dabei aufzuweisen versucht, daß die dort vertretenen Auffassungen einer unzulänglichen Methode der Textinterpretation, blindem Verhaftetsein in bürgerlich-philosophischen Vorstellungen geschuldet seien und unhaltbare gnoseologische wie problematische politische Konsequenzen hätten, etc. (dies meist innerhalb von Arbeiten mit anderer Hauptthematik, gelegentlich aber auch in besonders darauf bezogenen Publikationen, vgl. etwa HOLZKAMP 1974). Außerdem gibt es auch genuine erkenntnistheoretische Beiträge Kritischer Psychologie, z.B. über den Widerspiegelungscharakter von Logik und Mathematik (LEISER 1978). Solche und ähnliche Beiträge von ›Kritischen Psychologen‹ sind aber keine Beiträge der Kritischen Psychologie, sondern eben Beiträge auf philosophischer bzw. gesellschaftstheoretischer Ebene, sie dienen lediglich der Klärung und argumentativen Entfaltung der Grundauffassung von Marxismus, auf der die Kritische Psychologie beruht.

Dennoch kann man das Gesamtunternehmen der Kritischen Psychologie in gewissem Sinne und Grade auch als Beitrag in die philosophisch-gesellschaftstheoretische Ebene materialistischer Dialektik hinein betrachten. Deren inhaltliche Aussagen und methodologische Prinzipien werden hier nämlich (wie gezeigt werden soll) in bestimmten Aspekten so konkretisiert und spezifiziert, daß sie als Grundannahmen und allgemeine Verfahrensregeln die Herleitung von Kategorien ermöglichen, mit denen die individuelle Lebenstätigkeit und Entwicklung in ihren allgemeinen Zügen wie in ihrer historischen Bestimmtheit (insbesondere durch die bürgerliche Gesellschaft) in gehaltvollerer und differenzierterer Weise erfaßt werden können. Darin liegt aber (dem Anspruch nach) auch eine Weiterentwicklung der materialistischen Dialektik auf ihren eigenen Grundlagen. Die paradigmatisch-kategorialen Anstrengungen der Kritischen Psychologie wären mithin der Versuch eines *inneren Ausbaus* der materialistischen Dialektik in Richtung auf eine mit deren Mitteln empirisch forschende *marxistische Individualwissenschaft*. Sie ist damit die praktische *Zurückweisung* aller Auffassungen, denen gemäß der ›Marxismus‹ das Problem der Individualität/Subjektivität nicht auf seiner eigenen Grundlage bewältigen kann, sondern dazu seiner *Ergänzung* durch ›subjektwissenschaftliche‹ Konzeptionen auf anderer Basis, speziell der Psychoanalyse, bedarf (also eine Kampfansage gegen den Eklektizismus und die daraus entstehende politische Fragwürdigkeit jedweden ›Freudo-Marxismus‹, vgl. K.H. BRAUN 1979). – Dabei steht die marxistische Individualwissenschaft durch ihre spezielle Gegenstandsbestimmung notwendig nicht nur im ›vertikalen‹ Zusammenhang materialistischer Dialektik, sondern auch *›horizontal‹ in der historischen Tradition überkommener psychologischer Forschung und Praxis:* Sie ist darauf verwiesen, deren Erkenntnisse und Verfahren kritisch aufzugreifen und möglichst für den weiteren Wissenschaftsfortschritt ›aufzuheben‹, und leistet somit immer auch einen *Beitrag zur Weiterentwicklung* (wie tendenziellen Überwindung) der in ihren *›einzelwissenschaftlichen‹ Schranken überkommenen historisch vorfindlichen Psychologie* (s.u.).

Gemäß der hier auszuweisenden These vom wesentlich paradigmatisch-kategorialen Charakter des Beitrags der Kritischen Psychologie würde sich auch ihr Verhältnis zu der nachgeordneten *einzeltheoretisch-aktualempirischen* Ebene bestimmen: Die Kritische Psychologie wäre demnach nicht primär eine *spezielle* Einzeltheorie, Theorienrichtung oder ›Schule‹, und es wäre deshalb unsachgemäß, z.B. von einer kritisch-psychologischen Therapiekonzeption etc. zu reden. Aus den von der Kritischen Psychologie erarbeiteten Kategorien würden sich vielmehr *allgemeine* Grundbegriffe und methodologische Leitlinien ergeben, denen gemäß *alle* psychologischen Theorien innerhalb des nun entwickelten Paradigmas zu bilden bzw. empirisch zu prüfen sind. Es ist so gesehen eine unzulässige Verwechselung der Bezugsebenen, wenn an die Kritische Psychologie der Selbst- oder Fremdanspruch gestellt wird, sie müsse erst erfolgreiche empirische Untersuchungen vorweisen können, praktikable Therapiekonzeptionen anbieten etc., ehe sie ihre Gültigkeit und Fruchtbarkeit behaupten darf. Derartige aktualempirische Bewährungen wären für Einzeltheorien erforderlich, sind aber für die Begründung kategorialer Bestimmungen nicht einschlägig: Nach den Kategorien bestimmt sich das Gegenstandsverständnis, also das, was für die Einzelforschungen überhaupt als ›Empirie‹ faßbar wird, es *können* demnach hier niemals aktualempirische Resultate auftreten, die dem kategorialen Gegenstandsverständnis widersprechen. An den Einzeltheorien nämlich sind nur die dort formulierten Zusammenhangsannahmen mit Bezug auf aktualempirische Erscheinungen prüfbar, nicht aber die Grundbegriffe, mit denen die Theorien gebildet sind (so ist der ›Verhaltens‹-*Begriff* oder der ›Reiz‹-*Begriff* nicht aktualempirisch falsifizierbar); über die Begründetheit von kategorialen Bestimmungen muß vielmehr auf der kategorialen Bezugsebene selbst entschieden werden können (s.u. Kapitel 9).

Man kann also vom Standpunkt der psychologischen Einzelforschung nicht erst einmal ›zuschauen‹, ob die Kritische Psychologie sich aktualempirisch und ›praktisch‹ bewährt, ehe man ihr eventuell nähertritt. Man muß vielmehr auf der kategorialen Ebene die Fundiertheit der von ihr erarbeiteten Kategorien überprüfen und ist – sofern man dagegen nichts einwenden kann – jeweils selbst darauf verwiesen, die eigenen Einzeltheorien und -methoden wie die eigene ›Praxis‹ radikal daraufhin zu hinterfragen, wieweit sie den begrifflichen und methodologischen Implikationen des hier entwickelten Paradigmas entsprechen, und sie ggf. grundlegend umzugestalten oder zu verwerfen. Es bemißt sich (unter Voraussetzung ihrer Gültigkeit) nach den neuen kategorialen Bestimmungen, was ›empirische Forschung‹, ›Therapie‹, ›Praxis‹ unter ihren Prämissen heißen kann.

Untersuchungen, praktische Arbeit etc. auf der einzeltheoretisch-aktualempirischen Ebene sind also (wenn die These dieses Buches sich begründen läßt) *nicht ›kritisch-psychologisch‹, sondern einfach psychologisch* (dies auch dann, wenn diese in methodologisch zufälliger Personalunion von Individuen durchgeführt werden, die auch an den kategorialen Entwicklungen der Kritischen Psychologie beteiligt sind). ›Kritische Psychologie‹ i.e.S. ist eben nur ein dezidierter Beitrag zur Erarbeitung eines individualwissenschaftlich-psychologischen Paradigmas, an dessen begrifflich-methodischen Standards sich dem Anspruch nach *jede* psychologische Einzelforschung und Praxis orientieren muß, wenn sie nicht hinter den damit gegebenen Möglichkeiten einer neuen Qualität des Wissenschaftsfortschritts und Erkenntnisgewinns zurückbleiben will.

Bestimmung der gegenstandsbezogenen Kategorialanalyse in ihrem Verhältnis zur wissenschaftsgeschichtlichen

Die Begründung der These vom paradigmatischen Charakter des in materialistischer Dialektik gegründeten individualwissenschaftlich-psychologischen Kategoriensystems, dessen Entwicklung m.E. von der Kritischen Psychologie wesentlich vorangetrieben worden ist bzw. werden kann, ist in letzter Instanz ein logisch-historisches Unternehmen an wissenschaftsgeschichtlichem Material: Es muß hier auf der Grundlage ausgearbeiteter Kriterien für die ›Paradigmatizität‹ von Kategorien herausanalysiert werden, daß und warum den kategorialen Grundlagen der traditionellen Psychologie ›paradigmatische‹ Qualität im eigentlichen Sinne noch nicht zukommt, sodaß sie im vorwissenschaftlichen Zustand verharrt, bzw. daß und warum das von der Kritischen Psychologie zentral geförderte individualwissenschaftliche Kategoriensystem den Status eines Paradigmas hat, also eine eigentlich wissenschaftliche Entwicklung der Psychologie ermöglicht. Eine solche logisch-historische Vergleichsarbeit ist hier deshalb erforderlich, weil es sich beim ›Paradigma‹-Konzept um einen *wissenschaftsgeschichtlichen Verhältnisbegriff* handelt, also Paradigmatizität letztlich nur als historischer Fortschritt, gemessen an einem vorgängig unentfalteteren kategorialen Stand der Wissenschaft, ausweisbar ist.

Der Versuch einer solchen ›kritischen Kategorialanalyse‹ zum letztinstanzlichen Aufweis des Paradigma-Charakters der durch die Kritische Psychologie vorangetriebenen kategorialen Bestimmungen ist indessen *nicht* das Thema des vorliegenden Buches. Mit dieser Fragestellung befaßt sich ein anderes, bald erscheinendes Buch von WOLFGANG MAIERS, das mit diesem im Verhältnis wechselseitiger Ergänzung steht. Dort wird die Frage nach den kategorialen Grundlagen der traditionellen Psychologie und der neuen Qualität eines in materialistischer Dialektik gegründeten Kategoriensystems (in seiner kritisch-psychologischen Ausarbeitung) systematisch behandelt, einschließlich wissenschaftshistorischer Bezüge der eingeführten Begrifflichkeit (so des Bezugs des Paradigma-Begriffs auf KUHN). Dort wird auch die materialistische Dialektik in ihren individualwissenschaftlichen Explikationsmöglichkeiten aus der logisch-historischen Abhebung von den metaphysischen Implikationen der traditionellen Psychologie auf *philosophisch-gnoseologischer Ebene* systematisch auseinandergelegt.

Worin liegt nun der spezifische Beitrag des *vorliegenden* Buches zur Entfaltung und Begründung der These von der Paradigmatizität des von der Kritischen Psychologie geförderten individualwissenschaftlichen Kategoriensystems? Die Beantwortung dieser Frage ergibt sich aus dem Hinweis auf die früher benannten Unklarheiten und Selbstmißverständnisse hinsichtlich des zentralen wissenschaftlichen Stellenwerts des kritisch-psychologischen Beitrags. Die ›kategoriale‹ Stoßrichtung der Kritischen Psychologie ist, wie mehrfach gesagt, m.E. zwar der *Möglichkeit* nach deren wesentliches Charakteristikum, aber in ihrem *gegenwärtigen* Zustand noch vermischt mit anderen Ebenen und Fragestellungen, noch nicht voll ausgearbeitet und auf den Begriff gekommen. Dieser Zustand liegt *nicht* nur an *begrifflichen* Unklarheiten, die durch bloße Begriffsanalysen, etwa auf der Grundlage der von uns herausgehobenen vier Bezugsebenen, überwunden werden könnten. Die begrifflichen Unklarheiten sind vielmehr selbst im wesentlichen der Ausdruck bestimmter inhaltlicher und methodologischer Unentwickeltheiten der Kritischen Psychologie, wodurch deren kategorialer Beitrag real noch nicht hinreichend entfaltet ist, um die Frage nach der Paradigmatizität eindeutig beantwortbar zu machen. Diesen Entwicklungsrückstand nun will das vorliegende Buch so weit wie möglich überwinden, also der Kritischen Psychologie zu ihrem eigenen ›kategorialen‹ Begriff verhelfen. Hier wird also zur Schaffung von Voraussetzungen für die ›kritische Kategorialanalyse‹, wie sie von MAIERS mit *wissenschafts*geschichtlichem Bezug durchgeführt wird, ein Stück *gegenstands*bezogener Kategorialanalyse geleistet, um in der Realisierung der Kategorialanalyse gleichzeitig deren inhaltliche Bestimmungen und methodologische Implikationen klarer faßbar zu machen. So gesehen ist diese Arbeit der von MAIERS darstellungslogisch vorgeordnet.

Dabei ist der Umstand hervorzuheben, daß die Unterscheidung zwischen wissenschafts- und gegenstandsbezogener Kategorialanalyse nur ›aspekthafter‹ Natur ist, also zwei Seiten an dem gleichen Analyseprozeß hervorhebt. Dies ist insoweit schon klar, als die wissenschaftskritische Kategorialanalyse mit der Maiersschen Fragestellung die Resultate der gegenstandsbezogenen Kategorialanalyse der Kritischen Psychologie selbst wieder zum Gegenstand hat, also voraussetzt. Umgekehrt aber hat auch die gegenstandsbezogene Kategorialanalyse immer und notwendig wissenschaftsgeschichtliche Aspekte, da sie den Gegenstand ja niemals als solchen analysiert, sondern notwendig immer den Gegenstand in seiner schon vorliegenden begrifflich-kategorialen Fassung (ob nun durch die traditionelle Psychologie, das Alltagsbewußtsein o.a.m.). Jeder Versuch einer adäquateren kategorialen Fassung des Gegenstandes ›verhält‹ sich also mindestens implizit immer schon ›kritisch‹ zu dessen vorgängiger begrifflicher Fassung, hat also faktisch einen wissenschaftsgeschichtlichen Bezug. Dabei wird man häufig diesen kritischen Bezug sogar explizit machen müssen, damit die Besonderheit der neuen kategorialen Gegenstandsergreifung aus der Abhebung von der bisher üblichen einschlägigen Begrifflichkeit hinreichend deutlich wird.

Dies bedeutet allerdings keinen fließenden Übergang zur durch den wissenschaftsgeschichtlichen Bezug *bestimmten* Kategorialanalyse, und zwar deswegen nicht, weil (wie später deutlich werden wird), die dominant gegenstandsbezogene Kategorialanalyse einen *anderen systematischen Zusammenhang* erfordert als die wissenschaftsbestimmte Analyse. Die wissenschaftlichen Bezüge der gegenstandsbestimmten Kategorialanalyse sind einer ihnen ›fremden‹ Systematik unterworfen, stehen also in keiner *wissenschafts*geschichtlich ausweisbaren Systematik, sondern haben mehr den Charakter von relativ unverbundenen Ad-hoc-Bezügen. Wissenschaftsgeschichtliche Hinweise in gegenstandsbestimmten Kategorialanalysen, wie sie im vorliegenden Buch zu finden sind, bedürfen also – wenn sie nicht willkürlich, ungleichgewichtig und unverbunden nebeneinander stehen bleiben sollen – der Rückbeziehung auf ihren wissenschaftsgeschichtlichen Zusammenhang, wie er im Buch von MAIERS entfaltet wird. Das heißt aber, daß nicht nur unsere gegenstandsbezogene Analyse in ihren inhaltlichen und methodologischen Resultaten für die historisch-logische Paradigma-Analyse im Buch von MAIERS vorausgesetzt ist, sondern in gewissem Sinne auch umgekehrt.

Ansatz der zu leistenden kategorialanalytischen Entwicklungsarbeit an vorliegenden kritisch-psychologischen Arbeiten und deren Grenzen

Um die Aufgabenstellung und Zielrichtung unserer (immer: gegenstandsbezogenen) Kategorialanalyse im Ansatz am (paradigmatisch noch nicht hinreichend entfalteten) gegenwärtigen Zustand der Kritischen Psychologie deutlicher herausheben zu können, verweisen wir auf die einschlägigen kritisch-psychologischen Veröffentlichungen, auf denen wir dabei aufbauen müssen. Unter der eingangs erwähnten Vielzahl kritisch-psychologischer Publikationen befaßt sich ein beträchtlicher Teil mit erkenntnistheoretisch-methodologischen Grundfragen, mit der Kritik bürgerlicher Theorien, mit praktisch relevanten Fragen (etwa mit Bezug auf die Familie, die Arbeitswelt etc.). Diese Arbeiten sind für die Aufgabenstellung dieses Buches als Material nicht unmittelbar relevant. Wichtig für die hier zu vollziehende inhaltlich-methodologische *Weiterentwicklung* der kritisch-psychologischen *Kategorialanalyse* sind vielmehr vor allem solche Arbeiten, in denen *selbst schon* kategorialanalytische Anstrengungen aufgrund (historisch-)empirischer Daten über den individualwissenschaftlichen Gegenstand (s.u.) im Mittelpunkt stehen. Dies sind vor allem die folgenden Bücher: *Sinnliche Erkenntnis – Historischer Ursprung und gesellschaftliche Funktion der Wahrnehmung* (SE) von KLAUS HOLZKAMP (1973); *Naturgeschichte des Psychischen I – Psychogenese und elementare Formen der Tierkommunikation* (NP I) und *Naturgeschichte des Psychischen II – Lernen und Abstraktionsleistungen bei Tieren* (NP II) von VOLKER SCHURIG (1975); *Grundlagen der psychologischen Motivationsforschung I* (M I) und *Grundlagen der psychologischen Motivationsforschung II. Die Besonderheit menschlicher Bedürfnisse – Problematik und Erkenntnisgehalt der Psychoanalyse* (M II) von UTE HOLZKAMP-OSTERKAMP (1975 bzw. 1976); *Die Entstehung des Bewußtseins* (EB) von VOLKER SCHURIG (1976); *Denken – Psychologische Analyse der Entstehung und Lösung von Problemen* (D) von RAINER SEIDEL (1976). Weiter zu nennen ist in diesem Zusammenhang das Buch *Probleme der Entwicklung des Psychischen* von A.N. LEONTJEW (1973), dem Hauptvertreter der kulturhistorischen Schule der sowjetischen Psychologie, das einen Grundlagen-Text für die genannten kritisch-psychologischen Arbeiten darstellt und dessen Material und theoretische Konzeptionen dort einbezogen und diskutiert sind.[1]

Der früher erwähnte inhaltlich und methodologisch noch entwicklungsbedürftige Status der Kategorialanalysen, dabei die Vermischtheit der kategorialen Ebene mit anderen Bezugsebenen, manifestiert sich in den genannten Arbeiten auf zweierlei Weise: Zum einen haben sich in den späteren Arbeiten gegenüber den früheren die methodologischen Standards der Kategorialanalyse entwickelt, sodaß die verschiedenen Bücher in dieser Hinsicht nicht gleichwertig sind und somit die älteren Arbeiten partiell vom gegenwärtigen methodologischen Stand aus interpretationsbedürftig sind. Zum anderen sind die verschiedenen Bücher meist ›bereichstheoretisch‹ spezifiziert, d.h. die Kategorialanalysen beziehen sich auf jeweils relativ eingegrenzte psychologische Gegenstandsgebiete, wie ›Wahrnehmung‹, ›Motivation‹ und ›Denken‹. Dies ergab sich mit Notwendigkeit aus dem Ansatz der Analysen an der ja dezidiert ›bereichstheoretisch‹ gegliederten bürgerlichen Psychologie. Indem im Durchgang durch die Kritik der bürgerlich-psychologischen Konzeptionen in den Einzelarbeiten vielfältig auch schon deren Bereichseingrenzung überschritten wurde, aber stets noch eingeschränkt durch das Thema der jeweiligen Arbeit, sind jetzt die Voraussetzungen dafür geschaffen, die Bereichsabsonderungen nunmehr explizit und systematisch aufzuheben. Dies bedeutet auch, daß die *kategorialen Bestimmungen,* die bisher durch ihre bereichsspezifische Einbindung noch mehr oder weniger mit einzeltheoretischen Bestimmungen vermischt blieben, vom jetzt erreichbaren übergeordneten Standpunkt aus *systematisch auf den Begriff zu bringen* und so generell von der einzeltheoretischen Bezugsebene abzuheben, damit beide Ebenen in ihrer Besonderheit zu fassen sind.

Aus dem Umstand, daß gemäß dieser Aufgabestellung die bisherigen Arbeiten *inhaltlich* auf ein neues Integrationsniveau gehoben werden müssen, versteht sich, weshalb diese Aufgabe nicht lediglich durch Begriffsklärungen, sondern nur auf dem Wege einer *›integrativen‹ Fortführung der Kategorialanalyse selbst* bewältigbar ist. Es ist also im folgenden auf der Basis des vorgelegten Materials und dessen kategorialanalytischer Aufschließungsversuche in sämtlichen der genannten Bücher der Prozeß der Ableitung der verschiedenen Kategorien noch einmal von Grund auf neu zu vollziehen, da nur so deren systematischer Zusammenhang aus der Sache heraus zu entfalten und damit gleichzeitig der metho-

---

[1] Die in Klammern gesetzten Abkürzungen dienen in der Folge zur Erleichterung des Verweises auf die jeweiligen Arbeiten.

dologische Aspekt einer einheitlichen Kategorialanalyse in seiner Besonderheit erkennbar werden kann.

Die damit umrissene umfassende Aufgabenstellung ist nur dann auf einer nachvollziehbaren Komplexitätsebene zu bewältigen, wenn ich mir dabei gewisse Beschränkungen auferlege. Eine dieser Beschränkungen besteht darin, daß ich an historisch-empirischem Material nur das in den früheren kritisch-psychologischen Büchern bereits auseinandergelegte und verarbeitete heranziehe, also weitere Ergebnisse biologischer, ethologischer, anthropogenetischer, ethnologischer etc. Forschungen nicht berücksichtige – hier soll ja zunächst die bisherige kritisch-psychologische Forschung auf eine neue kategorial-methodologische Ebene gehoben werden, woraus sich dann auch neue Standards und Möglichkeiten der Verarbeitung weiteren empirischen Materials ergeben müssen.

Eine mit der ersten zusammenhängende weitere Beschränkung der Zielsetzungen dieses Buches liegt darin, daß ich Bezüge auf Arbeiten außerhalb der Kritischen Psychologie, denen ich in diesem Buch verpflichtet bin, hier auf ein Minimum beschränke und auch explizite Auseinandersetzungen mit anderen philosophischen, gesellschaftstheoretischen, psychologischen etc. Positionen weitgehend beiseitelasse: Sie hätten den vorliegenden Text aufgebläht und um vielfältige weitere Dimensionen komplizieren müssen, sodaß er weder für mich noch für den Leser hinreichend handhabbar geblieben wäre.[1] Schließlich versuche ich den Text noch dadurch zu entlasten, daß ich die inhaltlichen und methodologischen Unterschiede, die sich aufgrund meiner kategorialanalytischen Entwicklungsarbeit gegenüber den kritisch-psychologischen Ausgangsarbeiten ergeben, nicht jedesmal in Abhebung von den früheren Positionen eigens ›kritisch‹ hervorhebe.

Ich hatte zunächst vor, zur Erleichterung der Orientierung des einschlägig interessierten Lesers statt dessen in einem ausführlichen Anmerkungsteil die jeweils im Text sich ergebenden Neufassungen älterer kritisch-psychologischer Konzeptionen hervorzuheben und zu begründen. Beim Versuch der Realisierung dieses Vorhabens wurde mir indessen einerseits immer deutlicher, daß ich dabei unvermeidlich in verselbständigte ›begriffliche‹ Erörterungen hineingeraten würde, innerhalb welcher großenteils selbstgeschaffene Komplikationen dann langwierig wieder überwunden werden müssen. Zum anderen – und dies ist sehr viel schwerwiegender – wurde mir klar, daß im Bemühen, möglichst präzise die *Besonderheit* von Konzeptionen dieses Buches gegenüber den früheren Arbeiten herauszuheben, notwendig sich die Differenzen zwischen meinen ge-

---

1 Derartige Bezüge und Auseinandersetzungen finden sich teilweise in der erwähnten Parallelarbeit von MAIERS, wo dies von der zentral wissenschaftsgeschichtlichen Fragestellung her erfordert oder nahegelegt ist, und müssen im übrigen in späteren Einzelveröffentlichungen hergestellt bzw. geführt werden.

genwärtigen und den früheren Auffassungen akzentuieren müssen: So würden Distanzen und Divergenzen vorgetäuscht, wo tatsächlich ein mehr evolutionäres Verhältnis besteht, indem von mir bestimmte Aspekte, die in den älteren Darlegungen schon enthalten sind, expliziert, vereindeutigt und in den Konsequenzen entwickelt werden. Die so geförderten Mißverständnisse über die Eigenart der Kritischen Psychologie als Arbeitsrichtung wären aber so gravierend, daß sie durch etwaige Vorteile begrifflicher Klärungen nicht aufgewogen werden könnten. So muß also auch die Diskussion der Spezifika dieser Arbeit gegenüber früheren kritisch-psychologischen Konzeptionen – wo solche Besonderheiten nicht offensichtlich sind – späteren Spezialanalysen vorbehalten bleiben, wobei die Notwendigkeit und Nützlichkeit derartiger Auseinanderlegungen von der jeweiligen Fragestellung her ausweisbar sein müssen.

Vor der inhaltlichen Entfaltung der von uns zu leistenden kategorialanalytischen Arbeit soll zunächst zur Orientierung über Stellenwert und Zielrichtung des Gesamtunternehmens in einer wissenschaftsgeschichtlichen Globalskizze das dabei zu entwickelnde individualwissenschaftlich-psychologische Paradigma in seiner Entstehung und Eigenart charakterisiert werden (die ausführliche und fundierte Behandlung dieses Problems findet sich, wie gesagt, in der Komplementärarbeit von MAIERS).

1.2 Umrisse des durch die kategoriale Grundlegung zu entwickelnden ›historischen‹ Paradigmas psychologischer Wissenschaft

Ahistorische Gegenstandsverfehlung und Eliminierung des Psychischen in den Kategorien der traditionellen Psychologie

Eine der wichtigsten Entwicklungsstufen des wissenschaftlichen Selbstverständnisses des Menschen war im vorigen Jahrhundert die Eröffnung der historischen Dimension menschlicher Existenz auf einem neuen Niveau: Durch DARWINS Evolutionstheorie wurde das gesetzmäßige Auseinander-Hervorgehen verschiedener Tierarten im naturgeschichtlichen Prozeß aufgewiesen. Damit war erkennbar, daß der Mensch, der bisher als unverändertes Ergebnis eines einmaligen Schöpfungsaktes gegolten hatte, in seinen natürlichen Beschaffenheiten und Möglichkeiten Resultat einer von primitivsten Tierformen über unzählige Zwischenstufen gehenden ›Stammesgeschichte‹ ist. MARX und ENGELS zeigten in der Entfaltung des Geschichtsbildes der materialistischen Dialektik – besonders in der Analyse der »Anatomie der bürgerlichen Gesellschaft« –, daß die Lebensbedingungen der Menschen weder naturgegeben noch zufällig sind, sondern im sozialhistorischen Prozeß gewordene formations- und klassenspezifische Ausprägungen von gesellschaftlichen Verhältnissen, die eigenen Entwicklungs- und Strukturgesetzen unterliegen, also historisch bestimmt, d.h. gesetzmäßig aus früheren Formen entstanden und zu neuen Formen hin veränderbar sind. Besonders ENGELS hat in seinen letzten Arbeiten die naturgeschichtliche und die gesellschaftlich-historische Dimension zu einer (wie LENIN es ausdrückt) umfassenden dialektisch-materialistischen ›Entwicklungslehre‹ integriert, in Realisierung der frühen Programmatik von MARX und ENGELS: »Wir kennen nur eine einzige Wissenschaft, die Wissenschaft der Geschichte«.

In den meisten der seither ausdifferenzierten human- bzw. sozialwissenschaftlichen Einzeldisziplinen – wie der Biologie, der Anthropologie, der Physiologie, der Soziologie – wurde die naturgeschichtliche bzw. gesellschaftlich-historische Dimension des Menschen, wenn auch mehr oder weniger verkürzt und gebrochen, berücksichtigt. Nur von der *Psychologie* wurde – bedingt durch die arbeitsteilige Spezifizierung ihres ›einzelwissenschaftlichen‹ Gegenstands – die neue Erkenntnisstufe des *historischen Selbstverständnisses* des Menschen praktisch total *ignoriert*. In der ersten, wesentlich durch WUNDT initiierten, ›strukturalistischen‹ Phase ihres einzelwissenschaftlichen Daseins orientierte die Psychologie als experimentelle Disziplin sich nicht an den ansatzweise ›historisierten‹ Human- und Sozialwissenschaften, sondern an den (noch ›unhistorischen‹) Naturwissenschaften Chemie und Physik. Mit der funktionalistischen Phase der Psychologie um die Jahrhundertwende wurde zwar die DARWINsche Theorie zunächst in zweierlei Hinsicht aufgegriffen, aber dann schnell wieder eliminiert.

So entstand, im Anschluß an LLOYD MORGAN für kurze Zeit eine vergleichende Tierpsychologie; deren stammesgeschichtlicher Aspekt wirkte aber nicht in die weitere Entwicklung der Psychologie hinein, sondern war die Grundlage für die Herausbildung einer von der Psychologie scharf abgesonderten biologischen Disziplin, der Ethologie, bzw. Humanethologie; innerhalb der Psychologie wurde die historische Dimension der Betrachtung von Tieren radikal zurückgenommen in einem abstrakten organismischen Konzept, dem gemäß Resultate von Experimenten mit Tieren in ihren Grundzügen als auf den Menschen verallgemeinerbar schienen.

Auf umfassenderer theoretischer Ebene gelangten DARWINsche Vorstellungen über den Pragmatismus, besonders von JAMES, in die Psychologie, indem hier z.B. das Bewußtsein als Organ der Anpassung an die Umwelt aufgefaßt wurde. Mit der kurz darauf (etwa von 1913 an) folgenden behavioristischen Wende der Psychologie wurde der damit eingeführte biologische Funktionsbegriff jedoch bald auf einen mathematischen Funktionsbegriff reduziert: $R = (F)S$ (die Reaktion ist eine Funktion des ›Stimulus‹). In Komplizierung dieser

Vorstellung entstand dann das bis heute für den Hauptstrom der traditionellen Psychologie charakteristische, der Mathematik entlehnte, experimentelle bzw. bedingungsanalytische *Variablen-Schema,* dem gemäß menschliches ›Verhalten‹ als ›abhängige Variable‹ verschiedener Ordnung vorhersagbar bzw. kontrollierbar gemacht werden soll. Die Gesetzesaussagen, die innerhalb dieses Variablen-Schemas formuliert wurden, gewannen so – dem naturgeschichtlichen wie dem gesellschaftlich-historischen Prozeß gegenüber – den Charakter einer *abstrakt-unhistorischen Allgemeinheit:* ›Menschen‹ bzw. ›Organismen‹ überhaupt verhalten sich unter den und den Bedingungen so und so.

Mit der damit skizzierten Ausklammerung der umfassenden historischen Dimension der menschlichen Existenz aus der einzelwissenschaftlichen Psychologie muß nun auch die *kategoriale Grundlage* der traditionellen Psychologie entsprechend ›ahistorisch‹ beschränkt sein: Die begriffliche Möglichkeit der Gegenstandserfassung, und damit die Aussonderung dessen, was überhaupt als untersuchbar vorliegt, ist hier durch die Art der Kategorienbildung jeweils so verkürzt, daß Zusammenhänge der individuellen Existenz und deren Umweltbedingungen mit naturgeschichtlichen bzw. gesellschaftlich-historischen Prozessen, durch welche die Entwicklungsmöglichkeiten und die Lebensverhältnisse des Menschen bestimmt sind, ausgeblendet werden. Übrig bleiben so nur Kategorien, in welchen das Individuum lediglich als Schnittpunkt unmittelbarer Einflüsse und ggf. noch Resultat bloß individualbiographischer Prozesse erscheint.

Diese kategoriale Beschränktheit als Implikat der generellen ›Ahistorizität‹ läßt sich an dem Schicksal exemplifizieren, das der Begriff des ›*Psychischen*‹ mit der Entstehung der einzelwissenschaftlichen Psychologie nahm. – Wenn man die Bezeichnung ›Psychologie‹ wörtlich nimmt, könnte man meinen, das ›Psychische‹ müsse die allgemeinste, gegenstandskonstituierende Kategorie der Psychologie sein. Tatsächlich mündet eine mindestens zwei Jahrtausende währende Begriffsgeschichte des ›Psychischen‹, zu der schon ARISTOTELES wesentliche Bestimmungen beigetragen hat, in die ›Psychologie‹, erst als Teilgebiet der Philosophie, dann als selbständige Disziplin, ein, wobei ein Fortschritt in der Behandlung des Psychischen hier darin zu sehen ist, daß für einen spekulativen und metaphysischen Begriff nunmehr empirische Bezüge gesucht werden, so eine Verwissenschaftlichung der Lehre vom Psychischen eingeleitet werden könnte. Dieser mögliche wissenschaftliche Fortschritt wird allerdings durch die Art und Weise, *wie* das Psychische von der einzelwissenschaftlichen Psychologie aufgegriffen wird, weitgehend wieder zunichte gemacht: Durch ihre ahistorische Beschränktheit konnte die Psychologie an die empirische Erforschung des Psychischen nicht durch Klärung des Problems herangehen, wieweit der Begriff des Psychischen einen wesentlichen und identifizierbaren Aspekt der naturgeschichtlichen und gesellschaftlich-historischen Entwicklung, deren Teilmoment die individuelle Entwicklung ist, erfassen könnte. Das Psychische wurde vielmehr lediglich als eine Eigenschaft des isolierten Individuums-in-seiner-Umwelt und seiner individuellen Biographie in Erwägung gezogen. So kam es zum Versuch der Bestimmung des Psychischen als ›*Innerlichkeit*‹ *des Einzelmenschen,* seiner nur ihm zugänglichen Art der Selbst- und Weltsicht, und der methodische Zugang zu dieser Innerlichkeit wurde einem besonderen Verfahren übertragen, der ›*Introspektion*‹ als zentraler Vorgehensweise der ›strukturalistischen‹ Psychologie.

Dies provozierte nun aber *prinzipielle methodische Einwände,* schon im Zuge der ›funktionalistischen‹ Entwicklung, insbesondere aber seit der ›behavioristischen‹ Wende der Psychologie. Es wurde (mit Bezug auf das so begrifflich eingeschränkte ›Psychische‹ zu recht) entgegengehalten, eine solche psychische ›Innerlichkeit‹ sei als Privatsache jedes Einzelnen objektiver wissenschaftlicher Forschung nicht zugänglich und deswegen *kein legitimer Gegenstand* der Psychologie. Aufgrund dieser Angriffe, aber auch deswegen, weil der Begriff des Psychischen selbst in seiner ›verinnerlichenden‹ Verkürzung immer vage geblieben war und sich weder theoretisch noch empirisch recht ›fassen‹ ließ, wurde die *Kategorie des Psychischen* innerhalb der Psychologie *in den Hintergrund gedrängt,* als vorwissenschaftlich abgetan, und es kam so zu dem Kuriosum einer ›Psychologie ohne Psychisches‹. An die Stelle des Psychischen als tragender Grundkategorie traten andere kategoriale Bestimmungen zur Gegenstandskonstituierung der Psychologie, wie ›Verhalten‹ – später häufig die eklektisch aufgeweichte Bestimmung ›Erleben und Verhalten‹ –, ›Reiz-Reaktion‹ etc. Die gegenwärtig gebräuchlichste Lesart ist wohl, daß die Psychologie es mit drei Arten von ›Variablen‹ zu tun habe, mit ›Reizvariablen‹, ›Reaktionsvariablen‹ und ›Organismus-Variablen‹, durch welche die beiden anderen Arten von ›Variablen‹ vermittelt sind (S – O – R-Schema).

Solche Versuche der kategorialen Gegenstandsbestimmung brachten aber nun neue Schwierigkeiten mit sich, da sie zu unbestimmt sind, um eine klare Abgrenzung der Psychologie gegen andere Disziplinen, wie die Physiologie oder die traditionelle Biologie, zu erlauben. Um den damit aufgetretenen Schwierigkeiten zu entgehen, versuchte man immer wieder eine Relativierung bzw. abstrakte Negierung des funktionalistischen Ansatzes, indem man umittelbare Bewußtseinstatbestände, Erlebnisse etc. begrenzt zulassen bzw. für sich erforschen wollte. Was daraus resultierte, war ein *Hin- und Herschwanken* zwischen den *gleichermaßen unhaltbaren Positionen* der subjektivistischen *Universalisierung der privaten ›Innerlichkeit‹* des Menschen und der *methodologisch begründeten Ausgrenzung dieser Innerlichkeit.* (s.u., S. 535 f.) Resultat der dadurch hervorgerufenen langwierigen Diskussion ist, daß man teilweise programmatisch auf eine Gegenstandsbestimmung der Psychologie verzichtet und eine ›Psychologie ohne Gegenstand‹ proklamiert, mindestens aber den Versuch, Klarheit über den psychologischen Gegenstand zu erlangen, aufgesteckt hat und sich statt dessen der Erforschung von durch keine grundlegende kategoriale Bestimmung zusammengehaltenen Einzelphänomenen zuwendet.

Die durch die ahistorische Gegenstandsverfehlung bedingte kategoriale Unbestimmtheit der traditionellen Psychologie ist die allgemeinste Grundlage für ihre *permanente Krise:* Indem die Entwicklung einer obersten Kategorie der Gegenstandskonstitutierung mit entsprechenden methodologischen Implikationen sich als unmöglich erwies, zerfiel das Gesamtgebiet sozusagen in seine Stücke, und dies in zweierlei Hinsicht: Als Zustand der Desintegration und Zersplitterung in eine Vielzahl von unverbunden nebeneinanderstehenden Theorien bzw. theoretischen Minitrends; und als Isolation und Desintegration der verschiedenen Gegenstandsaspekte, wodurch Phänomene wie ›Wahrnehmung‹, ›Denken‹ und ›Motivation‹ nicht aus ihrem Zusammenhang heraus entwickelt, sondern jeweils für sich erforscht (bestenfalls nachträglich äußerlich in Beziehung gesetzt) werden, was teilweise bis zur Einfriedung in separate Teildisziplinen, wie ›Wahrnehmungspsychologie‹, ›Denkpsychologie‹ und ›Motivationspsychologie‹ geht: durch diese Ausblendung des Zusammenhangs können auch die Einzelphänomene nur mehr oder weniger einseitig und verzerrt erfaßt werden.

Diese theoretische Desintegration muß methodische Implikationen haben. So kam es zu weitgehender (teilweise durch unausgewiesen tradierte ›Standards‹ kompensierter und verschleierter) Orientierungslosigkeit über die Begründbarkeit des bisherigen methodischen Instrumentariums und den zukünftig einzuschlagenden Weg der Forschung. Psychologische Praxis konnte sich unter diesen Umständen immer weniger auf grundwissenschaftliche psychologische Erkenntnisse und Verfahren beziehen, sondern entwickelte unter pragmatischen Gesichtspunkten der ›Machbarkeit‹ bzw. des vordergründigen professionellen Erfolgs ad hoc eigene Theoreme und Techniken, die häufig in einem unauflösbaren Widerspruch zu den ›offiziellen‹ Standards stehen. Mangels faßbarer Alternativen kam es dabei zu einem merkwürdigen Nebeneinander von permanenter Selbstkritik theoretischer und methodischer Art einerseits und dem Ignorieren dieser Kritik und blindem ›Weitermachen‹ in der empirischen Forschung und Praxis andererseits. ›Wissenschaftstheoretisch‹ rationalisiert wird dies in immer deutlicheren Rückzugsbewegungen, in denen z.B. die Not der Unfähigkeit zu konsistenter Theorienbildung und der Abwesenheit eines integrativen Wissenschaftsfortschritts zur ›Tugend‹ eines wissenschaftlichen Standards stilisiert wird, die Insuffizienz und Bedeutungslosigkeit traditionell-psychologischer Forschung mit dem schrittweisen Aufgeben jedes wirklichen wissenschaftlichen Erklärungsanspruchs ›wissenschaftslogische‹ Legitimation erfährt etc. (vgl. dazu etwa HOLZKAMP 1977, MASCHEWSKY 1977, JÄGER et al. 1978 und SCHNEIDER 1980).

Die ›einzelwissenschaftliche‹ Aussonderung und der Niedergang der traditionellen Psychologie sind natürlich nicht nur immanent-wissenschaftsgeschichtliche Prozesse, sondern allein aus der gesamthistorischen Entwicklung der bürgerlichen Gesellschaft und den sich daraus ergebenden ›Arbeitsteilungen‹ und Funktionalisierungen der Human- und Sozialwissenschaften hinreichend verständlich (vgl. dazu etwa JAEGER/STAEUBLE 1978). Dennoch ist es möglich, unabhängig von den Resultaten einer solchen gesamthistorischen Analyse, die kategorial-methodologischen Implikate der Psychologie, wie sie als Phänomen vorliegt, logisch-historisch herauszuarbeiten (vgl. MAIERS 1979).

A.N. Leontjews ›historische Herangehensweise‹ sowie objektive Fassung und genetische Herleitung des Psychischen als Wendepunkt in Richtung auf das historische Paradigma

Mit der Entwicklung der materialistischen Dialektik entstand, wie dargelegt, prinzipiell die Möglichkeit, die geschilderte kategoriale Beschränktheit und dadurch bedingte permanente Krise der Psychologie aufzuheben, indem der individualwissenschaftlich-psychologischen Forschung diese bisher eliminierte umfassende historische Dimension der naturgeschichtlichen, gesellschaftlich-historischen und individuellen Entwicklung als Selbstbewegung aus Widersprüchen (gemäß den dialektischen Grundgesetzen der ›Einheit und des Kampfes‹ von Widersprüchen, des ›Umschlags von Quantität in Qualität‹ und der ›Negation der Negation‹) methodologisch und inhaltlich eröffnet wird. Realisiert wurde diese Möglichkeit erstmals von dem sowjetischen Psychologen A.N. LEONTJEW mit seinem Konzept des ›historischen Herangehens‹ an den Gegenstand der Psychologie und seiner darauf basierenden, an umfangreichem Material unternommenen genetischen Ursprungs- und Differenzierungsanalyse des Psychischen. Damit wurde das Psychische als objektive, als Differenzierungsprodukt innerhalb von Lebensprozessen phylogenetisch entstandene Funktion herausgearbeitet und es konnte aufgewiesen werden, daß das *Psychische* als *›erlebte Innerlichkeit‹* des Menschen *nicht mit dem Psychischen überhaupt gleichgesetzt* werden darf, sondern ein historisches *Spätprodukt* des Psychischen, in welchem sich dessen *objektiv bestimmbare Züge spezifisch konkretisieren,* darstellt. So tat Leontjew einen entscheidenden Schritt zur *Rehabilitation des Psychischen als oberster, gegenstandskonstituierender Grundkategorie der Psychologie* (vgl. LEONTJEW 1973).

LEONTJEWs Konzept der ›historischen Herangehensweise‹ wurde in seiner zentralen Bedeutung für die Entwicklung marxistischer Individualwissenschaft weder von anderen Vertretern der ›kulturhistorischen

Schule‹ der sowjetischen Psychologie (deren Begründer er ist), noch von anderen sowjetischen Psychologen (wie RUBINSTEIN), noch auch von ›persönlichkeitstheoretisch‹ inklinierten marxistischen Theoretikern in kapitalistischen Ländern (wie SÈVE) hinreichend gewürdigt und umgesetzt (vgl. M II, S. 150 ff). Selbst da, wo man sich, wie die Vertreter der materialistischen Handlungstheorie in der DDR und der BRD, explizit auf LEONTJEW beruft, läßt man sein Konzept des ›historischen Herangehens‹ weitgehend beiseite und bezieht sich statt dessen lediglich auf bestimmte Resultate LEONTJEWs, wie die ›Tätigkeits‹- oder ›Aneignungs‹-Kategorie, seine Annahmen über das Verhältnis zwischen Tätigkeit, Handlung und Operation etc. Ja sogar Leontjew selbst hat in seinen späten Arbeiten teilweise sein eigenes Prinzip der historischen Herangehensweise wieder vernachlässigt und fiel m.E. damit hinter seine früheren Arbeiten zurück.

An dieser Stelle setzt nun die Kritische Psychologie an: Für sie ist, indem sie LEONTJEWs Ansatz konsequent aufgreift und fortsetzt, das *›historische Herangehen‹* im Einklang mit ihrer Fundierung in materialistischer Dialektik als ›umfassender Entwicklungslehre‹, *universelles begrifflich-methodologisches Forschungsprinzip,* aus dem keine einzige Verfahrensvariante oder Begriffsbildung herausfallen darf. Das *Paradigma,* das sich u.E. in Fortführung der von der Kritischen Psychologie im Anschluß an LEONTJEW geleisteten Kategorialanalysen herausarbeiten läßt, ist also ein *›historisches Paradigma‹,* mit welchem die bisher ausgeklammerte *umfassende historische Dimension menschlicher Existenz in der Individualwissenschaft/Psychologie zur Geltung gebracht* werden soll. Damit ist angenommen (und im weiteren zu belegen), daß der bisherige ›vorparadigmatische‹, damit ›vorwissenschaftliche‹ Zustand der Psychologie und ihr krisenhafter Niedergang der bisherigen Eliminierung des historischen Bezugs ihres Gegenstandsverständnisses geschuldet sind und mit der Durchsetzung der historischen Dimension in einem wirklichen Paradigma, das ausweisbaren Wissenschaftsfortschritt ermöglicht, aufgehoben werden können.

Mit der konsequenten Fortführung von LEONTJEWs ›historischem Herangehen‹ greift die Kritische Psychologie gleichzeitig seine genetisch begründete *objektive Bestimmung des ›Psychischen‹* (s.u.) auf, und begreift damit das *›Psychische‹ als oberste Grundkategorie der Individualwissenschaft/Psychologie,* durch welche deren Gegenstand sowohl gegen den anderer Wissenschaften abgegrenzt wie, durch eine kategoriale Differenzierung der Grundkategorie des Psychischen, in seiner inneren Gliederung adäquat erfaßt werden kann. Die genannte, in diesem Buch zu vollziehende kategorialanalytische Entwicklungsarbeit in Richtung auf das historische Paradigma läßt sich also spezifizieren als Herausarbeitung eines Kategoriensystems mit dem ›Psychischen‹ als oberster Kategorie und der kategorialen Auseinanderlegung von nachgeordneten Kategorien (verschiedenen Niveaus), in denen differenziertere Funktionsaspekte des Psychischen erfaßt sind. Dieses Kategoriensystem muß dabei so qualifiziert und strukturiert sein, daß der *Zusammenhang der individuellen psychischen Entwicklung der Menschen mit der übergeordneten naturgeschichtlichen und gesellschaftlich-historischen Entwicklung* angemessen und differenziert aufgewiesen werden kann. Damit sollen die Grundbegriffe und methodologischen Prinzipien verfügbar werden, mit denen dann psychologische Einzeltheorien gegenstandsadäquat gebildet und aktualempirisch fundiert werden können.

Die Resultate unserer kategorialanalytischen Entwicklungsarbeit, ihre Bezüge zur materialistischen Dialektik wie ihre Konsequenzen für die einzeltheoretisch-aktualempirische Arbeit werden teils an Ort und Stelle hervorgehoben, teils (speziell im 9. Kapitel) gesondert dargelegt. Dabei soll auch die *Methodologie* unseres Vorgehens im Wesentlichen erst am Schluß, wenn dabei der Bezug auf wirklich durchgeführte Kategorialanalysen möglich ist, in verallgemeinernder Weise verdeutlicht werden. Allerdings scheint es mir aus darstellungstechnischen Gründen erforderlich zu sein, dem Leser schon vorab einige Hinweise darüber zu geben, warum die folgende Analyse gerade so und nicht anders beginnt, warum sie sich gerade in diesen und in keinen anderen Schritten voranbewegt, damit er den Ausführungen von Anfang an leichter folgen kann. Deswegen skizziere ich vor dem Beginn der kategorialanalytischen Arbeit vorwegnehmend einige der generellen Leitgesichtspunkte der gegenstandsgeschichtlichen Kategorialanalyse in Richtung auf ein individualwissenschaftlich/psychologisches Paradigma (wobei dann die Ausführung und eingehende Begründung nachgeliefert werden).

1.3 Leitgesichtspunkte funktional-historischer Kategorialanalyse auf der Basis materialistischer Dialektik

Genetische Rekonstruktion als Aufdeckung der ›gegenwärtigen Historizität‹ des Vorgefundenen; Ansatz der Kategorialanalyse an psychologischen ›Vorbegriffen‹

Eine grundlegende Charakteristik materialistischer Dialektik ist es, daß Entwicklung als ›Selbstbewegung‹, als universelle Gegebenheitsweise von Realität überhaupt erfaßt ist, womit notwendig auch das Erkenntnissubjekt in die Selbstbewegung einbezogen ist. Ruhe, ›Statik‹, erscheint so nicht als ursprüngliches Phänomen, sondern als Sonderfall von Bewegung; und ein fixer Standort des Erkenntnissubjekts außerhalb des Entwicklungsprozesses, von welchem aus dieser zum Erkenntnisobjekt gemacht werden könnte, wird als eine (bestimmten bürgerlichen Gedankenformen geschuldete) fiktive Isolierung des Erkenntnissubjekts von seinem Gegenstand gekennzeichnet, wodurch es diesen nur ›äußerlich‹, nicht in seinen das Erkenntnissubjekt tatsächlich einbegreifenden inneren Bewegungsformen und -gesetzen, erfassen kann. Im dialektischen Erkenntnisprozeß muß demnach das jeweils Gegenwärtige als zunächst bloß in der ›Vorstellung‹ gegebene ›erscheinende‹ Oberfläche mit zufälligen, gesetzten, unzusammenhängenden Bestimmungen in seiner geschichtlichen Gewordenheit und Bewegung gedanklich reproduziert und damit zugleich auf die in ihm liegenden Möglichkeiten weiterer Entwicklung hin expliziert werden.

Dies geschieht generell dadurch, daß die Erkenntnis zunächst zu den abstraktesten Bestimmungen des Gegenstands gelangt und von da aus dann die Mannigfaltigkeit seiner weiteren Bestimmungen als resultativen Ausdruck seiner konkreten historischen Bewegung rekonstruiert, und so die Oberflächenbestimmungen, an denen die Analyse ansetzte, auf die in ihnen liegenden inneren Zusammenhänge und Bewegungsgesetze hin durchdringen kann (›Aufsteigen vom Abstrakten zum Konkreten‹ bzw. Erkenntnisgang vom ›Vorstellungskonkretum‹ über die Abstraktion zum ›Gedankenkonkretum‹). Aus diesem dialektischen Erkenntnisweg erhellt die zentrale Bedeutung des *Widerspruchsprinzips* für die Erkenntnisgewinnung: Realwidersprüche sind zu verstehen als innere Bewegungsmomente der Entwicklung: Aus der gedanklichen Reproduktion ihrer jeweils bestimmten historischen Form ist sowohl die Gewordenheit wie die weitere Entwicklungsmöglichkeit des gegenwärtig Gegebenen – als Differenzierungsprozeß, in seinen qualitativen Umschlägen, wie als Aufgehobenheit und Transformation elementarer in entwickelteren Stufen (Negation der Negation) – zu erkennen, womit auch die Bedingungen von Stagnation, Verfall oder Regression als Sonderfälle von Entwicklung gedanklich abbildbar werden. Aus dem Umstand, daß der dialektische Erkenntnisprozeß scheinbar Beharrendes als Bewegung (etwa als Resultante sich neutralisierender entgegengesetzter Kräfte) entschleiert, in den Gesetzen seiner Gewordenheit und Veränderung begreift, ergibt sich der *revolutionäre Charakter* materialistischer Dialektik schon in deren methodologischem Aspekt.

Wenn mithin vom ›historischen Herangehen‹ der Kategorialanalyse an den Gegenstand der Individualwissenschaft/Psychologie als Spezifizierung der Verfahrensweise materialistischer Dialektik die Rede ist, so bedeutet dies nicht einfach Herangehen *an* Historisches, sondern eine *historische Methode* des Herangehens, womit hier in der Rekonstruktion des historischen Prozesses dieser nicht nur zum *Gegenstand,* sondern auch zum *Mittel* der Erkenntnis wird (eine zentrale Sichtweise, die bürgerlichem Denken besonders hermetisch verschlossen ist). Beim Ansatz an der erscheinenden Oberfläche (dem ›Vorstellungskonkretum‹) in ihrer aktualempirischen Beschaffenheit wird hier also einerseits weiteres empirisches Material herangezogen, nämlich solches, in dem der reale historische (natur- und gesellschaftsgeschichtliche) Prozeß in dem zu analysierenden Aspekt dokumentiert ist, und das man deswegen in Abhebung vom aktualempirischen Material als ›*historisch-empirisches Material*‹ bezeichnen kann. Andererseits aber wird dieses historisch-empirische Material auch mit einer bestimmten ›historischen‹ Methode, nämlich der skizzierten *genetischen Rekonstruktion,* die als Reproduktionsprozeß der wesentlichen Bestimmungen des historisch Gewordenen und Sich-Verändernden in der Erkenntnis auch *logisch-historisches* Verfahren genannt wird, durchgearbeitet, womit die aktualempirische Ausgangserscheinung von einer bloß ›vorgestellten‹ zu einer begreifbaren werden soll. Während in bürgerlicher Sicht die Erstellung von Kategorien als theoretischen Grundbegriffen lediglich als Sache von beliebigen Definitionen und Begriffsfestsetzungen aufgefaßt werden kann, ist die von uns voranzutreibende ›historische‹ Kategorialanalyse ein in *empirischem* Material gegründetes, nach wissenschaftlichen Kriterien in seiner Methodologie und Methodik ausweisbares Verfahren, in welchem die *wissenschaftliche Rationalität* auf einen Problembereich ausgedehnt ist, der ihr *bisher verschlossen* war: die *Konzipierung psychologischer Grundbegriffe.* Der methodologische Unterschied zwischen einzeltheoretisch-aktualempirischer Forschung und Kategorialanalyse liegt also nicht darin, daß die erstere ›empirisch‹ ist, die letztere aber ›spekulativ‹, bloß ›deduktiv‹ o.ä. ›*Empirisch*‹ *sind vielmehr beide* Forschungsverfahren, wobei das herangezogene Material nur in einem Falle ›*aktual*empirischer‹ und im anderen Falle ›*historisch*-empirischer‹ Art ist (vgl. 9. Kapitel).

Wie ist nun die ›*erscheinende Oberfläche*‹, das ›*Vorstellungskonkretum*‹ beschaffen, an dem wir mit unserer historischen Kategorialanalyse anzusetzen haben? Es handelt sich dabei um Gegebenheiten, die bisher schon ›irgendwie‹ als ›*Gegenstand*‹ *psychologischer Betrachtungen oder Analysen* (seien diese nun *fach*psychologischer oder *alltäglicher* Art) vorliegen, von denen wir aber, da sie ja den Ausgangspunkt der Kategorialanalyse bilden sollen, annehmen, daß sie ›*kategorial*‹ *noch unaufgeklärt* sind, also in ihren äußeren Bezügen und ihren inneren Zusammenhängen ›vermischt‹ und unexpliziert. Da nun aber empirische Gegebenheiten ja für die Erkenntnis (welchen Niveaus auch immer) nicht einfach als solche vorliegen, sondern immer schon in der Fassung von Begriffen, ›durch‹ Begriffe ›hindurch‹ – nur so können sie zur von Menschen ergriffenen und erkannten Realität werden –, müssen wir auch beim ›psychologischen‹ Vorstellungskonkretum davon ausgehen, daß es bereits in der *Form von (alltags- oder fachpsychologischen) ›Begriffen‹* gegeben ist, die wir – da sie von uns an dieser Stelle unserer Darlegungen als Ansatzstelle der Kategorialanalyse, also dieser noch nicht unterworfen, gesetzt sind – mit Bezug darauf als ›*Vorbegriffe*‹ bezeichnen wollen (was nicht ausschließt, daß so verstandene Vorbegriffe in anderer als kategorialanalytischer, etwa begriffsanalytischer Hinsicht schon wissenschaftlich bearbeitet worden sind). Derartige Vorbegriffe als ›erscheinende Oberfläche‹ in den Begriffen der vorfindlichen Psychologie wären etwa (in bunter Reihenfolge): ›Verhalten‹, ›Erleben‹, ›Wahrnehmung‹, ›Lernen‹, ›Denken‹, ›Emotionalität‹, ›Stimulus‹, ›Response‹, ›Verstärkung‹, ›Angst‹, ›Bedürfnis‹, ›Motivation‹, ›Äquilibration‹, ›kognitive Dissonanz‹, ›Stimulus-Gradient‹, ›Verdrängung‹, ›Übertragung‹, ›Kontingenz‹, ›Reaktanz‹ etc.

Solche Vorbegriffe können prinzipiell in begriffsgeschichtlicher und in gegenstandsgeschichtlicher Dimension historisch analysiert werden. *Wir* setzen gemäß der Fragestellung dieses Buches an einem derartigen ›Raum‹ von Vorbegriffen mit unserer *gegenstands*geschichtlichen Kategorialanalyse des Psychischen ein. Wir nehmen sie einerseits als Gegenwärtiges, analysieren sie aber andererseits in der geschilderten Weise auf die ›in‹ ihnen erscheinenden bzw. ›aufgehobenen‹ Prozesse ihrer gegenstandshistorischen Gewordenheit (und Entwicklungsmöglichkeit) hin, wollen sie also in ihrer kategorialen Struktur durchdringbar machen durch Aufweis und begriffliche Fassung der *im Gegenwärtigen liegenden* ›*Historizität*‹.

Im Ansatz an dem benannten Bereich der psychologischen ›Vorbegriffe‹ haben wir nun also die verschiedenen Formen und Aspekte von kategorialen Bestimmungen herauszuarbeiten, die ›vermischt‹ und unexpliziert ›in‹ bzw. ›hinter‹ ihnen stecken, und nach deren Aufweis dann der *Stellenwert* der einzelnen Vorbegriffe im *kategorialen Gesamtzusammenhang,* damit auch ihr *Zusammenhang untereinander,* klar werden kann. Damit wird als Resultat der Kategorialanalyse auch deutlich, in welcher Hinsicht die Vorbegriffe zu weit, zu eng, ›schief‹, in falschem Kontext, gefaßt sind, welche wesentlichen Zusammenhänge in ihnen wegisoliert, welche zentralen Spezifizierungen und Präzisierungen in ihnen ausgeklammert sind etc. Der kategorialanalytische Durchgang vom Vorstellungskonkretum zum begriffenen Gedankenkonkretum ist also immer auch ein Prozeß auf die Ausgangsbegriffe bezogener *rückwirkender Begriffskritik,* wobei als Konsequenz dieser Begriffskritik andere begriffliche Fassungen oder auch gänzlich neue Begriffe konzipiert werden – dies aber nicht ›aus dem Bauch heraus‹, nach Art der von MARX so genannten ›professoralen Begriffsanknüpfungsmethode‹, nicht gemäß der beherrschenden Leidenschaft bürgerlicher ›Theoretiker‹, sich immer neue Unterscheidungen auszudenken und spitzfindig von Unterscheidungen anderer abzugrenzen, sondern im Resultat der wirklichen, historisch-empirisch fundierten Kategorialanalyse.

Bestimmung der Grundform des Psychischen und ihrer Ausdifferenzierung in verschiedene Dimensionen und Funktionsaspekte

Die allgemeinste Frage, die bei diesem Vorhaben an die ›Vorbegriffe‹ zu richten ist, ist die Frage danach, in welchem Sinne es sich bei den von ihnen angesprochenen Gegebenheiten um ›*Psychisches*‹ handelt, das einen identifizierbaren und abgrenzbaren ›Gegenstand‹ der Individualwissenschaft/Psychologie ausmacht, und weiterhin, wie das in ihnen Gemeinte sich zur inneren Gliederung des Psychischen in verschiedene psychische Dimensionen und Funktionsaspekte verhält. Dazu muß zunächst – wie erwähnt – das ›Psychische‹ als *allgemeinste gegenstandskonstituierende Grundkategorie* der Individualwissenschaft/Psychologie herausgehoben werden.

Das Psychische kann – wie später deutlich werden wird – in seinen generellsten ›menschlichen‹ Charakteristika als Resultat eines *phylogenetischen bzw. anthropogenetischen Prozesses* ausgewiesen werden, durch welchen die heutigen Formen mit ihren phylogenetischen Ursprüngen durch einen *ununterbrochenen Erbgang als substantiellem Träger der Entwicklung* verbunden sind und die Entwicklung, die zur gegenwärtigen Form geführt hat, als *unumkehrbare Progression der Kumulation und Strukturierung von Erbinformation* aufgefaßt werden kann (dies nicht deswegen, weil die Phylogenese ein solcher einsinniger Progressionsprozeß ›ist‹, sondern weil bei der Rekonstruktion der Genese der gegenwärtigen Form nur die Entwicklung, sofern sie dahin geführt hat, in den Blick kommt, also phylogenetische ›Seitenäste‹, Stagnationen, der Untergang früherer Formen etc. beiseitebleiben).

Aus der damit skizzierten Eigenart der psychophylogenetischen Rekonstruktion ergibt sich nun die Möglichkeit einer *auf diesen Aspekt eingeschränkten Spezifizierung* der erwähnten logisch-historischen Analyse materialistischer Dialektik, die in der Kritischen Psychologie ›*funktional-historische Analyse*‹ genannt wurde: In diesem (später genauer zu charakterisierenden) Verfahren wird die ›gegenwärtige Historizität‹ des Psychischen als Resultat eines *kontinuierlichen und einheitlichen Differenzierungs- und Qualifizierungsprozesses von einer Elementaroder Grundform des Psychischen* aus, in welchem ›nichts verlorengeht‹, d.h. die *Bestimmungen der Grundform wie aller genetischen Zwischenformen in der entwickeltsten Form ›aufgehoben‹ sind*, aus dem einschlägigen historisch-empirischen Material rekonstruiert. Die ›Entmischung‹ der Vorbegriffe wäre also in diesem Rahmen die *kategoriale ›Entschlüsselung‹ der im Gegenwärtigen ›aufgehobenen‹ genetischen Verhältnisse*.

Die erforderte genetische Ableitung des ›Psychischen‹ als allgemeinste gegenstandskonstituierende *Grundkategorie* der Individualwissenschaft/Psychologie ist so gesehen gleichbedeutend mit der an historisch-empirischem Material zu vollziehenden logisch-historischen Herausarbeitung der *genetischen Elementarform* des Psychischen. Auf diese Weise gelangen wir vom Vorstellungskonkretum zur *allgemeinsten Ausgangsabstraktion.* Die *kategorialen Differenzierungen* in verschiedene Funktionsaspekte sind sodann genetisch so zu begründen, daß die *historisch-empirisch herausarbeitbaren realen genetischen Differenzierungsprozesse,* die zur inneren Gliederung des gegenwärtigen Gegenstands geführt haben, in den kategorialen Bestimmungen *adäquat abgebildet* sind. Dies kann durch bestimmte *begriffliche Verweisungen* geschehen, aber (wo möglich) auch dadurch, daß die *Ausgangsbegriffe so umdefiniert und in ein Über- und Unterordnungsverhältnis* gesetzt werden, daß die *begrifflichen Verhältnisse den genetischen Differenzierungsverhältnissen entsprechen:* Eine kategoriale Bestimmung, die einer anderen gegenüber *allgemeiner* ist, hätte sich demnach auch auf einen vergleichsweise *elementareren* Aspekt des genetischen Ausfaltungsprozesses zu beziehen, da, wo im genetischen Differenzierungsprozeß aus der *gleichen Ursprungsform* zwei *genetisch gleichartige Formen* psychischer Funktionsaspekte sich herausgebildet haben, sollten diese mit Bezug auf deren ›gegenwärtige Historizität‹ mit *begrifflich gleichgeordneten kategorialen Bestimmungen* einander gegenübergestellt werden. Daraus ergibt sich auch, daß bei dieser begrifflich-kategorialen Abbildung des genetischen Ausfaltungsprozesses des Psychischen außer der Ausgangsabstraktion des ›Psychischen‹ überhaupt, die die allgemeinsten Bestimmungen aller differenzierteren Funktionsaspekte enthält, je nach den genetischen Verhältnissen weitere *Zwischenabstraktionen* zu vollziehen sind, in denen zwar in Relation zu den elementareren Formen schon weitere inhaltliche Bestimmungen hinzugenommen sind, in denen aber von den *weitergehenden inhaltlichen Spezifizierungen der entwickelteren Formen noch abstrahiert* ist.

Die (im Anschluß an die LEONTJEWsche Bestimmung, s.u.) zunächst *hypothetische* Bestimmung des ›Psychischen‹ als individualwissenschaftlicher Grundkategorie wäre mithin im weiteren Analysegang soweit als *tatsächlich* auf die genetische Grundform des Psychischen bezogen auszuweisen, wie sich einerseits an historisch-empirischem Material herausarbeiten läßt, daß das derart definierte ›Psychische‹ die *bestimmende Dimension einer gegenüber vorgängigen Lebenserscheinungen zu spezifizierende besonderen Stufe und Form* im phylogenetisch gewordenen Lebensprozeß ist; und wie andererseits allen *spezielleren Lebenserscheinungen,* die als ›psychisch‹ zu charakterisieren sind, bis hin zu den Handlungen und dem Bewußtsein menschlicher Individuen, tatsächlich als *generellste Charakteristika ihrer spezifischeren Merkmale jene Bestimmungen* zukommen, die die *Grundform des Psychischen* kennzeichnen. Wenn dagegen im naturgeschichtlichen bzw. gesellschaftlich-historischen Entwicklungsprozeß Lebenserscheinungen aufweisbar sind, denen man die Charakteristik des Psychischen nicht absprechen kann, die aber *nicht* als Differenzierungsprodukte der angenommenen Grundform aufgefaßt werden können, also andere historische Ursprünge und demgemäß auch andere allgemeinste Grundkennzeichen haben, so ist die Bestimmung der ›Grundform‹ *wissenschaftlich inadäquat,* die dazu führende Abstraktion also unzulänglich.

Dies gilt entsprechend auch für die jeweiligen Zwischenformen verschiedener Ordnung: Diese müssen einerseits, wenn auch hier nicht gegenüber *vor*psychischen Lebenserscheinungen, sondern gegenüber *elementareren psychischen* Lebenserscheinungen, als bestimmende Momente einer entwickelten Stufe und Form ausweisbar sein und andererseits den Formen, die wiederum als entwickeltere Ausprägungen der jeweiligen Zwischenform aufzufassen sind, als allgemeine Kennzeichen zukommen.

Zusammengefaßt: ›Schlecht‹ sind die abstraktiv gewonnenen Annahmen über die ›Grundform‹ und die verschiedenen ›Zwischenformen‹ bzw. ›Endformen‹ des Psychischen dann, wenn das danach konstruierte Kategoriensystem nicht eine oberste für die Individualwissenschaft/Psychologie gegenstandskonstituierende Grundform des Psychischen enthält, die alle anderen Kategorien als Spezialfälle verschiedener Ordnung umfaßt, sondern wenn hier mehrere unzusammenhängende Grundkategorien mit jeweils den aus ihnen abgeleiteten spezielleren Kategorien unverbunden nebeneinanderstehen – also der bisherige ›vorparadigmatische‹ Zustand der traditionellen Psychologie nicht überwunden ist. (Ich komme auf das hier angesprochene Problem der empirischen Bewährung kategorialanalytischer Annahmen im 9. Kapitel zurück.)

Bestimmung des Verhältnisses verschiedener qualitativer Spezifitätsniveaus des Psychischen

Wir haben bisher an den benannten psychologischen Vorbegriffen als Ansatzstelle der Kategorialanalyse lediglich den Umstand problematisiert, daß deren Zusammenhang mit der Grundform des Psychischen und dessen verschiedenen Funktionsaspekten unklar ist und mit der geschilderten genetischen Vorgehensweise kategorialanalytisch aufgeklärt werden muß. Die Vorbegriffe, wie wir sie bestimmt haben, sind aber – da befangen in der geschilderten ›ahistorischen‹ Gegenstandsverkürzung der traditionellen Psychologie – noch in einer anderen, die der Funktionsdifferenzierung quasi waagerecht ›schneidenden‹, Dimension ›vermischt‹ und unaufgeklärt: Es ist ihren Oberflächenbestimmungen nicht anzusehen, wieweit die in ihnen angesprochenen Gegebenheiten gesellschaftlicher oder biologischer Art sind, damit auch nicht, in welchem Verhältnis diese beiden Momente innerhalb des jeweiligen psychischen

Funktionsaspektes stehen. Folglich müßten in den kategorialanalytisch zu erarbeitenden Grundbegriffen auch der *qualitative Unterschied gesellschaftlicher und biologischer Charakteristika* psychischer Funktionen und ihr Verhältnis zueinander abbildbar sein.

Die besondere Qualität der menschlich-gesellschaftlichen Entwicklungsstufe in Abhebung von der bloß biologischen Stufe ist (wie später auszuweisen) noch als Resultat eines *phylogenetischen* Entwicklungssprungs zu betrachten, in welchem zugleich mit der gesellschaftlichen Form der Reproduktion des Lebens durch deren Rückwirkung auf den Evolutionsprozeß die ›gesellschaftliche Natur‹ des Menschen sich herausbildet, durch die er als einziges Lebewesen ›biologisch‹ dazu befähigt ist, sich zu vergesellschaften und an der Reproduktion des gesellschaftlichen Lebens teilzuhaben. Man kann somit die gesellschaftliche Stufe des Psychischen quasi als *zu ›uns‹ als Menschen führendes ›Endresultat‹* des früher geschilderten *kontinuierlich-progressiven psychophylogenetischen Prozesses* auf der Basis der Weitergabe, Kumulation und Strukturierung von Erbinformation betrachten (dies ist ein wesentlicher inhaltlicher Befund unserer Analysen). Dies bedeutet aber, daß das ›*funktional-historische Verfahren*‹ als Spezifizierung des logisch-historischen Verfahrens weiterhin *anwendbar* ist: Die kategoriale ›Entschlüsselung‹ der ›gegenwärtigen Historizität‹ des Psychischen kann also hier im Prinzip auf die schon geschilderte Weise erfolgen. D.h. hier: die kategoriale Heraushebung eines *qualitativen Unterschieds* gesellschaftlicher und biologischer Bestimmungen des Psychischen ist nur soweit und in solchen Momenten berechtigt, wie diese unterschiedlichen Bestimmungen als resultativer Ausdruck eines *qualitativen Sprungs* von der *bloß phylogenetischen* zur *gesellschaftlich-historischen* Stufe des jeweiligen psychischen Funktionsaspektes ausweisbar sind. Die diesbezügliche genetische Analyse steht hier also unter der Fragestellung des dialektischen Grundgesetzes ›Umschlag von Quantität in Qualität‹ und hat die Analyse eines solchen Umschlags an historischem Material konkret durchzuführen (was, wie sich noch zeigen wird, auch eine methodologische Konkretisierung des allgemeinen Prinzips erforderlich macht).

Wenn auf diesem Wege das *gesellschaftlich-historische* vom *bloß ›biologischen‹* Spezifitätsniveau kategorialanalytisch unterscheidbar zu machen ist, so verdeutlicht sich sogleich der Umstand, daß *auch das ›Biologische‹* als resultativer Ausdruck vorgängiger *qualitativer Umschläge innerhalb* des phylogenetischen Prozesses vorliegt, sodaß man mit Hilfe entsprechender genetischer Analysen solcher qualitativen Sprünge an der gegenwärtigen Historizität des Psychischen nicht nur das gesellschaftliche gegenüber dem biologischen Spezifitätsniveau, sondern darüberhinaus auch *unterschiedliche biologische Spezifitätsniveaus* kategorial zu differenzieren hätte. Aus dem Weiterdenken dieser Überlegung wird klar, daß letztlich auch die *kategoriale Unterscheidung* der *psychi-*

schen von den *nichtpsychisch-biologischen Kennzeichen* der ›gegenwärtigen Historizität‹ der Lebenserscheinungen nur durch die Herausarbeitung eines qualitativen Umschlags, nämlich des *Umschlags von* der *vor*psychischen Phylogenese zur *Psycho*-Phylogenese begründbar sein kann. Damit läßt sich nun die früher erwähnte Heraushebung der *genetischen Grundform des Psychsichen* als die *logisch-historisch* ›*erste*‹ *qualitative* ›*Sprung*‹-*Analyse* präzisieren und es wird deutlich, daß bei der genetischen Rekonstruktion des Entwicklungs- und Differenzierungsprozesses der Grundform geklärt werden muß, wieweit eine jeweils entwickeltere Form des Psychischen als ein qualitativer Umschlag im Gesamtprozeß der Psychophylogenese auszuweisen und entsprechend kategorial zu charakterisieren ist – bis hin zu dem qualitativen Sprung, mit welchem die bloß psycho*phy*logenetische Entwicklung in die *gesellschaftlich-historische* Stufe des Psychischen als ›höchstem‹ Spezifitätsniveau umschlägt, in dessen ›gegenwärtiger Historizität‹ alle elementareren Spezifitätsniveaus aufgehoben sind.

Da die so zu charakterisierende funktional-historische Rekonstruktion der verschiedenen, im Gegenwärtigen aufgehobenen Spezifitätsniveaus im Nachvollzug des wirklichen Prozesses genetischer Umschläge zu jeweils höheren Niveaus erfolgt, ergeben sich aus der Art und Weise, wie sich der Umschlag von einem zum anderen Niveau vollzog, noch weitergehende Hinweise über das *Verhältnis* der Spezifitätsniveaus innerhalb der gegenwärtigen Historizität des Psychischen. So kann man z.B., wenn ein bestimmter Funktionsaspekt die wesentliche Dimension des qualitativen Umschlags zum höheren Niveau darstellt, andere Funktionsaspekte sich dabei aber nur sekundär mitentwickelten, oder überhaupt auf der früheren Stufe verharrten, das gegenwärtige Verhältnis dieser Funktionsaspekte als Verhältnis zwischen *spezifisch-bestimmenden* und *spezifisch-sekundären,* bzw. zwischen (ob nun bestimmenden oder sekundären) *spezifischen* und *unspezifischen* Aspekten charakterisieren: Die unspezifischen Aspekte können dann weiter danach differenziert werden, ob und in welcher Weise sie durch die ›höheren‹, spezifischeren Funktionsaspekte affiziert wurden, etwa, obzwar unspezifisch-biologisch, von den spezifisch gesellschaftlich entwickelten Funktionsaspekten *geformt* oder *überformt* etc. (was dies bedeutet, kann erst bei der späteren inhaltlichen Ausführung der funktional-historischen Analyse klarer werden).

Mit der bis hierher charakterisierten kategorialanalytischen Vorgehensweise als ›funktional-historische‹ Analyse kann also, ansetzend an den noch ›unentmischten‹ psychologischen Vorbegriffen über die Ausgangsabstraktion der ›Grundform‹ des Psychischen, diese abstrakteste Bestimmung (gemäß dem MARXschen Prinzip des ›Aufsteigens vom Abstrakten zum Konkreten‹) durch genetische Herausarbeitung der verschiedenen quantitativen und qualitativen Zwischenformen als ›Vermittlungsschritten‹ immer mehr inhaltlich konkretisiert werden. Die Abstraktion bleibt also nicht ›formell‹, sondern begreift die Fülle der wirklichen Erscheinungen immer weitergehend in sich ein. Auf diesem Wege wird die in der psychologischen Vorbegrifflichkeit erfaßte erscheinende Oberfläche, die die Ansatzstelle der historischen Analyse bildete, durch diese schließlich wieder ›eingeholt‹. Die anfangs unentmischten und verworrenen Erscheinungen sind aber jetzt, über die Ausgangsabstraktion und die schrittweise historische Rekonstruktion, in ihren psychischen Grundcharakteristika und Funktionsaspekten wie den in ihnen aufgehobenen Spezifitätsniveaus in ihrem Verhältnis zueinander als ›gegenwärtige Historizität‹ zu durchdringen und erfüllen insoweit die Bestimmungen eines ›Gedankenkonkretums‹.

Grenzen der funktional-historischen Ursprungs- und Differenzierungsanalyse; Ausblick auf später zu vollziehende methodologische Erweiterungen des kategorialanalytischen Verfahrens

Die individualwissenschaftliche Kategorialanalyse, soweit wir sie bisher charakterisiert haben, ist als ›funktional-historische‹ Ursprungs-, Differenzierungs- und Qualifizierungsanalyse die genetische Rekonstruktion der ›gegenwärtigen Historizität‹ des Psychischen, soweit diese als Resultat des phylogenetischen Prozesses aufgefaßt werden kann: Nur hier ist im Erbgang ein substanzieller Träger der Entwicklung anzunehmen, bezüglich dessen die Annahme, im Gegenwärtigen seien alle psychischen Differenzierungen von der ›Grundform‹ an und alle dabei hervorgetretenen qualitativen Umschläge als Ergebnis eines kontinuierlich-unumkehrbaren Prozesses präsent bzw. aufgehoben, zu rechtfertigen ist. Dies bedeutet aber, daß die Kategorialanalyse nicht mehr in ›funktional-historischer‹ Weise vollzogen werden kann, soweit es gilt, Aspekte des Psychischen als ›individualwissenschaftlichem‹ Gegenstand aufzuschließen, die einerseits *historisch bestimmt* sind, aber andererseits *nicht* als Resultat des phylogenetischen Prozesses betrachtet werden können. Vor dieser Aufgabe steht – wie vorwegnehmend festgestellt werden soll – die Kategorialanalyse aber da, wo das Psychische nicht mehr nur in seinen spezifisch-menschlichen, d.h. allgemeingesellschaftlichen Charakteristika (samt aufgehobener unspezifischer Niveaus), sondern in seiner *Bestimmtheit durch Veränderungen bzw. Stadien des gesellschaftlich-historischen Prozesses selbst* zu erfassen ist: Der gesellschaftliche Prozeß ist nämlich *nicht* mehr primär eine *Veränderung der organismisch-individuellen Funktionsgrundlage des Psychischen,* sondern eine *Veränderung der durch die Menschen produzierten gegenständlich-sozialen Verhältnisse.* Demnach kann der gesellschaftlich-historische Differenzierungs- und Qualifizierungsprozeß *nicht mehr,* auch nicht aspekthaft, als ein

Differenzierungs- und Qualifizierungsprozeß des Psychischen aufgefaßt werden (abgesehen davon, wieweit die gesellschaftlich-historische Veränderung überhaupt adäquat als kontinuierlicher einsinniger Progressionsprozeß aufgefaßt werden darf). Es steht vielmehr zur Frage, in *welcher Weise das Psychische als Kennzeichen individueller Lebenstätigkeit des Menschen durch den gesellschaftlichen Prozeß in seiner jeweils historisch konkreten Ausprägungsform bestimmt* sein kann, und wie dabei die *Vermittlung* zwischen den ›nichtpsychischen‹ gesellschaftlichen Verhältnissen und dem *Psychischen* zu fassen bzw. in welchem Sinne das *Psychische selbst als ›gesellschaftlich‹* qualifizierbar ist.

Mit dieser über den funktional-historischen Ansatz hinausgehenden Fragestellung der Kategorialanalyse ist die ›gegenwärtige Historizität‹ des Psychischen also noch auf andere Weise ›genetisch‹ aufzuschließen als durch die bisher geschilderte Ursprungs- und Differenzierungsanalyse, wobei die psychologischen Vorbegriffe hinsichtlich weiterer Aspekte als den bisher genannten hinterfragbar und rückwirkend kritisierbar werden müssen. Demnach sind auch die bisher angeführten methodologischen Leitgesichtspunkte der Kategorialanalyse durch weitere zu ergänzen.

Diese methodologische Charakterisierung der Kategorialanalyse über deren funktional-historische Charakteristik hinaus ist indessen erst dann sinnvoll möglich, wenn die Resultate der funktional-historischen Rekonstruktion des Psychischen bis zu einem bestimmten Punkt entfaltet sind: Erst dann nämlich sind deren Reichweite und deren Grenzen konkret ausmachbar und ist genau zu sagen, welche dadurch nicht erfaßten Aspekte des Psychischen mit welcher kategorialanalytischen Herangehensweise aufzuschließen sind. Wir kommen deshalb in einem methodologischen Zwischenteil später darauf zurück: Die bisherigen methodologischen Leitgesichtspunkte sollten dem Leser ja nur den ›Einstieg‹ in die folgenden Analysen erleichtern, nicht aber schon deren methodologische Grundlagen systematisch entfalten. Dabei ist generell zu berücksichtigen, daß die Zielsetzung des Buches nicht nur methodologischer Natur ist: Es gilt vielmehr, mit der nun beginnenden Durchführung der Kategorialanalysen das Psychische in seiner besonderen Eigenart und seiner ganzen inhaltlichen Fülle kategorial aufzuschließen, wobei sich erst im Zuge einer solchen inhaltlichen Gegenstandsentfaltung immer mehr verdeutlicht, wie deren methodisches Vorgehen zu kennzeichnen und zu begründen ist.

Kapitel 2

Die genetische Grundform des Psychischen und ihre evolutionäre Herausbildung; das methodische Problem des Aufweises qualitativer Sprünge in der Psychophylogenese

2.1 Grundbestimmungen des elementaren ›vorpsychischen‹ Lebensprozesses

›Leben‹ als selbstreproduktives System auf Populations- und Organismus-Ebene; die funktionale Betrachtensweise

Gemäß dem funktional-historischen Verfahren der psychophylogenetischen Rekonstruktion stehen wir am Beginn der inhaltlichen Kategorialanalyse vor der Aufgabe, das ›Psychische‹ als gegenstandskonstituierende Grundkategorie der Psychologie so zu bestimmen, daß darin die *genetische Grundform* des Psychischen im dargestellten Sinne adäquat erfaßt ist. Das ›Psychische‹ ist hier also in seinen allgemeinsten Zügen so zu definieren, daß es im phylogenetischen Gesamtprozeß als *spezifisches und bestimmendes Moment* einer *qualitativ neuen Entwicklungsstufe der Lebensvorgänge* aufweisbar ist. Da somit das Psychische in seiner Spezifik gegenüber dem allgemeinen ›vorpsychischen‹ Lebensprozeß zu qualifizieren ist, müssen wir – ehe die Ausgangsabstraktion zur Charakterisierung der Grundform des Psychischen eingeführt wird – Angaben darüber machen, wie der *Lebensprozeß* und seine Entwicklungsgesetze, *denen gegenüber* das Psychische und dessen Entwicklung in seiner Besonderheit hervorzuheben ist, generell zu kennzeichnen sind.

Dabei ist zu bedenken, daß nicht nur das Psychische innerhalb von Lebensprozessen, sondern auch der Lebensprozeß selbst historisch geworden und als Grundform neuer Qualität aus vorbiologischen Prozessen hervorgegangen ist. Bei einer vollständigen Analyse zur Charakterisierung der Grundbestimmungen des Lebens wäre also der qualitative Sprung von vorbiologischen zu biologischen Entwicklungsprozessen empirisch-historisch zu rekonstruieren. Von uns wird an dieser Stelle eine solche explizite Analyse nicht vorgelegt: Dies würde den Rahmen unserer

Fragestellung überschreiten; außerdem hat die Kritische Psychologie zu diesem Problem nichts Neues beigesteuert. Wir resumieren statt dessen global den einschlägigen Stand der biologischen Forschung (was umso eher vertretbar erscheint, als die historische Dimension der Betrachtung in der Biologie zwar verkürzt, aber nicht in der radikalen Weise ausgeklammert ist wie in der Psychologie). Dabei wird die begriffsgeschichtliche Ebene hier nicht eigens thematisiert, ich nenne also weder die Quellen für die folgenden Ausführungen, noch wird die besondere Art meiner Darstellung diskutiert und gerechtfertigt.

Man spricht bei der Rekonstruktion des erdgeschichtlichen Entwicklungsprozesses da von ›Leben‹ in seiner elementarsten Form, wo im Zuge zyklisch ineinander zurücklaufender chemischer Gleichgewichtsprozesse immer höherer Ordnung ›organismische‹ Einheiten mit der Fähigkeit zur *strukturell identischen Selbstreproduktion,* d.h. zur Vermehrung strukturgleicher Einheiten, zunächst durch Teilung, später durch andere Formen der ›Fortpflanzung‹ sich herausgebildet haben. Die so entstehenden ›artgleichen‹ Organismen bilden eine ›Population‹, die sich gegenüber der ›Umwelt‹ als offenes Gleichgewichtssystem erhält, indem der Verlust an Organismen aufgrund ›unverträglicher‹ Umweltbedingungen (oder aus ›inneren‹ Gründen) durch selbstreproduktive Vermehrung (mindestens) ausgeglichen wird.

Die Fähigkeit zur strukturell identischen Selbstreproduktion schließt notwendig die *Fähigkeit der einzelnen Organismen zur Erhaltung ihrer Strukturidentität* ein, da – wenn es zur identischen Selbstreproduktion kommen soll – die Organismen bis zum Zeitpunkt der ›Fortpflanzung‹ ihre eigene Struktur erhalten haben müssen. Der *Gleichgewichtsprozeß,* der zur *individuellen Systemerhaltung* der Organismen (als Teilmoment der Systemerhaltung der Organismen-Population) führt, wird in seinem energetischen Aspekt ›*Stoffwechsel*‹ genannt. Dieser ist generell zu charakterisieren als *Fließgleichgewicht* zwischen Assimilation äußerer Stoffe, als ihre Umsetzung in Energie und Dissimilation, als Verbrauch dieser Energie in den vitalen Leistungen des Organismus, der somit, anders als die (relativ) geschlossenen Systeme auf vororganismischer Ebene, ein *offenes System* darstellt, das sich durch Einfuhr und Ausfuhr von Energie erhält, dabei trotz laufenden Austauschs der materiellen Elemente in seiner Struktur identisch bleibt. Der Organismus ist mithin insofern eine gegenüber einer ›passiven‹ Umwelt ›*aktive*‹ Lebenseinheit, als er durch aktive Umsetzungs- und Gleichgewichtsprozesse sich selbst gegenüber wechselnden Umweltbedingungen konstant hält. Dabei ist allerdings vorausgesetzt, daß die Umweltverhältnisse den Rahmen der ›Verträglichkeit‹ gegenüber dem Organismus nicht überschreiten, daß also genügend assimilierbare Stoffe vorhanden sowie Schadstoffe und innere schädigende Bedingungen abwesend sind. Andernfalls geht das ›offene System‹ eines durch Assimilation und Dissimilation sich erhaltenden Fließgleichgewichts des Organismus über in ein (relativ) *geschlossenes System* und *stationäres Gleichgewicht* auf nichtorganismischer Ebene, d.h. der Organismus ›stirbt‹ und hat damit seine spezifischen ›organismischen‹ Qualitäten verloren. Damit ist gleichzeitig das übergeordnete System der Population um ein Element reduziert. – Die organismische Systemerhaltung hat neben dem energetischen gleichursprünglich einen *Informationsaspekt:* Der Organismus reagiert auf bestimmte äußere Bedingungen nicht lediglich gemäß unspezifischen chemisch-physikalischen Gesetzen, sondern setzt diese Bedingungen *selektiv* in (mindestens) *innere Aktivität* um, beantwortet also etwa den Kontakt mit stoffwechselrelevanten Gegebenheiten auf andere Weise als den mit stoffwechselirrelevanten Gegebenheiten, zeigt auch gegenüber Mangelsituationen, Schadstoffen oder anderen ›abträglichen‹ Bedingungen spezifische Reaktionen etc. Organismische Aktivitäten unter dem Aspekt einer dergestalt selektiven Informationsauswertung werden ›*Reizbarkeit*‹, ›*Erregbarkeit*‹ oder auch ›*Irritabilität*‹ genannt und stellen eine elementare Eigenart von Lebensprozessen dar.

Aus dem Umstand, daß Lebensprozesse nur als offene Gleichgewichtssysteme (das übergeordnete Populationssystem und das diesem untergeordnete organismische System) adäquat in ihrer Spezifik erfaßbar sind, ergibt sich die *Notwendigkeit eines besonderen wissenschaftlichen Herangehens:* Die in den vorbiologischen Naturwissenschaften allein übliche kausale Betrachtensweise wird dabei zwar nicht außer Kraft gesetzt, aber in einer spezifischen Betrachtensweise aufgehoben, die man als ›*funktionale*‹ Sicht bezeichnet. Wenn von ›Funktion‹ die Rede ist, wird ein bestimmter Prozeß oder Sachverhalt zu dem übergeordneten Gesamtsystem in Beziehung gebracht. Als ›*funktional*‹ bzw. ›*dysfunktional*‹ wird der Prozeß oder Sachverhalt dann bezeichnet, wenn er den *Effekt der Erhaltung bzw. der Störung des Systemgleichgewichts* hat. (In diesem Sinne ist die organismische Systemerhaltung ›funktional‹ für die Erhaltung des übergeordneten Populationssystems und nur daraus ›biologisch‹ verständlich.) In der ›funktionalen‹ Betrachtensweise bezieht man sich zwar in gewissem Sinne auf die Systemerhaltung als einen ›Zweck‹, eine ›Notwendigkeit‹ o.ä., dies ist aber nicht im metaphysischen Sinne ›teleologisch‹ gemeint, es wird also nicht hypostasiert, daß das Naturgeschehen tatsächlich an Zwecken ausgerichtet ist. Der ›Zweck‹ bzw. die ›Notwendigkeit‹ der Systemerhaltung werden hier lediglich als spezifisches Merkmal von Lebensprozessen eingeführt, sind also – wenn man so will – definitorische Begriffe. Für eine derartige Verwendung des Zweckbegriffs o.ä. hat sich der Terminus ›*teleonom*‹ eingebürgert. Damit ist also weder gesagt, daß ein lebendes System sein spezifisches Gleichgewicht erhalten *soll* noch erhalten *muß*. Nur handelt es sich, wenn statt des Fließgleichgewichts ein stationäres ›vororganismisches‹ Gleichgewicht vorliegt oder sich ergeben hat, eben um *kein System mit den besonderen Charakteristika von Lebensprozessen*. Es ist mithin von ihm im Rahmen der *biologischen* Fragestellung *nicht die Rede*. (Genauere Ausführungen über den biologischen Funktionsbegriff würden den Rahmen dieser Darstellung sprengen.)

Entwicklung: Erweiterte Reproduktion aus Notwendigkeiten der Systemerhaltung; Mutation und Selektion

Die Erhaltung eines Populationssystems ist *nicht bei gleichbleibender Systemkapazität* (des Stoffwechselprozesses und der Informationsverarbeitung) der zugehörigen Organismen möglich, sondern schließt *notwendig deren Entwicklung* ein. Dies ergibt sich aus der *Veränderung der Umweltbedingungen,* mit denen das System als ›offenes‹ in Wechselwirkung steht, Veränderungen ›ökologischer‹ Art, darunter auch solche, die von den Organismen durch ihren eigenen Lebensprozeß hervorgerufen werden, wie Mangel an assimilierbaren Nährstoffen oder für die Assimilation erforderlichem Sauerstoff durch deren ›Verbrauch‹, Ausscheidung ›abträglicher‹ Stoffe durch den Stoffwechselprozeß, aber auch schon Beeinträchtigung der Lebensfunktionen durch die wachsende ›Masse‹ der Organismen (›Crowding‹), etc. Wenn das Populationssystem erhalten bleiben soll, müssen sich mithin die Organismen durch ›Anpassung‹ an die veränderten Umweltgegebenheiten zu denen auch die anderen Organismen gehören, ›entwickeln‹; ›*Entwicklung*‹ ist also hier ein *notwendiges Bestimmungsmoment der ›Erhaltung‹*. Die Selbstreproduktion der Organismen, die zur Populationsbildung führt, kann mithin keine einfache Reproduktion auf immer gleichem Niveau sein, sondern muß eine *erweiterte Reproduktion* von Organismen mit – den Mangelzuständen und Unverträglichkeiten der veränderten Umwelt angepaßter – *erhöhter Systemkapazität* darstellen. Wie aber ist das mit dem Grundmerkmal des Lebens, der strukturell *identischen* Selbstreproduktion der Organismen, vereinbar?

Um dies zu verstehen, ist der Umstand in die Betrachtung zu ziehen, daß die Selbstreproduktion zwar im Hinblick auf allgemeine Strukturmerkmale ›identisch‹ ist, aber im Einzelnen bestimmte Abweichungen aufweist, die in den weiteren Reproduktionsprozeß eingehen und auf die Eigenschaft der ›*Mutagenität*‹ zurückgeführt werden (womit durch Kumulation solcher Abweichungen dann auch Strukturveränderungen entstehen können, s.u.). Wenn also die ›Selbstreproduktion‹ die (im molekularen Aufbau der Gene begründete) Fähigkeit zur ›Verdoppelung‹ der Organismen ohne äußeren Anstoß durch Herstellung von im Prinzip strukturgleichen ›Kopien‹ bedeutet, so bezeichnet ›Mutagenität‹ den Umstand, daß diese Kopien nicht absolut identisch sind, sondern *Merk-*

malsvariationen aufweisen, die *ihrerseits* ›erblich‹ sind, d.h. in den jeweils weiteren ›Kopien‹ reproduziert werden.

Das Konzept der Mutagenität bzw. der dadurch bedingten einzelnen ›Mutationen‹ als ›erblichen‹ Merkmalsveränderungen ist nun die Grundlage für die moderne wissenschaftliche Fassung des ›klassischen‹ DARWINschen Evolutionsprinzips der *›natürlichen Selektion‹:* Demnach hat man sich den Evolutionsprozeß global gesehen als bedingt durch die Mechanismen der *Mutation* (weiterhin des Genaustauschs, der genetischen Drift etc.) einerseits und der *Selektion* andererseits vorzustellen, wobei zwar *alle* Evolutionsmechanismen eine Veränderung des Gen-Pools bewirken, der Selektion aber insofern eine Sonderstellung zukommt, als nur durch sie das Erbgut *gerichtet* verändert wird, da auf diese Weise unter den ›ungünstigeren‹ Umweltbedingungen nur die Organismen mit den ›bestangepaßten‹ Mutanten und dem dadurch bedingten ›Selektionsvorteil‹ überleben, genauer: die *Fortpflanzungswahrscheinlichkeit sich mit dem Grad der mutagenen Angepaßtheit der Organismen erhöht.* Daraus resultiert ein *Entwicklungsprozeß* in Richtung auf immer erhöhte Systemkapazität der Organismen, also deren Fähigkeit, unter immer ungünstigeren Bedingungen das Systemgleichgewicht zu erhalten.

2.2 Der evolutionäre Entwicklungswiderspruch und die Herausbildung des Organismus-Umwelt-Zusammenhangs

›Innerer‹ und ›äußerer‹ Widerspruch; Entwicklung, Stagnation, Verfall

Die Bedingungen des Zustandekommens, sowie die Geschwindigkeit, der ›Progressionsgrad‹ eines derartigen evolutionären Entwicklungsprozesses, lassen sich aus allgemeineren Zusammenhängen heraus begreifen aufgrund des *Widerspruchs-Konzepts* im Sinne materialistischer Dialektik. Das Ausmaß von Entwicklung ist gemäß diesem (hier nicht umfassend zu diskutierenden) Konzept abhängig von der Ausprägung eines *›inneren Widerspruchs‹,* also von gegensätzlichen Polen innerhalb eines umfassenderen Systems, die dem System zu seiner Aufrechterhaltung ein *immer höheres Integrationsniveau* abfordern, in welchem die *Gegensätze noch unter Wahrung der Einheit des Systems aufhebbar* sind (Einheit und ›Kampf‹ der Gegensätze). Die beiden Grenzfälle, unter denen es nicht zur Entwicklung kommt, lassen sich aus dem Konzept des ›inneren Widerspruchs‹ explizieren als Fall der *Abwesenheit von Widersprüchen,* womit das ›vorantreibende‹ Moment fehlt und *Stagnation* eintritt, und als Fall der *Verschärfung von Gegensätzen bis zur Sprengung des übergreifenden Systems,* womit der ›innere Widerspruch‹ in einen ›*äußeren Widerspruch*‹ oder ›Widerstreit‹ übergeht, dessen Antipoden nicht mehr als ›Pole‹ in der Weiterentwicklung des Systemniveaus aufhebbar sind, sondern sich äußerlich und ›unvermittelt‹ gegenüberstehen.

Das ›übergreifende System‹ ist in unserem Falle das Populationssystem mit seinem Fließgleichgewicht zwischen der ›Vermehrung‹ der zugehörigen Organismen durch Selbstreproduktion und der Zerstörung von Organismen durch äußere und innere Bedingungen. Die Widerspruchspole sind die mutationsbedingten Unterschiede der Systemkapazität der Organismen einerseits und die ›unverträglichen‹, systemgefährdenden äußeren Lebensbedingungen andererseits. Ein ›innerer‹ Entwicklungswiderspruch liegt demgemäß dann vor, wenn durch Selektion die Fortpflanzungswahrscheinlichkeit der Organismen mit höherer Systemkapazität sich so erhöht, daß das übergeordnete Systemgleichgewicht der Population sich auch unter den ›ungünstigeren‹ äußeren Bedingungen noch erhalten kann. Der Progressionsgrad der Entwicklung muß dabei umso höher sein, je größer der Gegensatz zwischen durchschnittlicher Systemkapazität der Organismen und systemgefährdenden Außenweltbedingungen, je höher also die Rate der durch Selektion vernichteten Organismen (der ›*Selektionsdruck*‹) ist, ohne daß dabei das Gleichgewicht des Populationssystems durch irreversible Abnahme der Elemente schon gestört ist.

Der eine der genannten Grenzfälle der Entwicklungslosigkeit, die Abwesenheit von Widersprüchen, bedeutet hier, daß durch extrem ›günstige‹ äußere Lebensbedingungen im Prinzip die Systemkapazität aller Organismen zum Überleben unter diesen Bedingungen ausreicht, also keine Selektionswirkung eintritt, die Fortpflanzungswahrscheinlichkeit der Organismen unter solchen Bedingungen gleich groß ist, die Vernichtung von Organismen also in keinem Zusammenhang mit den Umweltbedingungen steht, sondern aus inneren Gründen der ›Systemalterung‹ oder durch zufällige Randbedingungen erfolgt. Ein solcher Grenzfall des ›entwicklungslosen Überlebens‹ von Organismen, also der totalen Stagnation, kommt real nicht vor, da – wie dargestellt – die Umweltbedingungen schon durch den Lebensprozeß selbst sich in irgendeinem Grade ›verschlechtern‹ und so selektiv wirken müssen. Man kann indessen, je nach Maßstab, in gewissen Fällen schon von extremer Entwicklungsverlangsamung, also *relativer Stagnation* reden – durch derart ›stagnative‹ Evolutionsprozesse sind ja Tiere niedrigerer Entwicklungshöhe bis hin zu primitiven Einzellern auf uns gekommen und in gewissem Grade als heute lebende genetische Urformen beobachtbar.

Der andere Grenzfall der Entwicklungslosigkeit durch ›äußeren Widerspruch‹ ist hier als Situation zu spezifizieren, in welcher die systemgefährdenden äußeren Lebensbedingungen ein solches Ausmaß haben, daß trotz mutationsbedingter Unterschiede der Systemkapazität die Anzahl der durch Selektion vernichteten Organismen die Selbstreproduktions- und Fortpflanzungsrate der Organismen langfristig übersteigt. So ist das übergeordnete Populations-Gleichgewicht durch die Schärfe der Widersprüche zwischen Kapazität und Umweltanforderungen gestört, das Populationssystem kann die ›Veräußerlichung‹ der Widerspruchspole nicht mehr verhindern und bewegt sich in Richtung auf seine Auflösung – die Population ›stirbt‹ allmählich ›aus‹.

Zwischen dem Grenzfall relativer Stagnation und dem Grenzfall des ›Aussterbens‹ liegt die *Skala des stetig wachsenden Progressionsgrades* der evolutionären Entwicklung. Wir verfügen also über allgemeine Widerspruchs-Kriterien, um anzugeben, *wann* und in *welchem Ausmaß* ›*Entwicklung*‹, wann ›*Stagnation*‹ und wann ›*Verfall*‹ eintritt.

Der Organismus-Umwelt-Zusammenhang als funktionales Widerspiegelungsverhältnis; die funktional-historische Analyse

Durch den damit skizzierten evolutionären Entwicklungsprozeß als immer erweiterte Anpassung von Organismus-Populationen an ihre Umwelt bildet sich ein für den Lebensprozeß spezifischer historisch gewordener Zusammenhang zwischen Organismen und ihrer jeweils historisch besonderen Umwelt heraus, den wir als ›*Organismus-Umwelt-Zusammenhang*‹ auf den Begriff gebracht haben (vgl. dazu HOLZKAMP 1977). Dieser Zusammenhang läßt sich unter Heranziehung der (im übrigen hier nicht prinzipiell zu diskutierenden) dialektisch-materialistischen Kategorie der ›*Widerspiegelung*‹ als in qualitativ verschiedenen Formen existierender Eigenschaft der Materie, äußere Einwirkungen durch innere Veränderungen zu reproduzieren und auf sie zu reagieren, folgendermaßen präzisieren: Während auf vororganismischem Niveau die Einwirkungen verschiedener Instanzen aufeinander lediglich *unmittelbar-kausale Widerspiegelungsprozesse* darstellen, ergibt sich durch den evolutionären Anpassungsprozeß eine qualitativ neue Form der Widerspiegelung, die man als ›*funktionale Widerspiegelung*‹ bezeichnen kann: Die Organismen verändern sich hier nicht nur durch äußere kausale Einwirkungen der Umwelt, sondern bringen *vermittelt über den Evolutionsprozeß solche umweltbedingten Veränderungen* ihrer Struktur hervor, die es ihnen in immer höherem Grade ermöglicht, *gerade unter diesen Umweltbedingungen zu überleben,* also ihr System bzw. das übergeordnete Populationssystem zu erhalten. In den ›Flossen‹ oder der ›Form‹ des Fisches etwa spiegeln sich Eigenschaften des Wassers wider, aber nicht aufgrund unmittelbar-kausaler Einwirkung, sondern als Resultat eines in der evolutiven Entwicklung hervorgebrachten qualitativen Umsetzungsprozesses, durch welchen die ›Flossen‹ bzw. die ›Form‹ des Fisches dessen ›Überlebenschancen‹ im Wasser durch Optimierung der Fortbewegung erhöhen, also für die Erhaltung des Populationssystems ›funktional‹ geworden sind.

Die phylogenetische Entwicklung ist mithin unzureichend erfaßt, wenn man sie nur als die Entwicklung von Organismen-Population für sich betrachtet. Als biologisch sinnvolle Einheiten der Entwicklung sind hier vielmehr jeweils *populationsspezifische, bzw. ›artspezifische‹ Formen von Organismus-Umwelt-Zusammenhängen* zu analysieren. Solche Zusammenhänge sind *primär funktionaler* Art und bilden in sich *sekundär strukturelle* Merkmale der Organismen als evolutionärer Niederschlag der Funktions-Optimierung und Grundlage immer erweiterter Funktionalität der Lebensaktivität heraus (›Die Funktion ist älter als das Organ‹). Der jeweiligen qualitativen ›funktionalen‹ Widerspiegelung von Umwelteigenschaften im Organismus als ›horizontaler Ebene‹ entsprechen so verschiedene qualitative Entwicklungsstufen des funktionalen Widerspiegelungsverhältnisses in ›vertikaler‹ Richtung. Der so gefaßte ›funktionale‹ Widerspiegelungsprozeß ist nicht nur *›aktiv‹*, da aus den ›Notwendigkeiten‹ der aktiven Lebenserhaltung von Organismen unter widersprüchlichen Umweltbedingungen entstanden, sondern auch in der Art und den Formen der Widerspiegelung durch den Evolutionsprozeß *historisch vermittelt*, woraus sich die *innere Beziehung* zwischen den qualitativen Verschiedenheiten der Umwelteigenschaften und ihrer Umsetzung im Organismus wie der unterschiedlichen Entwicklungsstufen des Organismus-Umwelt-Zusammenhangs ergibt.

Mit diesen Darlegungen ist deutlich geworden, daß die früher erwähnte, für die Erfassung von Lebensprozessen adäquate, funktionale Betrachtensweise notwendig einen historischen Aspekt hat, da man ohne Berücksichtigung des evolutionären Anpassungsprozesses die ›Funktionalität‹ bestimmter Eigenarten der Organismen für das Überleben in der jeweils artspezifischen Umwelt nicht verstehen kann. Darin liegt der allgemeinste Grund dafür, daß wir unser methodologisch gekennzeichnetes Verfahren (s.o. S. 52 ff) der phylogenetischen Ursprungs- und Differenzierungsanalyse als methodisches Pendant des Konzepts ›Organismus-Umwelt-Zusammenhang‹ als ›*funktional-historische Analyse*‹ bezeichnet haben. Die Spezifika dieses Verfahrens können sich erst mit dem Fortschreiten der inhaltlichen Untersuchung verdeutlichen.

Entwicklungsdimensionen im vorpsychischen Stadium

Wenn wir uns nun auf der Grundlage der damit abgeschlossenen allgemeinen inhaltlich-methodischen Darlegungen über den Lebensprozeß und seine Entwicklungsgesetze der Heraushebung der Grundform des

Psychischen als neuer Qualitätsstufe des phylogenetischen Entwicklungsprozesses annähern, so wäre dem noch die Frage vorgeordnet, welche *evolutionäre Entwicklung* die Organismen-Populationen denn *noch im ›vorpsychischen‹ Stadium* durchgemacht haben, wie also die Entwicklungsstufe zu kennzeichnen ist, aus der heraus der ›qualitative Sprung‹ zum Psychischen unmittelbar erfolgte. Als sehr generelle Dimensionen einer solchen vorpsychischen Entwicklung lassen sich einmal die *Verbesserung der assimilativen Energieausnutzung* und zum anderen die *Verbesserung der Fähigkeit zur Informationsverarbeitung* im Sinne selektiver Reizbarkeit für assimilierbare, nichtassimilierbare und ›schädliche‹ Stoffe und entsprechend selektive Reaktionen herausheben. Als strukturelle Grundlage für derartige funktionale Entwicklungen ist hier der Übergang von der Einzelligkeit zur Mehrzelligkeit der Organismen mit ansatzweiser ›Aufgabenteilung‹ verschiedener Zell-Typen etc. anzunehmen. Mit diesen globalen Veränderungen gehen vielfältige Veränderungen im Einzelnen einher. Welche davon für die Herausbildung des Psychischen besonders relevant sind, läßt sich indessen erst sagen, wenn man über eine hypothetische Bestimmung darüber verfügt, wie denn die Grundform des Psychischen inhaltlich zu charakterisieren ist. Wir kommen deshalb später noch einmal darauf zurück.

2.3 Die Ausgangsabstraktion zur Bestimmung der Grundform des Psychischen: Leontjews Konzeption

Nachdem die *allgemeinen* Charakteristika des Lebens und seiner Entwicklung dargelegt worden sind, bestehen nunmehr die Voraussetzungen, um mit Hilfe der geschilderten Ausgangsabstraktion die *qualitative Spezifik* der Grundkategorie des *Psychischen* gegenüber den Charakteristika des vorpsychischen Lebensprozesses, d.h. den *qualitativen Sprung* im Entwicklungsprozeß des Lebens zur Grundform des Psychischen herauszuarbeiten. Da wir uns hinsichtlich der Bestimmungen der Grundform des Psychischen auf A.N. LEONTJEW beziehen, brauchen wir die genannte Ausgangsabstraktion hier nicht selbst zu realisieren, sondern können das Resultat seiner Abstraktionsvollzüge übernehmen.

Die Frage, wie denn Leontjew abstraktiv im Ansatz am psychologischen Vorbegriff des Psychischen als ›erlebte Innerlichkeit‹ (vgl. S. 46) zu seinem Konzept des Psychischen gelangt sei, wie das allgemeinere methodologische Problem der Gewinnung von Ausgangsabstraktionen dieser Art, können wir im Rahmen unserer Aufgabenstellung beiseite lassen (vgl. dazu MESSMANN / RÜCKRIEM 1978): Für uns ist das Kriterium der

Übernahme von LEONTJEWS Konzept des Psychischen allein seine im weiteren zu prüfende empirische Ausweisbarkeit als Grundform, damit Geeignetheit als gegenstandskonstituierende Grundkategorie der Individualwissenschaft/Psychologie gemäß den oben (S. 53 ff) auseinandergelegten Gesichtspunkten. Wir übernehmen für unseren Ableitungszusammenhang[1] zwar seine Definition der Grundbestimmungen des Psychischen, nicht aber auch dessen zugehörige empirisch-historische Ursprungs- und Differenzierungsanalysen. Im folgenden werden deswegen zunächst zentrale Passagen LEONTJEWS über das ›Psychische‹ zitiert. Im Anschluß daran wird dann der früher skizzierte Nachweis der empirischen Bewährung dieser Ausgangsabstraktion versucht. Dabei soll zunächst gezeigt werden, daß das so charakterisierte ›Psychische‹ tatsächlich als spezifisches und bestimmendes Moment einer qualitativ neuen Stufe der Gesamtentwicklung innerhalb der Phylogenese aufgefaßt werden kann.

LEONTJEW setzt bei der Bestimmung des Psychischen an der Eigenschaft der ›Reizbarkeit‹ an, die – wie dargestellt – den Organismen bereits im vorpsychischen Stadium zukommt, und stellt dazu fest:
»Im Laufe der Evolution – das beweisen viele Tatsachen – entwickelt sich die Reizbarkeit nicht nur insofern, als der Organismus fähig wird, immer neue Quellen und immer neue Umwelteigenschaften zu benutzen, um sein Leben zu erhalten, sondern auch insofern, als er gegenüber Einwirkungen reizbar wird, die *von sich aus* seine Assimilationstätigkeit und seinen Stoffwechsel weder positiv noch negativ bestimmen. Der Frosch zum Beispiel wendet seinen Körper einem leisen Geräusch zu, das zu ihm dringt; er ist folglich reizbar gegenüber dieser Einwirkung. Die Energie des Geräusches wird jedoch auf keiner Stufe ihrer Umwandlung vom Organismus des Tieres assimiliert und ist nicht unmittelbar an der Assimilationstätigkeit des Frosches beteiligt. Mit anderen Worten: Die genannte Einwirkung an sich dient nicht der Lebenserhaltung, sondern ruft sogar eine Dissimilation der organischen Substanz hervor.« (LEONTJEW 1973, S. 35)

»Worin besteht nun die biologische Rolle der Reizbarkeit gegenüber solchen Einwirkungen? Das Tier, das durch bestimmte Prozesse auf derartige Einflüsse reagiert, ... erweitert dadurch seine Möglichkeiten, eine Substanz oder eine Energie zu assimilieren, die zur Lebenserhaltung notwendig sind. (Der Frosch beispielsweise wird durch das Geräusch in die Lage versetzt, ein im Gras summendes Insekt zu fangen, dessen Substanz ihm als Nahrung dient.) ... Die veränderte Form der Wechselwirkung zwischen Organismus und Umwelt läßt sich schematisch wie folgt ausdrücken: Auf einer bestimmten Stufe der biologischen

---

1 Wenn in der Kritischen Psychologie von ›Ableitung‹ die Rede ist, so ist damit kein formallogischer Deduktionsprozeß gemeint, sondern ein *logisch-historischer* Rekonstruktionsprozeß im angedeuteten Sinne, der mithin immer auch *empirische* Momente enthält, deswegen wie jede empirische Aussage vorläufiger Art und im weiteren Forschungsgang einer Korrektur fähig und bedürftig ist.

Evolution tritt der Organismus auch zu Einwirkungen in aktive Beziehungen (wir wollen sie als Einwirkungen des Typs α bezeichnen), deren biologische Rolle durch ihre objektive und beständige Verbindung mit biologischen Einwirkungen von unmittelbarer Lebensbedeutung (die wir Einwirkungen des Typs a nennen wollen) bestimmt wird. Mit anderen Worten: Es entsteht eine Tätigkeit, *deren Gegenstand nicht durch dessen eigentliche Beziehung zum Leben des Organismus, sondern durch sein objektives Verhältnis zu anderen Eigenschaften und zu anderen Einwirkungen, das heißt durch das Verhältnis α: a, bestimmt wird.*« (Ebd. – Hervorh. K.H.)

»Was bedeutet dieser Wandel in der Lebensform für die Funktion und Struktur des Organismus? Er muß jetzt offensichtlich über zweierlei Arten von Reizbarkeit verfügen: einerseits über eine Reizbarkeit gegenüber Einwirkungen, die für die Lebenserhaltung *unmittelbar* notwendig sind (a) und andererseits über eine Reizbarkeit gegenüber Umwelteinwirkungen, die mit der Lebenserhaltung nicht unmittelbar zusammenhängen (α) ... Die Funktion der Prozesse, die die auf die Lebenserhaltung gerichtete Tätigkeit des Organismus vermitteln, ist nichts anderes als die Funktion der *Sensibilität*, das heißt der Fähigkeit zu empfinden... Die Sensibilität... ist genetisch... eine Form der Reizbarkeit, die den Organismus zu anderen Einwirkungen in Beziehung setzt, die ihn demnach *auf die Umwelt orientiert* und Signalfunktion erfüllt.« (Ebd., S. 36 f)

»Der ursprünglich einheitliche und komplexe Wechselwirkungsprozeß, in dem sich das Leben der Organismen vollzieht, gliedert sich auf einer bestimmten Etappe der biologischen Entwicklung gleichsam in zwei Teile auf. Ein Teil der Umwelteinwirkungen bestimmt (positiv oder negativ) die Existenz des Organismus, der andere regt ihn zur Tätigkeit an und steuert sie.« (Ebd., S. 39)

Die entscheidende Bedingung für die Herausdifferenzierung der Sensibilität aus der allgemeinen Reizbarkeit des Organismus dürfte nach LEONTJEW der »Übergang vom Dasein in einer homogenen zu dem in einer heterogenen Umwelt, *der Übergang von gegenständlich nicht ausgeformten Lebensquellen zu solchen von gegenständlicher Form sein... Zu den gegenständlich nicht ausgeformten Lebensquellen zählen beispielsweise im Wasser gelöste chemische Substanzen.*« (Ebd., S. 38 f – Hervorh. K.H.) Nur gegenständlich geformte Lebensbedingungen verfügen »nicht nur über Eigenschaften, die auf den Organismus irgendwie biologisch einwirken, sondern auch über *konstant damit verbundene, biologisch neutrale Eigenschaften, die dem Organismus lebenswichtige Merkmale der gegebenen gegenständlich geformten Substanz vermitteln*« (ebd., S. 39 – Hervorh. K.H.).

Die Sensibilität kann nur dann als im Evolutionsprozeß herausgebildet verstanden werden, wenn man annimmt, daß in ihr die »*objektiven Eigenschaften der Umwelt... in ihren Zusammenhängen adäquat*« widergespiegelt werden. Anderenfalls könnte die Sensibilität ihre Funktion der Vermittlung lebenswichtiger Eigenschaften der Umwelt nicht erfüllen und müßte im Evolutionsprozeß »sich ändern oder völlig verschwinden« (ebd., S. 37 – Hervorh. K.H.). Da mit der psychischen Widerspiegelung die Beziehung des Organismus zur Außenwelt die früheste Ausprägungsform eines *gegenständlichen Inhalts* gewinnt, ist die *Herausbildung des Psychischen* für LEONTJEW gleichbedeutend mit der Herausdifferenzierung frühester Formen der durch ihre ›Gegenständlichkeit‹ qualifizierten *Tätigkeit* aus dem Prozeß bloßer Lebensaktivität. »Somit beginnt die Vorgeschichte der menschlichen Tätigkeit mit der Vergegenständlichung der Lebensprozesse. Dies bedeutet auch das Auftauchen elementarer Formen der psychischen Widerspiegelung – die Umwandlung der Reizbarkeit (irribilitas) in Empfindungsvermögen, Sensibilität (sensibilitas).« (LEONTJEW 1982, S. 86 f.)[1]

LEONTJEWs Bestimmung des Psychischen ist keine Umschreibung der unmittelbaren Erfahrung psychischer Sachverhalte, sondern eben der Versuch der *objektiven* Definition der *Grundform* des Psychischen, bei der ›Bewußtsein‹ oder ›Erlebnisse‹ noch nicht unterstellt werden; diese sind erst Charakteristikum der menschlichen *Endform* des Psychischen. Der Notwendigkeit der *Unterscheidung* zwischen Grundform und (auf unsere unmittelbare Erfahrung beziehbarer) Endform entspricht die Notwendigkeit des Aufweises des *genetischen Zusammenhangs* zwischen Grundform und Endform: Die Endform muß als spezifischste Ausprägung der Grundform, somit trotz ihrer Spezifika durch die allgemeinsten Bestimmungen der Grundform charakterisiert, betrachtet werden können. Vorher muß aber – wie gesagt – nachweisbar sein, daß die Grundform des Psychischen in der LEONTJEWschen Bestimmung überhaupt als qualitativ neue Stufe im Gesamt des phylogenetischen Prozesses angesehen werden darf, daß es sich hier also um das bestimmende Moment des qualitativen Sprungs zu einer derart neuen Entwicklungsstufe handelt.

2.4 Die Stufenfolge der Herausbildung des Psychischen als neuer Qualität der phylogenetischen Gesamtentwicklung

Ungerichtete Ortsveränderung und Reizbarkeit durch neutrale Agentien als ›vorpsychische‹ Randbedingungen der Entstehung von ›Sensibilität‹

Zur Bewältigung der damit gestellten Aufgabe vergegenwärtigen wir uns die Bestimmungen des LEONTJEWschen Schlüsselbegriffs der *›Sensibilität‹* als ›psychisch‹ spezifizierter Reizbarkeit von Organismen: Sensibilität wird definiert als die Fähigkeit, Realzusammenhänge zwischen stoff-

---

[1] In der Kritischen Psychologie wird die hier angesprochene ›Vorgeschichte‹ der Tätigkeit noch nicht mit dem Terminus ›Tätigkeit‹ charakterisiert, sondern als ›Aktivität‹ verschiedener Entwicklungshöhe bezeichnet, während der Tätigkeitsbegriff zur Qualifizierung der vergegenständlichenden, spezifisch menschlichen Weise der Aktivität reserviert ist.

wechselneutralen und stoffwechselrelevanten Instanzen der Umwelt so zu erfassen, daß daraus eine *gerichtete Ortsveränderung* des Organismus zur Erlangung der stoffwechselrelevanten Gegebenheiten resultiert, indem die *stoffwechselneutrale* Instanz als ›Signal‹, also Information über den Ort der stoffwechselrelevanten Gegebenheiten ausgewertet wird. – Damit eine derartige Sensibilität in der Phylogenese entstehen kann, sind (mindestens) *zwei Arten von realhistorischen Randbedingungen* im noch ›vorpsychischen‹ Stadium der Organismen anzunehmen, wobei zu prüfen ist, ob solche Randbedingungen hier tatsächlich empirisch vorfindlich sind. (Wir analysieren damit unter Heranziehung der Bestimmungen der hypothetischen Grundform das vorpsychische Stadium auf für die Entstehung des Psychischen relevante Entwicklungsdimensionen.)

Zum einen muß, da die Sensibilität ja als *gerichtete* Ortsveränderung bestimmt ist, bereits im vorpsychischen Stadium *überhaupt die Fähigkeit zu Ortsveränderungen* vorausgesetzt werden, *an denen* die signalvermittelte *Gerichtetheit* als neue Qualität ansetzen kann. Diese Voraussetzung ungerichteter Ortsveränderungen auf vorpsychischem Niveau kann als *empirisch erfüllt* betrachtet werden: Schon bei primitiven Einzellern kommt es bei über das ›normale‹ Maß hinausgehenden Störungen des organismischen Systemgleichgewichts, etwa Nahrungsmangel oder Sauerstoffmangel, aber auch ›abträglichen‹ äußeren Einwirkungen etc. zu ungerichteten Massenbewegungen der Organismus-Oberfläche als Begleiterscheinung, ›Epiphänomen‹ besonderer ›innerer‹ Aktivierungen, was zu ›*zufälligen*‹ *Ortsveränderungen* im flüssigen Medium, sogenannten ›*Kinesen*‹ führt. Möglicherweise kann man darüberhinaus annehmen, daß das Ausmaß dieser zufälligen Ortsveränderungen in der vorpsychischen Evolution zunahm, da solche Lokomotionen, auch wenn ungerichtet, mit einer gewissen Wahrscheinlichkeit aus den Zonen der das Systemgleichgewicht gefährdenden äußeren Bedingungen, die die innere Aktivierung verursacht haben, herausführen, und so einen Selektionsvorteil bedeuten.

Die damit benannte Bedingung reicht aber als vorpsychische Voraussetzung für die Entstehung der Sensibilität noch nicht aus. Wenn die *Ausrichtung* der Ortsveränderungen an stoffwechselneutralen Instanzen möglich sein soll, muß der Organismus *überhaupt erst einmal auf stoffwechselneutrale Instanzen reagieren* können, womit die *Distanz* zwischen Organismus und rezipiertem Umwelttatbestand gegeben ist, die eine Gerichtetheit der Ortsveränderung erlaubt. Vorbedingung für die Entstehung von *Sensibilität* ist also die *Reizbarkeit* des Organismus durch *stoffwechselneutrale* Agentien. Auch diese Bedingung läßt sich *empirisch aufweisen:* So ist zu beobachten, daß schon Einzeller nicht nur durch assimilierbare Stoffe, sondern durch *nichtassimilierbare* Gegebenheiten, wie etwa durch Temperaturveränderungen, Beschallung, und – was besonders wichtig ist – auch durch Lichteinwirkungen ›reizbar‹ sind, also mit ›innerer‹ Aktivierung und u.U. ungerichteter Ortsveränderung etc. reagieren. Offenbar sind die Organismen aufgrund bestimmter Eigenschaften des Protoplasmas auf relativ ›generalisierte‹ Weise reizbar, womit hier eine Ansprechbarkeit nicht nur auf stoffwechselrelevante, sondern auch – ebenfalls auf ›epiphänomenale‹ Weise, also als *Begleiteffekt* – auf stoffwechselirrelevante Gegebenheiten besteht.

Umweltpol des Entwicklungswiderspruchs: Relativer Nahrungsmangel unter Bedingungen geformter Nahrungsquellen im konstanten Verhältnis zu neutralen Agentien

Wenn es nun aufgrund der genannten Randbedingungen auf noch vorpsychischem Niveau – Fähigkeit zur ungerichteten Ortsveränderung und Reizbarkeit für neutrale Agentien – zur evolutionären Herausbildung der Sensibilität kommen soll, so muß – wie aus unseren früheren Darlegungen hervorgeht – ein ›innerer‹ *Entwicklungswiderspruch* zwischen Umweltbedingungen und Systemkapazität, der einen ›Selektionsdruck‹ in Richtung auf evolutionäre Progression erzeugt, entstehen. Da die Organismen sich nicht ›aus sich heraus‹ entwickeln, sondern dadurch, daß die Organismen-Population auf ›unverträgliche‹ Umweltbedingungen mit evolutionärer Anpassung reagieren kann, ist die *primäre Bedingung* der Entstehung eines solchen Entwicklungswiderspruchs notwendig eine *Veränderung der objektiven, organismusunabhängigen Außenweltbedingungen* in der Art, daß dabei ein durch die Organismenpopulation in Entwicklung umsetzbarer Selektionsdruck entsteht.

Im vorliegenden Fall ist diese *Entstehung des ›äußeren‹ Widerspruchspols* zunächst als das Eintreten eines *relativen Mangels an assimilierbaren Stoffen* (etwa aufgrund einer Abnahme der Nährstoff-Konzentration und -Zusammensetzung, Erhöhung der Konkurrenz um die Lebensquellen durch Populations-Verdichtung auf einem bestimmten Raum, Zuwanderung anderer Populationen etc.), zu spezifizieren: Dadurch muß für *solche Organismen-Varianten,* die vergleichsweise *besser in der Lage* sind, sich an Nahrungsquellen so *gerichtet heranzubewegen,* daß diese in Kontakt mit der Oberfläche des Organismus kommen, also assimiliert werden können, ein *Selektionsvorteil* entstehen. Damit aufgrund der Umweltbedingungen die ›Ausnutzung‹ dieses Selektionsvorteils durch gerichtete Bewegung auf die Nahrungsquellen hin tatsächlich möglich ist, also – soweit der Umwelt-Pol in Betracht gezogen wird – wirklich ein ›innerer‹ Entwicklungswiderspruch zustandekommen kann, muß aber darüberhinaus die Entstehung eines weiteren Charakteristikums der objektiven Außenweltbedingungen vorausgesetzt werden: Es kann sich bei den Nahrungsquellen, an denen hier relativer Mangel herrscht, nicht nur um im flüssigen Medium gleichmäßig gelöste Nahrungsstoffe handeln, sondern es muß hier auch bis zu einem gewissen Grade *gegenständlich ausgeformte ›Distanznahrung‹* gegeben sein, da nur diese einen *fixen ›Ort‹* hat, auf den man sich *gerichtet hinbewegen* kann. Weiterhin müssen auch die neutralen Agentien soweit *gegenständlich ausgeformt* sein, daß sie als *Signale für die gerichtete Ortsveränderung* dienen können. Schließlich müssen die geformten Nahrungsquellen und neutralen Instanzen in der objektiven Außenwelt so häufig in einem *konstanten zeitlichen und/oder räumlichen Verhältnis* zueinander stehen, daß die neutralen Instanzen tatsächlich in biologisch funktionaler Weise als *›Signale‹ für die Hinbewegung auf die Nahrungsquelle ausgewertet* werden können.

Auf diese Faktoren hebt LEONTJEW ab, wenn er von dem »Übergang vom Dasein in einer homogenen zu einer heterogenen Umwelt, ... von gegenständlich nicht ausgeformten Lebensquellen zu solchen von gegenständlicher Form« (1973, S. 38 f) als Hauptbedingung der Entstehung der Sensibilität spricht. Damit ist jedoch kein Ausschließungsverhältnis angesprochen, sondern kann nur gemeint sein, daß innerhalb des ansonsten weiterhin flüssigen Mediums mit darin gelösten Nahrungsstoffen *auch* geformte Nahrungsquellen und neutrale Instanzen in konstantem Verhältnis zueinander vorkommen. Durch einen *Wechsel* vom flüssigen Medium in eine gegenständlich ausgeformte Umwelt wären die Organismen nämlich Bedingungen ausgesetzt, die nicht in einen inneren Entwicklungswiderspruch umsetzbar sind, sondern als äußerer Widerstreit zum Aussterben der Organismen-Population führen müssen (s.u.).

Die damit dargestellten Merkmale der ›Umwelt‹-Seite eines möglichen Entwicklungswiderspruchs in Richtung auf die Herausbildung von Sensibilität – relativer Mangel an Nahrungsstoffen unter Außenweltbedingungen, in denen geformte Nahrungsquellen und neutrale Instanzen in konstantem Verhältnis zueinander vorkommen – lassen sich realhistorisch kaum aufweisen, weil die Zeit und der Ort der Entstehung von Sensibilität nicht präzise fixierbar und genaue Daten über die dabei abgelaufenen ökologischen Veränderungen nicht gewinnbar sind. Es handelt sich also *empirisch gesehen* lediglich um *reale Möglichkeiten:* Es spricht *nichts dagegen,* daß die genannten Umstände während des Prozesses der Entstehung der Sensibilität vorgelegen haben. *Logisch-historisch* gesehen handelt es sich dabei jedoch um *entwicklungsnotwendige* Voraussetzungen für das Zustandekommen der zur evolutionären Progression in Richtung auf ›Sensibilität‹ führenden Widerspruchsverhältnisse: Auf *andere Weise* läßt sich – unter Anerkennung der geschilderten Gesetzmäßigkeiten evolutionärer Entwicklung – die *Entstehung der Sensibilität nicht erklären.* Die Alternative wäre hier also nur, die gewählten hypothetischen Ausgangsbestimmungen des Psychischen aufzugeben, was nur angesichts (für mich nicht sichtbarer) anderer Konzepte des Psychischen mit sonst gleichem wissenschaftlichem Wert, aber an dieser Stelle besserer empirischer Ausweisbarkeit, sinnvoll wäre.

Erster qualitativer Sprung: Herausbildung der Sensibilität durch Funktionswechsel der vorpsychischen Dimensionen

Mit der Charakterisierung der ›Umwelt‹-Seite des Entwicklungswiderspruchs in Richtung auf ›Sensibilität‹ sind zwar die primären Voraussetzungen für eine einschlägige evolutionäre Progression benannt, die hier entwicklungsnotwendigen Widerspruchsverhältnisse aber noch nicht hinreichend auf den Begriff gebracht: Es muß die zentrale Frage geklärt werden, wie die *selektionsbedingten Veränderungen der Systemkapazität der Organismen* bei der Herausbildung der Sensibilität unter den genannten äußeren Bedingungen genauer zu charakterisieren sind, welche Voraussetzungen also *auf der Seite der Organismen-Population* erfüllt sein müssen, damit hier ein ›innerer‹ Entwicklungswiderspruch entstehen kann.

Die beiden Dimensionen organismischer Aktivität, die als Voraussetzungen für die Entstehung von Sensibilität auf noch vorpsychischem Entwicklungsniveau benannt worden sind, Fähigkeit zu ungerichteter Ortsveränderung und Reizbarkeit durch neutrale Agentien, stehen hier quasi unverbunden nebeneinander: Die Ortsveränderungen erfolgen unabhängig von der räumlichen Lage der neutralen Agentien, auf die der Organismus anspricht. Bei der Entwicklung der organismischen Systemkapazität in Richtung auf Sensibilität treten diese beiden Dimensionen nun *auf spezifische Weise in einen Zusammenhang* miteinander: Nehmen wir an, es besteht als Aspekt des Umwelt-Pols des Entwicklungswiderspruchs ein konstantes räumliches Verhältnis zwischen Helligkeit und Nahrungsdichte, indem die Nahrungsstoffe etwa auf der Wasseroberfläche, durch die das Licht am stärksten hindurchscheint, konzentriert sind. Auf dem vorpsychischen Niveau produziert der Organismus mit den genannten Eigenschaften bei Nahrungsmangel Massenbewegungen; gleichzeitig sei er ›reizbar‹ durch Licht. Beide Dimensionen sind aber unverbunden. Der Organismus gerät deswegen, obwohl er ›lichtempfindlich‹ ist, dennoch nur zufällig in die hellere Region größerer Nahrungsdichte. Mit der Herausbildung der Sensibilität werden nun durch Selektionsdruck die Dimension der Ortsveränderung und die Dimension der Lichtempfindlichkeit im Organismus *quasi ›kurzgeschlossen‹*, nämlich in *einem Steuerungssystem* integriert, in welchem Ortsveränderung und Lichtempfindlichkeit nicht mehr unabhängig sind, sondern die *Lage der Lichtquelle als Richtungsbestimmung für die Ortsveränderung auswertbar* ist. Der Organismus macht somit, wenn er durch Nahrungsmangel aktiviert ist, nicht mehr nur ungerichtete Massenbewegungen, sondern produziert solche Bewegungen seiner Oberfläche, die ihn *näher* an die *Lichtquelle,* und *damit* an die *Nahrungsquelle,* heranführen. So ist hier aus bloßer Reizbarkeit ›*Sensibilität*‹ geworden: Die *Lichtquelle* wird objektiv als ›*Signal*‹ *für die Nahrungsquelle* ausgewertet.

Vorbedingung dafür, daß auf diese Weise selektionsbedingt ›Sensibilität‹ entstehen kann, ist allerdings eine *vorgängige strukturelle Entwicklung* des Organismus, durch welche überhaupt *solche Mutationen* entstehen können, durch welche die genannte *Ortsveränderungs-* und *Reizbarkeits-Dimension* bei manchen Lebewesen *in höherem Grade in Wechselwirkung treten* als bei anderen, sodaß durch derartige Mutanten dann die dargestellten Selektionsvorteile entstehen können. Dabei ist sicherlich die genannte *Mehrzelligkeit* vorausgesetzt, wobei durch die Mutationen dann verschiedene Zellarten bioelektrisch miteinander interagieren und so schließlich das Ortsveränderung und Reizbarkeit umfassende Steuerungssystem als Urform der neuronalen Umsetzung von afferenten in efferente Impulse entsteht. Im Einzelnen ist hier die Problemlage – wohl auch angesichts eines unentwickelten Forschungsstandes hinsichtlich des Zusammenhangs zwischen struktureller Entwicklung und Art der Mutagenität in der Phylogenese – noch weitgehend ungeklärt.

Die damit soweit wie möglich präzisierte Entstehung der ›Sensibilität‹ als neue Qualität organismischer System-Kapazität läßt sich verallgemeinernd als ein *Funktionswechsel* der vorpsychischen Ortsveränderungen wie der vorpsychischen Reizbarkeit für neutrale Agentien charakterisieren: Auf der vorpsychischen Stufe waren die Ortsveränderungen, wie gesagt, lediglich Epiphänomene von durch Nahrungsmangel etc. übernormal aktivierten Stoffwechselvorgängen, standen also in einem *unspezifischen funktionalen Zusammenhang* der Energieabfuhr, der Hervorbringung zufälliger Milieuveränderungen, etc. Durch ihre Ausrichtbarkeit an rezipierten neutralen Agentien treten die Ortsveränderungen nun in einen *qualitativ neuen Funktionszusammenhang,* sie werden zu *elementaren Orientierungsaktivitäten* (›Tätigkeiten‹ im LEONTJEWschen Sinne) mit einem *biologischen Anpassungswert von neuer Größenordnung.* Gleichzeitig *wechselt* damit auch die *Reizbarkeit für neutrale Agentien* ihre *Funktion,* wird von einem Vorgang im Zusammenhang unspezifischer bioelektrischer Prozesse, indem sie jetzt als ›*Sensibilität*‹ *Ortsveränderungen auf Nahrungsquellen hin auszurichten* vermag, zu einer *objektiven Signalfunktion,* durch welche die neue Qualität organismischer Aktivität als ›*vermittelt*‹ *über gegenständliche Umweltbeschaffenheiten,* damit eine *qualitative Erweiterung der Umweltbeziehungen des Organismus zur Ausnutzung von Lebensquellen und Vermeidung von schädlichen Einflüssen* eröffnet ist.

Zweiter qualitativer Sprung: Dominanzwechsel zwischen unmittelbarer und signalvermittelter Nahrungsaufnahme

Mit der Herausbildung der Sensibilität ist nun zwar in der ›Signalvermitteltheit‹ eine neue Qualität des Organismus-Umwelt-Zusammenhanges und der funktionalen Widerspiegelung entstanden. Damit ist indessen erst der erste Schritt in Richtung auf die Herausbildung einer neuen, ›psychischen‹ Qualitätsstufe der phylogenetischen *Gesamt*entwicklung getan, diese Stufe aber keineswegs schon erreicht.

Da alle evolutionären Veränderungen, also auch die Herausbildung der Sensibilität, *kontinuierlich und allmählich* erfolgen (dies ergibt sich aus dem Mutations-Selektions-Mechanismus), kann nicht davon ausgegangen werden, daß die neue Qualität der ›signalvermittelten‹ Annäherung an Nahrungsquellen schon von Anfang an die für die organismische Systemerhaltung wesentliche Funktion ist. Vielmehr muß zwingend angenommen werden, daß – obwohl mit der Sensibilität die *Spezifik* des Psychischen schon erreicht ist – dennoch die *vor*psychische Art der Aufnahme von Nahrungsstoffen aus dem unmittelbar umgebenden flüssigen Medium ohne gerichtete Ortsveränderung noch für lange Zeit die *bestimmende* Form der Systemerhaltung ist und der Sensibilität im Systemerhaltungsprozeß zunächst noch eine *untergeordnete* Funktion zukommt. Die Sensibilität bildet sich hier also sozusagen zunächst als zusätzliche Qualifikation der Organismen mit noch vorpsychischen Charakteristika der Lebenserhaltung heraus, die dadurch Selektionsvorteile erlangen, daß sie in Mangelsituationen nicht mehr *nur* auf die ›zufällig‹ umgebende flüssige Nahrung ›angewiesen‹ sind, sondern zusätzlich in gerichteter Ortsveränderung ›Distanz-Nahrung‹ erschließen können. Das *Systemerhaltungs-Niveau* des *elementaren vorpsychischen* Stadiums wird dabei aber *im Prinzip noch nicht überschritten*.

Zum qualitativen Umschlag, zur neuen ›psychischen‹ Stufe der Gesamtentwicklung, auf welcher die Sensibilität nicht nur eine *spezifische*, sondern auch die *bestimmende* Funktion ist, kommt es erst dann, wenn die Sensibilität, ›im Schoße‹ der vorpsychischen Entwicklungsstufe, sich durch den Evolutionsprozeß soweit herausgebildet, quasi ›gekräftigt‹ hat, daß die Organismen jetzt *vorwiegend* ihr Leben durch Orientierung an Signalen und gerichtete Hinbewegung zu den signalisierten Nahrungsquellen erhalten. Somit wird die *direkte Assimilation umgebender Nahrungsstoffe* allmählich zur *untergeordneten, sekundären Funktion* der Systemerhaltung und tritt in der weiteren Evolution immer mehr zurück, bis zu einem Stadium, in welchem die Organismen *ohne signalvermittelte Aufschließung von Nahrungsquellen* ihr Leben *nicht mehr* erhalten können. Dieser Wechsel der Sensibilität von der *untergeordneten* zur *bestimmenden* Funktion, also die *Dominanzumkehr* der direkten und der signalvermittelten Form der Nahrungsaufnahme, ist gleichbedeutend mit dem *qualitativen Umschlag zur neuen ›psychischen‹ Stufe der phylogenetischen Gesamtentwicklung.*

Neue Entwicklungsrichtung durch Sensibilität als spezifischer und bestimmender Funktion der ›psychischen‹ Gesamtstufe

Nachdem die Sensibilität als spezifische, ›höhere‹ Funktion für die Lebenserhaltung bestimmend geworden, also die Gesamtstufe des Psychischen erreicht ist, schlägt die *gesamte evolutionäre Entwicklung eine andere Richtung* ein: Da die frühere Funktion jetzt nicht mehr gebraucht wird, um die Organismen-Population bis zur hinreichenden Ausbildung der neuen Funktion ›am Leben zu erhalten‹, verliert sie in all ihren strukturellen Bezügen ihre Selbständigkeit gegenüber der neuen Funktion: *Das gesamte organismische System strukturiert sich auf die entwickeltere, effektivere Funktion hin um.* So verliert der Organismus die Fähigkeit, Nahrung unmittelbar durch die Körperoberfläche aufzunehmen, damit wird die ›Haut‹ jetzt für andere Funktionen frei. Es bilden sich allmählich ›*Sinnesorgane*‹ heraus, die die Auswertung von Umwelt-Signalen in spezialisierter Weise leisten. Dabei entstehen spezifische *Gebrauchssysteme* zur *gerichteten Ortsveränderung,* etwa Flossen und Extremitäten samt den *Frühformen eines Zentralnervensystems,* das die afferenten und die efferenten Impulse koordiniert, also die Umsetzung von Signal-Information in Ortsveränderungen immer effektiver organisiert, etc.[1] All diese *strukturellen* Entwicklungen in der Evolution sind nur verständlich aus der Tatsache, daß die Sensibilität nunmehr die bestimmende Lebenserhaltungsform geworden, also die *Entwicklungsstufe des ›Psychischen‹* erreicht ist. Genauer: Ihre Herausbildung war *logisch-historisch* erst *möglich, nachdem* das *funktionale* Stadium der Bestimmtheit der Lebenserhaltung durch die Signalvermitteltheit, also das Psychische, erreicht worden war.

---

1 Aus den elementaren Charakteristika des Psychischen, wie es hier bestimmt ist: Orientierungsaktivität durch Ausrichtung der Ortsveränderungen über Signale, dabei Koordinierung der Umweltinformation mit der Ortsveränderungsaktivität über die Entwicklung eines Zentralnervensystems, ergibt sich, daß pflanzlichen Organismen unserer Konzeption nach nicht die Qualität des Psychischen zugesprochen werden kann: Die Evolution der Pflanzen erfolgt innerhalb des vorpsychischen Niveaus des Lebensprozesses.

2.5 ›Methodische‹ Wendung der Stufenfolge der Entstehung des Psychischen: Fünf Schritte der Analyse des Umschlags von Quantität in Qualität im phylogenetischen Prozeß

Bei unserem damit abgeschlossenen Versuch, die historisch-empirische Bewährung der LEONTJEWschen Bestimmungen der Grundform des Psychischen in einem ersten Analyseschritt dadurch zu erweisen, daß gezeigt wurde, *wie* in der phylogenetischen Entwicklung aus den elementaren Lebensfunktionen eine qualitativ neue Gesamtstufe des Psychischen im LEONTJEWschen Sinne entstehen konnte, hat sich ergeben: Der qualitative Übergang zur ›psychischen‹ Stufe war nur dadurch (im Rahmen des Möglichen) empirisch zu rekonstruieren, daß dabei verschiedene *Zwischenstufen,* in denen der Übergang sich vollzog, begrifflich herausgehoben wurden. Wir machen nun die hypothetische Annahme, daß die *Stufenfolge,* die so herausanalysiert wurde, *nicht nur* den Übergang zur neuen Qualitätsstufe des *Psychischen* charakterisiert, sondern daß sich darin *allgemeinere Gesetzmäßigkeiten des stufenweisen Übergangs zu neuen Qualitätsstufen* im phylogenetischen Prozeß manifestieren. Aufgrund dieser Annahme versuchen wir, die *begrifflich* gefaßte Stufenfolge *methodisch* zu wenden, d.h. daraus eine *Folge von Analyse-Schritten* abzuleiten, mit welchen der Übergang zu qualitativ neuen Stufen der Gesamtentwicklung herausgearbeitet werden *soll*. Mit dieser ›Methodisierung‹ unserer Stufenfolge (die aufgrund weiterer inhaltlicher Analysen auf die hier behauptete Verallgemeinerbarkeit hin zu überprüfen und ggf. zu korrigieren ist) bemühen wir uns generell gesehen um eine *methodische Konkretisierung des dialektischen Grundgesetzes des ›Umschlags von Quantität in Qualität‹* für unseren Gegenstandsbereich. Spezieller versuchen wir damit eine *methodische Leitlinie* zu gewinnen, mit welcher im weiteren Gang der kategorialanalytischen Untersuchungen dieses Buches *weitere qualitative Sprünge* im genetischen Differenzierungsprozeß des Psychischen, die in entsprechenden qualitativ bestimmten kategorialen Differenzierungen der Grundkategorie des Psychischen ihren Niederschlag finden müssen, adäquat herauszuarbeiten sind. – Wir formulieren zur Realisierung dieser Zielsetzung die herausgehobene Stufenfolge zusammenfassend und verallgemeinernd als *Schrittfolge der Analyse qualitativer Sprünge* innerhalb der phylogenetischen Gesamtentwicklung.

Erster Schritt: Aufweis der *realhistorischen Dimensionen* innerhalb der jeweils *früheren Stufe,* auf denen der qualitative Umschlag sich vollzieht (bei der Herausbildung des Psychischen: Fähigkeit zur ungerichteten Ortsveränderung und Reizbarkeit für neutrale Agentien). Durch die Heraushebung solcher Dimensionen soll die relevante Entwicklung auf der vorhergehenden Stufe soweit rekonstruiert werden, daß *nur noch* der zur Frage stehende qualitative Übergang herauszuheben ist, nicht aber damit verbundene andere Entwicklungsvorgänge ohne empirischen Nachweis hypostasiert werden. Es soll also genau die ›*Position*‹ bestimmt werden, die beim qualitativen Umschlag *dialektisch* ›*negiert*‹ wird. Damit kann präzise auf den Punkt gebracht werden, *worin* denn nun tatsächlich die *Spezifik* der neuen Entwicklungsstufe bestehen soll.

Zweiter Schritt: Aufweis der *objektiven Veränderungen der Außenweltbedingungen,* mit denen der ›*innere*‹ *Entwicklungswiderspruch,* durch welchen die neue Qualitätsstufe in evolutionärer Progression hervorgebracht werden kann, in seinem *Umwelt-Pol* zustandekommen soll. Dabei sind einmal die systemgefährdenden Außenweltbedingungen anzugeben, durch welche der spezifische Selektionsdruck in Richtung auf die zur Frage stehende qualitative Entwicklung entsteht; zum anderen aber auch jene Aspekte der Außenwelt, durch welche es den ›angepaßteren‹ Mutanten möglich sein kann, sich unter solchen Bedingungen dennoch hinreichend fortzupflanzen, sodaß das Systemgleichgewicht der Organismen-Population erhalten bleibt (in unserem Falle: relativer Nahrungsmangel bei hinreichend konstantem Verhältnis zwischen ausgeformten Nahrungsquellen und neutralen Instanzen, das als Signalverbindung ausgewertet werden kann).

Dritter Schritt: Aufweis des *Funktionswechsels* der (im ersten Schritt) aufgewiesenen relevanten Dimensionen als ›*Organismus-Pol*‹ *des Entwicklungswiderspruchs,* damit der Entstehung des *ersten qualitativen Sprungs* der Herausbildung der *Spezifik* der neuen Funktion unter den veränderten Außenweltbedingungen (in unserem Falle: Funktionswechsel der epiphänomenalen ungerichteten Ortsveränderung und Reizbarkeit für neutrale Agentien durch ihre Integration in einem neuen Funktionszusammenhang signalvermittelter Orientierungsaktivität, ›Sensibilität‹). Ein derartiger Funktionswechsel ist generell ein wesentliches Bestimmungsmoment für das Zustandekommen qualitativer Sprünge im evolutionären Prozeß. BEURTON, auf dem wir hier fußen, stellt in einer hervorragenden Analyse dazu fest: »Das Problem des Funktionswechsels ist von besonderer Bedeutung im Rahmen der Stammesgeschichte, da er überhaupt den Schlüssel liefert für die Erklärung, wie evolutiv Neues entstehen kann, wie neue aus alten Qualitäten hervorgehen, kurz, wie es eine Evolution geben kann, die mehr als bloße Veränderung ist.« (1975, S. 915) Von größter Wichtigkeit ist dabei, daß bei dem qualitativen Sprung durch Funktionswechsel die dialektische Negation *nur im Bereich einer – der bestimmenden Funktion der früheren Stufe noch untergeordneten – Partialfunktion* erfolgt, quasi im Dienste der besseren Systemerhaltung auf dieser Stufe steht, daß also die qualitativ *spezifische* Funktion hier noch nicht für den Gesamtprozeß *bestimmend* geworden ist.

Vierter Schritt: Aufweis des *Dominanzwechsels* zwischen der für die frühere Stufe charakteristischen Funktion und der neuen Funktion, womit durch einen *zweiten qualitativen Sprung* die *qualitativ spezifische* Funktion auch die für die gesamte Systemerhaltung *bestimmende Funktion* wird (in unserem Fall: Dominanzwechsel zwischen unmittelbarer und signalvermittelter Nahrungsaufnahme). – Eine *Zwischenphase,* in der eine *qualitativ entwickeltere Funktion,* ehe sie *bestimmend* wird, zunächst der früheren, unentwickelteren Funktion *untergeordnet* ist, muß *generell* in der Evolution als Voraussetzung für die Entstehung qualitativer Umschläge im Gesamtprozeß angenommen werden, da dies – wie gesagt – aus den Mechanismen der Mutation und Selektion sich ergibt. Die Evolution ist deswegen notwendig ein *langandauernder kontinuierlicher Prozeß,* in welchem *neue organismische Funktionen* sich *nicht plötzlich durchsetzen,* sondern sich immer aus *kaum merklichen Anfängen allmählich* herausbilden, sodaß sie niemals schon bei ihrem ersten Vorkommen für die Systemerhaltung bestimmend sein können, sondern zunächst nur *zusätzliche ›spezialisierte‹* Leistungsmöglichkeiten eines in ›konservativer‹ Weise auf der alten Stufe sich erhaltenden Systems der Organismen-Population sind. Wenn es hier dennoch zum Qualitätsumschlag der Gesamtentwicklung kommen kann, dann deswegen, weil der Übergang zur neuen Entwicklungsstufe sich *nicht* auf einer *einzelnen* Dimension vollzieht, sondern die *Umkehrung des Verhältnisses zweier* für sich *kontinuierlich veränderter Dimensionen* darstellt. Eine solche Umkehrung des Verhältnisses zwischen bestimmender und nachgeordneter Funktion als *Dominanzwechsel* ist, obwohl sich beide Funktionen in der Entwicklung *kontinuierlich* darauf zubewegen, selbst *nicht kontinuierlich,* sondern ein *punktuelles Umkippen.* Wie beim Funktionswechsel durch das kontinuierliche Hineinwachsen in einen neuen funktionalen Zusammenhang, so ist beim Dominanzwechsel durch die Verhältnisumkehrung die *Kontinuität der Entwicklung mit der Entstehung neuer Qualitäten vermittelt* – die biologisch zwingende Annahme, daß die evolutionäre Entwicklung nur kontinuierlich erfolgen kann, steht also mit der Annahme, daß in der Evolution neue Qualitäten entstehen können, nicht im Widerspruch (vgl. BEURTON 1975).

Fünfter Schritt: Aufweis der *Umstrukturierung und neuen Entwicklungsrichtung des Gesamtsystems,* nachdem die qualitativ *spezifische* Funktion für die Systemerhaltung *bestimmend* geworden ist. Hier ist sowohl zu zeigen, welche älteren Dimensionen im neuen Zusammenhang *funktionslos* werden, als auch, wie sich die *Funktion früherer Dimensionen neu bestimmt,* und wie sich unter der neuen Leitfunktion *spezifische strukturelle und funktionale Differenzierungen* in der weiteren Entwicklung ergeben. (Neben den genannten Beispielen kann das gesamte nächste Kapitel als Beispiel dafür gelten.) Dabei wird man im neuen Gesamtzusammenhang auch auf *qualitativ neue Entwicklungen* durch Funktions- oder Dominanzwechel stoßen, die aber *nicht* auf *bestimmenden* Dimensionen sich vollziehen, also der qualitativen Gesamtcharakteristik der neuen Entwicklungsstufe untergeordnete *Nebenaspekte,* ›sekundäre‹ Mitentwicklungen oder Überformungen (vgl. dazu S. 56), darstellen. – Im Laufe der immer weitergehenden Ausdifferenzierung und Ausgestaltung der neuen Qualitätsstufe werden sich *auch jene Dimensionen* herausbilden, auf denen sich der *qualitative Umschlag zu einer weiteren, noch spezifischeren Stufe der Gesamtentwicklung* vollziehen wird, womit sich das Verhältnis umkehrt, und die jetzige ›neue‹ Stufe im Vergleich zur nächsthöheren zur ›früheren‹, elementareren Stufe wird. Bei der Herausarbeitung dieser Dimensionen schließt sich der Kreis, und wir sind, auf der nun erreichten höheren Ebene, wieder beim *ersten Schritt* unseres Verfahrens der Herausarbeitung qualitativer Umschläge im phylogenetischen Prozeß angelangt.

Kapitel 3

Die innere Ausgestaltung des Psychischen zu funktional differenzierten Organismen im Sozialverband

3.1 Vorbemerkung

Nach der Gewinnung der Grundkategorie des Psychischen durch Herausarbeitung der entsprechenden genetischen Grundform ist die wesentliche Aufgabe der weiteren Kategorialanalyse, über den genetischen Aufweis neuer Qualitätsstufen der Gesamtentwicklung, nun nicht mehr *gegenüber* dem vorpsychischen Prozeß, sondern *innerhalb* der *Psychophylogenese*, zu qualitativen Ebenen der kategorialen Differenzierung bis hin zur kategorialen Bestimmung der ›menschlichen‹ Spezifik des Psychischen zu gelangen. Ehe wir im Zuge dieser Differenzierungsanalyse auf die erste große qualitative Spezifizierung des Psychischen – die Herausbildung individueller Lernfähigkeit – uns zubewegen können, müssen wir – gemäß unserem fünften Schritt der Analyse qualitativer Übergänge – zunächst die ›innere‹ Ausdifferenzierung und Ausgestaltung des Psychischen *vor* dem neuen großen Qualitätssprung funktional-historisch rekonstruieren, um so eine *erste Ebene kategorialer Differenzierungen* noch *im Rahmen* der Bestimmungen der ›bloßen‹ *Grundform* des Psychischen zu erreichen.

Da die Möglichkeit zu individuellem Lernen – wie später genau zu begründen sein wird – erst das spezifische und bestimmende Moment der neuen Qualitätsstufe des Psychischen ist, wird in diesem ganzen dritten Kapitel die *individuelle Lernfähigkeit* von Organismen *noch nicht* in die Analyse einbezogen. Damit ist, wie sich aus der allgemeinen Verfahrensweise unserer Analyse ergibt, *nicht* gesagt, daß Organismen, die die zu schildernden psychischen Funktionsdifferenzierungen aufweisen, nicht *faktisch* auch zu individuellem Lernen fähig sein können, sondern nur, daß individuelle Lernfähigkeit zur Herausdifferenzierung der verschiedenen psychischen Dimensionen hier *noch nicht entwicklungsnotwendig* ist, sodaß bei der *logisch-historischen* Differenzierungsanalyse des Psychischen auf *dieser Stufe* noch davon *abstrahiert* werden kann und muß.

Die folgende Analyse hat neben dem inhaltlichen immer auch einen *methodischen* Aspekt: Während im vorigen Kapitel die Geeignetheit unserer von LEONTJEW übernommenen Grundbestimmungen des Psychischen zur Charakterisierung einer neuen qualitativen Gesamtstufe der Phylogenese aufgewiesen werden sollte, geht es nun darum, die ›*Bewährung*‹ *der Grundkategorie bei der Klärung und Verhältnisbestimmung verschiedener, immer differenzierterer Erscheinungsformen des Psychischen* zu erweisen. Es muß sich (in der früher allgemein geschilderten Art) durch die weitere genetische Differenzierungsanalyse ergeben, wieweit die Grundbestimmung des Psychischen tatsächlich einerseits *allen differenzierteren Formen* bis hin zur ›menschlichen‹ Ausprägungsform zugeschrieben werden kann, wieweit dabei andererseits die *genetischen Verhältnisse der gegenwärtigen Erscheinungsformen des Psychischen* (ihr spezifisch-bestimmender, spezifisch-sekundärer, unspezifischer Charakter etc.) mit Rückbezug auf die Grundform funktional-historisch abgeleitet werden können (s.o. S. 56). – Wenn wir die erste Differenzierungsebene als (noch keinen neuen qualitativen Gesamtsprung implizierende) innere Ausgestaltung rekonstruiert haben, verfügen wir über die differenzierten Dimensionen, auf denen die weitere Entwicklung sich vollziehen muß, und können dann auch im ersten Schritt der Qualitätsanalyse, nunmehr auf höherem Niveau, danach fragen, auf welchen Dimensionen sich der neuerliche qualitative Umschlag vorbereitet.

Wie bei der Gewinnung der Ausgangsabstraktion des Psychischen, so ist auch in der weiteren Differenzierungsanalyse an den vorfindlichen psychologischen *Vorbegriffen* anzusetzen und sind von da aus *Zwischenabstraktionen* zu gewinnen; in der darin begründeten Durchführung der Analyse können wir dann die begrifflichen Ansatzstellen neu bestimmen und rückwirkend kritisieren. Die Art und Weise, *wie* wir zu den Zwischenabstraktionen kommen, wird dabei nicht explizit thematisiert: Die angesetzten Zwischenformen müssen sich, auf die prinzipiell gleiche Art wie die Grundform des Psychischen, im Gesamtzusammenhang der genetischen Ursprungs- und Differenzierungsanalyse bewähren (vgl. S. 52 ff).

Während im vorigen Kapitel bei der Ableitung der ›Grundform‹ des Psychischen in globaler Weise der allgemeine biologische Erkenntnisstand zur empirischen Grundlage genommen wurde, beziehen wir uns in den folgenden Differenzierungsanalysen auf das in den früher genannten kritisch-psychologischen Arbeiten vorgelegte empirische Material. Dabei werden hier im allgemeinen die dort ausgebreiteten empirischen Daten nicht in extenso referiert, sondern es wird nur *verallgemeinernd* darauf Bezug genommen und die Nachprüfung der empirischen Grundlage durch entsprechende Verweisungen ermöglicht. Nur gelegentlich bringen wir zur Veranschaulichung des Gemeinten auch ein inhaltliches Beispiel. Man muß hier also zur Nachprüfung des Empiriebezugs der verallgemeinernden Aussagen jeweils auf die benannten Arbeiten zurückgreifen.

3.2 Orientierung, Bedeutungsstrukturen

Funktionsebene der Gradientenorientierung

Im Zuge der Herausbildung des Psychischen vollzog sich der Übergang von ungerichteten Ortsveränderungen, *Kinesen*, zu *gerichteten* Bewegungen im neuen Funktionszusammenhang der Signalvermitteltheit. Da die neue Form der Aktivität (hier die ›Tätigkeit‹ im Leontjewschen Sinne) stets der Schlüssel zum Verständnis neuer Entwicklungen ist, setzen wir mit unserer Differenzierungsanalyse daran an.

Die gerichteten Ortsveränderungen werden mit Bezug auf die dabei involvierten ausrichtenden Mechanismen in Abhebung von den Kinesen ›*Taxien*‹ genannt (vgl. SE, S. 82ff). Taxien, durch welche der Organismus in Zonen größerer ›Zuträglichkeit‹ für die Systemerhaltung gelangt, werden ›positive Taxien‹, solche, die den Organismus aus Zonen der ›Unzuträglichkeit‹ hinausführen, ›negative Taxien‹ genannt. In den primitivsten Formen solcher durch Taxien ausgerichteter Ortsveränderungen erhalten dabei zunächst lediglich bestimmte *Dichte- oder Energiegefälle*, ›*Gradienten*‹, innerhalb der unmittelbaren flüssigen Umgebung selbst eine objektive Signalfunktion, indem das Tier mit dem Effekt der Erhöhung der Fortpflanzungswahrscheinlichkeit die Dichte- oder Energiegefälle, etwa der Helligkeit oder Temperatur, als ›Information‹ auswertet und sich so aus Zonen größerer bzw. geringerer Dichte oder Energie herausbewegt, damit gleichzeitig für die Systemerhaltung günstigere Umweltbedingungen ansteuert.

Bei derartigen gerichteten Ortsveränderungen handelt es sich – wie gesagt – um die elementarste Form der ›*Orientierung*‹ von Organismen in ihrer Umwelt. Damit gewinnen bestimmte Momente der Umgebung, nämlich die hier genannten, als Information ausmünzbaren Dichte- und Energiegefälle, im Zusammenhang ihrer psychischen Widerspiegelung eine bestimmte *Bedeutung*, d.h. *Aktivitätsrelevanz* für das Tier.[1] Der primitive Charakter dieser Art von psychischer Bedeutung liegt darin, daß das Tier noch keine von ihm entfernten Umweltgegebenheiten, sondern nur Dichte- und Energiegefälle im Bereich der unmittelbar seine ›Haut‹ berührenden flüssigen Umgebung als Signale auswerten kann und (natürlich nur objektiv, nicht etwa in der Erfahrung oder im Bewußtsein des Tieres) die Bedeutung der Umweltgegebenheiten lediglich in einem ›*Hin-*

---

1 Das damit hier erstmalig angesprochene Bedeutungskonzept als zentrale individualwissenschaftliche Kategorie soll nicht vorab ausführlich ›definiert‹ werden, sondern wird erst im Zusammenhang des wirklichen Fortgangs unserer genetischen Rekonstruktion auch begrifflich immer weiter entfaltet: Dies entspricht unserem generellen Verfahren der Einheit von inhaltlicher Analyse und Begriffsentwicklung.

zu‹ bzw. ›*Weg-von*‹ Bereichen größerer oder geringerer Dichte/Energie der unmittelbar umgebenden Flüssigkeit besteht. ›Orientierung‹ vollzieht sich auf dieser Elementarstufe also direkt durch die ortsverändernde Gesamtaktivität der Organismen und *kann* sich (logisch-historisch gesehen) noch gar nicht anders vollziehen, da die Dichte- oder Energiegefälle der über den unmittelbaren Berührungsbereich hinausgehenden Umgebung *nur durch die Ortsveränderung selbst* als Information rezipierbar sind.

Die damit charakterisierte *Orientierung an Gradienten* markiert eine ›*ebenmerkliche Differenz*‹ des Psychischen zu der Lebensaktivität auf vorpsychischem Niveau. Hier ist nach wie vor das unmittelbar umgebende flüssige Medium biologisch relevant, wobei sich nur durch die Eigenbewegung des Organismus gewisse über den unmittelbaren Berührungsbereich hinausgehende Informationen mit objektivem Signalcharakter gewinnen lassen. Damit ist die neue psychische Umweltbeziehung hier nur sehr beschränkt zur Erweiterung der Lebensquellen und Vermeidung von systemschädigenden Einflüssen effektiv.

Die Gradientenorientierung hat – unbeschadet der anschließend zu charakterisierenden ›höheren‹ Orientierungsfunktionen – auch eine *eigene Evolution*, d.h. entwickelt sich *innerhalb* ihres *unspezifischen Niveaus* in der Phylogenese weiter. Die Rezeption von Gradienten-Unterschieden ist demgemäß bis zu den höchsten Formen als elementare Orientierungsweise vorfindlich. So gibt es eine elementare Sensibilität für Hell-Dunkel-Unterschiede, in der weiteren Entwicklung auch für Farbunterschiede, wobei die Gradientenorientierung als elementarste Funktionsebene in ausdifferenzierte Sinnesorgane einbezogen ist. Weiterhin ist die Gradientenorientierung auch bei der Ausdifferenzierung der bestimmenden Funktionen verschiedener Sinnesorgane bedeutsam; der ›Geruchssinn‹ als (relativer) ›Nahsinn‹ ist so gesehen ›primitiver‹ als die auf optische oder akustische Reize ansprechenden Sinnesorgane, die dezidierte ›Fernsinne‹ darstellen: Geruchsorientierung erfolgt nämlich ausschließlich nach Art der geschilderten ›Gradientenorientierung‹ (was hier nicht näher ausgeführt werden kann). – Die weitere Evolution der Gradientenorientierung hat, wie demnach zusammenfassend festgestellt werden kann, den Charakter der ›*Schichtung*‹ oder ›*Parallelentwicklung*‹, geht also nicht als ›Verwandlung‹ in höheren Formen auf, sondern kann ›unter‹ bzw. ›neben‹ diesen als *unspezifische Funktionsebene* in der *gegenwärtigen Endform des Psychischen* ausgemacht werden (vgl. dazu M I, S. 50).

Funktionsebene der Aussonderung/Identifizierung

In der weiteren Psycho-Phylogenese wird nun die Ebene der Gradientenorientierung, unbeschadet ihrer eigenen unspezifischen Evolution, durch höhere, d.h. für die ›psychische‹ Systemerhaltung effektivere Orientierungsfunktionen als deren Differenzierungsprodukt ›überschichtet‹ bzw. ›ergänzt‹. Die nächsthöhere Ebene der Orientierungsfunktion ist dabei die Entwicklung der Fähigkeit zur *Aussonderung* von bestimmten biologisch relevanten Gegebenheiten aus der Umgebung. Dabei werden bestimmte *Invarianzen* aus wechselnden Umgebungsbedingungen ausgefiltert, also quasi ›*identifiziert*‹. Auch hier hat die *Aktivität* des Organismus zwar eine zentrale Relevanz für die Orientierung, es liegt aber eine gegenüber der Gradientenorientierung *andere Art der Informationsauswertung* vor: Es können Eigenschaften der Umwelt ausgesondert werden, die nicht nur in der flüssigen Umgebung, sondern *in Distanz* zum Organismus sich befinden. Wesentliche Voraussetzung für die Erfassung der Invarianzen ist also die *räumliche Ortung* als Rezeption des *räumlichen Verhältnisses* zum Organismus. Dazu ist mindestens erforderlich, daß der Organismus durch seine *Eigenbewegung* den Ort des Gegenstandes relativ zum eigenen Standort ausmachen kann.

Bei der Realisierung dieser neuen ›räumlichen‹ Orientierungsfunktion kommt es – wiederum innerhalb der gleichen Funktionsebene – in der Evolution schrittweise zu einer gewissen *Verselbständigung der Orientierungsaktivität gegenüber der Ausführungsaktivität.*

So können etwa Tiere durch Bewegung um einen Gegenstand herum ihn in seiner räumlichen Lage ›orten‹ (Scherenfernrohr-Prinzip), die Gegeneinander-Verschiebung und wechselnde Überschneidung von Gegenständen auf der Sinnesfläche durch die Eigenbewegung der Tiere als Information über deren Tiefenstaffelung und räumliche Lage zueinander ausnutzen (›Bewegungs-Parallaxe‹) etc. All dies geht mit der wachsenden Differenzierung eines ›Zentralnervensystems‹ (ZNS) einher, in welchem die Information von den Sinnesorganen (Rezeptoren), die über ›efferente‹ Nervenbahnen geleitet wird, und die Aktivitätsimpulse von den Bewegungsorganen (Effektoren), die über ›afferente‹ Nervenbahnen laufen, in einer zentralen ›Schaltstelle‹ (aus der später das Gehirn entsteht) koordiniert werden (vgl. dazu NP I, Kap. 2.3 und 3, sowie SE, Kap. 4.2).

In der weiteren phylogenetischen Entwicklung innerhalb dieser Funktionsebene differenzieren sich aus den Orientierungsaktivitäten, die anfangs nur in Ortsveränderungen des Gesamtorganismus bestehen, immer mehr solche Aktivitätsanteile heraus, die *nach ›innen‹ und auf Teilsysteme des Organismus* verlagert sind, was sich aus dem Selektionsvorteil erklärt, den die Möglichkeit einer ›Entlastung‹ der peripheren Aktivitäten von der ›Aufgabe‹ der Orientierung, damit Verfügbarkeit für andere biologisch relevante Aktivitäten, erbringt. Ein solcher ›verinnerlichter‹ Anteil der Orientierungsaktivität ist z.B. die ›*Akkomodation*‹ des Auges: Hier wird die reflektorische Linsenkrümmung bei der

›Scharfeinstellung‹ der Linse als Information für den Abstand zwischen Ding und Organismus ausgewertet; oder (auf relativ hoher Entwicklungsstufe) die ›*Konvergenz*‹, d.h. das Sich-Schneiden der Sehachsen beider Augen in dem jeweils fixierten Gegenstand: Hier wird die Verschiebung der Netzhautbilder des einen und anderen Auges gegeneinander bei der Abbildung von Gegenständen vor bzw. hinter dem Schnittpunkt der Sehachsen, als ›Tiefenkriterium‹ im ZNS ›verrechnet‹ (›*Disparation*‹, die sich im ›Stereoskop‹ zur Erzeugung von Tiefeneindrücken künstlich herstellen läßt).

Im Zuge der Zentralisierung der Aussonderungs-Funktion erweitern sich auch die funktionalen Aspekte auf dieser Ebene: So ist hier die räumliche Ortung nicht mehr nur ›Selbstzweck‹, sondern die Information über den räumlichen Abstand wird zur Heraussonderung gegenständlicher Eigenschaften aus der Umgebung durch Kompensation der räumlichen Zusatzbedingungen ausgewertet. Dies geschieht z.B. bei der ›*Größenkonstanz*‹, d.h. der automatischen Verrechnung der Entfernung im ZNS bei der Identifizierung der Größe eines Objekts. Weiterhin bilden sich hier andere ›Konstanz‹-Arten heraus, bei welchen noch weitere Umgebungsbedingungen kompensatorisch ausgefiltert werden, etwa bei der ›*Helligkeits-*‹ bzw. ›*Farbkonstanz*‹ durch Verrechnung der Helligkeits- bzw. Farbunterschiede der Umgebungsbedingungen bei der Identifizierung der Objekthelligkeit bzw. -farbe, und später (nach Herausbildung der Diskriminierungsfunktion, s.u.) bei der ›*Formkonstanz*‹ durch ›kompensatorische‹ Verrechnung der Lage, des Sehwinkels, bei der Erfassung der Identifizierung der ›wirklichen‹ Form des Gegenstandes etc.

Ein weiterer funktionaler Aspekt der Aussonderungs- und Identifizierungsfunktion ist die *Herausfilterung* ›*irrelevanter*‹ *Randinformation durch* ›*Einstellung*‹ *des Sensoriums auf die Erfassung invarianter Gegebenheiten*. Hierher gehört schon das Moment der ›Scharfeinstellung‹ des optischen Sensoriums bei der Akkomodation und Konvergenz. Funktional in die gleiche Richtung weist der ›*Orientierungsreflex*‹, bei dem unmittelbar durch zentralnervöse Steuerung die Sinnesorgane in die zur Orientierung jeweils günstigste Position gebracht werden. Eine quasi ›zentralisierte‹ Form eines derartigen Orientierungsreflexes sind *Bahnungs-, Hemmungs- und Summationseffekte im ZNS*, die zu einem Zurücktreten der ›Umgebung‹ eines Gegenstandes, damit zu einer Hervorhebung seiner gegenständlichen Beschaffenheit führen. Eine hochentwickelte Form kompensatorischer Informationsverarbeitung ist die Koordination der motorischen und der rezeptorischen Aspekte der Orientierung zur Erreichung gegenstandsadäquater Ausführungsaktivitäten gemäß dem ›*Reafferenzprinzip*‹, wie es von HOLST & MITTELSTEDT bzw. ANOCHIN herausgearbeitet wurde.

Die damit angedeuteten verschiedenen funktionalen Aspekte innerhalb der Funktionsebene der Aussonderung/Identifikation von Invarianzen sind in ihrem logisch-historischen Verhältnis zueinander noch weitgehend ungeklärt. Um hier weiterzukommen, müßte weiteres empirisches Material über das bisher innerhalb der Kritischen Psychologie ausgewertete herangezogen werden. Wir können mithin zwar die Funktionsebene der Aussonderung/Identifikation *im Ganzen* logisch-historisch orten, haben aber ihre verschiedenen *Teilaspekte* nur mehr oder weniger aufgezählt.

Allgemein ist hier als wesentliches Moment herauszuheben, daß die angeführten Kompensations-, Verrechnungs- und ›Einstellungs‹-Funktionen zur Heraushebung der Invarianzen niemals absolute Genauigkeit, sondern immer nur eine *relative* Orientierungsverbesserung erbringen. Man muß sich vergegenwärtigen, daß – wie dargestellt – das System, das sich hierdurch an die Umwelt ›anpaßt‹, nicht der einzelne Organismus, sondern die Organismen-*Population* ist. Mit Blick auf den einzelnen Organismus bedeutet dies Erhöhung seiner Fortpflanzungs*wahrscheinlichkeit*, nicht seine Überlebenssicherung als Einzelorganismus. Die ›Funktionalität‹ ist hier also erhöht, wenn eine *durchschnittliche* Orientierungsverbesserung innerhalb der Gesamtpopulation erfolgt, wobei der Fall des Untergangs von Einzelorganismen aufgrund von Fehlorientierung nur *seltener* wird, aber nicht verschwindet – und in der Vernichtung der weniger ›angepaßten‹ Mutanten ja auch hier gerade das *selektive Moment* zur *weiteren evolutionären Progression*, in diesem Fall der Orientierung, liegt.

Funktionsebene der Diskrimination/Gliederung

Eine weitere Funktionsebene (mit ›eigener‹ Evolution), die sich aus der Grundform der Sensibilität herausdifferenziert, ist die Fähigkeit zur Unterscheidung, ›Diskrimination‹, *verschiedener* gegenständlicher Bedeutungseinheiten. Die Organismen heben hier also nicht mehr nur *einen einzelnen* Gegenstand aus seiner im übrigen *ungegliederten* Umgebung heraus, sondern erfassen das *Verhältnis verschiedener Umweltgegebenheiten zueinander*, kommen also zu einer immer weitergehenden Gliederung, ›Organisation‹ des Orientierungsfeldes nach *unterscheidbaren gegenständlichen Bedeutungseinheiten*. Die psychischen Bedeutungen differenzieren sich dabei über das bloße (als Richtungsbestimmung der Aktivitätsdetermination weiterhin darin enthaltene) ›Hin-Zu‹ und ›Weg-Von‹ hinaus zu *qualitativ verschiedenen, inhaltlich bestimmten Aktivitätsdeterminanten* (›Freßfeind‹ = Weglaufen, ›Beute‹ = Angreifen, ›Nahrungsmittel = Verzehren, ›Sexualpartner = Kopulationsaktivität, etc.). Die Bedeutungen haben jeweils objektiv bestimmte ›*figural-qualitative*‹ (durch die Art der Form, Farbigkeit, Helligkeit etc. charakterisierte) Merkmalskombinationen, die sensorisch ›diskriminiert‹ werden, zur Grundlage.

Die Heraushebung dieser Merkmale, die Analyse ihrer ›Semantisierung‹ im phylogenetischen Prozeß, die Bestimmung des Zusammenhangs zwischen Merkmalskombination und Art der Aktivitätsdetermination etc. geschehen im *Bezugssystem wissenschaftlicher Fragestellungen*, während der *Bedeutungsbegriff* selbst die objektive Realität kennzeichnen soll, insoweit und in der Weise sie *für das Tier ›real‹, d.h. in seiner Lebenswelt ›aktivitätsbestimmend‹* ist. Dabei darf nicht die Annahme gemacht werden, daß das Tier selbst die ›Merkmalskombinationen‹ erkennt und dann mit den zugeordneten Aktivitäten darauf ›reagiert‹, indem es diesen die jeweiligen Bedeutungen beilegt. In einer von ›Anthropomorphisierungen‹ (Vermenschlichungen) freien Interpretation muß man vielmehr davon ausgehen, daß *›Freßfeind‹* und *›Weglaufen‹ für das Tier identisch* sind, also die *Bedeutung auf dieser Stufe in der Aktivitätsdetermination ›aufgeht‹*. Ein ›Sich-Verhalten‹ zu Bedeutungen und deren Zusammenhang mit den Merkmalskombinationen, die sie ›tragen‹ usw., ist (wie später auszuführen) erst auf menschlichem Niveau möglich und darf auf der gegenwärtig behandelten Stufe nicht unterstellt werden.

Frühformen der ›Analyse‹ und ›Synthese‹: ›Realabstraktive‹ Herausgehobenheit aktivitätsrelevanter Merkmalskombinationen

Die sich entwickelnde ›unterscheidende‹ Orientierung der Organismen schließt in immer höherem Maße Frühformen der ›Analyse‹ und ›Synthese‹, d.h. ›Zerlegung‹ und ›Zusammenfassung‹ von Umweltinformation – als objektive Effekte, nicht intentionale Akte – ein. Die auf diese Weise in der Orientierung ausgefilterten qualitativ besonderen Bedeutungseinheiten (in ihrem Verhältnis zueinander) sind dabei einerseits Charakteristika der artspezifischen Umwelt in ihren biologisch relevanten Zügen, also funktionale Widerspiegelungen bestimmter Außenweltverhältnisse (›Biotope‹, ›Ökologien‹), und andererseits in der Phylogenese (in den verschiedenen Evolutionszweigen auf verschiedene Weise) einer historischen Veränderung unterworfen.

Um diese Darlegungen zu konkretisieren, beziehen wir uns wiederum zunächst auf den Umstand, daß der ›Träger‹ der Evolution generell und so auch hier nicht der einzelne Organismus, sondern die Organismen-*Population* ist. Wie die Aussonderung von Invarianzen, so ›dient‹ auch die allmähliche Herausbildung der *›Gliederung‹* des Orientierungsfeldes primär nicht der Optimierung der Aktivitätssteuerung des *einzelnen* Organismus, sondern der ›durchschnittlichen‹ (›modalen‹, SE, S. 64) *Optimierung der Aktivitätssteuerung aller Organismen der Population*. Die im Evolutionsprozeß entstehenden ›diskriminierbaren‹ Bedeutungseinheiten minimieren also durch Ermöglichung einer optimal schnellen und adäquaten Aktivität innerhalb der artspezifischen Umwelt die Wahrscheinlichkeit der Systemzerstörung der Organismen, reduzieren damit die Zahl der ›letalen‹ (tödlichen) Orientierungsfehler – schließen aber derartige Fehler natürlich nicht aus: diese sind ja auch hier die Vorbedingung für eine Selektion in Richtung auf evolutionäre Progression.

Bei einer solchen im Sinne der Fortpflanzungswahrscheinlichkeit ›*optimalen*‹ *Ausnutzung der Information* durch Herausbildung der ›fehlerverringernden‹ Bedeutungseinheiten sind nicht alle objektiven ›Irrtümer‹ bei der Orientierung biologisch gleich relevant. Es ist vielmehr davon auszugehen, daß Orientierungsfehler, bei denen die Aktivität durch ›irrtümliche‹ Zusammenfassung irrelevanter Merkmale zu einer aktivitätsrelevanten Bedeutungseinheit (z.B. Flucht vor einer zufälligen Merkmalskombination, die zur Bedeutungseinheit ›Freßfeind‹ zusammengeschlossen wird), durchschnittlich seltener einen ›tödlichen‹ Ausgang nehmen als Orientierungsfehler, bei denen eine relevante Bedeutungseinheit ›übersehen‹ wird (sodaß z.B. die Flucht vor einem wirklich vorhandenen Freßfeind unterbleibt – vgl. dazu die Ausführungen über ›gute‹ und ›schlechte‹ Fehler in SE, S. 319ff). Die Merkmalskombinationen der Bedeutungseinheiten bilden mithin – gemessen an den tatsächlichen objektiven Eigenschaften des spezifischen Aktivitätsanlasses (etwa dem ›wirklichen‹ Freßfeind in seinen spezifischen Merkmalen) – ›*zu weite*‹ *Klassen*, mit dem Effekt der ›Garantie‹, daß hier möglichst ›auf jeden Fall‹ die biologisch adäquate Aktivitätssteuerung erfolgt, quasi in Ausbalancierung mit den Selektionsnachteilen mehr oder weniger häufiger ›unnötiger‹ Aktivitäten mit Bezug auf ähnliche, aber biologisch irrelevante Merkmalskombinationen. Daraus resultiert die häufig konstatierte *Übergeneralisierung, Überverdeutlichung, Übervereinfachung, Komplettierung abgehobener und invarianter Bedeutungseinheiten* (vgl. SE, S. 312ff). Das ›Hinausgehen‹ über die vorhandene ›physikalische‹ Information bedeutet hier also biologisch gesehen eine Verbesserung der ›funktionalen‹ psychischen Widerspiegelung in den Umweltverhältnissen ›adäquaten‹, d.h. ›überlebensfördernden‹ Aktivitäten. Wesentlich ist dabei, daß es sich hier nicht, wie im gleichermaßen ›unbiologischen‹ wie unhistorischen Denken der bestehenden Wahrnehmungspsychologie (in der Tradition der ›Gestalttheorie‹ o.ä.) angenommen, um (etwa den ›Gestaltgesetzen‹ folgende) Übervereinfachungen, Komplettierungen etc. *als solche* handelt, sondern stets um (im evolutionären Gesamtprozeß entstandene und sich verändernde) *Vereinheitlichungen und Verallgemeinerungen der Merkmale von in der ›Ökologie‹ der jeweiligen Tiere wirklich vorkommenden biologisch relevanten Ereignissen und Gegebenheiten*. Die Organisation des Orientierungsfeldes unterliegt also *nicht formalen Organisationseffekten irgendwelcher Art, sondern ist eine inhaltliche Strukturierung der ›artspezifischen‹ Umwelt* (was in SE, Kap. 8.1, noch nicht hinreichend begriffen wurde).

Dies verdeutlicht sich, wenn man die Ansätze und Forschungen heranzieht, die zum ethologischen Konzept der ›*Schlüsselreize*‹ und ›*angeborenen auslösenden Mechanismen*‹ geführt haben. Bestimmte Merkmalskombinationen in der Umwelt, die ›Schlüsselreize‹, lösen in artspezifisch festgelegter Weise bei den Tieren durch im ZNS vorhandene angeborene Auslösemechanismen (AAMs) spezifische ›*instinktive*‹ *Aktivitätssequenzen* aus (ein Zusammhang, der sich bei verschiedenen Tierarten und auf unterschiedlichen phylogenetischen Entwicklungsstufen mehr oder weniger eindeutig isolieren läßt, s.u. – vgl. dazu M I, Kap. 2.3.1 und NP I, Kap. 4.1).

Ein ›klassisches‹ Beispiel für solche Schlüsselreiz-AAM-Verbindungen ist das Kampfgebaren des Stichlingsmännchens gegenüber seinen ›Rivalen‹ im ›Prachtkleid‹ mit roter Kehle und rotem Bauch, das während der Paarungszeit entsteht. Wie man in sog. ›Atrappenversuchen‹ (Vgl. M I, S. 56 und NP I, S. 166 ff), bei denen die ›natürlichen‹ Merkmalskombinationen schrittweise vereinfacht werden, feststellte, reagiert der Stichling hier keineswegs auf die spezifischen Merkmale des anderen Stichlings (die zur Reaktionsauslösung weitgehend fehlen können) sondern wesentlich auf die Merkmalskombination ›Rot auf der Unterseite‹. Bekannt sind auch Versuche an Hühnerküken mit einer ›Habicht‹-Atrappe, wo sich ergab, daß bei den Küken die gegenüber Habichten charakteristischen Fluchtaktivitäten allein durch ein schwarzes Dreieck, das von oben gegen den Himmel angenähert wird, ausgelöst werden können. (Es handelt sich hier bei der Flucht also quasi um einen ›guten Fehler‹ der Küken.)

Darin bestätigt sich, daß die ›vereinfachenden‹ und ›abhebenden‹ Ausgliederungen aus dem Umweltgesamt nicht Resultat abstrakter Organisationsprinzipien oder ›Gestaltgesetze‹ o.ä. sind, sondern *evolutionär entstandene* ›*Realabstraktionen*‹ aktivitätsrelevanter Merkmalskombinationen von den übrigen Eigenschaften des wirklich in der Ökologie vorkommenden balzenden Stichlings bzw. angreifenden Habichts – also eben ›*Bedeutungseinheiten*‹ innerhalb der artspezifischen Umwelt, wie ich sie vorher gekennzeichnet habe. Dabei ist klar, daß – in dem Maße, wie sich mit steigender phylogenetischer Entwicklungshöhe die Aktivitätsmöglichkeiten der Tiere erweitern und differenzieren – auch immer weitere und differenziertere Merkmalskomplexe in der Ökologie biologisch relevant und so zu psychischen Bedeutungseinheiten der artspezifischen Umwelt werden können, womit im ›Diskriminations‹-Prozeß durch ›Analyse‹ und ›Synthese‹ eine immer adäquatere funktionale Widerspiegelung der objektiven Außenweltgegebenheiten entsteht. ›Bedeutungseinheiten‹ sind also nicht als solche bestimmbar, sondern drücken immer die *Beziehung* von Organismen einer gewissen Ausprägungsart und Entwicklungshöhe zu den biologisch relevanten Merkmalskomplexen *ihrer* historisch konkreten artspezifischen Umwelt aus.

Inhaltliche Ausdifferenzierung von ›Bedeutungstypen‹ innerhalb der Funktionskreise der ›Fortpflanzung‹ und der ›Lebenssicherung‹

Um nun die (in einigen Beispielen schon angesprochene) inhaltliche Eigenart der Struktur gegenständlicher Bedeutungeneinheiten der jeweils artspezifischen Umwelt genauer funktional-historisch bestimmen zu können, ist zunächst global herauszuheben, daß die allgemeinen Grundbestimmungen des Lebensprozesses, Selbstreproduktion auf Populations-Ebene und organismische Systemerhaltung auf untergeordneter Organismus-Ebene, sich im Zuge der psychischen Entwicklung so konkretisieren, daß in der Ethologie zwei entsprechende *Funktionskreise*, die der ›*Fortpflanzung*‹ und der der ›*Lebenssicherung*‹ *der Einzelorganismen*, unterschieden werden konnten. Im Funktionskreis der *Fortpflanzung* differenzieren sich die ›*Selbstreproduktions*‹-Aktivitäten in verschiedene funktionale Aspekte, die alle *unmittelbar* der Systemerhaltung der *Gesamt*population als relativer Konstanz der Elementen-Anzahl dienen. Der Funktionskreis der *Lebenssicherung* dagegen besteht aus differenzierten Aspekten der *Systemerhaltung des Einzelorganismus*, also wesentlich des Assimilations-Dissimilations-Gleichgewichts mit seinen Randbedingungen im Stoffwechselprozeß, womit über die Erhöhung der Fortpflanzungswahrscheinlichkeit der Organismen zwar *auch* der *Systemerhaltung der Population* ›gedient‹ ist, aber nicht unmittelbar, sondern *vermittelt* über die *Erhaltung der Einzelorganismen*. Die beiden Funktionskreise stehen hier also nicht gleichgeordnet nebeneinander, sondern der Funktionskreis der Lebenssicherung ist dem der Fortpflanzung *funktional untergeordnet*, da die Erhaltung der Einzelorganismen sozusagen nur einen *Umweg oder eine Komplikation der Erhaltung der Population* darstellt – wobei allerdings zu bedenken ist, daß *ohne* die Erhaltung der Einzelorganismen eine Erhaltung der Population nicht möglich ist, so daß *beide* Funktionskreise für die Kontinuität des Lebens- und Entwicklungsprozesses konstitutiv sind. – Aus diesen Darlegungen ergibt sich die Inadäquatheit der populären gleichgeordneten Gegenüberstellung von ›*Arterhaltung*‹ und ›*Selbsterhaltung*‹: ›Selbsterhaltung‹ ist auf organismischem Niveau nichts als eine Form der ›Arterhaltung‹, da nur aus der arterhaltenden Funktion ihre evolutionäre Höherentwicklung und Differenzierung erklärlich ist. – Die beiden genannten Funktionskreise sind auf immer weitergehende und differenziertere Weise in den Entwicklungsprozeß des Psychischen einbezogen, indem sowohl die Fortpflanzung wie auch die Lebenssicherung *vermittelt über die Orientierungsaktivität* zustandekommen und sich entwickeln.

Im Mittelpunkt des Funktionskreises der *Fortpflanzung* steht so die mit der Herausdifferenzierung verschiedengeschlechtlicher, ›weiblicher‹ und ›männlicher‹ Tiere einhergehende Herausbildung von *Orientierungsaktivitäten zur Her-*

beiführung der sexuellen Kopulation. Dabei entsteht zunächst die Bedeutungseinheit ›*Geschlechtspartner*‹ mit Bedeutungsdifferenzierungen der zugeordneten, die Kopulation vorbereitenden oder ausführenden Aktivitäten, und es kommt darüberhinaus zu weiteren Bedeutungsdifferenzierungen: Von bestimmten Entwicklungsstufen an erhält z.B. (in artspezifisch unterschiedlicher Ausprägung) der in der Kopulation erzeugte Nachwuchs eine besondere Bedeutung als ›*Brut*‹ mit der Determination entsprechenden ›Brutpflegeverhaltens‹, womit hier eine charakteristische Ausgliederung aus dem allgemeinen Bedeutungsbereich ›Artgenosse‹ (s.u.) erfolgt ist. Dieser Bedeutungsbezug erweitert sich später zum Bereich der ›*Familie*‹, in welcher der andersgeschlechtliche Partner über seine Kopulationsbedeutung hinaus weitere Bedeutungsaspekte (als ›mitverantwortlich‹ für die Brutpflege, in besonderer Weise ›anwesend‹, ›schützend‹, ›warnend‹ etc.) erhält und u.U. auch weitere ›Verwandte‹ in den Bedeutungsbereich ›Familie‹ in spezieller Weise einbezogen werden. Ebenso kommt es unter bestimmten Umständen zur Ausdifferenzierung der Bedeutungseinheit ›*anderes Männchen*‹, ›*Rivale*‹ o.ä. mit darauf bezogenem besonderem Kampfverhalten etc. (Ich komme darauf bei der späteren gesonderten Behandlung des sozialen Aspekts des Psychischen noch genauer zu sprechen.)

Die Orientierungsvermitteltheit der Aktivitäten im Funktionskreis der *Lebenssicherung* zeigt sich zunächst in immer differenzierteren Formen der *Nahrungssuche* mit entsprechenden aktivitätsdeterminierenden Bedeutungsverweisungen. Darüberhinaus kommt es auch hier zu weiteren Differenzierungen: Durch die (in Abhängigkeit von der jeweiligen Ökologie) entstehenden artspezifischen *Verschiedenheiten des Nahrungsverhaltens*, der Differenzierung in ›Pflanzenfresser‹, ›Fleischfresser‹, ›Allesfresser‹ o.ä. heben sich ›andere Tiere‹ in spezifischer Weise als Bedeutungseinheiten gegenüber den sonstigen Umweltgegebenheiten heraus, wobei die Differenz zwischen ›*Artgenossen*‹ und ›*Nichtartgenossen*‹ zunehmend aktivitätsrelevant wird, und innerhalb der Nichtartgenossen sich u.U. solche Tiere, die zur Nahrung dienen können (›*Beute*‹) von solchen Tieren, denen man selbst zur Nahrung dienen kann (›*Freßfeinden*‹), als gesonderte Bedeutungseinheiten abheben. Dies schließt die Entstehung von auf die jeweiligen Bedeutungseinheiten bezogenen spezifischen Aktivitäten ein, wie ›*Jagd*‹, ›*Kampf*‹, ›*Flucht*‹. – Dazu kommen hier weitere auf die Absicherung des Stoffwechsels bezogene orientierungsgeleitete Aktivitäten, wie Vermeiden bzw. Aufsuchen einer bestimmten *Temperatur*, eines bestimmten *Feuchtigkeitsgrades* der Umgebung, in diesem Zusammenhang Aufsuchen von ›schützenden‹ Stellen, ›wärmeren‹, ›kälteren‹, ›feuchteren‹, ›trockneren‹ Stellen, die somit sich als Bedeutungseinheiten herausheben, weiterhin Optimierung des *Sauerstoffgehalts*, der *Beleuchtungshelligkeit* der Umgebung etc. (zu den verschiedenen ›Systemtypen‹ in der tierischen Umwelt und ›Funktionskreisen‹ vgl. EP I, S. 155 bzw. M I, S. 94).

Die hier benutzten Bezeichnungen für die einzelnen Bedeutungseinheiten, ›Rivale‹, ›Beute‹, ›Freßfeind‹ etc., sind – dies sei zur Vermeidung von Mißverständnissen hervorgehoben – nur Kenn-Namen, sollen aber natürlich nicht die ›Bedeutung‹ im Orientierungsfeld selbst charakterisieren: Es wurde ja dargelegt, daß die Bedeutungseinheiten nicht ›Tiere‹ mit ihren konkreten Eigenschaften darstellen, sondern in der geschilderten Weise an ›übervereinfachten‹, ›überverdeutlichten‹ etc. Merkmalskomplexen festgemacht sind.

Die inhaltlichen Strukturen von Bedeutungseinheiten auf der gegenwärtig diskutierten ersten Stufe einer inneren Ausgestaltung und Differenzierung des Psychischen sind noch keine individualisierten Bedeutungen mit individueller Aktivitätsrelevanz für das einzelne Tier, sondern lediglich ›artspezifisch‹ präformierte und festgelegte grobe Bedeutungsraster zur ›Auslösung‹ ebenso artspezifisch festgelegter Aktivitätssequenzen (›Instinkthandlungen‹). Man kann demgemäß auf dieser Stufe von *artspezifischen ›Typen‹ von Bedeutungseinheiten* und zugeordneten *›Typen‹ von Aktivitätssequenzen* sprechen. – Diese Bedeutungs- und Aktivitätstypen, wie wir sie inhaltlich charakterisiert haben, sind jeweils die phylogenetisch gewordene Grundlage für die später ausführlich zu diskutierende Individualisierung von Bedeutungen und Aktivitätsabläufen durch Lernprozesse einzelner Tiere.

3.3 Emotionalität, Bedarfsstrukturen

Grundbestimmung der Emotionalität: Zustandsabhängige ›Wertung‹ von Umweltgegebenheiten, damit Vermittlungsinstanz zwischen Orientierungsaktivität und Ausführungsaktivität

Das Ausmaß der Lebensaktivität der Organismen ist, wie dargelegt, bereits auf vorpsychischem Niveau abhängig vom ›inneren‹ Zustand der Organismen, und zwar dem Grad des ›Ungleichgewichts‹ der Stoffwechselvorgänge aufgrund von Defiziten oder schädigenden Einflüssen. Man kann also generell von einer beim gleichen Organismus zu verschiedenen Zeiten unterschiedlichen Zuständlichkeit, also ›*Zustandsvariabilität*‹ des Organismus sprechen, die gleichzeitig Ausdruck seiner *unterschiedlichen Aktiviertheit* ist. Wir haben gezeigt, daß dem Aktiviertheitsgrad beim evolutionären Übergang vom vorpsychischen Niveau zum Psychischen entscheidende Bedeutung zukommt, da auf dieser Dimension der *Zusammenhang* zwischen den jeweiligen Ungleichgewichtszuständen des Organismus und der ›Empfindlichkeit‹ für Außenweltreize, die den Ungleichgewichtszustand beseitigen können, entsteht und so die zunächst diffuse Aktiviertheit sich allmählich in gerichtete Aktivität mit Bezug auf die stoffwechselrelevanten Außenweltgegebenheiten verwandelt.

Während wir im vorigen Abschnitt die Differenzierung der so entstandenen Orientierungsaktivität des Organismus betrachteten, heben wir nun die ›innere‹ Seite der Aktivierung des Organismus zur Orientierungstätigkeit, die ›Zustandsvariabilität‹, heraus und verfolgen daran die Ausdifferenzierung von Vor- und Frühformen der *Emotionalität* als neuen Aspekt der evolutionären Differenzierung der Grundform der psychischen Widerspiegelung. Der Begriff der ›Emotionalität‹, als auf eine wesentliche ›Zwischenform‹ der Ausfaltung des Psychischen bezogen, ist dabei hier zunächst genauso lediglich ›objektiv‹ bestimmt wie die Grundkategorie des Psychischen selbst und unterscheidet sich damit von auf die Selbsterfahrung bezogenen alltäglichen und psychologischen Konzepten von Emotionalität. Der Zusammenhang mit der Selbsterfahrung soll auch hier erst mit der weiteren Differenzierungsanalyse bis zur Endform hin hergestellt werden, wobei die Grundbestimmungen der Emotionalität die Unterscheidung der wesentlichen von den nachgeordneten und ›oberflächlichen‹ Zügen der Endform ermöglichen, also dem tieferen wissenschaftlichen Verständnis, damit auch individuellen Selbstverständnis, der Emotionalität, wie sie ›uns‹ gegeben ist, dienen soll (s.u.).

Wir haben früher dargelegt: Die elementarste Ebene der Ausfaltung der Sensibilität ist die Orientierung an verschiedenen Dichte- und Energiegradienten im unmittelbar umgebenden Medium, zusammen mit der Herausbildung differenzieller Empfindlichkeiten für verschiedenartige Gradienten, womit die jeweiligen Gradienten den Charakter elementarer ›Bedeutungsdimensionen‹ als Aktivitätsdeterminanten für den Organismus gewinnen. Wenn wir nun den Gesichtspunkt der Zustandsvariabilität hervorheben, so haben wir jetzt präzisierend festzustellen: Die jeweiligen Bedeutungsdimensionen determinieren die zugeordnete Aktivität des Organismus nicht total. Es hängt vielmehr vom jeweils *inneren* ›*Zustand*‹ des Organismus, nämlich dem Ausmaß der ›*aktivierenden*‹ *Ungleichgewichts-Zustände*, ab, ob bzw. wieweit ein bestimmter Dichte- oder Energiegradient *tatsächlich aktivitätsdetermierend*, also für den Organismus ›*bedeutungsvoll*‹ wird.

Wenn wir dies bei unseren weiteren Analysen in Rechnung stellen wollen, sind hier zweierlei begriffliche Differenzierungen nötig: Einmal ist die *aktuelle Aktivität* des Organismus von seiner *Aktivitätsbereitschaft*, d.h. dem ›inneren‹ Zustand, von dem die Aktivitätsumsetzung einer Bedeutungsdimension abhängt, zu unterscheiden (vgl. NP II, S. 17 ff). Zum anderen müssen wir ›*potentielle*‹ *Bedeutungen*, d.h. solche Umweltdimensionen, die *für den Fall*, daß beim Organismus ein entsprechender ›Zustand‹ vorliegt, aktivitätsdeterminierend werden, von der *Aktualisierung* der Bedeutungen, also deren *Aktivitätsumsetzung*, beim tatsächlichen Vorliegen des genannten Zustands unterscheiden.

Nunmehr können wir die neue Qualität der Zustandsvariabilität beim Übergang vom vorpsychischen Niveau zum Psychischen näher kennzeichnen: Während die Zustandsänderung und der damit einhergehende geringere oder höhere Aktiviertheitsgrad auf vorpsychischem Niveau unabhängig von der Art und Richtung der umweltbezogenen Aktivitäten des Organismus sind, bildet sich auf psychischem Niveau ein *Zusammen-*

hang zwischen bestimmten Zustandsänderungen des Organismus und der Aktualisierung bestimmter Bedeutungen als deren Aktivitätsumsetzung heraus. Die Zustandsvariabilität macht hier also einen *Funktionswechsel* von einer *bloßen ›Ausdrucksform‹ von Ungleichgewichtszuständen* des Organismus zur Grundlage für die *Bedeutungsaktualisierung* und entsprechende spezielle Aktivitätsumsetzungen durch. Wenn man berücksichtigt, daß die Bedeutungsumsetzungen stets die Funktion der Erhaltung des organismischen Systemgleichgewichts haben, so kann man mithin die Bedeutungsaktualisierungen in ihrer objektiven Funktion als *›Wertungen‹ von bestimmten Umweltgegebenheiten* auf ihre ›Geeignetheit‹ zur Überwindung von Störungen des Systemgleichgewichts, die die Aktivierung hervorgerufen haben, betrachten, und weiterhin den jeweiligen Ungleichsgewichtszustand des Systems, von dem die Bedeutungsaktualisierung abhängt, als in der *› Zustandsvariabilität‹ liegenden ›Maßstab‹ für diese Wertung* ansehen.

Solche ›Wertungen‹ als zustandsabhängige Aktualisierungen von Bedeutungen finden sich ansatzweise bereits auf dem Niveau der Gradientenorientierung (ein Beispiel dafür ist in gewissem Sinne schon der früher angesprochene Organismus auf der Elementarstufe des Psychischen, der nicht ›automatisch‹, sondern nur bei Erregungszuständen aufgrund von Ungleichgewichtszuständen im Stoffwechselprozeß, also wenn er ›hungrig‹ ist, sich in hellere Regionen des Wassers mit größerer Nahrungsdichte bewegt).

Derartige ›Wertungen‹ prägen sich immer stärker aus mit der Herausdifferenzierung der gegenständlichen Bedeutungseinheiten, damit Fähigkeit zur Identifizierung, besonders aber zur ›Unterscheidung‹ verschiedener Bedeutungseinheiten bei der Gliederung des Orientierungsfeldes. Hier besteht für den Organismus die voll entfaltete Fähigkeit, beim *Wechsel seines Zustandes als ›Bewertungsgrundlage‹ angesichts der gleichen objektiven Bedeutungskonstellation sich dieser anzunähern oder sich zu entfernen,* bzw. *sowohl der einen wie der anderen Bedeutungseinheit sich zuzuwenden* oder *sich von ihr abzuwenden* oder auch einer *identischen ›ambivalenten‹ Bedeutungseinheit sich entweder zuzuwenden oder sich von ihr abzuwenden.* Damit liegt hier (wenn auch natürlich nicht im ›Bewußtsein‹ des Tieres, so doch faktisch) eine echte ›Wertung‹ in dem Sinne vor, daß der Organismus unter mehreren Aktivitäts-Alternativen wählt, allerdings nicht im Sinne einer ›freien‹ Wahl, sondern als *zwangsläufige Folge der Zustandsänderung.* Nun lassen sich auch den verschiedenen Instanzen des Wertungsvorgangs eindeutig bestimmte *›Vorzeichen‹* zuordnen: Die ›aktivierende‹ Zuständlichkeit des Organismus als *›Wertungsmaßstab‹* hat als solche stets ein *negatives* Vorzeichen, da der Organismus auf die Beseitigung dieses Ungleichgewichtszustands gerichtet ist. Die *Bedeutungseinheiten* erhalten bei ihrer Aktualisierung durch diesen Zustand dann ein *positives Vorzeichen,* wenn der Ungleichgewichtszustand durch eine *Zuwendung* bzw. *Annährung* der Bedeutungseinheit gegenüber reduzierbar ist (z.B. Nahrungsquelle); sie erhalten dann ein *negatives Vorzeichen,* wenn der Ungleichgewichtszustand durch eine *Abwendung bzw. Entfernung* der Bedeutungseinheit gegenüber reduziert werden kann (z.B. toxische Einflüsse in der Umwelt, später ›Freßfeind‹).

Die so aus der Grundform ausdifferenzierte elementare Zwischenform des Psychischen läßt sich in ihren wesentlichen *kategorialen Bestimmungen* so zusammenfassen: Emotionalität ist die Bewertung von in der Orientierung, also ›kognitiv‹ erfaßten Umweltgegebenheiten am Maßstab der jeweiligen Zuständlichkeit des Organismus/Individuums, damit gleichbedeutend mit dem Grad und der Art der Aktivitäts-/Handlungsbereitschaft. Die *Kognitionen* führen also *nicht schon als solche* zu Ausführungsaktivitäten, sondern nur *über die ›Wertung‹* der kognizierten Umweltgegebenheiten darauf hin, wieweit diese dem Organismus/Individuum bei seinem *jeweils gegebenen Zustand ›zuträglich‹ oder ›abträglich‹* sind, womit sich das ›Vorzeichen‹ der Aktivität als ›hinstrebend‹ (positiv) bzw. ›wegstrebend‹ (negativ) ergibt. Emotionalität ist also (gemäß der Definition von UTE H.-OSTERKAMP) in ihrer elementaren (in der weiteren Entwicklung sich ausfaltenden und differenzierenden) Charakteristik zu kennzeichnen als *qualitative ›Bewertung‹ von Umweltgegebenheiten am ›Maßstab‹ des jeweiligen eigenen Zustands, damit als ›Aktivitätsbereitschaft‹,* mithin *›Vermittlungsinstanz‹ zwischen ›Kognition‹ und ›Handlung‹* (vgl. M I, Kap. 2.6.2, S. 154 f). Mit einem derartigen funktional-historisch abgeleiteten und weiter auszuweisenden Begriff der Emotionalität als besonderem Aspekt der psychischen Widerspiegelung, also der signalvermittelten aktiven Umweltbeziehungen des Organismus/Individuums, ist herausgehoben, daß in der emotionalen Wertung tatsächlich *objektive Lebensverhältnisse* des Organismus/Individuums ›am Maßstab‹ seiner Zuständlichkeit ›funktional‹ abgebildet werden; dies bedeutet auch, daß die *organismischen Zustandsveränderungen,* von denen die jeweiligen emotionalen Wertungen abhängen, tatsächlich *objektiv veränderte* Aktivitätsnotwendigkeiten der Lebenserhaltung gegenüber der *gleichen* Bedeutungskonstellation funktional widerspiegeln. Der Zusammenhang zwischen potentiellen Bedeutungsstrukturen, Zustand des Organismus/Individuums und dadurch bedingter Aktualisierung und Aktivitätsumsetzung bestimmter Aspekte der potentiellen Bedeutungen ist also eine aus evolutionären Prozessen hervorgegangene und sich mit diesen verändernde *objektive Gesetzmäßigkeit.*

Mit dieser kategorialen Fassung von Emotionalität ist – wie sich später zeigen wird – der Grund gelegt für eine fundamentale Kritik der in der entsprechenden Vorbegrifflichkeit beschlossenen traditionell-psychologischen Emotionalitätsvorstellungen: Dort wird nicht erkannt, daß ›Emotionalität‹ als bloß ›innerliches‹ Phänomen und funktionslose Begleiterscheinung bzw. ›Kommentierung‹ der Handlungen die spezifisch verkürzte und ›verkehrte‹ Spezialform des Emotionalen unter bürgerlichen Verhältnissen ist, sondern wird solche ›verinnerlichte‹ Emotionalität mit Emotionalität überhaupt gleichgesetzt. Damit wird auch die Kritik an Verhältnissen, in denen Emotionalität nur noch als für die eigenen Handlungen folgenlose, isolierte ›Innerlichkeit‹ sich ausdrücken kann, von vornherein unmöglich (ich komme darauf zurück, vgl. dazu H.-OSTERKAMP 1978).

Inhaltliche Differenzierung der Emotionalität als Herausbildung ›aktionsspezifischer‹ Bedarfsdimensionen und Aktualisierungsbedingungen

Aus dem Umstand, daß emotionale Wertungen Bedeutungsaktualisierungen sind, ergibt sich, daß die evolutionäre Ausdifferenzierung verschiedener Dimensionen der Emotionalität eng mit der Ausdifferenzierung der Bedeutungsdimensionen zusammenhängt. Dabei ist zunächst zu berücksichtigen, daß nicht mit jeder Bedeutungsdimension sich gleichzeitig eine Emotionalitäts-Dimension, d.h. eine Abhängigkeit der Bedeutungsaktualisierung von einem entsprechenden organismischen Zustand, herausbilden muß. Es gibt (bis hin zum ›menschlichen‹ Niveau) auch Bedeutungsdimensionen, die *›automatisch‹, ohne dazwischengeschaltete Wertung am organismischen Zustand,* sich in Aktivitäten umsetzen (z.B. verschiedene ›reflexhafte‹ Bedrohtheitsreaktionen). Ob es zu solchen ›automatischen‹ Reaktionen oder zu Reaktionen auf Bedeutungseinheiten in Abhängigkeit von der emotionalen Zuständlichkeit kommt, bestimmt sich nach dem jeweiligen funktionalen ›Anpassungswert‹ der einen oder anderen Form der Aktivitätsumsetzung in der artspezifischen Umwelt der Organismen.

Sofern sich nun im Zusammenhang mit der Ausdifferenzierung einer bestimmten Bedeutungsdimension eine emotionale Zustandsvariabilität, von der die Bedeutungsaktualisierung abhängt, herausbildet, ist dies gleichbedeutend mit der Ausdifferenzierung der ursprünglich einheitlichen Emotionalität des Organismus in jeweils besondere, den Bedeutungsdimensionen zugeordnete Emotionalitäts-Dimensionen. Wir nennen diese im Ansatz an einem entsprechenden ›Vorbegriff‹ *›Bedarfsdimensionen‹.* Davon zu unterscheiden sind die jeweils *aktuellen Bedarfsspannungen* oder *Bedarfszustände,* d.h. die tatsächlichen organismischen ›Ungleichgewichtszustände‹ als ›negative‹ Zuständlichkeiten, die auf ihre Beseitigung in der Aktivitätsumsetzung der entsprechenden Bedeutungseinheiten drängen. (Die ›Fähigkeit‹ eines Organismus sowohl ›Hunger‹ als auch ›Durst‹ zu haben, stellt mithin eine Differenzierung in diese beiden qualitativ verschiedenen ›Bedarfsdimensionen‹ dar; davon abzuheben ist der aktuelle ›Hunger‹ oder ›Durst‹ als negative Zuständlichkeit, die auf der jeweiligen Dimension entsteht und in (durch diese Dimension bestimmter) qualitativ besonderer Weise auf Beseitigung durch entsprechende Aktivitäten, Nahrungsaufnahme oder Flüssigkeitsaufnahme, drängt.) Die ›*Bedarfsaktualisierung*‹ ist dabei als eine zwar *notwendige*, aber *nicht hinreichende* Bedingung für die zugeordnete ›Bedeutungsaktualisierung‹ aufzufassen, da die Aktivitätsumsetzung einer Bedeutungseinheit ja nur dann möglich ist, wenn sie tatsächlich und aktuell in der Umwelt des Organismus vorkommt (wenn also etwa tatsächlich die ›Nahrung‹ vorhanden bzw. für das Tier auffindbar ist, die entsprechende Freßaktivitäten auf sich ziehen kann).

Da Bedarfsdimensionen solche sind, auf denen jeweils zugeordnete Bedeutungsdimensionen aktualisiert werden, ist ihre inhaltliche Ausdifferenzierung ein *Teilaspekt der inhaltlichen Differenzierung der Bedeutungsdimensionen*, d.h. der früher dargelegten Herausbildung der beiden großen Funktions- und Bedeutungskreise der Fortpflanzung und der Lebenssicherung samt ihrer jeweiligen inneren Gliederungen. Um dies näher auszuführen und dabei gleichzeitig genauere Aussagen über die Eigenart und Funktion von tierischen Bedarfsdimensionen und -zuständen machen zu können, beginne ich (trotz umgekehrter funktionaler Abhängigkeiten) aus darstellungstechnischen Gründen mit der Analyse der Herausdifferenzierung von Bedarfsdimensionen im *Funktionskreis der Lebenssicherung*.

Die genetisch früheste Form von organismischen Ungleichgewichtszuständen, die den Organismus ›aktivieren‹, sind *Defizite im Bereich der Stoffwechselvorgänge*. Auch beim Aufweis der Herausdifferenzierung der Emotionalität im Zuge der Entstehung des Psychischen haben wir als Beispiele für besondere Ungleichgewichtszustände innerhalb der Zustandsvariabilität stets Gleichgewichtsstörungen der Stoffwechselprozesse herangezogen. Es mag deshalb naheliegen, die Differenzierungen von Bedarfsdimensionen im Bereich der individuellen Lebenssicherung einfach mit der Differenzierung in selbständig ›störbare‹ unterschiedliche Parameter innerhalb des Systemgleichgewichts des Stoffwechsels gleichzusetzen: Die unterschiedlichen Dimensionen der ›Regelung‹ der Nahrungsaufnahme, Flüssigkeitsaufnahme, Sauerstoffzufuhr, der Temperatur etc., wären dann hier die verschiedenen ›Bedarfsdimensionen‹, und die Ungleichgewichte auf den jeweiligen Dimensionen, wie Nahrungsmangel, Flüssigkeitsmangel, Sauerstoffmangel, wären die ›Bedarfsaktualisierungen‹, die zur Aktivitätsumsetzung der zugeordneten Bedeutungsdimensionen notwendig sind. Eine solche Auffassung von ›Bedarfszuständen‹ als verschiedenartigen ›*Gewebedefiziten*‹ ist sowohl dem Oberflächenverständnis plausibel wie in traditionellen psychologischen Bedarfskonzeptionen verbreitet. Sie ist, wie sich aus unseren funktional-historischen Analysen der Ausdifferenzierung der Emotionalität ergibt, dennoch nicht nur unzulänglich, sondern in diesem Problemzusammenhang genau genommen falsch, weil hier der Unterschied zwischen der unspezifisch *physiologischen* Ebene, auf welcher Gewebedefizite im ›vorpsychischen‹ Kontext sinnvoll untersucht werden können, und der *psychischen* Ebene der orientierungsvermittelten Aktivität des Organismus in seiner artspezifischen Umwelt, vernachlässigt und die psychische auf die physiologische Ebene reduziert wird.

Um dies zu begründen, verdeutliche ich zunächst den Umstand, daß Ungleichgewichtszustände von Stoffwechselprozessen als solche noch *keine psychischen* Lebenserscheinungen, sondern Prozesse auf dem unspezifischen Niveau *vorpsychischer* Lebensvorgänge sind (daran ändert sich auch nichts, wenn man diese Ungleichgewichtszustände nach verschiedenen Arten von Gewebedefiziten, Nahrungsmangel, Flüssigkeitsmangel etc. differenziert): Die entscheidende Besonderheit von emotionalen Wertungen auf dem Niveau des Psychischen besteht ja darin, daß sich hier ein *Zusammenhang* zwischen organismischen Ungleichgewichtszuständen und der Fähigkeit zu ihrer Beseitigung aufgrund der Aktivitätsumsetzung von Bedeutungen herausgebildet hat, die Gleichgewichtsstörungen also zum *›Maßstab‹ für die Wertung von Umweltgegebenheiten* auf ihre ›Geeignetheit‹ zur Beseitigung der Störung etc., geworden sind. Dies bedeutet aber, daß die funktionale Grundlage für die jeweiligen emotionalen Bedarfsdimensionen und deren Aktualisierung nicht in bloßen Differenzierungen von Stoffwechselvorgängen liegen kann, sondern eine darüber hinausgehende, *selbständige ›psychische‹ Charakteristik als Basis der jeweils speziellen ›Wertungen‹, d.h. Bedeutungsaktualisierungen* einschließlich einer entsprechenden Strukturierung des ZNS haben muß.

Ist aufgrund dieser Überlegungen zunächst nur eine zusätzliche psychische Differenzierung der Funktionsgrundlage von Bedarfsdimensionen (im Bereich der ›Lebenssicherung‹) über bloße ›Gewebedefizite‹ hinaus anzunehmen, so verweisen die folgenden Befunde sogar auf eine (in bestimmten Evolutionszweigen und -stadien beobachtbare) weitgehende *Unabhängigkeit* der Bedarfsdimensionen und -aktualisierungen von der Stoffwechselfunktion:

So ist für Bedeutungsaktualisierungen wie ›Nahrungssuche‹, ›Jagd‹ o.ä. (mindestens bei höherentwickelten Tieren) das Vorliegen entsprechender Gewebedefizite, also etwa ›Hunger‹, keineswegs vorausgesetzt. Die Tiere werden, wie sich in vielen Untersuchungen gezeigt hat, vielmehr bereits aktiv, bevor ein Nahrungsmangel aufgetreten ist, die Nahrungssuche, Jagd o.ä. hat hier also objektiv die biologische Funktion, das Entstehen von lebensbedrohenden Mangelzuständen quasi ›vorsorgend‹ zu verhindern. Dennoch eingetretene Mangelzustände können die genannten Aktivitäten zwar zusätzlich ›antreiben‹, rufen sie aber keineswegs erst hervor. Ebenso hören die Aktivitäten der Nahrungssuche,

Jagd etc. nicht etwa einfach auf, wenn das Tier ›satt‹ ist: Hunde etwa führen die Bewegungsfolge des Schnüffelns, Stöberns, Laufens, Nachjagens, Zuschnappens und Totschüttelns auch dann aus, wenn sie nicht hungrig sind; Entsprechendes ließ sich auch bei Katzen beobachten (vgl. M I, S. 92 ff).

Wenn sich schon mit Bezug auf den Funktions- und Bedeutungskreis der ›Lebenssicherung‹ herausgestellt hat, daß ›Gewebedefizite‹, d.h. spezielle Ungleichgewichtsprozesse im Stoffwechselbereich, als Modell zur Charakterisierung der Funktionsgrundlage von Bedarfsdimensionen und -aktualisierungen ungeeignet sind, so tritt dies mit noch größerer Schärfe hervor, wenn man den *Bedeutungs- und Funktionskreis der ›Fortpflanzung‹* in die Betrachtung zieht: Da hier, wie dargestellt, die verschiedenen Bedeutungs- und Aktivitätstypen (›Geschlechtspartner‹- Balz- bzw. Kopulationsaktivitäten, ›Brut‹-Brutpflege, ›Rivale‹-Rivalenkampf etc.), den Effekt der Systemerhaltung der Population nicht auf dem Weg über die Erhaltung des Einzelorganismus erreichen, sondern quasi *direkt auf die Systemerhaltung der Organismenpopulation* bezogen sind (vgl. S. 93), können auch die zugeordneten Bedarfsdimensionen und Bedingungen der Bedarfsaktualisierung *unmöglich etwas mit ›Gewebedefiziten‹ als Gleichgewichtsstörungen von Stoffwechselprozessen* zu tun haben. Dem steht der Umstand gegenüber, daß gerade die Bedeutungsumsetzungen im Bereich der ›Fortpflanzung‹ bekanntermaßen auf tierischem Niveau einen ausgeprägt zyklischen Charakter haben, etwa von bestimmten Jahreszeiten abhängig sind, sodaß man auch hier ohne die Annahme zugeordneter Bedarfsdimensionen, die unter bestimmten Bedingungen zu Bedarfszuständen oder -spannungen aktualisiert werden, die wiederum notwendige Voraussetzung für die entsprechenden Bedeutungsaktualisierungen sind, *auf keinen Fall auskommt*.

Wir haben also allgemein (im Funktionskreis der Lebenssicherung wie dem der Fortpflanzung) davon auszugehen, daß sich im phylogenetischen Differenzierungsprozeß des Psychischen den jeweiligen Bedeutungseinheiten zugeordnete Bedarfsdimensionen herausbilden können, die sich zwar z.T. genetisch aus den Stoffwechselprozessen herausdifferenziert haben, aber in ihrer *Funktion nicht mit den Grundparametern des Stoffwechsels unmittelbar zusammenhängen* und deren Aktualisierung demnach auch nicht auf ›Defizite‹ im Stoffwechselbereich zurückgehen kann, sondern deren jeweils *qualitative Besonderheit und Aktualisierungsbedingungen* in der Evolution zur *selbständigen Funktionsgrundlage* wurden.

In der Ethologie hat die damit umrissene Problemlage auf der Beschreibungsebene zur Einführung des Begriffs der ›*Stimmung*‹ (JENNINGS, HEINROTH) geführt: Was in unserer Terminologie als Aktualisierung von Bedarfsdimensionen bezeichnet wird, nennt man dort das Auftreten einer ›Jagdstimmung‹, ›Brutpflegestimmung‹, ›Nestbaustimmung‹, ›Balzstimmung‹, ›Fluchtstimmung‹ etc., die als aktuelle Aktivitätsbereitschaft qualitativ besonderer Art jeweils zur Herabsetzung der ›Auslöseschwelle‹ des zugeordneten ›AAMs‹ führen (vgl. M I, S. 162 ff). Berühmt geworden ist etwa der Umstand, daß die ›Grabwespe‹ nur in ›Brutpflegestimmung‹ bestimmte helle Sandflächen auf dem Untergrund, in die sie ihre Eier vergräbt, ›wahrnehmen‹ (also als Bedeutungseinheit ausgliedern) kann, während sie ohne die entsprechende ›Stimmung‹ achtlos an ihnen vorbeifliegt. Auch das früher herangezogene ›Kampfverhalten‹ des Stichlingsmännchens gegenüber Merkmalskomplexen mit ›roter Unterseite‹, tritt nur in ›Balzstimmung‹ auf, womit auch nur unter dieser Bedingung eine Organisation des Orientierungsfeldes entsprechend der Relation ›rot auf der Unterseite‹ erfolgt (vgl. auch M I, S. 162 f).

LORENZ hat eine theoretische Erklärung für das Auftreten von Bedarfszuständen außerhalb des Bereichs der unmittelbar stoffwechselrelevanten Funktionen versucht, indem er das Konzept der ›*aktionsspezifischen Energien*‹ einführte. Er nimmt (unterstützt durch bestimmte empirische Befunde etwa v. HOLST's) an, daß der Organismus nicht über ein Gesamtreservoir an Energie verfügt, sondern daß für jede ›Instinkthandlung‹ ein gesondertes Energiereservoir besteht, das, wenn darin eine bestimmte Energiestauung entstanden ist, ›spontan‹ die entsprechende Aktivität in Gang setzt und nach Auffinden des ›Schlüsselreizes‹, Ansprechen des AAM und Ausführung der Instinkthandlung ›entladen‹ wird, sodaß die jeweils spezielle Aktivitätsbereitschaft erlischt. Jedes dieser ›aktionsspezifischen‹ Energiepotentiale lädt sich nach LORENZ sodann spontan wieder auf, wobei die Auflade-Zeiten phylogenetisch programmiert sind und der Häufigkeit entsprechen, mit der das Auftreten der jeweiligen Instinkthandlung (also die Aktualisierung von Bedeutungen in Ausführungsaktivitäten) ›biologisch notwendig‹ ist. Damit hat hier Lorenz sowohl die Verselbständigung von ›Bedarfsdimensionen‹ gegenüber den Gewebedefiziten angesprochen, wie die Bedingungen benannt, durch welche solche Bedarfsdimensionen aktualisiert werden (vgl. dazu M I, Kap. 2.4.2, S. 88 ff, und Kap. 2.6.3, S. 159 ff). LORENZ' Konzeption der ›aktionsspezifischen Energien‹ ist, wenn auch empirisch vielfältig belegt, in ihrer theoretischen Fassung noch umstritten; insbesondere sein quasi ›hydraulisches‹ Modell der Energiestauung und -entladung erscheint auch aus grundsätzlichen Erwägungen fragwürdig. Er hat mit diesem Ansatz aber das zentrale Problem der phylogenetischen Bedarfsentwicklung formuliert und erste Hypothesen über die Richtung aufgestellt, in der hier die Lösung gesucht werden muß.[1]

Mit dem damit aufgewiesenen Gesamtzusammenhang der Funktionsgrundlage von Bedarfsdimensionen und -aktualisierungen läßt sich nun auch die Funktion von ›*Gewebedefiziten*‹ innerhalb dieses Zusammenhangs näher bestimmen: Die psychischen Repräsentanzen der Gewebedefizite – etwa ›Hunger‹ – wären so gesehen eine ›innere‹ bzw. ›äußere‹

---

[1] LORENZ hat seine Lehre von den ›aktionsspezifischen Energien‹ später (1978) umgearbeitet und teilweise relativiert sowie differenziert. Die Funktion seines Konzeptes in unserem Ableitungszusammenhang wird aber davon nicht berührt.

Information über die ›Änderungsbedürftigkeit‹ der Umweltbeziehungen des Organismus. Mit dieser emotionalen Information ist aber für sich genommen noch keineswegs die jeweils artspezifische Bedarfsdimension als Voraussetzung des Heraushebens und der Aktualisierung der je besonderen zugeordneten Bedeutungseinheiten schon mitgegeben: ›Hunger‹ ist für sich genommen noch nicht der spezifische Antrieb für das, was das Tier zu dessen Beseitigung ›zu tun‹ hat: Aufsuchen eines Beutetieres und anschließende Jagdaktivität, Schnappen nach beweglichen Kleinlebewesen wie Fliegen oder Aufwühlen des Erdbodens nach zum Verzehr geeigneten Wurzeln etc. Vielmehr sind es die ›aktionsspezifischen‹ Bedarfszustände, die die verschiedenen Lebensaktivitäten der Tiere ›anleiten‹ und über die Bedeutungsaktualisierung die ›primären‹ Ausführungsaktivitäten herbeiführen. Die emotionale Information aus Gewebedefiziten hat dabei – wie sich aus Untersuchungen ergab (vgl. M I, S. 93) – nur eine die Aktivitätsbereitschaft mitbedingende zusätzlich antreibende und aktivierende Funktion.

Allgemein läßt sich hier festhalten, daß die den verschiedenen inhaltlichen Bedeutungs- und Aktivitätstypen zugeordneten Bedarfsdimensionen sowohl in ihrer Gesamtstruktur wie im Hinblick auf die Bedingungen ihrer Aktualisierung auf der hier zu diskutierenden Entwicklungsstufe *nicht primär durch äußere Lebensumstände* und deren Auswirkungen auf den Organismus determiniert sind, sondern eher ein durch *genomisch programmierte ›innere‹ Abläufe* gesteuertes System der Regulierung einer biologisch funktionalen Auftretenshäufigkeit ›arterhaltender‹ Aktivitäten darstellen. Dabei sind – wie gesagt – aktuelle innere oder äußere Zusatzbedingungen nur weitere Eingangsgrößen für dieses System. Die allgemeine biologische Funktion der phylogenetischen Herausbildung von Bedarfsdimensionen läßt sich bildhaft so umschreiben, daß sich über die in der Aktualisierung der Dimensionen entstehenden Bedarfszustände der mit der Aktivitätsrealisierung verbundene Effekt der Systemerhaltung der Population quasi ›hinter dem Rücken‹ des Tieres in seinem Verhalten durchsetzt. Gerade, weil die Bedarfszustände nicht primär in vitalen Mangelzuständen des einzelnen Tieres begründet sind, kann es hier nur dann zu der für die Arterhaltung notwendigen Intensität und Häufigkeit von Bedeutungsaktualisierungen kommen, wenn sich im ZNS etc. des Organismus stoffwechselunabhängige ›dynamische Teilsysteme‹ herausbilden, in denen dennoch Bedarfsdimensionen und Bedingungen ihrer angemessenen Aktualisierung in negativen Zustandswerten entstehen, die das Tier (ohne Einsicht in diesen Zusammenhang) durch ›Lustgewinn‹ bei deren Aufhebung zu den ›arterhaltenden‹ (und sekundären ›selbsterhaltenden‹) Aktivitäten bringen (vgl. M I, S. 162).

Die damit charakterisierte *objektiv vorsorgende Funktion* solcher Bedarfssysteme ist von LEYHAUSEN dadurch auf den Begriff gebracht worden, daß er die phylogenetische Entstehung eines (jeweils artspezifisch besonderen) Systems von ›Instinkthandlungen‹ und zugeordneten ›aktionsspezifischen Energien‹ als evolutionär ermittelten ›*Bedarfsplan*‹ kennzeichnete, der in bestimmte ›*Titel*‹ aufgeteilt ist. Eine solche Titelaufteilung hat nach LEYHAUSEN ihren biologischen Sinn darin, daß das Tier auf diese Weise seine Energie nicht erst angesichts bestimmter aktueller innerer oder äußerer *Anlässe* aktivieren und kanalisieren muß, sondern bereits *vor dem Auftreten aktueller Anforderungen* die ›Bereitschaft‹ zu solchen Instinkthandlungen besteht, deren durchschnittlich arterhaltender Effekt sich in der Stammesgeschichte durch Selektion herausgebildet hat (vgl. M I, S. 92).

Die verschiedenen als artspezifische ›Strukturen‹ entstandenen Bedarfsdimensionen eines jeweils gleichen Tieres sind, wie aus den letzten Ausführungen schon hervorgeht, nicht unabhängig voneinander, sondern stehen im Hinblick auf die *Determination der Gesamtaktivität* des Tieres in einem *Zusammenhang:* Sie können – in Abhängigkeit vom Inhalt der übergeordneten Bedeutungsdimensionen und von den aktionsspezifischen ›Bedarfsplänen‹ – sich gegenseitig unterstützen, einander abwechseln, sich aber auch ausschließen und quasi ›in Konkurrenz‹ miteinander treten. Dabei haben sich zur Vermeidung von ›Störungen‹ phylogenetisch bestimmte Mechanismen der ›Hemmung‹ der Aktualisierung einer Bedarfsdimension durch die Aktualisierung einer anderen Bedarfsdimension herausgebildet –etwa die Hemmung der ›Aggressionsneigung‹ durch Aktualisierung des ›Sexualinstinkts‹, etc. (vgl. dazu M I, Kap. 2.4.3, S. 94 ff).

Wenn man den Prozeß der Ausdifferenzierung der verschiedenen Bedarfsdimensionen zusammenschauend überblickt, so wird deutlich, daß sich hier die ursprünglich *einheitliche* emotionale Wertung von Umweltgegebenheiten am ›Maßstab‹ der Zuständlichkeit des Organismus in verschiedene ›*Teilwertungen*‹ aufgegliedert hat: Wir haben es ja jetzt nicht mehr nur mit ›einem‹ Zustand des Organismus zu tun, sondern *jede Bedarfsdimension hat ihre eigene Zustandsvariabilität* als ›Maßstab‹ für die emotionale Wertung und Aktualisierung der inhaltlich zugeordneten Bedeutungseinheiten. Hinzukommt, daß – wie gesagt – auch die psychische Repräsentanz der ›Gewebedefizite‹ eine zusätzliche ›Bewertungsbasis‹ darstellt und daß sich aus der geschilderten wechselseitigen Unterstützung, Hemmung etc. von Bedarfszuständen weitere Differenzierungen der Bewertungsgrundlage ergeben. Wenn man diese Aufgliederung in emotionale Teilwertungen für sich betrachtet, so fällt auf, daß dieser inhaltliche Differenzierungsprozeß zu der früher dargelegten zentralen Funktion der Emotionalität der Vermittlung zwischen Kognition und Ausführungsaktivität durch die in der emotionalen Wertung liegende Aktivitätsbereitschaft gebenüber den kognizierten Umweltgegebenheiten *im Widerspruch* steht: Die Aktivitätsumsetzung der emotionalen Wertung schließt *eine* einheitliche Aktivitätsbereitschaft ein; in den einzelnen emotionalen Teilwertungen liegen aber *verschiedene,* unterschiedliche und u.U. widersprüchliche Aktivitätsbereitschaften nebeneinander, sodaß der Organismus auf *dieser Ebene* gar nicht ›wissen‹ kann, *welche* der Teilwertungen er nun in Aktivitäten realisieren soll.

Dieser Widerspruch hob sich in der Evolution dadurch auf, daß sich eine *übergeordnete funktionale Ebene* der Emotionalität herausbildete, durch welche die verschiedenen inhaltlichen Teilwertungen zu einer *emotionalen Gesamtwertung* zusammengefaßt werden. H.-OSTERKAMP spricht in diesem Zusammenhang (in Übernahme eines Terminus von FELIX KRÜGER) vom *›komplexqualitativen‹ Charakter* der Emotionalität: Die emotionalen Teilwertungen müssen – aufgrund der Funktion der Emotionalität als notwendiger Voraussetzung der Aktivitätsumsetzung von ›Kognitionen‹ – in ihren einzelnen, positiven oder negativen, Qualitäten zu einer emotionalen ›Komplexqualität‹ zusammengefaßt werden, damit es zu einer ›zustandsgerechten‹ Aktivität des Organismus gegenüber der vorliegenden Bedeutungskonstellation kommen kann (M I, S. 165 f).

Demnach muß im Hinblick auf die evolutionäre Herausbildung der Emotionalität im Ganzen festgehalten werden, daß die Emotionalität sich zwar einerseits in verschiedene Bedarfsdimensionen etc. differenziert, aber andererseits *in den mit ihrer Aktualisierung entstehenden Teilwertungen der einzelnen zugeordneten Bedeutungseinheiten nicht aufgeht:* ›Emotionalität‹ ist vielmehr – mit wachsender Differenzierung der ›Bedarfsstrukturen‹ in immer ausgeprägterem Maße – auch eine *Funktion der Vereinheitlichung von Teilwertungen zu einer Gesamtwertung der Bedeutungskonstellation* – mithin einer *komplexqualitativen ›Verrechnung‹ der Teilwertungen.* Nur aufgrund dieser Vereinheitlichungsfunktion als hierarchische Gliederung der Aktivitätsbereitschaften, bei der die dominante Bedarfsaktualisierung die anderen gleichsam ›einfärbt‹, kommt es – da ›Aktivität‹, wie gesagt, immer nur ›eine‹ ist, also die Überwindung des Neben- oder Gegeneinander der Teilwertungen in der emotionalen Gesamtwertung zur Voraussetzung hat – zur *Aktivitätsbereitschaft des Gesamtorganismus* als *›Vermittlung zwischen Kognition und Handlung‹ – Bedarfsdifferenzierung und Vereinheitlichungsfunktion sind mithin verschiedene Seiten des gleichen Prozesses der Emotionalitätsentwicklung.* Das Verhältnis dieser ›Seiten‹ ist präzise so zu fassen: Die Emotionalität kann die Funktion der Vermittlung zwischen Kognition und Handlung nach ihrer Ausdifferenzierung in verschiedene Bedarfsdimensionen nur über die Vereinheitlichung der dadurch bedingten Teilwertungen zu einer Gesamtwertung erfüllen.

Das Verhältnis Kognition/Emotion und die orientierungsleitende Funktion der Emotionalität

Wenn man nun das *Verhältnis der Emotionalität zur Orientierung* als zentraler Dimension der Entwicklung des Psychischen in verallgemeinerter Weise für sich betrachtet, so verdeutlicht sich zunächst: Diese beiden Momente sind nur analytisch voneinander zu unterscheiden (bzw. können auf ›menschlich‹-gesellschaftlicher Ebene sich scheinhaft gegeneinander isolieren, s.u.), bilden aber funktional eine Einheit, da die emotionale Wertung als Vermittlung der Orientierung zum Zustand des Organismus einen Aspekt der Orientierungsaktivität darstellt.

Damit ist die phylogenetische Höherentwicklung der Emotionalität quasi eine abhängige Größe der Entwicklung der Orientierungsaktivität. So kommt es mit der dargestellten ›Verselbständigung‹ der Orientierungs- gegenüber der Ausführungsaktivität (vgl. S. 87 f.), dabei der schrittweisen ›Verinnerlichung‹ zentraler Anteile der Orientierungsaktivität auch zu entsprechenden *Verselbständigungs- und Verinnerlichungsprozessen der emotionalen Wertung*. Während etwa in früheren Entwicklungsphasen die emotionale Wertung als zustandsbedingte Bedeutungsaktualisierung identisch ist mit einer – je nach ›Vorzeichen‹ der Wertung – hinstrebenden bzw. wegstrebenden Aktivität des Gesamtorganismus mit Bezug auf die aktualisierte Bedeutungseinheit, bestehen die emotionalen Wertungen mit zunehmender Verinnerlichung der Orientierung immer stärker nur in Ansätzen, Impulsen oder Tendenzen zur Zuwendung bzw. Abwendung, bis hin zur lediglich zentralnervösen Repräsentanz der ›wertenden‹ Zu- oder Abwendung. Mit der darin liegenden *Verselbständigung der Aktivitätsbereitschaft gegenüber der Aktivität* ist die ›Aktivitätsbereitschaft‹ nicht mehr nur aus der intraindividuell wechselnden Aktivitätsumsetzung gleicher Bedeutungseinheiten erschlossen, sondern tritt real als unterscheidbarer Sachverhalt zutage. So ist die emotionale Wertung nicht mehr identisch mit der automatischen Aktivitätsumsetzung, sondern wird zu einer *selbständigen ›emotionalen Information‹* für den Organismus. Darin liegt die funktionale Voraussetzung dafür, daß jeweils bestimmte emotionale Teilwertungen zu einer Gesamtwertung verrechnet werden können: Der Organismus hat damit im Hinblick auf die Emotionalitätsumsetzung einen gewissen ›Spielraum‹ und die Determination der Aktivität durch die Zuständlichkeit einerseits und Bedeutungen andererseits ergibt sich erst durch den gesonderten Prozeß der emotionalen Gesamtwertung einer vorliegenden Bedeutungskonstellation.

Bei der Herausbildung der Funktionsebenen der ›Aussonderung‹ und ›Identifizierung‹ und weiterhin der ›Diskrimination‹ und ›Gliederung‹ von Umweltgegebenheiten stellen die emotionalen Wertungen eine *zusätzliche intraorganismisch variierende Bedingung* für die Orientierungsaktivität dar. Um dies genauer zu fassen, betrachten wir zunächst den Fall, daß eine derartige emotionale Zusatzbedingung der Orientierungsaktivität *nicht* vorliegt:

So ist die Ausgliederung und Identifizierung des früher erwähnten ›Habicht-Schemas‹ durch die Küken unabhängig von der Aktualisierung einer jeweils speziellen Bedarfsdimension; die Küken ›identifizieren‹ vielmehr in jedem Falle das Habichtschema und antworten ›automatisch‹ mit der Fluchtreaktion. Anders ist dies jedoch in dem ebenfalls angeführten Beispiel der ›Grabwespe‹: Diese gliedert die ›hellen Sandflächen‹ als Platz für die Eiablage *nur dann* aus der Umgebung aus, wenn sie in ›Brutpflege-Stimmung‹ ist, d.h. eine *spezielle Bedarfsaktualisierung* im Fortpflanzungsbereich vorliegt; ist diese Bedarfsaktualisierung nicht gegeben, ›existieren‹ für die Wespe *keine* dem herausgehobenen Merkmalskomplex ›Sandfläche‹ zukommenden besonderen Bedeutungseinheiten, deren Aktivitätsumsetzung in Annäherung, Eiablage etc. besteht. Entsprechendes gilt für den erwähnten ›Stichling‹, der nur in ›Kampfstimmung‹ den Merkmalskomplex ›Rot-auf-der-Unterseite‹ aus der Umgebung ausgliedert und als gesonderte Bedeutungseinheit in Kampfverhalten umsetzt.

Die ›dazwischengeschalteten‹ emotionalen Wertungen haben also den Effekt der *flexiblen ›Anpassung‹ der Aussonderungs- und Gliederungsaktivitäten* an die aus der *jeweiligen ›Bedarfslage‹ sich ergebenden funktionalen ›Notwendigkeiten‹:* Hier werden in der Orientierungsaktivität speziell die Merkmalskomplexe ausgesondert bzw. ›unterschieden‹, die zur Reduzierung der ›Bedarfsspannung‹ innerhalb einer jeweils inhaltlich besonderen Bedarfsdimension ›geeignet‹ sind. Diese emotional bedingte Aussonderung/Gliederung kann etwa darin bestehen, daß bestimmte ›im Prinzip‹ von den Tieren ausglieder*baren* Merkmalskomplexe nur bei Bestehen der zugehörigen Bedarfsspannung *tatsächlich* ausgegliedert werden. In anderen Fällen sind gewisse Merkmalskonstellationen für das Tier quasi ›*mehrdeutig‹,* es kann am *gleichen* Gegenstand sowohl ein *bestimmter* wie ein *anderer* Merkmalskomplex ›zusammengeschlossen‹ und herausgehoben werden. Welche ›Alternative‹ jeweils realisiert wird, d.h. welcher der beiden für das Tier ›möglichen‹ Merkmals-Zusammenschlüsse erfolgt und zu entsprechenden Bedeutungsumsetzungen führt, dies hängt davon ab, auf welcher Bedarfsdimension jeweils aktuelle Bedarfsspannungen bestehen. Da hier die Ausgliederungs- bzw. Unterscheidungsaktivitäten quasi ›am Leitfaden‹ der jeweiligen Bedarfsdimension und -aktualisierung erfolgen, kann man in diesem Zusammenhang von Frühformen einer *orientierungsleitenden Funktion der Emotionalität* sprechen. Bei der Erforschung der funktionalen Grundlagen für die Aussonderungs- und Gliederungsaktivitäten in der Orientierung muß (was bisher kaum systematisch geschehen ist) der *›organisierende‹ Effekt emotionaler Wertungen* unbedingt berücksichtigt werden. Der ›Beitrag‹ der Emotionalität besteht hier generell darin, daß von der objektiven Außenwelt des Tieres jeweils *die Eigenschaften in der Orientierung herausgehoben* werden, die für den *Organismus in seiner je aktuellen Zuständlichkeit biologisch relevant* sind.

Die Bedarfsaktualisierung stellt mit der evolutionären Höherentwicklung immer mehr eine selbständige emotionale Information für den Organismus dar. Dies nun ist die Voraussetzung für die evolutionäre Herausbildung von funktionalen Möglichkeiten, durch welche der Organismus nicht erst mit der Aktualisierung einer gegebenen Bedeutungseinheit aktiv wird, sondern die emotionale Information über den spezifischen Spannungszustand in *Suchaktivitäten* zum Auffinden der Bedeutungseinheit, die dann in Aktivitäten zur Spannungsreduzierung umgesetzt wird, auswerten kann. Damit steht hier die emotionale Aktivitätsbereitschaft quasi in *doppeltem funktionalem Zusammenhang:* Als *Aktivierung des Organismus* zum ›Suchen‹ der dem Bedarfszustand zugeordneten Bedeutungseinheit und als Grundlage der *Identifizierung, Ausgliederung und Aktivitätsumsetzung* der ›gefundenen‹ Bedeutungseinheit. In der Verhaltensforschung schlägt sich diese doppelte funktionale Bestimmung in der Unterscheidung zwischen ›Appetenzverhalten‹, in welchem ein Tier nach dem instinktauslösenden Schlüsselreiz ›sucht‹, und ›Instinktverhalten‹, in welchem die aufgrund des ›gefundenen‹ Schlüsselreizes über den angeborenen AM ausgelöste ›Endhaltung‹ abläuft, nieder (vgl. M I, S. 60 ff). LORENZ hat in seiner Konzeption der ›aktionsspezifischen Energien‹ diese Differenzierung ausdrücklich berücksichtigt, indem er annimmt, daß mit der ›aktionsspezifischen‹ Energiestauung zunächst die ›Appetenzhandlung‹ spontan in Gang kommt, und später dann die Instinkthandlung zur endgültigen Energieentladung führt. Gerade auch in der Möglichkeit zur Erklärung von *spontanem Suchverhalten des Organismus* ohne Anwesenheit eines entsprechenden Bedeutungskomplexes bzw. ›Schlüsselreizes‹ liegt der heuristische Wert der Theorie der ›aktionsspezifischen Energien‹ (vgl. M I, S. 91 f).

Die primitivste Form eines derartigen Suchverhaltens ist eine *ungerichtete Bewegungsunruhe,* also ein aufgrund der Bedarfsaktualisierung erfolgendes planloses ›Herumsuchen‹ bis zum ›zufälligen‹ Auffinden der zugeordneten Bedeutungseinheit, durch welche dann die gerichtete Ausführungsaktivität ausgelöst wird. Diese Frühform des Suchverhaltens als ›*Versuch- und Irrtum-Verhalten‹* ist jedoch evolutionär sehr ineffektiv und wird deswegen durch entsprechenden Selektionsdruck in der weiteren Entwicklung durch die Fähigkeit zur *gerichteten* Suchaktivität überwunden. Diese ist von zentraler Relevanz für die weitere Entwicklung des Psychischen und ein wesentlicher Ansatz für entfaltete individuelle Lernprozesse. Darauf kommen wir jedoch erst später. Im gegenwärtigen Darstellungszusammenhang bleibt nur die Frage, ob und wie man bereits *vor der Ausbildung individuellen Lernens* (von dem wir hier noch abstrahieren, s.o.) die *evolutionäre Entstehung einer gerichteten Suchaktivität* annehmen kann.

In der Ethologie ist aufgrund empirischer Befunde eine Konzeption entwickelt worden, die zur Klärung dieses Problems dienen kann: Das Konzept der ›*linearen Stimmungs- (Antriebs-) Hierarchien*‹ von BAERENDS und TINBERGEN. Gemäß diesem Konzept ist der Fall, daß der erste durch das ›Appetenzverhalten‹ aufgefundene ›Schlüsselreiz‹ gleich zur Auslösung der instinktiven ›Endhandlung‹ führt, relativ selten (und möglicherweise eine noch unentwickelte Frühform). Vielmehr sei es die Regel, daß ein Schlüsselreiz zunächst eine weitere Art von Appetenzverhalten mit besonderer ›aktionsspezifischer Energie‹ auslöst, das eine Einschränkung des ›Suchens‹ auf einen weiteren spezielleren Schlüsselreiz herbeiführt, wobei der Schlüsselreiz, auf den der angeborene AM der eigentlichen ›Instinkthandlung‹ anspricht, erst am Ende einer solchen Kette immer eingeschränkterer Schlüsselreize und Suchaktivitäten liegt. Man hätte es hier demnach mit einer Hierarchie von Schlüsselreizen und Appetenzhandlungen verschiedener ›Ordnung‹ zu tun: Die ›Schlüsselreize‹ höherer Ordnungen würden dabei zunächst nur immer speziellere weitere Bereitschaften zu Appetenzhandlungen hervorrufen, während allein der Schlüsselreiz niedrigster Ordnung die eigentliche Instinkthandlung auslöst (und keine weitere Handlungsbereitschaft mehr einschließt). Diese ›Hierarchie‹ von Schlüsselreizen/Appetenzhandlungen, durch welche die starre Unterscheidung zwischen Appetenz-und Instinktverhalten relativiert werden muß, hat demnach die biologische Funktion einer Strukturierung der orientierungsleitenden Stimmungen und Antriebe, durch welche die jeweiligen Suchaktivitäten immer spezieller werden und sich so die Wahrscheinlichkeit des Zusammentreffens mit dem die eigentliche ›Endhandlung‹ auslösenden Schlüsselreiz immer mehr erhöht.

Diese Konzeption der ›linearen Hierarchien‹ stützt sich auf Beobachtungen TINBERGENS, z.B. des Fortpflanzungsverhaltens von Stichlingsmännchen, das sich als durch ›Stimmungen‹ und ›Appetenzen‹ verschiedener Ordnung geleitet interpretieren läßt: Der Stichling wandert zunächst in Süßwasser, wo die höhere Temperatur zusammen mit einem pflanzenreichen Biotop Stimmungen der ›Revierbesetzung‹ auslöst, womit über die veränderten Außenweltbedingungen durch das Ansprechen der zugehörigen AAMs weitere nachgeordnete Stimmungen und Aktivitäten, wie die des Nestbaus und des Rivalenkampfes (mit Aktualisierung der schon mehrfach angezogenen Merkmalskonstellation ›rote Unterseite‹ des ›Rivalen‹) hervorgebracht werden. BAERENDS demonstrierte die gleichen ›hierarchischen‹ Stimmungs- und Antriebsfolgen am Brutpflegeverhalten bzw. der Nahrungssuche der Grabwespe (vgl. M I, Kap. 2.4.4, S. 100 ff). In einem erweiterten Sinne kann man (wie etwa LEYHAUSEN) überall da von ›linearen Hierarchien‹ sprechen, wo Aktivitätssequenzen aus verschiedenen aufeinanderfolgenden Teilschritten bestehen, die durch Schlüsselreize für weitere Appetenzhandlungen ausgelöst sind und so sukzessiv zum Schlüsselreiz für die eigentliche ›Endhandlung‹ hinführen (etwa ›Lauern‹, ›Schleichen‹, ›Anspringen‹ etc. bis zum eigentlichen Verzehr der Beute beim Jagdverhalten, vgl. M I, S. 106).

Wir hätten demgemäß nicht nur die früher benannten verschiedenen, einander gleichgeordneten Bedeutungs- und Aktivitätstypen zu unterscheiden; vielmehr gibt es auch innerhalb des gleichen Bedeutungsbereichs *Bedeutungs- und Aktivitätseinheiten von unterschiedlichem ›Stellenwert‹ innerhalb einer Aktivitätssequenz,* die bei der Orientierungsaktivität *hierarchisch durchlaufen* werden, und das Tier *schrittweise auf diejenige Bedeutungeinheit, deren Aktualisierung zur eigentlichen Ausführungsaktivität* führt, hinleiten. Die so zu verstehende *gerichtete Suchaktivität ohne individuelle Lernprozesse* schließt eine *sukzessive Aktualisierung verschiedener Bedarfsdimensionen* ein, durch welche an der *gleichen Umwelt* nacheinander *die Bedeutungskonstellationen aktualisiert* werden, die sich in *Aktivitäten des nächsten Schrittes der Aktivitätssequenz* umsetzen. Demnach haben wir es hier mit einer *weiteren Entfaltungsstufe der ›orientierungsleitenden‹ Funktion der Emotionalität* zu tun: Die Emotionalität ›leitet‹ dabei nicht nur die Identifizierung/Ausgliederung der jeweils zustandsadäquaten Merkmalskomplexe ›an‹, sondern auch den *vorgängigen Prozeß der ›Hinführung‹ des Organismus* zu den *je biologisch relevanten Merkmalskomplexen/Bedeutungseinheiten.* Die hier ermöglichte Ausrichtung der Aktivität an ›artspezifisch‹ präformierten, sukzessiv aufeinander verweisenden Bedeutungseinheiten ist ein Entwicklungsschritt hin zur ungleich effektiveren Informationsauswertung der Aktivitätsausrichtung durch individuell gelernte Verweisungszusammenhänge – auf die wir später genau eingehen werden.

In der damit dargestellten Konzeption liegt eine bestimmte *funktionale Differenzierung von Bedeutungen,* nämlich die Sonderung von Bedeutungen, die – wenn durch die Orientierungsaktivität ›gefunden‹ – sich *ihrerseits in weiteren Orientierungsaktivitäten* aktualisieren – quasi ›Orientierungsbedeutungen‹ –, und solchen, die nicht in weiteren Orientierungsaktivitäten, sondern in der *primären* (direkt auf ›Fortpflanzung‹ bzw. ›individuelle Lebenssicherung‹ bezogenen) *Ausführungsaktivitäten* aktualisiert werden – also ›Ausführungsbedeutungen‹ oder ›primären Bedeutungen.‹[1] Der damit herausgehobene Unterschied zwischen Orien-

---

1 Die Unterscheidung zwischen ›primären Bedeutungen‹ und ›Orientierungsbedeutungen‹ konnte nicht (wie es vielleicht scheinen mag) schon anläßlich unserer früheren Heraushebung der Verselbständigung der Orientierungsaktivitäten gegenüber den Ausführungsaktivitäten bei der Entstehung der Aussonderungs/Identifizierungsfunktion im Teilkapitel über ›Orientierung, Bedeutungsstrukturen‹ (vgl. S. 87 f) eingeführt werden. Dort nämlich ist noch davon auszugehen, daß sich die Orientierungs- und die Ausführungsaktivitäten auf die jeweils gleichen Bedeutungseinheiten beziehen: Ein Nahrungsmittel z.B. wird zunächst per Orientierungsaktivität ›ausgesondert‹ und dann per Ausführungsaktivität verzehrt. Die Herausdifferenzierung von Bedeutungseinheiten, die als solche die Orientierung leiten, und Bedeutungseinheiten, die die Ausführungsaktivität determinieren, setzt voraus, daß der Organismus verschiedene Handlungsbereitschaften, also Bedarfsdimensionen aktualisieren kann, von denen es abhängt, ob in bestimmten Fällen Orientierungs- oder Ausführungsbedeutungen aktualisiert und umgesetzt werden, wobei diese Bedarfsdimensionen so hierarchisch gegliedert

tierungsbedeutungen und primären Ausführungsbedeutungen schließt (gemäß dem Konzept der ›aktionsspezifischen Energien‹) eine *entsprechende Differenzierung der zugeordneten Bedarfsdimensionen und deren Aktualisierungsbedingungen* ein. Demnach wären innerhalb der geschilderten Strukturen ›aktionsspezifischer‹ Bedarfsdimensionen solche Dimensionen, deren Aktualisierung Orientierungsaktivitäten auf *›primäre‹, in Ausführungsaktivitäten umzusetzende Bedeutungen* hin ›anleitet‹, von solchen Dimensionen abzuheben, deren Aktualisierung wiederum nur *Orientierungsbedeutungen, die ihrerseits in weiteren Orientierungsaktivitäten sich aktualisieren,* führt. Damit hat sich hier eine Unterscheidung ergeben, die für die spätere Rekonstruktion der weiteren phylogenetischen Entwicklung der Emotionalität von großer Wichtigkeit ist, die zwischen *›primären‹ (ausführungsbezogenen) Bedarfsdimensionen* und ›*orientierungsbezogenen Bedarfsdimensionen*‹ (ich komme darauf zurück).

3.4 Kommunikation, Sozialstrukturen

Genese und Funktion von Sozialbeziehungen und Kommunikativorientierung

Indem (auf S. 94) bei der inhaltlichen Charakterisierung der artspezifischen Bedeutungseinheiten die globale Bedeutung ›andere Tiere‹ gegenüber den sonstigen Umweltgegebenheiten herausgehoben und weiter differenziert sowie in den anschließenden Darlegungen bevorzugt auf ›tierische‹ Bedeutungseinheiten als Beispiele zurückgegriffen wurde, haben

---

sein müssen, daß sie den Organismus tatsächlich zu den ›primären‹ Bedeutungseinheiten hinführen. Die Alternative wäre hier die Annahme eines Mechanismus, der das Tier angesichts einer Orientierungsbedeutung immer und automatisch, also unabhängig vom jeweiligen Bedarf, zu Ausführungsbedeutungen hinführt. Ein solcher Mechanismus wäre aber hochgradig unfunktional (der früher angeführte ›Stichling‹ würde sich dabei z.B. durch wärmeres Wasser automatisch in die Laichgebiete hingesteuert sehen – auch dann, wenn er überhaupt nicht zu Fortpflanzungsaktivitäten ›gestimmt‹ und fähig ist, also außerhalb der Kopulations- und Brutpflegeperioden, etc.) Deswegen sind derartige Mechanismen auch nicht evolutionär entstanden. Die genannte Unterscheidung zwischen Orientierungs- und Ausführungsbedeutungen konnte also aus logisch-historischen Gründen erst eingeführt werden, nachdem die entsprechenden emotionalen Differenzierungen herausgearbeitet worden waren: ein neuerlicher Hinweis auf die konstitutive Funktion der Emotionalität für die Orientierung.

wir den ›kommunikativen‹ bzw. ›sozialen‹ Aspekt der Lebenstätigkeit bereits implizit mitbehandelt. ›Kommunikation‹ und ›Sozialstrukturen‹ als Differenzierungsprodukt des Psychischen haben jedoch in ihren Entstehungsbedingungen, ihrem Wesen und ihrem Stellenwert innerhalb der Phylogenese Besonderheiten, die sich nur dann adäquat erfassen lassen, wenn man die Herausbildung des ›Sozialen‹ *im Zusammenhang* funktional-historisch analysiert. Ich setze dazu nochmals am Übergang von der vorpsychischen Stufe des Lebensprozesses zum Psychischen an.

›Andere Organismen‹ gehören *objektiv* immer zur Umwelt eines Organismus. Dies ergibt sich schon aus der ›Selbstproduktion‹ als zentralem Spezifikum des Lebensprozesses, womit der Träger der phylogenetischen Entwicklung nicht der einzelne Organismus, sondern die Population ist. Damit ist aber noch nicht gesagt, daß den anderen Organismen von vornherein eine spezifische Bedeutung *als* ›Organismen‹ zukommt. Vielmehr sind die genetisch frühesten Einwirkungen der Tiere aufeinander im Stadium der ›Kinesen‹ als ungerichteten Massenbewegungen noch unspezifisch-›physischer‹ Art, bestehen in wechselseitigem räumlichem Stoß und Druck, Temperaturerhöhung bei besonders dichten Tieransammlungen etc., wobei der Kontakt zwischen den Tieren hier durch äußere, zufällige Bedingungen (Wasser, Wind, sonstige ökologische Umstände) zustandekommt. Von ›Kommunikation‹ kann mithin bei solchen Wechselwirkungen zwischen Organismen noch nicht die Rede sein (vgl. M I, S. 199 f).

Welche Entwicklungsvoraussetzungen des Psychischen müssen nun erfüllt sein, damit aus dem zufällig-äußerlichen Kontakt zwischen Tieren eine wirkliche Kommunikation, bei der die Organismen spezifisch aufeinander einwirken, werden kann? Offensichtlich ist eine solche Kommunikation – da hier ja die *Unterscheidung* zwischen organismischen und nichtorganismischen Umweltgegebenheiten impliziert ist – auf den Funktionsebenen der Gradientenorientierung und der Aussonderung/Identifizierung noch *nicht als möglich* zu betrachten. Vielmehr ist dazu die Funktionsebene der *Diskrimination/Gliederung* vorausgesetzt: Erst hier sind in der ›signalvermittelten‹ Orientierungsaktivität prinzipiell Merkmalskombinationen, die ›realabstraktive‹ Verallgemeinerungen der Eigenschaften anderer Tiere darstellen, von solchen zu unterscheiden, die nichtorganismische Umweltgegebenheiten ›repräsentieren‹.

Nun ist aber eine bloße Spezifizierung der besonderen ›Bedeutung‹, d.h. Aktivitätsrelevanz, von anderen Organismen gegenüber sonstigen Umweltgegebenheiten noch keine ›Kommunikation‹ oder ›Sozialbeziehung‹ im eigentlichen Sinne. Hier muß (wie wir im Ansatz an einem wohl unanzweifelbaren Vorverständnis sagen können) vielmehr eine (nur im Verhältnis zwischen Organismen, nicht aber in dem Verhältnis eines Organismus zur ›nichtorganismischen‹ Umwelt mögliche) *Reziprozität* (Gegenseitigkeit, Umkehrbarkeit) der Bedeutungsbeziehung, eine ›*dialogi-*

sche Struktur des Informationsaustauschs‹, also ein ›*bidirektionaler*‹ (doppelseitig gerichteter) *Informationsfluß* zwischen den Organismen gegeben sein (vgl. NP I, S. 156 f). ›Kommunikation‹ ist eine optische, akustische etc. ›*Sender-Empfänger-Beziehung*‹ zwischen Organismen, in welcher *jeder Organismus gleichzeitig* ›*Sender*‹ *von Information an den anderen Organismus und* ›*Empfänger*‹ *von Information, die vom anderen Organismus ausgeht,* ist. Die gegenständlichen Bedeutungseinheiten sind hier so spezifiziert als ›*soziale Bedeutungen*‹, bzw. (in der Sprache der Ethologie): die ›*Schlüsselreize*‹ sind spezifiziert als ›soziale Signale‹ oder ›*Auslöser*‹ (der Begriff ›Auslöser‹ wird hier ausschließlich im Sinne eines ›sozialen‹ Schlüsselreizes gebraucht).

Wenn man nun klären will, aufgrund welcher Bedingungen sich die Kommunikation zwischen Tieren in der Evolution herausbilden konnte, so hat man zunächst nach der *Funktion* zu fragen, die den kommunikativen, sozialen Beziehungen im Lebensgewinnungsprozeß zukommt. Als elementarste Funktion dieser Art kann man die *Summation* von Aktivitäten verschiedener Tiere herausheben, aus der sich verschiedene Formen der *Koordination* tierischer Aktivitäten (etwa beim Geschlechtsakt, bei der gemeinsamen Jagd) entwickeln, mit differenzierten Arten des *Schutzes,* der ›*Erleichterung*‹ von Lebensprozessen, der ›*Hilfe*‹ und ›*Unterstützung*‹ der Tiere untereinander (vgl. M I, S. 202 ff). Ein weiterer Aspekt der Kommunikation zwischen Tieren (vor der Stufe ›gelernter‹ Interaktion) ist die noch nicht gelernte (nicht intendierte, aber faktische) *Mitübernahme von biologisch relevanten Funktionen durch ein jeweils bestimmtes Tier für andere Tiere* (etwa der durch das Auftauchen eines Freßfeindes ausgelöste ›Warnschrei‹ bestimmter Vögel, der bei anderen Vögeln ›Fluchtreaktionen‹ hervorruft).

Es ist unmittelbar einsichtig, daß derartige ›soziale‹ Funktionen die Systemerhaltung der Organismen-Population verbessern müssen. Dennoch führt die Erklärung der Herausbildung solcher Funktionen mit den ›klassischen‹ Mechanismen der Mutation und Selektion zu großen Schwierigkeiten, die zu einer Änderung und Weiterentwicklung evolutionstheoretischer Annahmen geführt haben. Bestimmte ›Mutanten‹ im Sinne einer Effektivierung der Kommunikation zwischen Tieren führen nämlich häufig keineswegs zu einer Erhöhung der Fortpflanzungswahrscheinlichkeit des individuellen Trägers der Mutante, damit ›Selektion‹ aus der ›Konkurrenz‹ zwischen einzelnen Tieren, sondern lediglich zur Erhöhung der Fortpflanzungswahrscheinlichkeit der jeweiligen ›Partner‹ der Kommunikation. Besonders offensichtlich ist dies im erwähnten Beispiel des ›Warnschreis‹, mit welchem der ›warnende‹ Vogel, indem er faktisch die anderen zur Flucht veranlaßt, u.U. den Freßfeind gerade auf sich aufmerksam macht, sich also selbst in besonderem Maße ›gefährdet‹ und so die eigene Fortpflanzungswahrscheinlichkeit verringert. Aber auch die Sexualaktivitäten erhöhen, wie dargestellt (S. 93), nicht die ›Überlebenschance‹ der Sexualpartner selbst, sondern ›sichern‹ nur den Nachwuchs, wirken also im Sinne der Erhaltung des übergeordneten Systems der Organismen-*Population.* Andere Kommunikationsformen erbringen nicht nur jeweils einem Tier, sondern allen daran beteiligten Tieren Selektionsvorteile etc. (vgl. NP I, S. 178 f).

Im Ganzen läßt sich hier feststellen, daß das Prinzip der Selektion, sofern man es im Sinne einer ›Konkurrenz‹ zwischen individuellen Tieren auffaßt, die phylogenetische Entstehung von ›Kommunikation‹ und Sozialbeziehungen zwischen Tieren nicht erklären kann. Da man jedoch das Selektionsprinzip, weil es zum Verständnis der ›Richtung‹ der Evolution ohne Annahmen über immanente ›Baupläne‹ o.ä. gegenwärtig unersetzlich ist, nicht aufgeben konnte, ist man in der modernen Biologie immer eindeutiger zu einer Ausweitung des Selektionsprinzips gekommen, indem man als ›Elemente‹ der Selektion nicht mehr einzelne Organismen betrachtet, sondern davon ausgeht, daß soziale Gebilde im Ganzen in ›Konkurrenz‹ miteinander stehen, und jene Sozialgebilde gegenüber anderen einen ›Selektionsvorteil‹ haben, durch welche die durchschnittliche Fortpflanzungswahrscheinlichkeit aller dem Sozialgebilde zugehörigen Organismen sich erhöht. In letzter Konsequenz führt dies dazu, in diesem Zusammenhang die *gesamte Spezies (›Art‹) als ›Element‹ des Selektionsprozesses* anzusehen und von dem evolutionstheoretischen Erklärungsprinzip auszugehen, daß die phylogenetische Entwicklung hier ein *Resultat der ›zwischenartlichen‹ Konkurrenz* ist, in welcher sich jeweils die Spezies gegenüber anderen durchsetzen, die vergleichsweise über die zur Systemerhaltung der Gesamtpopulation effektivsten Kommunikationsformen und Sozialbeziehungen verfügen – womit auch die implizite Gleichsetzung von ›Art‹ und ›Population‹ aufgegeben ist.

Mit dieser Konzeption ist das ›klassische‹ Selektionsprinzip im Sinne ›innerartlicher‹ Konkurrenz und speziell der Erhöhung der Fortpflanzungswahrscheinlichkeit am besten ›angepaßter‹ Einzelorganismen nicht außer Kraft gesetzt, sondern nur in einem umfassenderen Prinzip aufgehoben – wobei die Bestimmung des Verhältnisses der Selektion auf verschiedenen Generalitätsebenen von Organismen bzw. sozialen Gebilden Aufgabe der weiteren Forschung ist (vgl. dazu SCHURIG, ›Gegenstand und Geschichte der Soziobiologie‹, 1979).

Da die tierische Kommunikation nicht mit dem Psychischen als solchem mitgegeben ist, sondern sich erst als ein Aspekt von dessen innerer Differenzierung allmählich phylogenetisch herausbildet, müssen die reziproken ›Sozialbedeutungen‹ aus nichtsozialen Bedeutungseinheiten entstanden sein. Man hat diesen Entstehungsprozeß als einen *Funktionswechsel* ursprünglich *nichtsozialer Ausführungsaktivitäten* zu verstehen, die neben oder anstelle ihrer biologischen Relevanz für das sie ausführende Tier (durch die genannten evolutionären Gesetzmäßigkeiten) eine *soziale ›Signalfunktion‹* als spezifische Artkommunikation für andere Tiere gewinnen, die sich wegen ihres ›systemerhaltenden‹ Effektes für die Gesamtpopulation durch die erwähnten übergreifenden Selektionsprozesse im Laufe der Phylogenese verselbständigt. Dieser Prozeß der Umwandlung von Ausführungsaktivitäten (›Gebrauchshandlungen‹) in ›soziale Signale‹ wird in der Ethologie u.a. ›*Ritualisation*‹ genannt.

›Bevorzugter‹ Ansatzpunkt für einen derartigen Funktionswechsel sind dabei solche Gebrauchsaktivitäten, die sich selbst schon gegenüber den unmittelbar für das einzelne Tier ›lebensnotwendigen‹ Aktivitätsabläufen ›verselbständigt‹ haben, und somit quasi für andere Funktionen ›freigestellt‹ sind, wie tierische ›*Intentionsbewegungen*‹, in denen nur Aktivitäts*ansätze,* nicht aber die gesamte Ausführungsaktivität, in Erscheinung treten, oder die ›*Übersprungbewegungen*‹ als biologisch sinnlose ›Ausweichhandlungen‹. Andere Tiere zeigen auf solche Aktivitäten ein ›rückgekoppeltes‹ Antwortverhalten (das allein organismischen Systemen möglich ist), welches die dargestellte durchschnittlich fortpflanzungsfördernde ›kommunikative‹ Funktion der Summation, Koordination tierischer Aktivitäten, der ›Funktionsmitübernahme‹ für andere Tiere etc. hat. Dadurch werden die ursprünglichen nichtsozialen Aktivitäten quasi ›semantisiert‹, also zu ›*Ausdrucksbewegungen*‹, die für die anderen Tiere (objektiv) ›verständlich‹ sind, indem sich darin der Zustand des ›sendenden‹ Tieres (etwa Paarungsbereitschaft) oder auch bestimmte biologisch relevante Aspekte *seiner* Umweltbeziehungen (etwa ›Wahrnehmung‹ eines Freßfeindes) als ›soziale Bedeutung‹ anzeigen, d.h. zu ›bedeutungsgerechten‹ Komplementäraktivitäten (etwa Kopulation oder Flucht) führen. Durch die so gewonnene neue ›soziale‹ Funktion verändern sich in der Evolution auch die ursprünglichen Ausführungsaktivitäten selbst, indem an ihnen solche Merkmalskombinationen hervortreten, die im Hinblick auf ihre ›*soziale*‹ *Signalfunktion als Orientierungsbedeutungen besonders auffällig, eindeutig, spezifisch* etc. sind, und so deren ›Verständlichkeit‹ für die anderen Tiere erleichtern, während andere Merkmalskombinationen, die innerhalb der ›Gebrauchshandlungen‹ biologisch relevant waren, demgegenüber zurücktreten. Parallel zu solchen Veränderungen beim ›Sender‹ verändern und spezifizieren sich die Fähigkeiten zur Aufnahme und Verarbeitung von ›sozialen‹ Orientierungsbedeutungen im Prozeß der Organisation des Orientierungsfeldes beim Empfänger, womit sich gleichzeitig immer spezifischere Verbindungen zu seinen eigenen ›reziproken‹ Antwortaktivitäten, also der Überführung des ›Empfangens‹ in das rückgekoppelte ›Senden‹ herstellen und so die *übergreifende ›soziale Steuerung‹* im tierischen Kommunikationsprozeß entsteht. Mit einer solchen Spezifizierung der Orientierungsaktivität als optischer/akustischer ›*Kommunikativ-Orientierung*‹ (SE, S. 77 f) innerhalb von ›sozialen‹ Bedeutungskonstellationen entsteht eine *neue Ebene der Widerspiegelung der Realität durch Informationsverdichtung,* damit auch eine *neue Größenordnung der evolutionären Progression von Organismen-Populationen* (zu diesem Abschnitt vgl. M I, Kap. 2.3.2, S. 78 ff und NP I, Kap. 4.2, S. 178 ff, wo auch viele Veranschaulichungen durch Beispiele zu finden sind).

Sozialbeziehungen im Funktionskreis der Fortpflanzung (Sexualkontakt, Familienbildung) und im Funktionskreis der Lebenssicherung (Aggressionshemmung, Territorialverhalten etc.)

Bei Einbeziehung der *inhaltlichen Charakteristik* der sozialen Bedeutungsbeziehungen in unsere Darlegungen ist zunächst festzustellen, daß es zwar auch tierische Kommunikationsprozesse zwischen Angehörigen verschiedener Spezies gibt (in gewissem Sinne ist sogar das Verhältnis zwischen Freßfeind und Beute eine Kommunikationsbeziehung), daß aber die Kommunikation zwischen Artgenossen von ungleich höherer Relevanz für die evolutionäre Entwicklung ist, da nur bei Angehörigen der gleichen Art sich ein gemeinsames Repertoir verfügbarer sozialer Signale herausbilden konnte, das die genannte neue Qualität der Informationsverdichtung ermöglicht (vgl. NP I, S. 158).

Bei den Lebensaktivitäten innerhalb einer Art ist es wiederum der Bedeutungs- und Funktionskreis der ›Fortpflanzung‹, dem für die Herausbildung von Sozialbeziehungen eine besondere Relevanz zukommt. Während bei sehr primitiven Tieren die sexuelle Kopulation nur ein vorübergehender Kontakt ist, über den hinaus die Tiere keinerlei Beziehungen zueinander haben, und man sich hier auch um die Brut, nachdem sie in die Welt gesetzt ist, nicht kümmert, bilden sich in der Phylogenese (in Abhängigkeit von den artspezifischen Lebensbedingungen) allmählich *relativ überdauernde Beziehungen zwischen weiblichen und männlichen Sexualpartnern wie zwischen ›Eltern‹ und Brut* heraus, innerhalb derer es zu einer Vielzahl reziproker sozialer Bedeutungskonstellationen und differenzierter Sender-Empfänger-Koordinationen kommt. Die *›Familie‹ i.w.S.* ist also offenbar eine wesentliche Grundkonstellation sozialer Beziehungen und Bedeutungskonstellationen, die je nach der Entwicklungshöhe und artspezifischen Umwelt verschiedene Ausprägungsformen annimmt (z.B. ›Paarbildung‹, ›Familiengruppe‹, ›Elternfamilie‹, ›Mutterfamilie‹, ›Vaterfamilie‹, vgl. M I, S. 210 und EB, S. 186 ff).

Darüberhinaus entwickelten sich aber auch im Bedeutungs- und Funktionskreis der *Lebenssicherung* soziale Konstellationen zwischen Artgenossen. Von besonderer Relevanz sind dabei die mannigfachen Formen der *›sozialen Signale‹ zur innerartlichen Aggressionshemmung:* Hier wird durch spezifische Ausdrucksbewegungen (in der Ethologie etwa ›Unterwerfungsgesten‹, ›Demutsgesten‹ genannt) schwächerer oder unterlegener Artgenossen die Aggressivität der jeweils stärkeren oder überlegenen Tiere so gehemmt, daß dabei keine ›lebensbedrohenden‹ Schädigungen der ›Sender‹ entstehen – was einen offensichtlichen ›arterhaltenden‹ Effekt hat (vgl. M I, S. 80 ff). Darüberhinaus bilden sich hier auch noch andere soziale Bedeutungsbeziehungen heraus, wie etwa ›Drohgesten‹ und das reziproke Sich-Zurückziehen des ›bedrohten‹ Tieres, etc. Bemerkenswert ist dabei, daß die Ausführungsaktivitäten, die hier zu Ausdrucksbewegungen mit ›sozialer Orientierungsbedeutung‹ ritualisiert wurden, häufig aus dem *Funktionskreis der Fortpflanzung* stammen. So sind viele ›aggressionshemmende‹ Signale, wie das ›Präsentieren‹ als Hervorkehren sekundärer Geschlechtsmerkmale, durch ›Ritualisierung‹ sexueller Aktivitäten entstanden (vgl. EB, S. 180 f) – möglicherweise deswegen, weil (wie früher angedeutet, S. 105) durch die Aktualisierung von sexuellen Bedarfsdimensionen beim Empfänger die gleichzeitige Aktualisierung von ›aggressiven‹ Bedarfsdimensionen, da den übergeordneten Bedeutungseinheiten nicht miteinander zu vereinbarende Aktivitätsumsetzungen entsprechen, behindert ist.

Als eine Art von ›räumlicher‹ Ordnung von Sozialbeziehungen entstand bei vielen Tierarten im Funktionskreis der Lebenssicherung eine (durch bestimmte

Zeichen, etwa ›Duftsignale‹ des Urins beim Hund) markierte Abgrenzung bestimmter Gebiete für bestimmte Tiere oder Tiergruppen, das sog. ›*Territorialverhalten*‹. Die biologische Funktionalität eines solchen Territorialverhaltens liegt z.B. in der Verringerung der Populationsdichte in einem bestimmten Gebiet, damit Verringerung der innerartlichen Konkurrenz um Nahrungsquellen, weiter in einer ›Störungsreduktion‹ von arterhaltenden Abläufen, Reduzierung der innerartlichen Aggressionsaktivitäten (indem die Tiere innerhalb ihres Territoriums ›unangefochten‹ sind). Dabei hängt bei gewissen Arten die relative ›Kampfstärke‹ eines Tieres davon ab, ob es sich im eigenen Territorium befindet oder in ein fremdes Territorium eingedrungen ist: ›Fremde‹ Tiere werden vergleichsweise häufiger in die Flucht geschlagen. Zwischen der Sozialgliederung des Territorialverhaltens und der Sozialgliederung des Familienverbandes bestehen u.U. Überschneidungen, indem z.B. jeweils bestimmte Familiengruppen ein ›Territorium‹ für sich beanspruchen etc. (zum Territorialverhalten vgl. M I, S. 201 f).

Relativ ungeklärt ist das Problem, wieweit die Sozialgliederungen im Funktionskreis der Lebenssicherung unter dem Selektionsdruck spezifischer Umweltverhältnisse aus den Familienverbänden im Funktionskreis der Fortpflanzung entstanden sind und wieweit man hier eigenständige Entwicklungen annehmen muß. Wir tendieren beim gegenwärtigen Stand der Diskussion zu der Auffassung, daß *neben den ›familialen‹ Sozialgliederungen gleichursprünglich oder sogar früher Sozialgliederungen* sich herausgebildet haben, die *genuin dem Funktionskreis der Lebenssicherung* angehören (und sekundär in Wechselwirkung mit den Familienverbänden getreten sind). So spricht vieles dafür, daß *offene anonyme Verbände mit großer Mitgliederzahl auf der Grundlage der Artgemeinsamkeit,* etwa ›Schwarmbildungen‹ bei Fischen oder bei Insekten, unmittelbar aus den eingangs (S. 112 f) geschilderten bloß ›physischen‹ Zusammendrängungen von Organismen hervorgegangen sind, und das aus diesen wiederum die *geschlossenen anonymen Verbände,* bei denen sich die Verbandsmitglieder aufgrund ›territorialer‹ Merkmale oder auch an einem spezifischen Geruch etc. ›erkennen‹ und verbandsfremde Artgenossen vertreiben oder töten, entstanden (vgl. EB, S. 188 f). Paarbildungen und ›Familien‹ sind dabei zwar ein Element solcher umfassenden Verbandsbildungen, stellen aber nicht deren Ursprung dar, sondern werden u.U. ihrerseits durch die übergreifenden Verbände überformt und verändert. Die geschilderten innerartlichen Regulationsformen der Sozialbeziehungen, wie ›Aggressionshemmungen‹ etc., wären so als Differenzierungen der im Funktionskreis der Lebenssicherung entstandenen Sozialverbände aufzufassen, wobei die selbständig entstandenen Sozialaktivitäten im Fortpflanzungsbereich hier u.U. durch ›Ritualisierung‹ für die Kommunikation im Lebenssicherungs-Bereich ›funktionalisiert‹ werden (›soziogenitale Signale‹, EB, S. 176 ff).

Sozialbeziehungen als Aktualisierung artspezifischer Sozialstrukturen; kategoriale Differenzierung in die Ebenen der Population, der Sozialstrukturen und der Einzelorganismen

Die tierischen Sozialbeziehungen, soweit sie bisher dargestellt wurden, sind noch nicht individualisierte Beziehungen zwischen bestimmten Tieren (solche Individualisierungen setzen Lernprozesse voraus und werden deshalb erst in der nächsten logisch-historischen Stufe unserer Rekonstruktion der Genese des Psychischen abgehandelt), sondern ›typisierende‹ Beziehungen. Die phylogenetisch gewordene Grundlage der Sozialbeziehungen sind genomisch festgelegte artspezifische Bedeutungsstrukturen, die dadurch spezifiziert sind, daß die Tiere hier wechselseitig füreinander Bedeutungsträger darstellen, die *Bedeutungsstrukturen* also den Charakter von *reziproken ›Sozialstrukturen‹* haben. Die Kommunikation zwischen Tieren ist demnach auf dieser Stufe eine Aktualisierung bestimmter reziproker Bedeutungskonstellationen in dem jeweils artspezifisch präformierten Beziehungstyp. Da Sozialstrukturen ›Bedeutungsstrukturen‹ sind, gilt alles, was wir früher über Orientierungsaktivitäten, die Organisation des Orientierungsfeldes, die Entstehung und Funktion der Emotionalität, ihre Differenzierung in Bedarfsdimensionen, die Bedingungen der Aktualisierung von Bedarfsdimensionen und Bedeutungen, das Verhältnis von Ausführungs- und Orientierungsaktivität, die orientierungsleitende Funktion der Emotionalität, die Herausdifferenzierung von ›Orientierungs-Bedeutungen‹ und primären ›Ausführungsbedeutungen‹ gesagt haben, auch hier. Darüberhinaus haben aber die den ›sozialen‹ Bedeutungsstrukturen zugeordneten Orientierungsaktivitäten und emotionalen Wertungen Besonderheiten, die sich aus dem reziproken Aufeinander-Bezogensein der Sozialbedeutungen ergeben: Ein besonderes Niveau der ›Analyse-Synthese‹ bei der ›Organisation‹ der Wirklichkeitsauffassung in der Orientierungsaktivität durch die erwähnte, aus dem *sozialen Rückkoppelungsprozeß* entstehende *Informationsverdichtung* und besondere *strukturelle Eigenart ›sozialer‹ Information;* aber auch eine spezifische Form von Bedarfsdimensionen und -aktualisierungen, da hier bestimmte tierische Aktivitäten *wechselseitig zum ›Bedarf‹ anderer Tiere* werden können und *nur in der Kommunikation zu ›befriedigen‹* sind. Der ›soziale‹ Charakter von Bedarfsdimensionen kennzeichnet also nicht eine besondere Klasse von Bedarfszuständen, sondern ergibt sich notwendig aus dem ›sozialen‹, d.h. ›reziproken‹ Charakter der übergeordneten Bedeutungsdimensionen, die aufgrund der Bedarfsaktualisierung in ›bedeutungsgerechte‹ Aktivitäten umgesetzt werden. Da die ›Signalvermitteltheit‹ als Grundmerkmal psychischer Prozesse mit der Herausbildung ›sozialer‹ Signale, also des optischen, akustischen etc. Signal*austauschs* in gewisser Weise erst ›auf ihren Begriff kommt‹, ist die *Ausdifferenzierung von Sozialstrukturen ein we-*

sentliches Kennzeichen der vollen Ausprägung des Psychischen.

Durch die funktional-historische Rekonstruktion der Herausbildung von tierischen Sozialstrukturen ist deutlich geworden, daß unsere frühere Charakterisierung der Phylogenese als Wechselwirkung zwischen Systemerhaltung des Einzelorganismus und Systemerhaltung der übergeordneten Population (S. 114 f) einer Differenzierung bedarf: Zwischen der Ebene des phylogenetischen Gesamtprozesses, der Systemerhaltung von Populationen als potentiellem Träger der Evolution, und der Ebene des Einzelorganismus ist vielmehr eine ›mittlere Ebene‹ eingeschoben: die *tierische Sozialstruktur und deren Systemerhaltung*. Die ›Sozialstrukturen‹ sind im Lebensgewinnungsprozeß auf der einen Seite den Einzelorganismen übergeordnet, da hier nicht deren individuelle Systemerhaltung, sondern nur deren durchschnittliche Systemerhaltung (unter Vernachlässigung bzw. ›Opferung‹ einzelner ›Existenzen‹) optimiert wird. Andererseits sind die Sozialstrukturen dem evolutionären Gesamtprozeß auf Populationsebene untergeordnet, da sie aufgrund der erwähnten Informationsverdichtung den durch Mutation und Selektion bedingten phylogenetischen ›Anpassungsprozeß‹ in neuer Größenordnung vorantreiben.

Der Begriff der ›Population‹ bedarf allerdings in diesem Zusammenhang einer Präzisierung: Als Elemente der Population sind hier nicht mehr unmittelbar Einzelorganismen zu betrachten, sondern Sozialstrukturen bzw. Spezies als Fortpflanzungsgemeinschaften, deren Lebensgewinnung durch eine bestimmte Form von Sozialstrukturen charakterisiert ist (also quasi ›cluster‹ von Einzelorganismen), wobei sich – wie dargestellt – im Selektionsprozeß hier die durch ihre spezielle Sozialstruktur ›bestangepaßten‹ *Arten* gegenüber anderen ›durchsetzen‹ und die Anpassung der Einzelorganismen in diesem Anpassungsprozeß der Spezies aufgehoben ist. Die *Population selbst* ist demgemäß nicht als identisch mit einer bestimmten Spezies o.ä. zu definieren, sondern muß eher als die *Grundgesamtheit* aller *Tierarten,* die innerhalb eines bestimmten ›Biotops‹ (biologisch-ökologischen Lebensraums) im Lebenserhaltungsprozeß ›in Konkurrenz‹ miteinander stehen, verstanden werden. Die Träger des phylogenetischen Gesamtprozesses wären demnach ›Populationen‹ in diesem übergeordneten Sinne, deren ›Systemerhaltung‹ die Grundlage der evolutionären Progression sein kann.

Die kategoriale Differenzierung zwischen dem phylogenetischen Gesamtprozeß auf Populationsebene, den ›Sozialstrukturen‹ und den ›Einzelorganismen‹ ist – wie sich zeigen wird – eine wesentliche Voraussetzung für die adäquate Herausarbeitung der Genese des Psychischen, bis hin zur Charakterisierung der qualitativen Besonderheit der menschlich-gesellschaftlichen Lebensgewinnung und Bewußtseinsentwicklung.

Kapitel 4
Die neue Qualität artspezifischer Lern- und Entwicklungsfähigkeit im Prozeß der Psychophylogenese

4.1 Vorbemerkung

Nachdem wir im vorigen Kapitel in Realisierung des fünften und letzten Schrittes der Analyse der Herausbildung des Psychischen aus dem Lebensprozeß dessen innere Ausdifferenzierung im Rahmen der Bestimmungen der Grundform rekonstruiert haben, geht es nun darum, die nächste Qualitätsstufe, nun *innerhalb* der Entwicklung des *Psychischen,* herauszuarbeiten und so zu einer neuen Qualitätsebene der kategorialen Differenzierung der Grundkategorie des Psychischen zu kommen.

Diese neue qualitative Gesamtstufe des Psychischen ist unserer Konzeption nach charakterisiert durch individuelles Lernen, genauer: *individuelle Lern- und Entwicklungsfähigkeit der Organismen.* Wir heben also jetzt mit der expliziten Einführung des Lernens in unsere Analyse die Abstraktion von faktischen Lernprozessen im vorigen Kapitel auf und stellen die Lern- und Entwicklungsfähigkeit in den Mittelpunkt der weiteren funktional-historischen Rekonstruktion: Es geht nun darum aufzuweisen, daß und auf welche Weise individuelles Lernen innerhalb der Evolution des Psychischen entwicklungsnotwendig wurde, also bei der Kategorialanalyse des Psychischen allen weitergehenden Differenzierungen logisch-historisch vorgeordnet werden muß.

Wenn wir somit – im neuerlichen Durchlaufen unserer fünf Schritte der Qualitätsanalyse – aufzuweisen haben, wie die individuelle Lern- und Entwicklungsfähigkeit die spezifische und bestimmende Funktion einer neuen Gesamtstufe der Psychophylogenese werden konnte, so benötigen wir gemäß unserem Verfahrensansatz wiederum zunächst hypothetische Vorannahmen über die Spezifik der neuen Stufe, diesmal nicht als Ausgangsabstraktion, sondern als eine zentrale Zwischenabstraktion. Man ist indessen bei der Formulierung einer solchen Abstraktion hier nicht mehr in gleichem Grade ›frei‹ (und nur an die Grundbestimmungen des Lebensprozesses gebunden) wie bei der Einführung der Ausgangsabstraktion des Psychischen. Einmal nämlich müssen wir der Zwischenabstraktion über die Charakteristik des Lernens – da Lernen ja als Differenzierungsprodukt der Genese des Psychischen aufgefaßt wird – die Bestimmungen zuschreiben, die auch der Grundform des Psychischen beigelegt wurden. Zum anderen aber – und dies ist besonders wichtig – können wir aufgrund der Resultate unserer bisherigen Differenzierungsanalyse die individuelle Lern- und Entwicklungsfähigkeit nicht mehr als solche bestimmen, sondern müssen die *Fähigkeit zu individuellem Lernen* als eine *neue qualitative Entwicklung der bisher herausgearbeiteten differenzierten kognitiven, emotionalen und sozialen Dimensionen des Psychischen* aufweisen, dabei zeigen, wie die individuelle Lernfähigkeit für die *weitere Entwicklung dieser gesamten Dimensionsstruktur spezifisch und bestimmend* wurde. Darin, daß durch die funktional-historische Rekonstruktion die jeweils spezifischeren Bestimmungen des Psychischen die inhaltliche Fülle aller vorher herausgearbeiteten Differenzierungen in sich aufnehmen, da sie als deren Spezifizierungen eingeführt sind, liegt ja eine wesentliche Differenz der kritisch-psychologischen zur traditionell-psychologischen ›Begriffsbildung‹: Diese bringt über ›Lernen‹ wie über alle anderen Erscheinungsformen des Psychischen aufgrund ihrer ahistorischen Beschränkung nur abstrakt-allgemeine, blasse und leere Bestimmungen zustande, die der Fülle des wirklichen psychischen Lebens äußerlich und unvermittelt gegenüberstehen.

Aufgrund der damit benannten Gebundenheiten erwies es sich als hinreichend, bei der Zwischenabstraktion hier vorab lediglich auf das globale Vorverständnis zurückzugreifen, und individuelle Lern- und Entwicklungsfähigkeit etwa als Fähigkeit zur ontogenetischen Änderung der Aktivität durch aktuellen Umweltkontakt zu bestimmen. Hinzuzufügen ist dem an dieser Stelle lediglich, daß wir einen derartigen Änderungprozeß *nur dann* als Herausbildung individueller Lern- und Entwicklungsfähigkeit bezeichnen, wenn er sich auf das ›psychische‹ Gesamtniveau der Lebensaktivität, also *signalvermittelte Aktivitäten und deren Funktionsgrundlage* bezieht. Alle weiteren Bestimmungen der Lern- und Entwicklungsfähigkeit erfolgen im Zusammenhang der Durchführung der Analyse.

4.2 Evolutionäre Herausbildung der Fähigkeit zu individuellem Lernen bis zum Funktionswechsel der Modifikabilität zur neuen Qualität der Lernfähigkeit

Erster Analyseschritt: Heraushebung der Modifikabilität als relevanter unspezifischer Dimension

Wir haben nunmehr in Realisierung des ersten Schritts des neuen Durchgangs unserer Schrittfolge zur Herausarbeitung qualitativer Umschläge zunächst die *realhistorische Dimension auf der früheren Stufe* aufzuweisen, auf der der Umschlag zur qualitativen Spezifik der individuellen Lern- und Entwicklungsfähigkeit erfolgt, wobei hier eine solche Dimension (oder solche Dimensionen) zu isolieren ist (sind), die möglichst die *wesentlichen Charakteristika der neuen Funktion bis auf deren Spezifik,* die damit präzis heraushebbar wird, enthalten (vgl. S. 63 f).

Eine solche Dimension müßte mithin ontogenetische Aktivitätsänderungen durch aktuellen Umweltkontakt beinhalten, *ohne* schon ›Lern- und Entwicklungsfähigkeit‹ zu sein. Die damit gesuchte Dimension ist unserer Konzeption nach die sog. ›*Modifikabilität*‹ der Organismen in einer besonderen Ausprägungsform.

›Modifikabilität‹ ist als individuelle Veränderlichkeit ein Grundmerkmal aller Organismen: Die durch Selbstreproduktion entstandenen einzelnen Exemplare einer Organismen-Population sind zwar in ihrer morphologisch-funktionalen Struktur genetisch festgelegt, die jeweiligen Merkmale sind dabei aber nicht absolut unveränderbar, sondern fixieren nur die *Art und das Ausmaß von* ›*Spielräumen*‹ *oder* ›*Variationsbreiten*‹, innerhalb derer sich die Organismen durch aktuelle äußere oder innere Bedingungen verändern können und demgemäß auch untereinander verschieden werden. Die Modifik*ationen* gehen, anders als die Mutationen als genomische ›Kopierfehler‹, *nicht in den weiteren Erbgang* ein. Die Modifika*bilität* eines Organismus mit Bezug auf ein bestimmtes Merkmal, also die Variations*breite* der individuellen Veränderungen, ist dagegen ein ›erbliches‹ Merkmal. (So kann das Weibchen des berühmten ›Mittelmeerwurms‹ Bonellia durch extensive Nahrungsaufnahme bis zu 6 cm lang werden, während das Männchen in jedem Falle mikroskopisch klein bleibt. Männchen und Weibchen unterscheiden sich hier also in der ›erblichen‹ Modifikabilität der Körperlänge. Die in diesem Rahmen tatsächlich erfolgten Modifikationen, hier also der Umstand, ob das Weibchen tatsächlich durch entsprechenden Nahrungsüberfluß 6 cm lang wurde, oder durch Nahrungsmangel nicht größer als das Männchen, werden dagegen nicht auf die Nachkommen ›vererbt‹ – die ›lamarckistische‹ Annahme einer ›Vererbung erworbener Eigenschaften‹ qua Modifikationen ist ja von der moderneren biologischen Forschung total widerlegt worden.)

Das Ausmaß und die Art der (durch entsprechende Mutationen variierenden) Modifikabilität hängen ab von der Eigenart der im übrigen genetisch ›festgelegten‹ Merkmale, deren ›Veränderlichkeit‹ sie darstellt. ›*Festgelegtheit*‹ und ›*Modifikabilität*‹ müssen demnach als *zwei Seiten* des gleichen Merkmals betrachtet werden, deren *Verhältnis* das Merkmal charakterisiert. Die Modifikabilität ist dabei zunächst als eine *unfunktionale Begleiterscheinung* zu betrachten, als bloßer Ausdruck der Tatsache, daß Merkmale im Bereich des Lebendigen nicht absolut festgelegt sind, sondern im Rahmen gewisser Spielräume, quasi ›Meßfehlern‹, der Festgelegtheit um einen Mittelwert zufällig streuen (wobei die Streubreite, das Ausmaß der ›Varianz‹, die zusammen mit dem Merkmal erblich determinierte ›Modifikabilität‹ darstellt). Dieser ›epiphänomenale‹ Charakter der Modifikabilität verliert sich nun aber im Zuge der Evolution stets da allmählich, wo die Modifikabilität eines bestimmten Merkmals dem Organismus Selektionsvorteile erbringt, und so *Anpassungswert,* d.h. *Funktionalität für die Systemerhaltung der Organismen-Population* erlangt (vgl. M I, S. 114 f).

Eine bestimmte Entwicklungslinie einer derartigen ›Funktionalisierung‹ der Modifikabilität verbleibt auf der unspezifischen Ebene vorpsychisch-›physiologischer‹ Anpassungsprozesse, resultiert also aus einem Evolutionsprozeß *innerhalb* dieser Ebene als untere Schicht sich ausdifferenzierender ›höherer‹ Funktionen bzw. nach Art einer Parallelentwicklung mit diesen. Hierher gehören etwa das bei vielen Pelztieren beobachtbare ›Anlegen eines Winterkleides‹ bei sinkender Außentemperatur oder auch das Anwachsen des Hämoglobingehalts des Blutes bei permanent geringerem Sauerstoffgehalt der Atemluft. Es handelt sich dabei einerseits eindeutig um funktionale, ›anpassende‹ Modifikabilität, aber andererseits ebenso eindeutig *nicht um ›Lernfähigkeit‹ in unserem Sinne,* da die Bestimmungen der Grundform des Psychischen, die Signalvermitteltheit der Aktivität, hier nicht erfüllt sind (vgl. M I, S. 127).

Wenn man nun auf *psychischem Niveau* die rekonstruierte Differenzierung der verschiedenen Dimensionen auf das Verhältnis Festgelegtheit/Modifikabilität hin betrachtet, so ergibt sich, daß bei allen hier herausgehobenen kognitiven, emotionalen, sozialen Dimensionen *im Rahmen der festgelegten,* auf diesem psychischen Niveau als ›instinktiv‹ zu spezifizierenden, Aktivitäten *›modifikable‹ Momente* beobachtbar sind: Praktisch alle ›instinktiven‹ Aktivitäten werden, wenn nur entsprechend widerständige Umweltverhältnisse bestehen bzw. vom Forscher hergestellt sind, irgendwann modifiziert. So zieht die Grabwespe – wenn man bei ihr die instinktive Aktivitätssequenz: Heranziehen der getöteten Heuschrecke bis ans gegrabene Sandloch, ›Inspektion‹ und Reinigung des Loches, Hineinziehen der Heuschrecke (die der Brut als Nahrung dient) in das Loch, laufend durch das Wieder-Wegziehen der Heuschrecke unterbricht – hunderte von Malen die Heuschrecke wieder an das Loch her-

Evolutionäre Herausbildung der Fähigkeit zu individuellem Lernen 125

an und wiederholt daraufhin die Loch-Inspektion. Irgendwann aber ›hat‹ die Wespe sozusagen ›genug‹ und zieht die Heuschrecke gleich, ohne dazwischengeschaltete Lochkontrolle (die dem Forscher die Gelegenheit zu seinem Eingriff gab) in das Loch hinein. Man wird derartige Modifikationen nicht schon als ›Lernen‹ bezeichnen können, da die ›Anpassung‹ an die Umwelt ja hier nur bei absolut ›unfunktionaler‹ Häufigkeit von Wiederholungen erfolgt o.ä. Dennoch wird an dieser Stelle deutlich, daß die Modifikationen hier nicht mehr total ›zufällig‹ erfolgen, sondern daß durch den evolutionären Vorlauf innerhalb der jeweiligen instinktiven Aktivitäts-Mechanismen sich ein besonderes psychisches Verhältnis Festgelegtheit/Modifikabilität herausgebildet hat, durch welches der *nächste Anpassungsschritt, die Entstehung wirklicher Lernfähigkeit, unmittelbar vorbereitet* ist.

Damit haben wir die Dimension der Modifikabilität innerhalb der der Stufe der Lernfähigkeit vorhergehenden Stufe soweit konkretisiert, daß wir nun vom ersten zum zweiten Analyseschritt, dem Aufweis der Entstehung des hier relevanten *Entwicklungswiderspruchs durch objektive Veränderungen der Außenweltbedingungen* (vgl. S. 63 ff) übergehen können.

Zweiter Analyseschritt: Aufweis des Entwicklungswiderspruchs in Richtung auf Lernfähigkeit durch systemgefährdenden Effekt aktueller Umweltveränderungen

Die ›festgelegten‹ Aktivitäten (einschließlich der zugehörigen ›unfunktionalen‹ Modifikabilität) erlauben dem Organismus nur die Anpassung an *artspezifisch-›durchschnittliche‹* Eigenschaften der Umwelt, nicht aber an *kurzfristig-aktuell,* in *ontogenetischer* Größenordnung, für die Tiere gegebene Umweltveränderungen: Dies versteht sich daraus, daß im langfristigen phylogenetischen Anpassungsprozeß, durch den die Funktionsgrundlage für die festgelegten Aktivitäten entstanden ist, nur solche Umweltmerkmale sich funktional widerspiegeln können, die in der Größenordnung des Evolutionsprozesses konstant geblieben sind.

Im Zuge des evolutionären Differenzierungsprozesses des Psychischen sind nun – wie dargestellt – die Umweltbeziehungen und darin gegründeten Aktivitätsmöglichkeiten der Tiere immer komplexer geworden. Dies heißt, daß immer mannigfaltigere Umweltereignisse für die Lebensaktivitäten des Tieres biologisch relevant geworden sind. Unter diesen Umständen muß sich nun aber die Unfähigkeit der Organismen, bei ihren Aktivitäten nicht nur artspezifisch ›durchschnittliche‹ Umwelteigenschaften, sondern auch aktuell-kurzfristige Umweltveränderungen berücksichtigen zu können, in immer höherem Grade als systemgefährdend auswirken. Die aktuellen Veränderungen der Lebensbedingungen, die vorher quasi ›durch die Maschen‹ der Umweltbeziehungen des Tieres gefallen waren, werden so immer mehr zu *objektiven Tatbeständen,* die für das Tier im *Widerspruch zu biologischen Notwendigkeiten der Lebenserhaltung* stehen. Sofern nun durch die geschilderte psychische Entwicklung des Verhältnisses Festgelegtheit/Modifikabilität von Aktivitätsmöglichkeiten Mutanten auftreten können, durch welche bestimmte Tiere bei widerständigen aktuellen Umweltgegebenheiten vergleichsweise früher oder leichter ihre festgelegten Aktivitätsformen modifizieren, so wird dieses Widerspruchsverhältnis zum *inneren Entwicklungswiderspruch* in Richtung auf die *Herausbildung von Lernfähigkeit:* Von den aktuellen Umweltveränderungen geht jetzt ein Selektionsdruck aus, durch welchen eine allmähliche ›Funktionalisierung‹ der Modifikabilität als Fähigkeit zur ›Anpassung‹ an diese aktuellen Veränderungen, also Fähigkeit zum ›Lernen‹ sich ergibt.

Aus dieser Analyse folgt eine Präzisierung unserer früheren Darlegungen über den Entwicklungswiderspruch (vgl. S. 63 ff u. 79): Eine Verschärfung dieses Widerspruchs in seinem Umweltpol kann nicht nur dadurch zustandekommen, daß die objektiven Außenweltbedingungen unabhängig vom Organismus sich in ›systemgefährdender‹ Richtung verändern (und so einen Selektionsdruck ausüben). Es kann sich auch der *Organismus in seiner Gesamtentwicklung* so verändert haben, daß bestimmte Außenweltbedingungen, ohne daß sie *sich selbst verändern müssen, für den Organismus* in immer höherem Grade *systemgefährdenden Charakter* gewinnen. Somit verdeutlicht sich, daß die Aussage über ›systemgefährdende‹ objektive Außenweltbedingungen immer ein *Verhältnis* meint, nämlich das Verhältnis zwischen den Außenweltbedingungen und dem Organismus, präziser: der Organismen-Population, *für die* jene Außenweltbedingungen systemgefährdend sind. Der Widerspruch kann sich damit sowohl dadurch verschärfen, daß sich der eine Pol dieses Verhältnisses, die Außenwelt, wie dadurch, daß sich der andere Pol, der Organismus, mit dem Resultat wachsender Systemgefährdung verändert. Da solche Veränderungen nun wiederum Resultat von ›Anpassungen‹ an veränderte Außenweltbedingungen sind, bleibt hier zwar grundsätzlich der Primat der objektiven Außenweltbedingungen als Bewegungsmoment der Evolution (gemäß dem Widerspiegelungskonzept) erhalten, dieser Primat muß aber nicht innerhalb der Dimension bestehen, auf der ein bestimmter Entwicklungswiderspruch sich herausbildet, sondern kann über Zwischendimensionen, die den Widerspruch auf organismischer Seite verschärfen, vermittelt sein.

Im hier zur Diskussion stehenden Fall des Entwicklungswiderspruchs in Richtung auf ›Lernfähigkeit‹ kann mithin, zusätzlich zu den geschilderten organismischen Veränderungen, auch eine unabhängige Veränderung der Außenwelt, durch welche aktuelle Veränderungen biologisch immer relevanter werden, als logisch-historische Voraussetzung angenommen werden. Die genannte wachsende ›Anfälligkeit‹ des Organismus für aktuelle Umweltänderungen ist aber an dieser Stelle zur entwicklungslogischen Erklärung der Herausbildung der Lernfähigkeit hinreichend: Wir haben es hier mit einer speziellen Ausprägung des dialektisch-materialistischen Konzepts des ›Dings-an-Sich‹ als ›Ding-für-Uns‹ zu tun: Den ›systemgefährdenden‹ Außenweltbedingungen innerhalb des Entwicklungswiderspruchs kommt *sowohl* organismusunabhängige *objektive Realität* zu, die in der weiteren evolutionären Anpassung ›funktional widergespiegelt‹ wird, wie sie gleichzeitig ›systemgefährdend‹ eben nur *für eine bestimmte Organismen-Population* mit ihrem besonderen evolutionären Entwicklungsstand sind.

Dritter Analyseschritt: Charakterisierung des Funktionswechsels der Modifikabilität als Veränderbarkeit der Funktionsgrundlage durch aktuelle umweltbestimmte Aktivitätsresultate

In diesen letzten Überlegungen deutete sich schon an, auf welche Weise im gegenwärtigen Ableitungszusammenhang im dritten Analyseschritt der *Funktionswechsel als erster qualitativer Sprung* (vgl. S. 79) näher zu bestimmen ist, durch welchen die *Spezifik* der neuen Funktion unter den genannten Widerspruchsverhältnissen sich herausbildet: In unserem Falle ist dabei zu fragen, wie die zunächst (relativ) unspezifische Dimension der Modifikabilität durch Funktionswechsel ihre qualitative Spezifizierung als ›Lernfähigkeit‹ (die mithin eine Spezialform der Modifikabilität ist) gewinnen konnte.

Im Stadium der psychischen Differenzierung *vor* der Herausbildung von ›Lernfähigkeit‹ ist Modifikabilität nur die Breite der umweltbedingten Variabilität der festgelegten Aktivitätsmerkmale, also der Funktionsgrundlage der ›festgelegten‹ Aktivitäten untergeordnet und einseitig von dieser abhängig. Die Herausbildung der Lernfähigkeit bedeutet nun einen *neuen funktionalen Zusammenhang* zwischen dem ›*festgelegten*‹ und dem ›*modifikablen*‹ Aspekt der Funktionsgrundlage einer Aktivität, indem jetzt beide Aspekte auf *bestimmte Weise in Wechselwirkung miteinander* treten. Bisher war nämlich die ›festgelegte‹ Funktionsgrundlage in *ontogenetischem Maßstab* nur aufgrund des Aufbaus und der Reduzierung der Bedarfsaktualisierung zu verändern, wobei die Art dieser Veränderung (etwa durch die genannten ›Bedarfspläne‹) selbst wieder genomisch festgelegt war. Im Ganzen war dabei die umweltbezogene Aktivität zwar durch die Funktionsgrundlage bestimmt, *nicht aber umgekehrt*. Jetzt wird dagegen die Modifikabilität dadurch zur ›Lernfähigkeit‹, daß die umweltbedingten Variationen der Aktivitätsausführung in ihrem Resultat die *Funktionsgrundlage der Aktivität mitverändern.* Aufgrund der jeweils von konkreten Umweltbedingungen abhängigen Modifikation der Orientierungs- oder Ausführungsaktivitäten verändert sich die Funktionsgrundlage hier so, daß bei der *Wiederholung* der jeweiligen Aktivität unter den *gleichen Umweltbedingungen* ein *anderer, diesen Bedingungen angepaßter Aktivitätsablauf* erfolgt. Durch diesen Funktionswechsel der Modifikabilität zur ›Lernfähigkeit‹ eröffnet sich hier also die *ontogenetische, individualgeschichtliche, Dimension* der Veränderung der Funktionsgrundlage von Aktivitäten. Während mithin die bloß ›festgelegten‹ Funktionsgrundlagen lediglich das phylogenetisch gewordene ›Artgedächtnis‹ repräsentieren, stellt die Lernfähigkeit, da in ihr die Resultate aktueller Lebensvollzüge sich niederschlagen und gespeichert werden, ein *funktionales ›Individualgedächtnis‹* i.w.S. dar, das selbst Teil und Differenzierungsprodukt des ›Artgedächtnisses‹ ist.

Die so bestimmte ›Lernfähigkeit‹ ist mithin nicht nur das Zurücktreten von ›festgelegten‹ Aktivitäten, also bloße, unspezifische Umweltoffenheit, sondern als neue Potenz der Informationsauswertung und -verarbeitung ein *positives Resultat des phylogenetischen Anpassungsprozesses.* Damit ist die Lernfähigkeit selbst ›artspezifisch‹ bestimmt, also in ihrer *Ausprägung und Eigenart* abhängig von der *besonderen Beschaffenheit der Umwelt,* deren aktuell variierende Merkmale damit gespeichert werden können; was auf welche Weise gelernt werden kann, ist bestimmt durch die ›Lebensnotwendigkeiten‹ einer bestimmten Spezies in ihrer artspezifischen Umwelt.

Silbermöven etwa können ihre Jungen schon vom fünften Lebenstag an von anderen Jungen unterscheiden, lernen ihre Eier aber niemals ›kennen‹, obwohl diese viel auffälligere Merkmalsunterschiede haben. Sie finden ihre Eier nur aufgrund von gelernten Ortsmerkmalen wieder: Die Eier nämlich bewegen sich unter natürlichen Umständen nicht vom Nest weg, sodaß es hier ›genügt‹, Ortsmerkmale zu identifizieren, während die beweglichen Jungen nur als konstante Merkmalsträger wiedererkannt werden können (vgl. dazu M I, S. 116).

Zum Verhältnis ›angeboren/gelernt‹ und ›Festgelegtheit/Lernfähigkeit‹

Aus dem Umstand, daß Lernfähigkeit selbst ein ›artspezifisches‹ Resultat des evolutionären Entwicklungsprozesses ist, ergibt sich die *Unangemessenheit* der üblichen Gegenüberstellung von ›angeboren‹ und ›gelernt‹ (›nature‹ und ›nurture‹, etc.): Hier wird mit diesem Begriffspaar als *Ausschließungsverhältnis* operiert, also angenommen, ›Angeborenes‹ habe nichts mit ›Lernen‹ zu tun, und ›Gelerntes‹ sei nicht angeboren. Wenn man an die Stelle solcher Oberflächenbestimmungen das analytische Begriffspaar ›*Festgelegtheit-Modifikabilität*‹ im dargestellten Sinne setzt, so wird klar, daß sowohl ›*festgelegte*‹ Aktivitäten wie deren *Modifikabilität durch Lernfähigkeit* Resultat phylogenetischer Anpassungsprozesse und durch genomische Information ermöglicht, also in diesem Sinne ›*angeboren*‹ sind, wobei die ›Lernfähigkeit‹ lediglich die geschilderte ›angeborene‹ Fähigkeit des Organismus zur Verwertung aktueller Umweltinformation darstellt. Nur durch eine solche, funktional-historisch abgeleitete, begriffliche Fassung ist zu vermeiden, daß die ›Lernfähigkeit‹ aus dem weiteren phylogenetischen Entwicklungsprozeß ausgeklammert wird, womit die phylogenetische Differenzierung der Lernfähigkeit bis hin zur neuen Qualität ihrer ›menschlichen‹ Ausprägungsform nicht mehr rekonstruierbar ist, und nur abstrakt-allgemeine Bestimmungen des Lernens nach Art der traditionellen Psychologie übrigbleiben würden (vgl. dazu H.-OSTERKAMPS ›Neubestimmung des Verhältnisses zwischen ›Angeborenem‹ und ›Gelerntem‹, M I, Kap. 2.5.1, S. 112 ff und ihre Antwort auf H. GOTTSCHALCH, 1979, S. 133 ff).

Aus unseren Darlegungen geht hervor, daß die phylogenetische Entwicklung der Modifikabilität in der Spezifikation der Lernfähigkeit *nicht* einfach als eine *Abnahme der Festgelegtheit zugunsten der Lernfähigkeit* verstanden werden darf. Die ›festgelegten‹ Funktionsdimensionen der Organismen sind ja als Inbegriff von deren ›Anpaßbarkeit‹ an artspezifisch durchschnittliche Lebensbedingungen quasi das ›Grundgerüst‹ der Lebenserhaltungsprozesse der Tiere, so daß das ›Lernen‹ *nur auf der Basis dieser Funktionsdimensionen,* als deren umweltvermittelte ontogenetische Modifizierbarkeit, die genannten Selektionsvorteile erbringen kann. Ein Tier, das sozusagen ›alles‹ erst individuell ›lernen‹ müßte, wäre lebensunfähig. Eine bloße Entwicklung der ›Lernfähigkeit‹ auf Kosten der Festgelegtheit wäre also gleichbedeutend mit wachsender Lebensunfähigkeit und hätte so phylogenetisch niemals entstehen können. Mit anderen Worten: Die Selektionsnachteile mangelnder Festgelegtheit sind keineswegs einfach durch die Selektionsvorteile der Lernfähigkeit kompensierbar. ›Festgelegte‹ Aktivitäten sind zwar einerseits sozusagen ›ungenau‹, in ihnen können Lebensmöglichkeiten und Gefahren, die aus aktuellen Umweltveränderungen stammen, nicht berücksichtigt werden; sie stehen aber andererseits dem Tier immer und prompt zur Verfügung. ›Gelernte‹ Aktivitäten dagegen sind zwar an wechselnde Lebensbedingungen ›anpaßbar‹, das Tier *kann* jedoch nicht nur: es *muß* die jeweiligen Aktivitätsmöglichkeiten ›gelernt‹ haben, um zu biologisch angemessenen Aktivitäten kommen zu können; Umweltereignissen gegenüber, für die es keine ›gelernten‹ Aktivitätsgrundlagen erworben hat, steht es quasi ›hilflos‹ gegenüber, was besonders dann einen ›letalen‹ Ausgang nehmen muß, wenn Zeit und Gelegenheit, das ›Lernen‹ nachzuholen, nicht vorhanden sind. Die ›festgelegten‹ Aktivitäten schaffen sozusagen die ›Existenzgrundlage‹ für die Organismen bzw. die Organismen-Population; erst auf der so erreichten Basis einer Gesichertheit der elementaren Lebensfunktionen kann die ›Lernfähigkeit‹ ihre differenzierteren, aber ›störanfälligeren‹ und ›gefährdeteren‹ Anpassungsleistungen entfalten, sich also phylogenetisch herausbilden.

Wir haben aufgrund dieser (auch hier aus umfangreichem empirischem Material verallgemeinerten) Überlegungen das *Verhältnis von ›Festgelegtheit‹ und ›Modifikabilität‹* durch Lernfähigkeit (in Kritik an gängigen Auffassungen einer eindimensionalen Ablösung der Festgelegtheit durch die Lernfähigkeit), als ein *Widerspruchsverhältnis charakterisiert*, in welchem die genannten miteinander unvereinbaren Selektionsvorteile bzw. -nachteile der Festgelegtheit und der Lernfähigkeit sich auf immer neuen Entwicklungsniveaus dialektisch ›aufheben‹: Dabei können immer ausgeprägtere Formen der ›Lernfähigkeit‹ jeweils dadurch entstehen, daß sie gleichzeitig durch immer differenziertere und effektivere Formen der festgelegten Aspekte der funktionalen Aktivitätsgrundlage ermöglicht und abgesichert sind. Die festgelegten Funktionsanteile machen mithin (wiederum nach Art der Schichtung bzw. Parallelentwicklung) – wie später genau zu zeigen – selbst eine ›eigene‹ evolutionäre Entwicklung durch, durch die sie von der bloßen Grundlage festgelegter Aktivitäten immer mehr auch zur festgelegten Voraussetzung entfalteterer Formen der Lernfähigkeit werden.

Der Widerspruch Festgelegtheit/Lernfähigkeit ist allgemein gesehen ein Differenzierungsprodukt des grundlegenden Entwicklungswiderspruchs zwischen organismischer Systemkapazität und systemgefährdenden Außenweltbedingungen: Durch diesen ›Nebenwiderspruch‹ können die Organismen im Laufe ihrer Phylogenese auf die systemgefährdenden Außenweltbedingungen mit einer *immer entwickelteren und effektiveren ›Aufhebung‹ der festgelegten und der ›lernfähigen‹ Aspekte innerhalb ihrer funktionalen Aktivitätsgrundlage* antworten. (Zu diesem Abschnitt vgl. M I, Kap. 2.5.5, S. 139 ff und H.-OSTERKAMP 1979, S. 133 ff.)

4.3 ›Subsidiäre Lernfähigkeit‹ im Rahmen festgelegter Bedeutungs- und Bedarfsdimensionen (vierter Analyseschritt I)

Zwischenbemerkung

Nachdem im vorigen Teilkapitel die drei ersten unserer Analyseschritte zur Herausarbeitung qualitativer Umschläge bis zum ›Funktionswechsel‹ realisiert wurden, haben wir nun gemäß dem vierten Analyseschritt den

›*Subsidiäre Lernfähigkeit*‹ 131

evolutionären Prozeß bis zum ›Dominanzwechsel‹, d.h. hier Wechsel von der Dominanz der ›festgelegten‹ bis zur Dominanz der ›lernfähigen‹ Aspekte der psychischen Funktionsgrundlage der Aktivität zu rekonstruieren. Dabei ergibt sich bei Berücksichtigung des bisher dazu von der Kritischen Psychologie durchgearbeiteten empirischen Materials eine Komplikation innerhalb der von uns hypothetisch angesetzten methodischen Schrittfolge: Der Übergang der Lernfähigkeit von der den festgelegten Funktionsaspekten untergeordneten bis zur diesen gegenüber dominanten Funktion läßt sich hier nämlich *nicht auf einer einzigen Dimension* nachvollziehen. Vielmehr ist eine Art von ›Lernfähigkeit‹ anzunehmen, die *als solche* lediglich eine *begrenzte Umweltöffnung* innerhalb prinzipiell festgelegter funktionaler Dimensionen darstellt, also diesen untergeordnet ist, und sich auch *innerhalb der Grenzen dieser funktionalen Charakteristik* evolutionär (bis zum Menschen hin) *weiterentwickelt,* also *nicht* gegenüber den festgelegten Aspekten dominant wird. Wir nennen diese Art von Lernfähigkeit, da sie gegenüber den festgelegten Funktionen eine unterstützende, subsidiäre Position einnimmt, ›*subsidiäre Lernfähigkeit*‹. In späteren Evolutionsphasen bildet sich dann in einer Parallelentwicklung zur ›subsidiären Lernfähigkeit‹ eine höhere Form von Lernfähigkeit heraus, die zwar auch (wie dies ›entwicklungsnotwendig‹ ist, vgl. S. 79 f) sich zunächst als den festgelegten Funktionsaspekten untergeordnete Funktion herausbildet, dann aber den geschilderten evolutionären Entwicklungsweg bis zu dem ›Umschlag‹ von der Dominanz der festgelegten bis zur Dominanz der ›lernfähigen‹ Funktionsanteile durchmacht, also zur *dominanten Funktion* wird. Dabei werden, anders als bei der ›subsidiären Lernfähigkeit‹, hier die *phylogenetisch* ›*überkommenen*‹ *Bedeutungs-, Aktivitäts- und Bedarfsdimensionen selbst* in den Prozeß der ›*Ontogenisierung*‹ *durch individuelle Lern- und Entwicklungsfähigkeit* einbezogen. Diese Form der Lernfähigkeit wird demgemäß von uns ›*autarke Lernfähigkeit*‹, durch welche *selbständig* psychische Bedeutungsdimensionen etc. aufgebaut werden können, genannt. Unser vierter Analyseschritt gliedert sich aufgrund dieser Komplikation in *drei Teilschritte,* wobei wir uns in diesem Teilkapitel zunächst dem ersten Teilschritt, der Rekonstruktion der Entstehung und Funktion des ›subsidiären Lernens‹ zuwenden.

Differenzierungslernen als gelernte Individualisierung artspezifischer Bedeutungsstrukturen

Die primitivste Form gelernter individueller Modifikation von Aktivitäten ist die sog. ›*Habituation*‹ (Gewöhnung), die als Abnahme der Stärke der ›Reaktion‹ auf einen ›Reiz‹ bei dessen wiederholtem gleichartigem

Auftreten (bis hin zum gänzlichen Ausbleiben einer Reaktion) beschrieben wird. Diese Art von ›Gewöhnung‹ tritt nur auf jeweils einer Aktivitätsdimension auf, benachbarte Funktionen bleiben davon unberührt. Es ist eine längere Erholungsphase nötig, ehe der Organismus auf einen Reiz, an den er sich auf die beschriebene Weise ›gewöhnt‹ hatte, wieder anspricht. Jedoch kommt es sofort wieder zur vollen Reaktion, wenn der Reiz auch nur minimal geändert wird. Das klassische Beispiel für eine solche ›Habituation‹ ist das Einziehen der Augenstile bei der Schnecke, das bei bestimmten mechanischen Einwirkungen auftritt, jedoch mit der Häufigkeit gleichartiger Einwirkungen immer mehr nachläßt, aber bei Änderung des Rhythmus oder der Intensität der Einwirkung sofort wieder in voller Stärke da ist.

Die Habituation unterscheidet sich von unspezifisch-biologischen Adaptationserscheinungen insbesondere durch den Umstand, daß Reizänderungen zur Aufhebung der Reaktionsminderung führen. Der ›systemerhaltende‹ Effekt könnte hier in der Abschirmung des Organismus gegenüber Umweltereignissen, die durch ihr wiederholtes folgenloses Auftreten ihre biologische Irrelevanz erwiesen haben, liegen, womit das Tier für andere, ›relevantere‹ Orientierungs- und Ausführungsaktivitäten ›frei‹ wäre. ›Habituation‹ kann in gewissem Sinne als ›Differenzierungslernen‹ innerhalb festgelegter Bedeutungsstrukturen aufgefaßt werden, da hier aufgrund von Umwelteinwirkungen auf eine Bedeutungsdimension individuell unterschiedlich angesprochen wird. Die ›psychische‹ Charakteristik einer solchen Modifikabilität mag dabei in der Reaktivierung durch ›Reizänderungen‹ liegen, worin eine Art von ›Signalvermitteltheit‹ gesehen werden kann. Allerdings ist die Habituation insofern ein *Grenz- oder Sonderfall des Lernens,* als hier nicht bestimmte Aktivitäten, sondern quasi das *›Nichtaktivwerden‹* gelernt wird, womit das neue Niveau der Informationsverarbeitung bei der Lernfähigkeit, die Speicherung inhaltlicher aktueller Umwelterfahrungen zur individuellen Aktivitätsanpassung, hier nur sehr bedingt als erreicht betrachtet werden kann. Dennoch kommt der Habituation eine gewisse Relevanz zu, da sie als Parallelentwicklung neben höheren bzw. eigentlichen Lernformen bestehen bleibt und mit diesen als ›Gewöhnung‹ in mannigfache Wechselwirkungen tritt (zur Habituation vgl. M I, S. 83 f und 118, und bes. SCHURIGS ausführliche Diskussion in NP II, Kap. 2.2.1, S. 50 ff).

Die wesentlichen, eindeutig als *Lern*fähigkeit bestimmbaren, Formen der subsidiären Lernfähigkeit sind solche, durch welche die geschilderte artspezifisch ›durchschnittliche‹ Gliederung des Orientierungsfeldes nach Bedeutungseinheiten bzw. diesen zugrundeliegenden Merkmalskombinationen *durch individuelles Lernen weiter spezifiziert* werden kann. Während also bei der ›Habituation‹ die Erfassung spezifischer Merkmale einer Bedeutungseinheit dazu führt, daß *keine* Antwortaktivität mehr erfolgt, kommt es bei den nun zu diskutierenden Lernformen dazu, daß der Organismus *selektiv auf die zusätzlich erfaßten Merkmalskombinationen antwortet.*

Eine Frühform dieser Art von Lernfähigkeit ist die ›*selektive Fixierung*‹, in welcher bestimmte Ausführungsaktivitäten, die bisher allein durch die typischen artspezifischen Charakteristika einer Bedeutungseinheit bedingt waren, aufgrund des Lernprozesses nur noch auf solche (wohl durchgehend ›sozialen‹) Bedeutungseinheiten hin erfolgen, die gewisse ›*individuelle*‹ *Zusatzmerkmale* aufweisen. Die ›Verteidigungsreaktion‹ einer Stockenten-Mutter spricht z.B. unmittelbar nach dem Schlüpfen der Jungen auf den Notruf jedes Stockenten-Kükens an, einige Wochen später nur noch auf den an bestimmten Zusatzmerkmalen qualifizierbaren Notruf ihrer eigenen Jungen (vgl. M I, S. 84). In der Ethologie wird ein solcher Lernvorgang folgendermaßen beschrieben: Der ›angeborene auslösende Mechanismus‹ (AAM) wird durch Lernen so modifiziert, daß er nicht mehr auf jeden Schlüsselreiz, sondern nur noch auf Schlüsselreize mit weiteren spezifischen Merkmalen anspricht; aus dem AAM als Funktionsgrundlage der Aktivitätsauslösung ist also hier in der Phylogenese ein ›EAAM‹, ein durch Erfahrung modifizierbarer AAM, geworden (vgl. M I, S. 84 f). Der Prozeß der *gelernten Bedeutungseinengung,* also Beschränkung der Aktivitätsumsetzung auf bestimmte zusätzlich charakterisierte unter allen artspezifisch typischen Bedeutungseinheiten, der in dieser Form des selegierenden Lernens liegt, hat seinen biologischen Sinn in der *limitierten* ›*Anpassung*‹ von im übrigen festgelegten Ausführungsaktivitäten an in der aktuellen Umwelt vorkommende Varianten der Bedeutungseinheiten.

Ein Spezialfall der selektiven Fixierung, der bei manchen Tierarten zu finden ist, liegt in der als ›*Objekt-Prägung*‹ bezeichneten einmaligen ›gelernten‹ Spezifizierbarkeit von Bedeutungseinheiten bei der ersten Begegnung, wonach dann eine weitere gelernte Bedeutungseinengung nicht mehr möglich ist, also von nun an die Bedeutungseinheit wie eine lediglich ›arttypisch‹ festgelegte Merkmalskombination umgesetzt wird. Berühmt ist die ›Prägbarkeit‹ von Graugansküken auf die spezielle Ausprägungsform des ersten begegnenden Falles von ›Zweibeinigkeit‹, womit die Küken im Normalfall der eigenen Mutter, ggf. aber auch anderen Zweibeinern (wie LORENZ, der dies untersuchte) permanent und ›unbelehrbar‹ nachlaufen. Die Prägung (oder besser Prägbarkeit) ist – da es sich hier nur um eine einzige ›offene‹ Stelle in der sonst festgelegten Funktionsgrundlage der Aktivität handelt –, wenn auch in anderem Sinne als die Habituation, ein weiterer ›Grenzfall‹, bei dem man diskutieren kann, ob hier sinnvollerweise schon von ›Lernfähigkeit‹ einer bestimmten Form gesprochen werden sollte (vgl. dazu NP II, Kap. 2.2.2, S. 61 ff).

Die ›selektive Fixierung‹ ist mehr oder weniger ein (nicht eindeutig ausgrenzbares) phylogenetisches Zwischenstadium zu einer entwickelteren Form selektiver Lernfähigkeit, die man als ›*selektive Differenzie-*

rung‹ bezeichnen kann. Bei dieser Art von Lernen werden die Bedeutungseinheiten zwar auch durch gelernte Zusatzmerkmale spezifiziert, aber nicht in der Weise, daß dabei *nur noch* auf die spezifizierte oder ›individualisierte‹ Bedeutungseinheit geantwortet wird, sondern *auf verschiedene, durch jeweils andere Zusatzmerkmale ›unterscheidbare‹ Bedeutungseinheiten in verschiedener Weise.* Es handelt sich hier also nicht, wie bei der Habituation, um eine Bedeutungs-*Deaktualisierung,* auch nicht, wie bei der selektiven Fixierung, um eine Bedeutungs*einengung,* sondern eben um eine Bedeutungs*differenzierung.* Da ein solches ›Differenzierungslernen‹ die entscheidende subsidiäre Lernform ist, müssen wir uns damit und mit den Charakteristika der zugrundeliegenden ›differenziellen‹ Lernfähigkeit näher beschäftigen.

Die Fähigkeit zum Differenzierungslernen ist die *individuelle Spezifizierbarkeit* der früher dargestellten artspezifischen Fähigkeit zur Unterscheidung (Diskrimination) von Bedeutungseinheiten in der Orientierungsaktivität. Der Organismus lernt hier also weitere aktuelle Unterscheidungsmerkmale der Bedeutungseinheiten über die in der Phylogenese gewordenen artspezifischen Unterscheidungsmerkmale hinaus. Die erwähnten globalen artspezifischen Bedeutungs*typen* werden dabei mithin *durch Lernen ›individualisiert‹.* Auf diese Weise *individualisiert sich auch das jeweilige Tier* selbst, indem es sich durch die besonderen Ergebnisse solcher Lernprozesse, quasi die Spezifik seiner ›individuellen Erfahrung‹, von anderen Artgenossen unterscheidet. Diese Individualisierung steht, wie dargelegt, nicht im Gegensatz zur artspezifischen Charakteristik, sondern ist im Gegenteil selbst nach Qualität und Quantität ein artspezifisches Charakteristikum der Tiere.

Im Differenzierungslernen werden mithin die dargestellten artspezifischen Gliederungen des Orientierungsfeldes durch Hervorhebung biologisch relevanter und Ausfilterung irrelevanter Information, Isolierung von Invarianzen durch Übergeneralisierung, Übervereinfachung, Komplettierung zu abgehobenen Bedeutungseinheiten etc. (vgl. S. 91) *individuell spezifiziert.* Damit differenziert sich die Funktionsgrundlage der Orientierungsaktivität hier von der Abrufbarkeit der Resultate der ›Analyse‹ und ›Synthese‹ durch phylogenetische Optimierungsprozesse als Anpassung an artspezifisch durchschnittliche Umweltverhältnisse zu der Fähigkeit zur Verarbeitung und Speicherung von Information in Richtung auf eine vom *individuellen Tier vollzogene ›Analyse‹ und ›Synthese‹* von solchen Umweltmerkmalen, die als *aktuelle Varianten* im artspezifischen Anpassungsprozeß nicht ›berücksichtigt‹ werden konnten, quasi durch dessen ›Maschen‹ gefallen sind. Die phylogenetisch ›gemittelten‹ Erfahrungswerte über biologisch relevante Bedeutungseinheiten werden hier also quasi durch (im individuellen Lernprozeß) *ontogenetisch ›gemittelte‹ Erfahrungswerte* über zusätzlich relevante weitere Bedeutungsdifferenzierungen ergänzt und spezifiziert. (SCHURIG hat die

Fähigkeit zur ›gelernten‹ Analyse und Synthese von Umweltinformation unter der Bezeichnung ›*isolierende Abstraktion*‹, Diskriminationslernen, und ›*generalisierende Abstraktion*‹, Zusammenfassung zu biologisch relevanten Einheiten, ausführlich diskutiert; vgl. NP II, Kap. 3, S. 89 ff.)

Lernen aus Fehlern (›Versuch und Irrtum‹) und Lernen der Vermeidung von Fehlern

Die ›Analyse‹ und die ›Synthese‹ sind bei der Gliederung des Orientierungsfeldes durch Differenzierungslernen im Prinzip nur zwei Seiten des gleichen Prozesses, da ohne vorgängige Analyse eine Zusammenfassung von Einheiten nach biologisch relevanten Merkmalen nicht möglich ist und umgekehrt jede analytische Heraushebung von bestimmten Merkmalen immer schon eine ›generalisierende Abstraktion‹ von noch spezielleren Merkmalen einschließt. Dennoch liegt offensichtlich bei der phylogenetischen Entstehung dieses Aspekts der Lernfähigkeit zunächst der *Akzent auf der* ›*Analyse*‹, indem die Tiere weitgehend an die ›gelernten‹ Einzelheiten der Umweltgegebenheiten fixiert sind, während erst bei *höheren* Tierarten die *Synthese* der Einzelmerkmale zu umfassenderen biologisch relevanten Einheiten und eine dementsprechend an ›Wesentlichem‹ ausgerichtete Orientierungsaktivität möglich sind (vgl. M I, S. 122).

Da das Differenzierungslernen, wie gesagt, in solche Bereiche der artspezifischen Umwelt hinein erfolgt, die bei der phylogenetisch ›gemittelten‹, festgelegten Gliederung des Orientierungsfeldes unbestimmt, quasi ›offengelassen‹ worden sind, kann durch die genannte Fixierung an Einzelheiten im Hinblick auf die ›gelernten‹ Aktivitäten (quasi als ›Negation der Negation‹) ein *Rückfall in primitive Orientierungsformen* auftreten, die in der ›*festgelegten*‹ *Orientierung phylogenetisch schon überwunden* sind. So ist die geschilderte ›Einheit von Aktivität und Orientierung‹ auf der Funktionsebene der Gradientenorientierung, die phylogenetisch beim Übergang von den primitiven Taxien zur Identifizierbarkeit und Unterscheidbarkeit von abgehobenen Bedeutungseinheiten überwunden wurde, bei den Frühformen des Differenzierungslernens u.U. in gewissem Sinne wieder beobachtbar, indem hier per ›*Versuch und Irrtum*‹ aus in der Ausführungsaktivität selbst gemachten ›Fehlern‹ gelernt werden muß, ehe auf höherem phylogenetischen Entwicklungsniveau mit verbesserter Fähigkeit zur ›synthetisierenden‹ Zusammenfassung wesentlicher Merkmalskomplexe auch die ›lernende‹ Orientierungsaktivität sich soweit verselbständigt, daß sie die Ausführungsaktivität zur *Vermeidung von Fehlern* anleiten kann. So gesehen können das Stadium des

›Lernens aus Fehlern‹ und des ›Lernens zur Vermeidung von Fehlern‹ als logisch-historische Entwicklungsstufen innerhalb des Differenzierungslernens betrachtet werden.

Ein Beispiel für Differenzierungslernen auf der noch unentwickelten Stufe der Fixiertheit an Einzelmerkmale, damit des bloßen ›Lernens aus Fehlern‹ durch ›Versuch und Irrtum‹, sind Beobachtungen an Wasserspitzmäusen, die gelernt hatten, eine Hürde zu überspringen und auch nach deren Entfernung noch längere Zeit an der Stelle in die Luft sprangen, wo vorher die Hürde war. Ein anderes Beispiel sind Umwegversuche mit Zwergwelsen, bei denen die Tiere noch lange Zeit, nachdem es entfernt worden war, um ein ›Hindernis‹ zu ihrem Futter herumschwammen (vgl. M I, S. 130). In beiden Fällen erfolgte sowohl der Lernprozeß wie der Prozeß des ›Wieder-Verlernens‹ durch Differenzierungen von Einzelheiten im *unmittelbaren Aktivitätsablauf selbst* (Gegenstoß gegen die Barrieren, fehlender Widerstand an Stellen, wo vorher die Barriere war o.ä.), sodaß sowohl die Umgehung des Hindernisses wie das Wieder-›Verlernen‹ dieser Umgehung (nach der Entfernung des Hindernisses) allmählich durch Aufsummierung von Fehler-Informationen bei ›Versuch und Irrtum‹ zustandekamen. Die Tiere sind hier also noch nicht fähig, die Einzelheiten so zu umfassenderen Bedeutungseinheiten zu ›synthetisieren‹, daß sie die *veränderte Gesamtsituation* bei Vorliegen und Fehlen der Barriere in der vorgängigen Orientierungsaktivität konstatieren und die Ausführungshandlung danach ausrichten, d.h. *sofort* das Hindernis umgehen bzw. sofort nach dessen Verschwinden wieder den ›geraden Weg‹ nehmen konnten. Zu solchen von unmittelbaren Aktivitätsresultaten unabhängigen, daher als ›Fehlervermeidung‹ funktionierenden Gliederungen des Orientierungsfeldes sind die Organismen erst auf einem phylogenetisch höheren Entwicklungsniveau der ›differenziellen‹ Lernfähigkeit in der Lage (wobei unter erschwerten Bedingungen auch hier ›Rückfälle‹ ins Versuch- und Irrtum-Lernen als niedrigerer Stufe der lernenden Informationsverarbeitung auftreten).

Die gelernte Modifikation emotionaler Wertungen: ›Bevorzugungsaktivität‹

Wenn man die Prozesse des Differenzierungslernens in ihren Bedingungen und ihrer Richtung adäquat verstehen will, so muß man über den bisher behandelten kognitiven Aspekt hinaus auch den *emotionalen Aspekt* solcher Lernprozesse berücksichtigen. Die Orientierungsaktivität zum Aufsuchen und Ausgliedern von Bedeutungseinheiten ist, sofern die entsprechende Entwicklungsstufe erreicht ist, generell durch einen je qualitativ besonderen ›aktionsspezifischen‹ Bedarfszustand als Aktivitätsbereitschaft ›angeleitet‹, durch welchen die jeweils zugeordnete Bedeutungseinheit (wenn sie ›gefunden‹ ist) emotionale Valenz gewinnt, d.h. aktualisiert wird, und der durch die Aktivitätsumsetzung der Bedeutungseinheit selbst ›deaktualisiert‹, quasi ›befriedigt‹, wird. Demnach muß bei einer gelernten Spezifizierung von Bedeutungseinheiten das jeweils konkrete Resultat der Aktivitätsumsetzung notwendig auch auf den emotionalen Aspekt der funktionalen Aktivitätsgrundlage zurückgewirkt haben: Nur so wird erklärlich, daß die emotional geleitete Orientierungsaktivität sich im Zuge des Lernprozesses nunmehr spezifisch auf die ›gelernten‹ *Zusatzmerkmale* der jeweiligen Bedeutungseinheiten richtet, daß die emotionale Valenz, d.h. Bedeutungsaktualisierung gemäß den gelernten Bedeutungsdifferenzierungen *qualitativ verschieden* ist, und daß die Aktivitätsumsetzung der einen oder anderen gelernten Bedeutungs-Variante demgemäß einen *qualitativ verschiedenen ›Befriedigungswert‹* hat. Das erwähnte ›funktionale Gedächtnis‹ als phylogenetisch gewordene artspezifische Lernvoraussetzung ist also immer und notwendig auch ein ›*emotionales Gedächtnis*‹, in welchem nicht nur die aktuelle Umweltinformation, sondern auch die dabei auftretende spezielle Qualität und Quantität der emotionalen Zustandsänderung (›Bedarfsbefriedigung‹) gespeichert und funktionalisiert wird, indem sich zusammen mit der gelernten Bedeutungsdifferenzierung zugleich die *emotionale Aktivitätsbereitschaft differenziert und individualisiert*. Der geschilderte ›Informationsgehalt‹ der Emotionalität schlägt sich also nicht nur in der direkten Aktivität, sondern auch im ›funktionalen Gedächtnis‹ nieder. Dies heißt, daß die jeweiligen Bedarfsdimensionen unter den früher dargelegten Bedingungen nicht mehr nur in ihrer ›arttypischen‹ Weise, sondern mit der *individuell gelernten Differenzierung der emotionalen Bewertungsgrundlage der Umweltbeziehung und Lebensaktivität* aktualisiert werden.

Somit werden die Bedeutungseinheiten mit den gelernten Zusatzmerkmalen in Zukunft vom Tier (unter sonst gleichen Bedingungen) eher aktualisiert und ›umgesetzt‹ als andere Bedeutungseinheiten des gleichen artspezifischen Typus (in der Sprache der Ethologie: die ›Auslöseschwelle‹ des ›EAAM‹ hat sich vermindert), womit man hier von einer Art *gelernter ›Bevorzugung‹* reden kann. Dabei darf der Begriff ›Bevorzugung‹ nicht anthropomorphisiert, sondern muß auf den *Inhalt der jeweiligen ›aktionsspezifischen‹ Bedarfsdimension* bezogen werden. Demnach wäre es in diesem Zusammenhang durchaus sinnvoll auch von der ›Bevorzugung‹ solcher gelernter Bedeutungsspezifika zu reden, die in besonderem Maße Fluchtaktivitäten auslösen, also die aktionsspezifische Bedarfsspannung der ›Fluchtstimmung‹ reduzieren (was, wenn man sich die früher genannten ›Fluchtspiele‹ besonders ›fluchtgestimmter‹ Tiere vergegenwärtigt, auch inhaltlich nicht so abwegig ist, wie es zunächst scheinen mag). Das Resultat des Differenzierungslernens wäre so gesehen in seinem emotionalen Aspekt eine Art von positiver oder negativer ›Bevorzugungsaktivität‹ (womit ich diesen Terminus hier in einem generelleren Kontext benutzte als H.-OSTERKAMP den Terminus ›Bevorzugungsverhalten‹, vgl. M I, S. 169 ff, wo auch mannigfache Beispiele zu finden sind).

Derartige ›Bevorzugungen‹ sind – gemäß der früher charakterisierten Eigenart der Emotionalität als gleichzeitig ›individuell‹ und ›objektiv‹ – einerseits *individualisierte emotionale Wertungen,* drücken aber andererseits *selbst im phylogenetischen Optimierungsprozeß entstandene ›systemerhaltende‹ Effekte* einer differenzierenden emotionalen Bewertung gelernter Bedeutungsverschiedenheiten aus, sind also im Sinne des geschilderten besonderen Widerspiegelungscharakters der Emotionalität *objektiv ›funktional‹.*

Soziales Differenzierungslernen; Dominanzverhalten

Fähigkeiten zum Differenzierungslernen haben sich innerhalb der früher dargestellten festgelegten Bedeutungs-, Aktivitäts- und Bedarfsstrukturen als deren partielle Modifizierbarkeit (in Abhängigkeit von den artspezifischen Lebens- und Entwicklungsbedingungen) an verschiedenen Stellen phylogenetisch herausgebildet (womit auch die Funktionalität solcher Lern- und Bewertungsfähigkeiten unterschiedlich zu bestimmen ist). Solche gelernten Bedeutungsdifferenzierungen und Bevorzugungen gibt es etwa im Funktionskreis der Lebenssicherung im Hinblick auf das ›Nahrungsverhalten‹, wobei unter den ›arttypischen‹ Nahrungsmitteln bestimmte Varianten mit gelernten Zusatzmerkmalen ›bevorzugt‹ werden; ebenso im Funktionskreis der Fortpflanzung als Differenzierung und ›Bevorzugung‹ von bestimmten Sexualpartnern gegenüber anderen, etc. (vgl. M I, S. 169 f). Von besonderer Wichtigkeit für den weiteren Argumentationsgang sind indessen die gelernten Differenzierungen innerhalb der früher als ›*Sozialstrukturen*‹ bezeichneten *reziproken* Bedeutungsdimensionen.

Ansätze zu gelernten Spezifizierungen reziproker sozialer Bedeutungsbeziehungen finden sich schon bei relativ unentwickelten Tierarten, indem artspezifisch festgelegte Kommunikationsformen etwa beim sexuellen Kontakt so differenziert werden, daß bestimmte Partner sich gegenüber anderen wechselseitig ›bevorzugen‹, sodaß es z.B. schon bei Krebsen und manchen niederen Fischarten zu ›monogamen‹ Dauerehen kommt. Mit der phylogenetischen Höherentwicklung weitet sich die *gelernte ›Individualisierbarkeit‹* von Sozialbeziehungen immer mehr aus. Dohlen und Hühner z.B. können bis zu 20 bzw. 30 Artgenossen ›persönlich kennen‹ (vgl. M I, S. 203). Aus den früher dargestellten offenen und geschlossenen anonymen Sozialverbänden entwickeln sich also mit der Herausbildung des sozialen Differenzierungslernens *individualisierte Verbände,* in welchen verschiedene Artgenossen durch ein komplexes Netz von Sozialbeziehungen zusammengehalten werden (EB, S. 188 f). Solche ›gelernten‹ Beziehungen sind dabei aber auch hier zunächst noch lediglich Modifikationen innerhalb von artspezifisch festgelegten sozialen Bedeutungsstrukturen, also ›*subsidiäres*‹ *Sozialernen.*

Das läßt sich an einer sehr verbreiteten sozialen Beziehungsstruktur unter Tieren, den sog. ›*Dominanzhierarchien*‹ verdeutlichen: Dies sind Hierarchien der sozialen Über- und Unterordnung innerhalb eines Tierverbandes, die durch ritualisierte ›Rangkämpfe‹ ermittelt werden, wobei den in der Rangordnung ›höheren‹ Tieren bestimmte ›Privilegien‹ bei der Nahrungsaufnahme, dem Sexualverkehr etc. eingeräumt sind. Auf diese Weise entsteht eine Organisation des Sozialverbandes, deren Selektionsvorteil für die Art in einem ›störungsfreieren‹ Ablauf der Lebensvollzüge im Tierverband mit einer Reduzierung von Rivalitäten und wechselseitigen Aggressionen auf ›das Nötigste‹ (nämlich die Ritualkämpfe zur Bekräftigung oder Änderung der Rangordnungen) liegt (vgl. M I, S. 203 ff). Diese Dominanz-Hierarchien sind einerseits zweifelsfrei Resultate sozialen Differenzierungslernens, da die Tiere sich hier hinsichtlich des ›Dominanzgrades‹ individuell voneinander unterscheiden, d.h. entsprechend der einschlägigen differenziellen Bedeutung eines Artgenossen ›dominant‹ oder ›subordinant‹ reagieren lernen. Der *reziproken Struktur der gelernten Hierarchien entspricht dabei eine reziproke Struktur der gelernten Bedarfsmodifikationen:* Hier entspricht einerseits (in einem negativ-positiven Bevorzugungsgeflecht) der ›Bedarf‹ des einen Tieres nach ›dominanter‹ Aktivität dem ›Bedarf‹ des anderen Tieres, die Aggressionen des dominanten Tieres zu vermeiden. Die Sozialstruktur, innerhalb derer sich derartige gelernte Individualisierungen des Sozialkontaktes realisieren, ist dabei aber andererseits artspezifisch festgelegt. So können bei manchen Tierarten nur die ältesten Tiere, bei anderen nur männliche, bei wieder anderen nur weibliche Tiere, bei noch anderen generell nur die stärksten Tiere den höchsten Rang in der Dominanzhierarchie erreichen. Darüberhinaus gibt es artspezifisch festgelegte unterschiedliche Formen von Dominanzhierarchien, etwa die ›Supersedence‹ mit oft wechselnden Rangplätzen, die ›Despotie‹, bei der ein dominantes Tier einer hinsichtlich der Rangfolge undifferenzierten Masse anderer Tiere gegenübersteht etc. Solche Sozialstrukturen gehen dann in andere, bzw. höhere Formen der weiteren Optimierung der früher geschilderten Selektionsvorteile von Sozialstrukturen durch deren ›gelernte‹ Modifizierbarkeit über, etwa ›Führerschaft‹, gelerntes ›Hilfsverhalten‹ bis hin zu den komplexen ›Individualbeziehungen‹ höchster Tierarten (M I, S. 208 f, s.u.).

4.4 Die Stufe der ›*autarken Lernfähigkeit*‹: ›*Motivierte*‹ *Ausrichtung von Aktivitätssequenzen durch erkundendes Signallernen (vierter Analyseschritt II)*

Gelernte Veränderung von Aktivitätssequenzen

Die bisher dargestellten ›subsidiären‹ Lernformen sind, wie erwähnt, nicht nur *faktisch* den festgelegten Bedeutungsdimensionen untergeordnet, sie enthalten *in sich* auch *keine Entwicklungsmöglichkeit* in Richtung auf eine Dominanz gegenüber den festgelegten Dimensionen, sondern entwickeln sich auf der Ebene der ›Subsidiarität‹ parallel zu höheren Lernformen weiter. Der Grund für diese genuine Entwicklungsbeschränkung liegt darin, daß einerseits ›*Bedeutungen*‹ als *Aktivitätsdeterminanten* zu verstehen sind, aber andererseits beim subsidiären Lernen sich die *Aktivitäten selbst* (logisch-historisch gesehen) *gar nicht ändern* müssen: Gelernt wird hier lediglich das Ansprechen auf zusätzliche Merkmalskombinationen innerhalb einer Bedeutungseinheit, damit die individualisierende Differenzierung von Bedeutungen; die Art der Aktivität, mit der man auf diese zusätzlichen Merkmale anspricht, muß sich dabei keineswegs auch individuell ändern, sondern kann im ›*festgelegten*‹ *Rahmen* verbleiben (so hat die ›Verteidigungsreaktion‹ der Stockentenmutter, einerlei, ob diese auf alle Stockentenküken oder aufgrund des Fixierungslernens nur auf die eigenen Jungen anspricht, den gleichen instinktiven Charakter). Wenn sich aber die *Aktivitätsformen* nicht ändern, so können mit dieser Art Lernen sich auch die festgelegten Bedeutungsstrukturen als Aktivitäts*determinanten nicht ändern* und kann so *keine Dominanz des Lernens über die festgelegten Aktivitäten* entstehen.

Mit diesen Überlegungen hat sich zugleich auch die Ansatzstelle verdeutlicht, an der wir (im zweiten Teilschritt unseres vierten Analyseschrittes) eine ›autarke‹ Lernform herausarbeiten können, die in sich die Möglichkeit zur Entwicklung in Richtung auf Dominanz gegenüber den festgelegten Bedeutungsstrukturen, d.h. auch die immer weitergehende Relativierung der Festgelegtheit dieser Strukturen durch Lernprozesse trägt: Diese Ansatzstelle ist die Frage nach der *gelernten Veränderbarkeit der Aktivitätssequenzen selbst,* durch welche die Bedeutungen ›umgesetzt‹ werden.

Wir hatten bisher die Phylogenese der Bedeutungs-Aktivitäts-Beziehung von den einfachen Verknüpfungen der Bedeutungen und Aktivitäten in ›Instinkthandlungen‹ zu den ebenfalls ›festgelegten‹ ›linearen Hierarchien‹ verfolgt, bei denen innerhalb einer Sequenz von Teilaktivitäten durch entsprechende Bedarfsaktualisierungen eine Bedeutungseinheit zunächst jeweils weitere Orientierungsaktivitäten bedingt, ehe schließlich die ›primäre‹ Bedeutung, die sich in der ›Endhandlung‹ realisiert, erreicht wird. In diesem Zusammenhang sind wir zur Unterscheidung von ›*Orientierungsbedeutungen*‹ und *primären* ›*Ausführungsbedeutungen*‹ gekommen (vgl. S. 111 f). Der Übergang zum ›*autarken Lernen*‹, damit zu einer wesentlichen Entwicklungsmöglichkeit des Psychischen überhaupt, vollzieht sich nun (nach einigen Vorformen, vgl. M I, S. 96) zentral an den zunächst festgelegten Aktivitätssequenzen der linearen Hierarchien als logisch-historisch höchster Form nicht gelernter Orientierungsaktivität: Die bisher linearen Aktivitätsfolgen werden nämlich *in ihrer Ablaufsform selbst durch* ›*Lernen*‹ *veränderbar.* Damit sind die *Bedeutungs- und Bedarfsdimensionen als solche in den Prozeß ›lernender‹ Modifizierbarkeit einbezogen.*

Dieser Entwicklungsschritt wurde von LEYHAUSEN als Übergang von den ›linearen Hierarchien‹ zu den ›*relativen Hierarchien*‹ von Bewegungsfolgen charakterisiert. LEYHAUSEN wies durch Beobachtungen und ethologische Experimente auf, daß die bei primitiveren Tieren ›linear‹ festgelegten Bewegungsfolgen etwa des Jagdverhaltens der Katze (z.B. das ›Lauern‹, ›Schleichen‹, ›Anspringen‹ etc.) sich gegeneinander verselbständigen und durch ›lernende‹ Anpassung an die besonderen Umstände neu kombinierbar werden. Die hierarchische Ausrichtung der Aktivitätsfolge auf die ›systemerhaltende‹ Endhandlung (hier: Nahrungsaufnahme) hin bleibt also im Prinzip bestehen, der Weg dorthin, also die Ablaufsfolge der ›Appetenzhandlungen‹, ist aber durch Lernen variierbar (deswegen ›relative Hierarchien‹). Im Zusammenhang damit differenzieren sich nach LEYHAUSEN auch die den Aktivitätssequenzen zugrundeliegenden ›aktionsspezifischen Energien‹, indem nicht mehr, wie bei den ›linearen‹ Bewegungsfolgen, ein ›Energiepotential‹ den gesamten Ablauf bewirkt, sondern jede Teilaktivität durch ein selbständiges spezifisches Potential aktivierbar, damit auch selbständig ›abrufbar‹ (und für sich ›übbar‹, s.u.) wird (vgl. M I, Kap. 2.4.5, S. 105 ff).

Aus solchen Verselbständigungen von Teilaktivitäten und zugeordneten Energiepotentialen entwickeln sich nach LORENZ durch eine immer weitere Aufteilung der Aktivitätsfolgen in kleinere Elemente je nach den artspezifischen Umweltgegebenheiten und Realisierungsbedingungen in bestimmtem Grad und bestimmter Weise kombinierbare und flexibel abrufbare ›*Willkürbewegungen*‹ als an die jeweiligen aktuellen Umgebungsvarianten individuell ›anpaßbare‹ Bewegungsfolgen. Die zugeordneten ›aktionsspezifischen Energien‹ splittern sich dabei ebenfalls auf, verlieren schließlich weitgehend ihre spezielle inhaltliche Bestimmtheit und werden zu einer *allgemeinen ›Antriebsgrundlage‹ für die Willkürbewegungen,* also Voraussetzung für deren *spontanes Auftreten* bzw. deren *jeweilige ›Abrufbarkeit‹* (M I, S. 132 ff).

Wir haben demnach unter Berücksichtigung unserer bisherigen Ausführungen über Lernfähigkeit zur Charakterisierung der nun zu diskutierenden neuen Stufe das *Verhältnis* von *primären ›Ausführungsbedeutungen‹* bzw. ›ausführungsbezogenen Bedarfsdimensionen‹ und ›*Orientierungsbedeutungen*‹ bzw. ›orientierungsbezogenen Bedarfsdimensionen‹ folgendermaßen zu spezifizieren: Soweit (gemäß dem Konzept der ›relativen Hierarchien‹) Bewegungssequenzen in gewissen Grenzen frei kombinierbar und ›verfügbar‹ werden und so ›individuell‹ auf die ›Endaktivitäten‹ hin strukturierbar sind, sind *nur noch die die ›Endaktivitäten‹* (also *unmittelbar ›systemerhaltenden‹* Aktivitäten wie Nahrungsaufnahme, Kopulation etc.) bedingenden ›*Ausführungsbedeutungen‹* und die zu *ihrer Aktualisierung führenden Bedarfszustände* als ›*aktionsspezifisch*‹ zu kennzeichnen. Die ›*Orientierungsbedeutungen*‹ und ›*orientierungsbezogenen Bedarfszustände*‹ können hingegen, da die durch sie bedingten bzw. aktualisierten Bewegungsfolgen ja frei kombinierbar und abrufbar sind, *auf dieser Stufe nicht mehr als ›aktionsspezifisch‹* i.e.S. charakterisiert werden. Daraus ergibt sich, daß *zwar im Bereich der ›Ausführungsbedeutungen‹* und darauf bezogenen Bedarfsdimensionen weiterhin eine individuelle Modifizierbarkeit lediglich durch das geschilderte *›subsidiäre‹ Differenzierungs- und Bevorzugungslernen* anzunehmen ist, daß aber das Konzept des Differenzierungslernens zur Erfassung der *gelernten Orientierungsaktivitäten* bei der individuellen Strukturierung von Aktivitätssequenzen auf die Ausführungsbedeutungen und -aktivitäten hin offensichtlich *nicht ausreicht*. Vielmehr muß die neue Stufe des Lernens von Aktivitätssequenzen auch eine neue, höhere Stufe des Orientierungslernens einschließen.

Einheit des Lernens von Aktivitätssequenzen und von Signalverbindungen: ›autarkes Lernen‹

Um genauer sagen zu können, was das heißt, machen wir uns zunächst klar, welche ›Leistungen‹ eine gelernte Orientierung von Aktivitätssequenzen auf ›Ausführungsbedeutungen‹ hin erbringen muß: Es ist hier nicht mehr hinreichend, wenn das Tier Umweltgegebenheiten an zusätzlichen Merkmalen unterscheiden lernt. Es muß vielmehr durch lernende Umwelterkundung bestimmte Merkmale soweit in ihrem realen Zusammenhang erfassen, daß sie als Hinweise auf die ›primäre‹ Ausführungsbedeutung verarbeitet werden können, derart, daß die gesamte Aktivitätssequenz aufgrund dieser ›Hinweise‹ faktisch *›antizipierend‹* (vorwegnehmend) *auf die Endaktivität hin strukturiert und zentriert* werden kann. Damit ist hier der Übergang vollzogen vom bloßen ›Differenzierungslernen‹ zum *›Lernen von Signalverbindungen‹*, also von zeitlichen Verweisungszusammenhängen zwischen Umweltereignissen, wobei das Signallernen gleichzeitig ein *›antizipatorisches Lernen‹* ist (vgl. M I, S. 123 ff). In diesem ›Signallernen‹ liegt in gewisser Hinsicht eine *neue Stufe des ›Auf-den-Begriff-Kommens‹ des Psychischen selbst,* indem die *Signalvermitteltheit* der Aktivität als zentrale Bestimmung des Psychischen hier nicht mehr nur objektiv in phylogenetisch festgelegten Bedeutungen sich quasi ›hinter dem Rücken‹ des Tieres durchsetzt, sondern (auf der Grundlage der festgelegten Signalverbindungen) *vom Tier selbst durch Lernen hergestellt* werden muß und sich in seiner je besonderen Inhaltlichkeit als ›abrufbare‹ Erfaßbarkeit von Zusammenhängen zwischen ›neutralen‹ und primär biologisch relevanten Umweltereignissen im Individualgedächtnis funktionalisiert und ›speichert‹. Während mithin bei den früher besprochenen ›sekundären‹ Lernformen sich nur jeweils bestimmte Teilaspekte der Struktur des Psychischen ›individualisieren‹, haben wir es auf dieser Stufe des Signallernens in gewisser Weise mit einer ›*Individualisierung*‹ *des Psychischen als solchem*, nämlich der Signalvermitteltheit als seiner zentralen Bestimmung, zu tun (zum Verhältnis von Signallernen und bedingtem Reflex vgl. M I, S. 147 f).

Weil die gelernte Ausrichtung einer Aktivitätssequenz auf die Endbedeutung hin ohne ›Signallernen‹ im damit geschilderten Sinne nicht denkbar ist, sind das *Lernen von Aktivitätssequenzen* und *von Signalverbindungen* als *zwei Aspekte des gleichen Lernprozesses* zu betrachten. Die damit erreichte Lernstufe markiert – da hier nicht nur festgelegte Bedeutungsstrukturen individuell modifiziert, sondern aktuelle Bedeutungszusammenhänge neu ›erkundet‹ werden – gleichzeitig den Übergang vom bloß ›subsidiären Lernen‹ zum ›*autarken Lernen*‹, das (wie sich zeigen soll) über die Auflösung der festgelegten Bedeutungs- und Bedarfsstrukturen zur ›dominanten‹ Funktion des Psychischen werden kann.

Das Lernen von Orientierungsbedeutungen als Reduzierung der Diskrepanz zwischen ›*Gelerntem*‹ *und* ›*Neuem*‹ *auf Grundlage eines globalen* ›*Bedarfs nach Umweltkontrolle*‹

Zur Charakterisierung der Veränderungen, die die Orientierungs-Bedeutungen beim phylogenetischen Übergang zum ›autarken Lernen‹ durchmachen, ist als zentrales Moment festzuhalten: Die Bedeutungen werden hier aus (sekundär modifizierbaren) Determinanten festgelegter Orientierungsaktivitäten in der jeweiligen Anfangsphase der Lernprozesse immer mehr zu ›*Aktivitätsanregern*‹ *allgemeiner Art* in dem Sinne, daß (in ›anthropomorpher‹ Verbalisierung) an die Stelle des ›Tu-Dies‹ oder ›Tu-Das‹ ein generelles ›Du-mußt-dies-Erkunden‹ tritt. Da eine solche ›Erkundungsnotwendigkeit‹ davon abhängt, wieweit bestimmte Signalverbindungen als Verweisungszusammenhänge schon ›gelernt‹, also verfügbar sind bzw. wieweit ein bestimmtes Ereignis mit Bezug auf seinen ›Signalwert‹ noch ›offen‹ und ›unsicher‹ ist, kann man derartige aktivitätsanregende Rahmenbedeutungen auf der Dimension der ›*Diskrepanz zwischen schon Gelerntem und Neuem*‹ charakterisieren (vgl. M I, S. 184 ff): Umso ›neuer‹ ein Sachverhalt oder Ereignis für ein Tier ist, umso weniger also deren Signalwert für ›primäre‹ Ausführungsbedeutungen und die zur Annäherung daran erforderlichen Aktivitätsfolgen bereits im ›Individualgedächtnis‹ gespeichert und abrufbar sind, umso ›*bedeutungsvoller*‹ im Sinne der Anregung von Erkundungsaktivitäten sind sie also. Dieser Zusammenhang zwischen der ›Neuheit‹ von Umweltgegebenheiten und der Aktualisierung von Erkundsaktivitäten wird in der Ethologie durch die Bezeichnung ›*Neugier- und Explorationsverhalten*‹ auf den Begriff gebracht (vgl. M I, Kap. 2.2.3, S. 69 ff), womit unseren

Analysen zufolge also die *besondere Art der Anregung und Durchführung ›autarker‹ Lernprozesse* charakterisiert ist.

Mit der Stufe des Lernens durch an ›Neuem‹ orientierte Erkundungsaktivität verändert sich auf eine grundlegende Weise der Zusammenhang zwischen der Aktualisierung von Bedarfsdimensionen und der Aktualisierung von Bedeutungen in entsprechenden Aktivitätsumsetzungen: Während auf der Stufe der ›aktionsspezifischen‹ Bedarfsdimensionen generell der Bedarf sich durch endogene, meist zyklische Prozesse (›Bedarfspläne‹) aktualisiert und sodann über entsprechende Suchaktivitäten die zugehörigen Bedeutungseinheiten ›gefunden‹ und ›umgesetzt‹ werden (vgl. 104 f), gilt dies auf der Stufe des ›autarken Lernens‹ *nur noch für die um die Ausführungs-Bedeutungen zentrierten, nach wie vor ›aktionsspezifischen‹ Bedarfsdimensionen*. Im Bereich der ›Orientierungs-Bedeutungen‹ ist dagegen, wie gesagt, zunächst allgemein davon auszugehen, daß hier (aufgrund des ›Freiwerdens‹ der ursprünglich ›aktionsspezifischen‹ Energien durch deren Aufsplitterung und ›gelernte‹ Kombinierbarkeit) eine *allgemeine Bedarfsgrundlage* für die *spontane Umwelterkundung* der Tiere besteht, wodurch im Wachzustand durchgehend in geringerem oder höherem Ausmaß *Erkundungsaktivitäten* auftreten. Darüber hinaus kommt es unter bestimmten Bedingungen zu besonderen, *über das ›Normalmaß‹ hinausgehenden Bedarfsaktualisierungen*, aber nicht durch endogene ›Stauungen‹ o.ä., sondern in *Abhängigkeit von den jeweils ›erkundeten‹ Umweltgegebenheiten selbst*, nämlich gegenüber ›neuen‹, *den bisher gelernten Aktivitätsmöglichkeiten gegenüber widerständigen Sachverhalten und Ereignissen* im geschilderten Sinne (vgl. M II, S. 54 ff).

Im Einzelnen hat man sich eine solche *emotionale Regulation der Erkundungsaktivität* (wie aus vielen Beobachtungen verallgemeinert wurde) folgendermaßen vorzustellen: Ausgangslage für die erhöhte Bedarfsaktualisierung ist eine der genannten ›rahmenhaften‹ Orientierungsbedeutungen mit dem Aufforderungscharakter des ›Neuen‹. Da das Tier definitionsgemäß noch über kein hinreichendes gelerntes Aktivitätsrepertoire zur Erfassung und Aktivitätsumsetzung des Signalwerts des ›Neuen‹ verfügt, ist seine emotionale Aktivitätsbereitschaft zunächst ›ambivalent‹, schwankt zwischen Annäherungstendenz und Vermeidungstendenz bzw. (in der Terminologie H.-OSTERKAMPs) zwischen ›gerichteter Energiemobilisierung‹ und ›Angstbereitschaft‹. Wenn nun bei der weiteren Erkundungsaktivität die genannte Diskrepanz zwischen ›Gelerntem‹ und ›Neuem‹ ein bestimmtes Maß nicht überschreitet, das Tier also aufgrund vorgängiger Lernprozesse generell die ›Bewältigbarkeit‹ der neuen Situation antizipieren kann, *überwiegt die gerichtete Energiemobilisierung* und der Lernprozeß schreitet fort. Ist die Diskrepanz zwischen Gelerntem und Neuem so groß, das das Tier einen Verlust der Kontrolle über die Situation, damit Aktivitätsunfähigkeit antizipieren muß, *überwiegt die ›Angstbereitschaft‹ und das Tier zieht sich zurück*. Damit kommt das Tier nur in Sonderfällen totaler ›individueller Überfordertheit‹, nämlich wenn die neue Situation einerseits nicht bewältigbar, andererseits aber auch ein Rückzug nicht möglich ist, in die Lage *akuter Orientierungs- und Aktivitätsunfähigkeit, also eines ›Verlustes‹ der ›Umweltkontrolle‹*, die von H.-OSTERKAMP als manifeste ›*Angst*‹ bezeichnet wird. Die *Möglichkeit von ›Angst‹* (auch in ihren noch lediglich ›objektiven‹ Frühformen) ist mithin an die *Stufe des ›autarken Lernens‹* gebunden: ›Angst‹ setzt *individuell* Unbekanntes, Unbewältigbares voraus, und ist somit quasi die ›Kehrseite‹ der ›autarken‹ Stufe der individuellen Lernfähigkeit.

Die damit geschilderte Regulation des Neugier- und Explorationsverhaltens ist also eine phylogenetisch entstandene *emotionale Bewertungsform der ›Risikooptimierung‹* innerhalb von *Prozessen des ›autarken Lernens‹*, durch welche normalerweise der ›günstigste‹ Mittelweg zwischen Informationsverlust durch ›zu‹ vorzeitige Abwendung oder Flucht und Existenzgefährdung durch ›zu‹ direkte und ›unvorsichtige‹ Annäherung an das ›Neue‹ erreicht wird. Damit hat die früher gekennzeichnete *›orientierungsleitende Funktion‹ der Emotionalität* hier eine *neue, ›individualisierte‹ Qualität* gewonnen.

Da das übergeordnete Prinzip sowohl der Energiemobilisierung zur Umwelterkundung wie der ›Angstbereitschaft‹ zur Vermeidung und Abwendung die *individuelle Kontrolle des Tieres über seine Lebensumstände* ist und die ›Angst als individuelle Fehlanpassung‹ mit ›*Kontrollverlust*‹ gleichgesetzt werden kann, ist die geschilderte generelle ›Bedarfsgrundlage‹ des Neugier- und Explorationsverhaltens, damit (wie wir hinzufügen) des ›autarken Lernens‹, als ›*Bedarf nach Umweltkontrolle*‹ umschrieben worden – womit natürlich nicht gemeint ist, daß das Tier in irgendeinem Sinne ›bewußt‹ die Umweltkontrolle anstrebt, sondern daß die geschilderten, in dieser Art ›Bedarf‹ begründeten emotionalen Regulationen den *Effekt* einer Optimierung der Umweltkontrolle haben, als Spezialfall der generellen Funktion tierischer Emotionalität, ›systemerhaltende‹ Aktivitäten der Tiere trotz fehlender Einsicht über die Steuerung von Aktivitätsbereitschaften abzusichern. (Zur emotionalen Regulation von Erkundungsaktivitäten, Angstbereitschaft/Angst und zum ›Bedarf nach Umweltkontrolle‹ vgl. M I, Kap. 2.6.6, S. 179 ff.)

Die früher geschilderte individuelle Änderung der Funktionsgrundlage der Aktivität durch Lernen als ›*funktionales Gedächtnis*‹ spezifiziert sich auf der Stufe des ›autarken‹, erkundenden Lernens als *Rückmeldung der Art und des Grades der Bewältigung ›neuer‹ Situationen*, gemessen am geschilderten allgemeinen ›Kontrollbedarf‹ als emotionaler Wertungsgrundlage. Im ›funktionalen Gedächtnis‹ werden also auf dieser Stufe individuelle Erfahrungen des Tieres über den Signalwert von Umweltgegebenheiten für die Antizipation ›primärer‹ Bedeutungen und gleichzeitig über die Realisierung des ›Signalisierten‹ erforderlichen Bewegungsfolgen gespeichert. Dies schließt ein die Speicherung der früheren emotionalen Wertungen hinsichtlich der ›Bewältigbarkeit‹ der jeweiligen Situation, womit sich die Art der Aktivitätsbereitschaft gegenüber vergleichbaren Situationen durch Lernen modifiziert hat.

Der Umstand, daß der erkundende Lernprozeß in seinem Resultat eine permanente Reduzierung der ›Neuheit‹, ›Offenheit‹, ›Unsicherheit‹ einer Situation ist, impliziert, daß die geschilderten aktivitätsanregenden ›Rahmenbedeutungen‹ jeweils nur die *Anfangsphase* derartiger Lernprozesse kennzeichnen: Im weiteren Lernprozeß konkretisieren sich die Rahmenbedeutungen dagegen jedesmal allmählich zu ›*gelernten Orientierungsbedeutungen*‹, denen ein jeweils bestimmter ›*antizipatorischer Signalwert*‹ und darin eine bestimmte ›*Umgangsqualität*‹ oder ›*Gefügigkeitsqualität*‹ als ›Abrufbarkeit‹ der bei der früheren Bewältigung gelernten und nun verfügbaren Bewegungsfolgen zukommt (vgl. M I, S. 177). In diesem Lernprozeß ändert sich jedesmal auch der *emotionale Aspekt* der Funktionsgrundlage von der geschilderten ›Ambivalenz‹ zur eindeutigen Handlungsbereitschaft in Umsetzung der gelernten Orientierungsbedeutungen.

Da solchen gelernten Orientierungsbedeutungen als Ergebnis des durch die ›Neuheit‹ angeregten Lernprozesses nun die Qualität des ›Neuen‹ nicht mehr eigen ist, erfolgt hier auch die Bedeutungsaktualisierung nicht mehr über die (ja durch die ›Neuheit‹ bedingte) Aktualisierung bzw. Intensivierung des ›Kontrollbedarfs‹; es ist vielmehr die Aktualisierung der im Bereich unmittelbar ›systemerhaltender‹ Endaktivitäten verbliebenen ›*ausführungsbezogenen*‹ *Bedarfsdimensionen* (im Funktionskreis der Fortpflanzung und Lebenssicherung), die zur *Aktualisierung der ›gelernten Orientierungsbedeutungen‹* führt: Die durch das vorgängige Erkundungslernen im ›funktionalen Gedächtnis‹ ›bereitgestellten‹ *potentiellen* Verweisungs- und Umgangsqualitäten der jeweiligen Bedeutungseinheiten ermöglichen dem Tier – sofern sie über ›primäre‹ Bedarfszustände aktualisiert werden –, die jeweils durch die Primärbedeutungen bedingten Annäherungs- oder Vermeidungsaktivitäten unter ›Ausnutzung‹ der vorher gelernten Verweisungszusammenhänge und Bewegungsfolgen, also in individueller Anpassung an die jeweils besonderen Umweltverhältnisse, durchzuführen. – Die an ›Neuem‹ ausgerichteten Erkundungsaktivitäten in Aktualisierung des allgemeinen ›Kontrollbedarfs‹ und die an gelernten Signalwerten und Gefügigkeitsqualitäten orientierte Situationsbewältigung zur ›Befriedigung‹ primärer Bedarfszustände stehen also quasi im *Verhältnis von ›Prozeß‹ und ›Resultat‹* zueinander und sind so zwei Seiten des ›autarken‹ Lernens, wobei (in Abhängigkeit von den ›artspezifischen‹ Möglichkeiten, s.u.) immer weitere zunächst ›neue‹ Umweltgegebenheiten in den Zustand individueller ›Verfügbarkeit‹ etc. überführt werden.

›*Motivation*‹ *als gelernte Wertungsantizipation: Emotionale Regulationsform der Aktivitätsausrichtung des* ›*autarken Lernens*‹

Das wesentliche Grundcharakteristikum des ›autarken Lernens‹, wie wir es in seinen verschiedenen Aspekten dargestellt haben, ist die gelernte Aktivitätsausrichtung. Dies gilt sowohl für die jeweilige Initialphase der Erkundung des ›Neuen‹, da das Hervortreten von Neuem ja aus der Diskrepanz zum Schon-Gelernten sich ergibt, wie für die Orientierung an gelernten Verweisungs- und Verfügungsqualitäten von Umweltgegebenheiten. Der antizipatorische Charakter des Lernens schließt den *antizipatorischen Charakter der emotionalen Wertungen* der jeweiligen Bedeutungseinheiten ein: So wird in der ›ambivalenten‹ emotionalen Haltung gegenüber ›Neuem‹ als ›gerichteter Energiemobilisierung‹ und ›Angstbereitschaft‹ die mögliche Bewältigbarkeit bzw. ›Gefährlichkeit‹ der neuen Situation faktisch *antizipiert*. Die ›gelernten Orientierungsbedeutungen‹ haben zwar in sich die emotionale Valenz der ›Verfügbarkeit‹, verweisen aber darüberhinaus ›*antizipatorisch*‹ auf die durch die ›primären‹ Bedarfszustände aktualisierte emotionale Valenz der ›aktionsspezifischen‹ Bedeutungseinheiten, auf die hin die Aktivitätssequenzen orientiert sind, und die ›am Ende‹ der Aktivitätsfolge durch die entsprechende primäre ›Bedarfsbefriedigung‹ reduzierbar sein soll. Wir bezeichnen Aktivitätsfolgen, die ihre *Ausrichtung* durch die *Differenz* zwischen der Valenz des *gegenwärtigen* Zustandes und der gelernten Antizipation positiver emotionaler Wertigkeiten *zukünftiger* Situation gewinnen, als ›*motivierte*‹ *Aktivitäten*.

Damit ist unserer Konzeption nach die ›Motivation‹ als Oberbegriff für die besondere emotionale Regulation des ›autarken Lernens‹ eingeführt. Mit dieser Terminologie wird an dem üblichen Vorbegriff von ›Motivation‹ als ›Handlungsausrichtung‹ angesetzt, das Motivationskonzept aber als gelernte, also individualisierte Aktivitätsausrichtung an antizipierten Valenzen spezifiziert und durch funktional-historische Rekonstruktion des Stellenwerts innerhalb der phylogenetischen Differenzierung des Psychischen bzw. der Lernfähigkeit inhaltlich konkretisiert und seines ›abstrakt-allgemeinen‹ Charakters enthoben (vgl. M I, S. 171 f).

Mit der ›motivierten‹ Aktivitätsausrichtung entwickelt sich auch eine *neue Form* der oben (S. 137 f) dargestellten, durch subsidiäres Differenzierungslernen entstandenen ›*Bevorzugungen*‹ im Bereich ›primärer‹ Bedeutungs- und Bedarfsdimensionen: Das Tier spricht hier nicht mehr nur faktisch auf die ›bevorzugten‹ Bedeutungsvarianten unter sonst gleichen Bedingungen eher an, sondern die mehr oder weniger ›bevorzugten‹ Varianten einer im übrigen festgelegten Bedeutungseinheit sind hier *selbst in den Prozeß* ›*gelernter*‹ *Antizipationen einbezogen*. Dies heißt, daß das Tier die primäre Bedarfsbefriedigung an einem gegebenen Objekt mit *geringerer* ›*Bevorzugung*‹ durch die *Antizipation* eines zu erreichenden Objektes mit *höherer ›Bevorzugung‹ zurückstellen* kann (vgl. M I, S. 170 f).

Organisation des Orientierungsfeldes auf der Stufe des ›autarken Lernens‹: Gelernte Spezifizierung des ›artspezifischen‹ Gliederungsrahmens; Relationen-Erfassen und Ereignis-Antizipation

Auf der Stufe des ›autarken Lernens‹ erreichen auch die Formen und Gesetzmäßigkeiten der *Gliederung und Organisation des Orientierungsfeldes* eine neue Ebene. Während wir es – wie dargestellt – auf früheren Stufen bei der Heraushebung von Bedeutungseinheiten mit phylogenetisch ermittelten ›Realabstraktionen‹ von biologisch relevanten Sachverhalten oder Ereignissen als aktivitätsdeterminierenden Merkmalskomplexen (›AAMs‹) bzw. mit deren individueller Spezifizierbarkeit im Differenzierungslernen (›EAAMs‹) zu tun haben, haben die ›Rahmenbedeutungen‹, die das ›Explorationsverhalten‹ aktivieren, keine besonderen Tatbestände der artspezifischen Umwelt, deren ›Realabstraktionen‹ sie sind (wie ›Freßfeinde‹ beim Habicht-Schema, ›Rivalen‹ beim Merkmalskomplex ›Rot-auf-der-Unterseite‹), zur Grundlage. Sie sind also *in keinem Sinne mehr ›AAMs‹, auch keine ›durch Erfahrung modifizierten‹* (solche AAMs bzw. EAAMs gibt es jetzt nur noch im Bereich der ›primären‹ Endbedeutungen und -aktivitäten). Statt dessen handelt es sich hier um generelle Hervorhebungen von ›Neuem‹, also um eine Organisation des Orientierungsfeldes allein danach, welche Sachverhalte oder Ereignisse sich aufgrund des globalen ›Kontrollbedarfs‹ als ›zu erkundend‹ gegenüber anderen ausgliedern und als gesonderte ›Einheiten‹ faßbar werden.

Dies bedeutet aber nicht, daß auf dieser Stufe nun doch wieder ›Gestaltprinzipien‹, auf deren formalistischen Charakter wir hingewiesen haben (vgl. S. 91 ff), als Organisationsprinzipien des Orientierungsfeldes akzeptiert werden müßten. Einmal ist hier hervorzuheben, daß – wie die Kombinationsmöglichkeiten der Aktivitätselemente beim Lernen von Bewegungsfolgen (vgl. M I, S. 133) – auch die *gelernten ›Gliederungen‹* nach Bedeutungseinheiten, die diese Bewegungsfolgen ausrichten, wenn sie auch nicht von Einzelereignissen ›abstrahiert‹ sind, so dennoch in einem weiteren Sinne *›artspezifisch‹* bestimmt bleiben. Die funktionale Grundlage für die Gliederungen und Einheitenbildungen ist quasi das phylogenetische Resultat von *›Abstraktionen höherer Ordnung‹*, in denen ›ermittelt‹ ist, *welche Art* von Sachverhalten und Ereignissen innerhalb der artspezifischen Umwelt biologisch relevant werden kann, also als potentiell ›zu erkundend‹ von anderen Tatbeständen abhebbar und identifizierbar sein muß. (Es ist evident, daß dies im Biotop des Regenwaldes andere Ereignistypen o.ä. sein werden als im Biotop von Savannen, Steppen oder eines bestimmten Luftraums.) So folgt hier die Organisation des Orientierungsfeldes weder (wie die Gestalttheorie annimmt), abstrakt-unhistorischen Gesetzen, noch ist sie allein Resultat individueller Erfahrung (die ja so gar keine gegliederte Realität als möglichen Erfahrungsgegenstand vorfinden würde): Vielmehr ist die funktionale Grundlage, aus der der ›Gliederungsrahmen‹ für die individuelle Erfahrung entsteht, durch die artspezifischen Umweltverhältnisse *konkret historisch* bestimmt, womit auch das, was beim Gegebensein einer entsprechenden Diskrepanz zwischen ›Gelerntem‹ und ›Neuem‹ sich als ›Neues‹ herausheben kann, *artspezifisch bestimmt* bleibt. Damit entwickeln sich auch die Art und der Grad der potentiellen ›Neuheits‹-Reaktionen selbst mit der phylogenetischen Entwicklung weiter (vgl. M I, S. 189).

Zur adäquaten Fassung des Problems der Gliederung des Orientierungsfeldes auf dieser Stufe ist weiterhin zu berücksichtigen, daß die genannten ›Rahmenbedeutungen‹, die potentiell als ›neu‹ hervortreten können, bei ihrer Aktualisierung ja nur die ›Initialsituation‹ der eigentlichen Lernprozesse sind, in denen diese Rahmenbedeutungen sodann zu individualisierten gelernten Orientierungsbedeutungen konkretisiert werden. Demgemäß sind hier auch die genannten Gliederungen des Orientierungsfeldes nach der ›Neuheit‹ von Ereignissen und Sachverhalten etc. nur die allgemeinsten Rahmenbestimmungen der Orientierungsgliederung, die beim weiteren Lernen über die orientierungsleitende Funktion gelernter emotionaler Wertungen zu differenzierten und individualisierten Einheiten und Merkmalen der ›Erfahrungswelt‹ des je einzelnen Tieres spezifiziert werden. Man muß mithin davon ausgehen, daß sich mit der Stufe des ›autarken Lernens‹ innerhalb der früher geschilderten, mehr oder weniger ›verinnerlichten‹ Anteile der Orientierungsaktivität solche funktionalen Differenzierungen herausgebildet haben, die eine ›rückgekoppelte‹ Auswertung sachlicher wie emotionaler ›Erfahrungen‹ in Richtung auf die Spezifizierung von Globalgliederungen zu einer gelernten Organisation des Orientierungsfeldes ermöglichen: einerseits als Niederschlag der individuellen Lernprozesse des Tieres, darin aber andererseits als ›funktionale Widerspiegelung‹ von ›systemerhaltenden‹ Orientierungsnotwendigkeiten mit Bezug auf die *›typischen‹ kurzfristigen Sachverhalts- und Ereignis-Varianten der artspezifischen Umwelt* und ihrer emotionalen Wertigkeit.

Bei einer solchen Informationsverarbeitung zur individualisierten Organisation des Orientierungsfeldes müssen einmal, da das ›autarke Lernen‹ auf Verweisungs*zusammenhänge* bezogen ist, *Relationen zwischen Sachverhalten bzw. Ereignissen* erfaßbar und ›speicherbar‹ sein. Damit entsteht hier – wie SCHURIG heraushebt – ein neues Niveau der ›kognitiven‹ Informationsverarbeitung über die ›isolierende‹ und ›generalisierende Abstraktion‹ hinaus, das dadurch gekennzeichnet ist, daß eine besondere psychische Beziehung zwischen Merkmalsklassen hergestellt wird, somit ein selbständiges ›*internes Modell*‹ von Außenweltbeziehungen sich herausbildet, das eine der Voraussetzungen für eine nicht an die Anwesenheit der ›kognizierten‹ Tatbestände gebundene, also ›denkende‹ Informationsverarbeitung, darstellt (NP II, Kap. 3.3, S. 118 ff). In solchen Relationen müssen, da das ›autarke Lernen‹ als Signallernen *antizipatorischen* Charakter hat, bei der Informationsverarbeitung *zeitliche Folgebeziehungen* erfaßbar und speicherbar sein. Damit ist natürlich nicht gesagt, daß das Tier die Bedingtheit eines zukünftigen Ereignisses durch ein gegenwärtiges Ereignis bereits ›einsieht‹. Es ›benimmt‹ sich jedoch so, daß dabei die ›gelernten‹ Übergangswahrscheinlichkeiten zwischen zeitlich aufeinanderfolgenden Ereignissen berücksichtigt sind, sodaß auf dieser Stufe dem ›Individualgedächtnis‹ die Fähigkeit zur ›Speicherung‹ abrufbarer Information über Ereignisfolgen zugeschrieben werden muß (vgl. M I, S. 123). Wie in der Fähigkeit zum *Relationen-Erfassen,* so hat sich auch in der (damit zusammenhängenden) Fähigkeit zur *Ereignis-Antizipation* ein Ansatz zur Möglichkeit der Überschreitung je ›gegenwärtig‹ gegebener Sachverhalte herausgebildet, aus dem sich in der weiteren Phylogenese die eigentlich ›*denkende*‹ *Informationsverarbeitung* innerhalb von Lernprozessen höchster Tiere entwickeln kann.

Um die geschilderten neuen Leistungsmöglichkeiten des ›autarken Lernens‹ aus dem funktionalen Gesamtzusammenhang richtig einschätzen zu können, ist es nötig, sich auch hier zu vergegenwärtigen, daß die Evolution nicht eine einfache ›Verwandlung‹ von ›niedrigeren‹ in ›höhere‹ Funktionen ist, sondern daß sich mit der Höherentwicklung ein *neuer funktionaler Zusammenhang* zwischen der höheren Funktion und den (qua Schichtung oder Parallelentwicklung) ›niedrigeren‹ Funktionen, die auf *ihrer Ebene eine eigene Funktionsgeschichte* haben, ergibt. Dies ist im gegenwärtigen Kontext besonders im Hinblick auf die ›*festgelegten*‹ Funktionsanteile hervorzuheben, die mit der Entwicklung des ›autarken Lernens‹ nicht etwa verschwinden, sondern sich mit der neuen Stufe *auch aufgrund eigener Entwicklung in ein neues Verhältnis* setzen.

Wir haben ja ausgeführt, daß der Übergang zum ›autarken Lernen‹ nur im Bereich der Orientierungsbedeutungen etc. sich vollzog, während im Bereich der ›primären‹, unmittelbar ›systemerhaltenden‹ Bedeutungen des Funktionskreises der Lebenssicherung und Fortpflanzung festgelegte und nur ›sekundär‹ modifizierbare Strukturen weiterbestehen. Dabei ist zu berücksichtigen, daß die früher geschilderten Bedeutungs- und Bedarfsdifferenzierungen zur effektiveren funktionalen Widerspiegelung der artspezifischen Umwelt, damit Optimierung des Lebensgewinnungsprozesses, in der Phase der Herausbildung der Lernfähigkeit nicht stagnieren, sondern auch die festgelegten Funktionen weiterhin der phylogenetischen Höherentwicklung unterliegen. Darüberhinaus ist zu berücksichtigen, daß, wie dargelegt, auch die *Lernfähigkeit selbst artspezifisch bestimmte festgelegte Funktionsstrukturen in sich enthält,* die das ›Lernen‹ auf der erreichten Entwicklungsstufe überhaupt erst möglich machen. Dies gilt sowohl für die Informationsverarbeitung wie für die ›bewertende‹ Ermittlung der Aktivitätsbereitschaft und die Steuerung von Bewegungsfolgen, die alle auf ›festgelegten‹ zentralen Schaltungen, Mechanismen, ›reflektorischen‹ Verknüpfungen etc. zur Ermöglichung der individuellen Modifikabilität beruhen. *Die phylogenetische Höherentwicklung solcher festgelegter Funktionsanteile ist mithin wesentliches Bestimmungsmoment der Höherentwicklung der Lernfähigkeit selbst.*

4.5 Dominanzwechsel von der Festgelegtheit zur Lernfähigkeit: Individuelle ›Hineinentwicklung‹ in den Sozialverband als Voraussetzung für die Realisierung der artspezifischen Möglichkeiten höchster Tiere (vierter Analyseschritt III)

Absicherung durch Sozialverbände als Entstehungs- und Entwicklungsbedingung ›autarken Lernens‹

Wir haben im ersten Teilschritt des vierten Analyseschritts als ›*subsidiäres Lernen*‹ eine Lernform herausgehoben, die *als solche* lediglich eine Unterstützungsfunktion gegenüber den *weiterhin dominanten* festgelegten Funktionsaspekten haben kann, weiterhin im zweiten Teilschritt mit dem ›*autarken Lernen*‹ eine Lernform herausgearbeitet, die *der Möglichkeit nach* eine Entwicklung zur *Dominanz* über die festgelegten Funktionen durchmachen kann. Nun müssen wir, im dritten Teilschritt, rekonstruieren, wie das ›autarke Lernen‹ im Zuge der Evolution *tatsächlich* von einer zunächst noch den festgelegten Aspekten untergeordneten Funktion zu einer diesen gegenüber *dominanten Funktion* werden konnte. Dies ist, wie bereits dargelegt, gleichbedeutend mit dem Aufweis, wie im Laufe der immer stärkeren Herausbildung des ›autarken Lernens‹ innerhalb des Verhältnisses Festgelegtheit/Lernfähigkeit die Selektionsvorteile der ›Festgelegtheit‹ soweit durch die Selektionsvorteile der ›Lernfähigkeit‹ aufgewogen und überboten werden konnten, daß die Lernfähigkeit innerhalb dieses Verhältnisses dominant werden konnte. Dies ist aber nur möglich, wenn die Selektionsnachteile der autarken Lernfähigkeit funktional so kompensiert werden konnten, daß die Selektionsvorteile immer mehr ein relatives Übergewicht gewannen.

Die zentralen Selektionsnachteile des ›autarken Lernens‹ ergeben sich aus dem Risiko, das in der ›Offenheit‹ und Ungesichertheit gegenüber ›Neuem‹ und der langen ›Latenzzeit‹ bis zum jeweiligen Erwerb einer ›gelernten‹ Orientierungsgrundlage liegt. Wenn mithin in der Phylogenese die Selektionsvorteile des ›autarken Lernens‹, individualisierte Anpassung an wechselnde Umweltgegebenheiten, sich durchsetzen konnten, so deswegen, weil sich Anpassungsformen herausgebildet haben, durch welche gleichzeitig das genannte Risiko der ›Offenheit‹ des Lernens reduziert wurde. Die *entscheidende Voraussetzung* für eine solche Risikominderung und damit für die *Entstehung und Weiterentwicklung ›autarker‹ Lernfähigkeit* ist – wie sich als Fazit umfangreicher Analysen feststellen läßt – die Herausbildung und Höherdifferenzierung der *tierischen Sozialverbände*. Nur die im Sozialverband bestehende *Absicherung* durch die Summation der Wirkungsmöglichkeiten, die Effektivierung von Verteidigung, Jagd, Angriff, die Verbesserung der vitalen Abläufe, die wechselseitige Funktionsmitübernahme etc. erbringen eine so durchgreifende *Kompensation* der genannten Risiken der (immer: ›autarken‹) Lernprozesse, daß die Selektionsvorteile gegenüber den Selektionsnachteilen der Lernfähigkeit immer mehr das Übergewicht gewinnen konnten. Dabei entwickelten sich auch die *Sozialverbände selbst* in immer stärkerem Maße in Richtung auf *gelernte Sozialbeziehungen und gelerntes Sozialverhalten,* was wiederum eine weitere Effektivierung der sozialen Absicherung individueller Lernvorgänge bedeutete. Die Entwicklung der Lernfähigkeit und die Entwicklung sozialer Beziehungen wurden so zu einem einheitlichen integrativen Prozeß der Herausbildung höchster tierischer Lebensformen auf dem Evolutionszweig zum Menschen hin.

Herausbildung einer ›Jugend‹-Phase: Jungenaufzucht, ›Erziehung‹, ›Spielverhalten‹

Der wesentliche Schritt in diesem Zusammenhang ist die Erweiterung der Lernfähigkeit zur *individuellen Entwicklungsfähigkeit* im ersten Abschnitt ihrer ›Ontogenese‹, damit Herausbildung einer gesonderten Lebensphase der *›Jugend‹* der Tiere, die objektiv der lernenden ›Vorbereitung‹ der Jungtiere auf ihr späteres ›artspezifisches‹ Erwachsenendasein dient. Die Länge der ›Jugend‹ wächst mit der Phylogenese und ist einer der zentralen Indikatoren für den allgemeinen Entwicklungsstand der jeweiligen Tierformen (bei den höchsten rezenten tierischen Primaten, den Schimpansen, dauert die ›Jugendzeit‹ etwa 15 Jahre). Die sozialen Vorbedingungen für die Entstehung von individueller Entwicklungsfähigkeit und Jugend liegen zunächst in einer Veränderung der Pflegegewohnheiten der Eltern im Familienverband: Die (bloß auf die vitalen Funktionen, wie Fütterung, Warmhalten etc. gerichtete) *›Brutpflege‹* geht hier nämlich über in die ›Jungenaufzucht‹, in welcher die Elterntiere den *Schutz* der Jungtiere übernehmen, sie bei ihren Lernaktivitäten *unterstützen* und dabei, mit phylogenetischer Höherentwicklung in immer steigendem Maße, ausgesprochene ›Erziehungsaktivitäten‹ zeigen. Entscheidend ist jedoch, daß die Absicherung und Unterstützung der Individualentwicklung der Jungtiere nicht allein durch die Eltern geschieht, sondern hier eine neue *Integration zwischen Familienverband und übergreifendem Sozialverband* sich herausbildet, indem die Familien ›im Schutz‹ der Sozietät stehen und die Unterstützung und ›Erziehung‹ der Jungen in gewissem Maße vom gesamten Verband mitgetragen wird – mindestens dadurch, daß der Sozialverband für die Jungen eine Art von ›*entspanntem Feld*‹ darstellt, in welchem sie ungefährdet und ungestört ihren Lernaktivitäten nachgehen können. Darüberhinaus übernehmen bei den höchsten Tieren nicht nur ›Verwandte‹ (etwa ältere Geschwister), sondern auch fremde Tiere des Sozialverbandes Erziehungsfunktionen; so entsteht, bei Schimpansen, wenn die Mutter gestorben ist, eine Art von ›Patenschaftsverhältnis‹ der Betreuung und Unterstützung (zu diesem Abschnitt vgl. M I, Kap. 3.2.3, S. 199 ff).

Mit der Herausbildung von individueller Entwicklungsfähigkeit in der ›Jugend‹ der Tiere gewinnen die hier stattfindenden Lernprozesse eine andere Funktion und einen anderen Stellenwert. Sie laufen nämlich nicht nur im Zusammenhang mit den ›Ernstfall‹-Aktivitäten der Tiere ab, sondern erhalten einen verselbständigten Vorbereitungscharakter als ›*Spielverhalten*‹ der Jungtiere auf höchsten phylogenetischen Entwicklungsstufen zum Menschen hin. So hat das Erkunden von ›Neuem‹ (im Schutz der Sozietät) beim Jungtier den ›spielerischen‹ Charakter des ›*Erprobens*‹ *von Möglichkeiten* etc. Von besonderer Bedeutung ist der Umstand, daß dabei die jeweiligen Elemente von Bewegungsfolgen (wie verschiedene Komponenten des ›Jagdverhaltens‹: Lauern, Anschleichen, Anspringen etc.) für das ›*Spielverhalten*‹ *gesondert* ›*abrufbar*‹ *und* ›*übbar*‹ werden. Dies gilt auch für die komplexen Formen der geschilderten ›Willkürbewegungen‹. Das ›Üben‹ geschieht hier mithin nicht mehr nur als *Nebenprodukt* der jeweiligen *Ernstfall-Aktivität,* sondern verselbständigt sich als ›*Vorbereitung*‹ auf den Ernstfall, wodurch ein viel ausgeprägterer und systematischerer Lerneffekt zu erreichen ist. Die spielerischen Übungsaktivitäten werden dabei häufig etwa von der Mutter unterstützt und angeleitet. Der Verselbständigung des ›Übens‹ entspricht eine *Differenzierung der Bedarfsgrundlage:* Es entsteht eine verselbständigte ›*Funktionslust*‹, die als ›Antrieb‹ für das spielerische Üben die hinreichende Wiederholung der jeweiligen Bewegungsfolgen bis zu ihrer ›Beherrschung‹ bzw. immer weiteren ›Vervollkommnung‹ garantiert. Eine derartige Funktionslust ist mithin als eine *Differenzierung* des diskutierten allgemeinen ›Kontrollbedarfs‹ zu betrachten, wobei sich die angestrebte Kontrolle hier auf die eigene ›Kompetenz‹ zum ›gekonnten‹

Ausführen der jeweiligen Bewegungsfolgen bezieht. Auf diese Weise ›speichert‹ das Jungtier in der Vorbereitungsphase der Jugend ›Erfahrungen‹ und ›Fähigkeiten‹, die später für die ›Ernstfall‹-Aktivitäten notwendig sind. Der *Erwerb des spezifischen ›Bedarfs‹ zur Fähigkeitsanwendung ist dabei ein Aspekt des Fähigkeitserwerbs selbst.* (Zu diesem Abschnitt vgl. M I, S. 131 ff)

›Traditionsbildungen‹ als soziales Beobachtungslernen

Eine besonders ›progressive‹, bereits in gewisser Weise über die Schranken der bloß phylogenetischen Entwicklung hinausweisende (s.u.) Art sozialer Lernfähigkeit ist eine Form von Erfahrungs-Weitergabe, die als ›*tierische Traditionsbildung*‹ bezeichnet worden ist. Hier entwickelt sich das autarke Lernen zu einer Art von ›*Beobachtungslernen*‹, durch welches die *Resultate der Lernprozesse anderer* im jeweils eigenen individualisierten Informationsverarbeitungssystem (›funktionalen Gedächtnis‹) verwertet und in entsprechende Aktivitäten umgesetzt werden können.

Berühmt geworden sind die Forschungen japanischer Wissenschaftler an Makaken (Schweinsaffen), bei denen etwa das von einer besonders ›begabten‹ Makakin erfundene ›Kartoffelwaschen‹ (Eintauchen von Kartoffeln in Seewasser zum Abspülen von Sand und eventuell auch ›Würzen‹) sich über die gesamte Makaken-Sozietät ausbreitete und längere Zeit erhalten blieb. Solche ›Traditionsbildungen‹ bzw. Bildungen von ›Subkulturen‹ als Spezialfälle von gelernter ›Funktions-Mitübernahme‹ müssen zu einer neuen Größenordnung von Informationsverdichtung in der Sozietät führen, da hier die ›Errungenschaften‹ einzelner Tiere jeweils potentiell dem Gesamtverband zugute kommen. Es ist offensichtlich, daß die tierischen Traditionen auf der Erscheinungsebene Ähnlichkeiten mit bestimmten ›gesellschaftlichen‹ Formen der Entstehung von ›sozialen Normen‹ o.ä. haben – ich komme darauf zurück. (Zur Traditionsbildung vgl. NP II, Kap. 4, S. 131 ff und M I, Kap. 3.2.5, S. 223 ff)

›Sozialisation‹ und ›Soziabilität‹

In dem Maße, wie sich im Sozialverband individualisierte soziale Beziehungen, ›Traditionen‹ etc. herausbilden, muß sich das ›autarke Lernen‹ auch auf den Erwerb von gelernten ›*sozialen Orientierungsbedeutungen*‹ richten; das zu erkundende ›Neue‹ besteht somit in diesem Zusammenhang in ›unbekannten‹ Eigenschaften und ›Verhaltensweisen‹ von Artgenossen in der Sozietät, und die Reduzierung des ›Neuen‹ ist gleichbedeutend mit der erworbenen Fähigkeit zur ›Vorhersicht‹ der Aktivitäten und Reaktionsweisen anderer Tiere und zum adäquaten ›Umgang‹ damit. Der individuelle Entwicklungs- und Erziehungsprozeß in der ›Jugend‹ der Tiere hat demgemäß (mit steigender phylogenetischer Entwicklungshöhe immer ausgeprägter) die Komponente des Lernens sozialer Bedeutungen und Aktivitäten, wird also zur ›*Sozialisation*‹ im eigentlichen Sinne. Im verselbständigten Spiel- und Erkundungsverhalten der Jungtiere ist so das ›*Einüben*‹ *sozialer Kommunikationsformen,* das ›*Erproben*‹ der Reaktionsweisen von Artgenossen etc. ein wesentlicher Aspekt. Voraussetzung für derartige Sozialisationsprozesse ist dabei in der frühen Kindheit der Tiere die *emotionale Absicherung* durch die Eltern, besonders die Mutter, durch die das ›Kind‹ allein das Risiko des spielerischen Umweltausgriffs auf sich nehmen kann, und in späteren Stadien dann der Prozeß der ›Ablösung‹ von der Mutter, der von dieser nicht selten durch ›Strafmaßnahmen‹ o.ä. forciert werden muß, etc. Die Wichtigkeit solcher Sozialisationsprozesse für die Erreichung ›artspezifischer‹ Fähigkeiten erhellt aus dem Umstand, daß bei der *Störung des ›sozialen Lernens‹* in der Jugend nachhaltige ›psychische Schäden‹ bei den Tieren entstehen können, Unfähigkeit zum Aufnehmen ›normaler‹ sozialer Beziehungen einschließlich sexueller Beziehungen, wobei die *mangelnde ›Soziabilität‹* auch zu *reziproken Ablehnungen,* ›*Isolation*‹ durch die Artgenossen führt, was bis zum *Ausgestoßenwerden aus dem Sozialverband* führen kann.

Die Bedarfsgrundlage für die ›gelernten‹ Orientierungsaktivitäten des eigentlichen Lernens, die wir globalen ›Kontrollbedarf‹ genannt hatten, gewinnt also mit wachsender Höherentwicklung der Tierformen immer mehr eine Komponente des ›*Bedarfs*‹ *nach sozialer Absicherung und Orientierung:* Zur gerichtet-›motivierten‹ Kontrolle über die aktuellen Varianten der artspezifischen Lebensbedingungen gehört hier auch eine Kontrolle über die Sozialaktivitäten und Sozialbeziehungen, in denen das Tier steht, und der in der Angstbereitschaft antizipierte, und in der Angst tatsächlich gegebene *Verlust der Kontrolle über die Umweltbedingungen,* damit *Zusammenbruch motiviert-gerichteter antizipatorischer Lernprozesse,* kann dabei wesentlich auch als *Verlust der Kontrolle der auf das betroffene Tier gerichteten Sozialbeziehungen* von Artgenossen in Erscheinung treten. (Zu diesem Abschnitt vgl. M I, Kap. 3.2.4, S. 219 ff)

›Sekundäre Automatisierungen‹ als Funktionsgrundlage der Individualentwicklung und der Übergang zur Dominanz der Lernfähigkeit über die Festgelegtheit

Durch den Übergang von der bloßen ›Lernfähigkeit‹ zur individuellen *Entwicklungsfähigkeit* gewinnt die das Lernen generell charakterisierende rückwirkende Veränderung der funktionalen Aktivitätsgrundlage als ›funktionales Gedächtnis‹ eine neue Bedeutung: Das Jungtier macht hier eine Reihe von *individuellen Entwicklungsstufen* durch, die in ihrer Abfolge selbst mehr oder weniger phylogenetisch ›programmiert‹ und festgelegt sind, und entfaltet so schrittweise die erworbene funktionale Basis für weitere, erweiterte Lernprozesse (bis zum Erreichen der vollen ›artspezifischen‹ Möglichkeiten). Da das Tier somit im Prozeß der ›*individuellen Erfahrungskumulation*‹ auf einen immer erweiterten ›Bestand‹ von gelernten Aktivitätsmöglichkeiten ›zurückgreifen‹ kann und das früher Gelernte so ›zur Verfügung‹ hat, sind die mit der Individualentwicklung sich ergebenden fortschreitenden Veränderungen der gelernten Funktionsgrundlage als ›*sekundäre Automatisierungen*‹ bezeichnet worden, in Abhebung von den ›primären‹, artspezifisch festgelegten ›Automatismen‹. Mit dieser Terminologie ist der Umstand bezeichnet, daß mit der individuellen Entwicklungsfähigkeit immer stärker bestimmte *Selektionsvorteile der eigentlichen Festgelegtheit* in den *individualgeschichtlichen Bereich* hinein ›*verlängert*‹ werden. Diese Selektionsvorteile bestehen darin, daß die ›sekundär‹ automatisierten Aktivitätsmöglichkeiten dem Tier nunmehr, wie die eigentlich ›festgelegten‹ Aktivitätsgrundlagen, prompt und sicher verfügbar sind, womit das Tier auf deren Grundlage *neue und entwickeltere Aktivitätsformen realisieren* kann, die dann ihrerseits wieder in der sekundär automatisierten Funktionsgrundlage abgespeichert werden können. Dies bedeutet eine progressive *Effektivierung und Ökonomisierung* der Aktivitäten des Tieres. Dabei sind die ›Vorteile‹ der Modifikabilität hier auf höherer Ebene mit ›Vorteilen‹ der Festgelegtheit verbunden, nicht nur dadurch, daß die ›sekundären Automatisierungen‹ Niederschlag individueller Erfahrungen sind, sondern auch dadurch, daß die gelernten Automatisierungen, bei entsprechender Widerständigkeit der Realität und damit erhöhter Angstbereitschaft bzw. Angst, auch wieder ›gelöscht‹ bzw. ›aufgebrochen‹ werden können, womit eine *gelernte Neustrukturierung des Orientierungsfeldes* und der darauf bezogenen Aktivitätsmöglichkeiten in Anpassung an die veränderten Bedingungen erfolgen kann und sich so auch veränderte sekundäre Automatisierungen herausbilden können. ›Lernfähigkeit‹ ist ja immer und notwendig auch die *Fähigkeit zum ›Verlernen‹ und zum ›Umlernen‹*, nicht nur mit Bezug auf die *kognitiven*, sondern auch mit Bezug auf die *emotionalen* Aspekte des Individualgedächtnisses. Diese Fähigkeit wird umso ausgeprägter, je mehr in entwickeltem autarkem Lernen die *biologisch relevanten Züge* des Orientierungsfeldes bzw. der Aktivitätsstruktur erfaßt werden können, mithin auch mit der Änderung eines relevanten Merkmals der *Gesamt*zusammenhang der Orientierungs-/Aktivitätsgrundlage in den sekundären Automatisierungen kognitiv-emotional umstrukturiert werden kann.

Wenn man sich die geschilderte ›Absicherungsfunktion‹ von Sozialstrukturen für die Herausbildung eigentlicher Lernprozesse vergegenwärtigt und den nun dargelegten Aspekt hinzunimmt, daß in den (durch die ›soziale Absicherung‹ etc. ermöglichten) sekundären Automatisierungsprozessen der Individualentwicklung die Selektionsnachteile der Modifikabilität partiell im Bereich der Modifikabilität selbst ›aufgehoben‹ sind, so hat man u.E. die *wesentlichen Bedingungen* benannt, durch welche die *Selektionsvorteile des ›autarken Lernens‹* sich so *gegen die der ›Festgelegtheit‹ durchsetzen* konnten, daß das ›*Lernen*‹ hier schließlich zur ›*dominanten Funktion*‹ werden konnte. (Zu diesem Abschnitt vgl. M I, Kap. 2.5.4, S. 135 ff und Kap. 2.5.5, S. 139 ff)

Die ›*Dominanz*‹ *der Lernfähigkeit* gegenüber den festgelegten Funktionsformen, die deren Grundlage bilden, ist dann als erreicht zu betrachten, wenn das Tier *ohne den individuellen Entwicklungsprozeß wesentliche Bestimmungen seiner artspezifischen Aktivitätsmöglichkeit nicht mehr zu realisieren* vermag. Dabei ist zu beachten, daß die Individualentwicklung nicht lediglich eine Fähigkeit einzelner Tiere darstellt, sondern hier das *Zusammenleben aufgrund individualisierter Entwicklungsprozesse sich als eine besondere ›soziale‹ Existenzform herausgebildet* hat: »Die Sozietät fördert nicht allein die Überlebenswahrscheinlichkeit der Art, sondern – mit wachsendem Reichtum der Beziehungen der Tiere untereinander – damit immer mehr auch die Entwicklung des Einzeltieres. Die *höchsten tierischen Stufen sind nur als soziale Lebensformen erreicht* worden und das einzelne Wesen innerhalb einer solchen hochentwickelten Sozietät gewinnt *nur im sozialen Verband seine volle artspezifische Ausgestaltung*« (M I, S. 222). Daß diese Stufe der Lerndominanz tatsächlich erreicht ist (was nur bei höchsten Tierformen der Fall ist), läßt sich ex negativo bekräftigen: Die Einzeltiere können hier (wie erwähnt) ohne die ›erfolgreiche‹ Hineinentwicklung in den Sozialverband ihre individuelle Existenz nicht mehr sichern, da sie in ihren artspezifischen Fähigkeiten verkümmern und ›lebensunfähig‹ werden (›ein isolierter Affe ist kein Affe‹). Die festgelegten, ›instinktiven‹ Aktivitätsregulationen reichen allein nicht mehr aus, um das Tier ›am Leben zu erhalten‹.

Kapitel 5

Wechsel der Analyseebene vom Psychischen auf den Gesamtprozeß: Die neue Qualität der gesellschaftlich-historischen gegenüber der bloß phylogenetischen Entwicklung

5.1 Vorbemerkung

Wir haben bisher global zunächst das Psychische gegenüber dem vorpsychischen Lebensprozeß und dann die individuelle Lern- und Entwicklungsfähigkeit gegenüber dem Psychischen qualifiziert und sind so von der Analyse des Entstehungszusammenhangs und des genetischen Ausfaltungsprozesses zur inhaltlichen Bestimmung des Psychischen als Grundkategorie zur kategorialen Differenzierung der verschiedenen psychischen Funktionsaspekte und schließlich zur kategorialanalytischen Bestimmung der neuen Qualität dieser Funktionsaspekte auf der Stufe der individuellen Lern- und Entwicklungsfähigkeit gekommen. Nun ist gemäß unserer Gesamtfragestellung eine weitere Spezifizierung erforderlich: Es ist die *neue Qualität des Psychischen auf ›menschlich‹-gesellschaftlichem Spezifitätsniveau* herauszuheben, was gleichbedeutend ist mit der ›menschlich‹-gesellschaftlichen Spezifizierung der individuellen Lern- und Entwicklungsfähigkeit in ihren verschiedenen Funktionsaspekten.

Nun ist bei der Auseinanderlegung der Leitgesichtspunkte der individualwissenschaftlichen Kategorialanalyse schon ein Resultat vorweggenommen worden, aus dem hervorgeht, daß man die neue ›menschliche‹ Qualität des Psychischen nicht einfach, wie bisher, als qualitativen Umschlag *innerhalb* der Phylogenese herausarbeiten kann: Es wurde nämlich dargelegt, daß die Besonderheit des Psychischen auf ›menschlichem‹ Niveau zentral aus dessen *Vermittlung mit einem qualitativ neuen Gesamtprozeß*, nämlich dem *gesellschaftlich-historischen Prozeß* sich ergibt.

Wenn diese vorweggenommenen Bestimmungen nun durch die inhaltliche Kategorialanalyse ›eingeholt‹, damit begründet und konkretisiert werden müssen, so bedeutet dies, daß im folgenden nicht nur ein qualitativer Umschlag innerhalb der *Psycho*phylogenese aufweisbar sein muß, sondern ein qualitativer Umschlag des *übergeordneten Gesamtprozesses* hinsichtlich seines Verhältnisses zum Psychischen als dessen Teilaspekt: Es muß herausgearbeitet werden können, daß und in welchem Sinne die gesellschaftlich-historische Stufe ein *geschichtlicher Prozeß sui generis,* also nicht nur innerhalb, sondern *gegenüber* der Phylogenese ist. Auf diese Weise ist dann durch *Aufweis des Zusammenhangs mit dem neuen gesellschaftlich-historischen Entwicklungstyp* auch die *individuelle Lern- und Entwicklungsfähigkeit* in ihren verschiedenen Funktionsaspekten als *gegenüber der vormenschlichen Individualentwicklung qualitativ neuer ›Entwicklungstyp‹* herauszuanalysieren.

Die damit skizzierte Besonderheit der Herausarbeitung des qualitativen Umschlags zum ›menschlichen‹ Spezifitätsniveau des Psychischen setzt sich, wie deutlich werden wird, aufgrund des empirisch-historischen Materials in unserer Kategorialanalyse durch, indem wir im Laufe dieses Kapitels die *Analyseebene wechseln,* nämlich von der Ebene der bloßen *Psycho*genese zur übergeordneten Ebene des phylogenetischen bzw. gesellschaftlich-historischen *Gesamtprozesses* übergehen müssen, und zwar dann, wenn wir den vierten Analyseschritt des neuen Durchgangs, Herausarbeitung des ›*Dominanzwechsels*‹, erreicht haben. Bei Realisierung der auch hier als Leitlinie der Analyse des qualitativen Umschlags benutzten methodischen Schrittfolge wird sich aus dem Material in logisch-historischer Analyse ergeben, daß und warum die relevante Dimension auf der früheren Stufe (erster Schritt), der Entwicklungswiderspruch (zweiter Schritt) und der erste qualitative Sprung durch Funktionswechsel (dritter Schritt) noch auf der Ebene der Psychophylogenese herausarbeitbar sind, während beim vierten Schritt (Dominanzwechsel) die Ebene des Psychischen in Richtung auf die geschilderte Ebene des Gesamtprozesses überschritten werden muß. Erst nachdem wir den qualitativen Umschlag bis zum Dominanzwechsel vom phylogenetischen zum *gesellschaftlich-historischen Prozeß* rekonstruiert und in seinen methodologischen Konsequenzen für das weitere Vorgehen entwickelt haben, können wir (ab Kapitel 6) *wieder zur Analyseebene des Psychischen zurückkehren* und die kategorialen Bestimmungen der menschlichen Lern-und Entwicklungsfähigkeit als *Teilaspekt des gesellschaftlich-historischen Prozesses* auseinanderlegen.

Wir haben die neue Entwicklungsrichtung und innere Ausgestaltung der Psychophylogenese unter der Dominanz der Lern- und Entwicklungsfähigkeit als abschließenden fünften Schritt des vorigen Durchgangs nicht selbständig thematisiert. Dies deswegen, weil wir gemäß unserer Fragestellung nicht an der Psychophylogenese als solcher, sondern nur an der Rekonstruktion des Evolutionswegs des Psychischen zum Menschen hin interessiert sind. Wir brauchen deshalb die Ausgestaltung der Lern- und Entwicklungsfähigkeit an dieser Stelle nicht im Ganzen zu rekonstruieren, sondern können uns – da hier der neue große Qualitätsumschlag sich vollzieht – von nun an auf die ›*Anthropogenese*‹, die Menschwerdung beschränken. Dabei richtet sich der Blick von der Sache her gleich auf die *relevante Dimension* der früheren Stufe der vormenschlichen Lern- und Entwicklungsfähigkeit, auf der sich der Qualitätsumschlag zur Menschwerdung vollzieht. Der fünfte Schritt des vorigen Durchgangs verschwindet hier also sozusagen im ersten Schritt des neuen Durchgangs der Übergangsanalyse.

Während in der bisherigen funktional-historischen Rekonstruktion der Genese des Psychischen bis zur Dominanz der Lernfähigkeit ein zunächst breiter Bereich der evolutionären Entwicklung (anfangs nur unter Ausschluß der Pflanzen-Evolution), der sich allmählich zur evolutionären Entwicklung der höheren Säugetiere hin einengte, das empirische Material bildete, ist bei der Rekonstruktion der Anthropogenese die empirische Grundlage auf die *Evolution der Primaten* eingeschränkt. Die Untersuchung führt dabei einmal hin zu den höchsten Formen heute lebender nichtmenschlicher Primaten, den Pongiden (mit den Schimpansen als deren entwickeltster Form), zum anderen und wesentlich in den Bereich, wo aus dem Evolutionszweig, der den Menschen und den Menschenaffen noch gemeinsam war, sich die Linie der ›Hominiden‹ (der ›Menschenartigen‹) von der Pongidenlinie abspaltete und sich in den Evolutionsschritt des Übergangs von den noch ›subhumanen‹ Hominiden zu den eigentlichen ›Menschen‹, das sogenannte ›Tier-Mensch-Übergangsfeld‹ (TMÜ) hineinentwickelte. Die Probleme des Aufeinander-Beziehens von Resultaten aus der vergleichend-historischen und der unmittelbar-historischen Betrachtung der Menschwerdung werden, soweit nötig, jeweils an Ort und Stelle der inhaltlichen Darstellung erörtert. Das hierzu (besonders bei SCHURIG, EB) ausgebreitete Material wird dabei wiederum nur beispielhaft expliziert, wobei die realhistorisch-chronologische zugunsten der logisch-historischen Analyse in den Hintergrund tritt.

5.2 Die Hominidenentwicklung bis zum Funktionswechsel der Mittelbenutzung zur Werkzeugherstellung als erstem qualitativen Sprung der Anthropogenese

Entwicklung der Manipulationsfähigkeit mit ›Mitteln‹ und des individualisierten Sozialkontaktes im Biotop des Regenwaldes vor der Abspaltung der Hominidenlinie: Relevante Dimensionen auf der früheren Stufe (erster Analyseschritt)

Der Vorlauf der Primaten-Evolution vor der Herausdifferenzierung der subhumanen Hominiden ist gekennzeichnet etwa durch die Verallgemeinerung der Nahrungsaufnahme zu ›omnivorem‹ (allesfressendem) Nahrungsverhalten, den Übergang von der Nachtaktivität zur Tagesaktivität der Tiere, von der Dominanz der Geruchsorientierung zur Dominanz der optischen Orientierung und genereller der Umstellung von den relativen ›Nahsinnen‹ (Tast- und Temperatursinn, Geruchssinn) auf die ›Fernsinne‹ der akustischen und optischen Informationsaufnahme (vgl. SCHURIG, EB, Kap. 5, S. 115 ff). Solche Entwicklungen sind in der Evolution immer ausgeprägter die funktionale bzw. psychische Widerspiegelung des phylogenetischen Anpassungsprozesses der Primaten, durch welchen wesentliche Vorbedingungen für die Entstehung der menschlichen Stufe des Psychischen entstanden sind: der *Anpassung an den Lebensraum (das ›Biotop‹) des tropischen Regenwaldes* (›Urwald‹). In diesem Entwicklungszug kam es zu einer für die weitere Evolution besonders ›folgenschweren‹ Aktivitätsform, dem *›Schwing-Hangel-Klettern‹* als höchstspezialisierter Fortbewegungsweise der waldbewohnenden Primaten: Im Zusammenhang mit einer derartigen Bewegungsweise bildete sich nämlich die Fähigkeit zu einer relativen *Aufrichtung des Körpers* heraus, was wiederum Voraussetzung für einen von der Fortbewegungs- bzw. Abstützfunktion temporär *entlasteten Gebrauch der Vorderextremitäten,* die sich dabei evolutionär zu ›Händen‹ differenzierten, wurde. Dieser ›Handgebrauch‹ ging mit einer spezifischen weiteren *Differenzierung der optischen Orientierungsleistungen im Nahbereich* (Verfeinerung des ›binokularen Tiefensehens‹, des senorischen Auflösungsvermögens etc.) wie der Möglichkeit zu diffizilen *Erkundungsaktivitäten an kleinen Objekten* (›Feinmotorik‹) einher, sodaß die Primaten hier eine leistungsfähige, präzis kontrollierte *›Manipulationsfähigkeit‹* herausbildeten, die ihnen neue Orientierungsmöglichkeiten bot und neue Lebensquellen erschloß (vgl. EB, Kap. 9.1, S. 255).

Mit der evolutionären Optimierung der durch Körperaufrichtung und entlasteten ›Handgebrauch‹ ermöglichten Manipulationsfähigkeit kam es dann zu der entscheidenden ›Errungenschaft‹ der *frühesten Formen der Benutzung von ›Mitteln‹.* Bekannt geworden sind die zuerst von KÖHLER durchgeführten Untersuchungen an Schimpansen, wo beobachtet wurde, daß gefangene Tiere Stöcke als Mittel zum Heranziehen von Nahrungsmitteln benutzten, dabei mehrere Stöcke zusammensteckten und sogar, nach Art von ›Zwei-Phasen-Aufgaben‹ (vgl. LEONTJEW 1973, S. 181 f), mit einem kleineren Stock einen größeren heranziehen und mit diesem dann die Frucht erreichen konnten. In unserem Ableitungszusammenhang sehr viel wichtiger sind Beobachtungen von LAWICK-GOODALL an freilebenden Schimpansen, die kleine Stöcke so abbrachen und zurichteten, daß sie zum ›Angeln‹ von (als Nahrungsmitteln begehrten) Termiten aus Steinlöchern geeignet waren (vgl. SE, S. 108).

Derartige Frühformen der Mittelbenutzung und -herrichtung gingen mit *weiteren Differenzierungen im Bereich der gelernten Sozialbeziehungen* einher: Die Möglichkeiten des *kommunikativen Signalaustauschs* erhöhten sich, wobei durch die Körper-Aufrichtung der *Kopf als ›Signalträger‹* eine zunehmende Bedeutung gewann (vgl. EB, Kap. 6.2, S. 144 ff). Dabei kam es besonders im Bereich der ›Familie‹, der Eltern-Kind-Beziehungen, Verwandtschaftsbeziehungen, aber auch darüberhinausgehenden kleinen Gruppierungen zu immer stärker *individualisierten, dauerhaften Formen des Sozialkontaktes,* aber auch zu mannigfachen *›verselbständigten‹ Formen der sozialen Zuwendung bzw. emotionalen Einbettung* wie der ›sozialen Fellpflege‹ (›Grooming‹) als universellem Kontakt- und Bestätigungsmittel (vgl. EB, Kap. 7.2.1, S. 174 ff). Besonders hervorzuheben sind dabei die von LAWICK-GOODALL bei Schimpansen beobachteten ersten Ansätze zu differenzierten Koordinationen von Jagdaktivitäten (Verfolgen und Weg-Abschneiden beim Jagen von Pavianen), wobei die festgelegten Dominanzhierarchien eine Art von flexiblem ›Gerüst‹ für die Organisation solcher Koordinationen darstellten (vgl. SE, 132 f).

Entwicklungswidersprüche im Steppen-Biotop (zweiter Analyseschritt): Bipedie und entlasteter Handgebrauch; Entwicklung der Lernfähigkeit

Welche Bedingungen führten nun dazu, daß derartige – bereits vor der Abspaltung der Hominiden-Linie anzunehmende – spezialisierte Anpassungen an das Biotop des ›Regenwaldes‹ *einerseits bis zu den heute lebenden Pongiden* (jedenfalls im Prinzip) *erhalten blieben, während sich andererseits aus der gleichen Ausgangspopulation die zum Menschen führende Evolutionsreihe* herausbildete? Um diese Frage beantworten zu können, müssen wir zur Realisierung des zweiten Anayseschritts übergehen und das Problem aufwerfen: Durch welche *Veränderungen objektiver Außenweltbedingungen* im Verhältnis zur Systemkapazität der waldbewohnenden Primaten mit ihren bis dahin phylogenetisch erlangten Anpassungs- und Lebensformen entstand ein *spezieller ›Entwicklungswiderspruch‹*, durch welchen *ein Teil* dieser Primaten durch Selektionsdruck in die *evolutionäre Progression zum Menschen hin* gedrängt wurde, während ein anderer Teil sich *nur in den Grenzen des damaligen Anpassungsstandes* (bis zu den heute lebenden Pongiden hin) entwickelte?

Die entscheidende Veränderung der objektiven Außenweltbedingungen, die zu der genannten Widerspruchsentwicklung führte, war (der u.E. am besten fundierten einschlägigen Hypothese nach) das für den entsprechenden Abschnitt der Erdgeschichte konstatierbare Zurücktreten der Waldgebiete, womit durch die daraus resultierende ›Überfüllung‹ des Lebensraumes im Wald ein Teil der ehemals waldbewohnenden Primaten in den sich immer mehr ausbreitenden Lebensraum der Steppen und Savannen hinausgedrängt wurde. Es besteht beim gegenwärtigen Wissensstand Grund zu der Annahme, daß – während die im Wald verbliebenen Primaten in relativer Stagnation sich bis zu den heute lebenden Pongiden evolutionär veränderten – die aus dem Wald verdrängten Primaten *im neuen Biotop der Steppen und Savannen* zu eben jenen *neuen Anpassungsleistungen* kamen, die die *evolutionäre Progression in Richtung auf die Menschwerdung einleiteten* (vgl. EB, Kap. 3.1, S. 74 ff).

Um genauer zu verstehen, wie es zu einer derart spezifischen Evolution kommen konnte, hat man sich zunächst die *Besonderheiten des neuen Biotops der Steppen und Savannen* vor Augen zu führen: Verknappung von Nahrungsmitteln, keine Ausweichmöglichkeit vor Raubfeinden auf Bäume, Notwendigkeit der Kontrolle großer Gebiete zur Nahrungssuche und Feindabwehr, hoher Grasstand, etc.. Zum anderen aber – dies hat SCHURIG mit aller Klarheit herausgearbeitet – kann man nur begreifen, daß und wie diese systemgefährdenden Außenweltbedingungen in einen ›inneren‹ Entwicklungswiderspruch einbezogen und so in neuen, spezifischen Anpassungsprozessen evolutionär ›aufgehoben‹ werden konnten, wenn man sich klar macht, daß es *Lebewesen mit den beschriebenen hochdifferenzierten Anpassungs- und Lebensformen ehemals waldbewohnender Primaten* waren, die nun den neuen Lebensverhältnissen der Steppen und Savannen ausgesetzt wurden.

So konnte etwa die für die Hominiden-Evolution zentrale ›Zweibeinigkeit‹ (›Bipedie‹) als dominante Körperhaltung und Fortbewegungsweise unter dem Selektionsdruck des Savannen-Biotops nur entstehen, weil sich bereits vorher im Regenwald im Zusammenhang mit dem Schwing-Hangel-Klettern die erwähnte Tendenz zur Körperaufrichtung herausgebildet hatte: Die *Körperaufrichtung gewann nun einen neuen Anpassungswert bei der Orientierung in der Savanne,* ermöglichte z.B.

das ›Hinwegsehen‹ über das hohe Gras, machte so einen *Funktionswechsel* durch und optimierte sich zur ›*Zweibeinigkeit*‹. Durch die Zweibeinigkeit verbesserten sich wiederum die bereits früher erlangten *Möglichkeiten zur visuellen Orientierung*, indem eine fixierend-analysierende Gegenstandserfassung, allseitiger Rundblick durch Kopfdrehung, verbesserte Tiefenlokalisation durch konstanten Abstand der Augenhöhe vom Boden sowie konstanten und vergrößerten Winkel der Draufsicht, verbesserte Fähigkeit zur Orientierung am Horizont etc. begünstigt wurden (vgl. SE, S. 115 ff).

Mit der Zweibeinigkeit optimierte sich weiterhin die erreichte Fähigkeit zum *entlasteten Handgebrauch* mit immer ausgeprägterer feinmotorischer Steuerung der Hände unter wachsend differenzierter zerebraler Kontrolle, wodurch die mannigfachsten Kombinationen in allen Teilen der Hand ausgeführt werden konnten. Mit der Differenzierung des Handgebrauchs mußte wiederum eine laufende weitere *Verfeinerung der Orientierung im Nahraum* einhergehen. Die Mechanismen der Tiefenlokalisation und Scharfabbildung von Dingen in geringen Entfernungen, ›binolukare‹ (beidäugige) Koordination (Konvergenz, Disparation) und Akkomodation, mußten sich im Zusammenhang mit den Greifaktionen der Hand immer mehr präzisieren. Besonders wichtig ist in diesem Zusammenhang die Optimierung der *manipulativen Orientierung* durch den Zusammenhang zwischen dem Hin- und Herwenden eines mit der Hand ergriffenen Dinges und der visuellen Untersuchungsaktivität: Durch ein solches verbessertes Zueinander von tastender (›haptischer‹) und visueller Exploration wird das Ding sowohl in seiner materiellen Greifbarkeit wie gegenständlich-räumlichen Solidität immer adäquater erfaßbar; in der gelernten *gegenständlichen Bedeutungshaftigkeit* der Dinge spiegeln sich also *immer weitere objektive Eigenschaften in ihrer Funktion für den Lebensgewinnungsprozeß* wider (vgl. SE, S. 116 f).

Man wird davon ausgehen können, daß sich im Zusammenhang mit einer derartigen Verbesserung der manipulativen Orientierung unter den besonderen Bedingungen des Steppenbiotops auch die geschilderte, schon bei den waldbewohnenden Primaten antreffbare *Fähigkeit zur Mittelbenutzung- und Mittelherrichtung* weiterhin in spezifischer Weise optimierte. Vieles spricht z.B. dafür, daß von den ›Protohominiden‹ bei der Umanpassung vom Wald- zum Steppenleben Knüppel als Waffen gegen Raubfeinde, möglicherweise auch als Hilfsmittel bei der Jagd, benutzt wurden; dabei ist neben dem Gebrauch zum Schlagen auch die Benutzung als ›Wurfgeschoß‹ anzunehmen; die Verfeinerung des genannten Mitteleinsatzes zur Erbeutung von Kleintieren als Nahrung (möglicherweise auch Erlangung und Bearbeitung von pflanzlicher Nahrung) muß ebenfalls als wahrscheinlich angesehen werden etc. (vgl. EB, S. 259 ff). – Die wesentliche ›Initialfunktion‹ der Bipedie für die weitere psychische Entwicklung höherer motorisch-kognitiver Funktionen erweist sich strukturell an der *außerordentlichen Zunahme des Hirnvolumes durch Vergrößerung des Neocortex,* die als *Resultat der Bipedie* betrachtet werden kann. Diese Hirnentwicklung ist der Ausdruck der *immensen evolutionären Anpassungsleistung* in den 15 Millionen Jahren vom ersten Auftreten der Körperaufrichtung bis zur phylogenetischen Vollendung des Menschwerdungsprozesses, wie wir ihn weiter rekonstruieren werden.

Wenn man die bisher im Zuge der Anthropogenese vorangeschrittene psychische Entwicklung verallgemeinernd mit unseren früheren Darlegungen über den *höchsten Stand bloß tierischer Lern- und Entwicklungsfähigkeit* (ohne Hinentwicklung auf die Menschwerdung) in Beziehung setzt, so läßt sich hervorheben: Durch den geschilderten Stand der *Mittelbenutzung und Mittelherrichtung* gewinnt die früher dargestellte, das ›autarke‹ Lernen charakterisierende, Informationsverarbeitung des ›Relationen-Erfassens‹ und der ›Ereignisantizipation‹ dadurch eine neue Qualität, daß das Relationen-Erfassen hier zum *Herstellen von Relationen* und die Ereignis-Antizipation zum *Herstellen künftiger Ereignisse* werden. Mit einer solchen *sachgerichteten Intentionalität* besteht hier im Prinzip die Möglichkeit, durch *Eingreifen in die Realität* und *›Beobachtung‹ der Konsequenzen* eine *neue Ebene der Erfahrungsgewinnung* zu erreichen. Das Bewegungslernen und Signallernen als die beiden Aspekte des ›autarken Lernens‹ integrieren sich dabei auf neuem Niveau, indem die Bewegungsfolgen jetzt selbst als *probierendes Manipulieren mit ›Mitteln‹* die Funktion der Erschließung von neuen Verweisungszusammenhängen, also ›gelernten Orientierungsbedeutungen‹ der Gegenstände, erlangen. Die früher geschilderte ›Verinnerlichung‹ von Anteilen der Orientierungsaktivität und der zugehörigen emotionalen Wertungen als Stufe zur ›denkenden‹ Informationsverarbeitung unabhängig von der äußeren Aktivität wird (ohne damit rückgängig gemacht zu werden) in der ›Mittelbenutzung‹ (quasi als ›Negation der Negation‹) in gewissem Sinne wieder ›veräußerlicht‹, indem das ›innere‹ Probieren sich an den manipulierten Objekten materialisiert und selbst in seinen Resultaten wiederum der ›beobachtenden‹ Informationsverarbeitung zugänglich wird. Dies schließt ein eine neue Form von *›sekundären Automatisierungen‹* innerhalb der gelernten Funktionsgrundlage, in der jetzt nicht mehr nur Signalverweisungen von verschiedenen Umweltgegebenheiten aufeinander, sondern *Zusammenhänge zwischen eigenen Aktivitäten und deren durch bestimmte ›Mittel‹ hervorgerufenen Effekten zu speichern und abrufbar* sein müssen. Damit sind auch *neue Bedingungen für das ›Aufbrechen‹ der Automatismen* und das *›Umlernen‹* gegeben, indem hier von der ›Beobachtung‹ biologisch inadäquater Aktivitäts*effekte* her die bisher automatisierte Funktionsgrundlage der *eigenen Aktivitäten und der dabei benutzten Mittel* wieder *disponibel* und *neu strukturierbar* werden muß (s.u.). – Man könnte die ›mittelbenutzenden‹ Probeaktivitäten aufgrund der geschilderten ›Wiederveräußerlichungen‹ der orientierenden Informationsverarbeitung als eine Art von ›Denken am Objekt‹ bezeichnen (vgl. SCHURIGs Ausführungen über ›problemlösendes Verhalten bei Tieren‹, NP I, Kap. 2.3.3, S. 75 ff).

Entstehung komplexer Sozialverbände mit großer Mitgliederzahl ›oberhalb‹ der Familiengruppen

Mit der Herausarbeitung der ›Wiederveräußerlichung‹ der Orientierungsaktivitäten in der Mittelherstellung/-benutzung sind wir sozusagen bis an die Schwelle des ersten qualitativen Sprungs zur Menschwerdung durch ›Aufhebung‹ des dargelegten Entwicklungswiderspruchs gelangt. Dennoch kann diese ›Schwelle‹ allein bei Herausarbeitung der genannten *individuellen* Leistungsmöglichkeiten der Primaten *niemals überschritten* werden. Dazu haben wir (in mehreren Teilschritten), die *Kommunikationsformen und Sozialstrukturen* der Primaten in die Analyse einzubeziehen: Welche Veränderungen ergaben sich in den geschilderten differenziert-individualisierten Sozialbeziehungen, nachdem die ehemals waldbewohnenden Primaten in die Steppen und Savannen ausgewichen und dadurch den geschilderten ›Entwicklungswidersprüchen‹ ausgesetzt waren?

Um einer Klärung dieser Frage näher zu kommen, schlägt SCHURIG folgenden methodischen Weg vor: ein In-Beziehung-Setzen des ›Sozialverhaltens‹ heute lebender waldbewohnender Primaten höchster Entwicklungsstufe (also etwa Schimpansen) mit dem Sozialverhalten heute lebender ›terrestrischer‹ (das offene Land bewohnender) Primaten in der Weise, daß dabei die hoch individualisierten Sozialformen der Waldbewohner den Sozialformen der Freilandbewohner sozusagen ›zugeschlagen‹ werden. Auf diese Weise wäre in etwa (also unter Abzug des selbständigen ›Evolutionsschicksals‹ der heute lebenden Primaten) zu rekonstruieren, wie sich in der realen Entwicklungsgeschichte zum Menschen hin die Sozialbeziehungen der waldbewohnenden Primaten verändert haben müssen, nachdem sie dem Selektionsdruck des Savannen-Biotops ausgesetzt waren (vgl. EB, S. 189 ff und Kap. 7.2.2, S. 193 ff).

Charakteristisch für die Primaten-Anpassung an das ›offene Land‹, wie das Steppen- und Savannen-Biotop, ist der Abbau des ›festgelegten‹ Territorialverhaltens, damit die Ermöglichung flexibler ›gelernter‹ Aufteilung des Lebensraumes, die Vergrößerung des Wohngebietes und damit einhergehend die Bildung von sozialen Gruppierungen mit großer Mitgliederzahl und komplexen gelernten Beziehungsgefügen ›oberhalb‹ der Fortpflanzungsgemeinschaften. Offensichtlich ist die Umsetzung des verschärften Selektionsdrucks in der Savanne in evolutionärer Progression die Ausnutzung der verknappten Nahrungsquellen, besonders aber die mangels Fluchtmöglichkeiten erforderliche aktive Verteidigung gegenüber Raubfeinden, etc. nur innerhalb derartiger komplexer Sozialverbände möglich, in welchen die Nahrungssuche und -verteilung, der Schutz der Jungen und Muttertiere, die Feindabwehr etc. durch gelernte Funktionsmitübernahme und verbesserte optische und akustische Informationsweitergabe immer effektiver organisiert werden. Bei den ehemals waldbewohnenden Primaten waren einerseits die ›gelernten‹ Sozialbeziehungen bereits soweit entwickelt, daß die neuen Anforderungen im Savannen-Biotop nicht zur ›Veräußerlichung‹ des Widerspruchs zwischen Systemkapazität und systemgefährdenden Außenweltbedingungen, also zum ›Aussterben‹ der Art führten, sondern in den genannten weiteren sozialen Anpassungen evolutionär ›aufgefangen‹ werden konnten. Dabei dürften – anders als bei den heute lebenden terrestrischen Primaten – die im vorherigen Wald-Biotop erlangten gelernten Individualisierungen und Differenzierungen der Sozialbeziehungen als die Sozialorganisation optimierendes Moment erhalten geblieben sein, womit die *Strukturen der Großgruppen durch flexible individuelle Beziehungen und Bindungen charakterisiert* wären. Dabei ist davon auszugehen, daß die Tendenzen zur Informations- und Erfahrungsweitergabe durch die früher dargestellte ›Traditionsbildung‹ sich in den individualisierten, komplex organisierten Großgruppen auf der Linie zu den ›subhumanen Hominiden‹ weiter vervollkommneten, sodaß den härteren Lebensverhältnissen in der Savanne auch durch die immer weitergehende *›subkulturelle‹ Verdichtung von Information und Erfahrung innerhalb der jeweiligen Sozietät* begegnet werden konnte. Andererseits aber verloren die ehemals im Waldbiotop dominierenden *familialen Lebensformen* ihre *vorherrschende Stellung* und gingen als *untergeordnete Strukturen* in den übergreifenden, nicht aus dem Funktionskreis der Fortpflanzung, sondern dem der Lebenssicherung erwachsenen Sozialstrukturen ein (vgl. EB, Kap. 7.2.2, S. 193 ff).

Herausbildung funktionsteiliger Aktivitäts-Koordination: ›Soziale Motivation‹ und soziale Verallgemeinerung der Vorsorge

Im Zuge solcher Entwicklungen der gelernten Sozialbeziehungen mit der Aufhebung der im Baumbiotop erlangten Fähigkeit zur Individualisierung von Sozialkontakten in den durch Anpassung an das Savannen-Biotop entstandenen komplexen sozialen Großgruppierungen und der Entfaltung neuer Traditionsbildungen kam es – in Annäherung an den Stand der subhumanen Hominiden – immer stärker zu einer neuen Form der *gelernten sozialen Koordination*, die zur unmittelbaren Voraussetzung für den ersten qualitativen Sprung, ›Funktionswechsel‹, bei der Entstehung der neuen, ›menschlichen‹ Stufe der Lebensgewinnung wurde: einer Form von *gelernter sozialer Funktionsteilung,* in welcher *verschiedene Mitglieder der Sozietät* jeweils *nur Teile einer mehrgliedrigen Aktivitätssequenz übernehmen,* sodaß das *biologisch relevante Gesamtziel nur über die ›kollektive‹ Realisierung der einzelnen Teilziele erreicht* werden kann. SCHURIG spricht in diesem Zusammenhang (in Vorwegnahme der Tatsache, daß hierin eine direkte Vorbedingung für die verallgemeinerte ›gegenständliche‹ Werkzeugherstellung und -benutzung liegt, s.u.) von ›*sozialem Werkzeuggebrauch‹,* bei welchem sich die Artgenossen wechselseitig als ›Instrumente‹ für die Realisierung von Zweck- und Zielvorstellungen einsetzen, wobei gruppenspezifische Verteilungen und Differenzierungen zur Organisation kollektiver Aktivitäten ausgenutzt werden (EB, Kap. 7.3, S. 204 ff).

LEONTJEW verdeutlicht die hier in Erscheinung tretende reziproke *soziale Intentionalität* an seinem berühmten ›Jäger-und-Treiber‹-Beispiel: Bei einer Form von gemeinsamer Jagd, bei welcher ›Treiber‹ das Wild aufscheuchen, damit es vom ›Jäger‹ erbeutet werden kann, übernimmt der ›Treiber‹ eine Teilaktivität, die nur im Gesamt der überindividuell organisierten Jagd ihre Funktion hat, wobei diese Kollektivität eine spätere Verteilung der Jagdbeute impliziert und der Treiber seine Teilfunktion in Antizipation des Umstandes übernimmt, daß er später am Verzehr der vom Jäger erlangten Beute teilhaben wird (vgl. LEONTJEW 1973, S. 203 ff).

Es ist offensichtlich, daß mit solchen Formen *funktionsteiliger sozialer Koordination und Sozialintentionalität* der früher geschilderte Entwicklungszug, der zum ›autarken Lernen‹ führte, sich nun in einer neuen Qualität fortsetzte, indem die Teilaktivitäten einer Aktivitätssequenz nicht mehr nur (wie bei den ›relativen Hierarchien‹) von *je einem einzelnen Tier* durch Lernen frei kombinierbar und so in flexibler Anpassung an die aktuellen Umweltgegebenheiten auf die ›Endaktivität‹ hin ausrichtbar sind, sondern die verschiedenen Abschnitte der Aktivitätssequenz jetzt auf *mehrere Lebewesen verteilt* werden können, die gemeinsam die Teilaktivitäten so kombinieren, daß die biologisch primär relevante Endaktivität unter den je besonderen Umweltverhältnissen in optimaler Weise erreicht werden kann. Dabei muß sich auch der geschilderte Signal- und Verweisungscharakter der ›gelernten Orientierungsbedeutungen‹ so verändern, daß nicht lediglich auf die jeweils nächste Teilaktivität zur Annäherung an die individuell angestrebte ›primäre‹ Ausführungsbedeutung und deren Umsetzung verwiesen ist, sondern auf die *Teilaktivität des anderen Lebewesens,* mit der die *jeweils eigene Teilaktivität koordiniert* ist (der Treiber z.B. muß sein Orientierungsfeld so strukturieren können, daß dabei das Aufscheuchen des Wildes tatsächlich zu einem solchen Zeitpunkt und in einer solchen Richtung erfolgt, daß der Jäger es erbeuten kann). Innerhalb der ›gelernten Funktionsgrundlage‹ müssen damit nicht mehr nur Zusammenhänge zwischen eigenen Aktivitäten, den dabei herangezogenen Mitteln und erreichbaren Effekten etc., sondern darüberhinaus Zusammenhänge zwischen der eigenen Gesamtaktivität und den damit sozialkoordinierten Aktivitäten anderer (etwa der Zusammenhang zwischen dem eigenen ›Treiben‹ und dem ›Jagen‹ der anderen), also *überindividuelle Aktivitätsstrukturen* zu speichern, sekundär zu automatisieren und im *kollektiven Aktivitätskontext abrufbar* sein. Das Aufbrechen der Automatismen und die Neustrukturierung der gelernten Funktionsgrundlage muß hier demgemäß auch durch Verwertung von diskrepanter Information über den Aktivitätserfolg *der anderen* innerhalb der sozialkoordinierten Aktivitätssequenz erfolgen können.

Damit gewinnt der *soziale Aspekt des globalen ›Kontrollbedarfs‹* eine neue Dimension. Der Kontrollbedarf ist jetzt nämlich nicht mehr nur ›sozial‹ in dem Sinne, daß dabei auch ›Kontrolle‹ über Artgenossen innerhalb der Sozietät angestrebt wird, sondern erstreckt sich noch in anderer Hinsicht auf andere Lebewesen: Dieser ›Bedarf‹ läßt sich nun prinzipiell nicht mehr durch bloß individuelle Kontroll-Aktivitäten reduzieren, seine ›Befriedigung‹ setzt vielmehr die *erreichte kollektive Kontrolle* im Rahmen der geschilderten überindividuellen Aktivitätssequenz voraus. In der im so verstandenen ›sozialen‹ Kontrollbedarf gegründeten ›*Motivation*‹ wird mithin nicht mehr nur der Erfolg der eigenen Aktivität (im Sinne erweiterter Umweltkontrolle) antizipiert, der Erfolg der individuellen Aktivität ist vielmehr daran gemessen, wieweit sie zum *Gesamterfolg* des jeweiligen kollektiven Unternehmens beiträgt.

In dem Grade, wie sich eine solche ›*soziale Motivation*‹ herausbildet, muß sich mithin auch das Verhältnis zwischen Kontrollbedarf als allgemeinem ›Orientierungsbedarf‹ und den ›primären‹ Bedarfsdimensionen ändern: Die ›primäre‹ Bedarfsbefriedigung steht ja jetzt nicht mehr schon am Ende der *individuellen*, sondern erst am Ende der *kollektiven* Aktivitätssequenz, erfolgt so nicht nur mehr oder weniger lange Zeit *nach* Abschluß des individuellen Beitrags zum Gesamtunternehmen, sondern auch in einem gänzlich *anderen Aktivitätskontext* (etwa anläßlich von Umverteilungsaktivitäten, die mit den ursprünglichen Jagdaktivitäten nur in sehr indirektem Bedeutungszusammenhang stehen). Da man nun nicht davon ausgehen kann, daß die Lebewesen den komplexen Zusammenhang zwischen dem eigenen Beitrag und der davon getrennten primären Bedarfsbefriedigung von Anfang an ›durchschauen‹, sondern eine solche ›Einsicht‹ sich erst mit der immer entwickelteren sozialen Organisation der Lebensgewinnung allmählich herausbilden kann, müssen die Bedarfssituation und Motivationslage auch in diesem Falle so beschaffen sein, daß sie das Lebewesen ohne Einsicht in den Zusammenhang zu biologisch adäquatem Handeln, hier: zur Beteiligung an den kollektiven Aktivitäten, bringen. Demnach muß sich innerhalb der Evolution der Emotionalität der (im neuen Sinne) ›soziale‹ Kontrollbedarf insofern gegenüber den ›primären‹ Bedarfszuständen weiter verselbständigt haben, daß das Lebewesen nicht lediglich durch die Antizipation der primären Bedarfsbefriedigung, sondern bereits durch *Antizipation des Erfolgs der eigenen Aktivität als Beitrag zum kollektiven Aktivitätserfolg,* zur Aktivitätsausführung ›motiviert‹ ist. Die sachlich-sozialen Aspekte des kollektiven Aktivitätserfolgs: Erreichung eines Ziels in Gemeinsamkeit mit anderen, gewinnen hier sozusagen einen Befriedigungswert (des ›sozialen‹ Kontrollbedarfs) in sich, sodaß die Antizipation eines solchen kollektiven Erfolgs auch die individuelle Aktivität motivieren kann. Nur durch eine solche Annahme ist die Entstehung der emotionalen Handlungsbereitschaften zu den geschilderten kollektiven Aktivitäten, damit aber die *evolutionäre Entstehung solcher Kollektiv-Aktivitäten selbst,* logisch-historisch *als möglich verständlich* zu machen. Diese Entwicklung muß als die *Integration* der früher dargestellten unspezifischeren sachbezogenen und sozialen Bedarfszustände (›Funktionslust‹, Spielverhalten, globaler ›Sozialbedarf‹) auf einem *neuen funktionalen Niveau* aufgefaßt werden.

Der für die Hominiden-Entwicklung zentrale Aspekt der hier zu diskutierenden funktionsteiligen Sozialkoordination sind die ersten Ansätze zu einer *gelernten verallgemeinerten Vorsorge* für die individuelle Lebenssicherung der Mitglieder des Sozialverbandes: Die ›Vorsorgefunktion‹ liegt jetzt nicht mehr lediglich in phylogenetisch präformierten ›Bedarfsplänen‹ zur Absicherung einer hinreichend häufigen und adäquaten Aktualisierung ›aktionsspezifischer‹ Bedarfsdimensionen, auch nicht in der Aktivierung von individuellem Erkundungsverhalten, damit Lernprozessen zur objektiven ›Vorbereitung‹ auf ›Ernstfall-Situationen‹ o.ä.: ›Vorsorge‹ wird hier vielmehr zum Prinzip gelernter sozialer Koordination, bei der *objektiv die ›Beiträge‹ der einzelnen Verbandsmitglieder der Absicherung der zukünftigen Lebenserhaltung (Nahrungsbeschaffung, Schutz vor Feinden etc.) des Gesamtverbandes* dienen.

Dies ist der Anfang einer Entwicklung, mit welcher sich das Verhältnis zwischen lebenssichernden Aktivitäten und ›primären‹ Bedarfszuständen allmählich grundlegend ändert: Im Zuge der genannten Verselbständigung der ›sozialen Motivation‹ sind die *›primären‹ Bedarfsspannungen* immer weniger eine *eigenständige* Voraussetzung für das Zustandekommen von Aktivitäten. Sie sind vielmehr zunehmend in kollektive Aktivitäten einbezogen, die das Ziel haben, das *Auftreten von primären Bedarfszuständen von einer Stärke, die eine ›lebensbedrohende‹ innere oder äußere Situation anzeigt, ›vorsorgend‹ möglichst weitgehend zu verhindern.* Damit sind ›primäre‹ Bedarfsspannungen zwar nicht abgeschafft, ihre Befriedigung ist aber zunehmend kollektiv organisiert, und das individuelle Auftreten von ›lebensbedrohenden‹ Bedarfszuständen wird dabei mit der weiteren Entwicklung immer mehr zum Anzeichen von Mängeln der kollektiven Organisation der Lebensgewinnung, sodaß sich die Motivation des Einzelnen darauf richten muß, die *Vermeidung der eigenen Lebensbedrohung* als *seinen Beitrag zur kollektiven Organisation der ›primären‹ Befriedigung* anzustreben. (Mit der funktional-historischen Herausarbeitung dieser neuen Entwicklung erweist sich als Nebenprodukt die totale wissenschaftliche Unhaltbarkeit psychologischer ›Bedürfnis-‹ oder ›Motivationstheorien‹, die die Reduzierung ›primärer‹ individueller Bedarfszustände als ›Reinforcement‹ zur alleinigen Antriebsgrundlage menschlicher Lernprozesse erklären wollen. – Vgl. zu diesem Abschnitt die Kritik von UTE H.-OSTERKAMP an LEONTJEWS Interpretation seines Jäger-Treiber-Beispiels; M II, 139 f)

Es ist demnach festzuhalten: Die soziale Verallgemeinerung der Vorsorge für die Lebenssicherung ist das wesentliche Charakteristikum der Entwicklung komplexer Sozialsysteme und Traditionsbildungen sowie neuer Formen der Kommunikativ-Orientierung auf der Hominidenlinie. »Die soziale Koordinationsbeziehung wird dabei umso effektiver, je generalisierter bestimmte populationsspezifische Ziel- und Zweckvorstellungen mit entsprechenden Motivationsgrundlagen existieren, je intersubjektiver die Bedürfnisse übertragen werden können und je häufiger die wechselseitige Übertragung instrumenteller Funktionen stattfindet« (EB, S. 206; im Original hervorgehoben).

Der erste qualitative Sprung zur Menschwerdung: ›Zweck-Mittel-Verkehrung‹ bei sozialer Werkzeugherstellung durch Einbeziehung in funktionsteilige Aktivitäten verallgemeinerter Vorsorge (dritter Analyseschritt)

Die damit gekennzeichnete funktionsteilige Koordination von Aktivitäten in verallgemeinerter sozialer Vorsorge ist die notwendige Voraussetzung und Grundlage für den *ersten qualitativen Sprung*, der den Prozeß der *eigentlichen Menschwerdung* einleitete: den *Funktionswechsel* von der *individuellen Mittelherrichtung und -benutzung*, wie sie dargestellt wurde, zu *sozialer Herstellung und sozialem Gebrauch von gegenständlichen Werkzeugen:*

»Die Entstehung des Werkzeugverhaltens allein im Sinne der Herstellung von Instrumenten und Apparaten bleibt... selbst wieder abstrakt, wenn sie nicht aus dem Stand der inneren sozialen Differenzierung der Primaten und Hominiden abgeleitet wird. Es ist schwer verständlich, wie die frühen Hominiden die Fähigkeit der materiellen Veränderung ihrer Umwelt erworben haben sollen, wenn sie nicht vorher bereits eine generalisierte soziale Erfahrung des instrumentellen Gebrauchs von Gegenständen bzw. Artgenossen besitzen. Zahlreiche

Verhaltensbeobachtungen haben gezeigt, daß *bereits bei tierischen Primaten die soziale Umwelt an funktioneller Bedeutung vor den Ereignissen der ökologischen Umwelt steht.* Dazu kommt, daß die instrumentelle Benutzung des Artgenossen für die Erreichung eigener Zwecke gegenüber der materiellen Veränderung gegenständlicher Werkzeuge insofern auf erleichterte Bedingungen trifft, als sie auf eine *psychische* Beeinflussung beschränkt bleibt und die *wechselseitige Ausnutzung sozialer Kooperationsleistungen evolutionstheoretisch positiv im Sinne der Arterhaltung ausgelesen wird.* Es handelt sich dabei um einen *sozialen* Systemeffekt, bei dem Leistungen des Gesamtverbandes für die Selbsterhaltung ausgenutzt werden, was wiederum die Gruppenexistenz sichert« (EB, S. 205f).

Bei der Entwicklung der Mittelbenutzung und Mittelherrichtung zu Werkzeugherstellung und -gebrauch i.e.S. hat es wahrscheinlich einige Vor- und Zwischenstufen im Hinblick auf die Systematik des Mittelgebrauchs, das Ausmaß der dabei vorgenommenen Veränderungen des Mittels etc. gegeben (vgl. SE, S. 111f). Alle diese Vorformen sind jedoch dadurch gekennzeichnet, daß die ›Mittel‹ im Zusammenhang *individueller* Aktivitätssequenzen zur Erreichung von Bedarfsobjekten durch das je einzelne Tier eingesetzt werden: Die Erfassung einer Frucht als individueller ›Endbedeutung‹ ist z.B. Voraussetzung dafür, daß ein Stock als Mittel zur Beschaffung dieser Frucht ausgewählt, hergerichtet und benutzt wird, wobei der Stock selbst nach Ausführung der Endaktivität (Verzehr der Frucht) seine Orientierungsbedeutung wieder einbüßt, also ›deaktualisiert‹ wird. Der entscheidende *Funktionswandel* des Mittels ist erst dann vollzogen, wenn die *Zweck-Mittel-Beziehung* hier quasi *umgekehrt* wird, indem die ›Mittel‹ nicht erst angesichts des ›primären‹ Bedarfsziels, sondern in *verallgemeinerter* Weise zur Erreichung einer *bestimmten Art von Bedarfszielen überhaupt*, sozusagen *›für den Fall‹,* daß ein spezifisches Bedarfsziel angestrebt wird, ausgewählt und zugerichtet werden: Der entsprechend hergerichtete Stock (um bei dem Beispiel zu bleiben) dient so nicht mehr als Mittel zur Beschaffung einer bestimmten Frucht, sondern als *Mittel zum verallgemeinerten Zweck der Früchtebeschaffung*; er steht damit in einem qualitativ anderen funktionalen Zusammenhang, wird nicht aufgrund des Anstrebens der Frucht als Bedarfsobjekt in seiner Orientierungsbedeutung aktualisiert, sondern zunächst quasi als ›Selbstzweck‹ bereitgestellt und aufgehoben, behält also seine *Orientierungsbedeutung als ›Mittel‹ in generalisierter Weise auch dann, wenn er gerade nicht gebraucht* wird (vgl. SE, S. 112).

Wenn man diese ›Zweck-Mittel-Umkehrung‹ (bei der das ›Mittel‹ quasi vor dem ›Zweck‹ da ist) nun im Zusammenhang mit den vorher dargestellten sozialen Entwicklungen der Hominiden-Linie sieht, so wird deutlich: Die verallgemeinerte Werkzeugherstellung für den Gebrauch bei künftigen Gelegenheiten ist ein *spezieller Aspekt der sozialen Vorsorge durch funktionsteilige Aktivitäts-Koordination*; der Funktionswechsel der Mittelbenutzung vom sekundären Hilfsmittel innerhalb individueller Aktivitätssequenzen zum verselbständigten Mittel zur Erreichung generalisierter Zwecke ist somit zustandegekommen durch die Einbezogenheit der (ja schon vorher herausgebildeten) Mittelbenutzung in den Prozeß der sozialen Entwicklung zu funktionsteiliger Koordination von Aktitäten, womit auch neue Formen der gelernten überindividuellen Kommunikativ-Orientierung entstanden sind (s.u.). Dies bedeutet, daß die verallgemeinerten Zwecke, denen die hergestellten Werkzeuge dienen, stets und von vornherein die *Zwecke der kollektiven Vorsorge* im Sozialverband zur Verringerung der Gefahr künftiger Bedrohtheits- oder Mangelzustände o.ä. der Sozietät sind. Die hergestellten Werkzeuge werden somit nicht zum individuellen Gebrauch aufgehoben, ihre *verallgemeinerte* Benutzbarkeit ist vielmehr eine *soziale* Verallgemeinerung: Sie stehen den *Mitgliedern des Sozialverbandes ›für den Fall‹, daß sie gebraucht werden, zur Verfügung* (die Vorstellung vom einsamen, ›kreativen‹ Hominiden, der individuell seine Werkzeuge erfindet, aufhebt und benutzt, läßt sich nicht aus der Rekonstruktion der wesentlichen Züge der wirklichen Hominidenentwicklung verallgemeinern, sondern ist ins Reich der Spekulation zu verweisen). Der *kognitive* Aspekt der Schaffung von Mitteln für *verallgemeinerte Zwecke* und der *soziale* Aspekt der *kollektiven Vorsorge* sind hier also nur *zwei Seiten des gleichen Entwicklungsprozesses*: Die geschilderte *Sachintentionalität* und *Sozialintentionalität* sind damit auf *neuem Niveau integriert*.

5.3 Die Entfaltung der sozialen Werkzeugherstellung zu gesellschaftlicher Arbeit bis zum Umschlag von der Dominanz der Phylogenese zur Dominanz der gesellschaftlich-historischen Entwicklung (vierter Analyseschritt)

Wechsel der Analyse-Ebene von der Entwicklung des Psychischen zum übergeordneten phylogenetischen bzw. gesellschaftlich-historischen Gesamtprozeß

Mit dem Funktionswechsel der Mittelbenutzung zur geschilderten sozialen Werkzeugaktivität ist eine Entwicklung eingeleitet, die, wie bereits generell herausgehoben (vgl. S. 159 ff), nicht nur zur Dominanz kollektiver Werkzeugherstellung und -benutzung, sondern zu einem *viel umfassenderen Dominanzwechsel* führt: Während die bisher dargestellten Entwicklungsstufen des Psychischen, insbesondere der Dominanzwechsel von der Festgelegtheit zur Lernfähigkeit, sich *innerhalb* des phylogenetischen Gesamtprozesses, also auf der Grundlage der Systemerhaltung von Organismen-Populationen über die Evolutionsmechanismen Selbstreproduktion, Mutation, Selektion etc. vollzogen, kommt es nun zu einem Dominanzumschlag des *Gesamtprozesses selbst*, dem Umschlag von der Dominanz der *phylogenetischen* zur Dominanz der *gesellschaftlich-historischen* Entwicklung. Dies geschieht dadurch, daß die Sozialstrukturen, die sich als ›mittlere Ebene‹ zwischen der individuellen Systemerhaltung und der Systemerhaltung von Organismen-Populationen herausgebildet haben (vgl. S. 120), nunmehr, im Zuge ihrer Verwandlung in gesellschaftliche Strukturen, die ›Oberhand‹ über den Systemerhaltungsprozeß der Organismen-Populationen gewinnen und über diesen ›dominieren‹, womit also in der gesellschaftlich-historischen Entwicklung eine *neue Qualität des Gesamtprozesses gegenüber dem bisherigen bloß phylogenetischen Gesamtprozeß* erreicht ist.

Daraus müssen sich – wie schon angedeutet – Konsequenzen für die Systematik der weiteren Problementfaltung ergeben: Wir können jetzt nicht einfach die Entwicklung des Psychischen weiterverfolgen, indem wir unmittelbar die neue, ›menschlich‹-gesellschaftliche Qualitätsstufe individueller Lern- und Entwicklungsfähigkeit rekonstruieren – dies deswegen nicht, weil die *Gesellschaftlichkeit* primär gar keine neue Entwicklungsstufe des *Psychischen*, sondern eben eine neue Entwicklungsstufe des *Gesamtprozesses* der Lebensgewinnung ist. Vielmehr haben wir zunächst die weitere Anthropogenese nach dem Funktionswechsel zur sozialen Werkzeugaktivität als erstem qualitativem Sprung zur Menschwerdung unter dem Gesichtspunkt zu analysieren, wie in der Übergangsphase zum zweiten qualitativen Sprung ein *Dominanzwechsel* sich vorbereiten konnte, der *nicht nur die Ebene der individuellen Lern- und Entwicklungsfähigkeit*, sondern die *Ebene des Gesamtprozesses* umgreift, womit die bisher durchgehende Dominanz der Phylogenese in die Dominanz des gesellschaftlich-historischen Prozesses umschlägt. Erst wenn so die *gesamtgesellschaftliche Gegenstandsebene* in ihren wesentlichen Bestimmungen erfaßt ist, können wir herausarbeiten, wie das *Verhältnis zwischen den Individuen und ihren Lebensbedingungen* auf der Ebene des *gesellschaftlich-historischen* Prozesses in seiner *besonderen Qualität zu charakterisieren* ist. Nachdem dies geschehen ist, und die daraus sich ergebenden methodologischen Konsequenzen entwickelt worden sind, können wir zur *Analyseebene des Psychischen zurückkehren* (Kapitel 6) und die menschliche Lern- und Entwicklungsfähigkeit in ihrer neuen Qualität gegenüber vormenschlicher Lern- und Entwicklungsfähigkeit aus ihrem Charakter als *Teilaspekt des übergeordneten gesellschaftlich-historischen Prozesses*, also als ›individuelle Vergesellschaftung‹ ableiten.

Verallgemeinerung der Werkzeuge zu Arbeitsmitteln: Vergegenständlichung-Aneignung als planende Voraussicht in bewußter gesellschaftlicher Realitätskontrolle und Erfahrungs-Kumulation

Die (aus Funden rekonstruierbare) Entwicklung der Werkzeugherstellung und -verwendung von den ersten Anfängen (beim Australopithecus, vgl. EB, S. 284ff) bis zu den altsteinzeitlichen Jäger- und Sammler-Kulturen läßt sich nach folgenden zentralen Gesichtspunkten charakterisieren: Übergang von der Schaffung und Verwendung globaler Einheitswerkzeuge (›Faustkeile‹ o.ä.) zur Herstellung eines Arsenals aufeinander bezogener *spezialisierter Werkzeugtypen*, wie Beile, Messer, Schaber, Nadeln (vgl. SE, S. 126f); Übergang von der Werkzeugherstellung bloß ›per Hand‹ zur *Herstellung von Werkzeugen für die Werkzeugherstellung*, damit Normierung und laufenden Verbesserung der Werkzeugtypen (vgl. EB, S. 320 f); Ausweitung der Werkzeugherstellung zur *werkzeugvermittelten Schaffung bzw. Veränderung weiterer Lebensumstände*, wie Kleidung, Behausung, Gefäß, Rodung von Wäldern, Anlegen von Wegen etc. (vgl. SE, S. 125); Übergang von Werkzeugherstellung und -gebrauch als einfacher Erweiterung ›natürlicher‹ Aktivitätsmöglichkeiten, etwa Verlängerung der Gliedmaßen o.ä., zur *Ausnutzung des gesetzmäßigen Aufeinander-Einwirkens von Naturkräften*, etwa durch Umsetzung des *Hebel-Prinzips* (vgl. EB, S. 276f); Beherrschung und Nutzung des Feuers (vgl. EB, S. 295); bis hin zur ›Erfindung‹ eines Jagdinstruments, das mit seiner komplexen Potenzierung natürlicher Möglichkeiten durch Anwendung von Naturgesetzen den Menschen quasi mit einem Schlage gegenüber der ›Tierwelt‹ auf qualitativ neue Weise ›in Vorteil brachte‹: *Pfeil-und-Bogen* (vgl. M I, S. 270f).

Das generelle Prinzip, mit dem man diese Entwicklung kennzeichnen kann, ist die *wachsende aktive Aneignung der Natur durch veränderndeingreifende Vergegenständlichung verallgemeinerter Zwecke der Lebensgewinnung*. Die so charakterisierte Vergegenständlichung ist die neue, *gesellschaftliche Qualität* der früher dargestellten ›Wiederveräußerlichung‹ von Orientierungsaktivitäten durch die ›Mittelherrichtung‹ und ›-benutzung‹ (die psychischen Implikationen dieser Entwicklung werden später dargestellt). Der Prozeß der Aneignung-Vergegenständlichung ist die *früheste Ausformung von* ›Arbeit‹ als ›gebrauchswertschaffende‹ *Umgestaltung menschlicher Lebensbedingungen*, damit *Schaffung von Lebensmitteln*. Die Werkzeuge sind also die *frühesten Formen von Arbeitsmitteln*.

Aus der (früher, S. 172 ff, dargestellten) Genese des Prozesses der sozialen Werkzeugherstellung ergibt sich, daß die Aneignung-Vergegenständlichung von vornherein und notwendig in den Prozeß der *kollektivvorsorgenden Lebenssicherung durch die Sozietät* einbezogen ist. ›Arbeit‹ ist mithin als solche *kollektive vergegenständlichende Naturverän-*

derung und Kontrolle von Naturkräften zur vorsorgenden Verfügung über die gemeinsamen Lebensbedingungen*;* der ›soziale‹ Lebensgewinnungsprozeß wird in dem Maße, wie ›Arbeit‹ für ihn bestimmend ist, zur *›gesellschaftlichen‹ Lebensgewinnung*. Damit wandelt sich die geschilderte ›funktionsteilige Koordination‹ auf der höchsten Stufe der subhumanen Hominiden nunmehr unter ›Aufhebung‹ ihrer wesentlichen Bestimmungen zur *›arbeitsteiligen Kooperation‹* als Vermittlung des Zusammenwirkens über die *vergegenständlichende* Weltveränderung in Realisierung gemeinsamer Ziele der vorsorgend-geplanten gesellschaftlichen Lebenssicherung. Geplante Lebenstätigkeit des Menschen ist nicht lediglich die Bewältigung einer aktuellen Situation durch Zielantizipation und Aktivitätskontrolle, sondern *planende Voraussicht künftiger aktueller Situationen und generalisierte Realitätskontrolle durch Bereitstellung der Mittel zu ihrer Bewältigung* (M I, S. 250; zu diesem Abschnitt vgl. auch SE, S. 129ff, und EB, S. 204 ff).

Mit der Herausbildung des Arbeitsprozesses erreichen auch die höchsten Formen tierischer *›Traditionsbildung‹* als soziale Weitergabe innerhalb der geschilderten komplexen Sozialsysteme (vgl. S. 154) eine *neue Qualität:* Die Aneignung-Vergegenständlichung ist nämlich nicht nur als *Prozeß* vorsorgend-eingreifende kollektive Weltveränderung etc., sondern auch als *Resultat* die *gegenständliche Fixierung von praktischem Veränderungswissen*, das sich aus dem eingreifenden Handeln ergeben und zur spezifischen Gestaltung bzw. Optimierung der Vergegenständlichung geführt hat.

Leontjew veranschaulicht dies in seinem berühmten Axt-Beispiel: »Beim Benutzen einer Axt... wird nicht nur dem Ziel einer praktischen Handlung entsprochen, sondern es werden auch die Eigenschaften des Arbeitsgegenstandes widergespiegelt, auf den sich die Handlung richtet. Der Hieb einer Axt erprobt also untrüglich die Härte des Materials, aus dem der betreffende Arbeitsgegenstand besteht. Seine objektiven Eigenschaften werden nach Merkmalen, die im Werkzeug selbst objektiv gegeben sind, praktisch analysiert und verallgemeinert. Das Werkzeug wird damit gleichsam zum Träger der ersten, echten, bewußten und vernünftigen Abstraktion, der ersten, bewußten und vernünftigen Verallgemeinerung.« (1973, S. 208f)

Dieses in den Vergegenständlichungen fixierte Wissen bildet einen *überdauernden gegenständlichen Erfahrungsfundus*, auf welchen von den Mitgliedern der Gesellungseinheit zurückgegriffen und der zur Grundlage weiterer Veränderungsaktivitäten gemacht werden kann. Die Traditionsbildung gewinnt so Züge einer *Kumulation vergegenständlichter gesellschaftlicher Erfahrung*. Die Frühform solcher Erfahrungskumulation ist die laufende Verbesserung und Spezialisierung von Werkzeugen über mehrere Generationen, womit gleichzeitig eine *Erweiterung und Differenzierung praktischer Welterkenntnis*, die ›in den Werkzeu-

gen steckt‹, verbunden ist (vgl. SE, 126f). Damit gewinnt auch die *arbeitsteilige Kooperation* einen überdauernden, die jeweils aktuelle Beziehung überschreitenden Charakter als *in den Prozeß der Erfahrungskumulation einbezogene vergegenständlichte Kooperationsstruktur* – zunächst in der Aufeinanderbezogenheit der in den verschiedenen spezialisierten Werkzeugtypen vergegenständlichten Handlungsmöglichkeiten (vgl. SE, S. 136f).

Herausbildung der ›gesellschaftlichen Natur‹ des Menschen durch ›Selektionsvorteile‹ der gesellschaftlichen Lebensgewinnung, damit deren Rückwirkung auf die genomische Information

Mit der bis hierher dargestellten Entwicklung über den ersten qualitativen Sprung des Funktionswechsels zur Werkzeugherstellung hinaus ist nun zwar der Prozeß der Herausbildung vergegenständlichender Arbeit, damit Vergesellschaftung des Menschen in seinem Wesen und seiner Richtung benannt, damit ist aber, wie sich aus der Charakteristik des ›vierten Analyseschritts‹ ergibt, die *Dominanz* des gesellschaftlich-historischen Prozesses gegenüber dem phylogenetischen Prozeß nicht auch schon aufgewiesen. Im Gegenteil: Es ist nicht nur als Faktum zu berücksichtigen, daß die *frühesten Formen* der gesellschaftlichen Erfahrungskumulation noch wie die tierischen Traditionsbildungen dem *dominanten phylogenetischen Prozeß untergeordnet* waren und lediglich *Spezialisierungen zur Optimierung* der evolutionären Anpassungsvorgänge darstellten; darüberhinaus ist der später erfolgende *Wechsel zur Dominanz des gesellschaftlich-historischen Prozesses* überhaupt nur *als möglich begreifbar*, wenn man auf die *Zwischenphase der Gleichzeitigkeit zwischen sich herausbildenden gesellschaftlichen Lebensweisen und der fortdauernden Beherrschtheit des Gesamtprozesses der Lebensgewinnung von den phylogenetischen Evolutionsmechanismen* zurückgreift.

Um dies zu zeigen, verdeutlichen wir die Dominanz des biologischen Evolutionsprozesses gegenüber frühen Formen der Gesellschaftlichkeit zunächst an seinen *negativen Auswirkungen*, indem wir die folgenden, seine Einzelanalysen zusammenfassenden Formulierungen SCHURIGs wiedergeben:

»Mit dem erstmaligen Herstellen eines Werkzeugs im TMÜ ist keineswegs der Umschlag von Naturgeschichte und menschlicher Geschichte in seiner endgültigen Form vollzogen. Dies ist lediglich die *Entstehung* des besonderen Naturverhältnisses des Menschen, der Arbeit. Aber die Arbeit bestimmte *keineswegs die Lebensbedingungen der Frühmenschen* vollständig, sondern diese bleiben in ihrer Gesamtheit der Verhaltensaktivität noch *Naturwesen*. Alle fossilen Hominiden sind trotz Werkzeuggebrauchs ausgestorben. Die gesellschaftlich

Entfaltung der sozialen Werkzeugherstellung zu gesellschaftlicher Arbeit 179

organisierende Kraft des Arbeitsprozesses war zwar faktisch vorhanden, konnte aber weder für die Australopithecinen, noch den Homo erectus oder den Neanderthaler die Wirksamkeit der Selektionswirkung aufheben. Bei allen drei Formen handelt es sich um *biologische Spezialisierungen*, die wahrscheinlich aufgrund ihrer körperlichen Spezialisation oder durch den Selektionsdruck höher entwickelter Hominiden ausgestorben sind, ohne daß aber der Werkzeuggebrauch diesen Prozeß hätte verhindern können. *Man sollte deshalb klar zwischen dem historisch erstmaligen Auftreten der Herstellung von Werkzeugen und der Durchsetzung für die gesamte Lebensorganisation, die dann ihre eigentliche gesellschaftliche Qualität erhält, unterscheiden. Solange Hominiden trotz Werkzeuggebrauchs aussterben, dominieren die biologischen Entwicklungsbedingungen über die gesellschaftlichen...«* (EB, S. 254)

Der Umstand, daß die Frühmenschen trotz ihrer Ansätze zu gesellschaftlicher Lebensgewinnung noch ›ausstarben‹, also der natürlichen Selektion innerhalb des dominanten Evolutionsprozesses unterlagen, hat nun eine ›positive‹ Kehrseite, die für den *Dominanzwechsel zur Gesellschaftlichkeit von größter Bedeutung* ist: Die gesellschaftlichen Lebensformen konnten überhaupt nur entstehen und sich weiterentwickeln, weil sie ›Selektionsvorteile‹ erbrachten, und die ›zwischenartliche‹ Konkurrenz, die zum Aussterben bestimmter Hominiden-Formen führte, hatte gleichzeitig den Effekt, daß die Hominiden-Formen mit den jeweils im Sinne der Lebenserhaltung ›besseren‹ gesellschaftlichen Organisationsweisen in der weiteren Phylogenese erhalten blieben: »*Die Evolution der menschlichen Gesellschaft ist in dieser Phase der Hominisation lediglich ein besonders erfolgreicher Selektionsfaktor und unterliegt auch den Gesetzmäßigkeiten der biologischen Selektion.*« (EB, S. 324)

Dies bedeutet also, daß der *Übergang* vom *ersten qualitativen Sprung* durch *Funktionswechsel* der Mittelbenutzung zur Herausbildung von Werkzeugen als ›Arbeitsmitteln‹ zum *zweiten qualitativen Sprung* des *Wechsels von der Dominanz* des *phylogenetischen* zur *Dominanz* des *gesellschaftlich-historischen Gesamtprozesses* zwar einerseits (zum großen Teil, s.u.) noch der Phylogenese mit ihren Evolutionsgesetzen unterliegt: Andererseits aber wirken in dieser Übergangsphase *über den Selektionsmechanismus* die *Ansätze zur gesellschaftlichen Lebensgewinnung selbst auf die genomische Information, also das ›Erbgut‹ zurück*. So entwickelt sich die *biologische Funktionsgrundlage der Lern- und Entwicklungsfähigkeit der Hominiden (in später genau zu differenzierender Weise) immer mehr zur biologischen Funktionsgrundlage für die Fähigkeit zur gesellschaftlichen Organisation der Lebensgewinnung*. Der Mensch wird durch einen derartigen Kumulationsprozeß *genomischer* Information zum *einzigen Lebewesen*, das aufgrund seiner ›artspezifischen‹ biologischen Entwicklungspotenzen zur gesellschaftlichen Lebensgewinnung fähig ist. Damit darf an dieser Stelle irgendein *Gegensatz* zwischen ›Natur‹ und ›Gesellschaftlichkeit‹ des Menschen nicht konstruiert werden: Der Mensch gewinnt auf dem phylogenetischen Wege zur Dominanz des gesellschaftlichen Prozesses – nicht in einem metaphorischen, sondern im wörtlichen Sinne – seine ›*gesellschaftliche Natur*‹, d.h. *natürliche Entwicklungspotenz zur Gesellschaftlichkeit* – dieses Konzept erscheint nur deswegen paradox, weil die ›Gesellschaftlichkeit‹ der menschlichen ›Natur‹ weder in der traditionellen Biologie noch in den traditionellen Gesellschaftswissenschaften abzubilden ist, was an der isolierenden ›Arbeitsteilung‹ dieser Wissenschaften liegt. (Zu diesem Abschnitt vgl. M I, S. 328-331.)

Vorbereitung des Dominanzwechsels von der phylogenetischen zur gesellschaftlich-historischen Entwicklung durch ›Übergangsgesetze‹ zur selbständigen Kontinuität des gesellschaftlichen Prozesses

Es ist also (wie wir hier vorerst prinzipiell feststellen und später ausführen) die *phylogenetische Herausbildung der gesellschaftlichen Natur* des Menschen, durch welche die bisher dargestellten Entwicklungen zur Gesellschaftlichkeit nach dem Funktionswechsel zur sozialen Werkzeugherstellung möglich waren. Wie aber kommt es in der weiteren Entwicklung zur *Dominanz der Gesellschaftlichkeit über die Phylogenese*, und wie ist dieses Stadium zu charakterisieren?

Die entscheidende Voraussetzung für diesen Dominanzwechsel ist global gesehen dann gegeben, wenn im Prozeß der Wechselwirkung zwischen der Herausbildung gesellschaftlicher Lebensformen und der durch den damit verbundenen Selektionsvorteil *verstärkten biologischen Entwicklungspotenzen zur Gesellschaftlichkeit* ein Stadium erreicht ist, in welchem der *innere Widerspruch zwischen Lebensgewinnung und systemgefährdenden Außenweltbedingungen* nicht mehr lediglich zu phylogenetischen Optimierungen führt, sondern *nur* durch *Optimierungen innerhalb des Prozesses der über vergegenständlichende Arbeit vermittelten gesellschaftlichen ›Traditionsbildung‹ aufgehoben* werden kann. Wir haben es hier also einerseits noch mit Entwicklungen zu tun, die – wie die evolutionäre Progression – an ›mittlere Diskrepanzen‹ zwischen System-Kapazität und Außenweltanforderungen gebunden sind (vgl. S. 64 f), wobei aber andererseits die Progression sich nicht mehr nur über die *Ausmerzung der schlechtest-angepaßten Individuen bzw. Populationen* vollzieht, sondern durch *aktive Anpassung des gesellschaftlichen Lebensgewinnungsprozesses an die Außenweltanforderungen* (vgl. dazu auch M I, S. 268f und 352 sowie EB, S. 312).

Derartige Entwicklungsprozesse, die quasi ›Übergangsgesetzen‹ von der Phylogenese zur Gesellschaftsdominanz unterliegen, setzen also sowohl eine durch vorgängige Rückwirkungen auf die Selektion entstandene hochgradige ›*Verdichtung*‹ *der genomischen Information* im Sinne der ›gesellschaftlichen‹ Entwicklungspotenzen des Menschen voraus, wie eine ›*optimale*‹ *Diskrepanz zwischen gesellschaftlichen Entwicklungsmöglichkeiten und Außenweltanforderungen*, die mithin weder zur Stagnation noch zum Untergang führen, sondern in einer Effektivierung der (durch die evolutionäre Entwicklung ermöglichten) *gesellschaftlich* tradierten Lebensgewinnungsformen aufgefangen werden können. Dies bedeutet, daß hier aufgrund konkreter realhistorischer Umweltbeschaffenheiten die ›natürlichen‹ Entwicklungspotenzen zur Gesellschaftlichkeit, obwohl auf der einen Seite *durch evolutionäre Selektion entstanden*, auf der anderen Seite einen Prozeß ermöglichen, in welchem das *Prinzip der natürlichen Selektion als Entwicklungsfaktor gegenüber der Optimierung verallgemeinerter gesellschaftlicher Vorsorge durch Arbeit immer mehr zurücktritt*. Auf diese Weise ist der Umschlag von der *Dominanz* des (in der Größenordnung von Jahrhunderttausenden sich vollziehenden) *phylogenetischen Prozesses* zur *Dominanz* eines durch die Möglichkeit geplanter Verbesserung der kollektiven Lebenssicherung der Selektionswirkung enthobenen, damit *selbständige Kontinuität gewinnenden gesellschaftlich-historischen Entwicklungsprozesses* eingeleitet. Die bisherige ›*Zwischenebene*‹ *der Sozialstrukturen und -prozesse* (vgl. S. 120) schlägt hier – wie gesagt – quasi nach außen, gewinnt die *Oberhand* über den (gleichwohl fortbestehenden) *phylogenetischen Prozeß*, wird so bestimmend für die *Entwicklung* des Gesamtprozesses.

Durch diesen Umschlag zur Dominanz der überindividuellen, über den *Vergegenständlichungsprozeß* vermittelten Erfahrungskumulation entsteht ein gemessen an der Selektionswirkung *ungleich mächtigeres und effektiveres Mittel zur Entwicklungsoptimierung* in der *Größenordnung nach kürzeren Zeiträumen* (Jahrtausenden und Jahrhunderten): Hier beginnt ein Progressionsprozeß, der nicht nur durch die geplante verallgemeinerte Vorsorge das Selektionsprinzip real zurückgedrängt wurde, sondern den Prozeß der selektionsbedingten organismischen Merkmalsveränderungen schon durch den *vergleichsweise unendliche Langsamkeit faktisch bedeutungslos* werden ließ (vgl. M I, S. 350).

Von der Okkupations- zur Produktionswirtschaft: Dominanz ›innergesellschaftlicher‹ Entwicklungsgesetze

Zum Zusammentreffen von hochentwickelten biologischen Potenzen zur Gesellschaftlichkeit mit den genannten ›günstigen‹, neue Formen gesellschaftlicher Lebenserhaltung hervortreibenden Umweltverhältnissen kam es im Neolithicum (der ›Jungsteinzeit‹) – abgesehen von einigen anderen Ursprungsgebieten von untergeordneter Relevanz – in bestimmten Gebieten Nordafrikas/Kleinasiens (die deswegen auch als ›Wiege der Menschheit‹ bezeichnet werden). Hier waren einerseits die Waldgebiete als die Lebensquellen der bisherigen Jäger- und Sammlergesellschaften immer mehr zurückgetreten, andererseits gab es hier außerordentlich fruchtbaren Boden. Hinzukam ein hoher Grad von Bevölkerungsdichte bei relativ entwickelten sozialen Organisationsformen, was offensichtlich die Verbreitung und Kumulation gesellschaftlichen Änderungswissens begünstigte und generell zu einer großen Informationsdichte der Kommunikation, so zur Herausbildung der ersten Formen von Bilderschrift, führte (vgl. M I, S. 280 f). Durch die schnelle Reduzierung der bisherigen Ressourcen wäre hier eine evolutionäre Anpassung wegen der dazu nötigen großen Zeitstrecken nicht mehr möglich gewesen. Der hohe Stand der biologischen Vergesellschaftungs-Potenzen, zusammen mit den genannten günstigen Bedingungen, ermöglichte aber die ›Anpassung‹ an die neuen Lebensverhältnisse durch eine qualitative Weiterentwicklung der *gesellschaftlichen* Lebensgewinnung (die damit erstmalig in Erscheinung trat): den Übergang von der bloßen ›*Okkupationswirtschaft*‹ als Ausbeutung vorhandener Lebensquellen (Jagdtiere, Waldfrüchte etc.) zur ›*Produktionswirtschaft*‹, also geplanten Herstellung von Lebensmitteln durch Feldbau und später Viehzucht. Dadurch kam das *gesellschaftliche Lebensprinzip der Verfügung über Lebensmittel/-bedingungen* in *verallgemeinerter kollektiver Vorsorge* erst völlig ›*auf seinen Begriff*‹. Der Vergesellschaftungsgrad der Daseinssicherung wuchs durch die Notwendigkeit gemeinsamer Feldbestellung, insbesondere aber das Erfordernis des kollektiven Baus und Erhalts von Bewässerungsanlagen, rapide an; im Zusammenhang damit kam es zur Zentralisation gesellschaftlicher Macht, zu ersten globalen Arbeitsteilungen, etwa zwischen ›Stadt‹ und ›Land‹, in der Folge zur Herausbildung eines verselbständigten Handwerks, das durch die Erwirtschaftung eines *beständigen gesellschaftlichen Mehrprodukts* (wie die ›Zentralverwaltungen‹ und die neuen Herrschaftsinstanzen) ›miternährt‹ werden konnte (vgl. M I, S. 275 bis 283). Durch die Produktion von Lebensmitteln traten die Menschen in einem bisher nicht gekannten Ausmaß *aus der Natur heraus und ihr durch deren geplante Veränderung gegenüber*, was zu tiefgreifenden Wandlungen der sozialen Lebensformen, Kommunikations- und Denkweisen führen mußte. Die Ausgeliefertheit an aktuelle, ›zufällige‹ Naturverhältnisse wurde in neuer Qualität in Richtung auf die Umwandlung der Natur in eine ›*menschliche Lebenswelt*‹, die auf konsistente und vorhersehbare Weise die Lebensnotwendigkeiten der Gesellschaftsmitglieder absichert, überwunden.

Diese durch Arbeit geschaffene gegenständliche Lebenswelt, in welcher die Menschen bei der Aneignung der Natur sich als Produktionsgemeinschaft miteinander ins Verhältnis setzen, wurde fortan zum gegenüber der organismischen Selbstreproduktion verselbständigten Träger einer gesellschaftlich-historischen Entwicklung. Die geschilderten ›Übergangsgesetze‹, durch welche der Mensch seine Naturverhaftetheit auf neuer Ebene überwand, gingen so in *innergesellschaftliche Entwicklungsgesetze* über.

Mit der Kontinuität der innergesellschaftlichen Gesetzen unterliegenden historischen Entwicklung von *Produktionsweisen* hat sich der gesellschaftlich-historische erst endgültig vom phylogenetischen Prozeß abgelöst. Die Rückwirkung gesellschaftlicher Lebensformen auf die Phylogenese, die den Übergang zu einer solchen Kontinuität erst ermöglichte und deren Resultat als ›gesellschaftliche Natur‹ des Menschen dem Gesellschaftsprozeß nach wie vor zugrundeliegt, wird nun für die *weitere Entwicklung gänzlich bedeutungslos*: Diese ist allein durch *gesellschaftliche* Kräfte bestimmt, die *Veränderung von neuer Größenordnung* ermöglichen: Während der Prozeß der sozialen Werkzeugherstellung vor mindestens einer Million Jahren (vermutlich sehr viel früher) einsetzte und es hochkomplexe Werkzeugkulturen (in denen die ›gesellschaftliche Natur‹ des Menschen wohl schon weitgehend vollendet war) vor 40 000 Jahren gab, umfaßt der kontinuierliche gesellschaftlich-historische Prozeß vom Neolithicum an bis heute maximal 10 000 Jahre.

Erst mit dieser gesellschaftlich-historischen Kontinuität ist der *Dominanzwechsel* vom phylogenetischen zum gesellschaftlich-historischen Gesamtprozeß, der aufgrund des Entwicklungsstandes der evolutionär gewordenen Vergesellschaftspotenzen schon (vielleicht 30 000 Jahre) eher möglich gewesen wäre, *faktisch vollendet*. Dies bedeutet natürlich nicht, daß damit die Phylogenese vom gesellschaftlich-historischen Prozeß abgelöst worden wäre: Die *›Arterhaltung‹* durch Selbstreproduktion ist weiterhin die Grundlage allen, also auch des gesellschaftlichen Lebens. Die phylogenetische Kontinuität ist aber von nun an *nur die unspezifische Basis* der menschlichen Existenz, *nicht aber entwicklungsbestimmend für den Gesamtprozeß der Lebensgewinnung*.

Der praktische Fortfall des ›richtunggebenden‹ Prinzips der Evolution, der ›natürlichen Selektion‹, kommt schon grob quantitativ in der Zunahme der Menschen von vielleicht einigen tausend an der Schwelle der eigentlichen Menschheitsgeschichte bis auf vier Milliarden zum Ausdruck (vgl. EB, S. 254). Der Mensch ›braucht‹ jetzt sozusagen das Selektionsprinzip nicht mehr, da (als Selektionsresultat) seine *biologisch unveränderte ›Natur‹ all die ungemessenen gesellschaftlichen Entwicklungspotenzen enthält, wie sie bisher in der Geschichte realisiert und sicherlich nicht einmal ansatzweise ausgeschöpft worden sind*. Wieweit dennoch durch den gesellschaftlichen Lebensgewinnungsprozeß hindurch sich in *evolutionären Größenordnungen* (also in Jahrhunderttausenden) irgendwelche durch systematische Tendenzen im Fortpflanzungsprozeß entstehende Veränderungen der genetischen Information durchsetzen, diese Frage ist in unserem gesellschaftlich-historischen Zeithorizont kaum beantwortbar.

Nach Vollendung des ›Dominanzumschlags‹ von der Phylogenese zum gesellschaftlich-historischen Prozeß sind per definitionem die *spezifischen* Charakteristika der Gesellschaftlichkeit auch für die Lebensgewinnung *bestimmend* geworden. Dies heißt, wie aus unserem methodischen Grundsatz sich ergibt, aber nun *nicht*, daß diese Spezifika von *An-*

fang an und total in gesamtgesellschaftlichen Prozeß durchgesetzt sind. Vielmehr entsteht daraus, daß die spezifischen Momente durch den Dominanzwechsel bestimmend geworden sind, nur eine *neue Entwicklungsrichtung* des Gesamtprozesses (fünfter Analyseschritt). Dabei müssen die spezifischen Kennzeichen der Gesellschaftlichkeit zwar im realen historischen Prozeß *immer* soweit wirksam sein, daß die Erhaltung des Lebens auf *gesellschaftlichem* Niveau möglich ist – andernfalls kann von der neuen gesellschaftlichen Stufe der Lebensgewinnung nicht die Rede sein. Darüberhinaus ist aber die *Durchsetzung der Spezifika gesellschaftlicher Lebenserhaltung – bewußte, vorsorgende Verfügung über gemeinsame Lebensbedingungen durch kollektive Arbeit etc. – in immer mehr Teilbereichen des gesellschaftlichen Prozesses*, die *Durchdringung des gesamten Lebens der Gesellungseinheit von den Bestimmungen der Gesellschaftlichkeit,* ein *vielgestaltiger und vielfach gebrochener Entwicklungsvorgang*, der *bis heute nicht abgeschlossen* ist. Es ist kein Widerspruch, wenn *einerseits* festzustellen ist, daß die *gesellschaftliche* (nicht mehr die phylogenetisch-naturhafte) Form der Lebensgewinnung *durchgehend* für den neuen gesellschaftlich-historischen Entwicklungstyp *bestimmend* ist, und *andererseits* gilt, daß die gesamtgesellschaftliche Entwicklung über die Minimalbestimmungen gesellschaftlicher Lebensgewinnung hinaus als ein *unabgeschlossener Prozeß zunehmender Vergesellschaftung* zu verstehen ist. – Auch hier gilt im übrigen, was früher (S. 61 f und 63 ff) über die phylogenetische Progression gesagt worden ist: Mit der Heraushebung der allgemeinen Prinzipien gesellschaftlich-historischer Entwicklung ist weder ›normativ‹ ausgesagt, daß ein solcher Entwicklungsprozeß stattfinden *muß*, noch ist behauptet, daß eine gesellschaftlich-historische Entwicklungsprogression tatsächlich überall stattgefunden *hat* bzw. stattfinden *wird*, sondern es soll lediglich faßbar gemacht werden, nach welchen Prinzipien die gesellschaftliche Entwicklung, *sofern* sie stattfindet, begriffen werden muß, was auch das Begreifen der *Bedingungen der Stagnation bzw. des Verfalls gesellschaftlich-historischer Lebensgewinnungsprozesse* einschließt.

5.4 Methodologische Konsequenzen aus der neuen Qualität des gesellschaftlich-historischen Gesamtprozesses für die Kategorialanalyse des Psychischen in seiner menschlich-gesellschaftlichen Spezifik

Begründung der Möglichkeit der weiteren funktional-historischen Rekonstruktion der bisher herausgearbeiteten psychischen Funktionsdimensionen und -aspekte in ihrer neuen Qualität als Momente der gesellschaftlichen Natur des Menschen

Nach dem aufgrund des empirischen Materials notwendigen Wechsel der Analyse-Ebene vom Psychischen auf den Gesamtprozeß, dabei der Herausarbeitung des Umschlags von der Dominanz des phylogenetischen Prozesses zur Dominanz des gesellschaftlich-historischen Prozesses, hätten wir nun zur psychischen Analyse-Ebene zurückzukehren und die Spezifik des Psychischen auf menschlichem Niveau als Teilaspekt des gesellschaftlich-historischen Prozesses kategorialanalytisch faßbar zu machen. Zuvor aber haben wir uns zu fragen, wieweit mit Bezug auf diesen neuen Gegenstandsaspekt unser bisheriges methodisches Vorgehen, die ›funktional-historische‹ Ursprungs- und Differenzierungsanalyse, noch angemessen bzw. ausreichend ist. Wir greifen damit die methodologischen Vorüberlegungen zur individualwissenschaftlichen Kategorialanalyse aus Kap. 1.3 unter Berücksichtigung der nun erreichten inhaltlichen Resultate wieder auf.

Die Anwendbarkeit des funktional-historischen Verfahrens im engeren Sinne ist daran gebunden, daß man die zu analysierenden gegenwärtigen Erscheinungen als Resultat eines über die Weitergabe genomischer Information im ›Erbgang‹ vermittelten kontinuierlichen und kumulativen Differenzierungs- und Qualifizierungsprozesses auffassen kann.[1]

---

1 Damit ist natürlich nicht behauptet, daß der phylogenetische Prozeß als solcher ein kontinuierlicher, einsinniger Differenzierungs- und Qualifizierungsprozeß sei. Die ›Phylogenese selbst‹ verläuft in verschiedenen Evolutionsreihen, deren jeweils vorläufige Resultate hinsichtlich ihrer Entwicklungshöhe kaum vergleichbar sind; außerdem gibt es hier nicht nur ›Kontinuität‹, sondern auch ›Abbruch‹ (z.B. durch ›Aussterben‹ von Arten). Die funktional-historische Analyse ist aber eine genetische Rekonstruktion, die an einer gegenwärtigen Form als vorläufigem Resultat einer einzigen Evolutionsreihe, nämlich der zum Menschen führenden, ansetzt. Damit darf hier mit Bezug auf diese eine (anthropogenetische) Evolutionsreihe der Endzustand als der vergleichsweise entwickeltste aufgefaßt und bis dahin Kontinuität angenommen werden, da im Falle des Abbruchs der Endzustand ja nicht erreicht worden wäre. Es geht hier folglich nicht um das ›Ob‹, sondern nur um das ›Wie‹ der kontinuierlichen Entwicklung, also die Herausarbeitung der im Gegenwärtigen präsenten bzw. ›aufgehobenen‹ Differenzierungsvorgänge und qualitativen Sprünge.

Demgemäß mag es so scheinen, als stoße die funktional-historische Analyse da prinzipiell an ihre Grenzen, wo das Psychische nicht mehr nur in seinen ›biologischen‹, sondern in seinen ›gesellschaftlichen‹ Aspekten charakterisiert werden soll, da – wie von uns hervorgehoben – der gesellschaftlich-historische Prozeß ja gerade nicht mehr durch die Veränderung genomischer Information, sondern durch die Veränderung gegenständlich-sozialer Verhältnisse qualifiziert ist.

Nun sind wir aber bei der Heraushebung des qualitativen Umschlags von der Dominanz des phylogenetischen zur Dominanz des gesellschaftlich-historischen Gesamtprozesses zu einem (für die weitere Analyse zentralen) Befund gekommen, durch welchen diese Auffassung zu relativieren ist. Es hat sich nämlich gezeigt, daß die zunächst paradox erscheinende Frage, wie der phylogenetische Prozeß aufgrund der ihm inhärenten Evolutionsgesetze sich in seiner dominanten Funktion selbst zugunsten der Dominanz des gesellschaftlich-historischen Prozesses ›außer Kraft setzen‹ kann, nur durch folgende empirisch gestützte Annahme klärbar ist: Es muß davon ausgegangen werden, daß zwischen dem ersten qualitativen Sprung (Funktionswechsel durch Zweck-Mittel-Verkehrung) und dem zweiten qualitativen Sprung (Dominanzwechsel vom phylogenetischen zum gesellschaftlich-historischen Prozeß) zur Menschwerdung die gesellschaftliche Lebensgewinnungsform in ihren Anfängen aufgrund der damit verbundenen interspezifischen Selektionsvorteile noch auf die genomische Information zurückgewirkt hat, womit die biologischen Potenzen zur Gesellschaftlichkeit, die dem Menschen als einzigem Lebewesen eigen sind, sich als seine gesellschaftliche Natur herausbilden konnten. Nur durch diese Annahme ist die gängige Aporie, daß man dem Menschen mit seiner vermeintlich bloß ›biologischen‹ Natur gleichwohl die Fähigkeit zur gesellschaftlichen Lebensgewinnung zusprechen muß, somit seine Gesellschaftlichkeit als etwas dem Menschen Äußerliches, ›Zusätzliches‹, von seiner wirklichen sinnlich-praktischen Existenz Abgehobenes verkürzt – nicht nur spekulativ, sondern mit Bezug auf den naturwissenschaftlich erklärbaren empirischen Menschwerdungsprozeß zugunsten des Aufweises der Vermittlung zwischen ›Natürlichkeit‹ und ›Gesellschaftlichkeit‹ des Menschen überwindbar.

Diese Argumentation ist nur richtig zu verstehen, wenn man sich vergegenwärtigt, daß ›genomische Information‹ auf *psychischem* Spezifitätsniveau grundsätzlich nur aus den wirklichen Lebensaktivitäten der Organismen in ihrer artspezifischen Umwelt, also (wie früher gesagt) aus dem ›*Organismus-Umwelt-Zusammenhang*‹, inhaltlich entschlüsselbar ist: Nur bei Berücksichtigung dieses Umweltbezuges sind die biologische Funktion der genomisch präformierten Aktivitätsformen bzw. Lernmöglichkeiten, damit auch die evolutionsgesetzliche Entstehung und Veränderung genomischer Information, faßbar und so der ›Informationsgehalt‹ der Information zu bestimmen. Wenn man bei der Untersuchung der genomischen Information vom Bezug auf die artspezifische Umwelt absieht, so abstrahiert man dabei vom psychischen, ja sogar noch weitergehend vom biologischen Spezifitätsniveau und kann so nur unspezifische, etwa biochemische, Charakteristika der Aufnahme, Speicherung und des Abrufs der genomischen Information erfassen.

Dies gilt, *sofern dabei die genomische Information sich noch evolutionsgesetzlich verändert, prinzipiell auch dann*, wenn die Umwelt von den Organismen/Individuen in *immer höherem Grade durch gegenständliche Tätigkeit in Frühformen gesellschaftlicher Arbeit* umgestaltet wird, also die *Anpassung der Organismen an die Umwelt* in die *Anpassung der Umwelt an die Organismen* übergeht, und so aus dem Organismus-Umwelt-Zusammenhang schließlich ein ›*Mensch-Welt-Zusammenhang* wird: Auch hier ist die Analyse der *Umwelt- bzw. Weltbeziehungen* der Organismen/Individuen und deren *Funktion für die Lebensgewinnung* der *Schlüssel für die inhaltliche Bestimmung der genomischen Information* auf psychischem Niveau. Solange die Gesamtentwicklung noch durch Mutation und Selektion etc. dominiert ist, hat die Umwelt/Welt der Organismen/Individuen – *auch, soweit sie durch gegenständliche gesellschaftliche Arbeit verändert ist* – noch den Charakter *und die Funktion einer ›artspezifischen Umwelt‹*.

Wenn wir aufweisen, daß auf dem Wege vom ›Funktionswechsel‹ zum ›Dominanzwechsel‹ einerseits die soziale Werkzeugherstellung immer mehr in Frühformen gesellschaftlicher Arbeit übergeht, sich andererseits dabei durch die so entstehenden besonderen interspezifischen Selektionsvorteile die genomische Information zur ›gesellschaftlichen Natur‹ des Menschen verdichtet und qualifiziert, so gehen wir also *nicht anders vor als in den funktional-historischen Analysen ›unterhalb‹ des Menschwerdungsprozesses auch*. Wir berücksichtigen dabei, wie stets, die jeweiligen besonderen Züge der artspezifischen Umwelt, aus der die Differenzierungs- und Qualifizierungsprozesse des Psychischen sich ableiten lassen. Der Umstand, daß dies *in diesem Fall* Umweltveränderungen durch *Frühformen gesellschaftlicher Arbeit* sind, ist *nicht unserer Verfahrensweise geschuldet, sondern ein inhaltlicher Befund*. Der Terminus ›gesellschaftliche Natur‹ des Menschen ist also kein pseudodialektischer Trick, durch den das, was real unvereinbar ist, in paradoxer Rede verbal zusammengezwungen wird, sondern Resultat einer naturwissenschaftlich ausweisbaren Begriffsbildung.[1]

---

1 Wir räumen allerdings ein, daß es demjenigen, der in seinem Denken der traditionellen wissenschaftlichen Arbeitsteilung verhaftet ist, schwer fallen muß, dies zu begreifen; und zwar nicht nur dem Biologen, der in den Kategorien seiner Wissenschaft keine Möglichkeit sieht, so etwas wie ›Gesellschaftlichkeit‹ abzubilden, sondern auch dem, womöglich kritischen, Sozialwissenschaftler, der meint, die Analyse gesellschaftlicher Phänomene schließe ein naturwissenschaftliches Vorgehen aus, und der die Bezeich-

Aus dem Gesagten geht hervor, daß wir im folgenden – soweit es darum geht, die mit der Herausbildung der gesellschaftlichen Natur des Menschen einhergehenden qualitativen Veränderungen des Psychischen herauszuarbeiten – die *Resultate unserer bisherigen funktional-historischen Differenzierungs- und Qualifizierungsanalyse des Psychischen aufgreifen* und unter den *gleichen methodischen Leitgesichtspunkten* (vgl. S. 48 ff) weiterentwickeln können: Die menschlich-gesellschaftliche Stufe des Psychischen kann nämlich, wie dargelegt, als *höchste (sich selbst aufhebende) Ausprägungsform des durch genomische Information getragenen kontinuierlichen phylogenetischen Entwicklungsprozesses des Psychischen* aufgefaßt werden, wie wir ihn bisher funktional-historisch rekonstruiert haben. Dies bedeutet, daß wir all die auseinandergelegten *psychischen Funktionsdifferenzierungen,* wie sie durch den *ersten großen Qualitätsumschlag zur individuellen Lern- und Entwicklungsfähigkeit* sich verändert und bis an die Schwelle zur Menschwerdung weiterentwickelt haben, bei der kategorialen Aufschließung der menschlichen Spezifik des Psychischen aufgreifen und daraufhin analysieren müssen, welche *neuerlichen qualitativen Veränderungen* sie mit der *Herausbildung der ›gesellschaftlichen Natur‹ des Menschen zwischen den beiden qualitativen Sprüngen zur Menschwerdung durchmachen.*

Damit ist gleichzeitig die Frage gestellt, wie die bisher herausgearbeiteten *unterschiedlichen Spezifitätsniveaus* verschiedener psychischer Dimensionen bzw. Funktionsaspekte, die im Stadium der individuellen Lern- und Entwicklungsfähigkeit auf vormenschlicher Ebene präsent bzw. aufgehoben sind, nun *ihrerseits in der ›historischen Gegenwärtigkeit‹ der menschlich-gesellschaftlichen Lern- und Entwicklungsfähigkeit* als in *neuem qualitativen Zusammenhang präsent bzw. aufgehoben* betrachtet werden können. Mithin geht einerseits in der weiteren Analyse von unseren bisherigen Resultaten nichts verloren, wobei wir allerdings andererseits die *qualitativen Besonderheiten der ›menschlichen‹ Spezifik* der bisherigen psychischen Funktionsdifferenzierung scharf herausanalysieren müssen – auch die menschliche Besonderheit der mehr oder weniger unspezifischen Funktionsaspekte aufgrund der neuen qualitativen Zusammenhänge, in denen sie nun stehen.

---

nung ›biologisch‹ lediglich als Gegenbegriff zu ›gesellschaftlich‹, oder gar zur Ausgrenzung irrelevanter bis schädlicher Sichtweisen benutzt, mithin glaubt, sich um biologische Tatbestände weder kümmern noch etwas darüber wissen zu müssen (und so letztlich auch von ›Gesellschaft‹ nicht allzuviel versteht).

Aus dem Dominanzumschlag gegenüber der Phylogenese entstehende Grenzen des funktional-historischen Vorgehens bei der kategorialen Erfassung des Psychischen als Aspekt des gesellschaftlich-historischen Gesamtprozesses

Durch den Aufweis, daß – aufgrund der Wechselwirkung zwischen der Herausbildung gesellschaftlicher Arbeit und der Verdichtung genomischer Information bei der Entstehung der ›gesellschaftlichen Natur‹ des Menschen zwischen den beiden qualitativen Sprüngen zur Menschwerdung – die funktional-historische Rekonstruktion des Psychischen auch zu dessen ›menschlich‹-gesellschaftlicher Qualifizierung vorangetrieben werden kann und muß, haben wir *implizit gleichzeitig die Grenzen der Reichweite des funktional-historischen Verfahrens bei der Herausbildung der menschlichen Spezifik des Psychischen* markiert. Diese Grenzen ergeben sich daraus, daß wir den zweiten qualitativen Sprung des Umschlags zur Dominanz der menschlich-gesellschaftlichen Qualität des Psychischen nicht direkt angehen konnten, sondern dazu die Analyseebene wechseln und zunächst den Umschlag von der Dominanz des phylogenetischen zur Dominanz des gesellschaftlich-historischen *Gesamt*prozesses rekonstruieren mußten, da nur auf diesem Umweg die *neue Qualität des Psychischen als Aspekt der neuen Qualität des Gesamtprozesses* heraushebbar ist: Wenn mit bzw. nach dem Dominanzumschlag zur ›menschlichen‹ Qualität des Psychischen zugleich der *phylogenetische* Prozeß seine *Dominanz* zugunsten des *gesellschaftlich-historischen* Prozesses verliert, dann kann die aus dem *nun dominanten gesellschaftlich-historischen Gesamtprozeß* sich ergebende *besondere Qualität des Psychischen als dessen Teilaspekt nicht mehr ›funktional-historisch‹ aufgewiesen* werden. Dies deswegen nicht, weil die Rekonstruierbarkeit gegenwärtiger Erscheinungen als Resultat eines einheitlichen genetischen Differenzierungsprozesses eine kontinuierliche Weitergabe genomischer Information voraussetzt, die aber an den *phylogenetischen Prozeß,* der nun seine *Dominanz verloren* hat, gebunden ist.

Die funktional-historische Analyse der qualitativen Veränderungen des Psychischen in Richtung auf die menschlich-gesellschaftliche Stufe (im Aufgreifen aller bisher genetisch rekonstruierten Differenzierungen und Qualifizierungen) ist also *soweit möglich und unerläßlich,* wie *zwischen den beiden ›qualitativen Sprüngen‹ die gesellschaftliche Spezifizierung des Psychischen* noch als *Moment der sich phylogenetisch herausbildenden ›gesellschaftlichen Natur‹ des Menschen* angesehen werden kann. Das funktional-historische Verfahren findet aber da *seine Grenzen,* wo *nach* dem Dominanzumschlag zum gesellschaftlich-historischen Prozeß die gesellschaftliche Produktion keine selektionsbedingte Rückwirkung mehr auf die genomische Information hat, also die ›*gesellschaftliche Natur‹* des Menschen sich *nicht mehr phylogenetisch ent-*

wickelt, sondern *ihrerseits die biologische Potenz des Menschen zur gesellschaftlichen Produktion,* also *dessen überindividuelle gesellschaftlich-historische Lern- und Entwicklungsfähigkeit* ausmacht, dabei der Organismus-Umwelt Zusammenhang endgültig in den *gesellschaftlichen Mensch-Welt-Zusammenhang* umgeschlagen ist. Während also die qualitativen Änderungen der überkommenen Funktionsaspekte des Psychischen *auf dem Wege* zur Dominanz der gesellschaftlich-historischen Lebensgewinnung in einem *ersten methodischen Schritt funktional-historisch* rekonstruiert werden müssen, sind die *als dominant durchgesetzten* gesellschaftlichen Spezifika des Psychischen, die sich aus dessen *Verhältnis* zum dominanten gesellschaftlich-historischen *Gesamt*prozeß ergeben, in einem *zweiten methodischen* Schritt jenseits der funktional-historischen Rekonstruktion der Psychogenese zu bestimmen.

Um die Eigenart dieses zweiten methodischen Schritts anzudeuten, vergegenwärtigen wir uns den grundlegenden Unterschied des Verhältnisses Gesamtprozeß/Organismus bzw. Individuum bei Dominanz des phylogenetischen und des gesellschaftlich-historischen Prozesses. Im phylogenetisch dominierten Entwicklungsprozeß ist die Systemerhaltung der Organismen-Population die funktionale Grundlage, und die Einzelorganismen sind lediglich Elemente dieser Population, zu deren Erhaltung sie durch ihre Selbstreproduktion und Mutagenität, die den selektionsbedingten Optimierungsprozeß der Umweltanpassung ermöglichen, beitragen. Die Erhaltung oder Vernichtung des Einzelorganismus haben dabei keinen selbständigen funktionalen Stellenwert, sondern bestimmen sich in ihrer Funktionalität ausschließlich danach, wieweit der Effekt der Erhaltung der Organismen-Population auftritt, sind also vom Organismus aus gesehen zufällig. Dieses *Verhältnis kehrt sich nun* mit der Dominanz des gesellschaftlich-historischen Prozesses *geradezu um:* Indem die Individuen beginnen, in gemeinschaftlicher Umweltverfügung ihre *Lebensmittel und Lebensbedingungen selbst zu produzieren,* ist hier die *Existenzerhaltung der Einzelindividuen* das bewußt angestrebte Ziel, das allerdings *nur über die Beiträge von Einzelnen zur Produktion und Reproduktion des gesellschaftlichen Lebens, das die je individuellen Lebensmittel und -bedingungen einschließt,* erreicht werden kann. Damit ist zur Qualifizierung des Psychischen als Teilaspekt des gesellschaftlich-historisch dominierten Gesamtprozesses ein neuer Interpretationsrahmen erforderlich, der die bei der funktional-historischen Analyse implizierte Interpretation des Verhältnisses Gesamtprozeß/Organismus überschreitet.

Zur Verdeutlichung dieses Interpretationsrahmens ist der dargelegte Umstand heranzuziehen, daß die Menschen, indem sie gemeinschaftlich ihre Lebensmittel und -bedingungen produzieren, in gesellschaftlicher Arbeit eine *neue gegenständlich-soziale Realität* schaffen, die (als ›Nach-außen-Stülpung‹ der vormals tierischen Sozialstrukturen) nunmehr *an-*

stelle der genomischen Information der Träger des historischen Prozesses wird. Damit gewinnt die produzierte gegenständliche Realität durch die Art, wie sie vom Menschen in *eingreifender Naturveränderung* geschaffen wird, obwohl sich in ihr die psychischen Lebensnotwendigkeiten der Menschen vergegenständlichen, den Charakter einer *objektivmateriellen Wirklichkeit* mit *objektiven ökonomischen Strukturen und aus ihnen sich ergebenden sozialen Verhältnissen;* sie ist also als solche kein *primärer psychischer Tatbestand,* sondern *hat als von Menschen geschaffene Lebenswelt der Individuen lediglich einen psychischen Aspekt.* Der individuelle Mensch findet also einerseits die gesellschaftlichen Verhältnisse als überindividuell-objektiven Tatbestand vor und realisiert andererseits die darin vergegenständlichten Möglichkeiten/Notwendigkeiten der individuellen Daseinssicherung etc. in seiner personalen psychischen Lebenstätigkeit und Weltbeziehung, womit er gleichzeitig an der Reproduktion und Veränderung der gesellschaftlichen Verhältnisse teilhat (s.u.).

Im objektiv-materiellen Gesellschaftsprozeß erwuchs im historischen Gang der *Gesellschaftstheorie* (bzw. unter unseren Prämissen dem *historischen Materialismus)* ihr selbständiger Gegenstand. Dies bedeutet nun aber, daß wir bei der Qualifizierung des Psychischen aus dessen Verhältnis zum gesellschaftlich-historischen Gesamtprozeß die *Bezugsebene der individualwissenschaftlichen Kategorialanalyse in Richtung auf die gesellschaftstheoretische Bezugsebene* zu überschreiten haben, indem wir zunächst die *objektiven* Charakteristika des Verhältnisses zwischen Individuen und gesamtgesellschaftlichem Produktions- und Reproduktionsprozeß, also des gesellschaftlichen Mensch-Welt-Zusammenhangs aufweisen und *erst auf dieser Grundlage* dessen psychischen Aspekt herausheben.

Die von uns benannten zwei methodischen Schritte der ›menschlich‹-gesellschaftlichen Qualifizierung des Psychischen sind so zu konkretisieren: Zunächst sind die bisher genetisch herausdifferenzierten Funktionsaspekte des Psychischen samt ihrer ersten qualitativen Veränderung zu Aspekten individueller Lern- und Entwicklungsfähigkeit bis an die *Schwelle zum Dominanzumschlag* vom phylogenetischen zum gesellschaftlich-historischen Prozeß auf die mit der Herausbildung der ›gesellschaftlichen Natur‹ des Menschen entstehenden neuerlichen qualitativen Veränderungen hin *funktional-historisch* zu analysieren. Sodann sind die so erlangten *Resultate über gesellschaftlich gerichtete Qualifizierungen der psychischen Dimensionen und Funktionsaspekte* daraufhin zu analysieren, welche *Zuspitzungen* bzw. *weiteren qualitativen Bestimmungen der Gesellschaftlichkeit* den Funktionsaspekten etc. aus ihrem *Verhältnis zum dominant gewordenen gesellschaftlich-historischen Gesamtprozeß* erwachsen. Dies geschieht dadurch, daß zunächst das *Verhältnis Individuum/gesellschaftlicher Produktions- und Reproduktions*prozeß, also der *gesellschaftliche Mensch-Welt-Zusammenhang* in den jeweils relevanten Momenten als *objektiv-materielles Verhältnis gesellschaftstheoretisch* erfaßt wird, und sodann von da aus die *psychischen Funktionsaspekte individueller Lern- und Entwicklungsfähigkeit* daraufhin *interpretiert* werden, *welche über die bisher erarbeiteten hinausgehenden gesellschaftlichen Spezifizierungen* sich aus dem *objektiven Verhältnis Individuum/gesellschaftlich-historischer Gesamtprozeß, dessen psychische Momente sie sind,* ergeben. Die zur Aufschließung der menschlich-gesellschaftlichen Spezifik des Psychischen zu erarbeitenden individualwissenschaftlichen Kategorien müssen also nicht nur die neue Qualität der vorgängig ausdifferenzierten psychischen Funktionsaspekte beim Umschlag zur gesellschaftlichen Entwicklungsstufe erfassen, sie müssen darin zugleich *Vermittlungskategorien* darstellen, in welchen die *Vermittlung zwischen den objektiven* (d.h. materiell-ökonomischen etc.) und den *psychischen Bestimmungen des gesellschaftlichen Mensch-Welt-Zusammenhangs* adäquat begrifflich abgebildet ist. Daraus ergeben sich über die früher (S. 48 ff) benannten ›*funktional-historischen*‹ *Leitgesichtspunkte* der *Bestimmung der Grundform und genetischen Ausdifferenzierung des Psychischen* sowie der *Bestimmung des Verhältnisses verschiedener qualitativer Spezifitätsniveaus des Psychischen* hinaus noch weitere Leitgesichtspunkte der individualwissenschaftlichen Kategorialanalyse jenseits des funktional-historischen Verfahrens.

Bestimmung des Grundverhältnisses der gesamtgesellschaftlichen Vermitteltheit individueller Existenzerhaltung in seinem psychischen Aspekt als weiterer kategorialanalytischer Leitgesichtspunkt

In dem Grade der Durchsetzung der nach dem ›Dominanzumschlag‹ bestimmend gewordenen gesellschaftlichen Lebensgewinnungsform gegenüber den noch naturwüchsigen Formen sind – wie dargestellt – die Lebensmittel und -bedingungen der jeweils Einzelnen gleichzeitig permanentes Resultat der durch die Gesamtheit der Einzelnen getragenen Produktion und Reproduktion verallgemeinert-gesellschaftlicher Lebensmittel/-bedingungen. Der individuelle Mensch steht damit zu den gesellschaftlichen Verhältnissen in einer doppelten Beziehung: Auf der einen Seite sind sie die vorgefundenen Voraussetzungen seiner individuellen Existenzsicherung, und auf der anderen Seite muß er durch seinen Beitrag zur gesellschaftlichen Lebensgewinnung diese Voraussetzungen seiner individuellen Existenz produzieren und reproduzieren helfen. Von für uns zentraler Bedeutung ist dabei der Umstand, daß diese beiden Momente in dem Maße, wie so die ›natürliche‹ Organisation der Lebensgewinnung durch Funktionsteilung gegenüber der gesellschaftlichen Organisation der Lebensgewinnung durch Arbeitsteilung zurücktritt, *immer stärker auseinandertreten und sich gegeneinander verselbständigen:* Es ist ein wesentliches Charakteristikum des fortschreitenden Vergesellschaftungsprozesses, daß hier die produzierten Lebensmittel/-bedingungen im *Prinzip allen Gesellschaftsmitgliedern zur Verfügung* stehen, *unabhängig davon, ob sie an deren Produktion beteiligt* waren (der Umstand, daß dies durch den Klassenantagonismus eingeschränkt ist, ist dabei kein allgemeines Merkmal gesellschaftlicher Produktion und Reproduktion, sondern ein historisch bestimmtes Merkmal von ökonomischen und außerökonomischen Machtverhältnissen, s.u.).

Man kann hier also von einer durch die arbeitsteilige Struktur bedingten *Durchbrechung der Unmittelbarkeit des Zusammenhangs* zwischen der Schaffung von Lebensmitteln/-bedingungen und deren Gebrauch/Nutzung durch das jeweils gleiche Individuum sprechen: Der Einzelne ist zwar einerseits an der Schaffung verallgemeinerter gesellschaftlicher Lebensmöglichkeiten beteiligt, und er erhält und entwickelt andererseits seine individuelle Existenz durch Realisierung der so geschaffenen gesellschaftlichen Lebensmöglichkeiten, der Zusammenhang zwischen diesen beiden Momenten ist aber nicht direkt vom jeweils Betroffenen hergestellt, sondern ist *gesamtgesellschaftlich vermittelt;* es hängt von dem Grad und der Art der Organisation der arbeitsteiligen gesellschaftlichen Verhältnisse ab, wie die Form des individuellen Beitrags zur gesellschaftlichen Lebensgewinnung und die Möglichkeiten zur individuellen Existenzsicherung und -entwicklung miteinander in Beziehung stehen.

Die damit skizzierte ›Unmittelbarkeits-Durchbrechung‹ und *gesamtgesellschaftliche Vermitteltheit* der Schaffung und der Nutzung von Lebensmitteln/-bedingungen durch die arbeitsteilige Organisation der gesellschaftlichen Produktion/Reproduktion kann, da es dessen Spezifik nach dem ›Dominanzumschlag‹ ausmacht, als *objektives gesamtgesellschaftliches Grundverhältnis* des Individuums im gesellschaftlichen Mensch-Welt-Zusammenhang betrachtet werden. Bei unseren *weiteren kategorialanalytischen Bestimmungen* müssen also gemäß den dargelegten methodischen Erfordernissen die psychischen Funktionsdifferenzierungen und -qualifizierungen, wie sie im Aufgreifen der bisherigen Resultate in ihrer gesellschaftlich gerichteten Besonderung funktional-historisch zu rekonstruieren sind, unter Einbeziehung des ›Dominanzwechsels‹ darüberhinaus als *psychische Aspekte des objektiven Grundverhältnisses der gesamtgesellschaftlichen Vermitteltheit individueller Existenz* faßbar werden.[1]

---

[1] In der Charakterisierung der von uns zu erarbeitenden Kategorien als *Vermittlungs*kategorien zwischen den materiell-ökonomischen und den psychischen Bestimmungen des Mensch-Welt-Zusammenhangs und unserer Rede von der gesamtgesellschaftlichen

Damit sind die früher (S. 50 ff) benannten traditionell-psychologischen *Vorbegriffe* hinsichtlich ihrer kategorialen Implikationen über die geschilderten funktional-historischen Aufschlüsselungen hinaus noch unter *einem weiteren Gesichtspunkt in ihrer ›gegenwärtigen Historizität‹* zu durchdringen: In den psychologischen Vorbegriffen kann als Konsequenz der früher dargelegten ›ahistorischen Gegenstandsverfehlung‹ die menschliche Lebenswelt nicht als in gesellschaftlicher Produktion- und Reproduktion entstanden, als von Menschen für Menschen geschaffen begriffen werden, sondern sie ist nur als *›natürliche‹ Umwelt* abbildbar, was sich in der (wenn auch teilweise verdeckten) *Universalität der ›Reiz‹-Kategorie,* in welcher Weltgegebenheiten nur als *unmittelbare Einwirkungen auf den Organismus* gefaßt werden können, ausdrückt. Demgemäß kann die personale Lebensbewältigung hier nur als individuelle oder soziale Aktivität innerhalb einer als *›natürlich‹* vorgefundenen Umwelt abgebildet werden, wobei die Aktivitäten der Individuen jeweils *unmittelbar* auf die eigene Daseinsbewältigung und Existenzsicherung (bzw. die einer in unmittelbaren Beziehungen stehenden Gruppe) gerichtet scheinen.

Aufgrund dieser kategorialen Beschränkung sind dann auch die darauf basierenden theoretischen Konzepte über menschliches Lernen, Kognitionsprozesse, Emotionalität, Motivation etc. so gefaßt, als ob die Menschen lediglich fähig, bedürftig etc. seien, ihr Leben durch unmittelbar darauf bezogene Aktivitäten in der ›natürlichen‹ Umwelt zu bewältigen. Es bleibt schon aufgrund der Art der Begriffsbildung *radikal unverständlich*, wie Menschen mit so beschränkten Fähigkeiten, Bedürfnissen etc. *in der Lage und bereit sein können,* durch individuelle Beiträge zur gesellschaftlichen Lebensgewinnung die Voraussetzungen ihrer eigenen Existenzsicherung mitzuschaffen, also aktiv zu werden, *ohne* daß die dabei angestrebten Resultate in unmittelbarem Zusammenhang mit ihren je aktuellen Lebensnotwendigkeiten und Bedürftigkeiten stehen. Die ›Menschen‹ sind in den traditionell-psychologischen Vorbegriffen also so konzipiert, daß ›... die *Produktion und Reproduktion des Lebens unter gesellschaftlichen Bedingungen durch solche ‚Menschen' weder inauguriert noch erhalten werden* könnten, so daß unsere gesellschaftliche Existenz, obwohl sie doch *real* ist, gleichzeitig als *unmöglich* erscheint. Da die menschlich-gesellschaftliche Lebensgewinnungsform hier auf vor-

---

lichen *Vermitteltheit* individueller Existenz sind unterschiedliche Instanzen, ›zwischen‹ denen hier ›vermittelt‹ ist, angesprochen: Einmal eben materielle und psychische Bestimmungen, zum anderen *gesamt*gesellschaftliche und *individuelle* Bestimmungen, die wiederum in ihrem objektiv-materiellen und in ihrem psychischen Aspekt (Vermittlung im ersten Sinne) gefaßt werden können. Wir verzichten auf eine terminologische Abhebung der beiden Vermittlungsarten, da sich jeweils eindeutig aus dem Darstellungskontext ergeben dürfte, welche Art von Vermittlung gerade gemeint ist.

menschlich-organismische Weisen der Lebenserhaltung unter ›natürlichen‹ Bedingungen heruntergebracht ist, ist der ›homo psychologicus‹ tatsächlich ein auf gesellschaftlichem Niveau »*lebensunfähiger Homunculus,* und die *Erkenntnismöglichkeiten, Fähigkeiten, Bedürfnisse,* die ihm von der traditionellen Psychologie zugestanden werden, sind tatsächlich quasi ‚Letalfaktoren'« (HOLZKAMP 1977, S. 83).

Weil aufgrund der von uns zu leistenden Entwicklung individualwissenschaftlicher Kategorien durch die Erfassung der gesamtgesellschaftlichen *Vermitteltheit* individueller Lern- und Entwicklungsfähigkeit in ihren verschiedenen funktionalen Aspekten der traditionell-psychologische Schein der naturhaften Unmittelbarkeit menschlicher Lebenstätigkeit durchdringbar werden soll, muß auch in diesem Aspekt die *beschränkte Aussagekraft der traditionellen Psychologie* mit Bezug auf Individuen, soweit sie innerhalb der bürgerlichen Klassenrealität von der Einsicht und Beeinflussung gesamtgesellschaftlicher Bestimmungen der eigenen Existenz ausgeschlossen und auf individuelle Daseinsbewältigung unter gesellschaftlichen ›Naturverhältnissen‹ beschränkt sind, reinterpretierbar sein (s.u.).

Leitgesichtspunkt der Konkretisierung der gesamtgesellschaftlichen Vermitteltheit individueller Existenz auf deren lage- und positionsspezifische Ausprägung

Mit dem Dominanzumschlag vom phylogenetischen zum gesellschaftlich-historischen Gesamtprozeß ist nicht lediglich ein neuer ›Zustand‹ erreicht, sondern hat sich ein neuer ›*Entwicklungstyp*‹ herausgebildet, nämlich eine Art von Entwicklung, die nicht mehr durch Evolutionsgesetze und durch die Differenzierung und Verdichtung genomischer Information bedingt, sondern durch die vom Menschen geschaffenen gegenständlich-sozialen Verhältnisse getragen ist. Die Bestimmungen der nach dem Dominanzumschlag erreichten gesellschaftlich-historischen Stufe können demgemäß keine Bestimmungen fixer Tatbestände oder Verhältnisse sein, sondern nur *Richtungsbestimmungen* des neuen Entwicklungstyps: Dies entspricht der Charakteristik des letzten Schrittes innerhalb des früher dargelegten ›Fünfschritts‹ der Herausarbeitung qualitativer Sprünge in der Phylogenese. Das bedeutet aber, daß die Herausarbeitung der Konsequenzen, die sich aus der gesamtgesellschaftlichen Vermitteltheit individueller Existenz für die menschliche Spezifizierung des Psychischen in seinen verschiedenen Funktionsaspekten ergaben, als weiterer Leitgesichtspunkt für die anschließende Fortsetzung unserer Kategorialanalysen noch nicht hinreichend ist. Vielmehr müssen die *allgemeinen* Bestimmungen des psychischen Aspekts dieses gesellschaftlichen

Grundverhältnisses der Individuen als *bloße Richtungsbestimmungen* auf die kategoriale Erfassung des psychischen Aspekts der *historischen Ausprägung des Grundverhältnisses in Abhängigkeit vom gesellschaftlichen Entwicklungsstand* hin konkretisierbar sein, was die Heranziehung von Einsichten und Befunden über die historische Entwicklung der gesamtgesellschaftlichen Vermitteltheit individueller Existenzsicherung als *objektives Verhältnis*, also auf *gesellschaftstheoretischer Bezugsebene* oberhalb der Ebene individualwissenschaftlicher Kategorialanalyse (vgl. S. 27 f) voraussetzt.

Um dies zunächst in einem ersten Annäherungsschritt zu verdeutlichen, machen wir uns klar, daß das Individuum, da es innerhalb der *arbeitsteiligen* gesellschaftlichen Struktur durch Beiträge zur gesamtgesellschaftlichen Lebensgewinnung seine eigene Existenz erhält und entwickelt, sich *mit der ›Gesellschaft‹ nicht direkt als ›Ganzer‹* ins Verhältnis setzt, sondern dadurch, daß es innerhalb der arbeitsteiligen Gesamtorganisation eine *bestimmte Position* realisiert. Damit rückt gleichzeitig in den Blick, daß – da ›Arbeitsteilung‹ *kein fertiger Zustand,* sondern lediglich eine *Richtungsbestimmung* des gesellschaftlichen Prozesses ist – sich die arbeitsteiligen Strukturen in der historischen Entwicklung erst allmählich durchsetzen und verändern, und damit auch die *Position der Individuen* innerhalb der Organisation der Arbeitsteilung durch den jeweiligen gesellschaftlichen Entwicklungsstand *historisch bestimmt* ist, wobei die gesamtgesellschaftliche Verflochtenheit der Positionen sich selbst erst mit steigendem Vergesellschaftungsgrad der Produktion/Reproduktion des Lebens immer mehr durchsetzt. ›Positionen‹, wie sie hier verstanden werden, sind also Inbegriff *unterschiedlicher notwendiger und aufeinander bezogener Teilarbeiten* in ihrer *historischen Bestimmtheit* durch den jeweiligen *Entwicklungsstand der objektiven arbeitsteiligen Organisation* des gesellschaftlichen Lebens. In den ›Positionen‹ ist dabei durch die gesellschaftliche Gesamtorganisation die Art des Beitrags zur gesellschaftlichen Lebensgewinnung mit den darin gegebenen Möglichkeiten individueller Existenzsicherung vermittelt.

Von der historisch bestimmten Eigenart der Positionen hängt es wesentlich ab, auf welche Weise und in welchem Grade das Individuum über die Positionsrealisierung *Einfluß auf den gesellschaftlichen Prozeß, damit auch seine eigenen Lebensumstände,* gewinnen und dabei u.U. auch zur *kollektiven Veränderung der gesellschaftlichen Strukturen, durch die die eigene Position bestimmt ist,* beitragen kann (s.u.).Die gesellschaftlichen Positionen im arbeitsteiligen Gesamt können bei entsprechender Ausprägungsweise der arbeitsteilig-gesellschaftlichen Struktur die Form von ›Berufen‹ annehmen, die durch ›Berufstätigkeit‹ individuell realisiert werden; man muß von Positionen in einem allgemeineren Sinne aber stets da sprechen, wo Möglichkeiten gegeben sind, über *Beiträge zur Erhaltung oder Veränderung gesellschaftlicher Prozesse die Be-*

dingungen der eigenen Existenz zu erhalten oder zu entfalten, das Individuum also in *Realisierung der Positionen ›gesellschaftlich tätig‹* wird (auch wenn dabei die gegebenen ›Berufsfunktionen‹ nicht einschlägig sind, verallgemeinert, gesprengt oder umgangen werden).[1]

Damit ist das Individuum in seinen gesellschaftlichen Bezügen mit dem Konzept der Position nur *soweit* erfaßt, wie es Beiträge zur *verallgemeinerten* gesellschaftlichen Lebenssicherung und Bedingungsverfügung als Voraussetzung individueller Existenzsicherung leistet, nicht aber hinsichtlich des Gesamts der spezifischen gesellschaftlichen Bedingungen, die seine *unmittelbare Lebenslage* ausmachen. Die ›Lebenslage‹ des Individuums, wie wir sie verstehen, ist Inbegriff der gesellschaftlich produzierten gegenständlich-sozialen Verhältnisse vom *realen Standort des Individuums* aus, also *soweit und in der Weise, wie es damit tatsächlich in Kontakt* kommt. Die objektive Lebenslage ist so einerseits eine *bestimmte standortabhängige Konkretion der Beziehung des Individuums zu gesellschaftlichen Positionen* und umfaßt damit auch das *›Noch-Nicht‹* oder *›Nicht-Mehr‹ der Realisierung von bestimmten Positionen oder Positionen überhaupt* (als Lebenslage etwa des Kindes oder des Arbeitslosen); sie umfaßt andererseits alle gesellschaftlichen Bedingungen der *individuellen Reproduktion* des Lebens *außerhalb* des *Bereichs der Beteiligung an verallgemeinert-gesellschaftlicher Lebensgewinnung,* die zwar von den *Positionen und ihrer personalen Realisierung abhängen,* aber nicht darin aufgehen, also *alle regionalen Umstände gegenständlicher und sozialer Art* im *Reproduktionsbereich,* unter denen das *Individuum sein unmittelbares Leben führt und bewältigen* muß.

Wir haben also die gesamtgesellschaftliche Vermitteltheit individueller Existenzsicherung in ihren objektiven Zügen historisch konkretisiert als Vermitteltheit zwischen der individuellen Lebenslage, der gesellschaftlichen Position und der arbeitsteiligen Gesamtstruktur des gesellschaftlichen Lebens, die mithin verschiedene *Vermittlungsebenen* in ihrer historischen Geprägtheit durch den Stand gesellschaftlicher Arbeitsteilung darstellen. Dabei wurde verdeutlicht, daß die objektive Lebenslage des Individuums, vermittelt über die gesellschaftliche Position und die dadurch bestimmten Eigenarten des Reproduktionsbereichs, eine *besondere gesellschaftliche Erscheinungsform des gesamtgesellschaftlichen Zusammenhangs* ist, quasi der *gesamtgesellschaftliche Zusammenhang in den Aspekten und Ausschnitten,* die dem *Individuum von seinem rea-*

---

[1] Das Konzept der ›Position‹ soll hier die frühere Adaptation des Séveschen Konzeptes der ›Individualitätsform‹ durch die Kritische Psychologie ablösen, um so eine Belastung der Argumentation durch die Problematik von Sèves Gesamtansatz, aus dem sich seine Fassung von ›Individualitätsformen‹ ergibt, zu vermeiden. Eine genauere begriffliche Differenzierung zwischen ›Individualitätsformen‹, ›Positionen‹, ›Charaktermasken‹ etc. gehört im übrigen nicht zu den Aufgaben dieses Buches.

len gesellschaftlichen Standort aus zugekehrt sind. In den zu erarbeitenden individualwissenschaftlichen Kategorien müssen also die bisher aufgewiesenen und bis an die Schwelle zum Dominanzumschlag rekonstruierten psychischen Funktionsdifferenzierungen und -spezifizierungen über die allgemeine Bestimmung ihrer gesamtgesellschaftlichen Vermitteltheit hinaus als *psychische Aspekte der mit der gesellschaftlichen Position und darüber dem gesamtgesellschaftlichen Prozeß vermittelten objektiven Lebenslage des Individuums erfaßbar werden.*

Die spezielle ›Seite‹ der damit zu durchdringenden *Beschränktheit traditionell-psychologischer Vorbegriffe* läßt sich so noch näher bestimmen: Indem durch die Universalität der ›Reiz‹-Kategorie die gesamtgesellschaftliche Vermitteltheit individueller Existenzsicherung nicht erkannt werden kann und das Individuum zu einem unter natürlichen Umständen unmittelbar auf die eigene Existenzerhaltung rückbezogenen Organismus verkürzt ist, wird die standortgebundene Lebenslage des Individuums als ›Reizwelt‹ mit seiner Lebenswelt überhaupt gleichgesetzt. So wird der Umstand, daß diese Lebenslage nur eine besondere Spezifizierung der historisch konkreten gesamtgesellschaftlichen Verhältnisse ist, unter denen das Individuum durch Teilhabe an der gesellschaftlichen Lebensgewinnung seine eigene Existenz erhält, ausgeblendet, und damit bleibt auch die Historizität des psychischen Aspekts dieser Lebenslage außer Betracht, womit die unhistorische Gegenstandsverfehlung der traditionellen Psychologie einen weiteren besonderen Ausdruck findet.

Mit der Heraushebung des methodischen Leitgesichtspunktes der Lage- und Positionsspezifizierung haben wir indessen nur einen ersten Schritt in Richtung auf die historische Konkretisierung des Gesichtspunktes der gesamtgesellschaftlichen Vermitteltheit individueller Existenz in ihrem psychischen Aspekt getan und müssen nun noch einen weiteren, den entscheidenden, einschlägigen Leitgesichtspunkt darlegen.

Leitgesichtspunkt der Konkretisierung der gesamtgesellschaftlichen Vermitteltheit individueller Existenz auf deren formationsspezifische Ausprägung

Zur Herausarbeitung dieses neuen Leitgesichtspunkts der individualwissenschaftlichen Kategorialanalyse ist die marxistische Konzeption der Bestimmungen historisch-gesellschaftlicher Gesamtprozesse in einem höheren Explizitheitsgrad als bisher vorausgesetzt, womit die Zwischenschaltung des folgenden Resümees auf *gesellschaftstheoretischer Bezugsebene* erforderlich wird:

> Es ist eins der wesentlichen Resultate und Einsichten des historischen Materialismus als marxistischer Gesellschaftstheorie, daß die gesellschaftlich-histori-

sche Entwicklung kein einfacher Prozeß der wachsenden gemeinschaftlichen Verfügung über allgemeine Lebensbedingungen als weitergehende Naturbeherrschung in steigender Vergesellschaftung der Lebensgewinnung, also ›*Produktivkraft*‹-*Entwicklung,* ist, sondern sich in qualitativ verschiedenen Formen der dabei eingegangenen gegenständlich-sozialen Beziehungen, den ›*Produktionsverhältnissen*‹ und dadurch bedingten ›*Gesellschaftsformationen*‹ konkretisiert. (Gemäß der traditionellen ›Grundformations-Lehre‹ sind dies die aufeinanderfolgenden Stadien der ›Urgesellschaft‹, der ›Sklavenhaltergesellschaft‹, des ›Feudalismus‹, des Kapitalismus bzw. der bürgerlichen Gesellschaft und des Sozialismus/Kommunismus).

Die ›Produktionsverhältnisse‹, generell gesehen lediglich die soziale Form, in der produziert wird, gewinnen in ihrer Beziehung zu den ›Produktivkräften‹ dadurch ihre besondere Charakteristik, daß alle Gesellschaftsformen nach der noch unausgeprägten urgesellschaftlichen Vorform bis an die Schwelle des Sozialismus *antagonistische Klassenverhältnisse* einschlossen bzw. einschließen, d.h. die Gespaltenheit der Gesellungseinheit in solche Klassen, die in den *Besitz der gesellschaftlichen Produktionsmittel* (Grund und Boden und/oder Arbeitsmittel) gelangt sind, und solche, die ihren gesellschaftlichen Beitrag zur individuellen Existenzsicherung in Anwendung der ihnen nicht gehörenden Produktionsmittel *zu den Bedingungen und unter dem Kommando der Produktionsmittelbesitzer* leisten müssen: So können die Produktionsmittelbesitzer ihre *eigene Existenz,* ohne selbst produktiv zu arbeiten, dadurch sichern und entfalten, daß sie sich die von den ›*Mittellosen*‹ *geschaffenen Lebensmittel/- bedingungen aneignen* und nur in dem *Bruchteil, der zur Reproduktion von deren Arbeitskraft notwendig* ist, an diese zurückgeben *(Ausbeutungsverhältnis).* Derartige ›antagonistische‹ Produktionsverhältnisse sind also in einem dezidierten Sinne *Macht- und Herrschaftsverhältnisse,* indem hier *nicht nur* gemäß den Bestimmungen gesellschaftlicher Lebensgewinnung in bewußter gemeinschaftlicher Verfügung *Macht über die allgemeinen Lebensbedingungen* erreicht werden soll, sondern die Verfügung der Klasse der Produktionsmittelbesitzer über deren Lebensbedingungen gleichzeitig die *Ausübung von Macht und Herrschaft über andere Menschen,* die Angehörigen der ausgebeuteten Klassen, zur Praktizierung und Erhaltung der bestehenden Produktionsverhältnisse als Eigentumsverhältnisse bedeutet. Die (je nach den historischen Gegebenheiten in höherem oder geringerem Grade) entfaltete *Gegenmacht* der *ausgebeuteten Klassen* ist unmittelbar auf die *Beschränkung der Macht der herrschenden Klassen über sie* zur Sicherung des Minimums der für die eigene Existenzerhaltung notwendigen Bedingungsverfügung und, nach Maßgabe der objektiven gesellschaftlichen Möglichkeiten, auf die *Brechung der Macht der herrschenden Klassen als Herrschaft der ›Besitzenden‹ über die ›Besitzlosen‹*[1], gerichtet.

Die Produktionsverhältnisse implizieren hier also einen *objektiven globalen Interessengegensatz,* den Gegensatz zwischen dem *Interesse der herrschenden*

---

1 ›Besitz‹ in dieser gesellschaftstheoretischen Bedeutung des Wortes heißt immer Besitz an gesellschaftlichen *Produktionsmitteln,* damit die Möglichkeit, *andere mit den eigenen Produktionsmitteln* arbeiten zu lassen, und ist nicht mit persönlichem Besitz ohne damit verbundene gesellschaftlich vermittelte Herrschaft über Menschen zu verwechseln.

Klassen an der *Aufrechterhaltung der bestehenden Machtverhältnisse,* in welchen sie durch die Herrschaft über andere den gesellschaftlichen Prozeß im Sinne der Bedingungsverfügung und Lebensentfaltung auf Kosten der ausgebeuteten Klassen beeinflussen können, und dem diesem ›*herrschenden*‹ *Partialinteresse* entgegenstehenden *Interesse der* ›*beherrschten*‹ *Klassen,* zunächst als *komplementäres Partialinteresse* an der relativen Erweiterung der eigenen Bedingungsverfügung und Daseinsentfaltung in Einschränkung der Fremdbestimmung durch die herrschenden Klassen unter den bestehenden Machtverhältnissen und darüberhinaus auf qualitativ neuer Ebene als *Allgemeininteresse* an der Überwindung von Verhältnissen klassenbedingter Fremdbestimmtheit überhaupt.

Durch die Klassenspaltung einer Gesellungseinheit mit der Monopolisierung der Verfügung über den gesellschaftlichen Gesamtprozeß bei den herrschenden Klassen entsteht – indem hier die beherrschten Klassen tendenziell davon ausgeschlossen sind – eine *generelle Reduzierung der bewußten kollektiven Verfügung über die Lebensbedingungen* als Richtungsbestimmung gesellschaftlicher Lebensgewinnung. Dies bedeutet, daß die Produktionsverhältnisse hier nicht nur die Form der Produktion sind, sondern daß bei einem bestimmten Entwicklungsstand innerhalb *je bestehender Produktionsverhältnisse* die *Produktivkraftentfaltung,* die immer *steigende bewußte Vergesellschaftung* einschließt, durch *diese beschränkt* wird, also ein *Widerspruch* zwischen den aufgrund der *Produktivkraftentwicklung* gegebenen *Möglichkeiten* der allgemeinen Bedingungsverfügung und Daseinsentfaltung durch wachsende bewußte Vergesellschaftung der Produktion und der historisch bestimmten *Beschränkung und Fesselung dieser Möglichkeiten* durch die *antagonistisch-klassenbestimmten Produktionsverhältnisse* entsteht. Durch diesen Widerspruch ist prinzipiell *auch die Verfügung über den gesellschaftlichen Prozeß durch die herrschenden Klassen eingeschränkt,* da sie – indem ihre Bedingungsverfügung die Machtausübung in Richtung auf die Fernhaltung der beherrschten Klassen von der bewußten Bestimmung des gesellschaftlichen Prozesses einschließt – *selbst durch die damit gesetzten Grenzen des gesamtgesellschaftlichen Vergesellschaftungsgrades der Produktion* gefesselt sind. Die beherrschten Klassen sind also von den durch die historisch bestimmten Produktionsverhältnisse *beschränkten* Verfügungsmöglichkeiten der herrschenden Klassen über die gesellschaftlichen Prozesse ausgeschlossen, bleiben also *nochmals qualitativ hinter den schon durch die* ›*Verhältnisse*‹ *begrenzten Möglichkeiten der Überwindung der Ausgeliefertheit an* ›*zufällige*‹ *Ereignisse in gesellschaftlicher Bestimmung allgemeiner Lebensbedingungen zurück.* Deswegen ist die Überwindung der bestehenden Produktions- und Machtverhältnisse als Voraussetzung für die Realisierung der durch die Produktivkraftentwicklung und den damit gegebenen Vergesellschaftungsgrad eröffneten *Möglichkeiten bewußter kollektiver Selbstbestimmung und Daseinsentfaltung* ein über das Partialinteresse der beherrschten Klassen hinausgehendes *allgemeines Interesse.* In dem Grade, wie sich unter jeweils bestehenden Produktionsverhältnissen der so gefaßte Widerspruch zwischen der Produktivkraftentwicklung und den diese fesselnden Produktionsverhältnissen verschärft, ist auf der ökonomischen Ebene die *objektive Möglichkeit* für die *Überwindung der gegebenen Produktions- und Machtverhältnisse* durch die Machtausübung der beherrschten Klassen, also eine ›*revolutionäre Situation*‹

gegeben. Wieweit diese Möglichkeit historisch realisiert wird, hängt von dem *politisch-ideologischen Aspekt* der Verhältnisse und darin von der *bewußten politischen Praxis der beherrschten Klassen* ab; in diesem Sinne kennzeichnen MARX und ENGELS die bisherige Geschichte der Menschheit als eine ›*Geschichte von Klassenkämpfen*‹.

Die antagonistischen Klassenverhältnisse in der *bürgerlichen Gesellschaft* sind gegenüber historisch älteren Klassengesellschaften dadurch *spezifiziert,* daß hier einmal der *Stand der Produktivkraftentwicklung* und damit objektiven Vergesellschaftung der Produktion durch die kapitalistische Produktionsweise mit der Entwicklung der großen Industrie eine *neue Größenordnung* erreichten. Zum anderen reproduzieren sich hier die *Produktionsverhältnisse,* die damit in immer *schärferen Widerspruch zu den Möglichkeiten vergesellschafteter Produktion* geraten, nicht mehr lediglich durch direkte Machtausübung der herrschenden Klassen, sondern primär durch einen *bestimmten ökonomischen Regulationsprozeß* auf der Grundlage der *Warenform* als *widersprüchlicher Einheit von Gebrauchswert- und Wertvergegenständlichung,* damit dem ›*Doppelcharakter*‹ der warenproduzierenden Arbeit als *konkret nützliche und* ›*abstrakt-menschliche*‹ *Arbeit,* als antagonistische Klassenverhältnisse. Dies hat MARX in der ›Anatomie der bürgerlichen Gesellschaft‹, wie sie von ihm als ›Kritik der politischen Ökonomie‹ im ›Kapital‹ vorgelegt wurde, analysiert: Die von Grund und Boden ›freigesetzten‹ Lohnarbeiter verfügen nicht einmal mehr über die ›Minimalmittel‹ zur Erhaltung ihrer eigenen Existenz, sondern nur noch über ihre Arbeitskraft. Sie müssen so diese Arbeitskraft in der durch universellen *Warentausch* regulierten Zirkulationsphäre der bürgerlichen Gesellschaft als ›*Ware*‹ auf dem ›*Arbeitsmarkt*‹ an den Kapitalisten verkaufen. Dadurch entsteht im *Zirkulationsbereich* der *objektive Schein der* ›*Freiheit*‹ *und* ›*Gleichheit*‹ *von Warenbesitzern,* die in einem *Vertragsverhältnis* Ware gegen Geld (als Ware mit dem Gebrauchswert des universellen Tauschmittels) austauschen, wobei der Arbeiter seine ›Arbeit‹ vom Kapitalisten voll ›bezahlt‹ erhält. In diesem Vertragsverhältnis ist aber der Umstand mystifiziert, daß der Arbeiter, um zu leben, seine Arbeits*kraft* an den Kapitalisten verkaufen *muß,* d.h. in den *Produktionsprozeß selbst* zu den *Bedingungen und unter dem Kommando des Kapitals als herrschender Klasse* einzutreten gezwungen ist. Damit erhält er das Äquivalent der von ihm produzierten Werte nur soweit als Lohn zurück, wie dies zur Reproduktion seiner Arbeitskraft notwendig ist, der darüberhinaus produzierte ›Mehrwert‹ wird aber vom Kapitalisten unentgeltlich angeeignet und als ›Kapital‹ kumuliert. Dem *scheinbaren Rechtsverhältnis* des adäquaten Lohns für geleistete ›*Arbeit*‹ im Zirkulationsbereich steht hier also das *reale Ausbeutungsverhältnis* im *Produktionsbereich,* in welchem der Arbeiter dafür, daß er seine Arbeits*kraft* an den Kapitalisten verkauft hat, *unbezahlte Mehrarbeit* leisten muß und so dem auf ihn gerichteten ›*Verwertungsinteresse*‹ des Kapitals unterworfen ist, gegenüber. Dieser zentrale *Widerspruch zwischen oberflächlichem Rechtsverhältnis und zugrundeliegendem Ausbeutungsverhältnis* prägt sämtliche Lebensbereiche der bürgerlichen Gesellschaft, indem sich unter ›freien‹ und ›gleichen‹ Bürgern der Klassenantagonismus primär aufgrund der geschilderten *ökonomischen Zwänge* (zum Verkauf der Arbeitskraft etc.) *im Selbstlauf* reproduziert und die Klassenherrschaft nur zusätzlich (in Abhängigkeit von der Krisenentwicklung und dem Widerstandspotential der ausgebeuteten Klasse) durch *außerökonomischen Zwang der Staatsgewalt* abgesichert wird. Dadurch bestimmen sich auch die Formen der *bürgerlichen Ideologie,* die im *oberflächlichen Rechtsverhältnis zwischen ›Freien‹ und ›Gleichen‹ eine reale Grundlage* hat, die tatsächliche Mystifikation des zugrundeliegenden Ausbeutungsverhältnisses nur totalisieren und befestigen muß, und so sich in unterschiedlichen gesellschaftlichen *›Naturformen‹,* in welchen die *bürgerliche Klassenrealität als allgemeine und ewige Weise menschlichen Zusammenlebens erscheint,* manifestiert: Das *Partialinteresse des Kapitals* an der Erhaltung seiner Macht ist so *ideologisch* mit dem *Allgemeininteresse* gleichgesetzt, und die ausgebeutete Klasse muß, soweit sie nicht nur um Verfügungserweiterung und Existenzsicherung im Rahmen des bestehenden Ausbeutungsverhältnisses, sondern um die *Überwindung des Ausbeutungsverhältnisses selbst* kämpft, nicht nur die entsprechende *Gegenmacht* entfalten, sondern auch den *objektiven Schein* durchdringen, daß die Erhaltung der kapitalistischen Produktionsweise als ›allgemeine‹ und ›natürliche‹ Lebensform auch in *ihrem Interesse* ist, so die Möglichkeit und Notwendigkeit bewußter gemeinsamer Verfügung *aller* Menschen über den gesellschaftlichen Prozeß als ihre Existenzbedingung erkennen.

Aufgrund dieser gesellschaftstheoretischen Darlegungen wird rückwirkend deutlich, daß wir – indem wir bisher das Grundverhältnis der gesamtgesellschaftlichen Vermitteltheit individueller Existenz nur bezüglich der durch die Arbeitsteilung bedingten Positions- und Lagespezifik auf unterschiedlichen Vermittlungsebenen konkretisiert und historisiert haben – lediglich den Aspekt der *Produktivkraft- und Vergesellschaftungsentwicklung* berücksichtigten: Die Entfaltung der *Arbeitsteilung* von relativ isolierten, noch naturwüchsigen Produktionseinheiten zu immer weitergehender Verflechtung bis hin zur gesamtgesellschaftlichen Totalisierung in der bürgerlichen Gesellschaft ist ja ein *inneres Strukturmoment* der mit *wachsender objektiver Vergesellschaftung einhergehenden Produktivkraft*entwicklung. Damit haben wir also von dem Umstand abgesehen, daß die Produktivkräfte und die darin gegebenen arbeitsteiligen Strukturen immer als *konkrete Produktionsverhältnisse und Gesellschaftsformationen historisch bestimmt* sind. Nunmehr ist von uns die darin liegende *darstellungsbedingte Abstraktion* aufzuheben, indem wir feststellen: Die bisher aufgewiesene gesamtgesellschaftliche Vermitteltheit individueller Existenz in ihrer arbeitsteiligen Ausfaltung nach Positionen und Lebenslagen *kommt so in der Realität nicht vor,* sie ist vielmehr notwendig in einer bestimmten *formationsspezifischen Ausprägung gegeben, d.h. bei uns bestimmt durch die spezifische antagonistische Klassenrealität der bürgerlichen Gesellschaft* in der *jeweils jetzt und hier gegebenen historischen Konkretion* zu *bestimmten Gesellungseinheiten* (etwa BRD oder USA). Es ist mithin *unzureichend,* das Verhältnis zwischen gesamtgesellschaftlichem Prozeß, Positionsspezifik und Lagespezifik lediglich nach dem allgemeinen Entwicklungsstand gesellschaftlicher Arbeitsteilung historisch zu konkretisieren. Die Arbeitsteilung hat vielmehr *selbst immer eine bestimmte formationsspezifische Charakteri-*

stik, ist so in der bürgerlichen Gesellschaft gekennzeichnet durch die antagonistische Zerreißung des bewußten arbeitsteiligen Zusammenhangs in ausbeutende und ausgebeutete Klassen, einschließlich der *Mystifizierung* dieses Antagonismus durch den oberflächlichen Schein der Freiheit und Gleichheit des Warentauschs individueller Warenbesitzer. Die *gesellschaftlichen Positionen,* die die Individuen zu ihrer individuellen Existenzsicherung realisieren müssen, sind also in der *bürgerlichen Gesellschaft* stets *klassenspezifisch* formbestimmt, damit in den für die unmittelbaren Produzenten gegebenen Möglichkeiten der gemeinsamen Verfügung über den gesellschaftlichen Prozeß durch ökonomische Klasseninteressen der Herrschenden und die dadurch bedingte außerökonomische Machtausübung (des Staates etc.) eingeschränkt; und auch die standortgebundene *Lebenslage* der Individuen ist eine solche *innerhalb der bürgerlichen Klassenrealität* mit ihren objektiven Interessengegensätzen, womit die Teilhabe der Individuen an den von ihnen selbst produzierten Lebensmitteln und -bedingungen, damit ihre personalen Entwicklungs- und Erfüllungsmöglichkeiten, *klassenspezifisch gewährt oder eingeschränkt sind* und gleichzeitig die *Tatsache formations- und klassenspezifischer Behinderungen personaler Entfaltung und Erfüllung durch naturwüchsig-ideologische Praxis- und Bewußtseinsformen als unveränderlich-allgemeine menschliche Lebensweise mystifiziert* ist. Die aufgrund des allgemeinen Stands der Produktivkraftentwicklung als Naturbeherrschung und Vergesellschaftung den Individuen gegebenen *Möglichkeiten*, gemeinschaftlich über ihre gesellschaftlichen Lebensbedingungen zu verfügen, müssen im *widersprüchlichen Verhältnis* zu deren herrschaftsbedingten *Behinderungen* gesehen werden: Es ist also zu begreifen, daß die Individuen ihre gemeinschaftliche Verfügung über Lebensbedingungen, damit Verbesserung ihrer individuellen Lebensmöglichkeiten, immer nur soweit erreichen können, wie sie ihre *eigenen objektiven Klasseninteressen* gegenüber den herrschenden Interessen zur Geltung bringen und durchsetzen können, d.h. sowohl die *Macht wie das Bewußtsein dazu* haben.

Damit ergibt sich als *weiterer Leitgesichtspunkt* der individualwissenschaftlichen Kategorialanalyse die Notwendigkeit der Erfassung des *psychischen Aspekts* der Vermitteltheit individueller Existenz mit den gesamtgesellschaftlichen Verhältnissen in ihrer *historischen Bestimmtheit als Gesellschaftsformation.* Die *gesellschaftliche Qualität* des Psychischen in ihrer gesamtgesellschaftlichen Vermitteltheit über die Vermittlungsebenen der gesellschaftlichen Lage und Position des Individuums muß also zugleich daraufhin kategorial aufschließbar sein, wo und in welcher Weise sich in den *gegebenen Erscheinungsformen des Psychischen* das *formationsspezifische Verhältnis* zwischen den *Möglichkeiten* der Teilhabe an gesellschaftlicher Bedingungsverfügung als Voraussetzung individueller Existenzsicherung/-entfaltung und deren *Einschrän-*

kungen/Mystifikationen (in lage- und positionsspezifischer Ausprägung) manifestiert.

Eine solche formationsspezifische Konkretion der individualwissenschaftlichen Kategorien basiert, wie dargelegt, auf *gesellschaftstheoretischen Resultaten*, also mit Bezug auf die bürgerliche Gesellschaft auf der Marxschen Analyse von deren allgemeinen Struktur- und Bewegungsprinzipien, und darüberhinaus den marxistischen Forschungen über deren *Konkretion in den kapitalistischen Gesellungseinheiten*, innerhalb derer das Individuum in einer bestimmten Lage durch Realisierung einer bestimmten Position sein Leben führt und seine Existenz sichert, also etwa Analysen der bestimmten Klassenverhältnisse, ideologischen Verhältnisse, Arbeits- und Lebensbedingungen z.B. in der BRD oder in Westberlin (in Abhebung von anderen kapitalistischen Gesellungseinheiten). Solche Resultate werden (nach ihrer kritischen Einschätzung auf gesellschaftstheoretischer Bezugsebene) bei der *formationsspezifischen Konkretisierung der individualwissenschaftlichen Kategorien vorausgesetzt*; die kategorialanalytische Aufgabe besteht hier lediglich darin, die Kategorien so zu entfalten, daß in ihnen die *Vermitteltheit* der *psychischen Aspekte der Lebenslage des Individuums mit den gesamtgesellschaftlichen Verhältnissen in ihrer Formationsspezifik bzw. deren spezieller Ausprägung in bestimmten Gesellungseinheiten* faßbar wird. *Wie* diese Vermitteltheit sodann *konkret inhaltlich* beschaffen ist, dies hängt *nicht von den individualwissenschaftlichen Kategorien*, sondern von den *gesellschaftstheoretisch aufgewiesenen Formationsspezifika* ab. D.h. also: Die individualwissenschaftlichen Kategorien sind, indem sie das *formationsspezifische Verhältnis* von Verfügungsmöglichkeiten und -einschränkungen abbildbar machen müssen, selbst *nicht* in ihrer Anwendbarkeit auf *bestimmte* Gesellschaftsformationen, etwa die bürgerliche Gesellschaft, begrenzt. Trotz dieser zu fordernden allgemeinen Anwendbarkeit der Kategorien zur Abbildung formationsspezifischer Charakteristika des Psychischen werden *wir* im folgenden aus naheliegenden Gründen zur Veranschaulichung und Konkretisierung der Art und Weise solcher kategorialen Vermittlungen gesellschaftstheoretische *Einsichten und Resultate über die formationsspezifischen Charakteristika bürgerlicher Klassenverhältnisse* heranziehen – allerdings unserer Fragestellung gemäß wesentlich, um zu zeigen, wie man in dieser Hinsicht mit den Kategorien zu arbeiten hat, *nicht aber schon in der Durchführung von Analysen* über formationsspezifische Charakteristika des Psychischen unter *bestimmten bürgerlichen Klassen- und Lebensverhältnissen* (solche Analysen einschließlich der dazu nötigen gesellschaftstheoretischen Vorarbeiten sollen hier nur durch Klärung ihrer kategorialen Grundlagen vorbereitet und ermöglicht werden).

Das *Verhältnis* zwischen den früher entwickelten und bereits praktizierten ›funktional-historischen‹ Leitgesichtspunkten der Kategorialanalyse und den *neuen Leitgesichtspunkten*, die sich aus dem *Dominanzwechsel vom phylogenetischen zum gesellschaftlich-historischen Gesamtprozeß* ergeben haben, läßt sich aufgrund unserer Überlegungen wie folgt zusammenfassen: Die bisher durchgeführte funktional-historische Differenzierungs- und Spezifizierungsanalyse des Psychischen im Ausgang von der Grundform über die Stufe der individuellen Lern- und Entwicklungsfähigkeit zu immer reicheren und vielfältigeren Bestimmungen ist, rückbezogen auf den phylogenetischen Prozeß, eine immer weitergehende *historische Konkretion*. Diese Konkretion ist von uns durch die weitere Differenzierung und Spezifizierung der bisher herausgehobenen psychischen Funktionsaspekte der Lern- und Entwicklungsfähigkeit im Prozeß der *Herausbildung der ›gesellschaftlichen Natur‹* des Menschen durch die selektionsbedingte Rückwirkung der Anfänge gesellschaftlicher Arbeit um *den qualitativ entscheidenden Schritt voranzutreiben*. Mit dem *Dominanzumschlag* zum gesellschaftlich-historischen Prozeß entstand nun aber eine *qualitativ neue Art* von durch die *gegenständlich-sozialen Verhältnisse getragener Gesamt-Entwicklung,* die sich in verschiedenen, formationsspezifisch bestimmten, arbeitsteiligen Verhältnissen manifestiert. Damit sind jedoch die genannten spezifisch menschlich-gesellschaftlichen Bestimmungen des Psychischen, die mit Bezug auf den *phylogenetischen* Prozeß die *höchste Konkretionsstufe* der Psychophylogenese darstellen, mit Bezug auf den *historisch-gesellschaftlichen* Prozeß lediglich *allgemeinste*, ihn gegenüber vormenschlich-biologischen Lebensgewinnungsformen qualifizierende, *Richtungsbestimmungen*, stellen also ›*Abstraktionen*‹ von der allein real vorfindlichen *historisch bestimmten, insbesondere formationsspezifischen Ausprägung des Psychischen* dar. Die *spezifisch menschlichen* Charakteristika des Psychischen sind also als lediglich *allgemeingesellschaftliche* Bestimmungen der *historischen Konkretisierung* bedürftig. Die *Notwendigkeit und die Richtung* derartiger Konkretisierungen bis hin zur geschilderten Erfassung der Formationsspezifik des Psychischen sind in den *neuen, in diesem Teilkapitel erarbeiteten Leitgesichtspunkten der weiteren Kategorialanalyse* aufgewiesen.

Unter dem Gesichtspunkt, daß in individualwissenschaftlichen Kategorien das Psychische in seinen allgemeingesellschaftlichen Bestimmungen auf die psychischen Implikate der formationsspezifischen Ausprägung gesellschaftlicher Verhältnisse hin konkretisierbar sein muß, ist an den früher benannten psychologischen Vorbegriffen deren (als weiteres und zentrales Charakteristikum bürgerlich-psychologischer Begriffsbildung herauszuhebende) *abstrakte Allgemeinheit* zu explizieren: Indem hier die jeweiligen Funktionen o.ä. dem ›*Menschen überhaupt*‹ zukommen sollen, bleibt mit der Ausklammerung ihrer allgemeinen gesellschaftlichen Bestimmungen auch deren *Formbestimmtheit*, etwa durch die bürgerliche Gesellschaft, unaufgeklärt. Die psychologischen Vorbegriffe sind, so gesehen, in dezidiertem Sinne ›bürgerliche‹ Begriffe, in welchen die *bürgerlichen* Formen der individuellen Lebenstätigkeit und Bewußtseinsbildung als *ewig-unveränderliche Naturformen* mystifiziert sind. – Wenn also in der funktional-historischen Kategorialanalyse zunächst am phylogenetisch-anthropogenetischen Prozeß die in den Vorbegriffen verborgenen spezifisch menschlich-gesellschaftlichen Charakteristika des Psychischen (samt den darin aufgehobenen elementaren Spezifitätsniveaus) herauszuarbeiten sind, so ist dies mithin nur ein kategorialanalytischer *Zwischenschritt*, um diese mit Bezug auf den *gesellschaftlichen* Prozeß *abstrakten* Charakteristika auf die jeweils *historisch bestimmte, formationsspezifische Ausprägungsform* der (über verschiedene Ebenen) gesamtgesellschaftlichen Vermitteltheit individueller Existenz in ihrem psychischen Aspekt hin konkretisieren zu können. Damit wären etwa die durch die bürgerliche Gesellschaft formbestimmten Momente der in den Vorbegriffen angesprochenen psychischen Gegebenheiten, die bisher mit Momenten der Lebenstätigkeit des ›Menschen überhaupt‹ kontaminiert waren, über den Erkenntnisweg der Erfassung der allgemeingesellschaftlichen Bestimmungen, in ihrer *Formbestimmtheit als historisch konkretes Verhältnis* zwischen den Möglichkeiten und den Beschränkungen/Mystifizierungen individueller Bedingungsverfügung und Existenzsicherung/-entwicklung, also als *geschichtlich geworden und durch menschliche Subjekte veränderbar*, zu begreifen. Dies bedeutet gleichzeitig den *kritischen Aufweis* der Verhaftetheit der traditionell-psychologischen Kategorien, in welchen lediglich das Verhältnis zwischen ›Menschen überhaupt‹ und ihrer natürlich-individuellen Umwelt abbildbar ist, in der *bürgerlichen Ideologie* der Identität der bürgerlichen Klassenrealität mit unveränderlich-ewigen Naturverhältnissen.

Kapitel 6

Inhaltliche Kategorialanalyse des Psychischen in seiner menschlich-gesellschaftlichen Spezifik: Bedeutungs-Bedürfnis-Dimensionen als Weltbezug des handelnden Individuums

6.1 Vorbemerkung

Nach unseren methodologischen Zwischenüberlegungen sind wir nun soweit vorbereitet, um von der Analyseebene des Gesamtprozesses, zu der wir zur Heraushebung der neuen Qualität der gesellschaftlich-historischen gegenüber der phylogenetischen Entwicklung wechseln mußten, zur *psychischen Analyseebene* zurückzukehren und damit an unsere früheren Analysen der genetisch-kategorialen Differenzierung und Spezifizierung des Psychischen anzuknüpfen.

Bei unseren bisherigen funktional-historischen Analysen hat sich herausgestellt, daß zur Erfassung des Verhältnisses zwischen *psychischen* Charakteristika und den *objektiven* Beschaffenheiten der Umwelt das Konzept der *inhaltlichen* ›Bedeutungen‹ und darauf bezogenen *Bedarfszustände* eine immer ausgeprägtere *Schlüsselstellung* gewann: *Weitere funktionale Differenzierungen des Psychischen* waren stets nur *in Explikation* der vorgängig herausgearbeiteten Bedeutungs-Bedarfs-Beziehungen möglich. Da wir nun, wie dargestellt, unsere individualwissenschaftliche Kategorialanalyse in Richtung auf die Herausarbeitung der ›*Vermittlungskategorien*‹ zwischen *objektiven* gesellschaftlichen Verhältnissen und *psychischer* Lebenstätigkeit vorantreiben müssen, sollen deswegen im 6. Kapitel zunächst die *inhaltlichen Bedeutungs-Bedarfs-Dimensionen* der psychischen Lebensaktivität auf ihre menschlich-gesellschaftliche Spezifizierung hin analysiert werden, wobei wir in Übernahme der auf ›menschlichem‹ Niveau gebräuchlichen kritisch-psychologischen Terminologie von Bedeutungs-›*Bedürfnis*‹-Dimensionen als psychischem Aspekt der inhaltlichen Beziehung des ›*handelnden*‹ Individuums zur gesellschaftlichen Realität sprechen. Erst im Anschluß daran werden dann (im 7. Kapitel) die ›kognitiven‹, ›emotionalen‹ und ›motivationalen‹ *Funktionsaspekte* in die Herausarbeitung der menschlich-gesellschaftlichen Spezifik des Psychischen einbezogen. Im 8. Kapitel schließlich wird die *individualgeschichtliche* Dimension der inhaltlich-funktionalen Aspekte menschlicher Handlungen auseinandergelegt.

Die Kategorialanalyse der menschlich-gesellschaftlichen Spezifik von *Bedeutungs-Bedürfnis-Dimensionen*, mit der wir somit beginnen, muß sich (wie früher methodologisch begründet, vgl. S. 189 ff) wiederum in *zwei methodische Schritte* gliedern: Wir müssen zunächst, indem wir die bisher funktional-historisch herausgearbeiteten Differenzierungen und Spezifizierungen der Bedeutungen/Bedarfszustände bis an die Schwelle der Menschwerdung aufgreifen, die Veränderungen der Bedeutungs-/Bedarfsdimensionen in *Richtung auf spezifisch ›menschliche‹ Bedeutungs-Bedürfnis-Dimensionen* im Zuge der *Herausbildung der gesellschaftlichen Natur des Menschen in Wechselwirkung mit den Frühformen gesellschaftlicher Arbeit* herausanalysieren. Es geht hier also um die *noch funktional-historische* Rekonstruktion der Qualifizierungen der Bedeutungs-Bedürfnisbezüge *zwischen* dem ersten qualitativen Sprung der ›Zweck-Mittel-Verkehrung‹ und dem zweiten qualitativen Sprung des Dominanzwechsels vom phylogenetischen zum gesellschaftlich-historischen Gesamtprozeß, in welchem die beginnende gesellschaftliche Lebensgewinnungsform lediglich eine ›Spezialisierung‹ der noch dominanten artspezifisch-biologischen Lebensgewinnung ist, also durch die damit verbundenen Selektionsvorteile auf die genomische Information zurückwirkt. – Erst wenn so, mit Bezug auf die psychischen Bedeutungs-Bedürfnis-Dimensionen, die in der ›Vergesellschaftung‹ der inneren Natur liegenden *Voraussetzungen für die Möglichkeit des Dominanzwechsels* zum gesellschaftlich-historischen Gesamtprozeß inhaltlich auseinandergelegt sind, kann im *zweiten methodischen Schritt* die menschlich-gesellschaftliche Qualität der Bedeutungs-Bedürfnis-Dimensionen *nach* dem Dominanzwechsel, d.h. unter den Bedingungen der Durchbrechung der Unmittelbarkeit des Zusammenhangs zwischen der Schaffung und der Nutzung von Lebensmitteln/-bedingungen, also *gesamtgesellschaftlichen Vermitteltheit individueller Existenz*, jenseits der Reichweite des funktional-historischen Verfahrens herausgehoben werden: Erst dann liegen nämlich Daten darüber vor, *was* sich eigentlich neuerlich qualitativ verändert, wenn die bis zu diesem Punkt phylogenetisch differenzierten und spezifizierten psychischen Bedeutungen-Bedürfnisse nunmehr zum Aspekt des dominanten gesellschaftlich-historischen Prozesses geworden sind.

6.2 Die Herausbildung des Bedeutungs-Bedürfnis-Aspektes der gesellschaftlichen Natur des Menschen

›Orientierungsbedeutungen‹–›Kontrollbedarf‹ als spezifisch-bestimmende Entwicklungsdimension

Zur Klärung der Frage, welche Bedeutungs-Bedarfs-Dimension bei der Qualifizierung der Bedeutungen-Bedürfnisse im Zuge der Herausbildung der gesellschaftlichen Natur des Menschen *entwicklungsbestimmend* ist, beziehen wir uns auf unsere Auseinanderlegung der einschlägigen Entwicklungsprozesse in Richtung auf den ersten großen Qualitätsumschlag der Psychogenese zur Dominanz der individuellen Lern- und Entwicklungsfähigkeit:

Es waren, wie ausgeführt, die *Orientierungsbedeutungen*, mit deren individueller Modifizierbarkeit ›autarke‹ *Lernprozesse* möglich wurden, die schließlich gegenüber den festgelegten Umweltbeziehungen dominant werden konnten. Damit im Zusammenhang spezifizierte sich auch der verselbständigte ›Orientierungsbedarf‹ der Organismen zu einem globalen ›Kontrollbedarf‹ (als Bewegungsmoment der Explorationsaktivitäten), der nicht mehr durch ›endogene Aufladungsprozesse‹ zustande kommt, sondern sich an der ›Neuheit‹ und ›Widerständigkeit‹ der aktuellen Umweltgegebenheiten reguliert. Durch diese spezifische und bestimmende Funktion der gelernten Orientierungsbedeutungen bzw. des umweltregulierten Kontrollbedarfs qualifizierte sich auch deren Verhältnis zu den ›primären‹ Bedeutungs-Bedarfs-Dimensionen: Durch die Möglichkeit zum ›autarken‹ Lernen von Orientierungsbedeutungen wird zwar über die Regulierung des Kontrollbedarfs der Organismus in antizipatorischer Auswertung des sachlich-sozialen Signalwerts von Umweltgegebenheiten auf die ›primären‹ Bedeutungseinheiten/Bedarfsobjekte hingeleitet, die unmittelbar biologisch relevanten ›primären‹ Endaktivitäten (im Bereich der individuellen Lebenssicherung und Fortpflanzung) selbst sind aber nur durch ›subsidiäres‹ Lernen im Rahmen ›festgelegter‹ Bedeutungs-Bedarfs-Dimensionen individuell veränderbar, also gegenüber der spezifisch-bestimmenden Dimension der ›gelernten Orientierungsbedeutungen‹ bzw. des ›Kontrollbedarfs‹ relativ unspezifisch und sekundär. (Zu diesem Abschnitt vgl. Kap. 4.4, S. 139 ff)

Die *spezifische und entwicklungsbestimmende Funktion* der *gelernten Orientierungsbedeutungen/des Kontrollbedarfs* ließ sich innerhalb der funktional-historischen Rekonstruktion weiterverfolgen bei der Herausbildung der geschilderten ›*gelernten Sozialkoordination*‹ als Ausfaltung der individuellen Lern- und Entwicklungsfähigkeit an der Schwelle zum ersten qualitativen Sprung zur Menschwerdung: Hier ist die Entwicklung dadurch bestimmt, daß die gelernten Orientierungsbedeutungen nicht mehr nur individuelle Aktivitätssequenzen zu den ›primären‹ Bedeutungen/Bedarfsobjekten hin anleiten, sondern daß sie in ihrem gelernten Signalwert der sachlich-sozialen Koordination der jeweils eigenen Aktivitäten mit den Aktivitäten der anderen unter der gemeinsamem Zielsetzung der Ermöglichung ›primärer‹ Bedarfsbefriedigung der

Beteiligten dienen. In diesem Zusammenhang kam es auch zu einer Spezifizierung der sozialen Komponente des umweltregulierten Kontroll- oder Orientierungsbedarfs, indem er zur Bedarfsgrundlage nicht mehr nur der individuellen Explorationsaktivitäten, sondern der sozial koordinierten Aktivitäten zur Kontrolle der gemeinsamen Umwelt wurde. Die ›primären‹ Bedeutungs-Bedarfs-Dimensionen sind auch hier demgegenüber lediglich ›sekundär‹ mitverändert. So kommt es hier zu einer ersten *Lockerung des Zusammenhangs* zwischen Aktivitäten zur *Herbeiführung* der Umstände zu individueller Lebenssicherung und den Aktivitäten zur *individuellen Bedarfsbefriedigung* selbst: Der Einzelne beteiligt sich an der kollektiven Lebensgewinnung auch ohne daß die Gesamtsequenz der Aktivität von der *individuellen* Endhandlung der Bedarfsbefriedigung her motiviert ist, ist also in der Lage, die Befriedigung bis zu dem über den individuellen Aktivitätsabschluß hinausgehenden Abschluß der kollektiven Aktivität aufzuschieben. (Zu diesem Abschnitt vgl. Kap. 5.2, bes. S. 168 ff)

Aus dieser Zusammenfassung geht schon hervor, daß auch nach der ›Zweck-Mittel-Verkehrung‹ zu sozialer Werkzeugherstellung als erstem qualitativen Sprung der Menschwerdung die ›gelernten Orientierungsbedeutungen‹ die *spezifisch entwicklungsbestimmende* Dimension sein müssen: Durch die Frühformen von gesellschaftlicher Arbeit wird ja (wie dargestellt) die überindividuelle soziale Koordination der Lebensgewinnung in bestimmter Weise qualifiziert, indem (zunächst) planmäßig Werkzeuge geschaffen werden, die in verallgemeinerter Weise zu Aktivitäten kooperativer Lebenssicherung geeignet sind und es damit ermöglichen, die Lebensbedingungen der Beteiligten gemäß den gemeinsamen Zielen der Existenzerhaltung (durch Schaffung von Nahrung, Kleidung, Behausung etc.) in Vorsorge für künftige Not- und Mangelsituationen dauerhaft zu verändern. Die Orientierungsbedeutungen, die sich *bis* zum ersten Qualitätssprung als gelernte Signale zur sachlich-sozialen Koordination kollektiver Aktivitäten innerhalb noch ›natürlich‹-artspezifischer Umweltgegebenheiten entwickelten, müssen sich mithin *nach* dem ersten Qualitätssprung, in der Phase der Herausbildung der ›gesellschaftlichen Natur‹ des Menschen, darüberhinaus zu Signalen zur Ermöglichung *kooperativer* Aktivitäten durch sachlich-soziale Orientierung innerhalb der (ansatzweise) durch vergegenständlichende Arbeit veränderten Lebenswelt qualifizieren. Sie sind damit das *bestimmende* Merkmal des *spezifischen* Umwelt- bzw. Weltbezuges der organismisch/menschlichen Lebensaktivitäten in seiner neuen Qualität innerhalb der noch dominanten bloß ›natürlichen‹ Lebensgewinnungsformen.

Demnach müssen wir unsere folgenden Darlegungen unter dem Gesichtspunkt der *Spezifizierung der Orientierungsbedeutungen/des ›Kontrollbedarfs‹* als *bestimmendem* Faktor der Herausbildung der ›gesellschaftlichen Natur‹ des Menschen strukturieren, d.h. die qualitativen Veränderungen der demgegenüber *sekundären und unspezifischen primären Bedeutungs-Bedarfs-Dimensionen* aus deren *Verhältnis* zu den spezifisch-bestimmenden Veränderungen auf der Dimension der Orientierungsbedeutungen etc. kategorial zu erfassen suchen.

Der Prozeß der ›*Vermenschlichung*‹ *auf der Dimension der Orientierungsbedeutungen/des Kontrollbedarfs* ist – wie gleich darzulegen – nur zu begreifen, wenn man dabei die qualitative Veränderung von deren *Verhältnis zu den existenzsichernden Primärbedeutungen/-bedarfszuständen* gleich mitberücksichtigt. Wir beziehen demgemäß zunächst nur die existenzsichernden Primärbedeutungen/-bedarfszustände in die Analyse ein und behandeln das Problem der ›Vermenschlichung‹ der Primärbedeutungen/-bedarfszustände im Funktionskreis der Sexualität/Fortpflanzung im Anschluß daran gesondert.

Die Spezifizierung von gelernten Orientierungsbedeutungen zu Arbeitsmittel-Bedeutungen und die Entstehung von Bedeutungs-Bedürfnis-Verhältnissen im Zusammenhang vorsorgend-kooperativer Existenzsicherung

Die wesentliche neue Qualität der ›sozialen Werkzeugherstellung‹ nach der ›Zweck-Mittel-Verkehrung‹ gegenüber der bloßen Ad-hoc-Zurichtung vorgefundener natürlicher Hilfsmittel besteht – wie dargelegt – darin, daß die Hilfsmittel in planmäßiger Weise zu verallgemeinerten Zwecken vorsorgender Existenzsicherung verändert, so zu ›*Arbeitsmitteln*‹ werden. Die Arbeitsmittel unterscheiden sich also von den bloßen Hilfsmitteln zentral durch die in ihnen bei ihrer planmäßigen *Herstellung* vergegenständlichten allgemeinen Zwecke; erst dadurch wird ihre zufällige *Verwendbarkeit* zur verallgemeinerten kooperativen *Brauchbarkeit* im Zusammenhang vorsorgender Lebenssicherung. Demnach liegt auch die neue Qualität von gelernten Orientierungsbedeutungen, wenn sie nicht mehr lediglich ›natürlichen‹ Umweltgegebenheiten, sondern ›Arbeitsmitteln‹ zukommen, primär darin, daß dabei deren verallgemeinerte ›Hergestelltheit‹ erfaßt und bei der Aktivitätsumsetzung berücksichtigt wird. Die Orientierungsbedeutungen werden durch diesen ihren ›*Hergestelltheits-Aspekt*‹ zu Bedeutungen von Arbeitsmitteln bzw. als Arbeitsmittel, also, verkürzt ausgedrückt, zu ›*Mittelbedeutungen*‹.

Der Herstellungsaspekt von Mittelbedeutungen wird dann direkt in Aktivitäten umgesetzt, wenn es um das ›*Machen*‹ von Arbeitsmitteln, etwa Werkzeugen, geht. In einer Axt z.B. sind die Aktivitäten vergegenständlicht, die durch die Bearbeitung von Naturstoff, etwa Holz, Stein, Metall, zur Axt als gegenständlich-sozialem Ding mit einer besonderen verallgemeinerten Brauchbarkeit führten. Diese vergegenständlichten Aktivitäten werden als Orientierungsbedeutungen aktualisiert, wenn es z.B. darum geht, eine weitere Axt herzustellen. Dabei wird (wie später noch auszuführen) die intendierte Brauchbarkeit als Resultat von Herstellungsaktivitäten zunächst *antizipiert* und dann durch die angemessenen Bearbeitungsaktivitäten schrittweise *realisiert*, bis die Aktivität im fertigen Produkt vergegenständlicht ist und erlischt. Der Herstellungsaspekt der Mittelbedeutungen und dessen Aktualisierung ist die Basis für die kooperative Weitergabe des in der Gesellungseinheit gewonnenen verallgemeinerten Produktionswissens, etwa für die Axt-Herstellung, dabei die Voraussetzung für die laufende Verbesserung von Werkzeugen, und darin auch die Differenzierung in spezialisierte Werkzeuge mit unterschiedlichen, aufeinander bezogenen Brauchbarkeiten als gegenständlichem Ausdruck der allmählichen Umwandlung der geschilderten naturwüchsigen *Funktionsteilung* in *kooperative Arbeitsteilung*. Im Hergestelltheitsaspekt der Mittelbedeutungen liegt mithin das fundamentale ›Medium‹ der Entwicklung in Richtung auf *gesellschaftliche Erfahrungskumulation*, die sich in dem Maße erweiterte, wie auf diesem Wege *Werkzeuge zur Herstellung anderer Werkzeuge* benutzt wurden, damit auch die Voraussetzung für die sich ausdifferenzierende *sprachlich-symbolische Erfahrungsweitergabe* entstand (s.u.). (Zu diesem Abschnitt vgl. Kap. 5.2, S. 172 ff. und SE, etwa S. 135 ff).

Der Hergestelltheits-Aspekt der Mittelbedeutungen ist eindeutig abhebbar von deren *Brauchbarkeits-Aspekt*: Hier geht es nicht darum, die Arbeitsmittel durch Vergegenständlichung ihrer verallgemeinerten Gebrauchszwecke *herzustellen*, sondern die in ihnen vergegenständlichten verallgemeinerten *Gebrauchszwecke* zur vorsorgend-kooperativen Lebenssicherung in Aktivitäten *umzusetzen*. Es sind gänzlich andere Aktivitäten, die durch Umsetzung von Bedeutungsaspekten einer Axt ausgeführt werden, je nachdem, ob es darum geht, eine Axt *herzustellen*, oder die Axt, etwa bei der Waldrodung oder dem Bau eines Hauses, zu *gebrauchen*. Dennoch ist der *Hergestelltheits-Aspekt* für den *Brauchbarkeits-Aspekt* der Mittelbedeutungen *bestimmend*, und zwar deswegen, weil nur in Realisierung des bei der Herstellung intendierten verallgemeinerten Gebrauchszwecks ein Werkzeug nicht nur in seiner zufälligen *Verwendbarkeit*, sondern eben in seiner generalisierten *Brauchbarkeit* für die kooperativ-vorsorgende Existenzsicherung, also als ›soziales Ding‹ in Aktivitäten umgesetzt werden kann. – Die *Fähigkeit zum individuellen Lernen von Orientierungsbedeutungen* muß sich demnach – in dem Grade, wie in Wechselwirkung mit der Herausbildung der ›gesellschaftlichen Natur‹ des Menschen die Orientierungsbedeutungen sich zu ›Mittelbedeutungen‹ spezifizieren – in Richtung auf die Fähigkeit zum *individuellen Lernen von durch Herstellung in den Arbeitsmitteln vergegenständlichten verallgemeinerten Brauchbarkeiten* weiterentwickeln: Dies ist die Voraussetzung für die *individuelle Orientierung* innerhalb der Umwelt, soweit sie sich als *kooperativer gegenständlich-sozialer Lebenszusammenhang* qualifiziert, einerlei, ob dabei die Arbeitsmittel kooperativ hergestellt oder gebraucht werden.

Da die ›Zweck-Mittel-Verkehrung‹ innerhalb vorgängig ausdifferenzierter *Sozialbeziehungen* erfolgt und so den Prozeß der Umformung von bloßer Sozialkoordination zur Kooperation einleitet, müssen sich mit der Spezifizierung der gelernten Orientierungsbedeutungen in Richtung auf Bedeutungen von bzw. als Arbeitsmittel(n) auch die früher dargestellten *sozialen Orientierungsbedeutungen* spezifizieren: Die Aktivitäten der anderen haben ja nun nicht mehr nur die gelernte Bedeutung als ›dieser spezielle Artgenosse‹ etwa innerhalb von Dominanzhierarchien, oder ›Verwandtschaftsverhältnissen‹, sondern der andere gewinnt darüberhinaus eine spezielle Bedeutung als ›*Partner*‹ *im kooperativen Lebenszusammenhang* je nach der wechselseitigen Bezogenheit aufeinander bei der Herstellung oder dem Gebrauch von Arbeitsmitteln: Man muß sich dabei gegenseitig sowohl an dem durch die ›Mittel‹ geprägten Aktivitätsablauf des anderen (etwa beim gemeinsamen Hausbau) wie auch im Hinblick auf die überdauernde Funktion des anderen im ansatzweise arbeitsteiligen Zusammenhang (Axt-Hersteller oder Anwender der von anderen hergestellten Axt etc.) *orientieren* können, wenn die vorsorgendkooperative Lebensgewinnungsform möglich sein soll. Dabei sind die Mittelbedeutungen, wie in ihrem sachlichen, so auch in ihrem ›sozialen‹ Aspekt, als *kooperativ-verallgemeinert* zu charakterisieren: Der andere hat in seiner speziellen Aktivität und Funktion ›Bedeutung‹ nicht nur für den jeweils einzelnen Kooperationspartner, sondern *Bedeutung für alle* im kooperativen Zusammenhang vorsorgender Lebenssicherung, innerhalb dessen er seinen Beitrag leistet. Die hier entstehende Fähigkeit zum individuellen Lernen von Mittelbedeutungen muß also die Möglichkeit des Lernens der *Bedeutung mittelbezogener Aktivitäten der anderen*, d.h. auch der Bedeutung der *jeweils eigenen* Aktivität und Funktion, in ihrem *Stellenwert innerhalb des kooperativen Lebensgewinnungsprozesses* als sich bildende ›Qualifikation‹ der gesellschaftlichen Natur des Menschen einschließen. (Zu diesem Abschnitt vgl. SE, Kap. 5.2; s.u. Kap. 7.2.)

Da die hergestellten Arbeitsmittel gemäß den in ihnen vergegenständlichten Zwecken der vorsorgenden Veränderung bzw. Schaffung von *verallgemeinerten Lebensbedingungen* dienen, verändert sich – in dem Maße wie sie sich zu Mittelbedeutungen spezifizieren – auch der *Verweisungs- bzw. Signalcharakter der gelernten Orientierungsbedeutungen mit Bezug auf die existenzsichernden Primärbedeutungen-bedürfnisse:* Die Mittelbedeutungen leiten nicht mehr – wie die gelernten Orientierungsbedeutungen vor Einsatz des Menschwerdungsprozesses – den Organismus lediglich über mehrere Zwischenstufen *zu dem Ort* hin, an dem primäre Bedarfsbefriedigung möglich ist, bzw. ermöglichen nicht nur die Vergrößerung der *räumlichen Distanz* gegenüber existenzgefährdenden Gegebenheiten, sie verweisen vielmehr auf die *Schaffung* von *Lebensbedingungen* (Nahrungsvorrat, Bekleidung, Gerätschaft, Behausung, Befestigung von Wohnstätten etc.), unter denen für die ›*primäre*‹ *Bedürfnisbefriedigung, Abwehr von Existenzgefährdungen* etc. in *verallgemeinerter Weise vorgesorgt* ist. Damit beginnt die zentrale Veränderung in Richtung auf den Weltbezug in der gesellschaftlichen Natur des Menschen: der Übergang von der bloß *erkundenden Umweltbeziehung* höchster Tiere zur *gestaltenden Weltbeziehung* auf menschlich-gesellschaftlicher Stufe.

Das Verhältnis zwischen gelernten Orientierungsbedeutungen und existenzsichernden Primärbedeutungen ist mithin, soweit diese sich zu Mittelbedeutungen spezifizieren, einerseits in einer neuen Qualität enger als auf der vormenschlichen Stufe, indem in den Mittelbedeutungen auf die kooperative Herstellung von Primärbedeutungen als Möglichkeiten entsprechender Bedarfsbefriedigung verwiesen ist. Andererseits erweitert sich dabei der Zusammenhang zwischen den Aktivitäten zur Gewinnung von Lebensmitteln/-bedingungen und den ›primären‹ Aktivitäten zur Existenzsicherung etc. des jeweils gleichen Organismus/Individuums in neuer Art: Während auf der geschilderten Stufe der Sozialkoordination an der Schwelle zum ersten qualitativen Sprung zur Menschwerdung durch die überindividuelle Organisation der Lebensgewinnung zwar nicht mehr unmittelbar jeder selbst in den Genuß der Resultate der eigenen Lebensgewinnungsaktivitäten kam, aber je ein Kollektiv von bestimmten Organismen/Individuen die Lebensmittel gemeinsam gewann und dann unter sich aufteilte, stehen jetzt die vorsorgend hergestellten Lebensbedingungen in *sozial verallgemeinerter Weise* zur Verfügung. Ich schaffe die Lebensbedingungen also nicht mehr lediglich für bestimmte andere mit, die aktuell an den Lebensgewinnungsaktivitäten beteiligt sind, sondern *generalisiert ›für andere‹;* ebenso sind die Lebensbedingungen, die mir zur Verfügung stehen, *generalisiert ›von anderen‹* mitgeschaffen – dies allerdings noch im Rahmen von relativ gegeneinander verselbständigten Kooperationseinheiten, die sich *erst allmählich aus den naturwüchsigen Verflechtungen zu lösen* und miteinander in Beziehung zu treten beginnen (s.u.). Dabei ist für die damit genannten beiden Aspekte der Spezifizierung der existenzsichernden Primärbedeutungen die Qualifizierung der Orientierungsbedeutungen zu Mittelbedeutungen das entwicklungsbestimmende Moment: Es sind ja die Arbeitsmittel, durch welche Lebensbedingungen jetzt nicht mehr nur gefunden und aufgesucht, sondern geschaffen werden können und durch welche gleichzeitig, da in ihnen durch die Herstellung verallgemeinerte Gebrauchszwecke vergegenständlicht wurden, die Lebensmittel in vorsorgend-generalisierender Weise ›von anderen‹ ›für andere‹ geschaffen sind. Die unspezifisch-existenzsichernden Primärbedeutungen verändern sich also zwar in Richtung auf die gesellschaftliche Lebensgewinnungsform, dies aber als *›Mitentwicklung‹ aufgrund der spezifisch-bestimmten Entwicklung der Orientierungsbedeutungen zu Mittelbedeutungen, also in ›sekundärer‹ Weise.*

Aus unserer Charakteristik der ›Mittelbedeutungen‹ etc. ergibt sich, daß sich mit deren Herausbildung der dargestellte globale ›Kontrollbedarf‹ als Antriebsmoment zum Lernen von Orientierungsbedeutungen in spezifischer Weise verändern muß: Er dient, wenn er sich als Aspekt der gesellschaftlichen Natur in Richtung auf die Qualität menschlicher Bedürfnisse entwickelt, nicht mehr lediglich der ›antriebsmäßigen‹ Regulation der Umweltexploration durch Energiemobilisierung bzw. Angstbereitschaft gegenüber ›Neuem‹ und ›Widerständigem‹ (sachlicher und sozialer Art) innerhalb der dem *individuellen* Tier gegebenen Ausschnitte der *natürlichen artspezifischen Umwelt*, sondern wird zur Bedürfnisgrundlage für die Beteiligung des Einzelnen an der *kooperativ-vorsorgenden Schaffung* von Lebensbedingungen, damit Verfügung über seine eigenen Existenzbedingungen, und reguliert sich an den daraus erwachsenden Aufgaben und Widerständen. Die Eigenart dieser ›kooperativen‹ Spezifizierung des Kontrollbedarfs verdeutlicht sich, wenn man die Konsequenzen berücksichtigt, die sich aus der geschilderten Einbeziehung der *existenzsichernden Primärbedeutungen* in den kooperativen Lebensgewinnungsprozeß für die *Spezifizierung der diese aktualisierenden primären Bedürfnisse* ergeben: Indem die Lebensbedingungen hier kooperativ geschaffen werden, muß sich auch die früher als ›Bevorzugungsaktivität‹ gekennzeichnete ›gelernte‹ Modifikation von Befriedigungsqualitäten in Richtung auf die *Fähigkeit zum Lernen kooperativ geschaffener Befriedigungsmöglichkeiten*, also quasi in Richtung auf ›gesellschaftliche‹ Bevorzugungsaktivität verändern. Dies schließt ein, daß die Befriedigung nicht mehr unter bloß ›natürlichen‹ Umständen, sondern im Rahmen *verallgemeinerter Vorsorge* durch die kooperativ geschaffenen Lebensbedingungen angestrebt wird. Die *primäre Bedürfnisgrundlage* spezifiziert sich mithin hier so, daß die *Befriedigung nicht lediglich in der Überwindung aktueller Mangel-, Not- und Bedrohungssituationen, sondern nur im Zustand der verallgemeinert-vorsorgenden Abgesichertheit gegenüber möglichen Mangel-, Not- und Bedrohungssituationen durch Beteiligung an kooperativer Bedingungsverfügung* in optimaler Weise erreicht ist.

Es ist demgemäß die so qualifizierte *verallgemeinerte Existenzsicherung* durch gemeinschaftlich geschaffene Lebensbedingungen, auf die sich der ›Kontrollbedarf‹ in seiner kooperativen Spezifizierung richtet. Hier muß nicht mehr jeder Einzelne die ›Neuheit‹ und ›Offenheit‹ der Umweltbeziehung durch seine individuelle Explorations- und Lernaktivität reduzieren, sondern die *›Neuheit‹ und Offenheit* wird durch die *kooperative Schaffung verallgemeinerter Lebensbedingungen* reduziert. Die Ambivalenz zwischen gerichteter Energiemobilisierung und Angstbereitschaft reguliert sich demgemäß nun an den *Problemen und Widerständen, die bei den kooperativen Aktivitäten zur verallgemeinerten Existenzsicherung,* und damit auch der *Sicherung der Existenz des jeweils Einzelnen,* entstehen. Und zu *manifester Angst* kommt es nicht durch Ausgeliefertheit an aktuelle natürliche Umweltverhältnisse, sondern in dem Maße, wie die *verallgemeinerte Existenzsicherung und Bedürfnisbefriedigung des Einzelnen auf dem durch die Schaffung der jeweiligen Lebensbedingungen ermöglichten Niveau gefährdet* ist – entweder durch Desintegration und Bedrohung der gesamten kooperativen Lebenseinheit, oder durch die *Isolation des Einzelnen vom kooperativen Lebensprozeß* als der hier zentralen *spezifischen Form von Ausgeliefertheit und Hilflosigkeit*. (Zu diesem Abschnitt vgl. Kap. 4.4, S. 143 ff und M. II, Kap. 4.2.2.)

Die damit umrissenen neuen psychischen Bedeutungs-Bedürfnis-Verhältnisse sind ein Implikat der *neuen materiellen Lebensgewinnungsform,* die sich nach dem ersten qualitativen Sprung der ›Zweck-Mittel-Verkehrung‹ zunächst noch im Rahmen natürlicher Lebensgewinnungsformen und evolutionärer Prozesse herauszubilden beginnt: Wenn sich die vorsorgend-kooperative Existenzsicherung durch vergegenständlichende Arbeit über die damit verbundenen interspezifischen Selektionsvorteile durch Veränderung und Verdichtung der genomischen Information immer mehr durchsetzen kann, so bedeutet dies, daß auch die *psychischen Voraussetzungen der Organismen/Individuen zu Aktivitäten im Rahmen der neuen Lebensgewinnungsform* sich in deren ›Natur‹ (die sich damit zur ›gesellschaftlichen Natur‹ entwickelt) durchsetzen müssen. Dies gilt nicht nur hinsichtlich der Herausbildung der geschilderten (keinem ›Tier‹ zukommenden) Fähigkeiten zum Lernen der von den hergestellten Arbeitsmitteln aus zentrierten gegenständlich-sozialen Bedeutungszusammenhänge zur individuellen Orientierung und Aktivitätssteuerung innerhalb des kooperativen Lebensgewinnungsprozesses, von dem die eigene Existenzsicherung abhängt. Dies gilt auch hinsichtlich der *Bedürfnislage,* durch welche die Individuen zur Beteiligung an dem kooperativen Lebensgewinnungsprozeß *bereit* sind, sodaß die neuen Bedeutungszusammenhänge auch in *entsprechenden Aktivitäten aktualisiert* werden können.

Die verschiedenen Bedarfsdimensionen haben sich, wie inhaltlich dargelegt, aus der ursprünglich einheitlichen ›Zustandsvariabilität‹ ausdifferenziert, weil sie den Effekt haben, das Aktivwerden der Tiere in den adäquaten Situationen in biologisch sinnvoller Weise und Häufigkeit hervorzurufen, und so entsprechende Selektionsvorteile erbrachten. Auch die Entstehung der geschilderten kooperationsbezogenen Bedürfnisverhältnisse ist in der gleichen Art zu erklären: Man darf keineswegs davon ausgehen, daß der Zusammenhang zwischen der Beteiligung an kooperativer Lebensgewinnung und individueller Existenzsicherung/Primärbefriedigung den Organismen/Individuen von Anfang an ›bewußt‹ war, und sie deshalb, quasi aus ›Einsicht‹, sich an kooperativen Aktivitäten beteiligten. ›Bewußtsein‹ ist – wie noch zu zeigen – ein *Resultat* der Entwicklung zur gesellschaftlichen Lebensgewinnungsform (und erst *nach* dem Dominanzwechsel zur gesellschaftlich-historischen Stufe in entfalteter

Form aufweisbar), kann also *nicht* schon als *Voraussetzung* für diese Entwicklung hypostasiert werden (wo sollte ›Bewußtsein‹ und ›Einsicht‹ beim Auftreten der ersten Spuren sozialer Werkzeugherstellung, deren Evolution und Durchsetzung zu erklären ist, ›plötzlich‹ herkommen?). Die dargestellte kooperative Erweiterung des globalen ›Kontrollbedarfs‹ und neue Qualität der Primärbefriedigung nach Maßgabe des Standes kooperativ geschaffener Befriedigungsmöglichkeiten und deren verallgemeinert-vorsorgender Abgesichertheit sind vielmehr als selektionsbedingte Spezifizierungen der ›biologischen‹ Bedarfsgrundlage der Organismen/Individuen aufzufassen, kommen also ihrer ›gesellschaftlichen Natur‹ als Resultat phylogenetisch-evolutionärer Entwicklungen zu. So ist also die Bereitschaft zur Beteiligung an kooperativen Lebensgewinnungsformen zunächst in der ›natürlich-gesellschaftlichen‹ Antriebs- und Bedürfnislage des Einzelnen verankert und damit der adäquate Beitrag der Organismen/Individuen zur neuen Form kollektiver Existenzsicherung *vor* aller Einsicht garantiert: Nur auf diese Weise ist das Zustandekommen des evolutionären Vermenschlichungsprozesses zu verstehen, an dessen *Ende* (also mit dem Erreichen des neuen gesellschaftlich-historischen Entwicklungstyps) dann die menschliche Möglichkeit zu ›Bewußtsein‹ und ›Einsicht‹ steht, die so auf den in seiner ›Natur‹ liegenden subjektiven Notwendigkeiten der Beteiligung des Menschen an gesellschaftlich vermittelter Existenzsicherung basiert und auf diese *inhaltlich bezogen* ist (s.u.; zu diesem Abschnitt vgl. M. II, Kap. 4.2.1).

Daraus geht hervor, daß wie die Bedeutungs-, so auch die darin eingeschlossenen Bedürfnisverhältnisse sich gegenüber den vormenschlichen Formen jeweils nur *soweit spezifizieren,* wie dies *biologisch funktional* ist, *im übrigen aber auf diesen basieren:* So sind in der ›kooperativen‹ Spezifizierung des globalen Kontrollbedarfs, da dieser auf der für die Entwicklung spezifisch-bestimmenden Bedeutungs-Bedarfs-Dimension liegt, die Antriebsgrundlage des ›Neugier- und Explorations-Verhaltens‹ wie die Antriebsgrundlage der sozialen Lernprozesse der Tiere zur individuellen Absicherung durch die Sozietät etc. als *unspezifisches Bewegungsmoment enthalten,* aber in der Bedürfnisgrundlage für die Kontrolle über die eigenen Lebensumstände *durch* Beteiligung an kooperativen Aktiväten zur Schaffung verallgmeinerter Lebensbedingungen *in neuer Qualität integriert.* Die individuelle Entwicklung dieser Bedürfnisgrundlage erfolgt dabei über die geschilderten neuen Prozesse des ›autarken‹ *Lernens* der durch Arbeit geschaffenen konkreten Bedeutungszusammenhänge, von der die spezielle Form individueller Möglichkeiten zur Beteiligung an kooperativer Existenzsicherung etc. abhängt, und auf die hin sich demgemäß die Bedarfszustände spezifizieren müssen.

Die ›primär‹-existenzsichernden Bedürfnisse werden zwar auch in neuer Weise durch individuelles Lernen veränderbar, indem – wie dargestellt – die *Befriedigungsqualität* sich den (ansatzweise) gesellschaftlich geschaffenen *Befriedigungsmöglichkeiten* anmißt und ihnen damit gleichzeitig die *weitere Entwicklungsrichtung* vorgibt. Diese sich allmählich herausbildende Fähigkeit zur ›invididuellen Vergesellschaftung‹ der existenzsichernden Primärbedürfnisse bleibt aber – obwohl sie einerseits ein, wenn auch gegenüber den Mittelbedeutungen/›kooperativen‹ Bedürfnisqualifikationen sekundäres, *Spezifikum* des Vermenschlichungsprozesses sind – dennoch lediglich eine Fähigkeit zum ›*subsidiären*‹ *Differenzierungslernen* innerhalb festgelegter Bedeutungs-Bedürfnis-Dimensionen, überschreitet also *in dieser Hinsicht* nicht Möglichkeiten zu individueller Modifikation primärer Bedeutungs-Bedürfnis-Charakteristika auf höchstem tierischem Niveau: Die existenzsichernden Lebens- und Befriedigungsbedingungen wie Nahrung, Bekleidung, Behausung, Wohnstätten-Befestigung etc. sind – obwohl kooperativ geschaffen und verbesserbar – dennoch auf die geschilderten *elementaren* ›*Erhaltungsfunktionen*‹ *des organismischen Systemgleichgewichts,* wie Erhaltung des Stoffwechsels unter Sauerstoffzufuhr, Temperaturregulierung, Feuchtigkeitsregulierung, Vermeidung ›schädigender‹, systemzerstörender Einflüsse verschiedener Art etc. rückbezogen. Das individuelle Lernen der *neuen Qualität* der durch die *kooperative Arbeit* geschaffenen Befriedigungs-und Sicherungsmöglichkeiten erfolgt also notwendig nur in *Modifikation der phylogenetisch festgelegten Umweltbeziehungen zur Sicherung der Erhaltungsfunktionen* (man kann durch Lernen erhöhte Ansprüche an die Befriedigungsqualität kooperativ produzierter Nahrungsmittel stellen, aber nicht die Bedeutungs-Bedürfnis-Dimension der Nahrungsaufnahme als solche modifizieren). Diese ›subsidiäre‹ Eingeschränktheit des Lernens im Bereich der existenzsichernden Bedeutungs-Bedürfnis-Dimensionen wird allerdings in gewisser Weise wieder aufgehoben durch deren *neues,* über die *kooperative Lebensgewinnungsform* vermitteltes *Verhältnis* zu den Mittelbedeutungen/›kooperativen‹ Bedürfnissen: Da die primäre Befriedigungsqualität hier – wie gesagt – für den Einzelnen die *vorsorgend-kooperative Verfügung* über Befriedigungsquellen, damit Angstfreiheit im geschilderten spezifischen Sinne einschließt, *verändert* sie sich in *dieser Hinsicht* mit der Erweiterung der kooperativ geschaffenen Vorsorgemöglichkeiten; dies heißt, daß die *primäre Befriedigungsqualität* nicht nur durch subsidiäres Lernen gesellschaftlich geschaffener Befriedigungsweisen, sondern auch durch das ›*autarke*‹ *Lernen der kooperativen Bedeutungsbezüge,* von denen die *langfristig gesicherte, angstfreie Befriedigung* in *menschlicher Qualität* abhängt, bestimmt ist.

Unspezifisch biosozialer Charakter und gesellschaftliche Formbarkeit von i.w.S. sexuellen Bedeutungs-Bedürfnis-Dimensionen

Wir haben bei unseren bisherigen Analysen über die Spezifizierung der Bedeutungs-Bedarfs-Dimensionen bei der Herausbildung der ›gesellschaftlichen Natur‹ des Menschen nur die existenzsichernden Primärbedeutungen/-bedürfnisse berücksichtigt, die Bedeutungs-Bedürfnis-Dimension im Funktionskreis der Fortpflanzung aber zunächst beiseitegelassen. Warum? Weil eine *allmähliche Einbeziehung in die gesellschaftliche Entwicklung,* wie sie hinsichtlich der existenzsichernden Primärbedeutungen/-bedarfszustände herausgearbeitet werden konnte, bei den i.w.S. sexuellen Bedeutungs-Bedürfnis-Dimensionen nicht aufweisbar ist. Die, wenn auch sekundäre, kooperativ-gesellschaftliche Entwicklung der existenzsichernden Bedeutungs-Bedarfs-Dimensionen ergab sich ja aus deren neuem Verhältnis zu den in Richtung auf Mittelbedeutungen qualifizierten Orientierungsbedeutungen, nämlich der durch die hergestellten Arbeitsmittel vollzogenen vorsorgenden Schaffung von verallgemeinerten Lebensbedingungen, damit auch Möglichkeiten der Existenzsicherung und Befriedigung. Es ist offensichtlich, daß von einer *Schaffung der i.w.S. sexuellen Aktivitäts- und Befriedigungsmöglichkeiten* durch in *gesellschaftlicher Arbeit hergestellte Lebensbedingungen nicht im gleichen Sinne die Rede sein* kann: Sexuelle Aktivitäten mit dem möglichen Resultat des ›Nachwuchses‹ erfolgen ja *nicht* durch die für die gesellschaftliche Lebensgewinnung charakteristische *Dazwischenschaltung von Arbeitsmitteln,* sondern sind *natürliche Aktivitäten bloß sozialer Art.* Auch die *Jungenaufzucht* kann man prinzipiell *nicht* als im eigentlichen Sinne vergegenständlichende Arbeit einstufen, da das *aufzuziehende Kind ja nicht wie ein Werkstück Gegenstand und Resultat verändernder Einwirkung durch Arbeitsmittel ist.*

Die Erklärung hierfür ist leicht zu finden, wenn wir uns auf die funktional-historische Rekonstruktion der Genese der Differenzierung der Funktionskreise der ›individuellen Lebenssicherung‹ und der ›Fortpflanzung‹ zurückbesinnen. Dort wurde ausgeführt, daß die Aktivitäten im Funktionskreis der Fortpflanzung auf die Erhaltung des Populations-Systems nicht vermittelt über die individuelle Systemerhaltung, sondern *direkt,* also unter *Ausklammerung der individuellen Existenzsicherung* gerichtet sind (vgl. Kap. 3.2, S. 93 ff). Die Entwicklung zur gesellschaftlichen Lebensgewinnungsform wurde aufgrund unserer anthropogenetischen Analysen ja aber gerade charakterisiert als Entwicklung zu einer *neuen Qualität individueller Existenzsicherung,* nämlich der kooperativen Schaffung *verallgemeinerter Lebensbedingungen* (Nahrungsvorrat, Bekleidung, Behausung, Wohnplatzbefestigung etc.) in *Vorsorge für die Existenzerhaltung der Einzelnen.* Daraus ergibt sich zwingend, daß die *Bedeutungs-Bedürfnis-Dimensionen im Funktionskreis der Sexuali-*

tät/Fortpflanzung, da sie mit *individueller* Existenzerhaltung nichts zu tun haben, in den Prozeß der *gesellschaftlichen Spezifizierung des Psychischen* durch Wechselwirkung kooperativer Lebensgewinnungsformen und ›natürlicher‹ Lern- und Entwicklungspotenzen *nicht einbezogen* sein können. Vielmehr ist aufgrund unserer vorgängigen funktional-historischen Analysen die Konsequenz unumgänglich, daß die Bedeutungs-Bedürfnis-Dimension der Sexualität/Fortpflanzung sich im Prozeß der Herausbildung der gesellschaftlichen Natur des Menschen *nicht gesellschaftlich spezifizieren* kann – auch nicht in der Weise, wie die existenzsichernden Bedeutungen/Bedürfnisse sich sekundär über die kooperative Schaffung ihrer Befriedigungsmöglichkeiten spezifiziert haben –, sondern *als solche auf dem Spezifitätsniveau biosozialer Bedeutungs-Bedürfnisbeziehungen* des Organismus/Individuums zur Umwelt/Welt und deren *individueller Modifizierbarkeit durch subsidiäres Lernen* im Rahmen festgelegter Dimensionen verharrt (und gerade dadurch seine Besonderheit im Zusammenhang menschlicher Lebens- und Erlebnismöglichkeiten gewinnt s.u.).

Es muß also gemäß dem Stand unserer funktional-historischen Analysen davon ausgegangen werden, daß die Sexualität/Fortpflanzung zwar eine unspezifische Voraussetzung für die Lebensgewinnung auch auf gesellschaftlichem Niveau ist, daß sie aber dabei selbst nicht eine neue gesellschaftliche Qualität erlangt. Dies heißt aber nun *nicht,* daß die psychischen Bedeutungs-Bedürfnis-Dimensionen im Funktionskreis der Sexualität/Fortpflanzung von der Entstehung der neuen Lebensgewinnungsform durch kooperative Arbeit in ihrer Rückwirkung auf die Herausbildung der ›gesellschaftlichen Natur‹ des Menschen *unberührt* geblieben sind: Man muß nur die *Art* der Veränderung der Sexualität/Fortpflanzung in der Phase zwischen den beiden ›qualitativen Sprüngen‹ und das sich daraus ergebende *Verhältnis* zwischen gesellschaftlicher Lebensgewinnung und Sexualität auf andere Weise bestimmen als hinsichtlich der existenzsichernden Primärbedeutungen/-bedürfnisse.

Um dies zu konkretisieren, rekonstruieren wir zunächst die Entwicklung der Beziehung *Brutpflege/Jungenaufzucht* einerseits und *Sexualität i.e.S.* andererseits im Zuge der Herausbildung gesellschaftlicher Natur: Hier ist davon auszugehen, daß die (wie oben, S. 152 ff dargestellt) schon bei höchsten tierischen Primaten beobachtbare Auflösung der Bindung von Jungenaufzucht-Aktivitäten an den engeren Familienverband und Einbeziehung der gesamten Sozietät in die Absicherung und Unterstützung des Lernens und der Entwicklung der Jungtiere sich während der nun zur Frage stehenden Menschwerdungs-Phase noch fortgesetzt haben. Die Jungenaufzucht wurde so immer mehr zu einer Aufgabe der Sozietät und der sich darin verstärkenden kooperativen Bezüge. Dies spricht dafür, daß die *Funktionsgrundlage für Sexualaktivitäten* und *für Aktivitäten der Jungenaufzucht* sich mit der Entwicklung der gesellschaftlichen Natur verselbständigten: Die *Vermittlung* zwischen der *Zeugung* von Nachwuchs und dessen *Pflege und Aufzucht* geschieht hier immer weniger aufgrund biologisch festgelegter Bedeutungsbezüge und immer mehr im Rahmen der *gelernten Sozialbeziehungen und -bedeutungen,* wie sie sich bei der fortschreitenden kooperativen Organisation der Lebensgewinnung herausbilden, sodaß die entsprechenden *biologischen Eingebundenheiten* mangels Funktionalität bei der Entwicklung der gesellschaftlichen Natur des Menschen zurücktreten.

Wenn man nun die entsprechenden Veränderungen der *Sexualbedeutungen und der Sexualbedürfnisse i.e.S.* betrachtet, kann man auch hier das *Zurücktreten bestimmter phylogenetisch festgelegter Aktivitätsdeterminanten* aufweisen: So kommen die jahreszeitlich festgelegten zyklischen Aktualisierungen von Sexualbedeutungen, die noch bei höchsten nichtmenschlichen Primaten als ›Brunstzeiten‹ zu finden sind, im Zuge der Menschwerdung immer weniger vor, der Mensch ist (unter sonst gleichen Umständen) das ganze Jahr über gleichermaßen zu sexueller Aktivität stimulierbar (vgl. EB, S. 170 f). Damit im Zusammenhang verschwindet bei der Menschwerdung auch das zyklische Hervortreten von physischen Sexualmerkmalen als Signal der Kopulationsbereitschaft (Anschwellen und besondere Färbung des weiblichen Genitales, periodisches Auftreten einer besonderen Sexualhaut etc., vgl. EB, S. 176). Da solche physischen Merkmalsänderungen noch bei höchstentwickelten subhumanen Primaten auftreten, muß auch deren Verschwinden als *Resultat der phylogenetischen Entwicklung bei der Herausbildung der ›gesellschaftlichen Natur‹ des Menschen* betrachtet werden. Alle derartigen Veränderungen sind m.E. nur zu verstehen, wenn man sich auch hier klarmacht, daß die *Anlässe und Formen des Sexualkontaktes* deswegen im Zuge der Menschwerdung *immer weniger festgelegt* sind, weil die Sexualbeziehungen immer stärker in *gelernte soziale Kommunikationsformen im Rahmen hochentwickelter, kooperativ organisierter Sozietäten* eingebettet und in diesem Zusammenhang die *biologischen Festlegungen unfunktional* wurden.

Aufgrund der bisherigen Analysen und Resultate erscheint also folgende Annahmen gerechtfertigt: Zwar sind die Bedeutungs-Bedürfnis-Dimensionen im Bereich der Sexualität/Fortpflanzung nicht unmittelbar in den phylogenetischen Prozeß der Herausbildung der neuen Lebensgewinnungsform durch vergegenständlichende Arbeit einbezogen, deren Inhalte und Befriedigungsmöglichkeiten sind also nicht – wie bei den primär-existenzsichernden Bedeutungen-Bedürfnissen – kooperativ in verallgemeinernder Vorsorge geschaffen, sondern bleiben (relativ) *unspezifisch biosozial. Dennoch verändert* sich die Naturgrundlage der Sexualität i.w.S. im Zuge der allmählichen Durchsetzung der gesellschaftlichen Lebensgewinnungsform: die sexuellen Bedeutungs-Bedürfnis-Dimensionen *lösen* sich nämlich in bestimmten Aspekten immer mehr aus ihren *artspezifisch festgelegten Bezügen;* dies deswegen, weil diese Festlegungen aufgrund der wachsenden *sozialen Einbettung von Fortpflanzungs- und Sexualaktivitäten* durch *individuelles Lernen* biologisch *unfunktional* geworden sind. Die Sexualität als Merkmal der ›gesellschaftlichen Natur‹ des Menschen ist mithin, obzwar *nicht* in den Prozeß der gesellschaftlichen *Produktion* von Lebensbedingungen und -möglichkeiten einbeziehbar, dennoch in subsidiärem Lernen durch die mit der gesellschaftlichen Arbeit *einhergehende* verallgemeinerte *Gestaltung sozialer Beziehungen* modifizierbar, also – wie wir uns ausdrücken wollen – *gesellschaftlich formbar*. Aus dieser Charakteristik, einerseits eine elementare sinnlich-vitale Lebensäußerung des Menschen, andererseits aber gesellschaftlich formbar zu sein, ergibt sich die besondere Weise der *unmittelbaren Erfahrungsintensität* wie der ›*Formierbarkeit*‹ und ›*Unterdrückbarkeit*‹ der Sexualität durch *historisch bestimmte Produktions- und Herrschaftsverhältnisse* (was später im Zusammenhang näher auszuführen ist).

Genese der Sprache aus Kommunikationsnotwendigkeiten kooperativer Lebensgewinnung

Wir haben bei unseren bisherigen Kategorialanalysen der Entwicklung des Bedeutungs-Bedürfnis-Aspektes von einer *zentralen Differenzierung und Qualifizierung* der Bedeutungszusammenhänge im Menschwerdungs-Prozeß abstrahiert: der Herausbildung der *symbolischen Repräsentanz* von Bedeutungen und darin einer neuen, der ›*sprachlichen*‹ Weise der Kommunikation von Bedeutungsinhalten. Die Entstehung der ›Sprache‹ ist eine wesentliche psychische Voraussetzung für die schließliche Dominanz des gesellschaftlich-historischen Prozesses gegenüber dem phylogenetischen Prozeß, da sie in die Entstehung ›gesellschaftlicher‹ Verkehrsformen notwendig eingeschlossen ist; gleichzeitig ist die Fähigkeit zur Produktion symbolischer Bedeutungsverweisungen, zum Sprechen und Sprachverständnis, quasi das auffälligste Merkmal der gesellschaftlichen Natur des Menschen, die menschliche Handlungs- und Lernmöglichkeiten schon als biologische Potenz ›gesellschaftlich‹ qualifiziert und so von bloß tierischen Lernmöglichkeiten abhebt (s.u.). Es kommt mithin für uns darauf an, im Zuge unserer funktional-historischen Rekonstruktion des psychischen Aspektes der menschlichen Natur die Genese der Sprache aus der Spezifik der entstehenden neuen Weise *materieller Lebensgewinnung* durch vergegenständlichende kooperative Arbeit in ihrer selektionsbedingten Rückwirkung auf die natürlichen Entwicklungspotenzen herauszuarbeiten, um damit den *Stellenwert des Sprechens/Sprachverständnisses* im Zusammenhang des psychischen

Weltbezugs des handelnden Menschen adäquat kategorial bestimmen zu können. Vom Aspekt der Bedürfnisdimensionen können wir in diesem Analyse-Zusammenhang abstrahieren, da Sprache – wie aus unseren Darlegungen hervorgeht – sich nur über die symbolische Repräsentanz von Bedeutungen auf Bedürfnisse beziehen kann, bzw. Bedürfnisse nur über deren Bedeutungen in den sprachlichen Kommunikationsprozeß eingebracht werden können.

Bei der so zu leistenden funktional-historischen Rekonstruktion haben wir im Ansatz am Vorbegriff bzw. Vorverständnis von ›Sprache‹ auf die phylogenetischen Vorformen der sprachlichen Kommunikation, die früher behandelten kommunikativen ›*Sozialbedeutungen*‹ in *reziproken Sender-Empfänger-Beziehungen*, zurückzugehen und zu verfolgen, welche qualitativen Veränderungen sie in der Anthropogenese durchmachten und insbesondere, welche Charakteristik ihnen im Zuge der Herausbildung der kooperativen Lebensgewinnungsform und ›gesellschaftlichen Natur‹ des Menschen zuwächst.

Wie (in Kap. 3.4, S. 112 ff) ausführlich auseinandergelegt, entstanden als Differenzierungsprodukt der Ausgestaltung des Psychischen *verselbständigte kommunikative Orientierungsbedeutungen,* die durch Funktionswechsel (›Ritualisierung‹) aus Gebrauchsaktivitäten hervorgegangen sind, zunächst nur als ›Ausdrucksbewegungen‹ auftraten und dann eine ›*soziale Signalfunktion*‹ erhielten und von da an zwar in die verschiedenen Funktionskreise und inhaltlichen Bedeutungsdimensionen eingebunden waren, aber durch die *gemeinsame Spezialfunktion* charakterisiert, über *reziproken sozialen Informationsaustausch* die Koordination der tierischen Aktivitäten (besonders unter Artgenossen) im ›überlebensfördernden‹ Sinne zu optimieren. Weiter haben wir dann die *Individualisierbarkeit* solcher Kommunikativ-Orientierung durch ›soziales Differenzierungslernen‹ (Kap. 4.3, S. 138 ff) und ›autarkes‹ Lernen von sozialen Orientierungsbedeutungen im ›Sozialisationsprozeß‹ (Kap. 4.5, S. 154 ff) verfolgt und schließlich die Entstehung *neuer Formen überindividueller gelernter Kommunikativorientierung* an der Schwelle zum Funktionswechsel der Sozialkoordination zur sozialen Werkzeugaktivität im Zusammenhang erworbenen funktionsteiligen Zusammenwirkens etc. angedeutet (Kap. 5.2, S 168 ff). Wie ist nun die Weiterentwicklung solcher Kommunikationsformen zu *sprachlicher Kommunikation* bei der Herausbildung der ›gesellschaftlichen Natur‹ des Menschen bis zum Dominanzwechsel zur gesellschaftlich-historischen Entwicklung zu fassen?

Eine wesentliche Schwierigkeit bei der Klärung dieser Frage liegt darin, daß einerseits die Sprache ein (primär) *akustisches* Kommunikationsmittel ist, daß aber andererseits bei den *höchstentwickelten nichtmenschlichen Primaten keineswegs* von einem *Überwiegen und einem besonders hohen Entwicklungsstand der akustischen Signalübermittlung ausgegangen* werden darf. Zwar finden sich bei solchen Primaten mannigfache lautliche Ausdrucks- und Kommunikationsmöglichkeiten, aber eher zurücktretend hinter der optischen Kommunikativorientierung (durch ›Gesten‹, Körperhaltung etc.) und von einer Undifferenziertheit und ›Rohheit‹, die an ›Sprache‹ nicht entfernt denken lassen. (Charakteristisch in diesem Zusammenhang ist der Umstand, daß der Versuch experimenteller Induzierung sprachähnlicher Lautbildung bei Schimpansen praktisch fehlgeschlagen ist, und daß die in Experimenten den Schimpansen andressierten ›Zeichen‹ optischer Art sind, wobei etwa die Taubstummen-Sprache von den Experimentatoren verwendet wurde.) Hinzukommt, daß der *Wechsel der vormenschlichen Primaten vom Biotop des Regenwaldes zum Biotop der Steppen und Savannen,* der (wie dargestellt) generell wesentliche Entwicklungswidersprüche in Richtung auf die Menschwerdung erzeugte, für die Ausdifferenzierung der lautlichen Kommunikation zur Sprache *keineswegs besonders begünstigend* gewirkt haben dürfte: Bei den terrestrisch lebenden Primaten haben sich eher ›*Distanzlaute*‹ zur Überbrückung weiter Entfernungen mit der Funktion der Förderung des Gruppenzusammenhalts herausgebildet, die *weder im Frequenzbereich noch in der Modulationsfähigkeit* etc. eine *Grundlage für die Entstehung von* ›*Sprache*‹ *als typischem* ›*Nahkommunikationsmittel*‹ abgeben konnten. Generell lassen sich zwar für das Hervortreten der akustischen Kommunikation verschiedene Selektionsvorteile anführen, wie die im Vergleich zu optischen Signalen breitere Diffusionsfähigkeit, stärkere Modulationsfähigkeit, der Umstand, daß bei lautlicher Kommunikation das Gebrauchssystem von ›kommunikativen‹ Aufgaben freigestellt ist, also akustische Signalübermittlung *neben* den sonstigen biologisch ›notwendigen‹ Aktivitäten möglich ist. Es bleibt aber *unklar,* warum *diese Selektionsvorteile* gerade in der *Hominiden-*Entwicklung zur *Herausbildung von Sprache* geführt haben sollen. (Zu diesem Abschnitt vgl. EB, Kap. 8.1, S. 215 ff)

So muß beim gegenwärtigen Wissensstand wohl davon ausgegangen werden, daß die ›sprachliche‹ Kommunikationsfähigkeit sich erst innerhalb des psychischen *Menschwerdungsprozesses* i.e.S., also unserer Konzeption nach im *Zwischenstadium zwischen* ›*erstem*‹ *und* ›*zweitem qualitativen Sprung*‹ herausgebildet hat. Hier müssen also durch die *selektionsbedingte Rückwirkung der sich entfaltenden gesellschaftlichen Arbeit/Kooperation auf die organismische Funktionsgrundlage* all die *vielfältigen morphologischen und hirnphysiologischen Voraussetzungen der Sprachfähigkeit* entstanden sein, die *nur dem Menschen* zukommen und, wie gesagt, als ein *wesentlicher Aspekt seiner* ›*gesellschaftlichen Natur*‹*,* also Entwicklungspotenz zur Vergesellschaftung, zu betrachten sind. (Zu diesem Abschnitt vgl. EB, Kap. 8.2, S. 224 ff)

Um zu verstehen, aufgrund welcher Selektionsvorteile sich hier aus den noch rohen Formen akustischer Signalübermittlung immer mehr ›sprachähnliche‹ Signalisierungsformen mit immer weitergehender Prävalenz des akustischen Kanals herausgebildet haben könnten, sind zunächst die *neuen Kommunikationsanforderungen* innerhalb der entstehenden Lebensgewinnungsform durch kooperative Arbeit hervorzuheben: Der Übergang von der bloßen sozialen Koordination zur Koopera-

Die Herausbildung des Bedeutungs-Bedürfnis-Aspektes

tion bei der Herstellung bzw. dem Gebrauch von Werkzeugen schließt zunächst generell eine Kommunikation *im Nahbereich* ein, da man hier nicht mehr nur über das Suchen oder Vermeiden lose miteinander koordiniert ist, sondern durch die Bezogenheit auf den jeweils gleichen Arbeitsprozeß bzw. -gegenstand in unmittelbarer räumlicher Nachbarschaft zusammenwirkt. Die so gegebene Möglichkeit differenzierterer lautlicher Signalübermittlung mag deswegen sich gegenüber optischen Kommunikationsmöglichkeiten verselbständigt und akzentuiert haben, weil der *optische Kanal* bei kooperativen Arbeitshandlungen in besonderem Maße durch die hier erforderte *permanente Sichtkontrolle* während der eingreifenden Veränderung des Arbeitsgegenstandes in Richtung auf seine antizipierte Brauchbarkeit o.ä. besetzt ist, und so die Kommunikation (über dessen allgemeine Entlastungsfunktion hinaus) spezifisch auf den *akustischen Kanal* angewiesen ist. Die dabei sich herausbildende *inhaltliche Differenziertheit* der akustischen Signalübermittlung mag aus deren Funktionalität für die mit sich entwickelnder Kooperation immer *komplexere wechselseitige Aktivitätssteuerung* erklärlich sein, etwa den ›Verständigungsnotwendigkeiten‹ bei der Herstellung von Werkzeugen mit immer spezialisierterem Gebrauchszweck, den Erfordernissen der reziproken Abstimmung der Aktivitäten beim Gebrauch unterschiedlich spezialisierter Werkzeuge etc., wodurch die zunächst globalen Zurufe, Aufforderungen, Warnleute etc. über den Evolutionsprozeß eine immer weitergehende inhaltliche Spezifizierung erfahren haben dürften. – Generell ist dabei auf die dargestellte *hohe interspezifische (zwischenartliche) Konkurrenz* bei der Herausbildung der neuen gesellschaftlichen Lebensgewinnungsform zu verweisen, wodurch viele Hominidenformen ausgestorben sind, obwohl diese bereits zur sozialen Werkzeugherstellung fähig waren. Dies bedeutet, daß hier ein hoher *Selektionsdruck* bestanden haben muß, durch welchen auch geringe interspezifische Selektionsvorteile, etwa bei der akustischen Kommunikation, sich durchgesetzt und zur genomischen Kumulation der entsprechenden funktionalen Möglichkeiten geführt haben müßten.

Mit all diesen Überlegungen ist indessen die besondere Funktionalität gerade der *sprachlichen* Kommunikation, wodurch diese ein wesentliches Implikat der Entwicklung bis zur Dominanz des gesellschaftlich-historischen Prozesses darstellt, noch nicht erfaßt: die mit der Sprache gegebene Möglichkeit der *symbolischen Repräsentanz* von Bedeutungen, womit einerseits die bloße Ebene der Kommunikation in Richtung auf eine ›Darstellungsfunktion‹ der Sprache überschritten und andererseits die Kommunikation selbst dadurch *gesellschaftlich verallgemeinert* wurde. Wie ist die Herausbildung dieser symbolischen Darstellungsfunktion der Sprache über die (dabei vorausgesetzte) geschilderte Entwicklung der Ausdrucks-bzw. Kommunikationsfunktion hinaus im Zusammenhang mit der allmählichen Durchsetzung der materiellen Lebensgewinnung durch gesellschaftliche Arbeit zu erklären, und was folgt daraus für die kategoriale Bestimmung des Psychischen in seiner menschlich-gesellschaftlichen Spezifik? Diese Frage soll nun gesondert angegangen werden.

›Praktische Begriffe‹ im Arbeitsvollzug und deren akustische Kommunizierbarkeit als Ursprung des begrifflich-symbolischen und lautlich-kommunikativen Aspekts der Sprache

In *Arbeitsmittel-Bedeutungen* und Bedeutungen der mit ihnen geschaffenen Lebensbedingungen sind durch den Herstellungsprozeß *verallgemeinerte* Brauchbarkeiten vergegenständlicht. Damit werden an den geschaffenen Weltgegebenheiten aufgrund ihrer Bedeutung als Vergegenständlichungen je bestimmter verallgemeinerter Gebrauchszwecke mit Bezug darauf quasi ›realabstraktiv‹ *wesentlichere* von *unwesentlicheren,* d.h. auch, *notwendige* von *zufälligen* Merkmalen praktisch unterschieden: Bei der Herstellung/dem Gebrauch einer Axt z.B. ist die Schärfe der Schneide das wesentlichste Moment ihrer verallgemeinerten Brauchbarkeit, das Gewicht der Axt tritt demgegenüber zurück, ist aber immer noch wesentlich, weil davon ihre Handhabbarkeit abhängt, die Färbung des Stiels hingegen ist unter dem Aspekt ihrer speziellen intendierten Brauchbarkeit ein unwesentliches und zufälliges Merkmal der Axt. (Bei geschaffenen Weltgegebenheiten mit anderen generalisierten Gebrauchszwecken, etwa einer Höhlenzeichnung, mag z.B. gerade die Färbung des Büffels zu seiner ›Bannung‹ und Beherrschung das wesentliche Merkmal sein; vgl. HOLZKAMP 1978.) Derartige an verallgemeinerten Brauchbarkeiten bemessenen Unterscheidungen wesentlicherer von unwesentlicheren Bestimmungen sind auch in der Auffassung und Umsetzung des *personalen Aspekts der Mittelbedeutungen* praktisch vollzogen; so gibt es z.B. bei der Führung einer Axt wesentlichere und unwesentlichere Merkmale des in der Kooperation zu berücksichtigenden Aktivitätsverlaufs beim anderen, ebenso zentrale und mehr oder weniger nachgeordnete Merkmale der Qualifikation des Axtherstellers oder -benutzers im ansatzweise arbeitsteiligen Zusammenhang, die von der entsprechenden Merkmalshierarchie der Aktivitätsabläufe bzw. der Qualifikation etwa des Höhlenmalers aufgrund der andersartigen Bedeutung des zu schaffenden Produkts unterschieden sind (was wohl nicht im Einzelnen veranschaulicht werden muß).

Die damit explizierte, im Arbeitsprozeß notwendig mitvollzogene *realabstraktive Heraushebung wesentlicher gegenüber unwesentlichen bzw. zufälligen Bedeutungsmomenten* verdeutlicht schon die der kooperativ-vergegenständlichenden Form der materiellen Lebensgewinnung selbst inhärente ›*praktische Begriffsbildung*‹. Deren Spezifik ist indessen erst dann voll zu erfassen, wenn man den *Herstellungsaspekt* der Mittelbedeutungen als deren bestimmendes Moment unter diesem Gesichtspunkt akzentuiert. In der Herstellung müssen, wie dargelegt, die verallgemeinerten Gebrauchszwecke als Maßstab und zur Steuerung der Vergegenständlichungsaktivitäten *antizipiert* werden (vgl. S. 211 f). Dies heißt aber, daß die geschilderten ›*praktischen Begriffe*‹ nicht nur den jeweils aktuellen Arbeitsablauf regulieren, sondern daß in ihnen die *verallgemeinerten Brauchbarkeiten und sich daraus ergebenden abstraktiven Unterscheidungen in wesentliche und unwesentliche bzw. zufällige Merkmale vor der Vergegenständlichung ideell in symbolischer Weise repräsentiert* sein müssen. Damit wird klar, daß schon im Arbeitsprozeß selbst in seiner bestimmenden Charakteristik als Herstellungsprozeß *symbolische Repräsentanzen in der praktischen Begriffsbildung enthalten* sind, wobei die darin liegende Ausdifferenzierung eines ›*ideellen*‹ *Moments* keineswegs die gebräuchliche Gegenüberstellung von ›materiell‹ und ›ideell‹ rechtfertigt: Das genannte, in den praktischen Begriffen liegende *ideelle* Moment ist vielmehr ein konstituierendes Merkmal des *materiellen* Lebensgewinnungsprozesses selbst, in dem Grade, wie er sich seiner *menschlichen Spezifik als Lebensgewinnung durch vergegenständlichende Arbeit* annähert. Dichotomisierungen zwischen ›Ideellem‹ und ›Materiellem‹ dürfen also auf keinen Fall als generelle philosophische Kategorisierungen o.ä. eingeführt werden, sondern sind als ideologischer Schein unter historisch bestimmten gesellschaftlichen Verhältnissen zu analysieren (s.u.).

Aus dem dargelegten Charakter der ›*praktischen Begriffe*‹ geht hervor, daß die im funktionalen Zusammenhang mit der Kooperation sich entwickelnde *lautliche Kommunikation* wesentlich mit dem ›*Mittel*‹ *dieser praktischen Begrifflichkeit* erfolgen wird, daß sich also die so gefaßte Fähigkeit zur ›*symbolischen Kommunikation*‹ *als Bestimmungsmoment des Weltbezugs* in der ›*gesellschaftlichen Natur*‹ des Menschen evolutionär ausdifferenziert haben muß. Bei der kommunikativen Steuerung der kooperativen Arbeitsvollzüge sowohl an herzustellenden ›Mitteln‹ wie beim Mittelgebrauch ist die *adäquate Antizipation bzw. Erfassung der in den praktischen Begriffen repräsentierten wesentlichen Bestimmungen der verallgemeinerten Gebrauchszwecke* der *spezifische Kommunikationsinhalt* (man kann sich nur dann darüber verständigen, daß das Dach an der und der Stelle noch ›undicht‹ ist, und seine gemeinsamen Aktivitäten zum Dichtmachen des Daches kommunikativ vorbereiten und koordinieren, wenn man einen ›Begriff‹ vom ›Dichtsein‹ eines Daches als wesentlicher Bestimmung seines verallgemeinerten Gebrauchszwecks hat; ebenso setzen die Planung und Aktivitätskoordination bei der Herstellung von auf ›Füßen‹ stehenden waagerechten und ebenen Platten, also ›Tischen‹, einen Begriff von ›waagerecht‹ und von ›eben‹ voraus, dies zunächst nicht im geometrischen Sinne, sondern in praktischer Antizipation wesentlicher Merkmale des verallgemeinerten Gebrauchszwecks von ›Tischen‹). Nur als derart ›*begrifflich*‹-*symbolische Kommunikation* erreicht die *akustische Kommunikation das Spezifitätsniveau der kooperativ-vergegenständlichenden Arbeit,* weil nur so die *speziellen Qualitäten und Erfordernisse* dieser Lebensgewinnungsform im Kooperationsprozeß kommuniziert werden können. So differenziert sich (durch entsprechende selektionsbedingte Rückwirkung auf die Funktionsgrundlage der akustischen Kommunikativ-Orientierung) aus der *lautlichen Kommunikation* (über die geschilderten Differenzierungen hinaus) eine qualitativ neue *symbolisch-begriffliche Informationsebene* heraus, und der so zu ›*Sprache*‹ *i.e.S.* werdende akustische Informationsaustausch kann sich damit immer mehr auf die *verallgemeinerte gegenständliche Inhaltlichkeit der Bedeutung von Arbeitsprozessen und -resultaten* beziehen.

Umgekehrt gewinnen auch die ›*praktischen Begriffe*‹, dadurch daß sie über *sprachliche Sozialbedeutungen kommuniziert* werden, einen *besonderen Charakter:* Die kommunikativen ›Sozialbedeutungen‹ sind, wie dargestellt, schon ihrer phylogenetischen Herkunft nach *verselbständigte* Träger des interorganismischen Informationsaustauschs. Demgemäß liegt auch die *spezielle ›Brauchbarkeit‹* der lautlichen bzw. sprachlichen Sozialbedeutungen in ihrer gegenüber den jeweils konkret-gegenständlichen Aktivitätszusammenhängen *verselbständigten Funktion der sozialen Informationsübermittlung.* Während die *praktischen* Begriffe selbst als ideell antizipierender Aspekt in die *konkreten Herstellungshandlungen* einbezogen, also ein Moment der *Arbeitsmittel-Bedeutungen* sind, ist ihre *Repräsentanz in der Sprache* nicht an den real sich vollziehenden Arbeitsprozeß gebunden, sondern in *erweiterten und verschiedenartigen Lebenszusammenhängen kommunizierbar.* Diese *Verselbständigung und Erweiterung der symbolischen Informationsübermittlung in der sprachlichen Kommunikation zu tradierten kooperativ-gesellschaftlichen Sprach- und Denkformen* (vgl. M I, S. 255 ff), durch welche man sich über *Sachverhalte und Verhältnisse auch in deren Abwesenheit verständigen* kann, entspricht den *Notwendigkeiten des Informationsaustauschs* innerhalb der sich *herausbildenden, aktuelle Kooperationszusammenhänge immer mehr überschreitenden vergegenständlichten Kooperationsstrukturen* und ist eine unerläßliche Bedingung für die schließliche Dominanz der gesellschaftlichen Lebensgewinnungsform.

Wenn die lautliche und die symbolisch-begriffliche Seite der Sprache auch, sobald sie einmal herausgebildet sind, stets zusammen auftreten, da die *Laute,* oder verallgemeinert die Sprachzeichen, die *sinnlichen Träger der Symbole* sind, die mithin ohne ihr Getragensein von den Sprachzeichen gar nicht ›faßbar‹ wären, so sind diese beiden Aspekte jedoch *klar auseinanderzuhalten:* In der *begrifflich-symbolischen Seite der Sprache* ist deren *inhaltliche Beziehung* zur Realität, wie sie in vergegenständlichender Arbeit geschaffen und angeeignet ist, also die *symbolische Repräsentanz der Bedeutungszusammenhänge* der in verallgemeinerter Vorsorge kooperativ produzierten Lebenswelt, hergestellt. Die Seite der ›*Laute*‹ oder *Sprachzeichen* ermöglicht dagegen die *verselbständigte Kommunikation* der symbolisch-begrifflich repräsentierten Inhalte, stellt also die *durch Sprache qualifizierte soziale Beziehung* zu anderen Menschen her. Gerade die relative *Verselbständigung* der *Sprachzeichen* gegenüber den ›*Begriffen*‹ ist die Voraussetzung für die Entstehung eigener Symbolwelten, gesellschaftlicher Sprach- und Denkformen und deren ›ideologischer‹ Verkehrung im innergesellschaftlichen Prozeß nach dem ›Dominanzwechsel‹ (worauf ich später in neuem Zusammenhang zurückkomme; zur Psychogenese der Sprache vgl. SE, Kap. 5.3, die dort vertretenen Auffassungen sind hier in wesentlichen Punkten revidiert und weiterentwickelt).

6.3 Bedeutungen/Bedürfnisse in ihrer Bestimmtheit durch die gesamtgesellschaftliche Vermitteltheit individueller Existenz

Gesamtgesellschaftliche Synthese von Bedeutungsstrukturen

Nachdem wir die vorgängig phylogenetisch ausdifferenzierten Bedeutungs-Bedarfs-Dimensionen funktional-historisch daraufhin analysiert haben, in welcher Weise sie sich im Prozeß der *Herausbildung* des gesellschaftlichen Weltbezuges und der gesellschaftlichen Natur des Menschen (zwischen dem ersten und zweiten Qualitätssprung) in Richtung auf menschliche Bedeutungs-Bedürfnis-Verhältnisse hin spezifizieren und qualifizieren, haben wir (wie in der Vorbemerkung zu diesem Kapitel, S. 207 f, angekündigt), bei der Analyse der menschlichen Spezifik von Bedeutungen-Bedürfnissen einen *zweiten methodischen Schritt* zu vollziehen: Es ist nun aufzuweisen, welche neuen kategorialen Bestimmungen der *bis* zum Dominanzwechsel phylogenetisch als Charakteristika seiner gesellschaftlichen Natur und darin liegenden Weltbeziehung entstandenen Bedeutungs-Bedürfnis-Verhältnisse sich *nach* dem Dominanzwechsel vom phylogenetischen zum gesellschaftlich-historischen *Gesamt*prozeß daraus ergeben, daß sie nun der psychische Aspekt des früher (Kap. 5.4, S. 192 ff) dargelegten *Grundverhältnisses der gesamtgesellschaftlichen Vermitteltheit individueller Existenz* sind und somit *nicht mehr phylogenetisch* sich verändern, sondern aufgrund der dabei entstandenen Entwicklungspotenzen in den *gesellschaftlich-historischen Prozeß* einbezogen sind.

In dem Maße, wie sich nach dem Dominanzwechsel übergreifende, gesamtgesellschaftlich zusammenhängende Arbeitsteilungs-Strukturen herausbilden, die damit zum Träger der selbständigen Kontinuität des historischen Prozesses werden, müssen sich auch die *Bedeutungsstrukturen*, in denen die Individuen stehen, ändern: Die (von den Mittelbedeutungen her strukturierten) Bedeutungszusammenhänge dienen nun nicht mehr lediglich der Realisierung von Aktivitätserfordernissen und sachlich-sozialen Orientierung bei der kooperativ-vorsorgenden Daseinssicherung innerhalb von überschaubaren Lebenseinheiten (Dorf, Horde, Stamm etc.). Die jeweiligen einzelnen Lebens- bzw. Produktionseinheiten werden vielmehr zunehmend ein unselbständiger Teil umfassenderer Lebens- und Produktionszusammenhänge, sind also *nicht mehr für sich funktionsfähig* und mithin in ihrer *Bedeutung für die Existenz des Einzelnen nicht mehr aus sich heraus verständlich*. Die Bedeutungsstrukturen bilden vielmehr *in sich* einen *objektiven Verweisungszusammenhang;* die in einer Bedeutungseinheit vergegenständlichten Aktivitätserfordernisse ergeben sich aus deren *Stellenwert innerhalb der arbeitsteiligen Gesamtstruktur* (einer bestimmten historischen Ausprägungsform).

Die Herausbildung solcher übergreifenden Bedeutungszusammenhänge, durch welche die Menschen über ihre direkten sozialen Beziehungen hinaus miteinander ins Verhältnis gesetzt sind, und die eine über die Lebensspanne der Individuen hinausgehende historische Kontinuität besitzen, wurde nur dadurch möglich, daß sich mit den Notwendigkeiten der Kooperation jenseits der raumzeitlichen Grenzen individueller Existenz auch entsprechende Formen *überindividueller Kommunikation und Informationsübermittlung durch Sprache* herausbildeten.

Um diese *neue Qualität von ›Sprache‹* zu verstehen, vergegenwärtigen wir uns, daß die Sprache, soweit wir sie in ihrer Entstehung als Charakteristikum der gesellschaftlichen Natur und Weltbeziehung des Menschen *vor* dem ›Dominanzwechsel‹ (in Kap. 6.2., S. 222 ff) rekonstruiert haben – obwohl sie vergegenständlichend geschaffene Sachverhalte und Verhältnisse symbolisch-begrifflich repräsentiert –, selbst noch gebunden ist an den aktuellen *Vollzug des Sprechens*. Ihre sozial-gesellschaftliche Verbreitung als Sprach- und Denkformen erfolgte hier demgemäß noch auf der Ebene *bloß sozialer Traditionsbildungen* mit all den geschilderten, darin liegenden Beschränkungen und Brüchen. *Nach* dem Dominanzwechsel von der phylogenetischen zur gesellschaftlich-historischen Entwicklung dagegen wurde die Sprache zum umfassenden *Mittel der symbolischen Repräsentanz* der dabei entstehenden *raumzeitlich übergreifenden verselbständigten Bedeutungsstrukturen*. Dies wurde dadurch möglich, daß der Sprache im Zuge der Entstehung von Produktionsweisen als gesamtgesellschaftlichen Strukturen über die akustischen Signale als Träger der Kommunikation hinaus ein *neues Medium* von *gegenständlich-überdauernder Beschaffenheit* zuwuchs, das Medium der Schrift.

Voraussetzung für die Entstehung von ›Schrift‹ sind offensichtlich die früher erwähnten bildlichen Darstellungen, etwa von Tieren oder Jagdszenen, mit der verallgemeinerten Brauchbarkeit der ›Beherrschung‹ oder ›Bannung‹ der zu jagenden Tiere: Solche Darstellungen können, da sie die (noch naturwüchsige) Bedeutung von Lebenszusammenhängen in gewissem Sinne generalisiert ›repräsentieren‹, als Frühformen *bildlicher Symbole* aufgefaßt werden (vgl. dazu HOLZKAMP 1978, S. 17–40). Beim Wechsel zur Dominanz des gesellschaftlich-historischen Prozesses entwickelte sich einerseits die bildliche Symbolik in einer selbständigen historischen Linie weiter und wurde zu ›künstlerischer Gestaltung‹ als einem wesentlichen Aspekt gesellschaftlicher Lebenstätigkeit des Menschen. Andererseits wurde die bildliche Symbolik in einem sich davon abspaltenden Entwicklungszug zu einem Mittel sozial-gesellschaftlicher Informationsübertragung über den Weg der anschaulichen Darstellung, immer mehr verbunden mit ›zeichenhaften‹ Elementen als vergegenständlicht festgehaltenen Substituten für sprachlich-lautliche Zeichen. So entstanden (im Neolithikum) die ersten Bilderschriften. Allmählich, mit wachsendem Vergesellschaftungsgrad und damit steigender kommunikativer Informationsdichte, die eine entsprechende soziale ›Einigung‹ über die Zeichen und deren Bedeutungsbezug ermöglichte, traten die anschaulichen Momente immer mehr zurück zugunsten der ›zeichenhaften‹ Momente, bis schließlich in der griechischen Antike das erste ›Alphabet‹ entstand, durch welches eine Zuordnung und Kombination von Schriftzeichen entsprechend den lautlichen Zeichen der gesprochenen Sprache ohne Einschub anschaulicher Verweisungen auf das Gemeinte möglich war (vgl. SE, S. 147 f).

Mit diesem Entwicklungsprozeß war auch eine *reale Verselbständigung* des *zeichenhaft-kommunikativen* vom *begrifflich-symbolischen* Aspekt der Sprache (vgl. S. 226 ff) verbunden, indem man die nunmehr fixierbaren Zeichen, auf die man sich sozial ›geeinigt‹ hatte, direkt miteinander in Beziehung setzen konnte. Im Resultat dieser Differenzierung braucht zwar jeder Begriff (etwa der des Hammers) *irgendeine* Zeichengestalt, um überhaupt sinnlich faßbar und kommunizierbar zu werden, aber *nicht* unbedingt *eine bestimmte*: Man kann hier statt der Bezeichnung, und zugeordneten Lautgestalt, ›Hammer‹ dem Begriff auch eine andere Bezeichnung, etwa ›martello‹ (das italienische Wort für ›Hammer‹) zuordnen, um den gleichen symbolisch-begrifflich gefaßten Inhalt kommunizierbar zu machen. In dieser *Substituierbarkeit verschiedener Bezeichnungen für den gleichen Begriff* liegt ja die Möglichkeit der sprachlichen Übersetzung, der bewußten ›Konvention‹ über Zeichensysteme etc. Dabei darf man aber nicht vergessen, daß die Zeichen *nur über den Begriff ihren Realitätsgehalt* gewinnen: Niemand versteht, auf was sich die Bezeichnung ›Hammer‹ und ›martello‹ gleichermaßen beziehen soll, wenn er nicht einen Begriff hat, der die gesellschaftlich produzierte gegenständliche Bedeutung als spezifische verallgemeinerte ›Brauchbarkeit‹ dessen, was einmal ›Hammer‹ und einmal ›martello‹ genannt wird (und beliebig anders genannt werden kann) repräsentiert. ›Begriffe‹ sind also, anders als die Zeichen, mit denen sie kommuniziert werden, keineswegs austauschbar und u.U. bloßes Konventionsresultat, sondern (wie dargestellt) in letzter Instanz über die Bedeutungen, die sie repräsentieren, *symbolische Fassungen der von Menschen geschaffenen gegenständlich-sozialen Verhältnisse in ihrer wirklichen Beschaffenheit*. Zeichen sind mithin niemals direkt, etwa per Verabredung, auf Realität beziehbar, hängen, wenn sie nicht die sinnliche Hülle eines Begriffes sind, quasi in der Luft: Sie sind dann nur wechselseitig durch andere Zeichen definierbar, die Sphäre der Zeichen kann aber nicht in Richtung auf das Ergreifen der Wirklichkeit überschritten werden (vgl. dazu die Kritik an der Theorie von der designativen Funktion der Sprache, SE, Kap. 5.3, S. 151f).

Mit der ›geschriebenen Sprache‹ als Aspekt gesellschaftlicher Vergegenständlichungen und der damit einhergehenden Herausbildung verselbständigter Zeichensysteme etc. entsteht nicht nur ein *Mittel zur Speicherung und Kumulation von Erfahrung im historischen Prozeß auf erweiterter Stufenleiter*, der sprachliche ›Speicher‹ entwickelt durch die mit wachsendem Vergesellschaftungsgrad steigenden Notwendigkeiten zur Verallgemeinerung sowie allgemeinen Verfügbarmachung und Abrufbarkeit von Wissen auch *spezifische Formen der Informationsvereindeutigung und Informationsverdichtung*, die innerhalb der bloß gesprochenen Sprache sich niemals hätten entwickeln können. So entstehen in den sich im kooperativ-gesellschaftlichen Stadium allmählich herausgebildeten Sprach- und Denkformen nunmehr u.a. auch abstrakte symbolische Zusammenhangsgefüge nach Art von Begriffspyramiden und axiomatischen Systemen, die den *Abruf von Wissen auf den unterschiedlichsten Verallgemeinerungsebenen bzw. Ableitungsebenen* ermöglichen und so den jeweiligen konkreten Erfordernissen anpaßbar machen, bis hin zu solchen Sprach- und Denkformen, wie sie uns heute als ›Logik‹ und ›Mathematik‹ vorliegen, wie sie aber auch in formationsspezifischer Prägung als ideologische Formen der Sprache und des Denkens zur Orientierung und Praxis ›in‹ gegebenen Machtverhältnissen sich herausbilden (ich komme ausführlich darauf zurück).

Mit der Entwicklung gesamtgesellschaftlicher Bedeutungsstrukturen entstehen somit als eine Voraussetzung von deren immer weitergehender Universalisierung und ›Totalisierung‹ die *›Sprachen‹ bzw. Symbol- und Zeichenwelten* nicht mehr lediglich als Mittel der aktuellen Kommunikation lebendiger Individuen, sondern quasi auf der ›Objektseite‹ als Aspekt der *vom Menschen produzierten gegenständlich-sozialen Verhältnisse*. Das Individuum findet also nicht nur die arbeitsteiligen gesellschaftlichen Strukturen als obzwar vom Menschen historisch geschaffene, aber dennoch objektive Realität vor, sondern auch die diese (in mannigfachen Brechungen) repräsentierenden *Sprach- bzw. Zeichenstrukturen*. Zur gesamtgesellschaftlichen Vermitteltheit individueller Existenz gehört mithin auch die *Vermitteltheit der jeweils aktuellen sprachlichen Kommunikation zwischen Individuen durch die objektiven gesellschaftlichen Sprachverhältnisse* (s.u.).

Erst durch die Herausbildung der objektiven Sprach- und Zeichenverhältnisse mit ihren verselbständigten Sinnbezügen und Umformungsmöglichkeiten vollendet sich der *gesamtgesellschaftliche Zusammenhang* der in ihnen repräsentierten gegenständlich-sozialen Bedeutungsstrukturen zu einer für die menschlich-gesellschaftliche Lebensgewinnung spezifischen *neuen Synthese* des Weltbezugs der Individuen: Während vor dem ›Dominanzwechsel‹ die sich herausbildenden kooperativen Lebenseinheiten und so von Arbeitsmittel-Bedeutungen her strukturierten Bedeutungsbezüge noch in übergreifende ›natürliche‹ Lebenszusammenhänge eingebettet waren und lediglich deren selektionsbedingte Spezialisierung und Optimierung darstellten, kehrt sich nach dem Dominanzwechsel in der gesamtgesellschaftlichen Vermitteltheit individueller Existenz dieses Verhältnis geradezu um: In der durch die verselbständigte symbolische Repräsentanz ermöglichten *Synthese sämtlicher Daseinsbezüge durch die gesellschaftlich produzierten Bedeutungsverweisungen* werden nunmehr auch die nicht unmittelbar durch vergegenständlichende Arbeit gesellschaftlich angeeigneten, für sich genommen im *›Naturzustand‹ belassenen* Welttatbestände in die *spezifisch menschlich-gesellschaftlichen Bedeutungsstrukturen* einbezogen, d.h. sie werden zum Inbegriff *verallgemeinerter Handlungsnotwendigkeiten im Zusammenhang mit der gesellschaftlichen Produktion und Reproduktion des Lebens* (gewinnen also ›mittelbare‹ gesellschaftliche Bedeutung, vgl. SE, S. 127f). Solche Zusammenhänge gehen von der direkten Bedeutung bestimmter Naturtatbestände als ›Rohstoffe‹ möglicher gesellschaftlicher Verarbeitung bis hin zu einer Aussonderung der ›Natur‹ als das ›Unberührte‹, die nur in der abstrakten Entgegensetzung zur gesellschaftlich geschaffenen Realität ihre spezifische Bedeutung *als* Natur erhält; dazwischen liegen unterschiedlichste Formen der widersprüchlichen Bedeutungsbeziehungen zwischen ›Gesellschaftlichkeit‹ und ›Natur‹ mit Einschluß der ›inneren Natur‹ des Menschen, die von den Widersprüchen der jeweils historisch bestimmten Produktionsverhältnisse geprägt sind (s.u.).

Gesamtgesellschaftliche Bedeutungsbezüge als individuelle Handlungsmöglichkeiten: Bewußtes ›Verhalten-Zu‹ und interpersonale Subjekthaftigkeit

Indem wir herausgearbeitet haben, daß mit der Entstehung und Erweiterung von *gesamt*gesellschaftlichen Kooperationsstrukturen (nach dem ›Dominanzwechsel‹) notwendig auch eine gesamtgesellschaftliche *Synthese* von Bedeutungszusammenhängen verbunden ist, verdeutlicht sich, in welcher Weise bei der Kategorialanalyse des Psychischen in seiner menschlich-gesellschaftlichen Spezifik das ›Bedeutungs‹-Konzept als die grundlegende individualwissenschaftliche ›Vermittlungs-Kategorie‹, also Kategorie zur Erfassung der Vermittlung zwischen dem objektiv-ökonomischen und dem psychischen Aspekt der gesamtgesellschaftlichen Eingebundenheit individueller Existenz gefaßt werden muß: Die ›Bedeutungen‹ bilden durch die geschilderte ›Synthese‹ einmal ›in sich‹ einen Zusammenhang, in dem sich die Notwendigkeiten arbeitsteiliger gesamtgesellschaftlicher Lebensgewinnung ausdrücken, gleichzeitig aber ist über die Erfassung, Umsetzung und Änderung der Bedeutungen jedes einzelne Individuum in seiner personalen Existenz auf den gesamtgesellschaftlichen Lebenszusammenhang bezogen. Um diesem neuen Verhältnis auch terminologisch Rechnung zu tragen, spezifizieren wir den Begriff der ›Arbeit‹ (wie in der marxistischen Theorie üblich) als *gesellschaftstheoretische* Kategorie zur Erfassung des objektiv-ökonomischen Aspekts der Produktion und Reproduktion des gesellschaftlichen Lebens (in seiner jeweils formationsspezifischen Ausprägung). Die psychischen Aktivitäten des Einzelnen bei der *Erhaltung/Entwicklung seiner individuellen Existenz* unter durch ›Arbeit‹ geschaffenen und erhaltenen gesamtgesellschaftlichen Lebensbedingungen bezeichnen wir dagegen als ›*Handlungen*‹, die so als individuelle Lebensaktivitäten in ihrer menschlichen Spezifik bestimmt sind. Die ›Handlungs‹-Kategorie umfaßt damit *auch* die *individuelle Beteiligung am Prozeß der gesellschaftlichen Produktion/Reproduktion durch Arbeit*, also die *Arbeitshandlungen* als psychischen Aspekt gesellschaftlicher Arbeit, aber ebenso die individuellen Lebensaktivitäten, in denen der Einzelne seine individuelle Existenz zwar unter ›gesamtgesellschaftlichen‹ Bedingungen, aber *ohne Beteiligung am gesellschaftlichen Arbeitsprozeß* erhält bzw. entwickelt (s.u.).

Die genannte generelle ›*Vermittlungs*‹-Funktion der *Bedeutungs*-Kategorie läßt sich damit so reformulieren: ›*Bedeutungsstrukturen*‹ sind einmal in ihrem *gesamtgesellschaftlichen* Verweisungszusammenhang Inbegriff aller Handlungen, die *durchschnittlich (›modal‹) von Individuen ausgeführt* werden (müssen), *sofern der gesellschaftliche Produktions- und Reproduktionsprozeß auf einer gegebenen Stufe möglich ist* (sein soll), also ›*gesamtgesellschaftlicher Handlungsnotwendigkeiten*‹; ›*Bedeutungen*‹ bezeichnen darin zum anderen den *Bezug jedes einzelnen Menschen* zum gesamtgesellschaftlichen Handlungszusammenhang, wie er in den umgreifenden Bedeutungsstrukturen gegeben ist, indem nur durch die *Handlungsumsetzung* von *gleichzeitig gesamtgesellschaftlich verflochtenen Bedeutungen die jeweils individuelle Existenz erhalten bzw. entwickelt werden kann*. – Wie aber ist das damit benannte spezifische Verhältnis zwischen gesellschaftlichen Bedeutungen und individuellen Handlungen genauer zu fassen?

In der anthropogenetischen Phase vor dem Dominanzwechsel zum gesellschaftlich-historischen Prozeß beschränkt sich die vorsorgende Schaffung verallgemeinerter Lebensbedingungen durch Arbeitsmittel – wie gesagt – noch auf überschaubare kooperative Einheiten innerhalb von naturwüchsigen Lebenszusammenhängen. Der Einzelne erfährt sich hier mithin noch als unmittelbar an der Schaffung der Arbeitsmittel und

Lebensbedingungen beteiligt, durch deren Bedeutungsumsetzung er in dem Beitrag zur Existenz der kooperativen Lebenseinheit auch seine eigene Existenz erhält: der Zusammenhang zwischen den eigenen Lebensaktivitäten und der individuellen Existenzsicherung ist hier also, wenn auch kooperativ ausgeweitet, noch erhalten. Dies ändert sich auf grundlegende Weise mit der geschilderten Durchbrechung der Unmittelbarkeitsbeziehung zwischen der Schaffung von Lebensmitteln/-bedingungen und deren Gebrauch/Nutzung durch das jeweils gleiche Individuum, also der *gesamtgesellschaftlichen Vermitteltheit individueller Existenzsicherung* nach dem Dominanzwechsel (vgl. S. 193 ff): Hier erfährt das Individuum angesichts der *gesamtgesellschaftlichen Synthese* der von den Mitteldeutungen her zentrierten Bedeutungsstrukturen, daß die gesellschaftlichen Lebensbedingungen zwar *von ›Menschen‹* in Umsetzung von Mittelbedeutungen produziert und reproduziert werden müssen, was aber *nicht* von vornherein die *Notwendigkeit des je eigenen Beitrags dazu* einschließt. Der gesamtgesellschaftliche Zusammenhang bietet sich dem Individuum durch das verselbständigte Verweisungsgesamt der Bedeutungsstrukturen als ein *›in sich‹ lebensfähiges Erhaltungssystem* dar, in dem in *verallgemeinert-vorsorgender Weise menschliche Lebensmittel/ -bedingungen produziert* werden, unter denen der *Einzelne prinzipiell auch dann seine Existenz erhalten* kann, wenn er sich *nicht an der Erhaltung dieses ›Systems‹ beteiligt*. Dies ergibt sich zwingend aus dem geschilderten lediglich *›durchschnittlichen‹ Charakter gesellschaftlicher Handlungsnotwendigkeiten*, durch welchen zwar (in Abhängigkeit vom Entwicklungsstand) ein bestimmtes Minimum an individuellen Handlungsumsetzungen der arbeitsteilig bestimmten Bedeutungen zur gesellschaftlichen Lebenserhaltung global gesetzt ist, jedoch damit nicht die Handlungen jedes Einzelnen festgelegt sind. Daraus folgt aber, daß das, was sich in *gesamtgesellschaftlicher Kombination als Handlungsnotwendigkeit* darstellt, für den *Einzelnen keinesweg apriori ›zwingenden‹ Charakter* hat. Die *›Notwendigkeiten‹* zu seiner Beteiligung am gesellschaftlichen Lebensgewinnungsprozeß ergeben sich für das Individuum vielmehr erst *sekundär aufgrund der gesellschaftlichen Organisation des Zusammenhangs zwischen individueller Existenzerhaltung und Teilhabe am gesamtgesellschaftlichen Erhaltungsprozeß*, und dies je nach dem gesellschaftlichen Entwicklungsstand in seiner formationsspezifischen Ausprägung und der Position des jeweiligen Individuums innerhalb der arbeitsteiligen Struktur in ihrer klassenbestimmten Gliederung in verschiedener Weise und unterschiedlichem Grade.

Dies hat für uns folgende weittragende Konsequenz: Während wir in unseren funktional-historischen Analysen ›Bedeutungen‹ generell als *in der artspezifischen Umwelt liegende Aktivitätsdeterminanten* definiert haben, müssen wir – wenn die artspezifische Umwelt sich zur von Menschen produzierten Lebenswelt als gesamtgesellschaftlicher Struktur qualifiziert hat – dieses Verständnis von ›Bedeutungen‹ spezifizieren: Für das Individuum, dessen personale Existenz gesamtgesellschaftlich vermittelt ist, sind die von den Mittelbedeutungen her strukturierten gesellschaftlichen Bedeutungszusammenhänge primär lediglich *dem Individuum gegebene gesellschaftliche Handlungsmöglichkeiten*. Das Individuum *muß* zwar, aufgrund des dargestellten gesellschaftlich organisierten Zusammenhangs zwischen individueller Existenzerhaltung und Beteiligung an gesamtgesellschaftlicher Produktion/Reproduktion, *im Ganzen gesehen zu seiner personalen Lebenssicherung* von den in den Bedeutungen gegebenen gesellschaftlichen Handlungsmöglichkeiten irgendwie ›*Gebrauch machen*‹. Da hier die Existenzsicherung *nicht mehr unmittelbar* von der Bedeutungsumsetzung abhängt, ist das Individuum aber durch die *jeweils konkreten vorliegenden Bedeutungsbezüge in seinen Handlungen keineswegs festgelegt*, es hat im Rahmen der globalen Erfordernisse der eigenen Lebenserhaltung hier immer auch die ›*Alternative*‹, *nicht oder anders zu handeln*, und ist in diesem Sinne den Bedeutungen als bloßen Handlungs*möglichkeiten* gegenüber ›*frei*‹. Auch, wo das Individuum unter historisch bestimmten, klassenspezifischen Bedingungen gravierenden *Einschränkungen, Zwängen* etc. unterworfen ist, sind dies immer *Einschränkungen, Unterdrückungen, Deformierungen* von gesellschaftlichen Handlungs*möglichkeiten*. Dies heißt einmal, daß das Individuum auch unter noch so eingeschränkten Bedingungen immer noch *Handlungsalternativen* hat, also der *Möglichkeits*charakter der Bedeutungen erhalten bleibt (eine *totale* Ausgeliefertheit an die Umstände ist gleichbedeutend mit dem Ende der menschlichen Existenz); zum anderen heißt dies, daß die genannten *Einschränkungen* als Einschränkungen menschlicher Handlungs*möglichkeiten* erst ihren *spezifisch menschlichen* Charakter erhalten (s.u.).

In der damit herausgehobenen ›*Möglichkeits*‹-Beziehung von Individuen zu gesamtgesellschaftlichen Verhältnissen als primär ›in sich‹ funktionsfähigem System verallgemeinerter menschlicher Existenzerhaltung liegt die *fundamentale materiell-ökonomische Voraussetzung* für die *erkennende, ›gnostische‹ Weltbeziehung* des Menschen: Erst dadurch, daß die Individuen *nicht* mehr (wie noch auf bloß ›kooperativem‹ Niveau) *jedes Ereignis* in seiner Bedeutung auf die *eigene* Existenz und deren Erhaltung *unmittelbar beziehen* müssen, also jetzt ›*existentiell entlastet*‹ sind, wird jene ›*Erkenntnisdistanz*‹ möglich, in welcher Beziehungen von Ereignissen untereinander als *objektive Gesetzmäßigkeiten* faßbar werden. Die Beziehung der so erkannten Zusammenhänge zur materiellen Existenzerhaltung geht dabei natürlich nicht verloren, ist aber genauso ›*vermittelt*‹ wie der *Zusammenhang individueller mit gesamtgesellschaftlicher Lebenssicherung* generell. – Es reicht also nicht hin, das ›Bewußtsein‹ als spezifisch menschliche Weise des Welt- und Selbstbezugs lediglich als individuelle Fähigkeit zur Planung durch Antizipation verallgemeinerter gegenständlicher Arbeitsresultate (gemäß dem berühmten Marxschen Baumeister-Bienen-Beispiel) zu bestimmen. Ebensowenig genügt es, die Vermittlung der psychischen Inhalte über die Aneignung von gesellschaftlichen Vergegenständlichungen bzw. deren sprachlich-symbolische Repräsentanz schon mit ›Bewußtsein‹ gleichzusetzen (vgl. EB, S. 316): Die *wesentliche Bestimmung des Bewußtseins* in seiner menschlichen Spezifik ist vielmehr die auf der *materiellen Grundlage der gesamtgesellschaftlichen Vermitteltheit individueller Existenzsicherung* entstehende ›gnostische‹ Welt-und Selbstbeziehung, in welcher die Menschen sich zu den Bedeutungsbezügen als ihnen gegebenen *Handlungsmöglichkeiten bewußt ›verhalten‹* können, damit nicht mehr in den Erfordernissen ihrer unmittelbaren Lebenserhaltung befangen sind, sondern fähig werden, den übergreifenden Zusammenhang zwischen den individuellen Existenz- und Entwicklungsumständen und dem gesamtgesellschaftlichen Prozeß verallgemeinert-vorsorgender Schaffung menschlicher Lebensmittel/-bedingungen zu erfassen. Erst damit ist bei der planenden Antizipation von Arbeitsresultaten, dabei Herausbildung von über Vergegenständlichungen und deren symbolische Repräsentanz vermittelten Kooperations- und Kommunikationsformen, die (für die anthropogenetische Phase *vor* dem Dominanzumschlag charakteristische) unmittelbare Rückbezogenheit auf die eigene Existenzsicherung überwunden, und die gesellschaftlichen Strukturen und Bedeutungszusammenhänge, die einerseits raumzeitlich über den individuellen Lebenszusammenhang hinaus auf gesamtgesellschaftliche Verhältnisse verweisen, und von denen andererseits dennoch die personale Existenz abhängig ist, können so ›bewußt‹ bei der antizipierenden Planung berücksichtigt werden.

Mit der neuen Qualität des ›bewußten‹ Verhaltens zu gesellschaftlichen Handlungsmöglichkeiten (im geschilderten Sinne) kommt es auch zu einer qualitativen Veränderung der *Beziehungen der Menschen untereinander*: Bewußtes ›*Verhalten-Zu*‹ ist als solches ›*je mein*‹ Verhalten.[1] ›Bewußtsein‹ steht immer in der ›*ersten Person*‹. Damit spezifiziert sich nicht nur die ›Sachintentionalität‹, sondern auch die ›*Sozialintentionalität*‹ im früher (etwa S. 174) geschilderten Sinne: Der andere ist jetzt nicht mehr nur ›soziales Werkzeug‹ bei der gemeinsamen Erreichung von Zielen, er ist auch nicht mehr nur ›Kommunikationspartner‹, mit dem ich in wechselseitiger Steuerung die gemeinsame Schaffung verallgemeinerter Lebensbedingungen plane; in der geschilderten ›gnostischen Beziehung‹ zur Welt ist vielmehr notwendig die *Unterscheidung* zwischen dem *Erkenntnisgegenstand* und ›*jeweils mir*‹ als dem *Erkennenden* beschlossen,

---

1 Dieses marxistische Konzept des ›Verhaltens‹ im Sinne von ›Sich-bewußt-ins-Verhältnis-Setzen‹ (vgl. etwa MEW 3, S. 30) ist natürlich nicht zu verwechseln mit der traditionell-psychologischen ›Verhaltens‹-Kategorie als Übersetzung von ›behavior‹, in welcher das menschliche Bewußtsein gerade ausgeklammert wird.

und ich erfasse damit die ›anderen Menschen‹ generell als ›*Ursprung*‹ *des Erkennens, des* ›*bewußten*‹ *Verhaltens und Handelns* ›*gleich mir*‹. Darin liegt aber eine (später zu konkretisierende) globale *Grundbestimmung* von ›*Subjektivität*‹ bzw. ›*Intersubjektivität*‹, durch welche ich den anderen als *gleichrangiges, aber von mir unterschiedenes* ›*Intentionalitätszentrum*‹ *in seinem* ›*Verhältnis*‹ *zu gesellschaftlichen Handlungsmöglichkeiten und darin zu sich selbst* erfahre, und dies ›*allgemein*‹, d.h. *unabhängig* davon, ob er gerade in einem *aktuellen Kooperations- und Kommunikationszusammenhang* zu mir steht. Die Gegebenheitsweise des Bewußtseins in ›erster Person‹ bzw. der Subjektivität als ›je mein‹ Intentionalitätszentrum ist nicht zu verwechseln mit der Vereinzelung und Isolation der Individuen gegeneinander (etwa unter bürgerlichen Lebensverhältnissen). Auch bei kollektiven Bewußtseinsformen (wie Klassenbewußtsein) bzw. bei überindividuell-gesellschaftlichen Subjekten handelt es sich um Zusammenschlüsse aufgrund gemeinsamer objektiver Interessenlagen etc., die gleichwohl jedem involvierten Individuum als ›meine‹ mit den anderen geteilte Interessen gegeben sind. Man darf also (wenn man nicht in bürgerliche Ideologeme nach Art der ›Volksgeist‹-Konzeption o.ä. abgleiten will) kollektive Bewußtseinsformen bzw. Subjekte keinesfalls als selbständige Wesenheiten unabhängig von individueller Bewußtheit/Subjektivität oder über diese hinweg definieren (s.u.).

Die *Reziprozität* der Sozialbeziehungen gewinnt auf dem Niveau des bewußten ›Verhaltens-zu‹ die menschliche Qualität der ›*Reflexivität*‹, mit welcher ich vom Standpunkt *meiner* Welt- und Selbstsicht den anderen gleichzeitig in *seiner* Welt- und Selbstsicht in Rechnung stelle, womit über die einfache soziale Steuerung hinaus die Ebene einer *reflexiven Perspektiven-Verschränkung* als Spezifikum menschlicher Sozialbeziehungen erreicht ist (vgl. dazu OTTOMEYER 1980). Derartige reziprok-reflexive Beziehungen sind als Moment des geschilderten bewußten ›Verhaltens-zu‹ gesellschaftlichen Handlungsmöglichkeiten im Zusammenhang der gesamtgesellschaftlichen Vermitteltheit individueller Existenz etc. nicht mehr lediglich als ›funktionale‹ Qualitäten aktueller Kooperationsvollzüge o.ä. zu verstehen, sondern Charakteristikum *menschlicher Intersubjektivität überhaupt*, wo auch immer sie sich realisiert. Dies gilt auch da, wo unter historisch bestimmten Verhältnissen der andere *als Subjekt geleugnet, instrumentalisiert, zum Objekt gemacht* wird, da hier die *Subjekthaftigkeit des anderen negiert* ist, was deren *Erkenntnis und Anerkenntnis* einschließt: So gewinnt die ›Menschlichkeit‹ interpersonaler Beziehungen aus ihrer *Spezifik* den Charakter der ›*Unmenschlichkeit*‹ (ein Tier kann man nicht ›unmenschlich‹ behandeln – vgl. dazu auch S. 236).

Aus diesen Darlegungen wird deutlich, daß der ›*Gegenstand*‹ *der Individualwissenschaft* sich nach dem Dominanzumschlag und der Stufe der gesamtgesellschaftlichen Vermitteltheit individueller Existenz in einer zentralen Hinsicht qualifiziert: Während wir es, noch in der Phase der Herausbildung der ›gesellschaftlichen Natur‹, mit Lebewesen zu tun hatten, die zwar unser Erkenntnis*gegenstand* sind, aber *selbst keine ›erkennende‹ Beziehung zur Welt* und zu anderen haben, also auch zu *mir als Erkennendem nicht prinzipiell in einer intersubjektiven Beziehung* stehen können, handelt es sich nunmehr bei den Lebewesen, mit denen wir es individualwissenschaftlich zu tun haben, um *andere Subjekte*, also grundsätzlich um ›*Unsereinen*‹. Der *Forschende* ist hier, indem er ›*subjektive*‹ Gegebenheiten in verallgemeinerter Form wissenschaftlich erhellen will, notwendigerweise als ›*auch ein‹ Subjekt* von *seinen eigenen Verfahren und Resultaten prinzipiell mitbetroffen*. Die marxistische Individualwissenschaft ist so in einem dezidierten Sinne ›*Subjektwissenschaft*‹. Zwar kann man (wie in der traditionellen Psychologie üblich) aus methodologischen oder sonstigen Gründen von der Subjekthaftigkeit der anderen Individuen, damit der Intersubjektivität der Beziehungen zwischen Forscher und Forschungsthema o.ä., *abstrahieren*; damit hat man aber die menschliche Spezifik des Psychischen notwendig ausgeklammert und muß so seinen besonderen Forschungsgegenstand verfehlen (ich komme im 9. methodologischen Kapitel noch darauf zurück; – zum Problem der Bewußtseinsgenese vgl. neben EB auch M I, S. 252f und SE, S. 155 ff).

Personale Handlungsfähigkeit als gesamtgesellschaftlich vermittelte Verfügung über die eigenen Lebensbedingungen; bewußtes ›Verhalten‹ zur eigenen Bedürftigkeit/Befindlichkeit

Mit der damit auseinandergelegten neuen ›Möglichkeits‹-Beziehung der Individuen zu gesellschaftlichen Bedeutungsstrukturen müssen sich auch die *Bedeutungs-Bedürfnis-Verhältnisse* der individuellen Weltbeziehung, wie wir sie in ihrer Spezifizierung zwischen den beiden ›qualitativen Sprüngen‹ der Menschwerdung rekonstruiert haben, qualitativ ändern. Zwar unterliegt nach dem ›Dominanzwechsel‹ als zweitem Qualitätssprung die ›gesellschaftliche Natur‹ des Menschen, da die Umweltauseinandersetzung nicht mehr auf die genomische Information rückwirkt, als solche keiner evolutionären Veränderung mehr. Da es sich dabei aber (wie aufgewiesen) um die ›Naturgrundlage‹ einer neuen Art individueller Lern- und Entwicklungsfähigkeit, nämlich der Fähigkeit zur individuellen ›Hineinentwicklung‹ in den gesellschaftlichen Lebensgewinnungsprozeß, handelt, muß sich die *Realisierung* solcher gesellschaftlicher Entwicklungspotenzen grundlegend ändern, wenn sich das *Verhältnis* der Individuen zu dem gesellschaftlichen Prozeß, in den sie sich personal hineinentwickeln, grundlegend ändert. Die individuellen Bedeutungs-Bedürfnis-Bezüge sind also auch nach dem Dominanzwechsel immer Realisierungen der herausgehobenen natürlich-gesellschaftlichen Entwicklungspotenzen in ihren verschiedenen Dimensionen, aber stets in der *konkreten Erscheinungsform*, die sich aus dem neuen Verhältnis der gesamtgesellschaftlichen Vermitteltheit individueller Existenz und der darin liegenden ›Möglichkeits-Beziehung‹ als allgemeinster gesellschaftlicher *Realisierungsbedingung* dieser Potenzen ergibt. Dies wiederum schließt ein, daß – da die gesamtgesellschaftlichen Strukturen als Realisierungsbedingung der individuellen Entwicklungspotenzen nie ›allgemein‹, sondern immer in historisch bestimmter, formationsspezifischer Ausprägung vorkommen – auch die Bedeutungs-Bedürfnis-Verhältnisse von Individuen, deren Existenz als ›Möglichkeits‹-Beziehung gesamtgesellschaftlich vermittelt ist, stets als *psychischer Aspekt ihrer objektiven Lage und Position unter formations- und klassenspezifischen Bedingungen* (vgl. S. 198 ff) historisch bestimmt in Erscheinung treten.

Das bestimmende Moment der ›Vermenschlichung‹ der Bedeutungs-Bedürfnis-Bezüge zwischen den Qualitätssprüngen ist, global gesehen, eine *Veränderung der Art der ›Umweltkontrolle‹*: Auf der vorgängigen phylogenetischen Stufe der ›individuellen Lern- und Entwicklungsfähigkeit‹ hatte sich die Kontrolle über die individuelle Umwelt des Tieres durch ›gelernte Orientierungsbedeutungen‹ herausgebildet, verbunden mit der Entstehung einer Bedarfsgrundlage, durch welche die Aktivitäts- und Rückzugstendenzen der Tiere gegenüber ›Neuem‹ und ›Widerständigem‹ in der sachlich-sozialen Umwelt in biologisch sinnvoller Weise regulierbar sind (globaler ›Kontrollbedarf‹). Im Zuge der Herausbildung der ›gesellschaftlichen Natur‹ des Menschen qualifizierte sich aufgrund der allmählich hervortretenden neuen Lebensgewinnungsform durch gesellschaftliche Arbeit die bloß individuelle Umweltkontrolle zur verallgemeinerten Verfügung über Arbeitsmittel bei der kooperativen Schaffung von Lebensmitteln/-bedingungen. So wurden aus ›gelernten Orientierungsbedeutungen‹ ›Mittelbedeutungen‹, und entsprechend spezifizierte sich der ›Kontrollbedarf‹ in Richtung auf die elementare individuelle Notwendigkeit der Beteiligung an kooperativer Verfügung über allgemeine Lebensbedingungen, damit primärer Bedürfnisbefriedigung und Angstüberwindung mit der Qualität vorsorgender Abgesichertheit gesellschaftlich geschaffener Befriedigungsquellen (vgl. S. 211 ff).

Wenn nun nach dem Dominanzumschlag die individuelle Existenzsicherung in der beschriebenen Weise gesamtgesellschaftlich vermittelt ist, so spezifiziert sich aufgrund dieses neuen Verhältnisses der Individuen zum gesamtgesellschaftlichen Prozeß die Beteiligung an der Verfügung über allgemeine Lebensbedingungen notwendig weiter als Überschreitung der lediglich unmittelbar-kooperativen Zusammenhänge durch *Teilhabe an der Verfügung über den Gesamtprozeß gesellschaftlicher Produktion und Reproduktion*, der die jeweils *eigenen Lebensbedingungen in ihren relevanten Zügen* einschließt. Wenn wir uns darauf rückbesinnen, daß wir die Aktivitäten des Einzelnen bei der Erhaltung/Entwicklung seiner individuellen Existenz unter durch ›Arbeit‹ produzierten und reproduzierten gesamtgesellschaftlichen Verhältnissen als spezifisch menschliche ›Handlungen‹ bezeichnet haben (S. 234), so läßt sich die *Verfügung des Individuums über seine eigenen Lebensbedingungen in Teilhabe an der Verfügung über den gesellschaftlichen Prozeß* als personale ›*Handlungsfähigkeit*‹ charakterisieren. Aus dem oben aufgewiesenen Umstand, daß das Individuum den gesamtgesellschaftlichen Verhältnissen nicht direkt, sondern *vermittelt* über seine *historisch bestimmte Lebenslage/Position* gegenübersteht, folgt dabei in diesem Zusammenhang, daß auch die in der Handlungsfähigkeit gegebene Möglichkeit gesellschaftlicher Bedingungsverfügung durch die Lebenslage/Position in ihrer Formationsspezifik *vielfältig vermittelt und gebrochen* ist. Die unterschiedlichen, widersprüchlichen Erscheinungsformen der Handlungsfähigkeit, die sich daraus ergeben, werden im 7. Kapitel ausführlich dargelegt.

Bei der kategorialen Spezifizierung der individuellen Handlungsfähigkeit sind zwar die Erfassung und Umsetzung von sachlich-personalen Mittelbedeutungen nach wie vor als bestimmende Dimension zu betrachten. Dabei sind jedoch die ›Mittelbedeutungen‹, wenn sie zum psychischen Aspekt gesamtgesellschaftlicher Verhältnisse geworden sind, in genereller Weise zu charakterisieren, womit auch die einschlägigen individuellen Bedeutungsbezüge genereller bestimmt werden müssen. – ›Mittelbedeutungen‹ sind jetzt nicht mehr nur Bedeutungen von konkreten Arbeitsmitteln (Werkzeugen o.ä.) und von Aktivitäten zu deren Herstellung/Gebrauch, sondern Inbegriff von individuellen Handlungsmöglichkeiten innerhalb des Gesamtprozesses gesellschaftlicher Produktion/Reproduktion, in welchen die i.e.S. ›hand-werkliche‹ Natureinwirkung und Mittelbenutzung zwar eingeschlossen ist, aber als unselbständiges Teilmoment vielfältig vermittelter Formen der Naturaneignung und Lebensgewinnung gemäß dem Stand der Produktivkräfte und Produktionsverhältnisse (vgl. dazu unten S. 307 f).

Wenn die ›individuelle Umweltkontrolle‹ sich im Prozeß der Menschwerdung zur ›personalen Handlungsfähigkeit‹ im beschriebenen Sinne qualifiziert, so muß auch der globale ›Kontrollbedarf‹ nach dem Dominanzwechsel über sein ›kooperatives‹ Entwicklungsstadium hinaus sich zur *allgemeinen Bedürfnisgrundlage der individuellen Handlungsfähigkeit* spezifizieren. Die in der gesellschaftlichen Natur des Menschen liegenden Bedürfnisse realisieren sich also hier in der *Erweiterung der Handlungsfähigkeit*, d.h. sie *treten in Erscheinung als subjektive Erfahrung der Einschränkung der Handlungsfähigkeit*, was gleichbedeutend ist mit der *subjektiven Notwendigkeit der Überwindung* dieser Einschränkung. Die ›*Angstbereitschaft*‹ als emotionaler Aspekt der Einschränkung von ›Umweltkontrolle‹ ist mithin auf menschlich-gesellschaftlicher Stufe der *emotionale Aspekt der Einschränkung individueller Handlungsfähigkeit*, und das Bedürfnis in Richtung auf die Aufhebung der Handlungsfähigkeits-Einschränkung ist gleichzeitig die *elementare subjektive Notwendigkeit der Überwindung der Gefahr der Ausgeliefertheit an die unmittelbaren Bedingungen*, also der *Angstvermeidung*. Die *manifeste Angst* selbst ist demgemäß hier der emotionale Ausdruck der *individuellen Handlungsunfähigkeit*. Die früher herausgehobene Befriedigungsqualität primärer Bedarfszustände/Bedürfnisse als Qualität der vorsorgenden Abgesichertheit gesellschaftlich geschaffener Befriedigungsquellen (vgl. S. 211 ff), als wesentliches Implikat der kooperativ entwickelten Bedürfnisverhältnisse, wird damit zur *Qualität primärer Befriedigung ›handlungsfähiger‹ Individuen*.

Da die individuelle Handlungsfähigkeit, wie dargelegt, stets in irgendeinem Sinne die Teilhabe an der Verfügung über den gesamtgesellschaftlichen Produktions- und Reproduktionsprozeß, von dem die je individuellen Lebensbedingungen abhängen, bedeutet, hat UTE H.-OSTERKAMP die geschilderte spezifische Bedürfnisgrundlage der Handlungsfähigkeit unter dem Terminus ›*produktive Bedürfnisse*‹ näher ausgeführt (vgl. M II, S. 17ff). Die ›Primärbedürfnisse‹ (in unserem Sinne), wie sie in Abhängigkeit vom Grad der Handlungsfähigkeit, damit ›produktiven‹ Bedürfnisrealisierung, ihre ›menschliche‹ Befriedigungsqualität im Zusammenhang der gesamtgesellschaftlichen Entwicklung, Sicherung, Formung von Befriedigungsmöglichkeiten etc. gewinnen können, werden von H.-OSTERKAMP komplementär als ›*sinnlich-vitale‹ Bedürfnisse* charakterisiert. Wir kennzeichen in Übernahme dieser Terminologie den ›kooperativen‹ bzw. ›primären‹ Aspekt der Bedürfnisverhältnisse, wie sie sich gemäß unseren früheren Darlegungen mit der gesellschaftlichen Natur des Menschen herausgebildet haben (vgl. S. 211 ff), in ihrer Besonderheit auf der Stufe gesamtgesellschaftlicher Vermitteltheit individueller Existenz als ›*produktiven‹ und ›sinnlich-vitalen‹ Aspekt* menschlicher Bedürfnis-Verhältnisse.

Wenn wir dergestalt die ›produktiven‹ Bedürfnisse in ihrem Verhältnis zu den ›sinnlich-vitalen‹ Bedürfnissen als Spezifikum der menschlichen Bedürfnisverhältnisse herausgestellt haben, so sind, wenn dies richtig verstanden werden soll, zuvörderst zwei Arten von Mißverständnissen zu vermeiden: Zum einen darf man die ›produktiven‹ Bedürfnisse nicht als verselbständigtes ›*Produktionsbedürfnis*‹, Bedürfnis der Individuen zum ›Produktivsein‹ etc., etwa nach Art des humanistisch-psychologischen ›Wachstums‹- oder ›Selbstverwirklichungs‹-Bedürfnisses, mißdeuten. Mit ›Produktion‹ ist in unserem Terminus nicht irgendeine individuell-kreative Aktivität, sondern der gesamtgesellschaftliche Produktions- und Reproduktionsprozeß angesprochen, und die Bedürfnisgrundlage der individuellen Teilhabe an der Verfügung über den gesellschaftlichen Produktions-/Reproduktionsprozeß ergibt sich aus dem Umstand, daß auf der Stufe gesamtgesellschaftlicher Vermitteltheit individueller Existenz das

Individuum *nur auf diesem Wege* (nach Maßgabe seiner lage- und positionsspezifischen Möglichkeiten) Verfügung über seine eigenen relevanten Daseinsbedingungen und Lebensquellen erreichen kann. Die individuelle Produktivität verschiedener Art ist demgegenüber lediglich ein möglicher Ausdruck der über den Beitrag zur verallgemeinert-gesellschaftlichen Lebensgewinnung und -entfaltung zu entwickelnden personalen Handlungsfähigkeit, also eine besondere Realisierungsform produktiv-sinnlicher Bedürfnisse. – Zum anderen darf die genetische Herkunft der ›produktiven‹ Bedürfnisse aus dem geschilderten globalen ›Kontrollbedarf‹ nicht zu dem Fehlschluß verleiten, das ›produktive‹ Bedürfnis sei einfach ein ›*Kontrollbedürfnis*‹, der Mensch habe genuin den Antrieb, seine Lebensbedingungen zu ›kontrollieren‹, o.ä.. Wie unsere Analyse ergab, hat sich der gelernte ›Kontrollbedarf‹ mit der Herausbildung und Durchsetzung der gesellschaftlichen Lebensgewinnungsform verallgemeinerter Vorsorge etc. ja gerade zur Bedürfnisgrundlage einer qualitativ neuen, ›menschlichen‹ Existenzweise, nämlich der bewußten Verfügung über die eigenen Lebens- und Befriedigungsquellen, entwickelt. Die Teilhabe an der Verfügung (›Kontrolle‹) über die gesellschaftlichen Lebensbedingungen ist also *kein* Selbstzweck, sondern *wesentliche Qualität der ›menschlichen‹ Weise individueller Bedürfnisbefriedigung und Daseinserfüllung*. Wo ›Kontrolle‹ sich als individuelles Streben verselbständigt, ist dies hingegen ein spezielles Symptom der *Isolierung* des Individuums von den gesellschaftlichen Verfügungsmöglichkeiten, damit Möglichkeiten der Angstüberwindung, also gerade der personalen Unfähigkeit, wirkliche Verfügung über die relevanten Lebensbedingungen, damit ›menschliche‹ Lebensqualität zu erlangen (vgl. dazu H.- OSTERKAMP 1983).

Zur Zuspitzung dieser Ausführungen läßt sich der berühmte MARXsche Satz von der *Arbeit als ›erste(s) Lebensbedürfnis‹* (MEW 19, S. 21) durch folgenden Kommentar aller Mißdeutungen entheben: Nicht die ›Arbeit‹ als solche ist erstes Lebensbedürfnis, sondern ›Arbeit‹ nur soweit, wie sie dem Einzelnen die Teilhabe an der Verfügung über den gesellschaftlichen Prozeß erlaubt, ihn also ›handlungsfähig‹ macht. Mithin ist nicht ›Arbeit‹, sondern ›Handlungsfähigkeit‹ das *erste* menschliche Lebensbedürfnis – dies deswegen, weil Handlungsfähigkeit die allgemeinste Rahmenqualität eines menschlichen und menschenwürdigen Daseins ist, und Handlungsunfähigkeit die allgemeinste Qualität menschlichen Elends der Ausgeliefertheit an die Verhältnisse, Angst, Unfreiheit und Erniedrigung.

Um die produktiv-sinnlichen Bedeutungs-Bedürfnis-Bezüge, unter denen sich das Subjekt als ›handlungsfähig‹ bzw. als in seiner Handlungsfähigkeit eingeschränkt erfährt, genauer kategorial aufschlüsseln zu können, muß die oben (S. 236 ff) dargelegte psychische Grundcharakteristik der gesamtgesellschaftlichen Vermitteltheit individueller Existenz, das bewußte ›Verhalten‹ zu gesamtgesellschaftlichen Bedeutungsbezügen als personalen Handlungsmöglichkeiten, auf das darin liegende *›Verhalten‹ zu den eigenen Bedürfnissen* hin expliziert werden: Auf dem

Niveau höchster Tiere, aber auch noch im Zuge der ›Menschwerdung‹ vor dem Dominanzwechsel, ist für die Aktualisierung von Bedeutungen global die Aktualisierung der zugeordneten Bedarfs/Bedürfnis-Dimensionen vorausgesetzt, womit sie, wie sehr auch immer durch ›Lernen‹ modifiziert und durch Umweltereignisse gesteuert, dennoch die vitalen ›Antriebe‹ für die biologisch notwendigen Aktivitäten darstellen. Mit der *Durchbrechung der Unmittelbarkeit* zwischen der Schaffung und der Nutzung von Lebensmitteln/-bedingungen ist dagegen auch die *Beziehung zwischen den Handlungen und den Bedürfnissen der Individuen auf spezifische Weise* ›*vermittelt*‹: Wenn die Individuen aufgrund der prinzipiellen gesellschaftlichen Abgesichertheit ihrer individuellen Existenz zu den Bedeutungen ein ›gnostisches‹ Verhältnis gewinnen, d.h. ihre Beschaffenheit und ihren Zusammenhang unabhängig von der Bezogenheit auf die eigene unmittelbare Lebenssicherung erfassen können (vgl. S. 236 ff), so schließt das auch eine *entsprechende* ›*Distanz*‹ *zu den eigenen Bedürfnissen* ein.

Demnach *muß* das Individuum nicht unmittelbar seine Bedürfnisse, so, wie sie hervortreten, durch individuelle Aktivitäten bzw. in kooperativen Aktivitätszusammenhängen befriedigen: Es hat aufgrund der ihm gegebenen gesellschaftlichen Handlungsmöglichkeiten auch die *Möglichkeit*, seine jeweils gegebene Bedürftigkeit zunächst *als solche*, ohne Handlungsumsetzung durch Bedeutungsaktualisierung ›*zur Kenntnis zu nehmen*‹, und aus dieser ›gnostischen‹ Beziehung heraus sich zu seinen Bedürfnissen zu ›*verhalten*‹, d.h. ihre Befriedigung gemäß den gesellschaftlichen Handlungsmöglichkeiten zu *planen, umzustrukturieren, aufzuschieben*, ja sogar seine aktuellen *Bedürfnisse um allgemeiner, langfristiger Ziele willen* ›*bewußt*‹ *zu vernachlässigen*. Natürlich hat das Umakzentuieren, Aufschieben, Vernachlässigen von Bedürfnissen seine sowohl mit den Verhältnissen wie mit den vitalen Existenznotwendigkeiten gegebenen mehr oder weniger engen Grenzen. Entscheidend ist aber der Umstand, daß es sich auch hier um *Grenzen und Einschränkungen auf dem Spezifitätsniveau menschlicher Möglichkeiten* handelt, und daß somit die fremdbestimmte *Beschränkung und Unterdrückung von Bedürfnissen* dadurch, daß dabei *Möglichkeiten* des bewußten Verhaltens zur eigenen Bedürftigkeit unterdrückt sind, ihre ›*menschliche*‹ *Spezifik* erhalten.

Die Bedürfnisse von Individuen mit der ›Möglichkeits‹-Beziehung zu gesamtgesellschaftlichen Bedeutungen sind also nicht mehr lediglich die emotionalen ›Zustandsvariablen‹, die über die Bedeutungsaktualisierung unmittelbar zu Handlungen zur Bedürfnisbefriedigung führen, sondern charakterisieren darüberhinaus auch zwischen den jeweils aktuellen Handlungsvollzügen eine ›intermediäre‹ *emotionale Befindlichkeit*, in welcher das Subjekt angesichts bestimmter gegebener Handlungsmöglichkeiten bzw. -einschränkungen seine eigene Bedürftigkeit, emotional

Handlungsbereitschaft, Betroffenheit etc. zunächst bewußt in gnostischer Beziehung erfährt, wobei die Handlungen als Realisierung der in den gegebenen Bedeutungskonstellationen denkbaren Handlungsmöglichkeiten erst aus dem bewußten ›Verhalten‹ zur eigenen Befindlichkeit als ›subjektiver‹ Realität der faktischen emotionalen Wertung der Bedeutungskonstellationen resultieren. Die ›Befindlichkeit‹ ist also – als spezifisch ›menschliche‹ Ausprägung der früher dargelegten Funktion der Emotionalität als Vermittlung zwischen Kognition und Aktivität – quasi der sich in dem Grad und der Art der Bedürftigkeit ausdrückende reale subjektive ›Maßstab‹, aus dem für das Individuum ›entscheidbar‹ wird, wieweit die Umsetzung der *allgemein* gegebenen gesellschaftlichen Handlungsmöglichkeiten auch *für das jeweilige Individuum* subjektiv notwendig ist, bzw. wieweit *objektiv* vorliegende Handlungs*einschränkungen* auch das Individuum in seinen *subjektiven Lebens- und Befriedigungsmöglichkeiten einschränken.*

Wenn die emotionale Befindlichkeit in der geschilderten Weise der ›subjektive‹ Maßstab zur Bewertung jeweils gegebener Handlungsmöglichkeiten und -beschränkungen ist, so verdeutlicht sich darin, daß die Befindlichkeit nicht nur die emotionale Wertung der je aktuellen Situation darstellt, sondern eine *überdauernde personale Wertungsgrundlage* ist, aus der sich erst die Art und Weise der Wertung der aktuellen Situation ergibt: Diese in der Befindlichkeit liegende überdauernde Wertungsgrundlage basiert einerseits auf dem emotionalen Aspekt der dargestellten individuellen Lern- und Entwicklungsfähigkeit in ihrer ›menschlichen‹ Spezifik, also in der aufgewiesenen Potenz zur individuellen Vergesellschaftung bzw. gesellschaftlichen Formung von Bedeutungs-Bedürfnis-Dimensionen durch bestimmte ›autarke‹ bzw. ›subsidiäre‹ Lernprozesse. Andererseits aber sind es nunmehr *gesamtgesellschaftlich vermittelte* Verfügungs- und Befriedigungsmöglichkeiten bzw. -einschränkungen, von denen die *vergangenen emotionalen Erfahrungen* des Individuums, die sich über die genannten Lernprozesse in der *gegenwärtigen Bewertungsgrundlage* manifestieren, abhängen. Dabei schlagen sich die gesellschaftlichen Möglichkeiten/Einschränkungen nicht direkt in der emotionalen Befindlichkeit nieder, sondern in dem jeweils dem Individuum gegebenen Aspekten und Ausschnitten und *in der Art und Weise, wie sich das Subjekt zu ihnen ›verhalten‹ und welche Handlungskonsequenzen es daraus gezogen hat.* Emotionale Erfahrung als Grundlage gegenwärtiger Befindlichkeit ist also nicht nur ›Erfahrung‹ mit gesellschaftlichen Möglichkeiten/Beschränkungen, sondern in gewissem Sinne auch ›Erfahrung‹ mit *sich selbst*, nämlich dem früheren *eigenen* Verhalten und Handeln, angesichts von Handlungsmöglichkeiten und -beschränkungen.

Der Grad der Distanz zur eigenen Befindlichkeit, durch welche man diese ›als solche‹ zur Kenntnis nehmen und bewußt als Information für die weitere Handlungs- und Lebensplanung auswerten kann, ist *selbst wieder* vom aus der emotionalen Wertung der objektiven Lage erwachsenen *Ausprägungsgrad der in der Befindlichkeit erfahrbaren Bedürfnisse* abhängig, also davon, wieweit der dargelegte ›produktive‹ bzw. ›sinnlich-vitale‹ Aspekt der eigenen Bedürftigkeit/Befindlichkeit lediglich die *globale Thematik* meiner langfristigen Handlungsnotwendigkeiten akzentuiert, und wieweit aufgrund der *Einschränkung der Handlungsfähigkeit* als subjektive ›Not-Wendigkeit‹ der Überwindung gegenwärtiger Ausgeliefertheit etc. umschriebene ›drängende‹ Bedürfnisse so in Erscheinung treten, daß das Handeln zu ihrer Aufhebung für mich *unabweisbar* wird. Demgemäß *strukturiert* sich meine Befindlichkeit in unterschiedlicher Weise: Soweit ich meine Handlungsfähigkeit als *gesichert* erfahre, unmittelbar *auf Lebenserfüllung/Daseinsgenuß* i.w.S., und soweit ich meine Handlungsfähigkeit als *bedroht* erfahre, auf *Überwindung der subjektiven Bedrohung* gemäß der jeweils *besonderen Erscheinungsformen subjektiver Notwendigkeiten*, wie sie sich als ›produktive‹ bzw. ›sinnlich-vitale‹ Bedürfnisse kategorial entschlüsseln lassen. *Die Qualität der individuellen Lebenserfüllung* akzentuiert sich mithin hier aus der Kraftentfaltung, dem Beziehungsreichtum etc. bei der *Rückgewinnung* der Handlungsfähigkeit, was selbst schon – indem auf Verfügungserweiterung gerichtet – einen *je gegenwärtigen Zuwachs an erfahrener Bedingungsverfügung, damit menschlicher Lebensqualität*, einschließt (s.u.).

Dabei ist generell zu berücksichtigen, daß die besondere Eigenart der in der Befindlichkeit sich ausprägenden Bedürfnisse bestimmt ist durch die früher dargelegten Bedeutungs-Bedürfnis-*Verhältnisse*, wie sie sich als Charakteristika der ›gesellschaftlichen Natur‹ des Menschen herausgebildet haben, d.h. durch den dargestellten *wechselseitigen Verweisungszusammenhang des ›produktiven‹ und des ›sinnlich-vitalen‹ Bedürfnis-Aspektes* (vgl. S. 242 f). Wenn also ein menschliches Individuum beispielsweise durch ›Hunger‹ als ›sinnlich-vital‹ beeinträchtigt oder gefährdet charakterisierbar ist, so leidet es nicht nur isoliert ›Hunger‹ als spezielle Bedürfnis-Spannung, sondern es leidet *darin* und *gleich elementar* an seiner *Ausgeliefertheit* an eine Situation, in welcher es so *weitgehend von der vorsorgenden Verfügung über seine eigenen Lebensbedingungen abgeschnitten* ist, daß es ›hungern‹ *muß*: Seine Bedürfnisse haben damit nicht nur den ›*sinnlich-vitalen*‹ Akzent als subjektive Notwendigkeit der Beseitigung des Hungerns, sondern als ›menschliche‹ Bedürfnisse auch den ›*produktiven*‹ Akzent als subjektive Notwendigkeit der *Wiedererlangung eines Grades bewußter Bedingungsverfügung*, durch welchen das Individuum auch über die Befriedigungsquellen so verfügt, daß ein Leben nicht nur ohne Hunger, sondern *ohne die fremdbestimmte Bedrohtheit durch Hunger*, also ein menschenwürdiges Leben, möglich ist. Umgekehrt ist ein Individuum, das sich zunächst in seiner *Hand-*

lungsfähigkeit beeinträchtigt oder bedroht sieht, zwar in ›produktiver‹ Weise bedürftig, durch erweiterte Teilhabe an der gesellschaftlichen Weltverfügung die personale Handlungsfähigkeit zu erweitern, sieht sich aber gleichzeitig durch die *eingeschränkte Handlungsfähigkeit* in seiner *›sinnlich-vitalen‹ Existenz beeinträchtigt,* und dies nicht nur antizipatorisch, sondern *unmittelbar,* da – wie ausführlich dargelegt – eine *Daseinserfüllung und Bedürfnisbefriedigung* in *›menschlicher‹* Qualität nur im Maße der *Grundbefindlichkeit des handlungsfähigen Individuums* möglich ist, die Einschränkung der Handlungsfähigkeit also eine *Einbuße an elementarer Lebensqualität* zwingend einschließt. Bedürfnisse in ihrem ›produktiven‹ Akzent sind mithin *als* subjektive Notwendigkeit erweiterter Bedingungsverfügung *immer auch* die subjektive Notwendigkeit der *Gewinnung sinnlich-vitaler Befriedigungsmöglichkeiten in ›menschlicher‹ Qualität.*

Aus den damit hinter uns liegenden Ausführungen über Bedeutungen/Bedürfnisse bei gesamtgesellschaftlich vermittelter individueller Existenz erwächst die weitere Frage, wie die Bedeutungen/Bedürfnisse über ihre *gesamt*gesellschaftlichen Geprägtheit hinaus mit den *konkreten Lebensbedingungen* der Individuen zusammenhängen, d.h. welche (als ›produktiv‹ bzw. ›sinnlich-vital‹ entschlüsselbaren) *Erscheinungsformen* die menschliche Bedürftigkeit/Befindlichkeit in Abhängigkeit von der *formationsbestimmten Lebenslage/Position* des Individuums und *insbesondere angesichts der Einschränkungen und Mystifizierungen der Handlungsmöglichkeiten unter bürgerlichen Klassenverhältnissen* annimmt; genauer: wie man *derartige Erscheinungsformen kategorial aufzuschließen* hat. – Wir sind allerdings an dieser Stelle unserer Gesamtargumentation auf die Behandlung einer solchen Frage noch keineswegs hinreichend vorbereitet: Dazu müssen über den bisher diskutierten inhaltlichen Aspekt der Bedeutungs-Bedürfnis-Dimensionen hinaus zunächst die *Erkenntnis/Wertungs/Motivationsprozesse*[1] als *funktionaler* Aspekt der Handlungsfähigkeit in unsere Kategorialanalysen einbezogen werden. Dabei wird sich herausstellen, daß wir erst zum Ende des damit vor uns stehenden Abschnitts unserer Argumentation, in Kap. 7.5, die hier unterbrochene Befindlichkeitsanalyse in umfassenderen Zusammenhängen wieder aufgreifen und fortführen können.

---

1 Wenn wir von ›Erkenntnis‹ sprechen, soll die menschliche Spezifik kognitiver Prozesse hervorgehoben werden. ›Wertung‹ ist ein Kürzel für die früher aufgewiesene zweite ›funktionale‹ Ebene der Emotionalität über die ›inhaltliche‹ Ebene ihrer Differenzierung in Bedürfnisse hinaus: die vereinheitlichende emotionale Gesamtwertung einer Situation als Handlungsbereitschaft des Individuums (vgl. S. 105 f).

Kapitel 7

Funktionale Kategorialanalyse des Psychischen in seiner menschlich-gesellschaftlichen Spezifik: Erkenntnis/Wertung/Motivation als Funktionsaspekte der Handlungsfähigkeit

7.1 Vorbemerkung

Die Notwendigkeit, die historisch bestimmten Bedingungen und Erscheinungsformen subjektiver Handlungsfähigkeit unter Einbeziehung ihres *funktionalen* Aspekts aufzuweisen, stellt uns vor die Aufgabe, zunächst unsere Analyse auf den *gleichen Stand* zu bringen, den wir im Hinblick auf die inhaltlichen Bedeutungs-Bedürfnis-Dimensionen schon erreichten: Es müssen nämlich die *psychischen Funktionsdifferenzierungen*, wie wir sie vorgängig bis an die Schwelle zur Menschwerdung herausgearbeitet haben, auf ihre *weiteren Differenzierungen und Spezifizierungen* im Prozeß der Herausbildung der ›gesellschaftlichen Natur‹ des Menschen zwischen den beiden ›qualitativen Sprüngen‹ hin *funktional-historisch analysiert* werden. Erst dann ist die neue Qualität herauszuarbeiten, die die so ›vermenschlichten‹ Funktionsaspekte nach dem Dominanzwechsel als Momente der *gesamtgesellschaftlichen Vermitteltheit individueller Existenz* gewinnen müssen. Wir wiederholen die beiden Analyseschritte, die wir in Kap. 6.2 und 6.3 im Hinblick auf den inhaltlichen Bedeutungs-Bedürfnis-Aspekt des Psychischen auf menschlichem Niveau vollzogen haben, also in Kap. 7.2 und 7.3, für die psychischen Funktionsaspekte der individuellen Erkenntnis/Wertung/Motivation. Dabei werden die Resultate der ›inhaltlichen‹ Analysen berücksichtigt und die psychischen Funktionsaspekte lediglich hinzugenommen, d.h. die *Funktionen der Erkenntnis/Wertung/Motivation* als *Aspekte der personalen Handlungsfähigkeit* in ihren beschriebenen Bedeutungs-Bedürfnis-Bezügen rekonstruiert.

Um die Darstellung nicht zu überfrachten, lassen wir die bisher erarbeiteten Spezifizierungen der Bedeutungs/Bedarfsverhältnisse in Richtung auf menschliche Bedeutungs/Bedürfnisverhältnisse bis gegen Ende des Teilkapitels 7.2 meist nur mehr oder weniger implizit ›mitlaufen‹; sie sind also auch da, wo von ihnen nicht ausdrücklich die Rede ist, immer ›mitzudenken‹. Danach erzwingt dann der Darstellungszusammenhang wieder die explizite Mitbehandlung der Bedürfnisverhältnisse, damit die angekündigte Synthese des inhaltlichen und des funktionalen Aspektes menschlicher Handlungsfähigkeit vollzogen werden kann.

7.2 Die Herausbildung der Funktionsgrundlage von Erkenntnis-Wertungs-Motivationsprozessen in der gesellschaftlichen Natur des Menschen

Gradientenorientierung, Aussonderung/Identifizierung und Diskrimination/Gliederung: Elementare Ebenen bzw. Kennzeichen der menschlichen Perzeptions-Wertungs-Operations-Koordination

Die funktional-historische Analyse schließt, wie früher (S. 54 ff) dargelegt, mit der genetischen Differenzierung verschiedener Dimensionen und Funktionsaspekte immer auch die Herausarbeitung unterschiedlicher, in der ›gegenwärtigen Historizität‹ gegebener bzw. ›aufgehobener‹ *Spezifitätsniveaus* ein, wobei die Besonderheit der ›menschlichen‹ Stufe des Psychischen nicht allein durch Hervorhebung der Dimensionen/Funktionen des höchsten menschlich-gesellschaftlichen Spezifitätsniveaus, sondern erst durch die Herausarbeitung des dadurch entstehenden besonderen *Verhältnisses* zwischen Dimensionen/Funktionen verschiedener Spezifitätsniveaus hinreichend bestimmt ist (vgl. S. 56). Wie die Spezifitätsebenen dabei berücksichtigt werden müssen, dies hängt von den empirischen Resultaten der funktional-historischen Rekonstruktion darüber ab, welche mehr oder weniger elementaren Formen einer zu untersuchenden Erscheinung tatsächlich in der gegenwärtigen Historizität aufweisbar und zum Verständnis des Gesamts psychischer Lebenstätigkeit des Menschen unerläßlich sind. So war bei der funktional-historischen Analyse der Bedeutungs-Bedürfnis-Dimensionen der gesellschaftlichen Natur des Menschen das Verhältnis zwischen den spezifisch-bestimmenden Mittelbedeutungen/›produktiven‹ Bedürfnissen zu den Primärbedeutungen/-bedürfnissen als inhaltlichen Momenten individueller Handlungsfähigkeit zu rekonstruieren, dabei aufzuweisen, daß auf menschlicher Stufe die Primärbedeutungen/-bedürfnisse nur durch die (relativ) unspezifische Form des ›subsidiären Lernens‹ gesellschaftlich zu entwickeln bzw. zu formen sind. Bei der nun in Angriff zu nehmenden funktional-historischen Rekonstruktion der Funktionsaspekte der menschlichen ›Natur‹ zeichnet sich schon ab, daß hier noch viel unspezi-

Die Herausbildung von Erkenntnis-Wertungs-Motivationsprozessen 251

fischere und elementarere Formen des Psychischen als Merkmale seiner gegenwärtigen Historizität herausgehoben werden müssen, nämlich die *elementaren Funktionsebenen der Orientierung*, wie wir sie (im dritten Kapitel, auf S. 85 ff) als allerfrüheste Differenzierungsprodukte bei der ›inneren Ausgestaltung‹ der Grundform des Psychischen aufgewiesen haben: Gradienten-Orientierung, Aussonderung/Identifizierung und Diskrimination/Gliederung.

Diese Funktionsebenen sind, wie dargelegt, trotz ihres sehr elementaren Ursprungs noch in den entwickeltsten Stufen des Psychischen als unspezifische Ebenen gegeben bzw. aufgehoben, wobei sie z.T. innerhalb der jeweiligen Spezifitätsebene eine eigene evolutionäre Entwicklung durchmachten. Somit sind diese Funktionsebenen auch auf menschlicher Stufe einerseits in ihren elementaren Charakteristika funktional-historisch zu rekonstruieren, weisen aber andererseits im Rahmen dieser Charakteristika u.U. weitere Kennzeichen auf, die durch die ›ebeneninterne‹ Evolution während der Menschwerdung entstanden sind. Solche Kennzeichen machen die Besonderheit der psychischen Funktionen des Menschen auf unspezifischen Ebenen aus, kommen also trotz ihrer elementaren Grundcharakteristik als Resultate der genannten Eigenevolution nur dem Menschen zu. Sie sind demgemäß nicht mehr aus dem Prozeß der Menschwerdung zu rekonstruieren, sondern nur als deren Resultat an den heute lebenden Menschen feststellbar, können also nicht mehr kategorialanalytisch aufgeschlüsselt, sondern müssen auf der Grundlage ihrer kategorialanalytischen Rekonstruktion einzeltheoretisch-aktualempirisch (vgl. S. 28 ff) erforscht werden (ich komme auf die damit bezeichnete Grenze der Kategorialanalyse im 9. Kapitel zurück).

In unseren früheren funktional-historischen Analysen hat sich herausgestellt, daß die evolutionäre Differenzierung des Psychischen nur adäquat zu rekonstruieren ist, wenn man von vornherein den Zusammenhang zwischen der Orientierung und der umweltbezogenen *Aktivität* der Organismen berücksichtigt, also von der *Orientierungs-Aktivitäts-Koordination* als Analyse-Einheit ausgeht. Im folgenden soll die Sichtweise auf die elementaren Ebenen der Orientierung als ›gegenwärtige Historizität‹ des Psychischen auf *menschlichem* Niveau dadurch terminologisch differenzierbar werden, daß wir hier von der *Perzeptions-Operations-Koordination* bzw. (soweit die emotionalen Wertungen in die Analyse einbezogen sind) Perzeptions-Wertungs-Operations-Koordination sprechen, und nur, wenn realhistorisch frühere phylogenetische Stadien angesprochen sind, von Orientierungs-Aktivitäts-Koordination. Zur Abhebung der elementaren Aspekte der ›gegenwärtigen‹ Orientierungsfunktion des Menschen gegenüber den Orientierungsweisen, wie sie für die gesellschaftliche Natur der Individuen spezifisch sind, unterscheiden wir weiterhin von der mehr oder weniger unspezifischen menschlichen Perzeptions-Operations-Koordination den *spezifisch* menschlichen Wahrnehmungs-Handlungs-Zusammenhang, dessen Beziehung zum menschlichen ›*Denken*‹ einerseits und den menschlichen *Wertungs- und Motivationsprozessen* andererseits hier als *Denk/Wahrnehmungs-*

Wertungs-Motivationszusammenhang personaler Handlungsfähigkeit rekonstruiert werden muß. *Wie* das Verhältnis der damit vorerst nur *terminologisch* unterschiedenen Ebenen und Aspekte *tatsächlich zu fassen* ist, dies kann nur die weitere Kategorialanalyse im Ansatz an den genannten unspezifischen Funktionsebenen ergeben.

Die ›*Gradientenorientierung*‹ (vgl. S. 85 f) als die elementarste, der bloßen Grundform des Psychischen am nächsten stehende Funktionsebene ist, wie dargestellt, auf ›menschlichem‹ Niveau des Perzeptions-Operations-Zusammenhangs in ›reiner‹ Form für die Geruchsorientierung bestimmend, darüber hinaus in verschiedener (einzeltheoretisch aufzuklärender) Art innerhalb höherer Perzeptionsweisen wirksam, soweit für die Orientierung lediglich *kontinuierliche Veränderungen innerhalb homogener, nicht gegenständlich ausgeformter Medien* zur Verfügung stehen bzw. bestimmend sind, wie Hell-Dunkel-Gradienten, Farbgradienten, Lautstärke-Gradienten bei hinsichtlich der Schallquelle nicht lokalisierbaren ›Raumtönen‹ etc.

Bei der Gradientenorientierung sind (wie geschildert) die *Informationsauswertung* und die *Aktivitätssteuerung noch ungeschieden*: Die Informationsauswertung erfolgt *im Zuge* der Ortsveränderung des Organismus bzw. der Sinnesfläche als Perzeption der *dadurch bedingten* Intensitätsänderung, Sättigungsänderung etc. des jeweils orientierungsrelevanten Gradienten. Die ›*Bedeutungen*‹, die den Gradienten-Veränderungen dabei für die Orientierung der Individuen auf dieser Elementarebene zukommen, lassen sich etwa mit ›*da lang!*‹ umschreiben. Die in der durch die Ortsveränderung bedingten Informationsauswertung erfolgende Aktivitätssteuerung hat demgemäß lediglich den Charakter einer *unmittelbaren Richtungssteuerung*, wobei der Ort einer ›Reizquelle‹ sich nur dadurch anzeigt, daß keine lokomotionsbedingten Veränderungen des jeweiligen Gradienten mehr perzipierbar sind.

Die *emotionale Wertung* in Abhängigkeit von der Zustandsvariabilität des Individuums hat hier gemäß dem Charakter der dabei aktualisierten Bedeutungen (für sich betrachtet) zunächst lediglich einen ›*On-Off-Effekt*‹: Von der emotionalen Wertungsgrundlage des Individuums und der entsprechenden Wertung hängt es ggf. ab, ob es überhaupt zur Aktivität der Gradientenorientierung kommt oder ob diese Aktivität unterbleibt; (ob man herumschnüffelt, wo es hier so stinkt, oder auf seinem Stuhl sitzen bleibt, das hängt – unter sonst gleichen Umständen – davon ab, ob für das Individuum die emotionale Wertung eines perzipierten Geruchs einen bestimmten negativen Ausprägungsgrad unterschritten hat). Darüberhinaus mag die *Ablaufsschnelligkeit* o.ä. der Aktivität von der zustandsbedingten emotionalen Wertung abhängen. In jedem Falle ist der *Aktivitätsablauf selbst*, da er hier mit der Informationsauswertung zusammenfällt, auf dieser Ebene noch *nicht durch unterschiedliche emotionale Wertungen veränderbar* (vgl. S. 97 f).

Die ›nächsthöhere‹ Funktionsebene der Orientierung, die Ebene der ›*Aussonderung/Identifizierung*‹ (vgl. S. 87 ff) befähigt das Individuum nicht nur zur Erfassung von Gradienten-Veränderungen innerhalb der unmittelbar an die Sinnesfläche angrenzenden Umgebung, sondern zur *Aussonderung eines abgehobenen* ›*Dinges-an-seinem-Ort*‹ in mehr oder weniger großer Distanz zur Sinnesfläche aus der *im übrigen diffusen Umgebung*, schließt also die klassische ›Figur-Grund-Differenzierung‹ ein. Mit der Evolution der Aussonderungs/Identifizierungsfunktion kommt es zu einer immer weitergehenden *Verselbständigung* der *Orientierungsaktivität* als *Informationsauswertung* und der dadurch gesteuerten *Ausführungsaktivität*, wobei die Aktivitäten zur Informationsauswertung sich immer mehr von Gesamtaktivitäten des Organismus hinweg auf periphere und zentrale Teilsysteme innerhalb des ZNS verlagern, also quasi ›*verinnerlichen*‹: Auf diese Weise entstanden in mehr oder weniger ›frühen‹ Abschnitten auf dem Evolutionsweg zum Menschen hin im peripheren Bereich der Sinnesorgane spezielle Ortungs/Aussonderungs-Mechanismen wie *Akkomodation, Konvergenz* und *Disparation*, unter Einbeziehung zentralerer ZNS-Bereiche die verschiedenen ›Konstanz‹-Funktionen, weiterhin zentralnervöse Mechanismen der *Ausfilterung irrelevanter Randinformation* zur Erfassung invarianter Umwelt-Dimensionen wie der *Orientierungsreflex* in seinen verschiedenen Formen, *Bahnungs-, Hemmungs- und Summationseffekte, reafferente Steuerungsmechanismen* etc.: alles Perzeptions-Operations-Koordinationen, die zwar bei der Menschwerdung gewisse (einzeltheoretisch zu erforschende) Funktionseigenarten gewannen, aber als solche dennoch eine (kategorial zu bestimmende) *unspezifische Grundlage für die Wahrnehmung innerhalb des menschlichen Erkenntnisprozesses* bilden. Hervorzuheben ist dabei der Umstand, daß gemäß unserer funktional-historischen Rekonstruktion mit der Verselbständigung und ›Verinnerlichung‹ von Orientierungsaktivitäten gegenüber Ausführungsaktivitäten nicht etwa Orientierung (bzw. ›Perzeption‹) auf der einen Seite und Aktivität (bzw. ›Operation‹) auf der anderen Seite auseinandertreten: Die *Orientierungs*aktivität ist auch in Gestalt der beschriebenen ›verinnerlichten‹ Ortungs- und Identifizierungsmechanismen eine *Aktivität* des Organismus/Individuums im engsten Sinne, bei welcher Information nicht von der Umwelt empfangen, sondern in für die Lebenserhaltung ›funktionaler‹ Weise *aus der Umwelt* ›*herausgeholt*‹ wird. Die spezialisierten Ortungs- und Identifizierungsmechanismen sind also auch *in sich Perzeptions-Operations-Koordinationen*, in welchen die Perzeption nur über die Operation erfolgen kann und die im Ganzen wiederum mit den dadurch gesteuerten Ausführungsoperationen zusammenhängen (s.u.). Man kann demgemäß entsprechend der genetischen Unterscheidung von Orientierungs- und Ausführungs*aktivitäten* in unserer Terminologie auf der hier diskutierten unspezifischen Stufe der menschlichen Erkenntnis von *perzepti-*

ven und *ausführenden Operationen* reden. Dabei lassen sich die in den geschilderten Mechanismen ›verinnerlichten‹ Aktivitäten bzw. Operationen stets über mehr oder weniger Zwischenstufen auf die *ursprünglichen ›äußeren‹ Aktivitäten* zurückführen, bei welchen der Organismus zur Gewinnung von Information aus der Umwelt noch als Ganzer sich bewegen und seinen Ort verändern mußte, ehe dann durch evolutionäre Optimierung eine *von der Ausführung entlastete Orientierungsaktivität* (und umgekehrt) möglich wurde.

Auf der Funktionsebene der Aussonderung/Identifizierung geschieht nicht nur eine *Richtungs-,* sondern auch eine *Distanz*steuerung der Ausführungsoperationen, womit die in der Gradientenorientierung erfolgende Richtungssteuerung hier in neuer Qualität aufgehoben ist, da die Operations*richtung* sich aus dem *identifizierten Ort* eines Dinges ergibt. Die *Bedeutungen* spezifizieren sich demgemäß über das bloße ›da lang‹ hinaus zum ›dort hin‹ bzw. ›von dort weg‹. – Da auf der Ebene der Aussonderung/Identifizierung die ausführenden von den perzeptiven Operationen trennbar sind, gewinnen hier auch die *emotionalen Wertungen* über den geschilderten On-off-Effekt und Beschleunigungseffekt hinaus (aber unter deren Einschluß) einen neuen funktionalen Spielraum, indem das Individuum (immer: in gesonderter Betrachtung dieser unspezifischen Funktionsebene) bei *gleicher Informationslage* aufgrund *unterschiedlicher Zuständlichkeit* und entsprechend konträren emotionalen Wertungen sich *einem Gegenstand annähern oder von ihm entfernen* kann (womit, wie in Kap. 3.3 auf S. 97 f dargelegt, die Bestimmungen der Emotionalität erst voll erfüllt sind). Durch die ›*Verinnerlichung*‹ von verselbständigten Orientierungsaktivitäten fallen dabei auf der Ebene der Aussonderung/Identifizierung die emotionalen Wertungen nicht mehr mit den jeweiligen Ausführungsaktivitäten, d.h. hier der wertungsgemäßen Annäherung bzw. Entfernung des Gesamtorganismus an den/von dem ausgesonderten und räumlich identifizierten Gegenstand zusammen: Vielmehr sind auch die *Wertungsmechanismen* (in engem funktionalen Zusammenhang mit den Orientierungsmechanismen) ›verinnerlicht‹, werden so zu *zentralnervösen* ›*Impulsen*‹ *zur Annäherung bzw. Abwendung*, die nicht unmittelbar die Gesamtaktivität hervorrufen, sondern nur eine entsprechende *Tendenz* des Organismus/Individuums darstellen, die erst *zusammen mit anderen emotionalen Wertungen zu einer Gesamtwertung vereinigt* zur Aktivitätsbereitschaft und -umsetzung führt. Hier ist also der Ursprung der *Differenzierung der Emotionalität zu einer selbständigen emotionalen Information über den zustandsbedingten Weltbezug des Individuums*, die von diesem im Zusammenhang mit allen anderen Informationen ›ausgewertet‹ werden kann, mithin der geschilderten, die bloß inhaltliche Ausgliederung in Bedürfnisse überschreitenden handlungsermöglichenden Funktion der Emotionalität (vgl. S. 105 f).

Die beiden bisher besprochenen ›untersten‹ Funktionsebenen der Gradientenorientierung und der Aussonderung/Identifizierung sind, wie deutlich wurde, als *unspezifische Funktionen* im *menschlichen Erkenntnisprozeß* aufweisbar, sei es als Perzeptions-Operations-Koordinationen in elementaren Sinnesmodalitäten, sei es als festgelegte Funktionsgrundlage ›höherer‹ Erkenntnisebenen; sie können deswegen auch bei entsprechend reduzierter Informationslage (›Angewiesensein‹ auf Gradienten-Unterschiede, diffuse Information, bei der lediglich ein ›Etwas‹ von seiner Umgebung abhebbar ist) als solche für die Erkenntnisaktivität bestimmend werden. Die nun zu diskutierende ›nächsthöhere‹ Funktionsebene der *Diskrimination/Gliederung* hingegen ist, wie unsere funktional-historische Gesamtanalyse ergeben hat, in den *phylogenetischen Prozeß der Spezifizierung des Psychischen* über die *Stufe der Lern- und Entwicklungsfähigkeit bis zur Menschwerdung einbezogen*, hat sich also im Zuge dieses Prozesses so verändert, daß sie in ihrem *genetisch ursprünglichen elementaren Spezifitätsniveau beim Menschen nicht mehr vorkommt*. Wenn wir uns mithin hier die *unspezifischen* Charakteristika der Diskrimination/Gliederung als Orientierungs-Aktivitäts-Koordination vergegenwärtigen, so deswegen, um sie als *allgemeine Kennzeichen* der daraus hervorgegangenen *entwickelteren, beim Menschen gegebenen Perzeptions-Operations-* bzw. *Wahrnehmungs-Handlungs-Koordination* herausheben zu können.

Auf der Funktionsebene der *Diskrimination/Gliederung* (vgl. S. 89 ff) ist nicht nur, wie bei der Aussonderungsfunktion, ein ›Etwas-an-seinem-Ort‹ aus einer sonst unstrukturierten Umgebung heraushebbar, sondern sind, auf der Grundlage von deren Aussonderung, *verschiedene gleichzeitig gegebene Bedeutungseinheiten voneinander unterscheidbar*, ist also eine *sachliche Gliederung des Orientierungsfeldes* möglich. Dies schließt eine höhere Form der Aufschlüsselung von Information über die Erfassung von Gradienten bzw. von Ding-Umgebungs-Übergängen und den Ort eines abgehobenen ›Etwas‹ hinaus ein: Die Erfassung von *figural-qualitativen Merkmalen* (Formen, Strukturen, Dingfarben etc.), durch welche eine Gegebenheit in ihrer Besonderheit von anderen unterscheidbar ist. Als diese neue Art von Informationsauswertung haben sich, wie dargestellt, zentrale Orientierungs-Aktivitäts-Koordinationen wie die auf bestimmte figural-qualitative Merkmalskomplexe als ›Schlüsselreize‹ ansprechenden ›angeborenen auslösenden Mechanismen‹ (AAMs, vgl. S. 91 ff), herausgebildet und sind im Laufe der weiteren Psychogenese in höheren Formen figural-qualitativer Informationsauswertung (über deren neurophysiologische Charakteristika noch wenig bekannt ist) übergegangen. In jedem Falle handelt es sich dabei um Mechanismen der *biologisch optimalen Ausnutzung von sensorischer Information*, wie *Übergeneralisierungen, Überverdeutlichungen, Übervereinfachungen, Komplettierungen* etc. (vgl. S. 91 f) mit dem Effekt der Erhöhung der Fortpflanzungswahrscheinlichkeit bei der Orientierung, also quasi durch die Orientierungsaktivität vollzogene ›Realabstraktionen‹ von biologisch irrelevanten Merkmalen der jeweiligen artspezifischen Umwelt.

Die Aktivitätssteuerung durch die Diskriminations-/Gliederungsfunktion der Orientierung schließt die Richtungs- und Distanzsteuerung ein, überschreitet sie aber in der Steuerung an (figural-qualitativen) *Merkmalen* der Umgebung. Die *Bedeutungen* können hier demgemäß über ›da lang‹ bzw. ›dort hin‹–›von dort weg‹ hinaus als vom jeweiligen Merkmalskomplex abhängige *inhaltliche Aktivitätsdeterminanten* umschrieben werden (vgl. S. 89 f); so werden schon durch die unterschiedlichen ›Schlüsselreize‹ über die zugeordneten AAMs *ganz bestimmte* Aktivitätsfolgen ausgelöst, wie durch das Habicht-Schema Fluchtbewegungen der Küken in Richtung auf eine ›schützende‹ Deckung, durch ›Rot-auf-der Unterseite‹ ein charakteristisches ›Kampfgebaren‹ des Stichlings etc. – Durch die Merkmalserfassung und -steuerung ist mit der Diskriminations-/Gliederungsfunktion ein vergleichsweise *höheres ›Abbildungsverhältnis‹* zur Umgebung erreicht, indem hier nicht nur die *Position* eines Dinges gegenüber dem Organismus/Individuum, sondern in höherem Grade dem *Ding selbst zukommende Charakteristika* gespiegelt werden. Dabei wird zwar auch hier durch aktive Auswertung die relevante Information aus der Umwelt ›herausgeholt‹, dabei behalten die *Dingbeschaffenheiten* aber einen gewissen nicht in der aktuellen Aktivitätsrelevanz aufgehenden *Eigenwert*, und *gerade dadurch* ist eine höhere, d.h. *biologisch in höherem Grade ›funktionale‹ Form des Umweltaufschlusses* erreicht, da so die *unabhängigen Besonderheiten* von Ereignissen bei der Existenzerhaltung berücksichtigt werden können. Dieses zwar durch die Orientierungs*aktivität* bestimmte, aber dieser gegenüber in gewisser Weise *widerständige* Moment als ›Seite‹ der aktiven Orientierung bleibt, wie wir vorgreifend feststellen wollen, auch innerhalb der *menschlichen Wahrnehmung* als in unspezifischen Perzeptions-Operations-Zusammenhängen gegebenes *widerständiges, stofflich-sinnliches Moment* der wahrnehmend-handelnden Weltbeziehung der Individuen erhalten, wobei die *sinnliche Grundlage der Wahrnehmung von deren Verarbeitung in den jeweiligen Handlungszusammenhängen auch ›phänomenal‹ unterscheidbar* wird (vgl. GIBSONs Konzept des ›visual field‹ und der ›visual world‹, 1950; s.u.).

Mit der Herausbildung der Diskriminations-/Gliederungsfunktion gewinnen die *emotionalen Wertungen* als Vermittlung zwischen Kognition und Akvitität über den On-off-Effekt, den Beschleunigungs-Effekt und die verinnerlichte Annäherungs-Wegbewegungs-Differenzierung hinaus (und wiederum mit deren Einschluß) die Ebene einer *zustandsabhängigen differenzierenden Bedeutungsaktualisierung*, indem je nach Zustand von *mehreren gegebenen Bedeutungseinheiten diese oder die an-*

dere aktualisiert und in Aktivitäten umgesetzt bzw. bei einer *in sich ›ambivalenten‹ Bedeutungseinheit die eine oder die andere ›Version‹ aktualisiert/umgesetzt* wird. Damit ist eine *höhere Ausprägung der Emotionalität in ihrer Funktion als ›Wertung‹* dadurch erreicht, daß hier aufgrund verschiedener Zuständlichkeiten faktisch (wenn auch natürlich nicht notwendig bewußt, s.u.) zwischen *verschiedenen Aktivitäts-Alternativen ›wertend‹* ausgewählt wird, wobei die ›Wahl‹ allerdings auf dieser Ebene nicht ›frei‹, sondern durch den gegebenen Zustandswert und dessen Änderung determiniert ist (vgl. S. 97 f).

Die Funktionsebene biologisch präformierter, ›subsidiär‹ gesellschaftlich modifizierter Schlüsselkonstellationen

Im weiteren soll nun durch Einbeziehung der *individuellen Lern- und Entwicklungsfähigkeit* die Funktion der Diskrimination/Gliederung als Ebene innerhalb der Perzeptions-Wertungs-Operations-Koordination auf ›menschlicher‹ Stufe herausgehoben werden. Dazu müssen wir die Betrachtung aufgrund früherer Analysen differenzieren: Die beiden in der Folge der genetischen Aussonderung der Orientierungsbedeutungen gegenüber den Primärbedeutungen (und entsprechenden Bedarfszuständen) entstandenen Lernformen des auf den Primärbereich zentrierten ›subsidiären Lernens‹ und des auf die Orientierungsbedeutungen/-bedarfszustände bezogenen ›autarken Lernens‹ bleiben – wie sich bei den inhaltlichen Analysen der Bedeutungs-/Bedürfnisverhältnisse als Charakteristika der gesellschaftlichen Natur des Menschen (in Kap. 6.2, S. 211 ff) ergab – trotz aller Qualifizierungen und Spezifizierungen auch *auf menschlich-gesellschaftlicher Stufe noch als zwei unterschiedlich spezifische Lernformen* bestehen. Demgemäß ist die individuelle Handlungsfähigkeit zwar in der spezifisch-bestimmenden Dimension der Aneignung von (aus den Orientierungsbedeutungen hervorgegangenen) Mittelbedeutungen und Entfaltung ›produktiver‹ Bedürfnisse in ›autarkem Lernen‹ unbegrenzt zu ›vergesellschaften‹. Die Primärbedeutungen/-bedürfnisse sind aber lediglich in ›subsidiärem Lernen‹, also innerhalb biologisch ›festgelegter‹ und begrenzter Spielräume, vom Individuum gesellschaftlich zu entwickeln bzw. zu formen und gewinnen ihre menschliche Besonderheit erst aus ihrem Verhältnis zu den in den Mittelbedeutungen/›produktiven‹ Bedürfnissen angeeigneten Handlungs- und Erfüllungsmöglichkeiten, wurden mithin von uns als (relativ) unspezifisch und lediglich gesellschaftlich ›mitentwickelt‹ bzw. überformt charakterisiert. Dies heißt in unserem gegenwärtigen Darstellungszusammenhang, daß auch die *Diskriminations-/Gliederungsfunktion* als Moment menschlicher Perzeptions-Wertungs-Operations-Koordination auf *unterschiedli-*

che Weise durch den *Qualitätssprung zur individuellen Lernfähigkeit* und die anschließende anthropogenetische Entwicklung verändert und spezifiziert worden sein muß, je nachdem, ob sie auf *lediglich in subsidiärem Lernen veränderbare Primärbedeutungen* oder auf ›*autark*‹ *vergesellschaftbare Mittelbedeutungen* als Merkmale der menschlichen Lebenswelt bezogen ist.

Wir wollen zunächst die Bezogenheit der Gliederungsfunktion auf *primäre Bedeutungseinheiten* gesondert behandeln: Aufgrund der gerade dargestellten Überlegungen hätten wir auf dieser (relativ) unspezifischen Ebene davon auszugehen, daß die Gliederung des Wahrnehmungsfeldes im Prinzip so erfolgt, wie wir dies früher (vgl. S. 131 ff) als *durch subsidiäres Differenzierungslernen modifizierte* ›*artspezifisch*‹ *festgelegte Ausgliederung und Diskrimination von als primäre Bedeutungseinheiten gegebenen Merkmalskomplexen* geschildert haben. Dabei wäre in Rechnung zu stellen, daß die phylogenetisch gewordene ›realabstraktive‹ Ausgliederung von bestimmten primären Merkmalskomplexen im Zuge der Entstehung der ›*gesellschaftlichen Natur*‹ des Menschen im Zusammenhang mit der Herausbildung der neuen gesellschaftlichen Lebensgewinnungsform sich *charakteristisch verändert* haben muß: Die so entstandenen, für verschiedene Bedeutungseinheiten ›festgelegten‹ unterschiedlichen Arten und Grade der Modizifierbarkeit durch subsidiäres Lernen müssen nämlich in diesem anthropogenetischen Prozeß zu Arten und Graden *gesellschaftlicher Modizierbarkeit* der biologisch präformierten Gliederungs- und Diskriminationsprozesse geworden sein. Man wird die so entstehenden ›primären‹ Merkmalskomplexe bei Berücksichtigung der auf dem Evolutionszweig zur Menschwerdung hin seither stattgehabten Entwicklungen sicherlich nicht mehr einfach als ›*Schlüsselreize*‹ bezeichnen und die dadurch bedingten Handlungen nicht geradezu auf ›*EAAMs*‹ (durch Erfahrung modifizierte AAMs) zurückführen können. Jedoch könnte es berechtigt sein, auch beim Menschen im Bereich von Primärbedeutungen/-bedürfnissen bestimmte biologisch präformierte ›*Schlüsselkonstellationen*‹ anzunehmen, d.h. Merkmalskombinationen o.ä., die sich im Zusammenhang subjektiver Notwendigkeiten sinnlich-vitaler Bedürfnisbefriedigung als ›*primär*‹ *bedeutungsvoll im Wahrnehmungsfeld ausgliedern* und *entsprechende emotionale Wertungen in Richtung auf Handlungsumsetzung* erfahren können. Solche primär relevanten Merkmalskomplexe wären mithin nur im Rahmen der jeweils *festgelegten* ›*Gliederungsprinzipien*‹, also *subsidiär*, gesellschaftlich zu verändern und demgemäß würden auch die Wertungen auf *zwar gesellschaftlich, aber subsidiär gelernten* ›*Bevorzugungen*‹ basieren.

Relativ leicht ist der Aufweis solcher Schlüsselkonstellationen, wenn es um die Gliederung des Wahrnehmungsfeldes gemäß *sexuellen* Primärbedeutungen/-bedürfnissen geht: Hier sind es ganz bestimmte figural-qualitative Merkmalskombinationen am menschlichen Körper und an seinen Bewegungen, die als ›Träger‹ von Sexualbedeutungen ausgegliedert sind oder werden, wobei die Rahmencharakteristika solcher Merkmalskombinationen offensichtlich biologisch präformiert sind und lediglich subsidiär, also innerhalb dieses Rahmens, gesellschaftlich zu modifizieren sind. Dabei manifestiert sich der funktional-historisch aufgewiesene unspezifisch-›biosoziale‹, gesellschaftlich lediglich überformbare, Charakter sexueller Primärbedeutungen/-bedürfnisse in diesem Zusammenhang darin, daß die gesellschaftlichen Modifikationen der sexuellen Schlüsselkonstellationen nicht in den Prozeß der Produktivkraftentwicklung einbezogen sind, sondern nur durch die jeweiligen gesellschaftlichen Verhältnisse bestimmt, demgemäß mehr den Charakter von zirkulären ›Moden‹ darüber, was jeweils als sexuell attraktiv gilt, haben und – wie die Sexualität überhaupt – auf besondere Weise ideologisch mystifizierbar und zur Durchsetzung herrschender Interessen im individuellen Bewußtsein und Handeln instrumentalisierbar sind (vgl. S. 221 f und spätere Ausführungen). – Eine ähnliche Charakteristik biologisch festgelegter und subsidiär gesellschaftlich formbarer Schlüsselkonstellationen mag man bestimmten Merkmalskombinationen im weiteren Umkreis der Sexualität, wie dem berühmten ›Kindchen-Schema‹, zusprechen.

Hinsichtlich der *existenzsichernden* Primärbedeutungen/-bedürfnisse, die nicht, wie die sexuellen, im menschlichen Körper einen im Kern ›natürlichen‹, nicht gesellschaftlich-historisch veränderbaren Bezug haben, sondern (obzwar ›sekundär‹) in den Prozeß der Produktion/Reproduktion spezifisch menschlicher Lebensbedingungen einbezogen sind, lassen sich Schlüsselkonstellationen mit umschriebenen Merkmalskombinationen als Zentren der Gliederung des Wahrnehmungsfeldes weniger leicht aussondern: Zwar mögen so elementare existenzsichernde Primärbedeutungen wie ›eßbar‹ oder ›trinkbar‹ noch relativ festgelegte Merkmalskomplexe, die in ihren biologischen Zügen durch alle in der gesellschaftlichen Produktion geschaffenen Befriedigungsquellen ›hindurchscheinen‹, ausgliedern. Generell aber müssen die ›existenzsichernden‹ Schlüsselkonstellationen eher als *unselbständige Momente* innerhalb eines zentral nach *ganz anderen,* ›spezifisch-bestimmenden‹ Prinzipien, nämlich *von den Mittelbedeutungen* her, gegliederten und strukturierten Wahrnehmungsfeldes (s.u.) angesehen werden: als Akzentuierung und Zusammenschluß von Merkmalskombinationen, die Wärme, Trockenheit, Licht, Atemluft, Ruhe, soziale Einbettung etc., mithin *elementare Grundbedingungen menschlicher Existenzerhaltung* ›bedeuten‹.

Aufgrund der aufgewiesenen gnostischen Weltbeziehung der Individuen, durch welche die Realität in ihren vom Bezug auf das Individuum unabhängigen Beschaffenheiten und Zusammenhängen erfaßt werden kann (vgl. S. 236 ff), darf das Verhältnis zwischen Bedürfnis- und Bedeutungsaktualisierung (im Primärbereich) hinsichtlich der damit verbundenen Funktion der Gliederung des Wahrnehmungsfeldes nicht so verstanden werden, als ob die jeweilige Aktualisierung von rahmenhaft festgelegten und subsidiär modifizierten Merkmalskombinationen als Bedeutungseinheiten zwangsläufig an die Aktualisierung der zugeordneten Primärbedürfnisse gebunden sei. Zum bewußten ›Verhalten‹ zur

Welt gehört vielmehr auch die Fähigkeit, aus dem immer mitgegebenen Gesamt der Bedeutungszusammenhänge bestimmte Bedeutungskonstellationen bewußt und aktiv selbst auszugliedern, wobei das Individuum natürlich einerseits an die geschilderten perzeptiv-operativen Mechanismen und die jeweiligen artspezifisch präformierten und gesellschaftlich modifizierten Struktur- und Einheitenbildungen gebunden ist, diese aber andererseits in diesem Rahmen gemäß den eingesehenen oder erfahrenen personalen Lebensnotwendigkeiten ›bewußt‹ einsetzen bzw. umstrukturieren kann (in der traditionellen Psychologie sprach man in diesem Zusammenhang früher von ›Aufmerksamkeit‹ o.ä., heute benutzt man eher Konzepte wie ›scanning‹, oder ›set‹; ich kann hier nicht näher darauf eingehen).

Das ›Prüfen‹ bzw. ›Probieren/Beobachten‹ als mit ›autark‹ gelernter individueller Antizipation sich entwickelnde Funktionsebene: Ausdifferenzierung des ›Denkens‹

Um über die bisher herausgehobenen Ebenen der Gradientenorientierung, der Aussonderung/Indentifizierung und der ›*subsidiär*‹ *veränderbaren Wahrnehmungsgliederung* hinaus *weitere und spezifischere* Ebenen der menschlichen Perzeptions-Operations-Koordination in Richtung auf die Spezifik des Denk/Wahrnehmungs-Handlungs-Zusammenhanges rekonstruieren zu können, müssen wir nun, wie angekündigt, die Entwickelbarkeit von Erkenntnisprozessen durch ›*autarkes*‹ Lernen in die Analyse einbeziehen. Damit wird auch die Grundlage dafür geschaffen, um das Verhältnis des Wahrnehmens (einschließlich seiner unspezifischen Ebenen der Perzeptions-Operations-Koordination) zum Denken innerhalb der ›gegenwärtigen Historizität‹ menschlicher Handlungsfähigkeit/Befindlichkeit herauszuarbeiten. Dabei ist es erforderlich, in einem ›Umweg‹ der Darstellung zunächst die einschlägigen Differenzierungsprozesse im *realen phylogenetischen Prozeß* problemzentriert zusammenzufassen, ehe dann daraus die Konsequenzen im Hinblick auf entsprechende Differenzierungen der ›*gesellschaftlichen Natur*‹ *des Menschen* gezogen werden können.

Der Schlüssel zur Rekonstruktion der genannten weiteren Spezifizierungen der Funktionsaspekte menschlicher Handlungsfähigkeit ist der Rückgriff auf die phylogenetische Herausbildung der *gelernten Antizipation* bei autarken Lernprozessen: Mit der Herausbildung der gelernten Antizipation beginnt, wie am Material unserer früheren funktional-historischen Analysen verdeutlich werden soll, ein Prozeß, der im Zuge der Entstehung der ›gesellschaftlichen Natur‹ des Menschen *gleichzeitig in Richtung auf die Herausdifferenzierung des Denkens aus dem Orientie-*

rungsprozeß und die menschliche Spezifitätsebene der Wahrnehmung verläuft, da diese *nur von der übergeordneten Ebene des Denkens her überhaupt ihre menschliche Spezifik* erlangen kann.

Der phylogenetische Vorläufer des autarken Antizipations-Lernens ist, wie dargestellt, die ungerichtet-›zufällige‹ Suchaktivität der Tiere (›Appetenz-Verhalten‹), durch welche in spontaner Aktivierung durch ›aktionsspezifische Energie‹ erst die Begegnung mit den Schlüsselreizen, die dann über die AAMs die entsprechenden Instinktaktivitäten auslösen, zustandekommt, und die in den ›linearen Hierarchien‹ im Rahmen der Zufälligkeit eine erste Globalausrichtung noch ohne individuelle Lernprozesse erhält: Im ›Suchen‹ liegt ja *objektiv ein antizipatorisches Moment*, indem hier eine in der Zukunft liegende Konstellation, nämlich die Begegnung mit dem Schlüsselreiz, hergestellt wird. Damit akzentuiert sich im tierischen Aktivitätsablauf eine *neue, ›vorgeschaltete Phase‹ vor der durch den ›primären‹ Schlüsselreiz ausgelösten Aktivitätsfolge, womit (auf der Stufe der ›linearen Hierachien‹) sich ›Orientierungsbedeutungen‹* – die die vorgeschalteten Suchaktivitäten durch ›Hinleitung‹ in Zonen, wo die Begegnung mit dem Schlüsselreiz immer wahrscheinlicher wird, ausrichten – *gegenüber den ›Primärbedeutungen‹ zu verselbständigen* beginnen. So gewinnt in der ›aktionsspezifischen‹ Aktualisierung der jeweils ›spezielleren‹ Orientierungsbedeutungen auch die *Emotionalität* den Ausgangspunkt für eine neue Entwicklung: die der *orientierungsleitenden Funktion der Emotionalität* (vgl. dazu S. 107 ff).

Es ist, wie geschildert, der Widerspruch zwischen der großen biologischen Relevanz der gerichteten Suchaktivitäten und der vergleichsweise geringen Effektivität der durch die noch festgelegten ›linearen Hierarchien‹ ermöglichten Aktivitätsausrichtung, der den Selektionsdruck zur Herausbildung der Fähigkeit zur Ausrichtung der vorgeschalteten Suchaktivitäten an individuell gelernten Orientierungsbedeutungen, also zum *antizipatorischen Erkundungslernen*, hervorrief (vgl. Kap. 4.4, S. 139 ff). Damit wurde die ›*Antizipation*‹, die bisher nur ›gemittelt‹ in der genomischen Information beschlossen war, zu einer *individuellen* Fähigkeit bei der Orientierungsaktivität des *einzelnen Tieres*. Da so innerhalb der gelernten Funktionsgrundlage des Tieres nicht nur ›Antworten‹ auf gegenwärtige Konstellationen als aktuelle Varianten der artspezifischen Umwelt gespeichert, sekundär automatisiert und abrufbar sind, sondern auch Signale über Zusammenhänge zwischen gegenwärtigen und zukünftigen Konstellationen, liegt in dieser Art von gelernter Antizipation der erste Ansatz zum *Auseinandertreten von auf Gegenwärtiges und auf Repräsentiertes (›Vergegenwärtigtes‹) bezogener Orientierung in Richtung auf die Ausdifferenzierung von ›Wahrnehmen‹ und ›Denken‹*, – ein Prozeß, der über die verschiedenen Stufen und Aspekte der Entwicklung autarker Lernfähigkeit im Zuge der Menschwerdung voranschreitet und sich mit dem Dominanzumschlag zur gesellschaftlich-historischen Entwicklung vollendet (s.u.).

Auf der Stufe des antizipatorischen Lernens bildet sich allmählich immer deutlicher eine *qualitativ neue Form* der Orientierungs-Aktivitäts-Koordination heraus: Ein neues Niveau der *Rückmeldung von der Aktivität zur Orientierung* (über die zugrundeliegenden festgelegten Rückkoppelungsmechanismen etwa der Reafferenz hinaus), bei welcher das bestimmte Ereignisse bzw. bestimmte Eigenschaften von Gegebenheiten in der Umwelt *provoziert* und sich so *gegenüber ›Neuem‹ und ›Unbekanntem‹ an den Effekten der eigenen Aktivität* orientiert. Am deutlichsten wird dies an der geschilderten ›ambivalenten‹ Annäherung an unbekannte Umweltgegebenheiten, wobei die Orientierung am ›Benehmen‹ des fremden ›Dinges‹ erfolgt: Bleibt das ›Ding‹ still, so ist es vielleicht leblos, und man kann sich weiter annähern; greift das ›Ding‹ an, dann ist es vielleicht ein Freßfeind, und schneller Rückzug angezeigt; läuft das ›Ding‹ weg, so ist es vielleicht eine Beute und wird erst einmal verfolgt etc. In entsprechender Weise werden aber auch Gegebenheiten erkundet, die bereits als ungefährlich erfahren wurden, durch Anstoßen, Anpicken, Umwenden etc., wobei erst aus dem *Effekt* solcher Aktivitäten die jeweils *relevanten Eigenschaften*, freßbar, zum Nestbau geeignet, etc. zutage treten. Durch eine derartige Aktivitäts-Orientierungs-Koordination, die man ›*Prüfen*‹ nennen könnte, gehen in die ›autark‹ gelernte Gliederung des Orientierungsfeldes (vgl. S. 148 ff) immer stärker die *Resultate solcher ›Prüfaktivitäten‹* ein; d.h. die in Spezifizierung des arteigenen Gliederungsrahmens der ›explorationsprovozierenden‹ Globalbedeutungen gelernten Gliederungen enthalten immer ausgeprägter auch *gelernte antizipatorische Signale* darüber, wie bestimmte Umweltgegebenheiten auf *jeweils eigene Aktivitäten des Tieres zu* ›reagieren‹ pflegen, was entsprechende neue Speicherkapazitäten für sekundäre Automatisierung und Abruf in der ›gelernten Funktionsgrundlage‹, nämlich die Fähigkeit zur gelernten *zeitlichen Gliederung* des Orientierungsfeldes einschließt. So entwickelt sich die mit dem autarken Lernen entstandene Fähigkeit zum gelernten *Relationen-Erfassen* als *Ereignis-Antizipation* (damit den Anfängen der Ausdifferenzierung des Denkens) in der weiteren Phylogenese von der Fähigkeit zum gelernten, gerichteten Suchen und ›Finden‹ primärer Bedeutungseinheiten (vgl. S. 141 ff) über die Herausbildung der Prüfaktivitäten immer mehr zur Fähigkeit, relevante Ereignisse nicht nur *aufzusuchen*, sondern auch unter Verwertung individueller Erfahrung zu *provozieren* (s.u.).

Mit der neuen Orientierungs-Aktivitäts-Koordination des ›Prüfens‹ gewinnt (wie früher ausgeführt, vgl. S. 143 ff) auch die *Emotionalität* einen neuen Stellenwert: Sie stellt nicht mehr (wie auf früheren Stufen bzw. im Primärbereich) nur die festgelegte oder ›subsidiär‹ modifizierte vorgängige Wertungsgrundlage dar, von der die aktuelle Gesamtwertung als Bereitschaft zur Aktivitätsumsetzung von Bedeutungen abhängt. Sie ist nun darüber hinaus – durch Spezifizierung der geschilderten ›orientierungsleitenden Funktion‹ – als *emotionale Regulation zur ›Risikooptimierung‹ der Erkundungsaktivitäten* (vgl. S. 145 f) in den jeweils *aktuellen Prozeß des ›Prüfens‹* einbezogen. Damit verändert sie sich also einmal als ›gerichtete Energiemobilisierung‹ bzw. ›Angstbereitschaft-Angst‹ *mit den Resultaten der ›Prüfaktivitäten‹*, die ihrerseits dadurch im Sinne von Annäherungs-, Rückzugs-, Fluchttendenzen reguliert werden, und modifiziert dabei zum anderen die gelernte Funktionsgrundlage als ›emotionale Erfahrung‹ über die *mit bestimmten Bedeutungseinheiten antizipierbaren Befriedigungs- oder Bedrohungssituationen.*

So differenziert sich mit den Prüfaktivitäten bei antizipatorischem Signallernen aus der gelernten emotionalen Wertung (›Bevorzugung‹) je gegenwärtiger Bedeutungskonstellationen die *antizipierte emotionale Wertung zukünftiger Bedeutungskonstellationen* heraus. Es kommt also zu Frühformen der ›*Motivation*‹, wie wir sie als Ausrichtung von Aktivitätsfolgen durch die Differenz zwischen der emotionalen Valenz einer gegenwärtigen Situation und der gelernten positiveren emotionalen Wertigkeit zukünftiger Situationen charakterisiert haben (vgl. S. 147 ff). ›Motivation‹ ist der *emotionale Aspekt des genetischen Auseinandertretens von präsenz- und zukunftsbezogener Orientierung,* also der allmählichen *Ausdifferenzierung des ›Denkens‹*. Mithin ist, wie sich zeigen wird, auf ›menschlicher‹ Ebene die ›Motivation‹ von der je gegenwärtigen emotionalen Befindlichkeit, damit auch den ›Bedürfnissen‹ dadurch abgehoben, daß sie als *emotionale Wertung künftiger Situationen am Maßstab der gegenwärtigen Situation* den *emotionalen Zukunftsbezug menschlichen Handelns* und demgemäß (mit ihrem Widerpart, dem ›Zwang‹) die *emotionale Seite des menschlichen Denkens* darstellt (s.u.). – Wenn wir von nun an nur von emotionaler Wertung sprechen, so ist die Motivation als deren zukunftsbezogener Aspekt dabei mitgemeint, wenn nicht der präsenz- und der zukunftsbezogene Aspekt der Emotionalität getrennt thematisiert werden.

In den frühesten Formen der sich mit dem autarken Erkundungslernen entwickelnden Prüfaktivitäten ist die *Differenzierung zwischen Orientierungs- und Ausführungsaktivitäten,* die auf den zugrundeliegenden festgelegten Funktionsebenen (wie dargestellt) schon vollzogen ist, auf dem Funktionsniveau der individuellen Lern- und Entwicklungsfähigkeit *zunächst wiederum nicht gegeben*: Im geschilderten typischen ›Neugier- und Explorationsverhalten‹ ist die *Prüfaktivität mit der Ausführungsaktivität identisch,* die ›ambivalente‹ Annäherung-Abwendung erfolgt in ›Ernstfall‹-Situationen, und die charakteristische ›Vorsicht‹ bei der emotionalen Regulation der Aktivität gegenüber ›Neuem‹ ist hier daraus biologisch erklärlich, daß ein ›Irrtum‹ bei der Prüfaktivität unmittelbar letale Effekte haben kann. In der Folge kommt es dann jedoch

– quasi als ›Negation der Negation‹ – auch auf dem Niveau des ›autarken Lernens‹ neuerlich zur Differenzierung zwischen *Orientierungs- und Ausführungsaktivitäten*, zunächst im durch die Sozietät abgesicherten, gegenüber den Ernstfallsituationen verselbständigten ›Vorbereitungscharakter‹ des *Spielverhaltens* (vgl. S. 153 f) und sodann – innerhalb der Primaten-Evolution, somit auch auf dem ›anthropogenetischen‹ Evolutionszweig – in den geschilderten, außerhalb von Ernstfall-Situationen vollzogenen *manipulativen Aktivitäten mit Mitteln* im Zuge der Herausbildung der *Bipedie und des funktionsentlasteten Handgebrauchs* (vgl. S. 162 ff).

Wir haben die neuen Fähigkeiten zur *Orientierung im Nahraum*, zur *Auge-Hand-Koordination*, zur *feinmotorischen Aktivitätssteuerung* etc., welche mit der Entwicklung der Manipulationsfähigkeit einhergehen, die immer stärker auch die *Fähigkeit zur Verwendung von ›Mitteln‹* einschließt, früher (S. 164 ff) ausführlich dargestellt und wollen uns hier nicht wiederholen. Im gegenwärtigen Darstellungszusammenhang entscheidend ist jedoch die akzentuierende Heraushebung der *weiteren Qualifizierung der Orientierungs-Aktivitäts-Koordination* über die geschilderten ›Prüfaktivitäten‹ hinaus, die mit dieser Entwicklung verbunden ist: Indem das Tier beim Manipulieren nicht nur das Ding, das es untersucht, sondern auch *seine eigene Hand*, die mit dem Ding umgeht, bzw. die *Mittel* (Stock, Termitenangel etc.), mit denen es auf das Ding einwirkt, *vor Augen* hat, wird hier der *Zusammenhang zwischen den eigenen Aktivitäten und den dadurch zutagetretenden Ereignissen oder Eigenschaften* an der Realität in *neuer Weise der Orientierung zugänglich*. Das Tier kann so quasi laufend *antizipierende ›Hypothesen‹* über das manipulierte Ding bilden, durch entsprechende *Einwirkung auf das Ding überprüfen*, daraufhin die ›Hypothese‹ ändern und dementsprechend die weitere Einwirkung modifizieren, sodaß hier in der Orientierungs-Aktivitäts-Koordination eine Art von *in allen Instanzen kontrollierbarer Rückkoppelungs-und Regulationsprozeß* entsteht, den man als *Einheit von ›Probieren‹ und ›Beobachten‹* charakterisieren kann. Solche Beobachtungs-Mittel-Probiereinheiten müssen über die gelernten Signalverbindungen hinaus in der ›gelernten Funktionsgrundlage‹ speicherbar, sekundär automatisierbar und ›abrufbar‹ sein, womit auch ein *neues Niveau der Fähigkeit zum Aufbrechen der sekundären Automation* zur *Neustrukturierung der Aktivitäts- und Orientierungsgrundlage* in Anpassung an geänderte Umweltverhältnisse besteht: Es sind jetzt *diejenigen durch Mittel hervorgerufenen Effekte des eigenen Tuns*, die *soweit von den antizipierten Effekten* abweichen, daß dies *nicht mehr durch aktuelle Aktivitätsregulierung aufgefangen* werden kann, die ein derartiges Um- und Neulernen des Mitteleinsatzes und der dazu nötigen Aktivitäten erfordern.

Mit dem in dieser Weise sich akzentuierenden Übergang der geschilderten Relationenerfassung/Ereignisantizipation zum Herstellen von Relationen/Ereignissen als Orientierungsmittel kommt es zu jener (auf S. 166 f dargestellten) ›*Wiederveräußerlichung*‹ der Orientierungsaktivität auf dem Niveau des Probierens/Beobachtens, *ohne Reduzierung der früher ›verinnerlichten‹ Funktionsanteile*, durch deren ›Aufhebung‹ in der höheren Funktion, die man wiederum als ›Negation der Negation‹ kennzeichnen kann. Hier ist der Ansatzpunkt für die Entfaltung des *Denkens* als *Wechselspiel* zwischen der ›*inneren*‹ *Vergegenwärtigung von Zusammenhängen* und ihrer ›*Materialisierung*‹ in der *Beobachtung und Verarbeitung systematisch hergestellter Effekte des eigenen Tuns*, also zwischen *gedanklicher und praktischer Antizipation* (wobei diese beiden ›Seiten‹, wie zu zeigen, in der weiteren Entwicklung durch mannigfache Vermittlungsprozesse auseinandertreten können, aber immer notwendige Bestimmungsstücke des Denkens bleiben).

Mit der ›probierend-beobachtenden‹ Orientierungs-Aktivitäts-Koordination gewinnt auch die *gelernte Gliederung des Orientierungsfeldes* dadurch einen neuen Akzent, daß sich innerhalb der gelernten Orientierungsbedeutungen u.U. solche herausheben, die bestimmte *Umgangsqualitäten* als Vorform von ›*Sachintentionalität*‹ darstellen: In den jeweiligen Aktivitätszusammenhängen werden Gegebenheiten bzw. Eigenschaften für die Orientierung vordergründig, an denen aufgrund probierend-beobachtender Umgangserfahrung erfaßbar ist, daß sie in diesem Zusammenhang für die und die Aktivitäten ›verwendbar‹ sind, daß man dies oder jenes mit ihnen ›machen‹ kann. Dadurch müssen sich auch die entsprechenden *emotionalen Wertigkeiten*, etwa im Sinne der *Widerständigkeit oder Verfügbarkeit* für das jeweils ›intendierte‹ Vorhaben, spezifieren und im Maße der ›Dringlichkeit‹ des Vorhabens zu Bedeutungsaktualisierungen führen. – Dabei ist im Ganzen zu berücksichtigen, daß nicht nur die ›festgelegten‹ Orientierungsfunktionen, sondern auch die verschieden spezifischen Funktionsmomente der ursprünglichen Erkundungsaktivität, des ›Prüfens‹, des ›Spielverhaltens‹, des Probierens/Beobachtens etc. mit den jeweiligen Implikationen hinsichtlich Emotionalität und Gliederung des Orientierungsfeldes bis an die Schwelle zur Menschwerdung *mehr oder weniger nebeneinander bestehen* bleiben, wobei die spezifischsten, höchstentwickelten Orientierungsaktivitäten des Probierens/Beobachtens mit Mitteln *noch keineswegs bestimmend* sind, sondern offensichtlich zunächst eher selten – was sich erst nach dem Überschreiten der Menschwerdungsschwelle zu ändern beginnt.

Die Entwicklung gelernter überindividueller Antizipation und Entstehung kooperativ-gesellschaftlicher Zielkonstellationen als Grundlage der Zielgerichtetheit menschlichen Handelns

Bei der Rekonstruktion der qualitativen Entwicklung der Orientierungs-Wertungs-Aktivitäts-Koordination auf der Stufe des ›autarken‹ Signallernens hatte sich das Konzept der ›*Antizipation*‹, und zwar der *gelernten* Antizipation innerhalb *individueller* Aktivitätssequenzen, als *Schlüsselbegriff* erwiesen: Vom so gefaßten Antizipationskonzept her konnten wir sowohl die neuen Koordinationsformen des Prüfens bzw. Beobachtens/Probierens, wie die Anfänge der Überschreitung des bloßen Präsenzbezuges in Richtung auf vergegenwärtigendes ›Denken‹, wie auch die Ausdifferenzierung der ›Motivation‹ als gelernte Wertungsantizipation aus dem Gesamt der Wertungsprozesse herausheben. Von da aus versteht sich, daß auch für die Spezifizierung dieser psychischen Funktionsaspekte im Zuge der Herausbildung der ›gesellschaftlichen Natur‹ des Menschen in funktional-historischer Fortführung der Linien der bisherigen *Rekonstruktion* der *Funktionsebenen und -aspekte* ›*gegenwärtiger*‹ *menschlicher Handlungsfähigkeit* das *Antizipationskonzept den Schlüssel* bilden muß: und zwar, wie auszuführen, der *Übergang von der* ›*individuellen*‹ *zur* ›*überindividuellen*‹ *Antizipation*, genauer, von der gelernten Antizipation zukünftiger Situationen/Aktivitäten innerhalb individueller Aktivitätssequenzen zur *gelernten Antizipation zukünftiger Situationen/Aktivitäten* innerhalb *überindividueller, d.h. auf mehrere Organismen/Individuen verteilter, Aktivitätssequenzen*, also im Zusammenhang *kollektiv strukturierter Konstellationen gelernter Orientierungsbedeutungen bzw. Mittelbedeutungen*.

Zum ersten Male treten solche überindividuellen Bedeutungsverweisungen (nach der Vorform der gelernten Traditionsbildungen) auf der Stufe der ›*Sozialkoordination*‹ und ›*Sozialintentionalität*‹ an der Schwelle zur Menschwerdung noch vor dem ersten Qualitätssprung auf (vgl. S. 168 ff). Um zu verdeutlichen, was sich daraus für unser gegenwärtiges Problem der Funktionsaspektentwicklung ergibt, ziehen wir gleich das diese Stufe charakterisierende ›*Jäger-Treiber-Beispiel*‹ heran:

Das ›Treiben‹ kann einerseits, wenn man es *für sich* sieht, als von einer *bloß individuellen Antizipation* her motivierte und gesteuerte Orientierungs-Aktivitäts-Koordination (als Lernresultat vorgängiger Beobachtungs-Probier-Aktivitäten) betrachtet werden, wobei die *individuelle* Aktivitätssequenz, wenn das Wild aufgescheucht davonrennt, *abgeschlossen* ist. Wenn man aber nun den *Gesamtzusammenhang* des kollektiven Jagens in die Betrachtung einbezieht, so wird klar, daß der zum ›Aufscheuchen‹ führende Orientierungs-Aktivitäts-Prozeß, obzwar als *individuelle Einheit abgrenzbar*, dennoch als *unselbständiger Teilprozeß* des *kollektiv organisierten Orientierungs-Aktivitäts-Prozesses* ›gemeinsames

Jagen‹ betrachtet werden muß: Sowohl die *Tatsache*, wie der *Zeitpunkt*, wie die *Richtung*, wie auch die *besondere Ausführungsweise* des ›Treibens‹ sind nicht aus sich heraus verständlich, sondern nur durch die Berücksichtigung der Tatsache, daß der *Treiber selbst* seine Aktivität als *Teilsequenz* innerhalb des Jagens als *überindividueller* Aktivitätssequenz kognitiv erfaßt und emotional wertet: Nur daraus, daß er die Teilsequenzen der Gesamtaktivität über die individuelle Sequenz, die er beisteuert, hinaus bis zur Teilung der Beute nach Beendigung der Jagd antizipiert, ist begreiflich, daß er *seinen Beitrag zur richtigen Zeit in der richtigen Weise* ausführt bzw. daß er hier *überhaupt zum Aktivwerden motiviert* ist. Damit müssen (wie auf S. 170 dargestellt) auch innerhalb der gelernten Funktionsgrundlage nun derartige überindividuelle Aktivitätsstrukturen speicherbar, sekundär automatisierbar und im jeweiligen *kollektiven* Aktivitätskontext zum richtigen Zeitpunkt in der richtigen Weise *abrufbar* sein, was auch die *Umstrukturierbarkeit* der Funktionsgrundlage durch Verwertung von *Informationen über Aktivitätsmißerfolge anderer als Konsequenz des inadäquaten eigenen Beitrags* o.ä. einschließt. Wenn wir uns nun an unsere frühere Globaldefinition des ›Handelns‹ als Erhaltung/Entwicklung individueller Existenz unter durch ›Arbeit‹ geschaffenen und erhaltenen gesellschaftlichen Lebensbedingungen erinnern (vgl. S. 234), so wird deutlich, daß mit der auf der Stufe der Sozialkoordination vollziehbaren individuellen Aktivität als Beitrag zu kollektiv organisierter Lebensgewinnung der *allererste Ansatzpunkt zur Ausdifferenzierung des Handelns* gegeben ist: Der ›Treiber‹ würde also hier, indem er seine Aktivität durch Antizipation des kollektiven Aktivitätsergebnisses strukturiert und motiviert, die ersten Ansätze individuellen ›Handelns‹ zeigen, wobei sein *spezieller Beitrag,* das ›Treiben‹, als zwar *abhebbare, aber unselbständige ›Perzeptions-Operations-Einheit‹* in seinem ›Handlungsvollzug‹ *untergeordnet enthalten* wäre. Dabei ist natürlich klar, daß man von ›Handeln‹ im Vollsinne des Konzepts hier eigentlich noch nicht reden darf, weil damit die früheste Vorform schon für die volle Erfüllung aller Bestimmungen der Handlung in ihren Funktionsaspekten genommen wäre, die ja erst noch zu rekonstruieren sind.

Wenn wir dazu die Entwicklung der überindividuellen Antizipation in das (für unseren Darstellungszusammenhang entscheidende) *Stadium der Herausbildung der ›gesellschaftlichen Natur‹* des Menschen nach der ›Zweck-Mittel-Verkehrung‹ weiterverfolgen, zeigt sich: In dem Maße, wie sich hier durch den Einsatz von Arbeitsmitteln in vorsorgend-verallgemeinerter Schaffung von Lebensbedingungen *kooperative Strukturen* der Lebensgewinnung (als Frühformen gesellschaftlicher Arbeit) herausbilden, *verlieren die überindividuellen Antizipationen* ihren (auf der vorigen Stufe der Sozialkoordination noch unterstellten) *Ad-hoc-Charakter* und werden aufgrund des in der *verallgemeinerten Vorsorge* liegenden *kollektiven Zukunftsbezugs* der Gesellungseinheit zu einer *Wesens-*

bestimmung der überdauernden kooperativen Organisation der Lebensgewinnung. Es ist also in den *kooperativen Bedeutungsstrukturen selbst* in *generalisierter Weise antizipiert, was zu welcher Zeit auf welche Weise von* den Mitgliedern der Gesellungseinheit *getan* werden muß, damit für die *Existenzsicherung jedes Einzelnen* unter den jeweils konkreten Verhältnissen *vorgesorgt* ist. Die in den Arbeitsmitteln vergegenständlichten verallgemeinerten Brauchbarkeiten, also *Mittelbedeutungen*, stehen demgemäß notwendig in einem *objektiven Verweisungszusammenhang* zu den *kooperativ antizipierten Lebensgewinnungsaktivitäten*: Die Axt hat nicht nur die vergegenständlichte Bedeutung ›Zum-Schlagen‹, sondern steht im objektiven Bedeutungszusammenhang etwa des Bäumefällens zwecks Häuserbau zum Schutz gegen die Kälte. Wir nennen derartige antizipatorische Konstellationen von Notwendigkeiten verallgemeinerter Vorsorge unter Einsatz der dazu geschaffenen Arbeitsmittel ›kooperative‹ bzw. ›gesellschaftliche Zielkonstellationen‹. Wir sprechen also von ›*Zielen*‹ *nicht* schon mit Bezug auf gelernte Antizipationen innerhalb *individueller* Aktivitätssequenzen, auch noch *nicht* mit Bezug auf *ad hoc entstandene überindividuelle Antizipationen* bei naturwüchsigen gemeinsamen Aktivitäten, sondern erst zur Kennzeichnung der in *überdauernden kooperativen bzw. gesellschaftlichen Strukturen vorsorgender Lebensgewinnung enthaltenen überindividuell verallgemeinerten Antizipationszusammenhänge* (vgl. M II, S.49ff).

Zielgerichtete Aktivitäten in unserem Sinne gibt es also noch nicht auf höchstem tierischem Niveau bloß individuell gelernter Aktivitäts-Antizipationen. Aber auch auf *menschlichem* Niveau kann man die bloß *innerhalb individueller Aktivitätsfolgen*, also ›*perzeptiv-operativer*‹ *Sequenzen*, antizipierten Resultate für sich genommen *nicht* als *Aktivitätsziele* bezeichnen. Die *Zielgerichtetheit* individueller Aktivitäten in unserem Verständnis entwickelt sich vielmehr in dem Maße, wie die geschilderten *objektiven, kooperativen bzw. gesellschaftlichen Zielkonstellationen* für die *individuellen Aktivitäten bestimmend* werden, wie diese *Aktivitäten sich also in Richtung* auf *menschliche Handlungen* spezifizieren. Das *Setzen von Zielen* o.ä. ist also *keine bloß individuelle bzw. psychische Angelegenheit*, sondern, in dem Maße, wie diese sich herausgebildet haben, stets bezogen auf *objektive Zielkonstellationen als Momenten kooperativer bzw. gesellschaftlicher Bedeutungsstrukturen*, in deren Realzusammenhang das Individuum allein seine Existenz erhalten kann. *Vermeintlich individuelle Ziele* als Antizipationen auf dem Niveau von Perzeptions-Operations-Sequenzen sind mithin in Wahrheit nowendige *Teilziele* übergeordneter *kooperativer bzw. gesellschaftlicher Handlungsziele* des Individuums – gleichviel, ob das Individuum sich dessen bewußt ist oder nicht, und gleichviel, ob es dabei die gesellschaftlichen Zielkonstellationen akzeptiert, negiert oder ändern will etc. (s.u.).

Individuell geplante Aktivitätsregulation als aus dem ›Beobachten/Probieren‹ sich herausbildende operative Untereinheit menschlichen Handelns

In unseren bisherigen Darlegungen deutete sich schon mehrfach an, daß und warum der perzeptiv-operative Bereich im Zuge der Herausbildung der gesellschaftlichen Natur des Menschen *nicht einfach immer mehr in den Handlungen aufgeht*, sondern als obzwar untergeordneter, so doch als solcher *selbständig identifizierbarer Bereich innerhalb der Handlungszusammenhänge besteht bleibt*: nicht nur deswegen, weil die darin einbeschlossenen elementaren Funktionsebenen der Gradientenorientierung und Aussonderung/Identifizierung, ebenso wie die Ebene subsidiär gesellschaftlich modifizierter Wahrnehmungsgliederung im Bereich der Primärbedeutungen, als unspezifische Momente innerhalb des menschlichen Erkenntnisprozesses bestehen bleiben. Vielmehr können sich auch die höchsten, mit der Entwicklung des autarken Lernens entstandenen ›individuell-antizipatorischen‹ Ebenen der Orientierungs-Aktivitäts-Koordination (›Prüfen‹ bzw. ›Beobachten-Probieren‹) im Zuge der Menschwerdung *nicht* in Aspekte der Handlungsfähigkeit *verwandeln*. Wie nämlich das *Individuum im Ganzen* im Prozeß der Herausbildung gesellschaftlicher Strukturen nicht etwa zu deren Gunsten verschwindet, sondern als *materiell-sinnliche*, an den *eigenen Körper in seiner raumzeitlichen Besonderung*, damit an den *eigenen Standort gebundene Lebenseinheit unreduzierbar* besteht bleibt und seine Lebensgewinnung lediglich gesellschaftlich organisiert, so bilden auch seine *autark gelernten Orientierungs-Aktivitätssequenzen* notwendig eine an diese materiell-sinnliche Körperlichkeit gebundene *individuelle Einheit, verschwinden* mithin die individuellen Antizipationen *nicht zugunsten der überindividuell-gesellschaftlichen Zielkonstellationen*. Es sind vielmehr jene *individuellen* Einheiten antizipatorisch strukturierter und regulierter Aktivitätssequenzen auf ›*operativer*‹ *Ebene* (wie wir uns gelegentlich vereinfacht ausdrücken wollen), die mit der Herausbildung der kooperativ-gesellschaftlichen Lebensgewinnung zur individuellen Existenzsicherung zu *Untereinheiten der von überindividuell-gesellschaftlichen Zielen her strukturierten Handlungen* werden, womit sie also auch *innerhalb der Handlungszusammenhänge als untergeordnete wie selbständige ›operative‹ Einheiten bestehen bleiben*.

Angesichts des damit konkretisierten *Handlungs-Operations-Verhältnisses* gehen wir zunächst der Frage nach, welche *weiteren Spezifizierungen* die aufgewiesenen ›autarken‹ Orientierungs-Wertungs-Aktivitäts-Koordinationen des ›*Prüfens*‹ bzw. ›*Beobachtens/Probierens*‹ durchmachen müssen, wenn sie sich im Zuge der Herausbildung der *gesellschaftlichen Natur* des Menschen in Richtung auf ›*operative*‹ *Untereinheiten menschlichen Handelns* entwickeln, in welchem Sinne es also dabei zur ›*Vergesellschaftung*‹ *auf operativer Ebene* kommt.

Die ›Vermenschlichung‹ des Beobachtens/Probierens mit der Herausbildung der ›operativen‹ Ebene ist nur dann richtig zu fassen, wenn man sich von vornherein vergegenwärtigt, daß die *individuellen Operationseinheiten* notwendig zusammen mit der Ausdifferenzierung von *überindividuellen Handlungszusammenhängen* im Rahmen kooperativ verallgemeinerter Schaffung von Lebensbedingungen etc. entstehen, in die das ›operierende‹ Individuum gleichzeitig einbezogen ist. Das bedeutet auch, daß die als Aspekte der Handlungsfähigkeit sich entwickelnden menschlichen Möglichkeiten zu *sprachlich-symbolischer Kommunikation*, wie wir sie früher auseinandergelegt haben (vgl. S. 222 ff und 226 ff) in ihren *allgemeinen*, mit der *gesellschaftlichen Natur des Menschen entstehenden Zügen* hier ebenfalls schon als *gegeben vorauszusetzen* sind (wobei deren spezielle Relevanz für die Erfassung der Funktionsaspekte der Handlungsfähigkeit unter dem Primat des Denkens später dargelegt wird).

Dies bedenkend, machen wir uns klar, daß – da das Beobachten/Probieren die entwickeltste Form des individuellen Lernens von Orientierungsbedeutungen ist – dessen ›menschliche‹ Spezifizierung sich aus der (nach der Zweck-Mittel-Verkehrung erfolgenden) *Spezifizierung der gelernten Orientierungsbedeutungen zu* ›*Mittelbedeutungen*‹, wie wir sie früher dargestellt haben (S. 211 ff), ergeben muß. Damit ist auch gleichzeitig vorherbestimmt, daß wir den zur Frage stehenden Spezifizierungsprozeß unter Berücksichtigung der zentralen Ausdifferenzierung des bestimmenden *Hergestelltheits*-Aspekts gegenüber dem *Brauchbarkeits*-Aspekt der Mittelbedeutungen zu entfalten haben.

In dem Grade, wie mit der Herausbildung der ›operativen‹ Ebene die individuellen Antizipationen nicht mehr auf Aktivitätsresultate in der natürlichen Umwelt, sondern auf *herzustellende Arbeitsmittel* bezogen sind, stehen die Aktivitätssequenzen, obzwar *individuell* abschließbar, dennoch auf besondere Weise in *übergeordneten* Handlungszusammenhängen, indem hier die *Herstellung verallgemeinerter kooperativ-gesellschaftlicher Gebrauchszwecke* antizipiert ist. Den verallgemeinerten Gebrauchszweck muß man (gemäß dem berühmten MARXschen Baumeister-Bienen-Beispiel [MEW 23, S. 193]) vorher ›*in seinem Kopf*‹ haben, ehe man seine Herstellung antizipieren und realisieren kann; und *in den* ›*Kopf*‹ kommt er aus *übergeordneten Handlungszusammenhängen*, zunächst auf dem Wege über ›*kooperatives*‹ *Beobachtungslernen*, dann (mit der weiteren Menschwerdung) immer mehr auch als *sprachlich-symbolisch kommunizierter* ›*praktischer Begriff*‹ (vgl. S. 226 ff). Damit verdeutlicht sich hier in einer speziellen Weise der benannte ›*Teilziel*‹-Charakter des antizipierten und realisierten Resultats operativer Sequenzen: Da in den im kooperativen bzw. gesellschaftlichen Kommunikationsprozeß angeeigneten Gebrauchswert-Antizipationen *verallgemeinerte* Zwecke praktisch ›auf den Begriff gebracht‹ sind, verkörpern auch die *hergestellten Arbeitsmittel*, später (genereller) *Lebensbedingungen, verallgemeinerte Brauchbarkeiten* innerhalb *kooperativ-gesellschaftlicher Zielkonstellationen:* dies auch dann, wenn das Individuum im operativen Prozeß ein ›Produkt‹ o.ä. *lediglich zum eigenen Gebrauch* herstellt, da es dabei den kooperativ-gesellschaftlich entstandenen *verallgemeinerten Gebrauchszweck für sich nutzbar* macht, also (ob es will oder nicht) das darin liegende *übergeordnete Handlungsziel realisiert* (dem könnte das Individuum nur entkommen, wenn es nicht nur das Produkt für sich herstellen, sondern auch dessen verallgemeinerten Gebrauchszweck sich ganz allein ausdenken würde; ein solches Individuum ist aber, da die in den Arbeitsmitteln/Lebensbedingungen liegenden Verallgemeinerungen, wie dargestellt, nur mit der Herausbildung der gesellschaftlichen Lebensgewinnungsform entstehen können, ein bloßes Hirngespinst).

Wenn also ein Individuum im operativen Herstellungsprozeß kooperativ-gesellschaftlich verallgemeinerte Gebrauchszwecke antizipiert und realisiert, so muß sich auf dem Weg dahin die Orientierungs/Aktivitäts-Koordination des ›*Beobachtens/Probierens*‹ in *zentralen Punkten geändert* haben: Das Individuum sieht sich ja hier nicht mehr auf sich gestellt einer zunächst ›offenen‹ und ›neuen‹ Situation gegenüber, die es durch Lernen von Orientierungsbedeutungen unter Kontrolle bringen muß. Vielmehr sind die seine Operationen regulierenden antizipierten verallgemeinerten Brauchbarkeiten von Mitteln bzw. Lebensbedingungen sozusagen schon *Resultat vorgängiger kooperativ-gesellschaftlicher Lernprozesse*, die hier nur *individuell realisiert* werden (und erst auf diesem Wege vom Individuum rückwirkend beeinflußt werden können. s.u.). Demnach kann der antizipierende Herstellungsprozeß hier *nicht mehr zentral* als Koordination von Beobachten und ›*Probieren*‹ gekennzeichnet werden, sondern man spricht hier – da das Individuum durch den vorgängig angeeigneten ›praktischen Begriff‹ ja im Prinzip schon ›weiß‹, was bei seinen Herstellungsoperationen ›herauskommen‹ soll und den Herstellungsprozeß in seinen verschiedenen Stadien am antizipierten Resultat reguliert – besser von einer Koordination von *Beobachtung und operativem Planen*. Da solche operativen Planrealisierungen an kooperativ-gesellschaftlich geschaffenen verallgemeinerten Gebrauchszwecken ausgerichtet sind, ist die Aktivitätssequenz bis zum Erreichen des antizipierten Resultates *nicht mehr von der individuell zu beherrschenden natürlichen Situation*, sondern von *historisch geschaffenen und sich verändernden Mitteln bzw. Bedingungen gesellschaftlicher Vorsorge* her reguliert und strukturiert (vgl. SE, S. 123). Demnach muß sich mit der Herausbildung der ›gesellschaftlichen Natur‹ des Menschen die *Funktionsgrundlage* der hier involvierten Lernprozesse so spezifiziert haben, daß die geschilderte, mit der ›Manipulationsfähigkeit‹ entstandene ›*Auge-Hand-Koordina-*

tion‹, das Zueinander zwischen Beobachten und Prüfen etc. (vgl. S. 264 f), nicht mehr als bloß individueller Steuerungs- und Regulationsprozeß quasi in sich zurücklaufen, sondern gegenüber den sich historisch verändernden verallgemeinerten Bedeutungen, an deren Antizipation sich die Aktivitäten ausrichten, ›*geöffnet*‹ sind. Durch diese kooperativ-gesellschaftliche ›Öffnung‹ der Aktivitätssteuerung muß der durch direkte ›Fremdbeobachtung‹ und/oder symbolische Kommunikation angeeignete ›*praktische Begriff*‹ über den *kooperativ-gesellschaftlich verallgemeinerten Gebrauchszweck* des herzustellenden Produkts o.ä. so in die *Regulation der individuellen Planrealisierung* eingehen, daß das *geschaffene Resultat den im Gebrauchszweck liegenden sachlichen Erfordernissen tatsächlich gerecht wird*, d.h. daß das ›*operativ*‹ erreichte Ergebnis tatsächlich ›*Teilziel*‹ des jeweiligen übergeordneten *Handlungsziels* im Zusammenhang vorsorgender kooperativ-gesellschaftlicher Verfügung über allgemeine Lebensbedingungen ist.

Aus den Kennzeichen der individuellen Perzeptions-Operations-Koordination bei der ›bedeutungsgemäßen‹ *Herstellung* von Arbeitsmitteln/Lebensbedingungen ergeben sich deren Charakteristika bei der Realisierung des nachgeordneten ›*Brauchbarkeits-Aspekts*‹ (vgl. S. 212), also der personalen Nutzung (i.w.S.) der kooperativ hergestellten Arbeitsmittel/Lebensbedingungen: Hier wird im Zuge der ›menschlichen‹ Spezifizierung des Übergangs von ›aktivierenden‹ Globalbedeutungen zu gelernten Orientierungsbedeutungen der ›praktische Begriff‹ nicht, wie bei der Herstellung, zur Regulation der Operationssequenzen antizipiert, sondern *im Lernprozeß in seinem Brauchbarkeits-Aspekt allererst angeeignet*. Dennoch sind auch hier die *Operationen individuell-antizipatorisch reguliert*, nur daß die Antizipation nicht auf das herzustellende Produkt, sondern auf den Erwerb der personalen Fähigkeit zur ›*bedeutungsgemäßen*‹ *Nutzung des bereits hergestellten Produkts* gerichtet ist, handle es sich dabei um die Aneignung der Fähigkeit zum Gebrauch von ›Arbeitsmitteln‹ (der seinerseits wieder Herstellungzwecken dienen mag) oder der Fähigkeit zur Nutzung produzierter Lebensbedingungen als Voraussetzung für primäre Bedeutungsumsetzung/Bedürfnisbefriedigung im Rahmen kooperativ verallgemeinerter Vorsorge. Auch solche nicht primär ›vergegenständlichenden‹, sondern primär individuell ›aneignenden‹ Perzeptions-Organisations-Koordinationen lassen sich im Zuge der Menschwerdung *immer weniger adäquat mit dem Konzept des* ›*Probierens*‹ charakterisieren (obwohl ›probierende‹ Elemente dabei relevant sein mögen): Ein derartiges ›Probieren‹ ist zwar für die Aktivitäts-Koordination bestimmend, sofern es darum geht, ein *vorgefundenes Ding in seiner bloßen* ›*Verwendbarkeit*‹ *zu erproben* und entsprechende Fähigkeiten anzueignen, was aber mit der Entwicklung der kooperativ-gesellschaftlichen Lebensgewinnungsform immer mehr zum *Sonderfall* wird. In dem Maße, wie hergestellte Arbeitsmittel/Lebensbedingungen für die kooperative Existenzsicherung bestimmend werden, muß der mit der *Herstellung intendierte verallgemeinerte Gebrauchszweck* des Produkts im *Handlungszusammenhang adäquat angeeignet* werden, wenn die so erworbenen Fähigkeiten in den kooperativen Lebensgewinnungsprozeß einbringbar sein bzw. der personalen Existenzsicherung dienen sollen. Demnach ist auch für die Regulierung der auf bloße ›*Nutzung*‹ gerichteten Operationssequenzen die Erfassung der im Produkt *hergestellten* verallgemeinerten Gebrauchszwecke unerläßlich. Bei *Ausklammerung des Hergestelltheits-Aspektes* könnte man, auch auf dem Wege sozialer Kommunikation, die bloße *natürliche* ›*Verwendbarkeit*‹ eines Dinges niemals von dem *verallgemeinerten Zweck*, zu dem es ›*gemacht*‹ ist, und der im *kooperativen Lebensgewinnungsprozeß realisiert* werden muß, *unterscheiden* (ich komme darauf weiter unten, S. 447 f, noch zurück). Somit ist auch hier die Regulation der individuellen Operationssequenzen als von der *Antizipation des ›praktischen Begriffs‹* her ›*geplant*‹ zu charakterisieren, nur daß sich hier die Planung nicht auf den Herstellungsprozeß zur *Realisierung* des ›praktischen Begriffs‹ bezieht, sondern auf den Lernprozeß der *Aneignung* des im Produkt bereits vergegenständlichten ›praktischen Begriffs‹ in seinen wesentlichen, d.h. *verallgemeinert-nutzungsrelevanten Bestimmungen*. Welche Planungserfordernisse und -schritte sich dabei für die Regulation eines solchen Lernprozesses ergeben, dies hängt auch hier von den jeweils historisch-konkreten Kennzeichen der anzueignenden und umzusetzenden Bedeutungen innerhalb übergeordneter kooperativ-gesellschaftlicher Handlungszusammenhänge ab.

Wenn mithin die mit der individuellen Lernfähigkeit gegebene ›Offenheit‹ und ›Unsicherheit‹ gegenüber neuen Umweltereignissen im Maße der Herausbildung kooperativ-gesellschaftlicher Lebensgewinnung schon durch in den hergestellten Bedeutungsstrukturen beschlossene verallgemeinerte gesellschaftliche Erfahrungen reduziert ist, also nicht mehr zentral durch individuelles ›Probieren‹ reduziert werden muß, so heißt dies jedoch *nicht*, daß das ›*Probieren*‹ bei menschlichen Operationen *total irrelevant* sei. ›Probieren‹ ist hier nur kein *generelles* Charakteristikum der Aktivitätsregulation innerhalb von Lernprozessen mehr, sondern tritt in *umrissenen Sonderkonstellationen* der kooperativen Lebensgewinnung auf, deren man global vier herausheben kann:
1. ›Probieren‹ quasi *an der ›Front‹ der gesellschaftlichen Erfahrungsgewinnung*, d.h. gegenüber Gegebenheiten, die generell noch nicht gesellschaftlich angeeignet, also für alle ›offen‹ und ›neu‹ sind, als Beitrag zur Erweiterung gesellschaftlicher Realitätsverfügung[1] (eine ›Probierfunktion‹, die später z.B. arbeitsteilig die experimentierende Wissenschaft übernommen hat);

---

1 Zu diesem und dem nächsten Punkt vgl. SEIDELS Unterscheidung von ›gesellschaftlichen Problemen und Aneignungsproblemen‹ (D., S. 73ff).

2. ›Probieren‹ im Zuge der *Individualentwicklung*, besonders in frühen Stadien der Ontogenese, gegenüber Gegebenheiten, die zwar bereits gesellschaftlich, aber noch nicht vom jeweiligen Individuum angeeignet sind; (in solchen Zusammenhängen könnte man von einer Art ›Aktualgenese‹ von der bloßen ›Verwendung‹ eines Dings zu seinem darin vergegenständlichten verallgemeinerten Zweck entsprechenden Gebrauch reden; s.u.).
3. ›Probieren‹ innerhalb von ›*Spielräumen*‹ *personaler Realisierungs- bzw. Gestaltungsformen*, die dem Individuum durch die Eigenart der jeweiligen gesellschaftlichen Bedeutungskonstellationen belassen bzw. zugewiesen sind.
4. ›Probieren‹ aufgrund der partiellen *Isolation des Individuums von kooperativen Lebenszusammenhängen*, womit ihm zur Bewältigung seiner Existenz die relevanten gesellschaftlich kumulierten Erfahrungen nicht zugänglich sind und es sich in der je aktuellen Situation wie in einer ›natürlichen Umwelt‹ zurechtfinden muß (s.u.).

Es ist wohl deutlich, daß *keine* dieser vier Formen des ›Probierens‹ mit dem *Probieren höchster Tiere bei autarkem Erkundungslernen* gleichzusetzen ist, da die Probier-Aktivitäten hier stets nur als Varianten geplanter menschlicher Operationen aufgefaßt werden dürfen, deren relative Offenheit nach Grad und Umfang durch den übergeordneten kooperativ-gesellschaftlichen Handlungszusammenhang, in den das Individuum einbezogen bzw. innerhalb dessen es partiell isoliert ist, sich bestimmt. Das Konzept des ›*Neugier- und Explorationsverhaltens*‹ ist also zur Charakterisierung der menschlichen Regulation von Beobachtungs-Operations-Koordinationen, weil noch unterhalb des ›menschlichen‹ Niveaus zu orten, *total ungeeignet*.

Im Zuge der Herausbildung der individuell-antizipatorischen Aktivitätsplanung in Aneignung/Realisierung von Mittelbedeutungen als entwickeltster Ebene der Perzeptions-Operations-Koordination muß sich auch die darin einbeschlossene *perzeptive Gliederung des Wahrnehmungsfeldes* entsprechend spezifizieren. Um dies zu verdeutlichen, rekapitulieren wir problemzentriert die *Entwicklung der Gliederungsfunktion* innerhalb der *Stufe des autarken Lernens*:

Mit dem geschilderten, im autarken Lernen erreichten neuen Niveau der antizipatorischen Orientierungs-Aktivitäts-Koordination führen individuelle ›Erfahrungen‹ mit bestimmten sachlichen oder sozialen Gegebenheiten zu einer gelernten Spezifizierung ihres gegenständlichen Bedeutungsgehalts. Die Lernresultate werden also dabei einerseits in der individuell modifizierbaren Funktionsgrundlage des ›autarken Lernens‹ gespeichert, werden aber andererseits nur bei der aktuellen Begegnung mit dem ›Erfahrungsgegenstand‹ abgerufen und erscheinen in der *Ausgliederung seiner relevanten figural-qualitativen Merkmale* als *dessen* gegenständliche Bedeutung. Wir haben es demnach hier mit etwas zu tun, was man auf menschlichem Niveau als ›*Wiedererkennen*‹ bezeichnen würde und das hier funktional seinen Ursprung hat. Mit dem im Laufe der Primatenevolution sich vollziehenden Übergang vom bloß erkundenden Prüfen zu ›manipulativem‹ Beobachten-Prüfen im Nahbereich entwickeln sich derartige aktivitätsbedingt-gegenständliche Bedeutungsspezifizierungen als Grundlage

Die Herausbildung von Erkenntnis-Wertungs-Motivationsprozessen 275

›gelernter‹ Ausgliederungen figural-qualitativer Einheiten im Orientierungsfeld zu konkreten ›*Umgangs*erfahrungen‹, durch welche ›Erfahrungen‹ mit den Manipulationsgegenständen immer differenzierter als *deren* spezielle Verfügbarkeiten speicherbar werden. Eine weitere Stufe dieser Entwicklungslinie bahnt sich an mit den frühesten Formen der *Mittelbenutzung* der Primaten, bis hin zum höchsten noch ›vormenschlichen‹ Stadium der *funktionsteiligen Sozialkoordination*, in dem die geschilderten Umgangsqualitäten die erworbene Gegenstandsqualität der ›*Verwendbarkeit*‹ gewannen und sich die gelernten Verwendbarkeiten in ein komplexes System *sachlich-sozialer Verweisungszusammenhänge* integrierten: Indem hier ›Erfahrungen‹ mit Sachen wie mit der Aktivität anderer und deren Resultaten in ihren Beziehungen untereinander und für den ›Betroffenen‹ als gegenständliche, in der unmittelbar-präsenzbezogenen Orientierung erfaßbare Bedeutungsstrukturen sich niederschlugen, mußte sich eine *neue Form der Gliederung des Orientierungs*feldes nach der *Relevanz* der figural-qualitativen Merkmale für den sozial koordinierten Lebensgewinnungsprozeß herausbilden.

Demgegenüber läßt sich nun die *Besonderheit* der mit dem ersten qualitativen Sprung der ›Zweck-Mittel-Verkehrung‹ einsetzenden Entwicklung hin zur *Gliederung des Wahrnehmungsfeldes* von den ›Mittelbedeutungen‹ her bei der *höchsten, individuell ›planenden‹ Ebene der Perzeptions-Operations-Koordination* herausheben. Die gliederungsrelevanten gelernten Bedeutungseinheiten sind hier zwar *auch* individuell erworbene Umgangsqualitäten, gehen aber mit der Herausbildung der übergeordneten kooperativen Handlungszusammenhänge *immer weniger darin* auf: Indem die Mittelbedeutungen, bei deren Herstellung oder Gebrauch solche Umgangserfahrungen gewonnen werden, gleichzeitig allgemeine kooperativ-gesellschaftliche Zwecke etc. verkörpern, sind die in den Umgangsqualitäten ›wahrnehmbar‹ verkörperten sachlich-sozialen Kooperationserfahrungen als *individuelle* Erfahrungen gleichzeitig Aufschlüsselungen *allgemeiner* kooperativ-gesellschaftlich geschaffener Bedeutungen für die individuellen Aktivitäten. Die *perzeptive Ausgliederung* der jeweiligen Bedeutungseinheiten hängt hier unmittelbar mit der früher dargestellten *Strukturierung und Regulierung der Operationssequenzen* von den bei der Herstellung oder beim Gebrauch zu realisierenden Mittelbedeutungen her zusammen. Nur so können in den dabei erworbenen ›*wiedererkennbaren*‹ Umgangsqualitäten tatsächlich auch die *kooperativ-gesellschaftlich relevanten Züge der figural-qualitativen Merkmale von Bedeutungseinheiten ausgegliedert* werden, womit erst die bloß individuellen Umgangserfahrungen und damit erworbenen ›wahrnehmbaren‹ Brauchbarkeiten etc. von *verallgemeinerten* Handlungszusammenhängen her ihren Stellenwert erhalten.

Die operative Gliederung des Wahrnehmungsfeldes ist also (wie wir zusammenfassend feststellen können) ein Aspekt der mit der ›gesellschaftlichen Natur‹ sich herausbildenden ›menschlichen‹ Lernfähigkeit, nämlich der Fähigkeit zum ›*Wahrnehmungslernen*‹ als *operationsver-*

mittelter Aneignung von sachlich-sozialen Bedeutungszusammenhängen, die als *gelernte Umgangsqualitäten* an der *gegenständlichen Wirklichkeit selbst wahrnehmbar* sind und *verallgemeinerte kooperativ-gesellschaftliche Möglichkeiten zu Herstellungs- und Gebrauchsaktivitäten* verkörpern (so wie etwa die Bedeutung der Axt ›Zum-Schlagen‹ über die genannten Lernprozesse als der Axt selbst zukommende Umgangsqualität bestimmter kooperativer Lebensgewinnungsaktivitäten wahrnehmbar ist; vgl. dazu SE, Kap. 5.1 und 5.2).

Der Umstand, daß im Zuge der Herausbildung menschlicher Beobachtungs-Operations-Koordinationen das Moment des ›Probierens‹ immer mehr zugunsten der geschilderten ›geplanten‹ Aktivitäts-Regulation zurücktritt, schließt auch ein, daß die auf dem Niveau des ›autarken Lernens‹ entstandene Form der *Emotionsgeleitetheit der Orientierung* als ›ambivalente‹ Aktivitätssteuerung im Widerspruch zwischen gerichteter Energiemobilisierung und Angstbereitschaft/Angst sich mit dieser Entwicklung in besonderer Weise *verändern und spezifizieren* muß: Da hier das ›Risiko‹ von Fehleinschätzungen des jeweils ›Neuen‹ nicht mehr lediglich von den einzelnen Individuen zu tragen, sondern vorab kooperativ-gesellschaftlich minimiert ist, kann *Angstbereitschaft/Angst nicht als ›normales‹ emotional-motivationales Regulierungsmittel von Aktivitäten auf ›menschlichem Niveau‹* angesehen werden. Vielmehr wird hier die emotionale Wertung der *›Vorsicht‹* mit den entsprechenden Aktivitätsrückwirkungen nur bestimmend werden können, wo es in einer der geschilderten Sondersituationen zum ›Probieren‹ kommt, wobei eigentlich ›Angstbereitschaft‹ oder gar ›manifeste Angst‹ nur da als Form der Aktivitätssteuerung bzw. Unfähigkeit dazu, vordergründig werden können, wo das Individuum aufgrund seiner *Isolation* von gesellschaftlichen Kooperationszusammenhängen in besonderer Weise auf *›probierende‹ Daseins- oder Problembewältigung* verwiesen ist. Mit dem Primat ›planender‹ Operationen in gesellschaftlichen Handlungszusammenhängen und der darin entstandenen perzeptiven Gliederung des Wahrnehmungsfeldes von den gegenständlichen Mittelbedeutungen her muß es also auch zu neuen *›menschlichen‹ Formen* der *Emotionsgeleitetheit der Orientierung bzw. der Erkenntnis*, mithin auch *menschlicher Motivation* kommen, deren Eigenart im Laufe unserer weiteren Analysen zu klären ist.

Durch die damit auseinandergelegte Einbezogenheit vergegenständlichter kooperativ-gesellschaftlicher Mittelbedeutungen in die ›operative‹ Aktivitätsregulierung bzw. Wahrnehmungsgliederung einschließlich der dadurch bedingten neuen Formen von Emotionsgeleitetheit muß sich die (mit der ›gesellschaftlichen Natur‹ des Menschen entstehende) *gelernte Funktionsgrundlage* einschließlich ihrer neurophysiologischen Aspekte in entscheidender Weise *spezifizieren und ›vermenschlichen‹*. SCHURIG hat dies mit der Formulierung auf den Begriff gebracht, durch die phylogenetischen Prozesse in Richtung auf das menschliche Bewußtsein gewänne dieses eine ›doppelte Basis‹ einmal in den physiologischen Prozessen und zum anderen in der gesellschaftlich-ökonomischen ›Geräteumwelt‹ (EB, 316). Demnach bleibt »der menschliche Kopf... aus dem *ursprünglich geschlossenen System von Naturgegenständen* innerhalb des Verhältnisses Organismus-Umwelt das einzige *biologische Organ*, über dessen *physiologische Funktion* sich nun eine *ständige Metamorphose von Vergegenständlichungen* vollzieht« (317 f, Hervorh. K.H.).

Dies bedeutet, daß die ›*sekundären Automatisierungen*‹, deren Abrufbarkeit und ›Aufbrechbarkeit‹, die wir bisher in ihrer Entwicklung bis zur Fähigkeit zur Speicherung von Aktivitäts-Mittel-Effekt-Zusammenhängen innerhalb überindividueller sozialkoordinierter Aktivitätssequenzen verfolgten, darüber hinaus sich in einer speziellen Weise ›vermenschlichen‹: Da nunmehr in den produzierten Mitteln und Bedingungen immer stärker als deren gegenständliche Bedeutung *verallgemeinertes kooperativ-gesellschaftliches Herstellungs- und Gebrauchswissen* ›gespeichert‹ ist und so zur Grundlage für die historisch-gesellschaftliche Erfahrungskumulation wird, entwickelt sich der physiologische Speicher sekundär automatisierter Aktivitäten, Orientierungs- und Wertungsweisen immer mehr zu einem *unselbständigen Teilsystem* einer *übergeordneten*, den ›*physiologischen*‹ und den ›*gesellschaftlichen*‹ *Speicher* umgreifenden *Funktionseinheit*. Die *physiologische* Speicherungsfähigkeit gewinnt hier ihre spezifische strukturell-funktionale Charakteristik aus ihrer *Wechselwirkung mit dem* ›*gesellschaftlichen Speicher*‹ und ist *nur* in *diesem* Systemzusammenhang *neurophysiologisch* funktionsfähig (es sind diese aufgrund der ›Gesellschaftlichkeit‹ der in der ›Natur‹ des Menschen liegenden Lernfähigkeit individuell entstehenden physiologisch-gesellschaftlichen Funktionseinheiten, die LEONTJEW als ›*funktionale Organe*‹ des Menschen charakterisiert und genauer analysiert hat, vgl. 1973, S. 303 ff). Die *Abrufbarkeit* einer sekundär automatisierten Aktivitätsgestalt o.ä. setzt damit hier notwendig die Verfügbarkeit der jeweils *komplementären vergegenständlichten Bedeutungseinheit* voraus, auf *die hin* das spezielle ›funktionale Organ‹ ausgebildet wurde; so ist die *automatisierte* ›*Fertigkeit*‹ des ›Mit-der-Axt-Schlagen-Könnens‹ nur *als* Aktualisierung der in einer produzierten Axt vergegenständlichten verallgemeinerten Brauchbarkeit in Aktivitäten umsetzbar, dabei gehört es zu den hergestellten *Zwecksetzungen solcher Gebrauchsgegenstände* selbst, daß der *Umgang mit ihnen möglichst schnell und reibungslos* ›*automatisierbar*‹ sein muß.

Um die damit gegebenen Besonderheiten des *Aufbrechens* der gelernten Automatisierungen zur Ermöglichung des *Umlernens* bzw. *Neulernens* fassen zu können, vergegenwärtigen wir uns, daß zu der jeweiligen hergestellten ›Brauchbarkeit‹ auch die ›Anpaßbarkeit‹ des Arbeitsmittels bzw. der Lebensbedingungen an *wechselnde Umstände* gehört: Wie den ›primär‹ festgelegten Funktionen, so kommt auch den ›sekundären‹

Festlegungen in den gelernten Automatisierungen und den quasi ›tertiären‹ *Festlegungen* von Brauchbarkeiten in den Mitteln/Bedingungen eine bestimmte *Modifikabilität* zu, die selbst wieder durch die Art der ›Festlegung‹ determiniert ist. So schließt z.B. die *adäquate Automatisierung des Umgangs* etwa mit einer Axt auch die Gewinnung einer adäquaten *Flexibilität* bei deren Einsatz etwa an unterschiedlichen Materialien bzw. in verschiedenen kooperativen Zusammenhängen ein. Dabei ist die individuell lernbare Umgangs-Flexibilität o.ä. hier aber gebunden an die in der vergegenständlichten *Bedeutung der Axt selbst* beschlossene *Möglichkeit und Begrenzung ihrer Anpaßbarkeit an neue Materialien und neue antizipierte Aktivitätsresultate*. Durch individuell gelernte Automatisierung kann bestenfalls das an Flexibilität aus dem Gerät bzw. den Lebensbedingungen ›herausgeholt‹ werden, was durch die verallgemeinert zwecksetzende Herstellung ›hineingesteckt‹ wurde (so wird es, bei aller individuellen Geschicklichkeit, z.B. schwer fallen, mit einer Axt ein Bekleidungsstück zu nähen: dazu ist sie eben nicht ›gemacht‹).

Daraus geht hervor, daß es hier zu Umstrukturierungen gelernter Automatisierungen und Prozessen des Neu- und Umlernens (sofern diese nicht auf mehr individuellen oder zufälligen Faktoren beruhen) dann kommen muß, wenn die *automatisierten Fertigkeiten an die Flexibilitätsgrenzen des Mittels bzw. der Lebensbedingungen hinsichtlich der Anpaßbarkeit an neue Anforderungen kooperativer gemeinschaftlicher Vorsorge* etc. stoßen. Dies heißt aber, daß das Neulernen hier kein bloß individueller Prozeß sein kann, sondern – gemäß dem dargestellten physiologisch-gesellschaftlichen Systemzusammenhang – für die ›*operative*‹ Neuorientierung eine Veränderung der übergeordneten *kooperativen Handlungsziele*, nämlich die *Entwicklung und Herstellung neuer, ›geeigneterer‹ Mittel* vorausgesetzt ist, also zur Ermöglichung neuer individueller Lernprozesse der kooperativ-gesellschaftliche ›Lernprozeß‹ ein Stück weit vorangetrieben werden muß. Wenn so z.B. im vergegenständlichenden Arbeitsprozeß weitere *Spezialisierungen von Werkzeugen* im *kooperativen Handlungszusammenhang* erfolgt sind, so sind durch die Rückwirkung ›operativer‹ Erfahrungen auf die ›Handlungsebene‹ jetzt *neue Werkzeuge* für den *erweiterten oder speziellen Zweck* verfügbar und *damit erst*, über die ›Metamorphose von Vergegenständlichungen‹, *neue individuelle Lernprozesse* in Richtung auf die *Automatisierung operativer Regulationen des nun erforderten Mittelgebrauchs* möglich und notwendig (also etwa erst nach dem kooperativen Entwicklungsprozeß der Spezialisierung von Werkzeugen über die Universal-Axt hinaus bis zu Ausdifferenzierung von Nähwerkzeugen wie Bronzenadeln o.ä. auch die neue Fertigkeit des ›Nähen-Könnens‹ individuell erwerb- und automatisierbar). – Mit diesen Überlegungen sind wesentliche Hinweise über eine adäquate Fassung des ›*Gedächtnis*‹-Konzepts auf menschlichem Niveau gegeben, die wir später wieder aufgreifen werden.

Nichtreduzierbarkeit der Funktionsaspekte von Handlungen auf die operative Ebene der individuell-antizipatorischen Aktivitäts-Regulation

Wir haben im vorigen Teil untersucht, welche ›menschlichen‹ Spezifizierungen im Bereich der Perzeptions-Operations-Koordination dadurch entstehen, daß diese mit der Herausbildung der ›gesellschaftlichen Natur‹ des Menschen immer mehr zu Untereinheiten von übergeordneten kooperativ-gesellschaftlichen Handlungszusammenhängen werden. Nun müssen wir uns diesen *Handlungszusammenhängen* selbst zuwenden und untersuchen, in welcher Weise sich mit der gesellschaftlichen Natur die *menschlichen Erkenntnis- (Denk/Wahrnehmungs-) Wertungs-Motivationsprozesse* als Funktionsaspekte der Handlungsfähigkeit herausbilden. Auf diesem Wege soll das Verhältnis der Funktionsaspekte im Handlungsbereich zum Perzeptions-Operationsbereich und den darin einbeschlossenen unterschiedlich spezifischen Funktionsebenen genauer auf den Begriff zu bringen sein. Damit wird gleichzeitig der Übergang zum nächsten Teilkapitel vorbereitet, in welchem die Konsequenzen analysiert werden, die sich für das Gesamt der als Momente der ›gesellschaftlichen Natur‹ des Menschen entstandenen psychischen Funktionsaspekte nach dem Dominanzwechsel zur gesellschaftlich-historischen Entwicklung, also bei gesamtgesellschaftlicher Vermitteltheit individueller Existenz, ergeben müssen.

Wir legten oben dar, daß die operative Planung als Regulation der Aktivitäten am individuell antizipierten Resultat nur im übergeordneten Handlungszusammenhang ihre Funktion und ihren Stellenwert erhält, sodaß das Erreichen des antizipierten Ergebnisses hier notwendig lediglich als Teilziel des übergreifenden Handlungsziels betrachtet werden darf. Damit war implizit schon ein Sachverhalt von allergrößter Tragweite mitgemeint, der jetzt explizit auseinandergelegt werden soll, nämlich, daß hier *kein umkehrbares Verhältnis* vorliegt, also daß die Funktion und der Stellenwert des übergeordneten Handlungszusammenhangs sich *nicht* aus der operativen Aktivitätsplanung ableiten und begreifen lassen und daß man mithin die *Handlungsplanung* von Individuen in Ausrichtung an *Handlungszielen nicht* nach dem Muster der individuell-antizipatorischen Aktivitätsregulation im operativen Bereich zu charakterisieren hat. Der allgemeine Grund hierfür ergibt sich schon aus unseren früheren Überlegungen (vgl. S. 266 ff): Individuelle Handlungsziele sind Realisierungen *objektiver kooperativ-gesellschaftlicher Zielkonstellationen* der Schaffung/Erhaltung von Lebensbedingungen verallgemeinerter Vorsorge etc. Die Organisation und Strukturierung der kooperativ-gesellschaftlichen Lebensgewinnung, in welche das Individuum mit seinen Handlungen einbezogen ist, unterliegt damit *gänzlich anderen Voraussetzungen und Gesetzmäßigkeiten* als denen der an die *stofflich-sinnliche Wechsel-*

wirkung der ›Organe‹ eines körperlichen Individuums mit der Realität gebundenen perzeptiv-operativen Regulation von Aktivitäten an individuell antizipierten Resultaten. Der Bereich der Perzeptions-Operations-Koordinationen bildet zwar die *Grundlage* der menschlich-gesellschaftlichen Lebensgewinnung, was aber *nicht* bedeutet, daß auch die *Struktur* kooperativ-gesellschaftlicher Produktion/Reproduktion, damit die *Struktur individueller Handlungen* nach dem Modell der Perzeptions-Operations-Koordinationen funktionieren und wissenschaftlich zu fassen sind. Jeder Versuch, individuelle Handlungen im ganzen nach dem geschilderten Muster der antizipatorischen Regulation von Operationen zu erklären, verfehlt notwendig die spezifisch-bestimmenden Momente des Psychischen auf menschlichem Niveau.

Um dies zu verdeutlichen, vergegenwärtigen wir uns einige Beispiele für kooperativ-gesellschaftliche Handlungszusammenhänge/Zielkonstellationen: Als ›Vorform‹ etwa schon die gemeinsame Jagd, in der ›Treiber‹ und ›Jäger‹ ihre sozialkoordinierte Funktion haben und die Beute nach der Jagd verteilt wird; nach dem ersten qualitativen Sprung der ›Zweck-Mittel-Verkehrung‹, sagen wir, gemeinsamer Hüttenbau, Anlegen eines Dorfes, bevor es kalt wird bzw. die Regenzeit kommt, oder (an der Schwelle zum Dominanzwechsel) Feldbestellung im Frühjahr etc. Solche Handlungs- und Zielkonstellationen verallgemeinerter gemeinsamer Vorsorge für die Existenzsicherung der Mitglieder der Gesellungseinheit spiegeln ›von außen‹ die *je besonderen Naturgegebenheiten*, durch deren *Berücksichtigung/Veränderung der kooperative Lebensgewinnungsprozeß* bestimmt ist und den Charakter *objektiver Notwendigkeit* erhält. Weiterhin enthalten sie ›nach innen‹ erst mehr ›ad hoc‹ erstellte, später überdauernde und historisch ›weitergegebene‹ *Organisationsstrukturen*, in denen *verallgemeinert ›festgelegt‹* ist, auf welche Weise man das jeweilige Handlungsziel erreichen kann. Diese sind im Zuge der allmählichen Durchsetzung der gesellschaftlichen Lebensgewinnungsform immer stärker charakterisiert als die geschilderten *sachlich-sozialen Bedeutungskonstellationen*, zu denen sowohl die Arbeitsmittel (Axt, Grabstock, Pflug) wie die darauf bezogenen Herstellungs- und Gebrauchskompetenzen als ›personale‹ Mittelbedeutungen, wie auch das tradierte ›Veränderungswissen‹ über die adäquate gemeinsame und koordinierte Umsetzung der sachlich-personalen Mittelbedeutungen zur Erreichung des jeweiligen Ziels verallgemeinerter kooperativer Vorsorge gehören. In solchen Organisations/Bedeutungsstrukturen ist im jeweiligen kooperativen *Zielbezug* der ›operative‹ Entwicklungsstand der Gesellungseinheit, die Verfügbarkeit bestimmter Mittel, etwa Werkzeuge und die durchschnittliche Fähigkeit der Mitglieder der Gesellungseinheit zu ihrer Herstellung/ihrem Gebrauch notwendig berücksichtigt: Von da aus enthält die kooperative Organisation der Zielerreichung erst in funktionsteiliger, dann immer stärker in *arbeitsteiliger* Spezifizierung *verall-*

gemeinerte Anforderungen über die *von Gesellschaftsmitgliedern auszuführenden Operationen* und ggf. auch die dabei erforderlichen *Formen überdauernder oder aktueller interindividueller Abstimmung und wechselseitiger Steuerung* der Operationen. In solchen von der kooperativen Zielkonstellation her strukturierten *operativen Teilzielen* ist noch nicht festgelegt, *wer* die jeweiligen Operationen ausführen wird, sondern nur, *daß* sie ausgeführt werden müssen, *wenn* die verallgemeinerte Vorsorge, damit Existenzsicherung jedes Einzelnen, im jeweiligen Teilaspekt der kooperativen Zielkonstellation (Jagdbeute, Schutz durch Dorf, Nahrung durch Feldbestellung) zustandekommen soll.

Vom *Einzelnen*, der sich an der Realisierung eines kooperativ-gesellschaftlichen Ziels *beteiligt*, aus gesehen, sind, wie dargelegt, die *Teilziele*, von denen aus er seine Perzeptions-Operations-Koordination reguliert, von der *Ziel-Mittel-Konstellation des übergeordneten Handlungszusammenhangs* bestimmt. Dies bedeutet aber *nicht*, daß hier das realisierte kooperative Ziel *als solches* in die antizipatorische Regulierung der Operationen eingeht. Schon für den ›Treiber‹ sind zwar die Tatsache, der Zeitpunkt, die Richtung etc. des ›Treibens‹ aus dem übergeordneten sozialkoordinativen Zusammenhang der gemeinsamen Jagd/Umverteilung *vorab* festgelegt. Die Operation des ›Treibens‹ selbst reguliert sich aber (soweit die ›verabredete‹ Koordination funktioniert, s.u.) *nur* an dem individuell antizipierten Operationsresultat ›Das-Wild-ist-zu-dem-und-dem-Zeitpunkt-aufgescheucht-und-rennt-in-die-und-die-Richtung‹ (nämlich dahin, wo die ›Jäger‹ lauern): Das *Handlungsziel* der Beute bzw. der Beteiligung an deren Verteilung, ebenso wie die *übergeordnete Handlungsstruktur* (etwa die komplementäre Funktion der ›Jäger‹), sind dagegen für die perzeptiv-operative Aktivitätsregulation, die den Erfolg des ›Treibens‹ ausmacht, *nicht konstitutiv*. Gleiches gilt für die Operations-Regulierung bei der Beteiligung am Hüttenbau bzw. bei der Führung des Grabstocks bei der Feldbestellung: Die Beobachtungs-Operations-Koordination reguliert sich hier an dem antizipierten Resultat des Balkens von der und der Beschaffenheit bzw. des gleichmäßig in einer bestimmten Furchenbreite durchzupflügenden Feldes, wofür weder die Antizipation der bald eintretenden Kälte/Nässe bzw. der ›arbeitsteiligen‹ Funktion des Wegebauers, noch die Antizipation der im Herbst zur Verfügung stehenden Nahrung bzw. der Funktion des Korndreschers *zwingend relevant* sind. Die Bedeutung des Bezugs auf das Handlungsziel und die Handlungsorganisation für die jeweiligen Aktivitäten des Individuums ist damit natürlich nicht bestritten; *hier* soll aber zunächst nur deutlich werden, daß diese Bedeutung *nicht* nach dem Modell der *individuell-antizipatorischen Operationsregulation* zu fassen ist.

An dieser Schlußfolgerung ändert sich auch nichts, wenn man den Fall, daß der Einzelne sich nicht nur an der Realisierung, sondern auch an der *Schaffung* der kooperativen Zielkonstellation bzw. der verallgemeinerten Organisation der Zielerreichung beteiligen kann, in die Überlegungen einbezieht. Wie auch immer eine solche *Fähigkeit zum individuellen Einfluß auf den kooperativ-gesellschaftlichen Prozeß* (als zentrales Bestimmungsmoment der werdenden ›Handlungsfähigkeit‹) in ihren psychischen Funktionsaspekten zu charakterisieren ist (s.u.): Nach dem Muster der individuell-antizipatorischen Operations-Regulation *kann* dieser Einfluß *nicht* adäquat charakterisierbar sein. Wenn es darum geht, kooperative Zielkonstellationen und deren verallgemeinerte Realisierungs-Organisation zu allererst zu *schaffen* bzw. zu *ändern*, so sind ja die in den Operationen individuell antizipierten ›Teilziele‹, da sie sich nach den kooperativen Ziel- und Handlungszusammenhängen bestimmen, eben *noch gar nicht da* bzw. in der *bisherigen Form nicht mehr* ›*gültig*‹, mithin können sich auch keine ›*Operationen*‹ *an deren Antizipation* regulieren. Erst wenn durch die Beteiligung des Einzelnen die kooperative Zielkonstellation/-organisation *auf* ›*nichtoperative*‹ *Weise* geschaffen bzw. geändert wurde, haben die ›Operationen‹ wieder ihre ›Teilziele‹ und es gilt wiederum das, was über die individuelle Realisierung kooperativ-gesellschaftlicher Ziele gesagt worden ist.

Diese Vorüberlegungen zur Klärung des Verhältnisses zwischen Handlungen und Operationen, wie es sich im Zuge der Entstehung der ›gesellschaftlichen Natur‹ des Menschen herausbildet, lassen sich noch zuspitzen, wenn man die Beziehung zwischen der kooperativ-gesellschaftlichen Handlungsorganisation und der erwähnten *interindividuellen Steuerung operativer Regulation* genauer betrachtet: Eine solche wechselseitige Steuerung der individuellen Regulationen *kann,* wie gesagt, innerhalb der kooperativen Handlungsorganisationen vorgesehen sein (so mag etwa das Aufstellen der Seitenwände beim Hüttenbau nur gemeinsam in wechselseitiger Regulationssteuerung möglich sein). Dies heißt aber auch, daß es *kooperative Handlungszusammenhänge* gibt, bei denen eine solche reziproke Regulationssteuerung *nicht* nötig ist und deswegen nicht stattfindet (beim Pflügen auf dem Felde etwa reguliert man den eigenen antizipatorischen Operationsverlauf keineswegs an Operationsverläufen anderer, und dennoch realisiert man einen bestimmten Aspekt der kooperativ-gesellschaftlichen Zielkonstellationen). Nehmen wir den Fall hinzu, daß sich innerhalb einer kooperativen Handlungsorganisation das *nicht darin vorgesehene* Erfordernis ergibt, Operationen aktuell wechselseitig zu steuern (so mag etwa der ›Treiber‹ merken, daß die ›Jäger‹ nicht an der ›verabredeten‹ Stelle, sondern ›weiter rechts‹ lauern und ad hoc versuchen, das Wild etwas weiter › herum‹ zu treiben; oder beim Hüttenbau mag ein unplanmäßig kippender Balken aktuell koordinierte Operations-Abstimmungen zu seiner Wiederaufrichtung erfordern). Hier kommt es zur wechselseitigen Steuerung operativer Regulationen gerade *nicht* in *Realisierung* des kooperativ organisierten Zielzusammenhangs, sondern aufgrund von *Mängeln* bei dessen Realisierung, also quasi als ›*Rückfall*‹ hinter die Anforderungen der kooperativen Handlungsorganisation.

Aus beidem geht stringent hervor, daß die *Kooperation* innerhalb von *Handlungszusammenhängen auf keinen Fall* mit der *interindividuellen wechselseitigen Steuerung der Operationsregulierung gleichgesetzt* werden darf. Reziproke Regulierungskoordinationen *können* innerhalb von kooperativen Zusammenhängen vorgesehen sein bzw. unvorhergesehen nötig werden, sie *müssen* dies aber nicht: ›*Kooperation*‹ als Charakteristikum der sich herausbildenden *gesellschaftlichen Lebensgewinnungsform* ist ein in der Produktions- und Reproduktionsweise entstehender *objektiver überindividueller Zusammenhang verallgemeinerter Vorsorge* für die je inviduelle Existenz, an dem der Einzelne teilhat, *nicht aber gleichbedeutend mit dem aktuellen Zusammenwirken von Individuen auf* ›*operativer*‹ *Ebene.* Im Gegenteil: Mit der Durchsetzung der gesellschaftlichen Lebensgewinnung tritt das *unmittelbare* Zusammenwirken durch Koordination individuell-antizipatorischer Regulation gerade immer mehr gegenüber der *Ausrichtung der Operations-Antizipationen am kooperativen Handlungsziel* zurück, womit die *mittelbar*-gesellschaftliche Beziehung zwischen den individuellen Teilarbeiten immer mehr hervortritt und (nach der ›Unmittelbarkeits-Durchbrechung‹) schließlich bestimmend wird. Die Mißdeutung von Kooperation als unmittelbares Miteinander-Tun ist einer der zentralen Fehler vieler materialistisch gemeinter psychologischer und pädagogischer Konzeptionen (ich komme darauf zurück).

Das ›*Denken*‹ *von Handlungszusammenhängen und dessen Implikationen für den Wertungs-Motivations-Aspekt des Handelns*

Indem wir aufweisen wollten, daß die sich mit der ›gesellschaftlichen Natur‹ des Menschen herausbildende funktionale Differenzierung von ›Handlungen‹ die dargestellten funktionalen Ebenen und Aspekte der ›operativen‹ Aktivitätsregulierung zwar einschließt, aber *nicht* nach deren ›Modell‹ gedacht werden darf, haben wir die *positive Bestimmung* der mit den Handlungen als deren psychische Funktionsaspekte entstehenden menschlichen Erkenntnis-Wertungs-Motivationsprozesse schon weitgehend vorbereitet. Er hat sich nämlich verdeutlicht: Individuelle *Handlungen* entstehen als *Realisierungen oder als Beiträge zur Änderung von kooperativ-gesellschaftlichen Ziel-Mittel-Konstellationen* verallgemeinerter *Vorsorge* für die *je individuelle Existenzsicherung.* Der vom Individuum zu realisierende oder zu ändernde *objektive Handlungszusammenhang* umfaßt damit *drei Teilzusammenhänge:* einmal den Zusammenhang zwischen den *gesellschaftlichen Ziel-Mittel-Konstellatio-*

nen und den *Beschaffenheiten und Gesetzmäßigkeiten der ›äußeren‹ Naturbedingungen,* die durch Arbeit in *verallgemeinerte menschliche Lebensbedingungen* transformiert werden, woraus sich die globale *›Funktionalität‹* der Ziel-Mittel-Konstellationen und der generalisierten Organisation ihrer Realisierung für die *Erhaltung der Gesellungseinheit einer bestimmten Entwicklungsstufe unter gegebenen Naturverhältnissen* ergibt; weiterhin den Zusammenhang zwischen dem nach den jeweiligen Ziel-Mittel-Konstellationen organisierten *kooperativ-gesellschaftlichen* Lebensprozeß und dem je *individuellen Beitrag dazu* im sich herausbildenden *arbeitsteiligen Gesamt;* schließlich den Zusammenhang zwischen der im kooperativ-gesellschaftlichen Lebensgewinnungsprozeß produzierten *verallgemeinerten Vorsorge* und der *vorsorgenden Absicherung und Entfaltung* der je *individuellen Existenz*. Wieweit und in welcher Weise individuelle Aktivitäten funktional *Handlungscharakter* gewinnen, dies hängt mithin davon ab, *ob und wie für die Aktivitäten der dargelegte Realzusammenhang mit seinen Teilzusammenhängen bestimmend* wird; die Analyse der *›menschlichen‹* Spezifizierung von *Erkenntnis-Wertungs-Motivationsprozessen* als Aspekten der werdenden Handlungsfähigkeit ist demgemäß gleichbedeutend mit dem Aufweis, in welcher Richtung sich die bisher ausdifferenzierten psychischen Funktionsaspekte so weiterentwickeln, daß durch sie der benannte jeweilige *Handlungszusammenhang für das Individuum faßbar* werden und sich in *seiner Lebensaktivität widerspiegeln* kann.

Wir haben unter diesen Vorzeichen zunächst die Qualifikation des *Denkens* in seinen bisher dargelegten Charakteristika in Richtung auf das *›Denken‹ von Handlungszusammenhängen* kategorialanalytisch zu rekonstruieren. Von der ›Wahrnehmung‹ als anderer ›Seite‹ der menschlichen Erkenntnisfunktion sehen wir dabei aus darstellungstechnischen Gründen zunächst ab. Das Verhältnis Denken-Wahrnehmen wird erst, wenn wir die Grundzüge der Genese menschlichen Denkens entfaltet haben, adäquat aufweisbar. – Aufgrund der bisherigen Analysen wissen wir, wenn wir nun an die Auseinanderlegung der Denkentwicklung gehen, einerseits: Die früher aufgewiesenen, *›operativen‹* Aspekte des Denkens als individuell-antizipatorischem Moment der Regulation von Aktivitätssequenzen – Wechselspiel zwischen symbolisch-›verinnerlichter‹ Antizipation und deren ›Wiederveräußerlichung‹ durch praktisch-antizipierende Realitätsveränderung und ›Beobachtung‹/Auswertung der dabei erreichten Effekte – sind im ›handlungsbezogenen‹ Denken *notwendig als Untereinheiten enthalten,* indem hier die *sinnlich-stoffliche Einwirkung* des Individuums an der widerständigen Realität denkend verarbeitet und gesteuert wird. Andererseits aber wissen wir auch: Wie der operative Bereich überhaupt, so taugt auch das bloß *›operative‹ Denken durch seine Beschränkung auf individuelle Antizipation/Regulation* *nicht als Muster zur Erfassung des Denkens als Funktionsaspekt der Handlungen* von Individuen zur Sicherung und Entfaltung der eigenen Existenz innerhalb überindividuell-kooperativer Bedeutungszusammenhänge und Zielkonstellationen. Wir setzen mithin im folgenden die gegenständlichen und personalen Resultate der durch operatives Denken regulierten Herstellungs- und Gebrauchsaktivitäten voraus, können aber von deren früher auseinandergelegter funktionaler Eigenart und Verlaufscharakteristika hier (vorübergehend) abstrahieren. Später werden dann die früheren globalen Ausführungen über die Bestimmtheit der Operationen durch die übergeordneten Handlungszusammenhänge hinsichtlich der bis dahin zu spezifizierenden Erkenntnis-Wertungs-Motivationsprozesse als Funktionsaspekten der Handlungen konkretisiert. (So wird der Übergang zur Analyse der neuerlichen Spezifizierung dieser Funktionsaspekte unter Bedingungen gesamtgesellschaftlicher Vermitteltheit individueller Existenz unmittelbar vorbereitet.)

Da also das Denken, wie es sich als Aspekt menschlichen Handelns entwickelt, in seiner Besonderheit *nicht* als bloß individuelle ideell-antizipierende Aktivitätsregulation, *nicht* als individuell-verinnerlichte ›Probeaktivität‹, mithin auch *nicht* (wie in der bürgerlichen Kognitionspsychologie üblich) als individueller ›Problemlöse‹-Prozeß hinreichend zu begreifen ist: Wie gewinnt man dann Zugang zur Spezifik der Entstehung des ›Denkens‹ von Handlungszusammenhängen? Entscheidend dafür ist die Einsicht, daß der Mensch in dem Maße, wie er sein Leben in kooperativ-gesellschaftlicher Weise erhält, bei seiner denkenden Wirklichkeitsverarbeitung sich nicht jedesmal einer vom ›Denken‹ bisher ›unberührten‹ Realität gegenübersieht, derer er sich individuell ›kognitiv‹ bemächtigen muß, sondern in gewissem Sinne einer *bereits vorgängig ›gedachten‹ Realität:* Die von Menschen geschaffenen gegenständlich-sozialen Verhältnisse sind die *materiell-ökonomischen* Grundlagen der verallgemeinert-vorsorgenden Lebenssicherung der Gesellungseinheit und enthalten dabei *als vom Menschen geschaffen* notwendig *kognitive Strukturen*; in ihren Bedeutungs- und Zielkonstellationen ›schlägt sich nieder‹, *wozu sie ›gedacht‹ sind,* nämlich eben zur verallgemeinert-vorsorgenden, kooperativ-gesellschaftlichen Existenzsicherung der Individuen. Solche ›*Denkstrukturen‹ oder ›Denkformen‹* stecken schon in den durch *vergegenständlichende Arbeit geschaffenen* ›*Mitteln‹/Lebensbedingungen* und durch sie konstituierten *sozialen Verhältnissen selbst,* sind aber – in dem Maße, wie sich mit der Herausbildung der ›gesellschaftlichen Natur‹ des Menschen die überindividuell-kooperative Lebensgewinnung durchsetzt – auch in darauf bezogenen *sprachlich-symbolischen Formen* repräsentiert, die für eine Kooperation auf immer erweiterter Stufenleiter unabdingbar werden. Das Denken und seine sprachlich-symbolische Fassung sind also nicht lediglich eine Qualität individueller psychischer Prozesse, sondern, wie dargestellt (vgl. S. 228 f), mit der Herausbildung der gesellschaftlich-kooperativen Lebensgewinnung stets ausgeprägter als *Denk- und Sprachformen* Charakteristika der *objektiven produzierten Lebensverhältnisse*, gleichsam Inbegriff dessen, was bei *ihrer Schaffung/Erhaltung ›gedacht‹ worden ist und ›gedacht‹ werden muß*.

Aus diesen Überlegungen ergibt sich, daß man die Besonderheit des individuellen Denkens als Funktionsaspekt des ›Handelns‹ in Realisierung bzw. Änderung kooperativ-gesellschaftlicher Zielkonstellationen nur dann angemessen wissenschaftlich erfassen kann, wenn man das Denken der Individuen nicht nur seinem Inhalt, sondern auch seiner ›formalen‹ Funktionsweise nach als *Aneignung* (und potentiell *auf diesem Wege* Änderung) *der in den produzierten und reproduzierten Mitteln/Lebensbedingungen und darin gegeben Sozialstrukturen enthaltenen Denk- und Sprachformen* analysiert. Da mit den kooperativ-gesellschaftlichen Verhältnissen auch die darin implizierten *Denk- und Sprachformen* immer stärker zu einem *eigenständigen historischen Prozeß* sich verselbständigen (der dann nach dem ›Dominanzwechsel‹ die Kontinuität und Widersprüchlichkeit aufeinanderfolgender Produktionsweisen und Gesellschaftsformationen gewinnt), bedeutet dies, daß auch das *individuelle Denken* als Funktionsaspekt des Handelns in seiner *gesellschaftlich-historischen Bestimmtheit faßbar* werden muß. Dies heißt in unserem gegenwärtigen Darstellungszusammenhang: Es sind die *allgemeinen Charakteristika des Denkens als Potenz der ›gesellschaftlichen Natur‹ des Menschen* herauszuarbeiten, aus denen begreiflich wird, wie *kooperativ-gesellschaftliche Denk- und Sprachformen als Notwendigkeiten verallgemeinert-vorsorgender Lebenssicherung* sowohl in ihren *generellen Zügen* wie in ihrer *historischen Bestimmtheit* im *individuellen Denken ›abbildbar‹* sein können (und wie der Mensch schließlich fähig werden kann, über diese Denk- und Sprachformen, also die durch sie ›ausgedrückten‹ Verhältnisse, hinaus zu denken und zu handeln).

Unsere nächsten Analyseschritte sind damit vorgezeichnet: Wir müssen den früher aufgewiesenen, durch *kooperativ-gesellschaftliche Zielkonstellationen bestimmten Handlungszusammenhang* (in den benannten drei Teilzusammenhängen) auf die darin enthaltenen *›kognitiven Strukturen‹ der Denk- und Sprachformen hin analysieren* und von da aus aufzuweisen versuchen, welche (in der ›gesellschaftlichen Natur‹ gegründeten) Fähigkeiten des *individuellen Denkens* sich herausgebildet haben müssen, durch welche die Menschen die *jeweiligen ›kognitiven Strukturen‹ realisieren bzw. überschreiten,* also unter *gesellschaftlichen Bedingungen handlungs- und lebensfähig* werden konnten.

Indem wir nachvollzogen, wie das Denken von seinen frühesten Ansätzen der individuell gelernten Antizipation von Ereignisrelationen sich bis zur ›operativen‹ Ebene des regulativen Wechselspiels zwischen ideeller Antizipation, Ereignisherstellung und -beobachtung etc. spezifiziert, haben wir zugleich darauf hingewiesen: Die in den Mittelbedeutungen vergegenständlichten (und in sprachlich kommunizierten ›praktischen Begriffen‹ repräsentierten) verallgemeinerten Brauchbarkeiten, an deren Antizipation sich die ›Operationen‹ regulieren, sind selbst nicht mehr auf der operativen Ebene faßbar, sondern verweisen auf übergeordnete gesellschaftliche Zielkonstellationen, deren ›Teilziele‹ sie sind, also auf Handlungszusammenhänge. Wenn man diese Verhältnisse nun genauer analysiert, so verdeutlicht sich: Im Maße der Herausbildung der kooperativ-gesellschaftlichen Lebensgewinnungsform sind die Relationen zwischen Aktivitäten und Resultaten *nicht mehr zweigliedrig* (Aktivität-Resultat) sondern (mindestens) *dreigliedrig, da die operativ hergestellten Resultate ihrerseits* Voraussetzungen *weiterer Resultate*, nämlich der in kooperativ-gesellschaftlichen Handlungszusammenhängen zu schaffenden verallgemeinert-vorsorgenden Lebensbedingungen darstellen. Wenn man dies auf die darin ›vergegenständlichte‹ kognitive Struktur als ›Denk- und Sprachformen‹ hin expliziert, so kann man feststellen: Die sich hier herausbildenden Handlungszusammenhänge sind, in dem Grade, wie sich sich durchsetzen, immer weniger als einfache Aktivitäts-Wirkungs-Relationen und immer ausgeprägter als *Aktivitäts-Ursache-Wirkungs-Relationen* zu charakterisieren, indem durch die *eingreifend-operativen Aktivitäten* hier die *Realität* als ›äußere Natur‹ in der Schaffung von Mitteln/Lebensbedingungen so verändert wird, daß damit zu allererst die *Ursachen* geschaffen werden, als *deren* Wirkung dann die vorsorgend-verallgemeinerte Lebenssicherung der Gesellungseinheit resultiert. Die kooperativ-gesellschaftlichen Handlungszusammenhänge hätten also in diesem Sinne eine im individuellen Denken anzueignende ›*kausale Struktur*‹, wobei die ›*operative Untereinheit*‹ der Handlungen nur bis zum Zusammenhang zwischen den *Aktivitäten und den darin antizipatorisch-regulativ herzustellenden* ›*Ursachen*‹ reicht, der ›Ursachen-Wirkungs-Zusammenhang‹ selbst aber im *übergeordneten kooperativ-gesellschaftlichen Zusammenhang* ›vergegenständlicht‹ (und sprachlich-symbolisch gefaßt) ist: Erst von diesem Handlungszusammenhang und den darin hervorzurufenden ›Wirkungen‹ vorsorgender Lebenssicherung her bestimmt sich die Eigenart der ›operativ‹ herzustellenden ›Ursachen‹. ›Kausalbeziehungen‹ wären so gesehen nicht einfach etwas in der Natur Vorfindliches, sondern würden erst *mit der menschlichen Naturveränderung in kooperativ-gesellschaftlichen Verhältnissen* als zentrales Merkmal der darin ›*vergegenständlichten* und *in individuellem Denken zu realisierenden Denk- und Sprachformen*‹ entstehen.

Um klarer werden zu lassen, auf welche Weise solche das Verhältnis Mensch-Natur charakterisierenden ›Kausalbeziehungen‹ sich in den gesellschaftlichen Strukturen als ›Denkformen‹ abbilden und von da aus individuell ›gedacht‹ werden können und müssen, thematisieren wir den benannten *ersten Teilzusammenhang* innerhalb des kooperativ-gesellschaftlichen Handlungszusammenhangs, den *Zusammenhang zwischen gesellschaftlichen Ziel-Mittel-Konstellationen* und den *Beschaffenheiten und Gesetzmäßigkeiten* der durch Arbeit in gesellschaftliche Lebensbedingungen transformierten ›*äußeren*‹ *Naturbedingungen* (vgl. S. 283 f). Von da aus können wir uns vergegenwärtigen, daß die ›Ursachen‹, deren ›Wirkungen‹ dann der gesellschaftlichen Lebenssicherung dienen, niemals individuell hergestellt werden können, da auf diesem Wege der gesetzmäßige Zusammenhang zwischen Ursache und Wirkung nicht faßbar wäre. Nur dadurch, daß in den hergestellten Arbeitsmitteln/Lebensbedingungen kooperativ-gesellschaftlich *verallgemeinerte* Zwecke vergegenständlicht und über die ›praktischen Begriffe‹ sprachlich-symbolisch abbildbar sind, können auch *allgemeine* Zusammenhänge zwischen den damit geschaffenen ›*Mitteln*‹ und den durch diese ›*verursachten*‹ *Effekten,* da gesellschaftlich vergegenständlicht, im individuellen Denken erfaßt werden. Es ist also die geschilderte, in den *geschaffenen Produkten vergegenständlichte verallgemeinert-systematische* ›*Sachintentionalität*‹ als *geplante eingreifende Realisierung genereller menschlicher* ›*Zwecke*‹, durch die die *Erfassung* ›*kausaler*‹ *Naturzusammenhänge* erst möglich wird und worin also der *Anfang der Herausbildung gesellschaftlich vermittelter menschlicher Naturerkenntnis,* und darüberhinaus der *Spezifizierung der* ›*Orientierung*‹ *zur* ›*Erkenntnis*‹ *überhaupt,* zu sehen ist. In der Bedeutung der hergestellten Mittel/Bedingungen sind somit, indem darin allgemeine Zwecksetzungen ›intentional‹ vergegenständlicht sind, gleichzeitig *allgemeine Naturzusammenhänge,* in dem *Grade und der Art,* wie sie durch die *eingreifende Realisierung der Zwecksetzungen hervortreten, verkörpert und faßbar.* Demgemäß spiegeln sich in den kooperativ-gesellschaftlichen Zwecksetzungen, obwohl sie aus dem menschlichen Lebensgewinnungsprozeß hervorgegangen sind, gleichzeitig (in den dadurch hervortretenden Zügen) *objektive, vom Menschen unabhängige Beschaffenheiten und Gesetzmäßigkeiten der Naturverhältnisse,* unter denen die Menschen gemeinschaftlich ihre Existenz erhalten müssen.

Dieser Zusammenhang wurde von LEONTJEW in seinem (S. 177 erwähnten) ›Axt-Beispiel‹, das ich seiner Bedeutung wegen hier im Ganzen zitieren will, veranschaulicht: »Um Werkzeuge herstellen und verwenden zu können, muß der Mensch die Ziele der Arbeitshandlung bewußt erfassen. Zugleich führt der Gebrauch eines Werkzeuges aber auch dazu, sich des Arbeitsgegenstandes in seinen objektiven Eigenschaften bewußt zu werden. Beim Benutzen einer Axt zum Beispiel wird nicht nur dem Ziel einer praktischen Handlung entsprochen, sondern es werden auch die Eigenschaften des Arbeitsgegenstandes widergespiegelt, auf den sich die Handlung richtet. Der Hieb einer Axt erprobt also untrüglich die Härte des Materials, aus dem der betreffende Arbeitsgegenstand besteht. Seine objektiven Eigenschaften werden nach Merkmalen, die im Werkzeug selbst objektiv gegeben sind, praktisch analysiert und verallgemeinert. Das Werkzeug wird damit gleichsam zum Träger der ersten, echten, bewußten und vernünftigen Abstraktion, der ersten, bewußten und vernünftigen Verallgemeinerung« (1973, S. 208 f).

Auf höherer Entwicklungsstufe kooperativ-gesellschaftlicher Lebensgewinnung, und deshalb noch klarer, läßt sich der gemeinte Zusammenhang verdeutlichen am Beispiel des *Feldbaus:* Die Operation des ›Säens‹ im Frühjahr unter Verwendung des dazu unter bestimmten Umständen aufbewahrten ›Saatgutes‹ als ›*Mittel*‹ *schafft* hier die ›*Ursachen*‹, die ihrerseits als ›*Wirkung*‹ das *Wachsen des Getreides* und die *Möglichkeit seiner Ernte im Herbst* hervorbringen. Der Naturzusammenhang zwischen der Saat und dem Wachsen des Getreides kann dabei nur hervortreten und im Denken faßbar werden durch die *kooperativ-gesellschaftliche Organisierung* der Realisierung von Zielkonstellationen durch Handlungen, da ohne systematisch-geplantes Säen und ebenso geplantes ›Warten‹ auf das Wachsen des Getreides an der gleichen Stelle hier die *Kausalbeziehung* ›*Saat – Getreide*‹ niemals aus der Vielfalt sich überlagernder ›natürlicher‹ Bedingungsgefüge herauslösbar wäre. Die sich bildende ›Erkenntnis‹ steht hier also in Wechselwirkung mit der ›verallgemeinerten‹ Schaffung der Ausgangsumstände, die es *der ›Natur‹,* da hier ein in ihr liegender gesetzmäßiger Zusammenhang getroffen ist, *quasi ›erlaubt‹,* auf *ebenso allgemeine Weise* darauf zu antworten. Dabei wird evident, wie durch die sich mit dem Feldbau als Weise kooperativ-gesellschaftlicher Produktion-Reproduktion herausbildende ›lebensnotwendige‹ Denkform der geschilderten Aktivitäts-Ursache- Wirkungs- Relation auch die Fähigkeit zur Aneignung dieser Denkform im individuellen Denken ein neues Niveau erreicht haben muß, indem die dreigliedrige Relation hier soweit kognitiv erfaßbar ist, daß die ›Operation‹ des Säens wie die ›Operation‹ des Erntens vom Individuum in ihrem Stellenwert innerhalb des übergeordneten kooperativ-gesellschaftlichen Handlungszusammenhangs ›Feldbau‹ ›erkannt‹ werden kann.

Der ›praktische Begriff‹ der genannten Aktivitäts-Ursache-Wirkungs-Relation ist dabei unabhängig davon, in welchen zunächst magischen, später ›mythischen‹ Formen der Welt- und Lebensdeutung er erscheint: Entscheidend für unsere gegenwärtigen Überlegungen ist, daß hier in den Denkformen und dem diese realisierenden individuellen Denken ein ›kognitives‹ Niveau repräsentiert ist, durch welches die genannten ›Kausalzusammenhänge‹ *praktisch* in kooperativ-verallgemeinerter Weise berücksichtigt und damit die Existenz der Gesellungseinheit vorsorgend gesichert werden kann. (Zu diesem Abschnitt vgl. M. I., S. 277 f)

Wenn wir nun die mit der Herausbildung der kooperativ-gesellschaftlichen Lebensgewinnungsform entstehenden Denkformen, soweit sie den Zusammenhang zwischen Naturverhältnissen und kooperativ-vorsorgender Lebenssicherung abbilden, auf ihre quasi ›formalen‹ Züge hin explizieren, so wäre zunächst der immer wieder hervorgehobene Tatbestand der *realen* Allgemeinheit der geschaffenen Relation zwischen Aktivitäten, Ursachen und Wirkungen, der sich aus der Naturveränderung zur verallgemeinerten kooperativen Vorsorge ergibt, anzuführen. Darüberhinaus wäre hier der (bereits in der Diskussion der ›praktischen Begriffe‹

bei der Entstehung der Sprache, S. 226 ff, aufgewiesene) Umstand hervorzuheben, daß in den kooperativ-gesellschaftlich entwickelten Aktivitäts-Ursache-Wirkungs-Relationen gleichzeitig *real* eine *Abstraktion* vollzogen ist, durch welche die wesentlichen, d.h. die verallgemeinerte Wirkung im Zusammenhang kooperativer Lebenssicherung hervorbringenden, von den mehr oder weniger unwesentlichen Zügen der herzustellenden bzw. zu gebrauchenden Mittel/Lebensbedingungen abgehoben sind. Darin liegt gleichzeitig eine real geschaffene *Vereindeutigung* der Relation zwischen den *Mitteln* und den mit ihnen Lebensbedingungen produzierenden bzw. nutzenden Aktivitäten einerseits und dem damit geschaffenen/genutzten *Kausalzusammenhang* andererseits, indem durch den *materiellen Lebensgewinnungsprozeß* aus den sich überlagernden Naturverhältnissen gerade jeweils die *Aktivitäts-Ursache-Wirkungs-Relation* ›herausgeschnitten‹ ist, die unter *diesen Naturbedingungen* der *vorsorgend-kooperativen Lebenssicherung* dient. Diese Vereindeutigung ist dabei auch eine wesentliche Voraussetzung für die symbolisch-sprachliche *Kommunizierbarkeit* der praktischen Begriffe. Solche im materiellen kooperativ-gesellschaftlichen Lebensprozeß als dessen ›kognitive‹ Erhaltungs- und Entwicklungsbedingungen real steckenden *Verallgemeinerungen, Abstraktionen und Vereindeutigungen* müssen nun im Zuge der Entstehung der ›gesellschaftlichen Natur‹ des Menschen im *individuellen Denken* in der entstehenden *Fähigkeit zum Verallgemeinern, Abstrahieren und Vereindeutigen* erfaßbar werden. So kann das Individuum die Herstellung/den Gebrauch von je besonderen Mitteln/Bedingungen als ›Fall‹ verallgemeinerter kooperativ-gesellschaftlicher Mittel/Bedingungs-Herstellung/Nutzung (die von ihm hergestellte/gebrauchte Axt als ›Fall von‹ verallgemeinert-gesellschaftlicher Axtherstellung bzw. -benutzung, das Säen als ›Fall‹ des Mittel-Einsatzes von Saatgut im verallgemeinerten kooperativ-gesellschaftlichen Zielzusammenhang des ›Feldbaus‹ etc.) erfassen, die aus dem verallgemeinert-kooperativen Zweck sich ergebenden wesentlichen Züge von den unwesentlichen Zügen der auszuführenden Aktivität unterscheiden und so die herzustellende/zu nutzende ›Ursache‹ im Hinblick auf die zu erreichende kooperative vorsorgende ›Wirkung‹ vereindeutigen. Das Individuum muß auf diese Weise durch ›denkende‹ Aneignung und Realisierung der in den Denkformen liegenden Verallgemeinerungen/Abstraktionen/Vereindeutigungen die jeweilige kooperativ-gesellschaftliche Aktivitäts-Ursache-Wirkungs-Relation *adäquat im Kooperationsprozeß reproduzieren* können –dies ist selbst eine generelle Notwendigkeit des materiellen gesellschaftlichen Lebensgewinnungsprozesses.

Mit der Explikation der dreigliedrigen Aktivitäts-Ursache-Wirkungs-Relation als Moment der ›kognitiven Struktur‹ der kooperativ-gesellschaftlichen Schaffung/Nutzung von Mitteln und Lebensbedingungen haben wir indessen das ›Denken‹ von Handlungszusammenhängen erst

Die Herausbildung von Erkenntnis-Wertungs-Motivationsprozessen 291

mit Bezug auf den ersten der dargelegten Teilzusammenhänge, den Zusammenhang zwischen kooperativen Ziel-Mittel-Konstellationen und Gesetzmäßigkeiten der äußeren Naturbedingungen, analysiert. Wir müssen also nun die globalen Denkformen gesellschaftlicher Lebensgewinnung auf die ›kognitiven Strukturen‹ hin entfalten, die im Handlungszusammenhang zwischen dem kooperativen Lebensprozeß und dem je individuellen Beitrag dazu und weiterhin zwischen gesellschaftlich verallgemeinerter Vorsorge und der vorsorgenden Sicherung und Entwicklung der je individuellen Existenz liegen, um herauszuheben, welche weiteren Züge der mit der Herausbildung der ›gesellschaftlichen Natur‹ sich ›vermenschlichenden‹ individuellen Denkprozesse daraus ableitbar sind.

Den Ansatz hierzu finden wir in dem Umstand, daß die in den Mitteln/Lebensbedingungen vergegenständlichten verallgemeinerten Gebrauchszwecke etc. ihrer Bedeutung nach nicht nur ›sachintentional‹ auf die in der verändernden Aktivität zutage tretenden und nutzbar gemachten Naturverhältnisse verweisen, sondern darin immer auch *›sozialintentional‹* auf die Menschen, die diese Gebrauchszwecke zu ihrer Existenzsicherung gemeinschaftlich herstellen und nutzen müssen: Nach der ›Zweck-Mittel-Verkehrung‹ sind ja, wie dargestellt (S. 174), die ›Sachintentionalität‹ und die ›Sozialintentionalität‹ auf neuem Niveau integriert, indem hier die sachlichen Erfordernisse gemeinschaftlicher Lebenssicherung zugleich Resultat der Realisierung gemeinsamer Lebensinteressen etc. der Individuen sind.

Die verallgemeinerten ›Brauchbarkeiten‹ der Mittel/Bedingungen bedeuten also aufgrund des *bestimmenden ›Herstellungsaspekts‹*, durch welchen sie allein sich von bloß zufälligen ›Verwendbarkeiten‹ unterscheiden, immer auch ein *›Verallgemeinertes-Gemachtsein-Zu‹*, in welchem die mit der kooperativ-gesellschaftlichen Lebensform notwendig entstehenden, in den Denk- und Sprachformen liegenden ›kognitiven Strukturen‹ der Aktivitäts-Ursache-Wirkungs-Relation um ein *soziales Relat* erweitert sind: Durch die Herstellung/Verwendung der Mittel/Bedingungen werden nicht nur faktisch ›Ursachen‹ geschaffen, die die ›Wirkung‹ verallgemeinert-vorsorgender Lebenssicherung haben, sondern diese Wirkungen sind mit der Herstellung der Mittel/Bedingungen als deren Ursachen von den herstellenden Menschen, da sie *nur so ihr Leben gemeinschaftlich vorsorgend erhalten* können, auch *als ihre Zwecke intendiert,* was sich als deren sozialintentionaler Aspekt in den geschaffenen Mitteln/Bedingungen niederschlägt. In der so mit der verallgemeinerten Brauchbarkeit der Mittel/Bedingungen gegebenen kognitiven Form des ›Verallgemeinerten-Gemachtseins-Zu‹ sind mithin quasi als Unterform zwei *personbezogene kognitive Formen* enthalten: Die Form des *›verallgemeinerten Produzenten‹* i.w.S., der durch sein Tun in den Mitteln/Bedingungen die allgemeinen Gebrauchszwecke vorsorgend-gesellschaftlicher Lebenssicherung realisiert, und die Form des *›verallge-*

meinerten Nutzers‹, der durch die in den Mitteln/Bedingungen erzeugten Wirkungen seine individuelle Existenz vorsorgend erhalten und entwickeln kann. In diesen mit der kooperativ-gesellschaftlichen Lebensgewinnungsweise selbst sich herausbildenden personalen Denkformen sind die einzelnen Mitglieder der Gesellungseinheit objektiv in den *übergreifenden Ziel-Mittel-Zusammenhang* des kooperativen Lebensprozesses gestellt und erhalten dadurch ihren *realen Stellenwert* innerhalb der gemeinschaftlich-vorsorgenden Existenzsicherung. Dabei ist im materiellen Lebensprozeß gleichzeitig von der *konkreten Beschaffenheit* der individuellen Aktivitäten *abstrahiert*, und nur die in der Lebensgewinnungsweise liegende *Bezogenheit der Individuen* aufeinander ›kognitiv‹ verkörpert, womit die konkreten Aktivitäten, etwa funktionsteiliger Spezifizierung, erst ihren Charakter als ›Teilarbeiten‹ im sich entwickelnden ›arbeitsteiligen‹ gesellschaftlichen Kooperationszusammenhang erhalten.

Aufgrund dieser Analysen lassen sich nun weitere funktional-formale Potenzen des *individuellen Denkens* in kooperativ-gesellschaftlich notwendiger *Realisierung der Denkformen* herausheben: Zum verallgemeinernd/abstrahierend/vereindeutigenden Erfassen der in den zu schaffenden Mitteln/Bedingungen liegenden Aktivitäts-Ursache-Wirkungs-Relationen durch auf den Einzelfall konkretisierbare ›praktische Begriffe‹ gehört auch die *Bildung von ›praktischen Begriffen‹* des in den *Mitteln/Bedingungen liegenden ›Verallgemeinerten-Gemachtseins-Zu‹*, damit des ›*verallgemeinerten Produzenten*‹ bzw. des ›*verallgemeinerten Nutzers*‹. Der *sachintentionale* ›Begriff‹ der in Herstellungs- oder Gebrauchsaktivitäten umzusetzenden ›verallgemeinerten Brauchbarkeit‹ *ist* also, sofern er gesellschaftlich-kooperative Verhältnisse adäquat abbildet, notwendig immer auch ein *sozialintentionaler* ›Begriff‹ der Individuen von *ihrem eigenen Stellenwert innerhalb der Struktur verallgemeinerter personaler Zwecksetzungen und Lebensmöglichkeiten*. Dazu muß das Individuum ›kognitiv‹ fähig sein, von *seiner eigenen* faktischen Aktivität *verallgemeinernd/abstrahierend* zum ›Begriff‹ des (produzierenden bzw. nutzenden) ›*verallgemeinerten Anderen*‹ aufzusteigen (und damit die darin liegenden real-gesellschaftlichen Verallgemeinerungen/Abstraktionen anzueignen). Weiterhin muß das Individuum in einer Art von ›*sozialer Dezentrierung*‹[1] von seinem eigenen Standort absehen und den Standort der ›*verallgemeinerten Anderen*‹[2] einnehmen, sich also *selbst als einen ›Anderen für andere‹* kognizieren können. Aufgrund dieser ›*sozialen Abstraktion*‹ kann das Individuum nun im *Rückbezug* auf seine *eigene Aktivität* diese als einen *konkreten ›Fall von‹* Aktivität des ›*verallgemeinerten Produzenten*‹ bzw. ›*verallgemeinerten Nutzers*‹ er-

---

1 Piagets Dezentrierungs-Begriff ist damit hier in einem anderen Zusammenhang benutzt.
2 Die Ähnlichkeit dieses Konzeptes mit dem Begriff der »generalisierten Anderen« von G.H. Mead ist nur terminologischer Art, da Mead bei der Arbeit in seiner Konzeption den materiellen gesellschaftlichen Reproduktionszusammenhang gerade ausklammert.

kennen und so den *Stellenwert* dieser Aktivitäten im *kooperativ-gesellschaftlichen Ziel-Mittel-Zusammenhang* im *individuellen Denken reproduzieren,* also den *Notwendigkeiten der gesellschaftlichen Lebensgewinnung* anmessen.

Es wird schon deutlich geworden sein, daß wir mit diesen Herleitungen die Spezifikationen herausgehoben haben, die beim ›Denken‹ von Handlungszusammenhängen dem kognitiven Erfassen des *zweiten Teilzusammenhangs* zwischen kooperativem Lebensprozeß und dem individuellen Beitrag dazu, und des *dritten Teilzusammenhangs* zwischen gesellschaftlich-verallgemeinerter Vorsorge und vorsorgender Sicherung der individuellen Existenz *gemeinsam* sind: Das aufgewiesene *neue ›menschliche‹ Niveau sozialverallgemeinernden und -abstrahierenden Denkens* war ja mit Bezug auf den ›verallgemeinerten Produzenten‹ und den ›verallgemeinerten Nutzer‹ hinsichtlicher seiner formal-funktionalen Züge in gleicher Weise explizierbar.

Ehe wir von da aus zu Differenzierungen des ›Denkens‹ des zweiten und des dritten Teilzusammenhangs kommen, wollen wir die bisherigen Darlegungen unter Rückgriff auf den hier notwendig vorauszusetzenden ersten Teilzusammenhang durch eine weitere Ausschlachtung des dazu besonders geeigneten ›Feldbau‹-Beispiels veranschaulichen: Die Aussaat, in welcher (wie dargestellt) einerseits im Herbeiführen des Wachsens der Frucht eine allgemeine Naturgesetzlichkeit für menschliche Lebenszwecke nutzbar gemacht wird, ist andererseits darin auch der reale Inbegriff des ›Verallgemeinerten-Gemachtseins-Zu‹, ein vom ›verallgemeinerten Produzenten‹ in objektivem Verweisungszusammenhang zum ›verallgemeinerten Nutzer‹ geschaffenes ›Mittel‹ zur Herstellung von Bedingungen vorsorgender kooperativer Lebenssicherung. Die Mitglieder der Gesellungseinheit, sowohl wenn sie ›produzieren‹, wie wenn sie durch ›Verzehr‹ des Produzierten ihr individuelles Dasein erhalten, sind objektiv den damit im materiellen Lebensgewinnungsprozeß enthaltenen Denkformen subsumiert, und sie müssen sie in ihrem individuellen Denken realisieren können, um als Individuen in ›funktionaler‹ Weise innerhalb des kooperativen Produktionszusammenhangs aktiv werden und die Bedingungen für die vorsorgende Sicherung der Existenz der Gesellungseinheit, also auch der eigenen Existenz, schaffen helfen zu können. Die damit angesprochene, mit der gesellschaftlichen Lebensgewinnungsform notwendig mitentstehende Art von ›kognitiver‹ Leistungsfähigkeit der Individuen läßt sich in ihrem besonderen Niveau quasi aus der Negation verdeutlichen an der anläßlich der Schilderung der frühesten neolithischen Feldbaukulturen immer wieder erzählten hypothetischen Geschichte: Die Frauen, die in Weiterentwicklung ihrer früheren funktionsteilig übernommenen Sammleraktivität den Feldbau ›erfunden‹ haben, hätten anfangs das Saatgut vor den (wenn auch immer defizitärer) noch als Jäger aktiven Männern verstecken müssen, da sie dieses sonst aufgegessen hätten (vgl. etwa M I, S. 277). Die ›Männer‹ in dieser Geschichte haben den ›Mittel‹-Charakter des Saatguts, also sein verallgemeinertes ›Gemachtsein‹ zur vorsorgenden gemeinschaftlichen Lebenssicherung nicht ›begriffen‹, sondern das Saatgut wie ein bloß vorgefundenes ›natürliches‹ Nahrungsmittel betrachtet, dessen Verwendbarkeiten deshalb lediglich zufällig sind, das man also – genauso gut wie zum Säen benutzen – auch aufessen könne. Der durch das Säen hervorgebrachte Kausalzusammenhang mit dem Wachsen der eßbaren Frucht mag dabei von den Männern durchaus ›erkannt‹ worden sein. Was sie aber *nicht* ›einsahen‹, war der geschilderte *verallgemeinert-sozialintentionale Charakter* des Aufhebens und Aussäens des Saatguts: Sie erreichten (aufgrund der in der noch naturwüchsigeren Lebensgewinnungsform enthaltenen unentwickelteren Denkformen) quasi nicht das gedankliche Niveau, um die im Feldbau als kooperativ-gesellschaftlicher Lebensgewinnungsform real enthaltenen (weil vergegenständlichten) ›kognitiven Strukturen‹ in ihrem individuellen Denken reproduzieren zu können. Da die Männer so die *Funktion des ›verallgemeinerten Produzenten‹* hier nicht verstehen, also auch nicht realisieren konnten, würden sie mit dem Aufessen des Saatguts *nicht nur dem Gemeinwesen, sondern darin auch sich selbst als ›Fällen‹ von ›verallgemeinerten Nutzern‹ schaden*. Indem die Frauen aufgrund ihrer höheren Einsicht in die kooperativ-gesellschaftlichen Ziel-Mittel-Konstellationen das Saatgut versteckten, setzten sie das *Allgemeininteresse des Gemeinwesens* gegen die *bloß individuellen Interessen der Männer durch* und handelten damit *objektiv auch in deren Interesse an vorsorgender Lebenssicherung*. (Allerdings wäre hier darauf hinzuweisen, daß die Männer später aufgrund ihrer Jagderfahrungen die ›Viehzucht‹ entwickelten und in die neolithischen Gemeinwesen einbrachten, womit sie aufgrund der in diesem neuen Produktionszweig enthaltenen Denkformen nunmehr auch in ihrem individuellen Denken und Handeln das gleiche ›formale Niveau‹ erreichen konnten wie vormals nur die Frauen; vgl. M I, S. 277 f).

Von dem damit explizierten ›Feldbau‹-Beispiel aus läßt sich nun auch die jetzt noch herauszuhebende ›kognitive‹ Besonderheit des *dritten Teilzusammenhangs* zwischen gesellschaftlich-verallgemeinerter und individueller Vorsorge innerhalb des übergreifenden Handlungszusammenhangs evident machen: In der Denkform des *›verallgemeinerten Nutzers‹* ist, da in ihr die *Vorsorge* für die individuelle Existenzsicherung verkörpert wird, in spezieller Weise objektiv auf den *gesamten Handlungszusammenhang* verwiesen, indem die individuelle Vorsorge *als Vorsorge* nur ein Implikat der kooperativ-gesellschaftlichen Vorsorge ist, also sowohl das ›Verallgemeinerte-Gemachtsein-Zu‹/den ›verallgemeinerten Produzenten‹ wie den damit hergestellten wirklichen gesetzmäßigen Naturzusammenhang zwischen eingreifender Veränderung und dadurch ›verursachter‹ verallgemeinert-kooperativer Vorsorge etc., voraussetzt bzw. einschließt. Demnach muß hier auch im individuellen Denken dieser Gesamtzusammenhang reproduzierbar sein, d.h. das Individuum muß ›begreifen‹, daß seine *eigene vorsorgende Lebenssicherung nur ein ›Fall von‹ kooperativ-verallgemeinerter Lebenssicherung* und nur so als individuelle *Vorsorge* realisierbar ist. Daraus ergibt sich nicht nur die Notwendigkeit eines *individuellen ›Begriffs‹* vom *funktionalen Primat des ›verallgemeinerten Produzenten‹ gegenüber dem ›verallgemeinerten Nutzer‹* sondern auch der ›Einsicht‹ vom Primat des *verallgemeinerten*

Nutzens gegenüber dem bloß individuellen Nutzen. Dies bedeutet aber zugespitzt: Das Individuum muß dem ›Niveau‹ der von ihm entwickelten praktisch-symbolischen ›Begrifflichkeit‹ nach fähig sein zu kapieren, daß seine *langfristigen Tendenzen zur vorsorgenden Lebenssicherung* mit seinen *kurzfristigen Tendenzen zu unmittelbarer Existenzerhaltung in Widerspruch* stehen können, ja, daß es *paradoxer Weise* seine individuelle Existenz u.U. gerade *nicht* absichern kann, wenn er dies *unmittelbar* anstrebt. Die ›Männer‹ im Feldbau-Beispiel konnten, im Gegensatz zu den Frauen, nicht ›begreifen‹, daß sie, *gerade wenn* sie ihren Hunger perspektivisch stillen wollen, ihn nicht *am Saatgut stillen* dürfen. Ähnliches läßt sich in unentwickelter Form sogar schon am ›Jäger-Treiber-Beispiel‹ zeigen: LEONTJEW wies darauf hin, daß der Treiber, um schließlich bei der Verteilung an das Wild zu gelangen, es *zunächst von sich wegscheuchen* muß, womit die ›Tätigkeit des Treibers biologisch an sich sinnlos‹ sei und ihren ›Sinn‹ erst durch den kollektiven Lebensgewinnungsprozeß erhalte (1973, S. 206; zur Kritik der LEONTJEWschen Interpretation dieser Treiber-Aktivitäten vgl. M II, S. 140 ff).

Damit hat sich die kognitive Erfassung des Stellenwerts der eigenen vorsorgenden Existenzsicherung als zentraler Fluchtpunkt des ›Denkens‹ von Handlungszusammenhängen erwiesen: Indem das Individuum auf ›nichts weiter‹ aus ist, also auf *seine* ›menschliche‹ Existenzerhaltung, *muß* es zugleich die unaufhebbare Abhängigkeit der eigenen vorsorgenden Daseinssicherung von der kooperativ-gesellschaftlich vorsorgenden Daseinssicherung begreifen können; dies schließt ein die existentielle Notwendigkeit des individuellen ›Denkens‹ der kooperativ-gesellschaftlichen Denkform des ›verallgemeinerten Produzenten‹, des ›Verallgemeinerten-Gemachtseins-Zu‹ etc. Nur wenn das Individuum so das in seinen verschiedenen Momenten auseinandergelegte *kognitive* ›Niveau‹ erreicht hat, kann es ›wissen‹, was es *zu seiner eigenen Existenzsicherung innerhalb des gesellschaftlichen Zusammenhangs kooperativer Ziel-Mittel-Konstellationen zu tun* hat, damit auch, wodurch im kooperativ-gesellschaftlichen Lebens- und Bedeutungszusammenhang *seine eigene Existenz gefährdet* sein kann. Gemäß dem Doppelaspekt der *Realisierung* und der *Veränderung* der gemeinschaftlich produzierten allgemeinen Lebensbedingungen durch die Individuen schließt diese individuell notwendige denkende Erfassung kooperativ-gesellschaftlicher Zusammenhänge die Fähigkeit zu unterscheiden ein, ob unter gegebenen Verhältnissen die eigene vorsorgende Existenzsicherung allein durch Realisierung der kooperativ-gesellschaftlichen Vorsorge in individueller Vorsorge garantiert, oder ob dazu eine Veränderung der kooperativ-gesellschaftlichen Vorsorge-Bedingungen selbst erforderlich ist. Der umfassendste, alle anderen Zusammenhänge einschließende Zusammenhang, der vom Individuum in Interesse seiner eigenen Existenz kapiert werden muß, läßt sich also zugespitzt kennzeichnen als Zusammenhang zwischen der vorsorgenden Sicherung des *eigenen* Daseins und der *eigenen* Beteiligung am kooperativ-gesellschaftlichen Prozeß: Da individuelle Vorsorge notwendig ein ›*Fall von*‹ gesellschaftlicher Vorsorge ist, *kann* die individuelle Vorsorge nichts anderes sein als individuelle Beteiligung an gesellschaftlicher Vorsorge. Die Isolation vom gesellschaftlichen Vorsorgeprozeß muß mithin kognitiv erfaßt werden als identisch mit der Unmöglichkeit individuell-vorsorgender Existenzsicherung – entweder dadurch, daß der kooperative Zusammenhang der Lebenssicherung unter den gegebenen Naturbedingungen als solcher bedroht ist, oder dadurch, daß das Individuum selbst nicht dem geschilderten ›generalisierten Anderen‹ des bestehenden Kooperationszusammenhangs subsumiert ist, also, da vom gemeinschaftlichen Vorsorgeprozeß ausgeschlossen, nichts für seine eigene vorsorgende Existenzsicherung zu tun vermag – wobei in beiden Fällen die eigene Existenzbedrohung nur durch die Beteiligung an der Änderung der kooperativ-gesellschaftlichen Bedingungen und Verhältnisse überwunden werden kann (s.u.).

Mit dieser Zuspitzung unserer Argumentation drängt sich der Umstand, daß die *funktionale* ›Vermenschlichung‹ des Psychischen lediglich eine *funktionale Aufdifferenzierung der* ›*inhaltlichen*‹ *Vermenschlichung der Bedeutungs-Bedürfnis*verhältnisse ist – den wir aus darstellungstechnischen Gründen für eine gewisse Strecke implizit gelassen hatten – wieder explizit der kategorialanalytischen Betrachtung auf. Es ist evident, daß kooperativ-gesellschaftliche Verhältnisse, die von den Individuen immer ausgeprägter die Einsicht in den Zusammenhang zwischen ihrer eigenen vorsorgenden Existenzsicherung und ihrer Beteiligung am Prozeß kooperativ-gesellschaftlicher Vorsorge fordern, nur entstehen konnten, weil sie die (in Kap. 6.2, S. 211 ff, ausführlich geschilderte) Entwicklung des globalen Kontrollbedarfs in Beziehung zu den primären Bedarfszuständen in Richtung auf seine kooperative Spezifizierung einschließen: Dadurch hat mit der Bedürfnisgrundlage für die Beteiligung des Einzelnen an der kooperativ-vorsorgenden Schaffung von Lebensbedingungen sich gleichzeitig die Qualität der existenzsichernden Primärbedürfnisse so spezifiziert, daß eine optimale Befriedigung hier nur noch im Zustand der vorsorgenden Abgesichertheit, damit Angstfreiheit, erlangt werden kann. Die Herausbildung von *kognitiven* Strukturen, in denen die Notwendigkeit der Unterordnung kurzfristig individueller Existenzerhaltung unter die Beteiligung an langfristig-verallgemeinerter individueller Existenzvorsorge, die den tendenziellen Verzicht auf unmittelbare primäre Bedürfnisbefriedigung bedeutet, vergegenständlicht ist, ist nur die ›kognitive‹ Seite der Herausbildung von *Bedürfnis*strukturen, durch welche der emotionale Wert unmittelbarer Befriedigung immer mehr zurücktrat gegenüber der emotionalen Wertigkeit abgesichertangstfreier Primärbefriedigung und damit gleichzeitig die Beteiligung an der Schaffung von kooperativ-vorsorgenden Lebensbedingungen, unter denen dies möglich ist, selbst zum zentralen ›Lebensbedürfnis‹ wurde. Nur aufgrund dieser Bedürfnisverhältnisse ist, wie dargelegt (S. 216 f), überhaupt die *Entstehung* von Lebensgewinnungsformen verständlich, in denen Individuen ihre eigene Existenz über Beiträge zur kooperativen Existenzerhaltung sichern, da hier ja weder ›schon vorhandene‹ Einsicht noch gesellschaftlicher Druck vorausgesetzt werden können, weil beides erst *Resultat* der Entwicklung der gesellschaftlichen Lebensgewinnungsform ist, die mithin *erst einmal ohne ›Einsicht‹ und ›Druck‹* o.ä. sich *herausgebildet* haben muß (vgl. dazu M II, S. 25 f).

Indem wir nunmehr herausgearbeitet haben, welche in den kooperativ-gesellschaftlichen Verhältnissen liegenden ›kognitiven Strukturen‹ und in der ›Natur‹ der Individuen liegenden Potenzen zu ihrer *denkenden* Aneignung sich entwickelt haben müssen, damit die Individuen zur Schaffung von Bedingungen der Befriedigung ihrer sich ›vermenschlichenden‹ Bedürfnisse überhaupt fähig werden konnten, hat sich gleichzeitig verdeutlicht, wie das Zustandekommen der *emotionalen Gesamtwertungen* als individuellen Aktivitäts-/Handlungsbereitschaften in immer höherem Grade durch die geschilderten *kooperativ-gesellschaftlichen Denkformen* und ihre *individuelle Realisierung* vermittelt ist: Hier werden nicht mehr nur Informationen aus der natürlichen Umwelt am ›Maßstab‹ ihrer Bedeutung für den Zustand des Organismus gewertet und ›komplexqualitativ‹ zusammengefaßt. Die emotionalen Teilwertungen wie die Gesamtwertung hängen vielmehr nun davon ab, auf welche Weise in den gesellschaftlichen Denkformen der *verallgemeinerte Zusammenhang* zwischen Auseinandersetzung mit der Natur, kooperativer Organisation individueller Beiträge zur gemeinschaftlichen Lebenssicherung und individuell-vorsorgender Existenzerhaltung repräsentiert ist: Das Individuum wertet in ›*denkender*‹ *Aneignung* die verschiedenen Teilmomente dieses Zusammenhangs am Maßstab seiner *selbst kooperativ-gesellschaftlich entwickelten emotionalen Zuständlichkeit*, wobei es nur in *denkender* Verarbeitung der verschiedenen kognitiv-emotionalen Einzelinformationen zu einer *emotionalen Gesamtwertung* kommen kann. Aus diesem Tatbestand (der uns in seiner Zuspitzung nach dem ›Dominanzwechsel‹, in Kap. 7.3, noch ausführlich beschäftigen wird), darf nicht geschlossen werden, daß die früher dargelegte spezielle emotionale Widerspiegelung sich damit aufzulösen beginnt und die Emotionalität allmählich zu einer bloß ›subjektiven‹ Angelegenheit wird: In den kooperativ-gesellschaftlichen Denkformen als Implikaten materieller menschlicher Naturaneignung spiegeln sich *tatsächlich* verallgemeinerte Einschränkungen und Möglichkeiten der Bedürfnisbefriedigung etc. Sowohl die geschilderten emotionalen Erfahrungen als Grundlage für deren Wertung wie die zur individuellen Gesamtwertung führende kognitive ›Verarbeitung‹ sind mithin Aspekte der Weltauseinandersetzung des Individuums bzw. deren lebensgeschichtlichen Niederschlags als Antwort auf die *objektiven* konkret-historischen gesellschaftlichen Lebensbedingungen. Unser Diktum, die Emotionalität sei ihrem Wesen nach zugleich objektiv und individuell (vgl. auch HOLZKAMP & H.-OSTERKAMP 1977, S. 173) behält also auch für die kategoriale Bestimmung der ›Vermenschlichung‹ der Emotionen seine volle Gültigkeit.

Aus der damit angedeuteten inneren Beziehung zwischen der Entwicklung kooperativ-gesellschaftlicher Denkformen wie deren individueller Realisierung und der ›menschlichen‹ Qualifizierung von Bedürfnisverhältnissen und emotionalen Wertungen klärt sich nun auch die Art, in der die mit der Herausbildung der ›gesellschaftlichen Natur‹ des Menschen einhergehende ›*Vermenschlichung*‹ *der Motivation*, wie sie sich vorgängig ausdifferenziert hat, gefaßt werden muß. Auf diesem Wege ist gleichzeitig unsere frühere globale Aussage, die *Entwicklung der* Motivation sei der *emotionale Aspekt der Entwicklung* des *Denkens* (vgl. S. 263), ein Stück weit zu konkretisieren.

›Motivation‹ entsteht als emotionales Regulativ des ›autarken‹ Erkundungslernens und ist die Aktivitätsausrichtung durch gelernte Antizipation einer mit der Aktivität zu erreichenden Situation von (im Vergleich zur gegenwärtigen) höherer emotionaler Wertigkeit. Die Motivation stellt damit den emotionalen Aspekt des genetischen Auseinandertretens von gegenwarts- und zukunftsbezogener Orientierung, also der Herausbildung des Denkens dar (vgl. S. 263). Ursprünglich wurden bei motivierten Aktivitäten lediglich jeweils *individuell* zu erreichende ›befriedigendere‹ Situationen antizipiert. Mit der Ausdifferenzierung von Sozialkoordinationen zur (wenn auch noch ad hoc) *überindividuell* organisierten gemeinschaftlichen Existenzsicherung bezogen sich mit der ›sozialen‹ Spezifikation des Kontrollbedarfs auch die ›motivierten‹ Antizipationen nicht mehr lediglich auf die individuellen Aktivitätsresultate, sondern auf den jeweiligen *Gesamterfolg* des kollektiven Unternehmens (vgl. S. 170 ff). Bei Berücksichtigung unserer bisherigen Herausarbeitung von psychischen Funktionsaspekten der ›gesellschaftlichen Natur‹ des Menschen liegt die sich hier vollziehende weitere Spezifizierung dieser Entwicklung der Motivation auf der Hand: Es wird klar, daß man ›*menschliche*‹ *Motivation* mit Bezug auf die bloß *individuellen Antizipationen innerhalb* ›*operativer*‹ *Untereinheiten des Handelns niemals in ihrer Spezifik* begreifen kann (darin liegt der Grund, warum in unseren langen Ausführungen über die Ebenen und die Struktur der Perzeptions-Operations-Koordinationen von Motivation nicht die Rede war). Es sind vielmehr Antizipationen in den *übergeordneten kooperativ-gesellschaftlichen Handlungszusammenhang* hinein, durch welche hier *motivierte Aktivitäten allein zustandekommen* können. Genauer: Motivation ergibt sich aus der geschilderten Erfassung des *Stellenwerts der eigenen vorsorgenden Existenzerhaltung* im Gesamt des Handlungszusammenhangs:

›Motiviert‹ ist eine Aktivität aufgrund der geschilderten ›kooperativen‹ Spezifizierung der Bedürfnisverhältnisse hier in dem Grade, wie als Resultat der Aktivität eine *Erweiterung der eigenen vorsorgenden Daseinssicherung, damit eine höhere menschliche Qualität der Bedürfnisbefriedigung, antizipiert* werden kann. Individuelle Beiträge zur *Realisierung* der jeweils gegebenen Form kooperativ-gesellschaftlicher Lebensgewinnung sind also soweit motiviert, wie das Individuum erkennt, daß mit der dadurch geförderten *kooperativ-gesellschaftlichen* Vorsorge gleichzeitig die *eigene* existentielle Vorsorge (als deren ›Fall‹) in höherem Grade gesichert ist. Individuelle Beiträge zur *Änderung* bestehender kooperativ-gesellschaftlicher Lebensgewinnungsformen sind soweit motiviert, wie das Individuum in der dabei angestrebten *Erweiterung der kooperativ-gesellschaftlichen Vorsorge* die *Überwindung der gegenwärtigen Bedrohung seiner individuell-vorsorgenden Existenzsicherung und ›menschlichen‹ Bedürfnisbefriedigung* antizipiert. Damit verdeutlicht sich, daß einem *aus dem Handlungszusammenhang isolierten Resultat* eines *individuellen operativen Vergegenständlichungsprozesses* ebensowenig wie der dahin führenden *antizipatorischen Aktivitätsregulation* ›anzusehen‹ ist, ob sie ›motiviert‹ zustandegekommen sind bzw. vollzogen werden oder nicht. Diese ›*motivationale Mehrdeutigkeit‹ von Operationen* etc. ist schlaglichtartig zu veranschaulichen durch vorgreifende Heraushebung des Umstands, daß etwa eine Axt, deren Herstellung und deren Gebrauch ja nicht der kooperativen-individuellen Daseinsvorsorge dienen *müssen*, sondern – in antagonistischen Klassengesellschaften – auch der Erhöhung des gegenständlichen Reichtums der ausbeutenden Klasse, damit der *Befestigung gerade der eigenen Ausgeschlossenheit von der Beteiligung an gesellschaftlicher Vorsorge, als Beschränkung der individuellen Vorsorgemöglichkeit* etc. dienen können (s.u.).

Verallgemeinert verweist dies darauf, daß die Motiviertheit einer Aktivität überhaupt *nicht* von der Antizipation irgendwelcher *gegenständlicher Resultate* abhängt, sondern davon, wieweit (u.U. *über* bestimmte vergegenständlichte Resultate) eine mit der Aktivität zu erreichende *Erhöhung der eigenen Lebensqualität antizipiert* werden kann. Da dies wiederum nur als ›*Fall‹* der allgemeinen, kooperativ-gesellschaftlichen Erhöhung der Lebensqualität erreichbar ist, ist mithin die ›Motiviertheit‹ oder ihre Abwesenheit ein Ergebnis des geschilderten ›*Denkens‹ des gesamten Handlungszusammenhangs vom Standort der individuell-vorsorgenden Existenzsicherung* (als drittem Teilzusammenhang) und in diesem Sinne der ›*emotionale Aspekt‹ des Denkens*. Differenziert gefaßt bedeutet dies: Die individuelle Motivation ist abhängig davon, wieweit a) ein *Zusammenhang zwischen dem zu leistenden Beitrag zur kooperativ-gesellschaftlichen Lebensgewinnung* (bzw. deren Verbesserung) und der *vorsorgenden Sicherung der eigenen Existenz* unter den je gegebenen Verhältnissen *tatsächlich besteht*, ob er b) in den *gesellschaftlichen*

Denkformen adäquat abgebildet ist und ob c) das Individuum das Vorhandensein bzw. Fehlen des Zusammenhangs *adäquat zu erfassen fähig* ist. Sind alle *drei Voraussetzungen* erfüllt, so ergibt sich aufgrund der charakterisierten Eigenart menschlicher Bedürfnisverhältnisse *gesetzmäßig eine ›motivierte‹ Aktivität*; fehlt eine der drei Voraussetzungen, so kann es *ebenso gesetzmäßig nicht zu motivierter Aktivität* kommen (unabhängig davon, ob das Individuum selbst oder andere es zu dieser Aktivität ›motivieren‹ *möchten*). Wenn man nur auf die noch mehr oder weniger unmittelbar kooperativen Lebensformen blickt, durch welche es zur selektionsbedingten Herausbildung der ›gesellschaftlichen Natur‹ des Menschen kommt, so wird man davon ausgehen können, daß die drei genannten Motivations-Voraussetzungen hier noch weitgehend eine Einheit bilden. Dennoch läßt sich ihre *Unterscheidung* bereits mit Bezug darauf vollziehen, womit die kategorialen Mittel für die Analyse ihres *realen Auseinandertretens* (auf der Stufe gesamtgesellschaftlicher Vermitteltheit individueller Existenz) geschaffen und so wichtige Linien der weiteren Analysen vorgezeichnet sind.

Da ›Motivation‹, wie sich verdeutlichen sollte, anders als die Bedürfnisverhältnisse, der *emotional-antizipatorische Aspekt* der *wirklichen Handlungsplanung bzw. -ausführung* ist, muß hier mit der emotionalen Wertigkeit zukünftig zu erreichender höherer Lebensqualität immer auch die *emotionale Wertigkeit des mit der eigenen Aktivität zu realisierenden Weges* dorthin, also *zukünftige Anstrengung, zukünftiges Risiko o.ä. antizipiert* werden. Wenn man dies berücksichtigt, so müssen frühere Darlegungen über die für die Motivation bestimmende Differenz zwischen gegenwärtigen und zukünftigen Situationswertigkeiten dahingehend präzisiert werden, daß in die antizipatorische Wertung der zu erreichenden zukünftigen Situation hier notwendig *zwei widersprüchliche* Bestimmungen eingehen, die Wertung der *zukünftigen Lebensqualität* und die Wertung der *auf dem Weg dahin ›erwarteten‹ Anstrengungen und Risiken*: Nur soweit sich bei der kognitiv-emotionalen Verarbeitung dieser widersprüchlichen Bestimmungsmomente im *Ganzen eine positive Wertigkeit der antizipierten Aktivität* ergibt, die die Wertigkeit der gegenwärtigen Situation übersteigt, kann die *Aktivität tatsächlich ›motiviert‹ vollzogen* werden. Damit haben wir die Grundzüge jenes der menschlichen Motivation als solcher eigenen ›*Motivationswiderspruchs*‹ angedeutet, dessen allgemeine kategoriale Erfassung für die spätere Analyse von Motivationsprozessen als Aspekt der Handlungsfähigkeit unter ›gesamtgesellschaftlichen‹ Lebensverhältnissen unerläßlich ist.

›Doppelgesicht‹ der Wahrnehmung und des operativen ›Könnens‹: Funktionales Gesamtverhältnis zwischen Handlungen und Operationen

Indem wir die mit der Genese der Handlungsfähigkeit in der ›gesellschaftlichen Natur‹ des Menschen sich herausbildenden psychischen Funktionsaspekte – da diese Entwicklung gleichbedeutend ist mit der Erfassung überindividueller Handlungszusammenhänge über die unmittelbar sinnlich präsenten Welt- und Sozialbezüge hinaus – in der geschilderten Weise vom ›Denken‹ her entfalten mußten, verdeutlicht sich nun auch das werdende Verhältnis zwischen ›Denken‹ und ›Wahrnehmen‹ als dem anderen Aspekt des individuellen Erkenntnisprozesses. Auf der einen Seite hat sich ergeben: Die Wahrnehmung ist von der höchsten Stufe der Perzeptions-Operations-Koordination (der individuell-antizipatorischen Aktivitätsregulierung bei der Realisierung/Nutzung kooperativ-gesellschaftlicher ›Brauchbarkeiten‹ etc.) her als Strukturierung des unmittelbar-präsenten Realitätsaufschlusses gemäß der Aktivitätsrelevanz der Mittelbedeutungen aufzufassen, wobei sie alle unspezifischeren Ebenen perzeptiv-operativer Informationsauswertung (Gradienten-Orientierung, Aussonderung/Identifizierung, Diskrimination/Gliederung, Erfassung subsidiär modifizierter ›primärer‹ Schlüsselkonstellationen) in sich enthält bzw. aufhebt. Auf der anderen Seite aber läßt sich nun verdeutlichen: Die Wahrnehmung muß – indem die geschilderte individuell-antizipatorische Aktivitätsregulierung als höchste ›operative‹ Ebene sich nur als ›Untereinheit‹ von Handlungen herausbilden konnte – auch *vom ›Denken‹ der Handlungszusammenhänge her strukturiert werden*, indem die Realität hier notwendig *›durch‹ die dabei entwickelten symbolisch repräsentierten ›praktischen Begriffe‹ hindurch* wahrgenommen wird, d.h. am Sinnlich-Präsenten die auf die dargestellte Weise durch *Verallgemeinerung/Abstraktion/Vereindeutigung gewonnenen ›wesentlichen‹ Züge und Bezüge herausgehoben* werden. So erscheint dann in der Wahrnehmung das *Gegebene* gemäß den im individuellen Denken angeeigneten kooperativ-gesellschaftlichen Denkformen lediglich als ›Fall von‹ (verallgemeinerter Brauchbarkeit, Verallgemeinertem-Gemachtsein-Zu, verallgemeinertem Produzenten, verallgemeinertem Nutzer etc.) in seinem Stellenwert innerhalb des übergeordneten kooperativen Handlungszusammenhangs (vgl. SE, S. 152 ff).

Damit wird deutlich, daß der Wahrnehmung zwischen den Funktionsaspekten der Handlung und deren operativer Untereinheit eine eigentümliche *Zwischenstellung oder Mittlerfunktion* zukommt: Unter dem *Handlungsaspekt* ist die Wahrnehmung die *sinnliche Konkretion der kooperativ-gesellschaftlich geschaffenen Mittel/Bedingungen*, wie sie in den *objektiven Denkformen in verallgemeinerter Weise repräsentiert* sind. Unter dem *Operationsaspekt* dagegen ist das Wahrgenommene permanentes Resultat der *sinnlich-stofflichen Auseinandersetzung des Individuums mit der präsenten Außenwelt*, womit gerade die *Widerständigkeit der inneren und äußeren Realität gegen die verallgemeinerten Zwecksetzungen kooperativer Lebensgewinnung im Erkenntnisprozeß, damit auch im Handeln, sich Geltung verschafft.* Dies heißt, daß an den *wahrgenommenen Bedeutungsstrukturen* ›durch‹ die ›Denkformen‹ und deren individuellen Begriff hindurch einerseits, und bei der perzeptiven Gliederung des Wahrnehmungsfeldes in ›operativer‹ Weltauseinandersetzung (unter Einbeziehung/Aufhebung der unspezifischen Funktionsebenen -merkmale) andererseits *verschiedene*, ja u.U. *widersprüchliche* Züge als *wesentlich, d.h. handlungsrelevant*, hervortreten können, womit zum Erreichen der individuellen Handlungsfähigkeit eine übergeordnete Ebene der Verarbeitung solch disparaten und diskrepanten sinnlichen Realitätsaufschlusses gewonnen werden müßte (vgl. dazu GISELA ULMANNs kritisch-psychologische Untersuchung ›Sprache und Wahrnehmung‹, Frankfurt/M 1975). Die damit angedeutete Problematik des ›Doppelgesichts‹ der Wahrnehmung zwischen ›Operationen‹ und ›Handlungen‹ wird erst mit der Analyse der psychischen Funktionsaspekte bei gesamtgesellschaftlicher Vermitteltheit individueller Existenz virulent und deswegen dort wieder aufgegriffen.

Diese Problemperspektive läßt sich noch verdeutlichen, wenn man zum ›perzeptiven‹ Moment das ›*operative*‹ Moment als andere Seite der *sinnlich-stofflichen Weltauseinandersetzung* des Individuums dazunimmt. Die ›operativen‹ Fähigkeiten spezifizieren sich, wie dargelegt, zu einer physiologischen Funktionsgrundlage ›sekundärer Automatisierungen‹, die ihrer ›Natur‹ nach als Teilsystem eines übergeordneten Systemzusammenhangs mit dem vergegenständlichten und sprachlich-symbolisch repräsentierten ›gesellschaftlichen Speicher‹ aufgefaßt werden müssen, womit *auch die Operationen*, wie die damit wechselwirkenden Perzeptionen, über die Aneignung *gesellschaftlicher Mittelbedeutungen selbst* ›*vergesellschaftet*‹ sind (›funktionale Organe‹, vgl. S. 277). Wenn man die Operationen vom *übergeordneten Handlungsaspekt* aus betrachtet, so wird jedoch auch hier klar, daß sich in der ›gesellschaftlichen Natur‹ des Menschen noch weit *darüberhinausgehende Speicherungsmöglichkeiten* herausgebildet haben müssen, in welchen die *individuellen Fähigkeiten* zur *Erfassung und Umsetzung von Handlungszusammenhängen* entwickelbar sind, die die *operativen Fähigkeiten zu* ›*Mittelherstellung*‹ *und* ›*Mittelgebrauch*‹ *qualitativ überschreiten.* Die ›sekundär automatisierten‹ Operationen erscheinen in dieser Sicht in ihrer Beschränkung als *bloßes* ›*Können*‹ *der Individuen*, das durch das zu speichernde ›*Wissen*‹ über den Stellenwert der Operationen im kooperativ-gesellschaftlichen Handlungszusammenhang erst seine *Funktion* zugewiesen erhält und dabei durch die *kooperative Organisation der Lebensgewinnung in seinen Beschränkungen relativierbar und kompensier-*

bar wird. Andererseits aber verdeutlicht sich dabei auch das *operative ›Können‹* als *stofflich-sinnliche Basis* der gesellschaftlichen Naturaneignung durch Arbeit in seiner durch die *›natürliche‹ funktional-morphologische Beschaffenheit des Menschen* bedingten *Widerständigkeit* gegen die operative Realisierung der im kooperativen Zusammenhang gesetzten verallgemeinerten Zwecke. Das damit angesprochene Verhältnis zwischen operativem ›Können‹ und verallgemeinertem Handlungs- und Veränderungswissen als Momenten der sich entwickelnden individuellen ›Funktionsgrundlage‹ wird wiederum erst bei der Analyse der psychischen Funktionsaspekte nach der Durchbrechung der ›Unmittelbarkeitsbeziehung‹ zwischen gesellschaftlicher und individueller Lebenserhaltung virulent und wird uns dann weitere Klärungen der Eigenart und Funktion des menschlichen ›Gedächtnisses‹ ermöglichen.

Mit der so angedeuteten Doppelgesichtigkeit der perzeptiven Wahrnehmungsgliederung wie des operativen ›Könnens‹ (den zwei ›Seiten‹ der individuell-antizipatorischen Aktivitätsregulation der Herstellung/des Gebrauchs von Mitteln und Lebensbedingungen) als stofflich-sinnliche Grundlage vergegenständlichender gesellschaftlicher Naturaneignung durch tätige Individuen und als bestimmt durch den überindividuell organisierten kooperativen Handlungszusammenhang bzw. dessen Aneignung/Veränderung, ist für uns eine abschließende *Globalcharakterisierung des funktionalen Verhältnisses zwischen ›Handlungen‹ und ›Operationen‹* nahegelegt: Die dargestellten ›elementareren‹ Funktionsaspekte bzw. -merkmale der Perzeptions-Operations-Koordination – Gradientenorientierung, Aussonderung/Identifizierung, Diskrimination/Gliederung und subsidiäres Lernen von ›Schlüsselkonstellationen‹ innerhalb gesellschaftlich entwickelter/geformter ›Primärbedeutungen‹ – sind als in der ›gegenwärtigen Historizität‹ des Psychischen auf ›menschlichem‹ Niveau enthaltene bzw. aufgehobene *mehr oder weniger unspezifische* Momente zu betrachten. Die Funktionsebene der Diskrimination/Gliederung ist dabei, wie dargelegt, von den ›festgelegten‹ Ebenen der Gradientenorientierung und Aussonderung/Identifizierung dadurch unterschieden, daß sie in höheren, ›gelernten‹ Funktionen in verschiedenen Funktionszusammenhängen ›aufgehoben‹ ist und hier nicht gesondert vorkommt, sondern deren allgemeinste, elementare Merkmale darstellt. Die *höchste Funktionsebene* innerhalb des Bereichs der Perzeptions-Operations-Koordination, die individuell-antizipatorische Aktivitätsregulierung (wie sie sich aus dem ›autark‹ gelernten ›Prüfen‹ bzw. Probieren/Beobachten herausgebildet hat) basiert dagegen zwar auf den genannten unspezifischen Funktionen, muß aber selbst, da sie die *stofflich-sinnliche Grundlage der eingreifenden Naturveränderung* durch menschliche Arbeit darstellt, bereits als *spezifisch ›menschliches‹* Charakteristikum der ›gesellschaftlichen Natur‹ der Individuen betrachtet werden, das allerdings den *gesellschaftlichen Handlungszusam-*

menhängen bzw. deren individueller Aneignung als *bestimmendem* Moment überindividuell-kooperativer menschlicher Lebensgewinnung nachgeordnet ist. Es hat sich also hier eine *kategoriale ›Überschneidung‹* hinsichtlich der Spezifitätsniveaus ergeben: Nur die ›unteren‹ Funktionsebenen des operativen Bereichs sind als mehr oder weniger unspezifisch einzustufen. Die *höchste ›operative‹ Ebene* der individuell-antizipatorischen Aktivitätsregulation etc. hat mit den Funktionsaspekten der ›Handlungen‹, deren Untereinheit sie darstellt, *das ›menschliche‹ Spezifitätsniveau* gemeinsam. Sie unterscheidet sich von den Handlungen lediglich dadurch, daß sie gegenüber diesen als ›bestimmendem‹ Moment ›sekundären‹ Charakter hat. Die Handlungen und deren ›höchste‹ operative Untereinheit stehen also im *Verhältnis ›spezifisch-bestimmend/spezifisch-sekundär‹* zueinander.

7.3 Die subjektive/subjektwissenschaftliche Problematik von Erkenntnis/Wertung/Motivation als Aspekten der Handlungsfähigkeit gesamtgesellschaftlich vermittelter individueller Existenz

Methodische Zwischenbemerkung

Mit der Rekonstruktion der Spezifizierungen der psychischen Funktionsaspekte im Prozeß der Herausbildung der ›gesellschaftlichen Natur‹ des Menschen haben wir im Gesamt unseres Darstellungszusammenhangs in ›funktionaler‹ Betrachtung einen systematischen Punkt erreicht, an dem wir in ›inhaltlicher‹ Betrachtung (am Beginn von Kapitel 6.3) schon einmal waren: Es sind nun wiederum die in der ›gesellschaftlichen Natur‹ entstandenen psychischen Charakteristika auf die neuerlichen Qualifizierungen hin zu analysieren, die ihnen nach dem ›Dominanzwechsel‹ zur gesellschaftlich-historischen Entwicklung, also bei gesamtgesellschaftlicher Vermitteltheit individueller Existenz, zukommen. Damit überschreiten wir an dieser Stelle nochmals im neuen Kontext die Reichweite der funktional-historischen Vorgehensweise bei der Herausarbeitung der Besonderheit des Psychischen auf menschlichem Niveau und haben in dem geschilderten zweiten globalen methodischen Schritt diesmal deren in ihren ›historisch gegenwärtigen‹ Differenzierungen und Spezifitätsniveaus funktional-historisch hergeleiteten *funktionalen* Momente auf die Qualifizierungen hin zu interpretieren, die sich aus der neuen gesellschaftlich-historischen Qualität des Gesamtprozesses ergeben (vgl. dazu unsere methodologischen Vorüberlegungen in Kap. 5.4, bes. S. 189 ff).

Dabei sind wir (wie das auch schon im vorigen Teilkapitel 7.2 mit Bezug auf das Kapitel 6.2 der Fall war) allerdings jetzt insoweit in einer anderen Situation, als wir die in den ›inhaltlichen‹ Parallelanalysen gewonnenen kategorialen Resultate hier voraussetzen und verwerten können. Am gegenwärtigen Punkt des Gesamtkontextes unserer Argumentation heißt dies: Wir können das im Zuge der inhaltlichen Analyse des Psychischen bei gesamtgesellschaftlicher Vermitteltheit individueller Existenz in Kapitel 6.3 erarbeitete Konzept der menschlichen *Handlungsfähigkeit* (das wir in Kap. 7.2 als globalen Richtpunkt der Argumentation ›mitlaufen‹ ließen) jetzt *explizit zur Basis unserer Darlegungen machen* und dabei um die *vorgängig herausgearbeiteten ›funktionalen‹ Aspekte* anreichern. Wir besitzen als Interpretationsgrundlage also nun einmal die *inhaltlichen Bestimmungen der Handlungsfähigkeit* als *Bedeutungs/Bedürfnis-Verhältnisse* unter dem elementar-›menschlichen‹ Thema der *bewußten, vorsorgenden Verfügung über die eigenen Lebensbedingungen;* zum anderen und darüberhinaus besitzen wir jetzt aber auch die zur Charakterisierung der ›inhaltlichen‹ Spezifik der Handlungsfähigkeit erarbeiteten *allgemeinen kategorialen Bestimmungen des Verhältnisses der Individuen zum gesamtgesellschaftlichen Prozeß:* ›*Gesamtgesellschaftliche Synthese‹;* ›*Unmittelbarkeitsdurchbrechung‹;* Bedeutungen als *Handlungsmöglichkeiten* und prinzipielle *Möglichkeitsbeziehung* der Individuen in Hinsicht auf die Teilhabe an gesamtgesellschaftlicher Lebensgewinnung; ›*Bewußtes-Verhalten-Zu‹* als ›*gnostische Weltbeziehung‹;* ›*interpersonale Subjekthaftigkeit‹,* ›*Reziprozität‹,* ›*Reflexivität‹,* ›*Perspektivenverschränkung‹;* diese Konzepte in dem Zusammenhang untereinander, der sich mit ihrer Herleitung aus den materiellen Notwendigkeiten der gesamtgesellschaftlich vermittelten Erhaltung/Entwicklung individueller Existenz ergeben hatte. Damit sind wir wiederum (und diesmal für den Rest des Buches endgültig) an der Stelle im Darstellungszusammenhang angekommen, an welcher der Analysegegenstand explizit ›*subjektwissenschaftlichen‹* Charakter annimmt: Indem das *menschliche Bewußtsein* als ›*Verhalten-Zu‹* immer ›*erster Person‹* ist, erzwingt der *Gegenstand* hier seine *Behandlung vom Standpunkt der betroffenen Subjekte,* wir haben es also bei dem, was im folgenden abgehandelt wird, wieder mit ›*Unsereinem‹* zu tun; demnach ist der *Forscher* hier als ›*auch ein‹* menschliches Subjekt von seinen *eigenen Verfahren und Resultaten* verallgemeinert ›*mitbetroffen‹,* und der *Forscher* wie die ›*Erforschten‹* können sich über eine *allgemeine ›menschliche‹ Erfahrungsbasis miteinander verständigen* und sind in ihrem *respektiven Standort* prinzipiell austauschbar (vgl. dazu S. 237 ff; die methodologischen Implikationen einer solchen ›subjektwissenschaftlichen‹ Forschensweise werden im Kapitel 9 dargelegt und diskutiert).

Weil wir bei der Herausarbeitung der Funktionsaspekte der gesellschaftlichen Natur des Menschen noch von einer evolutionsgesetzlichen

Rückwirkung der beginnenden gesellschaftlichen Lebensgewinnung auf die genomische Information, also von der Dominanz der ›natürlichen‹ über die gesellschaftlichen Bestimmungen der Lebensgewinnung ausgehen mußten, war für uns die ›*gesamtgesellschaftliche Synthese*‹ stets nur als ein *noch nicht* erreichtes Stadium präsent, denn wir hatten die sich bildenden *überindividuell-kooperativen Verhältnisse* als noch in *unmittelbar-naturwüchsige Lebensweisen eingebettet* und als deren ›Spezialisierungen‹ von diesen dominiert zu betrachten. Die kooperativ-gesellschaftlichen Handlungszusammenhänge erschienen dabei als zwar überindividuell organisierte, aber von den Individuen aus *unmittelbar zu überschauende* und in ihrer *Notwendigkeit für die allgemeine und individuelle Existenzerhaltung* ›*einsehbare*‹ Lebenszusammenhänge. Da wir nun im gegenwärtigen Darstellungskontext die gesamtgesellschaftliche Synthese nicht mehr nur als Fluchtpunkt ihrer Vorformen, sondern als nach dem Dominanzumschlag in der gesellschaftlich-historischen Entwicklung voll durchgesetzt betrachten können, lassen sich auch unsere früheren Darlegungen über die allmähliche Verselbständigung kooperativ-gesellschaftlicher Ziel-Mittel-Konstellationen samt der daraus sich ergebenden psychischen Konsequenzen (von denen wir bisher lediglich als von rudimentären Anfängen, Entwicklungstendenzen o.ä. reden durften) nunmehr präzise auf den Begriff bringen (womit auch manche früheren Darlegungen rückwirkend klarer werden). Die Basis aller weiteren Analysen ist dabei der oben (S. 229 ff) aufgewiesene Umstand, daß mit der gesamtgesellschaftlichen Synthese die gesellschaftlichen Verhältnisse nicht mehr gleichbedeutend sind mit der aktuellen Kooperation, Planung, verallgemeinerten Vorsorge durch ihre Mitglieder, sondern ein ›*in sich*‹ *lebensfähiges Erhaltungssystem* darstellen, das selbständiger Träger historischer Kontinuität und Entwicklung ist und das der Einzelne in seinen unmittelbaren sozialen bzw. kooperativen Beziehungen als ihn selbst überdauernde Struktur, in die er sich ›hineinentwickeln‹ muß, vorfindet.[1]

---

[1] Der verselbständigte Systemcharakter gesellschaftlicher Verhältnisse als allgemeines Charakteristikum der ›gesamtgesellschaftlich‹ vermittelten Lebensgewinnung ist dabei zu unterscheiden von seiner *entfremdeten Form* im Kapitalismus, durch welche der gesellschaftliche Prozeß den objektiven Schein einer naturhaften, von den Individuen unbeeinflußbaren Selbstbewegung annimmt. Diese Unterscheidung ist umso wichtiger, als die *entfremdete* kapitalistische Form des Gesellschaftsprozesses eine besonders hohe Ausprägung des *allgemeinen* Vergesellschaftungsgrades der Produktion/Reproduktion einschließt und zur Voraussetzung hat, so daß auch die *generelle* Synthese der Lebensgewinnung zu einem ›in sich‹ funktionsfähigen Erhaltungssystem erst im Kapitalismus sich *voll durchsetzte,* also auch erst mit Bezug darauf die allgemeinen Bestimmungen verselbständigter historisch-gesellschaftlicher Kontinuität gewonnen werden konnten.

Neue Qualität der Vermitteltheit zwischen Operationen und Handlungen bei gesamtgesellschaftlicher Synthese: Die perzeptiv-operative Ebene als Basis und ›verschwindendes Moment‹ individuellen Handelns/Erkennens

Der erreichte Standort der gesamtgesellschaftlichen Synthese ermöglicht uns vor allem anderen eine Klärung und Zuspitzung unserer früheren globalen Bestimmungen des Verhältnisses zwischen Handlungen und Operationen: Wir haben ausführlich dargelegt, daß das ›operative‹ Modell der konkreten vergegenständlichenden Aktivität als individueller Regulation des Aktivitätsvollzuges an antizipierten Resultaten nicht zur qualitativen Charakterisierung menschlicher Handlungen mit Bezug auf gesellschaftliche Ziel-Mittel-Konstellationen taugt und haben dies in verschiedenen Hinsichten an den damit sich herausbildenden überindividuellen, lediglich individuell zu realisierenden Handlungszusammenhängen verdeutlicht. Unexpliziert blieb dabei noch die Frage, wo denn die *verallgemeinert-antizipatorische Vorsorge,* die doch als charakteristisch für die menschlich-gesellschaftliche Lebensgewinnung aufgewiesen wurde, auf der *Handlungsebene* bleibt. Wir formulieren diese Frage erst jetzt nach Erreichen der Analyseebene der gesamtgesellschaftlichen Vermitteltheit und Synthese, weil sie sich hier (auch im Rückbezug auf die früheren Darlegungen über einschlägige Verhältnisse vor dem Dominanzumschlag) einfach und klar beantworten läßt: Die verallgemeinerten Antizipationen, sich daraus ergebenden Regulationen etc., die auf *operativer* Ebene die *individuellen* Aktivitäten bestimmen, sind über ›kooperative‹ Vorformen nach vollendeter gesamtgesellschaftlicher Synthese auf der *Handlungs*ebene primär als *›Erhaltungsfunktionen‹ des verselbständigten gesellschaftlichen ›Systems‹* zu betrachten, das sich aufgrund seiner von Menschen zu ihrer Lebenserhaltung produzierten und reproduzierten *›inneren‹ Selbsterhaltungscharakteristik antizipatorisch reguliert* und damit in der geschilderten Weise *›Leistungen‹ langfristiger verallgemeinerter Naturaneignung, Erfahrungskumulation und Lebenssicherung* erbringen kann, die der *Einzelne in seinen unmittelbaren sozial-kooperativen Bezügen niemals erbringen* könnte. Die wissenschaftliche Erfassung solcher gesamtgesellschaftlicher Prozesse antizipatorisch-regulierender Systemerhaltung ist damit eine Aufgabe innerhalb der übergeordneten *gesellschaftstheoretischen Bezugsebene* und von MARX im Hinblick auf die Systemreproduktion der bürgerlichen Gesellschaft, bei welcher sich mit den menschlichen Lebensbedingungen immer auch die antagonistischen Klassenverhältnisse, die diese Bedingungen einschränken, reproduzieren, geleistet worden. Bei der *subjektwissenschaftlich-psychologischen Kategorienbildung* kommt es also *auf der Handlungsebene* darauf an, unter *Voraussetzung* der genannten gesellschaftstheoretischen

Bestimmungen die psychisch-funktionalen Aspekte des *Verhältnisses der Individuen zum selbstregulatorischen gesamtgesellschaftlichen Systemprozeß* und der *Teilhabe* der Individuen an der Reproduktion oder Veränderung dieses Prozesses zu erfassen, was, wie schon deutlich wurde, eine eigene Begriffsbildung für die *Handlungsebene*, ohne Kontamination mit der ›operativen‹ Ebene, aber auch ohne einfache Übertragung gesellschaftstheoretischer Begriffe, erfordert. Damit haben wir es hier mit einem speziellen Anwendungsfall der früher dargelegten allgemeinen ›*Vermittlungsfunktion*‹ der individualwissenschaftlichen Kategorien zwischen den materiell-ökonomischen und den psychischen Bestimmungen des Mensch-Welt-Zusammenhangs zu tun (vgl. S. 192 ff).

Durch den mit der gesamtgesellschaftlichen Synthese entstandenen verselbständigten, antizipatorisch-regulatorischen Systemcharakter des gesellschaftlichen Prozesses gehen die vergegenständlichenden Aktivitäten der stofflichen Naturaneignung zur Schaffung menschlicher Lebensbedingungen partiell *an die dem gesellschaftlichen System zugehörigen Ziel-Mittel-Konstellationen über*. Es ist nicht mehr, wie im unmittelbar-kooperativen Stadium, zentral das je einzelne Mitglied der Gesellungseinheit, das durch ›seiner Hände Arbeit‹ in Gemeinschaft mit anderen die Natur zur menschlichen Lebenswelt umformt, vielmehr werden mit wachsender Vergesellschaftung der Produktion/Reproduktion nun in immer höherem Maße ›mit den Händen‹ *solche Mittel geschaffen, die ›selbsttätig‹ die stoffliche Naturaneignung besorgen und von der Hand nur noch ›bedient‹ werden müssen*. Die *materielle Naturaneignung* als gesellschaftliche Lebensgrundlage wird also immer mehr eine *gesamtgesellschaftliche Systemfunktion,* taugt so *immer weniger zur allgemeinen Charakterisierung der psychischen Lebensaktivität der einzelnen Individuen*. Personale Handlungen, die von Operationen zur direkten vergegenständlichenden Naturaneignung bestimmt sind, stellen mithin bei gesamtgesellschaftlicher Synthese keineswegs mehr die einzige oder auch nur häufigste Form der individuellen Teilhabe an gesellschaftlicher Lebensgewinnung dar. Vielmehr bilden sich mit der gesamtgesellschaftlichen Vermitteltheit individueller Existenz auch durch die arbeitsteilige Organisation bedingte vielfältige Formen von individuellen Beiträgen heraus, die nur auf *mehr oder weniger vermittelte Weise mit dem gesellschaftlichen Naturaneignungsprozeß zusammenhängen,* wobei die *direkte Handarbeit* mit wachsender Produktivkraftentwicklung und Verallgemeinerung des gesellschaftlichen Selbstregulations-Systems notwendig *immer mehr zurücktritt*. Dieser Prozeß hat in *antagonistischen Klassengesellschaften* die Form der *klassenbedingten Spaltung von Hand- und Kopfarbeit,* ist aber dennoch als solcher ein *generelles Merkmal der Produktivkraftentwicklung und Vergesellschaftung;* dies kann man sich z.B. leicht an der neuen Stufe der automatisierten Produktion klarmachen, in welcher der Mensch immer weniger ›Hand anlegt‹ und immer mehr als dessen Überwacher und Steuerer aus dem ›in sich‹ funktionierenden Produktionsprozeß heraustritt. Dies führt zwar unter kapitalistischen Bedingungen zu verschärften Formen der Ausbeutung und des ›Klassenkampfes von oben‹, enthält aber dennoch die darüber hinausgehende Perspektive neuer menschlicher Freiheit und Entwicklung durch Entlastung von der Fron direkter Natureinwirkung (vgl. *Projekt Automation und Qualifikation* im Lit.-Verz.).

Die damit angesprochenen, nur vermittelt auf die direkte stoffliche Naturaneignung bezogenen Handlungsmöglichkeiten, die sich mit der Produktivkraftentwicklung auf der Stufe gesamtgesellschaftlicher Synthese herausbilden, dürfen – wie aus unserer Gesamtdarstellung hervorgeht – *nicht auf bloße Vor- und Zuarbeiten, Organisationsaktivitäten etc. mit Bezug auf den stofflichen Naturaneignungsprozeß reduziert* werden: Die materielle Produktion/Reproduktion ist ja nicht Selbstzweck, sondern die Basis eines gesellschaftlichen Prozesses, der (wie immer gebrochen) auf die Erweiterung der vorsorgenden Verfügung der Menschen über ihre Lebensbedingungen, damit ›menschliche‹ *Möglichkeiten der Bedürfnisbefriedigung und Daseinserfüllung* gerichtet ist. So haben sich in den gesellschaftlichen Bedeutungsstrukturen und ihren sprachlich- wie bildlich-symbolischen Repräsentanzen mit der durch die materielle Produktion erweiterten Verfügung über die Lebensbedingungen auch immer *erweiterte und differenzierte Formen der dadurch ermöglichten Bedürfnisbefriedigung und Daseinserfüllung*, die historisch entstanden sind und individuell realisiert werden können, entwickelt. Mithin finden sich in den gesellschaftlichen Bedeutungen immer auch *Verallgemeinerungen und Verdichtungen historischer Erfahrungen der Menschen über die Möglichkeiten, Widersprüche und Bedrohungen produktiv-sinnlicher menschlicher Lebenserfüllung* (in besonderer verallgemeinert-unmittelbarer Gestaltung etwa in Kunstwerken etc.); dies nicht als irgendein epiphänomenaler ›geistiger‹ oder ›kultureller‹ Bereich, sondern als *Implikat der materiellen Produktion/Reproduktion spezifisch ›menschlicher‹ Lebensverhältnisse.* (Die Abtrennung ›kultureller‹ Werte und Genüsse von der materiellen Lebensgewinnung ist kein allgemeines Phänomen, sondern Resultat des Ausgeschlossenseins der Masse der Menschen von der bewußten Verfügung über den gesellschaftlichen Prozeß mit seinen Lebens- und Erfüllungsmöglichkeiten.) Gesellschaftliche Handlungsmöglichkeiten wie personale Handlungsfähigkeit bei gesamtgesellschaftlicher Vermitteltheit individueller Existenz dürfen also *keinesfalls als begrenzt auf die bloß ›physische‹ Seite* der Lebenssicherung o.ä. mißdeutet werden, sondern umfassen all die erwähnten *Befriedigungs- und Erfüllungsmöglichkeiten und deren Behinderung/Unterdrückung auf einer jeweils bestimmten historischen Stufe* einschließlich ›geistig‹, ästhetisch, künstlerisch verdichteter und überhöhter produktiv-

sinnlicher Erfahrungsmöglichkeiten. Die Realisierung *all* solcher Lebensmöglichkeiten auf dem jeweiligen historischen Entwicklungsstand ist *für den Menschen im allerengsten Sinne existenznotwendig* und *jede Einschränkung und Unterdrückung dieser Realisierung im allerengsten Sinne unmenschlich.*

Die (selbst in manchen materialistisch gemeinten psychologischen Konzepten vollzogene) Abtrennung menschlicher Handlungsmöglichkeiten, die zur ›materiellen‹ Existenzerhaltung ›unbedingt‹ realisiert werden müssen, von solchen, die als kulturelle, geistige Möglichkeiten verfeinerten Daseinsgenusses zwar das Leben schöner machen, auf deren Realisierung aber ›zur Not‹ auch verzichtet werden kann, impliziert nicht nur einen flachen Begriff von ›Materialität‹ und vernachlässigt die geschilderte Spezifik ›menschlicher‹ Bedeutungs-/Bedürfnisverhältnisse: Sie enthält damit auch eine Legitimation des Ausschlusses der ausgebeuteten Klassen von der Realisierung gesellschaftlich möglicher Formen des Lebensgenusses und der Daseinserfüllung durch Isolation von der bewußten gemeinsamen Verfügung über den gesellschaftlichen Prozeß unter kapitalistischen Verhältnissen. Die in Wahrheit unmenschliche Zurückgehaltenheit auf die Befriedigung unmittelbarer Notdurft erscheint so als hinreichende Existenzgrundlage und der Kampf der Massen um Teilhabe an *allen* gesellschaftlich möglichen Genüssen und Erfüllungen als *Verletzung* der (in den Augen des Kapitals) *höchsten Tugend,* der *Bescheidenheit* (in gerade ›moderner‹ Fassung als ›Konsumorientierung‹, ›Anspruchsdenken‹, ›Maßlosigkeit‹ des Griffs nach dem, was der herrschenden Klasse selbstverständlich zusteht). ›Konsumverzicht‹, Asketismus, wie er gegenwärtig in manchen Intellektuellenkreisen ›in‹ ist, stellen – da in einem freiwilligen Entschluß gegründet – lediglich eine Variante der Verfügung über gesellschaftliche Genuß- und Erfüllungsmöglichkeiten durch die herrschende Klasse bzw. die privilegierten Schichten dar: Es ist mithin ideologischer Klassenkampf ›von oben‹ und blanker Zynismus, wenn Konsumverzicht und Asketismus als ›allgemeine‹ Tugenden auch von denen gefordert werden, die dazu keine Alternative haben. ›Erst kommt das Fressen, dann kommt die Moral‹ ist eine Maxime des Sich-Abfindens der Unterdrückten mit ihrer eigenen Verkümmertheit, nicht aber eine allgemein-menschliche Reihenfolge.

Mit der durch die wachsende Produktivkraftentwicklung und Vergesellschaftung immer weitergehenden Delegation der direkt-stofflichen Naturaneignung an das verselbständigte gesellschaftliche Regulationssystem (die durch die klassenspezifische Trennung von Hand- und Kopfarbeit lediglich überlagert ist) und den damit entstehenden vielfältig vermittelten, ›symbolischen‹ Handlungsmöglichkeiten der Individuen wird (bei gesamtgesellschaftlicher Synthese) auch die ›*Unmittelbarkeit‹ des Verhältnisses zwischen individuellen Handlungen und Operationen in neuer Qualität durchbrochen.* Nicht nur, daß wie schon auf bloß ›kooperativer‹ Ebene (vgl. S. 279 ff) so auch hier das ›operative‹ Modell individuell-antizipatorischer Aktivitätsregulation nicht zur Charakterisierung der Struktur individueller Handlungen taugt, vielmehr büßen nun bei allen Handlungen, die nicht mehr direkt auf die stoffliche Naturaneignung gerichtet sind, die in die individuellen Handlungen eingeschlossenen ›operativen‹ Untereinheiten in je nach der Eigenart der umzusetzenden Bedeutungskonstellation verschiedenem Grade und verschiedener Art an *spezieller Relevanz für die Erreichung des gesellschaftlichen Handlungsziels* ein. So ist etwa beim *Verfassen eines Gedichts* die darin eingeschlossene antizipierend-regulatorische *Operation des ›Schreibens‹* (oder eine äquivalente Operation) zwar unerläßlich, aber *vom Handlungsziel her gesehen* (mit einem Ausdruck von MARX) ›*verschwindendes Moment*‹: In den gesellschaftlichen Bedeutungszusammenhängen des Gedichts ist die stofflich-sinnliche Operation des Schreibens als sekundär-automatisiertes Hinterlassen von Schriftspuren mittels Bleistift oder Schreibmaschine auf Papier als *besondere Bestimmung* nicht enthalten, da man mit der gleichen Operation ja auch Küchenzettel anfertigen oder den Stromverbrauch notieren kann. Umgekehrt erfährt man *aus der Analyse der Schreiboperation schlechterdings nichts über auf diese Weise entstandene* ›*Gedichte*‹ *im allgemeinen oder ein gerade vorliegendes Gedicht im besonderen*. Demgemäß ist die Schreiboperation hier *im Handlungszusammenhang ersetzbar*: Man muß das Gedicht ja nicht ›aufschreiben‹, man kann es auch mündlich weitergeben, auf Tonband sprechen, oder einfach für sich behalten.

Dies heißt natürlich *nicht*, daß man zur Kategorialanalyse des Psychischen auf menschlichem Niveau die *operative Ebene ausklammern oder vernachlässigen* dürfte: Sie ist für die stoffliche und symbolische Realitätsaneignung und für jegliche Kommunikation der Individuen von universeller Relevanz; ein Mensch, der nicht über operative Fähigkeiten, etwa zum Schreiben, verfügt, entbehrt einer *zentralen und universellen Voraussetzung* seiner ›menschlichen‹ *Entwicklung*. Deshalb ist die einzeltheoretisch-aktualempirische Erforschung der verschiedenen Operationen im Verhältnis zu den Handlungen, deren Untereinheit sie sind, ihrer Struktur und ihrer Entwicklung etc. auf der Grundlage unserer früheren kategorialen Bestimmungen eine wichtige Aufgabe marxistischer Individualwissenschaft. Was an dieser Stelle nur in neuem Zusammenhang hervorgehoben werden sollte, ist die *radikale Unzulänglich*keit aller ›handlungstheoretischen‹ Auffassungen, in denen *Handlungen mit* ›*Operationen*‹ *in unserem Sinne* gleichgesetzt werden und die Struktur und Funktion menschlichen Handelns nach dem *Modell der individualantizipatorischen Aktivitätsregulation* theoretisch abgebildet und empirisch erforscht werden soll:

Indem hier so in konkretistischer Manier menschliches Handeln nach dem Muster der ›Handarbeit‹ und soziale Verhältnisse nach dem Muster aktuellen Zusammenwirkens auf operativer Ebene gefaßt werden, bleiben mit der Ausklammerung der gesamtgesellschaftlichen Vermitteltheit individueller Existenz die dargelegten menschlichen Qualitäten der Möglichkeit/Notwendigkeit der Teilhabe an bewußter Verfügung über den gesamtgesellschaftlichen Prozeß und produktiv-sinnlicher Daseinserfüllung samt deren historisch bestimmter Einschränkung, Unterdrückung und Mystifizierung in ihren subjektiven Konsequenzen *unerfaßt* und bleibt damit auch der *Stellenwert der ›operativen‹ Ebene unbegriffen*. So verdeutlicht sich in speziellem Kontext die Relevanz der *Differenzierung der Analyseebene des Psychischen und des Gesamtprozesses* (wie sie im fünften Kapitel funktional-historisch hergeleitet wurde): Sofern man nach dem Dominanzwechsel die den *gesamt*gesellschaftlichen Prozeß in seiner Systemfunktion universell kennzeichnenden antizipatorischen Selbstregulationen etc. als universelle und spezifische Kennzeichen *individueller* Handlungen auf *psychischer* Ebene mißdeutet, kommt man – indem man den gesellschaftlichen Lebensprozeß aus individuell-antizipatorischen Regulationen und Sozialkonstellationen ›von unten‹ aufzubauen versucht – zu einer bestimmten Spielart der ›Psychologisierung‹ gesellschaftlicher Verhältnisse und büßt so mit der wissenschaftlichen Tragfähigkeit auch die kritische Potenz der Subjektwissenschaft im Kapitalismus ein.

Die bei gesamtgesellschaftlicher Synthese individueller Existenz entstehende neue Qualität der Durchbrechung der Unmittelbarkeit des Verhältnisses zwischen Handlungen und Operationen spezifiziert und qualifiziert auch die *Wahrnehmungsfunktion* in ihrer früher (S. 301 f) dargelegten ›Doppelgesichtigkeit‹ der Beziehungen zu den Operationen und den Handlungen. Die Wahrnehmung ist jetzt nicht mehr nur bestimmt durch die ›perzeptive‹ Gliederung des Wahrnehmungsfeldes mit Einschluß der unspezifischen Ebenen perzeptiv-operativer Informationsauswertung einerseits und die verallgemeinernde Heraushebung der aus dem Handlungszusammenhang sich ergebenden wesentlichen Züge des sinnlich-präsenten Gegenstandes ›durch‹ seinen symbolisch repräsentierten praktischen Begriff ›hindurch‹ andererseits: Dadurch, daß in gesamtgesellschaftlicher Synthese die sprachlich-symbolischen Formen nicht mehr nur Mittel der aktuellen Kommunikation sind, sondern nun immer mehr zu gegenständlichen, ›in sich‹ zusammenhängenden, diskursiven und ikonischen ›Symbolwelten‹ sich verselbständigen, kann die Handlungsbestimmtheit der Wahrnehmung jetzt darüber hinaus durch die *gesamtgesellschaftlichen Bedeutungsbezüge und Verweisungszusammenhänge des ›symbolischen‹ Wahrnehmungsgegenstandes selbst eine neue Dimension* gewinnen. Sofern nämlich nicht nur gegenständlich produzierte Bedeutungen durch ihren symbolisch repräsentierten Begriff hindurch, sondern die *in gesamtgesellschaftlichen Verweisungen stehenden ›Symbole‹ selbst wahrgenommen* werden, ›schiebt‹ sich hier zwischen die Erkenntnisfunktion als Aspekt der Handlungsfähigkeit und die perzeptive Erfassung sinnlich-stofflich gegebener Realität eine *neue Vermittlungsebene:* Zwar werden *gegenständliche ›Symbole‹,* etwa Schriftzeichen oder Bilder, notwendig auch auf *perzeptiver Ebene* als *figural-qualitativ charak-*

terisierte präsent-stoffliche Gegebenheiten wahrgenommen, insoweit unterliegt die ›Symbolwahrnehmung‹ den geschilderten Gesetzen und Mechanismen perzeptiv-operativer Informationsauswertung und Wahrnehmungsgliederung. Dabei wird aber auch die ›*perzeptive*‹ *Seite der Perzeptions-Operations-Koordination* hier gegenüber der *symbolischen Bedeutungserfassung* als dieser gegenüber unspezifisch und ›gleichgültig‹ normalerweise zum ›verschwindenden Moment‹.

So erfasse ich z.B. beim Lesen eines Buches den darin symbolisch vermittelten Bedeutungsgehalt ›direkt‹, ohne bewußte ›Wahrnehmung‹ der stofflichen, figural-qualitativen Eigenart der Buchstaben u.ä.: Wie die Buchstaben ›als solche‹ beschaffen sind, ist hier – anders als etwa bei der Orientierung in ›nichtsymbolischen‹ Bedeutungsbezügen während des Autofahrens die stoffliche Präsenz und Beschaffenheit des entgegenkommenden Fahrzeugs – gegenüber der Bedeutung, die sie repräsentieren, gleichgültig. Die perzeptiv-operative Ebene des Erkenntnisvorgangs wird mir nur dann als solche bewußt, wenn dadurch die symbolische Bedeutungserfassung gestört ist, etwa wenn ich die falsche Brille aufhabe, das Licht schlecht ist oder die Buchstaben von der Leseanstrengung zu verschwimmen beginnen: erst jetzt merke ich, daß da auf der Buchseite ›lauter kleine schwarze Dinger‹ sind, und ›verhalte‹ mich nun zur ›Schrift‹ bis zur Beseitigung der Störung wie zu einem nichtsymbolischen gegenständlichen Bedeutungsträger, an dem ich mich orientieren muß, setze z.B. eine andere Brille auf oder hole die hellere Lampe.

Die Charakterisierung der neuen Vermitteltheit der Symbolwahrnehmung bei gesamtgesellschaftlicher Synthese muß noch in besonderer Weise akzentuiert werden, sofern die wahrgenommenen Symbole nicht diskursiver, *sondern bildlich-›ikonischer‹ Art,* also z.B. *Kunstwerke* sind. Zwar liegt auch hier der ›symbolische‹ Bedeutungsgehalt ›im‹ Wahrnehmungsgegenstand selbst, der mithin Verweisungscharakter über seine sinnlich-präsente figural-qualitative Beschaffenheit hinaus hat. Dennoch ist hier, anders als bei den diskursiven Symbolen, *der Bedeutung die sinnliche Gestalt, in der sie präsent ist, nicht äußerlich.* Ein bildliches Symbol ›*ist*‹ *in gewissem Sinne immer auch das, worauf es verweist,* in ihm sind *sinnlich-emotionale Erfahrungen der gesellschaftlichen Menschheit in einer Weise verdichtet und verallgemeinert, daß sie durch die symbolvermittelte Erkenntnis in der Verdichtung und Verallgemeinerung zugleich als sinnlich-emotionale Erfahrungen unmittelbar* gegeben sind. Wenn ich z.B. Raffaels Bild ›Die Schule von Athen‹ oder Mahlers 6. Symphonie ›sehe‹ bzw. ›höre‹, so tritt hier zwar einerseits angesichts der Tiefe, Vielbezüglichkeit, Allgemeinheit der zu erfassenden symbolischen Bedeutungszusammenhänge die bloß ›perzeptive‹ Ebene des ›Sehens‹ bzw. ›Hörens‹ in den Hintergrund: Wenn ich die Symphonie ›höre‹, so sind dabei die gleichen perzeptiven Wahrnehmungsgesetzlichkeiten im Spiel, als wenn ich das Wasserrohr brummen höre, ›Hören‹ ist hier also offenbar nicht ›wörtlich‹ gemeint. Dennoch erscheinen mir dabei die symbolischen Bedeutungsbezüge in einer *präsenten Sinnlichkeit, die gerade die Spezifik meiner Erfahrung mit dem Kunstwerk* ausmacht, indem hier der *Widerspruch zwischen höchster Abstraktheit und sinnlicher Unmittelbarkeit* – diskursiv unüberwindlich – in der *ikonischen Symbolsprache aufgehoben* ist und mir so die nur im Medium von ›Kunst‹ (im weitesten Sinne) vermittelbare *gnostisch-emotionale Betroffenheit von allgemeinen menschlichen Erfahrungen* zuteil wird. Dies kann nur gemeint sein, wenn mit Bezug auf Kunst von *Schönheit* die Rede ist: die zwingende sinnliche Gestalt einer allgemeinen menschlich-gesellschaftlichen Erfahrung, die zugleich in symbolvermittelter Erkenntnis durchdringbar ist.

Die Schönheit von diskursiven Symbolen, etwa Buchstaben, tritt für mich im Gegensatz dazu, da dem symbolischen Bedeutungsgehalt äußerlich, nur dann zutage, wenn ich von dem, auf das hier inhaltlich verwiesen ist, absehe: Sie trägt zum Verständnis der gemeinten Sache nichts bei, kann sogar, wenn dadurch die Lesbarkeit beeinträchtigt, dabei eher stören; mithin handelt es sich hier um eine Schönheit, minderen, bloß ›dekorativen‹ o.ä., Ranges.

Wir sehen also: In der sinnlich-symbolischen Erkenntnis kommt der Wahrnehmung offensichtlich eine Funktion zu, die *einerseits die ›operative‹ Ebene* überschreitet, andererseits aber auch *nicht in der Realitätsverankerung von in gesellschaftlichen Handlungszusammenhängen entwickelten ›begrifflichen‹ Erkenntnissen* aufgeht. ›Wahrnehmung‹ kann offenbar ›sinnliche Erkenntnis‹ in einer Bedeutung des Wortes sein, die in *meinem gleichnamigen Buch total herausgefallen* ist.

Wenn wir hier die Besonderheiten der mit der gesamtgesellschaftlichen Synthese sich entwickelnden ›Symbolwahrnehmung‹ herausheben wollten, so bedeutet dies *nicht,* daß man fürderhin zwei verschiedene Arten menschlicher Wahrnehmung, die von Symbolen und die von nichtsymbolischen Gegenstandsbedeutungen, mit unterschiedlichen funktionalen Charakteristika zu unterscheiden habe. Die angedeuteten Spezifika der Wahrnehmung als diskursive und insbesondere sinnliche Symbolerkenntnis sind vielmehr als *Qualifikationen der ›menschlichen‹ Wahrnehmung überhaupt* aufzufassen, womit also auch die *erkennende Verarbeitung nichtsymbolischer Information* über sinnlich Präsentes ihre *besondere ›menschliche‹ Qualität* erhält. Ein Weg zur Klärung der damit angerissenen wissenschaftlichen Probleme ist die Herausarbeitung des *Zusammenhangs zwischen der gesellschaftlich-historischen Entwicklung der Kunstwerke im Hinblick auf das zu ihrer Erfassung notwendige Niveau sinnlicher Erkenntnis und der Entwicklung des Wahrnehmungsaspektes* des Erkenntnisprozesses als Moment *praktischer gesellschaftlich-individueller Lebensbewältigung unter den jeweiligen konkret-histori-*

schen Bedingungen, wobei gleichzeitig die Konsequenzen aus der Natur dieses Zusammenhangs für eine adäquate Theorie der *menschlichen* Wahrnehmung zu ziehen wären. (Einen ersten Schritt auf diesem Wege geht auf kritisch-psychologischer Basis JOSCIJKA ABELS mit ihrem Buch ›Die Erkenntnis der Bilder. Die perspektivische Darstellungsmethode in der Kunst der frühen Neuzeit‹, erscheint demnächst.)

Denken, emotionale Wertung und Motivation in ihrer Qualifizierung durch das ›problematische‹ Verhältnis von Individuen zu gesellschaftlichen Handlungsmöglichkeiten: Neue Problemebene subjektwissenschaftlicher Kategorialanalyse

Mit der gesamtgesellschaftlichen Synthese gewinnen auch die dargestellten objektiven *Denkformen* als Inbegriff der in der gesellschaftlichen Lebensgewinnung auf einer bestimmten Stufe durchschnittlich bzw. mindestens erforderten individuellen Erkenntnisleistungen (vgl. S. 283 ff) gegenüber den Individuen eine *neue Selbstständigkeit*: Wie die gesellschaftlichen Verhältnisse und in ihnen enthaltenen Ziel-Mittel-Konstellationen als Handlungszusammenhänge zwischen Naturaneignung, individuellen Beiträgen und individueller Existenzsicherung/Lebenserfüllung, so bilden nun auch die darin vergegenständlichten kognitiven Strukturen einen *›inneren‹ gesamtgesellschaftlichen Verweisungszusammenhang in sich,* der schon in den gegenständlichen Bedeutungen, explizit aber in deren Repräsentanz durch die geschilderten verselbständigten sprachlichen und ikonischen Symbolwelten beschlossen ist. In den Denkformen kumuliert sich so auf der einen Seite die von den gegenständlichen gesellschaftlichen Verhältnissen getragene gesellschaftlich-historische Erfahrung, andererseits sind sie der gnostische Aspekt der jeweiligen arbeitsteiligen gesellschaftlichen Struktur, repräsentieren mithin die darin liegenden differenzierten gesellschaftlichen Erkenntnisnotwendigkeiten. In dem dargestellten übergreifenden Systemzusammenhang zwischen gesellschaftlichen Denkformen und deren Realisierung durch das individuelle Denken als dessen ›Untersystem‹ haben also mit den gesamtgesellschaftlichen Verhältnissen auch deren ›Denkformen‹ den Charakter einer das Individuum überdauernden und *unabhängig von seinem Beitrag existierenden und sich reproduzierenden Realität:* Zwar müssen die im gesellschaftlichen Systemzusammenhang gesetzten gnostischen Erfordernisse ›irgendwie‹ zureichend im individuellen Denken realisiert werden, wenn das Gesellschaftssystem, und damit ich, erhalten werden soll; damit ist aber keineswegs determiniert, auf welche Weise *gerade ich* dabei bzw. darüber zu ›denken‹ habe. Wie die gesamtgesellschaftlichen Bedeutungsstrukturen überhaupt, so sind also auch die darin beschlossenen Denkformen bei gesamtgesellschaftlicher Vermitteltheit für das Individuum bloße (hier: kognitive) Handlungs*möglich*keiten, zu denen es sich *bewußt „verhalten"* kann.

Bei dem früher ausführlich dargelegten ›Denken von Handlungszusammenhängen‹ mit den aufgewiesenen Implikationen für den Wertungs-Motivations-Aspekt (vgl. S. 283 ff) muß das Individuum also *nicht mehr,* wie auf der unmittelbar-kooperativen Vorstufe, die geschilderten *drei Teilzusammenhänge* zwischen individueller Lebenssicherung, personalem Beitrag und kollektiver Naturaneignung hinsichtlich der darin liegenden gnostischen Strukturen zu seiner *eigenen Existenzerhaltung als Einzelner im Ganzen kognitiv realisieren.* Mit der Überwindung der noch unmittelbar vom einzelnen zu ›überschauenden‹, da unentwickelten, gesellschaftlichen Lebensgewinnungsformen durch die gesamtgesellschaftliche Synthese mit ihren komplexen arbeitsteiligen Strukturen etc. ergibt sich also gleichzeitig mit der Entlastung von direkter Existenznot auch eine *Entlastung des individuellen Denkens:* Der Gesamtzusammenhang zwischen den geschilderten Teilzusammenhängen gesellschaftlicher Ziel-Mittel-Konstellationen stellt ›sich‹ zunächst einmal in den objektiven gnostischen Strukturen des arbeitsteiligen Systems ›*von selbst*‹ her, sodaß *ich* ›*frei*‹ bin, ohne meine Existenz unmittelbar zu gefährden, die gnostischen Implikationen des objektiven Handlungszusammenhangs von *meinem* gesellschaftlichen Standort in *meinem* Denken aus zu *problematisieren,* ja, unter bestimmten Bedingungen sogar zu *negieren.* Da, wie aufgewiesen, der übergreifende Handlungszusammenhang (wenn überhaupt) durch das Individuum vom Teilzusammenhang zwischen dem *gesellschaftlichen Lebensgewinnungsprozeß* und der *eigenen Existenzsicherung* her kognitiv reproduziert wird, so heißt dies zuvörderst, daß es sich hier bei gesamtgesellschaftlicher Vermitteltheit für das Individuum *nicht mehr* um einen *aus dem Lebensgewinnungsprozeß selbstevidenten,* sondern um einen *problematischen Zusammenhang* handelt. Das Individuum realisiert jetzt nicht mehr zwangsläufig in seinem Denken die Weise seiner Abgesichertheit durch den gemeinsamen Vorsorgeprozeß, sondern kann sich zum *Problem* machen, wieweit unter gegebenen Verhältnissen von seinem Standort aus seine individuelle Existenz tatsächlich hinreichend, d.h. gemäß den gesellschaftlichen Möglichkeiten dazu, durch den gesellschaftlichen Lebensgewinnungsprozeß abgesichert ist: Ja, es kann in seinem Denken sogar die *Tatsache* des Zusammenhangs zwischen verallgemeinert-gesellschaftlicher Lebenssicherung und eigener Existenzerhaltung *vernachlässigen* oder leugnen. Von da aus ergibt sich dann auch die Möglichkeit zur Problematisierung bzw. Vernachlässigung/Leugnung der weiteren Teilzusammenhänge: So ist der Zusammenhang zwischen dem *gesellschaftlichen Produktions- und Reproduktionsprozeß* und dem *je individuellen, also auch meinem eigenen, Beitrag* dazu nicht aus dem kooperativen Lebensgewinnungsprozeß unmittelbar ersichtlich, sondern vom Individuum *problematisierbar,* zu vernachlässigen oder zu leugnen; ebenso ist die Tatsache, daß die *menschlichen Lebensbedingungen durch gesellschaftliche Arbeit in Aneignung der Natur produziert* werden, nunmehr weder aus der unmittelbaren kooperativen Naturentwicklung selbstevident, noch muß er zur gesellschaftlichen Lebensgewinnung von jedem ›eingesehen‹ werden. Ich kann auch hier sowohl die jeweils historisch bestimmte Form der gesellschaftlichen Naturaneignung als Voraussetzung verallgemeinert-vorsorgender Existensicherung *problematisieren,* wie auch die gesellschaftliche Produziertheit der Lebensbedingungen leugnen, mich also zu gesellschaftlich geschaffenen Bedingungen wie zu Naturbedingungen ›verhalten‹.

Während wir mithin bei der Analyse der Herausbildung der ›gesellschaftlichen Natur‹ des Menschen in noch naturwüchsigen kooperativen Verhältnissen auf die aus dem geschilderten objektiven Handlungszusammenhang und seinen Teilzusammenhängen explizierbaren Denkformen (vgl. S. 286 ff) auch bei der Charakterisierung der Aneignung im individuellen Denken und der dabei zu vollziehenden Verallgemeinerungs-/Abstraktions-/Vereindeutigungsprozesse direkt verweisen konnten, ist die Annahme einer derartigen Entsprechung auf der Stufe der gesamtgesellschaftlichen Synthese nicht mehr adäquat: Wenn die irgendwie geartete Durchsetzung der in der Lebensgewinnungsform beschlossenen Denkformen zwar gesamtgesellschaftlich eine *Notwendigkeit* ist, für den Einzelnen aber die Denkformen-Realisierung zunächst nur eine (auch negierbare) *Möglichkeit* darstellt, so können die gesellschaftlichen Denkformen *von den Individuen* offenbar auch nur *partiell* bzw. in vielerlei *›angeschnittenen‹, verkürzten, mystifizierten Weisen* in den ›praktischen Begriffen‹ und deren symbolischer Fassung angeeignet werden. Indem durch die ›menschliche‹ Weltbeziehung des ›bewußten Verhaltens‹ die Realisierung der gesellschaftlichen Denkformen als bloße Denkmöglichkeit ›problematisch‹ wird, wird somit auch das *Verhältnis zwischen gesellschaftlichen Denkformen und individuellem Denken* hier in neuer Weise zum *wissenschaftlichen Problem:* Die erarbeiteten kategorialen Bestimmungen der global gesellschaftlich notwendigen Denkformen reichen nun zur Aufschließung individueller Denkprozesse nicht mehr aus, sondern müssen durch speziell *subjektwissenschaftliche Bestimmungen* der *Weisen und Formen personalen ›Denkens‹ gesellschaftlicher Zusammenhänge in ihrer Beziehung zur eigenen Existenz* konkretisiert werden.

In diesem Argumentationsgang läßt sich nun auch der *emotionale Funktionsaspekt* des menschlichen Handelns, wie er in seiner Spezifizierung durch die Herausbildung der ›gesellschaftlichen Natur‹ des Menschen (auf Seite 296 f) diskutiert wurde, einbeziehen. Die Emotionalität einschließlich ihrer orientierungsleitenden Funktion ist mit der Herausbildung der menschlichen Lebensgewinnungsform immer weniger als Aktivitäts- und Lernregulation auf der Dimension Energiemobilisierung-

Angstbereitschaft/Angst hinreichend charakterisiert. Weil die individuelle Lebenssicherung nicht mehr von jedem Individuum selbst geleistet werden muß, sondern zu einem Teilaspekt der gesellschaftlichen Lebenssicherung wird, muß das Individuum seine Aktivitäten nicht mehr an den Beschaffenheiten und Gefahren seiner direkten Umwelt regulieren, sondern ist ›normalerweise‹ durch die gesellschaftliche Vorsorge mit abgesichert, sodaß Angstbereitschaft/Angst hier nicht mehr allgemeine Weisen emotionaler Aktivitätsregulation, sondern in jeweils genauer zu bestimmender Weise Ausdruck der Isolation von den gesellschaftlichen Verfügungsmöglichkeiten, also des Zurückgeworfenseins auf die individuelle Existenzsicherung ist (vgl. auch S. 276).

Beim Versuch, die damit erst nur negativ bestimmte Besonderheit der ›menschlichen‹ Emotionalität als *Funktionsaspekt der Handlungen* genauer zu fassen, können wir uns auf ein Konzept beziehen, daß wir früher bei der inhaltlichen Charakterisierung der emotionalen Bedürfnis-Verhältnisse bei gesamtgesellschaftlicher Vermitteltheit individueller Existenz eingeführt haben: das Konzept der *emotionalen Befindlichkeit,* in welcher in *bewußtem Verhalten zur eigenen Emotionalität* die ›Unmittelbarkeit‹ des Verhältnisses zwischen Bedürfnissen und Handlungen in spezifischer Weise durchbrochen ist (vgl. S. 244 ff). Unter dem früher herausgehobenen funktionalen Gesichtspunkt der Emotionalität als allgemeiner ›Handlungsbereitschaft‹ in emotionaler Gesamtwertung der Lebensverhältnisse bedeutet dies: Indem das Individuum bei gesamtgesellschaftlicher Synthese zu gesellschaftlichen Bedeutungen und den darin eingeschlossenen Denkformen etc. als bloßen Handlungs- und Denk*möglichkeiten* in bewußtem ›Verhalten-Zu‹ in der geschilderten Weise ein *›problematisches‹ Verhältnis* hat, ist ihm im bewußten Verhalten zur eigenen Befindlichkeit auch die darin liegende *emotionale Handlungsbereitschaft grundsätzlich ›problematisch‹.* Die emotionale Gesamtwertung ergibt sich also *nicht mehr,* wie noch im ›kooperativen‹ Stadium, *unmittelbar aus der evidenten Bedeutung der sachlich-sozialen Weltbezüge des Individuums für seine eigene Existenzsicherung und Bedürfnisbefriedigung.* Das Individuum ›schiebt‹ sich vielmehr in *›bewußtem Verhalten‹ zwischen seine emotionale Befindlichkeit und seine Handlungen,* indem es wie die Bedeutungen als *objektive* Handlungs*möglichkeiten* auch seine eigene *emotionale Handlungsbereitschaft* als bloße *subjektive* Handlungs*möglichkeit* in Umsetzung der objektiven Handlungsmöglichkeiten erfaßt.

Zur näheren Charakterisierung dieses funktionalen Aspekts des ›Verhaltens‹ zur eigenen Befindlichkeit zitiere ich seiner Klarheit wegen den folgenden Passus aus M II im Zusammenhang: Die Handlungsbereitschaft ist hier nicht mehr »lediglich Resultat der automatischen Vereinheitlichung der unterschiedlichen emotionalen Impulse in der Komplexqualität der emotionalen Gesamtbefindlichkeit..., sondern der Mensch kann sich vielmehr in die automatische Verrechnung der verschiedenen emotionalen Handlungsimpulse bewußt ›einschalten‹, indem er seine emotionale Gesamtbefindlichkeit analysiert, die Verschmelzung der verschiedenen emotionalen Impulse auflöst... Eine solche Analyse als aktive kognitive Neustrukturierung erbringt potentiell größere Klarheit über die objektiven Bedingungen der eigenen emotionalen Befindlichkeit... Der ›komplexqualitative‹ Charakter emotionaler Gesamtwertungen ist damit nicht aufgehoben, sondern bleibt auch auf menschlichem Niveau notwendiges einheitsstiftendes Moment der Handlungsbereitschaft; die ›dazwischengeschaltete‹ Analyse verändert nur die kognitive Strukturierung der eigenen Situation, so daß in die abschließende ›komplexqualitative‹ Gesamtwertung nunmehr in Abhängigkeit von den geänderten Kognitionen auch geänderte emotionale Teilwertungen eingehen und damit eine andersgeartete Handlungsbereitschaft resultieren kann.« (S. 110 f)

Aus dem funktionalen Aspekt des ›Verhaltens‹ zur eigenen Emotionalität ergibt sich auch, daß die früher auseinandergelegte *Emotionsgeleitetheit der Orientierung bzw. Erkenntnis* nun nicht mehr ein *Faktum* der Ausrichtung des Denkens an emotionalen Wertungen, also subjektiven Notwendigkeiten, darstellt, sondern vom Individuum *bewußt als ›Mittel‹ seines Denkens eingesetzt* werden kann. Auch hier besteht also für das Individuum mit der ›Möglichkeits-Beziehung‹ zu sich selbst die *Alternative,* sich den *emotionalen Vektoren seines Denkens zu überlassen* oder ihre *Bedeutung für den individuellen Erkenntnisprozeß bewußt in Rechnung zu stellen,* den *subjektiven Realitätsgehalt der eigenen Emotionen zu prüfen und im Denkprozeß zu berücksichtigen.* Dies gilt für den geschilderten *emotionalen Aspekt der perzeptiven Gliederung des Wahrnehmungsfeldes,* indem hier die emotionalen Bekanntheitsqualitäten, Akzentuierungen, Hervorhebungen und Zurückdrängungen des Wahrgenommenen nicht nur faktisch in die Wahrnehmungsgliederung eingehen müssen, sondern vom Individuum *auf ihren Informationsgehalt hinsichtlich der eigenen subjektiven Welt- und Selbstbeziehung hin analysiert* und im *Denken ausgewertet* werden können. Dies gilt aber ebenso für das *›symbolvermittelte‹ Denken.* Auch ›symbolisch‹ gefaßte Denkinhalte und -verfahren haben ihre aus früheren, in ›subjektiver‹ Spiegelung objektiver Lebensverhältnisse gewonnenen Erfahrungen und Betroffenheiten erwachsene emotionale Wertigkeit, der man sein Denken überlassen, die man aber auch bewußt zum ›Mittel‹ des Denkens machen kann. Dabei können die emotionalen Momente des Gedachten ihrer ›komplexqualitativen‹ Eigenart wegen im Denkprozeß eine *besondere Funktion* gewinnen, indem sie *globale Gesamtorientierungen, Vorklärungen, Einbettungen* ermöglichen, die zwar stets im weiteren Denkprozeß überprüft werden müssen, aber dennoch das Denken in einer Weise ausrichten, durch welche aus *allem Denkbaren das für das betroffene (individuelle oder verallgemeinerte) Subjekt wirklich Wichtige und*

Klärungswürdige sich zu allererst heraushebt, und so der analytische Denkprozeß sein bestimmtes Thema gewinnt. In welchem Maße eine solche emotionale Vorstrukturierung und Grundierung des Denkens tatsächlich weiterführt, muß dabei natürlich auf die geschilderte Weise im bewußten Verhalten zur eigenen Emotionalität abgeklärt werden und hängt im Ganzen von der Validität, Realitätshaltigkeit, den früheren emotionalen Erfahrungen und Betroffenheiten ab, die den *komplexqualitativen Gesamtbezug meines gegenwärtigen Denkens* bestimmen. – Die zentrale Funktion der adäquaten Emotionsgeleitetheit des Denkens ist wie die mögliche Störfunktion einer unaufgeklärten emotionalen Beeinflussung des Denkens von H.-OSTERKAMP im Anschluß an Konzepte wie den Begriff der ›Gefühlsgewißheit‹ (VOLKELT) genauer diskutiert worden (vgl. 1978, S. 19 ff).

Aus diesen Darlegungen geht hervor, daß die neue kategorialanalytische Problemstellung, die sich aus dem ›problematischen‹ Verhältnis zwischen gesellschaftlichen Denkformen und individuellem Denken ergibt, auch den *emotionalen Funktionsaspekt* des Handelns bei gesamtgesellschaftlicher Vermitteltheit individueller Existenz einbegreifen muß: Es ergibt sich hier für das Individuum, also auch für den subjektwissenschaftlichen Forscher, nicht mehr aus unmittelbaren Weltbezügen und darin gegebenen Handlungsnotwendigkeiten, quasi von selbst, welche emotionale Gesamtwertung als Handlungsbereitschaft in Richtung auf die eigene Existenzsicherung und Bedürfnisbefriedigung dabei resultieren muß. Vielmehr müssen nun die diesbezüglichen *kategorialen Bestimmungen so konkretisiert* werden, daß die mit der *Möglichkeitsbeziehung zur eigenen Emotionalität entstehenden vielfältig selegierten, verkürzten, mystifizierten Formen des Zustandekommens und der Eigenart emotionaler Befindlichkeiten und Handlungsbereitschaften* gegenüber gesellschaftlichen Bedeutungskonstellationen faßbar werden.

Die damit sich verdeutlichende generelle Problemstellung für unsere weiteren Kategorialanalysen soll durch Einbeziehung des *motivationalen Funktionsaspekts menschlicher Handlungsfähigkeit* weiter angereichert und präzisiert werden. Aus der früher anläßlich unserer Analyse der sich mit der ›gesellschaftlichen Natur‹ herausbildenden menschlichen Motivation (S. 298 ff) aufgewiesenen engen Beziehung zwischen der kognitiven Erfassung gesellschaftlicher Handlungszusammenhänge vom Standpunkt der individuellen Existenzsicherung aus und der Entstehung ›motivierter‹ Handlungen ergibt sich im gegenwärtigen Darstellungskontext, daß mit dem bei gesamtgesellschaftlicher Synthese entstehenden ›problematischen‹ Verhältnis der Individuen zu den gnostischen Formen der Handlungszusammenhänge auch die *›motivierte‹ Realisierung gesellschaftlicher Handlungsziele für die Individuen* ›problematisch‹ werden muß: Die allgemeine, damit individuelle Notwendigkeit der Zielrealisierung aus dem Zusammenhang zwischen gesellschaftlicher Vorsorge und darin antizipierbarer Erhöhung der eigenen Lebensqualität ist jetzt nicht mehr aus den unmittelbaren kooperativen Lebensbezügen selbstevident, sondern mit der allgemeinen ›*Möglichkeitsbeziehung*‹ zu gesellschaftlichen Bedeutungskonstellationen sind auch die darin gegebenen *gesellschaftlichen Handlungsziele* nur *der Möglichkeit nach* ›*motiviert*‹ *realisierbar*. Wieweit es jeweils angesichts eines bestimmten Ziels *tatsächlich* zu einer motivierten Realisierung kommen kann, dies hängt von den geschilderten drei Voraussetzungen ab: *objektiver Zusammenhang zwischen der Zielrealisierung und der Erweiterung der eigenen vorsorgenden Existenzsicherung und Lebensqualität; adäquate Abbildung dieses Zusammenhangs in den gesellschaftlichen Denkformen; adäquate kognitive Erfassung des* (gegebenen oder fehlenden) *Zusammenhangs durch das Individuum* (vgl. S. 299 f).

Alle drei Motivationsvoraussetzungen können bei gesamtgesellschaftlicher Vermitteltheit individueller Existenz *voneinander unabhängig gegeben sein oder fehlen:* So kann etwa nicht nur ein objektiver Zusammenhang zwischen Zielrealisierung und Lebensqualität in den Denkformen unsichtbar bleiben, sondern es kann auch in *ideologischer Weise* ein *objektiv nicht bestehender Zusammenhang in den Denkformen* nur *vorgetäuscht* sein; das Individuum wiederum kann diesem *objektiven gesellschaftlichen Schein aufsitzen,* also subjektiv motiviert ein gesellschaftliches Ziel realisieren, das tatsächlich *nicht* eine Erweiterung der eigenen Lebensqualität einschließt, sondern diese u.U. sogar reduziert, womit das Individuum ›motiviert‹ gegen seine eigenen Interessen handeln würde (ich komme darauf zurück). Auch hier wird schon deutlich, daß mit der für das Individuum bestehenden Problematik, wieweit ein Handlungsziel motiviert realisierbar ist, auch an dieser Stelle das wissenschaftliche Problem einer *kategorialen Fassung der mannigfachen Erscheinungsformen, Kanalisierungen, Verkürzungen, Mystifizierungen des Zusammenhangs zwischen gesellschaftlichem Ziel und individueller Motivation zu seiner Realisierung* bei gesamtgesellschaftlicher Vermitteltheit individueller Existenz hervortritt, und so die benannte globale Fragestellung unserer weiteren Analysen einen neuen Aspekt gewinnt.

Das dabei zu klärende Problemfeld ist, wie aus den vorigen Darlegungen hervorgeht, durch das *reale Auseinandertreten* von *gesellschaftlichen Ziel-Mittel-Konstellationen* und deren *individueller Handlungsumsetzung* charakterisiert: Da das Ziel sich nicht mehr aus dem unmittelbaren Zusammenhang als individuell umzusetzendes darbietet, sondern nur eine Handlungs*möglichkeit* darstellt, zu der man sich bewußt ›verhalten‹ kann, so besteht hier für das Individuum zur Handlungsrealisierung immer auch die Alternative, das *Ziel nicht zu übernehmen;* und dies auch dann, wenn vom Individuum der Umstand *erkannt* wird, daß die Zielrealisierung *für sich gesehen im allgemeinen, also auch seinem personalen Interesse* ist, wenn es sich also *selbst etwa als* ›*Fall von*‹ verallgemeiner-

tem Produzenten etc. kogniziert. Auch hier liegt also gemäß der prinzipiellen Möglichkeitsbeziehung der Menschen zu den gesellschaftlichen Verhältnissen kein einfaches Determinationsverhältnis vor, durch welches das Individuum beim Bestehen der genannten Motivationsvoraussetzungen alternativlos motiviert handeln *muß:* Ich kann mich auch zu meiner *eigenen Zusammenhangseinsicht wiederum ›bewußt verhalten‹,* und dabei zu der Entscheidung kommen, für *›mich persönlich‹* das Ziel nicht zu übernehmen, *obwohl* seine Realisierung in meinem verallgemeinerten Interesse ist, also quasi vor mir selbst und/oder anderen ›Ausnahmebedingungen‹ zu reklamieren, wobei auch solche Entscheidungen auf ihre objektiven und subjektiven Bedingtheiten hin kategorialanalytisch aufklärbar sein müssen.

Mit dem realen Auseinandertreten von gesellschaftlichen Zielen und ihrer subjektiven Übernahme ist unsere frühere Bestimmung, *Handlungsziele seien immer gesellschaftliche Ziele* und lediglich die untergeordneten operativen Antizipationen seien als Teilziele bloß individuell realisierbar, *nicht außer Kraft gesetzt:* Auch wenn ich die ›Freiheit‹ habe, ein gesellschaftliches Ziel individuell zu übernehmen oder zurückzuweisen, so bleibt das übernommene wie zurückgewiesene Ziel immer noch ein *Handlungsziel, das als solches seinen Inhalt und Stellenwert aus dem gesellschaftlichen Lebensgewinnungs-Zusammenhang* erhält, und man hat, ob man dies will und sieht oder nicht, *mit der Übernahme wie mit der Zurückweisung des Handlungsziels eine in verallgemeinerter Weise für andere relevante Entscheidung getroffen* und damit (wie marginal auch immer) seine *eigenen Lebensmöglichkeiten* verändert (s.u.). Mithin resultiert aus unseren Analysen: Die subjektive Auffassung, die übernommenen Handlungsziele seien als solche bloß *meine* Ziele und ich diene mit ihrer Übernahme oder Zurückweisung bloß *meinen* individuellen Interessen, muß eine *Verkürzung und Mystifizierung* des geschilderten gesellschaftlichen Charakters und meiner Mitbetroffenheit von der Betroffenheit anderer durch meine Zielübernahme oder -verweigerung sein, und es gilt mithin, auch die Bedingungen solcher Verkürzungen und Mystifizierungen, quasi im eigenen Interesse des ›verallgemeinerten Betroffenen‹, subjektwissenschaftlich aufklärbar zu machen.

Die geschilderte Auflösung des unmittelbaren Determinationsverhältnisses zwischen Motivation und Handlung durch die neue Möglichkeitsbeziehung der Individuen zu gesellschaftlichen Ziel-Mittel-Konstellationen hat noch eine weitere, wesentliche Implikation. Nicht nur, daß von der Beschaffenheit des Handlungsziels zwar die Möglichkeit motivierten Handelns gesetzmäßig abhängt, sich daraus aber nicht zwangsläufig auch die tatsächliche Handlungsumsetzung durch das Individuum ergibt: Es folgt auch *umgekehrt* hier aus der durch die Zielbeschaffenheit bedingten Unmöglichkeit *motivierten* Handelns *nicht,* daß es damit zu *überhaupt keinen* Handlungen des Individuums zur Zielrealisierung kommen muß. Den mit der gesellschaftlichen Vermitteltheit individueller Existenz möglich gewordenen gesellschaftlichen Unterdrückungsverhältnissen entspricht nämlich auf der Seite der Individuen die durch deren bewußtes ›Verhalten-Zu‹ bedingte Möglichkeit, unter dem *Druck der Verhältnisse* auch *gesellschaftliche Ziele* zu übernehmen, die im *herrschenden Partialinteresse* und somit *nicht* im allgemeinen Interesse an der Verfügungserweiterung und Erhöhung der Lebensqualität der Individuen (deren ›Fall‹ ich bin) liegen, mithin *nicht ›motiviert‹,* sondern *unter ›Zwang‹* zu handeln. Bei ›erzwungenem‹ Handeln muß das Individuum also, indem es der von gesellschaftlichen Herrschaftsinstanzen ausgehenden *unmittelbaren* Gefährdung seiner Existenz zu entgehen trachtet, *aus der Not heraus seine eigenen langfristigen Lebensinteressen verletzen* (s.u.).

Der früher dargelegte allgemeine ›*Motivations-Widerspruch*‹ (vgl. S. 300) ist bei gesamtgesellschaftlicher Vermitteltheit individueller Existenz also nicht mehr nur das Verhältnis zwischen antizipierter Erhöhung der Lebensqualität und der Antizipation der mit der Handlungsrealisierung auf sich zu nehmenden Anstrengungen und Risiken, aus dem sich in der emotionalen Gesamtwertung ergibt, ob das Individuum das jeweilige Ziel in Handlungen umsetzt oder nicht. Der ›innere‹ Motivationswiderspruch kann nun vielmehr unter den geschilderten Bedingungen ›erzwungenen‹ Handelns zu einem ›*äußeren*‹ Widerspruch werden, indem das Individuum hier die mit der Zielrealisierung verbundenen Anstrengungen und Risiken auf sich nimmt, obwohl sie *nicht* in einer umfassenden emotionalen Antizipation der mit der Zielannäherung erreichbaren Verfügungserweiterung und Lebenserfüllung über die gegenwärtige Befindlichkeit hinaus aufgehoben sind. Die in motiviertem Handeln als unselbständige und ›aufgehobene‹ Teilmomente enthaltenen Anspannungen der Kräfte unter Zurückstellung unmittelbarer Bedürfnisbefriedigung (um der Verbesserung der menschlichen Befriedigungs*möglichkeiten* meiner Bedürfnisse willen), verselbständigen sich also bei erzwungenen Handlungen zu einer *emotional nicht ›gedeckten‹ Selbstdisziplinierung und Druckausübung gegen sich selbst,* die man als ›*Willentlichkeit*‹ der Handlung bezeichnen kann. Der aus der Fähigkeit der Menschen zum bewußten ›Verhalten-Zu‹ sich selbst erwachsene ›*Wille*‹ ist also einerseits, soweit unselbständiges Moment motivierten Handelns, Inbegriff der Möglichkeiten des Menschen zu auch gravierenden und langfristigen ›freiwilligen‹ Einschränkungen unmittelbarer Bedürfnisbefriedigung um der langfristigen Perspektive der erhöhten Verfügungserweiterung und Daseinserfüllung willen, andererseits aber auch der von der Motivation abgespaltene psychische Funktionsaspekt, durch welchen die Menschen (anders als jedes Tier) unter Zwang gegen ihre eigenen ›menschlichen‹ Lebensinteressen handeln können, also der *psychische Ermöglichungsgrund jeder Unterdrückung und Ausbeutung des Men-*

schen durch den Menschen (jenseits naturwüchsiger Dominanz- und Abhängigkeitsverhältnisse – vgl. dazu M. II, S. 65 ff und 115).

Wir müssen also bei Berücksichtigung der ›Möglichkeitsbeziehung‹ und des ›problematischen‹ Verhältnisses des Menschen zu gesellschaftlichen Zielkonstellationen die von uns bisher funktional-historisch entfaltete Kategorie der ›Motivation‹ in Richtung auf das *Begriffspaar ›Motivation-Zwang‹* differenzieren. Mit dieser Differenzierung ist ein *weiteres Feld neuer subjektwissenschaftlicher Probleme,* die uns aus der Auflösung der unmittelbaren Einbezogenheit menschlichen Handelns in kooperative Lebensgewinnungsformen bei gesamtgesellschaftlicher Synthese erwachsen, abgesteckt: Wie die Bedingungen ›motivierter‹ Zielübernahme, so sind auch die Bedingungen und Erscheinungsformen ›erzwungenen‹ Handelns weder für die Betroffenen noch für die wissenschaftliche Analyse offensichtlich und leicht ausmachbar. Dies ergibt sich schon daraus, daß beim Handeln unter Zwang ja ein gravierender subjektiver Widerspruch zwischen der objektiven Bedeutung der jeweiligen gesellschaftlichen Handlungszusammenhänge für das Individuum und seinen tatsächlichen Handlungen besteht: Je nachdem, wieweit dieser Widerspruch ›ausgehalten‹ oder subjektiv reduziert wird, muß es zu sehr unterschiedlichen Erscheinungsformen des Handlungszwangs in der eigenen Selbstsicht und Befindlichkeit kommen, wobei – sofern die herrschaftsbedingte Notlage, aus der die Handlungen ›erzwungen‹ sind, zur Milderung des genannten Widerspruchs geleugnet, ›verinnerlicht‹ etc. wird – der ›äußere‹ Zwang zu einem ›*inneren Zwang*‹ werden kann, dessen Funktion ja gerade dadurch charakterisiert ist, daß er *für das betroffene Individuum nicht von der ›Motivation‹ unterscheidbar* sein darf. So sind hier also durch die *wissenschaftliche Kategorialanalyse* im Interesse des ›verallgemeinerten Betroffenen‹ besonders intensive Anstrengungen erfordert, um die ›erscheinende Oberfläche‹ der subjektiven Befindlichkeit auf darin verborgene ›*innere Handlungszwänge*‹ hin durchdringbar zu machen und in ihrer Funktion bei der subjektiven Lebensbewältigung zu erhellen, um subjektwissenschaftlich, und damit für ›je mich selbst‹, besser faßbar zu machen, wie die äußeren und inneren Bedingungen beschaffen sind und überwunden werden können, durch welche der Mensch, indem er *gegen das Allgemeininteresse gerichtete Interessen der Herrschenden aus ›innerer Not‹ zu den seinen macht, sich selbst zum Feinde werden muß* (s.u.).

Der interpersonale Aspekt individueller Handlungsfähigkeit: Gesamtgesellschaftliches Kooperationsverhältnis und Vereinzelung/Interaktion/Kooperation auf psychischer Ebene

Bei unseren bisherigen Darlegungen über die Spezifikationen der psychischen Funktionsaspekte der Handlungsfähigkeit bei gesamtgesellschaftlicher Vermitteltheit individueller Existenz sind die damit sich ergebenden Besonderheiten der *interpersonalen Beziehungen* der Individuen zwar schon mitgedacht, bedürfen aber nun noch einer expliziten Heraushebung und Charakterisierung. Als Grundlage für diesbezügliche Analysen verdeutlichen wir uns den zentralen Umstand, daß mit der in gesamtgesellschaftlicher Synthese entstandenen Verselbständigung eines ›in sich‹ lebensfähigen gesellschaftlichen Erhaltungssystems *dieses System als solches in seiner arbeitsteiligen Organisation ›kooperativen‹ Charakter* gewonnen hat. Während also in der Vorstufe der Herausbildung der gesellschaftlichen Natur des Menschen die allmählich sich durchsetzende gesellschaftliche Lebensgewinnungsform noch im Ganzen als kooperatives Verhältnis *zwischen Individuen* gekennzeichnet werden konnte (was sich in der von uns benutzten Wortverbindung ›kooperativ-gesellschaftlich‹ niederschlug), ist jetzt, *nach* der Durchsetzung der Dominanz des gesellschaftlich-historischen Prozesses, eine begriffliche Differenzierung unerläßlich: Wir müssen unterscheiden zwischen *gesamtgesellschaftlicher Kooperation* als Wesensbestimmung der menschlichen Lebensgewinnungsform überhaupt und *Kooperation auf Handlungsebene* als *interpersonalem Prozeß* zwischen Individuen. Das Konzept der gesellschaftlichen Kooperation ist dabei zu fassen als Explikation aus dem Konzept der gesellschaftlichen Arbeit, mithin eine Kategorie auf *gesellschaftstheoretischer Bezugsebene,* in welcher der mit dem Dominanzwechsel entstandene verselbständigt-objektive gesellschaftlich-historische Prozeß als wissenschaftlicher ›Gegenstand‹ thematisiert ist (vgl. dazu unsere Begriffsbestimmungen in Kap. 5.4 und speziell auch auf S. 234 ff). Wenn man also die Formen, Widersprüche, Antagonismen in historisch bestimmten, arbeitsteilig organisierten gesellschaftlichen Verhältnissen analysiert, so analysiert man damit notwendig immer auch die Formen, Widersprüche, Antagonismen der gesellschaftlichen Kooperation; die Universalität der gesellschaftstheoretischen Kooperations-Kategorie bleibt mithin unberührt von der *Form* der Kooperation, ist somit etwa auch die Basis für die Heraushebbarkeit der gesamtgesellschaftlichen Zerrissenheit und Zerspaltenheit der Kooperation in der bürgerlichen Gesellschaft (vgl. etwa das 11. Kap. über ›Kooperation‹ in MARX' ›Kapital‹). Als *individualwissenschaftliche Kategorie* verbleibt hier mithin nur die der ›gesamtgesellschaftlichen Kooperation‹ nachgeordnete Kategorie der ›*Kooperation auf Handlungsebene*‹ (die wir immer meinen, wenn wir von ›Kooperation‹ ohne den Zusatz ›gesamtgesellschaftliche‹ reden).

Aus der Unterscheidung zwischen gesamtgesellschaftlicher Kooperation und Kooperation auf Handlungsebene ergibt sich nun weiterhin die Notwendigkeit einer zusätzlichen Unterscheidung bezüglich interpersonaler Beziehungen auf der Handlungsebene selbst: Wenn ›gesamtgesellschaftliche Kooperation‹ Wesensmerkmal des ›in sich‹ lebensfähigen Erhaltungssystem gesamtgesellschaftlicher Synthese ist, so müssen unsere früheren psychischen Qualifizierungen gesamtgesellschaftlicher Vermitteltheit individueller Existenz auch hier gelten: d.h. auch die kooperativen Implikate des Bedeutungsaspekts gesamtgesellschaftlicher Verhältnisse, die für die Erhaltung des Gesamtsystems ›Notwendigkeits‹-Charakter haben, sind in ihrem Bezug auf das je einzelne Individuum lediglich als *Möglichkeiten* der individuellen Realisierung gesellschaftlicher Kooperationsverhältnisse zu betrachten. Das Individuum *kann* also zwar in seinen interpersonalen Beziehungen gesellschaftliche Kooperationsverhältnisse realisieren, es *muß* dies (da die gesamtgesellschaftliche Kooperation *in sich* funktioniert, also seine individuelle Existenz prinzipiell auch so gesichert ist) jedoch nicht. Daraus folgt aber, daß es gemäß der ›Möglichkeitsbeziehung‹ der Individuen zu gesellschaftlichen Bedeutungskonstellationen bei gesamtgesellschaftlicher Vermitteltheit individueller Existenz auch interpersonale Beziehungen gibt, die *nicht gleichzeitig kooperative Beziehungen* sind (eine Beziehungsform, die auf der Vorstufe kooperativ-gesellschaftlicher Verhältnisse vor dem Dominanzwechsel, da hier die naturwüchsige Eingebundenheit des Einzelnen in die kooperative Lebensgewinnungsform eine unabdingbare allgemeine *und* individuelle Existenznotwendigkeit ist, sich noch nicht aussondern konnte). Wir unterscheiden deshalb auf der Handlungsebene *kooperative Beziehungen* der Individuen von *bloß ›interaktiven‹ Beziehungen*.

Von der auf der Stufe gesamtgesellschaftlicher Synthese notwendigen begrifflichen Differenzierung zwischen gesamtgesellschaftlicher Kooperation und individueller Kooperation als Alternative zu bloßer ›Interaktion‹ ist die früher von uns eingeführte und begründete Begriffsdifferenzierung zwischen *Kooperation auf Handlungsebene* und *interindividueller Steuerung von Regulationen auf operativer Ebene* (vgl. S. 282 f) grundsätzlich *unberührt*: Auch interpersonale Kooperation, die als ›Möglichkeitsbeziehung‹ auf gesamtgesellschaftliche Kooperation bezogen ist, läßt sich nicht nach dem Modell interindividueller Koordination von individuell-antizipatorischen Operationen sinnlich-stofflicher Vergegenständlichung bzw. Gebrauchszweckherstellung oder -umsetzung adäquat erfassen; und auch hier gilt, daß in Abhängigkeit von der Beschaffenheit des Handlungsziels die kooperative Handlung zwar die interindividuelle Steuerung der Operations-Regulation einschließen *kann*, aber keinesfalls *muß*. Auch die nun ausdifferenzierte interpersonale Form der Kooperation steht, *wenn* sie sich realisiert, in *gesellschaftlichen Handlungszusammenhängen* und ist durch die Beziehung der Individuen über die Realisierung *gemeinsamer gesellschaftlicher Ziele charakterisiert, nicht* durch das *unmittelbare Zusammenwirken*. Dabei versteht sich aus unseren früheren Ausführungen, daß mannigfach symbolisch vermittelte Formen der Kooperation, bei denen die Realisierung der interpersonalen Beziehung keineswegs notwendig von wechselseitiger räumlich-sinnlicher Anwesenheit füreinander abhängig ist, mit wachsendem Vergesellschaftungsgrad des Gesamtzusammenhangs der Lebensgewinnung und damit wachsender Teildelegation der stofflichen Naturaneigung an das ›in sich‹ funktionierende gesellschaftliche System immer mehr an Relevanz gewinnen müssen. – In der geschilderten Begriffsdifferenzierung zwischen individuell-kooperativen und bloß interaktiven Beziehungen ist impliziert, daß die interindividuelle Regulationssteuerung von Operationen, *wo* sie durch die Art der Beziehung vollzogen werden muß, nun nicht mehr nur als operative Untereinheiten der Kooperation vorkommen müssen, sondern *auch innerhalb von bloßen Interaktionsbeziehungen auftreten* können: Die Differenz zwischen individueller Kooperation und Interaktion hat nichts damit zu tun, ob dabei die interpersonale Beziehung über die antizipatorische Aktivitätsregulation sinnlich-stofflich unmittelbar sich realisiert oder nicht, sondern bestimmt sich allein danach, ob in der Beziehung die *Möglichkeiten der individuellen Umsetzung gesellschaftlicher Kooperationsverhältnisse realisiert sind oder nicht*. (Auch diese Unterscheidungen implizieren im übrigen, wie alle unsere kategorialen Differenzierungen, nicht das real getrennte Vorkommen der unterschiedenen Sachverhalte, sondern sind *analytische* Mittel, um die psychischen Erscheinungen auf ihre *wesentliche Züge* hin durchdringen und die Vielfalt auf der Erscheinungsebene als *deren* unterschiedliche Erscheinungsformen begreifen zu können.)

Um nun auf der Grundlage dieser begrifflichen Differenzierungen die Spezifizierung des interpersonalen Aspekts menschlicher Handlungsfähigkeit in ihren verschiedenen funktionalen Momenten bei gesamtgesellschaftlicher Vermitteltheit individueller Existenz schrittweise zu verdeutlichen, akzentuieren wir zunächst den Umstand, daß nicht nur die Realisierung kooperativer Beziehungen eine Möglichkeit gegenüber der Alternative bloß interaktiver Beziehungen ist, sondern daß bereits *interpersonale Beziehungen als solche*, also auch mit bloß *interaktivem* Charakter, nur eine *menschliche Möglichkeit* darstellen, zu der mithin für die Individuen die Alternative der *Vereinzelung* besteht. Um genauer zu verstehen, was hier ›Vereinzelung‹ bedeuten soll, machen wir uns zunächst klar, daß ›Vereinzelung‹ nicht als Charakterisierung des interpersonalen Gesamtstatus eines Individuums gemeint sein kann, sondern immer eine relativierende Bestimmung darüber enthalten muß, in welcher Dimension, also im Hinblick auf *welche konkrete Alternative der Aufnahme interpersonaler Beziehungen sich das Individuum vereinzelt*. Weit wichtiger ist aber die durch unsere vorgängigen Begriffsdifferenzierungen ermöglichte Heraushebung des Umstands, daß mit der *interpersonalen* Vereinzelung eines Individuums *keineswegs* gleichzeitig eine *gesellschaftliche Vereinzelung* verbunden sein muß: Wie die menschliche Möglichkeitsbeziehung überhaupt, so gründet sich auch die Möglichkeit zu interpersonaler Vereinzelung in der prinzipiellen Gesichertheit individueller Existenz aufgrund des ›in sich‹ lebensfähigen gesellschaftlichen Systems. Vereinzelung ist für das Individuum also überhaupt nur möglich, *weil* seine individuelle Existenz gesamtgesellschaftlich abgesichert ist; dies hat MARX auf den Begriff gebracht mit der Sentenz, der Mensch könne nur in »der Gesellschaft sich vereinzeln« (MEW 13, S. 616). Somit steht auch das *interpersonal vereinzelte Individuum* über die *gesamtgesellschaftliche Vermitteltheit seiner Existenz* mit den *anderen Menschen der Gesellungseinheit in Beziehung*, wenngleich diese Beziehung *hinsichtlich der jeweiligen Dimension der Vereinzelung* für das Individuum *keinen interpersonalen Charakter hat*.

Die aus den Besonderheiten der gesellschaftlichen Lebensgewinnung sich ergebende globale *Denkform* des ›*verallgemeinerten anderen*‹, gemäß der jeweils ich ein ›*anderer für andere*‹ bin, schließt also auch die *interpersonale Vereinzelung als ›Fall‹* ein. Auch der Vereinzelte ist mithin als Vereinzelter objektiv in das gesellschaftliche Erhaltungssystem integriert, ›die anderen‹ sind damit für ihn bedeutungsvoll, mindestens in dem Umstand und der Art und Weise der Ermöglichung seiner Vereinzelung; würde er aus dem durch den ›verallgemeinerten anderen‹ getragenen gesellschaftlichen Erhaltungssystem herausfallen, so wäre dies gleichbedeutend mit dem Ende seiner Vereinzelung als menschlicher Möglichkeit, da er dann unter Bedingungen naturwüchsiger Notwendigkeiten sein Leben erhalten müßte. Ebenso hat der Vereinzelte als solcher objektiv Bedeutung ›für die anderen‹, seine Vereinzelung hat Konsequenzen, einmal für die Individuen, denen gegenüber er sich mit der Negierung der Alternative interpersonaler Beziehungen vereinzelt hat, dann aber auch für das Gemeinwesen im Ganzen, damit rückwirkend wiederum auch für den Vereinzelten selbst, indem er den Konsequenzen seiner Vereinzelung ausgesetzt ist. So stellt sich die Frage nach der subjektiven Funktion der Vereinzelung als Erscheinungsform der individuellen Weltverfügung und Lebenserfüllung gleichzeitig als Frage danach, wieweit gemäß den jeweils konkret gegebenen Bedingungen die Vereinzelung als Realisierung oder als Verkürzung, Kanalisierung, Pervertierung etc. der subjektiven Notwendigkeit der vorsorgenden Weltverfügung unter Verhältnissen ihrer Behinderung aufgefaßt werden muß. Damit stehen die Bedingungen, unter denen der Vereinzelte sich als total, auch gegenüber der Gesellschaft, vereinzelt erfährt, also der Umstand seiner die Vereinzelung ermöglichenden Existenzsicherung durch den ›verallgemeinerten Produzenten‹ aus seinem individuellen Denken ausgeblendet ist, hier ebenfalls zur Frage. Wir haben es also an dieser Stelle einmal mehr mit einer Anreicherung und Differenzierung der mit der Handlungsfähigkeit unter gesamtgesellschaftlicher Vermitteltheit individueller Existenz entstehenden neuen Probleme subjektiver Lebensführung und deren subjektwissenschaftlich-kategorialer Fassung zu tun.

Wie aus diesen Darlegungen (und unserer Gesamtanalyse) hervorgeht, ist die menschliche Vereinzelung kein elementarer Sachverhalt, sodaß man besondere Gründe oder Erklärungsmodelle für das Entstehen sozialer Beziehungen brauchte, sondern umgekehrt: Soziale Beziehungen sind der schon phylogenetisch überkommene elementare Ermöglichungsgrund gesellschaftlicher Lebenserhaltung. Demnach muß es besondere Gründe oder Erklärungen für das Zustandekommen von Vereinzelung geben, wobei die Vereinzelung an der essentiellen Bedeutung sozialer Beziehungen für die gesellschaftliche Lebensgewinnung nichts ändert, da sie immer nur interpersonale Vereinzelung auf der Basis gesellschaftlicher Integration des Individuums sein kann.

Aus der Möglichkeit der Vereinzelung als ›Alternative‹ ergibt sich nun auch der spezifische Charakter interpersonaler Beziehungen bei gesamtgesellschaftlicher Vermitteltheit individueller Existenz. Die interpersonalen Beziehungen sind jetzt nämlich nicht mehr ›selbstverständliches‹ und aufgrund materieller Notwendigkeiten unhinterfragbares Medium individueller Lebensaktivität, sondern *als interpersonale Beziehungen für das Individuum ›problematisierbar‹*: Ich *kann* ja immer auch bestimmte interpersonale Beziehungen *nicht* eingehen oder *auflösen*, zugunsten der Möglichkeit der interpersonalen Vereinzelung, aus der sich dann auch die Möglichkeit der Aufnahme anderer Beziehungen ergibt. Die so gegebene grundsätzliche ›Problematik‹ interpersonaler Beziehungen für ›je mich‹ und die Subjektwissenschaft gewinnt ihren besonderen Charakter aus der früher (S. 238 f) dargestellten, mit dem ›bewußten Verhalten-Zu‹ entstehenden Reflexivität und Perspektivenverschränkung der interpersonalen Verhältnisse. Indem ich in reflexiver ›Sozialintentionalität‹ den anderen als ›Subjekt‹ gleich mir erfahre, kann mir mithin in meiner Beziehung zu ihm gleichzeitig auch *dessen Beziehung zu mir*, genauer: das *Verhältnis der direkten und der reflexiv erfaßten ›Perspektive‹* der Beziehung problematisch werden: Wie ›verhält‹ sich die Bedeutung, die der andere für mich hat, zu der Bedeutung, die ich für ihn habe? Wie ›verhalten‹ sich die Gründe, die ich dafür habe, die Beziehung einzugehen oder aufrechtzuerhalten, zu den respektiven Gründen des anderen? Die gleichen potentiellen Fraglichkeiten bestehen dabei in jeder interpersonalen Beziehung auch für den anderen, für den ich ›der andere‹ bin. Es ist klar, daß sich je nach der Struktur solcher reflexiven Beziehungen und den darin enthaltenen Widersprüchen o.ä. ganz verschiedene Beziehungsformen mit unterschiedlicher Funktion innerhalb der handelnden Weltverfügung und Lebenserfüllung der an der Beziehung Beteiligten ergeben müssen, wobei die Erhellung der Bedingungen der jeweils gegebenen Erscheinungsformen solcher interpersonalen Beziehungen und der Entwicklung dieser Beziehungen im Interesse der Beteiligten für die Betroffenen wie für die Subjektwissenschaft ein Problem von großer Dringlichkeit darstellt.

Dabei ist mit aller Schärfe hervorzuheben, daß (wie aus früheren Darlegungen hervorgeht) die jeweilige Struktureigenart der interpersonalen Beziehungen, die Entwicklung oder der Wechsel solcher Beziehungen, die temporäre oder langfristige Vereinzelung stets als *interpersonale Spezifizierungen des jeweils gesamtgesellschaftlichen Verhältnisses der Individuuen*, innerhalb dessen derart reflexive ›Möglichkeitsbeziehungen‹ zwischen Menschen allein sich bilden können, begriffen werden müssen. Somit besteht für die Betroffenen wie für die Wissenschaft das zentrale übergeordnete Problem hier darin, die erscheinende Oberfläche der je vorliegenden Interpersonalität auf die darin verarbeiteten oder mystifizierten, bewußten oder verhehlten, *gesellschaftlichen* Möglichkeiten, Widersprüche, Beschränkungen, Zwänge der individuellen Lebenssicherung und Daseinserfüllung der Beteiligten zu durchdringen bzw. in verallgemeinerter Weise durchdringbar zu machen, d.h. die objektiven Bedingungen offenzulegen, die zur Veränderung der interpersonalen Beziehungen im Interesse der Betroffenen geändert werden müssen.

Wenn wir nun weiterhin versuchen, unsere bisherigen einschlägigen Kategorialbestimmungen soweit zu explizieren, daß auf dieser Grundlage die Bedingungen bzw. Gründe für die Realisierung interpersonaler Kooperationsmöglichkeiten analysierbar werden, so haben wir zunächst festzuhalten: Solche interpersonalen Beziehungen können vom Individuum notwendigerweise nicht in kooperative Beziehungen überführt werden, sind also *prinzipiell durch die bloß interaktive Beziehungsform* charakterisiert, die *schon ihrer kategorialen Eigenart* (wie wir sie früher herausgearbeitet haben) nach *nicht* ›*kooperationsfähig*‹ sind; dies sind insbesondere die ausgewiesenen unspezifisch-›biosozialen‹ und lediglich gesellschaftlich geformten Sozialbeziehungen im Bereich der *Sexualität* i.w.S., die als solche auf verallgemeinerte gesellschaftliche Ziele nicht ›kooperativ‹ beziehbar sind, sondern nur durch gesellschaftliche Verhältnisse unterdrückt, kanalisiert, ›diszipliniert‹, entfremdet werden können (s.u.).

Darüberhinaus ist hier zu verdeutlichen, daß die ›kooperative‹ Spezifizierung interaktiver Beziehungen nicht lediglich im ›psychischen‹ Raum bloßer Interpersonalität zwischen den beteiligten Individuen vollziehbar ist, sondern gesellschaftliche Notwendigkeiten als personale Möglichkeiten der interpersonalen Kooperation dazu vorausgesetzt sind. Mit anderen Worten: Die im *gesellschaftlichen* Kooperationszusammenhang stehenden Handlungsziele müssen hier so beschaffen sein, daß zu ihrer Realisierung *interpersonale* Kooperation zwischen Individuen notwendig/möglich ist. Dies kann sich etwa aus der jeweiligen ›Anforderungsstruktur‹ einer Zielkonstellation ergeben, durch welche das Ziel von den Individuen nur kooperativ realisierbar ist.

Für unsere weiteren Überlegungen viel wichtiger ist aber folgender Umstand: In dem Maße, wie in der ›Möglichkeitsbeziehung‹ menschlicher Handlungen in der beschriebenen Weise der Akzent nicht auf der bloßen *Realisierung* von Handlungsmöglichkeiten, sondern deren *Änderung*, d.h. *Änderung der gesellschaftlichen Verhältnisse,* durch welche die Möglichkeiten bestimmt und begrenzt sind, liegt, ist die *kooperative Form der Handlungen für die Individuen zwingend:* Sofern es nämlich darum geht, gesellschaftliche Verhältnisse zu ändern, muß die *Macht der Individuen auch selbst eine gesellschaftlich-historische Größenordnung erreichen* können, wobei das Ausmaß der hier notwendigen Macht von dem Grad der gesamtgesellschaftlichen Verflochtenheit der zu ändernden Verhältnisse und der aus dem Klassenantagonismus erwachsenen Gegenmacht in Richtung auf die Erhaltung der bestehenden Verhältnisse abhängt (s.u.). Diese Machterweiterung über die bloß individuellen Potenzen hinaus ist hier nicht durch Teilhabe des Einzelnen an den jeweils gegebenen *gesellschaftlichen* Kooperationsstrukturen zu erreichen, da diese als *Moment der Verhältnisse und* ihrer Bedeutungszusammenhänge ja gerade *geändert* werden sollen. Demnach bleibt hier zur Erreichung des Handlungsziels nur der *kooperative Zusammenschluß der Individuen auf interpersonaler Ebene*, also quasi die Aktualisierung gesellschaftlicher Integration zu *kooperativer Integration* (vgl. M II, S. 68 ff). Der kooperative Zusammenschluß muß dann allerdings im Interesse der kollektiven Machtentfaltung zur Durchsetzung des Handlungsziels hier selbst wieder mehr oder weniger *organisierte Form* annehmen und gewinnt u.U. als ›*Bewegung*‹ o.ä. seine *eigene überindividuelle Geschichte und Kontinuität*; die individuellen Subjekte werden so, da hier die Erweiterung der Verfügung über ihre Lebensbedingungen nur in Überschreitung ihrer Individualität möglich ist, zu Elementen *gesellschaftlicher Subjekte*, die eine kollektive Macht des bewußten ›Machens‹ von Geschichte darstellen. Dennoch bleibt hier der *kooperative* Charakter, durch welchen die Beziehungen aus der Eigenart des nur gemeinsam realisierbaren Handlungsziels sich ergeben, erhalten etc. (ich komme ausführlich darauf zurück).

Vom Standpunkt des Individuums aus wird sich – unter Voraussetzung des objektiven Gegebenseins von nur kooperativ realisierbaren Handlungszielen – die *Zurückweisung* oder Realisierung der interpersonalen Kooperationsmöglichkeiten danach bemessen, wieweit es aus der Kognition und emotionalen Wertung des Verhältnisses seiner gegenwärtigen zu der in kooperativer Realisation des Handlungsziels erreichbaren zukünftigen Situation die ›subjektive Notwendigkeit‹ dazu erfährt, d.h. wieweit *für das Individuum* eine gegenwärtige Einschränkung seiner Handlungsfähigkeit *nur auf kooperativem Wege* in Richtung auf Verfügungserweiterung, Angstüberwindung und ›menschliche‹ Bedürfnisbefriedigung und Daseinserfüllung überwindbar ist/erscheint: wieweit es also das Handlungsziel, damit auch seine kooperative Realisierungsform, hier ›*motiviert*‹ (im früher geschilderten Sinne) übernehmen kann. Damit akzentuiert sich hier für die späteren Analysen noch eine *weitere Problematik*: Die für die Betroffenen wie für die Wissenschaft bestehende Problematik, von welchen äußeren und inneren Bedingungen die *subjektive Notwendigkeit* der ›*kooperativen*‹ *Spezifizierung interpersonaler Beziehungen* bzw. der zur Kooperations*möglichkeit* gegebenen Alternative bloß *interaktiver Beziehungen* (bzw. relativer Vereinzelung) abhängt. Dabei müssen auch jene Bedingungen in ihrer Eigenart und Änderbarkeit begrifflich zu fassen sein, durch welche die Individuen da Kooperationsmöglichkeiten kognizieren, wo in Wirklichkeit (etwa durch die Klassenspaltung) keine gegeben und u.U. nur ideologisch ›vorgetäuscht‹ sind; bzw. durch welche die Individuen vorhandene interpersonale Kooperationsmöglichkeiten oder die subjektive Notwendigkeit ihrer Realisierung nicht zu erkennen oder zu erfahren vermögen, und so durch das Verharren in bloßer Interaktivität objektiv gegen ihre eigenen Lebensinteressen handeln. Es wird schon deutlich geworden sein, daß die Klärung dieser (und früher herausgehobener einschlägiger) Fragen eine weitere Spezifizierung unserer bisher zur kategorialen Aufschließung der Erkenntnis/Wertungs/Motivationsprozesse als funktionalem Aspekt des Handelns unter gesamtgesellschaftlichen Verhältnissen erarbeiteten Konzepte erfordert.

Subjektive Geschichtlichkeit, ›Gedächtnis‹, Lebensperspektive

Wir haben bisher (in 7.3) die verschiedenen (mit der ›gesellschaftlichen Natur‹ des Menschen entstandenen) psychischen Funktionsaspekte der Handlungsfähigkeit einschließlich ihrer interpersonalen Bezüge auf ihre Spezifizierungen bei gesamtgesellschaftlicher Vermitteltheit individueller Existenz hin analysiert und dabei schrittweise die personale und wissenschaftliche Problematik der menschlichen Möglichkeitsbeziehung und des ›Verhaltens-Zu‹ als Fragestellung für die weiteren subjektwissenschaftlichen Kategorialbestimmungen entfaltet. Dabei wurde von uns in dem Aufweis der inneren Zusammenhänge der einzelnen Funktionsaspekte unter Rückbezug auf die inhaltliche, aus den individuellen Bedeutungs-Bedürfnis-Verhältnissen sich ergebende Lebensthematik immer schon die *Einheit des sich zur Welt und zu sich selbst ›verhaltenden‹ Subjekts* unterstellt, ein Gesichtspunkt, den wir nun zur abschließenden Zuspitzung dieses Teils unserer Kategorialanalysen gesondert diskutieren wollen, womit gleichzeitig die begrifflichen Voraussetzungen für die präzise Fassung des anschließenden nächsten Schrittes unserer Problementwicklung verbessert werden sollen.

Immer, wenn wir bestimmte psychische Momente auf das einheitliche Individuum rückbeziehen wollten, haben wir bisher von der *sich entwickelnden ›Funktionsgrundlage‹* gesprochen, ein Konzept, das wir im Zusammenhang mit der Charakterisierung der Stufe der individuellen Lern- und Entwicklungsfähigkeit eingeführt und im Zuge der Rekonstruktion der sich daraus ergebenden psychischen Differenzierungen immer weiter spezifiziert hatten. An Bestimmungen der psychischen Funktionsgrundlage in ihrer Besonderheit als individuelle Realisierung der Entwicklungspotenzen der gesellschaftlichen Natur des Menschen ergaben sich etwa die überdauernde emotionale Bewertungsgrundlage und ›Bedürftigkeit‹ als inhaltlicher Aspekt (vgl. S. 245 f), die ›sekundären Automatisierungen‹ als Inbegriff des operativ-perzeptiven ›Könnens‹, der Stand der Aneignung gesellschaftlicher Denkformen in individuellen ›praktischen Begriffen‹ und deren sprachlich-symbolischer Verallgemeinerung, die damit zusammenhängende Weise der emotionalen Gesamtwertung und erkenntnisleitenden Funktion der Emotionalität als Basis der personspezifischen Form der Entstehung ›motivierter‹ Handlungen in Verarbeitung des ›Motivationswiderspruchs‹ etc. Die sich entwickelnde Funktionsgrundlage läßt sich dabei im ganzen als *realer Prozeß individueller Geschichte* fassen, in welchem permanent als Resultat früherer Auseinandersetzungen des Individuums mit seinen Lebensbedingungen in deren personspezifischer Verarbeitung und ›Brechung‹ die Weise der je gegenwärtigen Auseinandersetzungen bestimmt ist und das Individuum so durch seinen wirklichen Platz innerhalb sachlich-sozialer Bedeutungsbezüge (also in seiner Bedeutung ›für andere‹ und darin für sich selbst) gleichzeitig seine personale Eigenart entwickelt.

Aus unseren Analysen der Spezifizierungen des Psychischen durch die gesamtgesellschaftliche Vermitteltheit individueller Existenz ist dabei klar, daß es zu einem adäquaten Verständnis der Entwicklung der psychischen Funktionsgrundlage in ihrer Besonderheit als Entwicklung personaler Handlungsfähigkeit nicht ausreicht, quasi selbsttätige Verarbeitungs- und ›Brechungs‹-Prozesse der Lebensbedingungen in der Person in Wechselwirkung mit deren Aktivitäten unter diesen (bzw. zur Veränderung dieser) Lebensbedingungen als individuierenden Kumulationsprozeß anzunehmen. Da die einzelnen inhaltlichen und funktionalen Aspekte der Handlungsfähigkeit nur durch Einbeziehung des übergeordneten Konzepts des bewußten ›Verhaltens-Zu‹ hinreichend spezifiziert werden konnten, muß vielmehr auch bei der Charakterisierung des individualgeschichtlichen Prozesses der Handlungsfähigkeitsentwicklung im Ganzen die menschliche Möglichkeit in Rechnung gestellt werden, sich nicht nur zu den Lebensbedingungen, sondern auch *zur eigenen ›Funktionsgrundlage‹ bewußt ›verhalten‹* und damit die *›selbsttätige‹ Deter-*

mination der personalen Entwicklung durch die genannten äußeren und inneren Umstände in Richtung auf deren ›subjektive Determination‹ durchbrechen zu können.

Um diese Überlegung genauer auszuführen, greifen wir zurück auf das früher entwickelte Konzept der ›*Befindlichkeit*‹ als mit dem bewußten ›Verhalten-Zu‹ gesetzte ›subjektive Realität‹ der eigenen Bedürftigkeit etc., wie sie ›je mir‹, also als Wirklichkeit ›erster Person‹ gegeben ist (vgl. S. 244 ff), und verallgemeinern nunmehr dieses Konzept in Auswertung des Umstandes, daß – indem beim Fortgang unserer Analysen die verschiedenen psychischen Funktionsaspekte der Handlungsfähigkeit in ihrer Spezifizierung durch das bewußte ›Verhalten-Zu‹ bei gesamtgesellschaftlicher Vermitteltheit individueller Existenz analysiert wurden – dem Befindlichkeitskonzept ja faktisch schon über seine inhaltlichen Bestimmungen hinaus sukzessiv weitere funktionale Bestimmungen hinzugefügt worden sind. Das *erweiterte* Konzept der subjektiven ›Befindlichkeit‹ des Individuums umfaßt mithin *alle* inhaltlichen und funktionalen, äußeren und inneren Bestimmungen der personalen Handlungsfähigkeit, soweit sie ›*je mir*‹ *in meinem bewußten* ›*Verhalten*‹ *dazu gegeben sind,* also (um einen gängigen Ausdruck zu gebrauchen) den ›*phänomenalen*‹ *Aspekt* personaler Handlungsfähigkeit im Ganzen.

Da das bewußte ›Verhalten-Zu‹, wie wir es früher aus den individuellen Existenzbedingungen gesamtgesellschaftlicher Vermitteltheit abgeleitet haben, die dargestellte ›Möglichkeitsbeziehung‹ voraussetzt und einschließt, muß auch die personale Befindlichkeit zentral als Inbegriff von *Handlungsmöglichkeiten*, wie sie ›*je mir*‹ gegeben sind, charakterisiert werden, und zwar sowohl von mir erfahrenen Handlungsmöglichkeiten, die in meinen ›*äußeren*‹ *Lebensbedingungen* liegen, wie auch von mir erfahrenen Handlungsmöglichkeiten, die in meiner *Person,* meinen *Handlungsbereitschaften, Fähigkeiten* etc. liegen. Da die menschlichen Möglichkeiten als solche nicht ›absoluter‹ Natur sind, sondern die Handlungsalternativen stets durch die objektiven Verhältnisse in ihrem jeweiligen Entwicklungsstand, in ihren Dimensionen und ihrem Ausmaß bestimmt sind, müssen auch die je mir in meiner Befindlichkeit gegebenen äußeren und inneren Handlungsmöglichkeiten als bestimmt und begrenzt durch ›jenseits‹ meiner Verfügungsmöglichkeiten liegende bloße ›Fakten‹ in meinen Lebensbedingungen und meiner Person aufgefaßt werden. Diese Fakten gehören dabei zwar einerseits als solche zur *objektiven Realität* außerhalb meiner Befindlichkeit, sie ›ragen‹ aber andererseits dennoch in diese hinein, da durch sie die *Widerständigkeit der Realität* sich in der *eigenen Befindlichkeit* Geltung verschafft, indem ich dadurch die Grenzen meiner Möglichkeiten, deren Durchsetztheit mit meiner Verfügung entzogenen Determinanten, ihre daraus sich ergebende Inkonsistenz und Bruchstückhaftigkeit jeweils *selbst erfahre*. Die individuelle Subjektivität als erfahrene Handlungsfähigkeit ist demnach allein durch das Möglichkeitskonzept nicht hinreichend zu kennzeichnen, sondern ist stets durch ein bestimmtes, dem Individuum in seiner Befindlichkeit gegebenes *Verhältnis* von ›*Potentialität*‹ und ›*Faktizität*‹ charakterisiert: ›Potentalität‹ als Inbegriff der dem Individuum in ›*erster Person*‹, also in bewußtem Verhalten, gegebenen Handlungs*möglichkeiten* und ›Faktizität‹ als Inbegriff der Art und des Ausmaßes der gegenüber der *bewußten Verfügung widerständigen ›Vorgänge dritter Person‹*, durch welche die Handlungsmöglichkeiten des Individuums determiniert und begrenzt sind.

In der subjektiven Befindlichkeit unterscheiden sich für mich also *Vollzüge* als bewußte Möglichkeitsrealisierungen von *Vorgängen ›dritter Person‹*, die *im Bezugssystem meiner Erfahrung* Prozesse widerspiegeln, die *jenseits meiner Erfahrung liegen* und damit in der *Beschränkung meiner Möglichkeiten die von mir erfahrenen Grenzen meiner Handlungsfähigkeit* bezeichnen. Die personale Handlungsfähigkeit ist demgemäß stets nur eine ›relative Handlungsfähigkeit‹ (vgl. M II, S. 78 ff), die sich aus dem individualgeschichtlich konkreten Verhältnis zwischen den mir (schon) verfügbaren und den als bloße ›Vorgänge‹ meiner Verfügung (noch) entzogenen Bedingungen meiner Handlungsfähigkeitsentwicklung ergibt. Damit stellt sich für die weiteren Analysen die Frage nach den *Bedingungen* eines derartigen *subjektiven ›Verfügungsentzuges‹*, nach den Umständen, durch welche er entsteht, und den Weisen seiner subjektiven Verarbeitung (bzw. Abwehr), dabei insbesondere nach den Bedingungen, unter denen Momente, die *prinzipiell verfügbar* sind bzw. sein könnten, von einem je bestimmten Individuum gemäß dem Stand seiner relativen Handlungsfähigkeit *nicht ›unter Verfügung‹ zu bringen* sind (s.u.).

Um die früher angesprochenen ›äußeren‹ und ›inneren‹ Charakteristika der Befindlichkeit als ›phänomenale‹ Momente der Handlungsfähigkeit von deren realen Momenten (deren ›subjektive‹ Seite sie sind) klar unterscheidbar zu machen, heben wir sie terminologisch als ›*situationalen*‹ und als ›*personalen*‹ Pol der subjektiven Befindlichkeit heraus: Die ›*situationale*‹ Befindlichkeit (oder kurz ›Situation‹) des Individuums wären mithin gekennzeichnet als die objektiven Lebensbedingungen, *soweit* und in der *besonderen Weise*, wie sie in ihren Bedeutungsbezügen und darin liegenden Handlungszusammenhängen samt deren Fassung in gesellschaftlichen Denkformen etc. *vom Individuum* als *dessen* Handlungsmöglichkeiten bzw. deren ›faktische‹ Beschränkung kogniziert und emotional bewertet, also ›*erfahren*‹ werden. Die (i.e.S.) ›*personale*‹ Befindlichkeit umfaßt demgegenüber die geschilderte ›Funktionsgrundlage‹ in ihrem jeweiligen Entwicklungsstand, die operativen Fertigkeiten, das ›Können‹, das ›Wissen‹, die praktisch-symbolische Begrifflichkeit etc. als ›funktionale‹ Ausprägungen der allgemeinen emotionalen Wertungsgrundlage, also ›inhaltlichen‹ Bedürftigkeit etc., *soweit* und in der *besonderen Weise,* wie sie *vom Individuum* in bewußtem ›Verhalten‹ zu sich selbst *erfahren* werden. Dabei versteht es sich schon aus dem von uns in der Gesamtanalyse herausgearbeiteten Umstand der Bestimmung der subjektiven Erfüllungs- und Befriedigungsmöglichkeiten des Individuums in ihrer ›menschlichen‹ Qualität als bewußt-vorsorgende Verfügung über allgemein-individuelle Daseinsbedingungen, daß die *situativen* und die *personalen* Momente als *phänomenale* Charakteristika der *realen* Handlungsfähigkeit notwendig innerlich *zusammenhängen* – deswegen sprechen wir ja vom situationalen und personalen ›*Pol*‹ der Befindlichkeit. Die *phänomenale Verselbständigung* der beiden Momente, etwa als Abkoppelung meiner Lebensbedingungen von meiner Befindlichkeit oder als bloßer, von den Lebensbedingungen unabhängiger ›Innerlichkeit‹ meiner Selbsterfahrung, sind demnach von uns später unter dem Thema der Formen und Bedingungen der Einschränkung individueller Handlungsfähigkeit zu diskutieren.

Da, wie dargestellt, die Gesamtperson in ihrer Bedürftigkeit, Funktionsgrundlage, ihren Weltbeziehungen als (relativ) handlungsfähiges Individuum *real* ein individual*geschichtlicher* Prozeß ist, muß auch die aus dem bewußten ›Verhalten‹ sich ergebende *Befindlichkeit* des Individuums als *phänomenale* Seite der Handlungsfähigkeit in den herausgehobenen verschiedenen Momenten übergreifend durch die *Erfahrung der eigenen Zeitlichkeit und Geschichtlichkeit* charakterisiert sein. Die früher auseinandergelegte ›interpersonale Subjekthaftigkeit‹ als spezifisch menschliche Form der Sach- und Sozialintentionalität, in welcher sich der Mensch als ›Ich‹, in der ›ersten Person‹, als ›Subjekt unter Subjekten‹, mit denen er im Verhältnis der ›Perspektivenverschränkung‹ steht, erfährt (vgl. S. 237 ff), ist mithin als Intentionalitätszentrum zugleich das Zentrum, von dem aus *ich mein eigenes Leben als Prozeß,* damit auch *meine eigene Vergangenheit,* in *bewußtem Verhalten zu mir selbst* ›*habe*‹; dies schließt ein, daß ich auch die *anderen Subjekte* als ›fremde Intentionalitätszentren‹, mit denen ich in reziproker intersubjektiver Kommunikation stehen kann, in *deren* Geschichtlichkeit erfahre und mich zu ihnen als Wesen, *die eine personale Vergangenheit nicht nur haben, sondern sich dessen auch bewußt sind,* ›*verhalte*‹. Was ›ich‹ und ›der andere‹ als Person für mich ›sind‹, bedeutet mithin wesentlich auch das, was und wie sie ›geworden sind‹.

Somit ist, wie die dargelegten verschiedenen Befindlichkeitsmomente, so auch meine ›*phänomenale Biographie*‹ als erfahrene Zeitlichkeit meiner Befindlichkeit im ganzen sowohl in ihrem *situationalen* wie in ihrem *personalen Pol* durch das geschilderte Verhältnis ›*Potentialität/Faktizität*‹ charakterisiert: Meine eigene Vergangenheit ist mir gegeben als gekennzeichnet durch *frühere Möglichkeiten,* deren Realisierung oder deren ›Verpaßt-Haben‹, sowie durch die Möglichkeiten einschränkende ›unverfügbare‹ Fakten, denen ich ausgeliefert war, dies sowohl mit Bezug auf meine früheren Lebensbedingungen (in ihrer ›situationalen‹ Gegebenheitsweise) wie auch auf meine eigene Befindlichkeit, meine Fähigkeiten, meine Absichten und Pläne etc., wobei auch die *emotionale* Seite der früheren Möglichkeiten und deren Beschränkungen zur Erfahrung meiner eigenen Vergangenheit gehört. Daraus ergibt sich nun auch unter diesem zeitlichen Gesichtspunkt, daß in der ›faktischen‹ Determination und Beschränkung meiner Möglichkeiten in der Befindlichkeit selbst auf eine *diese überschreitende personale Realität* verwiesen ist, die nur *partiell* und *selektiv* auch zur *Realität für das Subjekt* wird. Demnach ist die *phänomenale Biographie im Ganzen als vom Subjekt erfahrener Ausschnitt, Aspekt seiner realen Biographie* zu betrachten, und die früher geschilderte subjektive/subjektwissenschaftliche Problematik des Verhältnisses zwischen meinen wirklichen Lebensbedingungen, Fähigkeiten, Bedürfnissen etc. samt der darin liegenden Möglichkeiten/Möglichkeitsbeschränkungen und meiner Erfahrung davon ist bei Hinzunahme des übergeordneten lebensgeschichtlichen Aspekts als Problematik des *Verhältnisses zwischen je meiner Phänomenal- und Realbiographie zusammenzufassen.*

Durch das ›*Verhalten*‹ zur eigenen Lebensgeschichte kann dieses Verhältnis dabei vom jeweils *gegenwärtigen* Standort des Subjekts aus *selbst wieder* zum Bestandteil meiner ›phänomenalen‹ Welt- und Selbstsicht werden, indem ich meine früheren Einschätzungen jeweiliger Handlungsmöglichkeiten und -beschränkungen mit den damaligen ›tatsächlichen‹ Möglichkeiten und Beschränkungen in Relation bringe: *Damals* glaubte ich noch, daß in dem und dem Beruf wirkliche Möglichkeiten für mich liegen, daß die und die Fähigkeiten in bestimmter Weise von mir entwickelbar sind, daß ich über die und die Gefühle (der Eifersucht o.ä.) hinwegkommen werde, *jetzt* weiß ich aber, daß ich damals meine Situation und mich selbst falsch eingeschätzt hatte (oder auch umgekehrt, damals sah ich die und die Möglichkeiten irrtümlicher Weise nicht, unterschätzte mich noch in meinen Fähigkeiten etc.). Wichtig ist dabei zu beachten, daß hier das Verhältnis Real-/Phänomenalbiographie selbst in die je eigene *Phänomenalbiographie* einbezogen ist, also seinerseits wieder von dem tatsächlichen Verhältnis Phänomenal-Realbiographie mitumfaßt ist: Meine *Sichtweise* auf frühere Diskrepanzen zwischen realen und von mir gesehenen Möglichkeiten ist ja hier wiederum die phänomenale Seite der *wirklichen* Diskrepanzen, wie sie außerhalb des Bezugssystems meiner Befindlichkeit einschließlich ihrer phänomenalbiographischen Dimension feststellbar sind (so kann meine Einschätzung, ich hätte damals meine Fähigkeiten unterschätzt usw., ja selbst wieder falsch sein). - (Den damit angestoßenen erkenntnistheoretischen Regreß will ich – da subjektwissenschaftlich irrelevant – hier nicht näher diskutieren.)

Aus dem Umstand, daß zum ›Verhalten‹ zu meiner eigenen Geschichte auch das ›Verhalten‹ zum Verhältnis zwischen meiner ›Gegenwart‹ und meiner ›Vergangenheit‹ gehört, ergibt sich, daß meine Phänomenalbiographie keineswegs ein statisches Gebilde sein kann, das nur mit dem Fortgang meines Lebens quasi vorne immer mehr ›verlängert‹ wird, sondern daß die *Art und Weise der phänomenalbiographischen Strukturierung meiner Realbiographie sich mit der Veränderung meiner je gegenwärtigen Befindlichkeit notwendig selbst mit verändern* muß. Ich sehe meine eigene Vergangenheit notwendig mit veränderter Gegenwart anders, die Gewichte verlagern sich, die rückschauende Weltsicht wird modifiziert. Dieser Zusammenhang zwischen der eigenen Gegenwarts- und der eigenen Vergangenheitserfahrung spezifiziert auf neuer Ebene die schon gestellte Frage nach Diskrepanz und Widersprüchen der realen und der phänomenalen Seite der Handlungsfähigkeit: Vom je gegenwärtigen Entwicklungsstand des Individuums und dem dabei gegebenen Verhältnis zwischen personal/situationaler Befindlichkeit und realer Lebensumstände/Person hängt es nämlich ab, wieweit die Umstrukturierungen der phänomenalen Vergangenheit des Individuums von der Gegenwart aus tatsächlich aufgrund des eigenen Erfahrungszuwachses für die Handlungsfähigkeitserweiterung wesentlichere, richtigere, fruchtbarere Sichtweisen auf mich selbst erbringen bzw. wieweit darin eine Verfälschung meiner Vergangenheit, etwa zur Rechtfertigung eingeschränkter personaler Handlungsfähigkeit, in meiner Gegenwart sich hinter meinem Rücken durchgesetzt hat (s.u.).

Diese Überlegungen implizieren schon Spezifizierungen dessen, was wir früher über die in der ›gesellschaftlichen Natur‹ des Menschen liegende besondere ›Speicherungsfähigkeit‹ in Richtung auf die Herausbildung des ›*Gedächtnisses*‹ gesagt haben. Zunächst ist dabei vom gegenwärtigen Darstellungszusammenhang auf das zu verweisen, was wir über die sekundären Automatisierungen auf operativer Ebene, das invidiuelle Handlungswissen etc. einschließlich der überdauernden emotionalen Bewertungsgrundlage als *Teilsystem des ›gesellschaftlichen Speichers‹* auch in den physiologischen Konsequenzen ausgeführt haben (vgl. etwa S. 277 ff und 302 f): Es versteht sich von selbst, daß mit der gesamtgesellschaftlichen Synthese einerseits die funktionale Relevanz der individuellen Abrufung gesellschaftlichen Könnens/Wissens im Vergleich zur direkten Speicherung individueller Erfahrung immer mehr wachsen muß und daß andererseits mit der Herausbildung der verselbständigten gesellschaftlichen Symbolwelten der ikonisch- und sprachlich-symbolische Anteil der Wechselwirkung zwischen individuellem und übergeordnetem gesellschaftlichen Speicher an Bedeutung gewinnen wird, wobei das so zu fassende ›*symbolische Gedächtnis*‹ die ›*Fähigkeitsgrundlage*‹ *des individuellen Denkens* als Aneignung/Änderung gesellschaftlicher Denkformen darstellt und von diesem (einschließlich der damit zusammenhängenden Wertungs- und Motivationsprozesse) *faktisch kaum mehr zu trennen* ist. Zentral ist dabei jedoch der Umstand, daß mit der gesamtgesellschaftlichen Vermitteltheit individueller Existenz auch das ›Gedächtnis‹ nicht nur realer Träger der Kontinuität und Entwickelbarkeit individueller Handlungen ist, sondern daß der Mensch sich auch dazu ›bewußt verhalten‹ kann. Das Individuum ›hat‹ damit sein Gedächtnis als Subjekt in ›erster Person‹: *Ich* versuche *mich* zu erinnern, es ist *mir* gerade entfallen, *ich* bemühe mich, dies zu vergessen, damit es *meine* Gegenwart nicht stört etc. Dabei ist auch der Umstand, daß das individuelle Gedächtnis nur als Teilsystem des gesellschaftlichen Gedächtnisses funktionsfähig ist, ebenfalls Gegenstand bewußten Verhaltens, indem *gesellschaftliche Speicher als ›Entlastung‹ wie systemische Ergänzung des individuellen Gedächtnisses* in gesamtgesellschaftlichem Maßstab wie in gesellschaftlichen Teilbereichen und vom Individuum selbst *bewußt hergestellt* werden.

LEONTJEW hat in einer interessanten Untersuchung dies am Beispiel früher Formen gegenständlich produzierter ›Gedächtnishilfen‹, etwa dem ›Kerbstock‹, verdeutlicht (1973, S. 313 ff). Genereller wäre hier auf schriftsprachliche Fixierungen zu verweisen, die (anders als die in den gegenständlichen Bedeutungen *faktisch* mithergestellten ›Speicher‹) stets ein mehr oder weniger *intendiertes* Moment des ›*verallgemeinerten Gedächtnisses*‹ haben (was in ›Wörterbüchern‹, Lexika etc. dann nur in spezialisierter Weise sich verselbständigt). In diesem Zusammenhang gehören aber auch ›Bilder‹, Abbildungen, von großen, historisch-dokumentativen Kunstwerken bis zu meinem Fotoalbum, das mir dabei hilft, mich zu erinnern, wie meine Mutter ›ausgesehen‹ hat, meinem Terminkalender und dem Knoten im Taschentuch (als zeitgenössischer Primitivform des von LEONTJEW diskutierten Kerbstocks). Wer das menschliche Gedächtnis nicht als *Wechselwirkung zwischen individuellem und gesellschaftlichem Speicher* auf verschiedenen Ebenen unter Einbeziehung des ›bewußten Verhaltens‹ dazu, sondern (wie in der traditionellen Psychologie üblich) lediglich als individuelle Leistung erforschen will (und den gesellschaftlichen Systemanteil des Speichers u.U. sogar noch durch Verwendung ›sinnloser Silben‹ o.ä. aus methodischen Gründen im Experiment real wegabstrahiert), der forscht einmal mehr total am Gegenstand vorbei (dies auch dann, wenn er lediglich an den physiologischen Grundlagen der Speichereigentümlichkeiten des Gedächtnisses interessiert ist, da, wie dargestellt, auch das menschliche ZNS in seiner Spezifik nur als Teilsystem des gesellschaftlichen Funktionssystems adäquat faßbar ist).

Es wird schon klar geworden sein, daß wir mit der Thematisierung des ›Gedächtnisses‹ unseren vorgängigen Überlegungen eigentlich nichts Neues hinzugefügt, sondern lediglich auf den Zusammenhang mit einem traditionellen Konzept und Problemgebiet verwiesen haben. Prinzipiell ist das Problem des ›*Gedächtnisses*‹ (wenn es richtig gefaßt wird) mit dem aufgewiesenen allgemeinen Problem des im bewußten Verhalten gegebenen *Verhältnisses zwischen Real- und Phänomenalbiographie* etc. (vielleicht mit dem Akzent auf dessen physiologischen Implikationen) *identisch*. Das operative, handlungsbezogene, emotionale ›Gedächtnis‹ wäre mithin zu fassen als ›*Substrat‹ der subjektiven Geschichtlichkeit* der Individuen, damit wesentliches Bestimmungsmoment der gesellschaftlichen Natur des Menschen in ihrer Realisierung unter Bedingungen gesamtgesellschaftlicher Vermitteltheit individueller Existenz. All die begrifflichen Differenzierungen des ›Gedächtnis‹-Konzepts, wie funktionales und inhaltliches Gedächtnis, Reproduzieren/Wiedererkennen, Behalten/Vergessen/Verdrängen, Lernen/Umlernen/Verlernen/Neulernen etc., sind also unter den schon angedeuteten (und noch genauer auszuführenden) kategorialen Prämissen der subjektiven Geschichtlichkeit des Individuums im Verhältnis zu seiner realen Geschichte in Wechselwirkung mit dem übergeordneten gesellschaftlich-historischen Prozeß zu analysieren und zu reinterpretieren, wobei das Konzept der Handlungsfähigkeit und deren Einschränkung/Bedrohung die zentrale kategoriale Bezugsgröße darstellen muß.

Abschließend ist hier noch ein Zusammenhang zu explizieren, der in den bisherigen Ausführungen immer schon mitgemeint war, der Zusammenhang zwischen der *real/phänomenalen* ›*Vergangenheit*‹ eines Individuums und dessen *real/phänomenalem* ›*Zukunftsbezug*‹: Dieser Zusammenhang ergibt sich schon prinzipiell daraus, daß die erfahrene Subjektgeschichte ein Prozeß des permanenten *Übergangs von* ›*vergangener Zukunft*‹ *in* ›*zukünftige Vergangenheit*‹ ist, aber konkreter durch den Umstand, daß gemäß der allgemeinen ›Möglichkeitsbeziehung‹ das, was ›aus mir geworden ist‹, immer (in mehr oder weniger großen Anteilen) auch einschließt, was ›*ich aus mir gemacht habe*‹, und dementsprechend das, was ›aus mir werden wird‹, ein Teilproblem der Frage ist, was ich zukünftig ›*aus mir machen*‹ kann. Da mein eigenes Kriterium dafür die *reale und erfahrene Handlungsfähigkeit* (samt ihren Verkürzungen, Pervertierungen etc.) ist, liegt das wesentliche Bestimmungsmoment meiner vergangenen/zukünftigen Möglichkeiten und deren ›faktischer‹ Beschränkungen dabei im Grad und in der Art meiner ›*gesellschaftlichen Integration*‹ und der sich daraus ergebenden konkreteren Bedeutung für andere und für mich selbst. Damit verdeutlicht sich, daß der individuelle Zukunftsbezug im Konzept der Möglichkeitsbeziehung eigentlich schon enthalten ist und sozusagen lediglich die *subjektive Antizipation einer durch die jeweiligen Handlungsresultate bestimmten länger erstreckten Folge meiner zukünftigen Möglichkeiten bzw. deren Beschränkungen* darstellt. Wir wollen diesen verallgemeinerten Möglichkeitsbezug die ›*phänomenale*‹ *(oder* ›*subjektive*‹*)* ›*Lebensperspektive*‹ des Individuums nennen, wobei sich aus der Ableitung dieses Konzepts ergibt, daß die von uns eingeführten individualgeschichtlichen Differenzierungen, wie ›Faktizität/Potentialität‹, ›situativer Pol/personaler Pol‹, ›phänomenal/

real‹ etc., samt den dabei vorgenommenen näheren Bestimmungen sich durchgehend auch als Differenzierungen der ›Lebensperspektive‹ (als zukunftsbezogenem Aspekt der individuellen Geschichte) anwenden lassen.

Mit dem Konzept der ›Lebensperspektive‹ haben wir die in diesem Teilkapitel herausgehobenen subjektiven/subjektwissenschaftlichen Problematisierungen des Psychischen bei gesamtgesellschaftlicher Vermitteltheit individueller Existenz auf den Punkt gebracht, von dem aus alle früher aufgewiesenen Momente ihren Stellenwert erhalten: Da die bewußt vorsorgende gesellschaftlich-individuelle Bedingungsverfügung als Implikat der personalen Daseinserfüllung und ›menschlichen‹ Bedürfnisbefriedigung die zentrale Lebensthematik darstellt, muß meine *subjektive Lebensperspektive* (in ihrem Verhältnis zur realen Lebensperspektive), ihr zeitliches Erstreckungsniveau und ihre konkrete Beschaffenheit, das zentrale kognitiv-emotionale Bestimmungsmoment meiner *je gegenwärtigen Befindlichkeit* sein. Es ist mithin (global ausgedrückt) das wesentliche Kennzeichen der Befindlichkeit der Menschen unter gesamtgesellschaftlichen Verhältnissen, daß *ihre ›Zukunft‹ eine entscheidende Qualifikation ihrer ›Gegenwart‹ ist.*

Damit ist bei der subjektiven wie subjektwissenschaftlichen Aufschlüsselung der jeweiligen individuellen Daseinsproblematik des ›sich verhaltenden‹ Menschen die Durchdringung der *gegenwärtigen* Befindlichkeit auf ihre wesentlichen Bestimmungen und Bedingungen hin (wie restriktiv, belastend, bedrückend sie immer sein mag) nur ein unselbständiger Teilaspekt der Durchdringung der in meiner *Lebensperspektive* liegenden Möglichkeiten und Beschränkungen der *langfristigen* Erweiterung meiner Handlungsfähigkeit und Lebensqualität über die *kurzfristige* Nutzung je aktueller Möglichkeiten, damit den Zustand der Ausgeliefertheit, Angst, des Zurückgeworfenseins auf ›unmenschliche‹ Weisen der Bedürfnisbefriedigung, hinaus: Erst *davon* hängt es zentral ab, wie ich mich *gegenwärtig* ›als Mensch‹ wirklich ›befinde‹.

Aus der subjektiven/subjektwissenschaftlichen Problematik der Lebensperspektive ergibt sich somit auch der wesentliche Aspekt der Problematik meiner eigenen ›*Vergangenheit*‹: Wieweit bzw. unter welchen Umständen bedeutet meine subjektive Vergangenheit für mich eine *Beschränkung* meiner Lebensperspektive, ein Befangensein in Abhängigkeitsverhältnissen, ein Hineinwirken früherer unbewältigter Widerspruchserfahrungen in meine ›Gegenwart‹, damit ›hinter meinem Rücken‹ (›unbewußt‹) sich durchsetzende ›faktische‹ Begrenzung meiner ›Möglichkeiten‹ etc.? Und wie kann ich mich von meiner ›Vergangenheit‹ in dem Sinne ›befreien‹, daß sie mich nicht mehr belastet und zurückhält, sondern als ›bewußte‹ Subjektgeschichte mir Klarheit über die Kontinuität, Widersprüchlichkeit und Besonderheit meiner personalen Entwicklung, damit über die weitgesteckten und zugleich realistischen Möglichkeiten zukünftiger Erweiterung meiner Handlungsfähigkeit und Lebensqualität, also gesellschaftlichen Integration, über den je gegenwärtigen Zustand hinaus verschafft, womit eben diese Gegenwart für mich erst ›menschlich‹, d.h. ›menschenwürdig‹ wird? LEONTJEW hat diesen Zusammenhang nach einer eindringenden Analyse so formuliert: »Diese Umwertung dessen, was sich im bisherigen Leben herausgebildet hat, führt dazu, daß der Mensch die Last seiner Biographie abwirft. Zeugt dies etwa nicht davon, daß der frühere Anteil der Erfahrung an der Persönlichkeitsentwicklung von der Persönlichkeit selbst abhängig und zu ihrer Funktion geworden ist?« (1982, S. 206).

Mit diesen Darlegungen haben wir, wie im gesamten hinter uns liegenden Teilkapitel, zunächst nur die neuen, aus der gesamtgesellschaftlichen Vermitteltheit individueller Existenz sich ergebenden *Problematiken und Fragestellungen* hervorgehoben und die zu ihrer präzisen Fassung nötigen weitergehenden begrifflichen Differenzierungen expliziert. Die entsprechenden *inhaltlichen* Klärungen sind nun Aufgabe unserer weiteren Analysen, die im Versuch der Klärung der Frage nach den Bedingungen der Vergangenheits-Belastetheit und Vergangenheitsbewältigung der individuellen Subjekte gipfeln werden.

7.4 Die Vermittlungsebene der ›subjektiven Handlungsgründe‹: Kategoriale Aufschlüsselung des Verhältnisses von gesellschaftlicher Bedingtheit und ›Freiheit‹ der gesamtgesellschaftlichen Möglichkeitsbeziehung von Individuen

Die ›subjektwissenschaftliche‹ Fassung des Problems des Zusammenhangs zwischen Erscheinungsformen subjektiver Handlungsfähigkeit/Befindlichkeit und historisch bestimmten objektiven Lebensbedingungen

Die im vorigen Teilkapitel entfaltete Problemlage läßt sich zusammenfassend so zuspitzen: Dadurch, daß den Individuen bei gesamtgesellschaftlicher Vermitteltheit ihrer Existenz ihre Welt- und Selbstbeziehung in den verschiedenen Funktionsaspekten ›problematisch‹ ist, d.h. ihre Handlungen/Befindlichkeiten sich aus den jeweiligen Bedeutungszusammenhängen *nicht mehr ›selbstevident‹* ergeben, sondern nur den Charakter von *Möglichkeiten* haben, sind die Erscheinungsformen des Psychischen mit Bezug auf einen je gegebenen Bedeutungszusammenhang *unbestimmt* und *vieldeutig*. Es finden sich hier mannigfache, verschiedenartige, widersprüchliche Weisen individueller Erkenntnis-Wertungs-

Motivationsprozesse, Sozialbeziehungen etc., die allein unter Rückgriff auf die objektiven Bedeutungs-/Handlungszusammenhänge, innerhalb derer die Individuen jeweils stehen, nicht hinreichend aufzuklären sind. Was wir im nun anstehenden nächsten Darstellungsschritt leisten müssen, ist also (wie schon mehrfach angedeutet) eine *dezidiert ›subjektwissenschaftliche‹ Konkretisierung* unserer bisherigen kategorialen Bestimmungen, durch welche die Erscheinungsweisen der Handlungsfähigkeit und Handlungsfähigkeitseinschränkung von Individuen, die sich gegenüber gesamtgesellschaftlichen Verhältnissen als Subjekte ›verhalten‹ können, wissenschaftlich aufschließbar und erforschbar werden.

Eine wesentliche Voraussetzung für die Erarbeitung derartiger konkreterer kategorialer Bestimmungen ist offensichtlich die Realisierung von Leitgesichtspunkten individualwissenschaftlicher Kategorialanalyse, wie wir sie schon viel früher, in den methodologischen Zwischenüberlegungen des Kapitels 5.4, aufgewiesen hatten (S. 195 ff). Dort wurde dargelegt, daß die Bestimmungen des Grundverhältnisses der gesamtgesellschaftlichen Vermitteltheit individueller Existenz in ihrem psychischen Aspekt für sich genommen Abstraktionen von den besonderen Eigenarten gesellschaftlich-individueller Lebensbedingungen sind, daß somit die *methodische Notwendigkeit ihrer Konkretion auf die positions- und lagespezifische Ausprägung* in jeweils *formationsspezifischer Bestimmtheit* gegeben ist. Der Umstand, daß die Erscheinungsformen des Psychischen mit Bezug auf die gesamtgesellschaftlichen Bedeutungs-/Handlungszusammenhänge als unfaßbar mannigfaltig, vieldeutig, widersprüchlich imponieren, wäre so gesehen darauf zurückzuführen, daß die Konsequenzen gesamtgesellschaftlicher Zusammenhänge für die personale Handlungsfähigkeit von uns bisher vornehmlich in ihren *allgemeingesellschaftlichen* Charakteristika (also denen, die sämtlichen Formen und Stufen der gesellschaftlichen Entwicklung gemeinsam sind) expliziert worden sind. Demnach müßten, wenn die gesamtgesellschaftlichen Verhältnisse in Richtung auf *positions- und lagespezifische Lebensbedingungen der Individuen in ihrer Formationsspezifik* etc. hin konkretisiert werden, von da aus auch die *Mannigfaltigkeit, Vieldeutigkeit, Widersprüchlichkeit* der geschilderten Erscheinungsformen der individuellen Handlungsfähigkeit, Befindlichkeit etc. wissenschaftlich aufschließbar werden.

Wir sind jetzt in der Tat innerhalb des Gesamtzusammenhangs unserer Untersuchung an der Stelle angelangt, wo eine solche Einbeziehung der historischen Bestimmtheit menschlicher Lebensverhältnisse unerläßlich ist. Da wir, wie dargelegt (vgl. S. 203 f), in diesem Zusammenhang die objektive, auf gesellschaftstheoretischer Bezugsebene zu analysierende Charakteristik der historisch bestimmten gesellschaftlichen Lebensverhältnisse vorauszusetzen haben und von unserer Gesamtfragestellung her lediglich die *individualwissenschaftlichen* Vermittlungskategorien zwischen den objektiven gesellschaftlichen Verhältnissen und dem Psychischen herausarbeiten müssen, kann dies nur heißen: Erfordernis der Konkretisierung der bisher erarbeiteten allgemeinen Vermittlungskategorien zur Aufschließung des psychischen Aspekts der gesamtgesellschaftlichen Vermitteltheit individueller Existenz dergestalt, daß dabei die mit den historisch bestimmten, lage- und positionsspezifischen Lebensbedingungen zusammenhängende Verschiedenartigkeit, Mannigfaltigkeit, Widersprüchlichkeit etc. der Erscheinungsformen individueller Handlungsfähigkeit, Befindlichkeit usw. *nicht mehr durch die Maschen der individualwissenschaftlichen Kategorienbildung* fallen (und nur als verschiedenartige ›Problematiken‹ aufgezeigt werden können), sondern *kategorial aufschließbar und begreifbar* werden (vgl. dazu etwa S. 195 ff und 203 ff). Insoweit dies gelingt, sind die kategorialen Voraussetzungen geschaffen, um den *Zusammenhang* zwischen historisch bestimmten Lebensbedingungen und individueller Handlungsfähigkeit/Befindlichkeit adäquat zu erforschen, gleichviel, wie diese Lebensbedingungen realhistorisch jeweils beschaffen sind. Die Erforschung *bestimmter* Zusammenhänge dieser Art unter historisch realen gesellschaftlichen Verhältnissen, etwa in der Bundesrepublik jetzt und hier, innerhalb dieser Institution o.ä., wäre dann eine Sache *aktualempirischer* Untersuchungen auf gesellschaftstheoretischer und individualwissenschaftlicher Bezugsebene, deren Theoriebildung und Methodik in den erarbeiteten kategorialen Bestimmungen gegründet ist (vgl. dazu das 9., methodologische Kapitel).

Objektive Lebensbedingungen und subjektive Handlungsgründe; Verhältnis von ›Bedingtheit‹ und ›Begründetheit‹ menschlicher Handlungen

Durch die damit vollzogene Präzisierung der Fragestellung unserer weiteren Analysen verdeutlicht sich mit der *Notwendigkeit* zukünftiger Berücksichtigung der historisch bestimmten Lage- und Positionsspezifik individueller Lebensbedingungen, daß dies unter subjektwissenschaftlichen Prämissen niemals *hinreichend* sein kann. Die früher herausgearbeiteten allgemeinen Charakteristika des psychischen Aspekts gesamtgesellschaftlicher Vermitteltheit müssen ja auch auf den psychischen Aspekt der historisch bestimmten Lebensbedingungen *als* deren Konkretionen beziehbar sein und ihnen als gemeinsame ›abstrakte‹ Merkmale zukommen. Dies heißt vor allem anderen, daß unsere Aussagen über die generelle *Möglichkeitsbeziehung* von Individuen zu gesellschaftlichen Bedeutungsstrukturen in *bewußtem* ›*Verhalten*‹ zur Welt und zu sich selbst, die ›*Freiheit*‹ des Bestehens von *Handlungsalternativen*, zusammengefaßt als individuelle *Subjektivität-Intersubjektivität* (vgl. etwa S. 233 ff), *ohne jeden Abstrich auch das Verhältnis der Individuen zu ihren historisch bestimmten, lage- und positionsspezifischen Lebensbedingungen kennzeichnen*. Wie präzise und konkret man also auf gesellschaftstheoretischer Bezugsebene die Lebensbedingungen auch erfassen und erforschen mag, man erreicht auf diesem Wege niemals den Punkt, an dem die Handlungen/Befindlichkeit des Individuums als total durch diese Bedingungen determiniert betrachtet werden können: Das individuelle Subjekt entzieht sich *als solches* durch seine Möglichkeit des bewußten ›Verhaltens‹ zu den Bedingungen *seiner vollständigen* ›*Bedingtheit*‹. Dies gilt, wie schon erwähnt, unabhängig davon, welchen klassenspezifischen Einschränkungen, Unterdrückungen, Mystifikationen, ideologischen Mächten o.ä. das Individuum in seinen Lebensbedingungen immer ausgesetzt sein mag: Auch noch so eingeschränkte Handlungsalternativen bleiben immer noch Alternativen, und zu noch so gravierenden Unterdrückungsverhältnissen, objektiver Scheinhaftigkeit, ideologischer Beeinflussung etc. *kann* sich das Individuum als Subjekt bewußt ›verhalten‹. Die totale Eliminierung dieser Möglichkeiten ist gleichbedeutend mit der Auslöschung der menschlichen Existenz.

Damit wird durch unseren Darstellungszusammenhang hindurch ein altes human- und sozialwissenschaftliches Problem sichtbar: das Problem des Verhältnisses zwischen der ›*Bedingtheit*‹ und der *Subjektivität/Freiheit* menschlicher Lebenstätigkeit. Innerhalb der bürgerlichen Wissenschaftstradition wurde dieses Verhältnis stets mehr oder weniger eindeutig als äußerer Widerspruch transportiert, wobei häufig der eine bzw. der andere Widerspruchspol in eigene, mit den jeweils anderen nicht zu vereinbarende theoretische Grundansätze eingefriedet worden ist. In der Frühzeit der einzelwissenschaftlichen Psychologie manifestierte sich dies in der Dichotomisierung zwischen ›erklärender‹ und ›verstehender Psychologie‹; während anfangs dieser Gegensatz, etwa in der berühmten Kontroverse zwischen EBBINGHAUS und DILTHEY, noch explizit ausgefochten wurde, hat heute mit dem nomothetisch-bedingungsanalytischen Ansatz die ›erklärende‹ Psychologie ›gesiegt‹, womit verschiedene Ausprägungen ›phänomenologischer‹ Psychologie demgegenüber nur geringen Einfluß haben, dabei meist unverbunden neben dem nomothetischen Ansatz bestehen oder unausgewiesen-eklektizistisch mit diesem verbunden werden.

In der Soziologie zeigt sich der gleiche äußere Widerspruch in der Unvereinbarkeit (bzw. nur eklektizistischen Aufeinanderbeziehbarkeit) ›strukturfunktionalistischer‹, milieutheoretischer Ansätze und des ›symbolischen Interaktionismus‹ bzw. der ›Ethnomethodologie‹ mit der Universalisierung ›subjektiver‹ Welt- und Selbstsicht (vgl. dazu MARKARD 1984). Besonders zugespitzt erscheinen solche ausschließenden ›disziplinären‹ Entgegenstellungen in der neueren Diskussion um die Psychoanalyse als ›hermeneutische‹ Erfahrungswissenschaft, der die nomothetisch-bedingungsanalytische Psychologie (insbesondere durch die Vertreter der ›Kritischen Theorie des Subjekts‹, LORENZER, HORN, LEITHÄUSER) als bloße, den Menschen ›verdinglichende‹, ›subjektverleugnende‹ ›Faktenwissenschaft‹ entgegengesetzt wird.

In marxistisch fundierten Ansätzen, etwa zur Sozialisations- und Persönlichkeitstheorie, wird das Problem der Subjektivität und des ›subjektiven Faktors‹ zwar meist mehr oder weniger klar benannt; bei den konkreten Analysen des Verhältnisses von ›Bedingtheit‹ und ›Subjektivität‹ unterläuft es dann allerdings immer wieder, das ›Subjekt‹ auf die Objektseite der ›Verhältnisse‹ hinüber zu schieben und so als bloßes Resultat der gesellschaftlichen Bedingungen zu verkürzen, womit die gleichzeitig eingeräumte Fähigkeit der Individuen zur subjektiven Bestimmung ihrer Daseinsverhältnisse in ihrer Möglichkeit theoretisch weitgehend unaufgeklärt bleibt, o.ä. (ich kann hier nicht näher darauf eingehen).

HUGO DINGLER hat die sich derart durch die Wissenschaftsgeschichte ziehende Dichotomisierung mit einer einprägsamen Formel benannt, ›*Psychologie von mir*‹ (›*Autopsychologie*‹) *und* ›*Psychologie von den anderen*‹ (›*Allopsychologie*‹).

Da sich im gegenwärtigen Darstellungszusammenhang unsere weitere Fragestellung als die der kategorialen Berücksichtigung historisch bestimmter Lebensbedingungen von sich zu diesen bewußt ›verhaltenden‹ Subjekten verdeutlicht hat, ergibt sich aus den folgenden Analysen notwendig auch ein Beitrag zur Überwindung der ›arbeitsteiligen‹ Begriffslosigkeit, mindestens aber theoretischen Unsicherheit gegenüber dem Verhältnis von ›Bedingtheit‹ und Subjektivität/Freiheit des Menschen (ohne daß wir uns damit hier schon auf die genannten vorfindlichen Auffassungen und Kontroversen beziehen können).

Die Richtung, in welcher wir derartige weitere Klärungen anzustreben haben, ergibt sich aus unserer bisherigen Gesamtanalyse der inhaltlichen und funktionalen Aspekte der ›gesellschaftlichen Natur‹ des Menschen in ihrer allgemeinen Qualifizierung durch die gesamtgesellschaftliche Vermitteltheit individueller Existenz: Aus unserem Untersuchungsgang geht hervor, daß wir uns, indem wir die Besonderheiten des Übergangs vom bloß kooperativen Stadium zum Stadium der gesamtgesellschaftlichen Vermitteltheit heraushoben – weil damit ›unsereiner‹ zum Gegenstand der Analyse wurde –, gleichzeitig auf den Standpunkt des Subjekts stellen und unsere Vorgehensweise als ›subjektwissenschaftlich‹ spezifizieren mußten. Obwohl wir uns also damit scheinbar auf die ›autopsychologische‹ Position begeben haben, waren wir dadurch aber keineswegs gezwungen, die objektiven gesellschaftlichen Lebensverhältnisse der Individuen beiseite zu lassen bzw. der Zuständigkeit einer damit unvereinbaren, ›allopsychologischen‹ Position zu überantworten. Wir haben im Gegenteil unsere einschlägigen kategorialen Bestimmungen stets als Qualifizierung des Verhältnisses zwischen ›mir‹ und gesamtgesellschaftlichen Verhältnissen, gefaßt als objektive Bedeutungs- und Handlungszusammenhänge, entfalten können. Wie war das möglich? Dadurch, daß wir den *Standpunkt des ›Subjekts‹ nicht in seiner historischen Endform als Letztheit* hypostasierten, sondern selbst in seiner *Entstehung und Funktion* bei der Herausbildung der ›gesellschaftlichen Natur‹ des Menschen und deren Spezifizierung durch die gesamtgesellschaftliche Vermitteltheit individueller Existenz nach dem ›Dominanzwechsel‹, also aus dem *materiellen gesellschaftlichen Lebenszusammenhang*, logisch-historisch herausanalysierten. So verdeutlichten sich die Tatsache und die Eigenart meiner Möglichkeit zu bewußtem ›Verhalten‹ für ›mich‹ als ›Mitbetroffenem‹ von vornherein aus dem übergreifenden Zusammenhang gesellschaftlicher Produktion/Reproduktion des Lebens, d.h. dem Zusammenhang sowohl mit den objektiven ›Verhältnissen‹ wie mit anderen Menschen. ›Ich‹ finde mich durch die *wissenschaftliche Rekonstruktion des realen Zusammenhangs* nunmehr *bewußt* an einer Stelle wieder, in der ich *real schon immer* gestanden hatte: An der Stelle eines Individuums, das *auch in seiner ›Subjektivität‹ sich als Moment des gesellschaftlichen Produktions- und Reproduktionsprozesses selbst reproduziert.* ›Meine‹ subjektive Möglichkeit des bewußten ›Verhaltens‹ zum gesamtgesellschaftlichen Prozeß steht also nicht im Gegensatz zu dessen objektiver Charakteristik, sondern wird erkennbar als Qualifizierung der in diesen Prozeß involvierten Individuen gemäß den Notwendigkeiten der Reproduktion des gesellschaftlich-individuellen Lebens auf diesem Niveau. (Der in den genannten wissenschaftlichen Traditionen hypostasierte Gegensatz kann somit keine allgemeingesellschaftliche Bestimmung sein, sondern ist als historisch bestimmte ›entfremdete‹ Form des dargelegten Zusammenhangs zu analysieren, s.u.) In zugespitzter Weise verdeutlicht sich dieser Argumentationsgang, wenn wir uns vergegenwärtigen, daß von uns ja die Qualifizierung von gesellschaftlichen Bedeutungen als bloßen Handlungs*möglichkeiten*, damit die ›Möglichkeitsbeziehung‹, ›Freiheit‹, Subjekthaftigkeit der Individuen, also auch der ›subjektwissenschaftliche‹ Standort, *selbst aus den materiellen Lebensverhältnissen* der ›gesamtgesellschaftlichen Synthese‹ als verselbständigtem, das Individuum potentiell von der unmittelbaren Notdurft seiner Beteiligung an der eigenen Existenzsicherung entlastendem ›Erhaltungssystem‹ abgeleitet worden sind (vgl. S. 229 ff u. 305 f).

Auf der Grundlage dieser Klärung des Problems der Vermitteltheit zwischen ›Bedingtheit‹ und Subjektivität menschlicher Lebenstätigkeit unter ›allgemeingesellschaftlichem‹ Aspekt muß sich nun auch das Problem der Vermitteltheit zwischen historisch bestimmten, lage- und positionsspezifischen Lebensbedingungen und der ›Möglichkeitsbeziehung‹, dem bewußten ›Verhalten‹ von ›mir‹ als Subjekt dazu, klären lassen: Einerlei, wie die konkreten Lebensbedingungen von Individuen beschaffen sein mögen, ihr bewußtes ›Verhalten‹ etc. dazu ist *immer* eine ›sub-

jektive‹ Realisierung der aufgewiesenen gesellschaftlichen Bedeutungsstrukturen, insbesondere der auseinandergelegten objektiven Handlungszusammenhänge in ihrer ›symbolischen‹ Repräsentanz durch die ›gnostischen‹ Strukturen gesellschaftlicher Denk- und Sprachformen (vgl. S. 285 ff). Dies ist das *einzige ›Medium‹*, durch welches die Individuen sich ihre reale Stellung innerhalb des gesellschaftlichen Lebenszusammenhangs ›bewußt‹ machen können (sozusagen das gesellschaftliche ›Sein‹, das hier zum ›Bewußt-Sein‹ wird). Das folgt aus den allgemeinen Bestimmungen gesamtgesellschaftlicher Vermitteltheit individueller Existenz. Wenn ›ich‹ mich also zu meinen konkreten Lebensbedingungen als ›Möglichkeitsbeziehung‹ bewußt ›verhalte‹, so *können* die daraus resultierenden Befindlichkeiten/Handlungen nicht anders zustandekommen als in bewußter Erfassung von *in den Lebensbedingungen liegenden Bedeutungs-/Handlungszusammenhängen samt ihrer Repräsentanz als Denk- und Sprachformen*. Die Richtigkeit dieser Aussage ist unberührt davon, wie verkürzt sich die historisch bestimmten Lebensbedingungen in den objektiven Bedeutungs-, Handlungs- und Denkstrukturen (etwa aufgrund ideologischer Mystifikationen) immer manifestieren mögen, und wie partiell, zerstückelt etc. sie darüberhinaus vom Individuum als seine ›Situation‹ angeeignet werden: Es sind dennoch immer *eben jene* Bedeutungs-, Handlungs- und Denkstrukturen, ›*in*‹ denen die Mystifikation liegt bzw. *die* da zerstückelt sind, und *weder ›ich‹ als Subjekt* noch die *Subjektwissenschaft* können auch noch so mystifiziert und partialisiert die *Lebensbedingungen anders als in der Qualität von gesellschaftlichen Bedeutungsstrukturen* erfassen, da sie ›Menschen‹ grundsätzlich ›*nur so‹ gegeben sind*.

Wir wollen dem damit herausgehobenen Umstand terminologisch dadurch Rechnung tragen, daß wir das gesellschaftstheoretische Konzept der ›objektiven Lebensbedingungen‹ durch ein diesem auf gleicher Allgemeinheitsebene zugeordnetes individualwissenschaftliches Konzept der ›*subjektiven Handlungsgründe*‹ ergänzen. Der Charakter dieses Konzepts als ›Vermittlungskategorie‹ liegt darin, daß (wie ausgeführt) ›Bedingungen‹ und ›Gründe‹ hier nicht äußerlich gegenübergestellt, sondern *Begründungszusammenhänge im ›Medium‹ von Bedeutungsstrukturen und deren Repräsentanz in Denk- und Sprachformen als ›subjektiv‹-handlungsrelevanter Aspekt der Bedingungszusammenhänge gefaßt* sind. Menschliche Handlungen/Befindlichkeiten sind also weder bloß unmittelbar-äußerlich ›bedingt‹, noch sind sie Resultat bloß ›subjektiver‹ Bedeutungsstiftungen o.ä., sondern sie sind *in den Lebensbedingungen ›begründet‹*.

Wir müssen also, nachdem wir zunächst die historisch bestimmten objektiven Lebensbedingungen als Voraussetzung für die Faßbarkeit der mannigfaltig-widersprüchlichen Erscheinungsformen des Psychischen etc. herausgehoben hatten, aufgrund der Thematisierung der ›Möglichkeitsbeziehung‹ und des bewußten ›Verhaltens-Zu‹ die Relevanz der ›Lebensbedingungen‹ keineswegs wiederum negieren: *Die Befindlichkeiten/Handlungen von ›mir‹ als individuellem Subjekt sind zwar nicht einfach ›bedingt‹, sie sind aber notwendig in meinen Lebensbedingungen für mich ›begründet‹*. Die in der Möglichkeitsbeziehung liegende subjektive ›*Freiheit*‹ des So-und-auch-anders-Könnens heißt also nicht schrankenlose Beliebigkeit, Spontaneität, ›subjektive‹ Gesetzlosigkeit, sondern auch die ›*freieste*‹ *Entscheidung* ist *für das Individuum* ›*begründet*‹. Und da, wie dargelegt, die subjektiven Handlungsbegründungen notwendig ›im Medium‹ der objektiven Bedeutungs-/Handlungszusammenhänge und Denkstrukturen, wie sie dem Individuum als seine Situation gegeben sind, erfolgen, *wissen* wir aufgrund unserer früheren Analysen der Bedeutungs-Handlungs-Denkstrukturen bereits *Wesentliches* über die *Struktur und die Gesetzmäßigkeiten* subjektiver Bedingungs-Begründungszusammenhänge.

Verallgemeinerbare ›Verständlichkeit‹ von Handlungsgründen aus subjektiven Notwendigkeiten der Bedingungsverfügung, damit ›menschlichen‹ Bedürfnisbefriedigung/Daseinserfüllung: ›Subjektive Funktionalität‹

Um dies zu verdeutlichen sei global (vorbehaltlich späterer genauerer Bezugnahmen) daran errinnert: Wir haben gesellschaftliche Bedeutungs/Handlungszusammenhänge (in ihren Teilzusammenhängen) früher charakterisiert als repräsentiert in den allgemeinen Denk- und Sprachformen des ›Verallgemeinerten-Gemachtseins-Zu‹ und des daraus sich ergebenden ›verallgemeinerten Anderen‹, differenziert als ›verallgemeinerter Produzent‹ und ›verallgemeinerter Nutzer‹. Weiterhin haben wir gemäß seiner Strukturierung vom ›verallgemeinerten Nutzer‹ her den inhaltlichen Bezug des gesamten Handlungszusammenhangs zu den ›menschlichen‹ Bedürfnisverhältnissen der subjektiven Notwendigkeit der vorsorgend-verallgemeinerten Verfügung über die Lebensbedingungen, damit angstfreien Bedürfnisbefriedigung und Lebenserfüllung auf ›menschlichem‹ Niveau gemäß dem erreichten Entwicklungsstand, einschließlich der durch die symbolvermittelte Teilhabe an gesellschaftlicher Erfahrung gegebenen Erfüllungsmöglichkeiten, herausgehoben (vgl. dazu S. 290 ff, 294 ff u. S. 308 ff).

Daraus ergibt sich für die Begründungszusammenhänge im Medium der Handlungszusammenhänge zunächst der *notwendige inhaltliche Bezug* jeder subjektiven Handlungsbegründung auf die mit der Handlung als erreichbar angesehene verbesserte (bzw. nicht verschlechterte) *Bedürfnisbefriedigung und Lebenserfüllung in ›menschlicher‹ Qualität* verallgemeinerter Vorsorge: Wie ›frei‹ etc. eine Handlung auch sein mag, sie ist *für ›mich‹* als Subjekt immer aus *meiner ›menschlich‹ qualifizierten Bedürfnislage* begründet. Soweit (nur davon ist hier die Rede) meine Handlung meinem bewußten ›Verhalten‹ zu meinen Lebensbedingungen entspricht (also Realisierung von Möglichkeiten und nicht nur an mir konstatierter ›Vorgang‹ dritter Person ist, s.u.) kann ich mit der Handlung zwar im Widerspruch zu meinen *objektiven* Lebensinteressen stehen, *nicht aber im Widerspruch zu meinen menschlichen Bedürfnissen und Lebensinteressen, wie ich sie als meine Situation erfahre.* In dem Satz, daß der Mensch sich nicht bewußt schaden kann, liegt sozusagen das *einzige materiale Apriori der Individualwissenschaft* – wobei der Maßstab für das, was hier ›schaden‹ heißt, allerdings nicht an äußerlichen Merkmalen, etwa körperlicher Unversehrtheit/Versehrtheit, festgemacht werden kann, sondern eben in der konkret-historischen Befindlichkeit des jeweiligen Individuums liegt, wie sie mit den *Kategorialbestimmungen spezifisch ›menschlicher‹ Bedürfnisse* in all ihrer Widersprüchlichkeit und Vermitteltheit aufschließbar ist (vgl. S. 309 ff). So gesehen ist also *jede* Handlung, soweit ich sie *bewußt und ›begründet‹* vollziehe, für mich *›funktional‹*; aus dem *inhaltlichen Bedürfnisbezug von Handlungsgründen* bestimmt sich mithin unser *Funktionalitätsbegriff in seiner subjektwissenschaftlichen Spezifikation*.

Aus unserer allgemeinen Charakterisierung der gesellschaftlichen Handlungszusammenhänge ergibt sich für die subjektiven Handlungsgründe weiterhin deren *notwendiger sozialer Bezug auf den ›verallgemeinerten Anderen‹*: Da ich mich, wie ausgeführt, aufgrund der Struktur der gesellschaftlichen Denkformen in deren Aneignung/Realisierung niemals anders denn als ›Fall von‹ verallgemeinertem Anderen (verallgemeinertem Nutzer/Produzenten) denken kann (auch die individuelle Negation meiner verallgemeinerten Existenz setzt als deren Negation die Form des verallgemeinerten Anderen voraus), unterliegen auch ›meine‹ *Handlungsgründe* dem eigenen Anspruch nach ihrer *Verallgemeinerbarkeit*, sind also *subjektiv-intersubjektive Handlungsgründe*. Sofern also meine Handlungen für mich *tatsächlich* aus meinen Bedürfnissen und Lebensinteressen ›begründet‹ sind, *müssen* diese Gründe prinzipiell auch ›*für Andere*‹ einsehbar, also *intersubjektiv* ›*verständlich*‹ sein. Da ich als ›Fall von‹ verallgemeinertem Anderen auch *für die Anderen ›der Andere‹* bin, ist somit mein *Bemühen um ›Selbstverständigung‹* durch adäquate Begründung meiner Handlungen identisch mit dem Bemühen um ›*verständliche*‹ *Handlungsgründe* auf der Basis der gleichen Situation *auch für Andere*: Wenn ich meine Handlungen nicht (durch ihren subjektiven Bedürfnis- und Interessenbezug) *vor anderen* begründen *könnte*, so *kann* ich sie auch *nicht vor mir selbst begründen* (daraus ergibt sich dann unter bestimmten Bedingungen auch die Notwendigkeit der *nachträglichen* Rechtfertigung von Handlungen durch *Herstellung* eines Begründungszusammenhangs, u.U. unter subjektivem Realitätsverlust; s.u.).

Die verallgemeinerte Begründetheit und ›Verständlichkeit‹ meiner Handlungen ist eine notwendige Voraussetzung meiner *Einbezogenheit bzw. Einbeziehbarkeit* in den *gesellschaftlichen Lebensgewinnungsprozeß*: Über den objektiven Bedeutungszusammenhang, in dessen ›Medium‹ die subjektiven Handlungsbegründungen notwendig erfolgen, bin ich aufgrund der individuellen Funktionalität meiner Handlungsgründe gleichzeitig, wie widersprüchlich und gebrochen auch immer, *in den gesellschaftlichen Lebensgewinnungsprozeß, von dem meine eigene Existenz abhängt, integriert*. Somit ist *die Begründetheit und ›Verständlichkeit‹ meiner Handlungen* für mich und für andere auch unter der Möglichkeitsbeziehung eine *›subjektive‹ Existenzfrage. Soweit ich selbst und andere nicht mehr den Anspruch auf ›Verständlichkeit‹ an meine Handlungen stellen, nicht mehr die Handlungen unter der ›Fragestellung‹ ihrer Begründetheit und Verständlichkeit wahrnehmen und beurteilen*, bin ich quasi aus der ›menschlichen Gemeinschaft‹ ausgeschlossen, meiner ›Mitmenschlichkeit‹, damit ›Menschlichkeit‹ entkleidet, also auf elementare Weise *in meiner Existenz negiert*.

Die Universalität der ›Begründetheit‹ und ›Verständlichkeit‹ von Handlungen als Implikat ›menschlicher‹ Beziehungen zu mir selbst und zu anderen steht nicht im Widerspruch zu dem Umstand, daß ich im konkreten Falle meine eigenen Handlungen oder die Handlungen anderer als ›*unverständlich*‹ betrachten, daß ich mich selbst und andere ›*mißverstehen*‹ kann. Im Gegenteil, wenn ich eine Handlung ›unverständlich‹ finde, so ist damit die *Ebene der prinzipiellen Begründetheit und Verständlichkeit von Handlungen sogar notwendig vorausgesetzt*. Es ist hier nämlich zwangsläufig mitgemeint, daß die Handlungen des Anderen oder meine eigenen Handlungen ›eigentlich‹ begründet/verständlich sind, also auch mir verständlich sein *müßten*. ›Unverständlichkeit‹ bedeutet damit lediglich, daß für mich die ›*Prämissen*‹, aus denen sich die Verständlichkeit, Begründetheit, subjektive Funktionalität der Handlungen ergeben würden, *nicht bekannt, verborgen* etc. sind, was einschließt, daß, *wenn* ich diese Prämissen kennen würde, die *faktische Verständlichkeit/Begründetheit* der Handlungen auch *für mich einsehbar* wäre. Somit ist auch das Diktum der ›Unverständlichkeit‹ stets mehr oder weniger gleichbedeutend mit der *subjektiven Notwendigkeit der Aufklärung der Begründungsprämissen*, aus denen sich (bei anderen oder bei mir selbst) die *subjektive Funktionalität der Handlungen* ergibt, also *Realisierung der ›Verständlichkeit/Funktionalität‹* der Handlungen auch *für mich im konkreten Falle*: Dies versteht sich aus den *subjektiv-intersubjektiven Erfordernissen der Realitätsverfügung handlungsfähiger Individuen*, ist also *für mich selbst wieder ›funktional‹* (s.u.). Sofern tatsächlich der Beziehungsmodus der Begründetheit und Verständlichkeit von

Handlungen verlassen ist, ergibt auch die Feststellung der ›Unbegründetheit‹ und ›Unverständlichkeit‹ keinen Sinn, es ermangelt ihr quasi der Gegenstand. So werde ich, wenn mir ein Ziegelstein auf den Kopf fällt, ja selbst, wenn mich ein Hund beißt, dies vernünftigerweise weder von dem Stein noch von dem Hund ›unverständlich‹ finden bzw. als deren ›Mißverständnis‹ einstufen: Hier ist *nicht die Frage nach den ›Gründen‹ von ›Handlungen‹, sondern allein die Frage nach den ›Bedingungen‹ von ›Ereignissen‹* sinnvoll und beantwortbar (der Sturm hat den Ziegel gelockert; ich habe durch mein Weglaufen bei dem Hund den AAM für Verfolgungs- und Angriffsaktivitäten ausgelöst). Was nicht potentiell ›verständlich‹ und ›begründet‹ ist, kann auch nicht ›unverständlich‹ und ›unbegründet‹ sein, sondern eben nur ›bedingt‹.

Historisch bestimmte Lebensbedingungen als ›Prämissen‹ subjektiv funktionaler Begründungszusammenhänge; historische Relativität und ›menschliche‹ Universalität der ›doppelten Möglichkeit‹, damit ›Freiheit‹ subjektiven Handelns

Aus diesen Überlegungen verdeutlicht sich nun auch, auf welche Weise die übergreifende Fragestellung unseres gegenwärtigen Argumentationsganges, die Frage nach dem *Verhältnis konkret-historischer Lebensbedingungen* der Individuen und den *vielfältigen, widersprüchlichen Erscheinungsformen ihrer subjektiven Befindlichkeit/Handlungsfähigkeit*, zu klären ist. Wir haben davon auszugehen, daß (wieweit jeweils ›mir‹ und anderen zugänglich oder nicht) *sämtliche* Erscheinungsformen menschlicher Befindlichkeit/Handlungsfähigkeit und die daraus resultierenden Handlungen (i.w.S.) *subjektiv begründet und ›funktional‹* im dargelegten Sinne sind: Dies ist sowohl ein Charakteristikum ihrer menschlich-allgemeingesellschaftlichen Qualität wie die Voraussetzung für ihre intersubjektive, damit auch subjektwissenschaftliche, Zugänglichkeit und Aufschließbarkeit. Die unterschiedlichen, widersprüchlichen Erscheinungsformen des Psychischen ergeben sich somit allein aus der *Unterschiedlichkeit bzw. Widersprüchlichkeit der ›Prämissen‹*, auf denen der jeweils individuelle Begründungszusammenhang beruht, und mit Bezug auf welche er subjektiv ›funktional‹ ist. Wenn diese *›Prämissen‹ bekannt* sind, so werden damit auch nach dem Kriterium der ›Begründetheit‹ und ›Funktionalität‹ der sich daraus ergebenden Erscheinungsformen individueller Handlungsfähigkeit/Befindlichkeit diese vom Standpunkt des Subjekts, damit der Subjektwissenschaft, *auf ihre wesentlichen Bestimmungen hin in verallgemeinerter Weise aufschließbar*.

Diese ›Prämissen‹ aber, und damit kommen wir auf den Punkt, sind primär eben jene früher dargelegten *historisch bestimmten, lage- und po-*

sitionsspezifischen Lebensbedingungen der Individuen. In diesem Sinne haben wir früher auch von *Bedingungs-Begründungs-Zusammenhängen* gesprochen. Dabei ist einmal zu berücksichtigen, daß mit ›Bedingungen‹ menschlicher Lebenstätigkeit nicht nur die äußeren Lebensbedingungen, sondern auch die *personalen Bedingungen* gemeint sind, wie sie als Realisierungen menschlicher Entwicklungspotenzen in früheren Auseinandersetzungen mit den ›äußeren‹ Lebensbedingungen ›realbiographisch‹ sich herausbilden: Auch sie gehören mithin zu den ›Prämissen‹ der subjektiven Begründungszusammenhänge. Weiterhin ist hier zu berücksichtigen, daß die ›äußeren‹ wie ›personalen‹ Lebensbedingungen nicht als solche für die menschliche Befindlichkeit/Handlungsfähigkeit bestimmend sind, sondern in ihrem *›phänomenalen‹ Aspekt*, also in der Art und Weise, wie sie vom Subjekt als seine ›Situation‹, seine persönlichen Eigenschaften und Fähigkeiten, sein Vergangenheits- und Zukunftsbezug etc. erfahren, emotional bewertet, in motivierte oder erzwungene Handlungen umgesetzt werden (ich habe dies ja früher, S. 332 ff, ausführlich dargelegt). Damit gehört zu dem Problem, wie die jeweils gegebenen Erscheinungsformen individueller Befindlichkeit/Handlungsfähigkeit aus den historisch bestimmten Lebensbedingungen und sich daraus ergebenden personalen Bedingungen als ›Prämissen‹ eines subjektiv funktionalen ›Begründungszusammenhangs‹ erschlossen werden können, auch die Frage nach dem diese Erscheinungsformen charakterisierenden *Verhältnis, u.U. der Diskrepanz, dem Widerspruch, zwischen dem realen und dem phänomenalen Aspekt der Lebensbedingungen bzw. personalen Bedingungen und den daraus erwachsenen Bestimmungen bzw. Einschränkungen von Handlungsmöglichkeiten.*

Mit dem Aufweis der Struktur subjektiver Begründungszusammenhänge aus der allgemeinen Eigenart gesellschaftlicher Handlungszusammenhänge/Denkformen mit ›Prämissen‹ in den historisch bestimmten Lebensbedingungen haben wir die Befindlichkeit/Handlungsfähigkeit des in der ›Möglichkeitsbeziehung‹ stehenden Subjekts auf bestimmte Weise in den *darin liegenden Gesetzmäßigkeiten*, also *Determinationen des Handelns*, expliziert. Wo aber, so könnte man hier deshalb fragen, bleibt da die von uns anderwärts immer wieder betonte ›*Freiheit*‹ *der Handlungsalternativen*, des *So-und-auch-anders-Könnens*, die die Spezifik des Subjekts bei gesamtgesellschaftlicher Vermitteltheit seiner Existenz ausmachen soll? Diese Frage muß auf zwei verschiedenen Ebenen geklärt werden:

Zunächst ist hier hervorzuheben, daß – da ›*freies*‹ Handeln niemals ›*unbegründetes*‹ Handeln sein kann – ›Freiheit‹ nicht die bloße Negation von ›Abhängigkeit‹ o.ä. ist, sondern immer nach dem *inhaltlichen Kriterium der ›menschlichen‹ Bedingungsverfügung/Daseinserfüllung*, die die *Basis jedes subjektiven Begründungszusammenhangs* darstellt, sich bemißt. ›*Frei*‹ ist ein Individuum in dem Grade, wie es an der *vorsorgenden gesellschaftlichen Verfügung über seine Lebensbedingungen* teilhat, damit seine Bedürfnisse in ›menschlicher‹ Qualität befriedigen kann. Dies bedeutet, daß man von subjektiver Freiheit nur soweit reden kann, wie das Individuum nicht nur unter jeweils bestehenden gesellschaftlichen Lebensbedingungen handlungsfähig ist, sondern auch über die *Handlungsfähigkeitsbedingungen selbst* verfügt, also diese *zur Überwindung darin gegebener Handlungseinschränkungen erweitern kann*: Nur auf diese Weise ist ja die *Handlungsfähigkeit ›unter‹ Bedingungen* nicht durch die *Unverfügbarkeit der Bedingungen selbst wieder eingeschränkt, letztlich zurückgenommen*. Diese ›*doppelte Möglichkeit*‹ der *Nutzung* und der *Erweiterung* von Handlungsräumen als Kriterium subjektiver Freiheit schließt *nicht* ein, daß die Verfügungserweiterung durch Änderung von Lebensbedingungen vom Individuum immer auch real vollzogen werden muß: Entscheidend ist, daß für das Individuum die *Möglichkeit* dazu besteht, daß also auch bei bloßem Handeln *unter* bestehenden Bedingungen die *Alternative* der Verfügungserweiterung durch Änderung von Bedingungen gegeben ist. Auch mein Handeln innerhalb von bestehenden Spielräumen hat durch diese Alternative eine *andere Qualität*, nämlich die Qualität der *subjektiven Freiheit und Selbstbestimmung* im genannten *inhaltlich-bedürfnisbezogenen* Sinne.

So gesehen ist die *subjektive ›Freiheit‹ selbst wieder von den historisch bestimmten Lebensbedingungen abhängig*: Wieweit ein Individuum über seine konkret-historischen Daseinsverhältnisse verfügen kann, hängt primär ab von den in den *objektiven Verhältnissen* (ggf. als Herrschaftsverhältnissen) *selbst liegenden Beschränkungen individueller Verfügungsmöglichkeiten* sowie *Möglichkeiten des (u.U. organisierten) Zusammenschlusses zur Erweiterung kollektiver Selbstbestimmung in überindividuell gesellschaftlicher Subjektivität*, sekundär darüber vermittelt weiterhin von seinen *personalen Handlungsvoraussetzungen*, etwa dem Grad, in welchem grundsätzlich verfügbare situationale und personale Momente meiner Verfügung entzogen sind, ich diesen also als bloßen ›Vorgängen‹ dritter Person ausgeliefert bin. Dies heißt zugespitzt: Meine *Möglichkeit zur Erweiterung der Verfügung über die Lebensbedingungen*, damit *subjektive ›Freiheit‹*, also ›Subjekthaftigkeit‹ in unserem Sinne, ist sowohl in ihren Dimensionen wie in ihrem Ausmaß *selbst wieder abhängig von den historisch konkreten objektiven Lebensbedingungen*. Meine Handlungen können also stets nur mit Bezug auf jene durch sie realisierbaren Möglichkeiten der Bedingungsverfügung und Lebenserfüllung begründet und ›verständlich‹ werden, wie sie nach Art und Ausmaß in den *objektiven Lebensverhältnissen* gegeben sind. So gesehen kommt im widersprüchlichen Verhältnis zwischen subjektiver Bestimmung und objektiver Bestimmtheit menschlicher Handlungen der *objektiven Bestimmtheit der Primat* zu.

Die Vermittlungsebene der ›subjektiven Handlungsgründe‹

Auf einer grundsätzlicheren Ebene muß darüberhinaus aber mit aller Schärfe aufgewiesen werden, daß damit *keineswegs* – wenn nicht über die direkte Bedingtheit, so nunmehr über die Bedingtheit der Begründungen der Handlungen – die *›Freiheit‹, damit Subjekthaftigkeit menschlicher Individuen wieder suspendiert* ist: Der Umstand, daß die ›zweite Möglichkeit‹ der Verfügungserweiterung *nach Art und Ausmaß* selbst wieder von den objektiven Lebensbedingungen abhängt, schließt nämlich *nicht* ein, daß sich durch die Lebensverhältnisse diese *zweite Möglichkeit jemals ›auf null‹ reduzieren* kann, also das genannte *doppelte Möglichkeitverhältnis* zugunsten nur noch *einer* Möglichkeit, des *Handelns unter bestehenden Bedingungen, eliminiert* werden muß. Das Individuum *kann* sich vielmehr gemäß den allgemeinsten Kennzeichen der gesamtgesellschaftlichen Vermitteltheit seiner Existenz, da zu seinen Lebensbedingungen überhaupt, auch zu *noch so gravierenden situational-personalen Einschränkungen* seiner Handlungsmöglichkeiten *selbst wieder bewußt ›verhalten‹,* indem es die darin liegenden, *wie immer minimalen Möglichkeiten der Verfügungserweiterung* in *›begründeten‹ Handlungen realisiert,* wobei die damit erreichbaren *Erweiterungen ›menschlicher‹ Bedürfnisbefriedigung und Daseinserfüllung,* nicht in ihrer absoluten Ausprägung, sondern als *Richtungsbestimmungen* der Verbesserung meiner Befindlichkeit über den gegebenen Zustand hinaus, die *inhaltliche Basis der Handlungsbegründungen bleiben.* Der Mensch ist also durch seine ›doppelte‹ Möglichkeitsbeziehung des bewußten ›Verhaltens‹ innerhalb subjektiver Begründungszusammenhänge *jeder ›Bedingtheit‹, Einschränkung, Abhängigkeit notwendig immer ›ein Stück voraus‹.* Wie sehr die *Art und der Grad* der verbleibenden Möglichkeit der Verfügungserweiterung über die Bedingtheit der Begründungen selbst wieder ›bedingt‹ sein mag: Die *Tatsache der Möglichkeit der Verfügungserweiterung ist ›unbedingt‹,* sie ist eine *genuine* (aus der ›gesellschaftlichen Natur‹ in gesamtgesellschaftlicher Vermitteltheit entspringende) *Spezifik der ›menschlichen‹ Existenz* und *nur mit dieser auslöschbar.* Somit ist der Mensch auf dieser Ebene *als solcher ›Subjekt‹,* er *kann nicht ›subjektlos‹ und gleichzeitig ›Mensch‹ sein. Die relativierende Rede von Arten und Graden der ›Subjekthaftigkeit‹, ›Subjektivität‹ etc. ist also selbst wieder zu relativieren* aufgrund der Einsicht, daß die *Spezifik des Menschen als ›Subjekt‹ unreduzierbar und uneliminierbar ist.* Dies bedeutet auch, daß der Mensch, unter wie einschränkenden, unterdrückenden, bedrohenden Bedingungen er immer leben muß, indem er dazu ›frei‹ ist, in seinen Handlungen die gegebenen Möglichkeiten der Verfügungserweiterung zu realisieren, *immer auch die ›freie‹ Alternative hat, auf diese ›zweite Möglichkeit‹ zu verzichten und sich in den gegebenen Handlungsräumen einzurichten,* somit *immer als ›Subjekt‹ für seine Handlungen verantwortlich* bleibt. Der Umstand, daß man nach den *Bedingungen* fragen kann, unter denen die Individuen aufgrund ihrer subjektiven Begründungszusammenhänge in geringerem oder in höherem Grade die Tendenz haben werden, auf die Möglichkeit der Verfügungserweiterung zu verzichten und sich in der Abhängigkeit einzurichten, besagt nur, daß man klären kann, *wofür* ein Individuum unter seinen Lebensverhältnissen verantwortlich zu machen ist, berührt aber nicht die *Tatsache* der Verantwortlichkeit (s.u.).

7.5 Erscheinungsformen subjektiver Handlungsfähigkeit/ Befindlichkeit unter historisch bestimmten Lebensbedingungen der bürgerlichen Gesellschaft

Fünf Niveaus individualwissenschaftlicher Kategorienbildung

Wir können im Rückblick auf unsere bisherigen Analysen global *fünf verschiedene Niveaus* der Aufschlüsselung der gesamtgesellschaftlichen Vermitteltheit individueller Existenz unterscheiden. 1. Auf *gesellschaftstheoretischer Bezugsebene* (noch oberhalb der Ebene individualwissenschaftlicher Kategorienbildung vgl. S. 27) das Niveau der Erfassung der *historisch bestimmten objektiven Lebensbedingungen*; auf *kategorialer Bezugsebene* sodann 2. das *erste Niveau individualwissenschaftlicher Vermittlungskategorien* zur Erfassung der in den objektiven Lebensbedingungen liegenden *Bedeutungs-Handlungszusammenhänge und Denkformen* (wie sie auseinandergelegt wurden) sowie 3. das *zweite Niveau individualwissenschaftlicher (dezidiert ›subjektwissenschaftlicher‹) Vermittlungskategorien* zur Erfassung der im ›Medium‹ der Bedeutungs-Handlungszusammenhänge/Denkformen entstehenden ›*subjektiven Handlungsgründe*‹ mit den über die Bedeutungsstrukturen etc. vermittelten objektiven Lebensbedingungen usw. als ›Prämissen‹; weiterhin 4. das *individualwissenschaftlich-subjektwissenschaftliche Niveau* zur Erfassung der *psychischen Dimensionen und Aspekte individueller Handlungsfähigkeit/Befindlichkeit* (in ihren aufgewiesenen Differenzierungen und Spezifitätsniveaus), die als Bestimmungen subjektiv ›begründeter‹ Handlungen ihre ›menschliche‹ Besonderheit, Thematik und Dynamik erhalten; schließlich 5. das *biologisch-physiologische Niveau* der Kategorien zur Erfassung der *unspezifischen Grundlagen in ihrer Wechselwirkung mit dem Psychischen.*

Vor dem Hintergrund dieser Zusammenfassung läßt sich nun der anschließende *letzte Darstellungsschritt* innerhalb des vorliegenden Kapitels charakterisieren. Durch den Aufweis, daß gesamtgesellschaftliche Verhältnisse dem Individuum immer als dessen historisch bestimmte Lebensbedingungen gegeben sind, waren wir aus unserer Gesamtargumentation heraus zunächst gezwungen, das kategoriale Niveau der ›subjektiven Handlungsgründe‹ zu explizieren, um so der reduktiven Auffassung von der ›Bedingtheit‹ menschlicher Handlungen die Konzeption der subjektiv funktionalen ›Begründetheit‹ der Handlungen in den Lebensbedingungen etc. entgegenstellen zu können. Damit war indessen die Frage nach den kategorialen Konsequenzen der Spezifizierung gesamtgesellschaftlicher Verhältnisse als historisch bestimmte Lebensbedingungen in ihrer Klärung nur aufgeschoben und stellt sich uns, nach den notwendigen Zwischenanalysen, nunmehr von neuem. Diese Fragestellung ist dabei jetzt so zu formulieren: Was folgt aus dem Umstand, daß die Individuen den gesamtgesellschaftlichen Verhältnissen niemals direkt gegenüberstehen, sondern immer in einer *bestimmten Lage und Position innerhalb des arbeitsteiligen Gesamts in seiner Formationsspezifik* (vgl. S. 195 ff und 198 ff). im Hinblick auf eine Konkretisierung der bisherigen kategorialen Aufschlüsselung des Zusammenhangs zwischen Lebensbedingungen, Bedeutungszusammenhängen, subjektiven Handlungsgründen und Erkenntnis-/Wertungs-/Motivationsprozessen? Wie also ist die aus der Möglichkeit zu bewußtem ›Verhalten‹ erwachsende *Vielgestaltigkeit und Widersprüchlichkeit der individuellen Erscheinungsformen* des Psychischen – nunmehr unter Berücksichtigung des neu explizierten kategorialen Vermittlungsniveaus der ›*subjektiven Handlungsgründe*‹ – aus den *lage- und positionsspezifischen Lebensbedingungen/Bedeutungsstrukturen* der Individuen in ihrer *Formbestimmtheit durch die Produktionsverhältnisse* zu begreifen und zu durchdringen?

Zur Klärung dieser Fragestellung sind mithin zunächst die gesellschaftstheoretisch zu analysierenden *historisch bestimmten lage- und positionsspezifischen Lebensbedingungen* in ihrem individualwissenschaftlichen Aspekt als *Bedeutungsstrukturen/Handlungszusammenhänge/Denkformen*, also als gesellschaftliche Handlungs-/Denkmöglichkeiten für die Individuen zu fassen. Die lage-/positionsspezifischen objektiven gesellschaftlichen Lebensbedingungen, die wir *voraussetzen* müssen, um deren Bedeutungsaspekt herausheben zu können, werden dabei von uns als die *antagonistischen Klassenverhältnisse der bürgerlichen Produktionsweise* (vgl. S. 201 ff) konkretisiert (wobei daran zu erinnern ist, daß dies hier nur exemplarisch und vorbehaltlich weiterer Konkretisierungen auf besondere Gesellungseinheiten mit kapitalistischer Struktur geschehen kann). – Mit der damit also zunächst zu vollziehenden Differenzierung der früher aufgewiesenen Bedeutungs-/Handlungszusammenhänge und Denkformen sind dann die Voraussetzungen dafür geschaffen, um auch auf den nachgeordneten Niveaus der ›subjektiv funktionalen Handlungsgründe‹ und der sich daraus ergebenden Erkenntnis-Wertungs-Motivationsprozesse, interpersonalen Beziehungen, subjektiven Vergangenheits-und Zukunftsbezüge als Erscheinungsformen des

Psychischen zu entsprechenden kategorialen Differenzierungen und Konkretisierungen zu gelangen.

Individualwissenschaftliche Bedeutungsanalyse historisch bestimmter Lage- und Positionsspezifizierungen und ihrer politisch-ideologischen Bezüge auf das gesellschaftliche Ganze

Auf *gesellschaftstheoretischer* Bezugsebene ist der *gesamt*gesellschaftliche Prozeß primärer Analysegegenstand, die arbeitsteiligen Strukturen, aus denen sich die unterschiedlichen ›Positionen‹ notwendiger individueller Beiträge zur gesellschaftlichen Lebensgewinnung ergeben, werden als Charakteristika der formationsspezifischen gesamtgesellschaftlichen Verhältnisse erfaßt, und die jeweilige objektive Lebenslage der Individuen erscheint wiederum als abhängige Größe der arbeitsteiligen Strukturen, da sie durch die (klassenbedingte) Position im Produktionsprozeß bestimmt ist und den ›Ort‹ der personalen Reproduktion der Arbeitskraft zur Realisierung der positionsspezifischen Beiträge darstellt. Auf der Bezugsebene *individualwissenschaftlicher* Kategorialanalyse, in welcher die gesamtgesellschaftliche Vermitteltheit individueller Existenz vom Standort der *individuellen Subjekte*, also *je* ›*meinem*‹ Standort aus analysiert wird, kehrt sich dieses Verhältnis geradezu um: Von ›meinem‹ Standort aus ist meine *unmittelbare Lebenslage,* ›in‹ der ich mich ›schon immer‹ finde, und in der ich mein Leben praktisch bewältigen muß, *meine* ›*primäre*‹, *unhintergehbare und universelle Daseinsrealität*. Die Realisierung einer gesellschaftlichen *Position*, etwa indem ich ›arbeiten‹ gehe, ist für mich demgegenüber *zeitlich und räumlich eingeschränkt*, einerseits eine *bestimmte Ausprägungsform meiner Lebenslage*, in der andererseits meine individuelle Lebenspraxis durch meine *Eingebundenheit in gesellschaftliche Anforderungsstrukturen überschritten* ist. Die *gesamt*gesellschaftlichen Bezüge meiner individuellen Existenz vollends sind mir *weder universell noch partiell unmittelbar gegeben*, sondern ›manifestieren‹ sich lediglich auf unterschiedliche Weise in meiner Lebenslage/Position. Diese Gegenläufigkeit der Strukturierung des gesamtgesellschaftlichen Prozesses von der Produktionsweise her und der Strukturierung des personalen Lebensprozesses von der Reproduktion des individuellen Daseins her muß je nach den Produktionsverhältnissen unterschiedliche Form annehmen, ergibt sich aber generell aus der Verselbständigung des gesamtgesellschaftlichen Erhaltungssystems (nach dem ›Dominanzwechsel‹), wodurch die Existenzsicherung des Einzelnen eine gegenüber der gesamtgesellschaftlichen Lebensgewinnung eigenständige Größe geworden ist.

Erscheinungsformen subjektiver Handlungsfähigkeit/Befindlichkeit

Bei der subjektwissenschaftlichen Kategorienbildung ist also einerseits die objektive gesamtgesellschaftliche Vermitteltheit individueller Existenz mit dem *realen Primat der Produktion* kategorial in Rechnung zu stellen, aber andererseits die Analyse vom Standpunkt des Subjekts aus von der *individuellen Lebenslage/Lebenspraxis im Reproduktionsbereich* her anzusetzen und voranzutreiben. Demgemäß beginnen wir auch unsere Analyse des *Bedeutungsaspektes* der formationsbestimmten gesellschaftlichen Lage- und Positionsspezifik im arbeitsteiligen Zusammenhang gesamtgesellschaftlicher Lebensgewinnung mit der Darlegung der *Differenzierung gesellschaftlicher Bedeutungsstrukturen vom Standpunkt des Individuums in seiner unmittelbaren Lebenslage/Lebenspraxis*.

Der Umstand, daß die unmittelbare Lebenslage der Individuen im gesamtgesellschaftlichen Strukturierungsprozeß sich als selbständige Teilstruktur im gesellschaftlichen Reproduktionsbereich herausdifferenziert hat, schließt ein, daß auch die Bedeutungszusammenhänge der gesamtgesellschaftlichen Strukturen sich als *Bedeutungsaspekte der ›Lebenslage‹ in spezieller Weise differenzieren*, also quasi ›Infrastrukturen‹ der gesamtgesellschaftlichen Bedeutungsstrukturen herausbilden, die den Individuen als gesellschaftliche Handlungsmöglichkeiten/Denkformen für ihre unmittelbare Lebenspraxis zugekehrt sind. Wenn wir nun die früher von uns herausgearbeiteten gesellschaftlichen Bedeutungs-Handlungszusammenhänge/Denkformen (mit den Teilinstanzen der gesellschaftlichen Naturaneignung, der individuellen Beiträge zur gesellschaftlichen Lebensgewinnung und der individuellen Existenzsicherung, in den Formen der ›kausalen‹ Aktivitäts-Ursache-Wirkungs-Relationen, des ›Verallgemeinerten-Gemachtseins-Zu‹, des ›verallgemeinerten Nutzers‹, vgl. S. 286 ff) daraufhin betrachten, durch *welche Teilinstanzen/Denkformen die ›Infrastrukturen‹ der unmittelbaren Lebenslage selektiv spezifiziert* sein müssen, so wird deutlich:[1] Gemäß dem Stellenwert der ›Lebenslage‹ im gesellschaftlichen Reproduktionsbereich ist davon auszugehen, daß hier der gesellschaftliche Bedeutungs/Handlungszusammenhang vor allem auf die *Instanz/Form der individuellen Existenzsicherung* bzw. des *›verallgemeinerten Nutzers‹* hin akzentuiert sein muß, mit Handlungsmöglichkeiten zur *unmittelbaren ›menschlichen‹ Bedürfnisbefriedigung/Daseinserfüllung* einschließlich der Realisierung gesellschaftlich verallgemeinerter Erfahrungen, etwa im künstlerischen Bereich,

---

[1] Es sei zur Vermeidung von Mißverständnissen daran erinnert, daß in den folgenden ›bedeutungsanalytischen‹ Ausführungen mit den Bedeutungen nur die den Individuen in den verschiedenen gesellschaftlichen Teilbereichen objektiv gegebenen Handlungs- und Denkmöglichkeiten herausgehoben werden, nicht aber deren subjektive Realisierung in bewußtem ›Verhalten‹ etc.: Darauf kommen wir erst in den anschließenden Darstellungsteilen.

rückbezogen auf individuelle Lebenspraxis. Die in den ›Infrastrukturen‹ der Lebenslage ermöglichten *interpersonalen Beziehungsweisen* wären damit *primär interaktiver* Art, als sexuelle, familiale etc. Beziehungen, sowie *sekundär interaktiver Art*, als Möglichkeiten zu ›persönlichen‹ Bekanntschaften, Freundschaften, aber auch zu relativer Vereinzelung. Dabei können je nach den Inhalten der in den Bedeutungskonstellationen ermöglichten Beziehungen, gemeinsamen Zielen und Aufgaben, aber auch *unmittelbar kooperative* Beziehungsmöglichkeiten im Rahmen der Lebenspraxis hineinspielen. Die globalen *gesellschaftlichen Denk- und Sprachformen* als Repräsentanz des Bedeutungs-/Handlungszusammenhangs erscheinen mithin hier akzentuiert als ›*gnostische‹ Bewältigungsformen der Lebenspraxis*, des ›Zurechtkommens‹ mit den je bestehenden praktischen Anforderungen der Existenzsicherung/Lebenserfüllung, der ›Regelung‹ der Umgangsweise in den verschiedenen interpersonalen Bezügen, darüberhinaus auch als ›*gnostische‹ Formen verallgemeinerter gesellschaftlicher Erfahrungen* in ihrer Bedeutung für die *personal-interpersonale Lebensgestaltung und Daseinserfüllung*. Das in den Denkformen liegende Moment der Verallgemeinerung muß dabei hier – da auf Bedeutungskonstellationen des Reproduktionsbereichs bezogen – in verschiedenen Ausprägungen die Modalität von personenbezogenen ›Normen‹, ›Traditionen‹, ›Moden‹ etc. annehmen, der ›verallgemeinerte Andere‹ verkürzt sich demgemäß auf das ›man‹: Die Verallgemeinerungen, *soweit* auf die ›Infrastrukturen‹ der Lebenslage bezogen, begründen sich quasi aus sich selbst, aus ihrer Verbreitung, die gleichzeitig ein Moment der Normativität enthält: Der Umstand, daß *man* etwas tut, schließt im gesellschaftlichen Bedeutungsgehalt unmittelbar ein, daß ›auch ich‹ dies tun muß.

Für die gesellschaftlichen ›*Positionen*‹ als Inbegriff der aufgrund der gesellschaftlichen Arbeitsteilung ausdifferenzierten Instanzen aufeinander bezogener notwendiger Beiträge zur gesellschaftlichen Lebensgewinnung im *Produktionsbereich* i.w.S. (also samt der jeweiligen technischen, wissenschaftlichen, administrativen etc. Produktions- bzw. Organisationsstrukturen, vgl. S. 196 ff) sind unter individualwissenschaftlichem Aspekt insbesondere die Infrastrukturen der Bedeutungszusammenhänge herauszuheben, in denen den Individuen, sofern sie Beiträge zur gesellschaftlichen Lebensgewinnung leisten, die für die dabei *von ihnen realisierte Position spezifischen Handlungs- und Denkmöglichkeiten* gegeben sind. Mithin wäre hier der gesamtgesellschaftliche Bedeutungszusammenhang vor allem auf die Instanzen der *Handlungsmöglichkeiten zur Teilhabe an gesellschaftlicher Lebensgewinnung und der gesellschaftlichen Naturaneignung* mit den Denkformen des ›*verallgemeinerten Produzenten‹*, des ›*Verallgemeinerten-Gemachtseins-Zu*‹ und der *Aktivitäts-Ursache-Wirkungs-Relation (Kausalform)* hin akzentuiert, mit durch den historischen Stand der Arbeitsteilung in den jeweiligen Positionsspezifizierungen ermöglichten ›*Arbeitshandlungen*‹ (vgl. S. 234), damit den dadurch gegebenen (oder behinderten) Möglichkeiten ›motivierter‹ Zielrealisierung. Die darin ermöglichten *interpersonalen Beziehungsweisen* bestimmen sich mithin nach den gesellschaftlichen Formen der Arbeitsorganisation mit Bezug auf die jeweilige Position, als *unmittelbare Kooperation* verschiedener Art und verschiedenen Grades, oder auch *relative Vereinzelung* (im gegenständlich-gesellschaftlichen Kooperationszusammenhang); bloß interaktive Beziehungsweisen erscheinen dabei in diesem Bedeutungsbezug mehr als informelle oder kompensatorische Beziehungsmöglichkeiten innerhalb der gesellschaftlich-kooperativ, u.U. unmittelbar-kooperativ strukturierten Arbeitsorganisation. Die *gesellschaftlichen Denk- und Sprachformen* enthalten demnach in ihrem differentiellen Bezug auf den positionsspezifizierten Produktionsbereich die *kognitiven Anforderungen zur Bewältigung der jeweils ›bedeutungsgemäßen‹ Arbeitshandlungen*, also, je nach dem Stellenwert der zur Frage stehenden Position im arbeitsteiligen Gesamtzusammenhang, von kognitiven Implikationen der stofflichen Naturaneignung durch ›operative‹ Arbeitshandlungen über die kognitiven Erfordernisse der Vorbereitung, Planung, Verwaltung des Produktionsprozesses bis hin zu den speziellen kognitiven Ansprüchen wissenschaftlicher Naturaneignung, Arbeitsorganisation etc.; darüberhinaus aber auch kognitive Formen für die Regelung des Umgangs mit anderen und mit sich selbst, der Selbstdisziplin, der Zuverlässigkeit, der Kooperationsfähigkeit etc.; dies alles in Abhängigkeit vom Entwicklungsstand und der Struktur der gesamtgesellschaftlichen Produktionsweise.

Bei einer Konkretisierung der damit angedeuteten lage- bzw. positionsspezifischen Differenzierungen gesellschaftlicher Bedeutungs-/Handlungszusammenhänge und Denkformen auf die Verhältnisse in der *bürgerlichen Gesellschaft* (vgl. S. 201 f) wäre zuvörderst auf die durch die Ausgeschlossenheit der Masse der Gesellschaftmitglieder von der Verfügung über den gesamtgesellschaftlichen Prozeß bedingte *objektive Mystifikation des Zusammenhangs zwischen Reproduktions- und Produktionsbereich* und die darin liegende *Mystifikation der Produziertheit menschlicher Lebensbedingungen durch die unmittelbaren Produzenten* zu verweisen.

Daraus resultiert für die Charakterisierung der Bedeutungs-/Handlungszusammenhänge und Denkformen als ›Infrastrukturen‹ der *objektiven Lebenslage* im Reproduktionsbereich die Verschärfung der Akzentuierung des ›verallgemeinerten Nutzers‹ als kognitiver Form unmittelbarer Lebenspraxis zu seiner *realen Isolation aus dem gesamtgesellschaftlichen Zusammenhang*: Die Bedeutungen und Formen zur Handlungsrealisierung der Lebenspraxis sind so bestimmt als ›*bürgerliche*‹ *Formen der scheinhaft ungesellschaftlichen* ›*Privatexistenz*‹ *des Einzelnen*. Damit wird die objektive Lebenslage zur *scheinbar* ›*natürlichen*‹ *Umwelt*, deren klassenabhängige gesellschaftliche Bestimmtheit und Verflochtenheit hinter ihrer ›*Pseudokonkretheit*‹ (Kosik, vgl. SE, S. 337ff) verborgen ist, und in welcher der Einzelne als Einzelner, unabhängig vom gesamtgesellschaftlichen Produktions/Reproduktionszusammenhang, sein Leben bewältigen kann und muß, ›private‹ Beziehungen zu anderen eingeht etc. Die Bedeutungen/Denkformen, die die individuelle Lebenspraxis ermöglichen, erlauben diese Praxis dabei zugleich nur *als* ›utilitaristische‹ Praxis von ›Privaten‹; dies schließt ein die in den Bedeutungszusammenhängen der unmittelbaren Lebenspraxis enthaltene Identifizierung des Wertes und des Gebrauchswertes der Waren, damit auch Fetischisierung des ›Geldes‹ und des ›Habens‹ (vgl. SE, S. 210ff), ›Naturalisierung‹ des komplementären Gebrauchswert-Tauschwertstandpunktes, also ›Unsichtbarkeit‹ seiner gesellschaftlichen Widersprüchlichkeit, in der Verkaufs- bzw. Kaufskonstellation, über die das Individuum allein seine Existenz erhalten kann.

Für die Bedeutungs-/Handlungszusammenhänge und Denkformen als ›Infrastrukturen‹ der arbeitsteiligen ›*Position*‹ im Produktionsbereich der bürgerlichen Gesellschaft resultiert daraus die *scheinhafte Isolierung des ›verallgemeinerten Produzenten‹* von dem Prozeß der gesamtgesellschaftlichen Naturaneignung/Lebensgewinnung einerseits und dem ›verallgemeinerten Nutzer‹ andererseits. Das historisch bestimmte Verhältnis, in welchem der Arbeiter, um zu leben, seine Arbeitskraft an den Kapitalisten als Produktionsmittelbesitzer verkaufen und sich damit den fremdbestimmten Arbeitsbedingungen aussetzen *muß*, erscheint so als unveränderlich ewiges *Naturverhältnis*, mit der Verkehrung der Bezahlung der als Ware an den Kapitalisten verkauften Arbeits*kraft* als Bezahlung der *Arbeit selbst*, damit Mystifikation der Mehrwertproduktion und des Ausbeutungsverhältnisses, dem Schein der Möglichkeit ›gerechten Lohnes‹. Der Lohn, durch welchen der Arbeiter im Reproduktionsbereich sein Leben erhalten kann, wird so in den Bedeutungen/Denkformen nicht als teilweise Rückgabe des vom Arbeiter selbst geschaffenen Wertes an diesen, sondern als echte Leistung des Kapitalisten als ›Arbeitgeber‹ repräsentiert, für welche der Arbeiter in seiner ›Arbeit‹ die ›Gegenleistung‹ erbringen muß. Die Bedeutungsstrukturen, in welchen die kooperativen oder anderen Beziehungen der Arbeiter innerhalb der Arbeitsorganisation ermöglicht/gefordert sind, enthalten damit objektiv gleichzeitig die *Konkurrenzbestimmungen* zwischen den Arbeitern, da vom hier naturalisierten Kapitalstandpunkt als Verwertungsstandpunkt jeder Einzelne in seiner Leistung/seinem Lohn mit jedem anderen ›verglichen‹ ist, also die Mehrleistung des einen gleichzeitig die Minderleistung, damit Lohnminderung des anderen, damit (real oder potentiell) die wechselseitige Gefährdung des eigenen Arbeitsplatzes bedeutet (vgl. SE, S. 241ff). Durch die scheinhafte Trennung des ›verallgemeinerten Produzenten‹ vom Prozeß und den Verhältnissen der gesamtgesellschaftlichen Naturaneignung, also des ›Verallgemeinerten Gemachtseins-Zu‹, ist hier auch in den Denkformen, in welchen die kognitiven Anforderungen zur Bewältigung der jeweils positionsspezifischen Arbeitshandlungen objektiviert sind, die *gesamtgesellschaftliche Produziertheit der Arbeitsmittel und Arbeitsbedingungen eliminiert*; bei der stofflichen Naturaneignung durch ›operative‹ Arbeitshandlungen erscheint so die reale, durch gesamtgesellschaftliche Zielsetzungen unter der Verfügung des Kapitals bestimmte Arbeitshandlung als reduziert auf jeweils bloß individuell antizipatorische Operationen, über die der einzelne Arbeiter bereits dann voll verfügt, wenn er die gegebenen operativen Anforderungen beherrscht. Innerhalb der wissenschaftlich entwickelten gnostischen Formen ergibt sich aus der Eliminierung der gesamtgesellschaftlichen Verhältnisse der Naturaneignung etwa die Ausklammerung der Aktivitäts-Instanz bezüglich der realen gesellschaftlichen Aktivitäts-Ursache-Wirkungs-Relationen, womit der Schein entsteht, man könne z.B. Kausalverhältnisse in direkter wissenschaftlicher Analyse der unbearbeiteten Natur ohne die vorgängige gegenständlich-praktische Naturaneignung durch gesellschaftliche Arbeit erkennen. Damit im Einklang stehen die ›bürgerlichen‹ Wissenschaftstheorien, in welchen wissenschaftliche Erkenntnis auf einen fiktiven ›Standort außerhalb‹ des gesamtgesellschaftlichen Prozesses gesetzt, damit als ›neutral‹ gegenüber gesellschaftlichen Interessen und Interessenantagonismen betrachtet wird, was notwendig eine blinde Reproduktion des bürgerlichen Klassenstandpunkts im wissenschaftlichen Denken einschließt (ich kann dies hier nicht genauer auseinanderlegen, vgl. dazu etwa HOLZKAMP 1977b, S. 47ff).

Durch die Konkretisierung der gesamtgesellschaftlichen Vermitteltheit individueller Existenz als deren historisch bestimmte Lage- und Positionsspezifik verdeutlicht sich zugleich der dargestellte Widerspruch, daß in der ›Unmittelbarkeits-Durchbrechung‹ den Individuen gesellschaftliche Verhältnisse einerseits immer nur von ihrer spezifischen Lebenslage/Position aus zugänglich sind, aber die personale Verfügung über die eigenen Lebensbedingungen andererseits nur als Teilhabe an der Verfügung über den gesamtgesellschaftlichen Prozeß möglich ist. Demnach bilden sich in der gesellschaftlichen Entwicklung in der Lage- und Positionsspezifizierung und über diese hinaus immer auch *Strukturen* heraus, in welchen die *Beteiligung der Einzelnen am gesamtgesellschaftlichen Lebensgewinnungsprozeß* organisiert ist, und die so *im weitesten Sinne ›politischer‹ Natur* sind. Gemäß der prinzipiell ›kognitiven‹ Beziehung der Individuen zur gesellschaftlichen Realität schließt dies immer auch die Herausbildung von *kognitiven Strukturen* ein, in welchen das *Verhältnis der je individuellen Existenz zum Ganzen des gesellschaftlichen Lebensgewinnungsprozesses* abgebildet und so die *Teilhabe der Individuen am gesellschaftlichen Prozeß* geregelt ist, und die man als i.w.S. ›ideologisch‹ bezeichnen kann.[1] Mithin müssen wir bei der Explikation der lage- und positionsspezifischen Bedeutungs-Handlungszusammenhänge/Denkformen nicht nur die jeweilige *Partialisierung* in Infrastrukturen der gesellschaftlichen Bedeutungsstrukturen, sondern auch darin enthaltene *Bedeutungsverweisungen auf das Ganze* der gesellschaftlichen Verhältnisse in ihren *politisch-ideologischen Organisationsstrukturen* berücksichtigen.

---

1 Vgl. dazu die neueren Arbeiten zum Faschismus bzw. zum Ideologieproblem von UTE H.-OSTERKAMP (1980a, 1980b, 1980c, 1982a, 1983a). Eine umfassendere kritisch-psychologische Analyse der Ideologie-Problematik liegt noch nicht vor, sondern ist bei H.-OSTERKAMP erst in Arbeit. Deswegen müssen unsere folgenden Hinweise darauf noch fragmentarisch und unabgeleitet bleiben.

So ist also mit Bezug auf die ›Infrastrukturen‹ der ›*Lebenslage*‹ von Individuen in der *bürgerlichen Gesellschaft* damit zu rechnen (und im einzelnen aufzuweisen), daß bereits in den alltäglichsten Bedeutungskonstellationen als Handlungsmöglichkeiten zur Bewältigung der unmittelbaren Lebenspraxis im Reproduktionsbereich und den darin ermöglichten interpersonalen Beziehungsformen etc. (s.o.) – so in der ›privaten‹ Form der Handlungsmöglichkeiten, der Konkurrenzbestimmtheit der interaktiven Beziehungsmöglichkeiten, der Determiniertheit der Handlungen durch die ›Naturalisierung‹ des Warenwerts und des Gebrauchswert/Tauschwert-Widerspruchs – Verweisungen auf den *übergreifenden politisch-ideologischen Zusammenhang vom Standpunkt der herrschenden Klasse* enthalten sind: Indem die Individuen ihr alltägliches Leben in Realisierung der so bestimmten Handlungs-, Beziehungs- und Denkmöglichkeiten bewältigen, reproduzieren sie *mit der eigenen Existenz gleichzeitig die bürgerlichen Klassenverhältnisse* als deren unbefragter Voraussetzung. Die dargelegte *bürgerlich-ideologische Identifizierung* der allgemeinen Interessen mit den Partialinteressen des Kapitals an der Verewigung der bestehenden Verhältnisse wäre demnach im Hinblick auf die darin liegenden Bedeutungsstrukturen/Denkformen zu spezifizieren als *Identität* der *Möglichkeiten zur Sicherung/Entfaltung der eigenen Existenz* (in der Form des ›verallgemeinerten Nutzers‹) und der *Beteiligung an der Reproduktion der bestehenden Klassenverhältnisse und Herrschaftsstrukturen* (also faktischen Mitwirkung der ausgebeuteten Klasse an ihrer eigenen Unterdrückung).

Gleichzeitig sind aber auch die ›Infrastrukturen‹ der unmittelbaren Lebenslage daraufhin zu analysieren, wieweit sich aufgrund des globalen politisch-ideologischen Antagonismus der bürgerlichen Gesellschaft bereits in der *individuellen Lebenspraxis im Reproduktionsbereich* in den bürgerlich formbestimmten Handlungs- und Denkmöglichkeiten widersprüchlich auch *Handlungs- und Denkmöglichkeiten über die bürgerlichen Formen hinaus* niederschlagen: so in den Handlungs-/Denkmöglichkeiten zur fraglosen Reproduktion der eigenen Existenz in bürgerlichen Gebrauchswert/Tauschwert-Widersprüchen, Bedeutungsverweisungen auf die dahinterstehenden, über den Reproduktionsbereich hinausweisenden realen Klasseninteressen der Herrschenden; oder in den ›privaten‹ Formen interaktiver Beziehungsmöglichkeiten bei Isolation von der Verfügung über die eigenen Angelegenheiten Bedeutungsverweisungen auf die gesamtgesellschaftliche Ausgeschlossenheit der ausgebeuteten Klassen von der Bestimmung über die allgemeinen Lebensbedingungen. Dies schließt (je nach den konkret historischen Bedingungen in unterschiedlicher Ausprägung) bereits hier (wenn auch noch so reduzierte) *Möglichkeiten des unmittelbar-kooperativen Zusammenschlusses* zum *Widerstand* gegen die *Fremdbestimmtheit und Abhängigkeit der eigenen Lebenspraxis* ein, d.h. auch Möglichkeiten der *ideologischen Durchdringung des bloßen ›Man‹ unhinterfragter Normen zur Regulierung der Alltagshandlungen im Einklang mit den herrschenden Interessen* in Richtung auf die praktische Erkenntnis des *Widerspruchs der allgemeinen, damit ›je meiner‹ Interessen zu den Partialinteressen der Kapitalherrschaft*. Derartige Möglichkeiten zur *praktisch-ideologischen Aufhebung* der geschilderten ›bürgerlich-ideologischen Identifizierung‹, damit zur individuellen ›Politisierung‹ als Versuch der Einflußgewinnung auf übergreifende gesellschaftliche Zusammenhänge zur Wahrung/Durchsetzung eigener unmittelbarer Lebensinteressen sind – da mit den ›offiziellen‹ politisch-ideologischen Strukturen im Widerspruch und deshalb in ihrer Artikulation und Realisierung vielfältig beschränkt und mystifiziert – selten offensichtlich, sondern meist *in bürgerlichen Formen verborgen bzw. mit ihnen kontaminiert*, müssen also von den Subjekten und der Subjektwissenschaft *gegen* die (auch das eigene Bewußtsein mitbestimmenden) herrschenden politisch-ideologischen Formen angehend erkannt und umgesetzt werden (ich komme darauf zurück).

In den geschilderten *positionsspezifischen* Bedeutungskonstellationen/Denkformen innerhalb der bürgerlichen Gesellschaft, die einerseits lediglich besondere Ausprägungen der ›Infrastrukturen‹ der jeweiligen Lebenslage/Lebenspraxis sind, manifestieren sich Bedeutungsverweisungen auf das gesellschaftliche Ganze andererseits zuvörderst in den im *kapitalistischen Produktionsbereich* (anders als in der Reproduktionssphäre) offen zutagetretenden *Machtverhältnissen*, durch welche der Einzelne, sobald er in die Produktionssphäre eintritt, automatisch dem *Kommando des Kapitals* unterstellt und in seinen Lebensäußerungen durch dessen *Verwertungsstandpunkt* beherrscht und diszipliniert ist: Die ›Arbeit‹ ist so hier für die Individuen, obwohl Teil ihrer Lebenspraxis und Vorbedingung für die Erhaltung ihrer Existenz, gleichzeitig ein ›*Fremdkörper*‹, da sie zu fremdgesetzten Bedingungen arbeiten *müssen* und sich dabei nicht ›selbst gehören‹. Die bürgerlich-kapitalistische Form der Bedeutungsverweisungen auf das Ganze ist in der unmittelbaren Produktion demgemäß nicht mehr direkt durch den ›Schein der Freiheit und Gleichheit‹ charakterisiert, sondern primär durch die ›*Naturalisierung*‹ der Unterworfenheit der Arbeitenden unter die Kapitalherrschaft als *allgemein-menschlicher und im Gesamtinteresse notwendiger Form* der Organisation der Produktion, wobei die allgemeine Freiheit und Gleichheit nur dadurch gewährleistet erscheint, daß auch *dem Kapitalisten die ›Freiheit‹ zugestanden* werden muß, sich als ›Unternehmer‹ im Interesse des Ganzen zu betätigen. Die bürgerlich-ideologische Identifizierung hat mithin bei der Positionsrealisierung für die Betroffenen die Form, daß die durch *fremdbestimmte Zwangsbedingungen determinierten Handlungs-/Denkmöglichkeiten* glcichzeitig als *einzig ›denkbare‹ Möglichkeiten* zur Schaffung der Voraussetzungen der Sicherung/Entfaltung je meiner Existenz in ›Freiheit und Gleichheit‹ erscheinen: Damit sind die Fremdbestimmtheit der Arbeit, der permanente Druck ›von oben‹ und durch die Arbeitsbedingungen, die Konkurrenz zwischen den Arbeitenden, die Arbeitsplatzbedrohung durch den Kollegen und durch die Reservearmee, die Arbeitslosigkeit als immer präsente Alternative etc. als zwar ›hart‹, aber ›unvermeidlich‹, als ›Sachzwang‹, als notwendiger ›Preis der Freiheit‹ o.ä. vorgespiegelt, und die manifeste Disziplinierung, Unterdrückung, Eliminierung bei Überschreitung der durch die Kapitalherrschaft und den Verwertungsstandpunkt gesetzten Beschränkungen der Handlungs- und Denkmöglichkeiten ›in‹ den bürgerlich-ideologischen Formen unterliegt so dem Schein der Notwendigkeit im gesellschaftlichen Gesamtinteresse.

Gemäß dem massiven *Zwangsmoment*, das bei der Positionsrealisierung innerhalb der kapitalistischen Produktion in die Lebenslage/Lebenspraxis der Individuen einbricht, müssen hier auch die Bedeutungsverweisungen auf das Ganze, in denen die *bürgerlich-ideologische Identifizierung überschritten* und die *Widersprüche zwischen dem Allgemeininteresse* und dem *Verwertungsinteresse des Kapitals manifestiert* sind, ihre besondere Ausprägung und Zuspitzung gewinnen. Dabei sind nicht nur Handlungs- und Denkmöglichkeiten in Richtung auf die *Durchdringung der scheinbar naturgegeben-notwendigen Machtausübung* des Kapitals als Implikat *historisch bestimmter Eigentumsverhältnisse*, nämlich des *Privatbesitzes an Produktionsmitteln*, also als *Ausbeutungsverhältnis* in Rechnung zu stellen, sondern auch *mannigfache Vor- und Zwischenformen*. So erscheinen hier die Herrschaft des Kapitals und die Abhängigkeit der Arbeitenden in bestimmten Bedeutungskonstellationen nicht schon im Ganzen als Ausbeutungsverhältnis, sondern es treten lediglich besondere ›*Auswüchse*‹ der Herrschaftsausübung der Kapitalmacht hervor, etwa als *besonders* schlechte Arbeitsbedingungen, *besonders* geringe Bezahlung, *besondere* Willkür von Disziplinierungen, Entlassungen etc., dies noch ohne Problematisierung der Naturnotwendigkeit der Kapitalherrschaft als solcher, ohne Druchdringung des Scheins möglicher ›Lohngerechtigkeit‹, ohne Erfassung der ›strukturellen‹ Natur von Arbeitsplatzunsicherheit und Arbeitslosigkeit. Entsprechend zu differenzieren sind die hier in den Bedeutungskonstellationen gegebenen *Möglichkeiten ›politischer‹ Zusammmenschlüsse zur Zurückdrängung oder Aufhebung der Kapitalherrschaft in kollektiver Subjektivität:* Von Gruppierungen *informellen Widerstands*, in welchen die unmittelbare Kooperation nicht den vom Kapital verordneten ›Sachzwängen‹ unterworfen bleibt, sondern von den Arbeitenden in partieller Aufhebung der Konkurrenz gegen die totale Auspowerung durch die Verwertungsbedingungen eingesetzt ist, etwa als ›restriction of output‹, als systematische Informationsverweigerung etc. (vgl. M I, S. 14ff), über mannigfache *Interessenvertretungen der Arbeitenden und gewerkschaftlichen Organisationformen* bis hin zur *manifesten politischen Organisation des Klassenkampfs in der Produktion*. Auch hier sind in den politisch-ideologischen Bedeutungsverweisungen auf das Ganze die Ansätze von Handlungs-/Denkmöglichkeiten über die bürgerlichen Formen hinaus in verschiedener Art und unterschiedlichem Grade selbst wieder durch die bürgerlichen Formen partiell mystifiziert und zurückgenommen, zumal die nackte Bedrohung und Unterdrückung durch die staatlich gestützte Kapitalmacht als in solchen Handlungs-/Denkmöglichkeiten liegendes Risiko mindestens latent allgegenwärtig sind (s.u.). Dabei muß man sich generell vergegenwärtigen, daß – da die Bedeutungen/Denkformen ja nur den *individualwissenschaftlich* relevanten Aspekt der wirklichen, *objektiven gesellschaftlichen Verhältnisse* darstellen – die erwähnten Möglichkeiten der Individuen zur Erkenntnis und organisierten Durchsetzung der allgemeinen/eigenen Interessen gegen die Kapitalmacht *nicht in deren Belieben stehen*, sondern bedingt sind durch den *historisch bestimmten Stand der gesellschaftlichen Widerspruchsentwicklung* und den *objektiven Organisationsgrad der Arbeiterschaft* etc., in den dem Individuum von *seiner spezifischen klassenbestimmten Lebenslage/Position aus zugänglichen Aspekten und Ausschnitten*.

Mit unseren Hinweisen auf den Bedeutungsaspekt der gesellschaftlichen Lage- und Positionsspezifizierungen und ihrer politisch-ideologischen Bezüge auf das gesellschaftliche Ganze, in ihrer Formationsbestimmtheit exemplifiziert an der durch den Widerspruch zwischen Lohnarbeit und Kapital charakterisierten Grundstruktur der bürgerlichen Gesellschaft, sind wir *dem Differenziertheitsgrad der Arbeitsteilung* und der *politisch-ideologischen Strukturen* vorfindlicher konkreter *kapitalistischer Gesellungseinheiten* natürlich *nicht gerecht* geworden. Es ist offensichtlich, daß hier Positionen sich nicht nur in der unmittelbaren kapitalistischen Produktion, sondern auch in deren *Verwaltung und Leitung*, darüberhinaus in mannigfachen *staatlichen Einrichtungen*, weiterhin in verschiedenen Formen als *bürgerliche bzw. kleinbürgerliche ›Privatexistenzen‹* herausgebildet haben. Ebenso offensichtlich ist, daß hier der ›Nichtarbeitsbereich‹, aus dem heraus die jeweilige Lebenslage der Individuen strukturiert ist, vielfältige *institutionelle Gliederungen* aufweist, so die *staatlichen Institutionen* des *Rechts*, der *Erziehung/Bildung*, der *Versorgung*, der *›öffentlichen Ordnung‹*, weiterhin *staatliche* oder *›private‹ Institutionen öffentlicher Information/Propaganda* etwa in den Massenmedien, *künstlerische* und *wissenschaftliche Manifestationen* unterschiedlicher Art, dies alles noch in sich von der *stofflichen Präsenz* bis hin zu *abstrakten Symbolwelten* nach Repräsentanzgraden und -arten gegliedert. Demnach müßte auch bei der individualwissenschaftlichen Heraushebung des lage- und positionsspezifischen Bedeutungsaspekts in *gleichem Differenzierungsgrad* aufgewiesen werden, welche individuellen Handlungsmöglichkeiten/Denkformen samt deren Verkürzungen und Beschränkungen in den *jeweiligen Positionen, Institutionen* etc. in ihren dem Individuen von der ›Infrastruktur‹ seiner Lebenslage aus zugänglichen Momenten und Ausschnitten liegen. Ebenso wäre hervorzuheben, welche besondere Ausprägung dabei jeweils die *Bedeutungsaspekte der politisch-ideologischen Bezüge auf das Ganze* – samt dem Widerspruch zwischen bürgerlich-ideologischer Identifizierung der Belange des ›Gemeinwohls‹ mit deren bürgerlicher Form und demokratischer Gerichtetheit auf die Befreiung des Allgemeinen von seiner bürgerlichen Restriktion – gewonnen haben. Dies alles wäre indessen (jenseits der Aufgabenstellung dieses Buches) in einzeltheoretisch-aktualempirischen Untersuchungen zu klären, deren kategorial-methodologische Implikationen und Voraussetzungen wir hier herausanalysieren (und mit Bezug auf die ›Bedeutungsanalyse‹ lediglich an *allgemeinen* Strukturmerkmalen der bürgerlichen Gesellschaft veranschaulicht haben).

Doppelte Möglichkeit und ›subjektive Möglichkeitsräume‹

Nach der Auseinanderlegung der historisch bestimmten lage- und positionsspezifischen *Bedeutungen/Handlungszusammenhänge/Denkformen* als *erstem individualwissenschaftlichen Vermittlungsniveau* in Differenzierung früherer allgemeiner Ausführungen kommen wir nun zu den subjektiv funktionalen Begründungszusammenhängen im Medium der Bedeutungen als zweitem individualwissenschaftlichen Vermittlungsniveau und haben zu klären, welche weiteren kategorialen Differenzierungen sich hier durch die Berücksichtigung der Lage- und Positionsspezifik in ihrer historischen Bestimmtheit ergeben.

Dabei ist vorab festzustellen, daß die früher herausgehobene ›*doppelte Möglichkeit*‹ der Individuen zum Handeln *unter* gesamtgesellschaftlichen Bedingungen und zum Handeln in *Erweiterung* der in den Bedingungen liegenden Verfügungsmöglichkeiten sich je nach der formationsspezifischen Lage/Position des Individuums *spezifizieren* muß, und nur in dieser Spezifizierung zu ›Prämissen‹ der subjektiv funktionalen Handlungsgründe des Individuums werden kann. Wir heben dies terminologisch heraus, indem wir in diesem Zusammenhang von den ›*subjektiven Möglichkeitsräumen*‹ der Individuen sprechen: Meine Möglichkeiten der Verfügung über allgemeine/individuelle Lebensbedingungen, damit auch Einschränkungen und Bedrohungen meiner Handlungsfähigkeit, hängen nicht unvermittelt von der historisch bestimmten Eigenart der gesamtgesellschaftlichen Bedeutungsstrukturen ab, sondern von den Bedeutungskonstellationen, wie sie *mir in meiner je konkreten Lebenslage/Position* und den darin liegenden *objektiven Verweisungen auf das Ganze der gesellschaftlichen Verhältnisse* gegeben sind. Mein mir jeweils aktuell vorliegender Möglichkeitsraum ist mithin sowohl in seinen Dimensionen wie in seiner Reichweite, obwohl durch gesellschaftliche Bedeutungszusammenhänge bestimmt, dennoch ein individueller, nur von meinem konkreten subjektiven Standort innerhalb der gesellschaftlichen Bedeutungskonstellationen ausmachbarer Handlungsspielraum. – Dies wird noch deutlicher, wenn man berücksichtigt, daß meine Handlungsmöglichkeiten ja nicht direkt von meiner objektiven Lebenslage etc. abhängen: Die lage- und positionsspezifischen Bedeutungen/Denkformen determinieren meinen je subjektiven Möglichkeitsraum lediglich in der Art und Weise, wie sie mir situational-personal gegeben sind, also in ihrem ›phänomenalen Aspekt‹. Dabei bestimmen die jeweiligen ›Infrastrukturen‹ der gesellschaftlichen Bedeutungszusammenhänge nicht nur primär meine Handlungsmöglichkeiten, sondern auch in der geschilderten Weise *sekundär*, indem die personale Funktionsgrundlage meiner Handlungsfähigkeit durch biographische Prozesse früherer Realisierungen bzw. Nichtrealisierungen bedeutungsgemäßer Handlungsmöglichkeiten geprägt ist (vgl. S. 336 f). Die subjektiven Möglichkeitsräume sind mithin nicht nur durch die mir von meiner Lebenslage aus zugänglichen *Bedeutungen*, sondern auch durch die in meiner ›*Person*‹ liegenden Bedingungen determiniert und beschränkt: Das Individuum kann in seinen subjektiven Möglichkeiten hier also hinter den in den Bedeutungen gegebenen Möglichkeiten/Möglichkeitserweiterungen der Handlungsfähigkeit zurückbleiben, es kann sich aber auch über das Ausmaß und die Art der real gegebenen Möglichkeiten täuschen, etc.

Im ganzen verdeutlicht sich aus diesen Darlegungen, daß wir bei unseren folgenden Analysen des Zusammenhangs zwischen lage-/positionsspezifischen Bedeutungen und subjektiv funktionalen Handlungsgründen die früher herausgehobenen Differenzierungen zwischen dem realen und dem phänomenalen Aspekt der Handlungsfähigkeit, zwischen der ›Potentialität‹ und der ›Faktizität‹ in der subjektiven Befindlichkeit/Erfahrung mit Bezug auf den situationalen und personalen Pol, die Vergangenheitsperspektive und die zukünftige Lebensperspektive individueller Subjektivität im *neuen Kontext aufzugreifen* haben: Damit wird von uns hier eine übergreifende ›Problematik‹ der gesamtgesellschaftlichen Vermitteltheit individueller Existenz zu klären sein, die wir früher nur benennen konnten: Die Frage nach den Bedingungen des *subjektiven ›Verfügungsentzuges‹*, durch welchen Momente der Subjektivität, die prinzipiell dem Individuum verfügbar sein könnten, zu ›*Vorgängen dritter Person*‹ werden, was die Frage nach den Voraussetzungen für die Überwindbarkeit des Verfügungsentzuges und der darin liegenden personal bedingten Einschränkung der Handlungsfähigkeit/Daseinserfüllung des Individuums (soweit auf kategorialer Ebene beantwortbar) einschließt (vgl. S. 341 f).

Die durch die Lage- und Positionsspezifizierung der Bedeutungskonstellationen bestimmte Eigenart der subjektiv funktionalen Begründungszusammenhänge ist so lange unproblematisch, wie man dabei nur den Aspekt der gegebenen Möglichkeit der Verfügung über die eigenen Lebensbedingungen berücksichtigt: Hier müssen unsere früheren allgemeinen Darlegungen über die Struktur von in verallgemeinerter Weise ›verständlichen‹ Begründungen in ihrer Bezogenheit auf die ›menschliche‹ Qualität der Bedürfnisbefriedigung/Daseinserfüllung etc. (vgl. S. 349 ff) *im Prinzip gleichermaßen gelten* (und wären nur einzeltheoretisch/aktualempirisch auf ihre jeweils konkret-historischen Inhalte hin zu analysieren). Die Notwendigkeit weiterer *kategorialer* Differenzierungen ergibt sich erst aus dem Umstand, daß in den historisch bestimmten lage- und positionsspezifischen Bedeutungen ja immer auch *Einschränkungen* von Verfügungsmöglichkeiten beschlossen sind, die sich etwa in der bürgerlichen Gesellschaft mehr oder weniger zu in den Handlungsmöglichkeiten liegenden *Bedrohungen* der personalen Handlungsfähigkeit einschließlich der *ideologischen Mystifizierung* der Bedrohung zuspitzen können. Für diesen Fall reichen unsere früheren kategorialen Bestimmungen – wie sich zeigen wird – *keinesfalls* aus, um die *darauf bezogenen subjektiv funktionalen Begründungszusammenhänge* kategorial zu entschlüsseln. Wir entwickeln deshalb unsere weiteren Analysen im Ansatz an der historisch bestimmten lage- und positionsspezifischen *Einschränkung/Bedrohung* der Bedingungsverfügung und haben zu klären, auf welche Weise die *subjektiv notwendige Abwendung oder Überwindung der Einschränkung/Bedrohung* in Termini *subjektiv funktionaler Begründungszusammenhänge* kategorial aufzuschließen ist.

Gewinnung/Sicherung ›restriktiver Handlungsfähigkeit‹ als Versuch der subjektiv begründeten/funktionalen Bedrohungsüberwindung unter den ›Prämissen‹ der Unveränderbarkeit bestehender Machtverhältnisse; ›Intersubjektivität‹ vs. ›Instrumentalität‹ menschlicher Beziehungen

Wenn wir nun unter dieser Fragestellung die im subjektiven Möglichkeitsraum liegende ›*doppelte Möglichkeit*‹ der *Ausnutzung* von vorhandenen Handlungsmöglichkeiten und der *Erweiterung* der Verfügung über die Möglichkeitsbedingungen der Handlungen selbst thematisieren, so verdeutlicht sich für uns die Frage: Wie ist hier die mit diesem doppelten Möglichkeitsverhältnis gegebene subjektive ›*Alternative*‹, also ›*Freiheit*‹ des Individuums zur Realisierung oder Nichtrealisierung der ›zweiten Möglichkeit‹ der Verfügungserweiterung konkret zu bestimmen? – Aufgrund unserer früheren Darlegungen (vgl. S. 355 f) ist ja an dieser Stelle davon auszugehen, daß die lage- und positionsspezifischen Bedeutungskonstellationen *lediglich die Dimensionen und das Ausmaß der ›zweiten Möglichkeit‹* der Verfügungserweiterung, also das, *wofür* das Individuum jeweils konkret verantwortlich ist, determinieren, nicht aber die *zweite Möglichkeit*, also *Verantwortlichkeit, als solche* eliminieren. Das Individuum hat mithin, wie eingeschränkt sein ›Möglichkeitsraum‹ auch sein mag, *mit der Möglichkeit der Abwendung der Handlungseinschränkung* in Erweiterung der Verfügung über die Handlungsbedingungen immer auch die *Möglichkeit des Verzichts* darauf: Die Art der Wahl angesichts dieser Alternative *charakterisiert* (primär) *nicht Menschen*, ist also *kein ›Persönlichkeitszug‹* o.ä., sondern charakterisiert *bestimmte aktuelle Situationen*, stellt sich nämlich prinzipiell *jedem* Menschen *immer wieder*, nämlich stets dann, wenn aufgrund einer *aktuellen Einschränkung/Bedrohung der Handlungsfähigkeit die subjektive Handlungsnotwendigkeit zur Überwindung der Bedrohung* besteht: Dies folgt aus dem Umstand, daß *auch durch personale Momente* der Möglichkeitsraum der Handlungen mit der ihm inhärenten ›Alternative‹ zwar inhaltlich eingeschränkt, reduziert etc. werden kann, aber *niemals verschwindet*. *Jedes* Individuum, solange es als Mensch am Leben ist, hat also angesichts jeder aktuellen Einschränkung/Bedrohung immer in *irgendeinem* Grad die ›Freiheit‹, seine Bedingungsverfügung zu erweitern oder darauf zu verzichten.

Da wir in unserer bisherigen Darstellung den Zusammenhang zwischen der Verfügungserweiterung und Erhöhung der ›menschlichen‹ Lebensqualität, also deren *subjektiv funktionale ›Begründetheit‹* herausgehoben haben, scheint ein *Widerspruch* in der Annahme zu liegen, daß das Individuum dennoch die ›Freiheit‹ des *Verzichts* auf die Verfügungserweiterung haben soll. Wir haben uns durch unsere früheren Analysen ja die Grundlage für die Auffassung entzogen, Individuen könnten ›irrational‹ handeln, d.h. *bewußt* gegen ihre eigenen Lebensinteressen verstoßen, indem von uns aufgewiesen wurde, daß die ›*Begründetheit*‹, *d.h.* ›*subjektive Funktionalität*‹ *von Handlungen universell* sei, und intersubjektive ›Unverständlichkeit‹ von Handlungen nicht auf deren reale ›Unbegründetheit‹, sondern nur auf die *Verborgenheit der* ›*Begründungsprämissen*‹ verweise. Demnach müssen wir auch die Problematik des *Verzichts* auf die Möglichkeit der Verfügungserweiterung auf der *Basis unseres Konzepts der* ›*subjektiv funktionalen Begründungszusammenhänge*‹ klären, also darlegen können, wie denn die subjektiven ›*Prämissen*‹ beschaffen sein mögen, unter denen die Alternative des Verzichts der Abwendung der Einschränkung/Bedrohung durch Erweiterung der Bedingungsverfügung, mithin des *Verzichts* auf die Schaffung von Bedingungen, unter denen die eigene Befindlichkeit wieder von der Bedrohung hinweg auf die ›menschliche‹ Daseinserfüllung und Bedürfniserweiterung zentriert werden kann, *dennoch* ›*subjektiv funktional*‹, *also* ›*begründet*‹ sein kann.

Den Ansatz zur Klärung dieser (zunächst widersinnig anmutenden) Fragestellung findet man durch Rückgriff auf unsere früheren allgemeinen Darlegungen über die in jede Handlung in Richtung auf Erweiterung der Verfügung über die eigenen Lebensbedingungen eingehenden widersprüchlichen subjektiven Bestimmungen der Antizipation der mit der Handlungsrealisierung verbundenen Verbesserung der eigenen Lebensqualität einerseits und der auf dem Weg dahin unvermeidlichen Anstrengungen und Risiken andererseits (vgl. S. 323 ff). Die Erweiterung der Bedingungsverfügung/Handlungsfähigkeit schließt ja immer das *Aufgeben* eines (wenn auch als unzulänglich erfahrenen) *gegenwärtigen Standes relativer Handlungsfähigkeit* und der darin gegebenen ›erprobten‹ Weisen der Bewältigung der unmittelbaren Lebenspraxis/Positionsrealisierung ein, wobei die angestrebte Erweiterung der Lebensqualität durch ein höheres Niveau relativer Handlungsfähigkeit immer (mehr oder weniger) mit der *existentiellen Verunsicherung* darüber verbunden sein muß, ob man *tatsächlich* das *höhere Handlungsfähigkeitsniveau* erreichen kann oder nicht stattdessen *auch noch die Handlungsfähigkeit auf dem gegenwärtigen niedrigeren Stand* einbüßen wird. Diese Verunsicherung muß sich dabei (unter sonst gleichen Umständen) in dem Maße erhöhen, wie unter den *antagonistischen Klassenverhältnissen* der bürgerlichen Gesellschaft aus den lage- und positionsspezifischen Infrastrukturen der gesamtgesellschaftlichen Bedeutungszusammenhänge im ›Möglichkeitsraum‹ des Individuums Verweise darauf enthalten sind, daß hier die zur Überwindung der Einschränkung/Bedrohung der Handlungsfähigkeit subjektiv notwendige ›zweite Möglichkeit‹ der Erweiterung der Bedingungsverfügung *gegen herrschende Partialinteressen an der Erhaltung der relativen Verfügungslosigkeit der Beherrschten* gerichtet ist: Demnach müssen hier durch Handlungen zur Überwindung der gegenwärtigen

Einschränkung/Bedrohung sich aufgrund der *Machtausübung* der herrschenden Instanzen zur *Unterdrückung* solcher Handlungen die *Bedrohung des gegenwärtigen Handlungsfähigkeitsniveaus* und *Gefährdung der individuellen Existenz gravierend erhöhen* (vgl. M II, etwa S. 278ff). Derartige Bedeutungsverweisungen beziehen sich, wie in unseren bedeutungsanalytischen Ausführungen dargestellt, nicht notwendig auf explizite politisch-ideologische Strukturen des gesamtgesellschaftlichen Prozesses, sondern sind in vielfältigen Erscheinungsformen und Brechungen bereits in den ›*alltäglichen*‹ *Infrastrukturen der unmittelbaren Lebenspraxis* enthalten, wobei auch die Instanzen, durch welche hindurch die herrschenden Interessen an der Erhaltung bestehender Machtverhältnisse dem Individuum gegenüber zur Geltung gebracht sind, vielfältig vermittelt und gebrochen in Bedeutungszusammenhängen, die *scheinbar nur Handlungsmöglichkeiten zur Daseinsbewältigung und Bedürfnisbefriedigung in unmittelbaren sozialen Bezügen* enthalten, in Erscheinung treten können.

Aus diesen Darlegungen wird klar, wie die *situational-personalen* ›*Prämissen*‹ beschaffen sind, unter denen der *Verzicht* auf die Alternative der Verfügungserweiterung zur Verbesserung der zukünftigen Lebensqualität dennoch *subjektiv funktional und* ›*begründet*‹ sein kann: Es sind dies Bedeutungsbezüge (der geschilderten Art), aus denen für das Individuum hervorgeht, daß mit dem Versuch, ein höheres Handlungsfähigkeitsniveau durch Erweiterung der Möglichkeitsbedingungen der Handlungen zu erreichen, *tatsächlich* das *gegenwärtige* Niveau relativer Handlungsfähigkeit und Bedürfnisbefriedigung *auch noch verloren gehen* wird und die Gefahr des *Zurücksinkens in einen vollends* ›*unmenschlichen*‹ *Zustand der Ausgeliefertheit an fremde Mächte und Kräfte* besteht. Da mithin, soweit solche ›Prämissen‹ subjektiv bestimmend werden, innerhalb des gegebenen Möglichkeitsraums die Alternative der *Erweiterung der Verfügung* über die Handlungsbedingungen als ›*unfunktional*‹ erfahren werden muß, bliebe hier als *subjektiv* ›*begründete*‹ *Alternative* nur der Versuch der Überwindung der gegenwärtigen Einschränkung/Bedrohung der Handlungsfähigkeit *ohne* Verfügungserweiterung, also im Rahmen der *bestehenden Handlungsmöglichkeiten*, damit *Machtverhältnisse*.

Wenn wir nun aufgrund dieser Überlegung angesichts des, spezifisch ausgeprägt unter kapitalistischen Klassenverhältnissen, immer bestehenden Zusammenhangs zwischen Verfügungserweiterung und Existenzbedrohung die *subjektiven Begründungszusammenhänge* zu explizieren suchen, innerhalb deren Möglichkeitsraum sich die ›erste Alternative‹ der Gerichtetheit auf Verfügungserweiterung bzw. die ›zweite Alternative‹ der Gerichtetheit auf die Bedrohungsüberwindung im gegebenen Verfügungs- und Handlungsrahmen als ›funktional‹ durchsetzen kann, so ergibt sich zuvörderst als *zentrales Moment*: Die Alternative der *Verfü-*

gungserweiterung kann nur insoweit *subjektiv begründet/funktional* werden, wie das Individuum zugleich mit der Möglichkeit der Verfügungserweiterung auch die *Möglichkeit* erfährt, die dabei zu antizipierende *Existenzgefährdung abzuwenden*, d.h. durch *Zusammenschluß in unmittelbarer Kooperation* eine *überindividuelle Gegenmacht von der Größenordnung* zu gewinnen, die die *Gefährdung der je individuellen Existenz aufheben* kann (vgl. S. 330 ff). Hier müssen also in den lage- und positionsspezifischen Bedeutungsverweisungen jene Handlungsmöglichkeiten erfahrbar werden, die auf die *Durchsetzung allgemeiner Interessen* an gemeinsamer Verfügung über die eigenen Lebensbedingungen *gegen die herrschenden Partialinteressen* an der Einschränkung dieser Verfügung gerichtet sind, einschließlich der damit verbundenen *Möglichkeiten des Zusammenschlusses in unmittelbarer Kooperation*. Damit sind, wie auf bedeutungsanalytischer Ebene ausgeführt, nicht nur die politisch-ideologischen Verweisungen auf kooperative Möglichkeiten der Verfügung über umgreifende oder gar gesamtgesellschaftliche Verhältnisse, etwa in den Organisationen der Arbeiterklasse, gemeint: Bereits in den lage- und positionsspezifischen Infrastrukturen der Bedeutungsbezüge selbst sind, wie dargelegt, mannigfache Möglichkeiten des Protests und des Widerstands gegen die Einschränkung meiner Handlungsfähigkeit/Daseinserfüllung durch herrschende Instanzen mit vielfältigen formellen und informellen Möglichkeiten des Zusammenschlusses enthalten. Solche Möglichkeiten sind zwar durch die jeweils historisch bestimmten Verhältnisse determiniert und u.U. beschränkt, sie sind aber, wie ausgeführt, gleichursprünglich mit den Einschränkungen und Bedrohungen meiner Selbstbestimmung durch die Herrschenden, *immer in irgendeiner Weise* gegeben, also auch in *jedem* subjekiven Möglichkeitsraum als ›*doppelte Möglichkeiten*‹ erfahrbar. – Die ›*Begründetheit*‹ der Alternative der Verfügungserweiterung etc. bedeutet mithin die subjektive Perspektive der *Realisierbarkeit* solcher gegebenen Möglichkeiten in *Überschreitung der Grenzen der individuellen Subjektivität* durch unmittelbare Kooperation in Richtung auf die Durchsetzung *allgemeiner Interessen der gemeinsamen Selbstbestimmung gegen herrschende Partialinteressen*, also in einem dezidierten Sinne ›*intersubjektive*‹ Beziehungen als Kennzeichen kollektiver bzw. gesellschaftlicher Subjektivität.

In Abhebung davon läßt sich nun auch die zentrale Eigenart von solchen subjektiven Begründungszusammenhängen explizieren, innerhalb derer nicht die Verfügungserweiterung, sondern die *Alternative der versuchten Bedrohungsabwendung bei Anerkennung des bestehenden Verfügungsrahmens ›funktional‹* ist. Eine solche Funktionalität schließt stets ein, daß hier die *Möglichkeit unmittelbarer Kooperation* zur Entfaltung einer gemeinsamen Gegenmacht gegen die mit der Verfügungserweiterung verbundene Bedrohung durch herrschende Instanzen *nicht erfahren* wird. Das Individuum ist hier also *trotz* der Bedrohung seiner

Handlungsfähigkeit auf *bloß interaktive Beziehungsformen bzw. seine (relative) Vereinzelung* zurückgeworfen, die in den Bedeutungsbezügen der bürgerlichen Gesellschaft als *Verhaftetheit ›in‹ den Formen der bürgerlichen Privatexistenz* erscheinen wird. Wenn so die subjektive Perspektive der Abwendung der mit dem Versuch der Verfügungserweiterung verbundenen Existenzgefährdung nicht besteht, indem das Individuum sich gegenüber der ›herrschenden‹ Macht als *genuin ohnmächtig* erfährt, so schließt dies die *subjektive Unbegründbarkeit der Alternative der Verfügungserweiterung unmittelbar* ein und es bleibt so nur der *Verzicht auf die Erweiterung der Möglichkeitsbedingungen* des Handelns als einzig ›funktionale‹ Alternative übrig.

Wie aber ist, wenn auf die Alternative der gemeinsamen Verfügungserweiterung verzichtet wird, also *im Rahmen der je bestehenden Handlungsmöglichkeiten und Machtverhältnisse*, dennoch vom Individuum eine *Überwindung* der gegenwärtigen Einschränkung/Bedrohung in Richtung auf *Erweiterung der Handlungsfähigkeit/Daseinserfüllung* anstrebbar? Welche Erscheinungsform hat also jene Art von *restriktiver Handlungsfähigkeit/Befindlichkeit*, deren Sicherung oder Herstellung für das Individuum unter den ›*Prämissen*‹ der Anerkennung der bestehenden Herrschaftsverhältnisse subjektiv ›begründet‹ und ›funktional‹ ist?

Da die Möglichkeit der gemeinsamen Erweiterung der Verfügung über die Lebensbedingungen im *allgemeinen* Interesse der Erhöhung ›menschlicher‹ Lebensqualität hier ausgeschlossen ist, bleibt als Grundcharakteristikum des Verhältnisses zu anderen Menschen nur das *Gegeneinander unterschiedlicher Partialinteressen* übrig, denen gemäß die *je eigenen Lebensinteressen* durch die *Interessen anderer eingeschränkt* sind, und ich die Verfügung über meine Lebensbedingungen nur *auf Kosten der anderen erweitern* kann, wobei unter kapitalistischen Bedingungen dieses Gegeneinander als *bürgerliches Konkurrenz-Verhältnis* formbestimmt ist. Auch *Zusammenschlüsse mit anderen* sind unter der Prämisse der Anerkennung bestehender Machtverhältnisse für den Einzelnen nur durch die damit verbundene *Verbesserung der Durchsetzungsfähigkeit* der *gemeinsamen Partialinteressen gegen die Partialinteressen anderer* subjektiv funktional. Die Modalität der Sicherung oder Durchsetzung der eigenen Partialinteressen hängt dabei vom *je gegebenen Kräfteverhältnis* zwischen den konkurrierenden Individuen bzw. Gruppen ab: Ist das Kräfteverhältnis *annähernd gleich*, so wird ein ›Interessenausgleich‹ nach Art eines *Kompromisses* (gib Du ein Stück nach, dann gebe ich ein Stück nach) oder der *Kompensation* (ich gebe Dir dies, dafür gibst Du mir das) angestrebt; soweit dagegen die *eine Seite stärker* ist, so kann und wird sie der *anderen Seite die eigenen Partialinteressen aufzwingen*. Es ist mithin im Rahmen ›restriktiver Handlungsfähigkeit‹ notwendig *subjektiv funktional und ›begründet‹*, die *eigene Macht* bzw. die *Macht der Gruppe mit den gleichen Partialinteressen* zum Zweck der *Durchsetzung gegen fremde Partialinteressen zu erhöhen*. Aus dem Umstand, daß unter diesen Prämissen die wirkliche Macht *in letzter Instanz unangefochten den Herrschenden* gehört, ergibt sich dabei, daß Machtausübung auf erweiterter Stufenleiter (wie immer vermittelt) nur als *Teilhabe an der Macht der Herrschenden* möglich ist. Das Arrangement mit den Herrschenden schließt hier also tendenziell den *Versuch der Partizipation an ihrer Macht zur Absicherung/Erweiterung der eigenen Handlungsfähigkeit auf Kosten fremder Interessen* ein, wobei die *Unterdrückung von ›Oben‹* in unterschiedlichster Weise *nach ›unten‹, an die, auf deren Kosten die eigenen Partialinteressen durchgesetzt werden sollen, weitergegeben* wird. Im Gegensatz zu den geschilderten dezidiert ›intersubjektiven‹ Beziehungen unter der Prämisse der Realisierbarkeit der Möglichkeit gemeinsamer Verfügungserweiterung sind hier mithin die Beziehungen zu anderen Menschen durch die *wechselseitige Instrumentalisierung des jeweils anderen für die eigenen Interessen* charakterisiert. ›Intersubjektivität‹ und ›Instrumentalisierung‹ dürfen dabei auch hier nicht als Kennzeichen von Individuen, ›Persönlichkeits‹-Konstanten o.ä. mißverstanden werden, sondern sind Implikate der *subjektiven Funktionalität* der Alternative der gemeinsamen Verfügungserweiterung bzw. des Strebens nach individueller Handlungsfähigkeit bei Anerkennung der bestehenden Handlungsmöglichkeiten/Machtverhältnisse, also angesichts jeder aktuellen Bedrohungssituation *immer wieder neu im Möglichkeitsraum des Individuums als ›doppelte‹ Beziehungsmöglichkeit* gegeben (zu diesem Abschnitt vgl. HOLZKAMP 1979 b u. 1980).

Wenn also im Streben nach Bedrohungsüberwindung in Richtung auf ›restriktive Handlungsfähigkeit‹ an die Stelle der Erweiterung der *gemeinsamen Macht über die Verhältnisse* der Versuch der *Gewinnung von Kontrolle über andere Menschen* in Teilhabe an der damit bestätigten Macht der Herrschenden tritt, so impliziert der darauf zentrierte *subjektive Begründungszusammenhang* eine in charakteristischer Weise *selektive Aneignung/Realisierung* der jeweils gegebenen *lage- und positionsspezifischen Bedeutungsstrukturen*, indem unter den hier gegebenen Prämissen lediglich die *Handlungsrealisierung* solcher in den Bedeutungskonstellationen liegenden *politisch-ideologischen Verweise auf das gesellschaftliche ›Ganze‹ subjektiv funktional* ist, in welchen die bestehenden antagonistischen Klassenstrukturen und in ihnen gegebenen *Herrschaftsverhältnisse* ›naturalisiert‹, abgesichert, verteidigt etc. sind. Die immer gleichursprünglich gegebenen politisch-ideologischen Bedeutungsverweisungen auf die *historische Bestimmtheit, Überwindbarkeit, Überfälligkeit etc. der herrschenden Verhältnisse* implizieren dagegen zwar *allgemeine Handlungsmöglichkeiten*, aber – unter der hier gemachten Voraussetzung des Verzichts auf die Alternative der Verfügungserweiterung – *keine Handlungsmöglichkeit für ›je mich‹*. Darin verdeutlicht sich eine *Konkordanz zwischen den individuellen und den herrschenden Interessen*, die auf besondere Weise in der ›*doppelten Funktionalität*‹ der *bürgerlich-ideologischen Identifizierung* in Erscheinung tritt: Indem die scheinhafte *Identität der herrschenden Interessen mit den Allgemeininteressen* für die Erhaltung der bestehenden antagonistischen Klassenverhältnisse und Machtstrukturen ›*funktional*‹ ist, erscheint die Reproduktion dieses Moments der Bedeutungen/Denkformen gleichzeitig für das *Individuum in seinem Streben nach Absicherung/Erweiterung der restriktiven Handlungsfähigkeit ›funktional‹*, indem hier durch die unbefragte Anerkennung der Macht der Herrschenden gleichzeitig die *von ihnen ausgehende Bedrohung der eigenen Handlungsfähigkeit abwendbar* zu sein scheint. Dabei liegt in den ideologischen Formen hier (in unterschiedlichsten Erscheinungsweisen und Vermittlungen) gleichzeitig quasi das ›*Angebot*‹, durch die *Anerkennung der bestehenden Machtverhältnisse* an ihnen *zu partizipieren*, und so (auf Kosten anderer) die *eigene Handlungsfähigkeit/Bedürfnisbefriedigung abzusichern und auszubauen*. Diese ›doppelte Funktionalität‹ ist ein *Wesensmerkmal* der *bürgerlich-ideologischen Formen und Mächte*: Nur dadurch, daß die für die Erhaltung der bestehenden Verhältnisse ›funktionalen‹ ideologischen Aspekte etc. *im Rahmen ›restriktiver Handlungsfähigkeit‹ real auch für die Individuen ›funktional‹ sind*, ihnen also bei unbefragter Übernahme *tatsächlich* (wenn auch widersprüchlich, lediglich kurzfristig etc., s.u.) eine *Verbesserung ihrer Lebensbedingungen/Bedürfnisbefriedigung* erbringen, werden sie von den Individuen akzeptiert/reproduziert und können so u.U. massenwirksam werden (Zu diesem Abschnitt vgl. H.-OSTERKAMP 1982a, 1983a).

Subjektive Begründetheit/Funktionalität restriktiver Handlungsfähigkeit um den Preis der Realitätsausklammerung: ›Selbstfeindschaft‹ und die Genese des ›Unbewußten‹

Wenn man die Prämissen und Begründungszusammenhänge der Gewinnung/Sicherung ›restriktiver Handlungsfähigkeit‹ bei Anerkennung bestehender Machtverhältnisse schärfer auf die darin liegende ›Dynamik‹ hin analysiert, so stößt man auf den *Kernwiderspruch* jeder subjektiven Lebensproblematik innerhalb der bürgerlichen Klassenrealität und findet so die kategorialen Voraussetzungen für eine adäquate theoretisch-aktualempirische Erfassung von all dem, was hier heute als ›psychische Schwierigkeiten‹, ›Störungen‹, ›Neurosen‹ etc. verhandelt wird, vor allem aber für die vorgeordnete Durchdringung der Erscheinungsebene der jeweils eigenen Daseinsproblematik in Richtung auf bewußte ›menschliche‹ Lebensführung. Dieser fundamentale Widerspruch gründet sich in dem früher (etwa S. 354) herausgehobenen Charakter der ›doppelten Möglichkeitsbeziehung‹ menschlicher Handlungsfähigkeit, dem gemäß *die Verfügung über bestehende Handlungsmöglichkeiten* selbst wieder von dem *Grad der Verfügung über die Möglichkeitsbedingungen der Handlungen* abhängt, da nur so die *Handlungsfähigkeit ›unter‹ Bedingungen* nicht *durch die Unverfügbarkeit der Bedingungen wieder eingeschränkt, letztlich zurückgenommen* ist: Die Gewinnung/Sicherung restriktiver Handlungsfähigkeit ›unter‹ den bestehenden Machtverhältnissen durch Arrangement mit den Herrschenden als Versuch, Handlungsfähigkeit unter Verzicht auf die Verfügung über deren Bedingungen zu erreichen, enthält damit *notwendig stets auch ihr Gegenteil*, das Sich-Ausliefern an unbeeinflußbare Manifestationen gegebener Unterdrückungsverhältnisse, quasi an die ›Willkür‹ der Herrschenden, damit *permanente Gefährdung des Handlungs- und Verfügungsrahmens*, den man durch den Verzicht auf die Bedingungsverfügung und das Arrangement mit den Herrschenden doch *gerade absichern* will. Mehr noch: Indem man hier, wie dargelegt, einerseits im Arrangement mit den Herrschenden *zur Durchsetzung der eigenen Partialinteressen* an deren Macht partizipieren, damit sich selbst *an der Unterdrückung aktiv beteiligen* muß, *stärkt* man andererseits *gerade jene Mächte und Kräfte*, denen man *im Verzicht auf die Verfügung über die Möglichkeitsbedingungen des Handelns ausgeliefert* ist. Dies heißt, daß (mit den Worten UTE H.-OSTERKAMPS) »... jeder, der sich innerhalb der gegebenen Abhängigkeitsverhältnisse einzurichten versucht, nicht nur Opfer, sondern auch Komplize der Machthabenden und damit sich selbst zum Feinde wird« (1979b, S. 166).

Die im Streben nach Gewinnung/Absicherung restriktiver Handlungsfähigkeit liegende Zersetzung der intersubjektiven Verfügung über allgemeine Lebensbedingungen in Richtung auf Kontrolle über andere Menschen verdeutlicht sich unter diesem Gesichtspunkt als das objektive Dilemma, daß ich hier, indem ich durch die Macht über den anderen aktuell und kurzfristig meine Handlungsfähigkeit erweitere, damit identisch *meine eigene Basis wirklicher langfristiger Handlungsfähigkeit immer mehr verringere*: Meine Instrumentalisierung des anderen impliziert notwendig, daß auch der andere mich instrumentalisiert. Indem ich ihn von mir isoliere, isoliert er mich von sich. Damit bin ich, im Versuch, mich durch die Kontrolle anderer abzusichern, immer mehr auf mich selbst zurückgeworfen, also immer ohnmächtiger den von mir unverfügbaren Lebensbedingungen ausgeliefert. Diese Verringerung meiner Verfügungsbasis ist eine *reale Konsequenz* des Verzichts auf die Möglichkeit gemeinsamer Bedingungsverfügung angesichts einer konkreten Einschränkung/Bedrohung meiner Handlungsfähigkeit. Dies heißt, daß ich durch die *Realisierung der Alternative der Gewinnung/Sicherung restriktiver Handlungsfähigkeit* zwingend meinen *Möglichkeitsraum*, bei künftiger Bedrohung der Handlungsfähigkeit *durch unmittelbare Kooperation meine Bedingungsverfügung zu erweitern, einenge*. Der *Versuch der Fremdkontrolle* produziert hier also selbst *permanent sein Gegenteil, die Verringerung der ›zweiten Möglichkeit‹ der Bedingungsverfügung, damit der Absicherung auch der Handlungsmöglichkeiten im jeweils gegebenen Rahmen* (vgl. dazu auch H.-OSTERKAMP 1983b).

Der in ›Selbstfeindschaft‹ kumulierende Widerspruch des Strebens nach restriktiver Handlungsfähigkeit ist in letzter Instanz die *Widersprüchlichkeit der subjektiven Begründetheit/Funktionalität* des darin unternommenen Versuchs, die gegenwärtige Bedrohung der Handlungsfähigkeit zu überwinden. Indem hier nämlich die subjektive Bedrohung/Einschränkung der Handlungsfähigkeit unter Umgehung des Risikos der Existenzgefährdung durch die herrschenden Instanzen beim Versuch meiner Verfügungserweiterung, d.h. bei Anerkennung von *deren* Verfügung über die umgreifenden Bedingungen *meiner* Handlungsmöglichkeiten, reduziert werden soll, kann meine Bedrohung bestenfalls nur immer *kurzfristig zurückgedrängt und neutralisiert*, aber *nicht wirklich aufgehoben* werden. Im Gegenteil: Indem ich hier meine ›Kontrolle‹ über andere nur in Partizipation an der Macht der Herrschenden ausüben kann, und damit *letztlich an meiner eigenen Unterdrückung durch die Herrschenden* partizipiere, bleibt nicht nur durch Verzicht auf die unmittelbar-kooperative Verfügung über die Bedingungen der Handlungsfähigkeit *deren Bedrohung (wenn auch vermittelt) erhalten*: Darüberhinaus wirke ich in jedem Versuch, durch Fremdkontrolle meine restriktive Handlungsfähigkeit zu erweitern bzw. zu sichern, *selbst an der Perpetuierung der Umstände, durch welche diese bedroht ist, mit*. In der subjektiven Befindlichkeit restriktiver Handlungsfähigkeit wird also aus der akuten Bedrohung eine *›chronische‹ Bedrohtheitsfixierung*, indem hier die *eigene Existenzbedrohung* (wenn auch in mystifizierten Erscheinungsformen, s.u.) zur *unhintergehbaren Hintergrundsthematik* meiner Befindlichkeit wird und *all meine Erfahrungen und Lebensmöglichkeiten ›einfärbt‹ und durchsetzt*.

Eine *Verbesserung der eigenen Lebensqualität*, die im *Arrangement und in Komplizenschaft mit den herrschenden Instanzen* (bzw. mit deren vielfältigen Repräsentationen in der Lebenslage etc. des Individuums) erreicht werden soll, *hebt sich* also *notwendig quasi selbst auf*. So ist die Daseinserfüllung/Bedürfnisbefriedigung, die man in dem durch das Arrangement oder ›Stillhalteabkommen‹ mit den Herrschenden scheinbar geschaffenen Freiraum zu erreichen sucht, permanent gefährdet durch die Angst, die die unmittelbare sinnliche ›Freude am Leben‹ zersetzt. Die Teilhabe an den historisch kumulierten menschlichen Möglichkeiten der Daseinserfüllung ist gebrochen durch den Verwertungsstandpunkt des Kapitals, den man im Verzicht auf die unmittelbar-kooperative Erweiterung der Verfügung über allgemeine Handlungsmöglichkeiten letztlich als eigenen Standpunkt übernommen hat. Mitmenschliche Gemeinsamkeit, Freundschaft, ist so untergründig durch die Konkurrenz ›jeder gegen jeden‹ wieder zurückgenommen. Selbst sexuelle Beziehungen als elementarste Weise vitaler Beglückung sind zersetzt durch die wechselseitige Instrumentalisierung der Partner, durch welche die sexuelle Bedürftigkeit zur Ausübung von Kontrolle übereinander mißbraucht, und damit die gesellschaftliche Unterdrückung sexueller Regungen als elementarer Gefährdung der Unterwerfung des Einzelnen unter herrschende Interessen bis in die intimsten Bereiche menschlicher Nähe und Aufgehobenheit verlängert wird (vgl. dazu die Herausarbeitung der vielfältigen Erscheinungsformen des Mißbrauchs der Sexualität zur ›Beherrschung‹ des anderen, damit Zersetzung wechselseitiger sexueller Beglückung, im Kap. 5.6 von M II, S. 367 ff). Die in der *Komplizenschaft mit den Herrschenden* liegende ›*Selbstfeindschaft*‹ des Sich-Abfindens mit restriktiver Handlungsfähigkeit findet also ihren *gravierendsten Ausdruck in der durch das eigene Handeln mitbedingten Reduzierung und Zersetzung ›meiner‹ elementaren Lebensqualität.*

Im Konzept der ›Selbstfeindschaft‹ ist schon mitgedacht, daß beim Streben nach restriktiver Handlungsfähigkeit der Umstand, daß man dabei im Versuch, aus dem Arrangement mit den Herrschenden subjektive Vorteile zu erlangen, gleichzeitig selbst an der eigenen Unterdrückung, damit Verschlechterung seiner Lebensqualität, aktiv mitwirkt, *dem Individuum nicht ›bewußt‹ sein kann:* Handlungen, durch welche man *bewußt* seine eigenen Lebensinteressen verletzt, sind ja – wie wir früher als einziges materiales Apriori der Individualwissenschaft herausgehoben haben (vgl. S. 350) – in sich ein Unding. Der Versuch, das Streben nach restriktiver Handlungsfähigkeit in verallgemeinerter Weise, also vor sich und vor anderen, als ›begründet‹, d.h. subjektiv funktional auszuweisen, impliziert also notwendig die ›*Verdrängung*‹, *Leugnung, Dissoziation, Mystifizierung* aller Aspekte meiner situationalen und personalen Realität, aus denen für mich hervorgehen würde, daß *ich selbst durch meinen eigenen Verzicht auf die Alternative unmittelbar-kooperativer Verfügungserweiterung* und die sich daraus ergebende *Partizipation an meiner Unterdrückung* die in der Befindlichkeit restriktiver Handlungsfähigkeit gegebenen *Beeinträchtigungen der subjektiven Lebensqualität, Gebrochenheiten, Ängste, Leiden, sozialen Isolationserfahrungen etc. mit zu ›verantworten‹ habe.* Dies kann etwa schon dadurch geschehen, daß die Beeinträchtigungen meiner Befindlichkeit durch die permanente Bedrohtheitssituation selbst verleugnet werden, weiterhin durch ›Maßstabsverschiebungen‹ der eigenen Befindlichkeitseinschätzung, durch ›Introjektion‹ gesellschaftlicher Behinderungen als eigene Unzulänglichkeiten, durch ›rationalisierende‹ Mechanismen des ›endlosen Aufschiebens‹ subjektiv notwendiger Verfügungserweiterungen etc. (vgl. dazu M

II, S. 288 ff). Von kategorialer Relevanz ist dabei insbesondere der Umstand, daß bei all solchen (nur einzeltheoretisch-aktualempirisch genauer aufzuklärenden) Varianten der Verdrängung und Realitätsabwehr in jedem Falle alle in den jeweiligen lage- und positionsspezifischen Bedeutungskonstellationen gegebenen Hinweise auf die *›zweite Möglichkeit‹* der unmittelbar-kooperativen Verfügungserweiterung als eigene Handlungsmöglichkeit *aus der subjektiven Erfahrung eliminiert* sein müssen. Dies impliziert die *subjektive Eliminierung der dargestellten Widersprüchlichkeiten der Bedeutungsverweisungen auf übergreifende politisch-ideologische Zusammenhänge* zugunsten der einseitigen Erfahrung der *›bürgerlichen‹ Naturalisierung der bestehenden Verhältnisse* (in welchen Vermittlungen auch immer) und damit *Übernahme der bürgerlich-ideologischen Identifizierung der allgemeinen/eigenen mit den herrschenden Interessen*. Somit muß auch die Tatsache, daß *andere* in den unterschiedlichsten Weisen informeller und formeller Zusammenschlüsse für die Durchsetzung allgemeiner Interessen an der Erweiterung von Handlungs- und Lebensmöglichkeiten kämpfen, also diesen aus restriktiver Handlungsfähigkeit erwachsenen Minderungen der subjektiven Daseinsqualität nicht unterliegen, *verleugnet, verdächtigt, weggedeutet* werden. Es *kann* und *darf*, wenn das Streben nach restriktiver Handlungsfähigkeit als subjektiv funktional begründbar sein soll, *keine Allgemeininteressen* und *intersubjektiven Beziehungen,* sondern nur *konkurrierende Partialinteressen* und *instrumentelle Beziehungen* geben.

Die damit umschriebene Realitätsverleugnung ist, da ein Moment der Herstellung der subjektiven Funktionalität restriktiver Handlungsfähigkeit, nicht ein für allemal bewältigt, sondern durch den real immer bestehenden subjektiven Möglichkeitsraum der Verfügungserweiterung und die damit verbundenen Erfahrungen *permanent in verschiedener Weise gefährdet und in Frage gestellt*, muß also *immer wieder durch ›Einarbeitung‹ der diskrepanten Erfahrungen* in den subjektiven Begründungszusammenhang restriktiver Handlungsfähigkeit *gegen das eigene ›bessere Wissen‹ durchgesetzt* werden. Dabei müssen in den dazu herausgebildeten ›Techniken‹ und ›Mechanismen‹ nicht nur die *Resultate* der Realitätsausklammerung, sondern auch *diese selbst* ›unbewußt‹ gemacht und gehalten werden, was beständige spezifische Wachsamkeit, mißtrauische Fremd- und Selbstkontrolle, die Unterdrückung ›gefährlicher‹, da die Selbstfeindschaft offenbarender Gedanken und Regungen bei einem selbst und anderen als ›Stil‹ der bedrohtheitsfixierten Befindlichkeit restriktiver Handlungsfähigkeit einschließt. Damit sind die früher (S. 332 ff) nur deskriptiv aufgewiesenen Diskrepanzen zwischen dem *phänomenalen und* dem *realen* Aspekt der situational-personalen Befindlichkeit, deren biographischer Dimension und zukunftsgerichteter Lebensperspektive, dabei Einschränkungen der *›Potentialität‹* bewußten menschlichen Handelns in Richtung auf die bloße *›Faktizität‹* von blind an mir oder durch mich hindurch ablaufenden ›*Vorgängen dritter Person*‹ nun ›*dynamisch*‹, d.h. mit Bezug auf ihre *subjektive Funktionalität* im Rahmen *restriktiver Handlungsfähigkeit* bzw. auf die zu deren Vorspiegelung notwendigen Formen *aktiver* Realitätsverleugnung etc. subjektiv/subjektwissenschaftlich zu analysieren. Dies schließt ein die Analysierbarkeit all jener Veränderungen der individuellen Funktionsgrundlage der Handlungsfähigkeit, somit des ›*Gedächtnisses*‹ als dem realen ›Träger‹ individualbiographischer Kontinuität und Widersprüchlichkeit, auf jene Züge hin, durch welche jeweils bestimmte Formen der geschilderten Realitätsverleugnung etc. zu (relativ) *überdauernden Modi der handelnden Welt- und Selbsterfahrung* werden, also quasi als ›*dynamisch unbewußte*‹ *Anteile der Persönlichkeit* sich etablieren (vgl. dazu M II, S. 292 ff).

Wir haben mithin im Ansatz an dem psycho-logisch unhintergehbaren Tatbestand, daß die in restriktiver Handlungsfähigkeit liegende *Selbstfeindschaft*, da niemand bewußt seine eigenen Interessen verletzen kann, als solche ›unbewußt‹ ist, hier die in materialistischer Dialektik gegründete *subjektwissenschaftliche Konzeption des* ›*Unbewußten*‹ ein Stück weit entfaltet. Damit wurde auch deutlich, daß eine derart hergeleitete kategoriale Bestimmung des Unbewußten eine *radikale Kritik* an all solchen Auffassungen einschließt, in welchen der *allgemein-menschliche Charakter des Unbewußten*, die *genuine Irrationalität* menschlichen Handelns und Denkens (meist in psychoanalytischer Tradition) gegen vorgeblich flach-rationalistische Vorstellungen des Marxismus zur Geltung gebracht werden sollen: Das ›Unbewußte‹ ist weder eine anthropologische Letztheit, noch ist es irrational. Es ist vielmehr das Implikat der *subjektiven Begründetheit und Funktionalität eines Handlungsrahmens, der sich der* ›*Rationalität*‹ *der Herrschenden, letztlich des Kapitals, unterwirft*, wobei gerade dadurch, daß das Individuum *in diesem Rahmen* ›*rational*‹ handelt, es *sich selbst zum Feinde* werden muß. Theorien, die auf die genuine Irrationalität des Menschen o.ä. rekurrieren, sind also *mitnichten besonders* ›*tief*‹, sondern in dem Sinne ›flach‹, daß sie die *Oberfläche der bürgerlichen Gesellschaft in ihrem Denken blind reproduzieren*. Wenn man nämlich den Umstand, daß ein Individuum sich *unter kapitalistischen Herrschaftsverhältnissen* nur *handlungs- und lebensfähig* halten kann, indem es die *Komplizenschaft mit den Herrschenden*, in die es sich *hineingezwungen* sieht, damit die *Beteiligung an seiner eigenen Unterdrückung*, ›*aus dem Bewußtsein verdrängt*‹, als ›irrationalen‹ Grund des menschlichen Seins o.ä. überhaupt verkehrt, so ist dies *nichts weiter* als eine ›*wissenschaftliche*‹ Stilisierung der geschilderten bürgerlich-ideologischen *Identifizierung der herrschenden Interessen mit den Allgemeininteressen* (vgl. dazu H.-OSTERKAMP 1980b, c).

Die damit herausgehobenen kategorialen Bestimmungen des ›Unbewußten‹ sind in dem Sinne allgemein, daß hier der Widerspruch zwischen dem Versuch der risikolosen Sicherung der Handlungsfähigkeit im bestehenden Verfügungsrahmen und der mit diesem Verzicht auf die Möglichkeit der Beteiligung an gemeinsamer Verfügungserweiterung von mir mitzuverantwortenden Minderung meiner ›menschlichen‹ Lebensqualität als prinzipielle Entstehungsvoraussetzung des ›Unbewußten‹ sich verdeutlichte: Die hierin liegende Selbstschädigung muß, wenn das Akzeptieren solcher Handlungsrestriktionen als subjektiv funktional/begründet erscheinen soll, aus dem Bewußtsein ›verdrängt‹ werden, o.ä. Die spezielle Form der ›Selbstfeindschaft‹, an der dies exemplifiziert wurde, die um des eigenen Vorteils willen eingegangene Komplizenschaft mit den im Kapitalverhältnis liegenden bzw. aus diesem sich ableitenden Instanzen der eigenen Einschränkung/Bedrohung, ist aber selbstverständlich nicht auf andere Gesellschaftsformationen verallgemeinerbar.

So sind etwa zur Analyse möglicher Entstehungsbedingungen des ›Unbewußten‹ in den sozialistischen Gesellschaften (mit ihrer systembedingten Konvergenz zwischen allgemeinen und individuellen Interessen) andere lage- und positionsspezifische Bedeutungszusammenhänge herauszuarbeiten, durch welche für die Individuen der Verzicht auf die Möglichkeit gemeinsamer Verfügungserweiterung um risikolos-unmittelbarer Vorteile willen gleichzeitig die Selbstschädigung der eigenen Lebensqualität impliziert, was zur Aufrechterhaltung der ›restriktiven Handlungsfähigkeit‹ verdrängt, verleugnet, ›wegargumentiert‹ etc. werden muß. Zu denken wäre dabei z.B. an verschiedene Formen des ›individuellen Opportunismus‹, in welchem die Individuen einerseits angesichts der besonders in der gegenwärtigen Aufbauphase der sozialistischen Gesellschaften unter permanenter Gefährdung durch den Imperialismus erforderten Anstrengungen und Risiken sich in ihr ›Privatleben‹ einfrieden und hier die Möglichkeiten der sozialistischen Lebensbedingungen ›geschickt‹ für sich ausnutzen, aber andererseits die Funktionalität dieser Handlungsrestriktionen nur dadurch subjektiv etablieren können, daß die in der hier vollzogenen Selbstausschließung aus dem gesamtgesellschaftlichen Verfügungsprozeß liegende Kleinlichkeit des eigenen Daseins mit dem der selbstgewählten ›privaten‹ Ohnmacht entspringenden Ressentiment gegen die führenden gesellschaftlichen Kräfte ›verdrängt‹ wird, und so mannigfache Erscheinungsformen der Distanzierung, Selbstrechtfertigung, des pseudosubversiv-instrumentalisierenden Einverständnisses unter ›Gleichgesinnten‹ etc. hervorgebracht werden. Dabei mögen die bürgerlichen Ideologeme, in welchen die Ohnmacht der Isolation von gesamtgesellschaftlicher Verantwortung als individuelle Freiheit mystifiziert ist, der Etablierung eines ›kritischen‹ Verhältnisses zur sozialistischen Lebensrealität und so der Absicherung der geschilderten ›Verdrängungsleistungen‹ dienstbar gemacht werden. – Derartige Hinweise müßten natürlich in einzeltheoretisch-aktualempirischer Konkretisierung der hier aufgewiesenen kategorialen Bestimmungen des ›Unbewußten‹ überprüft und ausgeführt werden – was indessen nur ›von innen‹, von der subjektiv/subjektwissenschaftlichen Lage/Position des Lebens und Kämpfens im Sozialismus aus, sinnvoll möglich ist.

Die Denkweisen verallgemeinerter bzw. restriktiver Handlungsfähigkeit: Begreifen vs. Deuten

Die kategorialen Differenzierungen zur Aufschließung der verschiedenartigen und widersprüchlichen Erscheinungsformen subjektiver Befindlichkeit/Handlungsfähigkeit unter historisch bestimmten lage- und positionsspezifischen Lebensbedingungen, die wir bisher auf den ›Vermittlungsebenen‹ der Bedeutungen/Denkformen und der ›subjektiven Handlungsgründe‹ herausgearbeitet haben, sind nun – gemäß den früher benannten Niveaus der kategorialen Aufschlüsselung der gesamtgesellschaftlichen Vermitteltheit individueller Existenz (vgl. S. 356) – in ihren Konsequenzen für die Erfassung der *psychischen Funktionsaspekte* der *Handlungsfähigkeit*, der *individuellen Erkenntnis/Wertungs/Motivationsprozesse*, zu analysieren. Dabei ist insbesondere zu fragen, welche weiteren (der theoretisch-aktualempirischen Bezugsebene noch vorhergehenden) kategorialen Konkretisierungen aus dem Umstand explizierbar sind, daß wir aufgrund unserer einschlägigen Analysen auf dem Vermittlungsniveau der ›subjektiven Handlungsgründe‹ die individuellen Erkenntnis-/Wertungs-/Motivationsprozesse nunmehr *differenzierend als Funktionsaspekte der Gerichtetheit auf Verfügungserweiterung in verallgemeinerter Handlungsfähigkeit bzw. der Gerichtetheit auf die Gewinnung/Sicherung ›restriktiver Handlungsfähigkeit‹* betrachten können. – Diese Frage soll wiederum zunächst im Hinblick auf das ›Denken‹ als zentrale Weise individuellen Erkenntisgewinns geklärt und von da her auf die weiteren psychischen Funktionsaspekte der Emotionalität und der Motivation bezogen werden.

Die Heraushebung der kategorialen Vermittlungsebene der ›subjektiven Handlungsgründe‹ wurde, wie erinnerlich, für uns notwendig aufgrund des Aufweises des ›*problematischen*‹ Verhältnisses des handelnden Individuums zu den gesellschaftlichen Bedeutungen bei gesamtgesellschaftlicher Vermitteltheit seiner Existenz: Aus dem Umstand, daß die Individuen in ihrer ›problematischen‹ Möglichkeitsbeziehung zu den Bedeutungen die ›Freiheit‹ des So-und-auch-anders-Könnens haben, entstand für uns quasi eine kategorialanalytische ›Erklärungslücke‹, die wir durch Explikation der Bestimmung geschlossen haben, daß die individuellen Handlungen zwar ›frei‹, aber dennoch notwendig subjektiv begründet/funktional sind. Dabei hatten wir, konkretisiert auf den *Funktionsaspekt des Denkens*, das genannte ›problematische‹ Verhältnis so konkretisiert, daß hier die individuellen Denkweisen sich nicht mehr einfach als personale Realisierung des gesellschaftlichen Handlungszusammenhangs und seiner Repräsentanz in den Denkformen betrachten lassen, da die Individuen die gesellschaftlichen Denkformen nunmehr auch *partiell, verkürzt, mystifiziert etc. aneignen* können, ohne daß dies ihre unmittelbare Existenzgefährdung einschließt (vgl. S. 317). Daraus wurde die Forderung speziell subjektwissenschaftlicher Kategorialbestimmungen der Weisen und Formen personalen ›Denkens‹ gesellschaftlicher Zusammenhänge in ihrer Beziehung zur eigenen Existenz abgeleitet (S. 317). Nachdem solche subjektwissenschaftlichen Bestimmungen von uns zunächst auf der allgemeineren Vermittlungsebene der ›subjektiven Handlungsgründe‹, kulminierend in der Darlegung der Begründungszusammenhänge verallgemeinerter vs. restriktiver Handlungsfähigkeit, aufgewiesen wurden, können wir nunmehr in Spezifizierung dieser Bestimmungen auf das ›funktionale‹ Analyseniveau des Denkens die dort aufgestellte Forderung zu erfüllen trachten.

Wie das Verhältnis zu den gesellschaftlichen Bedeutungen/Denkformen überhaupt, ist auch das Verhältnis der Individuen zu den früher ›bedeutungsanalytisch‹ herausgehobenen *lage- und positionsspezifischen Infrastrukturen* der Bedeutungen/Denkformen in ihrer historischen Bestimmtheit im geschilderten Sinne ›*problematisch*‹: Die Individuen ›verhalten‹ sich auch zu den von uns ausdifferenzierten Bedeutungs/Denkformaspekten ihrer Lebenslage/Position ›bewußt‹, d.h. sie *können* sie in ihren ›praktischen Begriffen‹ und deren symbolischer Fassung personal aneignen, sie *müssen* dies aber nicht. *Welche* lage- und positionsspezifischen Bedeutungen/Denkformen die Individuen *in welcher Weise* personal aneignen, dies hängt von der *subjektiven Begründbarkeit/Funktionalität* solcher praktisch-symbolischen Begriffe, d.h. speziell ihrer subjektiven Begründbarkeit/Funktionalität im Rahmen von auf Verfügungserweiterung gerichteter *verallgemeinerter* Handlungsfähigkeit oder auf Sicherung im Rahmen des Bestehenden gerichteter *restriktiver* Handlungsfähigkeit ab. Demnach ist auch die früher benannte einzeltheoretisch-aktualempirische Erforschung der zur Realisierung der in den jeweils konkreten lage/positionsspezifischen Bedeutungen/Denkformen erforderten ›kognitiven‹ Kompetenzen, Fähigkeiten etc. der Individuen – wie sich aus unseren kategorialen Vorklärungen ergibt – nur *unter der Fragestellung der subjektiven Funktionalität* solcher Kompetenzen und Fähigkeiten sinnvoll. Insbesondere dürfen derartige Kompetenzen/Fähigkeiten niemals unabhängig von der Frage erforscht werden, ob ihre personale Aneignung/Umsetzung im Begründungsrahmen *verallgemeinerter* oder *restriktiver* Handlungsfähigkeit *subjektiv funktional* ist.

In Annäherung an das Problem, wie die (den kognitiven Einzelkompetenzen übergeordneten und diese bestimmenden) *globalen Denkweisen verallgemeinerter bzw. restringierter Handlungsfähigkeit* kategorial zu charakterisieren und zu differenzieren sind, machen wir uns zunächst klar: Die Eigenart und der Unterschied solcher Denkweisen müssen in einer *prinzipiell unterschiedlichen gedanklichen Reproduktion des geschilderten gesamtgesellschaftlichen Handlungszusammenhangs* und seiner Repräsentanz in den Formen des Zusammenhangs zwischen gesellschaftlicher Naturaneignung (Kausalverhältnis), Verallgemeinertem-Gemachtsein-Zu, verallgemeinertem Produzenten und verallgemeinertem Nutzer liegen. Sie dürfen also nicht in der kognitiven Aneignung/Umsetzung der ›nutzerzentrierten‹ Denkformen der Lebenslage/Praxis bzw. ›produzentenzentrierten‹ Denkformen der Positionsrealisierung als solchen gesucht werden, sondern können nur auf *Unterschieden der Aneignung/Umsetzung der in den lage-/positionsspezifischen Bedeutungen liegenden Verweisungen auf den politisch-ideologischen Gesamtzusammenhang* (wie wir sie dargestellt haben) beruhen: Dies ergibt sich daraus, daß in der *verallgemeinerten Handlungsfähigkeit* als Verfügung über die gesellschaftlichen Bedingungen der allgemeinen/individuellen Handlungsmöglichkeiten der Bereich der personalen Lebenspraxis mit ihrem ›Spezialfall‹ der Positionsrealisierung *in Richtung auf die Bestimmung des übergreifenden gesellschaftlichen Prozesses tendenziell überschritten* ist: in *restriktiver Handlungsfähigkeit* dagegen die Möglichkeit bzw. subjektive Notwendigkeit einer solchen Überschreitung aber *gerade negiert*. Dieser fundamentale Unterschied der ›praktischen‹ Bezogenheit auf das gesellschaftliche Ganze muß sich mithin auch in den *wesentlichen Differenzen und Widersprüchen zwischen dem personalen ›Denken‹ der verallgemeinerten bzw. restriktiven Handlungsfähigkeit* niederschlagen.

Um dies schrittweise zu konkretisieren, stellen wir uns wiederum auf den Standpunkt des Subjekts als ›je meinen‹ Standpunkt in meiner unmittelbaren Lebenslage/Lebenspraxis im Reproduktionsbereich und explizieren zunächst als ›Folie‹ für die Analyse der kognitiven Alternativen bei *Einschränkung/Bedrohung* der Handlungsfähigkeit die globalen kognitiven Implikationen der *Handlungsfähigkeit* bei gesamtgesellschaftlicher Vermitteltheit individueller Existenz: Hier ist einerseits die durch die Aneignung der entsprechenden Aspekte gesellschaftlicher Denkformen erreichte personale Herausbildung solcher praktisch-symbolischer Begriffe anzunehmen, durch welche das Individuum die in seinem unmittelbaren Lebensvollzug gegebenen Möglichkeiten der Daseinserfüllung/Bedürfnisbefriedigung erkennen kann. Dies schließt aber andererseits notwendig ein die Aneignung jener in den Denkformen beschlossenen Verallgemeinerungen/Abstraktionen/Vereindeutigungen, durch welche das Individuum den gesamten gesellschaftlichen Handlungszusammenhang gedanklich zu reproduzieren und sich selbst so (in der früher, S. 290 dargestellten Weise) als ›Fall von‹ verallgemeinertem Produzenten/Nutzer, dabei generell als verallgemeinerten ›Anderen für andere‹ zu erkennen vermag: Nur so kann es ja im einzelnen jene gesamtgesellschaftlichen Bedingungen kognitiv erfassen, unter denen seine Beteiligung an der Verfügung über die allgemeinen/eigenen Lebensumstände als notwendigem Implikat der ›menschlichen‹ Qualität seiner Daseinserfüllung/Bedürfnisbefriedigung vorausgesetzt werden kann, und so seine Zentrierung darauf subjektiv begründet ist. Denken in Realisierung der Handlungsfähigkeit ist also stets das ›*Denken*‹ der ›*doppelten Möglichkeit*‹ als Möglichkeit der Daseinserfüllung unter gegebenen Bedingungen und als dabei vorausgesetzte Möglichkeit der Verfügung über die Bedingungen der Daseinserfüllung selbst (wobei die für dieses ›*Möglichkeitsdenken*‹ anzunehmenden Formen praktisch-symbolischer Begrifflichkeit und die Weise von deren individueller Anerkennung einzeltheoretisch-aktualempirisch aufzuklären sind). – Welche *kategorialen Differenzierungen* sind nun aber erforderlich, wenn es gemäß unserer gegenwärtigen Fragestellung darum geht, das ›*Denken*‹ der *Überwindung von Einschränkungen/Bedrohungen der Handlungsfähigkeit* mit der Alternative des ›*Denkens*‹ in Richtung auf restriktive oder verallgemeinerte Handlungsfähigkeit aufzuschlüsseln?

Wenn wir nun unter diesem Gesichtspunkt zunächst das ›*Denken*‹ der versuchten Bedrohungsüberwindung in ›*restriktiver Handlungsfähigkeit*‹ analysieren wollen, so ist dabei für uns aufgrund früherer Darlegungen klar: Da, soweit ›restriktive Handlungsfähigkeit‹ subjektiv funktional sein soll, dabei die Selbstschädigung durch Verzicht auf die Möglichkeit der Verfügungserweiterung ›unbewußt‹ gehalten werden muß, ist das ›Denken‹ restriktiver Handlungsfähigkeit generell als ein *um die Erkenntnis der ›doppelten Möglichkeit‹ verkürztes Denken* zu charakterisieren. Da die Nutzung von Handlungsmöglichkeiten ›unter‹ Bedingungen wieder von der Möglichkeit der Verfügung über die Bedingungen selbst abhängig ist, bedeutet dies generell eine *Reduzierung der ›menschlichen‹ Möglichkeitsdimension des Denkens*. Im ›Denken‹ restriktiver Handlungsfähigkeit wäre demnach in dem früher dargelegten Verhältnis Potentialität/Faktizität die kognitive Erfassung von ›*Faktizitäten*‹ gegenüber der kognitiven Erfassung von ›*Potentialitäten*‹ das bestimmende Moment: Möglichkeiten, wo sie erkannt werden, erscheinen in einem solchen ›Faktizitäts‹-Denken immer nur als *Möglichkeiten unter ›faktischen‹, unverfügbaren Bedingungen*, also der blinden Faktizität, durch welche sie eliminiert werden können, untergeordnet. Es wäre demnach hier zu fragen, wie eine globale ›Denkweise‹ beschaffen sein kann, in welcher die ›*zweite Möglichkeit*‹ der Teilhabe an gesellschaftlicher Bedingungsverfügung schon durch die *Struktur des Denkens selbst* unerkennbar ist, mithin eine Denkweise, die die Bewußtlosigkeit über die mit dem Verzicht auf kollektive Verfügungserweiterung verbundene Selbstfeindschaft bereits durch ihre ›*formalen*‹ *Charakteristika* reproduziert, also den erwähnten individuellen Abwehrprozessen vorgeordnet ist und für diese die *allgemeine kognitive Struktur* darstellt. Dies schließt ein die Akzentuierung jener früher herausgehobenen Aspekte *lage-/positionsspezifischer Denkformen*, durch welche in den Bedeutungsverweisungen auf das gesellschaftliche Ganze mit der bürgerlich-ideologischen Identifizierung der Allgemeininteressen und der Kapitalinteressen die *Lebensbedingungen der bürgerlichen Gesellschaft als ›menschliche‹ Lebensbedin-

gungen überhaupt naturalisiert und mystifiziert sind, deren blinde Reproduktion im individuellen Denken also zu eben der hier zu diskutierenden globalen Denkweise restriktiver Handlungsfähigkeit führen muß.

Da meine unmittelbare Lebenslage/Lebenspraxis im gesellschaftlichen Reproduktionsbereich der unhintergehbare Ausgangspunkt meiner individuellen Lebenstätigkeit ist, müssen sich auch jene *Einschränkungen/Bedrohungen* meiner Handlungsfähigkeit, durch welche ich aktuell vor die Alternative der Bedrohungsüberwindung durch restriktive oder verallgemeinerte Handlungsfähigkeiten gestellt bin, *zuvörderst in Widersprüchen, Abhängigkeiten, Unterdrückungsverhältnissen innerhalb meiner unmittelbaren Lebenslage/-praxis* finden. Dabei ist – aufgrund der Isolation des Reproduktionsbereichs vom Produktionsbereich, der hier bestehenden ›Privatbeziehungen‹ und der Mystifizierungen des gesellschaftlichen Gesamtzusammenhangs ›in‹ den bürgerlichen Formen – derartigen Widersprüchen, Abhängigkeiten, Unterdrückungsverhältnissen ihr (wie immer vermittelter) Ursprung in den zentralen Antagonismen und Herrschaftsverhältnissen der kapitalistischen Produktionsweise *nicht auf die Stirn geschrieben.* Es gibt mithin für mich angesichts solcher Widersprüche und Abhängigkeiten immer quasi zwei Möglichkeiten: Entweder diese Widersprüche etc. sind *tatsächlich,* wie es ›aussieht‹, lediglich *solche innerhalb des Reproduktionsbereichs* und meiner hier bestehenden personalen Handlungsmöglichkeiten, interaktiven Sozialbeziehungen etc.; in diesem Falle habe ich ›keinen Grund‹, Einfluß auf umfassendere gesellschaftliche Prozesse zu nehmen, sondern kann sinnvoll versuchen, die Widersprüche/Abhängigkeiten *innerhalb meiner unmittelbaren Lebenspraxis selbst* aufzuheben bzw. zu überwinden. Oder die Widersprüche/Abhängigkeiten sind nur der *Niederschlag übergreifender gesellschaftlicher Widersprüche/Unterdrückungsverhältnisse* innerhalb meiner unmittelbaren Lebenspraxis, also nicht in deren Rahmen, sondern objektiv nur durch die ›*zweite Möglichkeit*‹ der kooperativen Erweiterung der Verfügung über gesellschaftliche Prozesse überwindbar. Da nun, wie dargelegt, die ›zweite Möglichkeit‹ in der *Denkweise restriktiver Handlungsfähigkeit nicht abbildbar* sein kann, läßt sich diese Denkweise mithin in einem ersten Konkretisierungsschritt als eine solche charakterisieren, in welcher die in meiner Lebenslage/-praxis gegebenen Widersprüche/Abhängigkeiten *nur* so gedanklich reproduziert werden können, *als ob* sie auch in der *unmittelbaren Lebenslage/-praxis* innerhalb des Reproduktionsbereichs, hier bestehenden Lebens- und Beziehungsproblemen o.ä., ihren Ursprung haben und demgemäß auch *lediglich hier überwunden* werden können. Für das ›Denken‹ restriktiver Handlungsfähigkeit ›gibt‹ es demnach nichts anderes als *individuell bzw. interaktiv* entstandene und zu ›lösende‹ Widersprüche/Abhängigkeiten innerhalb der um ihre gesamtgesellschaftlichen Verweisungen ›verkürzten‹ Infrastrukturen der Lebenslage/Positionsrealisierung. Die in dieser

Denkweise zu vollziehenden kognitiven Strukturierungen und Prozesse können mithin nur in der *Analyse* der *Entstehung und Überwindung individueller ›Probleme‹*, der Bedingungen persönlichen ›Erfolges‹ oder ›Versagens‹, der *Genese und Überwindbarkeit interaktiver Beziehungen/Beziehungsstörungen* etc. innerhalb einer auf eine *unhinterfragbare ›zweite Natur‹* verkürzten gesellschaftlichen ›Umwelt‹ bestehen – womit man eine solche *person- und interaktionsreduzierte* Denkweise als ›*Deuten*‹ bezeichnen kann.

Die generelle kognitive Struktur des ›Deutens‹ läßt sich aus dem Umstand explizieren, daß hier durch Fixierung auf die unmittelbare Lebenslage/-praxis die *reale gesamtgesellschaftliche Vermitteltheit der Existenz des Individuums in seinem Denken eliminiert und negiert* ist. Das Individuum ›denkt‹ hier die gesellschaftlichen Bedeutungszusammenhänge, in denen es steht, so, *als ob* die Unmittelbarkeit seiner Lebenslage/praxis die ›*ganze* Wirklichkeit‹ wäre, bzw. ›denkt‹ das ihm jeweils nicht gegebene gesellschaftliche Ganze ›*nach dem Muster*‹ seiner unmittelbaren Lebensrealität und der darin gegebenen ›Probleme‹, Beziehungen etc. Damit wird das ›Denken‹ hier *um die Dimension des menschlichen Handelns* (wie wir es früher grundsätzlich charakterisiert haben) *reduziert*: Menschliche Aktivitäten sind hier so gedanklich abgebildet, *als ob* sie lediglich ›*Operationen*‹ als individuell geplante Aktivitätsregulationen seien; die ›Operationen‹, die real lediglich Untereinheiten des menschlichen Handelns darstellen (vgl. S. 269 ff), werden mit *menschlicher und menschenmöglicher Aktivität überhaupt gleichgesetzt*. Die Resultate je individueller Aktivitäten, die real nur Teilziele übergreifender gesellschaftlicher Ziel-Mittel-Konstellationen sind, sind so identifiziert mit menschlichen Aktivitätszielen überhaupt, die mithin so abgebildet sind, *als ob sie bloß individuelle Ziele seien* (vgl. S. 271). Indem hier im Denken das Handeln ›operativ‹ reduziert ist, gewinnt auch die denkende Realitätserfassung selbst *quasi ›operativen‹* Charakter. Die ›*perzeptive*‹ Ebene der *Wahrnehmung*, die real unselbständiges Teilmoment der sinnlichen Erfassung von gegenständlichen Bedeutungen beim ›Denken‹ von Handlungszusammenhängen ist (vgl. S. 301 f), muß sich so im ›*deutenden*‹ *Erkenntnisprozeß quasi verselbständigen*. Durch die Tendenz zur Verkürzung der gesellschaftlichen Realität auf das *mir unmittelbar Gegebene* und das damit verbundene Hervortreten des sinnlich-stofflichen Aspekts der Wirklichkeit müssen so die früher (etwa S. 255 f) charakterisierten unspezifischen Mechanismen *optimaler Ausnutzung sensorischer Information* auf der Funktionsebene der Diskrimination/Gliederung: *Übergeneralisierungen, Überverdeutlichungen, Kontrastierungen, Übervereinfachungen, Komplettierungen* etc., auch in der *denkenden Realitätsverarbeitung immer wieder durchschlagen*: Im ›deutenden‹ Denken verliert durch dessen Verhaftetsein im ›Unmittelbaren‹ das Individuum quasi immer wieder die *gnostische Distanz*, von der aus der *Stellenwert* der *sinnlichen* Information und der darin involvierten Organisationsprinzipien des ›Sichtbaren‹ im *gesamten* Erkenntnisprozeß *relativiert und eingeordnet* werden könnte; das ›Denken‹ ist damit unfähig, den *sinnlichen Evidenzen und in ihnen liegenden Strukturierungsprinzipien quasi ›Widerstand zu leisten‹*; insoweit kann das Deuten als ›*anschauliches Denken*‹ charakterisiert werden (vgl. dazu SE, S. 336ff).

Unter Berücksichtigung des ›Durchschlagens‹ der Mechanismen optimaler Ausnutzung sensorischer Information im Denken läßt sich das deutende ›Denken‹ des gesellschaftlichen Ganzen nach dem Muster der unmittelbaren Lebensrealität nun so spezifizieren: Bei der optimalen Ausnutzung sinnlicher Information sind die Strukturen, Zusammenhänge, Bedeutungskonstellationen, wie ich sie jeweils *unmittelbar erfahre*, für mich im Prinzip ›*das Ganze*‹. Es kann so für mich keine verschieden ›flachen‹ oder ›tiefen‹ Weisen der Wirklichkeitsaneignung, also auch *keinen Unterschied* zwischen der ›*erscheinenden Oberfläche*‹ und der darin nur jeweils verkürzt, ›verkehrt‹ etc. liegenden *übergreifenden, ›wesentlichen‹ Zusammenhänge* geben: Die ›Erscheinung‹ ist hier mithin nicht nur eine ›Seite‹ des ›Wesens‹, die Erscheinung *ist* das ›Wesen‹, d.h. die *Unterscheidung zwischen ›Erscheinung‹ und ›Wesen‹* macht für das Deuten *als solche keinen Sinn*, womit die geschilderten objektiven Scheinhaftigkeiten und Mystifizierungen bürgerlicher Lebensverhältnisse hier *für bare Münze* genommen sind. Entsprechend ist hier auch das jeweils ›*Nichtgewußte*‹ nur gemäß der *Struktur des ›Gewußten‹* zu denken: Es kann dabei zwar immer Weiteres und Anderes, aber *niemals qualitativ Neues* für mich zutagetreten. Die *Geschichte* bringt mithin in dieser Denkweise nichts hervor, sondern ist nur ein von dieser aus strukturierter ›Vorläufer‹ der Gegenwart, und die *Zukunft* kann keine neuen Entwicklungen und Qualitätsstufen erbringen, sondern erscheint lediglich als eine *Extrapolation*, quasi ›*Reihenbildung*‹ *der Struktur des ›Unmittelbaren‹ auf dem zeitlichen Kontinuum*. ›Deuten‹ ist also das *Gegenteil von ›Entwicklungsdenken‹*, sozusagen ›*statisches*‹ Denken, in dem sinnliche ›Momentaufnahmen‹ der Realität im Kopf ›verknüpft‹ erscheinen.

Aus dem Umstand, daß dabei die gesamtgesellschaftliche Vermitteltheit der individuellen Existenz strukturell ausgeklammert ist, folgt für das ›deutende‹ Denken zweierlei: Im ›Deuten‹ wird die gesellschaftliche Realität von einem ›*Standpunkt außerhalb*‹, der *personalen ›Unbetroffenheit‹*, gedanklich reproduziert. Durch Eliminierung der Tatsache, daß mein Denken nur eine personale Realisierungsweise gesellschaftlicher Denkformen ist, durch die hindurch sich einerseits die gesamtgesellschaftliche Vermitteltheit meiner Existenz in meinem Denken niederschlägt, zu denen ich mich aber andererseits bewußt ›verhalten‹ kann, gewinnt das deutende Denken so eine *fiktive Selbständigkeit und Selbstgenügsamkeit*, gemäß der es so scheint, als ob *Probleme, Widersprüche, Antagonismen* mir nur *als Individuum* ›zustoßen‹ und demgemäß auch nur in meinem *individuellen Denken existieren und* ›*gelöst*‹ *werden* können. Die Rede von gesellschaftlichen ›Realwidersprüchen‹, die sich im individuellen Denken blind reproduzieren, aber auch in der Erkenntnisdistanz bewußt ›auf den Begriff‹ gebracht werden können, ist *im Bezugsrahmen* ›*deutenden*‹ *Denkens sinnlos.*

Als ›Denken‹ vom ›Standort außerhalb‹ ist das Deuten aber gleichzeitig grundsätzlich ›*personalisierendes*‹ *Denken*: Da der Zusammenhang zwischen der Befindlichkeit/dem Handeln der Individuen und den gesamtgesellschaftlichen Verhältnissen, die sich in der Befindlichkeit/dem Handeln als individuelle Handlungsmöglichkeiten/-beschränkungen bei subjektiv ›funktionaler‹ Lebensbewältigung lage- und positionsspezifisch reflektieren, kognitiv ausgeklammert ist, bleibt hier nur der ›*kurze Weg*‹ der ›Deutung‹ personaler Handlungen/Befindlichkeiten ›*aus sich selbst*‹, d.h. der Wechselwirkung der Individuen mit der sachlichen Realität und untereinander, soweit und in der Weise, wie sie (füreinander) *unmittelbar sinnlich präsent* sind. Die ›Umwelt‹ ist dabei also nur in *Termini der unmittelbaren Einwirkung auf die Individuen, quasi in Begriffen ihrer direkten Reaktionen darauf*, reproduzierbar. Die Eigenart der Befindlichkeiten, Fähigkeiten der Individuen, die Beschaffenheit, Problematik, Widersprüchlichkeit ihrer Beziehungen untereinander ›erklären‹ sich somit für das ›Deuten‹ *kurzschlüssig personalisierend lediglich aus sich selbst.* Das Einzige, was zur Veränderung der Menschen und ihrer Beziehungen von diesen geändert werden muß, sind also in ›deutendem‹ Denken – die Menschen und ihre Beziehungen.

Da durch die Personalisierung im Denken die Menschen als nur aufeinander bezogen erscheinen, die Möglichkeit des gemeinsamen Bezuges auf allgemeine Ziele der Verfügung über die Lebensbedingungen somit ausgeklammert ist, sind hier interpersonale Bedingungen nicht ›intersubjektiv‹, sondern *lediglich als Instrumentalbeziehungen* ›*denkbar*‹; im Deuten sind mithin schon durch dessen kognitive Struktur für die Individuen *menschliche Beziehungen und Instrumentalbeziehungen gleichgesetzt*. Somit sind auch die in den Bedeutungskonstellationen der unmittelbaren Lebenslage/-praxis liegenden ›*Normen*‹ zur Regelung interpersonaler Beziehungen durch das ›Deuten‹ aus dem gesellschaftlichen Gesamtzusammenhang, durch welchen ihre verallgemeinerbaren Charakteristika, aber auch deren Funktionalität für die herrschenden Interessen bestimmt sind, isoliert. Die Normen erscheinen so kurzschlüssig aus *sich selbst heraus verbindlich: Man* tut dies..., weil man es tut, quasi als aus dem gesellschaftlichen Handlungszusammenhang isolierte Sicht ›mit den Augen‹ des ›verallgemeinerten Anderen‹. Damit sieht man sich einerseits selbst permanent an nicht hinterfragbaren, ›naturhaften‹ Maßstäben gemessen, andererseits werden die Normen aber auch zu Mitteln, um *andere* ›*von außen*‹ *daran zu messen*, wobei in der dem inhärenten *instrumentalisierenden Mißachtung der*

Lebensinteressen der anderen der *Druck der herrschenden Interessen blind an diese weitergegeben* wird.

Am ›Standpunkt außerhalb‹ und der ›Personalisierungstendenz‹ als Charakteristika des deutenden Denkens verdeutlicht sich, daß mit der Ausklammerung der Möglichkeit kooperativer Verfügungserweiterung und Erhöhung ›menschlicher‹ Lebensqualität in restriktiver Handlungsfähigkeit notwendig eine ›*Verinnerlichung*‹, quasi ›*Psychisierung*‹ gesellschaftlicher Widersprüche, Einschränkungen, Unterdrückungsverhältnisse verbunden ist. Indem ich gesellschaftliche Widersprüchlichkeiten, Mystifizierungen, Beschränkungen nicht als solche gedanklich reproduzieren kann, schlagen sie blind in meinem Denken als *bloß psychische* Widersprüche, Mystifizierungen, Beschränkungen der Personen und ihrer Beziehungen durch, womit das Denken selbst ›*in sich*‹ *widersprüchlich, mystifiziert und beschränkt* o.ä. wird. Der Versuch, Widersprüche, ›Unklarheiten‹ als *bloß im Denken liegend auch lediglich im Denken zu überwinden*, wird so zu einem immer neuen Agens der *Abkoppelung meines Denkens von der realen Gesellschaftlichkeit meiner Existenz*, also Befestigung und Bestätigung der psychischen Widersprüchlichkeiten, Mystifikationen, Beschränkungen etc.

Wenn hier von der ›operativ-perzeptiven‹ Reduzierung des kognitiven Wirklichkeitsbezuges beim Deuten, mit dem ›Durchschlagen‹ von Mechanismen optimaler sensorischer Informationsverarbeitung mit den Konsequenzen der Identifizierung des Gegebenen mit dem Ganzen, des ›Standpunkts außerhalb‹, der ›Personalisierungstendenz‹ etc., die Rede ist, so soll damit nicht gesagt sein, daß das Deuten tatsächlich mit den angesprochenen relativ unspezifischen Formen der kognitiven Realitätserfassung gleichgesetzt werden darf: Die Gerichtetheit auf restriktive Handlungsfähigkeit ist, wie dargestellt, Resultat der Wahl zwischen zwei Möglichkeiten, und damit prinzipiell auch im Verzicht auf ›Möglichkeiten‹ der spezifisch ›menschlichen‹ Ebene der gesellschaftlichen Möglichkeitsbeziehung zugehörig. Mithin muß sich das ›Deuten‹ als ›Denken‹ restriktiver Handlungsfähigkeit stets *aktiv gegen die ›Denkmöglichkeit‹ verallgemeinerter Handlungsfähigkeit durchsetzen*, die dem Individuum in den gesellschaftlichen Denkformen ja einerseits immer *prinzipiell gegeben* ist, aber andererseits durch die geschilderte *Realitätsausklammerung* immer wieder als ›*meine*‹ *Möglichkeit negiert* werden muß. Das ›*andere*‹, was im Deuten ausgeklammert ist, charakterisiert damit als dessen *ständige Infragestellung* das *Deuten selbst*, macht seine *Brüchigkeit und Widersprüchlichkeit* aus. Die ›Strukturierung‹ des Deutens von den genannten unspezifischen operativ-perzeptiven Formen aus ist also nicht ein in sich selbstgenügsamer Tatbestand, sondern eine ›dynamisch‹ begründete *Regression* auf der Grundlage der *subjektiven Funktionalität* des widerstandslosen Sich-Überlassens an die genannten unspezifischen sinnlichen Evidenzen und Gliederungsformen als kognitive Eliminierung der ›anderen Möglichkeit‹ für die Absicherung restriktiver Handlungsfähigkeit. Die unspezifische kognitive Ebene gibt hier sozusagen die Formen her, durch welche das ›deutende‹ Denken *trotz der damit vollzogenen Realitätsausklammerung eine geschlossene Struktur und ›innere‹ Stringenz* gewinnen kann.

Die geschilderte Verhaftetheit des Deutens in der ›Unmittelbarkeit‹, damit seine Strukturiertheit von sinnlichen Evidenzen und Informationsverarbeitungsformen her, schließt nicht aus, daß in seinem Rahmen das Individuum, etwa bei der Realisierung spezieller gnostischer Anforderungen der jeweiligen ›Position‹ im gesellschaftlichen Produktionsprozeß, *hochabstrakte, verallgemeinerte, formalisierte* Denkformen aneignen kann. Das ›Deuten‹ als globale Weise kognitiven Welt- und Selbstbezugs charakterisiert als solches *nicht* die (nur aktualempirisch im Einzelnen aufklärbaren) *kognitiven Kompetenzen* des Individuums, sondern nur den *generellen Zusammenhang*, in welchem sich diese entwickeln und in dem sie (für restriktive Handlungsfähigkeit) *subjektiv funktional* sind. Das heißt, daß die genannten speziellen kognitiven Anforderungen und in ihrer Aneignung gewonnenen Kompetenzen im Rahmen deutender Weltbegegnung immer nur als jeweils *›individuell‹ auftauchende und individuell zu bewältigende Probleme* innerhalb einer im Ganzen unbegriffenen, als ›naturhaft‹ gegeben und unveränderbar hingenommenen gesellschaftlichen ›Umwelt‹ erscheinen. Die gesamtgesellschaftlichen Ursprünge von kognitiven Anforderungen etwa in der Produktion und die gesamtgesellschaftlichen Konsequenzen ihrer Realisierung bleiben dem deutenden Denken also ›strukturell‹ verschlossen. Die damit zusammenhängenden Fragen und Widersprüche werden somit schon durch die kognitive Struktur des Denkens immer schon als *›umgebogen‹, individualisiert, bloß interaktionsbezogen, ›moralisch‹ dem Einzelnen anzulasten*, etc. aufgefaßt (vgl. dazu etwa die Ausführungen über ›problemlösendes Denken‹ in SE, S. 354 ff).

Der Umstand, daß von da aus der ›Gesamtzusammenhang‹ nicht rekonstruierbar ist, muß dabei allerdings den erwähnten spezialisiert ›abstrakten‹, ›allgemeinen‹, ›formalisierten‹ Denkformen/Kompetenzen selbst als deren *kognitive Beschränkung inhärent* sein. Es wäre mithin hier genauer herauszuarbeiten, in welcher Weise die früher dargelegten Vereindeutigungen/Abstraktionen/Verallgemeinerungen als Formen des ›Denkens‹ des gesellschaftlichen Handlungszusammenhangs (›Kausalverhältnis‹, ›Verallgemeinertes-Gemachtsein-Zum‹, ›verallgemeinerter Produzent‹, ›verallgemeinerter Nutzer‹) beim denkenden Vereindeutigen/Abstrahieren/Verallgemeinern im Rahmen *deutender* Weltbegegnung *selbst wieder verkürzt, verkehrt, ›entleert‹* sind. So müßte etwa aufgewiesen werden, auf welche Weise beim *Verallgemeinern/Abstrahieren* im ›Deutungsrahmen‹ die *konkrete* Allgemeinheit menschlicher Lebensgewinnungsprozesse, von der ich als ›Fall von...‹ in meiner Lebenstätigkeit in verschiedenen Hinsichten ›mitbetroffen‹ bin, verkürzt wird zu einer *abstrakten*

Verallgemeinerung vom ›Standpunkt außerhalb‹, bei welcher lediglich *Merkmale der unhinterfragbaren Erscheinungsebene zusammengefaßt*, ›axiomatisiert‹ o.ä. werden, womit die Realität selbst, da nicht nach verallgemeinerten menschlichen Zwecken produziert, sondern blind ›faktische‹ zweite Natur, als das unentrinnbare ›Besondere‹ und die Verallgemeinerungen als lediglich ›im Kopf‹ des Denkenden real erscheinen.

Dies schließt ein, daß Verallgemeinerungen hier, da sie immer nur quasi als dessen ›gedachte‹ Merkmalsverdünnungen auf das platt Faktische bezogen sind, nicht als *Möglichkeits*-Verallgemeinerungen auf jeweils *erst noch zu schaffende* Verhältnisse realer Allgemeinheit der Verfügung von Betroffenen über die Möglichkeitsbedingungen ihrer ›menschlichen‹ Daseinserfüllung zu fassen sind (s.u. Kap. 9). Bei ›*vereindeutigendem*‹ Denken im Prozeß der Naturaneignung müßte so im ›Deutungsrahmen‹ die Kausalität als Aktivitäts-Ursache-Wirkungs-Zusammenhang, wobei aufgrund praktisch verallgemeinernder gesellschaftlicher Aneignung der Natur durch den Menschen bestimmte ›Ursachen‹ als Randbedingungen für Naturprozesse *hergestellt* und *deswegen* die so entstehenden Wirkungen vereindeutigend aus dem Gesamt der Naturvorgänge herausanalysiert werden können, auf einen bloßen ›*Ursache-Wirkungszusammenhang*‹ ›*außerhalb*‹ *der menschlichen Verfügung* in der ›unbearbeiteten‹ *Natur verkürzt* werden. Das so resultierende ›Versuch-und-Irrtum‹-Denken, bei welchem das ›Probieren‹ (auf ›menschlichem‹ Niveau eine untergeordnete Funktion, vgl. S. 273 f) ›entspezifizierend‹ durchschlägt, ist zwar einerseits bereits die *kognitive Verkürzung* dessen, was (auch unter kapitalistischen Verhältnissen) *tatsächlich* an kognitiven Leistungen zur gesellschaftlichen Lebenserhaltung hervorgebracht werden muß, fügt sich aber andererseits mit seiner Negation der *gesellschaftlichen Arbeit* als *Schaffung* einer für den Menschen erst ›erkennbaren‹ Welt in die Beschränkungen der ›deutenden‹ Denkweise der Ausklammerung der Verfügbarkeit menschlicher Lebensbedingungen durch die Betroffenen. (All dies wäre in erkenntnistheoretischen Spezialanalysen, die den Rahmen meiner Gesamtfragestellung überschreiten, genauer zu durchdenken und zu präzisieren.)

Bei einer eingehenderen Analyse des ›deutenden‹ Denkens wäre zu verfolgen, wie dabei im individuellen Aneignungsprozeß der (in unserem bedeutungsanalytischen Teil aufgewiesenen) positions-/lagespezifischen Bedeutungskonstellationen/Denkformen auf der einen Seite die darin stets enthaltenen Verweise auf die ›*zweite Möglichkeit*‹, somit die *Realität des Klassenkampfes* als gemeinsamer Kampf gegen Fremdbestimmung auf verschiedensten Ebenen der bürgerlichen Gesellschaft immer wieder *kognitiv ›ausgeklammert‹ und verleugnet* wird, und wie hier auf der anderen Seite die in den ›*bürgerlichen Formen*‹ selbst liegenden ›*deutenden*‹ *Weisen der Weltsicht und Realitätsverarbeitung* in die *individuelle Denkweise einverleibt* werden, und diese dadurch in zur Absicherung restriktiver Handlungsfähigkeit subjektiv funktionaler Weise ausgebaut und abgesichert werden kann. Bei einer solchen subjektwissenschaftlichen Bedeutungs-/Denkformenanalyse, die sich auf alle gesellschaftlichen Bereiche, bis hin zu den entwickeltsten Formen wissenschaftlichen, wissenschaftstheoretischen, philosophischen Denkens beziehen muß, ist einerseits zu berücksichtigen, daß die Genese solcher Bedeutungen/Denkformen einschließlich ihres ideologischen Aspekts mit dem Hinweis auf deren geschilderte ›subjektive Funktionalität‹ nicht hinreichend aufklärbar ist, sondern dazu der übergreifende gesellschaftliche Produktions-/Reproduktionsprozeß, dessen Moment die Bedeutungen/Denkformen sind, in die Analyse hereingenommen werden muß. Andererseits aber ist in Rechnung zu stellen, daß der ideologische Aspekt von Bedeutungen/Denkformen immer die früher aufgewiesene ›*doppelte Funktionalität*‹ einschließt, d.h. seine ideologische Funktion der Sicherung bürgerlicher Herrschaftsverhältnisse nur erfüllen kann, indem er gleichzeitig für die Individuen in deren Streben nach ›restriktiver Handlungsfähigkeit‹ unter Anerkennung und ›Ausnutzung‹ der gegebenen Machtstrukturen, also – wie wir nun hinzufügen können – für den *individuellen Aufbau ›deutender‹ Weisen der Welt- und Selbstbegegnung subjektiv funktional* ist.

Wie die Alternative der ›zweiten Möglichkeit‹ der Gerichtetheit auf verallgemeinerte Handlungsfähigkeit gegenüber der des Strebens nach Absicherung in restriktiver Handlungsfähigkeit, so stellt sich auch die Alternative des *kognitiven* Aspekts der ›zweiten Möglichkeit‹, die (wie wir uns ausdrücken) ›*begreifende*‹ *Wirklichkeitsaneignung* gegenüber der des bloßen ›Deutens‹ primär *innerhalb aktueller* Einschränkung/Bedrohungssituationen der *unmittelbaren Lebenslage/Positionsrealisierung* der Individuen. Aus dem Umstand, daß – wie dargelegt – die individuelle Lebenspraxis universell und ›unhintergehbar‹, da Ort der wirklichen Lebenstätigkeit der Individuen ist, erhellt damit als generelle Verhältnisbestimmung des ›Begreifens‹ zum ›Deuten‹, daß das ›*Begreifen*‹ zum ›*Deuten*‹ in *keiner Ausschließungsbeziehung* stehen kann, sondern die ›*deutende*‹ *Denkweise in sich einschließen* muß: Auch bei der Gerichtetheit auf gemeinsame Erweiterung der Bedingungsverfügung ist ja vorausgesetzt, daß die Individuen *zuvörderst in unmittelbarer Lebenspraxis* ihr Dasein auf ›menschlichem‹ Niveau erhalten können. Sie müssen demnach auch die ›deutenden‹ Denkweisen *angeeignet* haben, mit welchen sie die *kognitiven Anforderungen etc. der Lebenspraxis* bewältigen können.

Dies schließt in der bürgerlichen Gesellschaft auch ein die *Aneignung der objektiven Scheinhaftigkeiten des kapitalistischen Reproduktionsbereichs*, so der Fetischisierung der Warenwelt, des widersprüchlichen Gebrauchswert-Tauschwert-Standpunktes, ebenso der *Scheinhaftigkeiten des Produktionsbereichs*, Konkurrenz, Schein der Bezahlung der Arbeit statt der Arbeitskraft etc.: Ich kann, soweit ich in der bürgerlichen Gesellschaft lebe, mein unmittelbares Dasein *nicht anders* bewältigen als ›*in*‹ den bürgerlichen Formen (auf andere Weise komme ich weder an

Geld noch an Lebensmittel etc. heran), d.h. daß ich auch im ›*Denken*‹ *dieser Lebenspraxis, wenn ich sie bewältigen will,* ›*deutend*‹ *die bürgerlichen Denkformen realisieren* muß.

Die Spezifik des ›Begreifens‹ liegt also nicht darin, daß es das ›Deuten‹ ausschließt, sondern daß es das ›*Deuten*‹ *gleichzeitig in sich aufhebt und übersteigt*: Während in *bloß* ›deutendem‹ Denken die Bedeutungen/Denkformen der Lebenspraxis in Universalisierung der ›Unmittelbarkeit‹ für das Ganze genommen werden, wird in begreifender Wirklichkeitserfassung die Lebenspraxis, indem sie *einerseits* ›*deutend*‹ *vollzogen* wird, *andererseits* auf die darin liegenden *Verweisungen auf die gesamtgesellschaftliche Vermitteltheit individueller Existenz* hin *durchdrungen und überschritten*. Ich schwimme also in begreifendem Denken nicht, wie beim Deuten, in der ›Pseudokonkretheit‹ der bürgerlichen Alltagsrealität wie ein ›Fisch im Wasser‹, sondern erfasse sie im unmittelbaren Lebensvollzug in ihrer *Bestimmtheit durch die antagonistischen bürgerlichen Klassenverhältnisse*. So können im Begreifen die genannten Scheinhaftigkeiten zwar nicht ›*abgeschafft*‹ werden, da sie ja als objektive Erscheinungsweise des kapitalistischen Produktions-/Reproduktionsprozesses diesem inhärent sind und nur mit Umwälzung seiner ökonomischen Struktur überwunden werden können. Sie sind aber *als* Scheinhaftigkeiten erkennbar und so in ihrem bürgerlich-ideologischen Charakter, ihrer Funktionalität für die Reproduktion bürgerlicher Herrschaftsverhältnisse durchdrungen, mithin ›*entnaturalisiert*‹ und als *gesellschaftlich-historisch geworden wie veränderbar erfaßt* (TOMBERG hat das, was hier als ›Aufheben‹ des Deutens im Begreifen charakterisiert wird, mit der Formel des Übergangs von der *Entfremdung des Bewußtseins* zum ›*Bewußtsein der Entfremdung*‹ auf den Begriff gebracht [1969], vgl. dazu auch SE, S. 337 f und 360 ff).

Aus dem Umstand, daß auch das ›begreifende‹ Denken, indem es das Deuten einschließt, vom Standpunkt des Subjekts in seiner unmittelbaren Lebenspraxis sich entwickelt, folgt, daß – wie die Möglichkeit der Teilhabe an der Verfügungserweiterung etc. – so auch das ›*begreifende*‹ *Denken* als deren kognitiver Aspekt relativ zum *historisch bestimmten* ›*Möglichkeitsraum*‹ der dem Individuum in seiner Lebenspraxis gegebenen gesellschaftlichen Bedingungen/Bedeutungsbezüge samt ihres personalen Niederschlags (vgl. S. 367 ff) charakterisiert werden muß. ›Begreifen‹ kennzeichnet also *keineswegs* irgendein *absolut in seiner Qualität oder Kapazität bestimmbares* ›*Niveau*‹ individuellen Denkens. Es bestimmt sich vielmehr sowohl in seinen *inhaltlichen Dimensionen* wie in seiner ›*Reichweite*‹ ganz und gar nach der *Dimensionalität und Reichweite der im subjektiven Möglichkeitsraum gegebenen* ›*zweiten Möglichkeit*‹ *der Verfügungserweiterung*. Das ›Deuten‹ wie das ›Begreifen‹ sind mithin lediglich als alternative *Richtungsbestimmungen* des Denkens voneinander unterscheidbar, des denkenden Wirklichkeitsbezugs ›in

Richtung‹ auf die geschilderte deutende Realitätsverkürzung bzw. ›in Richtung‹ auf die (noch näher zu charakterisierende) ›begreifende‹ Durchdringung der Unmittelbarkeit in Erfassung der ›zweiten Möglichkeit‹ der Verfügungserweiterung. Es gibt also schlechterdings *keinen* Grad gesellschaftlicher Unterdrücktheit bzw. personaler Entwicklungsbehinderung, durch den es berechtigt sein könnte, für das Individuum die *Möglichkeit des ›Begreifens‹ auszuschließen*. Wie in *jedem*, auch dem beschränktesten, subjektiven Möglichkeitsraum die ›zweite Möglichkeit‹ der Verfügungserweiterung besteht, so ist hier auch *immer* als Alternative zur deutenden Realitätsverkürzung die *Möglichkeit der ›begreifenden‹ Erweiterung* der (wenn auch absolut gesehen noch so beschränkten) *Wirklichkeitserkenntnis* gegeben. Es kommt also in subjektiv/subjektwissenschaftlicher Analyse nicht darauf an, die Menschen hinsichtlich ihrer Fähigkeit zum ›Begreifen‹ in ihrem Entwicklungsstand auseinanderzudividieren, sondern darauf, *vom Standpunkt der Subjekte ihren Möglichkeitsraum*, damit auch ihre *Möglichkeiten in Richtung auf ›Begreifen‹ zu erkennen und adäquat zu bestimmen*. Sofern die ›zweite Möglichkeit‹ der Verfügungserweiterung subjektiv/subjektwissenschaftlich unsichtbar bleibt, heißt dies nicht, daß sie nicht ›da‹ ist, sondern nur, daß der *Möglichkeitsraum des Individuums hier falsch bestimmt* worden ist.

Aus dem Charakter des Begreifens als Richtungsbestimmung des Denkens angesichts *konkreter aktueller Bedrohtheitssituationen* im Möglichkeitsraum des Individuums folgt auch, daß ›Begreifen‹ keinesfalls als ein *subjektiver Erkenntnisstatus* aufzufassen ist, den man, wenn man ihn einmal erreicht hat, *nicht wieder verlieren* kann. Die Alternative ›Deuten/restriktive Handlungsfähigkeit‹, ›Begreifen/verallgemeinerte Handlungsfähigkeit‹ stellt sich vielmehr als Richtungsbestimmung für die Individuen in jeder Situation, in der die subjektive Notwendigkeit der Bedrohungsüberwindung prävalent wird, *aufs Neue*. Dabei sind grundsätzlich Inkonsistenzen, ›Rückfälle‹, ›Regressionen‹ etc. *niemals auszuschließen*. Dies gilt unabhängig von der Frage, wieweit die jeweils bestehenden Möglichkeitsräume, dabei auch die personale Möglichkeit, unter sonst gleichen Umständen eher zu ›begreifender‹ Realitätsverarbeitung zu gelangen, darüberhinaus in Abhängigkeit von früheren Betroffenheiten, Entscheidungen, Lernprozessen etc. einen Menschen in seiner ihm selbst gegebenen *lebensgeschichtlichen Dimension* kennzeichnen können – eine Frage, auf die wir erst im folgenden, auf die Individualgeschichte zentrierten Kapitel eingehen.

Um die Möglichkeit und den Charakter des *Übergangs* von der bloß deutenden Weltbegegnung zum das Deuten einschließenden Begreifen adäquat erfassen zu können, muß man sich klarmachen, daß angesichts einer gegebenen Bedrohtheitssituation die Fixierung auf das Deuten im Rahmen restiktiver Handlungsfähigkeit und die nur begreifend zu realisierende Erweiterung der Verfügung über die Lebensbedingungen in verallgemeinerter Handlungsfähigkeit *keine gleich naheliegenden Alternativen* sind. ›*Naheliegend*‹ und *ideologisch* ›*nahegelegt*‹ ist etwa unter bürgerlichen Klassenverhältnissen das Sich-Einrichten in der Abhängigkeit und die durch Arrangement mit den Herrschenden angestrebte Beteiligung an ihrer Macht in ›*restriktiver Handlungsfähigkeit*‹, wobei hier die ›herrschenden Interessen‹ an der Perpetuierung der Fremdbestimmung und die sinnlichen Evidenzen der ›deutenden‹ Oberflächensicht einander ergänzen. Die Alternative ›verallgemeinerter Handlungsfähigkeit‹ bedeutet mithin das *Risiko der Existenzgefährdung aufgrund der Auflehnung gegen bestehende Herrschaftsverhältnisse* und das *begreifende Denken* ›*gegen den Strom*‹ des ›selbstverständlich‹ Für-Wahr-Gehaltenen in einem. Wie aber kann ein Individuum angesichts solcher Widerständigkeiten überhaupt zur Realisierung der Möglichkeit ›begreifender‹ Erkenntnis in verallgemeinerter Handlungsfähigkeit gelangen?

Diese Frage ist gleichbedeutend mit der Frage nach der *subjektiven Funktionalität/Begründetheit* der einen oder anderen Alternative, genauer, wie bzw. unter welchen ›Prämissen‹ die Überschreitung des bloßen Deutens in ›begreifender‹ Wirklichkeitsaneignung/verallgemeinerter Handlungsfähigkeit für mich begründet/funktional werden kann. Sofern die Risikolosigkeit und ›naheliegende‹ Selbstevidenz der ›deutenden‹ Weltsicht restriktiver Handlungsfähigkeit tatsächlich ›alles‹ sein würde, wäre es *total* ›*unverständlich*‹, *wie ein Individuum jemals da* ›*heraus*‹ *wollen und können sollte*. Die subjektive Möglichkeit des ›Begreifens‹ basiert vielmehr darauf, daß – wie dargestellt – die subjektive Funktionalität/Begründetheit der Befindlichkeit restriktiver Handlungsfähigkeit als solche ›*in sich*‹ *brüchig und widersprüchlich ist*, da beim Sich-Einlassen auf das ›Naheliegende‹ des Arrangements mit den Herrschenden immer gleichzeitig die *Realität der damit selbst vollzogenen Verletzung der eigenen* ›*menschlichen*‹ *Lebensinteressen*, also ›*Selbstfeindschaft*‹, *unterdrückt und ausgeklammert* werden muß. Demgemäß ist, wie ausgeführt, das aus der subjektiven Notwendigkeit der Selbstfeindschaft entstehende ›*Unbewußte*‹ nicht ein *einfaches* ›*Nichtwissen*‹, sondern sozusagen *permanentes Resultat der Unterdrückung* ›*besseren Wissens*‹ durch das Subjekt: Die das eigene Handeln radikal in Frage stellende Realität, die man ›unbewußt‹ halten muß, ist einem damit *gleichzeitig stets irgendwie auch* ›*bekannt*‹, nur daraus erwächst ja die *Dynamik ihrer Verdrängungsnotwendigkeit:* ›Abwehr‹ schließt paradoxerweise die Kenntnis dessen, was da abgewehrt wird, mindestens als Ahnung der davon ausgehenden Bedrohung ein.

Nur durch solche *Widersprüchlichkeiten der Befindlichkeit meiner unmittelbaren Lebenspraxis,* in welchen die Tatsache, daß ich mich in der Selbstbescheidung selbst um mein ›menschliches‹ Leben betrüge, indem sie ›*verdrängt*‹ wird, gleichzeitig auf mannigfache Weise *ins Be-*

wußtsein drängt, können (mit Zweifeln an der subjektiven Funktionalität des Sich-Einrichtens in der Abhängigkeit) gleichzeitig *Zweifel an der damit verbundenen deutenden Weltsicht,* durch welche die Widersprüche oberflächenhaft eliminiert, personalisiert, ›psychisiert‹ sind, erwachsen. Und nur so können – mit der Perspektive einer gemeinsamen und verallgemeinerten Handlungsfähigkeit, bei welcher ich im Versuch der Wahrnehmung meiner Interessen mir nicht mehr selbst zum Feinde werden muß – auch jeweils an den *Widersprüchen meiner unmittelbaren Lebenspraxis* im Möglichkeitsraum *Ansätze in Richtung auf begreifende Erkenntnis* entstehen, durch welche die *Übereinstimmung des ›Naheliegenden‹ mit meinen Interessen problematisiert* ist, was immer gleichzeitig die *Realisierung gesellschaftlicher Bedeutungen/Denkformen des Widerstands im Allgemeininteresse* einschließt: ›*Das sieht zwar so aus, aber führe dich doch nicht hinters Licht!*‹

Die Erfassung der Möglichkeiten verallgemeinerter Handlungsfähigkeit/Bedingungsverfügung ist somit identisch stets ein Stück ›*Entmystifizierung*‹ *der eigenen Selbstsicht* und *Zurückdrängung des ›Unbewußten‹:* Indem ich mir die ›Selbstfeindschaft‹ meines bisherigen Handelns in der Perspektive ihrer Überwindung schrittweise zum Bewußtsein bringen kann, ›habe‹ ich es auch immer weniger ›nötig‹, reale Beschränkungen, Abhängigkeiten, Unterdrückungsverhältnisse ›personalisierend‹ mir selbst bzw. meinen unmittelbaren Interaktionspartnern anzulasten, sondern kann sie als Implikate jener gesellschaftlichen Bedingungen begreifen, auf deren Änderung in kooperativer Verfügungserweiterung ich gerichtet bin. So gelange ich (wie geringfügig nach Maßgabe meiner Möglichkeiten auch immer) dazu, das *Allgemeine im Besonderen der Befindlichkeit meiner individuellen Lebenslage/-praxis zu erkennen,* so meine Isolation zu überwinden durch die Erfahrung der *Verbundenheit mit allen Menschen,* die – indem sie in Richtung auf die Schaffung von Bedingungen handeln, unter denen die wechselseitige Instrumentalisierung durch Arrangement mit den Herrschenden nicht mehr den realen Schein subjektiver Funktionalität besitzt – *mit ihren ureigensten Interessen auch die meinen wahren.* Damit nähere ich mich auch der Durchdringung jener *gängigen Aporie ›deutenden‹ Denkens:* Die Menschen müssen sich ändern, damit sie die Verhältnisse ändern wollen/können; aber: erst müssen die Verhältnisse geändert werden, damit andere Menschen entstehen können; eine Aporie, die zwischen Anpassung und Tatenlosigkeit hin- und herschwankt, da einerseits eine Veränderung der Verhältnisse ohne die Menschen, die dies wollen/können, ein Unding ist und andererseits, wenn die Menschen sich ohne Änderung der Verhältnisse ändern könnten, jeder Kampf um die Überwindung der gegebenen Herrschaftsstrukturen überflüssig wäre (vgl. dazu H.-OSTERKAMP, 1982b, S. 193). Es kann nämlich nunmehr von mir immer klarer begriffen werden, daß die *Überwindung meiner eigenen* aus dem Sich-Einrichten in der Abhängigkeit entstandenen *Kleinlichkeiten, Gebrochenheiten und Leiden* des Verzichts und der Selbstfeindschaft *identisch* ist mit *meiner Beteiligung an der Schaffung von Lebensbedingungen, unter denen ein solches kleinliches, gebrochenes, leidendes Dasein für die Betroffenen nicht mehr subjektiv funktional* ist. Der Mensch kann, indem er sich zur Welt und zu sich selbst bewußt ›verhält‹, sich sogar zu den Prämissen seiner eigenen moralischen Verkümmerung, Würdelosigkeit, Selbst- und Fremdinstrumentalisierung bewußt verhalten, indem er *in seinem eigenen Handeln sich selbst den Boden für deren Opportunität entzieht,* also für Lebensbedingungen kämpft, in welchen die Menschen durch die gemeinsame Verfügung über ihre eigenen Angelegenheiten ein Leben in Würde führen, d.h. sich selbst und andere als Subjekte gelten lassen können, da der ›Vorteil‹ des anderen nicht mehr den eigenen ›Nachteil‹ zwingend einschließt.

Wie aus den vorgängigen Überlegungen schon deutlich werden sollte, ist der Übergang vom ›Deuten‹ zum ›Begreifen‹ nicht als ein bloßes ›Kontinuum‹ zu verstehen, sondern hat den Charakter eines *qualitativen Umschlags*, eines *›Bruchs‹ mit dem bisherigen Denken.* Dieser Bruch kann niemals aus bloß immanenten Widersprüchlichkeiten des Deutens entstehen, sondern nur aus *Widersprüchlichkeiten der realen Lebenspraxis* restriktiver Handlungsfähigkeit, deren kognitiver Aspekt das ›Deuten‹ ist: Ich kann mich niemals aus *bloß ›logischen‹ Erwägungen* heraus gezwungen sehen, den für das *Deuten essentiellen ›Standpunkt außerhalb‹* zu verlassen. Es ist vielmehr meine *reale existenzielle Betroffenheit* von den *wirklichen gesellschaftlichen Unterdrückungverhältnissen* unter kapitalistischen Bedingungen und die aus meinem Arrangement mit ihnen erwachsene *Selbstfeindschaft,* die mir die Erfahrung vermitteln muß, daß ich ja *selbst ›in‹ dem gesellschaftlichen Prozeß* stehe, den es hier zu erfassen gilt, daß dieser Prozeß *mit seinen Widersprüchen ›durch mich hindurch‹ geht und so auch in meinem Denken sich auswirkt,* womit in der Erfassung der objektiven Scheinhaftigkeit des ›Standpunkts außerhalb‹ gleichzeitig der Ansatz eines ›begreifenden‹ Denkens vom ›Standpunkt innerhalb‹ des historischen Prozesses möglich wird. Dies schließt auch ein, daß ich mit diesem qualitativen Umschlag des Denkens gleichzeitig meine *Lebenspraxis* von dem Arrangement mit den Herrschenden in restriktiver Handlungsfähigkeit zum Streben nach gemeinsamer Verfügungserweiterung in verallgemeinerter Handlungsfähigkeit ändere: Nur in der *Perspektive ihrer Überwindbarkeit durch das eigene Handeln* kann ich mir nämlich, wie dargelegt, die *›Selbstfeindschaft‹ meiner bisherigen Lebenspraxis schrittweise zum Bewußtsein bringen* und so in Richtung auf begreifende Wirklichkeitserfassung mich entwickeln. Die *beschränkte ›Funktionalität‹ der deutenden Eliminierung der Selbstfeindschaft ist ja nur aufhebbar in begründeter Antizipation der umfassenderen Funktionalität verallgemeinerter Handlungsfähigkeit:* Nur die als realisierbar erfahrene Möglichkeit eines besseren Lebens kann mithin die Qualität meiner gegenwärtigen Befindlichkeit im Sinne der Bereitschaft zu Kampf und Risiko verändern und mir *darin* die Ansätze *begreifender Wirklichkeitserkenntnis* eröffnen (ich komme darauf zurück).

Wenn somit das Erreichen des jeweils nächsten Schritts begreifender Erkenntnis im Möglichkeitsraum nicht nur im Denken vollziehbar ist, sondern nur durch einen aus existentieller Betroffenheit erwachsenen ›Bruch‹ mit der bisherigen Lebenspraxis, so ist *nach* der vollzogenen Erweiterung begreifender Realitätserfassung die *kognitive Stringenz der Denkstrukturen auf neuer Ebene wiederhergestellt.* Hier ist nämlich ein Stück weit dem Individuum die ›*Logik*‹ *des* ›*Denkens innerhalb*‹ *verfügbar* geworden, womit auch die verlassene Stufe relativer Prävalenz des ›Deutens‹, mit der beim Übergang zunächst ›gebrochen‹ werden mußte, nunmehr in ihrer *Relativität* und in ihrem *Stellenwert* als *Denkweise lebenspraktischer Unmittelbarkeit* einzuordnen ist, worin zugleich die ideologische Scheinhaftigkeit der Verabsolutierung des ›Deutens‹ als ›Denken überhaupt‹ in einer neuen Annäherungsstufe verdeutlicht ist.

Die ›*Logik*‹ des begreifenden ›Denkens innerhalb‹[1] ist immer, wenn auch u.U. noch so geringfügig und verkürzt, Resultat der Aneignung *dialektischer Denkformen*, die ja bereits in den Bedeutungsverweisungen unmittelbarer Lebenspraxis vielfältig vermittelt enthalten sind, damit (in der auch im gesamten Darstellungsgang dieses Buches entwickelten Weise) ›Standpunktlogik‹ und ›Entwicklungslogik‹ zugleich. Wer also einen Schritt in Richtung auf ›Begreifen‹ vollzieht, der verdeutlicht sich immer ein Stück weiter die *gesellschaftlichen Verhältnisse*, aus denen der *eigene Standpunkt* sich als ›Fall von‹ *gesetzmäßig aufeinanderbezogenen bzw. einander entgegengesetzten Standpunkten* ergibt, kann so ›personalisierende‹ Fixierungen und Kurzschlüssigkeiten in Richtung auf die Erkenntnis/Durchsetzung allgemeiner Interessen an der Verfügungserweiterung etc. gegen die herrschenden Interessen als Möglichkeiten eigener Befindlichkeitsverbesserung aufheben. Er ›denkt‹ dabei immer auch gleichzeitig in ›*Kräfteverhältnissen*‹, indem er erfaßt, daß die Durchsetzung der allgemeinen Interessen gegen die herrschenden Interessen die Überschreitung bloß ›individueller‹ Ohnmacht durch (informellen oder organisierten) Zusammenschluß mit anderen erfordert.

Damit ist im *begreifenden* ›*Möglichkeitsdenken*‹ die Frage, ›ob‹ in einer je gegebenen Situation eine Verfügungserweiterung erreicht werden kann, in der Frage aufgehoben und überwunden, ›wie‹ – mit welchen

---

1 Mit dieser Formel ist natürlich der Standpunkt ›innerhalb‹ des gesellschaftlichen Prozesses gemeint, nicht aber der Standpunkt innerhalb der bürgerlichen Gesellschaft, also Naturalisierung ihrer Strukturen und Anpassung an gegebene Herrschaftsverhältnisse, was ja gerade den ›Standpunkt außerhalb‹ des gesellschaftlichen Prozesses als somit unbeeinflußbarer Größe impliziert.

Mitteln, aufgrund welcher Erweiterungen der Bündnisbasis und mit welcher Zeitperspektive – die *immer* bestehenden Möglichkeiten gemeinsamer Erweiterung der Bedingungsverfügung, mithin allgemeinen/eigenen Lebensqualität, realisiert werden können. Dies heißt auch die Erkenntnis der Einbezogenheit der eigenen Existenz und ihres ›Standpunkts‹ in den historischen Prozeß der Entstehung/Veränderung gesellschaftlicher Verhältnisse, durch den das Individuum einerseits bestimmt ist, den es aber andererseits (in welchen Größenordnungen auch immer) mit anderen gemeinsam subjektiv bestimmen muß, um die Möglichkeitsbedingungen seiner eigenen ›menschlichen‹ Daseinserfüllung zu erweitern. Dadurch, daß das Individuum sich so als passiv-aktiver Teil des historischen Prozesses erfaßt, kann es auch ein Stück weit die scheinbaren Mystifikationen und Widersprüchlichkeiten seines eigenen Denkens in der gnostischen Distanz als Niederschlag realer gesellschaftlicher Widersprüche identifizieren, d.h. *objektive Widersprüche im Denken widerspruchsfrei abbilden* und so im begreifenden Erkennen die *Praxis zur Überwindung der widerspruchsvoll-restriktiven Verhältnisse* anleiten, womit gleichzeitig immer auch ein Stück ›*Psychisierung*‹ gesellschaftlicher Widersprüche, *Reduzierung gesellschaftlicher Antagonismen* auf die bloß ›*interaktive*‹ *Ebene* aufgehoben ist. Begreifen als ›Denken‹ von Widersprüchen ist somit immer auch die Überwindung von ›Einseitigkeiten‹ in Richtung auf ›*mehrseitiges*‹ *Denken*, durch welches die im Deuten und in der darin liegenden Befangenheit in der Unmittelbarkeit vollzogenen Isolationen der einzelnen Widerspruchspole, damit Eliminierung der Widersprüche selbst, durch die *Reproduktion der über das* ›*Naheliegende*‹ *hinausgehenden Zusammenhänge/Widersprüche* einen Schritt weit überwunden wird. Erst so ist es im Begreifen möglich, die ›*Oberfläche*‹ sowohl der gesellschaftlichen Verhältnisse wie der (diese vermittelt spiegelnden) eigenen Befindlichkeit in Richtung auf die darin erscheinenden und verborgenen wesentlichen Bestimmungen zu durchdringen, sich also weniger ›*etwas vormachen zu lassen*‹ bzw. ›*etwas vorzumachen*‹, somit die allgemeinen/eigenen Interessen praktisch besser wahren zu können (zu diesem Abschnitt vgl. SE, Kap. 8.3, besonders S. 376 ff).

Die in dieser pauschalen Stichpunktsammlung gegebenen Hinweise über das Verhältnis zwischen dialektischen Denkformen, bis hin zur wissenschaftlichen Fassung materialistischer Dialektik, und dem ›begreifenden Denken‹ als kognitivem Aspekt der ›Alternative‹ erweiterter Bedingungsverfügung im Rahmen individueller Möglichkeitsräume müßten viel genauer ausgeführt werden. Dabei gilt es auch zu zeigen, wie die Aneignung dialektischer Denkformen in Abhängigkeit von der jeweils konkreten Lebenslage/Positionsrealisierung des Individuums in ihrer historisch bestimmten Ausprägung zu Spezifizierungen und Verkürzungen führen muß, bzw. in welcher Weise die materialistische Dialektik in verallgemeinernder Durchdringung der jeweils lage- und positionsspezifizierten Ansätze begreifenden Denkens zu einem wissenschaftlichen Begriff von dialektischem Denken vorstoßen konnte, und wieweit eine solche Verallgemeinerung selbst wieder als Implikat der praktischen Verallgemeinerung des Kampfes um menschliche Lebensinteressen mit der Entwicklung der Arbeiterbewegung aufgefaßt werden muß.

Ich sehe mich im Darstellungszusammenhang dieses Buches mit einer solchen Aufgabenstellung überfordert. Dazu sind Sonderuntersuchungen notwendig. Allerdings sollte schon hier klar geworden sein, daß mit der Entfaltung des ›begreifenden‹ Denkens gleichzeitig der subjektiv/subjektwissenschaftliche Standort unserer Gesamtanalysen von einem bestimmten Argumentationsgang eingeholt ist: Die Entwicklung verallgemeinerter Handlungsfähigkeit/begreifenden Denkens ist gleichbedeutend mit der *tendenziellen Annäherung des Standpunkts der Subjektwissenschaft und des Standpunkts der Subjekte,* von denen sie handelt, damit *Fluchtpunkt der Aufhebung der wissenschaftlichen Subjekt-Objektdistanz* in einer *umfassenderen ›Verwissenschaftlichung‹ des gemeinsamen gesellschaftlichen Lebens* – ein Fluchtpunkt, der allerdings jenseits der Strukturen bürgerlicher Lebensverhältnisse liegt und auf die Entwicklungsmöglichkeiten/-notwendigkeiten der sozialistischen Gesellschaften verweist. Deutlich sollte damit auch einmal mehr geworden sein, daß – wer in den vorangegangenen Ausführungen die Stellung und Beantwortung der Frage vermißt hat, wie man denn nun Bedingungen schaffen kann, unter denen ›die Leute‹ vom Deuten weg zum Begreifen kommen – selbst noch in dem ›Standpunkt außerhalb‹, der das Deuten charakterisiert, befangen ist. Von der subjektwissenschaftlichen Position aus gibt es niemanden, der von einem diesem äußerlichen Standpunkt aus irgendjemand anderen dazu bringen will, irgendetwas zu ›denken‹ oder zu ›begreifen‹ (was sollte dieser äußerliche Standpunkt auch anderes sein als eine neue Variante des herrschenden Standpunkts?). Auch die hier herausgearbeiteten Begriffe haben ausschließlich die Funktion, *›in der Hand‹ der Betroffenen selbst* diesen dabei zu helfen, *ihre eigene, also jeweils ›meine eigene‹ Situation besser durchdringen* und so die *allgemeinen, damit unser aller Interessen besser vertreten* zu können. Wieweit die entwickelten subjektwissenschaftlichen Begriffe tatsächlich dazu taugen, das ist in einem eine Sache ihrer wissenschaftlichen Begründetheit und eine Frage ihrer wirklichen erhellenden Kraft in unser aller Lebenspraxis (ich komme im 9., methodologischen Kapitel noch darauf zurück).

›Verallgemeinerbare‹ vs. ›restriktive‹ Emotionalität/Motivation; ›Innerlichkeit‹ und ›innerer Zwang‹

Nachdem wir die beiden Formen subjektiver Begründetheit/Funktionalität restriktiver und verallgemeinerter Handlungsfähigkeit auf die darin liegenden Implikationen für den *kognitiven* Aspekt der Handlungsfähigkeit kategorial verdeutlicht haben und dabei zur Differenzierung des ›deutenden‹ und des ›begreifenden‹ Denkens gekommen sind, können wir nun auf dieser Grundlage zu klären versuchen, welche über die bisherigen hinausgehenden *kategorialen Differenzierungen* sich aus der Unterschiedenheit zwischen restriktiver Handlungsfähigkeit/Deuten und verallgemeinerter Handlungsfähigkeit/Begreifen für den *emotional-motivationalen Funktionsaspekt* des Handelns ergeben. Es ist demnach im folgenden herauszuarbeiten, welche Konsequenzen für die einzeltheoretisch-aktualempirische Erforschung der *emotional-motivationalen* Seite des ›problematischen‹ Verhältnisses der Individuen zu ihren lage- und positionsspezifischen, historisch bestimmten gesellschaftlichen Lebensbedingungen sich aus der im je individuellen Möglichkeitsraum bestehenden Alternative der Verfügungserweiterung oder des Sich-Einrichtens in der Abhängigkeit noch auf der vorgeordneten kategorialen Ebene ergeben. Wir fragen dabei im folgenden zunächst nach den *emotionalen* Implikationen der Gerichtetheit auf Überwindung der Einschränkung/Bedrohung durch restriktive Handlungsfähigkeit/Deuten bzw. verallgemeinerte Handlungsfähigkeit/Begreifen.

Im ›deutenden‹ Denken werden, wie dargestellt, einerseits permanent jene Aspekte der Realität, die auf die im Sich-Einrichten in der Abhängigkeit liegende ›Selbstfeindschaft‹ verweisen, damit die ›beschränkte Funktionalität‹ restriktiver Handlungsfähigkeit in Frage stellen könnten, ausgeklammert, wobei das Deuten andererseits durch seine Widerstandslosigkeit gegen die sinnlichen Evidenzen der ›Unmittelbarkeit‹ und die so mit der optimalen Ausnutzung sensorischer Information wirksamen Vereindeutigungs- und Vereinheitlichungsmechanismen ›in sich‹ Geschlossenheit, Stringenz, ›Widerspruchsfreiheit‹ gewinnt. Da nun (wie ausgeführt) die Emotionalität stets die subjektive Wertung der *Gesamtsituation* des Individuums darstellt, ist davon auszugehen, daß die Widersprüchlichkeiten der restriktiven Handlungsfähigkeit, die in deutendem *Denken* durch Isolation von Widerspruchspolen, Eliminierung der auf der Erscheinungsebene gegebenen und verborgenen umfassenden Zusammenhänge (über die unmittelbare Lebenspraxis hinaus) *unerfaßbar* sind, sich in der *emotionalen* Befindlichkeit des Individuums *dennoch auf mannigfache Weise spiegeln*. Der *kognitiven* Evidenz der subjektiven Funktionalität restriktiver Handlungsfähigkeit entspräche so ein dauerndes *emotionales Unbehagen und Ungenügen,* durch welches die Begründetheit und Funktionalität des eigenen Handelns in Frage gestellt ist. Die Befindlichkeit restriktiver Handlungsfähigkeit kann mithin charakterisiert werden durch einen *essentiellen Widerspruch zwischen kognitiver und emotionaler Weltbegegnung und Realitätsbeziehung*.

In den der ›deutenden‹ Evidenz konträren emotionalen Wertungen liegt für das Individuum die Möglichkeit, in bewußtem ›Verhalten‹ zu seiner eigenen Emotionalität die realen beeinträchtigenden Bedingungen, die im emotionalen Ungenügen ›gewertet‹ sind, aufzudecken und so die darin liegende emotionale Handlungsbereitschaft in Richtung auf die Veränderung seiner Bedingungen bewußt zu machen und handlungsbestimmend werden zu lassen, also in einem besonderen Zusammenhang die *eigene Emotionalität in ihrer ›erkenntnisleitenden Funktion‹ aufzuschlüsseln* (vgl. S. 319 ff). In diesen Möglichkeiten der eigenen Emotionalität liegt nun aber gerade eine *spezielle ›innere‹ Bedrohung der Erfahrung subjektiver Funktionalität restriktiver Handlungsfähigkeit* im ›Deutungsrahmen‹, indem die emotionale Wertung der Widersprüchlichkeiten der ›Selbstfeindschaft‹ *Handlungsimpulse in Richtung auf Widerstand* gegen *die jeweiligen einschränkenden und unterdrückenden Instanzen* einschließt. Damit enthalten die eigenen emotionalen Gesamtwertungen hier die Gefahr, daß in *Realisierung der genannten emotionalen Handlungsimpulse eben* jene Existenzbedrohung durch die Herrschenden von mir selbst herausgefordert werden könnte, deren *Vermeidung* ja gerade die *dynamische Grundlage* des *Verzichts* auf die ›zweite Möglichkeit‹ der Verfügungserweiterung in restriktiver Handlungsfähigkeit darstellt. Mithin würde hier in meiner eigenen Emotionalität das *Arrangement mit den Herrschenden* in Weitergabe der herrschenden Unterdrückung an andere als ›*Verhandlungsgrundlage‹ restriktiver Handlungsfähigkeit* von *mir selbst dauernd in Frage gestellt*. Daraus erklärt sich die nun näher darzulegende *besondere Weise der Verkürzung und Formierung der Emotionalität als Funktionsaspekt restriktiver Handlungsfähigkeit* im Deutungsrahmen.

Zentrales Merkmal der ›Funktionalisierung‹ der Emotionalität für die Gewinnung/Aufrechterhaltung restriktiver Handlungsfähigkeit ist, wie aus den vorstehenden Darlegungen sich ergibt, die *Dissoziation der Emotionen von den realen kognizierten Lebensbedingungen,* deren *subjektive Wertung* sie sind. Zu den notwendigen ›Verdrängungsleistungen‹ deutenden Denkens gehört also wesentlich auch die ›*Verdrängung‹* bzw. das ›*Unbewußt-Halten‹* des *realen Zusammenhangs* zwischen emotionalem Ungenügen und den objektiven gesellschaftlichen Verhältnissen, durch welche es bedingt ist, und durch deren Änderung allein die emotionale Befindlichkeit nachhaltig zu verbessern ist: »Die ›gefährlichen‹ Emotionen können nun dadurch ihrer möglichen Wirksamkeit auf das Handeln beraubt werden, daß die Kognition der Realitätsaspekte, deren Bewertung sie darstellen, ›abgewehrt‹ wird« (M II, S. 293). Aus dieser ›Dynamik‹ der ›Entschärfung‹ der Emotionalität durch subjektive Verkennung ihres realen Charakters als Handlungsbereitschaft resultiert einerseits eine scheinhafte ›*Verinnerlichung‹ der Emotionalität* als von den *realen Lebensbedingungen isolierter, bloß ›subjektiver‹ Zustand* des je einzelnen Individuums und andererseits eine ›*Entemotionalisierung‹*, d.h. Zurückgenommenheit und Unengagiertheit des Handelns. Die ›Gefühle‹ erhalten so, indem das, was sie über die Lebensbedingungen des Individuums wirklich ›aussagen‹, dissoziiert und ›unbewußt‹ gehalten ist, eine Art von *scheinhaft essentieller ›Dunkelheit‹ und Unklarheit,* die in Befestigung der hier vollzogenen Verdrängungsleistung häufig als *Qualität besonderer ›Tiefe‹ des personalen Erlebens* subjektiv mystifiziert wird.

Die zur Sicherung restriktiver Handlungsfähigkeit subjektiv funktionale Dissoziation der Emotionalität von ihren kognitiv erfaßten wirklichen Bedingungen findet ihre ›*ideologische*‹ Fassung in den innerhalb bürgerlicher Lebensverhältnisse gängigen *Dichotomisierungen zwischen ›Gefühl‹ und ›Verstand‹:* Die Emotionalität (real Voraussetzung und Gradmesser für das Engagement der Handlungsumsetzung von Erkenntnissen) wird so mit der erkennenden Realitätsaneignung in ein *scheinhaftes Ausschließungsverhältnis* gebracht, dem gemäß das ›*Fühlen‹ nur auf Kosten des ›Denkens‹* möglich ist und umgekehrt. Soweit man sich dabei zum ›*Anwalt‹ des ›Verstandes‹* macht, kann die Emotionalität *nicht in ihrer positiven erkenntnisleitenden bzw. handlungsermöglichenden Funktion* identifiziert werden, sondern erscheint als bloß ›*störendes‹ Moment, das man im Interesse rationalen Denkens/Handelns* möglichst *ausschalten,* mindestens aber per ›*Selbstdisziplin‹ und ›Selbsterziehung‹ unter Kontrolle bringen und halten muß.* Der bürgerlich-ideologische Charakter solcher Vorstellungen erhellt auch aus ihrer ›*wissenschaftlichen‹ Stilisierung in wichtigen Bereichen der traditonellen Psychologie;* so werden – wie H.-OSTERKAMP (1978) herausanalysiert hat – innerhalb des modernen Forschungszweiges ›kognitiver‹ Emotionstheorien die Emotionen mehr oder weniger eindeutig als ›Störfaktoren‹ geordneten Denkens und Handelns definiert, sodaß die aus den restriktiven Handlungsmöglichkeiten unter bürgerlichen Verhältnissen herrührende Isolierung und ›Verinnerlichung‹ der Emotionalität schon begrifflich gar nicht abbildbar ist, sondern in bürgerlich-ideologischer Identifizierung als ›allgemein-menschliches‹ Merkmal des Emotionalen verabsolutiert wird etc. – Aber auch, soweit man sich als ›*Anwalt‹ der Emotionalität* für die *Zurückdrängung des ›Verstandes‹* ausspricht, das ›Gefühl‹, den ›Bauch‹ o.ä. gegen den ›Kopf‹ zur Geltung bringen will, sitzt man – quasi von der anderen Seite – genauso der im *herrschenden Interesse ›funktionalen‹ scheinhaften Abkoppelung der Emotionalität vom Handeln* auf: Die etwa im Protest gegen die bestehenden Verhältnisse vollzogene Berufung auf Emotionalität, Sensibilität, Spontaneität etc. ist, soweit dies in Abkehr von der Notwendigkeit erkennender Realitätsverarbeitung geschieht, nichts weiter als ein Rückzug in die eigene ›Innerlichkeit‹ des scheinhaft handlungsentbundenen Fühlens, also gerade eine Befestigung der Ohnmacht gegenüber den Verhältnissen, denen der Protest gilt. Auch diese Version der ideologischen Trennung von ›Gefühl‹ und ›Verstand‹ hat in bestimmten bürgerlich-psychologischen Strömungen, etwa in der Nachbarschaft der Psychoanalyse, aber auch ›gestalttherapeutischen‹ u.ä. Richtungen, allgemeiner in irrationalistischen Tendenzen der bürgerlichen Psychologie/Sozialwissenschaften, ihre ›wissenschaftliche‹ Oberflächenverdoppelung gefunden.

In der durch die scheinhafte Isolierung vom Handeln sich ergebenden Unklarheit/›Tiefe‹ der ›restriktiven‹ Emotionalität verbirgt und offenbart sich der *genuin defensive Charakter* solcher ›Gefühle‹, da ihre scheinhafte emotionale Sonderqualität ja tatsächlich aus der *Leugnung und Verdrängung der Handlungsimpulse, die einen in Konflikt mit den herrschenden Instanzen bringen könnten,* beruht. Dies schließt ein die *scheinhafte ›Grundlosigkeit‹ und Inhaltsentleerung* all jener emotionalen Regungen, in denen real die durch das *Arrangement mit den Herr-*

schenden bestehende personale Ausgeliefertheit an deren ›Willkür‹, also die *im Versuch der Erlangung von Handlungsfähigkeit auf der Basis dieses Arrangements liegende Selbstfeindschaft,* zum Ausdruck kommt. Die früher aufgewiesene *hintergründige Bedrohung* der eigenen Handlungsfähigkeit durch die Anerkennung der gegebenen Herrschaftsverhältnisse als Grundcharakteristikum der Befindlichkeit restriktiver Handlungsfähigkeit wird also, indem ihre realen Ursachen ›verdrängt‹ und ›unbewußt‹ gehalten sind, *in spezieller Weise ›verinnerlicht‹ und ›psychisiert‹* und so den *Personalisierungstendenzen der ›deutenden‹ Welt- und Selbstbegegnung* unterworfen. Daraus versteht sich eine charakteristische *Zuspitzung von ›Angst‹* als *permanenter Hintergrundsqualität restriktiver Emotionalität.* Solche ›Angst‹ hat, da im Rahmen der beschränkten Funktionalität/Begründetheit restriktiver Handlungsfähigkeit die in ihr ›gewertete‹ *reale Bedrohung durch die Herrschenden ›deutend‹ eliminiert* ist, für das Individuum eigentlich *›keinen Grund‹*. Sie ist mithin, weil ihre realen Bedingungen, da nicht erkannt, auch nicht geändert werden können, *als solche unfaßbar und unüberwindbar.* Das Individuum erfährt sich als *dieser Angst genau so ausgeliefert,* wie es den *bedrohenden Herrschaftsverhältnissen,* die sich hier in der Angst unidentifiziert subjektiv spiegeln, *real ausgeliefert* ist. Das früher herausgehobene *allgemeine Charakteristikum der menschlichen Angst als Befindlichkeit unmittelbar bedrohter Handlungsfähigkeit* (vgl. etwa S. 245 ff) konkretisiert sich im historisch bestimmten Rahmen der *Restriktion des Strebens nach Handlungsfähigkeit in Anerkennung bestehender Herrschaftsverhältnisse* (bzw. ihrer Repräsentanzen in der Lebenslage/Position der Individuen) als quasi *›unbewußte‹ Angst,* die – obwohl einerseits so ›grundlos‹ wie unüberwindlich – andererseits als *permanente emotionale Infragestellung der subjektiven Funktionalität der restriktiven Handlungsfähigkeit,* der gemäß es einem *ja eigentlich ›gut‹ gehen* müßte, selbst wieder *verdrängt und unbewußt gehalten werden* muß. Daraus versteht sich, daß diese Art der Angst allerlei ›sekundäre‹ Formen von Scheinbegründungen, fiktiven Anlässen, rationalisierenden ›Interpretationen‹ etc. beim Subjekt hervorrufen muß, die unter erschwerten Bedingungen die ›faktische‹ Unerreichbarkeit und Selbstreproduktivität von psychischen ›Störungen‹, ›neurotischen Symptomen‹ etc. gewinnen: Solche Symptome erhalten – indem sie sich aus ihrer ›sekundären Funktionalität‹ der Angstreduzierung bei fortdauernder Verleugnung der Angst und ihrer Ursachen, also ohne Infragestellung des ›restriktiven‹ Arrangements mit den Herrschenden, speisen – gerade aus ihrer genuinen Vergeblichkeit ihre Unerreichbarkeit und Permanenz.

Durch ihre hintergründige Angstdurchsetztheit ist die Qualität restriktiver Emotionalität generell *widersprüchlich, gebrochen, abgestanden.* Da im Streben nach lediglich restriktiver Handlungsfähigkeit das Individuum generell sich der Möglichkeit planvoll-langfristiger Bestimmung seiner Lebensverhältnisse begeben und sich den unbeeinflußbar-›zufälligen‹ Konstellationen bestehender Herrschaftsstrukturen ausgeliefert hat, ist auch die darauf bezogene *emotionale Befindlichkeit unstet und schwankend,* und – da die Bedürfnisse in Richtung auf Veränderung der Abhängigkeitssituation nicht im Bewußtsein ›zugelassen‹ sind – auf eine zwiespältige Weise ›bedürfnislos‹ und unengagiert, wobei die gleichwohl bestehende ›Bedürftigkeit‹ sich in vielen unfaßbaren emotionalen Regungen, bzw. deren ›sekundären‹ Begründungen, Ausdruck verschafft. Daraus wird wiederum deutlich, daß gerade in der Eingeschränktheit der Handlungsfähigkeit auf das ›Unmittelbare‹ menschliche Daseinserfüllung und Bedürfnisbefriedigung, *auch unmittelbar sinnlich-vitaler Art, nicht* erreichbar ist: Die direkte Bezogenheit auf die eigene Emotionalität, die Vorstellung, man könnte seine *emotionalen Möglichkeiten unter Ausklammerung der Wirklichkeitserkenntnis und Realisierung der daraus sich ergebenden Handlungsnotwendigkeiten* entwickeln, ist nichts anderes als *ideologisch abgesicherter Selbstbetrug,* da die so unbewältigbare *hintergründige Existenzangst mit wirklicher* ›*menschlicher*‹ *Daseinserfüllung unvereinbar* ist, indem hier *jeder Lebensgenuß eingetrübt, grau eingefärbt, zersetzt* wird, und die eigene emotionale Spontaneität, Intensität etc. nichts weiter sein kann als eine Vorspiegelung vor sich und anderen, die in ihrer *Unechtheit, Zurückgenommenheit, Kleinlichkeit* das *Gegenteil wirklicher Spontaneität* ist. Darin ist schon mitgesagt, daß wirkliche emotionale Erfülltheit und Spontaneität nur in *Überwindung der restriktiven Handlungsfähigkeit* im Deutungsrahmen in Richtung auf ›begreifende‹ Realisierung verallgemeinerter Handlungsfähigkeit erlangt werden kann. Dies wurde von UTE H.-OSTERKAMP in folgenden Formulierungen auf den Punkt gebracht:

»Die verallgemeinerte Handlungsfähigkeit bedeutet die Umorientierung von der unmittelbaren Reaktion der Betroffenheit durch die aktuelle Situation auf die gezielte Herbeiführung der objektiven Bedingungen, unter denen man sich gemäß dem Gesamt der Interessen verhalten kann. Die Ausrichtung an der verallgemeinerten Handlungsfähigkeit führt aus der borniert-defensiven, angstbestimmten Enge der unmittelbaren Existenzsicherung hinaus und schließt, mit Orientierung an den Interessen anderer als ihrer wesentlichen Voraussetzung, auch ein prinzipiell verändertes Verhältnis zu den eigenen Bedürfnissen ein, die jetzt Ansporn der Bemühungen um die allgemeine Erweiterung der Lebensbedingungen statt Hebel ›freiwilliger‹ Unterwerfung sind.« So verschleißen »die Emotionen nicht im kurzfristigen Schwanken zwischen Hoffnung und Enttäuschung, sondern sind in dem Kampf um die Erweiterung der allgemeinen Lebensbedingungen aufgehoben und gewinnen entsprechend der Spannweite der Ziele Kraft und Ausdauer.« (1980a, S. 102 f, ohne Hervorh.)

Die handlungsentbundene Kurzschlüssigkeit und inhaltsentleerte ›Innerlichkeit‹ restriktiver Emotionalität muß auch den *emotionalen*

Aspekt der interpersonalen Beziehungen unter den Prämissen ›restriktiver Handlungsfähigkeit‹ und ›deutender‹ Weltbegegnung charakterisieren: Mit der Eliminierung der Möglichkeit kooperativer Verfügung im Allgemeininteresse und der Identifizierung von Interessen überhaupt mit konkurrierenden Partialinteressen, dabei dem Versuch der Durchsetzung der je eigenen Interessen durch Weitergabe des ›herrschenden‹ Drucks an andere, wie er die *Instrumentalverhältnisse* als Beziehungsform restriktiver Handlungsfähigkeit kennzeichnet, muß es auch zu entsprechenden interaktiven Reduzierungen und ›personalisierenden‹ Verkürzungen der emotionalen Bindungen kommen. ›Gefühle‹ füreinander geraten so einerseits zum *inhaltslos-brüchigen ›Bindemittel‹* der Beziehung, gleichzeitig aber zum *Mittel der Instrumentalisierung des anderen für die eigenen Partialinteressen,* indem jeweils der eine die Bedürftigkeit des anderen nach Aufrechterhaltung der Beziehung benutzt, um ihn *im Sinne eigener Interessen zu funktionalisieren,* d.h. *emotional von sich abhängig* zu machen. Von da aus lassen sich die früher erwähnten Regulierungsweisen der *Instrumentalverhältnisse* in ihrem *emotionalen* Aspekt verdeutlichen. So können z.B. bei den geschilderten ›*Kompensationsbeziehungen*‹ auch *emotionale ›Einheiten‹ kompensatorisch verrechnet* werden: Ich habe Dir Aufmerksamkeit, Zuwendung, Liebe entgegengebracht, dafür erwarte ich den gleichen Betrag an Aufmerksamkeit, Zuwendung, Liebe von Dir; bzw. Du hast mir Aufmerksamkeit, Zuwendung, Liebe entgegengebracht, dafür erhältst Du den gleichen Betrag an Aufmerksamkeit, Zuwendung, Liebe von mir. Ein *Ungleichgewicht* der jeweils wechselseitig dem anderen entgegengebrachten Gefühle tangiert die ›Verhandlungsbasis‹, auf der solche ›kompensatorischen‹ Instrumentalbeziehungen aufgebaut sind, und wirkt tendenziell in Richtung auf die Auflösung der Beziehung. Damit wird auch an dem emotionalen Aspekt der Instrumentalverhältnisse deutlich, daß es sich hier mindestens implizit um *Unterdrückungsverhältnisse* (in welchen die herrschende Unterdrückung zur Durchsetzung eigener Interessen auf Kosten anderer weitergegeben wird) handelt: Ein wahrgenommenes Ungleichgewicht der Vergünstigungen durch den jeweils anderen wird etwa bei ›kompensatorischen‹ Gefühlsbindungen als *Druckmittel* benutzt, um die *eigenen, aus der Beziehung gewonnenen Vorteile in Androhung der Beziehungsaufkündigung zu vergrößern.* Damit ist – da eine strenge Quantifizierung der wechselseitigen Vergünstigungen im emotionalen Bereich kaum möglich ist – das ›*Sich-unter-Druck-gesetzt-fühlen*‹ durch den jeweils anderen eine Art von *Grundbefindlichkeit der Beziehungen von Partnern bei Instrumentalverhältnissen im Rahmen restriktiver Handlungsfähigkeit.* Innerhalb von *intersubjektiven* Beziehungen im Rahmen gemeinsamer Verfügungserweiterung in Richtung auf verallgemeinerte Handlungsfähigkeit sind *emotionale Kompensationsverhältnisse nicht mehr bestimmend,* da das *ureigenste Interesse* der Beteiligten an der Aufrechterhaltung der Beziehung hier ja gleichzeitig dem *allgemeinen Interesse* an der Erweiterung der Verfügung über gesellschaftlich-individuelle Lebensbedingungen und an der Verbesserung der ›menschlichen‹ Daseins-und Beziehungsqualität (im gemeinsamen Möglichkeitsraum) entspringt, und deswegen niemand eigens emotional bestochen werden muß, damit er die Beziehung nicht aufkündigt.

Charakteristische emotionale Qualitäten, die aus Instrumentalverhältnissen entstehen können, sind (etwa aus der Kompensationsbeziehung erwachsene) *Dankbarkeit* (die es in dieser Weise innerhalb von intersubjektiven Beziehungen nicht gibt: wozu soll ich jemandem für etwas dankbar sein, durch das er mit den meinen identisch auch seinen Interessen gedient hat?), *Schuldgefühle, ›Enttäuschung‹, Empfindlichkeit, ›Eingeschnapptsein‹, Verletztsein* etc. Wesentlich ist dabei, daß Gefühle (soweit für die Beziehung relevant) innerhalb von Instrumentalverhältnissen nicht nur ›*gehabt*‹, sondern auch *demonstriert,* als *Belohnung und Strafe eingesetzt* werden. In Instrumentalverhältnissen gegründete interpersonale Beziehungen machen deswegen u.U. einen weit ›*emotionaleren‹, gefühlsbetonteren Eindruck* als vergleichbare intersubjektive Beziehungen, da in diesen die Emotionalität ein Aspekt inhaltlich ›begründeter‹ Verbundenheit ist, aber *nicht verselbständigt hervorgebracht und ›gehandelt‹* wird.

Da man sich in Instrumentalverhältnissen einerseits grundsätzlich *über die Absichten des anderen im klaren sein* muß, um seine Rückschlüsse für die Kalkulation von Vorteil und Risiko ziehen zu können, der andere aber zur Verbesserung seiner ›Verhandlungsposition‹ diese Absichten und Ziele *prinzipiell verdecken und nur kalkuliert kundgeben* wird, ist das ›*Innenleben‹ des jeweils anderen* hier (anders als in intersubjektiven Beziehungen) von *zentralem Interesse:* Ich möchte in den anderen ›hineinschauen‹ können, um seine geheimsten Absichten und Ziele zu erfahren, und muß, da dies nicht möglich ist und der andere mir einen solchen Einblick ja gerade verwehrt, mich möglichst differenziert in den anderen ›*einzufühlen‹* versuchen. Die Verselbständigung der ›*Einfühlung‹* und des ›*Verstehens‹* sind deshalb als Spielarten der geschilderten sachentbundenen ›Verinnerlichung‹ der Emotionalität restriktiver Handlungsfähigkeit für *Instrumentalverhältnisse charakteristische ›interpersonale Gefühle‹.*[1]

---

[1] Es braucht wohl hier nicht mehr ausgeführt zu werden, daß auch diese Momente restriktiver Befindlichkeit unter bürgerlichen Lebensverhältnissen von bestimmten traditionell-psychologischen Theorien als ›allgemein menschlich‹ stilisiert werden und so auch auf diese Weise ein Beitrag zur bürgerlich-ideologischen Identifikation der herrschenden mit dem Allgemeininteresse geleistet wird.
(Zu den letzten beiden Abschnitten vgl. die Ausführungen über ›Sympathiebeziehungen‹ in SE, S. 251 ff, die Darlegungen über interpersonales ›Verstehen‹ ›Einfühlung‹, etc. von FRIGGA HAUG, 1977, bes. S. 204 ff, und meine vorwegnehmende Darstellung über Instrumentalverhältnisse und Subjektbeziehungen, 1979b, S. 13 ff).

Wie unsere Ausführungen über ›restriktive‹ Emotionalität letztlich nur eine Explikation der ›deutenden‹ Unmittelbarkeitsfixierung unter Berücksichtigung unserer früheren allgemeinen Charakterisierung emotionaler Wertung waren, so ergibt sich die kategoriale Konkretisierung des *emotionalen Aspekts der verallgemeinerten Handlungsfähigkeit* als Negation der geschilderten emotionalen Restriktionen aus unseren früheren Darlegungen über das ›*begreifende*‹ *Erkennen:* Durchdringung des Scheins der bloßen ›Innerlichkeit‹ der Emotionalität durch in ›bewußtem‹ Verhalten herauszuhebende wirkliche Lebensverhältnisse und Unterdrückungsbedingungen, die in den emotionalen Restriktionen verborgen und offenbar sind, damit in einem Wiedergewinnung der eigenen Emotionalität als Erkenntnisquelle und Erfassung der in den emotionalen Wertungen liegenden subjektiven Handlungsnotwendigkeiten in Richtung auf die gemeinsame Verfügungserweiterung, mithin, in der Gerichtetheit auf die Schaffung von Bedingungen ›menschlicher‹ Lebenserfüllung/Bedürfnisbefriedigung, gleichzeitig Gewinnung von Entschiedenheit, Fülle und Angstfreiheit gegenwärtiger Emotionalität. Dabei versteht sich aus unseren früheren Darlegungen über die Alternative des ›Begreifens‹ im Möglichkeitsraum, daß auch eine solche ›verallgemeinernde‹ Aufhebung emotionaler ›Unmittelbarkeit‹ in wirklicher Spontaneität und echtem Engagement nur als eine ›*Richtungsbestimmung*‹ im subjektiven Möglichkeitsraum aufgefaßt werden kann: Gerade unter bürgerlichen Lebensverhältnissen muß nach Maßgabe der praktischen Möglichkeiten der Verfügungserweiterung jedes Stück verallgemeinerten, nichtinstrumentellen emotionalen Engagements den nie total zurückzudrängenden Tendenzen zur emotionalen ›Verinnerlichung‹ mit all ihrer angstbestimmten Defensivität, emotionalen Selbst- und Fremdinstrumentalisierung etc. ›abgerungen‹ werden, und ›Rückfälle‹ jeder Art und jeden Ausmaßes sind stets in Rechnung zu stellen. Ich will diese Besonderheit subjektiver ›Problematik‹ durch ein Selbstzitat mit Bezug auf den emotionalen Aspekt der Eltern-Kind-Beziehung veranschaulichen:

»Das vielleicht schwierigste Problem... ist dabei das *Problem der ›Entprivatisierung‹ der emotionalen Verbundenheit zwischen Eltern und Kindern:* Wie sind emotionale Eltern-Kind-Beziehungen beschaffen, in denen nicht mehr nur jeder ›ein Stück Zuneigung für sich‹ will, sondern die *emotionale Bindung bei voller Aufbewahrung ihrer vitalen Intensität dennoch* ›*verallgemeinert*‹ ist, indem im Interesse am Wohlergehen und der Entwicklung des anderen das allgemeine Interesse an der Entwicklung der Menschheit zur Selbstbestimmung durchscheint – Beziehungen also, die nicht durch wechselseitige Instrumentalisierung zu lebenslanger emotionaler Abhängigkeit führen können, sondern die freie Entwicklung des Individuums zur Menschlichkeit ermöglichen?« (1979b, S. 45)

Als Ansatz für die Behandlung der nun noch ausstehenden Frage nach den über die bisherigen hinausgehenden Differenzierungen, die sich aus der Unterscheidung zwischen restriktiver Handlungsfähigkeit im Deutungsrahmen und ›begreifend‹-verallgemeinerter Handlungsfähigkeit zur (aktualempirischen Untersuchungen vorgeschalteten) kategorialen Aufschlüsselung des *motivationalen* Aspekts menschlichen Handelns ergeben, verweise ich auf die früher herausgehobenen drei Gesichtspunkte, unter denen (bei gesamtgesellschaftlicher Vermitteltheit seiner Existenz) die motivierte Übernehmbarkeit eines Handlungsziels für ein Individuum ›problematisch‹ werden kann. Die gegebene bzw. fehlende Handlungsmotivation hängt demnach für das Individuum davon ab, wieweit 1. ein objektiver Zusammenhang zwischen Zielrealisierung und darin antizipierbarer Erweiterung der Bedingungsverfügung/Lebensqualität besteht, wieweit 2. das Vorhandensein bzw. die Abwesenheit dieses Zusammenhangs adäquat in den gesellschaftlichen Bedeutungsverweisungen/Denkformen abgebildet ist und wieweit 3. das Bestehen/Fehlen eines solchen Zusammenhangs vom Individuum kognitiv erfaßt werden kann (vgl. S. 320 ff).

Wenn wir von diesen Gesichtspunkten aus zunächst wieder die unmittelbare Lebenslage des Individuums betrachten, so ergibt sich, daß bei prinzipiell gesicherter *Handlungsfähigkeit* im Rahmen der Lebenspraxis der Unterschied/Widerspruch zwischen tatsächlichem und in den Bedeutungen/Denkformen repräsentiertem (oder verborgenem) Zusammenhang zwischen Zielrealisierung und Verfügungserweiterung/Daseinserfüllung zunächst gar nicht hervortritt: Das Individuum hat, soweit handlungsfähig, gar *keinen ›Grund‹,* die jeweils gegebene oder fehlende ›Motivation‹ zur Zielerreichung reflexiv auf ihre Adäquatheit hin zu thematisieren und zu problematisieren. Erst, soweit gesellschaftliche *Einschränkungen/Unterdrückungsverhältnisse* auf die Lebenspraxis/Befindlichkeit des Individuums ›durchschlagen‹, aktualisiert sich damit auch die subjektive Motivationsproblematik: Es ist nämlich nunmehr auch die Möglichkeit in Rechnung zu stellen, daß mit gegebenen Handlungsanforderungen zwar den herrschenden Interessen, aber damit nicht auch den allgemeinen/individuellen Interessen gedient ist, sodaß sie *nicht motiviert,* sondern *nur unter ›Zwang‹* verfolgbar sind. Die subjektive Notwendigkeit von Handlungen in Richtung auf die Abwendung der Handlungsfähigkeitsbedrohung bedeutet demgemäß auch die Schaffung von Lebensbedingungen, d.h. auch kooperativen Einflußmöglichkeiten, unter denen der Tendenz nach Handlungsanforderungen und eigene Lebensinteressen wieder konvergieren, also Handlungszwänge überwunden werden können (vgl. S. 322 ff).

Beim Versuch der Bedrohungsüberwindung in *restriktiver Handlungsfähigkeit* müssen nun, wie aus unseren früheren Darlegungen hervorgeht, die in der Lebenspraxis liegenden Verweisungen auf die gesamtgesellschaftlichen Einschränkungs/Unterdrückungsverhältnisse, aus denen die objektiven Handlungszwänge erwachsen, soweit das Subjekt die Handlungsrestriktionen als ›funktional‹ erfährt, aus dem individuellen Erfahrungsbereich eliminiert werden. Die Motivationsproblematik muß hier also vom Individuum so wahrnehmbar sein, *als ob* sie lediglich *innerhalb* seiner *unmittelbaren Lebenspraxis* entsteht und auch hier von ihm bloß individuell bzw. interaktiv lösbar ist. Dem kommt entgegen, daß hier in den ›deutenden‹ Beschränkungen der Weltsicht durch die Ununterscheidbarkeit der ›Oberfläche‹ und der darin liegenden/verborgenen wesentlichen Zusammenhänge der ›Schein‹ und die ›Wirklichkeit‹ motivierter Zielverfolgbarkeit zusammenfallen, also in der Lebenspraxis aufscheinende ideologische Identifizierungen von herrschenden und eigenen Interessen als reale Identität verkürzt sind. Dabei wird aber gemäß der früher dargestellten Gebrochenheit und Widersprüchlichkeit der ›Funktionalität‹ restriktiver Handlungsfähigkeit im Deutungsrahmen der scheinhaft-kurzschlüssige Zusammenhang zwischen Handlungsanforderungen und eigenen Interessen immer wieder ›*falsifiziert*‹ *durch offensichtliche* ›*Rückschläge*‹*,* ›*Mißerfolge*‹*,* in welchen der Umstand, daß man in der Zielübernahme ›getäuscht‹ worden ist, seine eigenen Interessen verletzt hat, durch andere mit offensichtlich konträren Interessen übervorteilt und ›ausgestochen‹ wurde, für das Individuum faßbar wird. Gemäß der ›deutenden‹ Weltbegegnung restriktiver Handlungsfähigkeit führen diese Erfahrungen aber nicht zur Erkenntnis der in den gesellschaftlichen Verhältnissen liegenden objektiven Zwänge; vielmehr werden die genannten Rückschläge und Mißerfolge ›*psychisiert*‹ und ›*personalisiert*‹*,* der *eigenen Unfähigkeit,* der *Böswilligkeit anderer,* dem persönlichen ›*Pech*‹ bzw. ›*Glück*‹ der anderen etc. angelastet.

Die ›Motivationsproblematik‹ restriktiver Handlungsfähigkeit im Deutungsrahmen ›verinnerlichter‹ Emotionalität etc. läßt sich also als *widersprüchlich-ambivalente Situation* charakterisieren: Einerseits ergibt sich für das Individuum aufgrund der von ihm oberflächenhaft wahrgenommenen *Funktionalität* seines Arrangements mit den Herrschenden, daß auch die *herrschenden Handlungsanforderungen* als dem *eigenen Interesse dienend subjektiv motiviert verfolgbar* sein müßten. Andererseits aber schlägt auch in den ›deutenden‹ Personalisierungen der *reale Zwangscharakter* der Anforderungen (bzw. deren *Zwangsaspekt*) in der individuellen Erfahrung immer wieder durch, womit nicht nur die *Motivation* des Individuums zersetzt wird, sondern auch *emotionale Handlungsimpulse vordergründig* werden können, durch welche das *gesamte* ›*Arrangement*‹ *in Frage gestellt* wird, und damit die *Gefahr durch die Handlungsrealisierung solcher Impulse selbst provozierter Sanktionen der Herrschenden* aufscheint. Damit liegt in der Motivationsproblematik, indem hier mit der *offensichtlichen* ›*Motivation*‹ *zur Übernahme herrschender Handlungszwänge* in Verletzung eigener Lebensinteressen die *Selbstfeindschaft* des um unmittelbarer Vorteile willen geschlossenen Arrangements mit den Herrschenden ins Bewußtsein drängt, auch eine zentrale *Problematisierung der subjektiven Funktionalität restriktiver Handlungsfähigkeit* überhaupt. Wenn das Individuum dennoch die subjektive Sichtweise dieser Funktionalität aufrechterhält, so impliziert das demnach einen *weiteren, wesentlichen Aspekt der Realitätsausklammerung* im Deutungsrahmen: Die äußeren Zwänge, die immer wieder die subjektive Funktionalität/Begründetheit des Akzeptierens der Handlungsrestriktionen gefährden, müssen vom Individuum so *verinnerlicht* werden, daß ihr *Ursprung in den Herrschaftsverhältnissen,* mit denen man *sich arrangieren will,* ein für alle mal *unsichtbar bleibt;* d.h. daß die *äußeren Zwänge in ihrer ›Verinnerlichung‹* (als weiterer Spielart der ›Psychisierung‹) *für das Subjekt von motiviert verfolgbaren Anforderungen nicht mehr unterscheidbar sein dürften.* Der so als *Moment des ›Unbewußten‹* sich herausbildende *›innere Zwang‹* ist mithin eine *›motivationsförmige‹ subjektive Mystifizierung* der Tatsache der Unterdrückung durch die herrschenden Verhältnisse, durch deren Akzeptieren man an der eigenen Unterdrückung aktiv beteiligt ist.

Dieser unbewußte *›innere Zwang‹* zieht notwendigerweise nicht nur die *Dissoziation und Isolation ›gefährlicher‹ Emotionen,* sondern auch *spezielle ›Denkverbote‹* nach sich, da das Individuum alle Erkenntnisse/Gedanken abwehren muß, durch welche die *›Freiwilligkeit‹ seiner Unterwerfung unter die herrschenden Verhältnisse in Frage gestellt* sein könnte; dies schließt auch ein die subjektive Selegierung und Uminterpretation der *eigenen phänomenalen Vergangenheit* zur Eliminierung aller Erfahrungen aus meinem Bewußtsein, in denen die *Verfehltheit, der Selbstbetrug, die Selbstschädigung* meiner herrschaftskonformen Lebensweise für mich faßbar werden könnten (s.u.). Die für die Erhaltung der ›subjektiven Funktionalität‹ der restriktiven Handlungsfähigkeit in der Pseudomotivation des verinnerlichten Zwangs zentrale Fiktion der *›Freiwilligkeit‹* der Unterwerfung ist also nur dadurch aufrechtzuerhalten, daß (in aktualempirisch im einzelnen aufzuklärender Weise) die *Kollision mit den herrschenden Normen* bzw. das *Tangieren der Grenzen,* die mir durch den äußeren Zwang der herrschenden Verhältnisse gesetzt sind, durch entsprechende *›unbewußte‹ Regulationen* meiner kognitiv-emotionalen Prozesse *von vornherein vermieden* werden: Ein Fisch im Glas, der durch einen eingebauten Mechanismus nur Schwimmbewegungen macht, durch welche er nicht an die Wände seines Gefängnisses stößt, kann sich innerhalb des Glases in der grenzenlosen Freiheit des Ozeans wähnen. (Zu diesem Abschnitt vgl. M II, Kap. 5.5.4, S. 342 ff.)

Die an der immer erweiterten emotionalen Erfüllung im Prozeß kooperativer Bedingungsverfügung ausgerichtete *verallgemeinerte Motivation* gewinnt im Zusammenhang des ›Begreifens‹ und der verallgemeinerten emotionalen Betroffenheit unter bürgerlichen Klassenverhältnissen ihre historische Bestimmtheit dadurch, daß hier die Bedrohtheitszentrierung in der kooperativen *Schaffung* von gesellschaftlichen Bedingungen, unter denen menschliche Daseinserfüllung unmittelbar möglich ist, tendenziell überwunden wird, bedeutet also (in letzter Instanz) den gemeinsamen Kampf gegen gesellschaftliche Verhältnisse, die aufgrund herrschender antagonistischer Interessen der Verfügung aller über ihre eigenen Angelegenheiten entgegenstehen. Der geschilderte allgemeine ›*Motivationswiderspruch*‹ (vgl. S. 323 ff) erhält mithin hier dadurch seine besondere Form und Zuspitzung, daß das antizipierte Risiko, das dabei mit der antizipierten emotionalen Wertigkeit wachsender verallgemeinerter Handlungsfähigkeit/Lebenserfüllung im Widerspruch steht, immer auch das antizipierte Risiko der Bedrohung der eigenen Existenz durch die antagonistischen gesellschaftlichen Kräfte (und ihre Abkömmlinge), die der Erweiterung der Selbstbestimmung Widerstand entgegensetzen, einschließt. Entsprechend hat die *Angst,* die in verallgemeinernd-motiviertem Handeln überwunden werden kann, als Angst vor der Ausgeliefertheit an unbeeinflußbare aktuelle Bedingungen immer auch die Qualität der *Angst vor der Ausgeliefertheit an antagonistische und potentiell aggressive Herrschaftsinstanzen.* Durch derartige Zuspitzungen stellt die Ausgangslage ›motivierten‹ Handelns als Aspekt verallgemeinerter Handlungsfähigkeit in der bürgerlichen Gesellschaft *immer* einen *individuellen Konflikt* dar, nämlich den Konflikt zwischen *antizipierter Existenzbedrohung* durch Machtinstanzen und antizipierter Erweiterung der allgemeinen/eigenen Lebensqualität als Kampf um die Überwindung der Abhängigkeit von Herrschaftsinstanzen, letztlich der Herrschaftsinstanzen selbst, und die ›Aufhebung‹ des ›Motivationswiderspruchs‹ ist hier immer gleichbedeutend mit der Bewältigung dieses individuellen Konflikts. Die Möglichkeit, zu motiviertem Handeln trotz der antizipierten Bedrohung durch Machtinstanzen zu kommen, ergibt sich aus dem geschilderten *überindividuellen* Charakter der hier angestrebten erweiterten Bedingungsverfügung, damit dem dargestellten *wirklichen Machtzuwachs* der unter allgemeinen Zielen zusammengeschlossenen Individuen, womit eine Gegenmacht gegen die herrschende Macht entsteht, durch welche die Ausgeliefertheit des Einzelnen an die antagonistischen Kräfte reduziert ist und sich auch *schon im gemeinsamen Kampf darum eine vorsorgende Verfügung über die je individuellen Lebensbedingungen,* wenn auch unter permanenter Bedrohung durch die klassenbedingten Herrschaftsverhältnisse, herausbilden kann.

›Erzwungene‹ Handlungen können zwar auch im Zusammenhang verallgemeinerter Handlungsfähigkeit kurzfristig unvermeidbar sein, sind aber stets (nach Maßgabe des individuellen Möglichkeitsraumes) in der *langfristigen Perspektive des ›motivierten‹ Kampfes gegen Verhältnisse, aus denen ein solcher ›Zwang‹ entstehen* kann, aufgehoben. ›Zwang‹ und ›Motivation‹ bilden also hier einen *inneren Entwicklungs-*

widerspruch mit der *Motivation als bestimmendem Pol.* Die Verleugnung des Zwangsverhältnisses durch Realitätsverleugnung, ›Verinnerlichung‹ etc. ist so tendenziell reduziert, da durch die *Perspektive der Veränderung der Zwangsbedingungen die Tatsache des gegenwärtigen Zwanges voll bewußt gehalten* werden kann, ja geradezu das *zentrale Kennzeichen der gegenwärtigen Situation* darstellt, die in *motiviertem Handeln zu verbessern* ist, also die *Ausgangsdifferenz zwischen gegenwärtiger und antizipierter emotionaler Wertung,* damit die *Intensität der Motivation selbst, erhöhen* muß. Auch diese globale Charakteristik verallgemeinerter Motivation muß unter Berücksichtigung der Dimensionen und der Reichweite *je subjektiver Möglichkeitsräume* als deren *Richtungsbestimmung* konkretisiert werden, ist also lediglich eine kategoriale Bestimmung zur *Aufschlüsselung* individueller Ausprägungsweisen ›je meiner‹ Befindlichkeit/Handlungsfähigkeit auf darin liegende Momente verallgemeinerter Motivation, d.h. Erkenntnis/Umsetzung der Ermöglichungs/Behinderungsbedingungen meines verallgemeinert-motivierten Handelns.

Kapitel 8

Kategoriale Bestimmungen menschlicher Individualgeschichte

8.1 Die individualgeschichtliche Reproduktion der Handlungsfähigkeit: Resultat ontogenetischer Entwicklung zur Bedeutungsverallgemeinerung und Unmittelbarkeitsüberschreitung

Kategoriale Aufschließung der menschlichen Individualgeschichte: Entwicklungslogische Rekonstruktion ontogenetischer Voraussetzungen des Prozeßtyps der Handlungsfähigkeit

In unseren bisherigen Kategorialanalysen ist impliziert: Die individuelle Geschichte des Menschen ist in ihren generellen Richtungsbestimmungen als ›gesellschaftliche Natur‹ ein Aspekt der Naturgeschichte und in ihrer historischen Konkretheit ein Aspekt der Gesellschaftsgeschichte (als Sonderfall der Naturgeschichte). Dies enthält die Frage: Welche kategorialen Bestimmungen der *Individualgeschichte* ergeben sich aus den Resultaten der auf die naturgeschichtlich-gesellschaftlichen Bezüge des Psychischen gerichteten Kategorialanalysen? Diese Frage wurde bisher schon in den vielfältigsten Zusammenhängen mitbehandelt. Nunmehr aber sind wir soweit vorbereitet, um das Problem der Kategorialbestimmungen menschlicher Individualgeschichte/Ontogenese explizit und systematisch entfalten zu können.

Eine Grundproblematik dieses Buches, die des Verhältnisses von Kategorialanalyse und einzeltheoretisch-aktualempirischer Forschung, stellt sich dabei hier womöglich besonders zugespitzt: Was kann man über menschliche Individualgeschichte, kindliche Entwicklung etc. bereits auf ›kategorialer‹ Ebene, also noch ohne ›Beobachtung‹ wirklicher individueller Entwicklungsverläufe o.ä. aussagen? Zur richtigen Fassung dieser Frage ist die von uns dargelegte Einsicht vorausgesetzt, daß jeder ›Beobachtung‹, also auch der der Individualgeschichte, ›Kategorien‹ vorgeordnet und inhärent sind, die selbst nicht direkt aus der Aktualbeobachtung stammen, durch die aber determiniert ist, was in einem konkreten Fall überhaupt ›beobachtet‹ werden kann. Man kann demnach hier nicht ›Kategorien‹ gegen ›Beobachtungen‹ ausspielen oder umgekehrt, sondern es geht lediglich darum, zu *wissenschaftlich begründeten* Kategorien, durch welche die Weise der darin fundierten ›Beobachtung‹ bewußt und fruchtbar gemacht werden kann, zu gelangen. In unserem gegenwärtigen Darstellungszusammenhang bedeutet dies: Einerseits dürfen die zu erarbeitenden kategorialen Bestimmungen der Individualgeschichte nicht ihren ›kategorialen‹ Geltungsbereich überschreiten, also nicht Aussagen enthalten, die legitimerweise nur aktualempirisch gewinnbar bzw. begründbar (mithin ›einzeltheoretischer‹ Natur) sind; die Kategorien sollen den Blick auf die Aktualempirie ja nicht verstellen, sondern gerade in besonderer Weise öffnen. Andererseits aber schließt dies auch ein, daß es von der genuinen Eigenart der kategorialen Bestimmungen abhängt, wie ›tief‹, neu und fruchtbar das sein kann, was auf dieser Basis dann tatsächlich aktualempirisch zu ›beobachten‹ ist: Ein zentraler Aspekt der in diesem Buch (implizit oder explizit) enthaltenen Kritik an den traditionell-psychologischen Kategorienbildungen liegt ja gerade darin, daß ›Beobachtungen‹ auf deren Grundlage lediglich die ›Oberfläche verdoppeln‹, also wirkliche, wesentliche Erfahrungen unmöglich machen. So wird (was hier nicht auszuführen ist) durch die gebräuchlichen Kategorialbestimmungen der Individualgeschichte (etwa die psychoanalytischen Kategorien der ›frühen Kindheit‹ o.ä.) die Sicht auf das reale Entwicklungsgeschehen mehr eingeengt als aufgeschlossen, sodaß man in den ›Beobachtungen‹ im Wesentlichen permanent ›wiederfindet‹, was man vorher schon ›wußte‹ (wobei dies dann sogar noch als empirische ›Bestätigung‹ mißdeutet wird).

Wie aber ist die Explikation kategorialer Bestimmungen der Individualgeschichte aus unseren bisherigen kategorialanalytischen Resultaten zu gewinnen? Wie also kann man unter Voraussetzung der Begründetheit unserer bisherigen Analysen auf deren Basis zu kategorialen Bestimmungen der *Ontogenese* kommen, die tatsächlich wissenschaftlich verbindlich zu machen sind und daraus ihre aufschließende Kraft für die aktuelle ›Beobachtung‹ o.ä. erlangen können?

Aus unserer funktional-historischen Rekonstruktion der ›gesellschaftlichen Natur‹ des Menschen ergibt sich, daß wir dabei von einer *phylogenetisch programmierten Verlaufsform und Gliederung einer abgehobenen Frühphase* der menschlichen Individualgeschichte nicht mehr ausgehen können: Zwar hat sich, wie dargelegt, die ›Vorbereitungsphase‹ der individuellen Entwicklungsfähigkeit als wesentlicher Faktor *evolutionären ›Fortschritts‹* zur Anpaßbarkeit des Organismus an aktuelle Variationen der Umweltbedingungen herausgebildet und auf der Evolutionslinie zum Menschen hin aufgrund der Absicherung der ›Jugendzeit‹ durch die Sozietät immer mehr ausgedehnt (vgl. S. 152 ff). Dabei kam es auch zur phylogenetischen Festlegung der ›Reihenfolge‹ von individuellen Lern- und Entwicklungsschritten, die vom Jungtier in dieser ›Jugendphase‹ durchgemacht werden (vgl. S. 152 ff). Bei der Entstehung der ›gesellschaftlichen Natur‹ des Menschen in Rückwirkung von Frühformen gesellschaftlicher Arbeit auf die genomische Information hat sich nun aber diese Entwicklung zwar *einerseits fortgesetzt*, mußte sich aber gerade dadurch in gewisser Weise *selbst aufheben*: Die Anpassung an die von *den Menschen selbst in neuer Größenordnung der Progression geschaffenen gesellschaftlichen Lebensverhältnisse* erforderte zwar eine immer verlängerte ›Vorbereitungszeit‹ der Individuen auf die Teilhabe an der gesellschaftlichen Lebensgewinnung, wobei aber gerade dadurch eine *phylogenetisch programmierte* Abgrenzung einer Phase der Jugendzeit vom ›Erwachsenen‹-Dasein *zunehmend unfunktional* wurde und sich so evolutionär zurückbildete. Nur, indem dadurch der Mensch *seiner Natur nach praktisch lebenslang lern- und entwicklungsfähig* wurde, konnte er die rapid wachsenden Anforderungen der sich historisch entwickelnden gesellschaftlichen Lebensgewinnungsformen individuell realisieren und ist so ›biologisch‹ dazu fähig, die *unabgeschlossene gesellschaftlich-historische Entwicklung* in seiner *individuellen* Entwicklung *immer wieder* ›einzuholen‹ und so durch seine Beiträge an der Reproduktion der jeweiligen Lebensgewinnungsform mitzuwirken. Einschränkungen und Begrenzungen der lebenslangen Entwicklung der Individuen sind also *nicht biologisch*, sondern *gesellschaftlich* bedingt.

Ebenso mußte, da die menschlichen Individuen sich *nicht mehr* in eine *im Prinzip konstante ›artspezifische Umwelt‹* mit in phylogenetischer Größenordnung gleichbleibenden Ausprägungen aktueller Varianten hineinentwickeln, die *phylogenetisch programmierte Reihenfolge* von individuellen *Lern- und Entwicklungsphasen* als ›unfunktional‹ evolutionär ›wegselegiert‹ werden. Die jeweils effektivste bzw. sachlich zwingende Reihenfolge von Lern- und Entwicklungsschritten ist ja abhängig vom zu erreichenden Entwicklungsresultat, das aber mit der *gesellschaftlich-historischen Entwicklung*, deren jeweiliger Stand von den Individuen zu reproduzieren ist, sich ändert. Der Mensch muß demnach seiner ›gesellschaftlichen Natur‹ nach dazu fähig sein, die der Eigenart der *jeweiligen gesellschaftlichen ›Anforderungen‹ gemäße Reihenfolge von Entwicklungsschritten* herauszubilden, was eine *phylogenetische* Festlegung solcher Schritte ausschließt. Wir verfügen mithin bei unserem Versuch einer ontogenetischen Differenzierung der bisher erarbeiteten kategorialen Bestimmungen mit Bezug auf die phylogenetisch gewordene ›gesellschaftliche Natur‹ des Menschen nach wie vor lediglich über die *allgemeinen psychischen Dimensionen und Funktionsaspekte,* wie wir sie funktional-historisch herausgearbeitet haben. Demnach lassen sich in der Ontogenese des Menschen (in der Frühzeit) zwar bestimmte *physiologische* Reifungs-und Entwicklungsprozesse ausmachen, die Annahme *biologisch* präformierter Phasen, Verlaufsweisen etc. der menschlichen Ontogenese ist jedoch *in jedem Fall ungerechtfertigt*. Wenn dies aber so ist, auf welche Weise (da nicht ›funktional-historisch‹) kann man *sonst* zu kategorialen Differenzierungen über den Verlauf und die Gesetze der ontogenetischen Entwicklung des Menschen gelangen?

Den Ansatz zur Klärung dieser Frage finden wir, wenn wir uns verdeutlichen, daß in der Herausarbeitung der kategorialen Bestimmungen menschlicher Handlungsfähigkeit der Aufweis des Zusammenhangs zwischen gesellschaftlicher Lebensgewinnung und individueller Existenzsicherung von zentraler Relevanz ist: Einerseits ist, wie dargelegt, die individuelle Daseinserhaltung/-entfaltung nur als gerichtet auf die Teilhabe an der Verfügung über den gesamtgesellschaftlichen Prozeß adäquat kategorial zu erfassen. Anderseits aber ist der ›gesamtgesellschaftliche Lebensgewinnungsprozeß‹ nur als permanentes Resultat der Beiträge von Einzelnen zur gesellschaftlichen Lebensgewinnung real und denkbar. Von da aus ergibt sich, daß sowohl vom Standpunkt der ›Erhaltung‹ ›der Gesellschaft‹ wie vom (diesen einschließenden) Standpunkt der ›Erhaltung‹ des Individuums die dargelegte personale *Handlungsfähigkeit* des Individuums in *dessen Geschichte* stets auf irgendeine Weise reproduzierbar werden muß. Dies schließt aber auch bestimmte *Grundzüge des Prozesses der kindlichen Individualgeschichte* ein, durch welche die Individuen zu allererst handlungsfähig *werden*, somit den Gesellschaftsprozeß als Grundlage ihrer eigenen Existenz ›mittragen können‹: nämlich mindestens solche, aus denen die *Herausbildung der Handlungsfähigkeit* (in all ihrer geschilderten historischen Beschränktheit und Widersprüchlichkeit) praktisch real und *wissenschaftlich verständlich* sind. Wir haben also bei den folgenden Kategorialanalysen *vom Prozeßtyp der (entwickelten) Handlungsfähigkeit aus*, wie er bisher dargestellt wurde, *entwicklungslogisch zu rekonstruieren*, welche Charakteristika dem *dahin führenden ontogenetischen Entwicklungsprozeß (mindestens) zukommen* müssen, damit die *individualgeschichtliche Entstehung* von ›Handlungsfähigkeit‹ *als möglich* begriffen werden kann.

Die so von uns unterschiedenen beiden Momente der Individualgeschichte, der Reproduktionsprozeß individueller Handlungsfähigkeit und der personale Entwicklungsprozeß zur Handlungsfähigkeit sind damit (wie aus unserem Gesamtansatz klar) nicht äußerlich gegenübergestellt: Der Verlauf/die Resultate des Entwicklungsprozesses *zur* Handlungsfähigkeit sind vielmehr notwendig im individuellen Reproduktionsprozeß *der* Handlungsfähigkeit aufgehoben, prägen dessen Charakter als Entwicklung, Stagnation, Regression und dabei die *je individuelle Eigenart* der geschilderten inhaltlich-funktionalen Züge der personalen Handlungsfähigkeit/Befindlichkeit.

Wie im übergreifenden Geschichtsprozeß, so ist mithin auch im Prozeß der Individualgeschichte jeder ›gegenwärtige‹ Zustand nur bei Heraushebung seiner ›historischen Tiefe‹, d.h. der Art und Weise, wie frühere Entwicklungsresultate hier ›*historisch gegenwärtig*‹ sind, adäquat analysierbar. Während jedoch im naturgeschichtlich-geschichtlichen Prozeß die Analyse der Vorgeschichte des ›gegenwärtigen Zustands‹ allein den Zweck hat, die menschliche ›Gegenwart‹ durchdringbar und begreifbar zu machen, ist bei der Kategorialanalyse der menschlichen Individualgeschichte die *gesamte* Lebensspanne von ihrem Beginn (etwa der ›Geburt‹) an *gleichermaßen* relevant, da die subjektwissenschaftliche Thematisierung individueller Lebenstätigkeit die *Entwicklung/Prozeßhaftigkeit der Subjektivität* notwendig einschließt (s.u.).

Die Entwicklungszüge der Unmittelbarkeitsüberschreitung und der Bedeutungsverallgemeinerung als ›re-duktiv‹ rekonstruierbare ontogenetische Voraussetzungen der Handlungsfähigkeit

Wenn wir nun also die (entwickelte) Handlungsfähigkeit ›re-duktiv‹ daraufhin explizieren, welche ontogenetischen Entwicklungsprozesse ihr *(mindestens) vorhergegangen* sein müssen, damit sie ›*entwicklungslogisch*‹ *als möglich* verständlich wird, so läßt sich in einem *ersten Rekonstruktions-Schritt* feststellen: Da die psychischen Aspekte der *gesamtgesellschaftlichen Vermitteltheit* individueller Existenz (wie wir sie herausgehoben haben) dem Individuum nicht einfach zukommen, sondern in *Überschreitung* der *unmittelbaren* Lebenslage/Lebenspraxis im Reproduktionsbereich immer wieder neu realisiert werden müssen, kann man auch bei der Thematisierung der *ontogenetischen* Dimension nicht davon ausgehen, daß die Charakteristika gesamtgesellschaftlicher Vermitteltheit des Psychischen dem sich entwickelnden Individuum *von allem Anfang an zukommen*: Vielmehr muß dem Prozeß der individualgeschichtlichen Reproduktion (gesamtgesellschaftlich vermittelter) Handlungsfähigkeit *entwicklungslogisch notwendig* ein *ontogenetischer Prozeß* vorhergehen, durch welchen in Überschreitung der Unmittelbarkeit die *gesamtgesellschaftlich vermittelte Handlungsfähigkeit allererst erreicht* wird. Dabei ist dieser ontogenetische Entwicklungsprozeß als *Weg* von der individualgeschichtlichen Unmittelbarkeit zur Vermitteltheit von anderer Natur als der Reproduktionsprozeß der gesamtgesellschaftlich vermittelten Handlungsfähigkeit selbst, der dadurch ermöglicht wird. Die Differenz zwischen dem ›Ausgangspunkt‹ und dem ›Endpunkt‹ dieses speziellen Entwicklungszugs darf dabei unter kategorial-entwicklungslogischen Kriterien durch nichts anderes charakterisiert werden als durch das Begriffspaar ›*Unmittelbarkeit-Vermitteltheit*‹, d.h. daß dem ›Ausgangspunkt‹ dieses Prozeßtyps *alle von uns früher herausgearbeiteten Kennzeichen der individuellen Handlungsfähigkeit abzüglich ihrer gesamtgesellschaftlichen Vermitteltheit* zugesprochen werden müssen. Damit wäre der *Ausgangspunkt* des *Entwicklungszugs der Unmittelbar-*

keitsüberschreitung global zu charakterisieren durch die Merkmale der *lediglich ›kooperativen‹ Weise gesellschaftlich-individueller Lebensgewinnung*, wie wir sie früher (bes. in Kap. 7.2) in ihrem psychischen Aspekt gekennzeichnet haben.

Von da aus stellt sich nun für uns die Frage, ob durch den rekonstruktiven Rückgang auf den *lediglich kooperativ-gesellschaftlichen* Aspekt der Handlungsfähigkeit und den *daran ansetzenden Prozeß der Unmittelbarkeitsüberschreitung* die individualgeschichtlichen Entstehungsvoraussetzungen der Handlungsfähigkeit bereits hinreichend benannt sind, oder ob hier noch ein *vorgängiger weiterer Entwicklungszug* entwicklungslogisch rekonstruierbar ist, durch den die Handlungsfähigkeit in ihrem bloß *kooperativ*-gesellschaftlichen Aspekt nun *ihrerseits erst* als ontogenetisch entstanden begreiflich wird. Die Antwort auf diese Frage ergibt sich, wenn wir uns klar machen, daß in der Möglichkeitsbeziehung gesamtgesellschaftlich vermittelter Handlungsfähigkeit gleichzeitig die *gesellschaftliche Allgemeinheit* der Bedeutungen als Handlungsmöglichkeiten, d.h. deren Charakter als Möglichkeiten zur Teilhabe an *verallgemeinerter* gesellschaftlicher Lebensgewinnung, und *darin* erst auch *individueller* Existenzsicherung/Daseinsentfaltung subjektiv erfaßt und realisiert wird: Nur aus der so verstandenen ›Allgemeinheit‹ der Bedeutungen als Handlungsmöglichkeiten erwächst ja die dargestellte existentielle ›Entlastung‹ als Implikat der ›gnostischen Distanz‹, des bewußten ›Verhaltens zu‹ und der ›Möglichkeitsbeziehung‹ gesamtgesellschaftlich vermittelter Lebensgewinnung der Individuen (vgl. S. 233 ff). In der Absehung von der ›Vermitteltheit‹ der Handlungsfähigkeit in unserem ersten ›re-duktiven‹ Rekonstruktionsschritt, damit dem Aufweis des lediglich kooperativ-gesellschaftlichen Aspekts als Ausgangspunkt der Unmittelbarkeitsüberschreitung, ist nun aber von der *mit der Handlungsfähigkeit notwendig verbundenen Erfassung des gesellschaftlich-allgemeinen Charakters der Bedeutungen keineswegs auch abgesehen*: Die Bedeutungen/Denkformen des ›Verallgemeinerten-Gemachtseins-Zu‹, des ›verallgemeinerten Produzenten‹ und ›verallgemeinerten Nutzers‹ (zusammengefaßt als ›verallgemeinerten anderen‹), als deren ›Fall‹ sich das Individuum bei seiner gesellschaftlich-individuellen Existenzerhaltung erkennen muß, sind ja von uns gerade bei dem Aufweis der Funktionsbestimmungen lediglich *kooperativ*-gesellschaftlicher Handlungsfähigkeit als psychischem Aspekt der *›gesellschaftlichen Natur‹* des Menschen (in Kap. 7.2) herausgearbeitet worden, womit wir erst die Voraussetzungen für die Analyse der abermals neuen Qualität dieser Funktionsbestimmungen bei gesamtgesellschaftlicher Vermitteltheit individueller Existenz (in Kap. 7.3) geschaffen haben.

Wir haben mithin über den aufgewiesenen Entwicklungszug der ›Unmittelbarkeitsüberschreitung‹ hinaus und diesem entwicklungslogisch vorausgesetzt einen *weiteren ontogenetischen Entwicklungszug* als individualgeschichtliche Möglichkeitsbedingung der Handlungsfähigkeit anzunehmen: den Entwicklungszug der *individuellen ›Bedeutungsverallgemeinerung‹*, der dadurch gekennzeichnet ist, daß hier die in den objektiven Bedeutungen liegenden vergegenständlichten allgemeinen Bestimmungen gesellschaftlich-individueller Existenzerhaltung (in ihren aufgewiesenen sachlichen und sozialen Momenten) vom Subjekt in einem *ontogenetischen Verallgemeinerungsprozeß* der Welt- und Selbstsicht/Lebenspraxis *allererst angeeignet* werden. Das *›Resultat‹* dieses Entwicklungszugs ist die kooperativ-gesellschaftlich bestimmte Handlungsfähigkeit, die wiederum *Voraussetzung* für den entwicklungslogisch nachgeordneten Zug der ›Unmittelbarkeitsüberschreitung‹ mit dem Resultat des Prozeßtyps der Reproduktion (voll entfalteter) Handlungsfähigkeit in der Individualgeschichte ist. Den entwicklungslogischen *›Ausgangspunkt‹* der ontogenetischen Bedeutungsverallgemeinerung gewinnt man durch *Absehung vom verallgemeinert-gesellschaftlichen Charakter der Bedeutungen*, womit eine ontogenetische Verfassung der Individuen angenommen ist, in welcher sie die objektiv verallgemeinert-gesellschaftlichen Bedeutungen so erfahren, *als ob* sie *lediglich Handlungsdeterminanten* in einer *bloß naturhaft-individuellen ›Umwelt‹* wären, bzw. präziser, solche *unspezifischen* Momente der gesellschaftlichen Bedeutungskonstellationen, die diese mit *naturhaft-individuellen ›Umwelt‹-Bedeutungen gemeinsam* haben.

Aus unseren Darlegungen über den ›Ausgangspunkt‹ geht hervor, daß der *entwicklungslogische Rückgang* auf den geschilderten Entwicklungstypen *noch vorgeordnete* ontogenetische Entwicklungszüge in *kategorialer Explikation der Bestimmungen menschlicher Handlungsfähigkeit nicht mehr möglich* sein kann. Mit dem Absehen von der gesellschaftlichen Allgemeinheit der Bedeutungen ist nämlich von der ›Zweck-Mittel-Verkehrung‹ als elementarem Kennzeichen ›menschlicher‹ Lebensgewinnung (vgl. Kap. 5.2, S. 159 ff) abgesehen: Ontogenetische Entwicklungszüge ›jenseits‹ der subjektiven Bedeutungsverallgemeinerung liegen mithin *unterhalb des Spezifitätsniveaus menschlicher Handlungsfähigkeit überhaupt*, sind also im *rekonstruktiven ›Rückgang‹* von *deren* wesentlichen Bestimmungen auf die sie ermöglichenden individual-geschichtlichen Entwicklungsvoraussetzungen *nicht mehr kategorialanalytisch ableitbar*.

Mit den drei Prozeßtypen der *›Bedeutungsverallgemeinerung‹*, der *›Unmittelbarkeitsüberschreitung‹* und der *›Handlungsfähigkeitsreproduktion‹*[1] ist von uns eine (übergeordnete) *entwicklungslogische Sequenz*

---

[1] Ich bitte darum, solche langen zusammengesetzten Termini – um den Preis, daß damit das inhaltlich Gemeinte bereits in der Bezeichnung angedeutet ist – in Kauf zu nehmen. (Sprachlich befriedigendere Ausfaltungen, wie ›Realisierung der in den gesellschaftlichen Bedeutungen liegenden verallgemeinerten Zwecke‹ oder auch nur ›Überschreitung der Unmittelbarkeit‹ wären im Text als Kürzel kaum handhabbar.)

menschlicher Individualgeschichte herausgehoben worden. Dies heißt: Die Aufeinanderfolge der drei Prozeßtypen ist nicht beliebig, ist also auch nicht ein bloß empirisch konstatierbarer Tatbestand, sondern aufgrund eines ›logischen‹ *Voraussetzungsverhältnisses notwendig unumkehrbar*. Wie aus unseren Darlegungen hervorgeht, kann in der Ontogenese etwa nicht erst die Unmittelbarkeitsüberschreitung und dann die Bedeutungsverallgemeinerung auftreten, weil in der Unmittelbarkeitsüberschreitung die Bedeutungsverallgemeinerung notwendig vorausgesetzt ist (so, wie man z.B. nicht erst multiplizieren und dann addieren lernen kann, weil das Addieren im Multiplizieren als notwendiges Bestimmungsstück enthalten ist).

Außer der Bestimmung eines unumkehrbaren Voraussetzungsverhältnisses ist in der ›entwicklungslogischen Sequenz‹ über den realen ontogenetischen Prozeß *keine weitere Bestimmung* getroffen. Die Sequenz impliziert damit keine *chronologischen* Festlegungen darüber, wann, in *welchem Lebensalter*, der jeweils folgende Prozeßtyp erreicht wird. Ebensowenig sind darin Vorstellungen über jeweils die Gesamtentwicklung bestimmende, zeitlich voneinander absehbare *Entwicklungsstufen oder -phasen*[1] enthalten. Schließlich ist hier nicht einmal festgelegt, daß der *Entwicklungszug des jeweils vorgeordneten Prozeßtyps vollständig abgeschlossen* sein muß, ehe der *nächste Prozeßtyp* einsetzen kann. Man muß vielmehr, wie bei jedem Entwicklungsprozeß, so auch hier (in der früher dargelegten Weise) zwischen dem *ersten Auftreten* einer neuen Funktion (Funktionswechsel) und ihrer *Durchsetzung* gegenüber der früheren Funktion (Dominanzwechsel) unterscheiden. Demnach können z.B. innerhalb des Entwicklungszugs der Bedeutungsverallgemeinerung – nach Maßgabe der Entfaltung der dazu nötigen Voraussetzungen – bereits *Vorformen der Unmittelbarkeitsüberschreitung* auftreten, die aber erst, wenn die *Bedeutungsverallgemeinerung ein entsprechendes Niveau* erreicht hat, *dominant* zu werden vermögen. Entsprechendes gilt für Vorformen der Handlungsfähigkeitsreproduktion innerhalb des Entwicklungszugs der Unmittelbarkeitsüberschreitung (und diesem untergeordnet) etc. (s.u.).

---

1 Um Kontaminationen mit den gebräuchlichen entwicklungspsychologischen Stufen- oder Phasenkonzepten zu vermeiden, reden wir hier stattdessen von ›Entwicklungszügen‹, ›Prozeßtypen‹ u.ä.: Damit soll auf ein jeweils besonderes ontogenetisches Entwicklungsprinzip abgehoben werden, das mit der Kontinuität der Entwicklung voll vereinbar ist, und in dem über das Entwicklungstempo und dessen Veränderungen nichts ausgesagt ist.

Methodische Wendung der entwicklungslogisch rekonstruierten Prozeßtypen als Leitgesichtspunkte für die weitere Kategorialanalyse der Ontogenese

Nachdem wir innerhalb unserer entwicklungslogischen Rekonstruktion, in quasi ›*absteigendem Verfahren*‹, die genannten zwei Entwicklungszüge aus den zentralen Bestimmungen der Handlungsfähigkeit als wesentliche ontogenetische Voraussetzungen ihrer Realität und Denkbarkeit expliziert haben, können wir nun, in ›*aufsteigendem Verfahren*‹, den ontogenetischen Prozeß von seinem *Anfang* an darauf hin rekonstruieren, welche Schlußfolgerungen für die früher differenzierend aufgewiesenen verschiedenen inhaltlichen und funktionalen Aspekte des Psychischen/der Handlungsfähigkeit sich ergeben, wenn man sie nunmehr in ihrer *ontogenetischen Prozeßhaftigkeit ausfaltet* und dabei als *bestimmt durch die übergeordneten Entwicklungszüge der Bedeutungsverallgemeinerung bzw. der Unmittelbarkeitsüberschreitung* analysiert. Wesentliche Anhaltspunkte für eine solche Analyse ergeben sich aus dem Umstand, daß wir gemäß unserer ›historischen‹ Herangehensweise an das Psychische bereits früher unter dem Konzept der ›*historischen Gegenwärtigkeit*‹ die inhaltlich-funktionalen Aspekte aus ihrem *genetischen Verhältnis* zueinander zu differenzieren und qualifizieren trachteten, sodaß keine einzige Erscheinung ohne die Angabe ihrer im Vergleich zu anderen *höheren* oder *geringeren Spezifik*, ihres *genetisch* ›*primären*‹ oder ›*sekundären*‹ Charakters, ihrer *höheren* oder *geringeren qualitativen Ausprägung* etc. von uns auseinandergelegt worden ist. Dies *impliziert* aber notwendigerweise immer schon die Annahme ›*entwickungslogischer Sequenzen*‹, aus denen sich *allein* Bestimmungen über Spezifitäts- und Qualifizierungsverhältnisse innerhalb der ›*historischen Gegenwärtigkeit*‹ des Psychischen begründen lassen. Nur, daß der dabei analysierte Entwicklungsprozeß nicht der *ontogenetische* Prozeß, sondern der *übergeordnete naturgeschichtlich-geschichtliche Prozeß* war. Die nun vor uns stehende Aufgabe läßt sich mithin präzisieren als Klärung der Konsequenzen, die sich aus den bisher herausgearbeiteten Spezifizierungs- und Qualifizierungsverhältnissen des Psychischen/der Handlungsfähigkeit in näherer Bestimmung der drei schon benannten Prozeßtypen für die *kategoriale Aufschließung* der *Dimensionen, Verlaufs- und Bewegungsgesetze menschlicher Individualgeschichte* ergeben.

Dabei lassen sich aus unseren früheren Darlegungen bereits vorab gewisse generelle Hinweise auf die in Verfolgung dieser Fragestellung anzusetzenden *Begründungs- und Argumentationsweisen* machen: Oft wird die genannte Aufgabe schon dadurch zu lösen sein, daß die ontogenetische Spezifizierung/Qualifizierung eines bestimmten psychischen Aspekts einfach als *Implikat* der Bedeutungsverallgemeinerung bzw. Unmittelbarkeitsüberschreitung aufgewiesen werden kann; dies dann, wenn es sich dabei lediglich um nähere Bestimmungen des Prozesses der Bedeutungsverallgemeinerung/Unmittelbarkeitsüberschreitung selber handelt. Zusätzliche Bestimmungen können sich jedoch im Hinblick darauf ergeben, ob eine bestimmte Erscheinung im jeweils höheren Prozeßtyp als *spezifisch aufgehoben,* als nur *sekundär mitentwickelt,* oder als *lediglich unspezifisch überformt* zu charakterisieren ist. In diesem Zusammenhang ist auch zu klären, wieweit sich *innerhalb* eines (jeweils in der geschilderten Weise durch ›entwicklungslogische‹ Anfangs- und Endpunkte gekennzeichneten) Prozeßtyps noch weitere, *nachgeordnete entwicklungslogische Sequenzen* als *Zwischensequenzen vom Ausgangspunkt zum Resultat des Entwicklungszugs* herausheben lassen. Generell muß darin faßbar werden, wieweit eine gewisse psychische Erscheinung mit einem Prozeßtyp in der besonderen Qualität *neu entsteht* (Funktionswechsel) bzw. wieweit sie schon vorher sich herausgebildet hatte und sich nun im neuen Zusammenhang lediglich *spezifiziert* und schließlich durchsetzt (Dominanzwechsel). Dies verweist auf die Frage der *ontogenetischen Explikation* der inhaltlich-funktionalen Aspekte des Psychischen, die ›*unterhalb*‹ des *Spezifitätsniveaus* der Handlungsfähigkeit, also auch *unterhalb der beiden Prozeßtypen,* zu orten sind, daraufhin, wieweit sie *individualgeschichtlich* für die *Handlungsfähigkeitsgenese bestimmend* sind, wieweit ihnen dabei nur sekundäre Bedeutung zukommt bzw. wieweit sie als lediglich *unspezifische Funktionsgrundlagen der Handlungsfähigkeit erhalten* bleiben. – Die zentrale übergeordnete Frage solcher individualgeschichtlichen Kategorialanalysen ist die nach den *Bewegungsmomenten* , durch welche es jeweils zu *Differenzierungen, Spezifizierungen, qualitativen Sprüngen* des individualgeschichtlichen Prozesses kommen kann. Dabei ist klar, daß wir das allgemeine Verfahren der *Widerspruchsanalyse,* wie wir es auf der Grundlage materialistischer Dialektik bei unserer kategorialen Aufschließung des Psychischen aus dem naturgeschichtlich-geschichtlichen Prozeß entwickelten, auch auf den *individualgeschichtlichen Prozeß,* der ja als Mikroaspekt der Naturgeschichte/Geschichte ein *historischer Prozeß im eigentlichsten und engsten Sinne* ist, anwenden müssen. Ebenso klar aber ist, daß dabei die *Herausarbeitung der konkreten Entwicklungswidersprüche mit ihren* ›*Polen*‹ sich den Spezifika des *individual*geschichtlichen Prozesses anzumessen und dabei an den jeweils konkreten Übergängen zwischen den Prozeßtypen (bzw. zu diesen hin) unter Berücksichtigung der Besonderheit der je involvierten inhaltlichen bzw. funktionalen Aspekte des Psychischen anzusetzen hat.

Grundsätzlich ist bei all dem zu bedenken, daß zwar die *Weise der Welt- und Selbstbegegnung* des Individuums sich *ontogenetisch entwickelt,* daß ja aber die *objektiven gesellschaftlichen Verhältnisse in ihrer historisch bestimmten Lage- und Positionsspezifik* dabei die *realen Entwicklungsbedingungen* darstellen. Damit ist einmal gesagt, daß die ontogenetische Entwicklung hin zum Prozeßtyp der individuellen Reproduktion von Handlungsfähigkeit (in den Entwicklungszügen der Bedeutungsverallgemeinerung und der Unmittelbarkeitsüberschreitung) durch eine grundlegende, sich im Entwicklungsprozeß selbst wandelnde und reduzierende *Diskrepanz* zwischen den *objektiven* Beschaffenheiten menschlicher Lebensbedingungen in ihrer gesamtgesellschaftlichen Vermitteltheit und ihrer *phänomenalen Realität* für das *sich entwickelnde Individuum* gekennzeichnet ist. Die Ontogenese stellt so gesehen eine durch die Eigenart der jeweiligen Entwicklungszüge bzw. den Stand ihrer Ausprägung bestimmte, sukzessiv aufgehobene ›Realabstraktion‹ von den *formationsbestimmten Lage- und Positionsspezifika der gesellschaftlichen Lebensbedingungen* des Individuums dar. Damit ist zum anderen aber auch gesagt, daß das Individuum von seinem *ersten Lebenstage an objektiv unter konkreten gesellschaftlichen Bedingungen*, also etwa auch *formationsspezifischen Unterdrückungsverhältnissen* als *bürgerliche Klassenrealität* sich entwickelt. Durch die Weise der Weltbegegnung/Lebenspraxis innerhalb der genannten ontogenetischen Entwicklungszüge (und davor) werden mithin die je besonderen *gesamtgesellschaftlichen Herrschaftsverhältnisse und deren Mystifikation*, wie sie sich in der unmittelbaren Lebenslage/Praxis niederschlagen, *nicht etwa bis zum ›Erwachsensein‹* o.ä. *suspendiert*, sondern sie werden lediglich in *Abhängigkeit vom ontogenetischen ›Entwicklungsstand‹* in durch die Prozeßnatur der Entwicklungszüge bedingter unterschiedlicher Modalität, quasi in *für das Subjekt unterschiedlich verallgemeinerbarer und ›vermittelbarer‹ Weise*, wirksam (s.u.).

Aus dem methodischen Gesamtansatz der hier zu vollziehenden ontogenetischen Kategorialanalyse, der entwicklungslogischen Rekonstruktion der Handlungsfähigkeit etc., verdeutlichen sich in diesem besonderen Zusammenhang die *Grenzen* der bloß kategorialanalytischen Vorgehensweise. So kann der ›Erwachsene‹ hier lediglich als *Verkörperung bereits entwickelter Handlungsfähigkeit*, also unter Absehung von seiner Konkretion etwa als ›Vater‹, ›Mutter‹, sonstige ›Bezugsperson‹, berücksichtigt werden. Ebenso müssen alle Momente der Welt- und Selbstbeziehung *des Kindes* beiseitebleiben, die sich nicht auf der *Dimension der Diskrepanz zur bzw. Annäherung an die Handlungsfähigkeit des ›Erwachsenen‹ abbilden* lassen, also insbesondere auch die kindlichen Beziehungen zu anderen Kindern, Geschwistern, später ›peers‹ etc. Schließlich entfallen hier alle *Differenzierungen der institutionellen Entwicklungsbedingungen über die früher dargelegten allgemeinen Kennzeichen der formationsbestimmten Lage- und Positionsspezifik hinaus*, also etwa von konkreten realhistorischen Verhältnissen abhängige Charakteristika der ›Familie‹, der ›Krippe‹, aber auch geschlechts-, klassen- und schichtspezifische Besonderheiten der Entwicklung. All solche Problemaspekte der Ontogenese können nur in *einzeltheoretisch-aktualempirischen Analysen* auf der Basis unserer aus der entwicklungslogischen Rekonstruktion des Verhältnisses zwischen ›dem‹ Erwachsenen und ›dem‹ Kind zu gewinnenden kategorialen Gesichtspunkte untersucht werden (vgl. auch Kap. 9, S. 509 ff). Derartige Analysen sind (seit rund fünf Jahren) in unserem Forschungsprojekt »Subjektentwicklung in der frühen Kindheit« (SUFKI) im Gang (und werden zu gegebener Zeit in umfassender Weise veröffentlicht werden).

Aus dem Umstand, daß die jeweiligen realhistorischen Konkretisierungen und Differenzierungen bei der Kategorialanalyse ›durch die Maschen‹ fallen müssen, ergibt sich (wie generell) bei der folgenden entwicklungslogischen Rekonstruktion das Darstellungsproblem der inhaltlichen Veranschaulichung der jeweiligen aufgewiesenen kategorialen Bestimmungen: Einerseits ist es in vielen Darstellungszusammenhängen unumgänglich, das Gesagte unter Rekurs auf die allgemeine Lebenserfahrung zu verdeutlichen, andererseits aber besteht die Gefahr, daß dabei realhistorische Konkretisierungen unterlaufen, die ›eigentlich‹ erst auf einzeltheoretisch-aktualempirischer Ebene wissenschaftlich begründet anzugehen wären. Sofern wir aufgrund dieses Dilemmas (was häufiger der Fall war) in die Grauzone zwischen Kategorialanalyse und einzeltheoretischer Hypothesenbildung hineingeraten, so sind derartige Darlegungen generell nur als unverbindliche Illustrationen zu werten, die sowohl hinsichtlich ihrer strengen einzeltheoretischen Fassung wie hinsichtlich ihrer aktualempirischen Fundiertheit späterer Nachprüfung bedürftig sind.

8.2 Der ontogenetische Entwicklungszug der Bedeutungsverallgemeinerung zur kooperativ-gesellschaftlichen Bedingungsverfügung

Entwicklungsdimensionen und -widersprüche vom (relativ) unspezifischen ›Vorlauf‹ der Ontogenese in Richtung auf die Spezifizierung zur Bedeutungsverallgemeinerung

Wenn wir nun also im ›*aufsteigenden Verfahren*‹ zunächst die Dimensionen und Widersprüche der Entwicklung zur Bedeutungsverallgemeinerung, also zum noch bloß kooperativ-gesellschaftlichen Welt- und Selbstbezug des Individuums zu rekonstruieren haben, so stellt sich damit für uns die Frage nach solchen Dimensionen/Widersprüchen, durch welche die Entwicklung vom ›Anfang‹ der Ontogenese (einerlei, ob man die ›Geburt‹ oder irgendein noch pränatales Stadium als diesen ›Anfang‹ definieren will) bis zum Entwicklungstyp der Bedeutungsverallgemeinerung kategorial aufschließbar gemacht werden kann: Da – wie dargelegt – die Entwicklungsweise der Bedeutungsverallgemeinerung nicht von Anfang an die Ontogenese bestimmen kann, sondern erst innerhalb der Individualgeschichte entsteht, müssen wir hier nämlich von der Annahme eines *ontogenetischen* ›*Vorlaufs*‹ ausgehen, und es sind von uns jene Dimensionen/Widersprüche aufzuweisen, mit welchen der ›*Vorlauf*‹ *die Prozeßqualität der Bedeutungsverallgemeinerung* gewinnen und weiterhin dieser *neue Prozeßtyp für die Ontogenese bestimmend* werden kann.

Da mit Bezug auf diesen ontogenetischen ›Vorlauf‹ nach den (relativ) *unspezifischen* Voraussetzungen des Entwicklungszugs gefragt ist, *innerhalb* dessen sich dann die Bestimmungen des verallgemeinerten Bedeutungsbezugs der Handlungsfähigkeit entfalten, sind wir mit unserem Problem der Dimensionen/Widersprüche der Ontogenese hier auf unsere früheren kategorialen Differenzierungen verschiedener Aspekte und Ebenen der *Perzeptions-Wertungs-Operations-Koordination* zunächst ›*unterhalb*‹ der Ebene der *individuell geplanten Aktivitätsregulation als* ›*Untereinheit*‹ *der menschlichen Handlungen* verwiesen; genereller auf jene inhaltlich-funktionalen Differenzierungen und Qualifizierungen, wie wir sie als *verschieden spezifische*, in der ›historischen Gegenwärtigkeit‹ der gesellschaftlichen Natur des Menschen und des darin enthaltenen Weltbezugs enthaltene Bestimmungen (in Kap. 6.2 und 7.2) herausgehoben haben.

Die *elementarsten Funktionsebenen* der Perzeptions-Wertungs-Operations-Koordination, die Ebene der ›*Gradientenorientierung*‹, der ›*Aussonderung/Identifizierung*‹ und der ›*Diskrimination/Gliederung*‹ (in ihren elementarsten, innerhalb höherer Funktionen aufgehobenen Kennzeichen) sind von uns funktional-historisch als *festgelegte* funktionale *Voraussetzungen* für *individuelle Lernprozesse* aufgewiesen worden (vgl. S. 250 ff). Projiziert auf die ontogenetische Dimension bedeutet dies, daß solche Funktionsebenen als ›angeboren‹ zu betrachten sind, d.h. *entweder am Beginn der Ontogenese schon* ›*funktionsfähig*‹ oder durch einen physiologischen *Reifungs*prozeß sich zur Funktionsfähigkeit entwickelnd. Ob das eine oder andere zutrifft und ggf. welchen Förderungs-/Hemmungsbedingungen ein solcher Reifungsprozeß unterliegt, und in welchen zeitlichen Erstreckungen er sich vollzieht, dies ist nicht kategorialanalytisch, sondern nur aktualempirisch auszumachen (man wird dabei an die Markscheiden-Reifungen und Synapsenbildungen von der pränatalen Phase an bis etwa zum Ende des ersten Lebensjahres denken, was natürlich nicht heißt, daß man damit während dieser Zeit eigentliche Lernprozesse ausschließen dürfte).

Als elementarste Funktionsebene menschlichen Lernens ist von uns die Ebene *biologisch präformierter, subsidiär gesellschaftlich modifizier-*

ter Schlüsselkonstellationen im Bereich existenzsichernder und sexueller Primärbedeutungen/-bedürfnisse herausgearbeitet worden (vgl. S. 257 ff). *Ontogenetisch gewendet* heißt dies einerseits, daß innerhalb des benannten ›Vorlaufs‹ *subsidiäre Lernprozesse* der genannten Art, durch welche die *existenzsichernden und sexuellen Primärbedeutungen/-bedürfnisse des Kindes* modifiziert werden, (in kategorial nicht auszumachenden Erscheinungsformen und zeitlichen Bestimmungen) anzunehmen sind. Anderseits aber ergibt sich aus der dargelegten *Eigenart* von auf Primärbedeutungen-/bedürfnisse bezogenen subsidiären Lernprozessen, daß solche Lernvorgänge für die Individualentwicklung hin zum Entwicklungszug der Bedeutungsverallgemeinerung *nicht bestimmend* sein können; dies schließt auch ein, daß die benannte gesellschaftliche Modifikation der Schlüsselkonstellationen nicht aus den subsidiären Lernprozessen selbst erklärlich ist, sondern lediglich als sekundäres Resultat *anderer*, für die individuelle Vergesellschaftung *bestimmender* Lernprozesse betrachtet werden darf.

Damit stoßen wir hier in neuem Zusammenhang auf den früher aufgewiesenen Umstand, daß nicht die Primärbedeutungen/bedürfnisse, sondern die *Orientierungsbedeutungen und zugeordneten Bedürfnisformen* die *bestimmende Dimension* der Entwicklung zur menschlichen Vergesellschaftung in *autarken Lernprozessen* ist. Die *bestimmende* Dimension des Übergangs vom ontogenetischen ›Vorlauf‹ zum Prozeßtyp der Bedeutungsverallgemeinerung ist mithin die Dimension der *Spezifizierung von autark gelernten Orientierungsbedeutungen* zu *Arbeitsmittelbedeutungen* bzw., ontogenetisch gewendet, die Dimension von der individuellen Realisierung derjenigen allgemeinen Charakteristika der Mittelbedeutungen, die diese mit *unspezifischen gelernten Orientierungsbedeutungen gemeinsam* haben, bis hin zum Prozeß der individuellen *Realisierung* der Mittelbedeutungen in ihrer verallgemeinerten gesellschaftlichen Produziertheit, also Erfassung ihrer *Spezifik* im Zusammenhang kooperativ-gesellschaftlicher Lebensgewinnung. Mit diesem Übergang spezifiziert sich auch das früher herausgearbeitete *Verhältnis zwischen bestimmenden Orientierungs-/Mittelbedeutungen* samt zugeordneten Bedürfnissen und den *sekundären Primärbedeutungen/-bedürfnissen*, indem die ›subsidiäre‹ Modifikation der Primärbedeutungen/-bedürfnisse nunmehr den *Charakter der sekundären ›Mitvergesellschaftung‹ bzw. gesellschaftlichen Formung* gewinnt. In *funktionaler Konkretion* schließt dies ein den Übergang vom ›Probieren/Beobachten‹ als ›autark‹ gelernter *individueller Antizipation* mit der *entsprechenden frühen Ausdifferenzierung des Denkens* (vgl. S. 260 ff) zur *autark gelernten überindividuellen Antizipation*, wie sie in *kooperativ-gesellschaftlichen Zielkonstellationen als Grundcharakteristikum menschlichen ›Handelns‹* (vgl. S. 283 ff) aufgewiesen wurde.

Wir können mithin als Resultat der entwicklungslogischen Rekonstruktion der Dimensionen menschlicher Ontogenese an dieser Stelle kategorialanalytisch festhalten: Der Übergang vom geschilderten ontogenetischen Vorlauf zum Prozeßtyp der Bedeutungsverallgemeinerung ist in seiner bestimmenden Dimension zu kennzeichnen als Übergang vom ›Probieren/Beobachten‹ als höchster Spezifitätsebene der Perzeptions-Wertungs-Operations-Koordination ›unterhalb‹ der Ebene menschlichen Handelns zur Realisierung kooperativ-gesellschaftlicher Handlungszusammenhänge, damit *Überführung des Probierens/Beobachtens in die individuell geplante Aktivitätsregulation als ›operative‹ Untereinheit des Handelns* (vgl. S. 269 ff). Die Annahme der ontogenetischen *Entstehung* des Prozeßtyps der Bedeutungsverallgemeinerung fordert mit *entwicklungslogischer Notwendigkeit* die Annahme eines *vorgängigen, relativ unspezifischen Stadiums des ›Probierens/Beobachtens‹*, aus dem ein Entwicklungszug in Richtung auf Bedeutungsverallgemeinerung/kooperativ-gesellschaftliche Handlungsfähigkeit allein hervorgehen kann.

Was wir damit auf kategorialer Ebene *nicht* klären können, ist die Frage, wie die Prozesse des Probierens/Beobachtens nun *ihrerseits* ontogenetisch sich herausgebildet haben, und ob dabei möglicherweise noch *weitere Vorstadien*, etwa nach Art des ›Prüfens‹ als Vorläufer des Probierens/Beobachtens, anzunehmen sind (vgl. S. 262 ff) und welche ontogenetischen Besonderheiten dabei ggf. solchen Vorstadien zukommen. Auch die unspezifischen Funktionsebenen und -bereiche machen, wie dargelegt (vgl. S. 251), im Menschwerdungsprozeß eine eigene phylogenetische Entwicklung durch, wobei auch die Verlaufsweisen und Mechanismen der ontogenetischen Frühentwicklung, selbst wo sie noch ›unterhalb‹ der Spezifik menschlicher Handlungsfähigkeitsentwicklung liegen, ihre *nur dem Menschen zukommende Eigenheit* gewinnen. Damit resultieren hier im anthropogenetischen Prozeß über die früher funktional-historisch herausgearbeiteten Bestimmungen hinaus *weitere phylogenetische Differenzierungen*, die nur am ›Resultat‹ selbst, d.h. in *aktualempirischer* Erforschung der kindlichen Frühentwicklung ausgemacht werden können, wobei die funktional-historischen Kategorialbestimmungen den Leitfaden und die Fragestellungen für solche Forschungen hergeben würden. An dieser Stelle sind also keine weiteren, *ontogenetisch spezifizierten* Kategorialbestimmungen über die früher hergeleiteten hinaus möglich.

Aus der ontogenetischen Wendung unserer früheren kategorialen Analysen der gesellschaftlichen Natur des Menschen verdeutlicht sich, daß wir damit das überkommene ›Anlage-Umwelt-Problem‹ zwanglos einer Klärung nähergebracht haben: In den Bestimmungen der elementaren Funktionsebenen, als ›festgelegte‹ Basis für Lernprozesse, der auf Primärbedeutungen/-bedürfnisse bezogenen ›subsidiären‹ Lernprozesse und der verschiedenen Ausprägungen der auf Orientierungsbedeutungen/Mittelbedeutungen bezogenen ›autarken‹ Lernprozesse einschließlich der damit verbundenen Ebenen von Perzeptions-Wertungs-Operations-Koordinationen, ist ja jeweils ein *konkretes inhaltliches Ver-*

hältnis zwischen den *phylogenetischen Voraussetzungen* und den *gesellschaftlichen Realisierungsbedingungen menschlichen Lernens* mitgemeint. Das Anlage-Umwelt-Problem ist damit nicht mehr eine globale, in ›weltanschauliche‹ Bezirke hineinreichende Grundsatzfrage, sondern läßt sich im Zuge funktional-historischer Analysen *differenziert wissenschaftlich behandeln*. Dabei wird auch deutlich, daß – da ›Anlage‹-Faktoren auf menschlichem Niveau einzig als ›*gattungsmäßige*‹ Potenzen des Menschen zur individuellen Teilhabe an der *unabschließbaren* gesellschaftlichen Entwicklung adäquat wissenschaftlich zu fassen sind – *individuelle Unterschiede* des personalen Entwicklungsstandes o.ä. *niemals auf ›Anlage-Unterschiede‹ zurückgeführt* werden können, sondern immer als *Resultat der gesellschaftlichen Förderung oder Behinderung der Realisierung menschlicher Entwicklungsmöglichkeiten begriffen werden* müssen. – Scheinbar anlagebedingte ›Begabungsmängel‹ von Individuen sind mithin (abgesehen von manifesten Schädigungen) stets ideologische ›Hineinverlagerungen‹ von gesellschaftlichen Benachteiligungen ›in‹ die Individuen, womit die antagonistischen Klassenverhältnisse aus Ursachen menschlicher Verkümmerung in den ›natürlichen‹ Niederschlag genuiner menschlicher Ungleichheiten umgefälscht sind (zum Anlage-Umwelt-Problem vgl. die kritisch-psychologischen Analysen von SEIDEL & ULMANN [1977, 1978]).

Mit der ontogenetischen Fassung unserer funktional-historischen Differenzierung und Qualifizierung der ›gesellschaftlichen Natur‹ des Menschen sind über die angeführten globalen Bestimmungen hinaus auch die früheren, sehr ausführlichen Analysen des kognitiven, emotionalen, motivationalen Aspekts, die Konsequenzen für die Gliederung des Orientierungs-/Wahrnehmungsfeldes, die Spezifizierungen der individuellen Funktionsgrundlage etc. sinngemäß zur kategorialen Aufschliessung aktualempirischer Untersuchungen der kindlichen Entwicklung vom genannten ›Vorlauf‹ bis zur ›Bedeutungsverallgemeinerung‹ heranziehbar. Wir führen dies, um Wiederholungen zu vermeiden, hier nicht aus (vgl. Kap. 6.2 und 7.2). Stattdessen wenden wir uns der für unsere gegenwärtigen individualgeschichtlichen Kategorialanalysen *spezifischen* Frage nach den *Entwicklungswidersprüchen* der frühen Ontogenese zu, durch welche der Übergang vom ›Vorlauf‹ zum neuen Prozeßniveau der Bedeutungsverallgemeinerung *als Bewegung* zu begreifen ist.

Wenn wir gelegentlich von in der ›gesellschaftlichen Natur‹ des Menschen liegenden ›Potenzen‹ zur Individualentwicklung reden, so heißt dies (wie aus unserer Gesamtargumentation hervorgeht) *nicht*, daß die Entwicklung in Realisierung solcher Potenzen spontan und autonom ›*von innen*‹ her sich vollzieht: Die ›gesellschaftliche Natur‹, wie wir sie gefaßt haben, ist ja ein (durch Rückwirkung von Selektionsvorteilen der Anfänge gesellschaftlicher Lebensgewinnung auf die genomische Information entstandener) *Mensch-Welt-Zusammenhang*; damit ist also auf allen Spezifitätsniveaus und Qualitätsstufen ein *Verhältnis* zwischen mehr oder weniger spezifischen *Entwicklungspotenzen* und den entsprechend mehr oder weniger spezifischen *Bestimmungen der menschlichen Lebensbedingungen* angesprochen, mit Bezug auf welche die Rede von den Entwicklungspotenzen allein Inhalt und Sinn erhält. Die in der ›gesellschaftlichen Natur‹ liegenden Entwicklungspotenzen sind also nicht ›innere‹ Potenzen, zu denen die ›äußeren‹ konkret-historischen Bedingungen irgendwie fördernd oder hemmend ›hinzukommen‹, sondern Potenzen *zur* Entwicklung *in* jeweils konkret-historische Lebensbedingungen hinein. Die gesellschaftlichen Realisierungsbedingungen sind mithin ein *Bestimmungsmoment der menschlichen Entwicklungspotenzen* selbst. Diese können in ihrer menschlichen ›Artspezifik‹ als Potenzen zur individuellen Vergesellschaftung *nur* in gesellschaftlich-historischer Konkretion in Erscheinung treten und sind dabei auch als ›gelernte‹ Funktionsgrundlage (nach Maßgabe ihrer jeweiligen Spezifik bzw. Qualitätsstufe) gesellschaftlich-historisch konkretisiert: *Gerade darin* liegt ja ihre ›artspezifische‹, nur dem Menschen zukommende Eigenart *als* Entwicklungspotenzen der ›gesellschaftlichen Natur‹. Die Bewegungsweise menschlicher Individualentwicklung ist demnach global immer in irgendeiner Form die ›Aufhebung‹ von Entwicklungswidersprüchen mit je einem ›*personalen*‹, den jeweiligen Ausprägungsgrad der ›Potenzen‹ in ihrem konkreten Entwicklungsstand charakterisierenden Widerspruchspol und einem in den gesellschaftlichen Lebensbedingungen liegenden, ›*situativen*‹ Widerspruchspol. Beim ›Fehlen‹ eines dieser Pole ist nicht nur das Stattfinden von Entwicklung undenkbar, es entfällt damit auch der jeweils andere ›Pol‹ als ›innerer‹ Widerspruchspol, da er ja nur aus dem *Verhältnis* zu dem abwesenden Pol real und definierbar gewesen wäre.

Die Entwicklungswidersprüche innerhalb der Individualgeschichte *vor* dem Erreichen des Prozeßtyps der individuellen Reproduktion der Handlungsfähigkeit (lax formuliert, dem ›Erwachsensein‹), also die Bewegungsmomente des geschilderten ›Vorlaufs‹ sowie der ontogenetischen Entwicklungszüge der Bedeutungsverallgemeinerung und Unmittelbarkeitsüberschreitung, lassen sich darüberhinaus noch *spezifizieren*: Da eine grundlegende *Diskrepanz* zwischen den *objektiven* Beschaffenheiten menschlicher Lebensbedingungen/Bedeutungszusammenhänge bei gesamtgesellschaftlicher Vermitteltheit individueller Existenz und den *vom Kind* ›schon‹ als seine Lebenswelt realisierbaren bzw. *erfahrbaren* Zügen dieser gesellschaftlichen Lebensbedingungen besteht, müssen die Entwicklungswidersprüche in ihren personalen und situativen Polen hier gleichzeitig so beschaffen sein, daß mit ihrer Aufhebung die genannte *Diskrepanz sich reduziert*, also die Welterfahrung/Lebenspraxis des Kindes in irgendeinem Sinne und Grade *spezifischere gesellschaftliche Charakteristika der Lebensbedingungen/Bedeutungszusammenhänge* realisiert. Es sind diese Widerspruchsverhältnisse, durch welche sich die Bewegungsmomente der ontogenetischen Entwicklung *zur* Handlungsfähigkeit vom Lernprozeß des ›handlungsfähigen‹ Erwachsenen, für den die geschilderte Diskrepanz nicht mehr bestimmend ist, unterscheiden.

Für den gegenwärtig von uns diskutierten Entwicklungszug der *Bedeutungsverallgemeinerung* (samt ›Vorlauf‹) läßt sich dies so konkretisieren: Das Kind *lebt real in einer ›Welt‹ verallgemeinerter Bedeutungskonstellationen/Denkformen*, innerhalb derer mithin die *Beziehungen der Erwachsenen* zur Welt untereinander (mindestens) als *kooperatives Verhältnis spezifiziert* sind.[1] Die *Welterfahrung* des Kindes bleibt jedoch (durch die geschilderten ›Realabstraktionen‹) je nach seinem ›Entwicklungsstand‹ in unterschiedlichem Grade dahinter zurück, es erfährt die *gesellschaftlichen Bedeutungskonstellationen/Denkformen* sozusagen in verschiedengradiger entwicklungsbedingter ›*Entspezifizierung*‹. Der ontogenetische Entwicklungsprozeß, dessen Bewegungsmomente wir hier zu erfassen haben, ist mithin so gesehen eine *fortschreitende Aufhebung der Diskrepanz* zwischen dem *realen* gesellschaftlich-kooperativen Charakter verallgemeinerter Bedeutungskonstellationen/Denkformen seiner Lebenslage/-praxis und deren *entwicklungsbedingter ›Entspezifizierung‹* durch das Kind, bis hin zur ›Reduziertheit‹ der verallgemeinerten gesellschaftlichen Bedeutungen auf lediglich individuelle Bedeutungseinheiten in einer ›quasinatürlichen‹ Umwelt innerhalb der Erfahrung des Kindes vor dem Einsatz des Prozesses der Bedeutungsverallgemeinerung, wobei im ontogenetischen ›Vorlauf‹ dahin noch weitergehende Entspezifizierungen beschlossen sein können. Demnach stellt sich uns hier die Frage, wie die Entwicklungswidersprüche in ihren personalen bzw. situativen Polen beschaffen sein müssen, durch deren Aufhebung sich für das Kind *gleichzeitig die genannte Diskrepanz in Richtung auf Annäherung an das Spezifitätsniveau gesellschaftlich-kooperativer Handlungsweisen/Beziehungen vermindert*.

Beim Versuch einer solchen Widerspruchsbestimmung sieht man sich vor folgendem Problem: Einerseits bestehen gemäß den Charakteristika der ›gesellschaftlichen Natur‹ des Menschen beim Kind jene Entwicklungs*potenzen* in Richtung auf die Erfassung der spezifischen, verallgemeinert-kooperativen Bedeutungsbezüge, die zum personalen Pol eines Entwicklungwiderspruchs werden *könnten*. Andererseits aber sind für das Kind (wie wir darlegten) aufgrund der entwicklungsbedingten ›Entspezifizierung‹ die verallgemeinert-kooperativen Bedeutungsbezüge in

---

1 Wir können bei unserer gegenwärtigen Darstellung der Widerspruchsentwicklung zur/der kooperativ-gesellschaftlichen Bedeutungsverallgemeinerung den Begriff ›kooperativ‹ noch ohne weitere Qualifizierungen benutzen, da die Unterscheidung zwischen gesellschaftlichen und unmittelbaren Kooperationsverhältnissen samt ihrer Reduktion zu bloßer Interaktivität oder relativer Vereinzelung etc. ja die gesamtgesellschaftliche Vermitteltheit individueller Existenz voraussetzt, von der hier noch abgesehen ist (vgl. S. 325 ff).

Der ontogenetische Entwicklungszug der Bedeutungsverallgemeinerung 435

ihrer Spezifik *noch nicht* erfahrbar, können also so gesehen auch *nicht* zum situativen Pol des Entwicklungswiderspruchs werden. Indem die objektive Spezifik der Bedeutungskonstellationen nicht zur Situation des Kindes gehört, würde hier demgemäß lediglich ein *äußerer* Widerspruch zwischen den noch nicht realisierten Potenzen des Kindes und den damit nicht vermittelten kooperativen Spezifika der Bedeutungen bestehen, mithin könnte hier auch keine widerspruchsaufhebende Entwicklung in Richtung auf die Reduzierung der genannten ›Diskrepanz‹ resultieren. Man scheint hier mit einem Zirkel konfrontiert zu sein, der darin besteht, daß das, was einen inneren Entwicklungswiderspruch konstituieren könnte, nämlich die Erfahrung der kooperativen Spezifika der Bedeutungen, ja gerade erst in Aufhebung dieses Entwicklungswiderspruchs sich herausbilden kann.

Die damit umrissene Schwierigkeit löst sich auf, wenn man sich klar macht, daß man es beim Kind von allem Anfang an nicht lediglich mit Entwicklungs*potenzen*, sondern mit deren *aktiver Realisierung* in Richtung auf die *Verfügung über Lebensbedingungen* samt deren Rückwirkung auf die ›Funktionsgrundlage‹ zu tun hat: nur daß diese Bedingungsverfügung in ihrer Spezifik zunächst noch ›unterhalb‹ der Teilhabe an kooperativer Verfügung über verallgemeinert-gesellschaftliche Lebensbedingungen liegt. So ist das ›Beobachten/Probieren‹ als höchste Form der Perzeptions-Wertungs-Operations-Koordination ›unterhalb‹ der Handlungsebene dadurch charakterisiert, daß hier die Bedingungsverfügung noch lediglich in *individuell* gelernter Antizipation erfolgt, während die Realisierung *überindividueller* Antizipationen in kooperativen Bedeutungsstrukturen, damit entsprechende Erweiterung der bloß individuellen Bedingungsverfügung, noch nicht möglich ist. Entsprechendes gilt ggf. auch für die noch ›unspezifischeren‹ Ebenen der Perzeptions-Wertungs-Operations-Koordination. Man trifft demnach, soweit man in der Ontogenese auch zurückgehen mag, niemals auf ›stumme‹ Entwicklungspotenzen als solche, sondern immer auf mehr oder weniger spezifische Formen der Realisierung der Potenzen in *Aktivitäten* zur Bedingungsverfügung. Dies verweist darauf, daß die inhaltliche Bestimmung der Entwicklungspotenzen ja generell *nicht im Blick auf die Ontogenese* möglich ist, sondern von uns in *funktional-historischer* Analyse der Charakteristika der ›gesellschaftlichen Natur‹ des Menschen herausgearbeitet wurde.

Die gesuchten Entwicklungswidersprüche wären demnach generell definiert als solche, durch deren Aufhebung Bedingungsverfügung *nicht erst zustandekommt*, sondern *lediglich auf ein spezifischeres*, d.h. für die kindliche Lebensbewältigung/Bedürfnisbefriedigung ›*funktionaleres*‹ *Niveau* gehoben wird. Der ›situative‹ Pol des Entwicklungswiderspruchs ist hier also die in der jeweils *noch unspezifischen* Form der Bedeutungsaneignung liegende Beschränkung der kindlichen Bedingungsverfügung/Bedürfnisqualität, wobei diese Beschränkung dadurch in der weiteren Entwicklung aufhebbar ist, daß einerseits in den *Bedeutungskonstellationen selbst*, also ›situativ‹, *Möglichkeiten zu spezifischeren, d.h. funktionaleren Weisen der Bedingungsverfügung* bestehen, und andererseits das Kind ›personal‹ in seiner ›gesellschaftlichen Natur‹ über die *Entwicklungspotenzen zu ihrer Realisierung* verfügt. Entscheidend ist dabei, daß die Entwicklung in Richtung auf *spezifischere/›funktionalere‹ Bedingungsverfügung* in der ›menschlichen‹ *Bedürftigkeit* des Kindes gegründet ist, d.h. daß hier – wie ›ansatzweise‹ auch immer – die *subjektive Notwendigkeit* zur *spezifischeren Bedingungsverfügung* in Richtung auf *Angstreduzierung* und *Erhöhung der Lebensqualität* das *Kind selbst* auf die *Verminderung seiner Ausgeliefertheit durch Realisierung gesellschaftlicher Möglichkeiten* drängt (wenn diese Möglichkeiten vom Kind auch zunächst noch nicht ›bewußt‹ als solche erfaßbar sind, s.u.).

Diese Überlegungen verweisen auf die fundamentale Relevanz des ›operativen‹ Moments der kindlichen Lebenstätigkeit für seine Entwicklung in Richtung auf erweiterte/spezifischere Bedingungsverfügung, da die ›widerspruchsetzende‹ Beschränktheit der jeweils weniger spezifischen Form der Bedingungsverfügung ja nur über die *sinnlich-stoffliche Einwirkung* des Kindes auf die sachlich-soziale Realität als deren *Widerständigkeit gegen die eigenen Verfügungsaktivitäten* erfahren werden kann. Dies ist die *ontogenetische Wendung* unserer früheren Ausführungen über die Gegründetheit des unmittelbaren Realitätsbezuges menschlicher Handlungen in der ›operativen‹ Einwirkung auf die Realität und deren ›perzeptiv‹-wertender Rückmeldung in Modifikation der Funktionsgrundlage etc. Damit haben wir allerdings in unserem gegenwärtigen Argumentationszusammenhang auch zu berücksichtigen, was wir früher über die *Nichtreduzierbarkeit* von *Handlungen* auf die sie notwendig fundierende operative Ebene gesagt haben (vgl. S. 279 ff): Die ›Operationen‹ werden, wie ausgeführt, obwohl sie den unmittelbaren Realitätsbezug der Handlungen sinnlich-stofflich fundieren, dennoch als bloß *individuell* geplante Aktivitätsregulation zu einer Untereinheit der an *überindividuell*-gesellschaftlichen Zielkonstellationen orientierten ›Handlungen‹, durch welche sie erst ihren funktionalen Stellenwert gewinnen. Man kann demnach am *ontogenetischen Entwicklungsprozeß* zur/der Handlungsfähigkeit den Aspekt der *handlungsbezogenen Aneignung* von einem diesem untergeordneten Aspekt der *operativen Aneignung* unterscheiden, wobei in der operativen Aneignung quasi das *sinnlich-stoffliche Moment* der gesellschaftlichen Naturaneignung individuell reproduziert wird: Hier entstehen aus der *praktischen Einwirkung auf die sachlich-soziale Realität* gleichsam in einem *aktualgenetischen Lernprozeß entsprechende Rückwirkungen* auf die *individuelle Funktionsgrundlage*, die ihren *funktionalen Stellenwert* aus der Art des *übergeordneten Handlungsbezugs*, wie er *vom Individuum angeeignet* ist, erhalten.

Die Individualentwicklung kann so gesehen als Entwicklung des *Verhältnisses* zwischen *handlungsbezogenem* und *operativem* Aspekt der Welt- und Selbstbegegnung gefaßt werden, bei welchem die ›operativen‹ Erfahrungen permanent in einen funktionalen *Transformationsprozeß* von der Handlungsebene aus einbezogen sind, durch welchen die jeweils operativ-aktualgenetischen *Lern*prozesse erst als Bewegungsmomente einer übergreifenden personalen *Entwicklung* des Individuums ihren Stellenwert und ihre kumulative Kontinuität gewinnen. Vorantreibende *Entwicklungswidersprüche*, jedenfalls in ihrer elementaren Form (s. u.), entstehen so gesehen dadurch, daß die durch die *operative Einwirkung auf die sachlich-soziale Realität* erfahrenen *Widerständigkeiten/Einschränkungen* der *individuellen Bedingungsverfügung* die *Aneignung eines höheren Niveaus der Handlungsfähigkeit* erzwingen, durch welches die vorgängigen Widerständigkeiten/Einschränkungen der Bedingungsverfügung auf dem sinnlich-stofflichen Niveau operativer Aneignung (in einem nächsten Annäherungsschritt) aufgehoben sind.

Die entwicklungslogische ›Zwischensequenz‹ des Übergangs der Kind-Erwachsenen-Koordination vom ›beobachtend-probierenden‹ Soziallernen zur Bedingungsverfügung auf dem Niveau der ›Sozialintentionalität‹

Für unsere gegenwärtige Thematik der Entwicklungswidersprüche des Übergangs vom ontogenetischen Vorlauf in den Prozeßtyp der Bedeutungsverallgemeinerung etc. hinein ergibt sich aus den letzten Darlegungen folgende Frage: Wie sind die Einschränkungen der Bedingungsverfügung des Kindes bei seiner sinnlich-stofflichen Einwirkung auf die sachlich-soziale Realität am operativen Niveau des Beobachtens/Probierens beschaffen, deren Aufhebung durch den *Umschlag zum Prozeßtyp* der *Bedeutungsverallgemeinerung/Handlungsfähigkeitsentwicklung*, damit gleichzeitig Überführung des Beobachtens/Probierens in die individuelle Aktivitätsantizipation im Rahmen *überindividuell-kooperativer Handlungszusammenhänge*, möglich ist? Damit ist also nach der Genese und Eigenart der *höheren subjektiven Funktionalität* der *Spezifizierung* der Lebenspraxis des Kindes in Richtung auf Realisierung des kooperativ-gesellschaftlichen Niveaus der Bedingungsverfügung über den noch (relativ) unspezifischen ontogenetischen Vorlauf hinaus gefragt; eine Funktionalität, aus welcher die *Entstehung* der geschilderten Entwicklungswidersprüche im ›*Vorlauf*‹ und deren *Aufhebung* mit dem Prozeß der Bedeutungsverallgemeinerung etc. verständlich wird.

Die ›*Diskrepanz*‹ (der geschilderten Art), die in der Entwicklung des Kindes über den ›Vorlauf‹ hinaus aufzuheben ist, liegt in dem Umstand, daß die ›*Erwachsenen*‹ innerhalb der kindlichen Lebenslage *objektiv* in *kooperativen* Verhältnissen zur gesellschaftlichen Wirklichkeit und untereinander stehen (einerlei, wieweit diese Verhältnisse dann wieder durch die Klassenstruktur zerrissen sind), damit die Bedeutungen/Denkformen des ›Verallgemeinerten-Gemachtseins-Zu‹, des ›verallgemeinerten Produzenten/Nutzers‹ in ihrer Lebenspraxis angeeignet und realisiert haben, während in den *Beziehungen des Kindes* zur Welt und den Erwachsenen die *Spezifik dieses kooperativen Verhältnisses noch nicht realisiert* ist. Wir sehen uns damit hier vor dem zentralen Sachverhalt, daß die ontogenetische Entwicklung zum noch bloß kooperativen Stadium der Handlungsfähigkeit gleichbedeutend ist mit der Herausbildung und Entwicklung einer über die Beziehung zur Welt vermittelten *Kind-Erwachsenen-Koordination* vom noch *unspezifischen Niveau des ›Beobachtens/Probierens‹* bis zu ihrer *Qualifizierung als kooperative Beziehung*, womit in *dieser Hinsicht* die genannte *Diskrepanz* zwischen den Beziehungsformen des Kindes und der Erwachsenen *aufgehoben* ist.

Aus diesen kategorialen Bestimmungen folgt die radikale Unzulänglichkeit jeder psychologischen Konzeption der Ontogenese, die lediglich die Entwicklung des *Kindes*, seines Weltbezugs, seiner sozialen Beziehungen etc. erfaßt und untersuchbar machen will. Die Entwicklung zur Handlungsfähigkeit etc. ist vielmehr als Entwicklung der Kind-Erwachsenen-*Koordination* nur erforschbar, wenn man dabei die *Reziprozität* der Beziehung des Kindes zum Erwachsenen und des Erwachsenen zum Kinde problematisiert, also auf jedem Spezifitätsniveau die Koordinations-Entwicklung sowohl *vom Standpunkt des Kindes wie vom Standpunkt des Erwachsenen* aus analysiert. Die *personale* Entwicklung des Kindes entsteht dabei also lediglich als *Rückwirkung* der Entwicklung der Kind-Erwachsenen-Koordination und hat nur *innerhalb* dieser (und später darüberhinausgehender ›vermittelterer‹ sozial-gesellschaftlicher Konstellationen) ihre *Funktion* und ihren *Stellenwert* (die Einengung des Blicks auf das sich entwickelnde *Kind* und *seine* ›einseitigen‹ Welt- und Sozialbeziehungen ist der früher geschilderten Verhaftetheit der Theorien in den ›bürgerlichen‹ Formen des abstrakt-isolierten Individuums geschuldet).

Der primäre Charakter der Entwicklung der Kind-Erwachsenen-Koordination und der sekundäre Charakter der *darin* sich vollziehenden Individualentwicklung ergibt sich aus dem Umstand, daß die Handlungsfähigkeit, auf die hin die Entwicklung folgt, als individuelle Realisierbarkeit *überindividuell-gesellschaftlicher Ziel-Mittel-Konstellationen*, damit der ›menschlichen‹ Möglichkeit zur Teilhabe an der verallgemeinerten Verfügung über die eigenen Lebensbedingungen zu bestimmen ist. Innerhalb des Prozeßtyps der Entwicklung zur Kooperativität/Bedeutungsverallgemeinerung (also entwicklungslogisch ›unterhalb‹ des Prozeßtyps der Entwicklung in Richtung auf Realisierung der gesamtgesellschaftlichen Vermitteltheit individueller Existenz) erscheinen für das Kind die gesellschaftlichen Handlungszusammenhänge dabei noch als durch den gegenständlichen Weltbezug geprägte interpersonale Beziehungen zwischen Erwachsenen, in welche es mit der Erweiterung seiner Bedingungsverfügung in immer ›spezifischerer‹ Weise bis zur vollen Reziprozität auf ›kooperativem‹ Niveau (soweit dies von den Erwachsenen selbst realisierbar ist, s.u.) sich hineinentwickelt. Die Reduzierung der gesellschaftlichen Handlungszusammenhänge auf sachvermittelte interpersonale Kind-Erwachsenen- bzw. Erwachsenen-Kind-Beziehungen ist die besondere Art von ›Unmittelbarkeit‹ der kindlichen Form gesellschaftlicher Lebenslage/-praxis im Reproduktionsbereich, woraus sich dann auch die besondere Weise der Unmittelbarkeitsüberschreitung in der individualgeschichtlichen Dimension ergeben wird.

Wir haben also in den weiteren Analysen zuvörderst die Herausbildung der *reziproken Kind-Erwachsenen-Koordination* vom ›Probieren/Beobachten‹ bis zur Bedeutungsverallgemeinerung/Kooperativität, damit ersten Entfaltungsform ›intersubjektiver‹ Beziehungen ›entwicklungslogisch‹ zu rekonstruieren und dabei ggf. die entwicklungslogischen Zwischensequenzen herauszuarbeiten, die als unumkehrbare Voraussetzungsfolgen der Entwicklung vom ›Vorlauf‹ bis zur vollen Realisierung der ›kooperativen‹ Form der Kind-Erwachsenen-Koordination angenommen werden müssen.

Das ›Probieren/Beobachten‹, von dem wir bei der folgenden entwicklungslogischen Rekonstruktion ausgehen müssen, wurde von uns charakterisiert als neues operatives Niveau der Auge-Hand-Koordination bei der feinmotorischen Aktivitätssteuerung des Handgebrauchs im Nahraum: Dies ist die besondere Ausprägungsform der ›gelernten Orientierungsbedeutungen‹ als bestimmender Entwicklungsdimension in Richtung auf frühe Formen des ›Mittelgebrauchs‹ bis zu der Fähigkeit zur Aneignung von verallgemeinerten Mittelbedeutungen etc. (vgl. S. 264 ff). Innerhalb der *kindlichen* Entwicklung wäre die Herausbildung des Probierens/Beobachtens damit weitgehend identisch mit der des *›Greifens‹* und *›Manipulierens‹* mit Gegenständen zur *operativen Aneignung ihrer Orientierungsbedeutungen* in Richtung auf *erweiterte sachliche Bedingungsverfügung*. Die Entwicklung der Fähigkeit zum Sich-Aufrichten, Sitzen, Stehen, Laufen etc. hätte so über ihre genuinen Funktionen der Erweiterung des Blickfeldes bzw. des Aktionsradius' hinaus auch die Funktion der Ermöglichung des lokomotionsentlasteten Handgebrauchs als entwicklungslogischer Voraussetzung der Entwicklung auf der *bestimmenden Dimension* der *›Orientierungsbedeutungen‹*.[1] Dies schließt ein die Weise der Verknüpfung von gelernten Orientierungsbedeutungen und Primärbedeutungen/-bedürfnissen, wie sie für das autarke Signallernen charakteristisch ist: Die gelernten Orientierungsbedeutungen –

---

[1] Allerdings sind für solche entwicklungsnotwendigen Voraussetzungen, etwa im Falle der Behinderung, die einen Handgebrauch ausschließt, gesellschaftliche Surrogate für das ›normale‹ Durchlaufen dieser Stufen möglich, in denen offensichtlich die wesentliche Funktion der Aneignung des Handgebrauchs etc. in Abstraktion von dem sinnlich-stofflichen Träger vermittelbar ist (dies wäre genauer zu durchdenken).

beim ›Probieren/Beobachten‹ als gelernte Umgangs- und Gefügigkeitsqualitäten – haben hier also noch lediglich *operativen Hinweischarakter* auf das individuell antizipierende Erreichen und Umsetzen der (durch subsidiäres Lernen modifizierten) primären Bedeutungen, womit die *primäre Befriedigung* stets *am Ende* einer ›*orientierenden*‹ *Aktivitätsfolge* (und von dieser getrennt) erfolgt (vgl. S. 142 ff).

Das Kind ist in diesem Frühstadium seiner Entwicklung noch weitgehend auf die *Pflege und Unterstützung der Erwachsenen* angewiesen, die es auch stets in irgendeiner Form erhält. Die kindlichen Ansätze zu selbsttätiger sachlicher Bedingungsverfügung durch das Greifen und Manipulieren sind also in ihrem funktionalen Stellenwert zunächst noch quasi ›*verschwindendes Moment*‹ gegenüber der *Sicherung der kindlichen Existenz durch die Erwachsenen*. Daraus ergibt sich, daß die kindlichen Versuche der Bedingungsverfügung auf dem Niveau des ›Probierens/Beobachtens‹ sich über den sachlichen Bereich hinaus *auf den sozialen Bereich der Beziehung zu den Erwachsenen ausweiten* müssen, indem das Kind die Pflege und Unterstützung der Erwachsenen nicht nur hinnimmt, sondern gemäß seiner je aktuellen Bedürfnislage *herbeizuführen* lernt. Das Probieren/Beobachten führt hier also nicht nur zu gelernten ›sachlichen‹, sondern auch zu ›*gelernten sozialen Orientierungsbedeutungen*‹, wie wir sie früher charakterisiert haben. Die *Folge* von gelernten Orientierungsbedeutungen, die auf die Umsetzung bzw. Befriedigung von Primärbedeutungen/-bedürfnissen *an deren Ende* verweisen, ist hier also quasi um *soziale Bedeutungseinheiten* erweitert. Mithin handelt es sich auf diesem Niveau noch um das geschilderte *individuell-antizipatorische Signallernen am* ›*Erfolg*‹, aufgrund dessen das Kind durch Gesten, Laute, Schreien etc. die Pflege- und Unterstützungsaktivitäten der Erwachsenen provoziert bzw. für deren Aufrechterhaltung sorgt. Damit sind die Steuerungsaktivitäten des Probierens/Beobachtens quasi über die kurzschlüssige Sachbezogenheit in den interpersonalen Bereich der kindlichen Beziehung zu den Erwachsenen ausgeweitet; entsprechend weiten sich auch die Perzeptions-Wertungs-Operations-Koordinationen aus, indem hier z.B. das Hinblicken, Nachblicken o.ä. mit der ›Aussendung‹ von Signalen mit dem Effekt der *operativen Steuerung der Erwachsenen-Aktivitäten* koordiniert wird. Durch eine solche Fähigkeit zur gelernten Beeinflussung der Erwachsenen auf dem Niveau des Probierens/Beobachtens wird einerseits die kindliche Bedingungsverfügung im Vergleich zu den darin eingeschlossenen bloß sachlichen Verfügungsweisen in *neuer Größenordnung effektiver und ›funktionaler‹*, wobei (dies ist für die weitere Entwicklung von besonderer Relevanz) in diesem sozialen Beeinflussungskontext auch die Versuche der greifend-manipulierenden sachlichen Umweltverfügung einen neuen Stellenwert gewinnen und *selbst die Funktion ›sozialer Signale‹* erhalten können (s.u.). Andererseits ist hier auch vom *Standpunkt der Erwachsenen* ein neues Beziehungsniveau erreicht, indem das Kind nicht bloß ›Objekt‹ der Pflege- und Unterstützungsaktivitäten ist, sondern durch seine *gelernten ›sozialen Signale‹* dem Erwachsenen Hinweise zur *gezielten, ökonomischen und bedürfnisgerechten Pflege/Unterstützung* des Kindes gibt. Damit ist hier die Weise charakterisiert, in welcher die reziproke Kind-Erwachsenen-Koordination noch auf dem Niveau des ›Probierens/Beobachtens‹, damit des bloß operativen Zusammenwirkens unterhalb der Handlungsebene, realisiert ist.

Aus dem Gesagten ergibt sich die Frage, wie man sich die ontogenetische Entstehung des Probierens/Beobachtens, insbesondere in der geschilderten ›sozialen‹ Ausweitung, mit Hilfe der früher dargelegten allgemeinen Bestimmungsmomente individualgeschichtlicher Entwicklungswidersprüche vorzustellen habe. Diese Frage ist indessen, aus den dargelegten Gründen (vgl. S. 430 f), nicht kategorialanalytisch, sondern nur auf einzeltheoretisch-aktualempirischer Bezugsebene zu klären. *Wir müssen hingegen jetzt die Frage klären, wie der Entwicklungswiderspruch in seinen ›Polen‹* zu bestimmen ist, durch welchen die Entwicklung über das ›Probieren/Beobachten‹ hinaus zur *Kooperativität/Bedeutungsverallgemeinerung* vorangetrieben wird, und insbesondere, wie die operativen *Beschränkungen* des kindlichen ›Probierens/Beobachtens‹ *einschließlich seiner sozialen Ausweitung und Effektivierung* beschaffen sind, durch welche eine Weiterentwicklung in Richtung auf die Einordnung des operativen Aneignungsaspekts in die ›handelnde‹ Realisierung ›kooperativer‹ Bedingungsverfügung etc., mit welcher die Beschränkungen aufgehoben sind, provoziert wird.

Die verbleibende, in der weiteren Entwicklung aufzuhebende *Diskrepanz* zwischen den verallgemeinert-kooperativen Beziehungsweisen der Erwachsenen in der Form des ›Verallgemeinerten-Gemachtseins-Zu‹ und der geschilderten ›sozialen‹ Ausweitung der Bedingungsverfügung des Kindes auf dem Niveau des ›Probierens/Beobachtens‹ besteht *essentiell* darin, daß hier in der kindlichen Bedingungsverfügung die Bedeutungen lediglich als soziale Orientierungsbedeutungen in einer *individuellen* ›Umwelt‹ realisiert sind, während in der kooperativen Bedingungsverfügung der Erwachsenen *verallgemeinerte* gesellschaftliche Handlungsmöglichkeiten umgesetzt sind. Da die *Verallgemeinerung* in den gesellschaftlichen Bedeutungen aber nur als Resultat darin vergegenständlichter verallgemeinerter *Zwecke* (gemäß der ›Zweck-Mittel-Verkehrung‹) entstehen konnte, also (im ›Verallgemeinerten-*Gemachtsein-Zu*‹) ein Moment der verallgemeinerten *Sozialintentionalität* enthält, ist die kooperative Beziehungsform der Erwachsenen außer durch das Moment der Verallgemeinerung auch durch das Moment der *Erfaßbarkeit menschlicher Sozialintentionalität* gegenüber dem kindlichen Soziallernen qualifiziert. Das Moment der *Intentionalität* ist dabei keineswegs *notwendig* an das der *Verallgemeinerung* gebunden, sondern kann auch im Zusammenhang bloß *individuell* realisierter Bedeutungen menschliche Aktivitäten und interpersonale Beziehungsweisen charakterisieren. In diesem Sinne haben wir ja früher festgestellt, daß nach der ›Zweck-Mittel-Verkehrung‹ die vorher lediglich *individuell-interaktive* ›Sozialintentionalität‹ mit der ›Sachintentionalität‹ auf neuem Niveau integriert ist, indem hier die sachlichen Erfordernisse der Lebenssicherung zugleich Resultat der Realisierung verallgemeinerter Zwecke/Intentionen der Individuen sind (vgl. S. 291 f). Die *individuelle* Sozialintentionalität erweist sich so als *entwicklungslogische Voraussetzung* der *verallgemeinerten* Sozialintentionalität, wie sie in den gegenständlich produzierten Bedeutungen und der Form des ›Verallgemeinerten-Gemachtseins-Zu‹ gegeben ist, da unumkehrbar *zunächst das Niveau der Sozialintentionalität* erreicht sein muß, ehe von da aus das *Niveau ihrer Verallgemeinerung* erreicht werden kann.

Dies bedeutet aber, daß, da auf der Stufe des *sozialen Signallernens* die *intentionale* Qualität interpersonaler Beziehungen *noch nicht* realisiert ist, von uns bei der Rekonstruktion der Entstehung der Bedeutungsverallgemeinerung etc. eine *entwicklungslogische Zwischensequenz* kategorial herausgehoben werden muß, mit welcher das Kind zunächst den *Übergang* von der Realisierung sozialer Beziehungen nach Art *bloßer gelernter Signalverbindungen* zur Realisierung ihrer *sozialintentionalen Qualität* als *unumkehrbare Voraussetzung* der Erfassung ihres *verallgemeinert-sozialintentionalen*, also ›kooperativen‹ Charakters vollzieht. Demnach haben wir auch zunächst zu fragen, aufgrund welcher *Beschränkungen der operativen Bedingungsverfügung* etc. sich die *Entwicklungswidersprüche* herausbilden, die *nur in der Erweiterung der Bedingungsverfügung* durch Erreichen des *sozialintentionalen Niveaus* der Kind-Erwachsenen-Beziehung als neuer Verwirklichungsebene der reziproken Sozialkoordination aufhebbar sind.

Gemäß der hier (als ›Zwischendiskrepanz‹ zur Bedeutungsverallgemeinerung/Kooperativität) herausgehobenen Diskrepanz zwischen dem sozialen Signallernen des Kindes und der Sozialintentionalität der Erwachsenen regulieren diese ihre Handlungen, also auch die kindbezogenen Pflege- und Unterstützungsaktivitäten, nicht in direkter Abhängigkeit von den durch das Kind produzierten sozialen Signalen (wenn ich schreie, kommt die Mutter), sondern eben nach ›*Intentionen*‹, *Plänen*, *Absichten*. Daraus ergibt sich unmittelbar eine *Beschränkung* der geschilderten sozialen Ausweitung der operativen Bedingungsverfügung des Kindes, weil hier *massive Grenzen der Beeinflußbarkeit der Erwachsenen* durch die *soziale* ›*Signalaussendung*‹ bestehen, die das Kind beim *Nichterfassen* der *intentionalen* Dimension der Handlungen der Erwachsenen *weder antizipieren noch erweitern* kann. In der damit bestehenden Reduzierung der Reziprozität der Kind-Erwachsenen-Koordination ist so das Kind zwar objektiv in die Pläne und Absichten der Erwachsenen einbezogen, kann dem aber *nicht auf gleicher Ebene begegnen.* Die Handlungen der Erwachsenen, ihr Kommen und Gehen, ihre Zu- oder Abwendung, der Inhalt und der Modus ihrer Verrichtungen mit dem Kind sind, da deren Intentionalität noch ›unverstanden‹ bleibt, vom Kind weder hinreichend zu durchschauen noch zu beeinflussen. Sie bilden so gegenüber der für das Kind subjektiv notwendigen sozialen Ausweitung der operativen Bedingungsverfügung ein widerständiges Moment: Die Mittel zur Überwindung der Widerständigkeit sind beim Kind nicht verfügbar, und so muß jede *Erfahrung des Verfügungsverlustes über die Pflege- und Unterstützungsaktivitäten* der Erwachsenen zu *angstbestimmter Verunsicherung* führen, die umso gravierender ist, da die eigenständigen Verfügungsaktivitäten des Kindes ja überhaupt nur bei genereller existentieller Absicherung durch die Erwachsenen Stellenwert und Funktionalität gewinnen können.

Mit diesem Aufweis der durch Spezifizierung der Kind-Erwachsenen-Koordination zur Sozialintentionalität aufhebbaren *Beschränkungen* der in bloßem sozialen Signallernen erreichbaren Bedingungsverfügung des Kindes als *situativem Pol* des hier herauszuhebenden Entwicklungswiderspruchs ist nun auch dessen *personaler Pol* explizierbar: Da das Kind zwar das Niveau der Sozialintentionalität noch nicht realisiert hat, aber die in seiner *gesellschaftlichen Natur liegende Entwicklungspotenz*, die es *mit den Erwachsenen gemeinsam* hat, eine *entsprechende Spezifizierung* der bisher nur durch kindliches Beobachten/Probieren regulierten Sozialbeziehungen ermöglicht, kann das Kind auf den geschilderten Verfügungsverlust quasi *mit eigener Entwicklung antworten,* also die Diskrepanz zwischen kindlichem Signallernen und Sozialintentionalität der Erwachsenen dadurch in einen ›inneren‹ Entwicklungswiderspruch einbeziehen, daß *seine* Potenzen zu ›*intentionalen*‹ *Regulations- und Verarbeitungsweisen* seiner Erfahrungen durch den *Verfügungsverlust und die subjektive Notwendigkeit seiner Überwindung aktiviert bzw. spezifiziert* werden.

Indem sich aus seiner zunächst in dieser Hinsicht undifferenzierten Erfahrung, provoziert durch die noch ›unfaßbare‹ Intentionalität der Erwachsenen, ansatzweise *eigene Intentionen* herausdifferenzieren, ist dem Kind gleichzeitig die *Ebene der Erfahrung möglicher Intentionalität der Erwachsenen* erschlossen; dies nicht aufgrund von Übertragungen, Analogieschlüssen etc. von sich auf die anderen, sondern weil es hier einen *anderen Erfahrungs- und Verarbeitungsmodus* sozialer Gegebenheiten erreicht, der *Intentionalität generell, bei sich wie bei anderen, erlebbar und ›vorstellbar‹* macht. Das Kind kommt so, wie spurenhaft zunächst auch immer, zu einer qualitativen Erweiterung des Signallernens, wodurch in den gelernten personalen Orientierungsbedeutungen fremde Intentionen in ihrer Beziehung zu eigenen Intentionen erfaßbar werden: Das Kind versucht so nicht mehr nur manifeste Handlungen, sondern auch die ›dahinterstehenden‹ Intentionen der anderen zu durchschauen und zu beeinflussen.

Es lernt, daß bestimmte Umstände die Erwachsenen ›freundlich‹ und zuwendungsbereit bzw. ›böse‹ und abwendungsbereit machen, es erfährt, daß in ihnen ›irgendetwas vorgegangen sein muß‹, da sie plötzlich böse werden oder auf den Ruf des Kindes nicht wie sonst herbeikommen, und bemüht sich, diesen intentionalen Vorgang zu verstehen; so macht es auch die Erfahrung, daß es *von ihm selbst, seinem eigenen Verhalten abhängen* kann, wie die Erwachsenen gestimmt und geneigt sind (d.h. welche Wertigkeiten ihre emotionale Handlungsbereitschaft hat), und kann so versuchen, die Intentionen der anderen *in seinem Sinne zu beeinflussen.* Von den ersten, nur sporadische und kurzzeitige Intentionalitäten erfassenden Lernprozessen dieser Art bis hin zur Fähigkeit zur Erfassung und Inrechnungstellung langfristiger und komplexer Intentionalitätsgefüge ist sicherlich ein langer Entwicklungsweg. Dennoch ist hier ein grundlegend *neues Niveau der Überwindbarkeit von Angst* durch *Verfügung über die individuellen Lebensbedingungen* erreicht, indem die *Mittel* nunmehr *prinzipiell entwickelbar* sind, mit denen das Kind die Handlungen der Erwachsenen ihrer *spezifischen Eigenart* gemäß, nämlich *in ihrer Intentionalität*, beeinflussen kann. Auch da, wo das Kind in aktuellen Fällen noch nicht ›herausgefunden‹ hat, was die Erwachsenen eigentlich ›haben‹, warum sie sich plötzlich so und so benehmen, bzw. warum der eine sich so und der andere sich so benimmt, weiß es jetzt, *auf was sich seine Lernaktivitäten zur sozialen Erweiterung der Bedingungsverfügung hier richten* müssen, nämlich eben auf die Erfassung und Beeinflussung der Absichten, Stimmungen, Gefühle der Erwachsenen, von denen ihre kindbezogenen Handlungen abhängen.

Dabei ist es evident, daß die so gelernten Handlungen des Kindes zur Gewinnung sozialen Einflusses, indem auf die *fremde Intentionalität* gerichtet, selbst *notwendig ebenfalls intentionaler Art* sind: Das Kind kann den Intentionen, Absichten, Plänen der anderen nur mit *eigenen Intentionen, Absichten, Plänen,* begegnen. Mit anderen Worten: Es muß das ›intentionale Niveau‹ der Kommunikation erreichen, wenn es ›intentionale‹ Prozesse in seine Verfügung einbeziehen will. Auf diese Weise erwächst also den *interpersonalen Bedeutungsbeziehungen* hier insgesamt eine neue Dimension der *Verinnerlichung der wechselseitigen sozialen Regulation,* durch welche die Operationen sich nicht mehr nur direkt aneinander steuern, sondern unter Einbeziehung der reziproken Kommunikation quasi *von* ›*Intentionalitätszentrum*‹ *zu* ›*Intentionalitätszentrum*‹ als einer notwendigen, wenn auch nicht hinreichenden, Bestimmung der ›*Intersubjektivität*‹.

Der damit skizzierte Prozeß der Herausbildung kindlicher Sozialintentionalität verdeutlicht sich, wenn man ihn vom *Standpunkt der involvierten Erwachsenen* her betrachtet: Für diese ist das Kind zunächst in einem unbestimmten Stadium seiner Frühstentwicklung einerseits ein ›Organismus‹, der *weder durch Intentionen erreichbar noch selbst intentional* scheint. Von Anfang an werden die Erwachsenen jedoch andererseits die Tendenz haben, das Kind als ›intentionales‹ Wesen zu behandeln – dies versteht sich schon aus *ihrer* Gerichtetheit auf die Verfügung über den *Ausschnitt ihrer unmittelbaren Lebenswelt,* der durch die *Existenz und die Aktivitäten des Kindes* bestimmt ist: Mit dem ›Erreichen‹ der Intentionalität des Kindes ist notwendig eine *neue Qualität der Bewältigbarkeit dieses Weltausschnitts* gewonnen, da man sich so der ›Mithilfe‹ des Kindes bei der Organisation des gemeinsamen Lebens versichern kann, und nicht mehr jede kindliche Daseinsäußerung als nur äußerlich eindämmbares Naturereignis hinnehmen muß. Diese ›Intentionalisierung‹ des kindlichen Verhaltens wird einerseits sicherlich am Anfang mehr oder weniger den Charakter von bloßen ›*Attributionen*‹ *oder* ›*Projektionen*‹ haben: Die Erwachsenen werden häufig dem Kind *Intentionen und Absichten unterstellen, die es noch gar nicht haben kann*, sei es, indem sie unspezifisch regulierte Aktivitätsfolgen als ›geplant‹ überinterpretieren, sei es auch, daß sie objektive Störungen ihrer eigenen Lebensvollzüge durch das Kind als von diesem ›vorsätzlich‹ unternommen deuten, sich vom Kind ›manipuliert‹ und ausgenutzt vorkommen, o.ä. Andererseits aber erfolgt diese ›Intentionalisierung‹ *nicht am* ›*ungeeigneten Objekt*‹: Das Kind hat ja *tatsächlich* die Möglichkeit zur Herausbildung der Intentionalität. Wenn die Erwachsenen mit ihren Intentionalisierungs-Tendenzen der Fähigkeit des Kindes zur Realisierung seiner Intentionalitäts-Möglichkeiten mehr oder weniger voraus sind, so können dabei – vorausgesetzt, die ›Vorgabe‹ der Erwachsenen ist mit den schon entwickelten Fähigkeiten des Kindes vermittelbar – *günstige Bedingungen zur Aufhebung eben jenes Entwicklungswiderspruchs* geschaffen sein, dessen situativer Pol die Diskrepanz zur Intentionalität der Erwachsenen und dessen personaler Pol die noch nicht spezifizierte kindliche Potenz zur Intentionalitätsentwicklung ist. Mit der Reduzierung dieses Widerspruchs durch tatsächliche Entwicklung der kindlichen Sozialintentionalität ist damit dann sowohl die sozial ausgeweitete Bedingungsverfügung des Kindes wie die Verfügung der Erwachsenen über die kindbezogenen Aspekte ihrer Lebenslage/-praxis erweitert, sodaß hier *gleichgerichtete emotionale Beweggründe der Förderung der kindlichen Intentionalitätsentwicklung beim Kinde und beim Erwachsenen* vorliegen, dabei der Erwachsene in seiner Beziehung zum sich entwickelnden Kinde gleichzeitig ein *Stück eigener Intentionalitätsentwicklung* (als Ausdehnung seiner Intentionalität auf die kindbezogenen Aspekte seiner Lebenspraxis) mitvollzieht.

Mit dem Übergang von der Ebene des sozialen Signallernens zum interpersonalen Niveau der Sozialintentionalität als entwicklungsnotwendiger Zwischensequenz der Entwicklung der Kind-Erwachsenen-Koordination in Richtung auf Bedeutungsverallgemeinerung/Kooperativität gewinnen auch die darin eingeschlossenen *sachbezogenen* Operationen der Bedingungsverfügung einen *anderen Stellenwert*: Die *faktische* Begrenztheit der Aktivitäten zur sachlichen Bedingungsverfügung und die *reale* Notwendigkeit ihrer Absicherung durch die Pflege- und Unterstützungsaktivitäten der Erwachsenen werden jetzt quasi ›*intentionalisiert*‹ (vgl. S. 441). So können z.B. sachbezogene Verfügungsaktivitäten des Kindes gleichzeitig seine *Intentionen* ausdrücken: Was das Kind tun oder haben ›*will*‹, gewinnt hier sozusagen materielle Gestalt in dem, was es zu tun oder zu erreichen *versucht*; die motorischen Aktivitäten haben damit (neben dem sachbezogen-praktischen) einen spezifischen *kommunikativen Wert*, indem in den Verfügungsversuchen gleichzeitig die *fremde Intentionalität* der Erwachsenen um Hilfe und Schutz angegangen wird. Andererseits wird auch vom *Standpunkt der Erwachsenen* die reale Entfaltung der kindlichen Intentionalität an der geschilderten Spezifizierung der Sachverfügung des Kindes faßbar: In der wachsenden *Gezieltheit, Koordination, Gerichtetheit* etwa der *Greifaktivitäten* des Kindes verdeutlicht sich für die Erwachsenen die Herausbildung eines *einheitlichen ›Intentionalitätszentrums‹*, durch welches nicht nur *am* Kind irgendwelche Bewegungen registrierbar sind, sondern *das* Kind Bewegungen ausführt bzw. ausführen will, und die darin liegende ›Botschaft‹ lange vor der Möglichkeit sprachlicher Kommunikation vom Erwachsenen ›verstanden‹ wird und zu entsprechenden speziellen Unterstützungsaktivitäten führen kann.

Die Spezifizierung der individuellen Verwendbarkeit zur Erfassung verallgemeinerter Brauchbarkeiten: Kooperative Erweiterung kindlicher Bedingungsverfügung in Aufhebung des sozialintentionalen Unterstützungsrahmens

Mit der Heraushebung des Übergangs vom sozialen Signallernen zur Sozialintentionalität als entwicklungslogische *Zwischensequenz* zur Kooperativität/Bedeutungsverallgemeinerung ist gleichzeitig gesagt, daß damit *deren* Voraussetzungen *noch nicht* hinreichend entwicklungslogisch rekonstruiert sind. Generell ergibt sich dies aus dem schon dargelegten Umstand, daß an den gesellschaftlichen Mittelbedeutungen und ihrer Denkform des ›Verallgemeinerten-Gemachtseins-Zu‹ nun zwar die Realisierbarkeit des Momentes der *Intentionalität*, aber noch nicht das Moment der Realisierbarkeit ihrer *Verallgemeinerung* in den Bedeutungskonstellationen innerhalb der Kind-Erwachsenen-Koordination faßbar geworden ist. Konkret heißt dies, daß auch im *sozialintentionalen Unterstützungsrahmen* die sachbezogene operative Bedingungsverfügung das Niveau des *individuellen Beobachtens/Probierens* (im Greifen, Manipulieren etc.) *nicht* überschreitet, d.h. hier mit den ›Mitteln‹ in der Umgebung des Kindes von diesem so umgegangen wird, *als ob* ihnen lediglich *Orientierungsbedeutungen als naturhaft zufällige ›Verwendbarkeiten‹* zukämen, es also die in ihnen vergegenständlichten *verallgemeinert-gesellschaftlichen Brauchbarkeiten* noch nicht realisieren kann. Demnach bleiben hier auch die sozialintentionalen Kind-Erwachsenen-Beziehungen noch auf bloß ›*interaktiver*‹ Ebene unterhalb ›*kooperativer*‹ Beziehungen. Die Koordination zwischen Kind und Erwachsenem ist nämlich noch nicht über die *verallgemeinerten Bedeutungen vermittelt*: Die Berücksichtigung der Intentionen des anderen erlaubt lediglich eine Effektivierung der *Bedingungsverfügung auf der Ebene individueller Verwendbarkeit*; dies heißt aber, daß auch *interpersonal* durch die Sozialintentionalität die Verwendbarkeit des anderen für die jeweils eigenen Zwecke und Bedürfnisse zwar auf das Niveau der geplanten Herbeiführung der entsprechenden Geneigtheiten und Absichten des anderen gehoben ist, aber dennoch *individuelle* Verwendbarkeit bleibt (SCHURIG hat dies, wie erwähnt, mit Bezug auf die Sozialkoordination unmittelbar vor der Zweck-Mittel-Verkehrung als ›sozialen Werkzeuggebrauch‹ umschrieben, vgl. S. 169). Der Charakter des *autarken Signallernens*, mit welchem über gelernte Orientierungsbedeutungen die *Endaktivitäten* der direkten primären Bedürfnisbefriedigung in Umsetzung von Primärbedeutungen erreicht werden, ist also auch da, wo in den *orientierungsleitenden Signalen ›Intentionen‹ geäußert und verwertet werden*, noch *prinzipiell erhalten*.

Bei der Realisierung der verallgemeinerten Brauchbarkeit von Mitteln über deren zufällig-individuelle Verwendbarkeit hinaus ist, wie wir ausführlich dargelegt haben, nicht lediglich die Erfassung des Brauchbarkeitsaspektes, sondern des *Hergestelltheitsaspektes* der Mittel bestimmend, dies deswegen, weil die *verallgemeinerte* Brauchbarkeit ja nur durch die *herstellende* Vergegenständlichung verallgemeinerter menschlicher Zwecke in den Mitteln zustandekommt und demgemäß auch nur in Realisierung ihrer verallgemeinerten Hergestelltheit *als* verallgemeinerte Brauchbarkeit faßbar sein kann (vgl. dazu Kap. 6.2., S. 211 ff und Kap. 7.2., S. 291 ff). Daraus ergibt sich im gegenwärtigen Analysezusammenhang der wichtige Umstand, daß allein, indem das Kind mit Unterstützung der Erwachsenen im sozialintentionalen Rahmen den bedeutungsgemäßen *Gebrauch* der ›Mittel‹ in seiner Umgebung lernt, die *Diskrepanz* zwischen der real verallgemeinerten *Brauchbarkeit* der Mittel und deren Realisierung durch das Kind als lediglich *zufällige Verwendbarkeit nicht* aufhebbar (vgl. S. 272 f), also auch das Niveau der Bedeutungsverallgemeinerung *nicht* erreichbar ist. (LEONTJEW stellt die Verhältnisse also verkürzt dar, wenn er in seinem berühmten ›Löffelbeispiel‹ annimmt, allein, indem das Kind lernt, den Löffel waagrecht mit der Höhlung nach oben in den Mund zu führen, würde es sich bereits dessen gesellschaftliche ›Sachlogik‹ aneignen; vgl. 1973, S. 292 ff.)

Dies heißt, daß die Kind-Erwachsenen-Koordination allein dadurch, daß das Kind mit Hilfe der Erwachsenen die gesellschaftlichen Brauchbarkeiten der Dinge lernt, *keineswegs* schon eine über das sozialintentionale Niveau hinausgehende *kooperative* Qualität gewinnt und damit die Ebene des sachlich-sozialen Signallernens grundsätzlich überwindbar ist. Während nämlich der Erwachsene von seinem Standpunkt dem Kind gesellschaftlich-allgemeine Gebrauchswertbestimmungen nahebringt, erscheint vom Standpunkt des Kindes her diese Unterstützungsaktivität lediglich als *Durchsetzung einer bestimmten Verwendbarkeit unter mehreren Verwendbarkeiten vorgefundener Dinge:* Man kann den Löffel im Prinzip *genau so gut* zum Schlagen, Spritzen, Werfen benutzten wie zum ›löffeln‹; der Fotoapparat ist zur Geräuscherzeugung durch Auf-den-

Fußboden-Hauen *genauso geeignet* wie etwa ein Bauklotz. Wenn der Erwachsene dem Kind die Benutzung des Löffels zum Essen nahelegt bzw. das Hauen mit dem Fotoapparat verbietet, dann deswegen, weil er *das so will* und andernfalls seine Zuwendung zurücknimmt und der existentiell notwendige Unterstützungsrahmen des Kindes bedroht ist. Solange mithin das Kind noch nicht begreift, daß ›Löffel‹ bzw. ›Fotoapparat‹ gesellschaftlich produzierte Allgemeinzwecke ›sind‹, mit denen man zwar auch schlagen *kann,* denen gegenüber das Damit-Schlagen aber funktionsunspezifisch bzw. -abträglich ist, ist der Umstand, daß das Kind diese Dinge schließlich doch bedeutungsgemäß gebraucht, bzw. deren bedeutungskonträren Gebrauch unterläßt, obwohl dabei *objektiv* Gebrauchswertbestimmungen gesellschaftlicher Bedeutungen berücksichtigt werden, dennoch *subjektiv* nur das Resultat eines *unspezifischen* Prozesses des ›Signallernens‹, also in gewissem Sinne ein *Dressurergebnis.* Die Intentionen der Erwachsenen werden dabei zwar als *Intentionen* verstanden, nicht aber schon in ihrem *Inhalt* mit Bezug auf die verallgemeinerte Bedeutung der Dinge. Das Lernresultat des ›bedeutungsgemäßen‹ Gebrauchs ist hier also, da unter *vielen* Verwendbarkeiten lediglich *eine* realisiert scheint, vom *Bedeutungsbezug her unterdeterminiert* und gewinnt seine Funktionalität für das Kind wesentlich noch daraus, daß mit einem solchen Gebrauch faktisch (wenn auch uneinsichtig) die *Bedingungsverfügung des Kindes durch sozialintentionalen Einfluß auf die Erwachsenen* erweiterbar ist (das Kind benimmt sich also, wenn es die Ebene des ›sozialintentionalen‹ Signallernens noch nicht überschritten hat, tatsächlich so, wie es gemäß der traditionellen lerntheoretisch-psychoanalytischen ›Sozialisationstheorie‹ für die individuelle Vergesellschaftung des Menschen überhaupt kennzeichnend sein soll: Es ›verinnerlicht‹ die Ge- und Verbote der Erwachsenen aufgrund deren ›positiver‹ oder ›negativer Sanktionen‹ als ›Normen‹ für sein eigenes Verhalten, vgl. M. II, S. 324 f; s.u.).

Die Lebensspanne, in der das Kind durch die Unterstützungsaktivität der Erwachsenen die Gebrauchswertbestimmungen der Gegenstände lernt, ist der allgemeinen Erfahrung nach auch die Zeit, innerhalb derer beim Kind *früheste Formen des Verstehens und der Benutzung von Sprache* auftreten (mindestens aber nicht auszuschließen sind). Wir müssen demgemäß unsere bisherige Argumentation unter diesem Gesichtspunkt überprüfen und uns fragen, ob es entwicklungslogisch vertretbar ist, Sprachverständnis und -benutzung bereits als möglich anzunehmen, *bevor* die gegenständlichen Bedeutungen, auf die sich Sprache bezieht, in ihrer gesellschaftlichen Spezifik realisiert werden können. Zur Klärung dieses Problems beziehen wir uns wiederum auf die Diskrepanz zwischen der *objektiven* gesellschaftlichen Funktion – diesmal der *Sprache* – und der *Art und dem Grad ihrer Realisierung durch das Kind:* Vieles spricht dafür, daß bereits auf dem *Niveau der Sozialintentionalität* die jeweiligen Intentionen nicht nur vom Erwachsenen verbalisiert werden, sondern daß auch das Kind sowohl beim Erfassen der Erwachsenen-Intentionen wie beim Artikulieren eigener Intentionen Worte und Keimformen von Sätzen verstehen und gebrauchen lernt; dies heißt aber *keineswegs, daß das Kind hier schon >Sprache< in ihrer vollen gesellschaftlichen Funktionalität angeeignet* haben muß, was unserer Argumentation widersprechen würde. Man kann hier nämlich davon ausgehen, daß von den beiden früher auseinandergelegten Aspekten der Sprache (vgl. S. 226 ff) zwar einerseits der begrifflich-symbolische Aspekt vom Kinde zunächst *noch nicht realisierbar* ist: Dies setzt nämlich – wie dargelegt – die Erfassung nicht nur des Brauchbarkeits-, sondern auch des *Hergestelltheitsaspektes* der Bedeutungszusammenhänge voraus; daß aber andererseits dennoch das Kind den *lautlich-kommunikativen Aspekt* der Sprache in Aktualisierung der >menschlichen< Fähigkeit zur Sprachaneignung sich *schon vorher* zur Erweiterung seiner Bedingungsverfügung zunutze machen kann. So gesehen wäre man berechtigt, bereits auf der Stufe der >Sozialintentionalität< ein kindliches *Sprachverständnis und Sprechen* anzunehmen, das lediglich zur *unmittelbaren Effektivierung der sozialintentionalen Bedingungsverfügung* wie zur *sprachlichen Fassung des Gebrauchswert-Aspektes* der impersonalen Bedeutungseinheiten und Zusammenhänge im Interesse gezielterer und wirkungsvollerer Sozialappelle zur Absicherung des Unterstützungsrahmens durch die Erwachsenen dient. Demnach würden hier von den *objektiven* Möglichkeiten der Sprache zunächst *jene genutzt,* die lediglich der *individuellen* Lebensbewältigung förderlich sind, während die zentrale Potenz der Sprache, den individuellen Menschen an die gesellschaftlich-allgemeinen Bedeutungsstrukturen und Denkformen, damit die gesellschaftlich-historische Entwicklung >anzuschließen<, hier noch ungenutzt bliebe. Somit widerspricht auch die Möglichkeit gleichzeitigen frühen Spracherwerbs nicht unserer entwicklungslogischen Explikation, daß allein über die Annahme der Aneignung von Brauchbarkeiten die Aufhebung der bloßen Sozialintentionalität im Prozeßtyp der Kooperativität/Bedeutungsverallgemeinerung nicht begreiflich zu machen ist.

Die im weiteren Prozeß der Bedeutungsverallgemeinerung >aufzuhebende< Entwicklungsdiskrepanz läßt sich also nun präzisieren als Diskrepanz zwischen der *Realisierbarkeit* der in den Bedeutungen gesellschaftlich vergegenständlichten *verallgemeinerten Brauchbarkeiten* durch die Erwachsenen und dem >Lernen< dieser Brauchbarkeiten durch das Kind nach dem Modus der (von den Erwachsenen) *außengesteuerten Einschränkung der naturhaften >Verwendbarkeiten<* der Gegenstände auf eine *bestimmte* (nämlich die von den Erwachsenen >intendierte<) Verwendbarkeit. Die in diesem noch >entspezifizierten< Bedeutungsbezug liegende *Widerständigkeit* gegen die Bedingungsverfügung des Kindes auf perzeptiv-operativer Ebene besteht hier demnach darin, daß einerseits das Kind bei *seinen* Versuchen der sachlichen Verfügungserweiterung sich durch die (objektiv) unterstützenden Anleitungen und Eingriffe der Erwachsenen *eingeschränkt* bzw. *gestört* sehen muß. Andererseits sieht das Kind sich mangels Kriterien, die ›*in der Sache*‹ liegenden *verallgemeinerten Zwecke* in ihren ›intendierten‹ wesentlichen bzw. unwesentlichen Bestimmungen differenzieren zu können, mit der trotz der ›Willkür‹ der Erwachsenen-Eingriffe faktisch erreichten Erweiterung seiner Bedingungsverfügung mehr oder weniger ›*uneinsichtig*‹ *konfrontiert:* Es kann deren ›*Prinzip*‹ nicht verstehen, muß sie mithin auf eine ›*unfaßbare*‹ *Überlegenheit der Erwachsenen* zurückführen und kann deswegen eine solche Verfügungserweiterung auch nicht als *seine subjektive* Handlungsmöglichkeit realisieren und generalisieren. Die Erwachsenen scheinen hier auf eine vom Kind nicht begreifliche Weise tatsächlich alles ›besser zu wissen‹, die von ihnen in der Unterstützungstätigkeit dem Kind mit dem Lernen der Brauchbarkeiten ›andressierte‹ Verfügungserweiterung nimmt sich also als ›*fremdbestimmt*‹ *quasi selbst wieder zurück.* Die Frage, wie das Kind die im damit gekennzeichneten Entwicklungswiderspruch liegende operative Beschränkung seiner Bedingungsverfügung in Richtung auf Bedeutungsverallgemeinerung ›aufheben‹ kann, spitzt sich dabei zu auf die Frage, wie die ontogenetische Realisierung des in den Bedeutungen liegenden *Hergestelltheitsaspekts,* durch welchen die verallgemeinerten Brauchbarkeiten erst von zufälligen Verwendbarkeiten unterscheidbar, die entsprechenden ›Intentionen‹ der Erwachsenen also in ihrem inhaltlich-sachlichen Bezug erfaßt werden können, entwicklungslogisch zu rekonstruieren ist.

Um die *Beschränkungen des operativen Aneignungsaspekts,* durch welche (in Aktualisierung entsprechender, der ›gesellschaftlichen Natur‹ des Menschen inhärenter Potenzen etc.) der Widerspruch in Richtung auf *Realisierung des Herstellungsaspekts* der Mittelbedeutungen in der Form des ›Verallgemeinerten-Gemachtseins-Zu‹ etc. hervorgetrieben und aufhebbar wird, präzise bestimmen zu können, machen wir uns klar: Das ›*Machen*‹ im Zusammenhang *individuell* antizipatorischer Lernprozesse ist dem Kind keineswegs fremd, da – wie wir darlegten – die vorgängige Lern- und Entwicklungsweise des ›Probierens/Beobachtens‹ als ein permanenter Regulierungs- und Rückkoppelungsprozeß zu verstehen ist, in dem *Einwirkungen* auf die Realität anhand der beobachteten Einwirkungseffekte modifiziert werden und umgekehrt. Dabei besteht ein fließender Übergang vom bloßen *Manipulieren* mit Objekten zu deren eingreifender Veränderung unter immer gezielterem Einsatz von ›Mitteln‹, gewinnen also die individuellen Antizipationen immer mehr sachintentionalen Charakter (vgl. S. 265 f). Demgemäß ist der (einzeltheoretisch-aktualempirisch näher aufzuhellende) ontogenetische Entwicklungsprozeß des ›Beobachtens/Probierens‹ wesentlich auch dadurch gekennzeichnet, daß das Kind bei seinen *Greif- und Manipulationsaktivitä-*

ten Spuren *hinterläßt,* wobei dies zunächst mehr zufällig, dann aber immer deutlicher vom Kind *intendiert als* ›Machen‹ in Erscheinung tritt, indem es (z.B. im Malen, Bauen samt all ihren Vor- und Abformen) seine *individuell antizipierten Zwecke mehr oder weniger überdauernd vergegenständlicht.* Die durch den unterstützenden Eingriff der Erwachsenen nach dem Modus der Verwendbarkeitsfixierung gelernten ›*Brauchbarkeiten*‹ müssen dabei die Herausbildung des intendierten ›Machens‹ wesentlich fördern, da hier ja auch der ›*Umgang*‹ mit ›*Mitteln*‹ gelernt wird, die ihrerseits wieder beim Gebrauch mehr oder weniger dauerhafte Spuren hinterlassen (wie Blei- oder Buntstifte, Schippe zum Buddeln) oder auf andere Weise zur individuell-intendierten Herstellung von Vergegenständlichungen geeignet sind (wie Bauklötze), bis hin zum Lernen des ersten Umgangs mit den Hilfsmitteln und Werkzeugen der Erwachsenen.

Um nun den Umschlag vom bloß *individuellen* ›*Machen*‹ zur Erfassung des in den Bedeutungen liegenden ›*Verallgemeinerten-Gemachtseins-Zu*‹ entwicklungslogisch rekonstruieren zu können, heben wir zunächst den *Funktionswechsel* hervor, den das bloß ›sachintentionale‹ Machen in dem Maße erfahren muß, wie die geschilderte ›*Zwischensequenz*‹ *vom sozialen Signallernen* zur *Sozialintentionalität* vollzogen ist. Hierbei müssen nämlich für das Kind die kognitiven Möglichkeiten sich herausbilden, durch die ›*denkbar*‹ wird, daß man Dinge *nicht nur für sich, sondern auch für andere machen* kann: Das Kind malt ein Bild ›für‹ den Vater, es baut aus Klötzen ein Haus, das die anderen ansehen und gut finden sollen; dies schließt ein die praktische Einsicht, daß man die *Intentionen der anderen* mit Bezug auf die eigene Bedingungsverfügung/Bedürfnisbefriedigung durch derartige ›Machwerke‹ beeinflussen kann. Gemäß dem neuen Reziprozitäts-Niveau der Sozialintentionalität wird damit auch faßbar, daß *andere* in der Lebenswelt des Kindes ebenfalls *Dinge für die anderen* machen: Ein Erwachsener backt Kuchen für die anderen mit, repariert den Fernsehapparat, damit ›wir alle‹ wieder die Muppets-Show sehen können; auch in dieser ›Sicht‹ wird erfahrbar, daß die *Intentionen der anderen,* darunter auch meine als Kind, mit Bezug auf die ›Macher‹ durch deren ›Machwerke‹ positiv beeinflußt werden können: Wenn der Kuchen auf dem Tisch steht, der Fernseher wieder ›läuft‹, freuen sich die anderen, und freue also auch ich mich darüber.

Damit bahnen sich hier – wenn auch noch eingeschlossen in den Rahmen der unmittelbaren Lebenswelt des Kindes – erste *soziale Verallgemeinerungen* nach Art der geschilderten ›*sozialen Dezentrierung*‹ in Richtung auf die Erfassung des ›*verallgemeinerten Anderen*‹ etc. an, wie sie im ›Verallgemeinerten-Gemachtsein-Zu‹ verkörpert sind (vgl. S. 291 ff). Der entscheidende *qualitative Sprung* zur Realisierung der in den Gegenständen liegenden verallgemeinerten Zwecke vollzieht sich hier jedoch durch eine mit der Perfektionierung und Erweiterung des ›Machens‹ immer weitergehenden *Verselbständigung* des *gegenständlichen Resultats* des ›Gemachten‹ innerhalb des sozialintentionalen Beziehungsgeflechts. Der *qualitative Umschlag* zur Bedeutungsverallgemeinerung ist dabei als *Dominanz-Umschlag* dann vollzogen, wenn das ›*gegenständliche Resultat*‹ für die Kind-Erwachsenen-Koordination *bestimmend* wird, und diese damit die *ersten wirklich* ›*kooperativen*‹ Züge gewinnt. Hier werden das ›gegenständliche Resultat‹, die Bedingungen seines Zustandekommens und die Qualitäten seiner Brauchbarkeit nach Kriterien, die *nicht in dem bloß sozialintentionalen Beziehungs- und Beeinflussungsgefüge aufgehen* und *gerade dadurch* bestimmend auf dieses zurückwirken können, *selbständig faßbar*. So vollzieht sich im ontogenetischen Prozeß ansatzweise die Realisierung des in den gesellschaftlichen Handlungszusammenhängen liegenden Moments der *gesellschaftlichen Naturaneignung* in Form der Schaffung von *Aktivitäts-Ursache-Wirkungs-Zusammenhängen*, die zwar im ›Verallgemeinerten-Gemachtsein-Zu‹ ein ›*soziales Relat*‹ gewinnen, worin aber vorausgesetzt ist, daß in den gemeinsam vergegenständlichten verallgemeinerten Zwecken etc. *tatsächlich die Verfügung über die gesellschaftlichen Lebensbedingungen erweitert* ist, also objektive Naturgesetze durch deren Kenntnis/Berücksichtigung im gesellschaftlichen Lebensgewinnungsprozeß menschlichen Lebensinteressen angemessen werden können (vgl. S. 291 ff).

In dem Maße, wie bei einem solchen Qualifizierungsprozeß die gegenständlichen Resultate des eigenen und fremden ›Machens‹ für das Kind verselbständigt in ihrer Herkunft durch den Herstellungsprozeß, den dabei intendierten Brauchbarkeiten und der so tatsächlich erreichten Brauchbarkeit faßbar werden, erkennt das Kind den *realen Zusammenhang* zwischen der *intendierten/realisierten Brauchbarkeit* des *gegenständlichen Resultats* und der damit erreichbaren *Beeinflussung der Intentionalität der anderen im Interesse der eigenen Verfügungserweiterung:* Das vom Kind gemalte Bild gefällt dem Vater nur, wenn es ›schön‹ ist; das aus Klötzen gebaute Haus wird von den anderen nur gelobt, wenn es ›gut‹ ist; der gebackene Kuchen muß ›schmecken‹, d.h. ›gelungen‹ sein; das reparierte Fernsehgerät muß tatsächlich funktionieren, wenn ›die anderen‹, d.h. auch ich, sich darüber ›freuen‹ sollen. Dies impliziert die ›*kooperative*‹ *Wendung und Aufhebung der Sozialintentionalität:* Das Bild wird ›schön‹ gemalt, das Bauwerk ›gut‹ gebaut, man strengt sich an, *daß* der Kuchen gelingt bzw. das Fernsehgerät funktioniert, *damit* für die *anderen und für mich mit Bezug darauf, also inhaltlich-sachlich,* etwas Brauchbares, Erfreuliches entsteht, und *dies* wiederum bedeutet gleichzeitig für mich/uns die *Absicherung des gemeinsamen sozialintentionalen Unterstützungs-Rahmens.*

Der *Entwicklungszug zur Bedeutungsverallgemeinerung* etc. ist hier somit in gewissem Sinne (entwicklungslogisch) zu seinem Resultat ge-

Der ontogenetische Entwicklungszug der Bedeutungsverallgemeinerung 453

kommen: Das Kind kann jetzt kapieren und praktisch realisieren, daß die Gegebenheiten seiner Lebenswelt *objektiv* mehr oder weniger ›*brauchbar*‹ sein können, weil sie so ›*gemacht*‹ worden sind. Dies schließt ein, daß hier (auf einzeltheoretisch-aktualempirisch konkret aufzuklärende Weise) das Kind den Übergang von der Erfahrung seines eigenen ›Machens‹ als bloßer *direkter Einwirkung auf die Realität* bis zur Aneignung des in den Bedeutungskonstellationen objektiv enthaltenen *Aktivitäts*-Ursache-Wirkungs-Zusammenhangs, also der ›*Kausalrelation*‹, vollzogen hat, indem es realisiert, daß in seiner Umgebung ›*Mittel*‹ vorhanden sind, mit denen man in *verallgemeinerter* Weise bestimmte *Effekte* erreichen kann (etwa mit Hammer Nagel ins Brett schlagen), weil sie dafür ›*gemacht*‹ worden sind: Damit wäre hier in den kognitiven Möglichkeiten des Kindes bis zu einem bestimmten Punkt die dargestellte gesellschaftliche Integration der Sach- und Sozialintentionalität, der Naturgesetzlichkeit der Realitätsaneignung als sozialer Verallgemeinerung von menschlichen Lebenszwecken in der Form des ›Verallgemeinerten-Gemachtseins-Zu‹[1] bzw. der zugrundeliegenden praktischen Handlungszusammenhänge realisiert, mithin auch die hier objektiv in den Bedeutungsstrukturen enthaltenen *Vereindeutigungen, Abstraktionen, Verallgemeinerungen* im *individuellen Denken umsetzbar* (vgl. S. 286 ff). Dies schließt nun auch die Möglichkeit ein, die durch die noch bloß ›sozialintentionale‹ Beziehungsebene bestehende *Beschränkung des Sprachverständnisses und Sprechens* auf deren *lautlich-kommunikative Funktion* zu überwinden und die in den gesellschaftlichen Sprachformen geleistete Vermittlung zwischen begrifflich-symbolischer Realitätsbezogenheit/Inhaltlichkeit und deren sozialer Kommunizierbarkeit nun auch in der individuellen Denkweise/Lebenspraxis zu realisieren (vgl. S. 448 f und S. 226 ff).

Im ›entwicklungslogischen‹ Resultat des Zuges der ›Bedeutungsverallgemeinerung‹ sind mit den geschilderten neuen Welt- und Selbstbezügen auch die *kindlichen Bedürfnis- und Motivationsverhältnisse* in einem *wesentlichen Aspekt* denen der *Befindlichkeit menschlicher Handlungsfähigkeit* angenähert: Während nämlich, soweit der Entwicklungstyp des

---

[1] Dies heißt natürlich nicht, daß das Kind den konkreten Vergegenständlichungsprozeß, in dem die Mittel ›gemacht‹ werden, etwa ein ›Hammer‹ hergestellt wird, im einzelnen kennen muß (über eine solche genaue Kenntnis verfügt, wenn er nicht gerade professionell damit befaßt ist, auch kein Erwachsener). Es geht hier lediglich um die Erfassung des *Modus* des ›Gemachtseins-Zu‹, aus dem sich das Resultat der *besonderen,* die Verwendbarkeiten alles Vorgefundenen qualitativ überschreitenden Brauchbarkeiten der gemachten Dinge verstehen läßt, also das *Kapieren des ›Prinzips‹.* Die Kenntnis des Herstellungsprozesses wird demgegenüber beim verallgemeinert-›zweckentsprechenden‹ Gebrauch der Dinge in Abhängigkeit vom konkreten Aktivitätszusammenhang nur selektiv relevant, stellt also einen untergeordneten Aspekt der Realisierung des ›Verallgemeinerten-Gemachtseins-Zu‹ dar.

individuell-antizipatorischen Probierens/Beobachtens in autarkem Signallernen nicht überschritten ist (also mit Einschluß des Stadiums des bloßen Gebrauchswert-Lernens), die Orientierungsbedeutungen (einschließlich ihrer Bedürfnisgrundlage) auf *davon getrennte* ›Endglieder‹ der Primärbedeutungen/-befriedigungen lediglich *hinleiten* (vgl. S. 439 f), ergibt sich nun ein *qualitativ anderes Verhältnis:* Die ›Befriedigungen‹ aus der mit dem Lernen von Orientierungsbedeutungen erlangten Bedingungsverfügung (qua Neugier- und Explorationsaktivitäten/›Kontrollbedarf‹) und die existenzsichernden bzw. sexuellen Primärbefriedigungen stehen nämlich nun *nicht mehr als verschiedene Stadien einer Aktivitätsfolge äußerlich nebeneinander.* Die mit der Teilhabe an *verallgemeinerter* Bedingungsverfügung erlangten Befriedigungsqualitäten und die ›menschliche‹ Qualität der Primärbefriedigung *schließen* vielmehr – wie dies im Verhältnis ›produktive‹/›sinnlich-vitale Bedürfnisse‹ kategorial aufschließbar gemacht wurde – gleichsam *einander ein:* Die *vitalen* Befriedigungsqualitäten des in die verallgemeinert-kooperative Verfügung über die Lebens- und Befriedigungsquellen *einbezogenen* Kindes sind als solche ›andere‹ als die Qualitäten der lediglich am Ende individuell-antizipatorischer Verfügungsaktivitäten stehenden isolierten Primärbefriedigung; ebenso ›befriedigt‹ sich in der Beteiligung an kooperativer Bedingungsverfügung nicht mehr ein selbständiger ›Kontrollbedarf‹, sondern die Möglichkeit der angstfrei-›menschlichen‹ Befriedigung vitaler Bedürfnisse ist die *zentrale* ›Befriedigungsqualität‹ *der Teilhabe an kooperativer Bedingungsverfügung selbst.* Gemäß diesen nicht mehr extensionalen oder ›seriellen‹, sondern quasi ›*inklusiven*‹ *Bedürfnisverhältnissen* ist mithin auch die *Motivation* zur Überwindung eines je gegenwärtigen ›unbefriedigenden‹ Zustands in Richtung auf Verfügungserweiterung nicht mehr nur auf die Herbeiführung der ›Primärbefriedigung‹ als solcher gerichtet, sondern darin gleichzeitig auf die *Überwindung der Isolation und Ausgeliefertheit* des *Ausgeschlossenseins von der kooperativen Verfügung* über die Befriedigungsquellen: Antizipiert wird also jetzt die Bedürfnisbefriedigung/Lebenserfüllung *›mit der Qualität‹* der Eingebettetheit in den kooperativen Unterstützungsrahmen verallgemeinerter Bedingungsverfügung, damit des in seiner verallgemeinerten Bedeutung ›für die anderen‹ Akzeptiertseins und der darin begründeten ›*menschlichen*‹ Qualität der *Überwindung der Angst* als Isolation vom kooperativen Verfügungsrahmen, d.h. Zurückgeworfenheit auf ›rohe Befriedigung‹ etc.

Mit der Herausbildung der prinzipiellen Möglichkeit zur Aneignung verallgemeinerter Bedeutungen muß sich mit entwicklungslogischer Notwendigkeit die *Kind-Erwachsenen-Koordination* in ihrer Beziehungsqualität ändern, indem jetzt das *unmittelbare operative Zusammenwirken* zwischen Kind und Erwachsenem in Richtung auf seine Einbezogenheit in einen *kooperativen Handlungsrahmen* überschritten wird: Das Kind kann nun an der Unterstützungstätigkeit der Erwachsenen bei seinem Erlernen des Umgangs mit Dingen, auch bei Wahrnehmung der Handlungen anderer, die diesen Umgang schon ›können‹, die speziellen Verlaufscharakteristika als ›personale‹ Mittelbedeutungen (vgl. S. 212 f) identifizieren, die deren intendiertem verallgemeinerten Gebrauchszweck entsprechen, kann also bei sich und bei anderen den ›*richtigen*‹, *sachgemäßen*, ›*zweckmäßigen*‹ *Umgang* mit den Gebrauchsdingen von dem ›*falschen*‹, *unsachgemäßen, unzweckmäßigen Umgang* unterscheiden. Indem das Kind so praktische Kriterien für den ›richtigen‹, d.h. dem verallgemeinerten Gebrauchszweck entsprechenden Umgang mit den Dingen herausbildet, kann es jetzt grundsätzlich ›einsehen‹, *warum* die Erwachsenen bestimmte Umgangsweisen begünstigen und unterstützen, andere aber behindern oder verbieten, nämlich deswegen, weil die einen dem verallgemeinerten, intendierten Gebrauchszweck der Dinge entsprechen, die anderen aber nicht. Damit ist einerseits für das Kind grundsätzlich erfahrbar, daß es beim *Lernen des ›richtigen‹ Gebrauchs* der Dinge sich die darin vergegenständlichten *besonderen,* da *mit deren Herstellung intendierten* Brauchbarkeiten zur Erweiterung der Verfügung über seine Lebensbedingungen *zunutze machen* kann, daß also die *Erfüllung der Forderung der Erwachsenen,* die Dinge ›richtig‹ zu gebrauchen, auch im *Interesse des Kindes* ist. Sowohl Erwachsene wie Kinder sind daran interessiert, daß die Dinge ›richtig‹ und ›sachgemäß‹ gebraucht werden, weil der sachgemäße Gebrauch eine (wie immer minimale) Erweiterung, der unsachgemäße Gebrauch aber eine Beeinträchtigung der Bedingungsverfügung darstellt. (Durch ›falschen‹ Löffelgebrauch verschüttete Suppe kann vom Kind nicht gegessen und muß vom Erwachsenen aufgewischt werden; wenn das Kind sich mit dem Messer in den Finger schneidet, hat es selbst den Schmerz und der Erwachsene das schreiende und blutende Kind; vom Kind zerstörte Dinge, etwa der Fernseher, können weder vom Kind noch vom Erwachsenen dann noch gebraucht werden.) Damit entsprechen die Forderungen der Erwachsenen, *sofern* sie ›*sachgemäß*‹ sind, hier einem *das Kind und die Erwachsenen umfassenden* und insoweit ›*allgemeinen*‹, von der *Willkür der Beteiligten unabhängigen* Interesse.

Auf diese Weise lernt das Kind andererseits immer klarer zu sehen und zu berücksichtigen, daß die in den hergestellten Dingen vergegenständlichten Gebrauchszwecke als verallgemeinerte Zwecke in der Beziehung zum Erwachsenen quasi eine ›*dritte Instanz*‹ darstellen, der *Kind wie Erwachsener* gleichermaßen verpflichtet sind: Der Erwachsene kann hier *nicht kriterienlos und willkürlich* bestimmte Handlungsweisen des Kindes unterstützen und andere verbieten, sondern ist dabei an das ›*Gemachtsein-Zu...*‹ *des Dinges* gebunden. Somit ist das Kind nun nicht mehr nur darauf angewiesen, auf bloß sozialintentionalem Wege die ›Geneigtheit‹ des Erwachsenen zu erreichen, sondern es hat *selbst Krite-*

rien dafür, wieweit es den ›sachgemäßen‹ Forderungen der Erwachsenen nachgekommen ist. Die im Entwicklungszug der Bedeutungsverallgemeinerung möglich gewordene Erweiterung der Bedingungsverfügung des Kindes innerhalb der Kind-Erwachsenen-Koordination wird in ihrer neuen Qualität besonders zugespitzt deutlich in dem nun für das Kind erfahrbaren Umstand, daß auch der *Erwachsene* mit bestimmten Dingen *falsch und unsachgemäß umgehen* kann (und dies, indem er Tee verschüttet, Tassen zerschlägt, sich in den Finger schneidet etc., ja tatsächlich auch tut), und – dies ist entscheidend – daß das Kind über Kriterien verfügt, diese *Inkompetenz und Unsachgemäßheit des Erwachsenen-Handelns auch zu erkennen und gegebenenfalls ›öffentlich‹ zu konstatieren*. Dies schließt auch ein, daß für das Kind die Eingriffe der Erwachsenen nicht mehr *als solche ›willkürlichen‹* Charakter haben, sondern daß es *berechtigte, ›sachgemäße‹ Eingriffe von unberechtigten, ungerechten* und so in *einem dezidierten Sinne willkürlichen* Eingriffen *unterscheiden* kann, was ein weiterer Aspekt der *möglichen Reduzierung der Ausgeliefertheit an aktuelle Situationen* und der *Überwindung der Abhängigkeit von bloß ›sozialintentionalen‹ Appellen* an die Zuwendungsbereitschaft der Erwachsenen darstellt (s.u.).

Diese Darlegungen sind allerdings aufgrund des Umstands zu *relativieren,* daß die kindliche Realisation der Bedeutungsverallgemeinerung, soweit bisher analysiert, noch auf den *Daseinszusammenhang und Unterstützungsrahmen der kindspezifischen Lebenslage/-praxis* eingeschränkt ist; ›Verallgemeinertes-Gemachtsein-Zu‹ ist mithin hier unmittelbar zu realisieren nur als Gemachtsein ›von‹ anderen ›für‹ andere (also auch für mich) innerhalb des *anschaulichen Kooperationsrahmens* der direkt interpersonalen Lebensgemeinschaft zwischen Kindern/Erwachsenen. Wenn also die Erwachsenen in ihrer Unterstützungstätigkeit in der genannten Weise auf einer bestimmten Verwendung von Dingen unter Verzicht auf andere Verwendbarkeiten auch da insistieren, wo offensichtlich *keiner der ›Anwesenden‹ diese Dinge für die anderen ›gemacht‹* hat, also etwa auf der Verwendung des Löffels als ›Löffel‹ oder der Vermeidung des Umgangs mit dem Fotoapparat als Perkussionsinstrument, so ist zwar nun für das Kind einerseits zwar ›denkbar‹, daß dies im *verallgemeinerten ›Gemachtsein-Zu‹* der Dinge begründet sein *könnte* (zumal dies mehr oder weniger eindeutig aus der Art der nichtverbalen oder verbalen Hinweise des unterstützenden Erwachsenen hervorgeht): Andererseits aber sind die *realen Herstellungsakte,* durch welche die Dinge zu den durch die Eingriffe der Erwachsenen signalisierten verallgemeinerten Zwecken gemacht sind, da *außerhalb der unmittelbaren Lebenswelt des Kindes* vollzogen, *noch nicht faßbar.* Es kann zwar jetzt *verstehen,* was *gemeint* ist, wenn ›Gemachtsein-Zu‹ signalisiert wird, ist aber – sofern der Ursprung des ›Gemachtseins‹ nicht innerhalb der anschaulichen Lebenswelt wahrgenommen werden konnte – im Hinblick auf den *Inhalt* der als Brauchbarkeiten durchgesetzten Verwendbarkeiten in diesem Punkt dem *unfaßbaren* ›*Mehrwissen*‹, damit der ›*Willkür*‹ der Erwachsenen noch nicht entkommen. Der damit bezeichnete Widerspruch verweist auf die *Unabgeschlossenheit* des Entwicklungszugs der Bedeutungsverallgemeinerung als ›*entwicklungslogischem*‹ *Vorläufer des Prozesses der* ›*Unmittelbarkeitsüberschreitung*‹, da die kognitiv-praktische Differenzierbarkeit des *bloß kooperativen* vom *gesellschaftlichen* ›Gemachtsein-Zu‹ ja Aspekt eines Entwicklungsprozesses der realen Ausweitung der kindlichen Lebensbezüge über die *unmittelbar-interpersonale Lebensgemeinschaft der Erwachsenen/Kinder hinaus in gesamtgesellschaftliche Bedeutungskonstellationen hinein* ist (was im nächsten Teilkapitel aufgegriffen werden muß).

Die noch unspezifisch sozialintentionale bzw. bloß ›*kooperative*‹ *Realisierung der Bedrohung/Bedrohungsüberwindung in Richtung auf restriktive oder verallgemeinerte Handlungsfähigkeit unter bürgerlichen Klassenverhältnissen*

Ehe wir uns der entwicklungslogischen Rekonstruktion des Übergangs zum neuen ontogenetischen Prozeßtyp der ›Unmittelbarkeitsüberschreitung‹ zuwenden können, müssen wir indessen zunächst die bisherigen Ausführungen über die entwicklungslogischen Sequenzen zur Herausbildung der Bedeutungsverallgemeinerung, damit kooperativen Ausprägung der Handlungsfähigkeit, noch in einem wesentlichen Punkt konkretisieren: Indem wir bisher lediglich die *allgemeinen* Dimensionen und Widersprüche des Übergangs vom sachlich-sozialen Signallernen zur ›sozialintentionalen‹ und von dieser wiederum zur ›kooperativen‹ Prozeßebene der Kind-Erwachsenen-Koordination rekonstruierten, haben wir von der *historisch bestimmten Lage- und Positionsspezifik* der gesellschaftlichen Bedeutungsstrukturen, die das Kind dabei aneignet, *abstrahiert*. Diese darstellungsbedingte Abstraktion ist nun rückgängig zu machen. Dabei werden – wie gesagt (vgl. S. 427 f) – *klassen- bzw. schichtspezifische, aber auch geschlechtsspezifische Differenzierungen* der ontogenetischen Entwicklung – da sie nur *einzeltheoretisch-aktualempirisch* analysierbar sind – von uns in diesem gesamten Kapitel *nicht mitbehandelt* (zum methodologischen Aspekt der Erfassung von Klassen- und Schichtspezifika menschlicher Befindlichkeit/Handlungsfähigkeit vgl. Kap. 9, S. 557 ff).

Wenn es der Prozeßtyp der ›Handlungsfähigkeit‹ (bei gesamtgesellschaftlicher Vermitteltheit individueller Existenz) ist, dessen ontogenetische Möglichkeitsbedingungen hier entwicklungslogisch rekonstruiert werden, so heißt dies nicht nur die Rekonstruktion immer erweiterter

Verfügungsmöglichkeiten bis zur entwickelten Handlungsfähigkeit, sondern auch die Rekonstruktion der ontogenetischen Herausbildung der *historisch bestimmten Verfügungseinschränkungen fremdbestimmter Erwachsenen-Existenz* in der bürgerlichen Gesellschaft: Die Bedrohung der Handlungsfähigkeit durch ›systembedingte‹ Einschränkungen/Mystifikationen der individuellen Verfügungsmöglichkeiten und die daraus entstehende subjektive Alternative des Strebens nach ›*restriktiver*‹ oder ›*verallgemeinerter*‹ *Handlungsfähigkeit* mit den dargestellten kognitiven und emotional-motivationalen und interpersonalen Implikationen (vgl. Kap. 7.5.)

Aus unseren früheren Darlegungen geht zwar hervor, daß die subjektive Alternative restriktiver oder verallgemeinerter Handlungsfähigkeit Charakteristikum der historischen Bestimmtheit der Befindlichkeit von Individuen bei gesamtgesellschaftlicher Vermitteltheit ihrer Existenz ist, womit die entsprechende Problematik ontogenetisch erst mit dem Entwicklungszug der Unmittelbarkeitsüberschreitung in ihrer *vollen Spezifik* faßbar sein kann. Dies darf aber (wie schon gesagt, S. 427) keineswegs so aufgefaßt werden, als ob erst mit der Realisierung der gesamtgesellschaftlichen Vermitteltheit die lage- und positionsspezifischen, historisch bestimmten Beschränkungen/Mystifikationen lebensgeschichtlich relevant werden, während in der ontogenetischen Entwicklung dahin lediglich allgemeine Dimensionen/Widersprüche der individuellen Vergesellschaftung berücksichtigt zu werden brauchen: Indem gezeigt wurde, daß die ontogenetischen Entwicklungszüge der Handlungsfähigkeit verschiedene Formen der *Entspezifizierung* der Aneignung gesellschaftlicher Bedeutungskonstellationen darstellen, die in der Ontogenese ›rückgängig‹ gemacht werden, ist hier vielmehr lediglich nach der *Entspezifizierung* der Betroffenheit des Individuums von historisch bestimmten Unterdrückungs-/Mystifizierungsverhältnissen nach Maßgabe des jeweils realisierten Spezifitätsniveaus der Weltbegegnung/Bedingungsverfügung zu fragen: Die *gesellschaftlichen Unterdrückungszusammenhänge* sind zu keinem Zeitpunkt der Ontogenese *suspendiert,* sondern für das Kind von *seinem ersten Lebenstage an präsent,* nur eben zunächst lediglich in durch die Weise des Weltbezugs bedingter mehr oder weniger unspezifischer Form.

Unsere allgemeine Frage nach der Diskrepanz zwischen den gesellschaftlichen Charakteristika der Bedeutungen/Handlungsmöglichkeiten und ihrer noch mehr oder weniger unspezifischen Realisierung durch das sich entwickelnde Kind wird also jetzt konkretisiert zu der Frage nach der Diskrepanz zwischen den *historisch bestimmten Einschränkungen/Mystifikationen* der gesellschaftlichen Bedeutungen/Handlungsmöglichkeiten und den daraus erwachsenen, *mehr oder weniger unspezifischen Entwicklungsbehinderungen* des Kindes. Es ist mithin zu klären, welche mehr oder weniger unspezifische Form *die gesellschaftliche Ein-*

Der ontogenetische Entwicklungszug der Bedeutungsverallgemeinerung 459

schränkung/Bedrohung der Handlungsfähigkeit im Zuge der Ontogenese vom *sachlich-sozialen Signallernen* über die ›*Sozialintentionalität*‹ bis zur ›*Bedeutungsverallgemeinerung/Kooperativität*‹ annimmt, wie also hier in der mit der Spezifizierung erreichten *neuen Qualität der Verfügungserweiterung* gleichzeitig (gleichsam als Vorbereitung auf die fremdbestimmte Erwachsenenexistenz) eine entsprechende *Qualität der Verfügungseinschränkung* gegeben und so die erreichte *Verfügungserweiterung widersprüchlich zurückgenommen und gebrochen* ist. Damit ist gleichzeitig zu klären, auf welchem Prozeßniveau der Ontogenese in welcher Weise für das Kind *mehr oder weniger unspezifische Vorformen* der Alternative *restriktiver oder verallgemeinerter Bedrohtheitsüberwindung,* also Verfügungssicherung durch Sich-Einrichten in der Abhängigkeit oder Erweiterung des Verfügungsrahmens, bestehen, in welcher Weise also einerseits die *individuelle Reproduktion von Unterdrückungszusammenhängen* im herrschenden Interesse während der Ontogenese durchgesetzt und ›eingeübt‹ wird, und in welcher Weise andererseits die *Möglichkeit des subjektiven Widerstands dagegen* sich in der Ontogenese ausprägen und spezifizieren kann.

Wir befinden uns also nun wiederum – jetzt bezogen auf die *ontogenetischen Entwicklungsvoraussetzungen* – in jenem Darstellungszusammenhang, wie wir ihn mit Bezug auf die entwickelte Handlungsfähigkeit in Kap. 7.5 entfaltet haben: Es geht jetzt darum, die unterschiedlichen und widersprüchlichen Erscheinungsformen kindlicher Lebensbewältigung/Befindlichkeit als verschieden spezifische Weisen der Bedingungsverfügung unter *historisch bestimmten Realisierungs/Behinderungsbedingungen* soweit kategorial aufschließbar zu machen, daß sie sinnvoll einzeltheoretisch-aktualempirisch analysiert werden können. Dabei ist einmal zu berücksichtigen, daß die unmittelbare Lebenslage/-praxis, von der aus die historisch bestimmten Bedeutungsstrukturen den Individuen allein zugänglich sind, hier als *kindliche* Lebenslage/-praxis, d.h. die durch gegenständliche und soziale Verhältnisse des Unterstützungsrahmens der Kind-Erwachsenen-Koordination geprägte *Lebenswelt des Kindes,* charakterisiert ist. Gemäß der historischen Bestimmtheit der Kind-Erwachsenen-Koordination sind dabei auch die Beschränkungen und Widersprüchlichkeiten der Befindlichkeit/Handlungsfähigkeit der *Erwachsenen* von *deren* Standpunkt aus zu berücksichtigen, jedoch in diesem Kontext nur in dem Grade und der Spezifik, in denen sie dem Kind als Aspekte der Widersprüchlichkeit und Beschränkung *seiner* Lebensbewältigung und Bedingungsverfügung erfahrbar werden. Zum anderen ist in Rechnung zu stellen, daß (da der ontogenetische Entwicklungszug der Unmittelbarkeitsüberschreitung erst später behandelt wird) zunächst lediglich die unmittelbar lebenspraktisch relevanten Bedeutungszüge *innerhalb* der kindlichen Lebenswelt in die Analyse einzubeziehen sind, während die Bedeutungsverweisungen in Richtung auf die unmittelbare

Lebenslage/-praxis überschreitende *gesamt*gesellschaftliche Handlungszusammenhänge noch *ausgeklammert* werden. Die historisch bestimmten Unterdrückungs-/Herrschaftsverhältnisse in der bürgerlichen Gesellschaft samt ihrer ideologischen Legitimations- und Verschleierungsformen sind mithin vorläufig für uns nur soweit und in der Art thematisch, wie sie sich als Weisen der Bedrohung kindlicher Bedingungsverfügung/Bedürfnisbefriedigung bzw. Mystifikation dieser Bedrohung im *durch die Erwachsenen gesetzten ›Unterstützungsrahmen‹ innerhalb der kindlichen Lebenswelt* wiederfinden. Da zwischen den gesamtgesellschaftlichen Herrschaftsstrukturen und deren Erscheinungsweise innerhalb von Kind-Erwachsenen-Beziehungen (etwa der ›Familie‹) mannigfache klassenspezifische, geschlechtsspezifische etc. Brechungen und Vermittlungen bestehen, die in ihrer historischen Konkretheit nur aktualempirisch aufweisbar sind, können wir unsere *kategorialen* Bestimmungen über den Zusammenhang zwischen der ›strukturbedingten‹ Bedrohung und den konkreten Erscheinungsformen kindlicher Bedingungsverfügung auch in diesem Kontext nur *konditional* formulieren: *Sofern* solche Bedrohungen sich im ›Unterstützungsrahmen‹ durchsetzen, müssen sie auf dem *jeweils zu diskutierenden Spezifizierungsniveau* der ontogenetischen Entwicklung zur Bedeutungsverallgemeinerung/Kooperativität für das Kind in der und der Weise erfahrbar werden bzw. in der und der Weise zu Bewältigungsversuchen des Kindes führen.

Um zunächst die Eigenart der geschilderten kindlichen Bedrohungs- und Bewältigungsformen im Vollzug der entwicklungslogischen ›Zwischensequenz‹ zur ›Sozialintentionalität‹ aufzuweisen, beginnen wir mit der Skizzierung der einschlägigen Verhältnisse auf dem Niveau des *›probierend-beobachtenden‹ sachlich-sozialen Signallernens* als ›Ausgangspunkt‹ der Zwischensequenz (vgl. S. 439 ff). Dabei ist auch in diesem Zusammenhang zu berücksichtigen, daß die ontogenetische Herausbildung des Lernens auf dem Niveau des ›Probierens-Beobachtens‹ nicht kategorialanalytisch, sondern nur aktualempirisch untersuchbar ist, womit wir bei der kategorialen Explikation des beobachtend-probierenden Lernens als entwicklungslogischer Voraussetzung der Sozialintentionalität nicht einmal sicher sein können, ob das ›Probieren/Beobachten‹ in der Ontogenese realhistorisch überhaupt jemals ›rein‹ vorkommt, oder zusammen mit höheren Formen sich als deren Voraussetzung ausbildet.

Da das sachlich-soziale Signallernen in der Ausprägung des Probierens/Beobachtens individuelle *Aktivitäten* des Kindes voraussetzt, durch welche die Rückmeldungen aus der Realität als Grundlage für die individuelle Erfahrungsbildung erst provoziert werden, sind die Widersprüche und Einschränkungen des ›Unterstützungsrahmens‹ der kindlichen Lebenswelt hier zuvörderst in den unspezifischen Aspekten relevant, die für das Kind eine *Beschränkung oder Unterdrückung* seiner *Aktivitäten* in

Richtung auf probierend-beobachtende Bedingungsverfügung bedeuten. Solche Beschränkungen liegen einmal in der Leere, Anregungsarmut, Reglementiertheit der Realitätsmomente, in die hinein das Kind seine *sachbezogenen Aktivitäten* entfalten könnte. Da diese Sachaktivitäten hier noch nicht eine Verfügung über die primären Befriedigungsquellen erlauben, sind hier jedoch von weit größerer Bedeutung die Aktivitätseinschränkungen, die sich aus der Inkonsistenz, Vernachlässigung der *Befriedigung primärer Bedürfnisse* einschließlich der Unterdrückung *sexueller Impulse* des Kindes ergeben müssen: Die daraus resultierende globale *vitale Verunsicherung* beeinträchtigt nämlich den aktiven Realitätsaus- und eingriff, durch den allein *Lernprozesse in Richtung auf Verfügungserweiterung* zur Überwindung der Verunsicherung zustandekommen können. – Hinzukommen jene Aspekte des ›Unterstützungsrahmens‹, die (entsprechende kindliche Aktivitäten vorausgesetzt) eine Beeinträchtigung der *Bedingungen des sachlich-sozialen Signallernens selbst* bedeuten, hier wiederum zunächst als Mangel an geeigneten sachlichen Gegebenheiten, an denen das Kind probierend-beobachtend Erfahrungen gewinnen kann, mangelnde ›Zuarbeit‹ oder reglementierende Behinderung der Erfahrungsbildung: darüberhinaus und dies einschließend aber insbesondere als *mangelnde oder inkonsistente ›Reaktion‹* der Erwachsenen auf die *vom Kind produzierten Sozialsignale* zur Herbeiführung oder Aufrechterhaltung der Pflege- und Unterstützungsaktivitäten, womit durch unzulängliche Rückmeldung die ›sozialen Orientierungsbedeutungen‹ zur interpersonalen Ausweitung der Bedingungsverfügung nicht hinreichend gelernt werden können etc.

Die so zu exemplifizierenden Bedrohungen der Bedingungsverfügung/Bedürfnisbefriedigung des Kindes, die *objektiv* aus historisch bestimmten gesellschaftlichen Beschränkungen/Widersprüchen, wie sie sich im ›Unterstützungsrahmen‹ der kindlichen Lebenswelt wiederfinden, erwachsen, müssen auf dem unspezifischen Prozeßniveau des probierend-beobachtenden Signallernens für das Kind noch den Charakter von *blinden und zufälligen Naturereignissen* haben. Die durch solche Bedrohungen hervorgerufene *kindliche Angst* wäre demnach die geschilderte *unspezifische* Angst als Hilflosigkeit gegenüber vital bedeutsamen, aber unverfügbaren Ereignissen innerhalb der quasi-natürlichen individuellen ›Umwelt‹ des Kindes. Eine Differenzierung zwischen *sachlichen und interpersonalen* Momenten der Verfügungs-Bedrohung ist dabei hier (da wir von der Sozialintentionalität noch abstrahieren, quasi per definitionem) für das Kind noch nicht vollziehbar.

Welche Wege zur *Überwindung* der subjektiven Bedrohung der Bedingungsverfügung/Bedürfnisbefriedigung bestehen nun auf diesem Spezifizierungsniveau für das Kind, und wieweit lassen sich dabei schon *Vorformen* der Alternative des Strebens nach *restriktiver* Handlungsfähigkeit im bestehenden Verfügungsrahmen oder *verallgemeinerter* Handlungsfähigkeit in Erweiterung des Verfügungsrahmens ausmachen? – Ein möglicher Ausweg aus der Bedrohung der Bedingungsverfügung liegt für das Kind sicherlich im Versuch der *Effektivierung der sachlich-sozialen Beeinflussung,* insbesondere etwa durch Lernen der *selektiven Produktion* von solchen Sozialsignalen, die die erforderten Pflege- und Unterstützungsaktivitäten *eher herbeiführen als andere;* dies würde auch einschließen ein Lernen der selektiven *Unterlassung* solcher Aktivitäten, die spezielle Bedrohungen oder Beeinträchtigungen des Kindes durch die Erwachsenen hervorrufen. In dem Maße, wie ein solches *selektives Unterlassen-Lernen* aufgrund der objektiven Widersprüche und Beeinträchtigungen in der kindlichen Lebenswelt *überwiegt,* hätte dabei der Lernprozeß hier tatsächlich in gewisser Weise objektiv den Charakter der ›*Anpassung*‹ *durch* ›*Arrangement*‹ *mit den Herrschenden* (hier in Gestalt der Erwachsenen), wobei die *eigene Absicherung* durch *Verzicht* auf Erweiterung der Bedingungsverfügung erkauft wird und damit *sich selbst tendenziell aufhebt.* Dabei könnte sich eine Alternative dazu in bestimmten *unspezifischen Widerstands-Aktivitäten* des Kindes andeuten: ›*passivem Widerstand*‹ durch Sich-Entziehen gegenüber Unterdrückungs- und Reglementierungsaktivitäten der Erwachsenen (etwa, indem das Kind aufgrund der ›Maßnahmen‹ der Erwachsenen die Verwirklichung seiner sexuellen Impulse nicht zu ›unterlassen‹, sondern lediglich vor diesen besser zu ›verbergen‹ lernt)[1]: oder ›*aktivem Widerstand*‹ in Form von ›wütendem‹ Schreien, Stoßen, Wegdrücken, Sich-Fallen-Lassen, gleichzeitig als Ausdruck der Hilflosigkeit und der noch diffusen Tendenz, sich ihr nicht total auszuliefern (s.u.).

Wie für das Kind die Bedrohung seiner Bedingungsverfügung noch weitgehend ›Naturereignis‹ ist, so stellt das Kind auf dem Niveau des sachlich-sozialen Signallernens auch *für die Erwachsenen* (da von sozial-intentionalen Attributionen noch abgesehen ist) ebenfalls eine Art von ›*Naturereignis*‹ dar. Er wird deswegen das Kind vorwiegend dadurch in seinem Sinne zu beeinflussen suchen, daß er *sich selbst auch* auf das *Niveau des* ›*beobachtend-probierenden Lernens*‹ begibt, also *bestimmte Randbedingungen so zu ändern versucht, daß* beim Kind das ›*gewünschte*‹ *Benehmen resultiert* (etwa auf die bekannte Weise ›durchzuchecken‹, was es ›haben‹ kann). In dem Maße, wie einerseits dem Erwachsenen aufgrund seiner historisch bestimmten Gesamtsituation eine ausführliche und geduldige Beschäftigung mit dem Kind erschwert ist, und wie andererseits (möglicherweise in Reaktion darauf) beim Kind die geschilderten Formen des ›Widerstands‹ besonders hervortreten, werden dabei solche Beeinflussungsversuche der Erwachsenen über rigide ›*Dressur*‹-*Versuche*

---

[1] Der gängige Begriff des Vermeiden-Lernens wurde von uns hier nicht benutzt, da er zwischen Unterlassen und Sich-Entziehen nicht differenziert.

in manifeste *Unterdrückung kindlicher Lebensäußerungen* zur Erhaltung des *eigenen Verfügungsrahmens* der Erwachsenen übergehen.

An solchen unspezifischen Ausdrucksformen von Widersprüchen innerhalb der Kind-Erwachsenen-Koordination wird deutlich, daß die angedeutete *Alternative kindlicher Anpassung oder kindlichen Widerstands* zwar sicherlich mit der bewußten Alternative restriktiver oder verallgemeinerter Handlungsfähigkeit nicht gleichzusetzen ist, aber dennoch ihr erster noch ›naturhaft‹-*individueller ontogenetischer Vorläufer* sein könnte – wobei insbesondere ein *möglicher biographischer Zusammenhang* zwischen restriktiver/verallgemeinerter Handlungsfähigkeit und den frühen unspezifischen Formen von Anpassung bzw. Widerstand des Kindes in Rechnung zu stellen ist (s.u.).

In dem Maße, wie sich nun aufgrund der dargestellten Entwicklungswidersprüche in der entwicklungslogischen Zwischensequenz zur Bedeutungsverallgemeinerung die Beziehungsform der ›*Sozialintentionalität*‹ herausbildet (vgl. S. 441 ff), müssen die geschilderten Bedrohungen der Bedingungsverfügung/Bedürfnisbefriedigung des Kindes, indem hier eine *spezifischere* Ebene der gesellschaftlichen Bedeutungszusammenhänge realisiert ist, eine *neue Qualität* gewinnen: Das Kind erfährt jetzt nämlich die benannten Einschränkungen seiner Lebensäußerungen bzw. mangelnde oder inkonsistente Pflege/Unterstützung durch die Erwachsenen *immer weniger* als ihm lediglich ›*zustoßende*‹ faktische ›Naturereignisse‹ und immer stärker als in entsprechenden *Intentionen und Absichten* mit bezug auf die eigene kindliche Person gegründet, also quasi als eine *von den Erwachsenen ›gewollte‹ Mißachtung seiner vitalen Lebensnotwendigkeiten und Bedürfnisse,* sieht sich mithin von den Erwachsenen *elementar in seiner* ›*Existenzberechtigung*‹ *in Frage gestellt.* Dieses so mit der Realisierung der ›Sozialintentionalität‹ erreichte *neue Niveau subjektiver* ›*Verletzlichkeit*‹ erhält eine besonders prekäre Zuspitzung dadurch, daß dem Kind die Ebene möglicher sachlicher oder sozialer *Handlungsgründe,* die *außerhalb der unmittelbaren Interaktion mit den Erwachsenen* liegen, *noch nicht zugänglich* ist: Das Kind kann so die hinter seinen Beeinträchtigungen oder Vernachlässigungen durch die Erwachsenen stehenden Intentionen immer nur *kurzschlüssig auf sich zurückbeziehen:* Sie *tun mir das an, weil sie mich nicht mögen.* Wenn so etwa die Mutter das Kind *dafür bestraft, daß es onaniert,* so unterdrückt sie damit in der Erfahrung des Kindes die Realisierung eines Impulses, die ihm *elementare Freude* macht, d.h. sie *will nicht, daß ich als Kind mich freue,* d.h. sie will, mag, ›mich‹ nicht. Die durch die Verfügungsbedrohung hervorgerufene Angst spezifiziert sich damit von einer globalen Angst angesichts der Hilflosigkeit gegenüber unverfügbaren Ereignissen etc. zur *Angst vor Zuwendungsverlust,* ›*Liebesentzug*‹, d.h. vor dem Verlust des *Unterstützungsrahmens,* der die noch unentwickelten *eigenen Anstrengungen* des Kindes in Richtung auf Verfügung über seine Lebensbedingungen absichert und damit *überhaupt erst möglich* macht. Die mit der Sozialintentionalität vollziehbare *Differenzierung zwischen Sachen und Personen* bedeutet hier also zentral die Erfahrung einer besonderen Abhängigkeit und Betreffbarkeit von Personen, indem diese einen nicht nur faktisch behindern, vernachlässigen, sondern dies auch *wollen* können, also fähig sind, einen durch *gewollte, aber ›grundlose‹, damit willkürliche* Mißachtung der eigenen Existenz zu kränken und zu verletzen.

Um herauszuheben, wie damit auch die *Formen der Überwindung der subjektiven Bedrohung sozialintentional spezifiziert* werden müssen, beziehen wir zunächst die früher dargelegten *sozialintentionalen ›Attributionen‹* vom *Standpunkt der Erwachsenen* in die Überlegungen ein, mit welchen sie ›antizipierend‹ den Kindern auch da schon ›Absichten‹ etc. unterstellen, wo sie noch *gar keine* ›haben‹ können (vgl. S. 445): Durch solche Attributionen werden die Erwachsenen den geschilderten Weisen der versuchten kindlichen Bedrohungsabwendung durch Einflußeffektivierung oder passiven bzw. aktiven ›Widerstand‹ häufig schon da, wo es sich noch um direkte, ›nichtintentionale‹ Lebensäußerungen handelt, *Absichten und Vorsätzlichkeiten unterstellen,* etwa, indem sie das Kind spontan als ›unartig‹, ›frech‹, ›bockig‹, ›verschlagen‹, ›hinterhältig‹, ›schlau‹, ›raffiniert‹ (oder mit ähnlichen gängigen Klischees) wahrnehmen und u.U. ansprechen. Wesentlich ist, daß dabei ein *zentrales Charakteristikum* der sozialintentionalen Beziehungsform in die Kind-Erwachsenen-Koordination gelangt, die *Differenzierbarkeit und mögliche Widersprüchlichkeit zwischen den Äußerungen und den ›wahren‹ Absichten* etc. eines Menschen. In dem Maße nun, wie das Kind in der eigenen Intentionalitätsentwicklung den Vorgriff der Erwachsenen darauf ›einholt‹, wird sich auch in diesem Aspekt die *Reziprozität des sozialintentionalen Beziehungsniveaus* herstellen: Das Kind wird lernen, daß es nicht nur verletzt werden, sondern auch *andere verletzen* und treffen kann, daß dabei die eigenen Impulse *geäußert,* aber auch *zurückgehalten* werden können, ja, daß ich bestimmte Haltungen und Absichten kundgeben kann, die gar nicht dem entsprechen oder sogar das *Gegenteil* von dem ausdrücken, was ich *wirklich* meine oder erlebe. Gemäß der Reziprozität der Sozialintentionalität wird dabei das Kind einerseits auch bei den *Erwachsenen* ein derartiges mögliches Auseinandertreten zwischen dem, was sie äußern/zeigen und dem, was sie wirklich meinen oder fühlen, in Rechnung stellen, und andererseits sich vergegenwärtigen, daß auch die Erwachsenen *das Kind selbst,* ob gerechtfertigt oder nicht, einer solchen ›Doppelbödigkeit‹ *verdächtigen* können, womit es also die entsprechenden ›*Attributionen*‹ der Erwachsenen auf sich zu beziehen und zu ›verstehen‹ beginnt.

Aus der sozialintentionalen Differenzierbarkeit zwischen geäußerten und ›wahren‹ Absichten, Impulsen etc. erwächst dem Kind nun auch eine *neue Spezifität* der Versuche zur *Überwindung der Bedrohung* seiner Bedingungsverfügung/Bedürfnisbefriedigung: Es kann jetzt (über die geschilderten Formen hinaus) den Unterstützungsrahmen dadurch abzusichern bzw. Widerstand gegen seine Lebensbeeinträchtigung durch die Erwachsenen zu leisten versuchen, daß es bestimmte Absichten/Impulse ›*in sich*‹ verbirgt bzw. Absichten/Impulse den Erwachsenen gegenüber über *kundtut,* die es nicht ›*hat*‹. Damit eröffnet sich dem Kind aber auch eine *neue Ebene subjektiver Widersprüche* unterschiedlicher Art und Ausprägung. So muß das Kind etwa, sofern es sich in der geschilderten Weise durch die Erwachsenen in seiner ›Existenzberechtigung‹ problematisiert und damit ›verletzt‹ sieht, einerseits in Zersetzung der positiven emotionalen Wertung der Pflegepersonen diesen gegenüber auch ›negative‹, ›aggressive‹ o.ä. emotionale Impulse haben. Andererseits aber mag es für das Kind aus der subjektiven Notwendigkeit der Abwendung der Bedrohung durch die Erwachsenen innerhalb der unmittelbaren Situations-Dynamik ›funktional‹ sein, die ›*aggressive*‹ Seite seiner Emotionalität ›*für sich* zu behalten‹ und den Erwachsenen zur Erhöhung ihrer ›Geneigtheit‹ und Unterstützungsbereitschaft *nur positive* emotionale Haltungen ihnen gegenüber zu ›zeigen‹. Sofern es nun dem Kind gelingt, auf diesem Wege *tatsächlich* die ›Geneigtheit‹ der Erwachsenen zu erhöhen, ist dies zugleich die ›dynamische‹ Grundlage für die Entstehung charakteristischer ›*Schuldgefühle*‹, nicht nur deswegen, weil das Kind den ›lieben‹ Erwachsenen gegenüber, die es am Leben erhalten, gleichzeitig ›Aggressionen‹ hat, sondern speziell deswegen, weil es deren *Zuwendung* hier nur durch emotionales ›Falschspiel‹ erschlichen, also gar nicht ›*verdient*‹ hat. Dies mag dann auf der einen Seite u.U. zu einer diffusen ›*Selbstmißachtung*‹ führen, dergemäß jede fremde Zuwendung als ungerechtfertigt, bzw. die Beeinträchtigung und Verletzung durch andere aufgrund der eigenen Aggressivität/Falschheit als ›verdient‹ erfahren wird. Auf der anderen Seite mag hier die geschilderte ›sozialintentionale‹ Angst vor Zuwendungsverlust sich zur ›*Entdeckungsangst*‹ spezifizieren, womit eine ›Dynamik‹ entstünde, die eigenen *aggressiven Impulse* samt der *Tatsache ihres Verbergens* zur Vermeidung des ›Ertapptwerdens‹ und entsprechender Existenzgefährdung zu *verdrängen,* d.h. aber die *kindliche Beeinträchtigung/Verletzung durch die Erwachsenen,* in welcher die *eigenen Aggressionen* ›begründet‹ sind, *selbst zu verleugnen* und so in ›*Identifikation*‹ *mit fremden Zwängen die eigenen elementaren Lebensinteressen zu verkennen und zu negieren* (vgl. hierzu auch die Darlegungen über die kindliche ›Verinnerlichung‹ äußerer Zwänge in ›freiwilliger‹ Übernahme der Ge- und Verbote der Erwachsenen [als Reinterpretation des Freudschen ›Über-Ich‹-Konzeptes] in M II, S. 347 ff).

Die damit exemplifizierte Weise ›sozialintentionaler‹ Bedrohungsabwendung müßte einzeltheoretisch/aktualempirisch genauer aufgeklärt und differenziert werden. Für unseren Diskussionszusammenhang sollte nur folgendes deutlich geworden sein: Hier finden sich bereits wesentliche Züge der psychischen Verfassung ›restriktiver Handlungsfähigkeit‹ mit den Charakteristika der *emotionalen Fremd- und Selbstinstrumentalisierung* bzw. der *Mystifikation von ›innerem Zwang‹ als ›Motivation‹*, wie wir sie früher dargelegt haben (vgl. S. 407 ff bzw. 413 ff). Auch die im *Arrangement mit den Herrschenden* liegende ›Selbstfeindschaft‹ als ›dynamischer‹ Ursprung des ›Unbewußten‹ (vgl. S. 376 ff) läßt sich an der Art, wie hier die Kinder die Sicherheit durch ›Geneigtheit‹ der Erwachsenen nur mit der Mißachtung und ›Verdrängung‹ ihrer eigenen elementaren Lebensinteressen erkaufen können, schon deutlich ausmachen. – Dennoch ist es *ungerechtfertigt,* die geschilderten sozialintentionalen Versuche der Bedrohungsabwendung mit der ›restriktiven Handlungsfähigkeit‹ der Erwachsenen *gleichzusetzen:* Dies deswegen, weil die *Alternative* der Verfügungserweiterung in Richtung auf verallgemeinerte Handlungsfähigkeit, durch welche die restriktive Handlungsfähigkeit erst ihre ›restriktive‹ Besonderheit erhält, auf dem ontogenetischen Prozeßniveau der ›Sozialintentionalität‹ noch *nicht besteht*. Der Unterschied zwischen Partialinteressen und gemeinsamen/allgemeinen Interessen ist dem Kind ja hier noch nicht zugänglich, es kennt nur seine eigenen Lebensinteressen und -bedürfnisse, ggf. samt deren Einschränkung und Verletzung durch die Erwachsenen. Es kann mithin hier noch keine Bündnisse mit den Erwachsenen zur Realisierung allgemeiner, damit auch eigener Verfügungserweiterung/Bedürfnisbefriedigung eingehen, sondern nur die Beeinträchtigungen/Verletzungen durch die Erwachsenen hinnehmen – oder sich in der geschilderten gebrochenen und widersprüchlichen Weise mit ihnen arrangieren. Dies verdeutlicht sich, wenn man die geschilderten ›vorintentionalen‹ Formen kindlichen ›Widerstands‹ passiver oder aktiver Art in die Betrachtung einbezieht: Einerseits ist vom Niveau der ›Sozialintentionalität‹ her klar, daß solche Widerstandsweisen, weil sie die Intentionszusammenhänge der Erwachsenen nicht berücksichtigen, in ihrer mangelnden Spezifik vergleichsweise ›ineffektiv‹ bzw. unfunktional sein müssen, da z.B. die bloße Verstärkung des Drucks der Erwachsenen häufiges Resultat des Widerstands sein wird. Andererseits bleibt hier, da die unmittelbare Interaktion überschreitende Kriterien dem Kind noch nicht zugänglich sind, als Effektivierung des Widerstands kein anderer Weg als seine geschilderte ›*Intentionalisierung*‹: Die dargestellte ›*Instrumentalisierung*‹ der Erwachsenen mit all ihren widersprüchlichen Implikationen wäre demnach auf sozialintentionalem Niveau die *einzige* Form der Bedrohungs- und Verletzungsabwendung, die dem Kind *schon verfügbar* ist.

Aus diesen Überlegungen folgt der wichtige Umstand, daß – soweit die formationsspezifischen Beeinträchtigungs- und Unterdrückungsstrukturen der bürgerlichen Gesellschaft in die kindliche Lebenswelt durchschlagen, und soweit die ›Sozialintentionalität‹ real ein von der Entwicklung der Kooperativität abgrenzbares Vorstadium darstellt – die geschilderte Bedrohungsüberwindung durch Fremd- und Selbstinstrumentalisierung, Verinnerlichung von Zwängen, Selbstfeindschaft und Realitätsverleugnung, wie sie als ›Vorwegnahmen‹ von Zügen restriktiver Handlungsfähigkeit dargestellt worden sind, ein *notwendiges Stadium ontogenetischer Entwicklung innerhalb der bürgerlichen Klassenwirklichkeit* wäre. Dies würde bedeuten, daß hier in der Individualgeschichte den Tendenzen in Richtung auf ›*restriktive Handlungsfähigkeit*‹ im Arrangement mit den Herrschenden ein *ontogenetisches Prä* zukäme, und so die Herausbildung verallgemeinerter Handlungsfähigkeit durch Verfügungserweiterung im Zusammenschluß mit anderen quasi immer erst *gegen konträre Tendenzen* aus der *eigenen frühkindlichen Individualgeschichte* durchgesetzt werden müßte (ich komme darauf zurück).

Soweit nun das Kind die bloße ›Sozialintentionalität‹ in Richtung auf *Bedeutungsverallgemeinerung/Kooperativität* überschreitet, also über die Realisierung der ›Verwendbarkeit‹ hinaus verallgemeinerte Brauchbarkeiten von Gegenständen wie von Aktivitäten zu ihrer Benutzung/Herstellung aneignen kann, gewinnt es (wie dargelegt, vgl. S. 446 ff) einerseits mit dem Erreichen der Elementarform von ›Handlungsfähigkeit‹ eine *neue Eigenständigkeit* gegenüber den Erwachsenen: Es kann jetzt die Intentionen der Erwachsenen nicht mehr nur als ›*Intentionen*‹ *verstehen,* sondern auch *inhaltlich* in ihrer generellen ›Nützlichkeit/Schädlichkeit‹ erfassen, ist damit nicht nur mehr auf die ›interaktive‹ Zuwendung der Erwachsenen angewiesen, sondern kann prinzipiell über *eigene ›für uns‹ nützliche Beiträge* ›*kooperative*‹ *Beziehungen* mit ihnen eingehen. Mit dieser Spezifizierung ist aber wiederum eine *neue Spezifik* möglicher Beeinträchtigungen, Bedrohungen und Verletzungen des Kindes gegeben, da die Realisierung des neuen Niveaus der Bedingungsverfügung, indem möglich, für das Kind gleichzeitig *subjektiv notwendig* geworden ist. So bedeutet nun für das Kind die Erfahrung der Ausgeschlossenheit vom kooperativen Verfügungsrahmen, Behinderung oder Zurückweisung seiner nützlich gemeinten Beiträge dazu, eine *neue Qualität des Leidens,* da die kindliche Angst jetzt nicht mehr nur ›sozialintentional‹ durch Zuwendungsverlust entsteht, sondern als *Befindlichkeit bedrohter Handlungsfähigkeit* durch *erfahrene Isolation von der kooperativen Verfügung über die eigenen/gemeinsamen Lebensbedingungen.* Damit kann jetzt das Kind durch gesellschaftliche Beeinträchtigungs- und Unterdrückungsverhältnisse, soweit und in der Weise, wie sie sich im Unterstützungsrahmen der Erwachsenen niederschlagen, auf eine über das Bisherige hinausgehende *neue und widersprüchliche Weise eingeschränkt und verletzt* werden: Zwar ist das Kind nach wie vor auf die interaktive Zuwendung der Erwachsenen angewiesen, es kann aber dennoch *unter dieser Zuwendung leiden,* wenn damit die Ansätze zur ›Selbständigkeit‹ des Kindes in seinen ›nützlichen‹ Beiträgen eingeschränkt sind, und das Kind *von der neuen, ›kooperativen‹ Gemeinsamkeit mit den Erwachsenen isoliert* wird. Zwar ›braucht‹ das Kind nach wie vor die Erwachsenen zur Befriedigung seiner primären Bedürfnisse, und dennoch wird das Kind dabei einen *elementaren vitalen Mangel erleben,* sofern seine Ansätze zu eigenständiger Verfügung über die Befriedigungsquellen unterdrückt werden, damit die Realisierung der geschilderten ›Inklusionsbeziehung‹ von Bedingungsverfügung und ›menschlicher‹, d.h. vorsorgend verfügbarer Lebensqualität unterbunden, das Kind also auf ›rohe Befriedigung‹ mit der Qualität der Angst und Ausgeliefertheit zurückgeworfen ist. Die gesellschaftliche Beeinträchtigung/Unterdrückung wird also nun bereits dann von den Erwachsenen an das Kind ›weitergegeben‹, wenn diese meinen, es ›genüge‹, sei alles, ›was das Kind verlangen kann‹, etc., wenn sie *nichts weiter* tun, als (wie bisher) *zum Kind ›lieb‹* zu sein und seine Bedürfnisse zu befriedigen, und es im übrigen nach wie vor in ›interaktiver‹ Abhängigkeit halten, also die *subjektive Notwendigkeit seines Hineinwachsens in den kooperativen Verfügungsrahmen negieren,* damit auch die *Überwindung der ›sozialintentionalen‹ Fremd- und Selbstinstrumentalisierung* mit ihren Widersprüchlichkeiten und Leiden behindern. (Die eigenen Beschränkungen und Partialinteressen der Erwachsenen im Einklang mit den herrschenden Interessen samt deren ideologischer Formung, die zu solchen Entwicklungsbehinderungen führen, wären auch hier im einzelnen theoretisch-aktualempirisch aufzuklären.)

Die Spezifizierung der möglichen kindlichen Existenzbedrohung mit der neuen Qualität kooperativer Welt- und Selbstbeziehungen läßt sich zugespitzt herausheben an dem damit verbundenen *Wandel der Erfahrung der ›Willkür‹ der Erwachsenen dem Kind* gegenüber: Während auf bloß sozialintentionalem Prozeßniveau, wie dargestellt, die Einschränkungen des Kindes innerhalb der Unterstützungstätigkeit der Erwachsenen diesem *als solche ›willkürlich‹* erscheinen müssen, da es über Kriterien zu deren Einschätzung außerhalb der unmittelbaren Interaktion ja noch nicht verfügt, ist das Kind jetzt prinzipiell in der Lage, die *kooperative Nützlichkeit* von Einschränkungen, wo diese gegeben ist, auch zu erkennen, also etwa perspektivisch einzusehen, daß, wenn das Kind von den Erwachsenen daran gehindert wird, bei seinen noch ungesteuerten Aktivitäten des Realitätsausgriffes den Fernsehapparat zu zerstören, dies zwar kurzfristig eine Beeinträchtigung dieser Aktivitäten bedeutet, aber langfristig auch in seinem Interesse ist, da ›wir‹ ja sonst nicht mehr fernsehen können. Auf dem Hintergrund der Identifizierbarkeit solcher ›nichtwillkürlichen‹ Einschränkungen müssen nun aber die tatsächlich ›willkürlichen‹, also für das Kind nicht als nützlich im Kooperationsrahmen erfahrbaren, Einschränkungen *in ihrer ›Willkür‹ auf spezifischere Weise hervortreten* und so zu *besonderen Bedrohungen/Verletzungen des Kindes* führen: Es wird ja damit jetzt nicht nur in seinen Interessen und Bedürfnissen mißachtet, sondern darüberhinaus in seinen *Anstrengungen,* der *Ausgeliefertheit an blindes Wohl- oder Übelwollen der Erwachsenen* durch Hineinentwicklung in den gemeinsamen kooperativen Lebenszusammenhang zu entkommen, also zu ›menschlicher‹ Lebensqualität/Bedürfnisbefriedigung zu gelangen. Das Kind sieht sich damit vor der *elementaren Widersprüchlichkeit,* daß es *teilweise* von den Erwachsenen als *›Mitmensch‹* behandelt wird, mit dem man *›nicht machen kann, was man will‹,* der *einsehen* kann, und dem man deswegen *erklären* muß, warum dies und dies von ihm nicht getan werden darf, während dennoch *bestimmte Aktivitäten und Lebensäußerungen durch blinde, ›unbegründete‹ Machtausübung unterdrückt* werden, und dem Kind so seine *elementare Ausgeliefertheit und Ohnmacht,* innerhalb derer die kooperativen Verfügungsmöglichkeiten lediglich ›auf Widerruf‹ zugestanden sind, als *zentrale Existenzbedrohung erlebbar und ›spürbar‹ wird.* In solchen Widersprüchlichkeiten innerhalb des Unterstützungsrahmens der Erwachsenen scheint sich die *Vorbereitung* auf die spätere *fremdbestimmte Erwachsenen-Existenz* unter bürgerlichen Lebensverhältnissen in neuer Spezifik durchzusetzen: Das Kind ›lernt‹ hier nämlich (zunächst noch innerhalb der unmittelbaren kindlichen Lebenswelt), daß es zwar *einerseits* seine eigenen Angelegenheiten in Kooperation mit anderen in die eigene Hand nehmen, dabei auch die Bereitschaft und Fähigkeit zu für alle nützlichen Beiträgen entwickeln kann und soll, daß es aber *andererseits* die *Bedingungen seiner grundsätzlichen Abhängigkeit und Fremdbestimmtheit bei Strafe der Existenzbedrohung nicht zu hinterfragen und anzutasten* hat: Dies ist die Formierung in Richtung auf jenes Bewußtsein von ›Freiheit‹ des Fisches im Glas, der – weil er die Berührung mit den Wänden seines Gefängnisses zu meiden gelernt hat – sich im allseits offenen Ozean wähnen kann (vgl. S. 413).

Aus diesen Überlegungen erhellt die besondere Notwendigkeit wie spezielle Funktionalität der *Unterdrückung kindlicher Sexualität* bei der ontogenetischen Zurichtung auf die spätere gebrochene Selbstverfügung im Rahmen der Fremdbestimmtheit: Die Sexualität ist, wie dargelegt, da als unspezifisch biosozial nicht in die gesellschaftliche Entwicklung einbezogen, sondern nur sekundär gesellschaftlich zu modifizieren, eine elementare Möglichkeit der Befriedigung und Beglückung, zu der man *nichts weiter braucht* als die *körperliche Nähe eines anderen Menschen,* letztlich *sogar nur den eigenen Körper,* deswegen auch (quasi als ›das letzte, was einem bleibt‹) durch *gesellschaftliche Normierung schwer erreichbar,* ein *Refugium individuellen Sich-Entziehens gegenüber Einschüchterung wie Bestechung.* Schon deswegen ist den Herrschenden innerhalb antagonistischer Klassengesellschaften aller Zeiten die Sexualität als Hort nicht formierbarer ›liederlicher‹ Freude tief verdächtig, und es resultierten stets besondere Vorkehrungen zu ihrer Unterdrückung und ›Entschärfung‹ (und sei es durch die Spielverderberei moderner ›Pornowellen‹). Darüberhinaus ist die Sexualunterdrückung von Kindheit an aber noch *im allgemeineren Sinne ›funktionalisierbar‹* für die Verinnerlichung des unhinterfragten Sich-Abfindens mit der Fremdbestimmung: Wenn z.B. das Kind erfährt, welch elementare Freude es sich machen kann, wenn es bestimmte Stellen seines Körpers streichelt, so erfährt es damit (auf dem Niveau der ›Kooperativität‹) gleichzeitig, daß dies nur es selbst angeht, daß es damit *nur sich selbst beglückt, aber niemand anderem schadet.* Wenn nun dennoch solche sexuellen Impulse von den Erwachsenen als ›Onanie‹ unterdrückt, bestraft, verteufelt werden, so ist dies mithin *für das Kind* (und tatsächlich) die *höchste und gravierendste Zuspitzung von ›Willkür‹:* Es gibt offensichtlich *keinen kooperativ ausweisbaren ›Grund‹,* aus dem *dieser Eingriff in die kindliche Integrität ›verständlich‹* sein könnte (auch die Erwachsenen kennen keinen). Real sind die Erwachsenen hier (über mannigfache personelle Verformungs- und Verdrängungsprozesse vermittelt) das blinde Werkzeug der Herrschenden (wo kämen wir denn hin, wenn jeder tatsächlich einfach Spaß haben könnte, wenn *er* will?).

Da dem Kind also mit der Bestrafung seiner sexuellen Impulse brutal eingebrannt wird, daß es – wann immer die Herrschenden das wollen – die *Unterdrückung seiner elementaren Lebensäußerungen und Interessen blind, ›ohne einen Mucks‹, hinzunehmen hat, und daß hier die Frage nach den Gründen die Existenzbedrohung nur ins Maßlose verstärkt,* liegt hier ein besonders funktionales Mittel zur ›Einbettung‹ der Selbständigkeit, Nützlichkeit und Vernünftigkeit der Lebensführung in das (wie immer gedrehte und gewendete, rationalisierte und gerechtfertigte) *Hinnehmen der Ohnmacht gegenüber der Kapitalherrschaft* als *zentralen Grundzug der geschilderten ›Selbstfeindschaft‹ restriktiver Handlungsfähigkeit.* – (Zum Problem der ›Funktionalität‹ kindlicher Sexualunterdrückung zur Vorbereitung auf die fremdbestimmte Erwachsenenexistenz vgl. auch die ausführlichen Analysen in M II, Kap. 5.6., S. 367 ff).

Mit dem ›kooperativen‹ Beziehungsniveau ist, wie deutlich wurde, die personalisierte Kurzschlüssigkeit bloß sozialintentionaler Bewältigungsweisen der Bedrohung seiner Bedingungsverfügung grundsätzlich für das Kind durchbrechbar: Es kann jetzt seinen noch ›blinden‹ Widerstand nicht nur durch sozialintentionale Fremd- und Selbstinstrumentalisierung effektivieren, sondern durch *Reklamation der ›Willkür‹, ›Schädlichkeit‹* etc. von *Eingriffen der Erwachsenen* in seine kindlichen Lebensäußerungen, sein Spiel, seine ersten Versuche nützlicher Beiträge, etc., an *inhaltlichen,* aus dem Kooperationsverhältnis begründeten Kriterien. Dabei kann es seinen *Widerstand,* wo möglich, ›argumentativ‹ gegenüber den Erwachsenen bekunden, oder – wo dies zu ›bedrohlich‹ wird – ein *neues ›Selbstbewußtsein‹ inneren Widerstands* entfalten, indem es nun *weiß,* daß die Erwachsenen im Unrecht sind, *es deswegen* auf sie ›die Wut kriegt‹, sie seinerseits ›nicht mehr mag‹, es ihnen gelegentlich ›heimzahlen‹ wird etc. Somit deutet sich hier für das Kind erstmalig eine *wirkliche Alternative* zur versuchten Bedrohungsüberwindung durch bloß sozialintentionale Appelle an die ›Geneigtheit‹ und Zuwendungsbereitschaft der Erwachsenen an: Mit der kooperativen Frühform der Handlungsfähigkeit bildet sich unter historisch bestimmten Einschränkungs- und Unterdrückungsverhältnissen auch eine *Frühform der Alternative der Bedrohungsbewältigung in* Richtung auf *restriktive* oder *verallgemeinerte Handlungsfähigkeit* an – allerdings noch *personalisiert* durch ihre Eingeschränktheit auf die *unmittelbare Lebensgemeinschaft* der Kinder/Erwachsenen und mit entsprechenden Verkürzungen der Erscheinungsform der damit gegebenen Widerspruchskonstellationen.

Wenn jetzt z.B. das Kind in einer Situation, in der es mit seinem Protest gegen die Erwachsenen ›recht‹ hätte, dennoch zur Risikovermeidung nur ›erwünschte‹ Lebensäußerungen zeigt, so muß es damit ›fertig werden‹, daß es in diesem Verzicht auf begründbare Verfügungserweiterung seine eigenen ›menschlichen‹ Interessen verletzt, indem es seine *Unselbständigkeit und Ausgeliefertheit,* denen es einerseits *zu entkommen* trachtet, hier andererseits durch das *eigene Benehmen selbst bestätigt und befestigt,* mit all den geschilderten aus solcher ›Selbstfeindschaft‹ resultierenden Tendenzen zur Realitätsabwehr und -verleugnung. Dabei gewinnen solche Zuwendungen von Erwachsenen, die das Kind nicht vermittelt über seinen kooperativen Beitrag, sondern nur durch sozialintentional-instrumentalisierende Bekundungen seines ›Wohlverhaltens‹ erhalten hat, für das Kind eine *neue Ambivalenz,* indem diese Zuwendungen zwar einerseits unmittelbare emotionale Einbettung bedeuten, in ihnen aber andererseits das Kind in seinem Bemühen, selbst die ›Gründe‹ für die kooperative, damit ›zufälligen‹ Zu- und Abwendungen enthobene Sicherung seiner Lebensmöglichkeiten zu schaffen, *gerade negiert* ist. Dies schließt ein, daß das Kind nun nicht mehr ›Zuwendung um jeden Preis‹ anstrebt, sondern in bestimmten Situationen *Zuwendungen,* die *nicht kooperativ* ›begründet‹ sind, gegenüber *zwiespältig* ist, da sie im Hinblick auf die Absicherung des Unterstützungsrahmens der eigenen Bedingungsverfügung *eher widersprüchlich und brüchig* sind. Das Kind kann mithin jetzt differenzieren, ob der Erwachsene ›bloß‹ freundlich ist, das Kind beschenkt etc., ohne daß er ›Grund‹ dazu hat, also seine *kooperative Eigenständigkeit ›nicht ernst‹ nimmt,* oder weil er es *wirklich als Mitmenschen innerhalb der kooperativen Lebensgemeinschaft respektiert und schätzt* (LEONTJEW hat dies in seinem Beispiel von der ›bitteren Süßigkeit‹ eindrucksvoll veranschaulicht, vgl. 1973, S. 438).

Gemäß der neuen kindlichen Alternative der Befestigung der Abhängigkeit durch bloß interaktive Zuwendungsappelle und des Durchsetzens seiner Teilhabe an kooperativer Verfügung und ›menschlicher‹ Bedürfnisbefriedigung (nach Maßgabe des jeweils Möglichen, s.u.) haben auch die *Erwachsenen* in ihren Haltungen und Aktivitäten dem Kind gegenüber *eine neue Alternative:* Sie *können* sich jetzt mit den ›regressiven‹ *Tendenzen* des Kindes verbünden, den risikolosen Weg des bloß sozialintentional-instrumentalisierenden Sich-Fügens und ›Lieb-Machens‹ im Widerspruch zu den kindlichen Verfügungs- und Entwicklungsinteressen zu wählen, womit sie gemäß ihren eigenen (durch gesellschaftliche Widersprüche vermittelten) ›instrumentalisierenden‹ Interessen an der Abhängigkeit, ›Kleinheit‹, ›Niedlichkeit‹ etc. des Kindes diesem langfristig schaden. Sie *können* aber auch das Kind in seinem Streben nach kooperativer Verfügungserweiterung, damit Gewinnung ›menschlicher‹ Lebens- und Befriedigungsmöglichkeiten *gegen seine eigene Neigung zum Klein-Beigeben unterstützen, damit auch ihren eigenen langfristigen Interessen in Richtung auf die Entwicklung einer intersubjektiven Qualität der Kind-Erwachsenen-Koordination* dienen. Daraus erhellt, daß das Kind nun erstmalig und ansatzweise den Erwachsenen nicht nur unter Anerkennung seiner ›grundlosen‹ Abhängigkeit von ihm ›instrumentalisieren‹, sondern auch zum *Bündnispartner* einer *gemeinsamen* Erweiterung der Bedingungsverfügung, damit *Verbesserung der Lebensqualität des Kindes wie des Erwachsenen* innerhalb der unmittelbaren Lebensgemeinschaft der Kind-Erwachsenen-Koordination gewinnen kann (vgl. dazu das Kapitel »Rückbezogenheit auf unmittelbare Befriedigung und Gerichtetheit auf langfristige Verfügung über die eigenen Lebensumstände als widersprüchliche Tendenzen innerhalb der kindlichen Interessenlage«, HOLZKAMP 1979b, S. 35 ff).

Bei alldem ist zu bedenken, daß auch die neuen Verfügungs- und Lebensmöglichkeiten des Kindes auf dem Prozeßniveau der Bedeutungsverallgemeinerung/Kooperativität nach wie vor lediglich *innerhalb des umfassenden Unterstützungsrahmens* bestehen, durch welchen die *kindliche Existenz* gesichert ist, und mit welchem das Kind mithin in *prinzipieller Abhängigkeit von den Erwachsenen* steht. Die neue Selbständigkeit durch die Teilhabe an kooperativen Lebensweisen bzw. kooperativer Abgesichertheit der eigenen Bedürfnisbefriedigung gegen ›Willkür‹ etc. wird also hier von den Erwachsenen dem Kind lediglich *gewährt* und kann ihm *jederzeit entzogen* werden, ohne daß es *Machtmittel* hätte, sich *dagegen zu wehren:* Darin liegt der *umfassende Widerspruch* innerhalb der Kind-Erwachsenen-Koordination, der all die geschilderten spezielleren Widersprüche umgreift und bestimmt. Dieser zentrale Widerspruch aber ist *innerhalb des Entwicklungszugs zur Bedeutungsverallgemeinerung/Kooperativität* nicht aufhebbar, sondern verweist auf den entwicklungslogisch ›höheren‹ ontogenetischen Zug der *›Unmittelbarkeitsüberschreitung‹,* mit dem das Kind bzw. der Heranwachsende erst die *Möglichkeiten,* damit auch die *voll entfalteten Widersprüchlichkeiten,* menschlicher Handlungsfähigkeit lebensgeschichtlich realisieren kann. Wir sind also wiederum, von einem anderen Argumentationsgang her, auf die schon früher (S. 457) aufgewiesenen Widersprüchlichkeiten des Entwicklungszugs der ›Bedeutungsverallgemeinerung‹ gestoßen, aus denen seine ›*Unabgeschlossenheit‹* erhellt, und aus denen sich mithin in umfassenderem Zusammenhang der Umschlag zum ontogenetischen Entwicklungstyp der ›Unmittelbarkeitsüberschreitung‹ explizieren lassen muß.

8.3 Der ontogenetische Entwicklungszug der Unmittelbarkeitsüberschreitung bis zum Umschlag in den Prozeßtyp gesamtgesellschaftlich vermittelter Handlungsfähigkeit

Widerspruch zwischen der Erweiterung des kooperativen Einflusses des Kindes innerhalb der ›Häuslichkeit‹ und seiner Ausgeschlossenheit von der Teilhabe an diese umgreifenden und tragenden gesellschaftlichen Verfügungsmöglichkeiten

Nach der entwicklungslogischen Rekonstruktion des Übergangs von der ›Sozialintentionalität‹ zur ›Kooperativität/Bedeutungsverallgemeinerung‹ als ›Dominanzumschlag‹, durch welchen das ›gegenständliche Resultat‹ für die Kind-Erwachsenen-Koordination bestimmend wird (vgl. S. 451), muß nun die ontogenetische Gesamtentwicklung aufgrund der dadurch bedingten Umzentrierung eine *andere Richtung* nehmen: Es ist (gemäß unserem methodischen ›Fünfschritt‹, vgl. S. 78 ff) diese nach dem Dominanzumschlag erreichte *neue Kontinuität* der Entwicklung, innerhalb derer sich allein (zunächst untergeordnete) neue Funktionsmomente herausbilden können, die – wenn sie bestimmend werden – zu einem neuerlichen Dominanzumschlag, also einer weiteren Qualitätsänderung des Entwicklungsprozesses führen. Wir haben mithin (in Vorbereitung der entwicklungslogischen Rekonstruktion des Prozeßtyps der ›Unmittelbarkeitsüberschreitung‹) nach der Auseinanderlegung der Entwicklung zur Bedeutungsverallgemeinerung/Kooperativität zuvörderst die daraus hervorgehende weitere Entwicklung *der* Bedeutungsverallgemeinerung/Kooperativität zu betrachten, dabei herauszuarbeiten, auf welche Weise hier innerhalb der kontinuierlichen Ausfaltung des erreichten Prozeßtyps mit entwicklungslogischer Notwendigkeit *neue Elemente* sich herausbilden müssen, durch die der Umschlag zum Entwicklungszug der ›Unmittelbarkeitsüberschreitung‹ sich ankündigt und schließlich vollzogen wird.

Wesentliches weiterweisendes Charakteristikum der ›Bedeutungsverallgemeinerung/Kooperativität‹ ist der hier entstehende Ansatz in Richtung auf die Herausbildung der Ebene *subjektiv funktionaler, allgemeinverständlicher* ›Handlungsgründe‹ als Kennzeichen menschlicher Handlungsfähigkeit (vgl. etwa S. 349 ff): Zwar ist der Übergang von der bloßen ›Bedingtheit‹ zur ›Begründetheit‹ der Lebensaktivität bereits mit dem Erreichen des ›sozialintentionalen‹ Niveaus vorbereitet, auf dem das Kind andere und sich selbst schon prinzipiell als Wesen erfahren kann, die nicht bloß auf ›Signale‹ reagieren, sondern die ›Gründe‹ für ihre Aktivitäten haben können. Diese ›Gründe‹ können aber hier noch lediglich als *individuell ›im‹ jeweils Einzelnen liegend* gesehen werden: Das Kind kann, wie dargelegt, nun zwar einsehen, daß man bei der sozialen Ausweitung der Bedingungsverfügung ›Pläne‹, ›Absichten‹, ›Gründe‹ in Rechnung stellen muß. Inhaltlich *›verständlich‹* werden dem Kind die Gründe aber erst soweit, wie es Bedeutungen als *generalisierte Brauchbarkeiten* realisiert und so die ›Nützlichkeit‹ fremder und eigener Beiträge zur Erweiterung des kooperativen Verfügungsrahmens einschätzen, damit in ihrer *›subjektiven Funktionalität‹* für die allgemeine/ eigene Verbesserung der Lebensqualität/Bedürfnisbefriedigung erkennen und werten kann. Das Kind wird somit auch allmählich fähig, ihm zunächst ›unverständliche‹ Handlungen, etwa der Erwachsenen, sich dadurch verständlich zu machen, daß es von ihrer prinzipiellen ›menschlichen‹ Verständlichkeit ausgeht und von da aus die *›Prämissen‹* zu ergründen sucht, unter denen *dem anderen* dessen Handlungen als subjektiv funktional für die eigene/allgemeine Bedingungsverfügung/Bedürfnisbefriedigung erscheinen müssen. Allerdings ist dabei zu berücksichtigen, daß die ›Verständlichkeit‹ hier noch auf den *unmittelbaren kooperativen Verfügungsrahmen* der kindlichen Lebenswelt bzw. Lebensgemeinschaft zwischen Kind und Erwachsenem eingeschränkt ist, sodaß sich das *Niveau der gesellschaftlich verallgemeinerbaren ›Handlungsgründe‹* als Basis interpersonalen ›Verstehens‹, wie wir es als Merkmal der Handlungsfähigkeit bei *gesamtgesellschaftlicher* Vermitteltheit individueller Existenz herausgehoben haben, nur erst ankündigt, aber keinesfalls schon seine qualitative Spezifik erreicht hat.

Die Struktur der subjektiv funktionalen ›Handlungsgründe‹, soweit sie schon entfaltet ist, gewinnt im Prozeß der Entwicklung der Bedeutungsverallgemeinerung/Kooperativität ihre *ontogenetische Besonderheit* dadurch, daß hier das Kind seine Bedingungsverfügung/Lebensqualität durch Reduzierung der Abhängigkeit von den Erwachsenen wesentlich nur dadurch erweitern kann, daß es *immer ›größer‹ wird,* und so die Diskrepanzen zwischen dem *Einfluß der Erwachsenen* und *seinem eigenen Einfluß* auf den gemeinsamen Lebensprozeß immer mehr zu *reduzieren* vermag. Die subjektive Begründetheit/Funktionalität der aktuellen brauchbarkeitsorientierten Handlungen bzw. Handlungsziele des Kindes ist also hier umfaßt und aufgehoben von der *subjektiven Begründetheit/ Funktionalität solcher Handlungen/Handlungsziele, mit deren Umsetzung das Kind ›größer wird‹,* d.h. sich in seinen Fähigkeiten, damit beanspruchten Rechten etc. den Erwachsenen annähert. Die ›Prämissen‹, unter denen die kindlichen Handlungen *verallgemeinerte ›Verständlich-*

keit‹ besitzen, liegen mithin in einer derartigen, von den direkt brauchbarkeitsorientierten Handlungsprämissen der ›schon‹ Erwachsenen abweichenden, globalen *Entwicklungsorientiertheit.* Das Kind ist also quasi auf die Einsicht der Erwachsenen angewiesen, daß es zunächst und vor allem anderen ›erst einmal groß‹ werden muß: Nicht deswegen, weil (wie z.B. die Humanistische Psychologie annimmt) eine genuine ›Wachstums-Motivation‹ o.ä. in es eingebaut ist, sondern weil es nur so seine *Ausgeliefertheit und seine Isolation von den Verfügungsmöglichkeiten in Abhängigkeit von den Erwachsenen* überwinden und die *Perspektive eines angstfreien Daseins* ›*menschlicher‹ Bedingungsverfügung/Bedürfnisbefriedigung* gewinnen kann. Der allmähliche Aufbau ›intersubjektiver‹ Beziehungen zum Kind schließt mithin vom *Standpunkt der Erwachsenen* aus die Erkenntnis/Anerkenntnis der *Entwicklungsorientiertheit* als kindlicher *Besonderheit,* damit des *perspektivischen kooperativen Sinns* von entwicklungsorientierten Handlungen des Kindes (wie ›Spielen‹, ›Üben‹, ›Ausprobieren‹), denen gerade deswegen oberflächliche Nützlichkeit u.U. mangelt, ein. Das Kind muß im spezifischen ›*entspannten Feld*‹ des kooperativen Unterstützungsrahmens dabei auch tun können, was einfach ›Spaß macht‹, um so ›zu sich selbst zu finden‹ und absichtslos Möglichkeiten und Zusammenhänge entdecken zu können, an denen es in direkter Nützlichkeitsorientierung vorbeigegangen wäre – Eingriffe der Erwachsenen zum Unterbinden dieser ›Spielerei‹ mit der Aufforderung, doch etwas ›Richtiges‹ zu tun oder zu lernen, sind also ein willkürlich-unbegründeter Bruch des kooperativen Verhältnisses zum Kind *als Kind* in seiner entwicklungsorientierten Besonderheit.

Wenn man nun ›mit den Begriffen‹ einer solchen ›entwicklungsorientierten‹ Variante des Konzeptes subjektiv funktionaler Handlungsgründe die Entwicklung der Bedeutungsverallgemeinerung/Kooperativität einzeltheoretisch/aktualempirisch analysieren will, so ist dabei die geschilderte historisch bestimmte *Zwiespältigkeit der fremdbestimmten Erwachsenen-Existenz* in der bürgerlichen Gesellschaft[1], also auch *Zwiespältigkeit des kindlichen ›Erwachsen-Werdens‹ als Weg dahin* zu berücksichtigen. In welchem Sinne für das Kind das ›Erwachsen-Werden‹ zur Notwendigkeit wird, hängt davon ab, in welcher Weise die *gesellschaftlichen Herrschafts- und Mystifikationsverhältnisse* über den Unterstützungsrahmen der Erwachsenen in die *kindliche Lebenswelt durchschlagen* und somit für das Kind zu ›Prämissen‹ werden können, unter denen nicht die Bedrohungsüberwindung durch erweiterte Teilhabe am

---

[1] Ich behandle die allgemeinen kategorialen Bestimmungen und ihre veranschaulichende Konkretisierung auf Lebensverhältnisse in der bürgerlichen Gesellschaft in diesem Teilkapitel nicht mehr stets in gesonderten Abschnitten.

kooperativen Verfügungsrahmen, sondern die Bedrohungsüberwindung durch Entwicklung solcher Fähigkeiten und Haltungen ›*subjektiv funktional ist*‹, die es dem Kind erlauben, *sich effektiver mit den* ›*herrschenden*‹ *Erwachsenen zu arrangieren*. Dabei schaffen also die Erwachsenen, indem sie die Kooperationsbeziehung zum Kind partiell aufkündigen, als ›verlängerter Arm‹ der herrschenden Verhältnisse Bedingungen, unter denen das Kind einen *Rest an Angstfreiheit/Bedingungsverfügung* nur erreichen kann, indem es sich selbst ›*freiwillig*‹ *in seinen Entwicklungsansprüchen einschränkt*, oder *seine eigene Entwicklung in Übernahme fremdgesetzter und fremdbestimmter Anforderungen und* ›*Normen*‹ *vereinseitigt und* ›*verbiegt*‹, sich also in Richtung auf das Sich-Abfinden mit der späteren fremdbestimmten Erwachsenen-Existenz entwickelt. Die damit vollzogene (partielle) Regression vom kooperativen auf das bloß instrumentalisierend-interaktive Niveau charakterisiert als solche nicht nur die Beziehung zum Kind, sondern die *Beziehungsform der gesamten Lebensgemeinschaft zwischen Kindern/Erwachsenen*. Somit sind durch die geschilderten, in ›Instrumentalverhältnissen‹ liegenden Tendenzen zum *wechselseitigen emotionalen Sich-abhängig-Machen*, der dadurch erforderten Verschleierung der dem jeweils anderen ›aufgedrückten‹ eigenen Partialinteressen, den aus der hier involvierten Selbstfeindschaft sich ergebenden mannigfachen Realitätsverdrängungen und -verleugnungen (mit all ihren Bigotterien, Schuldgefühlen und -zuschreibungen etc.), die Kinder *wie* die Erwachsenen in ihren Lebens- und Entwicklungsmöglichkeiten beeinträchtigt; und die Rekonstruktion ›kooperativer‹ Formen bezieht sich demnach wiederum primär auf die Neustrukturierung der gemeinsamen Lebensbewältigung der Kinder/Erwachsenen und erst auf diesem Wege auf die Erweiterung individueller Verfügungs- und Befriedigungsmöglichkeiten der Beteiligten (vgl. dazu die ausführlichen Analysen bei OLE DREIER, ›Familiäres Sein und familiäres Bewußtsein. Therapeutische Analyse einer Arbeiterfamilie‹, Frankfurt/M. 1980).

So kann also, sofern im Unterstützungsrahmen die entsprechenden ›Prämissen‹ gesetzt sind, die subjektive Funktionalität/Begründetheit der Entwicklungsorientiertheit des Kindes innerhalb der kindlichen Handlungen/Befindlichkeit (aufgrund der früher geschilderten Dynamik) u.U. in *zurückgenommener, pervertierter Form, ja geradezu als ihr Gegenteil in Erscheinung treten*. Die vordergründige ›Faulheit‹, ›Unkonzentriertheit‹, ›Lernunlust‹, ›Verspieltheit‹ der Kinder wäre mithin ein Resultat der durch die Erwachsenen vermittelten Unterdrückungsbedingungen, unter denen *eben dies* für die Kinder ›*funktional*‹ wurde, womit dann weitere Unterdrückungs- und Formierungsmaßnahmen der Erwachsenen notwendig scheinen. In dem herrschenden Konzept von ›Erziehung‹, dem gemäß Kinder genuin nicht lernen und sich entwickeln ›wollen‹, sondern erst durch Drohungen, Einschüchterungen und Bestechungen dazu gepreßt werden müssen, ist das gesellschaftliche Interesse an der Durchsetzung des Sich-Abfindens mit der Fremdbestimmtheit, also partiellen Behinderung und ›Brechung‹ der kindlichen Aktivitäten zur subjektiv notwendigen Erweiterung seiner Verfügung/Lebensqualität durch Selbstentwicklung, bereits im Sinne der bürgerlichen Ideologie impliziert. Kindliche Lebensbedingungen, in denen es sich frei und ungebrochen in Richtung auf die Durchsetzung seiner Lebensinteressen in Teilhabe an der Verfügung über allgemeine/eigene Daseinsumstände entwickeln kann, sind eben nicht die, aus welchen die ›gebremste‹ Bedingungsverfügung der Erwachsenenexistenz in der bürgerlichen Gesellschaft resultiert (vgl. HOLZKAMP 1982, 1983).

Trotz der damit angedeuteten Entwicklungsbehinderungen und -formierungen muß es im gegenwärtig diskutierten Zug der Ontogenese dennoch im Ganzen gesehen ›durchschnittlich‹ zu einer *Erweiterung der kooperativen Verfügungs- und Einflußmöglichkeiten samt der dazu erforderten Haltungen und Fähigkeiten* des Kindes innerhalb der unmittelbaren Lebensgemeinschaft mit den Erwachsenen kommen. Dies deswegen, weil der diesbezügliche ›Entwicklungsstand‹ des Kindes hier noch *eindeutig unter dem liegt*, was an *kooperativen Kompetenzen und Beiträgen* für die *Beteiligung der Erwachsenen an der gesellschaftlichen Lebensgewinnung selbst unter fremdbestimmt-bürgerlichen Verhältnissen erfordert* ist, sodaß eine entsprechende, wenn auch ›gebrochene‹ *Weiterentwicklung des Kindes hier auch im herrschenden Interesse* liegt. Gerade mit der so erreichten allmählichen Verminderung der Diskrepanz zwischen den kooperativen Einfluß- und Verfügungsmöglichkeiten des Kindes und des Erwachsenen im Rahmen der unmittelbaren Lebensgemeinschaft muß aber für das Kind der in den formationsspezifischen Beschränkungen durchschlagende *allgemeine Widerspruch* immer deutlicher erfahrbar werden, daß damit seine Abhängigkeit von den Erwachsenen keinesfalls ›gegen null‹ geht, sondern im Gegenteil *letztlich unverändert bestehen bleibt*: Das *Machtgefälle* zwischen Erwachsenen und Kindern verdeutlicht sich so als der *Größenordnung* nach so beschaffen, daß es durch die *bloß kooperativen Fortschritte* des Kindes nicht reduzierbar ist, womit auch die Delegation von Einflußmöglichkeiten an das Kind so niemals den Status von gewährten und jederzeit rücknehmbaren Zugeständnissen verlieren kann. Dabei sind die *›Gründe‹* für den quasi *›qualitativen‹, unaufhebbaren Charakter seiner Abhängigkeit von den Erwachsenen* für das Kind innerhalb der *unmittelbaren kooperativen Lebensgemeinschaft nicht erkennbar*: Vielmehr liegen die ›Prämissen‹, durch welche die Überlegenheit/Machtausübung der Erwachsenen innerhalb der unmittelbaren Lebensgemeinschaft als verallgemeinert-funktional erscheint und deswegen als auch im Interesse des Kindes liegend durchgesetzt wird, – wie das Kind immer deutlicher ahnt – *außerhalb der kooperativen ›häuslichen‹ Lebensgemeinschaft selbst*, irgendwie ›woanders‹, ›draußen‹ etc. – tatsächlich ja zentral in der **gesamtgesellschaftlichen Vermitteltheit** der Existenz der Erwachsenen, wodurch sie in der **Positionsrealisierung im Produktionsbereich** erst die materiellen Voraussetzungen dafür schaffen, daß die ›häusliche‹ Lebensgemeinschaft im Reproduktionsbereich (als Moment ihrer Lebenslage) überhaupt ›existenzfähig‹ ist, und woraus sich objektiv die qualitative Abhängigkeit des Kindes, das dazu nichts beiträgt, als *materielle Abhängigkeit* von den sein Leben ›miterhaltenden‹ Erwachsenen ergibt.

Der Umstand, daß die unmittelbar-kooperative ›häusliche‹ Lebensgemeinschaft der Kinder/Erwachsenen *nicht ›alles‹* ist, sondern daß noch irgendetwas *›dahintersteckt‹*, das *›von außen‹* in diese hineinwirkt, mag dem Kind zunächst an der *Brüchigkeit und Lückenhaftigkeit der häuslichen Gemeinschaft selbst*, in der die kindliche Lebenslage noch aufgeht, allmählich erfahrbar werden: Wenn z.B. die Erwachsenen ›weg‹ sind, so nicht immer nur im anderen Zimmer, sodaß man sie rufen kann, sondern in regelmäßiger Folge in einem viel radikaleren Sinne ›weg‹, an einem ganz anderen Ort, der dem Kind noch nicht zugänglich und vorstellbar ist. Dabei bringen sie ›von dort‹ letztlich alles mit, von dem und mit dem ›wir‹ zu Hause leben, Nahrungsmittel für ›alle‹, Spielsachen für das Kind etc. In der Tatsache, daß die Erwachsenen, indem sie nicht nur ›hier‹, sondern auch noch ›woanders‹, ›draußen‹ sein können, anders als das Kind fähig sind, ›für uns‹ zu sorgen, wird für das Kind einerseits die ›Funktionalität‹ der unfaßbaren Überlegenheit der Erwachsenen anschaulich, andererseits aber muß sich für das Kind im Maße des Anwachsens seiner kooperativen Beiträge und Kompetenzen der *Widerspruch seiner Ausgeschlossenheit* von dem sich hier andeutenden über die Häuslichkeit hinausgehenden und diese tragenden Verfügungsrahmen *immer mehr verschärfen*.

Die Erfahrung der ›Aushäusigkeit‹ als umfassender, unfaßbarer Rahmenbedingung der häuslichen Existenz wird sich dabei – als noch bewußtlose Spiegelung von deren wesentlichen Bestimmungen – (in der bürgerlichen Gesellschaft auf historisch bestimmte Weise) um die ›Arbeit‹ der Erwachsenen und das über sie in die kindliche Lebenswelt vermittelte Ware-Geld-Verhältnis zentrieren.

So mag sich dem Kind schon im noch ›ungebrochenen‹ häuslichen Kooperationsrahmen der Unterschied zwischen ›Arbeit‹ im Hause und ›Spiel‹ verdeutlicht haben: ›Arbeit‹ bringt nützliche Resultate, Spiel macht nur Spaß o.ä., das Kind ›kann‹ gemäß den häuslichen ›Normen‹ noch nicht ›richtig‹ arbeiten, sondern nur im Haushalt ›helfen‹. Dabei können sich hier, sofern die subjektive Funktionalität der Entwicklungsorientiertheit des Kindes von den Erwachsenen nicht begriffen ist, Widersprüche z.B. daraus ergeben, daß das Kind, wenn es schon ›helfen‹ will, auch bereits schon alles ›können‹ soll, nichts ›kaputtmachen‹ darf etc. Aus OLE DREIERS Analyse geht eindrucksvoll hervor, wie dabei die Erwachsenen u.U. durch die blinde Verinnerlichung des Verwertungsstandpunkts des Kapitals auch im häuslichen Rahmen nur ›Resultate‹ gelten lassen, den Umstand, daß das Kind sich erst noch entwickeln muß und will, aber ausklammern, so das Kind (und darin letztlich die gesamte häusliche Gemeinschaft) instrumentalisierend einschränken etc. Allmählich wird das Kind darüberhinaus erfahren, daß ›Arbeit‹ im Hause und die ›*Arbeit*‹ *draußen*, zu der man *weggehen* muß, und von der man *wiederkommt*, in der Praxis der Erwachsenen etwas *Unvergleichbar-Verschiedenes* sind: Einerseits *muß* der Erwachsene draußen arbeiten, er wird davon müde, freut sich auf das Wochenende und den Urlaub, andererseits aber gewinnt er offensichtlich über die *Arbeit, mit der er* ›*Geld verdient*‹, eben jene *qualitative*, ›*funktionale*‹ *Machtfülle*, die für das Kind uneinholbar ist: Die Fähigkeit zur Existenzerhaltung der häuslichen Gemeinschaft, mithin auch des Kindes selbst.

Die *praktische Funktion des* ›*Geldes*‹, das der Erwachsene durch seine Arbeit verdient, mag dem Kind dabei zunächst vermittelt über den Wert/Preis (in ihrer Oberflächenbedeutung) erfahrbar werden. So lernt das Kind, wenn es bei der Entwicklung der Bedeutungsverallgemeinerung/Kooperativität im Unterstützungsrahmen immer weitere verallgemeinerte Brauchbarkeiten aneignet, daß zu diesen ›Brauchbarkeiten‹ auch so etwas wie ›teuer‹, ›wertvoll‹, deshalb *mit Vorsicht zu behandeln*, gehört, wobei die *operative Aspekte des Umgangs mit* ›*teuren*‹ *Dingen*, aus denen die *Notwendigkeit von* ›*Vorsicht*‹ *sich ja erst ergeben* müßte, hinsichtlich der *Nützlichkeit* aber *irgendwie nicht faßbar* sind (und, da der ›Wert‹ ja tatsächlich keine ›Brauchbarkeit‹, sondern ein abstraktes gesellschaftliches Verhältnis ausdrückt, auch gar nicht faßbar sein können). Aufgrund der Gliederungsweise des perzeptiv-operativen Umgangs mit den Dingen wird dabei (wie anderweits ausgeführt) das Kind die Tendenz haben, den von den Erwachsenen hypostasierten ›Wert‹ an irgendwelchen Gebrauchsbestimmungen festzumachen, damit zu ›versinnlichen‹, was aber nur zu immer weiteren Widersprüchlichkeiten und Ungereimtheiten führen muß (zur ›bürgerlichen‹ Form dieser Widersprüche vgl. SE, S. 210 ff). So ist der Umstand, daß der ›Wert‹ der Dinge wohl den Erwachsenen von irgendwoher ›bekannt‹, dem Kind aber nicht zugänglich ist, ihm aber dennoch im Unterstützungsrahmen wie eine Gebrauchsbestimmung ›beigebracht‹ und aufgedrückt wird, in seiner vergegenständlichten ›Willkür‹ ein quasi ›strukturelles‹ Symptom seiner Ausgeschlossenheit vom Verfügungsrahmen ›jenseits‹ der Häuslichkeit.

Dies verdeutlicht sich in dem Maße, wie ›*Geld*‹, quasi als Eindringling aus einer anderen Welt, innerhalb der kindlichen Lebenswelt in seiner spezifischen Funktion direkt durchschlägt: ›Geld‹, das sind einerseits eine Art Chips, die man rollen, aneinanderreihen, schichten kann, andererseits aber muß man mit ›Geld‹ auf eine Weise umgehen, damit ›achtsam‹ sein, die seine *absolute Sonderstellung* unter allen Dingen ausweist: Für ›Geld‹ kann man nämlich, anders als für sonstige Dinge, die man bestenfalls gegen etwas Gleichartiges tauschen mag, wenn man nur genug davon hat, *schlechterdings* ›*alles*‹ haben. Warum gerade diese blinkenden oder dreckigen Kullerchen von anderen für die nützlichsten und herrlichsten Dinge getauscht werden, ist dabei für das Kind *aus dem unmittelbaren kooperativen Rahmen der häuslichen Lebenswelt total unerfindlich*, also als etwas hinzunehmen, daß eben ›so ist‹, weil die Erwachsenen es ›so wollen‹ o.ä. Dabei müssen dem Geld seine *unvergleichlichen Eigenschaften* offensichtlich *irgendwo* ›*draußen*‹, von wo die *Erwachsenen es mitbringen*, beigelegt worden sein, womit hier wiederum über die *unmittelbar-kooperativen*

Aspekte der Bedeutungskonstellationen der Häuslichkeit auf etwas ›*ganz anderes*‹, an dem nur die Erwachsenen teilhaben, und durch das sie *ihre Macht gewinnen*, verwiesen ist etc. (zur bürgerlichen Form der Funktion des Geldes in der kindlichen Lebenswelt vgl. SE, S. 217 ff).

Diese Erfahrung der Ausgeschlossenheit des Kindes von die Häuslichkeit überschreitenden, ›umfassenden‹ Verfügungsmöglichkeiten muß kumulieren in der Verdeutlichung des *unmittelbaren Zusammenhangs von Geldhaben und Machthaben,* der in die *personalen Bedeutungsstrukturen der kindlichen Lebenswelt durchschlägt,* aber *aus diesen unbegreiflich ist:* Die Erwachsenen ›*haben*‹ (von irgendwoher) im *Vergleich zum Kind* unfaßbar ›*viel*‹ *Geld,* und der Mächtigere unter den Erwachsenen ist jeweils der, der den anderen eher von seinem Geld geben kann als umgekehrt, wobei das Kind, da es *genuin kein Geld* ›*hat*‹ (bestenfalls winzige Beträge davon zugestanden erhält), sich unmittelbar in seiner ›*strukturellen*‹ *Machtlosigkeit* (als Bezugsrahmen von Einflußmöglichkeiten geringerer Größenordnung) erfährt. Das ›Haben‹ mag dabei auch hier einerseits vom Kind auf perzeptiv-operativer Ebene mit sinnlich faßbaren Eigenschaften der Individuen kontaminiert werden, wobei in der Brüchigkeit und Widersprüchlichkeit solcher Zuschreibungen aber andererseits unter bürgerlichen Lebensverhältnissen immer deutlicher das dahinterstehende *dingliche Machtverhältnis,* an dem die Erwachsenen teilhaben, von dem das Kind aber ausgeschlossen ist, in seiner blinden Faktizität hervortreten wird (vgl. dazu SE, S. 222 ff).

Die praktische Überwindung der Unmittelbarkeit des ›häuslichen‹ Kooperationsrahmens in gesellschaftliche Lebenszentren hinein als Realisierung der kognitiven Distanz des bewußten ›Verhaltens‹ zur Welt und zu sich selbst

Auf welche Weise ist nun die *Aufhebung des Widerspruchs* zwischen *Einbezogenheit* des Kindes in die häuslichen Kooperationsverhältnisse und *Ausgeschlossenheit* von der Verfügung über die diese überschreitenden und ermöglichenden Rahmenbedingungen – der mit der Entwicklung der Bedeutungsverallgemeinerung/Kooperativität immer schärfer hervortritt – im *neuen Prozeßtyp der ›Unmittelbarkeitsüberschreitung‹* entwicklungslogisch zu rekonstruieren? Vor dieser Frage stehend verdeutlicht sich für uns eine *prinzipielle Änderung der Problemlage* unserer ontogenetischen Kategorialanalysen im Vergleich zur Problemlage bei der Rekonstruktion des Prozesses zur bzw. der Bedeutungsverallgemeinerung: *Bisher* konnten wir nämlich die kindliche Lebenslage weitgehend mit einem *Unterstützungsrahmen der Kind-Erwachsenen-Koordination* gleichsetzen, der zwar durch historisch bestimmte Verhältnisse modifiziert ist und in den ggf. (in der aufgewiesenen Weise) gesamtgesellschaftliche Unterdrückungskonstellationen, Mystifikationen etc. in verschiedener Spezifik durchschlagen, dem aber dennoch die *allgemeingesellschaft-*

liche Funktion der Pflege/Unterstützung von Kindern auf deren Entwicklungsweg von der totalen Hilflosigkeit bei der Geburt bis zum Erwerb elementarer ›menschlicher‹ Qualifikationen, Laufen-, Sprechenkönnen etc. einschließlich grundlegender Verfügungs- und Kommunikationsmöglichkeiten, relativ zweifelsfrei beizulegen ist. *Im weiteren* steht ja aber gerade die *Überschreitung* dieser ›häuslichen‹ Kind-Erwachsenen-Koordination in Ausweitung der Lage/Position des Kindes auf andere gesellschaftliche Bereiche zur Diskussion, denen man nun *keineswegs mehr so eindeutig gewisse, sich innerhalb aller historisch bestimmten Charakteristika durchsetzende allgemeine Funktionen der gesellschaftlichen Gattungsreproduktion zumessen* kann. Mithin verfügen wir zwar nach wie vor über das vorgängig auseinandergelegte Konzept menschlicher Handlungsfähigkeit/Befindlichkeit bei gesamtgesellschaftlicher Vermitteltheit individueller Existenz als Bezugsgröße für die Rekonstruktion des ontogenetischen Weges dahin. Die kategorialen Bestimmungen der Dimensionen und Sequenzen des schließlich in die entfaltete Handlungsfähigkeit einmündenden Entwicklungszugs der Unmittelbarkeitsüberschreitung müssen aber nun gegenüber dem *wirklichen Entwicklungsgeschehen in neuer Größenordnung ›abstrakt‹* werden; dies heißt aber auch in *neuer Größenordnung ›konkretisierungsbedürftig‹ durch einzeltheoretisch/aktualempirische Analysen* der *historisch bestimmten Erscheinungsformen* menschlicher Individualgeschichte. Während wir mithin bisher mit der kategorialen Entwicklungsrekonstruktion noch relativ ›nahe‹ an den wirklichen Vorgängen kindlicher Frühentwicklung waren und nur gelegentlich zu Veranschaulichungszwecken Ausflüge in nicht gedeckte aktualempirische Bereiche unternahmen, müssen jetzt die *kategorialen Bestimmungen,* wenn in ihnen nicht *aktualempirische Analysen unzulässig präjudiziert* werden sollen, *entscheidend globalisiert und zurückgenommen* werden. Dem soll im folgenden schon in der Art der Formulierung dadurch Rechnung getragen werden, daß wir lediglich *mögliche kategorial begründete Fragestellungen und Herangehensweisen einzeltheoretisch-aktualempirischer Forschung benennen,* die im Zusammenhang der entwicklungslogischen Rekonstruktion des ontogenetischen Prozesses zur/der Unmittelbarkeitsüberschreitung formulierbar sind.

Die *Diskrepanz* zwischen den psychischen Aspekten *gesamtgesellschaftlicher Vermitteltheit* individueller Existenz und deren *bloß ›kooperativer‹ Realisierung* durch das Kind, die im Entwicklungszug der ›Unmittelbarkeitsüberschreitung‹ zu überwinden ist, erhellt in ihren generellen Charakteristika aus unseren früheren Darlegungen über die Besonderheit der in gesamtgesellschaftlicher Synthese gegründeten Gewinnung der kognitiven Distanz des ›Bewußten-Verhaltens-Zu‹, der Möglichkeitsbeziehung zu gesellschaftlichen Bedeutungen, der interpersonalen

Subjekthaftigkeit etc. in den vielfältigen inhaltlich-funktionalen Implikationen, wie sie in Kap. 6.3 bzw. 7.3 bis 7.5 (in Abhebung vom bloß kooperativ-gesellschaftlichen Niveau, wie es in Kap. 6.2 bzw. 7.2 aufgewiesen wurde) dargestellt worden sind. Diese Ausführungen, in denen einzeltheoretisch-aktualempirische Untersuchungen der ontogenetischen Unmittelbarkeitsüberschreitung differenziert zu gründen sind, müssen hier von uns nicht wiederholt werden: Uns interessiert im gegenwärtigen Darstellungszusammenhang lediglich, welche *weiteren kategorialen Differenzierungen* der benannten allgemeinen Kategorialbestimmungen sich ergeben, wenn die *individualgeschichtliche Besonderheit* des Übergangs zur Realisierung der psychischen Charakteristika gesamtgesellschaftlich vermittelter Existenz als ›*Fortsetzung*‹ *des ontogenetischen Prozesses,* wie er bisher von uns *entwicklungslogisch rekonstruiert* worden ist, thematisiert wird. Speziell ist dabei zunächst aufzuweisen, wie die *Widersprüchlichkeiten* zwischen kooperativen Verfügungsmöglichkeiten und Ausgeschlossenheit von der Verfügung über deren Rahmenbedingungen *so zu bestimmen* sind, daß daraus die *Widerspruchsaufhebung* in Richtung auf ›Unmittelbarkeitsüberschreitung‹ verständlich wird.

Um die adäquate Herangehensweise an dieses Problem zu finden, vergegenwärtigen wir uns die früheren allgemeinen Darlegungen über die Voraussetzungen des Übergangs von den kooperativ-gesellschaftlich eingebundenen zu den aus der kognitiven Distanz des bewußten ›Verhaltens-Zu‹, der ›Möglichkeitsbeziehung‹ etc. explizierbaren Ausprägungsformen des Psychischen: Diese Voraussetzungen liegen in einer neuen Weise des Verhältnisses zwischen gesamtgesellschaftlicher Lebensgewinnung und individueller Existenzerhaltung, nämlich der Auflösung des unmittelbar-anschaulichen Zusammenhangs zwischen kooperativer Sicherung meiner Lebensbedingungen/-mittel und meinen Beiträgen dazu durch die Herausbildung des ›in sich‹ erhaltungsfähigen, damit die Existenz seiner Mitglieder sichernden gesellschaftlichen System- und Handlungszusammenhangs, d.h. gesamtgesellschaftlichen Synthese der Bedeutungsstrukturen. Damit, daß so für den Einzelnen die eigene Lebenssicherung nicht mehr direkt an seine kooperativen Beiträge dazu gebunden ist, entsteht erst die ›materielle Entlastung‹, die die Erkenntnisdistanz des menschlichen Bewußtseins ermöglicht (vgl. S. 233 ff). – Demnach hätte auch die *ontogenetische Realisierung* dieser Erkenntnisdistanz/Möglichkeitsbeziehung die *Realisierung der materiellen* ›*Aufgehobenheit*‹ *der individuellen Existenz im gesamtgesellschaftlichen* ›*Erhaltungssystem*‹ zur Voraussetzung.

Durch eine derartige Schärfung unseres Blickes für das so zu fassende Fundierungsverhältnis zwischen materieller Lebensgewinnung und psychischer Entwicklung verdeutlicht sich für uns, daß die bisher explizierte Begrenztheit der kindlichen Entwicklung auf die Realisierung unmittelbar-kooperativer Welt- und Selbstbezüge und der dadurch relativierten

Der Entwicklungszug der Unmittelbarkeitsüberschreitung 483

Bedeutungsverallgemeinerung etc. ja *keine bloß psychische Charakteristik* des Kindes ist, sondern fundiert in seiner *realen Eingeschlossenheit in den unmittelbaren ›häuslichen‹ Rahmen der materiellen Existenzerhaltung,* wobei sich ja aus der Unfähigkeit des Kindes, diesen Rahmen zu überschreiten, die geschilderte genuine Machtlosigkeit gegenüber den Erwachsenen, wodurch sein kooperativer Einfluß nur ›auf Widerruf‹ zugestanden ist, ergibt: Die psychischen Aspekte der Beschränktheit auf die unmittelbar-kooperativen Welt- und Selbstbezüge sind nur die *subjektive Realisierung/Wertung* der so zu charakterisierenden *materiellen* Begrenzungen als *Beschränkung der individuellen Handlungsfähigkeit.*

Daraus ergibt sich nun aber, wie die Aufhebung der kooperativen Beschränkung in Richtung auf die psychische ›Unmittelbarkeitsüberschreitung‹ allein adäquat entwicklungslogisch zu fassen ist: Es ist die Fragestellung hervorzuheben, auf welche Weise das Kind in *realer Überschreitung* seiner Eingeschlossenheit in den kooperativen häuslichen Verfügungsrahmen seine materielle Abhängigkeit davon zu reflektieren, zu relativieren und schließlich zu überwinden vermag. Dabei ist zu klären, wie sich in diesem Prozeß der *materiellen Ausweitung des Verfügungsrahmens* in Richtung auf *Praktizierung* der gesamtgesellschaftlichen Vermitteltheit der eigenen Existenzsicherung seine Handlungsfähigkeit/Befindlichkeit in den verschiedenen *psychischen* Dimensionen der Realisierung der gesellschaftlich ermöglichten Erkenntnisdistanz des bewußten ›Verhaltens-Zu‹ etc. entwickeln kann – wie es also allmählich durch seine materiell-psychische Verankerung von Handlungszusammenhängen und Einflußmöglichkeiten in die Häuslichkeit überschreitenden gesellschaftlichen Bereichen die ›Gegenmacht‹ zu entfalten vermag, durch welche seine *strukturelle Machtlosigkeit* gegenüber den Erwachsenen in ihren *materiellen wie psychischen Aspekten* reduzierbar ist.

Um die weiteren einschlägigen Analysen mit Bezug darauf besser konkretisieren zu können, versuchen wir die *Weisen und Formen der praktischen Überwindung der Eingeschränktheit in den Verfügungsrahmen der ›Häuslichkeit‹* (auf mehr deskriptive Art) nach der *Nähe bzw. dem Verhältnis der neu angeeigneten Wirklichkeitsbereiche zum ›Zentrum‹ der eigenen Häuslichkeit des Kindes/Heranwachsenden*[1] wie folgt zu differenzieren:

1. *Universalität des häuslichen Verfügungsrahmens als kindliches Lebenszentrum.* Damit ist die Identität der Lebenswelt des Kindes mit der Häuslichkeit

---

1 Indem wir nun nicht mehr nur vom ›Kind‹, sondern vom ›Kind/Heranwachsenden‹ reden, tragen wir zu Veranschaulichungszwecken außerhalb der entwicklungslogischen Explizierbarkeit dem Umstand Rechnung, daß sich das Individuum im Prozeß der ontogenetischen Unmittelbarkeitsüberschreitung dem Stadium des ›Erwachsenseins‹ annähert. Genaue Chronologien sind hier (wie gesagt) – wenn überhaupt – nur auf einzeltheoretisch-aktualempirischer Ebene möglich.

gemeint (sicherlich eher als Setzung eines Ausgangspunkts für dessen Überschreitung durch das Kind denn als real ›rein‹ vorkommende kindliche Verfassung).

2. Praktische Erfahrung der Vielfalt häuslicher ›Zentren‹. Hier ist die Erfahrung des noch ›in‹ der eigenen häuslichen Lebensgemeinschaft verankerten Kindes gemeint, daß es noch andere häusliche Zentren gibt (z.B. durch ›Besuche‹ bei Verwandten, bei Spielgefährten in deren ›Häuslichkeit‹ etc.).

3. Praktische Erfahrung anderer Lebenszentren als der von ›Häuslichkeiten‹, immer noch *lediglich vom Standort der eigenen Häuslichkeit* aus (so praktische Erfahrung der ›Straße‹, in der andere Kinder spielen, an der Hand des Erwachsenen, Erfahrung des Lebenszentrums ›Kaufmann‹ etc. beim Mitgenommenwerden zum Einkaufen etc., schließlich auch deren selbständige Exploration, Tätigung erster Einkäufe im Auftrag und mit dem Geld der Erwachsenen, immer mit der eigenen ›Häuslichkeit‹ als ›home base‹).

4. Praktische Überschreitung des häuslichen Zentrums in gesellschaftlich-institutionelle Lebenszentren der Pflege/Erziehung von Kindern bzw. Heranwachsenden hinein, so etwa ggf. Krippe oder Kindergarten, die im Vergleich zur Häuslichkeit ›allgemeine‹ organisierte Lebens- und Reproduktionszentren darstellen, vor allem aber jede Art von ›Schule‹, in welcher sich das Kind/der Heranwachsende einem organisierten Unterstützungs- und Abhängigkeitsrahmen von im Vergleich zur Häuslichkeit qualitativ anderer Art konfrontiert sieht. Damit ist die materielle Verankerung in der eigenen Häuslichkeit zwar nicht schon aufgehoben, diese aber als *Lebenszentrum praktisch relativiert,* da dort objektive Bedeutungskonstellationen/Handlungsnotwendigkeiten für das Kind/den Heranwachsenden bestehen, die einerseits *prinzipiell anders strukturiert sind als die ›häuslichen‹ Bedeutungskonstellationen,* und die andererseits gegenüber diesen objektiv mehr oder weniger *selbständige Geltung* haben.

5. Praktische Überschreitung des häuslichen Zentrums in außerhalb des Reproduktionsbereichs liegende Zentren der Vorbereitung auf die Positionsrealisierung hinein. – Hiermit sind (während die Tätigkeit der Kinder/Heranwachsenden etwa in der ›Schule‹ als jeweils genauer zu bestimmende Vorform der Positionsrealisierung betrachtet werden kann) Lebenszentren direkter Hinführung auf die Positionsrealisierung selbst innerhalb der Produktionssphäre (i.w.S.), z.B. Ausbildungs- oder Lehrstätten, gemeint, die die unmittelbare Perspektive der Überwindung der materiellen Abhängigkeit von den Erwachsenen im häuslichen Kooperationsrahmen enthalten, also in Richtung auf die prinzipielle Aufhebung des ontogenetischen Sonderstatus der ›Kind-Erwachsenen-Koordination‹ im häuslichen wie im gesellschaftlich-institutionellen Rahmen gehen.[1]

---

[1] Solche differenzierenden Beschreibungen beziehen sich auf ›unsere‹ Verhältnisse ohne Thematisierung von deren Formationsspezifik, haben also eine Funktion für die Auseinanderlegung allgemeiner kategorialer Bestimmungen, ohne selbst in dem Sinne ›allgemein‹ zu sein, daß sie so für alle historischen Ausprägungen von Gesellungseinheiten gleichermaßen gelten. Man kann diese Ungenauigkeit aus Gründen leichterer Veranschaulichung m.E. in Kauf nehmen, da *sinngemäß entsprechende* Differenzierungen generell möglich sind und die kategorialen Schlußfolgerungen davon im Prinzip nicht tangiert werden.

Die damit veranschaulichten ›außerhäuslichen‹ Lebensbereiche, in die hinein das Kind/der Heranwachsende seine Eingeschlossenheit in die ›Häuslichkeit‹ praktisch überwindet, wären nun einerseits ›bedeutungsanalytisch‹ auf die darin jeweils gegebenen *Bedeutungskonstellationen/ Denkformen* (als historisch bestimmte, lage- und positionsspezifische Ausprägungen gesamtgesellschaftlicher Handlungszusammenhänge/ Denkformen; vgl. S. 358 ff) genauer zu erfassen. Auf dieser Grundlage wäre dann andererseits herauszuarbeiten, wie die so bestimmten Bedeutungen/Denkformen zu ›*Prämissen*‹ innerhalb *der subjektiven Begründungszusammenhänge* des Kindes/Heranwachsenden werden können, die als ›*situative Pole*‹ der geschilderten Widersprüche der Eingeschlossenheit der Kinder in den ›häuslichen‹ Kooperationsrahmen eine Entwicklung in Richtung auf ›Unmittelbarkeitsüberschreitung‹, als Realisierung der Erkenntnisdistanz des bewußten ›Verhaltens-Zu‹ etc. subjektiv funktional werden lassen. Dies schließt ein die Heraushebung der damit einhergehenden Strukturveränderungen der ›Kind-Erwachsenen-Koordination‹ bis hin zur Aufhebung ihrer ontogenetischen Besonderheit in Beziehungen zwischen Erwachsenen, also wiederum die Berücksichtigung des Standpunkts der Kinder/Heranwachsenden wie der Erwachsenen im Verhältnis zueinander.

So wäre etwa herauszuanalysieren, auf welche Weise für das Kind mit der geschilderten *Erfahrung der ›Zentren-Vielfalt‹* über das eigene Häuslichkeits-Zentrum hinaus die Realisierung von Bedeutungs-/Handlungs*zusammenhängen zwischen* verschiedenen Zentren *außerhalb* der eigenen Häuslichkeit subjektiv notwendig wird: Einmal der Zusammenhang zwischen verschiedenen ›lebensfähigen‹ Häuslichkeiten, insbesondere aber etwa der Zusammenhang zwischen ›arbeitsteiligen‹ Zentren in der aushäusigen Lebenslage, wie ›Bäcker‹, ›Fleischer‹. Indem es erfährt, daß die *materielle Lebensgrundlage* solcher Zentren, an der es teilhaben kann, *außerhalb der eigenen Häuslichkeit,* bzw. *außerhalb von ›Häuslichkeiten‹ überhaupt* liegt, erfaßt das Kind/der Heranwachsende hier (wie ›praktisch‹ und unreflektiert auch immer) *objektive Bedeutungsverweisungen auf das ›in sich‹ lebensfähige gesamtgesellschaftliche Erhaltungssystem, in dem die ›Erhaltung‹ der einzelnen Zentren aufgehoben ist.*

Von da aus stellt sich die Frage, in welcher Art und welchem Grade das Kind/der Heranwachsende (in Abhängigkeit von den konkreten Bestimmungen der jeweils erfahrenen Zentren-Vervielfältigung) auf diesem Wege *erste Ansätze einer praktisch-kognitiven Distanz zum kooperativen Erhaltungssystem der eigenen Häuslichkeit* gewinnen kann, indem es in seinen Handlungen zu berücksichtigen lernt, daß seine materielle Existenz nicht nur unmittelbar durch Beiträge im häuslichen Kooperationsrahmen gesichert ist, sondern darüberhinaus durch Instanzen, deren *materielle Sicherungsfunktion* keineswegs *von anschaulich-kooperativen Beiträgen dazu* abhängt, sondern ›irgendwie‹ *in sich* bzw. durch *dahinterstehende unanschaulich-verallgemeinerte* Kooperationsformen gewährleistet ist (der Fleischer ›hat‹ Fleisch; der Bäcker ›hat‹ Kuchen). So müssen hier erste Erfahrungen der ›*Entlastetheit*‹ *der individuellen Existenz von permanenten unmittelbaren Beiträgen zu ihrer kooperativen Erhaltung* sich herausbilden, aus denen allmählich der *objektive Charakter* von gesamtgesellschaftlich vermittelten Bedeutungen als bloßen Handlungsmöglichkeiten mit ›Alternativen‹ in bewußtem ›Verhalten-Zu‹ der Welt und der eigenen Befindlichkeit subjektiv realisierbar werden muß, und so entsprechende Formen von subjektiv funktionalen Begründungszusammenhängen sich herausbilden.

Dabei wäre auch aufzuweisen, wie sich hiermit die materielle Abhängigkeit des Kindes von den Erwachsenen im häuslichen Kooperationsrahmen zwar noch nicht aufhebt, aber für das Kind/den Heranwachsenden von der praktischen Einsicht her *relativierbar* wird, daß die *Erwachsenen in ihrer Existenz ihrerseits von umfassenderen Erhaltungssystemen abhängig* sind (wenn der Bäcker kein Brot ›hat‹, kann auch der Erwachsene keins essen): Die Erwachsenen würden so einerseits quasi als *universelle Zentralfiguren* der kooperativ-häuslichen Existenzsicherung ›entthront‹, wobei andererseits die *direkte Erhaltung* des Kindes durch die Erwachsenen und die darin liegende Abhängigkeit dadurch relativiert ist, daß für das Kind die Perspektive sich verdeutlicht, später einmal *ohne die* ›*Dazwischenschaltung*‹ *der Erwachsenen* die *erfahrenen gesellschaftlichen Verfügungs- und Befriedigungsmöglichkeiten für sich zu nutzen.* So könnten also mit der Erfahrung der außerhäuslichen Lebenszentren die *situativen Pole* von Entwicklungswidersprüchen sich herausbilden, durch welche für das Kind/den Heranwachsenden die Verfügungsbeschränkung durch den häuslichen Kooperationsrahmen in der *realen Entwicklung zur selbständigen Nutzung der außerhäuslichen Verfügungs-/Befriedigungsmöglichkeiten* überwindbar erscheint. Der Erwachsene sähe sich mithin nunmehr in einer Situation, mit welcher das Kind/der Heranwachsende ihn nicht mehr lediglich als letzte Quelle seiner Lebenssicherung/Bedürfnisbefriedigung im unhinterfragten häuslichen Abhängigkeitsrahmen anerkennt, sondern auch immer deutlicher als *Hindernis* erfaßt, das der Möglichkeit des Kindes, *wie ein Erwachsener* über seine *Lebensbedingungen/Befriedigungsquellen in Überschreitung der Häuslichkeit* zu verfügen, im Wege steht: In Konkretisierung eines derartigen globalen interpersonalen Widerspruchs wären die Veränderungen der Kind-Erwachsenen-Koordination innerhalb dieses ontogenetischen Entwicklungszugs (und seiner Vorformen in früheren Entwicklungszügen) genauer zu untersuchen.

Die Frage nach dem Zusammenhang zwischen der kindlichen Überwindung des Häuslichkeits-Rahmens und der kognitiven Relativierung der Gebundenheit seiner Existenzsicherung an unmittelbar-kooperative Beiträge dazu, damit Realisierung der Möglichkeitsbeziehung zu gesellschaftlichen Bedeutungen etc., läßt sich noch klarer herausheben, wenn man nicht nur die praktische Erfahrung der Zentren-Vielfalt, sondern die wirkliche *praktische Überschreitung* des häuslichen Zentrums in *institutionelle Zentren der Pflege/Erziehung* von Kindern/Heranwachsenden berücksichtigt: ›Institutionen‹ wie schon der Kindergarten, insbesondere aber die ›Schule‹, sind ja jeweils *selbständige gesellschaftliche Bedeutungskonstellationen,* die für das Kind/den Heranwachsenden Prämissen spezieller Begründungszusammenhänge subjektiv funktionaler Lebensbewältigung in *realer Abgehobenheit* von den kooperativ-häuslichen Bewältigungsformen darstellen. Das Kind/der Heranwachsende erreichen hier mithin, indem sie einen *realen Standort* außerhalb der häuslichen Gemeinschaft innehaben, nicht nur eine *neue Distanz des Blicks* auf die Häuslichkeit, sondern mit der Einbezogenheit in die institutionelle Lebensgemeinschaft in ihrer gesellschaftlichen Anforderungs- und Sozialstruktur spezielle daraus erwachsende Verfügungsmöglichkeiten, deren Realisierung, u.U. als *besonders, mit Pflichten verbundenes ›Recht‹* o.ä. im *häuslichen Kooperationsrahmen durchgesetzt werden kann und muß*. Dabei erwächst dem Kind die ›*Macht*‹ zu einer solchen Durchsetzung hier daraus, daß es (unter günstigen Umständen) *im institutionellen Lebenszusammenhang* potentielle, u.U. aber auch reale *Bündnispartner* hat, die es *gegen mögliche Willkür der Erwachsenen im häuslichen Rahmen* unterstützen. Somit sind also *nicht nur die Erwachsenen,* sondern auch die *Kinder/Heranwachsenden* jetzt (wenn auch noch innerhalb weiterbestehender Abhängigkeit) ›*draußen*‹ verankert und ihre Einflußmöglichkeiten ›im Hause‹ ergeben sich aus ihrer ›draußen‹ verankerten Macht. Dies äußert sich u.a. darin, daß z.B. die Tätigkeit des Kindes in der Schule, aber auch die häusliche Erfüllung der dort gestellten Anforderungen, von den Erwachsenen in gewisser Weise als ›*Arbeit*‹ mit den darin liegenden Pflichten/Rechten anerkannt werden.

Die so zu charakterisierende *neue häusliche Situation des Schulkindes* wurde von LEONTJEW folgendermaßen veranschaulicht: »Ein Kind, das sich zu Hause auf den Unterricht vorbereitet, hat vielleicht erstmalig das Gefühl, mit einer ernsthaften Sache beschäftigt zu sein. Die jüngeren Geschwister dürfen den kleinen Schüler nicht ablenken, und auch die Erwachsenen verzichten auf viele Dinge, um ihn ungestört lernen zu lassen. Das Lernen ist etwas ganz anderes als die früheren Spiele und Beschäftigungen. Es ändert die Stellung des Kindes in der Welt der Erwachsenen. Einem Vorschulkind kann man ein Spielzeug schenken oder auch nicht. Braucht aber der Schüler ein Heft oder ein Buch, dann muß man es ihm kaufen. Er bittet um ein Buch oder Heft auch ganz anders als um ein Spielzeug, und seine Bitten haben nicht nur für die Eltern, sondern auch für ihn selbst einen anderen Sinn. Die innigen Beziehungen zum Elternhaus verlieren ihre dominierende Rolle und werden vom größeren Bereich sozialer Kontakte überlagert.« (1973, S. 399 f; vgl. auch M II, S. 339 f)

Die *neue Qualität,* in der in derartigen ›zentren-übergreifenden‹ Handlungs- und Begründungszusammenhängen die Unmittelbarkeit der kooperativ-häuslichen Lebensgemeinschaft überschritten wird, ist evident: Das Kind sieht sich mit Institutionen wie der Schule gesellschaftlichen Handlungsanforderungen, aber auch -möglichkeiten gegenüber, die einerseits ›in sich‹, ohne anschauliche kooperative Beiträge, funktionsfähig sind, und in denen andererseits dem Kind (wie widersprüchlich auch immer, s.u.) *Möglichkeiten zur Vorbereitung auf seine eigene Existenzsicherung als ›Erwachsener‹* gegeben sind. Indem so die unmittelbare Lebenslage/-praxis des Kindes auf *Vorformen gesellschaftlicher Positionsrealisierung* hin ausgeweitet wird, verdeutlicht sich ihm der noch bestehende Abhängigkeitsrahmen immer klarer als *vorübergehende Beschränkung des Zugangs zu gesellschaftlichen Handlungs- und Lebensmöglichkeiten außerhalb der anschaulich-kooperativen Verflochtenheiten und Abhängigkeiten der häuslichen Lebensgemeinschaft*. Die damit sich vollziehende Entwicklung in Richtung auf *bewußtes ›Verhalten-Zu‹ gesellschaftlichen Handlungsmöglichkeiten* schließt dabei entsprechende *Änderungen des Sozialgefüges* der Eltern-Kind-Koordination ein: Die Bedingungsverfügung/Bedürfnisbefriedigung und Angstvermeidung des Kindes/Heranwachsenden sind jetzt nicht mehr an die unmittelbar-kooperative Einbettung in die häusliche Gemeinschaft gebunden, sondern partiell schon abhängig von der Realisierung *umgreifender gesellschaftlicher Handlungsmöglichkeiten/Anforderungen*. Die sich daraus ergebenden subjektiven Notwendigkeiten können durchaus im *Widerspruch* zu den *direktkooperativen* Bezügen stehen, und (wie von LEONTJEW dargelegt) eine *zeitweilige Absonderung* von den anderen in Zurückweisung der üblichen kooperativen Ansinnen erheischen, wobei die reale und psychische Macht dazu dem Kind aus seinen geschilderten aushäusigen Pflichten/Rechten erwächst, die im Kooperationsrahmen respektiert werden *müssen*. So realisiert hier das Kind/der Heranwachsende als wesentlichen sozialen Aspekt der *Möglichkeitsbeziehung* gesamtgesellschaftlich-vermittelter individueller Existenz immer ausgeprägter die Möglichkeit der *relativen Vereinzelung* aufgrund gesamtgesellschaftlicher Aufgehobenheit jenseits unmittelbar-kooperativer Einbettungen (vgl. S. 327 ff).

Aus der Realisierung des widersprüchlichen Zueinanders zwischen der Einbezogenheit in jeweils konkrete Lebenszentren und der diese überschreitenden Bezogenheit auf den gesamtgesellschaftlichen Lebenszusammenhang muß sich das individuelle Bewußtsein immer deutlicher als ›Ich-Bewußtsein‹, also *Instanz ›erster Person‹*[1] entwickeln, indem hier das Individuum nicht mehr in den jeweiligen *kooperativen Gemeinschaften ›aufgeht‹ und verschwindet,* sondern sich als ›Ich‹ zu diesen ›verhalten‹ kann, nicht aufgrund irgendeiner geheimnisvollen Potenz des Bewußtseins selbst, sondern aufgrund der *materiellen Aufgehobenheit im die einzelnen unmittelbaren Kooperationseinheiten übergreifenden gesamtgesellschaftlichen Erhaltungssystem*. Damit können sich dann auch die interpersonalen Beziehungen in Richtung auf *›intersubjektive‹ Beziehungen,* in welchen sich die Individuen *bewußt als Subjekte zueinander ›verhalten‹* können, entwickeln, was auch die Möglichkeit bewußten ›Verhaltens‹ zu sich selbst, seinen eigenen Bedürfnissen, seiner eigenen Emotionalität etc. als *›problematisches‹ Verhältnis zur Welt und zur eigenen Person* einschließt (wie von uns, besonders in Kap. 7.3, S. 315 ff, ausführlich dargelegt und hier nicht zu wiederholen).

Die damit angedeuteten globalen Fragestellungen für die Analyse des Zusammenhangs zwischen der praktischen Überwindung des Häuslichkeitsrahmens und der subjektiv funktionalen Realisierung des bewußten ›Verhaltens‹ zu gesellschaftlichen Handlungsmöglichkeiten wären nun zu präzisieren auf die darin eingeschlossene *ontogenetische Entwicklung* der früher herausgehobenen *differenzierten psychischen Funktionsaspekte der Handlungsfähigkeit*. Es wäre mithin zu klären, auf welche Weise das Kind/der Heranwachsende, um angesichts der Möglichkeiten und Widersprüche der geschilderten praktischen Zentren-Vervielfälti-

---

[1] Dies heißt nicht, daß das Kind nicht schon vorher die eigene Person von anderen unterscheiden und als ›Ich‹ bezeichnen kann (etwa nach Art einer sprachlichen Substitution des auf es selbst bezogenen eigenen Namens durch die Bezeichnung ›ich‹; nicht mehr ›Evi will...‹, sondern ›ich will...‹). Das hier aufgewiesene ›Ich-Bewußtsein‹ ist eine besondere weitergehende Qualifizierung solcher lebenspraktischer Ich-Differenzierungen.

gung seine Bedingungsverfügung in Richtung auf die der Erwachsenen-Existenz auszuweiten, durch Überschreitung seiner Eingebettetheit in unmittelbar-kooperative Handlungskonstellationen die *kognitiven, emotionalen und motivationalen Voraussetzungen* zur Realisierung und Umsetzung von Zielen innerhalb verallgemeinerter gesellschaftlicher Handlungszusammenhänge/Denkformen in ihrem Bezug zur eigenen Existenzsicherung/Bedürfnisbefriedigung entwickeln muß. Dies schließt ein die Frage nach den Weisen und Formen der *Durchbrechung der Unmittelbarkeit* des Zusammenhangs zwischen *kooperativen Handlungszielen* und dem *stofflich-sinnlichen Realitätsbezug auf ›operativer‹ Ebene:* Während im Entwicklungszug der Bedeutungsverallgemeinerung/Kooperativität das stofflich-sinnliche *Machen* des Kindes ja ein wesentliches Vehikel der Realisierung des ›verallgemeinerten Gemachtseins-Zu‹ der gesellschaftlichen Bedeutungen war, muß das Kind/der Heranwachsende in Annäherung an die Handlungsfähigkeit bei gesamtgesellschaftlich vermittelter individueller Existenz nun quasi gerade umgekehrt realisieren lernen, daß die Eigenart, der Interessenbezug, also die motivierte oder erzwungene Umsetzbarkeit von gesellschaftlichen Handlungszielen, sich *nicht* aus ihren *individuell* antizipierbaren *stofflich-sinnlichen Resultaten,* sondern aus ihrem (in den Infrastrukturen der eigenen Lebenslage repräsentierten) *gesellschaftlichen Funktionszusammenhang* ergeben, in dem das Individuum sich vorfindet (vgl. S. 307 ff). Von da aus müßte auch analysiert werden, wie das Kind die zur Erfassung derartiger Zusammenhänge erforderten *symbolischen Repräsentanzen der gesamtgesellschaftlichen Synthese* von Bedeutungsstrukturen aneignet, wie es also – indem es in den jeweiligen Lebenszentren Begründungszusammenhänge zur subjektiv funktionalen Verfügungssicherung/-erweiterung etc. entwickelt – z.B. die ›*Sprache*‹ nicht mehr nur als ›gesprochene Sprache‹ in ihrem begrifflich-symbolischen und lautlich-kommunikativen Aspekt realisieren lernt, sondern darüberhinaus als ›*gegenständliches*‹ *Medium kumulierter, verdichteter, formalisierter gesellschaftlicher Erfahrung,* die das Individuum zur Bewältigung seiner (gesamtgesellschaftlich vermittelten) Existenz in für den je konkreten Handlungszusammenhang ›funktionaler‹ Weise abrufen muß. Dies heißt auch die individuelle Entwicklung hin auf die praktische Realisierung der gesellschaftlichen Differenzierung zwischen *realitätsbezogenen ›Begriffen‹* und diesen gegenüber *substituierbaren, ›beweglichen‹ Zeichensystemen,* die formalisiertes, ›probeweises‹, hypothetisches Denken zur von sinnlich-stofflicher Eingebundenheit total entlasteten Problembewältigung mit universellen Anwendungsregeln der Resultate erlauben, mithin ein notwendiges, (wenn auch nicht hinreichendes) Implikat des *spezifisch ›menschlichen‹ Möglichkeits-Denkens* darstellen (vgl. S. 229 ff), etc.

Die Alternative ›restriktive-verallgemeinerte Handlungsfähigkeit‹ in ihrer Geprägtheit durch institutionelle entwicklungs-/erziehungsspezifische Verfügungsbehinderungen und -möglichkeiten unter bürgerlichen Klassenverhältnissen

In dem Maße, wie das Kind/der Heranwachsende in der angedeuteten Weise den häuslichen Unterstützungsrahmen in Richtung auf gesamtgesellschaftlich vermittelte individuelle Existenzsicherung überschreitet und die dazu nötigen psychischen Voraussetzungen entwickelt, schlagen die subjektiven Widersprüche aufgrund historisch bestimmter Beschränkungen/Mystifikationen der Bedingungsverfügung in der bürgerlichen Gesellschaft, die sich bisher (in der dargestellten Weise) unspezifisch als lediglich *personale* Unterdrückung *innerhalb* der unmittelbaren Lebensgemeinschaft zwischen Kindern/Erwachsenen spiegelten, immer mehr ›nach außen‹ in das *Verhältnis* zwischen den Bedeutungsstrukturen der unmittelbaren Lebenslage und deren Verflochtenheit mit gesamtgesellschaftlichen Herrschaftsstrukturen samt deren ideologischer Verschleierung durch. Demnach sind die früher entfalteten Bestimmungen der Alternative der Bedrohungsüberwindung durch restriktive oder verallgemeinerte Handlungsfähigkeit (die wir im ›kooperativen‹ Entwicklungszug und davor lediglich als *Vorformen* des Sich-Einrichtens oder Widerstandes innerhalb des durch die Erwachsenen gesetzten Unterstützungsrahmens aufweisen konnten) nunmehr *im Prinzip voll erfüllt*. Mithin muß all das, was wir früher (in Kap. 7.5) über ›Instrumentalität-Intersubjektivität‹, ›Deuten-Begreifen‹, ›restriktive vs. verallgemeinerbare Emotionalität/Motivation‹ als psychische Aspekte restriktiver-verallgemeinerter Handlungsfähigkeit, Realitätsausklammerung, Selbstfeindschaft und die Genese des Unbewußten etc. gesagt haben, *vollinhaltlich auch hier gelten* (und braucht von uns nicht wiederholt zu werden). Zu fragen bleibt für uns lediglich, wieweit unter Berücksichtigung der Eigenarten des *ontogenetischen* Entwicklungszugs der Unmittelbarkeitsüberschreitung noch *weitere konkretisierende Bestimmungen möglich bzw. nötig* sind.

Solche zusätzlichen Bestimmungen lassen sich generell daraus ableiten, daß hier die ›Prämissen‹ der Funktionalität restriktiver oder verallgemeinerter Handlungsfähigkeit nach wie vor von der globalen ›Prämisse‹ eingeschlossen sind, die sich aus dem Status als ›Nicht-Erwachsener‹ ergeben, der *materiellen Abhängigkeit des Kindes/Heranwachsenden* von *speziellen Erhaltungs-Zentren,* normalerweise der ›eigenen Häuslichkeit‹, oder auch anderen Zentren, wie ›Kinderheim‹ o.ä. Dabei ist in den geschilderten institutionellen aushäusigen Lebenszentren, wie ›Kindergarten‹ und insbesondere ›Schule‹, zwar der *häusliche* Unterstützungs-/Abhängigkeitsrahmen relativiert, wobei solche Institutionen gemäß ihrer gesellschaftlichen Funktion dennoch selbst wieder einen aus ihrer Pflege-, Erziehungs-, also *gesellschaftlichen ›Vorbereitungs‹-Aufgabe* erwachsenden *gegenständlichen Unterstützungs/Abhängigkeitsrahmen* darstellen. Demnach wären die Beschränktheit und Mystifikation der ›zweiten Möglichkeit‹ der Verfügungserweiterung innerhalb der je konkreten ›subjektiven Möglichkeitsräume‹ verallgemeinerter Handlungsfähigkeit und der dadurch bestimmten Alternative restriktiver Handlungsfähigkeit etc. hier unter dem Gesichtspunkt der *Spezifizierung und Brechung der gesamtgesellschaftlichen Herrschafts-/Mystifikationsverhältnisse* durch die *besonderen Bedeutungsstrukturen, denen Kinder/Heranwachsende unterstehen,* zu analysieren.

Damit verdeutlicht sich als Voraussetzung adäquater einzeltheoretisch-aktualempirischer Erforschung der individualgeschichtlichen Entwicklung zur Handlungsfähigkeit hier die Notwendigkeit einzeltheoretisch-aktualempirisch konkretisierter Bedeutungsanalysen der besonderen, *entwicklungs-* bzw. *erziehungsbezogenen Infrastrukturen gesamtgesellschaftlicher Bedeutungszusammenhänge/Denkformen* (in Spezifizierung der früher auseinandergelegten allgemeinen Kriterien und Fragestellungen individualwissenschaftlicher Bedeutungsanalysen, vgl. S. 358 ff). Dazu müßten die einzelnen Zentren bzw. Instanzen, wie ›Familie‹, ›Kindergarten‹, ›Schule‹, ›Berufsausbildung‹, aber auch informelle Zentren, die in der kindlichen Lebenslage relevant sind, wie ›Straße‹, ›Laden‹, ›Warenhaus‹, zunächst auf übergeordneter *gesellschaftstheoretischer Ebene* auf ihren Stellenwert und ihre Funktion innerhalb des kapitalistischen Produktions-/Reproduktionsprozesses in seiner jeweiligen historischen Konkretion untersucht werden. Auf dieser Grundlage wäre dann deren *Bedeutungsaspekt* als Inbegriff der darin liegenden objektiven Handlungsmöglichkeiten für das Kind/den Heranwachsenden in ihren lagespezifisch besonderen Widersprüchlichkeiten, Beschränkungen und Mystifikationen herauszuarbeiten. Insbesondere wäre dabei der übergeordnete Widerspruch in seinen je konkreten Erscheinungsformen zu erfassen, durch welchen in den genannten Lebenszentren, Erziehungsinstitutionen etc. in je bestimmter Weise einerseits gemäß den herrschenden Interessen die Handlungsmöglichkeiten *unter* den bestehenden Machtverhältnissen als *einzige, ›natürliche‹, unhintergehbare Rahmenbestimmungen der Individualentwicklung* vorgespiegelt sind, damit die Vorbereitungsfunktion der Zentren/Institutionen in ideologischer Identifikation der herrschenden mit den allgemeinen Interessen als *Vorbereitung auf die fremdbestimmte Erwachsenen-Existenz* unter bürgerlichen Verhältnissen verkürzt ist; dabei wären aber andererseits auch die hier (wie verkürzt und eingeschränkt auch immer) stets gegebenen Möglichkeiten zur *Erweiterung der Bedingungen der Handlungsfähigkeit selbst* in Richtung auf ›menschliche‹ Daseinserfüllung/Bedürfnisbefriedigung im Allgemeininteresse herauszuarbeiten, was den präzisen Aufweis der in den jeweiligen Zentren/Institutionen konkret gegebenen *Möglichkeiten informeller oder organisierter Bündnisse* zur Überschreitung individueller Ohnmacht und Entfaltung von ›Gegenmacht‹ gegen die herrschenden Beschränkungen menschlicher Bedingungsverfügung einschließt. Auf diese Weise sind dann *vom Standpunkt der ›betroffenen‹ Kinder/Heranwachsenden* die situativen Aspekte der in den Zentren/Institutionen gegebenen *Möglichkeitsräume* der Verfügungserweiterung in ihren *Dimensionen* und ihrer *Reichweite* zu bestimmen, d.h. hier konkret: der ›*Entwicklungsräume‹*, in deren Realisierung die Kinder/Jugendlichen sich nicht bruchlos in die fremdbestimmte Erwachsenen-Existenz ›hineinentwickeln‹, sondern ein Stück weit ihre *Entwicklung unter der Perspektive der Erweiterung gemeinsamer Selbstbestimmung und Daseinserfüllung ›in die eigene Hand nehmen‹* können. Dies wiederum wäre die Voraussetzung für den Aufweis und das Durchschaubar-Machen der in den jeweils zentren-/institutionsspezifisch besonderen bürgerlichen Verhältnissen liegenden *Scheinhaftigkeiten, Mystifikationen, oberflächlichen ›Selbstverständlichkeiten‹* der Lebenspraxis, aber auch direkteren *Drohungen, Einschüchterungen, Bestechungen,* durch welche den Kindern/Heranwachsenden die *subjektive Funktionalität* der Alternative ihrer Entwicklung im Rahmen ›*restriktiver Handlungsfähigkeit‹*, des Sich-Einrichtens in der Abhängigkeit durch ›Arrangement‹ mit den Herrschenden, d.h. ›instrumentalisierende‹ Weitergabe der Unterdrückung an andere, mit all den aufgewiesenen Implikationen der Selbstfeindschaft und Realitätsverleugnung etc. *›nahegelegt‹* ist. Von da aus muß sich vom Standpunkt der betroffenen Kinder/Heranwachsenden als wesentliches Bestimmungsmoment ihrer bewußten Selbstentwicklung die vitale subjektive Notwendigkeit auch der *Durchdringung der eigenen Befindlichkeit* daraufhin verdeutlichen, *wieweit und in welchen Erscheinungsformen* hier aufgrund der unterdrückenden und mystifizierenden Bedingungen der bisherigen Lebensgeschichte die herrschenden Interessen und Sichtweisen als die eigenen Interessen/Sichtweisen ›*verinnerlicht‹* worden sind, um so den jeweils gegebenen *personalen Aspekt* der Einschränkung subjektiver Möglichkeits-/Entwicklungsräume in *bewußtem ›Verhalten‹ zu sich selbst zu überwinden* etc.

Eine wesentliche *speziellere* Fragestellung der damit in ihrer Notwendigkeit und Funktion umrissenen Bedeutungs- und Begründungsanalysen der gesellschaftlichen Entwicklungs- und Erziehungszentren/-institutionen muß an jenen situativen Einschränkungen/Mystifikationen von Möglichkeits-/Entwicklungsräumen ansetzen, mit welchen bereits der Entwicklungsprozeß der Unmittelbarkeitsüberschreitung selbst dadurch zurückgenommen und verschleiert ist, daß Momente der *gesamtgesellschaftlichen Vermitteltheit* seiner Existenz dem Kinde/Heranwachsenden in den *Infrastrukturen der kindlichen Lebenswelt* quasi im *Gewande der Unmittelbarkeit* erscheinen. So wären hier die *scheinhaften ›Unmittelbarkeiten‹* herauszuarbeiten, die sich schon in der *bürgerlichen Familie* durch ihre naturalisiert-›private‹ *Eingefriedetheit in den Reproduktionsbe-*

Der Entwicklungszug der Unmittelbarkeitsüberschreitung 493

reich und *Isolation vom gesamtgesellschaftlichen Produktionszusammenhang* ergeben (vgl. S. 361 ff): In der jeweils besonderen Weise, wie dadurch die Familienbeziehungen als lediglich in ›Liebe‹ gegründete interaktive Beziehungen verkürzt, die reale Hausarbeit als bloßer ›Liebesdienst‹ mystifiziert und so die ökonomisch gegründeten Macht- und Abhängigkeitsverhältnisse personalisiert werden (vgl. etwa SE, S. 255 ff und DREIER 1980, S. 130 ff), liegen bedeutungsanalytisch genau herauszuhebende *objektive Erschwerungen* für das Kind/den Heranwachsenden, die ›Gründe‹ für seine Abhängigkeiten und Möglichkeiten ihrer Überwindung zu erfassen.

Die scheinhafte Unmittelbarkeit, in welcher im Dunstkreis der bürgerlichen Familie gesellschaftliche Vermitteltheiten gegeben sind, ist dabei dann auch noch als Moment der Verschleierung von Möglichkeits-/Entwicklungsräumen für das Kind in Rechnung zu stellen, wenn es (in der veranschaulichten Weise) mit der ›Häuslichkeit‹ als home base *Erfahrungen mit anderen ›häuslichen‹ Lebenszentren* gewinnt und damit seine lebenspraktischen Kompetenzen über solche der Bewältigung häuslicher Kooperationsforderungen hinaus erweitert: So ist z.B. der *lebenspraktisch zentrale Erwerb der Fähigkeit zum Umgang mit Geld* (mit all seinen kognitiven Implikationen des ›Kapierens‹ von Tauschverhältnissen, der Vorsorgefunktion von Schatzbildung, der Funktionalität von Planung und ›Einteilung‹ innerhalb der alltäglichen Pseudokonkretheit der bürgerlichen Gesellschaft) in jeweils genau zu analysierender Weise zunächst noch dadurch um seine *gesellschaftliche Perspektive* verkürzt, daß es die *Erwachsenen* sind, die das Geld haben, dem Kind (etwa als ›Taschengeld‹) geben und dafür persönliche Dankbarkeit (und u.U. eine entsprechende Abrechnung) erwarten. Das Kind muß also hier die *Unmittelbarkeit des personalisierenden Abhängigkeits-Rahmens* durchdringen, innerhalb dessen es sich um Geld lediglich an die Erwachsenen wendet, es als persönliche ›Zuwendung‹ erhält, um (anläßlich konkreter Einschränkungskonstellationen) ›dahinter zu steigen‹, was es mit dem ›Geld‹ als Mittel verallgemeinerter Existenzsicherung, damit *Möglichkeit der eigenen Verfügungserweiterung in Überwindung der Abhängigkeit von den Erwachsenen innerhalb der ›Häuslichkeit‹* tatsächlich auf sich hat. Genereller wäre hier zu analysieren, auf welche Weise dem Kind bei seinen praktischen Erfahrungen der ›Zentren-Vielfalt‹ über das häusliche Lebenszentrum hinaus der *universelle kooperativ-personalisierende Deutungsrahmen* der vom Produktionsbereich isolierten Häuslichkeit, in der es ›aufgewachsen‹ ist, auch bei der Deutung der umfassenderen Bedeutungszusammenhänge, die es sich jetzt in seiner Lebenpraxis ›erobert‹ hat, zunächst ›naheliegt‹, sodaß es ›erst einmal‹ *alles nach dem Muster des unmittelbar kooperativ (oder gar bloß ›sozialintentional‹) zu beeinflussenden Wohl- und Übelwollens interpretiert,* ehe es (günstigstenfalls) die ›dahinterstehenden‹ objektiven Machtstrukturen nach Maßgabe des konkreten Möglichkeitsraums in Rechnung zu stellen und persönliches Wohl- und Übelwollen demgemäß nach den darin sich ausdrückenden realen Interessen praktisch zu hinterfragen vermag.

Bei einschlägigen Bedeutungsanalysen der situativen Möglichkeitsräume in den *Pflege-/Erziehungsinstitutionen,* in die hinein das Kind die Häuslichkeit *praktisch überschreitet,* ist zuvörderst in Rechnung zu stellen, daß hier (insbesondere in ›Schulen‹ jeder Art) das Kind/der Heranwachsende nicht nur faktische Bedeutungstrukturen als Prämissen subjektiv funktionaler Begründungszusammenhänge vorfindet, sondern darüberhinaus *intendiert und organisiert belehrt, unterrichtet, unterwiesen* wird: In den Bedeutungsanalysen wären hier also zunächst die Eigenarten, die Selektivität, die Mystifikationen herauszuarbeiten, denen sich das Kind/der Heranwachsende bei der intendierten Unterrichtung gegenübersieht, insbesondere aber auch das *Verhältnis zwischen dem Bedeutungsgehalt der Unterweisungen* und den *umfassenden institutionellen Bedeutungsstrukturen,* in denen für das Kind bestimmte Entwicklungsmöglichkeiten bestehen, aber u.U. auch *Bewältigungsformen des Sich-Einrichtens in der Abhängigkeit* als subjektiv funktional ›nahegelegt‹ sind, die einerseits *eine Vorbereitung auf die fremdbestimmte Erwachsenen-Existenz implizieren,* und andererseits mit *Inhalten des offiziellen Lehrangebots in Widerspruch* stehen.[1]

Dabei wären in derartigen Bedeutungsanalysen von Erziehungsinstitutionen auch die hier jeweils gegebenen Ausprägungsformen der ›*zweiten Möglichkeit*‹ der Verfügungserweiterung samt den dazu bestehenden *speziellen Bündnismöglichkeiten* herauszuarbeiten: z.B. Möglichkeiten von informellen oder organisierten Bündnissen zwischen Schülern untereinander, zwischen Schülern und Lehrern, zwischen Schülern, Lehrern und Eltern, u.U. unter Einbeziehung von Gewerkschaften, Bürgerinitiativen etc. Derartige Bündnisse innerhalb von Institutionen im Reproduktionsbereich, in welchen lediglich Vorstufen der Positionsrealisierung möglich sind, können zwar *strukturell niemals die Mächtigkeit von informellen und besonders organisierten Bündnissen* bei der eigentlichen Positionsrealisierung im *Produktionsbereich* gewinnen, eröffnen aber dennoch *gemeinsame Möglichkeiten der Verfügungserweiterung, die jene im Rahmen der Häuslichkeit bzw. der geschilderten außerinstitutionellen Lebensbereiche der Größenordnung nach überschreiten* – womit etwa die Schule nicht nur der Vorbereitung auf die Fremdbestimmtheit dient, sondern darüberhinaus eine Art von Vorbereitung auf das Leben ermöglichen kann, wie sie von den staatlichen Mächten der bürgerlichen Gesellschaft, deren ›Institution‹ die Schule ist, nicht ›vorgesehen‹ ist.

Aus dem gesamten Gang unserer Darlegungen zum Prozeßtyp der Unmittelbarkeitsüberschreitung ist evident, daß in seinem Fortgang auch die Momente, die in Richtung auf seine Aufhebung wirken, sich immer stärker durchsetzen müssen: Die verschiedenen psychischen Aspekte der Handlungsfähigkeit bei gesamtgesellschaftlicher Vermitteltheit indivi-

---

1 Ich habe dies früher am Beispiel der ›Notengebung‹ in der Schule exemplifiziert, und dabei zu zeigen versucht, in welchem Sinne darin eine Vorbereitung auf das Zurechtkommen mit der durch Konkurrenz zwischen Privaten charakterisierten bürgerlichen Erwachsenen-Existenz liegt; dabei sollte auch deutlich werden, wie hier ein Sich-Durchmauscheln auf Kosten anderer, mit versteckten Betrügereien, Täuschungen, der Gleichgültigkeit gegenüber dem Produkt etc., als subjektiv funktional ›nahegelegt‹ ist, was zwar mit den offiziell vermittelten ›Grundwerten‹ in eklatantem Widerspruch steht, aber die Entwicklung zum allseitig fungiblen ›Individualisten‹, der unter Anerkennung der herrschenden Verhältnisse auf Kosten anderer das seine sucht, als Ausdruck und Garanten bestehender Herrschaftsstrukturen begünstigt (vgl. SE, S. 258 f).

dueller Existenz, die sich zunächst noch im Unterstützungs- und Abhängigkeitsrahmen der Entwicklungs- und Erziehungszentren/-institutionen – normalerweise bei materieller Absicherung der Existenz im ›häuslichen‹ Rahmen – herausbilden, werden mit ihrer Weiterentwicklung schließlich *gegenüber diesem dominant,* womit das Kind/der Heranwachsende nun als *Erwachsener ›auf eigenen Füßen‹* steht, d.h. seine *materielle Existenz* (u.U. noch im Durchgang durch unmittelbar positionsbezogene Vorbereitungs-Institutionen) mit der *eigenen Positionsrealisierung* (also *›Arbeit‹* im eigentlichen Sinne) *selbst sichern* kann. Damit unterliegt er jetzt *keinem ontogenetischen Sonderstatus* mehr, findet sich also nur noch in dem *›Unterstützungs- und Abhängigkeitsrahmen‹,* wie er für die *jeweils lage-und positionsspezifische, klassenbestimmte Erwachsenen-Existenz unter bürgerlichen Lebensverhältnissen* (der jeweiligen historischen Konkretion) *generell* charakteristisch ist.

8.4 Ontogenetische Konkretisierung der biographischen Dimension der Handlungsfähigkeit: Die eigene Kindheit als Vergangenheit und Gegenwart des Erwachsenen

Ontogenetische Entwicklung im Zusammenhang der Kind-Erwachsenen-Koordination und im Zusammenhang ›je meiner‹ Biographie

Indem wir somit den Umschlag vom Entwicklungszug der Unmittelbarkeitsüberschreitung zum Prozeßtyp der Handlungsfähigkeit bei gesamtgesellschaftlich vermittelter Existenz erreicht haben, ist in unserem umfassenden Darstellungszusammenhang der Umweg der kategorialanalytischen Aufarbeitung der ontogenetischen Entwicklung in gewissem Sinne beendet, und wir sind wieder da angelangt, wo wir schon waren: Der Prozeßtyp gesamtgesellschaftlich vermittelter individueller Handlungsfäkeit wurde ja von uns in den Kapiteln 6.3 sowie 7.3 bis 7.5 ausführlich und differenziert kategorialanalytisch entfaltet, eben jener Prozeßtyp, in welchen die *menschliche Ontogenese* mit *Vollendung des Entwicklungszugs der Unmittelbarkeitsüberschreitung einmündet.* – Welche *darüber hinausgehenden* kategorialanalytischen Konkretisierungen/Differenzierungen ergeben sich nun aber, wenn wir die Resultate der früheren Explikation der psychischen Aspekte menschlicher Handlungsfähigkeit mit den *inzwischen gewonnenen Resultaten der entwicklungslogischen Rekonstruktion der Individualgeschichte des Menschen in Beziehung* bringen?

Wenn wir einerseits früher darlegten, die erarbeiteten kategorialen Bestimmungen der Handlungsfähigkeit hätten die ›*subjektwissenschaftliche*‹ *Funktion als Mittel zur Überwindung der Restriktionen in Richtung auf verallgemeinerte Handlungsfähigkeit, intersubjektive Beziehungen, begreifende Wirklichkeitserfassung etc.* ›*in der Hand*‹ *der betroffenen Subjekte, also von* ›*je mir*‹ (vgl. S. 239), und wenn andererseits die menschliche Ontogenese nicht als Entwicklung isolierter Individuen, sondern nur als *Entwicklung der Kind-Erwachsenen-Koordination* von uns rekonstruiert werden konnte (vgl. S. 438 ff), so folgt daraus im Hinblick auf die generelle Funktion der inzwischen erarbeiteten ontogenetischen Kategorialbestimmungen: Mit ihnen soll für die Betroffenen die Perspektive gefördert werden, die *Kind-Erwachsenen-Koordination in Richtung auf* ›*Intersubjektivität*‹ *zu entwickeln* und schließlich in *verallgemeinerten* ›*intersubjektiven*‹ *Beziehungen zwischen Menschen aufzuheben*. Dies heißt auf der einen Seite, daß mit unserer ›ontogenetischen‹ Begrifflichkeit bereits die frühesten Ausprägungsformen der Kind-Erwachsenen-Koordination für die Beteiligten auf die darin liegenden *Ansätze zur Entwicklung von Intersubjektivität hin begreifbar* werden sollen. (Dabei gibt es keinen klar angebbaren Zeitpunkt, jenseits dessen das Kind ›noch nicht‹ in diesen *gemeinsamen* Entwicklungsprozeß einbeziehbar wäre: Auch seine aufgewiesenen, zunächst noch mehr oder weniger ›unspezifischen‹ Beziehungsformen sind, da sich aus ihnen *für das Kind* die subjektive Notwendigkeit seiner Verfügungserweiterung durch ›*spezifischere*‹ Beziehungen ergibt – da unter der Perspektive der Intersubjektivität stehend – in gewissem Sinne selbst schon von Anfang an tendenziell ›intersubjektiv‹.) Auf der anderen Seite heißt dies, daß mit Hilfe der angebotenen Begrifflichkeit für die betroffenen Kinder wie Erwachsenen die unterschiedlichen Formen der *Beeinträchtigung ihrer Befindlichkeit innerhalb der Kind-Erwachsenen-Koordination, des Verfügungsentzugs, der Angst* und des *Leidens,* als *Erscheinungsweisen historisch bestimmter Restriktionen subjektiv notwendiger Handlungsfähigkeit* (bzw. ihrer Vorformen) aufgrund *gesellschaftlicher Unterdrückungs- und Mystifikationsverhältnisse unter bürgerlichen Lebensbedingungen* (nach Maßgabe der erreichten Spezifik ihrer Realisierung) *durchdringbar* und so deren *immanente* ›*Gebrochenheiten*‹ *und Widersprüchlichkeiten* in Richtung auf *verallgemeinerte Handlungsfähigkeit* und ›*menschliche*‹ *Lebensqualität* (im gegebenen Möglichkeitsraum) leichter *überwindbar* sein sollen.

Wenn man die früher explizierte Bestimmung der allgemeinen *subjektiven* ›*Geschichtlichkeit*‹ des handlungsfähigen Individuums (vgl. S. 332 ff) hinzunimmt, läßt sich dieser Gesichtspunkt noch differenzieren. Mit der Entwicklung der Kind-Erwachsenen-Koordination vollzieht sich identisch immer auch ein Stück *subjektiver Biographie der Betroffenen,* wobei die Differenz, daß das Kind/der Heranwachsende die ontogenetischen Entwicklungszüge zur Handlungsfähigkeit innerhalb dieser Koordination vollzieht, während der Erwachsene diese Prozeßtypen seiner Biographie schon ›hinter sich hat‹, sich mit der Vollendung der Unmittelbarkeitsüberschreitung aufhebt. Daraus, daß somit nicht nur die Kind-Erwachsenen-Koordination Agens der ontogenetischen Entwicklung des Kindes ist, sondern darüberhinaus die *Ontogenese auch jeweils ›meine eigene‹, die ich gerade vollziehe oder schon vollzogen habe,* verdeutlicht sich ein *weiterer Bezug* der erarbeiteten ontogenetischen Kategorialbestimmungen, nämlich der Bezug auf *›je meine‹ Ontogenese als mir selbst gegebener (bzw. verborgener, s.u.) Abschnitt meiner Phänomenal-/Realbiographie*. Demnach sind unsere früheren allgemeinen Ausführungen über die subjektive Geschichtlichkeit des handlungsfähigen Individuums – seines erfahrenen und realen Vergangenheits- und Zukunftsbezugs, des darin liegenden Verhältnisses von ›Potentialität‹ und ›Faktizität‹ seiner Entwicklung und Lebenstätigkeit etc. – aufgrund der Resultate unserer ›ontogenetischen‹ Rekonstruktion konkretisiert auf die dargelegten *Dimensionen, Sequenzen, Widersprüche*, in welchen *›ich‹ mich von meiner Geburt an bis zum gegenwärtigen ›Stand‹ entwickelt bzw. verändert* habe: Die ontogenetischen subjektwissenschaftlichen Kategorialbestimmungen haben in diesem Kontext mithin die Funktion, die Konsequenzen für die Möglichkeiten/Beschränkungen *meiner gegenwärtigen* Befindlichkeit/Handlungsfähigkeit für mich durchdringbar zu machen, die sich daraus ergeben, daß ich in *für mich spezifischer Weise* ein *›ehemaliger Säugling‹, ein ›ehemaliges Kind‹* etc. bin.

Von da aus können wir den *Realitätsbezug* der erarbeiteten ontogenetischen Kategorialbestimmungen wie folgt *differenzieren: Elementare Analyseeinheit* ist hier die *Kind-Erwachsenen-Koordination*. An dieser ist sodann die *personale Entwicklung* des Kindes als *relativ verselbständigte Dimension innerhalb der Kind-Erwachsenen-Koordination, die aus dieser Funktion und Stellenwert erhält* und sich mit der Individualgeschichte in verallgemeinert sozial-gesellschaftliche Bezüge hinein transformiert, analysierbar (vgl. S. 438). Die ontogenetische Personalentwicklung wiederum ist darüberhinaus vom Standpunkt des betroffenen Subjekts zu analysieren als *je meine Kindheit/Jugend,* also als *Frühperiode meiner Biographie,* die mich, solange ich lebe, charakterisiert, und durch welche meine jeweils gegenwärtigen Handlungs- und Lebensmöglichkeiten mitbestimmt sind. Mit dieser kategorialanalytischen Differenzierung ist zugleich der *Zusammenhang* zwischen diesen drei Momenten, der *Sozialkoordination,* der sich darin entwickelnden *realen Kindheit* und *›meiner‹ Kindheit,* wie sie für mich *biographisch gegenwärtig* ist, kategorialanalytisch aufschließbar, damit einzeltheoretisch-aktualempirisch erforschbar.

Von da aus differenziert sich auch die Kritik an den kategorialen Grundlagen der traditionellen ›Entwicklungspsychologie‹, durch welche einerseits, wie erwähnt, die Analyse der Entwicklung des Kindes von der seines realen sozial-gesellschaftlichen Welt- und Selbstbezugs isoliert ist (vgl. S. 438 ff) und andererseits der Doppelaspekt der Ontogenese als Entwicklung von ›Kindern‹ und als ›je meine‹ Kindheit unbegriffen bleibt und deshalb in der Forschung entweder vereinseitigt oder auseinandergerissen wird: Aufgrund der von uns erarbeiteten subjektwissenschaftlichen Kategorialbestimmungen hat sich die Gegenstandsadäquatheit einzeltheoretisch-aktualempirischer Erforschung der Individualgeschichte zentral daran auszuweisen, wieweit dabei von einheitlichen Konzeptionen aus die Differenz und der Zusammenhang zwischen den genannten drei Momenten erhalten bleibt und konkretisierbar wird.

Verhaftetheit in ›kindlichen‹ Erfahrungs- und Bewältigungsweisen und bewußtes ›Verhältnis‹ zu meiner Kindheit: Momente restriktiver bzw. verallgemeinerter Handlungsfähigkeit des Erwachsenen

Von da aus erhebt sich die Frage: Auf welche Weise können die dargestellten ontogenetischen Kategorialbestimmungen, die zur *Aufschließung der kindlichen Entwicklung zur Handlungsfähigkeit* im Zusammenhang der Kind-Erwachsenen-Koordination erarbeitet worden sind, im nun herausgehobenen neuen Kontext zur *Aufschließung des Zusammenhangs zwischen meiner je gegenwärtigen Befindlichkeit/Handlungsfähigkeit und meiner eigenen Kindheit* dienen? Indem wir damit nicht mehr auf dem ›Standpunkt‹ des Kindes bzw. des Erwachsenen in seiner Bezogenheit auf den aktuellen kindlichen Entwicklungsprozeß, sondern auf dem *›Standpunkt‹ des Erwachsenen in seiner Bezogenheit auf die eigene Kindheit* stehen, versuchen wir diesen Zusammenhang im *Ansatz an der Kindheits-Erfahrung des Erwachsenen in seiner unmittelbaren Lebenslage/Praxis* von unseren ontogenetischen Kategorialbestimmungen her zu explizieren.

Für den Erwachsenen ist seine Kindheit zunächst ein *bestimmter Abschnitt seines früheren Lebens,* an den er sich einerseits in verschiedenen Episoden mehr oder weniger gut ›erinnert‹ und von dem er andererseits ›weiß‹, daß er sich dort unter bestimmten Lebensbedingungen und sozial-institutionellen Verhältnissen zu dem ›entwickelt‹ hat, was er heute ist: dieser ›Erwachsene‹. Der Erwachsene mag dabei die ›Erinnerung‹ an seine Kindheit als Bereicherung oder Belastung seiner gegenwärtigen Befindlichkeit erleben, er mag die Bedingungen seiner eigenen kindlichen Entwicklung als günstig oder ungünstig beurteilen, so seinen Eltern bzw. Lehrern dankbar sein, bzw. ihnen nachträglich ›Vorwürfe‹ machen, daß sie ihm gewisse Chancen etwa der Herausbildung von Fähigkeiten, die ihm jetzt fehlen, nicht eröffnet hätten: In jedem Falle erscheint ihm seine

Eigene Kindheit als Vergangenheit und Gegenwart des Erwachsenen 499

Kindheit als etwas *Vergangenes und Abgelebtes, an dem man nun nichts mehr ändern* kann. – In dieser Sichtweise würden dem ›Erwachsenen‹ auch unsere kategorialen Aufschlüsselungen der Entwicklungszüge, Widersprüche, Behinderungen und Möglichkeiten der ontogenetischen Entwicklung nun ›*nichts mehr nützen*‹: ›Damals‹, als er tatsächlich noch Kind war, hätten die von uns angebotenen Klärungen der Kind-Erwachsenen-Koordination vielleicht die Entstehung bestimmter Beeinträchtigungen, Hemmungen, Unsicherheiten, Leiden, denen er nun ausgesetzt ist, vermieden, aber *jetzt ist es zu spät*.

Wenn ›dies alles‹ wäre, also die Kindheit nicht anders gesehen werden könnte denn als bloße ›Vergangenheit‹ des Erwachsenen, müßten wir an dieser Stelle unsere gegenwärtigen Erörterungen unter Verweis auf die vorigen Teilkapitel abbrechen. Indessen: Bereits in der unmittelbaren Lebenslage/Praxis des ›Erwachsenen‹ scheint noch ein *anderer Aspekt* der Beziehung auf die eigene Kindheit durch, indem erfahrbar wird, daß man als Erwachsener nicht nur ein Kind *war,* sondern in gewissem Sinne, obzwar ›Erwachsener‹, *auch heute noch* ›*Kind*‹ sein kann. Dies manifestiert sich schon in alltagssprachlichen Formeln wie: ›kindlich‹, ›kindisch‹, ›infantil‹ als Attribut von Erwachsenen, ›großes Kind‹, ›nie richtig erwachsen geworden‹, ›über seine schwere Kindheit nie wirklich hinweggekommen‹ etc. Auf den Begriff gebracht und ins allgemeine Bewußtsein zurückgespiegelt wurde dieser Kindheitsaspekt durch die Freudsche Psychoanalyse, durch welche nicht nur psychische Schwierigkeiten des Erwachsenen als Resultat unverarbeiteter frühkindlicher Konflikte (speziell in der Ödipus-Konstellation) aufgefaßt und in dem Sinne als ›Fixierungen‹ an bzw. ›Regressionen‹ auf frühkindliche Phasen bzw. Konfliktsituationen beschrieben wurden, sondern darüberhinaus die gesamte Lebensthematik des Erwachsenen überhaupt als immer neue Verkleidung infantiler Konflikte und Wünsche analysiert (und so von FREUD programmatisch das Kind als Vater des Erwachsenen bezeichnet) wurde. Wir brauchen die psychoanalytische Konzeption dieses Zusammenhangs hier nicht zu diskutieren (vgl. M II, Kap. 5), können aber an der darin artikulierten *Problemstellung* in unserem gegenwärtigen Argumentationszusammenhang nicht vorbeigehen.

Im Kontext der von uns entfalteten Begrifflichkeit sehen wir uns damit vor dem Problem der *personalen Einschränkung* von *mir jetzt gegebenen Möglichkeitsräumen,* insbesondere der *Begünstigung der Alternative ›restriktiver Handlungsfähigkeit‹* (unter sonst gleichen Umständen) durch *mein Verhaftetsein* in *Erfahrungsweisen, Beziehungen, Verfügungs- und Bewältigungsformen* auf *unentwickelten ontogenetischen Prozeßniveaus,* wie wir sie kategorial aufgeschlüsselt haben. Damit ist einmal danach gefragt, auf welche Weise mit Hilfe unserer ontogenetischen Kategorialbestimmungen die *Besonderheiten jener Erfahrungen/ Beziehungen/Verfügungsformen* auf früheren Prozeßniveaus zu charakterisieren sind, über die ich als Erwachsener in dem Sinne *nicht ›hinwegkommen‹* kann, daß sie die *Möglichkeiträume meiner gegenwärtigen Handlungsfähigkeit einschränken.* Zum anderen ist danach gefragt, wie und in welchen Formen die *Verhaftetheit in so zu spezifizierenden kindlichen Erfahrungs- und Verfügungsweisen etc.* für mich als Erwachsenen in Richtung auf die *Begünstigung der Bedrohungsüberwindung durch ›restriktive Handlungsfähigkeit‹ subjektiv begründet/funktional* sein kann. An der Alternative der *›verallgemeinerten Handlungsfähigkeit‹* in *›begreifender‹ Wirklichkeitsdurchdringung* etc. verdeutlicht sich damit der Aspekt, das *blind-restriktive ›Wirken‹* meiner eigenen Kindheitserfahrungen etc. *›durch mich hindurch‹* in *›bewußtem Verhalten‹ zu meiner Kindheit* zu überwinden, damit die *Fesseln meiner eigenen Vergangenheit* in *meiner ›von mir‹* und *›für mich‹,* d.h. *verallgemeinert ›für andere‹* (somit mich als ›anderen für andere‹) *gelebten Individualgeschichte abzustreifen.*

Der mögliche Zusammenhang zwischen meiner Fixiertheit auf frühkindliche Erfahrungen/Beziehungen/Verfügungsformen und der restriktiven Alternative meiner gegenwärtigen Handlungsfähigkeit verdeutlicht sich in erster Annäherung, wenn wir uns vergegenwärtigen, daß wir einerseits den *ontogenetischen Entwicklungszug* zur Handlungsfähigkeit bei Realisierung gesamtgesellschaftlicher Vermitteltheit individueller Existenz als *›Unmittelbarkeitsüberschreitung‹,* mithin den Entwicklungszug davor als *Niveau noch nicht ›überschrittener‹ Unmittelbarkeit* charakterisierten, andererseits aber auch die *restriktive Handlungsfähigkeit des Erwachsenen* in ihrer *globalen Denkweise des ›Deutens‹* als *›Verhaftetheit in der Unmittelbarkeit‹* gekennzeichnet und expliziert haben (vgl. etwa S. 392 ff). Demnach wären die *frühkindliche Entwicklung zur Bedeutungsverallgemeinerung/Kooperativität* wie die *restriktive Alternative der Handlungsfähigkeit* gleichermaßen als *›unmittelbarkeitsverhaftet‹* zu bestimmen. Dabei wäre hier gleichzeitig der *wesentliche Unterschied* hervorgehoben, daß die *kindliche* ›Unmittelbarkeitsverhaftetheit‹ als noch ›entspezifizierte‹ *Weise* der Welt- und Selbstbegegnung innerhalb der Kind-Erwachsenen-Koordination eine *entwicklungslogisch notwendige Voraussetzung der weiteren unmittelbarkeitsüberschreitenden Züge der Ontogenese* darstellt, während die *›Unmittelbarkeitsverhaftetheit‹* restriktiver *Handlungsfähigkeit des Erwachsenen Resultat des Verzichts* auf die Alternative verallgemeinerter Handlungsfähigkeit/Lebenserfüllung, also Charakteristikum des subjektiven Verfügungsentzugs mit all den geschilderten Widersprüchlichkeiten und Leiden der darin liegenden ›Selbstfeindschaft‹ ist. Der früher herausgehobene *›Als-ob‹-Modus* des Deutens als *um die ›doppelte Möglichkeit‹* verkürztes Denken (vgl. S. 386 f), in welchem das Individuum die *Unmittelbarkeit* seiner Lebenslage so ›denkt‹, *als ob* sie die *ganze Wirklichkeit* sei (vgl. S. 388 f), wäre mithin im Falle der ›Kindheits-Fixierung‹ durch den Aspekt konkretisiert, daß hier das Individuum so denkt, *als ob* die *kindlichen Erfahrungs- und Bewältigungsweisen* vor dem Entwicklungszug der Unmittelbarkeitsüberschreitung auch heute noch, für den Erwachsenen, die *einzig mögliche,* daher *unhinterfragbar ›natürliche‹ Form der Welt- und Selbstbegegnung* wären. Die *›restriktive‹* Alternative der Handlungsfähigkeit würde also so gesehen in dem Sinne *durch die Kindheits-Fixierung begünstigt,* daß hier kindliche Erfahrungs-, Beziehungs- und Verfügungsformen *über den biographischen Abschnitt ihrer subjektiven Entwicklungsnotwendigkeit hinaus,* also quasi *außerhalb der Bedingungen ihres primär funktionalen Anwendungsbereichs, beibehalten* werden, ohne daß die *Abwesenheit der ›Prämissen‹,* unter denen *diese Erfahrungsweisen in der Kindheit subjektiv begründet/funktional* waren, dabei *bewußt* wird. Der Umstand, daß der Erwachsene mit seiner ›restriktiven‹ Unmittelbarkeitsverhaftetheit *nicht ›als Kind‹,* sondern lediglich in gewissem Sinne *›wie ein Kind‹* handelt, wäre so *nicht reflektierbar* und die *restriktiv-deutende Welt- und Selbstsicht* gewönne so an *Glätte und Festigkeit selbstverständlicher Funktionalität.*

Um die Entstehungsvoraussetzungen einer solchen blinden Extrapolation von ›Kindlichkeit‹ in die Erwachsenen-Existenz hinein schrittweise zu explizieren, erinnern wir daran, daß wir die restriktive und die verallgemeinerte Handlungsfähigkeit als *Alternativen* dargestellt haben, innerhalb welcher die *Universalisierung des Deutens in restriktiver Handlungsfähigkeit* jeweils die *naheliegende,* d.h. in der bürgerlichen Gesellschaft auch ideologisch nahegelegte Alternative ist, während das Subjekt bei Realisierung der Alternative verallgemeinerter Handlungsfähigkeit in begreifendem Denken etc. jeweils *›gegen den Strom‹* der *›Selbstverständlichkeiten‹* unmittelbaren Welt- und Selbstbezugs anschwimmen muß (vgl. S. 396 f). Nun verdeutlicht sich, daß dieses *›Naheliegende‹* auch eine *ontogenetisch-biographische Dimension* haben kann, soweit nämlich die *Selbstverständlichkeiten des kindlichen Lebens in der Unmittelbarkeit* mit dem *dem Erwachsenen naheliegenden bzw. nahegelegten Sich-Einrichten in der Unmittelbarkeit phänomenal zusammenfliessen,* und so die restriktive Alternative eine *zusätzliche Qualität des Vertrauten, Fraglosen, Unhintergehbaren* gewinnt. Eine solche Perpetuierung kindlicher Selbstverständlichkeiten wird dabei schon *allgemein begünstigt durch den Umstand,* daß die kindlichen Erfahrungs-, Beziehungs- und Bewältigungsmodi *vor* dem ontogenetischen Zug der Unmittelbarkeitsüberschreitung ja *noch nicht dominant in bewußtem ›Verhalten‹* zur Welt und zur eigenen Befindlichkeit angeeignet, mithin auch noch nicht auf die *besonderen ›Prämissen‹ ihrer Begründetheit/Funktionalität hin reflektiert* werden können, sondern sich noch mehr oder weniger *›automatisch‹ als Resultanten der jeweiligen sachlich-sozialen Bedeutungskonstellation in ihrer Beziehung zu den kindlichen Bedürfnissen ›durchsetzen‹.* So ›weiß‹ das Kind zunächst gar nicht, daß die Art seiner

Erfahrungen/Bewältigungsweisen von Voraussetzungen abhängig, etwas ›Besonderes‹ ist, sondern ›*hat*‹ sie einfach in *alternativloser Universalität*. Dies läßt sich besonders zugespitzt aufweisen an dem Umstand, daß beim kindlichen Versuch der Verfügungserweiterung auf ›*sozialintentionalem*‹ *Prozeßniveau* die ›*Instrumentalisierung*‹ *der Erwachsenen für die eigenen Bedürfnisse* (mangels Erfaßbarkeit allgemeiner Bedeutungsaspekte) zunächst die *einzige und alternativlose Weise der Angstüberwindung* darstellt, somit instrumentelle Beziehungen zu anderen und zu sich selbst als ›natürlich‹ und ›selbstverständlich‹ nahegelegt sind (vgl. S. 465 f).

Demnach haben die unmittelbarkeitsverhafteten kindlichen Erfahrungs- und Bewältigungsweisen, insbesondere auch die instrumentellen Welt- und Selbstbeziehungen, schon *durch die Bedingungen, unter denen sie angeeignet* worden sind, den Charakter des ›*zunächst*‹ *Naheliegenden und Selbstverständlichen,* und das bei Realisierung der ›verallgemeinerten‹, begreifenden Handlungsfähigkeits-Alternative notwendige Anschwimmen gegen den Strom des allseits (für die fremdbestimmte Erwachsenenexistenz in der bürgerlichen Gesellschaft) Naheliegenden wäre so immer auch ein *Anschwimmen gegen den Strom der aus der eigenen Kindheit als unreflektiert universeller Erfahrungshintergrund überkommenen Selbstverständlichkeiten* ›*unmittelbarkeitsverhafteter*‹ *Lebens- und Bewältigungsweisen.*

Mit solchen kategorialen Verdeutlichungen sind indessen zunächst nur die *allgemeinen Rahmenbestimmungen* benannt, mit denen an meiner je konkreten Befindlichkeit personale Tendenzen ›restriktiver‹ Welt- und Selbstsicht als mögliche Erscheinungsformen des blinden Wirkens kindlicher Selbstverständlichkeiten der Unmittelbarkeitsverhaftetheit ›durch mich hindurch‹ analysierbar sind. Von da aus und in diesem Kontext kann man jedoch mit Hilfe ontogenetischer Kategorialbestimmungen meine Befindlichkeit auch in Richtung auf das *inhaltliche Durchschlagen* kindlicher Erfahrungs- und Verfügungsweisen vor dem Einsatz der Unmittelbarkeitsüberschreitung zu entschlüsseln versuchen. So wäre etwa zu klären, wieweit in bestimmten Formen des *Sich-Bescheidens und Sich-Einrichtens* angesichts der Bedrohung meiner Handlungsfähigkeit durch herrschende Instanzen *Kränkbarkeiten und Verletzbarkeiten* durchscheinen, mit denen der Erwachsene immer noch so emotional ›reagiert‹, als ob er ein *verletztes und gekränktes Kind* wäre, womit also die aufgewiesenen *besonderen* ›*Verletzlichkeiten*‹ *früher ontogenetischer Entwicklungsniveaus*, da sie vom Kind noch ›*ungeschützt*‹ *durch bewußte Distanz dazu erlitten* und so in die *überkommenen* ›*Selbstverständlichkeiten*‹ *der kindlichen Unmittelbarkeitsverhaftetheit* eingegangen sind, auch die *emotionale Befindlichkeit des Erwachsenen charakterisieren* würden.

Demnach könnte z.B. in meiner Neigung als Erwachsener, auf Einschränkungen und Unterdrückungen meiner Verfügungsmöglichkeiten nicht mit dem Versuch ihrer verallgemeinernden Überwindung, sondern mit *tiefer persönlicher Gekränktheit* zu reagieren, in welcher ich mich *elementar in meiner Existenzberechtigung in Frage gestellt sehe,* entsprechend *eingeschüchtert* bin bzw. mit dem *Versuch der persönlichen Kränkung/Unterdrückung anderer ›zurückschlage‹* etc., jenes mit dem Prozeßtyp der *Sozialintentionalität* erreichte neue Niveau subjektiver Verletzlichkeit hindurchwirken, auf dem das Kind zwar schon die ›Absichten‹ der Erwachsenen, nicht aber deren mögliche sachliche Gründe erfassen kann, und mithin alle Beeinträchtigungen durch die Erwachsenen *kurzschlüssig-personalisierend auf sich zurückbezieht:* Sie tun dies, weil sie mich nicht mögen (vgl. S. 463 f). Weiterhin könnte in meiner gegenwärtigen Befindlichkeit der *Ohnmacht und Resignation,* d.h. meiner Tendenz, auf Unterdrückung oder Druck hin unter Leugnung der ›zweiten Möglichkeit‹ der Verfügungserweiterung so zu reagieren, ›*als ob*‹ man ›ja doch nichts machen könnte‹, es besser sei, ›zurückzustecken‹ etc., jene *besondere ›Verletzlichkeit‹ des ›kooperativen‹ Prozeßniveaus* nachwirken, auf welchem das Kind zwar *›Willkür‹ als solche identifizieren* konnte, aber ›lernen‹ mußte, *die Willkür der Erwachsenen als Rahmenbedingung seiner kooperativen Verfügungsmöglichkeiten blind und unhinterfragt hinzunehmen* (was wir an bestimmten Formen der Unterdrückung kindlicher Sexualität veranschaulichten, vgl. S. 469 f).

Bei derartigen (auf unsere ontogenetischen Kategorialbestimmungen gestützten) Versuchen der Durchdringung der je eigenen Befindlichkeit wäre zu problematisieren, wieweit *besonders gravierende kindliche ›Verletzungen‹* auf den *jeweiligen ontogenetischen Niveaus* im Zusammenhang überkommener Selbstverständlichkeiten der ›Unmittelbarkeitsverhaftetheit‹ zu ›*Traumatisierungen‹* meiner Befindlichkeit als Erwachsener geführt haben, durch welche in meinen Bemühungen in Richtung auf Verfügungserweiterung/Bedürfnisbefriedigung entsprechende ›*kindliche‹ Reaktionsweisen die ›restriktive‹ Alternative* begünstigen.

Bei unseren bisherigen Hinweisen, wie man die erarbeiteten ontogenetischen Kategorialbestimmungen zur Klärung der eigenen möglichen Kindheitsfixierungen heranziehen kann, war impliziert, daß die überkommen ›selbstverständlichen‹ Verhaftetheiten in der kindlichen Unmittelbarkeitsbeziehung, obzwar als global-diffuser Erfahrungshintergrund *nicht bewußt, so doch prinzipiell bewußtseinsfähig* wären. Von da aus sind nun weitere, die anderen übergreifenden und ›aufhebenden‹ kategorialen Gesichtspunkte einzubeziehen, aus welchen das früher (S. 376 ff) herausgearbeitete, aus subjektiven Notwendigkeiten der Leugnung/Verdrängung der ›Selbstfeindschaft‹ erwachsende ›*dynamische‹ Unbewußte* auf die *ontogenetische Dimension seiner Entstehung hin* explizierbar ist: Wir haben bisher die genannten frühkindlichen Verletzlichkeiten/Verletzungen so behandelt, als ob sie direkt im Sinne der Begünstigung ›restriktiver‹ Alternativen in die Befindlichkeit des Erwachsenen hineinwirken. Tatsächlich sind aber, wie jeweils an Ort und Stelle dargelegt, bereits *innerhalb der kindlichen Entwicklung selbst* Weisen der Bedrohungsüberwindung in Rechnung zu stellen, die auf den verschiedenen Prozeßniveaus als *Widerstand oder Anpassung o.ä. Vorformen der Alternative verallgemeinerter oder restriktiver Handlungsfähigkeit* darstellen. Demnach wirken die frühkindlichen Erfahrungen immer schon als *bereits vom Kind* zur Sicherung seiner Handlungsfähigkeit *verarbeitete* Erfahrungen in die Befindlichkeit des Erwachsenen hinein, und müssen (unter sonst gleichen Umständen) die *Funktionalität der restriktiven Handlungsalternative des Erwachsenen* mit den entsprechenden *subjektiven Notwendigkeiten der Realitätsverleugnung und -verdrängung* in dem Maße begünstigen, wie sie *selbst schon Vorformen restriktiver Bedrohungsüberwindung* darstellen, in denen *kindliche Lebensrealität verleugnet und verdrängt,* also in *bestimmten Momenten dynamisch ›unbewußt‹* geworden ist.

So haben wir ausführlich dargelegt, wie im Versuch der instrumentalisierenden Bedrohungsüberwindung auf dem *sozialintentionalen* Verletzlichkeits-Niveau in der subjektiven Notwendigkeit des Verbergens aggressiver Impulse gegen die unterdrückenden Erwachsenen zur Vermeidung von deren Sanktionen eine ›*Verinnerlichung‹ von Zwängen* mit entsprechenden *Schuldgefühlen und Entdeckungsangst* entsteht, in denen bereits wesentliche Momente des ›*inneren Zwangs‹ als restriktiver Alternative der ›Motivation‹ des Erwachsenen* vorweggenommen sind: Die Erwachsenen erscheinen hier nicht mehr auch als ›aggressiv‹, sondern nur noch als ›lieb‹, und das *Leiden* an der *verdrängten und verinnerlichten Unterdrückungssituation* erscheint (auch durch die eigene Doppelzüngigkeit und ›Falschheit‹) *selbst verschuldet* (worin ein wesentlicher biographischer Ansatz der Entstehung des ›dynamischen Unbewußten‹ zu sehen ist; vgl. S. 467 ff). Weiterhin entstehen (wie auf S. 470 ff ausführlich dargelegt) beim Versuch der Überwindung der genannten Bedrohungen/Verletzungen auf *kooperativem* Niveau in Richtung auf ›restriktive‹ Anpassung, da dem Kind die Alternative des begründeten Widerstands im eigenen Interesse bereits ansatzweise erfahrbar ist, neue Ausprägungsformen der ›*Selbstfeindschaft‹* mit entsprechenden ›regressiven‹ Tendenzen zur *Verdrängung des ›besseren Wissens‹ der ›grundlosen‹ Willkür der Erwachsenen* im Sich-Zufriedengeben mit bloß ›interaktiver‹ Zuwendung und ›roher‹ Bedürfnisbefriedigung.

Demnach wäre jeweils zu analysieren, wieweit und in welchen Erscheinungsformen nicht nur die Welt- und Selbstsicht restriktiver Handlungsfähigkeit durch ›kindliche‹ Erfahrungsweisen an Evidenz gewinnt, sondern auch in den damit verbundenen Formen der *Realitätsverleugnung* des Erwachsenen *kindliche Weisen der Realitätsabwehr aufgehoben* sind. Dies mag sich z.B. in vielfältigen Formen der Deutung von Unterdrückungsinstanzen ›nach dem Muster‹ des ›guten Erwachsenen‹, also aus Schuldgefühlen ›begründeten‹ Abschwächens der Aggression gegen die Unterdrückung, Zurückwendung der Aggression gegen die eigene

Person, also defensiven Leugnung der realen Verletzung eigener Interessen, äußern. Die Befindlichkeits-Qualität der *Ohnmacht,* des ›Man-kann-ja-doch-nichts-Machen‹ würde so gestützt durch die komplementäre Qualität des ›*Vertrauens*‹ *in die Mächtigen:* So schlimm ist es doch gar nicht, nicht so ›böse gemeint‹, das ›sind doch auch Menschen‹, und wenn man nur selbst freundlich und friedfertig ist, dann werden sie ›einem schon nichts tun‹, o.ä. Hier würde also immer noch der aus der Verdrängung der subjektiven Notwendigkeit der Verfügungserweiterung erwachsene kindliche Anspruch auf *durch Wohlverhalten erkaufbare* ›*Sonderbehandlung*‹ unbewußt reklamiert: Straft doch die anderen, die sind ja böse, aber ich bin doch lieb. Man ›tut‹ hier mithin so, als ob (wie am Prozeßniveau der Sozialintentionalität) *instrumentalisierende Appelle an das Wohlwollen der Mächtigen die einzige, also beste Weise der Bedrohungsabwehr* wären. Dies zöge dann (genauer zu analysierende) mannigfache Modi der ›*Abgrenzung*‹ gegen alle nach sich, die von den Herrschenden *als* ›*böse*‹ *eingestuft* werden könnten: also die *Isolierung, Verdächtigung, Verfolgung* all jener, die *Widerstand für möglich und für nötig* halten zur Absicherung der subjektiven Funktionalität meiner ›restriktiven‹ Alternative des Appells an das ›herrschende‹ Wohlwollen.

Die ›Einarbeitung‹ von kindlichen Abwehrformen in die ›restriktive‹ Realitätsabwehr des Erwachsenen muß notwendig die *Perpetuierung* der geschilderten *ambivalent-defensiven Leugnung von Unterdrückungsverhältnissen innerhalb der Kind-Erwachsenen-Koordination* und *harmonisierend-beschönigende Sicht auf die eigene Kindheit und die eigenen Eltern* (als speziellen Widerspruch zwischen meiner Real- und Phänomenalbiographie) einschließen, womit die aus dem Konglomerat von Fremd- und Selbstinstrumentalisierung, versteckter Aggression und Schuldgefühlen erwachsene emotionale Abhängigkeit hier nicht nur das gegenwärtige Verhältnis zu den eigenen Eltern vergiften mag, sondern *generell* die *Undurchdringlichkeit der personalisierenden wechselseitigen Instrumentalisierung* in unmittelbaren sozialen Beziehungen, das *ambivalente Aufeinander-Fixiertsein* in Verkennung gemeinsamer Handlungsnotwendigkeiten, befestigen muß: Indem der jeweils andere versucht, den anderen für die eigenen Bedürfnisse zu instrumentalisieren, was bedeutet, daß ich meine Bedürfnisse dem anderen als dessen Bedürfnisse vorspiegeln muß, entsteht hier eine wechselseitige emotionale Verflochtenheit, die gerade aus der *undurchschauten Vergeblichkeit des vom jeweils anderen durchkreuzten Bemühens um Befriedigung der eigenen Bedürfnisse* ihre *quälende Dauerhaftigkeit des* ›*Voneinander-nicht-Loskönnens*‹ erhalten mag, als *gemeinsame* ›*kindliche*‹ *Leugnung* der ›harten Realität‹ der Unterdrückungsverhältnisse, die – statt im allgemeinen Interesse an der Erweiterung menschlicher Bedingungsverfügung/Bedürfnisbefriedigung angegangen zu werden – auf *die jeweils andere Person, die meine Bedürfnisse nicht befriedigen will oder kann, abgebogen und damit im herrschenden Interesse als bloß ›unmittelbare‹ interaktive Verhältnisse personalisiert* sind (solche Verflochtenheiten sind in M II, S. 387 ff, am Beispiel der Instrumentalisierung der sexuellen Bedürfnisse des jeweils anderen zur Erzeugung und Perpetuierung wechselseitiger emotionaler Abhängigkeit ausführlich veranschaulicht worden).

An den vorstehenden Darlegungen sollte schon deutlich werden: Aus der Einbeziehung unserer ontogenetischen Kategorialbestimmungen in die subjektwissenschaftliche Begrifflichkeit zur Selbsterklärung der eigenen Interessen und Lebensnotwendigkeiten ergibt sich, daß die *begreifende Durchdringung der Unmittelbarkeit* in Richtung auf Realisierung der ›zweiten Möglichkeit‹ verallgemeinerter Handlungsfähigkeit etc. – wie wir sie ausführlich expliziert haben (vgl. S. 395 ff) – stets auch eine *ontogenetische Dimension der Durchdringung der Unmittelbarkeit der eigenen Kindheits-Erfahrung* haben muß. Zur Überwindung der ›Selbstfeindschaft‹ restriktiver Handlungsfähigkeit muß ich also auch *zu meiner eigenen Kindheit ein bewußtes ›Verhältnis‹* gewinnen, d.h. ich muß *meine frühkindlichen* Weisen der Erfahrung/Bewältigung auf die *vergangenen* Prämissen ihrer subjektiven Begründetheit/Funktionalität hin durchschauen können, damit realisieren, daß *ich jetzt kein Kind mehr bin* und, soweit ich versuche, *meine Probleme immer noch in ›kindlicher‹ Weise zu bewältigen,* damit einer *objektiven und subjektiven Verbesserung meiner Lebenslage selbst im Wege* stehe. Ich muß mithin aus *wirklichem Wissen* über die qualitative Eigenart und die Bedingungen kindlicher Erfahrungsweisen, Verletzlichkeiten und Abwehrformen auf den verschiedenen Prozeßniveaus meiner eigenen Ontogenese meine gegenwärtige Befindlichkeit einschließlich der Sicht auf meine eigene Kindheit auf *Momente der blinden Verhaftetheit* in *emotionalen Reaktionen und ›Lesarten‹ kindlicher Unmittelbarkeit* hin durchdringen. Nur so kann die *blinde ›Faktizität‹ unverfügbarer ›Vorgänge dritter Person‹* auch in dieser Hinsicht zu *meiner menschlichen Lebensmöglichkeit* werden, sind also *Behinderungen meiner zukünftigen Lebensperspektive durch meine Vergangenheit aufhebbar* zu machen, dies nicht als lediglich ›innerpsychische‹ Aktivität, sondern als Moment der gemeinsamen praktischen Veränderung der individuell/allgemeinen Lebensbedingungen in Richtung auf die *Schaffung von Verhältnissen,* unter denen die *›restriktive‹ Alternative der Bedrohungsüberwindung,* also auch deren *Variante defensiver Kindlichkeit, nicht mehr subjektiv begründbar/funktional* ist.

Dies alles bedeutet, wie aus unserer Gesamtargumentation evident, *keinen ›Abschied‹ von der eigenen Kindheit,* sondern im Gegenteil die Voraussetzung dafür, *meine Kindheit nicht im Zwielicht meiner gegenwärtigen Abhängigkeiten und Ambivalenzen zu sehen,* dabei zur *Scheinrechtfertigung meiner gegenwärtigen beflissen-defensiven Lebenshaltung zu mißbrauchen,* sondern *realistisch als Teil meines unverwechselbaren*

Lebens, damit auch als *mitbestimmend für die Dimensionen und Grenzen meiner gegenwärtigen Möglichkeitsräume zu akzeptieren:* So vermag ich auf dem Hintergrund dessen, was mir durch meinen besonderen Lebenslauf unzugänglich ist, schärfer zu erkennen, welche Möglichkeiten ich dennoch als *meine* Möglichkeiten sinnvoller und befriedigender Lebensführung habe. Dabei ist in der Notwendigkeit, im Interesse meiner Gegenwart die *Prämissen* kindlicher Unmittelbarkeit zu durchdringen, *nicht etwa eine Leugnung oder ›Kritik‹ kindlicher Erfahrungsweisen selbst* einbeschlossen: Wie generell die angstfreie ›menschliche‹ Erfahrung sinnlicher Fülle und Unmittelbarkeit nur als Moment der bewußten Verfügung über meine Lebensquellen sich entfalten kann, so kann ich die *Frische, schöpferische ›Neuheit‹, Produktivität kindlicher Erfahrungsweisen* nur dann als *Möglichkeit meiner gegenwärtigen Lebenserfüllung* verwirklichen, wenn ich meine *›Kindlichkeit‹ nicht zur Absicherung des Gegenteils,* nämlich meines *ängstlichen, defensiv-kleinlichen Lebens im Arrangement mit den Unterdrückungsverhältnissen bürgerlicher Klassenverhältnisse* (in den mir von meiner Lebenslage aus zugänglichen Brechungen) *denaturiert* habe. Nur so kann ich auch *in den Kindern,* mit denen ich zusammenlebe, *deren* subjektive Notwendigkeit der *Erweiterung ihrer eigenen Verfügungsmöglichkeiten* als Aspekt der *allgemeinen* Notwendigkeit von Lebensverhältnissen, unter denen *die Betroffenen Herr ihrer eigenen Angelegenheiten* sind, *erkennen, akzeptieren und fördern,* muß also die Kinder weder nach dem Bild meiner eigenen defensiven ›Kindlichkeit‹ klein und abhängig halten, noch deren Entwicklung als immer weitergehendes Zurückstecken von ›überhöhten‹ Lebensansprüchen bis hin zum ›Realismus‹ meiner eigenen mickrigen Erwachsenenexistenz verfälschen (und dies womöglich noch, wie die Psychoanalyse, wissenschaftlich stilisieren).

Die begreifende Durchdringung ›kindlicher‹ Abhängigkeiten heißt also *nicht,* sich (auf deren Kosten) *von den Eltern* (zugunsten irgendeiner bürgerlichen Persönlichkeits-Autonomie) *abzuwenden:* Soweit es mir gelingt, meine Beziehungen (über die der Kind-Erwachsenen-Koordination hinaus) in Richtung auf Beteiligung an der Verfügung über Lebensbedingungen im allgemeinen Interesse zu erweitern, wird auch die Beziehung zu meinen Eltern als Erscheinungsform subjektiv begründeten/funktionalen Strebens nach gemeinsamer Bedingungsverfügung unter einschränkenden Verhältnissen ›verständlich‹ und ich kann – da immer weniger darauf angewiesen, meine Eltern als Prügelknaben für die Rechtfertigung meiner eigenen ›restriktiven‹, defensiv-kleinlichen Lebensführung zu benutzen – mit ihnen zusammen Möglichkeitsräume der Erweiterung gemeinsamer Lebenserfüllung, damit der Verbesserung unserer Beziehungen, auszumachen und zu realisieren suchen.

Kapitel 9

Methodologische Prinzipien aktualempirischer Forschung auf der Grundlage des historischen Paradigmas psychologischer Wissenschaft

9.1 Vorbemerkung

Bei Entwicklung der Fragestellung dieses Buches in Differenzierung der kategorialen von der einzeltheoretisch-aktualempirischen Bezugsebene der Individualwissenschaft/Psychologie (S. 27 ff) hatten wir dargelegt: Jedem psychologischen Konzept sind mit dem ›einzeltheoretischen‹ Bezug auf aktuell Beobachtbares notwendig immer auch ›kategoriale‹ Bestimmungen inhärent, von denen der übergeordnete *Gegenstandsbezug* des Konzepts abhängt, durch die also determiniert ist, *was* an einem Gegenstandsbereich aufgrund einer theoretischen Konzeption überhaupt beobacht*bar* ist. Solche kategorialen Bestimmungen sind mithin nicht aus der aktuellen Beobachtung zu *gewinnen,* sondern machen sie, indem dadurch aus der unendlichen Aspektfülle der Realität bestimmte Aspekte herausgeschnitten sind, überhaupt erst *möglich,* implizieren dabei quasi ›Vorentscheidungen‹ darüber, wie umfassend, differenziert, eindringend ein Gegenstandsbereich ›bestenfalls‹ einzeltheoretisch-aktualempirisch erforscht werden kann und was jeweils notwendig ausgeklammert und vernachlässigt wird, ›schließen‹ also den zu erforschenden Gegenstand in einer bestimmten Weise und in einem bestimmten Grade ›auf‹ (oder ›verschließen‹ ihn vor der aktualempirischen Forschung). In diesem Zusammenhang wurde von uns hervorgehoben, daß die den psychologischen Konzepten inhärenten kategorialen Bestimmungen mit dem Gegenstandsbezug immer auch *methodologische* Implikationen darüber enthalten, wie an den jeweils ›herausgeschnittenen‹ Gegenstand in der Forschung auf adäquate Weise ›heranzugehen‹ sei, wobei *gerade dadurch* wesentlich vorherbestimmt ist, welche Aspekte an einem Gegenstand erfaßt und welche vernachlässigt werden. Die kategorialen Bestimmungen sind mithin nicht nur *konzeptuelle* Rahmenbestimmungen, die die darauf basierenden unterschiedlichen Einzeltheorien gemeinsam haben, sondern auch *methodologische* Rahmenbestimmungen als *übergeordnete Prinzipien* für die Entwicklung der unterschiedlichen *Methoden* zur aktualempirischen Fundierung der Einzeltheorien. Wir sprachen deshalb bei unseren grundsätzlichen Vorklärungen von kategorial-*methodologischen* Bestimmungen und ließen diesen Zusatz in unseren inhaltlichen Kategorialanalysen dann wieder beiseite. Nunmehr, nachdem die inhaltlichen Analysen abgeschlossen sind, soll der methodologische Aspekt der Kategorialbestimmungen wieder explizit aufgegriffen werden, nun aber nicht mehr bloß ›grundsätzlich‹, sondern unter Berücksichtigung unserer inzwischen gewonnenen *inhaltlichen Resultate.* Wir fragen mithin jetzt nach den *methodologischen Prinzipien* für die Entwicklung von *Methoden* aktualempirischer psychologischer Forschung, die sich aus dem Zusammenhang der von uns herausgearbeiteten *subjektwissenschaftlichen Kategorialbestimmungen* als Grundlinien eines ›historischen‹ Paradigmas der Psychologie (vgl. Kap. 1.2) ergeben.

Dabei können wir die nach solchen methodologischen Prinzipien zu bildenden *Methoden* hier *noch nicht* konkret darstellen und diskutieren: Methodische Gesichtspunkte können unserem Gesamtansatz nach immer nur aus dem Zusammenhang inhaltlicher Analysen als deren Geltungsbegründung herausgehoben und von da aus verallgemeinert werden. Aktualempirische Methoden der Subjektwissenschaft sind demnach nicht schon hier, sondern erst *im Kontext der entsprechenden aktualempirischen Forschung selbst* aufzuweisen und zu analysieren. Die folgende Darlegung der aus der hinter uns liegenden Analyse folgenden methodologischen Prinzipien der Methodenentwicklung müssen mithin noch sehr global bleiben: Es sollen hier lediglich – vorbehaltlich späterer Ausführung und Korrektur – einige Fluchtlinien von dieser Arbeit aus auf die aktualempirische Forschungspraxis der Subjektwissenschaft (die, wie sich zeigen wird, von subjektwissenschaftlicher Praxis überhaupt nicht zu trennen ist) gezogen werden.

9.2 Inhaltliche Bestimmung des Verhältnisses Kategorien/ historische Empirie – Einzeltheorien/Aktualempirie

Kategorialbezug und Empiriebezug psychologischer Konzepte

Zur Verdeutlichung der aus unseren Resultaten ableitbaren kategorialmethodologischen Prinzipien der einzeltheoretisch-aktualempirischen Methodenentwicklung ist eine in den erarbeiteten Kategorialbestimmungen gegründete inhaltliche Konkretisierung unserer früheren, mehr formalen Darlegungen (vgl. S. 27 ff) über das Verhältnis und die Abgrenzung zwischen ›Kategorien‹ und ›Einzeltheorien‹ der Individualwissenschaft/Psychologie vorausgesetzt (womit also vielfältige, im bisherigen Text enthaltene Hinweise darauf hier zu verallgemeinern sind).

Dazu müssen wir uns zuvörderst vergegenwärtigen, daß das von uns (in Überwindung des bloß impliziten und unreflektierten Kategorialbezugs traditionell-psychologischer Konzepte) entwickelte und realisierte *kategorialanalytische* Verfahren *selbst ein empirischer Forschungsprozeß* mit *eigenen methodischen Grundlagen* ist: Wir haben die methodologischen Leitlinien der funktional-historischen Analyse wie der Interpretation ihrer Resultate (der ›gesellschaftlichen Natur‹ des Menschen) unter dem Gesichtspunkt der gesamtgesellschaftlichen Vermitteltheit individueller Existenz und der daraus abgeleiteten entwicklungslogischen Rekonstruktion der ontogenetischen Herausbildung der personalen Handlungsfähigkeit (in Kap. 1.3. und 5.4) auseinandergelegt und an allen strategisch wichtigen Punkten der laufenden Analysen ausführliche methodische bzw. methodologische Reflexionen eingeschoben. Die *gesamte Arbeit* entfaltet also mit der *inhaltlichen* Problementwicklung gleichzeitig die ihr eigene *methodische* Vorgehensweise. Dabei wurden auch die Ansatzstellen herausgehoben, an denen (etwa innerhalb des ›Fünfschritts‹ der Analyse qualitativer Entwicklungssprünge) *historisch-empirisches Material* in die logisch-historischen Analysen eingeht und in welcher Weise dabei die genetischen Ursprungs- und Differenzierungsanalysen empirisch zu bestätigen oder zu entkräften sind. Damit wurde die eingangs getroffene Feststellung inhaltlich belegt: Kategorien und Einzeltheorien unterscheiden sich nicht hinsichtlich des *Vorliegens* eines Empiriebezugs, beide sind empirisch zu fundierende Konzepte, sondern lediglich darin, daß Kategorien (unserem Ansatz gemäß) *historisch*-empirisch, Einzeltheorien dagegen *aktual*empirisch zu fundieren sind.

Da unsere kategorialanalytischen Bestimmungen durch ein empirisch begründetes methodisches Verfahren zustandegekommen sind, stellen sie nicht lediglich (wie vom Standort bürgerlicher Wissenschaftstheorie allein vorstellbar) ›begriffliche‹ Definitionen und Unterscheidungen dar, sondern sind genuin ›realitätshaltig‹, haben also einen *eigenständigen subjektwissenschaftlichen Erkenntniswert innerhalb der Psychologie*. Wenn also die Kategorien auch die methodologische Grundlage für die einzeltheoretisch-aktualempirische Forschung bilden, so gehen sie jedoch in dieser ›dienenden‹ Funktion keineswegs auf, sondern sagen, *unabhängig* davon, ob und wie eine darin gegründete aktualempirische Forschung stattfindet oder nicht, bereits Wesentliches über die psychische Lebenstätigkeit des Menschen aus (ich hoffe, daß man sich mit den vorangegangenen Analysen davon überzeugen konnte). Das Verhältnis Kategorien/Einzeltheorie-Aktualempirie ist also von vornherein falsch bestimmt, wenn man davon ausgeht, daß erst mit der Aktualempirie die Realitätshaltigkeit in den psychologischen Wissenschaftsprozeß gelangt: Der *Gegenstandsbezug* der Kategorialbestimmungen ist eben durch die historisch-empirische Methodik ihrer Gewinnung nicht lediglich definitorisch gesetzt, sondern als *Realitätsbezug* aus der Analyse des Gegenstandes heraus entwickelt. Kategorien und Einzeltheorien als einerseits historisch-empirisch, andererseits aktualempirisch zu fundieren, erfassen demnach lediglich verschiedene Seiten der *empirischen Beschaffenheit* ihres Gegenstandes. Und indem es also gilt, diese verschiedenen Seiten inhaltlich voneinander abzuheben, muß sich gleichzeitig verdeutlichen, wie sich aus der *Art* des Realitätsbezugs der Kategorialbestimmungen bestimmte methodologische Prinzipien im Hinblick auf die Methoden zur empirischen Fundierung der Einzeltheorien ergeben können.

Über die Art des Gegenstandbezugs der von uns erarbeiteten Kategorialbestimmungen muß inhaltlich hier nichts mehr gesagt werden: Es war innerhalb des gesamten bisherigen Textes von nichts anderem die Rede. Es sind dies (global zusammengefaßt) die *Instanzen* des Mensch-Welt-Zusammenhangs: Bedeutungen/Bedürfnisse als Vermittlungsniveaus zwischen objektiven Lebensbedingungen und personaler Befindlichkeit/ Handlungsfähigkeit; diese wiederum differenziert nach inhaltlichen *Dimensionen* der Bedeutungen/Bedürfnisse (Mittelbedeutungen-Primärbedeutungen, ›produktive‹-sinnlich-vitale Bedürfnisse etc.) bzw. *Funktionsaspekten* der Handlungsfähigkeit (Erkenntnis-Wertung-Motivation etc.) und mit unterschiedlichen *Spezifitätsniveaus* der ›gegenwärtigen Historizität‹ des Psychischen (so verschiedenen Spezifitätsniveaus der ›Perzeptions-Operations-Koordination‹ als Untereinheit der Handlungsfähigkeit mit unterschiedlich spezifischen Bedeutungsbezügen, spezifisch autarken und unspezifisch subsidiären Formen der Aneignung von Bedeutungen etc.); weiterhin Differenzierungen des psychischen Aspekts *gesamtgesellschaftlicher Vermitteltheit* individueller Existenz als *historisch bestimmte* Lage- und Positionsspezifik der Befindlichkeit/Handlungsfähigkeit mit ›restriktiver‹ und ›verallgemeinerter Handlungsfähigkeit‹ als Alternativen der Bedingungsverfügung im Rahmen *subjektiver Möglichkeitsräume;* schließlich Rekonstruktion der *ontogenetischen Prozeßtypen* der individualgeschichtlichen Entwicklung zur Handlungsfähigkeit (Bedeutungsverallgemeinerung, Unmittelbarkeitsüberschreitung). – Was aber haben diese (hier grob zusammengestellten) subjektwissenschaftlichen *Kategorialbestimmungen gemeinsam,* das ihre Weise des Realitätsbezugs *im Ganzen* eindeutig vom Realitätsbezug auf einzeltheoretisch-aktualempirischer Ebene abhebt?

Um dies zu verdeutlichen, explizieren wir zunächst den Umstand, daß die erwähnten ›Instanzen‹, ›Dimensionen‹, ›Aspekte‹, ›Niveaus‹, ›Prozeßtypen‹ etc. ja als Kategorialbestimmungen *an* gegebenen psychischen Erscheinungen heraushebbar sein sollen. Dies schließt aber schon ein, daß die psychischen *Erscheinungen* immer einen *größeren Reichtum an Bestimmungen* enthalten müssen als in den *Kategorial*bestimmungen angesprochen ist: Ein Bestimmungsreichtum, der ihren Charakter als *unmittelbar gegebene* Erscheinungen ausmacht, also nur aktualempirisch erfaßbar sein kann. Um den darin sich andeutenden Unterschied zwischen den Kategorialbestimmungen und der unmittelbaren Bestimmungsfülle der Erscheinungen genauer zu *qualifizieren,* machen wir uns klar, daß unsere Kategorien, indem sie als historisch-empirisch fundiert *an die Stelle* der methodisch weitgehend unausgewiesenen traditionell-psychologischen »Definitionen«, Begriffsklärungen, Phänomenanalysen treten sollen, gleichzeitig deren *Funktion* im psychologischen Wissenschaftsprozeß übernehmen: Es soll mit den Kategorialbestimmungen geklärt werden, *wovon* in der psychologischen Forschung eigentlich *die Rede* ist, bzw. wovon die Rede sein *muß,* wenn man das Psychische in seinen wesentlichen Differenzierungen und Zusammenhängen als Psychisches in ›menschlicher‹ Besonderheit zu erforschen beansprucht. Daraus aber, wie psychische Erscheinungen in ihren Instanzen, Dimensionen, Aspekten *bestimmt* sind, folgt aber *noch nicht,* wie die so bestimmten Erscheinungen nun im *jeweils vorliegenden Falle aktualempirisch beschaffen* sind. Während also *kategorial* bestimmt ist, wie Bedeutungen/Bedürfnisse adäquat in ihrer Eigenart und ihrem Zusammenhang *verstanden* werden müssen, läßt sich die Frage, *welche* Bedeutungs-/Bedürfnis-Verhältnisse dieser Art nun jeweils jetzt und hier *tatsächlich* vorliegen, nur aktualempirisch beantworten. Während verschiedene ontogenetische ›Prozeß*typen*‹ kategorial herauszuheben sind, ist der jeweils *tatsächliche Ablauf* von ontogenetischen Prozessen (dieses oder jenes Typs) eine Angelegenheit der *Aktualempirie.* Ich kann zwar *kategorialanalytisch* zu klären versuchen, was Motivation ›ist‹ (d.h. wie sie gegenstandsgerecht wissenschaftlich zu bestimmen ist), aber nur *aktualempirisch* darüber Auskunft geben, ob und in welcher Weise ich gegenwärtig zur Abfassung dieses Textes ›motiviert‹ (oder vielleicht ›innerlich gezwungen‹) bin und wie sich diese meine Motivationslage bis zum Ende des Kapitels hin entwickeln wird.

Nun ist die Aktualempirie, die so gegenüber den Kategorien qualifiziert wurde, ja niemals ›als solche‹ gegeben, sondern immer ›*in Begriffen*‹, durch die sie allein *uns* gegeben sein kann: Mindestens in unmittelbaren *Beschreibungs*begriffen, durch die hindurch wir uns allein sagen können: Ja, das ist es. Oder eben auch (was für unseren gegenwärtigen Argumentationszusammenhang relevant ist) in (›Beschreibungsbegriffe‹ einschließenden) Begriffen psychologischer *Einzeltheorien,* die sich darauf beziehen. Solche Einzeltheorien sind ja dem Vorverständnis nach keine *bloßen* Beschreibungen, sondern enthalten *als* Theorien bestimmte *Verallgemeinerungen.* Nur können, wenn ihre Abgrenzung gegenüber den Kategorien sinnvoll möglich sein soll, diese Verallgemeinerungen *nicht* von der Art der geschilderten ›Allgemeinheit‹ der Kategorialbestimmungen sein, sondern müssen sich auf die *reale Beschaffenheit, wirkliche Abläufe* etc. der je gegebenen Aktualempirie, wie wir sie diskutiert haben, beziehen. Um dies klarer faßbar zu machen, unterscheiden wir (im Anschluß an frühere Darlegungen) an *theoretischen Konzepten* (innerhalb der Psychologie) *i.w.S.*, einerseits ihren *Kategorialbezug*, d.h. die in ihnen enthaltenen *Bestimmungen und Differenzierungen des ›Gegenstands‹,* von dem die Rede ist, und andererseits ihren *Empiriebezug* (im Sinne von Aktualempirie-Bezug), in welchem *allgemeine Annahmen über die reale Beschaffenheit bzw. den realen Ablauf der Erscheinungen,* die im Kategorialbezug ›ausgegliedert‹ sind, gemacht werden, als *i.e.S. ›einzeltheoretischen‹* Aspekt der theoretischen Konzepte. Dabei können bei gleichem Kategorialbezug unterschiedliche, ja widerstreitende empirische Annahmen formuliert und so die üblichen Konkurrenzen zwischen Einzeltheorien ausgetragen werden; sofern hingegen die Theorien sich durch verschiedenen Kategorialbezug unterscheiden, sind einzeltheoretische Kontroversen nicht sinnvoll möglich und die Auseinandersetzung muß auf das kategoriale Niveau verlagert werden (wie früher ausführlich dargelegt, vgl. S. 29 ff).

Die Frage, *welcher Art* die *Verallgemeinerungen* sind, die im einzeltheoretischen Empiriebezug an den aktualempirisch zu fassenden Erscheinungen herausgehoben werden, ist zum einen ein psychologiegeschichtliches Problem des Wandels von Formen der Theorienbildung, muß sich aber zum anderen auch kategorial als Frage nach der jeweils gegenstandsadäquaten Art der aktualempirischen Verallgemeinerung klären lassen. Ich komme darauf erst später zurück und verweise hier (zur Veranschaulichung der vorstehenden Darlegungen) zunächst lediglich auf den faktisch innerhalb der traditionellen Psychologie gängigen Typ empirischer Verallgemeinerung: die Formulierung von *empirischen Zusammenhangsannahmen* einer bestimmten Art. Unter ›Zusammenhang‹ ist dabei hier etwas anderes verstanden, als wenn wir etwa innerhalb unserer Kategorialanalysen von bestimmten Modi des Zusammenhangs verschiedener Gegenstandsmomente, etwa der Weise des Zusammenhangs zwischen kognitiven Prozessen und emotionalen Prozessen als Wertung des Kognizierten am ›Zustand‹ des Organismus reden. ›Zusammenhang‹ meint hier nämlich die empirische *Kovariation,* ›Zusammenveränderung‹ verschiedener Momente an den Erscheinungen: *Wenn* sich Moment x verändert, *dann* verändert sich damit gleichzeitig auch Moment y (in einer bestimmten, linearen oder nicht linearen Funktion) etc.

Wenn mithin etwa in der traditionellen ›Lerntheorie‹ die Annahme formuliert wird: Die Reinforcement- (›Verstärkungs‹-)Rate hat (den und den) Effekt auf den Lernerfolg, so liegt in der Behauptung der in den Erscheinungen vorfindlichen *Kovariation* zwischen Reinforcement-Rate und Lernerfolg der *aktualempirische Bezug,* im *Begriff ›Reinforcement‹* aber der *Kategorialbezug:* Von diesem Kategorialbezug hängt ab, *welche Art* Zusammenhang zwischen *›was‹* und *›was‹* hier vorausgesetzt ist, *welche Aspekte des Gegenstandes* mithin überhaupt erfaßt werden und was demgemäß *unter ›Lernen‹ verstanden* wird (nämlich etwa ein durch die quantitative Häufigkeit gleichartiger ›Bedürfnisreduktionen‹ mechanisch determinierter Prozeß o.ä.). Dabei ist die aktualempirische Zusammenhangsannahme dem Kategorialbezug in dem Sinne nachgeordnet, daß dieser der Zusammenhangsannahme vorausgesetzt, aber seinerseits durch diese nicht ›erreichbar‹ ist: Der *Begriff* Reinforcement, damit das, was hier als ›Lernen‹ gehandelt wird, kann durch die aktualempirische Zusammenhangsannahme, einerlei, wieweit sie bestätigt wird oder nicht, *selbst weder ›widerlegt‹ noch ›bestätigt‹* werden. Seine wissenschaftliche Tragfähigkeit müßte also auf *andere Weise,* nämlich durch das Verfahren der Kategorialanalyse (als methodologisch explizierte, empirisch fundierte Weiterentwicklung traditionellpsychologischer Begriffsklärungen, Phänomenanalysen o. ä.) aufgewiesen werden; andernfalls muß total unklar bleiben, was mit dem genannten Zusammenhang eigentlich erforscht worden ist; man weiß mithin, obwohl man den aktualempirischen Zusammenhang kennt, über menschliches ›Lernen‹ damit nichts, oder richtiger: Man weiß nicht, *kann* nicht wissen, *was* man darüber weiß (s. u.).

Die analytische Funktion unseres Kategoriensystems im Forschungsprozeß als Kritik/Reinterpretation/Weiterentwicklung psychologischer ›Vorbegriffe‹

Wenn wir nun die bisherigen Verdeutlichungen des Verhältnisses zwischen Kategorien und Einzeltheorien/Aktualempirie auf die Klärung der *Funktion des von uns erarbeiteten Kategoriensystems* im individualwissenschaftlich-psychologischen Forschungsprozeß zuspitzen, so müssen wir uns zunächst vergegenwärtigen: Kategorien und Einzeltheorien bilden hier keinesfalls in irgendeinem Sinne ein geschlossenes ›Deduktionssystem‹ o. ä., innerhalb dessen Einzeltheorien und aktualempirische Fragestellungen aus den kategorialen Bestimmungen ableitbar wären. Da – wie ausgeführt (S. 50 ff) – psychische Erscheinungen ›immer schon‹ in alltägliche oder wissenschaftliche ›*Vorbegriffe*‹ gefaßt gegeben sind, bezieht sich unser Kategoriensystem vielmehr stets auf derartige Vorbegriffe, deren theoretische Annahmen, empirische Fragestellungen o. ä. mithin aus *ganz anderen praktischen oder wissenschaftlichen Zusammenhängen* stammen als den Bestimmungen des Kategoriensystems. Damit sind hier aber auch ›immer schon‹ bestimmte in den Vorbegriffen implizierte *Verhältnisse* von *deren* kategorialen Gegenstandsbezug und *deren* Empiriebezug vorgefunden. Unsere Kategorien sind also keine Deduktionsgrundlage für Einzeltheorien, sondern stellen ein *analytisches Instrumentarium* dar, mit welchem der ›in‹ den Vorbegriffen enthaltene Kategorialbezug in seinem Verhältnis zum Empiriebezug auf den Begriff zu bringen und in seinen Konsequenzen für den Forschungsprozeß zu entwickeln ist.

Dies geschieht in der Weise, daß die in den Vorbegriffen enthaltenen Kategorialbezüge *auf ihren ›Ort‹ im Zusammenhang unseres Kategoriensystems* hin *expliziert* und – soweit dies gelungen ist – *in den Begriffen unserer Kategorialbestimmungen reformuliert* werden. So tritt im Kontext unserer ›Instanzen‹, ›Dimensionen‹, ›Aspekte‹ des *umfassenden kategorialen Gegenstandsbezugs* zutage, in welchen *Hinsichten,*

Verkürzungen, Mystifikationen etc. die jeweils analysierten ›Vorbegriffe‹ gemäß den *ihnen* inhärenten Kategorialbezügen auf den Gegenstand bezogen sind, wieweit und in welcher Weise mithin die in deren *Empiriebezug* angesprochenen psychischen *Erscheinungen* gegenstandsadäquat ›aufgeschlossen‹ bzw. begriffslos, einseitig, ›verkehrt‹, also gemäß ihrer ›Oberflächenbeschaffenheit‹, reproduziert werden. Inhaltlich bedeutet dies: Die ›vorbegrifflichen‹ Kategorialbestimmungen werden in *Termini der Erfassung bzw. Verkürzung, Reduzierung, Isolierung, Verschleierung, Verfehlung der erarbeiteten Kategorialbestimmungen personaler Handlungsfähigkeit/Befindlichkeit bei gesamtgesellschaftlicher Vermitteltheit individueller Existenz* ausgedrückt, um so erkennbar zu machen, wieweit an den aktualempirisch zu erforschenden Erscheinungen jeweils wesentliche Züge des Psychischen auf ›menschlichem‹ Niveau herausgehoben, ausgeklammert, etc. werden.

Aus dieser Kennzeichnung unseres Kategoriensystems als ›analytisches Instrumentarium‹[1] erhellt unter einem bestimmten Gesichtspunkt die früher (S. 27 ff) angesprochene Problematik der *Vermengung* von *Kategorial*bestimmungen und *einzeltheoretischen* Aussagen: Da die Kategorien in der geschilderten Weise *analytische* Bestimmungen, aber keine einzeltheoretischen *Beschreibungs*begriffe zur Identifizierung unmittelbar vorfindlicher psychischer Erscheinungen sind, ist es ein *Mißverständnis,* wenn man in seiner *eigenen Befindlichkeit* etwa *umstandslos nach* ›produktiven‹ *oder* ›sinnlich-vitalen‹ *Bedürfnissen* sucht und dabei entweder welche gefunden zu haben glaubt oder auch feststellt, man habe keine. Das Begriffspaar ›produktive‹-›sinnlich-vitale‹ Bedürfnisse bezieht sich nämlich gar nicht direkt auf ›meine‹ erscheinende Bedürfnislage, sondern dient zur *analytischen Aufschließung* eines bestimmten *Verhältnisses* als deren wesentlicher Bestimmung, von der aus meine Bedürfnislage für mich in ihrem ›Aussagewert‹ für *meine Lebenslage und die sich daraus ergebenden Handlungsnotwendigkeiten durchdringbar* werden soll: des Verhältnisses zwischen der Verfügung über meine Lebensbedingungen und der ›menschlichen‹ Qualität meiner Möglichkeiten der Bedürfnisbefriedigung/Daseinserfüllung (wie wir es auseinandergelegt haben). Wenn man mithin kategoriale Bestimmungen wie ›produktive/sinnlich-vitale Bedürfnisse‹ platt auf die Erscheinungsebene herunterkonkretisiert, so *beraubt man sie nicht nur ihrer spezifischen, klärenden und aufschließenden Funktion,* man begünstigt auch eine *radikale Verarmung des Qualitätenreichtums* der wissenschaftlichen Erfassung *psychischer Phänomene:* Die Erscheinungen enthalten, wie dargelegt, als sol-

---

1 Dabei ist die geschilderte Analyse von Vorbegriffen mit Hilfe der erarbeiteten Kategorien natürlich nicht mit der ›Kategorialanalyse‹, durch welche die Kategorien zu allererst gewonnen werden, zu verwechseln.

che stets eine *viel größere Bestimmungsfülle* als die an ihnen herauszuhebenden *Kategorial*bestimmungen, und wenn diese mit den Beschreibungsbegriffen zur Erfassung der Erscheinungsvielfalt gleichgesetzt werden, so bleibt von dieser sozusagen nur noch das dürre Gerippe übrig.

Zu ähnlichen Mißverständnissen und Fehldeutungen führt die Kontamination von Kategorien und Beschreibungsbegriffen übrigens auch innerhalb anderer kategorialer Rahmenbestimmungen wie denen der FREUDschen Psychoanalyse. So sind Begriffe wie ›Libido‹ und ›Sublimierung‹ hier eindeutig kategoriale Bestimmungen zur Aufschließung von Phänomenen, bezeichnen aber nicht die Phänomene selbst. Wenn also (wie von vielen Kritikern geschehen) FREUDS Libido-Konzept entgegengehalten wird, der Mensch sei doch keinesfalls in seinem Erleben nur durch Sexualität bestimmt o.ä., so tut man dabei FREUD unrecht, weil er dies ja auch gar nicht behauptet. ›Libido‹ sagt über die Befindlichkeit von Menschen unmittelbar überhaupt nichts aus, sondern ist ein hochabstraktes kategoriales Konzept, mit dem die Erscheinungsfülle menschlichen Erlebens auf deren wesentliche, verborgene thematische Bestimmungen hin durchdringbar sein soll, was ja nur deswegen als nötig betrachtet werden kann, weil der ›libidinöse‹ Charakter des Erlebens *nicht* in den Erscheinungen offen zutageliegt. Dem gleichen Mißverständnis (mit umgekehrten Vorzeichen) verfällt offensichtlich jener berühmte Psychoanalytiker der Sage, der Zweifel an der wissenschaftlichen Tragfähigkeit der Kategorie der Sublimierung mit dem Hinweis zu entkräften sucht: ›Wieso? Ich sublimiere schließlich täglich!‹

Durch unsere Heraushebung der auf psychologische Vorbegriffe gerichteten analytischen Funktion der erarbeiteten Kategorialbestimmungen lassen sich unsere Darlegungen über den inhaltlichen *Erkenntniswert* der Kategorien *unabhängig* von auf ihrer Grundlage vollzogener einzeltheoretisch-aktualempirischer Forschung in einer bestimmten Hinsicht explizieren: In diesem Falle richtet sich die ›kategoriale‹ Analyse (im zweiten Sinne) nicht auf wissenschaftliche, sondern auf *alltägliche* psychologische ›Vorbegriffe‹, ›durch die hindurch‹ jeder Mensch seine Situation und Befindlichkeit erfaßt. An die Stelle der einzeltheoretisch-aktualempirischen Forschung tritt hier also die begrifflich gefaßte *jeweils eigene Welt-/Selbstsicht und Lebenspraxis:* Auch *an dieser* können auf der Folie der Bestimmungen personaler Handlungsfähigkeit etc. etwa Verkürzungen, Mystifizierungen, Reduzierungen meines bisherigen lebenspraktischen Realitätsbezugs erkennbar und kann so meine Situation in Beziehung zur Welt und zu anderen Menschen in ihren wesentlichen Zügen auf darin liegende Handlungsnotwendigkeiten hin durchdringbar werden. Die Auseinandersetzung mit den entwickelten subjektwissenschaftlichen Kategorien hätte so einer *Selbstverständigung* gedient, deren Art und Ausmaß nicht nach allgemeinen Kriterien einzeltheoretisch-aktualempirischer Forschung, sondern allein am Kriterium *meiner eigenen Lebenspraxis* beurteilbar ist. Dennoch tritt in einem solchen Selbstklärungsprozeß ›Allgemeines‹ zutage, indem hier meine scheinbar bloß individuelle Befindlichkeit durch ihre ›kategoriale‹ Analyse in ihren allgemeinen Zügen als Befindlichkeit von Menschen in ›solcher‹ gesellschaftlich-historischen Lage, aus der sich ›solche‹ Handlungsmöglichkeiten, damit auch Möglichkeiten gemeinsamer Erweiterung der Verfügung über ›unsere‹ Lebensbedingungen ergeben, durchdrungen ist (ich komme darauf zurück).

Die Resultate der auf *wissenschaftlich*-psychologische Vorbegriffe gerichteten ›kategorialen‹ Analyse hängen naturgemäß vom Charakter der jeweils analysierten Vorbegriffe ab. Dennoch lassen sich mit Bezug darauf einige *globale Differenzierungen* der Funktion unserer Kategorialbestimmungen für den psychologischen Forschungsprozeß auseinanderlegen:

Eine sehr generelle Stufe der Analyse mit dem Instrumentarium der Kategorien ist die *kategoriale Kritik* der Vorbegriffe. Dabei kann sich günstigenfalls lediglich eine *Stellenwertbestimmung* der Kategorialbezüge des Vorbegriffs innerhalb des Systems der erarbeiteten Kategorien ergeben, damit eine präzise *Eingrenzung des Geltungsbereichs* der darin gegründeten einzeltheoretischen Aussagen und aktualempirischen Ergebnisse innerhalb eines im übrigen angemessen repräsentierten und reflektierten Gesamtzusammenhangs der Bestimmungen personaler Handlungsfähigkeit (in ihren Instanzen, Dimensionen etc.). In der kategorialen Kritik können aber auch (wie das hinsichtlich bürgerlicher Theorien meist mehr oder weniger der Fall sein wird) mannigfache *Verkürzungen, Vereinseitigungen, Reduzierungen, Mystifikationen* des Kategorialbezugs der Vorbegriffe zutagetreten, womit also hier in unterschiedlicher Weise *Diskrepanzen* und *Widersprüche* zwischen dem, was in den darin gegründeten einzeltheoretisch-aktualempirischen Forschungen *vorgeblich,* und dem, was *tatsächlich* untersucht wird, zutagetreten (ich habe dies im laufenden Text vielfältig veranschaulicht, vgl. dazu auch HOLZKAMP 1977a, S. 84 ff).

Eine u.U. die kategoriale Kritik der psychologischen Vorbegriffe konkretisierende Analysefigur ist deren *kategoriale Reinterpretation:* Hier wird die in der bisherigen Kritik deutlich gewordene *Diskrepanz* zwischen dem beanspruchten und dem realen Gegenstandsbezug der ›vorbegrifflichen‹ Kategorialbestimmungen *beseitigt,* indem den zugehörigen einzeltheoretisch-aktualempirischen Fragestellungen/Resultaten der *jeweils besondere untergeordnete Stellenwert* zugewiesen wird, der ihnen *tatsächlich* zukommt. Damit wäre der *relative Erkenntniswert* der Forschungen hier in einem *umfassenderen Prozeß des gegenstandsadäquaten Erkenntnisgewinns aufzuheben und zu bewahren.* Eine solche Reinterpretation ist prinzipiell nur dann möglich, wenn im Kategorialbezug des Vorbegriffs der psychologische Gegenstand lediglich verkürzt, vereinseitigt, mystifiziert etc. erfaßt, *nicht aber total verfehlt* wird: Wo dergestalt die Fragestellung/das Forschungsresultat überhaupt nichts mit dem Psychischen (in wie immer verkürzten Momenten) zu tun hat, sondern etwa ›physikalisch‹ reduziert ist, da gibt es von vornherein nichts zu reinterpretieren. Die *Art* der Reinterpretation hängt im übrigen naturgemäß von der Art der im ›vorbegrifflichen‹ Kategorialbezug aufgewiesenen Verkürzungen, Reduktionen, Mystifikationen ab, kann etwa in der ›Zuweisung‹ eines geringeren Spezifitäts-Niveaus, der Identifizierung eines vorgeblichen Hauptaspektes als Nebenaspekt bestehen (vgl. HOLZKAMP 1977a und M I, S. 147 ff). Es kann sich auch herausgestellt haben, daß die scheinbare Selbständigkeit eines vorbegrifflichen Konzepts und der daraus abgeleiteten Fragestellungen und gewonnenen Resultate Ergebnis einer verfehlten isolierenden Begriffsentwicklung innerhalb der Psychologie und in umfassenderen Konzepten und Fragestellungen aufzuheben ist. Eine besonders wichtige Reinterpretations-Figur, mit der der Terminus ›Reinterpretation‹ in die Kritische Psychologie eingeführt wurde, ist die Zurückweisung des ›allgemein-menschlichen‹ Universalitäts-Anspruchs von Konzepten/Fragestellungen/Resultaten durch Herausarbeitung des Umstands, daß in ihnen tatsächlich Verkürzungen und Mystifizierungen menschlicher Befindlichkeit/Handlungsfähigkeit unter bürgerlichen Klassenverhältnissen blind als allgemein-menschlich reproduziert werden (der ›klassische‹ Fall dieser Reinterpretationsweise ist die umfassende kategoriale Reinterpretation der Psychoanalyse in M II, Kap. 5).

Über die Kritik/Reinterpretation der Vorbegriffe hinaus, ggf. als *Voraussetzung für die Möglichkeit der Reinterpretation,* kann es zur *Konstruktion neuer einzeltheoretisch-aktualempirischer Konzepte* (in Veränderung gegebener Vorbegriffe) kommen. Durch solche *konzeptuelle Entwicklungsarbeit* sind die jeweiligen wissenschaftlich, lebenspraktisch, berufspraktisch, politisch relevanten Fragestellungen so zu fassen, daß darin das *Verhältnis der möglichen Forschungsresultate* zu den *Bestimmungen personaler Handlungsfähigkeit* in ihren Instanzen, Dimensionen, Niveaus etc. *gegenstandsgerecht* reflektiert und so der Stellenwert und die Tragweite der Forschungen präzise wissenschaftlich ausweisbar ist. Insbesondere aber sind hier solche Konzepte zu konstruieren, mit denen die *spezifischen* und *bestimmenden* Momente *menschlicher* Handlungsfähigkeit und deren individualgeschichtlicher Entwicklung gegenstandsangemessen einzeltheoretisch-aktualempirisch erforschbar sind (s.u.).

›*Gegenstandsadäquatheit*‹ *als den wissenschaftlichen Objektivierungskriterien vorgeordnetes methodologisches Kriterium der kategorialen Kritik/Reinterpretation/Weiterentwicklung psychologischer Methoden*

Nach Auseinanderlegung der ›analytischen‹ Funktion unseres Kategoriensystems im psychologischen Forschungsprozeß können wir nun unsere frühere allgemeine Feststellung über die den Kategorialbestimmungen notwendig inhärenten *methodologischen* Prinzipien (gemäß der Fragestellung dieses Kapitels) differenziert aufgreifen, indem wir herausheben (und im weiteren ausführen): Die durch Reformulierung in Termini unserer Kategorialbestimmungen zu vollziehende *konzeptuelle* Kritik/Reinterpretation/konstruktive Weiterentwicklung des Gegenstandsbezuges der psychologischen Vorbegriffe ist stets in Richtung auf eine *methodologische* Kritik/Reinterpretation/Weiterentwicklung der *Gegenstandsadäquatheit* der bei Realisierung des Empiriebezugs der Vorbegriffe angewandten *Methoden* hin explizierbar. Wenn nämlich das, was im Empiriebezug der Vorbegriffe an der Bestimmungsfülle der Erscheinungen erfaß*bar* und untersuch*bar* wird, durch den Kategorialbezug der Vorbegriffe determiniert ist, so muß diese Determination notwendig auch für die Methoden gelten, mit denen das Untersuch*bare* tatsächlich *untersucht* wird. Die (aufgrund unseres Kategoriensystems identifizierbaren) über deren Kategorialbezug vermittelten Beschränkungen des Gegenstandsbezugs der in den Vorbegriffen formulierten empirischen Annahmen schließen also *logisch* zwingend eine *Reproduktion dieser Beschränkungen durch die zu ihrer Prüfung angewandten Methoden* ein, die mithin in entsprechend *beschränkter* Weise *gegenstandsadäquat* sind: Andernfalls wären sie ja nicht Methoden zur Überprüfung *eben dieser*, in ihrem Gegenstandsbezug spezifisch beschränkten, empirischen Annahmen. Aus dem lediglich logisch-postulativen Charakter dieses Einschliessungsverhältnisses ergibt sich nun für die ›kategoriale‹ Analyse der psychologischen Vorbegriffe die Notwendigkeit, mit dem Nachweis des jeweils spezifisch beschränkten Gegenstandsbezugs der Vorbegriffe die *konkreten Charakteristika* der beschränkten Gegenstandsadäquatheit der zur Realisierung des Empiriebezugs angewendeten *Methoden* aufzuweisen: Es gilt also zu zeigen, *warum* die Methoden ihrer Struktur nach den Gegenstand notwendig nur in *dieser beschränkten Weise* erfassen *können,* sodaß die Resultate der empirischen Prüfung, einerlei, wie sie ausfallen, immer nur Resultate im Rahmen dieser Beschränkung sind. Somit ist bei der Herausarbeitung, Reformulierung, Kritik etc. des *Kategorialbezugs* der Vorbegriffe notwendig die *Gegenstandsadäquatheit der Methoden* der Realisierung der empirischen Annahmen zu analysieren: Welche *Verkürzungen, Vereinseitigungen, Mystifizierungen* des Gegenstandes ergeben sich *notwendig schon aus der Art und Weise,* wie er *mit* *der jeweiligen Methode* erforscht wird, und wie verhält sich dies zu dem, was in den *theoretischen* Begriffen an kategorialem Gegenstandsbezug *enthalten ist* oder *vorgespiegelt* wird? Die Konzeption dieser Vorgehensweise ist das Gegenteil jener verbreiteten Sichtweise, der gemäß die psychologischen Methoden neutral gegenüber ihrem Untersuchungsgegenstand sind, also lediglich Medien oder Sonden, mit denen die Sache selbst unverstellt zutage gefördert wird: Die Methoden konstituieren die Weise der Gegenstandserfassung, indem sie gemäß bestimmten impliziten Voraussetzungen über die Natur des Gegenstandes konstruiert sind, die dann in mehr oder weniger großem Widerspruch zu den in den Theorien enthaltenen expliziten und offiziellen Gegenstandsbestimmungen stehen können (s.u.).

Das aus unseren Kategorialbestimmungen explizierbare methodologische Kriterium der *Gegenstandsadäquatheit* von Methoden ist den allgemein anerkannten Kriterien für die *wissenschaftliche Objektivierbarkeit* psychologischer Forschung – *Nachprüfbarkeit* (Wiederholbarkeit), Ausweisbarkeit der empirischen *Geltung* (Verifizier- bzw. Falsifizierbarkeit, Grad der empirischen Bewährung etc.) und Ausweisbarkeit des Grades und der Art der *Verallgemeinerbarkeit* der damit zu gewinnenden Resultate[1] – *logisch vorgeordnet:* Sofern nämlich die Gegenstandsadäquatheit einer Methode nicht bekannt ist, man also nicht weiß, was damit überhaupt untersucht werden kann, ist auch der wissenschaftliche Wert der damit erfüllbaren Objektivierungskriterien unklar. Und soweit durch die ›kategorial‹-methodologische Analyse die Gegenstands*in*adäquatheit der Methode nachgewiesen ist, ist die Objektivierbarkeit ihrer Resultate *definitiv wertlos:* Was soll ein noch so optimal nachprüfbares, verifizierbares etc. Resultat nützen, wenn es aufgrund der Inadäquatheit des Kategorialbezugs mit dem zu untersuchenden Gegenstand nichts zu tun haben *kann?* Mithin ist die Objektivierbarkeit zwar eine *unanzweifelbare Grundlage der Wissenschaftlichkeit einzeltheoretisch-aktualempirischer Forschung* (s.u.), aber nur unter der *Voraussetzung,* daß die jeweilige Methode den Gegenstand adäquat zu erfassen erlaubt. Wer methodische Objektivierbarkeit als selbständiges oder oberstes Kriterium der Wissenschaftlichkeit unter Ausklammerung der Gegenstandsadäquatheit des Verfahrens etablieren will, der handelt nach der Devise jenes berühmten Betrunkenen, der seinen Schlüssel im dunklen Park verloren hat, aber lieber unter der Laterne suchen will, ›weil es da heller ist‹.

Die Objektivierbarkeit kann mithin nur in dem Sinne als Maßstab für die Wissenschaftlichkeit einzeltheoretisch-aktualempirischer Forschung

---

[1] Ich muß derartige Kriterien hier nicht eingehender diskutieren, da ihr im weiteren genauer zu charakterisierender Stellenwert innerhalb des Forschungsprozesses unabhängig davon ist, wie man sie im einzelnen definiert und differenziert.

genommen werden, daß dabei der *jeweils optimale Grad jener Fassung der Objektivierungskriterien* gefordert wird, die dem *untersuchten psychologischen Gegenstand adäquat* ist, ihn also ohne seine Vereinseitigung, Reduzierung oder Eliminierung zu erforschen gestattet. Die primäre Aufgabe besteht hier also darin, die genannten Objektivierungskriterien unter Berücksichtigung der kategorialanalytischen Resultate *ohne Aufweichung des in ihnen liegenden Wissenschaftlichkeitsanspruchs so zu formulieren,* daß in ihrer Anwendung *vom Gegenstand nichts verloren* geht. Die *auf diese Weise* definierte Nachprüfbarkeit, Geltung, Verallgemeinerbarkeit der Resultate sind sodann mit aller Rigorosität von der Forschung zu fordern.

9.3 ›Kontrollwissenschaftlicher‹ vs. ›subjektwissenschaftlicher‹ Ansatz psychologischer Verfahrensweisen

Reduzierte Gegenstandsadäquatheit des Variablen-Modells experimentell-statistischer Forschung: Setzung eines kurzschlüssigen Zusammenhangs zwischen Bedingungen und Aktivitäten, damit ›Irrealisierung‹ menschlicher Subjektivität

Mit der Auseinanderlegung des kategorialen Kriteriums der Gegenstandsadäquatheit im Verhältnis zur Objektivierbarkeit psychologischer Methoden sind nun die Voraussetzungen dafür geschaffen, um die methodologischen Prinzipien, die sich aus unserem Kategoriensystem für die Entwicklung subjektwissenschaftlicher Methoden ergeben, konkret aufzuweisen. Auf dem Wege dorthin sind wir jedoch, wie dargelegt, zunächst auf die *vorfindlichen Methoden der traditionellen Psychologie* verwiesen, an denen mit der kategorialen *Kritik* angesetzt werden muß, um so zur methodischen Weiterentwicklung und von da aus ggf. Reinterpretation der traditionellen Methoden zu kommen: Das darzulegende höhere Niveau der Gegenstandsadäquatheit von nach den methodologischen Prinzipien unserer Kategorialbestimmungen gebildeten subjektwissenschaftlich-psychologischen Methoden ist ja keine absolute Größe, sondern kann sich nur in Relation zur traditionellen Methodik (und unter Aufhebung des darin liegenden wissenschaftlichen Potentials) als *relativer Fortschritt* nachweisen lassen – wobei mit der so erreichten neuen methodischen Ebene auch eine *neue Qualität von methodischen Problemen und Schwierigkeiten* erreicht wäre, die in der weiteren Methodenentwicklung vermindert werden müßten.

Die vorfindlichen Methoden der traditionellen Psychologie, das ist (wie früher, S. 43 ff angedeutet) zunächst das dem ›Variablen-Schema‹ unterliegende experimentell-statistische Verfahren des Hauptstroms der psychologischen Forschung. Dazu gehören aber auch all jene phänomenologischen, hermeneutischen, ›verstehenden‹, klinischen etc. Verfahren, wie sie – zwar durch die herrschende Variablen-Psychologie in den Hintergrund gedrängt – in abstrakter Negation von deren Unzulänglichkeiten immer wieder und ›unausrottbar‹ hervortreten. – Wir setzen auf dem Weg zur Skizzierung der methodologischen Prinzipien subjektwissenschaftlicher Methoden (als Entwurf später durchzuführender Analysen) an der experimentell-statistischen Methodik der herrschenden Variablen-Psychologie an: nicht nur deswegen, weil ihr das größte historische Gewicht zukommt, sondern vor allem deswegen, weil sich in Abhebung davon die neue Qualität der Gegenstandsadäquatheit subjektwissenschaftlicher Methodik in besonders grundsätzlicher Weise herausheben läßt. Der ›phänomenologische‹ etc. Gegenpol der traditionellen Methodik wird dann bei späteren Argumentationen mit in die Betrachtung gezogen.

Die *experimentell-statistische Methodik,* wie sie die traditionelle Psychologie beherrscht, schließt das (auf S. 43 f) dargelegte ›*Variablen-Schema*‹ ein, dem gemäß im methodischen Vorgehen der (wie immer näher bestimmte) als ›*Kovariation*‹ gefaßte *Zusammenhang* zwischen hergestellten ›*unabhängigen Variablen*‹ und dadurch bedingten ›*abhängigen Variablen*‹ realisiert bzw. geprüft wird, die abhängigen Variablen also als mathematische ›Funktion‹ der unabhängigen Variablen gefaßt sind. Dabei wird der zu untersuchende Prozeß als prinzipiell ›*stochastisches*‹, durch *Zufallsvariabilität* charakterisiertes Geschehen aufgefaßt, innerhalb dessen sich die Bedingtheit der abhängigen durch die unabhängigen Variablen ggf. als systematische ›zentrale Tendenz‹ durchsetzt, dabei aber durch das umgebende ›weiße Rauschen‹ der Zufallsvariabilität *maskiert* bleibt. Die Aufgabe der experimentell-statistischen Planung und Auswertung der Untersuchungen besteht mithin dieser Konzeption nach einmal darin, durch die experimentelle Planung die behauptete Bedingtheit der abhängigen durch die unabhängigen Variablen möglichst weitgehend durch die Zufallsvariabilität hindurch zur Geltung zu bringen, d.h. die ›zufallsvariablen‹ Störbedingungen auszuschalten oder zu neutralisieren und zum anderen durch die statistische Auswertung angesichts der immer noch verbleibenden Maskierung durch Zufallsvariabilität dennoch beurteilbar zu machen, wieweit dies gelungen ist, wie groß also die Wahrscheinlichkeit ist, daß der behauptete Variablen-Zusammenhang innerhalb der Zufallsvariabilität als zentrale Tendenz enthalten ist. Im Rahmen dieser Konzeption sind dann auch die genannten *Objektivierbarkeitskriterien* psychologischer Methoden näher bestimmt: ›*Nachprüfbarkeit*‹ ist dabei etwa gefaßt als *Reproduzierbarkeit* experimenteller Befunde aufgrund der *bedingungsanalytischen Isolierbarkeit* des *experimentellen Variablen-Zusammenhangs* gegenüber den *zufallsvariablen Störbedingungen,* aber auch als exakte *Quantifizierbarkeit,* ›*Meßbarkeit*‹ etc.; *empirische Geltung* (Verifizier-/Falsifizierbarkeit, Bewährung etc.) bedeutet Grad der ›*statistischen Gesichertheit*‹, (wächst also mit der Wahrscheinlichkeit, daß die gewonnenen Daten nicht allein als Zufallsvariabilität, sondern als zufälliges Schwanken um den als ›systematischer‹ Faktor sich durchsetzenden Variablen-Zusammenhang interpretiert werden dürfen, o.ä.) bzw. wird gefaßt als Grad statistischer ›*Vorhersagbarkeit*‹ (predictability) der abhängigen Variablen von den unabhängigen Variablen aus. *Verallgemeinerbarkeit* ist bestimmt als ›*Stichproben*‹-*Repräsentanz,* d.h. als Genauigkeitsgrad, mit welchem aufgrund der ›Statistiken‹ als Kennwerten der tatsächlich untersuchten Stichproben-Verteilung deren ›wahrer Wert‹ als ›Parameter‹ der Population oder Grundgesamtheit, aus der die Stichprobe entnommen wurde, geschätzt werden kann. Das Stichproben-Populations-Modell liegt dabei üblicherweise auch dem Konzept der empirischen Geltung als ›statistischer Gesichertheit‹ zugrunde, indem diese bestimmt ist als Wahrscheinlichkeit, mit der die Annahme zurückweisbar ist, daß die in der untersuchten Stichprobe vorgefundene Verteilung der Werte der abhängigen Variablen in ihrer Relation zu den eingeführten unabhängigen Variablen lediglich zufällige Schwankungen der abhängigen Variablen in der Population repräsentiert (Zurückweisbarkeit der ›Null-Hypothese‹); es gibt aber auch andere Modelle und Kriterien der Gültigkeits-Bestimmung (was hier nicht dargestellt und diskutiert zu werden braucht).

Da mithin die experimentell-statistische Forschungsmethodik innerhalb der traditionellen Psychologie in der skizzierten Weise notwendig das ›*stochastische*‹ *Variablen-Schema* impliziert, können hier also auch die auf die aktualempirischen Erscheinungen bezogenen *einzeltheoretischen Annahmen,* wenn sie in diesem methodischen Rahmen empirisch realisierbar und prüfbar sein sollen, nichts anderes enthalten, als Behauptungen über *statistische Zusammenhänge* zwischen unabhängigen und abhängigen Variablen der geschilderten Art. Aus der damit vorliegenden Determination des Empiriebezugs durch die Struktur der zu ihrer Realisierung angewendeten Methoden ergibt sich nun aber zwangsläufig eine *entsprechende Determination* des *kategorialen Gegenstandsbezugs* der theoretischen Konzepte: Die Bestimmungen innerhalb der theoretischen Konzepte, die über den Empiriebezug und dessen methodische Realisierung unmittelbar auf den Gegenstand bezogen sind, können hier nichts weiter enthalten als Aussagen über ›*Bedingungen*‹ in der *Außenwelt* der Individuen, durch welche ihre *Aktivitäten* nach Art von *zentralen Tendenzen innerhalb von Zufallsprozessen* beeinflußt sind. Nur soweit dieser gegen den Zufall sich durchsetzende Einfluß von Außenweltbedingungen auf individuelle Aktivitäten angesprochen ist, läßt sich dies nämlich in die geschilderten ›zufallsvariablen‹ Zusammenhänge zwischen experimentell eingeführten unabhängigen und dadurch bedingten abhängigen Variablen übersetzen (also ›operationalisieren‹) und kann sich so über den Empiriebezug auf den Gegenstand beziehen. Alle inhaltlichen Bestimmungen, die sonst noch in den theoretischen Konzepten enthalten sind, stellen also einen *empirisch unausweisbaren ›Bedeutungsüberhang‹* dar bzw. können lediglich den Status von *›gedachten‹, prinzipiell nicht empirisch realisierbaren* Bestimmungen haben. Dieser Art sind etwa die geschilderten *›Zwischenvariablen‹* zwischen ›Reizen‹ und ›Reaktionen‹ im S-O-R-Schema (vgl. S. 44 f), mit denen lediglich Hypothesen über die Art des Zusammenhangs zwischen ›Reizen‹ und ›Reaktionen‹ (operationalisiert als unabhängige und abhängige Variablen) formulierbar sein sollen, die aber als *selbst nicht auf Empirie beziehbar* aufgefaßt werden.[1]

Wenn wir nun die damit angedeutete, durch die geschilderte experimentell-statistische Methodik determinierte, Weise des *kategorialen Gegenstandsbezugs* von theoretischen Konzepten als Bezogenheit auf *Aussenweltbedingungen in ihrem ›zufallsvariablen‹ Einfluß auf individuelle Aktivitäten* zum Zwecke ihrer Kritik etc. in den *Termini unseres Kategoriensystems* zu reformulieren versuchen, so läßt sich zunächst feststellen, daß hier ein *Aspekt des Mensch-Welt-Zusammenhangs* angesprochen ist, wie er von uns in den *Instanzen der Bedingungen, Bedeutungen, Handlungsgründe und der personalen Handlungsfähigkeit* (in ihren Funktionsaspekten) auseinandergelegt wurde. Mit dieser ›Ortung‹ wird aber sogleich offenbar: Der Gegenstandsbezug solcher theoretischen Konzepte ist auf einen *kurzschlüssigen Zusammenhang zwischen ›Bedingungen‹ und ›Aktivitäten‹* unter *Ausklammerung der ›Vermittlungsniveaus‹ der Bedeutungen und der Handlungsgründe* reduziert. Damit können ›Bedingungen‹ nicht als gesellschaftliche ›Lebensbedingungen‹, mithin nicht als menschliche Handlungsmöglichkeiten begriffen werden. Die Spezifik menschlicher Handlungen als subjektiv begründeter Möglichkeitsbeziehung, damit das Bewußtsein als bewußtes ›Verhalten-Zu‹, samt den sich daraus ergebenden Spezifika der Funktionsaspekte menschlicher Handlungsfähigkeit, bleiben also unberücksichtigt (der Charakter dieser Gegenstandsverkürzung ist aufgrund unserer früheren kategorialanalytischen Darlegungen zu offensichtlich, als daß wir dies hier ausführen müßten).

---

[1] Genauere Analysen der komplexen methodologischen Kontroversen um das Konzept der ›Zwischenvariablen‹, dabei auch der Unterscheidung zwischen ›intervenierenden Variablen‹ und ›hypothetischen Konstrukten‹, finden sich bei MAIERS (erscheint demnächst).

Für unsere weiteren Überlegungen wesentlich ist jedoch, daß mit einer solchen durch die experimentell-statistische Methodik determinierten kategorialen Gegenstandsverkürzung das *spezifisch menschliche Beziehungsniveau der ›Intersubjektivität‹* ausgeklammert ist, damit die Reziprozität des Verhältnisses, in welchem *ich für die anderen der andere bin,* eliminiert wird zugunsten eines radikal ›*allopsychologischen*‹ Standpunktes (vgl. S. 346), indem ›*ich‹ als Forscher mich von den ›anderen‹, die ich untersuche, ausnehme.* Die Subjektivität/Intersubjektivität bleibt damit außerhalb des Wissenschaftsprozesses auf der Seite des Forschers, konstituiert also nicht das Niveau seiner Beziehung zu den ›Versuchspersonen‹, die mithin im Forschungsprozeß so behandelt werden, als ob sie ›unbekannte Wesen‹ seien, deren Aktivitäten man lediglich durch die Variation der Bedingungen, unter die man sie stellt, erschließen kann, deren ›*Inneres‹ aber unaufhebbar eine ›terra incognita‹,* ein unbekanntes Land, ist.

Aus dieser strukturell bedingten Sicht auf andere Menschen vom ›*Standpunkt außerhalb‹,* von dem aus ihre Aktivitäten allein aufgrund der Außenweltbedingungen, unter denen sie stehen, erfaßbar werden können, versteht sich jene für diese Art traditioneller Psychologie charakteristische Vorstellung der ›*black box‹* zwischen ›*Reizen‹* und ›*Reaktionen‹* der Individuen, über die man nur spekulieren, über die man aber, da sie ›intersubjektiv‹ nicht zugänglich ist, niemals etwas *wissen* kann (und dies, obwohl doch der Forscher gleichzeitig mitten in seinem ›schwarzen Kasten‹ sitzend auf die Erforschung seines Gegenstandes gerichtet ist und die Resultate in die ›schwarzen Kästen‹, in denen seine Kollegen sitzen, hineinsignalisieren wird; nur die ›Versuchspersonen‹ sind, aus methodischen Gründen, von diesem Verkehr zwischen den ›schwarzen Kästen‹ ausgeschlossen). Aus diesem ›Standpunkt außerhalb‹ ergibt sich dann auch, daß zwar Bestimmungen über ›Bedeutungen‹ oder ›Gründe‹ in den theoretischen Konzepten hier nicht ausgeschlossen sind (und ja auch tatsächlich vorkommen), aber nur als Zwischenvariablen, also nicht als Spezifika der menschlichen Handlungsfähigkeit in ihrer *wirklichen* Eigenart gefaßt werden können, sondern unweigerlich als *empirisch unzugänglich in die ›black box‹ hineinverlagert werden,* womit sich also an der geschilderten *radikalen Gegenstandsverkürzung* dadurch *nichts ändert:* Auch die Bedeutungen und Begründungen können so nur als Komplikationen der allein realen Abhängigkeit der Aktivitäten von den Bedingungen aufgefaßt werden, womit die *menschliche Subjektivität* hier quasi ›*irrealisiert‹* ist.

Aus dem ›Standpunkt außerhalb‹ und der Hypostasierung der ›black box‹ ergibt sich dann auch notwendig die Voraussetzung der prinzipiellen *Zufallsvariabilität,* innerhalb derer sich der Einfluß der Bedingungen auf die Aktivitäten allein durchsetzen könne, mithin der ›*statistische*‹ Charakter des gesamten methodisch-theoretischen Denkmodells. Indem in der Verabsolutierung des Standpunkts der ›Psychologie von den anderen‹ das Niveau der Intersubjektivität meiner Beziehung zu den Individuen eliminiert ist, ist mit den ›uns‹ gegebenen *gesellschaftlichen Bedeutungen, von denen aus ›uns‹ aufgrund unserer ›menschlichen‹ Lebensnotwendigkeiten ›unser‹ Handeln wechselseitig verständlich* werden kann, sozusagen das ›geistige Band‹ zwischen den objektiven Lebensbedingungen und den Handlungen der Menschen, damit der Menschen untereinander, zerrissen (s.u.). Demnach kann das, was die Individuen, wenn ich sie unter bestimmte Bedingungen stelle, tun, nur als *mehr oder weniger zufällig* betrachtet werden, sodaß man nur versuchen kann, durch statistische Ratespiele dahinterzukommen, ob da vielleicht *dennoch ein Zusammenhang ›drinsteckt‹*. Dabei ist selbst die Möglichkeit eines solchen methodisch gelenkten ›Ratens‹ problematisch (und auch immer wieder problematisiert), da die Versuchspersonen ja unter Umständen durch ihr bewußtes Handeln deren Anwendungsvoraussetzungen zunichte machen können. Der Extremfall wäre hier das systematische Täuschen des Versuchsleiters durch die Versuchsperson, das (da in der ›black box‹ stattfindend) prinzipiell durch nichts verhinderbar oder eindeutig erkennbar wird. (Die Versuche, dem durch bestimmte Vorkehrungen, wie etwa ›Lügenfragen‹, innerhalb von Fragebogen zu begegnen, sind in ihrer Hilflosigkeit offensichtlich, da solche Fragen natürlich wieder bewußt ›unterlaufbar‹ sind etc.). Diese Problematik, daß – weil die Versuchspersonen ein ›Bewußtsein‹ haben – die Anwendungsvoraussetzungen des experimentell-statistischen Verfahrens nicht zu sichern sind, hat in neuerer Zeit zu einem ganzen Forschungszweig, der ›*Sozialpsychologie des Experiments*‹ geführt, innerhalb dessen teilweise mehr oder weniger unzulängliche Vorschläge zur Bewältigung der Problematik gemacht, teilweise aber auch radikale Zweifel an der wissenschaftlichen Möglichkeit des experimentell-statistischen Vorgehens formuliert werden (vgl. dazu MASCHEWSKY 1977 und SCHNEIDER 1980, S. 110 ff).

Da einerseits die Zufallsvariabilität menschlicher Aktivitäten ein durch die geschilderte Gegenstandsverkürzung bedingtes Artefakt ist, andererseits aber für die Anwendbarkeit des experimentell-statistischen Vorgehens unbedingt vorausgesetzt werden muß, gehört hier zur Methodik der Untersuchungsplanung grundsätzlich die *Herstellung von Situationen, in denen die Versuchspersonen nicht anders können,* als in ihren Aktivitäten statistisch auswertbare ›*zufallsvariable*‹ *Datenwolken zu zu produzieren*. Mit einer derartigen systematischen ›*Stochastisierung*‹ der Aktivitäten durch die Struktur des experimentellen Verfahrens ist dann quasi der ›*Kreis geschlossen*‹, d.h. die dem *Variablen-Schema zugrundeliegende Annahme von der Zufallsvariabilität menschlicher Aktivitäten* wird durch die *von den Versuchspersonen im Experiment produzierten* ›*zufallsvariablen*‹ *Daten scheinbar immer wieder bestätigt* – ein durch die mangelnde Reflexion der selbstgeschaffenen Bedingungen seines Zustandekommens perfektes Immunsystem.

Solche ›Stochastisierungen‹ liegen etwa schon in den zwecks Neutralisierung der Störfaktoren hergestellten ›Zufallsstichproben‹ (›Randomisierung‹), von denen dann etwa eine als ›Experimentalgruppe‹ den Bedingungen der ›unabhängigen Variablen‹ ausgesetzt und gegen eine unbehandelte ›Kontrollgruppe‹ statistisch geprüft wird: ebenso in der aus gleichen Gründen erfolgenden Rotation oder Permutation von Reizfolgen etc. Eine andere Form der ›Stochastisierung‹ ist die Labilisierung der ›Reizsituation‹ für die Versuchsperson im Experiment, wodurch sie so verunsichert wird, daß sie bei den von ihr geforderten Urteilen nur noch mehr oder weniger ›raten‹ kann, also auf diesem Wege ›zufallsvariable‹ Daten produziert. Ich brauche dies hier nicht ausführlicher darzustellen.

Im Ganzen sollte hier deutlich werden, daß das experimentell-statistische Verfahren, einschließlich der geschilderten ›Stochastisierungs‹-Techniken, am Maßstab der innerhalb dieses Modells näher bestimmten Objektivierungskriterien *echte wissenschaftliche Rationalität* besitzt, daß aber gerade *in* dieser durch die modellimmanente Bestimmung der Exaktheit eingeschränkten Rationalität gleichzeitig strukturnotwendig die dargelegte *Reduzierung der Gegenstandsadäquatheit,* also in *dieser* Hinsicht Verminderung wissenschaftlicher Rationalität, liegt. Hier wird also nicht aufgrund irgendwelcher Verblendungen in den Köpfen der Wissenschaftler der Gegenstand in wesentlichen Bestimmungen verfehlt, sondern durch die psychologiegeschichtlich gewordene Gleichsetzung eines bestimmten Kriterienkanons wissenschaftlicher Objektivität mit ›Wissenschaftlichkeit‹ psychologischer Forschung überhaupt, woraus sich als *diesem Kriterienkanon bzw. dem ihm zugrundeliegenden Modell immanent* zwangsläufig die geschilderte Gegenstandsverkürzung als Verminderung der Wissenschaftlichkeit des Verfahrens ergibt. Es ist mithin nicht primär ideologische Beschränktheit, sondern wissenschaftliches Erkenntnisinteresse, was der Entwicklung und Anwendung des experimentell-statistischen Verfahrens zugrundeliegt, aber ein Erkenntnisinteresse, das sich aufgrund der Struktur dieses Verfahrens im Resultat selbst widerspricht.

Der ›kontrollwissenschaftliche‹ Standpunkt des Fremdsetzens von Bedingungen in seiner strukturellen Entsprechung mit dem herrschenden Standpunkt unter bürgerlichen Lebensverhältnissen

In der durch die geschilderte ›methodische‹ Reduzierung des Gegenstandsbezugs bedingten *Beschränkung des Erkenntniswertes* der ›Variablen-Psychologie‹ liegt gleichzeitig eine spezifische *Einschränkung ihrer Funktion für die Betroffenen* bzw. *ihrer gesellschaftlichen Funktion* überhaupt. Dies ergibt sich zentral daraus, daß mit der durch das Variablen-Schema induzierten Verkürzung des Gegenstandsbezugs als *Einfluß von Außenweltbedingungen auf menschliche Aktivitäten* der Mensch-Welt-Zusammenhang essentiell *vereinseitigt* ist, indem hier durch die Reduzierung der *gesellschaftlichen* Lebensbedingungen auf *naturhafte* ›Reizbedingungen‹ o.ä. der Mensch nur als *vorgegebenen Lebensbedingungen individuell unterworfen,* nicht aber als *gesellschaftlicher Produzent* dieser Lebensbedingungen, also auch nicht in seiner *Möglichkeit der Teilhabe an der bewußten Verfügung über diese Bedingungen,* erfaßt werden kann. Die ›Bedingungen‹ erscheinen dabei prinzipiell als (durch den Forscher) *gesetzt* und das Individuum als unter den so *fremdgesetzten Bedingungen* handelnd. Die generelle ›allopsychologische‹ Charakteristik der hier untersuchbaren Fragestellungen lautet so gesehen: Welchen *Einfluß* haben die von ›*mir*‹ (als ›Forscher‹ auf dem ›Standpunkt außerhalb‹) gesetzten Bedingungen auf die Aktivitäten der ›*anderen*‹, bzw. welche Bedingungen muß ›*ich*‹ setzen, damit ›*die anderen*‹ die und die Aktivitäten zeigen. Auch solche Fragestellungs-Formen sind hier nicht vom Forscher ›frei gewählt‹, sondern ergeben sich ›strukturell‹ aus der wissenschaftlichen Rationalität des experimentell-statistischen Verfahrens: Man *kann* hier die Planung/Auswertung von Untersuchungen gemäß den geschilderten immanent bestimmten Exaktheitskriterien gar nicht anders realisieren als dadurch, daß man die Versuchspersonen nach den daraus sich ergebenden Verfahrensregeln ›unter Bedingungen‹ (›Treatments‹) stellt und ihre dadurch bedingten Aktivitäten registriert.

Wenn man nun klären will, *wer* denn im verallgemeinerten gesellschaftlichen Zusammenhang *Interesse* daran haben könnte, etwas über die Bestimmbarkeit der Individuen durch *fremdgesetzte Bedingungen* (unter Ausklammerung der Möglichkeit der Bestimmung der Bedingungen durch die Individuen) zu erfahren, so verdeutlicht sich eine Art von *Isomorphie* der *Bedingungsstruktur* solcher variablenpsychologischen Forschungen und der *Klassenstruktur* der bürgerlichen Gesellschaft vom Standpunkt der herrschenden Klasse. So gesehen stünde der Forscher als von den Versuchspersonen als bloßen ›Objekten‹ getrenntes ›*Subjekt*‹ der Verfügung über die Bedingungen der Aktivitäten anderer hier damit *strukturell* auf der Seite der herrschenden Klasse, das ›Ich‹ oder das ›Man‹ des Forschers wäre mithin eine Besonderung und Mystifizierung des Standpunkts der Herrschenden.

Dies heißt nun *nicht,* daß die traditionell-psychologische Forschung (auf der Grundlage des ›Variablenschemas‹) als Ganze reell dem *Interesse der herrschenden Klasse subsumiert* ist. Vielmehr wird der Grad einer solchen ›Unterworfenheit‹ von der *Art der jeweils realisierten Fragestellungen* abhängen. Insbesondere wird bei der Erforschung psychischer

Erscheinungen auf *niedrigeren Spezifitätsniveaus,* etwa im Bereich der Perzeptions-Operations-Koordination, der strukturimmanente Klassenstandpunkt der Herrschenden nicht oder weniger durchscheinen (s.u.). *In dem Maße* aber, wie die Fragestellungen sich auf die Spezifik menschlichen Handelns unter gesellschaftlichen Lebensbedingungen beziehen, schlägt hier mit struktureller Notwendigkeit, ›hinter dem Rücken‹ der Forschenden, auch die *Identität des wissenschaftlichen Standpunkts* mit dem *Standpunkt der ›Kontrollierenden‹ gegen die ›Kontrollierten‹* durch. Dabei mag im günstigsten Falle der herrschende Standpunkt lediglich in der Fiktion einer *Wahrnehmbarkeit der Interessen der Betroffenen über diese hinweg* in Erscheinung treten. Sofern die herrschende Klasse (direkt oder vermittelt über staatliche Instanzen) unverhüllt als Auftraggeber an eine solche Psychologie herantritt, muß sich indes verdeutlichen, daß *dies ihrer Struktur entgegenkommt,* daß sie also unter bürgerlichen Verhältnissen – wenn überhaupt – nur gesellschaftlich relevante Resultate im *herrschenden Interesse* zu produzieren vermag.

Die geschilderte *strukturelle Parteilichkeit* der Variablenpsychologie ist auch dadurch *nicht zu neutralisieren,* daß man sie (ohne ihre Stellenwertbestimmung innerhalb umgreifender subjektwissenschaftlicher Forschung, s.u.) – aufgrund des nicht voll überwundenen Mißverständnisses von wissenschaftlichen Methoden als ›neutralen‹ Instrumenten, die jedem Interesse dienen können – radikal in den Dienst *fortschrittlicher Zielsetzungen und Fragestellungen nehmen* will. Gleichviel, welche weiterführenden, nützlichen Konzepte im Interesse der Betroffenen dabei auch immer in den theoretischen Überlegungen enthalten sein mögen: Sobald man diese zum Zwecke ihrer empirischen Realisierung mit den traditionellen experimentell-statistischen Verfahrensweisen ›operationalisiert‹, reduziert sich dies *zwangsläufig immer wieder* auf die erwähnten Fragestellungen vom Typ *›Unter welchen Bedingungen tun Menschen das und das?‹:* Also etwa: *Unter welchen Bedingungen* entwickeln die Leute gewerkschaftliche Aktivitäten, Klassenbewußtsein, beteiligen sich am sozialistischen Aufbau, kommen zur selbständigen Wahrnehmung ihrer Interessen, schließen sich zu diesem Zweck zusammen etc.? Hier wird mithin der fortschrittlich gemeinte Inhalt der *Förderung der kollektiven Selbstbestimmung* der Individuen notwendig dadurch *zurückgenommen,* daß man nach den *fremdgesetzten Bedingungen für diese Selbstbestimmung* fragt. Es *können* hier (aufgrund der Struktur des methodischen Verfahrens) niemals die von den *Individuen selbst* zu schaffenden Bedingungen der Verbesserung ihrer Lebensmöglichkeiten gemeint sein, sondern immer nur Bedingungen, die ›man‹ *für sie* setzt, wobei in dem ›man‹ nicht eine *Verallgemeinerung des Standpunkts der Betroffenen* liegt, sondern eine *implizite Verallgemeinerung des Standpunkts* derer, die ›für sie‹ *die Bedingungen* setzen. Es ist ein gravierender Widerspruch, wenn der Forschende, der *politisch* mit den *Betroffenen* zusammen auf deren Standpunkt die Verfügung über die gemeinsamen Lebensbedingungen erweitern will, sobald er sein wissenschaftliches Instrumentarium in die Hand nimmt, die *Unterworfenheit von Individuen unter fremdgesetzte Bedingungen hypostasieren* muß, also vom ›*Standpunkt außerhalb*‹ herauszufinden versucht, wie man ›*die anderen*‹ *dazu bringen* kann, *unsere gemeinsamen,* damit auch ihre *ureigensten Interessen zu erkennen und zu vertreten.* – Auch wo – im Sozialismus – der ›Standpunkt außerhalb‹ nicht mehr eine Mystifizierung des Standpunktes der Herrschenden, sondern anachronistisch geworden ist, ist tiefes Mißtrauen gegenüber einem wissenschaftlichen Verfahren angebracht, das in seiner Anwendung nach fremdgesetzten Bedingungen für die Handlungen anderer fragt, diese also, indem man das Schaffen der Bedingungen der gemeinsamen Zuständigkeit *aller,* die davon betroffen sind, entzieht, aus der Mitverantwortung für die Schaffung menschlicher Lebensbedingungen für alle entläßt. Die Struktur des Variablen-Modells konkretisiert sich mithin unter sozialistischen Verhältnissen zu einer Art von Modell des ›Abseitsstehens‹, in welchem bestimmte Einschränkungen sozialistischer Bewußtseinsbildung bei den Betroffenen ›methodisch‹ hypostasiert sind und gerade, wenn nach den ›Bedingungen‹ für die Entstehung und Überwindbarkeit solcher Einschränkungen gefragt wird, diese nach dem Modus des Paradoxons fremdgesetzter Bedingungen kollektiver Selbstbestimmung in den wissenschaftlichen Resultaten blind reproduziert werden. Der fortschrittliche Standpunkt des Psychologen ist also nicht ausreichend: Man braucht dazu auch die richtige Psychologie, d.h. eine solche, die meine fortschrittlichen Zielsetzungen nicht fortwährend durch ihre Methodenstruktur sabotiert (vgl. GRÜTER/MAIERS/MARKARD 1977, bes. S. 242 ff).

Wenn wir nun die kategoriale Reformulierung des Gegenstandsbezuges der Variablenpsychologie (unter bürgerlichen Lebensverhältnissen) noch einen Schritt weitertreiben, so läßt sich die Universalisierung des Handelns unter fremdgesetzten Bedingungen als eine (mindestens partielle) Strukturidentität mit der Alternative ›*restriktiver Handlungsfähigkeit*‹ einordnen. Aus diesem (wohl als evident nicht weiter auszuführenden) Sachverhalt würde sich aber auch die Befangenheit der psychologischen Sichtweise in der dadurch bedingten *Restriktion der psychologischen Funktionsaspekte* ergeben. So wäre dann etwa auch aus dem *methodischen* Vorgehen der Variablen-Psychologie verständlich, warum hier z.B. (in ideologischer Identifizierung) die *Emotionalität als von den Handlungen isolierte* ›*Innerlichkeit*‹ als *Emotionalität überhaupt universalisiert* wird: Eine andere Konzeption des Emotionalen wäre durch ein methodisches Instrumentarium, in welchem die Befindlichkeit des anderen in eine unzugängliche ›black box‹ verlegt und das Individuum als notwendig lediglich fremdgesetzten, von ihm nicht veränderbaren, Bedingungen unterworfen erscheint, ja auch gar nicht empirisch zu realisieren. Besonders wichtig ist aber die aus der Strukturähnlichkeit mit ›restriktiver Handlungsfähigkeit‹ folgende Reduziertheit des gedanklichen Niveaus psychologischen Theoretisierens auf die *›deutende‹ Weltsicht* (was ja der möglichen Formalisierung/Logifizierung von Aussagen nicht widerspricht, vgl. S. 392 f). Wir haben im laufenden Text mehrfach auf ›deutende‹ Sichtweisen der traditionellen Psychologie hingewiesen. Es wäre indessen noch grundsätzlicher zu analysieren, wieweit die *›deutende‹ Verhaftetheit* in der *Erscheinungsebene,* theoretische *›Oberflächenverdoppelung‹, triviale Reproduktion des ›Naheliegenden‹,* in den psychologischen Theorien (über die genannten Vermittlungsstufen) auch als *Konsequenz des Variablen-Modells des experimentell-statistischen Vorgehens* zu betrachten ist: Eindringendere und fruchtbarere theoretische Analysen, zu denen ja die *Psychologen* teilweise fähig sein dürften, würden so gesehen immer wieder aus der Wissenschaftssprache eliminiert, weil sie unter den speziell gefaßten Objektivierungskriterien des methodischen Vorgehens hier als nicht wissenschaftlich ausweisbar erscheinen etc. (was noch sehr viel genauer zu durchdenken und zu untersuchen wäre).

Aus unseren Darlegungen geht hervor, daß das ›variablenpsychologische‹ Verfahren mit seiner *Universalisierung des ›Standpunkts außerhalb‹,* damit der *Abhängigkeit der Menschen von fremdgesetzten Bedingungen,* den *›subjektwissenschaftlichen‹ Verfahren* vom Standpunkt des Subjekts bzw. der Intersubjektivität (wie sie gemäß den methodologischen Kriterien unseres Kategoriensystems zu entwickeln sind) *konträr* gegenüberstehen. Sie sollen deswegen als *›kontrollwissenschaftliche‹* Verfahren von den *subjektwissenschaftlichen* abgehoben werden. Zu beachten ist dabei, daß damit keine *unterschiedlichen Wissenschaftszweige* innerhalb der Psychologie konzipiert sind, sondern daß hier lediglich *zwei verschiedene globale methodologische Gesichtspunkte* gemeint sind, unter denen die psychologisch/individualwissenschaftliche Forschung zu betrachten ist. Demgemäß kann man dabei genauso nach methodischen Ansätzen innerhalb der traditionellen Psychologie fragen, die mit subjektwissenschaftlichen Kriterien vereinbar sind, wie die subjektwissenschaftlichen Verfahren (gerade wo sie traditionelle Methoden reinterpretierend einbeziehen) immer wieder auf mögliche kontrollwissenschaftliche Einschläge hin zu reflektieren sind (was im folgenden deutlicher werden wird).

Vereinbarkeit des unreduzierten Gegenstandsbezugs auf Subjektivität/Intersubjektivität mit objektivierbarer wissenschaftlicher Erkenntnis: Zurückweisung des methodologischen Subjektivismus

Aus unserer kategorialen Kritik des experimentell-statistischen Verfahrens nach dem Variablen-Modell verdeutlichen sich im Hinblick auf die methodologischen Prinzipien subjektwissenschaftlicher Forschung: Die aktualempirischen Methoden sind hier so zu konzipieren, daß bei ihrer Anwendung die Struktur des Psychischen auf menschlichem Niveau in all ihren Instanzen, Ebenen, Dimensionen voll erhalten bleibt. Insbesondere dürfen nicht durch die Art der methodischen Objektivierungskriterien notwendig essentielle Verkürzungen des Gegenstandsbezugs auf das Psychische mitgesetzt sein, sodaß quasi eine gegenläufige Bewegung zwischen dem Grad der Objektivierbarkeit des Vorgehens und der Gegenstandsadäquatheit der Resultate entsteht, in welcher sich der wissenschaftliche Wert der Nachprüfbarkeit, Begründbarkeit der empirischen Geltung, Verallgemeinerbarkeit, gerade mit deren Perfektionierung fortschreitend reduziert bzw. aufhebt. Demnach müssen im folgenden die wissenschaftlichen Objektivitätskriterien in Explikation unserer Kategorialbestimmungen so spezifiziert werden, daß damit die Art und der Grad wissenschaftlicher Strenge des Vorgehens erreicht werden, die der kategorialen Struktur des Psychischen gemäß sind.

Es mag naheliegend erscheinen, bei der Verwirklichung dieses Vorhabens mit der methodologischen Explikation der *unspezifischen, nachgeordneten* Kategorialbestimmungen des Psychischen zu beginnen, weil dort die Diskrepanz zwischen den variablenpsychologischen und der subjektwissenschaftlichen Spezifizierung der wissenschaftlichen Objektivierungskriterien weniger gravierend sein könnte: Demnach wären hier zunächst Gemeinsamkeiten oder mindestens Annäherungen aufweisbar, auf deren Hintergrund dann die Divergenzen hinsichtlich der methodischen Objektivierung des Bezugs auf spezifisch-menschliche Charakteristika des Psychischen klar herauszuheben wären etc. Diese Herangehensweise wäre jedoch unangemessen: Die mehr oder weniger unspezifischen, nachgeordneten Aspekte unseres Kategoriensystems sind *als* in jeweils besonderer Weise unspezifisch, nachgeordnet usw., ja nur zu bestimmen aus ihrem *Verhältnis* zu den spezifischen, vorgeordneten Momenten, also nur begreiflich aus den *spezifischen und bestimmenden* Zügen des Psychischen bei *gesamtgesellschaftlicher Vermitteltheit individueller Existenz*. Diese konzeptuellen Verhältnisse in ihrer qualitativen Geprägtheit durch die spezifisch-bestimmenden Momente müssen sich also auch in dem Verhältnis der von uns daraus zu explizierenden methodologischen Prinzipien wiederfinden, womit also zunächst die Grundsätze der wissenschaftlich objektivierbaren methodischen Erfassung des Psychischen in seinen ›*gesamtgesellschaftlich vermittelten*‹ *Spezifika* herauszuarbeiten sind und erst von da aus und in Beziehung dazu die methodologischen Grundlagen der Erfassung mehr unspezifischer oder nachgeordneter Momente aufgewiesen werden können.

Die *Spezifik* des Psychischen bei gesamtgesellschaftlicher Vermitteltheit individueller Existenz liegt nun aber, wie ausgeführt, primär in der Möglichkeitsbeziehung des ›bewußten Verhaltens zu‹ gesellschaftlichen Bedeutungen, damit des Standpunkts des Subjekts als ›*je meinen*‹ *Standpunkt*, des Bewußtseins als ›*je mein*‹ Bewußtsein, also *Instanz erster Person*, mithin ›Intersubjektivität‹ als reziprok-reflexiver Beziehung ›von Subjekt zu Subjekt‹ etc. – Kann es aber überhaupt methodologische Prinzipien geben, in welchen ohne Reduzierung des spezifisch ›menschlichen‹ Gegenstandsbezugs auf die so gefaßte *Subjektivität/Intersubjektivität* die Erfüllung der genannten methodischen *Objektivierungs*kriterien – wie immer sie näher bestimmt werden – sinnvoll gefordert werden kann? Liegt nicht vielmehr ein unaufhebbarer Widerspruch darin, daß hier Subjektivität ›objektiviert‹ werden soll, bzw. daß auf dem Niveau meiner intersubjektiven Beziehung zum anderen mein Umgang mit ihm gleichzeitig den Kriterien von auf Objektivität gerichteter strenger Forschung zu unterwerfen wäre? Bleibt hier demnach nicht nur die Konsequenz, mit Bezug auf Subjektivität/Intersubjektivität auf die methodischen Kriterien der Nachprüfbarkeit, empirischen Geltungsbegründung, Verallgemeinerbarkeit, *nicht nur in deren ›variablenpsychologischer‹ Fassung*, sondern *generell* zu verzichten (und u.U. statt dessen ganz andere, total außerhalb des traditionellen Wissenschaftsverständnisses liegende Kriterien zu entwickeln)?

Aus dieser Frage ergibt sich die Notwendigkeit, den geschilderten traditionell-psychologischen Gegenpol des experimentell-statistischen Vorgehens, die ›verstehende‹, ›phänomenologische‹, ›klinische‹ etc. Methodik in die kategoriale Kritik mit einzubeziehen: Hier tritt nämlich durchgehend die mangelnde Objektivierbarkeit der Verfahren als Einschränkung ihrer Wissenschaftlichkeit zutage und wird teilweise die Unerforschlichkeit des Subjekts mit ›objektiven‹ wissenschaftlichen Methoden explizit postuliert.

Bei einer (hier nicht zu leistenden) genaueren historischen Ausfaltung dieser Feststellung wäre z.B. näher aufzuweisen, wieweit die ›verstehende Psychologie‹ gerade dadurch auf die historische ›Verliererstraße‹ geraten ist, daß sie der experimentell-psychologischen Forschung im Hinblick auf wissenschaftliche Objektivierbarkeit tatsächlich nichts entgegenzusetzen hatte und so den Vorwurf, bloße ›Spekulation‹ zu sein, in gewisser Weise berechtigt auf sich zog. Ebenso wäre zu analysieren, wieweit die phänomenologische Psychologie aus dem gleichen Grunde historisch ins Hintertreffen geriet, so daß ihr innerhalb des Hauptstroms der Psychologie im wesentlichen lediglich eine Hilfsfunktion als Mittel ›phänographischer‹ Vorklärungen für den ›eigentlich wissenschaftlichen‹, nämlich experimentell-statistischen, Abschnitt der Forschung zugestanden wird. – Weiterhin wäre zu zeigen, wie innerhalb bestimmter modernerer Strömungen der Psychoanalyse die Not der (hypostasierten) Unerforschbarkeit des Subjekts mit objektivierbaren wissenschaftlichen Verfahren in eine Tugend umgedreht, so Wissenschaftlichkeit überhaupt mit ›Subjektferne‹, wissenschaftliche Objektivität mit ›Verdinglichung‹ des Subjekts gleichgesetzt und global als ›positivistisch‹ denunziert wird, etc. – Darüberhinaus wären auch die verschiedenen ›humanistischen‹ (teilweise mit psychoanalytischen Auffassungen versetzten) Strömungen der traditionellen Psychologie daraufhin näher zu analysieren, wie hier die Kritik an der speziellen Bestimmung von wissenschaftlicher Objektivierbarkeit im Rahmen der experimentell-statistischen Variablenpsychologie mit der Kritik an ihrer Wissenschaftlichkeit überhaupt kontaminiert wird, und wie man dabei die Lebensnähe der Erforschung subjektiver Erfahrungen als nur durch einen Nachlaß an Wissenschaftlichkeit erkaufbar betrachtet und methodische Objektivierbarkeit so als vernachlässigbare Größe einstuft (vgl. Sargent 1965).[1]

Im Ganzen wäre hier herauszuanalysieren, wie die damit geschilderten ›subjektivistischen‹ Strömungen der Psychologie (auch da, wo man sich, wie in der ›verstehenden Psychologie‹, der ›phänomenologischen Psychologie‹ und manchen Ausprägungen der kritischen Hermeneutik innerhalb der Psychoanalyse, um eindringende methodologische Reflexion des eigenen Tuns bemüht) im Prinzip die gleiche Art von Gegenstandsverkürzung reproduzieren wie die Variablen-Psychologie: Auch hier wird nämlich ein Gegensatz zwischen *objektiven Bedingungen* und *Subjektivität* mit der prinzipiellen *Unzugänglichkeit des in sich selbst eingeschlossenen Subjekts* hypostasiert, nur, daß daraus nicht die Konsequenz gezogen wird, das ›Subjektive‹ als wissenschaftlich ununtersuchbar zu eliminieren (bzw. zu ›irrealisieren‹), sondern umgekehrt aus der wissenschaftlichen Ununtersuchbarkeit des Subjekts die Konsequenz gezogen, daß man es eben *ohne* den Anspruch auf Wissenschaftlichkeit (in irgendeinem faßbaren Sinne) analysieren müsse. Der äußerlichen Entgegensetzung der beiden

---

1 In neuerer Zeit finden sich im Umkreis der humanistischen Psychologie zunehmend Versuche einer konzeptuellen und organisatorischen Zusammenfassung aller psychologischen Ansätze, die sich von der gängigen ›empiristischen‹ Variablenpsychologie distanzieren. Dabei werden neben religionsphilosophischen, existentialistischen etc. Konzeptionen auch solche einbezogen, die sich ›dialektisch‹ bzw. ›marxistisch‹ verstehen. Die generelle Stoßrichtung ist die Überwindung der bloßen Negation der herrschenden Psychologie als Negation ihrer Wissenschaftlichkeit durch Erarbeitung alternativer methodologischer Vorstellungen. Dabei wird sogar, ähnlich wie dies in diesem Buch geschieht, der Anspruch formuliert, ein ›neues Paradigma‹ als Alternative zum ›alten Paradigma‹ der traditionellen Psychologie zu entwickeln (vgl. etwa REASON & ROWAN 1981). Solche Konzeptionen unterscheiden sich von unserer ›paradigmatischen‹ Analyse durch ihren programmatisch eklektizistischen Charakter und durch die Abwesenheit jener umfassenden ›historischen‹ Herangehensweise, durch die u.E. allein die ›Aufhebung‹ der bestehenden Psychologie möglich ist. Was dabei resultiert, sind dann letztlich doch wieder nur Kompromisse zwischen Lebensnähe und Einbeziehung (›kritisch‹ gesichteter) traditioneller Methoden zur Absicherung der Wissenschaftlichkeit. Diese Einschätzung ist indessen durch genauere Analysen zu überprüfen, was aufgrund des eklektizistischen Charakters der ganzen ›Richtung‹ nur mir Bezug auf die hier zusammengeordneten verschiedenen Vorstellungen gesondert geschehen kann (vgl. dazu die Kritik des Konzepts der ›dialektischen Psychologie‹ von RIEGEL et al. durch GRÜTER 1979).

Positionen (und dem geschilderten Hin- und Herschwanken zwischen beiden, vgl. S. 44 f) läge also die gleiche Ausgrenzung der gesellschaftlich-individuellen *Wirklichkeit* des Subjekts als Schöpfer der materiellen Lebensbedingungen, unter denen es existiert, zugrunde (wobei in einem Fall das handelnde Subjekt ›kontrollwissenschaftlich‹ als Epiphänomen seiner fremdgesetzten Lebensbedingungen in die ›black box‹ verbannt wird und im anderen Fall das in der ›black box‹ hockende Subjekt seine in der Getrenntheit von den objektiven Lebensbedingungen liegende Ohnmacht universalisiert und stilisiert). Damit wäre die psychologiegeschichtliche Perpetuierung dieses abstrakten Gegensatzes nur mit der Überwindung der zugrundeliegenden Gegenstandsverkürzung aufhebbar.

Eine gesonderte, gründliche Diskussion würde in diesem Problemzusammenhang die methodologische Konzeption der ›*Handlungsforschung*‹, wie sie besonders in der Pädagogik, aber auch in anderen sozialwissenschaftlichen Bereichen entwickelt wurde, erfordern. In der Handlungsforschung wird die hier formulierte Kritik am statistischen Variablen-Schema der traditionellen empirischen Sozialforschung geteilt, und es wird dem ebenfalls besonders die *Intersubjektivität* der Beziehung zwischen Forscher und Erforschtem als unreduzierbares methodologisches Prinzip entgegengestellt. Daraus ergibt sich die Forderung nach der vollen Einbeziehung der Betroffenen in den Forschungsprozeß bzw. der Teilhabe des Forschers an den zu untersuchenden Vorgängen, mit dem Primat der Berücksichtigung der Interessen der Betroffenen und der Gewinnung von Erkenntnis aus der realen Veränderung von deren Situation, also aus der Einheit von Forschung und wirklicher, vom Forscher und den Betroffenen gemeinsam getragener Praxis ›im Feld‹.

In den ›radikaleren‹ Ausprägungsformen der Handlungsforschung finden sich ähnliche wissenschaftsfeindliche und subjektivistische Tendenzen wie in den geschilderten psychoanalytischen bzw. ›humanistisch‹-psychologischen Richtungen, indem die Zurückweisung der statistisch-bedingungsanalytischen Methoden mit der Ablehnung faßbarer wissenschaftlicher Kriterien überhaupt kontaminiert wird und die Symmetrie der Beziehung zwischen Forscher und Betroffenen, die wirkliche Verbesserung von deren Lage etc., als zentrales politisch-emanzipatorisches Anliegen formuliert ist, dem gegenüber das Streben nach wissenschaftlicher Objektivierbarkeit zweitrangig bis überflüssig sei. In den entwickeltsten und reflektiertesten Strömungen innerhalb der Handlungsforschung wird jedoch die gleiche Frage gestellt, die auch wir formuliert haben, nämlich die Frage nach der *Möglichkeit wissenschaftlicher Objektivitätskriterien* als Alternative zu dem gebräuchlichen Kriterienkanon, durch welche die *Intersubjektivität der Beziehung zwischen Forscher und Betroffenen nicht schon methodenimmanent auf ein Verhältnis der vom Forscher für die Betroffenen fremdgesetzten Bedingungen reduziert* werden muß, wobei zur Klärung dieses Problems differenzierte und eindringende methodologische Reflexionen angestellt wurden. Die Uneindeutigkeit und Vagheit der Resultate solcher Reflexionen stehen dabei m.E. in einem gewissen Mißverhältnis zur Ernsthaftigkeit der Anstrengungen zu ihrer Erarbeitung, und die Handlungsforschung bleibt demgemäß methodologisch weitgehend in der Defensive gegenüber der traditionellen empirischen Sozialforschung mit ihren ›harten‹ methodologischen Standards.

Von der hier erarbeiteten Konzeption aus wäre zu klären, wieweit die methodologische Problematik der Handlungsforschung, durch welche trotz voller Problemeinsicht faßbare Objektivierungskriterien ›intersubjektiver‹ Qualität kaum formulierbar sind, auf ihrer mangelnden kategorialen Grundlegung beruht. Demnach würden die Reflexionen hier quasi ›eine Ebene zu tief‹, nämlich lediglich an der einzeltheoretisch-aktualempirischen *Methodik* ansetzen, die impliziten Kategorialbestimmungen der traditionellen Forschung dabei aber unvermerkt reproduzieren, mindestens aber nicht konsequent genug in Richtung auf ein historisches Paradigma (das dem Selbstverständnis der Handlungsforschung durchaus entsprechen würde) überwunden. So schiene dann durch all die differenzierten methodologischen Überlegungen letztlich doch wieder lediglich die Alternative durch: Entweder Reduzierung des Wissenschaftlichkeitsanspruchs oder (wie immer partielle, modifizierte etc.) Übernahme traditioneller Standards. Soweit diese Einschätzung adäquat ist, müßten einerseits die Vorgehensweisen der Handlungsforschung in ihren immanent unaufhebbaren methodologischen Widersprüchen von unseren Kategorialbestimmungen aus reinterpretierbar sein, und müßte andererseits für die Handlungsforschung selbst die Perspektive bestehen, durch Hineinentwicklung in das historische Paradigma ›subjektwissenschaftlicher‹ Kategorienbildung ihre methodologische Problematik zu überwinden. Eine eingehende Diskussion über derartige Einschätzungen mit den Vertretern der Handlungsforschung ist jedoch hier nicht unsere Aufgabe, sondern muß späteren Anlässen vorbehalten bleiben, bei denen die von uns zu skizzierende ›subjektwissenschaftliche‹ Methodologie bereits rezipiert und geprüft worden ist. – Wichtige Vorarbeiten dazu sind in dem Buch »Sozialwissenschaftliche Methodenkrise und Handlungsforschung« von ULRIKE SCHNEIDER (1980) auf kritisch-psychologischer Grundlage geleistet worden (auf das ich mich in den vorstehenden Abschnitten gestützt habe).

Unberücksichtigt blieben in dieser Zusammenfassung mehr phänomenologisch orientierte Ansätze innerhalb sozialwissenschaftlicher Bereiche jenseits der Psychologie, wie bestimmte Ausprägungen des symbolischen Interaktionismus und der Ethnomethodologie. Die dort formulierte, teilweise sehr differenzierte Kritik der traditionellen empirischen Sozialforschung samt den dabei entwickelten methodologischen Alternativen können in ihrem Verhältnis zum hier vorgelegten Ansatz, da damit der Rahmen dieses Buches überschritten wäre, nicht diskutiert werden (vgl. dazu MARKARD 1984).

Indem angedeutet wurde, daß dem experimentell-statistischen Variablen-Schema und dessen abstrakter Negation in den geschilderten ›subjektivistischen‹ Ansätzen der Psychologie/Sozialwissenschaft die gleiche kategoriale Gegenstandsverkürzung als Ausklammerung der Wirklichkeit von Subjekten als Produzenten ihrer objektiven Lebensbedingungen zugrundeliegt, sollte sich auch verdeutlichen, daß sich von unseren kategorialen Bestimmungen aus die Alternative: entweder strenge, objektivierbare Forschungsmethoden oder Berücksichtigung der Subjektivität/Intersubjektivität menschlicher Erfahrung überhaupt nicht stellen kann. Der Umstand, daß derart, sowohl von ›variablenpsychologischer‹ wie ›subjektivistischer‹ Seite, eine Unvereinbarkeit zwischen der Eigenart ›subjektiver‹ Tatbestände und deren ›objektiver‹ Erforschung gesetzt ist, beruht auf der früher dargelegten Gleichsetzung der Subjekthaftigkeit menschlicher Befindlichkeit überhaupt mit deren bürgerlich-ideologischer Form der scheinhaften Innerlichkeit und Icheingeschlossenheit meiner subjektiven Erfahrungen. Nur durch die beiderseitige Verhaftetheit in dieser bürgerlichen Formbestimmtheit hat der Versuch, subjektive Erfahrungen wissenschaftlich faßbar zu machen, den Charakter des permanenten Sich-selbst-an-den-Haaren-aus-dem-Sumpf-Ziehens und kann dementsprechend von der variablenpsychologischen Seite permanent als vergeblich zurückgewiesen werden. In unseren Kategorialanalysen hat sich ja ergeben, daß ›mein‹ subjektiver Standpunkt zwar der Ausgangspunkt meiner Welt- und Selbsterfahrung, aber damit keine unhintergehbare bzw. ›in sich‹ selbstgenügsame Letztheit ist. Wenn ich nämlich meine unmittelbare Erfahrung in der von uns realisierten Weise in logisch-historischer Analyse durchdringe, so ergibt sich, daß ›je mein‹ Standpunkt als *Ausgangspunkt* meiner eigenen Erfahrung seinerseits der *Endpunkt* einer phylogenetischen bzw. gesellschaftlich-historischen Entwicklung ist, durch welchen er selbst als *Aspekt des materiellen gesellschaftlichen Lebensgewinnungsprozesses* erst *notwendig und möglich* wurde: als Charakteristikum der bewußten ›Möglichkeitsbeziehung‹ von Individuen zu gesellschaftlichen Verhältnissen bei gesamtgesellschaftlicher Vermitteltheit ihrer Existenz. Der Standpunkt des Subjekts wird also durch eine solche logisch-historische Rekonstruktion weder eliminiert noch reduziert, sondern ›ich‹ finde mich dabei – wie gesagt – bewußt und wissenschaftlich reflektiert an der ›Stelle‹ im gesellschaftlichen Lebenszusammenhang wieder, an der ich faktisch ›schon immer‹ stand: als ein Individuum, das sich zu dem gesamtgesellschaftlichen ›Erhaltungssystem‹, durch welches seine eigene Existenz verallgemeinert ›miterhalten‹ wird, bewußt als zu seinen subjektiven Handlungsmöglichkeiten ›verhält‹, wobei dieses bewußte ›Sich-verhalten-Können‹ ein notwendiges Bestimmungsmoment der materiellen Produktion/Reproduktion des sellschaftlichen Lebens und darüber auch meiner eigenen Existenz darstellt (vgl. S. 236 ff).

Auf diesem Wege gelange ich auch zu der Erkenntis, daß ich als Subjekt objektiven gesellschaftlichen Lebensbedingungen unterworfen bin, von denen die Art und das Ausmaß meiner ›subjektiven‹ Handlungsmöglichkeiten, damit auch deren für mich unübersteigbare Beschränkungen abhängen, wobei nur in einer derartigen Unterworfenheit unter objektive Lebensbedingungen die Subjekthaftigkeit menschlicher Befindlichkeit etc. historisch real, also ›denkbar‹ ist. Dabei erkenne ich aber gleichzeitig, daß diese gesellschaftlichen Lebensbedingungen in historischer Größenordnung von Menschen produziert und veränderbar sind, sodaß ich in Assoziation mit anderen im Rahmen des jeweils objektiv historisch Möglichen selbst an der Verfügung über die allgemeinen/individuellen Lebensbedingungen teilhaben kann, womit die *Unterworfenheit* unter die objektiven Lebensbedingungen zwar durch die Subjekte nicht aufhebbar ist, aber in Erweiterung ihrer Lebensmöglichkeiten *immer weiter zurückgedrängt* werden kann. So ist dann auch meiner Erkenntnis zugänglich, daß in wissenschaftlichen Kategorialbestimmungen, durch welche einseitig nur die Unterworfenheit des Individuums unter fremdgesetzte Bedingungen, nicht aber die Möglichkeit seiner Teilhabe an der Verfügung über diese Bedingungen, mithin Subjektivität nur als von der Bedingungsverfügung isolierte ›Icheingeschlossenheit‹ abbildbar ist, die bürgerlich-ideologische Universalisierung der aus dem Ausbeutungsverhältnis resultierenden Isolierung der Individuen von der Verfügung über ihre allgemeinen/eigenen Angelegenheiten als Unterworfenheit unter die Bedingungen der Kapitalherrschaft ›theoretisch‹ verdoppelt wird. – Der ›Standpunkt des Subjekts‹ schließt also die Berücksichtigung objektiver Bedingungen keineswegs aus, sondern ein: Ausgeschlossen ist damit lediglich die Verkürzung meines Realitätsbezugs auf meine ›Bedingtheit‹ unter Absehung von meiner Verfügungsmöglichkeit.

Aus dem Umstand, daß meine subjektive Erfahrung nicht wie eine Wand zwischen mir und der objektiven Realität steht, sondern daß ich meine Subjektivität selbst als einen Aspekt des materiellen Lebensgewinnungsprozesses auf ›gesamtgesellschaftlichem‹ Niveau ›einzuholen‹ und begreifend zu durchdringen vermag, ergibt sich, daß ich über meine Erfahrung *viel mehr* ›*wissen*‹ kann, als sich aus ihrer *unmittelbaren* Beschreibung ergeben würde, nämlich all das über ihre *Struktur, ihre Bedingungen, ihre Grenzen* etc., wie wir es als *Instanzen, Dimensionen, Aspekte, Niveaus individueller Befindlichkeit/Handlungsfähigkeit kategorialanalytisch herausgearbeitet* haben. Damit ist, wie gesagt, die Unmittelbarkeit meiner Erfahrung keineswegs reduziert, sondern lediglich ›überschritten‹ und damit begreifbar. Der Mensch kann sich eben auf dem Niveau der ›Möglichkeitsbeziehung‹ auch zu seiner eigenen Subjektivität bewußt ›verhalten‹, damit seinen faktischen Platz im geschichtlichen Prozeß zu einem von ihm ›erkannten‹ Platz machen und so mit dem menschlichen Bewußtsein ein neues Determinationsniveau in den Geschichtsverlauf einbringen.

Mit den vorstehenden Überlegungen wurde immer deutlicher, daß wir das *generelle* Problem der *objektiven Erkennbarkeit von Subjektivität/Intersubjektivität* nicht erst hier lösen müssen, sondern daß wir diese Erkennbarkeit, durch den Aufweis der objektiven Struktur und Bedingtheit der Subjektivität, bereits während unserer gesamten Kategorialanalysen quasi ›praktiziert‹ haben. Wir sind also damit dem grundsätzlichen Dilemma der traditionellen Psychologie/Sozialwissenschaft, daß mit der Zuwendung der Wissenschaft zum Subjekt deren Objektivierbarkeit zerrinnt (und umgekehrt), längst entkommen. Übrig bleibt hier nur das als

Fragestellung dieses Kapitels formulierte, weit weniger prinzipielle Problem, wie aus unseren Kategorialbestimmungen, die als wissenschaftlich objektivierbare konzeptuelle Bestimmungen menschlicher Subjektivität ausgewiesen sein sollten, *methodologische* Aspekte explizierbar sind, aus denen die *besondere Weise der Objektivierbarkeit* von Verfahren zur Erforschung ›je meiner‹ subjektiven Befindlichkeit/Handlungsfähigkeit auf einzeltheoretisch-aktualempirischer Ebene ersichtlich ist. Die Art, in welcher wir dergestalt die wissenschaftlichen Objektivierbarkeitskriterien näher zu bestimmen haben, ist uns mithin durch die konzeptuelle Charakteristik der Kategorien, deren methodologische Implikate nun auszuwickeln sind, schon weitgehend vorgezeichnet.

›Metasubjektiver‹ wissenschaftlicher Verständigungsrahmen zwischen Forscher und Betroffenen in deren Partizipation am Forschungsprozeß

Wissenschaftliche Objektivierung ist generell eine Aktivität des Wissenschaftlers mit Bezug auf den von ihm zu erkennenden Gegenstand. Innerhalb der Psychologie/Individualwissenschaft ist dieser Bezug primär *intersubjektiver* Art, als Beziehung zwischen Forscher und ›Versuchspersonen‹ o.ä. Innerhalb der traditionellen Variablenpsychologie wird der intersubjektive Charakter der Gegenstandsbeziehung als mit der wissenschaftlichen Objektivierungsaufgabe unvereinbar betrachtet und deswegen (für die Dauer der Forschungsaktivität) suspendiert und auf eine Beziehung zwischen dem Forscher als Subjekt und den objektiv, quasiphysikalisch, zu registrierenden Aktivitäten der ›Vpn.‹ in Abhängigkeit von ›gesetzten‹ Bedingungen reduziert. Innerhalb der ›subjektivistischen‹ Richtungen der Psychologie/Sozialwissenschaft wird die Intersubjektivität der Beziehung zwischen dem Forscher und seinem ›Gegenstand‹ zwar aufrechterhalten, dafür aber (faktisch bis programmatisch) die Sonderfunktion von Wissenschaft als Gewinnung objektivierbarer Erkenntnis reduziert, mithin der Unterschied zwischen der wissenschaftlichen Erkenntnisbeziehung und jeder beliebigen anderen intersubjektiven Beziehung nivelliert. Wir müssen bei der Formulierung von gemäß unserem Kategoriensystem gegenstandsadäquaten Objektivierungskriterien einerseits die Intersubjektivität der Beziehung zwischen Forscher und Betroffenen unreduziert stehen lassen: dies nicht aus irgendwelchen moralischen, humanitären oder emanzipatorischen Gründen, sondern weil sonst die Spezifik des Gegenstandes ›menschliche Handlungsfähigkeit/Befindlichkeit bei gesamtgesellschaftlicher Vermitteltheit individueller Existenz‹ verlorengeht, indem (in der geschilderten Weise) der Bedeutungsbezug und die ›Begründetheit‹ menschlicher Handlungen als

Vermittlungsinstanzen zu den objektiven gesellschaftlichen Lebensbedingungen eliminiert werden bzw. in der ›black box‹ zwischen fremdgesetzten Bedingungen und dadurch ›bedingten‹ Aktivitäten verschwinden. Andererseits aber muß dabei auch die Sonderfunktion der Wissenschaft, mithin des Forschers, die Gerichtetheit auf objektivierbare Erkenntnis, innerhalb der intersubjektiven Beziehung ohne Abstriche realisierbar sein. Genauer: Das *Niveau* des *›intersubjektiven‹ Verständigungsrahmens* aufgrund der kategorialanalytisch herausgearbeiteten *verallgemeinerten Verständlichkeit subjektiv funktionaler Handlungsgründe im Medium von Bedeutungszusammenhängen* (vgl. S. 349 ff) darf in der Beziehung zwischen Forscher und Betroffenen *niemals unterschritten* werden. Die wissenschaftliche Objektivierung kann hier also nur eine solche des intersubjektiven Verständigungsrahmens sein: Der *Verständigungsrahmen selbst* muß durch die Forschungsaktivität in Richtung auf die *wissenschaftliche Nachprüfbarkeit/Geltungsbegründung/Verallgemeinerbarkeit* der Forschungsresultate, also (wie im folgenden schrittweise zu verdeutlichen) sozusagen auf ein Niveau *wissenschaftlicher ›Metasubjektivität‹, die die intersubjektive Beziehung zwischen Forscher und Betroffenem einschließt und übersteigt,* entwickelbar sein.

Der Forscher ist zunächst, wie jeder Mensch, ein individuelles Subjekt, das in seinen konkreten intersubjektiven Beziehungen steht, wird aber *als* Forscher, indem er sich die wissenschaftlichen Anliegen zu eigen macht, quasi zum ›Funktionär‹ der Wissenschaft als Institution, mithin zum *›Wissenschaftssubjekt‹*. Unter Voraussetzung unserer subjektwissenschaftlichen Kategorialbestimmungen bedeutet dies: Der Forscher ›hat‹ zunächst wie jeder Mensch seine konkrete subjektive Befindlichkeit/Handlungsfähigkeit in ihrer einmaligen Erscheinungsform innerhalb eines konkret-einmaligen intersubjektiven Rahmens der Selbstverständigung und Verständigung mit anderen. In dem Maße, wie er sich als Wissenschaftssubjekt ›subjektwissenschaftliche‹ Kategorialbestimmungen, wie wir sie erarbeitet haben, angeeignet hat, durchdringt er aber gleichzeitig seine eigene Befindlichkeit etc. in Richtung auf ihre wesentlichen Charakteristika: Er begreift etwa den Zusammenhang zwischen seinen formationsspezifischen, lage- und positionsbestimmten gesellschaftlichen Lebensbedingungen und den sich daraus ergebenden widersprüchlichen Bedeutungskonstellationen als ›Prämissen‹ seiner subjektiv funktionalen Handlungsgründe, erkennt so in Situationen der Gefährdung seiner Handlungsfähigkeit die Alternative einer ›restriktiven‹ oder einer ›verallgemeinerten‹ Antwort im Rahmen der Möglichkeiten der Verfügungserweiterung in seinem subjektiven Möglichkeitsraum, mit Einschluß der Alternative ›instrumenteller‹ Reduzierung oder dezidiert ›intersubjektiver‹ Entwicklung seiner Beziehung zu andern. Die Kategorien haben sich also zu allererst als *Mittel der Selbstklärung der Befindlichkeit des Forschenden* innerhalb des gesellschaftlichen Lebenszusammenhangs im Sinne *erweiterter Bedingungsverfügung und Daseinserfüllung* zu ›bewähren‹: Andernfalls kann und wird er sie nicht zur Grundlage seiner subjektwissenschaftlichen Forschungsaktivitäten nehmen.

In unserem Darstellungszusammenhang wesentlich ist, daß so bereits mit der Aneignung der subjektwissenschaftlichen Kategorien durch den Forscher seine *eigene empirische Subjektivität* in Richtung auf *›metasubjektive‹ wissenschaftliche Objektivierung durchdrungen* ist: Einmal dadurch, daß er dabei den Zusammenhang zwischen der wissenschaftlichen Objektivierbarkeit der logisch-historischen Herausarbeitung der Kategorien und ihrer klärenden Kraft bei der Durchdringung seiner eigenen Befindlichkeit als Charakteristik ihrer Wissenschaftlichkeit realisiert. Zum anderen und auf dieser Grundlage dadurch, daß er im Maße der kategorialen Durchdringung seiner subjektiven Befindlichkeit deren empirische Einmaligkeit als *besondere Erscheinungsform ›menschlicher‹ Lebensnotwendigkeiten* unter *historisch bestimmten Bedingungen* mit ihren Widersprüchlichkeiten und Beschränkungen etc. begreift. Da so die eigene Befindlichkeit/Handlungsfähigkeit als *besonderer ›Fall von‹* menschlicher Befindlichkeit/Handlungsfähigkeit unter der Kategorie des *›verallgemeinerten Anderen‹* erfaßt wird, ist – indem man sich als ›anderer für andere‹ begreift – die Besonderheit der eigenen Befindlichkeit bereits in gewissem Sinne in Richtung auf eine *metasubjektive wissenschaftliche Verallgemeinerung* überschritten und so auch der *intersubjektive Verständigungsrahmen metasubjektiv-wissenschaftlich qualifiziert*. Der Forscher ›weiß‹ somit, daß *›auch andere‹* mit dem gleichen kategorialen Instrumentarium zu einer Durchdringung von *deren* Subjektivität auf die darin liegenden allgemeinen Züge subjektiver Lebensnotwendigkeiten unter historisch bestimmten Bedingungen etc. kommen können, und daß so – unter Berücksichtigung ihrer besonderen situationalen und personalen Prämissen – eine *metasubjektiv qualifizierte Verallgemeinerung der ›Verständlichkeit‹ ihrer Handlungsgründe für ›mich‹ als Wissenschaftssubjekt* resultieren kann.

Die damit charakterisierte Weise metasubjektiver Verallgemeinerung, auf die wir so zunächst gestoßen sind, verdeutlicht nun zwar den früher herausgehobenen selbständigen Erkenntniswert der subjektwissenschaftlichen Kategorien, ist aber – wie immer man es näher explizieren mag – als *Objektivierungskriterium einzeltheoretisch-aktualempirischer Forschung* nicht hinreichend. Die hier explizierte metasubjektive Qualifizierung des intersubjektiven Verständigungsrahmens durch Bezug auf den ›verallgemeinerten Anderen‹ hat nämlich nach wie vor lediglich die Eigenart einer *kategorialen* Wesensbestimmung menschlicher Intersubjektivität, bleibt aber – da die einzige unmittelbare Erfahrungsbasis immer noch die Befindlichkeit des Wissenschaftssubjekts ist – mit Bezug auf die *wirkliche aktualempirische Beschaffenheit und Verlaufsform der Befindlichkeit anderer Menschen* – lediglich *virtuell* oder *potentiell*. Für die Erforschung dieser aktualempirischen Befindlichkeiten etc. sollen hier ja aber gerade die subjektwissenschaftlich-methodologischen Prinzipien entwickelt werden. – Damit stellt sich die Frage, wie eine *metasubjektive Qualifizierung* des verallgemeinerten intersubjektiven Verständigungsrahmens zwischen Forschendem und Betroffenen, wie sie bisher in ihrer *Möglichkeit* verdeutlicht wurden, denn nun *tatsächlich* hergestellt und so als Basis für die wissenschaftliche Objektivierbarkeit subjektwissenschaftlicher Aktualforschung weiter expliziert werden kann – eine Frage, die aufgrund der bisherigen Überlegungen allerdings nicht mehr schwer zu beantworten ist.

Der mit Bezug auf die Betroffenen lediglich virtuelle oder potentielle Charakter der metasubjektiven Qualifizierung des Verständigungsrahmens etc. rührt – wie aus unseren Darlegungen hervorgeht – daher, daß gemäß der bisher vollzogenen schrittweisen Explikation der Grundlagen subjektwissenschaftlicher Objektivierung *allein der ›Forscher‹* den Übergang von seiner wissenschaftlich ›unbearbeiteten‹ Befindlichkeit zu deren kategorialer Durchdringung in Richtung auf metasubjektive Verallgemeinerbarkeit vollzogen hat, während die *›Betroffenen‹* ihre Subjektivität noch lediglich ›haben‹, aber nicht kategorial *›verallgemeinern‹*: Demnach sind sie bisher nur vom Standpunkt des Forschers aus potentiell in die *meta*subjektive Ebene des Verständigungsrahmens einbezogen, verharren jedoch real noch auf der Ebene der wissenschaftlich ›unerfaßten‹ Intersubjektivität. Dies bedeutet aber, daß die Voraussetzungen für eine einzeltheoretisch-aktualempirische Konkretisierung des metasubjektiven Verständigungsrahmens hier nur dadurch zu schaffen sind, daß die *Betroffenen* – soweit durch die jeweilige Fragestellung erfordert – *selbst* auch ihre *subjektive Befindlichkeit in Aneignung der subjektwissenschaftlichen Kategorien durchdringen* und so auf die Ebene *metasubjektiver Verallgemeinerbarkeit* bringen: Dadurch werden, indem hier die *Differenz zwischen Wissenschaftssubjekt und betroffenen Subjekten partiell aufgehoben* ist, die Betroffenen zu *realen Kommunikationspartnern des Forschers auf dem Niveau des metasubjektiv-wissenschaftlich qualifizierten intersubjektiven Verständigungsrahmens,* womit die auf metasubjektiver Ebene zu explizierenden Objektivierungskriterien erst ihren *realen aktualempirischen Bezug* erhalten können. Dies schließt ein, daß auch die methodologischen Prinzipien selbst als Aspekte der Kategorien nicht nur solche des ›Forschers‹ bleiben können, sondern auch solche *der* Betroffenen werden müssen, womit auch die danach zu konzipierenden aktualempirischen Methoden zu *Methoden in der Hand der Betroffenen* werden.

Dieses (allen spezielleren methodologischen Prinzipien verordnete) Prinzip der *Partizipation der Betroffenen am Forschungsprozeß* markiert einen *zentralen Unterschied* subjektwissenschaftlichen Vorgehens gegenüber variablenpsychologisch-kontrollwissenschaftlichen Verfahren: Subjektwissenschaftliche Kategorien, Theorien, Methoden sind nicht Theorien und Methoden etc. *über* die Betroffenen, sondern *für* die Betroffenen. Sie werden diesen zur Klärung ihrer Befindlichkeit bzw. Beteiligung an der Klärung der jeweiligen Fragestellung *selbst in die Hand gegeben*. Dies ist auch hier *nicht* das Resultat einer irgendwie gearteten moralischen, humanitären oder politisch-emanzipatorischen Vorentscheidung, sondern ergibt sich mit Notwendigkeit aus dem methodologischen Grundkriterium der *Gegenstandsadäquatheit* von Methoden zur Erfassung der *Spezifik* des Psychischen als Befindlichkeit/Handlungsfähigkeit unter gesamtgesellschaftlichen Bedingungen individueller Existenz. Die Erhaltung des diese Spezifik charakterisierenden intersubjektiven Verständigungsrahmens als Grundlage für jede Verwissenschaftlichung des Vorgehens ist nämlich *auf andere Weise denn durch Einsetzung der Betroffenen als ›Mitsubjekte‹ des Forschungsprozesses nicht möglich*. Eine Psychologie, die ihre Theorien und Methoden als solche *über* andere Menschen versteht, büßt zwangsläufig die Spezifik ihres Gegenstandes ein.

Das Verständnis von ›Versuchspersonen‹ als ›Mitforschern‹ ist innerhalb der Psychologiegeschichte nicht neu: In der ›klassischen‹ Periode der einzelwissenschaftlichen Psychologie waren häufig die Forscher wechselseitig füreinander ›Versuchspersonen‹, so in der Gestaltpsychologie WERTHEIMER für KÖHLER und KÖHLER für WERTHEIMER, in der ›Würzburger Schule‹ BÜHLER für MARBE und MARBE für BÜHLER etc. Der Umstand, daß derjenige, der jeweils die Rolle der ›Versuchsperson‹ übernahm, auch Forscher auf dem gleichen Problemgebiet war, wurde dabei nicht als Hindernis, sondern im Gegenteil als unumgängliche Voraussetzung adäquaten methodischen Vorgehens betrachtet. Erst mit der funktionalistisch-behavioristischen Wende, aus der die ›variablenpsychologische‹ Grundkonzeption hervorging, wurden die Mitforscher im Namen wissenschaftlicher Objektivität als ›Versuchspersonen‹ disqualifiziert, und es war die ›naive‹ Versuchsperson, die über das zu untersuchende Problem nicht mehr wissen darf, als dem Alltagsverstand zugänglich, welche zur selbstverständlichen Norm experimentell-statistischen Vorgehens wurde. Die Analyse dieses wissenschaftsgeschichtlichen Umschlags, in welchem man in der Intersubjektivität der Beziehung zwischen Forscher und Betroffenem (als Mitforscher) eine solche Einbuße an wissenschaftlicher Objektivierbarkeit sah, daß zur Erhöhung der wissenschaftlichen Objektivität der Verfahren diese Intersubjektivität suspendiert wurde und so um der Wissenschaft willen die Spezifik des Gegenstands verloren ging, ist – auf dem Hintergrund der hier versuchten subjektwissenschaftlichen Lösung dieses Dilemmas – eine eigene historische Untersuchung wert.

Mit dem dargelegten und begründeten Prinzip der Partizipation der Betroffenen am Forschungsprozeß sind zentrale Voraussetzungen der subjektwissenschaftlichen Untersuchbarkeit eines bestimmten Problems markiert: Das zu untersuchende Problem darf nicht nur ein Problem des

Forschers, es muß auch ein *Problem der Betroffenen* sein bzw. es muß in Kooperation mit den Betroffenen so formulierbar sein, daß es sich als *deren* Problem verdeutlicht. Weiterhin müssen die einschlägigen subjektwissenschaftlichen Kategorien von den Betroffenen so anzueignen sein, daß sie dabei *tatsächlich* in Durchdringung ihrer besonderen Befindlichkeit zur *Klärung* ihrer Möglichkeiten und Grenzen der Bedingungsverfügung und Lebensqualität und *auf diese Weise* zur *verallgemeinert-metasubjektiven Qualifizierung ihres Verständigungsrahmens mit dem Forscher* kommen. Andernfalls ist sozusagen der spezifische subjektwissenschaftliche Forschungsgegenstand abwesend, und alles weitere erübrigt sich.

Es ist nur allzu deutlich, daß sich schon allein aus diesen beiden grundlegenden Voraussetzungen eine Vielzahl von *komplizierten und schwierigen Methodenproblemen* subjektwissenschaftlicher Aktualforschung ergeben muß. Darüber wollen wir aber hier noch nicht reden, sondern erst anläßlich der Darstellung und Diskussion tatsächlich realisierter Forschungsvorhaben. Wir halten für unsere weiteren methodologischen Überlegungen nur fest: Die zu entwickelnden konkreten *Objektivierungskriterien einzeltheoretisch-aktualempirischer Forschung* sind zu explizieren aus dem *kategorial begründeten metasubjektiven Verständigungsrahmen zwischen Forschern und Betroffenen,* müssen sich also auf der Basis der geschilderten *kategorialen Verallgemeinerungen in einem wissenschaftlichen Kooperationsprozeß* zwischen Forscher und Betroffenen ›*von Subjekt zu Subjekt*‹ unter den Vorzeichen des *gemeinsamen Erkenntnisinteresses* an der Klärung des Problems realisieren.

9.4 Methodologische Objektivierungskriterien subjektwissenschaftlicher Aktualforschung auf dem Spezifitätsniveau gesamtgesellschaftlicher Vermitteltheit individueller Existenz

Die Struktur der ›Möglichkeitsverallgemeinerung‹

Da sich in unseren bisherigen vorbereitenden Überlegungen die metasubjektive Qualifizierung der *Verallgemeinerbarkeit* des intersubjektiven Verständigungsrahmens zwischen Forscher und Betroffenen als wesentliche Voraussetzung von dessen Verwissenschaftlichung herauskristallisiert hat, knüpfen wir mit der Diskussion der aktualempirischen Objektivierungskriterien daran an. Wir fragen uns also zunächst, wie das wissenschaftliche Verallgemeinerungskriterium zu fassen ist, wenn es nicht mehr lediglich auf kategorialer Ebene formuliert wird, sondern wenn daraus *methodische* Gesichtspunkte für die Gewinnung verallgemeinerbarer Resultate *einzeltheoretisch-aktualempirischer Forschung* mit Bezug auf die ›gesamtgesellschaftlich vermittelte‹ *Spezifik* des Psychischen auf menschlichem Niveau explizierbar sein sollen; (die weiteren Objektivierungskriterien der Nachprüfbarkeit und empirischen Geltungsbegründung werden dann aus dem damit zu entfaltenden Problemzusammenhang heraus erörtert).

Während man, soweit es auf *kategorialer* Ebene um die *Bestimmung* der verschiedenen Instanzen, Dimensionen, Aspekte etc. der menschlichen Befindlichkeit/Handlungsfähigkeit geht, von ›dem‹ Individuum unter formationsbestimmt lage- und positionsspezifischen Bedingungen reden kann, ist (wie aus unseren früheren Darlegungen über das Verhältnis zwischen Kategorien und Einzeltheorien/Aktualempirie hervorgeht, vgl. S. 512 ff) eine solche *Abstraktion auf aktualempirischer Ebene nicht aufrechtzuerhalten:* Hier hat man es nicht mit ›dem‹ Menschen-unter-Bedingungen o.ä. zu tun, sondern mit *den* vielen verschiedenen, unter verschiedenartigen Umständen lebenden Menschen, wie sie *tatsächlich empirisch* ›*vorkommen*‹. Wie aber ist aus unseren kategorialen Verallgemeinerungsbestimmungen ein methodologisches Kriterium explizierbar, aus dem hervorgeht, wie man methodisch verfahren muß, damit die Resultate *aktualempirischer* Untersuchungen (subjektwissenschaftlicher Art) auf diese *vielen unterschiedlichen Individuen* (in den gesamtgesellschaftlichen Spezifika ihrer Befindlichkeit/Handlungsfähigkeit) ›*verallgemeinerbar*‹ sein können?

In der ›variablenpsychologischen‹ Definition des Verallgemeinerbarkeits-Kriteriums werden, wie dargestellt, die ›vielen unterschiedlichen vorfindlichen Individuen‹ hinsichtlich quantifizierbarer Merkmale zu ›zufallsvariablen‹ statistischen Verteilungen zusammengefaßt und in reduzierender Beschreibung dann diese Verteilungen durch bestimmte ›Kennwerte‹ (Mittelwerte, ›Streuungsmaße‹ etc.) als zentrale Tendenzen charakterisiert. So läßt sich dann das empirische Verallgemeinerungsverhältnis als ein solches verschiedener Verteilungen darstellen, nämlich als Verhältnis zwischen den Kennwerten der ›Stichproben-Verteilung‹ der tatsächlich untersuchten Individuen und den Kennwerten der umfassenderen ›Populations-Verteilung‹, auf die hin die Resultate verallgemeinert werden sollen etc. (vgl. S. 523 ff). Auf diese Weise wird man die einer Verallgemeinerung entgegenstehenden *realen Verschiedenheiten* der vorfindlichen Individuen *dadurch los,* daß man sie als ›*zufällige*‹ *Abweichungen von einem Verteilungs-Kennwert* (etwa Mittelwert) auffaßt, also quasi in die ›*Streuung*‹ *oder* ›*Varianz*‹ *als* ›*Störfaktoren*‹ *abschiebt.* Verallgemeinert wird dann nur noch unter Berücksichtigung eines die Individualität ›auslöschenden‹ Streuungsmaßes von Stichproben auf den

Populations-Kennwert. Jeder *reale* Einzelfall erscheint so als ›*Ausnahme*‹ von einem *bloß errechneten,* ›*gedachten*‹ *wahren Wert* (dies auch dann, wenn ein realer Wert ›zufällig‹ mit dem wahren Wert zusammenfällt).

Es ist wohl (auch ohne, daß wir die Rationalität dieser Verallgemeinerungsweise hier näher in Augenschein nehmen) auf Anhieb klar, daß wir uns bei der Explikation der subjektwissenschaftlichen Fassung des aktualempirischen Verallgemeinerungskriteriums mit Bezug auf die *Spezifik* gesamtgesellschaftlich vermittelter individueller Befindlichkeit/Handlungsfähigkeit *solcher statistischen Kunstgriffe nicht bedienen* können: Da (wie ausgeführt) das sich zu seinen gesellschaftlichen Lebensbedingungen bewußt ›verhaltende‹ Subjekt *immer* ›*erster Person*‹ ist, mithin die menschliche Verfassung des ›*je ich*‹ in subjektwissenschaftlicher Forschung *unreduziert erhalten bleiben* muß, können wir hier die vielen verschiedenen Individuen keineswegs zwecks Verallgemeinerung zu statistischen Verteilungen zusammenfassen und von ihren Unterschieden in reduzierender Beschreibung absehen, sondern sind mit *jedem einzelnen Menschen in seiner ihn von allen anderen unterscheidenden individuellen Einmaligkeit unabweislich konfrontiert.* Damit ist von ›je meinem‹ Standpunkt aus auch *kein einziger Mensch in irgendeiner Hinsicht* aufgrund der Unterscheidung von zentralen Tendenzen und Streuungen als *Ausnahme von irgendetwas* zu definieren. Im Gegenteil: unter subjektwissenschaftlichen Auspizien ist die differenzierende Rede von Regelfällen und Ausnahmen auf spezifisch menschlicher Ebene (abgesehen von ihrer latenten Inhumanität) als radikal *unwissenschaftlich* zu beurteilen, da so (wie später noch genauer zu zeigen) der Erkenntnisanspruch tatsächlich mit Hilfe pseudorationaler Deckbegriffe suspendiert ist (wobei Inhumanität und Unwissenschaftlichkeit nur zwei Seiten der gleichen Medaille sind). – Wie aber kann man *ohne Reduktion des subjektiven Standpunkts von* ›*je mir*‹ *als Einzelfall* zu Kriterien für die aktualempirische *Verallgemeinerbarkeit* darauf bezogener Forschungsresultate gelangen?

Man gewinnt den Schlüssel zur Aufhebung dieses (vielleicht auf den ersten Blick unlösbar erscheinenden) Widerspruchs, wenn man sich, zunächst auf *kategorialer* Ebene, vergegenwärtigt, *auf was* sich Verallgemeinerungen mit Bezug auf die *Spezifik* des Psychischen als gesamtgesellschaftlich vermittelte individuelle Befindlichkeit/Handlungsfähigkeit etc. überhaupt beziehen können: Wir haben als bestimmendes Moment einer so spezifizierten Handlungsfähigkeit die Beziehung des Individuums auf gesellschaftliche Bedeutungen als verallgemeinerten Handlungs*möglichkeiten* der Verfügung über gesellschaftlich-individuelle Lebensbedingungen auseinandergelegt. Dabei ergab sich, daß die weiteren Charakteristika menschlicher Handlungsfähigkeit auf diesem Niveau: *bewußtes* ›*Verhalten*‹ zur Welt und zu sich selbst vom *Standpunkt* ›*erster*

Person‹, *Subjektivität/Intersubjektivität* etc., sich aus dieser *Möglichkeitsbeziehung* als dessen nähere Bestimmungen explizieren lassen. Von da aus wurde die ›gesamtgesellschaftliche‹ Spezifizierung der Dimensionen und Funktionsaspekte der personalen Handlungsfähigkeit von uns im Ansatz an den objektiven *gesamtgesellschaftlichen Verfügungsmöglichkeiten* entwickelt, nämlich als deren formationsbestimmt *lage- und positionsspezifische Besonderung und Einschränkung* in den dem Individuum gegebenen *Bedeutungskonstellationen* und deren Aneignung/Umsetzung im *Zusammenhang subjektiv funktionaler Handlungsgründe* etc. Dies führte vom Standpunkt des Subjekts aus zum Konzept des je ›*subjektiven Möglichkeitsraums*‹ als *individueller Besonderung, Einschränkung, Mystifizierung* gesellschaftlicher Handlungsmöglichkeiten, also als Inbegriff dessen, was von den gesamtgesellschaftlichen, lage-und positionsspezifisch vermittelten Handlungs*möglichkeiten* für das Individuum in seiner lebensgeschichtlich bestimmten Situation (in einem je nächsten Schritt) *realisierbar ist*, d.h. der *Dimensionen* und der *Reichweite*, innerhalb derer es seine Beteiligung an der Verfügung über allgemeine/individuelle Lebensbedingungen erweitern und so seine Lebensqualität (in Überwindung von Ausgeliefertheit und Angst) erhöhen kann (vgl. S. 367 ff).

Aus dieser Rekapitulation verdeutlicht sich, daß das Kriterium der Verallgemeinerbarkeit von Resultaten subjektwissenschaftlicher Aktualforschung (über gesamtgesellschaftlich vermittelte menschliche Spezifika des Psychischen) sich auf die vielen verschiedenen Menschen, wie sie empirisch vorkommen, gar nicht hinsichtlich irgendwelcher ›faktischen‹ Merkmale, sondern hinsichtlich deren je besonderer ›*subjektiver Möglichkeitsräume*‹ bezieht. Mithin ist die für die subjektwissenschaftliche Forschung vorausgesetzte ›metasubjektive‹ Qualifizierung der intersubjektiven Beziehung zwischen Forscher und Betroffenen unter diesem Gesichtspunkt zu charakterisieren als *Verständigung* über Verfügungs*möglichkeiten* und deren Behinderung, also quasi *von Möglichkeitsraum zu Möglichkeitsraum*. Und aus *dieser* metasubjektiven Beziehungsqualität ist das Kriterium der aktualempirischen Verallgemeinerbarkeit etc. zu explizieren.

Eine solche ›*Möglichkeitsverallgemeinerung*‹ hat nun aber eine *gänzlich andere Struktur* als etwa die ›variablenpsychologische‹ Verallgemeinerung auf der Ebene bloßer ›Fakten‹: Sofern ich nämlich meine empirisch vorfindliche subjektive Befindlichkeit in Richtung auf die genannten Bestimmungen des ›subjektiven Möglichkeitsraums‹ durchdrungen habe, kann ich diese Befindlichkeit/Handlungsfähigkeit als *Verhältnis* zwischen *allgemeinen gesellschaftlichen Handlungsmöglichkeiten* und *meiner besonderen Weise ihrer Realisierung, Einschränkung, Mystifikation* etc. begreifen. Damit stehen die vielen verschiedenen Individuen hier nicht mehr scheinhaft isoliert nebeneinander, sondern es ist ihre *rea-*

le Beziehung untereinander expliziert, in der sie aufgrund *gemeinsamer gesellschaftlicher Handlungsmöglichkeiten* (auf verschiedenen Ebenen, s.u.) stehen, und ihre personalen Unterschiede lassen sich für sie selbst als *unterschiedliche Formen der subjektiven Realisierung dieser gemeinsamen Verfügungsmöglichkeiten* fassen. Damit ist aber auch im Prinzip klar, in welchem Sinne und unter welchen Umständen empirische Aussagen über die Besonderheit ›meiner‹ Befindlichkeit/Handlungsfähigkeit auf ›Deine‹ Befindlichkeit/Handlungsfähigkeit in ihrer Besonderheit *verallgemeinerbar* sind: nämlich, soweit diese Besonderheiten aus den Dir und mir *verschiedenen Realisierungsbedingungen,* mithin *unterschiedlichen Prämissen* subjektiv funktionaler Begründungszusammenhänge etc. als *subjektiv notwendige Erscheinungsvarianten der Realisierung allgemeiner gesellschaftlicher Handlungsmöglichkeiten* verständlich werden. Mit einer solchen ›theoretischen‹ Verallgemeinerung ist dabei zwingend auch die Perspektive der ›*praktischen Verallgemeinerung*‹ unserer Handlungsmöglichkeiten gesetzt: Diese vollzieht sich im Maße der Überwindung der objektiven und subjektiven *Behinderungsbedingungen und Mystifikationen* durch Annäherung unserer (durch ihre Beschränktheit verschiedenen) personalen Handlungsräume an *allgemeine gesellschaftliche Möglichkeiten der bewußten gemeinsamen Verfügung über unsere eigenen Angelegenheiten.*

Es mag so scheinen, als ob in diesem subjektwissenschaftlichen Verallgemeinerungskonzept sich – in der Unterscheidung zwischen gesellschaftlichen Handlungsmöglichkeiten und deren personalen Realisierungsbedingungen – doch wieder die ›variablenpsychologische‹ Unterscheidung zwischen ›konstituierenden Bedingungen‹ und ›Störfaktoren‹ wiederfindet. Dabei ist aber (abgesehen von allen sonstigen Unterschieden) zu berücksichtigen, daß in unserer Verallgemeinerungskonzeption die ›Störfaktoren‹ nicht zwecks Verallgemeinerung in die Varianz abgeschoben und damit die Erscheinungsunterschiede nivelliert werden, sondern im Gegenteil: Die Realisierungsbedingungen müssen dabei *explizit inhaltlich bekannt und berücksichtigt* werden, weil sie zu den ›konstituierenden Faktoren‹ je meiner empirischen Befindlichkeit/Handlungsfähigkeit gehören, da nur so die *Vermitteltheit ›meiner‹ Handlungsmöglichkeiten mit den gesellschaftlichen Handlungsmöglichkeiten* für mich als Grundlage der Verallgemeinerung faßbar werden kann (vgl. dazu KEILER 1970, S. 213 f). ›Verallgemeinern‹ bedeutet hier also nicht Wegabstrahieren, sondern *Begreifen* von Unterschieden als verschiedene Erscheinungsformen des *gleichen Verhältnisses.* Dabei fällt das Individuum nicht als bloßes Verteilungselement bzw. ›Ausnahme‹ der Verallgemeinerung zum Opfer: Vielmehr liegt (wie das gesamte subjektwissenschaftliche Instrumentarium) so auch das skizzierte Verallgemeinerungskonzept ›*in der Hand*‹ der Betroffenen. ›Je ich‹ kann mich damit in Durchdringung meiner scheinhaft isolierten Befindlichkeit mit realen gesellschaftlichen Handlungsmöglichkeiten und darüber mit *empirisch vorfindlichen anderen Menschen* (hinsichtlich unserer personalen Handlungsmöglichkeiten/-notwendigkeiten) *ins Verhältnis* setzen, so meine Isolation in der Perspektive gemeinsamer Verfügungserweiterung ›praktisch‹ überwinden. Die Verallgemeinerung bezieht sich hier also nicht (vom ›Standpunkt außerhalb‹) auf ›die anderen‹ als Häufigkeitsverteilung, sondern auf ›je mich‹ in meiner *unreduzierten Individualität und Subjekthaftigkeit.*

Das einzeltheoretische Konstrukt des je ›typischen Möglichkeitsraums‹ als Grundlage aktualempirischer Verallgemeinerbarkeit/ Nachprüfbarkeit subjektwissenschaftlicher Forschungsresultate

Aufgrund der damit charakterisierten formal-strukturellen Merkmale läßt sich das Konzept der Möglichkeitsverallgemeinerung weiter in Richtung auf seine Funktion als *Objektivierungskriterium aktualempirischer Forschung* explizieren. Dazu ist das früher auseinandergelegte Verhältnis zwischen Katergorialbezug und Empiriebezug innerhalb *einzeltheoretischer* Konzepte als *empirisch verallgemeinernder* Annahmen über wirkliche Beschaffenheiten etc. psychischer Erscheinungen (vgl. S. 513 ff) in die Überlegungen einzubeziehen. Genauer: Es ist darzulegen, was im Rahmen des aus dem spezifischen Kategorialbezug sich ergebenden Ansatzes der Möglichkeitsverallgemeinerung die *Verallgemeinerbarkeit des Empiriebezugs* der Einzeltheorien bedeuten kann. Anstelle der ›variablenpsychologischen‹ Verallgemeinerungen als Annahmen über die empirische Kovariation unabhängiger mit abhängigen Variablen (vgl. S. 514 f) ergibt sich aus der Struktur der Möglichkeitsverallgemeinerung die Charakterisierung einzeltheoretisch-empirischer Verallgemeinerungen als solcher *hinsichtlich des bei ›je mir‹ vorfindlichen Verhältnisses von Handlungs-/Verfügungsmöglichkeiten und deren Realisierungsbedingungen.* Bei Einbeziehung der einzeltheoretischen Bezugsebene geht es also nicht nur darum, über den Bezug auf gesellschaftliche Handlungsmöglichkeiten ›meinen‹ und ›deinen‹ Möglichkeitsraum als unterschiedliche Realisierungsformen des gleichen Verhältnisses zu begreifen, sondern ›unsere‹ je individuellen Möglichkeitsräume mit ihren Möglichkeits-/Realisierungsverhältnissen müssen sich (nach Maßgabe der jeweiligen einzeltheoretischen Fragestellung) *empirisch verallgemeinerten Formen solcher Möglichkeitsräume/Verhältnisse subsumieren* lassen: Dies ergibt sich aus dem Charakter der einzeltheoretisch-aktualempirischen Bezugsebene, die wir ja hier nicht zu eliminieren, sondern nur in ›gegenstandsadäquater‹ Weise zu konkretisieren haben. Wie aber ist gemäß der Struktur der Möglichkeitsverallgemeinerung (also ohne Zusammenfassung von Individuen zu Häufigkeitsverteilungen und deren Verallgemeinerung in statistischen Kennwerten etc.) eine solche *einzeltheoretisch-aktualempirische Verallgemeinerbarkeit* genauer vorzustellen?

Einzeltheorien sind, wie dargelegt, generell mit den jeweiligen Kategorialbestimmungen als ›Grundbegriffen‹ formulierte verallgemeinerte Annahmen über empirische Verhältnisse. *Subjektwissenschaftliche* Einzeltheorien (immer: mit Bezug auf die ›gesamtgesellschaftliche‹ Spezifik des Psychischen) sind, gleichviel, wie sie sonst näher beschaffen sind, immer mit den ›historischen‹ Kategorialbestimmungen, wie wir sie entwickelt haben, als Grundbegriffen formulierte *verallgemeinerte Annahmen über subjektive Möglichkeitsräume bzw. Möglichkeits-/Realisierungsverhältnisse empirisch vorfindlicher Individuen.* D.h.: Den Einzeltheorien liegt hier – in je nach der empirischen Fragestellung unterschiedlicher Form – das *theoretische Konstrukt eines ›verallgemeinerten‹ oder ›typischen‹ Möglichkeitsraums mit ›verallgemeinerten‹ oder typischen Möglichkeits-/Realisierungsverhältnissen* zugrunde, denen gegenüber die ›Einzelfälle‹ meiner und Deiner Möglichkeitsräume/Verhältnisse als *unterschiedliche Konkretisierungen eines ›solchen‹ ›typischen‹ Falls von Möglichkeitsraum* etc. aufgefaßt werden können. Die Art der Ausgliederung und näheren Bestimmung solcher typischen Möglichkeitsräume ist im ›metasubjektiven‹ Verständigungsrahmen zwischen Forscher und Betroffenen zu vollziehen und bemißt sich nach der Eigenart der jeweils gemeinsam interessierenden Fragestellung (und der danach zu kritisierenden/reinterpretierenden/entwickelnden psychologischen ›Vorbegriffe‹). *Wie* dabei prinzipiell vorzugehen ist, ergibt sich aus der Eigenart unserer einschlägigen Kategorialbestimmungen, nämlich den ›Instanzen‹ der *Lebensbedingungen/Bedeutungen,* der subjektiv funktionalen *Handlungsgründe* und der daraus sich ergebenden Spezifizierung der *psychischen Dimensionen und Funktionsaspekte* als ›Gliedern‹ des Verhältnisses zwischen gesellschaftlichen Handlungsmöglichkeiten und deren Besonderung, Einschränkung, Mystifizierung durch die situativen und personalen Realisierungsbedingungen innerhalb ›subjektiver Möglichkeitsräume‹ (unter bürgerlichen Lebensverhältnissen).

Da, wie früher (S. 367 ff) dargestellt, die ›subjektiven Möglichkeitsräume‹ primär durch die jeweils *lage- und positionsspezifischen Lebensbedingungen* des Individuums (aus denen sich die weiteren Momente direkt oder indirekt ergeben) bestimmt sind, muß auch bei der *Ausgliederung und Abgrenzung* des jeweils ›typischen Möglichkeitsraums‹ daran angesetzt werden. Es sind hier also zuvörderst die *in der Fragestellung angesprochenen ›typischen‹ Lebensbedingungen/Bedeutungskonstellationen in ihrer über die Lage- und Positionsspezifik hinausgehenden konkreten realhistorischen Besonderheit herauszuheben, auf die hin* die Resultate des *aktualempirischen Forschungsprozesses* nach dem Konzept der ›Möglichkeitsverallgemeinerung‹ *verallgemeinerbar* sein sollen. Die *ka-*

tegoriale Bedeutungsanalyse (wie sie früher, S. 358 ff, praktiziert wurde) ist demgemäß hier *mit den in ihr erarbeiteten ›Begriffen‹* in eine *aktualempirische Bedeutungsanalyse zu wenden*. D.h.: Die in den Fragestellungen und darin liegenden empirischen Verallgemeinerungen angesprochenen Lebensbedingungen (Institutionen, Arbeitsplätze, Familie, Medien, besondere ›Umgebungen‹, künstlerische Exponate und alles erdenkliche andere) sind als *realhistorische Konkretisierungen formations-, lage- und positionsspezifischer Bedeutungskonstellationen einschließlich ihrer gesamtgesellschaftlichen Verweisungen* auf das darin liegende *›typische‹ Verhältnis von Handlungs-/Verfügungsmöglichkeiten und deren Einschränkung/Mystifizierung* hin zu analysieren. Während also in der kategorialen Bedeutungsanalyse solche lage- und positionsspezifischen Handlungsmöglichkeiten/Einschränkungen ›begrifflich‹ faßbar gemacht werden, werden in der aktualempirischen Bedeutungsanalyse jeweils vorfindliche konkret-historische Handlungsmöglichkeiten/Einschränkungen tatsächlich in ihren ›typischen‹ Zügen gefaßt.

Nach der so zu vollziehenden Ausgliederung des typischen Möglichkeitsraums durch Herausarbeitung des fragestellungsrelevanten ›typischen‹ Verhältnisses zwischen Handlungsmöglichkeiten und Realisierungsbedingungen/-beschränkungen auf der Ebene gesellschaftlicher Lebensbedingungen/Bedeutungen wäre nun das Vermittlungsniveau der *›subjektiv funktionalen Handlungsgründe‹* zur *weiteren ›theoretischen‹ Differenzierung* des jeweiligen ›typischen Möglichkeitsraums‹ in die Analysen einzubeziehen. D.h. es wären Annahmen darüber zu formulieren, welche *›typischen‹ Formen von subjektiven Begründungszusammenhängen* sich aus den in den aufgewiesenen Bedeutungskonstellationen als Handlungsmöglichkeiten/-beschränkungen/-mystifizierungen *als deren ›Prämissen‹* ergeben werden, wie also (unter bürgerlichen Lebensverhältnissen) die *Alternative verallgemeinerter vs. restriktiver Handlungsfähigkeit* im ›typischen Möglichkeitsraum‹ hinsichtlich der *Dimensionen und der Reichweite der ›zweiten Möglichkeit‹ der Verfügungserweiterung* konkret zu bestimmen ist.

Das so ›begründungsanalytisch‹ gefaßte ›typische‹ Verhältnis zwischen Handlungsmöglichkeiten und Realisierungsbedingungen/-behinderungen/-mystifikationen wäre dann schließlich ›funktionsanalytisch‹ auf Annahmen hinsichtlich der daraus folgenden *›typischen‹ Bestimmungen der psychischen Dimensionen und Funktionsaspekte,* wie sie kategorial auseinandergelegt wurden, zu spezifizieren. Dabei wäre das theoretische Konstrukt des ›typischen Möglichkeitsraumes‹ etwa durch Aussagen über folgende Momente näher zu bestimmen: ›Typische‹ Möglichkeiten/Restriktionen der Herausbildung ›menschlicher‹ Bedürfnisverhältnisse, ›typische‹ Formen der ›Instrumentalisierung‹ sozialer Beziehungen und deren ›intersubjektiver‹ Überwindbarkeit, ›typische‹ Formen des ›Nahegelegtseins‹ deutenden *Denkens* und dessen ›begreifender‹ Durchdringbarkeit, ›typische‹ Gefahren der ›Verinnerlichung‹ und Handlungsabkopplung der Emotionalität und Möglichkeiten von deren Überwindung in ›verallgemeinerter Emotionalität‹, ›typische‹ Formen der Mystifikation von ›innerem Zwang‹ als ›Motivation‹ und deren Überschreitbarkeit in Richtung auf wirklich motiviertes Handeln. Unter übergeordneten Gesichtspunkten bedeutet dies auch die Formulierung von Annahmen über ›typische‹ Formen des Verhältnisses zwischen *bewußten Handlungsmöglichkeiten* und *›unbewußtem‹ Verfügungsentzug,* also *›Vollzügen‹* und *›Vorgängen‹* der Abwehr und Realitätsausklammerung, des Verhältnisses zur *eigenen Kindheit* als Restriktion oder Erweiterung gegenwärtiger Verfügungsmöglichkeiten etc. All diese ›typischen‹ Züge wären dabei als Momente wirklicher empirischer Befindlichkeiten unter den ›ausgegliederten‹ Lebensbedingungen zu fassen, also in darauf bezogenen ›theoretischen‹ Beschreibungsbegriffen inhaltlich zu konkretisieren. Welche psychischen Dimensionen und Funktionsaspekte im jeweiligen Konstrukt eines ›typischen Möglichkeitsraums‹ besonders ausführlich und differenziert zu behandeln sind, dies hängt sicherlich von der Art der Fragestellung ab (etwa davon, ob darin in besonderem Maße ›kognitive‹, ›emotionale‹, ›motivationale‹ Aspekte der Handlungsfähigkeit, Probleme des ›Unbewußten‹, Fragen sozialer Beziehungen etc. angesprochen sind). Dabei folgt aber aus dem System unserer Kategorialbestimmungen, daß der *Zusammenhang* zwischen den verschiedenen kategorialen Dimensionen/Aspekten in dem mit den Kategorialbestimmungen formulierten theoretischen Konstrukt eines ›typischen Möglichkeitsraums‹ *voll repräsentiert* sein muß (da sonst kein einziges einzeltheoretisch-aktualempirisches Teilproblem gegenstandsadäquat erforschbar ist).

Um aufgrund des so auseinandergelegten Konzepts der ›typischen Möglichkeitsräume‹ das darin implizierte *Verallgemeinerungsverhältnis zwischen ›Typ‹ und ›Einzelfall‹* adäquat fassen zu können, muß man sich einerseits klarmachen, daß die in den Forschungsprozeß einbezogenen ›Betroffenen‹, da die empirische Fragestellung *für sie relevant* ist, *selbst unter jenen realhistorischen Lebensbedingungen/Bedeutungskonstellationen* stehen (oder sich darunter gestellt haben), mit Bezug auf welche der ›Möglichkeitstyp‹ (Kurzformel für ›typischer Möglichkeitsraum‹ mit ›typischem‹ Möglichkeits-/Realisierungsverhältnis) ausgegliedert wird. Zum anderen muß man sich verdeutlichen, daß die Betroffenen als ›Mitforscher‹ innerhalb des metasubjektiven Verständigungsrahmens von allem Anfang an *selbst an der Konzipierung des Möglichkeitstyps beteiligt* sind. Das Verhältnis ›Typ-Einzelfall‹ ist also nicht vorgängig festgelegt, sondern entwickelt sich selbst (auf der gemeinsamen kategorialen Grundlage) *im* metasubjektiven kooperativen Forschungsprozeß zwischen ›Forscher‹ und ›Betroffenen‹ (als Mitforschern). Somit *wird* der Einzelne nicht von irgendeiner ihm gegenüber abgehobenen Wissenschaftsinstanz dem Möglichkeitstyp subsumiert, sondern ›*je ich*‹ habe jeweils in Analyse meiner eigenen Handlungsfähigkeit/Befindlichkeit unter den ›typischen‹ Lebensbedingungen ›*für mich*‹ zu klären, wieweit ich mich beim jeweiligen Stand der Entwicklung des Konstrukts dem angesetzten ›*typischen Möglichkeitsraum*‹ hinsichtlich meines *eigenen Möglichkeits-/Realisierungsverhältnisses* subsumieren, dieses also als ›*einen solchen Fall*‹, nämlich den im Möglichkeitstyp angenommenen, *verallgemeinern* kann, wobei ich das Resultat dieser ›*Selbstanwendung*‹ *des Möglichkeitstyps* in jeder Phase seiner gemeinsamen Ausarbeitung in den *metasubjektiven Forschungsprozeß zurückzumelden* habe. Dabei kann sich jeweils ergeben, daß ich von dem *angesetzten Möglichkeitstyp nicht* ›*betroffen*‹ bin, womit ich *mich selbst* von seiner weiteren Konkretisierung (damit von *diesem Teil* des Forschungsprozesses, s.u.) *ausschließen* (bzw. einen solchen Selbstausschluß metasubjektiv zur Diskussion stellen) muß, s.u.. Sofern ich über meinen subjektiven Möglichkeitsraum als einen ›solchen Fall‹ wie den typischen Möglichkeitsraum identifizieren kann, leiste ich dabei mit den Resultaten der Analyse meiner eigenen Befindlichkeit/Handlungsfähigkeit zugleich einen *Beitrag zur weiteren Differenzierung dieses theoretischen Konstrukts:* Aufgrund der *individuellen Einmaligkeit* meiner subjektiven Situation in ihrer lebensgeschichtlichen Gewordenheit müssen sich dabei nämlich in der Durchdringung der Erscheinungsweise meiner Befindlichkeit/Handlungsfähigkeit mit den bisherigen theoretischen Bestimmungen des Konstrukts *neue Formen* des Verhältnisses von Handlungsmöglichkeiten und deren Realisierungs-/Behinderungs-/Mystifizierungsbedingungen ergeben, die nunmehr als *dessen weiterer Ausbau* in das Konstrukt des jeweiligen Möglichkeitstyps aufzunehmen sind.

Die theoretische Entwicklung des Konzepts eines ›typischen Möglichkeitsraums‹ als Hintergrund für die Behandlung der aktualempirischen Fragestellung wäre mithin so gesehen prinzipiell ein *unabgeschlossener* und *unabschließbarer* Prozeß, bei dem durch die *Einbeziehung jedes neuen* ›*Einzelfalls*‹ die *bisherigen Bestimmungen sich als differenzierungs- oder korrekturbedürftig* erweisen: Dies ergibt sich notwendig daraus, daß im Ansatz der ›Möglichkeitsverallgemeinerung‹ die *individuellen Verschiedenheiten nicht* (wie beim ›variablenpsychologisch‹-statistischen Verallgemeinerungs-Ansatz) *in die Störvarianz abgeschoben* werden, sondern (wie gesagt) als individuelle Realisierungs-/Behinderungsbedingungen von Verfügungsmöglichkeiten *ausdrücklich in das theoretische Konstrukt aufzunehmen* sind. Dies heißt aber nun keineswegs, daß damit die Verallgemeinerbarkeit zwangsläufig unbestimmt bliebe und sich so als Objektivierungskriterium von selbst aufheben würde. Es sind nämlich stets jeweils *realhistorisch bestimmte gemeinsame Lebensbedingungen/Bedeutungskonstellationen* als *objektive* Handlungsmöglichkeiten/-beschränkungen und die darin liegenden Widersprüche und Mystifikationen für die Betroffenen, durch deren Ausgliederung die Bestimmungen des ›typischen Möglichkeitsraums‹ entwickelt werden. Auf diese Lebensbedingungen kann es nun aber gemäß der kategorial aufgeschlüsselten *allgemeinen Struktur* des Zusammenhangs zwischen Bedingungen, Bedeutungen, Handlungsgründen und psychischen Funktionsaspekten auf der Basis ›menschlicher‹ Verfügungs- und Erfüllungsnotwendigkeiten *keine unendlich vielen, gleich gewichtigen subjektiven ›Antworten‹* geben. Vielmehr muß sich im metasubjektiven Prozeß der gemeinsamen Ausarbeitung des theoretischen ›Möglichkeitstyps‹ bei immer weiteren ›Selbstanwendungen‹ der darin angesetzten Bestimmungen und zurückgemeldeten Differenzierungen/Korrekturen immer eindeutiger ergeben, daß die *wesentlichen Bestimmungen* zur aktualempirischen Verallgemeinerung der Besonderheiten ›meines‹ subjektiven Möglichkeitsraums bereits aufgrund vorgängiger Beiträge in das Konzept aufgenommen worden waren.

Die Differenzierungen/Korrekturen mit dem Fortgang des Forschungsprozesses erbringen so gesehen immer weniger *wirklich neue typische subjektive ›Antworten‹* auf objektive Lebensbedingungen etc. und immer weitergehend lediglich *weniger relevante zusätzliche Anreicherungen der Erfassung der typischen Formen*. Das Verallgemeinerungsverhältnis zwischen ›Typ‹ und ›Einzelfall‹ ist so zwar niemals endgültig zu fixieren, *vereindeutigt sich aber quasi ›asymptotisch‹ mit dem Fortgang des Forschungsprozesses*. So kann denn an einer bestimmten Stelle des Forschungsprozesses im metasubjektiven Verständigungsrahmen der Entschluß gefaßt werden, der *jeweilige ›Möglichkeitstyp‹ sei nun hinreichend bestimmt* und weitere Analysen seien nicht mehr erforderlich. Ein solcher *Abbruch* des Forschungsprozesses kann einerseits immer nur *vorläufig* sein, da sich in einem nächsten Selbstanwendungsfall prinzipiell *immer* noch bisher übersehene wesentliche Bestimmungen ergeben *können* (was auf Mängel vorgängiger Selbstanwendungsanalysen verweisen würde). Andererseits aber gibt es dennoch für Abbruch und Wiederaufnahme der Forschungen *explizierbare Kriterien*. Darin unterscheidet sich also die subjektwissenschaftliche Aktualforschung nicht von allen anderen *empirischen,* und *als solche* niemals endgültig ›abschließbaren‹, Forschungsweisen. Sie repräsentiert mithin immer und notwendig stets lediglich einen *vorläufigen Wissensstand*.

Sofern nun die Ausarbeitung eines ›typischen Möglichkeitsraums‹ als alle wesentlichen Bestimmungen und Alternativen subjektiver Antworten auf realhistorisch bestimmte Lebensbedingungen enthaltend *abgeschlossen* worden ist, ist damit gleichzeitig angenommen, daß er nicht nur auf die subjektiven Möglichkeitsräume der in den Forschungsprozeß *einbezogenen und an der Ausarbeitung beteiligten* Betroffenen, sondern auf *alle Betroffenen* verallgemeinerbar ist, d.h., daß auch *jedes andere* Individuum unter den ausgegliederten realhistorischen Lebensbedingungen/Bedeutungskonstellationen, *sofern* es sich durch Kategorien-Aneignung und Selbstanwendung der Konstrukt-Bestimmungen in den Forschungsprozeß hineinbegeben würde, seinen subjektiven Möglichkeitsraum als einen ›Fall‹ des ›typischen Möglichkeitsraums‹ durchdringen und so die entsprechenden Selbstklärungen mit ihren praktischen Konsequenzen erreichen *könnte*.

Aus diesen Darlegungen ergibt sich nun zwanglos die subjektwissenschaftliche Konkretisierung des wissenschaftlichen Objektivierungskriteriums der ›*Nachprüfbarkeit*‹ von Forschungsresultaten, indem sich dieses Kriterium als *Implikation des aus dem Konzept der Möglichkeitsverallgemeinerung abgeleiteten Ansatzes empirischer Verallgemeinerbarkeit* erweist: Die ›Nachprüfung‹ kann hier in nichts anderem bestehen denn in der geschilderten *Analyse der eigenen Befindlichkeit/Handlungsfähigkeit mit den Bestimmungen des ›subjektiven Möglichkeitsraums‹*. Dabei kann die Nachprüfung zum einen prinzipiell ›*fehlschlagen*‹, nämlich dann, wenn ich den angesetzten Möglichkeitstyp als *für mich nicht einschlägig* identifizieren muß, damit also ›*in meinem Falle*‹ *außer Anwendung* setze. Die Nachprüfung kann weiterhin nur *mit Einschränkungen* gelingen, nämlich dann, wenn sich bei der Selbstanwendung in der geschilderten Weise Differenzierungen oder Korrekturen der Bestimmungen des Möglichkeitstyps ergeben; dieser Mangel ist ›für mich‹ jeweils dadurch zu heilen, daß ich *meine Differenzierungen und Korrekturen in die Bestimmungen des ›typischen Möglichkeitsraums‹ einspeise*. Schließlich kann die Nachprüfung für mich ›*erfolgreich*‹ sein, nämlich dann, wenn ich alle wesentlichen Bestimmungen zur Durchdringung meines eigenen Möglichkeitsraums bzw. Möglichkeits-/Realisierungsverhältnisses etc. *im bereits erarbeiteten Konstrukt schon enthalten* sehe.

An dieser Fassung des Nachprüfbarkeits-Kriteriums mag manchen befremden, daß hier die ›Nachprüfung‹ nicht von irgendwelcher objektiven Wissenschaftsinstanz über die als statistische Verteilungen depersonalisierten Betroffenen hinweg, sondern nur *durch* die Betroffenen vollziehbar ist. Man sollte sich aber klarmachen, daß sich dies zwangsläufig aus der auseinandergelegten Notwendigkeit ergibt, das ›*intersubjektive*‹ Niveau der Beziehung zwischen Forscher und Betroffenen im Interesse der Gegenstandsadäquatheit nicht zu unterschreiten. Demnach *kann* hier die Nachprüfung nur ›vom Standpunkt des Subjekts‹, also durch ›je mich‹ erfolgen. Dies bedeutet indes, wie aus unserem Argumentationsgang hervorgeht, *keineswegs eine Suspendierung der wissenschaftlichen Objektivität,* da die Nachprüfung durch ›je mich‹ ja hier nicht *beliebig,* sondern nach den aufgewiesenen *wissenschaftlichen Kriterien* im *metasubjektiven Verständigungsrahmen* erfolgt. Wissenschaftliche Nachprüfungen erfolgen ja generell nach *objektivierbaren* Kriterien durch *je einzelne Forscher,* die über die Anwendbarkeit der Kriterien zu befinden und etwaige Zweifel zur Diskussion in den wissenschaftlichen Dialog einzubringen haben. *Etwas anderes geschieht aber, da hier die ›Betroffenen‹ als Subjekte der Nachprüfung gleichzeitig als ›Mitforscher‹* qualifiziert und so mit den entsprechenden wissenschaftlichen Kriterien ausgerüstet sind, im dargelegten subjektwissenschaftlichen Nachprüfungsprozeß *prinzipiell auch nicht*. (Ich werde die damit angedeuteten Fragen später, bei Diskussion des subjektwissenschaftlichen Kriteriums der ›empirischen Geltung‹, noch umfassender erörtern).

Die Ausgrenzung und Abgrenzung der Möglichkeitstypen hat gemäß dem einzeltheoretisch-aktualempirischen Charakter des Forschungsprozesses, innerhalb dessen sich diese vollzieht, grundsätzlich den Status von durch die Fragestellung geleiteter *empirischer Hypothesenbildung*. Dies heißt aber nicht, daß es sich dabei lediglich um ›begriffliche‹ Festsetzungen und Definitionen handelt, die von der Sache her jeweils auch beliebig anders aussehen könnten. Die jeweiligen gesellschaftlichen Lebensbedingungen/Bedeutungskonstellationen als Ausgrenzungs- und Abgrenzungskriterien sind ja (wie dargestellt) empirische Konkretisierungen jeweils bestimmter lage- und positionsspezifischer ›Infrastrukturen‹ als Sektoren der *umfassenden, arbeitsteiligen Gliederung der gesamtgesellschaftlichen Struktur,* die in der bürgerlichen Gesellschaft durch antagonistische Klassenverhältnisse bestimmt und zerrissen ist. Mithin muß – in dem Grade, wie mit der Präzisierung der ›typischen‹ Bedeutungskonstellationen innerhalb eines Möglichkeitstyps die darin liegenden gesamtgesellschaftlichen Verweisungen sich verdeutlichen – auch der *reale systematische Stellenwert* des je besonderen Möglichkeitstyps im *gesamtgesellschaftlichen Strukturzusammenhang* (mit seinen durch die bürgerlichen Klassenverhältnisse formbestimmten Gliederungen in Produktions- und Reproduktionsbereich, staatliche und sonstige Institutionen, formelle und informelle Kooperations- und Organisationsformen etc.) immer klarer faßbar werden. In der mit dem Fortgang des Forschungsprozesses und der Kumulation seiner Resultate immer deutlicheren Ausgliederung und Abhebung bestimmter ›prägnanter‹ Möglichkeitstypen muß sich also gleichzeitig deren übergeordneter *gesamtgesellschaftlicher Zusammenhang* immer eindeutiger herausheben, von dem aus jeder Möglichkeitstyp aufgrund seiner gesamtgesellschaftlichen Verweisungen als *besondere Realisierungsform, Einschränkung, Mystifizierung des (gesellschaftstheoretisch erfaßten) gesamtgesellschaftlichen Verhältnisses von Handlungsmöglichkeiten und deren Einschränkung etc.* begreifbar wird. Damit sind aber die Möglichkeitstypen, die einerseits *individuelle Besonderungen* eines ›typischen‹ *Möglichkeits-/Realisierungsverhältnisses* umfassen, andererseits *selbst* als *realhistorische Besonderungen* des *übergeordneten gesamtgesellschaftlichen Möglichkeits-/Realisierungsverhältnisses* anzusehen.

Aus diesen Darlegungen ergibt sich, daß das bis hierher entwickelte subjektwissenschaftliche Verallgemeinerungs-/Nachprüfbarkeitskriterium, an den die *individuellen Einzelfälle durch Bezug auf den ›Möglich-*

keitstyp‹ verallgemeinerbar sich ins Verhältnis setzen können, auch zur Begründung von *Verallgemeinerungen über den einzelnen Möglichkeitstyp hinaus* geeignet ist, indem (gemäß der geschilderten Struktur der Möglichkeitsverallgemeinerung) die verschiedenen Möglichkeitstypen als *besondere Erscheinungsformen allgemeiner gesamtgesellschaftlicher Handlungsmöglichkeiten verallgemeinerbar miteinander ins Verhältnis* gebracht werden können. Damit ist der Relativismus des bürgerlich-sozialwissenschaftlichen Ansatzes der ›Schichtspezifik‹ menschlicher Handlungen/Befindlichkeiten, durch welchen die historisch bestimmte Zerrissenheit der bürgerlichen Gesellschaft wissenschaftlich ›universalisiert‹ ist, *überwindbar.* Es wird nämlich deutlich, daß der *metasubjektive Verständigungsrahmen* prinzipiell auch Individuen *verschiedener* ›Schichtzugehörigkeit‹ bzw. *Klassenlage,* die in unterschiedlichen *›Möglichkeitstypen‹* individualwissenschaftlich verallgemeinert ist, umfassen kann, womit die geschilderte ›Selbstausschließung‹ eines Individuums aufgrund der Nichteinschlägigkeit je eines *Möglichkeitstyps in einem umfassenderen Forschungskonzept* aufhebbar ist: Es ist hier (nach Maßgabe der Fragestellung) mit Bezug auf die allen Möglichkeitstypen (in der bürgerlichen Gesellschaft) *gemeinsamen* gesamtgesellschaftlichen Handlungsmöglichkeiten/-beschränkungen einerseits für *uns verständlich* zu machen, *warum* wir als Individuen, die sich verschiedenen Möglichkeitstypen subsumiert haben, aufgrund der *verschiedenartigen* ›typischen‹ *Prämissen in den je lage- und positionsspezifischen Bedeutungskonstellationen* zu *unterschiedlichen* ›typischen‹ Begründungszusammenhängen und Ausprägungen psychischer Funktionsdimensionen/-aspekte kommen *müssen*. Andererseits aber sind dabei auch die jeweils verschiedenen ›typischen‹ Möglichkeiten der *Verfügungserweiterung* in ihren besonderen Einschränkungen und Mystifikationen am *Fluchtpunkt der gesamtgesellschaftlichen Möglichkeiten* der Verfügungs*erweiterung von uns als von verschiedenen gesellschaftlichen Standorten aus vollziehbare Schritte auf das gleiche Ziel,* nämlich die *bewußte Verfügung aller über ihre eigenen Angelegenheiten,* hin zu begreifen. So verdeutlicht sich mit der ›theoretischen‹ hier gleichzeitig die ›praktische‹ Verallgemeinerbarkeit in der Perspektive der schrittweisen Aufhebbarkeit der Unterschiede der jeweils typischen Realisierungs-/Behinderungsbedingungen in der *tatsächlichen Realisierung der im typischen Möglichkeitsraum* bestehenden ›zweiten Möglichkeit‹ *der Verfügungserweiterung,* also des ›Praktischwerdens‹ der gemeinsamen Zielsetzung in gemeinsamem Handeln.

Aus der Zuspitzung dieser Überlegungen ergibt sich die Frage, ob denn nicht in unserem Verallgemeinerungskonzept auch die *›Verständigung‹ über die antagonistischen Klassenschranken* hinweg impliziert sei, und wie dies denn mit den *unaufhebbaren Interessengegensätzen* der ausbeutenden und der ausgebeuteten Klassen in der bürgerlichen Gesellschaft vereinbar sein kann. Ich will dazu (zur

Vorbereitung der bisher weitgehend ausgeklammerten Diskussion dieses Problems) hier nur folgende kurze Hinweise geben:
1. Metasubjektive *Verständigung* ist nicht gleichbedeutend mit *Einigung* und auch nicht mit der schlichten Konstatierung von *Interessengemeinsamkeiten*. Es kann sich vielmehr im verallgemeinernden Bezug von Möglichkeitstypen auf gesamtgesellschaftliche Möglichkeiten herausstellen, daß aufgrund der gegensätzlichen Klassenbestimmtheit der ›typischen‹ Bedeutungskonstellationen sich *unmittelbar gegensätzliche* Interessen ergeben *müssen,* wobei die Begründetheit dieser Gegensätze aus den unterschiedlichen Bedeutungsprämissen intersubjektiv, damit auch metasubjektiv, über die Klassenschranken hinweg *verständlich* gemacht werden kann (also das ›menschliche‹ Niveau interpersonaler Beziehungen damit nicht notwendig suspendiert ist).
2. Dabei kann die dargelegte *Konvergenz* der Realisierung der jeweils ›typischen‹ Möglichkeiten der Erweiterung der Verfügung von Menschen über ihre gesellschaftlichen Lebensbedingungen in Richtung auf die Verfügung aller über ihre eigenen Angelegenheiten (also perspektivisch die Überwindung kapitalistischer Klassenverhältnisse) durchaus auch *über die antagonistischen Klassenschranken hinweg* im metasubjektiven Verständigungsrahmen sichtbar werden. Selbst Kapitalisten sind davon nicht grundsätzlich ausgeschlossen, wie z.B. durch die Existenz kommunistischer Kapitalisten in Frankreich belegt, die ihren Profit z.T. an die Partei abführen und sich damit am Kampf für Verhältnisse beteiligen, unter denen ihre eigene Existenzweise als Funktionäre des Kapitals sich aufheben muß – in besonders spektakulärer Weise aber durch die Existenz von FRIEDRICH ENGELS, der bekanntlich mit den Profiten aus seiner Bürstenfabrik KARL MARX unterstützte und ihm so ermöglichte, das ›Kapital‹ zu schreiben. Ähnliche Weisen des ›Klassenverrats‹ ohne Aufgabe der Klassenposition finden sich – als Realisierungen der Möglichkeit der Menschen, sich zu den Lebensbedingungen, denen sie unterworfen sind, bewußt zu ›verhalten‹ etc. – in weniger spektakulärer Weise häufig, so bei allen Intellektuellen, die ihre Möglichkeiten als ›Diener‹ des bürgerlichen Staates in seinen Institutionen zum Kampf für den demokratischen Wandel dieses Staates nutzen.
3. Wenn also der metasubjektive Verständigungsrahmen Verallgemeinerungen auf Möglichkeitstypen über die antagonistischen Klassenschranken hinweg zuläßt, so heißt dies natürlich nicht, daß damit die Angehörigen der herrschenden Klasse auch *real in diesen Verständigungsrahmen einbezogen* sein müssen. Voraussetzung für die Beteiligung am metasubjektiv vermittelten Forschungsprozeß ist ja, wie dargelegt, die *Aneignung der subjektwissenschaftlichen Kategorien auf der Basis materialistischer Dialektik,* und dazu werden die Funktionäre der herrschenden Klasse, aber auch viele, die an deren Privilegien partizipieren, natürlich meist weder fähig noch bereit sein. Mehr noch, sie werden sich ›normalerweise‹ sogar am ›*Klassenkampf von oben*‹ zur Unterdrückung der marxistischen Wissenschaft, deren Ausprägung unsere subjektwissenschaftliche Konzeption ist, beteiligen, womit der Klassenantagonismus, der *im* metasubjektiven Rahmen in ›menschliche‹ *Verständigungsmöglichkeiten einbezogen ist, im Vorfeld* der Subjektwissenschaft hier als Versuch der *Ausgrenzung* aus der wissenschaftlichen/menschlichen Gemeinschaft *mit voller Brutalität durchschlägt.* Von da aus sind dann auch die Darlegungen unter dem vorigen Punkt zu relativieren, indem man sich verdeutlicht, daß subjektwissenschaftliche For-

schung über die Klassenschranken hinweg zwar wissenschaftlich möglich ist, aber nur unter Sonderbedingungen praktisch real werden kann (dies alles, wie gesagt, nur als vorläufige Hinweise).

Die bis hierher entwickelte und konkretisierte Konzeption der subjektwissenschaftlichen Möglichkeitsverallgemeinerung ist psychologiegeschichtlich KURT LEWIN mit seiner *Kritik am überholten ›aristotelischen‹ Denken des statistischen Häufigkeitsansatzes* und der Herausarbeitung der These der *Verallgemeinerbarkeit vom ›Einzelfall‹ auf ›einen solchen Fall‹ als ›Geschehenstypus‹* aufgrund eines strengen ›galileischen‹ Gesetzesbegriffes (vgl. KURT-LEWIN Werkausgabe Bd. 1, 1981, bes. S. 233 ff und 279 ff) verpflichtet. Dieser bedeutende wissenschaftstheoretische Beitrag LEWINs ist für die weitere Entwicklung der Psychologie bisher absolut folgenlos geblieben (so folgenlos, daß selbst LEWIN und seine Schüler ihn in ihren eigenen experimentellen Arbeiten beiseite ließen und in den Trend des ›variablenpsychologischen‹ Hauptstroms hineingezogen wurden).

Ich habe mich schon früher mit LEWINs Verallgemeinerungskonzept kritisch auseinandergesetzt und bin dabei, wie ich heute sehe, hinter Lewin zurückgefallen (HOLZKAMP 1968, S. 105 ff). Aufgrund des nun entwickelten Ansatzes der Möglichkeitsverallgemeinerung im Rahmen unseres subjektwissenschaftlichen Gesamtansatzes kann m.E. LEWINs Wissenschaftstheorie jetzt auf angemessenere Weise kritisch analysiert werden, wobei sowohl deren Bedeutung wie deren Grenzen, aus denen ihre Folgenlosigkeit als Unrealisierbarkeit sich ergibt, adäquat aufweisbar wären. Dies kann jedoch erst im Rahmen der noch ausstehenden kritisch-psychologischen Auseinandersetzung mit LEWIN (besonders durch den geplanten 3. Band von H.-OSTERKAMPS ›Motivationsforschung‹) in umfassenderem Problemzusammenhang geschehen.

Begründbarkeit der empirischen Geltung von Resultaten subjektwissenschaftlicher Aktualforschung aus der Einheit von Praxis und Erkenntnisgewinn

Die bisher auf der Grundlage des Konzeptes der Möglichkeitsverallgemeinerung bzw. typischen Möglichkeitsräume erarbeitete subjektwissenschaftliche Fassung der empirischen Verallgemeinerbarkeit/Nachprüfbarkeit als methodologischen Objektivierungskriterien ist nun auf das zentrale Kriterium der *Begründbarkeit empirischer Geltung* hin weiter zu entfalten. Dazu sind zunächst bestimmte aus unseren bisherigen methodologischen Darlegungen ableitbare *Grundcharakteristika des subjektwissenschaftlichen Forschungsprozesses* zu verdeutlichen.

Der Ansatz aktualempirischer subjektwissenschaftlicher Forschung besteht, wie (auf S. 518 ff) dargelegt, immer in der Kritik/Reinterpretation/Weiterentwicklung schon gegebener psychologischer Vorbegriffe, wobei sich (sofern nicht eine Zurückweisung der vorbegrifflichen Fragestellung als total gegenstandsinadäquat bzw. ihre Ortung als mehr oder weniger ›unspezifisch‹ erforderlich wird, s.u.) der *Stellenwert* der jeweiligen theoretischen Annahmen innerhalb des Gesamts der kategorialen Bestimmungen menschlicher Handlungsfähigkeit/Befindlichkeit auf dem Niveau gesamtgesellschaftlich vermittelter individueller Existenz verdeutlicht. Aus unseren Darlegungen über Möglichkeitsverallgemeinerung/ typische Möglichkeitsräume ergibt sich nun, daß mit einer solchen kategorialen Ortung die subjektwissenschaftliche Reformulierung einer einzeltheoretischen Fragestellung keineswegs schon beendet ist. Die *kategoriale* Einordnung der Fragestellung muß nämlich für die *Betroffenen*, da sie nicht mit ihrer wirklichen empirischen Befindlichkeit/Handlungsfähigkeit vermittelt ist, zunächst noch *abstrakt und ›äußerlich‹* bleiben. Es genügt hier nicht zu wissen, *daß* die jeweils angesprochene aktualempirische Problemebene den und den, möglicherweise verkürzten und mystifizierten, Aspekt der Gesamtstruktur menschlicher Handlungsfähigkeit repräsentiert, sondern es gilt herauszufinden, *wie* das jeweils interessierende aktualempirische Problem innerhalb *meines* subjektiven Möglichkeitsraums in seiner Verallgemeinerbarkeit als jeweils ›solcher‹ Möglichkeitstyp mit den Instanzen/Dimensionen/Funktionsaspekten des Gesamts *meiner* Handlungsfähigkeit/Befindlichkeit vermittelt ist.

Dies heißt aber nichts anderes, als die *Explikation* der Fragestellung im Zuge der geschilderten metasubjektiv-kooperativen Erarbeitung des jeweiligen typischen Möglichkeitsraums, also ihre *Reformulierung* in Termini des aus den jeweiligen realhistorisch-konkreten, lage- und positionsspezifischen Verhältnissen etc. sich ergebenden Zusammenhangs zwischen Lebensbedingungen, Bedeutungskonstellationen, Begründungszusammenhängen und Funktionsausprägungen unter dem Gesichtspunkt der *›typischen‹ Möglichkeiten der Erweiterung der Verfügung über die Lebensbedingungen,* damit *Aufhebung von kognitiv/emotional/motivationalen Restriktionen* meiner Handlungsfähigkeit/Befindlichkeit etc., wie wir sie als Bestimmungen der Möglichkeitstypen umrissen haben. Dies bedeutet damit auch die mögliche *Selbstkritik der eigenen Ausgangsfrage* des Forschers auf darin enthaltene *Verallgemeinerungen ›vom Standpunkt außerhalb‹, Hypostasierungen ›abstrakter‹ Persönlichkeitsmerkmale, ›Einteilungen‹ und ›Ausgrenzungen‹ von Menschen* etc., damit Klärung, wie die Frage eigentlich vom *Standpunkt der Verfügung über die Lebensbedingungen durch die Betroffenen* etc. lauten muß (was die Analyse der eigenen Gründe des Forschers für die falsche Fassung der Frage einschließt). Mit einer solchen Reformulierung der Ausgangsfragestellung im Zuge des empirischen Forschungsprozesses in Richtung auf die Erarbeitung des theoretischen Konstrukts des jeweils typischen Möglichkeitsraums wird diese keineswegs eliminiert o.ä., sondern ggf. lediglich als *mehr oder weniger untergeordnete Teilfragestellung dessen, was hier eigentlich ›die Frage‹ ist,* verdeutlicht; insbesondere können dabei in der Ausgangsfragestellung angesprochene *bloße innerpsychische* Restriktionen, Widersprüche, Konflikte etc., in ihrem Bezug auf Teilinstanzen der konkret-historischen Ausprägung eines *umfassenderen Zusammenhangs zwischen objektiven Lebensbedingungen und psychischer Befindlichkeit/Handlungsfähigkeit,* erkennbar werden, was gleichbedeutend ist mit der Perspektive der Überwindung meiner psychischen Restriktionen, Widersprüche, Konflikte durch die *reale Erweiterung meiner Bedingungsverfügung* (nach Maßgabe der Dimensionen und der Reichweite der ›zweiten Möglichkeit‹ im typischen Möglichkeitsraum, dem ich mich im Forschungsprozeß zuordne). – Die genannte aktualempirische Explikation der Fragestellung setzt damit generell die konkrete inhaltliche Erfassung meines/des ›typischen‹ *Verhältnisses* zwischen *Handlungsmöglichkeiten und Realisierungs-/Behinderungsbedingungen* voraus, von dem aus erst die Relativierung der Ausgangsfragestellung von der ›eigentlichen‹ umfassenderen Problematik der Schranken/Möglichkeiten der Verfügungserweiterung her zustandekommen kann.

Daraus ergibt sich nun aber ein zentraler Grundzug subjektwissenschaftlicher Aktualforschung als *gemeinsame Praxis* des Forschers und der Betroffenen in Richtung auf die *Realisierung* der auf den verschiedenen Stufen der Entwicklung des ›Möglichkeitstyps‹ jeweils hypothetisch angesetzten Möglichkeiten der Erweiterung der Bedingungsverfügung. Nur im wirklichen, praktischen Versuch der Möglichkeits*realisierung* können nämlich deren je *realhistorisch gegebenen objektiven und psychischen Besonderungen und Beschränkungen an der widerständigen Realität empirisch erfahrbar* werden, was gleichbedeutend ist mit der ›metasubjektiven‹ Diskutierbarkeit der speziellen Mittel, die hier zur Überwindung der Realisierungsbehinderungen etc. erfordert sind, und der Umsetzung in neue Änderungshypothesen als Anleitung des nächsten praktischen Schrittes versuchter Verfügungserweiterung etc. Auf diesem Forschungswege käme es dann einerseits dazu, daß der zur Frage stehende Möglichkeitstyp ›asymptotisch‹ immer ›prägnanter‹ wird, und daß sich dabei andererseits auch sein Stellenwert im gesamtgesellschaftlichen Zusammenhang immer mehr abklärt, also erkennbar werden kann, welche Möglichkeiten der Erweiterung der Verfügung über gesellschaftliche Lebensbedingungen *innerhalb* des jeweils besonderen Möglichkeitstyps *nicht* mehr bestehen, sondern seine Überschreitung in manifest *gesamt*gesellschaftlich orientierter Praxis erfordern würden etc.

Die so skizzierte gemeinsame Praxis im subjektwissenschaftlichen Forschungsprozeß bringt also faktisch stets für die Betroffenen (Forscher wie Mitforscher) eine reale Erweiterung ihrer Bedingungsverfügung, damit Verbesserung ihrer Befindlichkeit/Handlungsfähigkeit, d.h. auch Erfahrung/Erkenntnis der Bedingungen und Gründe für deren Grenzen. Dies ist aber nicht das primäre Ziel der Forschungsaktivität, sondern nur notwendiges Implikat des Umstandes, daß ich nur über die *wirkliche* Erweiterung meiner Bedingungsverfügung im subjektiven Möglichkeitsraum die *Umstände aufweisen kann, unter denen die entgegenstehenden Behinderungen von mir überwunden werden* konnten, um so in *Verallgemeinerung auf den Möglichkeitstyp,* dem ich mich subsumiere, Aussagen hinsichtlich der Überwind*barkeit* dieser Behinderungsbedingungen machen zu können, die dann hypothetisch Geltung für *alle,* die sich (faktisch oder konditional) dem Möglichkeitstyp subsumieren, beanspruchen und in den weiteren Nachprüfungsprozeß eingehen – dies jeweils spezifiziert auf die Ausgangsfragestellung und ihre allmähliche Reformulierung im Fortgang der Forschungs-Kooperation. Man kann demgemäß die subjektwissenschaftliche Praxis (in anderer inhaltlicher Bestimmung eines viel früher von mir vorgeschlagenen Terminus, vgl. 1970, S. 129 ff) als ›kontrolliert-exemplarische Praxis‹ bezeichnen.

Wenn dergestalt ›kontrolliert-exemplarische Praxis‹ der Verfügungserweiterung zum aktualempirischen Erkenntnisgewinn im subjektwissenschaftlichen Forschungsprozeß notwendig ist, dann muß sie (unabhängig von allen sonstigen methodischen Konkretisierungen) auch *real* werden können. Da – wie dargestellt – die Erweiterung der Bedingungsverfügung in der bürgerlichen Gesellschaft (mindestens von einer bestimmten Größenordnung an) nur im (je nach der gesamtgesellschaftlichen Verflochtenheit umfassenderen oder begrenzteren) *Zusammenschluß von Betroffenen in unmittelbarer Kooperation* möglich ist, müssen mithin auch in den subjektwissenschaftlichen Forschungsprozeß (nach Maßgabe der Fragestellung) solche *Zusammenschlüsse von* ›*Gleichbetroffenen*‹ *unter einem bestimmten Möglichkeitstyp* einbeziehbar sein. Diese ›Vervielfältigung‹ der Betroffenen bedeutet indessen nicht eine irgendwie geartete Zusammenstellung von ›Versuchsgruppen‹ durch den Forscher (nach Art der Vervielfältigung zum Zwecke der Herstellung statistisch verarbeitbarer Häufigkeiten etc.). Vielmehr wird sich im Zuge der von der aktualempirischen Bedeutungsanalyse ausgehenden Verarbeitung des ›Möglichkeitstyps‹ immer klarer herausstellen, welche *realen Kooperationsverhältnisse* unter den *je besonderen lage- und positionsspezifischen Bedingungen* innerhalb der thematisierten *gesellschaftlichen Lebensbereiche, Institutionen, Organisationen* etc. in den Forschungsprozeß einbezogen werden müssen, wenn der *reale Prozeß* der Verfügungserweiterung, durch den sich *auf den Möglichkeitstyp verallgemeinerbare Bedingungen seiner konkret-historischen Realisierbarkeit allein ergeben können,* noch weiterführbar sein soll. Soweit es hier pragmatisch nicht gelingt, über die einzelnen Betroffenen hinaus derartige Kooperationseinheiten von Betroffenen in den subjektwissenschaftlichen Forschungsprozeß einzubeziehen, wäre dies gleichbedeutend mit dem Abbruch der einschlägigen Forschungsarbeit, weil die zur Weiterführung der Forschung erforderte exemplarische Praxis als Grundlage wissenschaftlichen Erkenntnisgewinns nicht mehr gewährleistet ist.

An dieser Stelle unserer Darlegungen läßt sich nun auch die subjektwissenschaftliche Fassung des Objektivierungskriteriums der *Begründbarkeit empirischer Geltung* (Verifizier-/Falsifizierbarkeit, ›Bewährung‹ etc.) verdeutlichen: Eine theoretische Annahme kann in dem Maße empirische Geltung beanspruchen, wie *bei Realisierung der dafür im Kontext des Möglichkeitstyps in der Annahme formulierten Voraussetzungen die Erweiterung der Verfügung über gesellschaftliche Lebensbedingungen von den Betroffenen in der exemplarischen Praxis des Forschungsprozesses auch tatsächlich erreicht* werden kann. Empirisches Bewährungskriterium ist damit hier nicht (wie in der Variablenpsychologie) die von aussen konstatierte ›Vorher*sag*barkeit‹ von Ereignissen bei Kenntnis der Ausgangsbedingungen, sondern die Vorher*bestimmbar*keit der Ereignisse durch die *Praxis der Betroffenen selbst* bei Realisierung der dafür in der Theorie benannten Möglichkeitsbedingungen (vgl. dazu KEILER 1977, S. 174). Die so gefaßte empirische Geltung ist dabei *im Prinzip* durch *einen einzigen Fall* (als Individuum oder Kooperationseinheit) gewährleistet, bei dem von ›betroffener‹ Seite die Erweiterung der eigenen Bedingungsverfügung bei Realisierung der dafür theoretisch angenommenen Voraussetzungen konstatiert werden kann (wie dies auch von LEWIN in seinem Konzept des ›Aufsteigens‹ vom Einzelfall zu ›einem solchen Fall‹ angesetzt ist). Dabei ist allerdings unterstellt, daß der zur Frage stehende Einzelfall *total und ohne Rest* den *Möglichkeitstyp,* über den er *als* Einzelfall verallgemeinerbar ist, repräsentiert. Da eine derartige Endgültigkeit der Zuordnung aber, wie ausgeführt, nie erreicht werden kann, ist die Geltungsbegründung hier genau so *vorläufig* wie die Erfüllbarkeit der Kriterien der Verallgemeinerbarkeit/Nachprüfbarkeit, aus welchen sich das Geltungskriterium ergibt: Soweit und in den Aspekten, wie (was nie auszuschließen ist) durch einen *nächsten Einzelfall* die Korrektur oder Differenzierung des Möglichkeitstyps erzwungen wird, ist der bisher als *verallgemeinerbar* betrachtete Einzelfall als *bloß* realhistorischer Einzelfall einzustufen, mithin für die Geltungsbegründung der empirischen Annahme im Kontext des Möglichkeitstyps nicht mehr einschlägig.

Dabei gilt als ›Kehrseite‹ der prinzipiellen ›Verifizierbarkeit‹ subjektwissenschaftlicher Theorien durch einen als ›typisch‹ einstufbaren Einzelfall, daß solche Theorien auch im Prinzip durch *einen einzigen Fall falsifizierbar* sind. Sofern von betroffener Seite konstatiert wird, daß bei voller Realisierung der dafür theoretisch angenommenen Voraussetzungen die dadurch als ›vorherbestimmbar‹ angenommene Verfügungserweiterung in der exemplarischen Forschungspraxis *nicht* erreicht werden konnte, besteht nämlich hier im metasubjektiven Diskussionszusammenhang *keinesfalls* die Möglichkeit, diesen ›Fall‹ *als Ausnahme einzustufen,* in die ›Streuung‹ abzuschieben etc., sondern trifft dies sozusagen mit voller Wucht das theoretische Konzept und den Möglichkeitstyp, als dessen Spezifikation es reformuliert wurde. Die Konsequenz des Aufgebens der Theorie/des Konstrukts ist dabei hier nur zu vermeiden, wenn im Zuge der metasubjektiven Diskussion die *Betroffenen selbst* mit *wissenschaftlich ausweisbarer Begründung* zu der Auffassung kommen können, daß ihr subjektiver Möglichkeitsraum in den für die Fragestellung relevanten Dimensionen *nicht* dem typischen Möglichkeitsraum subsumierbar ist, oder gar *total aus den Bestimmungen des Möglichkeitstyps ›herausfällt‹.* So gesehen ist mithin nicht nur die Verifikation, sondern auch die Falsifikation der theoretischen Annahme/des Möglichkeitstyps durch den Einzelfall lediglich *vorläufiger Art.* Ob es dabei je zur ›Rettung‹ eines vorläufig ›falsifizierten‹ theoretischen Konzepts etc. kommt, dies ist jedoch nicht ins Belieben der Forschergemeinschaft gestellt, sondern hängt von der *widerständig-realen Beschaffenheit* der Befindlichkeit/Handlungsfähigkeit der Betroffenen ab, über die nach *objektivierbaren Kriterien* im metasubjektiven Prozeß zu befinden ist.

Da, wie dargestellt (S. 515 ff), die Kategorialbestimmungen und Einzeltheorien nicht im Verhältnis eines geschlossenen Deduktionssystems stehen, sondern die Kategorien lediglich ein analytisches Instrumentarium mit Bezug auf aus gänzlich anderen Zusammenhängen entstandene ›Vorbegriffe‹ darstellen, sind mit der ›Falsifikation‹ einer Einzeltheorie und des zugehörigen Möglichkeitstyps *keineswegs auch die kategorialen Bestimmungen ›mitfalsifiziert‹,* in deren ›Begriffen‹ der Möglichkeitstyp konzipiert wurde. Vielmehr sind hier nur *jeweils diese* in diesem Möglichkeitstyp enthaltenen *aktual-empirischen Konkretisierungen* zurückgewiesen, wobei die Erarbeitung *alternativer bzw. konkurrierender* theoretischer Konzepte/Möglichkeitstypen mit *besserer empirischer Bewährung* in den *gleichen ›kategorialen‹ Grundbegriffen* offensteht und nahegelegt ist (vgl. dazu auch unsere gundsätzlichen Ausführungen über das Verhältnis der kategorialen zur einzeltheoretisch-aktualempirischen Bezugsebene, S. 28 ff). Das heißt natürlich *nicht,* daß kategoriale Bestimmungen *prinzipiell nicht falsifizierbar* wären, jedoch ist eine solche Falsifikation – wie ausgeführt – nicht auf *aktual*empirischem Niveau, sondern nur auf dem Niveau der *historisch*-empirischen Kriterien möglich. Damit ist *nicht* gesagt, daß die kategoriale Ebene von der aktualempirisch-›praktischen‹ Ebene her *überhaupt nicht ›erreichbar‹* wäre, nur besteht der mögliche Einfluß der Aktualempirie auf die Kategorienbildung nicht in der Falsifizierbarkeit der Kategorien, sondern darin, daß aus *Problemen der Aktualempirie/Praxis neue, bisher vernachlässigte Ansatzstellen für weitergehende, differenziertere Kategorialanalysen* gewinnbar sind, die dann nach *historisch*-empirischen Kriterien durchzuführen wären und *auf diesem Wege* der Aktualempirie/Praxis wiederum zugutekommen können.

Mancher mag, trotz all unserer bisherigen Darlegungen, auf der Meinung beharren, die entfalteten subjektwissenschaftlichen Fassungen der Objektivierungskriterien der Verallgemeinerbarkeit/Nachprüfbarkeit/ empirischen Bewährung seien, da in ihnen nach wie vor ›*je ich*‹ als letzte Instanz zur Beurteilung der Kriterienerfüllung angesetzt bin, an ›Härte‹ mit den experimentell-statistisch gefaßten Objektivierungskriterien nicht vergleichbar. Man könnte nun sicherlich gegenüber solchen Auffassungen Kompromißbereitschaft signalisieren, indem man konstatiert, die methodologische ›Lampe‹ der Variablenpsychologie sei zwar tatsächlich heller als die unsere, nur seien die wesentlichen Bestimmungen des Gegenstandes, der untersucht werden soll, innerhalb des Leuchtkegels der experimentell-statistischen Lampe leider nicht zu finden (vgl. unser Betrunkenen-Gleichnis auf S. 521). Ein solches Zugeständnis wäre jedoch ein fauler Kompromiß. Damit, daß die Variablenpsychologie die Realität von ›je mir‹ als Subjekt theoretisch-methodologisch leugnet, ist ja die *Wirklichkeit des sich bewußt dazu ›verhaltenden‹ Subjekts nicht tatsächlich aus den Versuchsanordnungen und Daten* eliminiert. Dies zeigt sich schon darin, daß (anders als in den hier als Vorbild mißbrauchten Naturwissenschaften) den Vpn. ›*Instruktionen*‹ gegeben werden müssen, wie sie sich etwa im Experiment verhalten sollen, damit die Untersuchung überhaupt möglich wird (man stelle sich vor, der Chemiker müsse dem Braunstein zunächst die Instruktion geben, es solle sich im folgenden als ›Katalysator‹ gerieren, ehe mit seiner Hilfe die Gewinnung von Sauerstoff aus Wasserstoffperoxid angekurbelt werden kann). In diesem Zusammenhang gewinnt nun aber ein früher schon erwähnter Umstand wissenschaftslogische Relevanz, nämlich die Tatsache, daß die Vpn. sich an die Instruktion nicht halten müssen, sondern ›*täuschen*‹ können und dies, wenn sie nur genügend Einsicht in die Untersuchungsvorhaben des Experimentators haben, in einer Weise, durch welche die *Tatsache der Täuschung niemals anhand der Daten oder anderer faßbarer Kriterien durch den Forscher objektivierbar* sein kann. Wenn aber auch nur an dieser *einen* Stelle der ›Täuschung/Nichttäuschung‹ eine nicht aufhebbare empirische Unentscheidbarkeit konstatiert werden muß, so *hängt hier das gesamte, in methodologischer Subjektivitätsverleugnung gegründete Objektivierungssystem total in der Luft*. Die *Aporie,* der die Variablenpsychologie verfällt, ist damit von ähnlich grundsätzlicher Art, wie etwa nach TARSKIS Analysen der eine unauflösbare Widerspruch des Kreter-Dilemmas (›alle Kreter sind Lügner...‹) der gesamten traditionellen Logik den Boden entzieht (was dann TARSKI zur Unterscheidung von Objektsprache und Metasprache zum Zwecke der

Widerspruchsaufhebung führte). *Dies* ist es, was tatsächlich hinter den Verunsicherungen steckt, die etwa durch die ›Sozialpsychologie des Experiments‹ in das methodologische Selbstverständnis der traditionellen Experimentalpsychologie hineingetragen worden sind (vgl. S. 527 f).

Innerhalb der subjektwissenschaftlichen Methodologie wird das sich bewußt zu sich selbst und zur Welt ›verhaltende‹ Subjekt nicht verleugnet und kann mithin auch nicht unkontrolliert alle wissenschaftlichen Objektivierungsbemühungen zersetzen, sondern wird im Gegenteil *systematisch zur Grundlage für die Entwicklung der Objektivierungskriterien gemacht, indem der wissenschaftliche Verständigungsrahmen als ›metasubjektiv‹,* also Beziehung von Subjekt zu Subjekt, konzipiert ist und auf dieser Grundlage Kriterien für die Verallgemeinerbarkeit/Nachprüfbarkeit/Bewährung theoretischer Annahmen ausgearbeitet werden. Damit haben wir zwar die Möglichkeit der Täuschung nicht eliminiert, weil dies, sofern er es mit Menschen als bewußtseinsbegabten, ›freien‹ Wesen zu tun hat, niemand kann. Wir haben aber, indem wir die *Betroffenen* als *Mitforscher* in den metasubjektiv-wissenschaftlichen Rahmen einbeziehen, ein grundsätzlich *neues wissenschaftslogisches Niveau* des Umgangs mit diesem Problem erreicht. Die Betroffenen *können* sich nämlich, wie ausführlich dargelegt, überhaupt nur unter der Voraussetzung in den subjektwissenschaftlichen Forschungsprozeß hineinbegeben, daß sie *mit dem Forscher ein gemeinsames, in genuinen menschlichen Bedürfnissen gegründetes Erkenntnisinteresse in Richtung auf die menschliche Verfügungserweiterung/Lebensqualität verbindet.* Damit wird zum einen die *Täuschung selbst* von einer anonymen Zersetzungsinstanz des Objektivierungsanspruchs zum *möglichen Thema des Forschungsprozesses,* indem sie als *eine der Formen der personalen Behinderung der Verfügungserweiterung,* bei welcher das Individuum durch Realitätsverlust blind gegen seine eigenen Interessen verstößt, kooperativ-wissenschaftlich zu analysieren ist. Zum anderen ist dabei die wissenschaftslogische Bedeutung der Täuschung *nicht mehr als Spezialproblem der Psychologie/Subjektwissenschaft* einzuordnen, sondern auf die *allgemeine* Ebene der *möglichen Täuschung der wissenschaftlichen Gemeinschaft und/oder der Öffentlichkeit durch Forscher, die bewußt und unnachweisbar* (innerhalb welcher wissenschaftlichen Disziplin auch immer) *ihre Resultate fälschen.* Die Betroffenen innerhalb des subjektwissenschaftlichen Prozesses haben nämlich, da ihnen hier das *Erkenntnisinteresse und die Kompetenz von* ›*Mitforschern*‹ zukommen müssen, *prinzipiell nicht mehr ›Grund‹ zu* ›*täuschen‹, als beliebige andere Wissenschaftler auch.* Damit ist das, was innerhalb der ›Variablenpsychologie‹, in welcher die Erkenntnisinteressen etc. der Vpn. mit ihrer Subjektivität geleugnet und übergangen werden, *ungerechtfertigt* als peinlich an den Rand gedrängt wird, innerhalb der Subjektwissenschaft *tatsächlich* zu einem *mit allen anderen Wissenschaften geteilten Sonderproblem geworden.*

Somit erweist sich auch unter diesem Aspekt, daß die vorgebliche ›Härte‹ und ›Exaktheit‹ der experimentell-statistischen Methoden der Variablenpsychologie auf sehr schwächlichen Füßchen stehen, sodaß es manche unserer traditionell-psychologischen Kollegen vielleicht unter den Vorzeichen ihres eigenen Wissenschaftlichkeitsanspruchs für ratsam halten könnten, sich ernsthaft und gründlich mit der hier entwickelten Alternative subjektwissenschaftlich fundierter Objektivierung des psychologischen Erkenntnisprozesses zu befassen und sich ggf. an ihrer weiteren Ausarbeitung und Umsetzung zu beteiligen.

›Faktische‹ Grenzen subjektiver Verfügungserweiterung und die mögliche Funktion experimentell-statistischer Ansätze im subjekwissenschaftlichen Forschungsprozeß

Aus unseren damit dargelegten methodologischen Prinzipien ergibt sich für die Bildung subjektwissenschaftlicher *Methoden* die generelle Forderung, daß mit solchen Methoden als Erkenntnismitteln *in der Hand der Betroffenen* im beschriebenen Sinne *verallgemeinerbare, nachprüfbare und empirisch bewährte* Resultate gemäß der jeweiligen Fragestellung und deren Reformulierung im metasubjektiven Verständigungsrahmen gewinnbar sein müssen. Weiterhin kann man derartige Methoden gemäß den kategorialen Instanzen, die bei der Ausarbeitung des Möglichkeitstyps im Zuge exemplarischer Praxis aktualempirisch zu konkretisieren sind, in *bedeutungsanalytische, begründungsanalytische* und *funktionsanalytische* (d.h. hier, auf die funktionalen Dimensionen/Aspekte der Handlungsfähigkeit/Befindlichkeit bezogene) Methoden differenzieren. Alle näheren Bestimmungen des methodischen Vorgehens, einschließlich der Kritik/Reinterpretation/Weiterentwicklung überkommener Methoden etc., sind prinzipiell Sache von *methodischen* Diskussionen unterhalb der methodo*logischen* Ebene, liegen also außerhalb der Fragestellung dieses Kapitels.

Ein vorbereitender Schritt in dieser Richtung ist allerdings noch in unserem Argumentationszusammenhang vollziehbar. Dabei können wir hier anknüpfen an unsere in unterschiedlichen Kontexten versuchten Explikationen des Verhältnisses von ›*Potentialität*‹ und ›*Faktizität*‹. Daraus folgt nämlich, daß die geschilderte ›Möglichkeitsstruktur‹ der Verallgemeinerung/Nachprüfung/Bewährung subjektwissenschaftlicher Annahmen in sich immer auch inhaltliche Bestimmungen über *ihre eigenen Grenzen,* also darüber, an welchen Stellen und in welcher Weise die *Möglichkeiten* der Verfügungserweiterung durch bloße *der Verfügung entzogene ›Faktizitäten‹ fundiert und beschränkt* sind, enthalten muß. Damit sind aber auch die *Grenzen* des intersubjektiven, mithin auch des *metasubjektiven Verständigungsrahmens* angesprochen, da man bloß ›faktische‹ Einflüsse oder Zusammenhänge jenseits des Bereichs bewußter Verfügung etc. nicht (in unserem Sinne) *verstehen,* sondern (um hier eine alte Gegenüberstellung anklingen zu lassen) lediglich aus ›Bedingungen‹ *erklären* kann. Methodologisch gewendet bedeutet dies, daß man bei der Ausarbeitung der jeweiligen typischen Möglichkeitsräume notwendig auf Grenzen stoßen muß, jenseits derer die *Verfügbarkeit* über meine situativen und personalen Lebensumstände in *meine bloße ›Bedingtheit‹ durch diese Umstände* übergeht.

Während also, wie dargelegt, menschliches Handeln als Realisierung von Möglichkeiten der Verfügungserweiterung prinzipiell nicht durch Modelle, in welchen lediglich die ›Bedingtheit‹ menschlicher ›Reaktionen‹ abgebildet ist, erfaßbar sein kann, läßt sich die Zurückweisung von derartigen ›Bedingtheits‹-Modellen mit Bezug auf die faktischen Grenzen der subjektiven Verfügungsmöglichkeiten nicht mehr in dieser Allgemeinheit aufrechterhalten. Wenn nämlich an solchen Grenzen die menschlichen Handlungen selbst als *›bedingt‹* durch die Lebensumstände etc. charakterisiert werden können, so hat an dieser Stelle der *Gegenstand* offensichtlich eine Struktur, die durch *›Bedingtheits‹-Modelle* abbildbar ist. Dabei ist im Bereich der jeweils jenseits der menschlichen Handlungsmöglichkeiten liegenden ›Faktizitäten‹ auch das Vorliegen von *›Zufallsvariabilitäten‹,* durch die hindurch die Bedingtheit der Handlungen sich durchsetzt, nicht auszuschließen, sodaß *in derartigen Fällen* die statistische Version des Bedingtheits-Modells, wie es in der Variablen-Psychologie vorliegt, *gegenstandsadäquat* sein könnte. Dies heißt nun natürlich nicht, daß die im Variablen-Modell liegende Universalisierung der Ausgeliefertheit des Menschen an ›zufällige‹ Bedingungen etc. an dieser Stelle nun plötzlich eine Rechtfertigung erhält: Es sind ja lediglich *historisch bestimmte Sonderverhältnisse,* die – gerade weil die spezifisch menschliche Bedingungsverfügung *beschränkt* ist – eine variablenpsychologisch abbildbare Bedingtheits-Struktur haben können. Demnach würde hier der variablenpsychologische Bedingtheits-Ansatz *unter Zurückweisung seines ›allgemein-menschlichen‹ Universalitätsanspruchs* reinterpretiert als *strukturell äquivalent* mit *historisch bestimmten Einschränkungen und Verkümmerungen* menschlicher Handlungsfähigkeit.

Eine bestimmte Form solcher Verfügungseinschränkungen als historisch bestimmten ›Bedingtheiten‹ meines Handelns/Befindens ergibt sich schon auf *aktualempirisch-bedeutungsanalytischer* Ebene aus der Eigenart der hier konkret zu erfassenden *lage- und positionsspezifischen objektiven Bedeutungskonstellationen* in der bürgerlichen Gesellschaft als Grundlage für die Heraushebung und Abgrenzung des jeweiligen Möglichkeitstyps. Da sich in den jeweils von der Fragestellung her relevanten Lebensbedingungen, wie Arbeitsplatz, formelle und informelle Institutionen, bestimmte Umgebungsausschnitte etc. (wie immer vermittelt) der blind-zufällige Selbstlauf der Systemreproduktion antagonistischer Klassenverhältnisse in der bürgerlichen Gesellschaft niederschlägt, sind hier bereits meine in den Bedeutungen liegenden *objektiven Handlungsmöglichkeiten* in charakteristischer Weise beschränkt: Ich stoße nämlich bei meinen Handlungen zur Bedingungsverfügung auf Grenzen, jenseits derer ich mich auf der Erscheinungsebene einem *von mir nicht mehr beeinflußbaren und nur partiell durchschaubaren ›Bedingtheits‹-Gefüge* gegenübersehe, aus dem sich ›*faktische*‹ *Konsequenzen für meine eigene Befindlichkeit/Daseinserfüllung* ergeben. Dadurch ist für mich in den *Bedeutungen selbst* eine Handlungsweise ›*nahegelegt*‹, durch welche ich ›*auf gut Glück*‹ jeweils bestimmte Strategien zur Bedingungsverfügung im ›restriktiven‹ Handlungsrahmen ›ausprobiere‹ und mein weiteres Vorgehen nach den *so erreichten* ›*faktischen*‹ *Resultaten einrichte*. Derartige Oberflächenstrukturen, in welchen die Abhängigkeit von nicht durchschaubaren gesellschaftlichen Bedingtheiten als Grundlage individueller Daseinsbewältigung ideologisch hypostasiert ist, sind durchaus in gewisser Weise äquivalent mit den genannten variablenpsychologischen Modellvorstellungen, also prinzipiell als Hervorrufbarkeit zentraler Tendenzen innerhalb zufallsvariabler Prozesse abbildbar.

Die damit auf aktualempirisch-bedeutungsanalytischer Ebene skizzierten ›faktischen‹ Unverfügbarkeiten, ›Bedingtheiten‹ etc. müssen sich auch auf der *begründungs- bzw. funktionsanalytischen Ebene* der Ausarbeitung von ›Möglichkeitstypen‹ wiederfinden, und zwar hier insbesondere als (mit den ›undurchschaubaren‹ gesellschaftlichen Lebensbedingungen vermittelter) *sekundärer subjektiver Verfügungsentzug* aufgrund von Realitätsausklammerungen, Verdrängungen, ›unbewußten‹ Prozessen etc. zur Absicherung der subjektiven ›Funktionalität‹ restriktiver Handlungsfähigkeit (vgl. Kap. 7.5): Hier sehe ich mich ja, wie früher ausführlich dargestellt, bestimmten Aspekten meiner Befindlichkeit und meiner Handlungen so gegenüber, *als ob* ›ich‹ damit gar nichts zu tun hätte, sondern diese (als ›Vorgänge dritter Person‹) ›an mir‹ ablaufen bzw. ›mit mir‹ geschehen. Ich *tue, sage, unterlasse etwas*, ohne dies *eigentlich zu* ›*wollen*‹, und bin so mit den *Konsequenzen meines eigenen Tuns* so konfrontiert, als ob es sich dabei lediglich um *äußere, zufällige Ereignisse* handeln würde, denen ich *ausgesetzt* bin. Auch solche Oberflächenprozesse erfüllen also als einseitige ›Bedingtheiten‹ menschlichen Handelns gewisse Anwendungsvoraussetzungen des variablenpsychologischen Modells, wobei das, was da ›mit‹, ›an‹, ›zwischen‹ mir bzw. uns ohne meine/unsere bewußte Eingriffsmöglichkeit geschieht, durchaus auch den Charakter von ›zufallsvariablen‹, also statistisch abbildbaren, Prozessen haben könnte.

Mit diesen Hinweisen ist natürlich nicht gefordert, daß an dieser Stelle nun das *gesamte* ›variablenpsychologische‹ Methodenarsenal in die subjektwissenschaftliche Methodik hineingepfercht werden könnte oder sollte; ebensowenig, daß man hier die überkommenen experimentell-statistischen Verfahren anwenden *müßte*. Es ist lediglich festgestellt, daß an dieser Stelle von der *Struktur des Gegenstandes her methodologisch nichts dagegen spricht,* ggf. die genannten Bedingtheiten auf der Erscheinungsebene *als ›zentrale Tendenzen‹ innerhalb von Zufallsprozessen etc.* abzubilden. Wieweit die Anwendungsvoraussetzungen für ›experimentelle‹ bzw. ›statistische‹ Modellvorstellungen jeweils tatsächlich bestehen, ist damit aber nicht vorentschieden. Dabei ist insbesondere zu beachten, daß ja die Erfaßbarkeit in ›Bedingtheits‹-Modellen nicht notwendig die Anwendbarkeit von statistischen Zufalls-Modellen einschließt, da Bedingungen, die im Sinne von Undurchschaubarkeit und Unbeeinflußbarkeit für mich ›zufällig‹ sind, nicht auch schon im strengen mathematischen Sinne ›zufallsvariabel‹ sein müssen. Die Frage, ob die Ausgeliefertheit an Bedingungen etc. zu Handlungsweisen führt, die in ihrer ›Zufälligkeit‹ den Anwendungsvoraussetzungen statistischer Modelle genügen, wäre also am jeweils konkreten Fall zu klären. Dies, sowie die Frage, wieweit hier ggf. traditionelle experimentelle und/oder statistische Modelle in subjektwissenschaftlicher Reinterpretation herangezogen werden können oder neue Ansätze und Modelle konzipiert werden müssen, ist indessen Gegenstand der angesprochenen *methodischen* Diskussionen jenseits der Aufgabenstellung dieses Buches.

Sofern nun (in welcher Form auch immer) experimentelle bzw. statistische Modelle *in der Hand der Betroffenen* mit Bezug auf die genannten Gegenstandsaspekte innerhalb des subjektwissenschaftlichen Prozesses Anwendung finden, so ist damit (aufgrund der früheren Darlegungen) der *konkrete forschungsstrategische Zusammenhang,* in dem dies allein geschehen kann, determiniert. Bei der Ausarbeitung eines ›Möglichkeitstyps‹ in exemplarischer Praxis etc. sind, wie ausgeführt, u.a. im Prozeß der *realen Überwindung* der Realisierungs*behinderungen* der Möglichkeiten zur Verfügungserweiterung die Voraussetzungen für die verallgemeinerte Überwind*barkeit* dieser Behinderungen (in ›solchen Fällen‹ wie dem Möglichkeitstyp) zu eruieren. Es ist offensichtlich, daß die genannten ›*Bedingtheiten*‹ und ›*Zufälligkeiten*‹, auf die man im aktualempirisch-bedeutungs- bzw. begründungsanalytischen Prozeß stößt, eine *Spielart solcher Realisierungsbehinderungen der Verfügungsmöglichkeiten* sind. Eine mögliche Abbildung dieser Behinderungen in einem statistischen Bedingtheits-Modell kann demnach hier nur die Funktion haben, das ›*Faktum*‹, daß ein Individuum in jeweils bestimmten Aspekten auf der Erscheinungsebene bestimmten *zufälligen Bedingungen oder Prozessen ausgeliefert,* also durch *Fremdbestimmtheit und Abhängigkeit in seinen Handlungsmöglichkeiten eingeschränkt* ist, für ›je mich‹ als Betroffenen objektivierbar, quasi ›dingfest‹ zu machen. Dies kann innerhalb des subjektwissenschaftlichen Forschungsprozesses insbesondere dadurch relevant werden, daß die Individuen – wie dargelegt – im restriktiven Handlungsrahmen die Tendenz haben, sich *über ihre eigenen Abhängigkeiten hinwegzutäuschen*. So mag hier u.U. durch die *Objektivierung der jeweiligen Abhängigkeit und Zufallsbedingtheit des eigenen Handelns/Befindens in entsprechenden ›Daten‹* die ›harte Realität‹ *für mich in ihrer Widerständigkeit zur Geltung* kommen, aufgrund derer überhaupt erst die *subjektive Notwendigkeit* erkennbar wird, die *Behinderungen meiner Verfügungsmöglichkeiten zu überwinden* (und so die Voraussetzungen für ihre Überwindbarkeit wissenschaftlich verallgemeinert werden können).

Die statistische Datenerhebung und -verarbeitung trägt hier also – indem dabei lediglich die Oberfläche ›objektiviert‹ wird – zwar *selbst nicht das geringste zur Analyse der Bedingungen bzw. Gründe für die jeweiligen Verfügungseinschränkungen etc. bei,* kann aber u.U. die Voraussetzungen verbessern, unter denen solche Bedingungen/Gründe im Versuch ihrer Aufhebung wissenschaftlich erfaßbar werden. Dies heißt aber gleichzeitig, daß in der so bestimmten *subjektwissenschaftlichen Anwendung der statistischen Modelle* grundsätzlich das Ziel verfolgt wird, *die Bedingungen für deren Anwendbarkeit selbst* (in der Erweiterung der Verfügungsmöglichkeit) *zu beseitigen*. Die experimentellen bzw. statistischen Vorgehensweisen in der Hand der Betroffenen können also (wenn überhaupt) eine je *temporäre Nützlichkeit* im Prozeß des ›Hinausschiebens‹, von da aus Erfassung der ›Hinausschiebbarkeit‹, der genannten ›faktischen‹ Verfügungsgrenzen haben; einem Prozeß, durch welchen in Erweiterung des Bereichs, der unserer bewußten Verfügung unterliegt – innerhalb dessen wir also nicht bloßen ›Bedingtheiten‹ unterworfen sind, sondern uns ›mit Gründen‹ intersubjektiv/metasubjektiv ›verständigen‹ können – den experimentell-statistischen Analyseansätzen *mit ihrer eigenen Hilfe sukzessiv der Boden entzogen* wird.

Dabei erfordern die Analysen der faktischen Bedingtheiten/Zufälligkeiten deswegen *keinen* (jenseits der subjektwissenschaftlichen Vorgehensweise liegenden) ›*Standpunkt außerhalb*‹ (wie den der Variablenpsychologie), weil – wie ausführlich dargelegt – die faktischen Grenzen, auf die man im Prozeß der Verfügungserweiterung stößt, als solche ein *essentieller Aspekt der Möglichkeitsbeziehung zur gesellschaftlichen Realität selbst* sind: Die ›Bedingtheiten‹, ›Zufälligkeiten‹ werden somit inhaltlich nur faßbar als jeweils *spezielle Widerständigkeiten,* die in ihrer Eigenart allein *durch meine je besonderen Handlungen der Verfügungserweiterung* zutagetreten, also nur *vom Standpunkt des Subjekts erfahrbar* und (möglicherweise auch mit Hilfe experimentell-statistischer Analysen) zu durchdringen bzw. zu überwinden sind. Die Erkenntnis und Erweiterung seiner eigenen ›faktischen‹ Grenzen ist so ein notwendiges Moment des metasubjektiven wissenschaftlichen Verständigungsrahmens selbst.

9.5 Methodologische Prinzipien subjektwissenschaftlicher Aktualforschung mit Bezug auf nachgeordnete bzw. weniger spezifische Gegenstandsniveaus

›Ebenenintern‹ entstandene Charakteristika der ›gesellschaftlichen Natur‹ des Menschen als selbständiger Gegenstandsbereich aktualempirischer Grundlagenforschung; deren Stellenwert im Gesamt des subjektwissenschaftlichen Forschungsprozesses

Im Konzept der ›typischen Möglichkeitsräume‹ sind, wie aus dessen Differenzierung hervorgeht, die mehr oder weniger *unspezifischen* Implikate menschlicher Befindlichkeit/Handlungsfähigkeit auf *kategorialer* Ebene mitberücksichtigt. Die aktualempirische Konkretisierung der Funktionsdimensionen und -aspekte der Handlungsfähigkeit mit Bezug auf je diese typischen Lebensbedingungen/Bedeutungskonstellationen etc. muß nämlich ›in‹ den kategorialen Begriffen erfolgen, mit denen die *allgemeinen* Bestimmungen von Bedürfnissen, kognitiven, emotionalen, motivationalen Funktionsaspekten etc. ins Spiel gebracht werden, durch welche zu allererst klar werden kann, *was* hier eigentlich jeweils in historisch bestimmter Erscheinungsform zu analysieren ist: Damit müssen hier aber auch (in Abhängigkeit vom jeweiligen einzeltheoretischen Kontext) die früher funktional-historisch herausgearbeiteten *Unterschiede* zwischen der Art individueller ›Vergesellschaftung‹ der ›*spezifisch-bestimmenden*‹ und der mehr oder weniger *unspezifischen bzw. nachgeordneten* Momente der Funktionsdimensionen/-aspekte in Rechnung gestellt werden (so z.B. der Umstand, daß sexuelle Bedürfnisse nicht ›autark‹ zu vergesellschaften, sondern nur als unspezifisch ›biosozial‹ gesellschaftlich formbar, damit unterdrückbar sind, womit meine, damit die je ›typischen‹ Verfügungsmöglichkeiten und deren Realisierungsbedingungen/-behinderungen nur in diesem kategorialen Rahmen gegenstandsadäquat aktualempirisch analysierbar sind).

Mit diesem Hinweis auf die Bedeutung von Aussagen über mehr oder weniger unspezifische Ebenen der menschlichen Handlungsfähigkeit als Teil der *kategorialen* Basis zur gegenstandsadäquaten Analyse ihrer konkreten aktualempirischen Erscheinungsformen unter historisch bestimmten Lebensbedingungen etc. ist hier jedoch noch nicht alles gesagt. Die beim Menschen jeweils vorfindlichen mehr oder weniger unspezifischen funktionalen Grundlagen seiner Handlungsfähigkeit gehen nämlich in deren kategorialen Bestimmungen nicht auf, sondern haben notwendig darüber hinausgehende *aktualempirische* Charakteristika. Dies deswegen, weil (worauf im laufenden Text vielfach verwiesen wurde) die evolutionäre Entwicklung zum Menschen hin nicht lediglich eine Ausfaltung in immer höhere Spezifitätsniveaus ist, sondern immer auch eine *ebenen-*

interne Evolution, das heißt eine phylogenetische Weiterdifferenzierung *innerhalb* eines je bestimmten Spezifitätsniveaus einschließt. Dies gilt somit auch für die letzte phylogenetische Phase der Menschwerdung, die *Herausbildung der gesellschaftlichen Natur des Menschen,* innerhalb derer also nicht nur die *spezifische* Evolution in Richtung auf den Dominanzumschlag zur gesellschaftlich-historischen Weise der Produktion/Reproduktion des Lebens sich vollzog, sondern damit einhergehend und zusammenhängend auch eine *weitere evolutionäre Entwicklung* auf den mehr oder weniger *unspezifischen Funktionsebenen.* Was derartige ebeneninterne Evolutionsprozesse an *Resultaten* erbracht haben, ist mithin (wie früher dargelegt) als *Differenzierung* kategorialer Bestimmungen der psychischen Funktionsgrundlage nur *bei heute lebenden Menschen* auszumachen, also nicht mehr funktional-historisch rekonstruierbar, sondern nur noch – auf der Grundlage der kategorialen Bestimmungen, aber in diesen nicht aufgehend – *aktualempirisch* zu erforschen.

Damit sehen wir also über die bisher berücksichtigten historisch-konkreten Erscheinungsformen menschlicher Handlungsfähigkeit/Befindlichkeit bei gesamtgesellschaftlicher Vermitteltheit individueller Existenz hinaus einen weiteren möglichen *Gegenstandsbereich aktualempirischer subjektwissenschaftlicher Forschung* vor uns: Nämlich all jene Differenzierungen der gesellschaftlichen Natur des Menschen in ihren verschieden spezifischen Bestimmungen, die beim phylogenetischen Menschwerdungsprozeß durch *ebeneninterne Evolution* zustandekamen, also der *funktional-historischen Kategorialanalyse ›durch die Maschen‹* fallen mußten. Solche Differenzierungen sind zunächst auf dem *höchsten Niveau* der gesellschaftlichen Natur des Menschen, also lediglich bei Abstraktion von dem nicht mehr funktional-historisch analysierbaren ›gesamtgesellschaftlichen‹ Stadium, alle die *allgemeinsten gesellschaftlichen Bestimmungen* menschlicher Handlungsfähigkeit/Befindlichkeit als Besonderheiten seiner Bedürfnisse, Denk/Wahrnehmungsprozesse, Emotionalität, Motivation etc. einschließlich ihrer ontogenetischen Entwicklung, die auf deren über die bisher erarbeiteten kategorialen Bestimmungen hinausgehende *aktualempirische* Beschaffenheiten verweisen; weiterhin aber auch die mehr oder weniger *nachgeordneten bzw. unspezifischen Bestimmungen* der menschlichen Perzeptions-Operations-Koordination in ihren *nicht* kategorial erfaßbaren, da ›ebenenintern‹ entstandenen Beschaffenheiten und ontogenetischen Entwicklungsweisen, also quasi all das, was zwar nicht für die menschliche Existenzweise *spezifisch* ist, aber dennoch aufgrund eigener Evolution im Menschwerdungsprozeß in *dieser Ausprägung und Differenzierung nur dem Menschen zukommt.* (Wir haben an vielen Stellen unserer kategorialanalytischen Ausführungen auf eine derartige ›Offenheit‹ kategorialer Bestimmungen gegenüber aktualempirischen Konkretisierungen hingewiesen.)

Der damit aufgewiesene weitere Gegenstandsbereich aktualempirischer Forschung markiert ebenfalls (wie die früher aufgewiesenen bloß ›faktischen‹ Aspekte der Lebensbedingunen bzw. Handlungsfähigkeit/Befindlichkeit) gewisse *›faktische‹ Grenzen der bewußten Verfügungsmöglichkeiten* des Menschen, aber nicht als prinzipiell aufhebbarer ›Verfügungsentzug‹, sondern im Sinne der *realen funktionalen Basis* menschlicher Handlungsfähigkeit, die einerseits *Voraussetzung* für das *Entstehen der bewußten ›Möglichkeitsbeziehung‹* ist, aber andererseits der Verfügung des Menschen nicht total unterliegt, sondern vielmehr in ihren *Gesetzmäßigkeiten* berücksichtigt werden muß, wenn der Mensch tatsächlich fähig werden soll, in seinem langfristigen Interesse über die äußere und seine eigene Natur bewußt zu ›verfügen‹. Die *Funktion* der auf nachgeordnete bzw. unspezifische Aspekte des Psychischen gerichteten Aktualforschung im *Gesamt des subjektwissenschaftlichen Forschungsprozesses* entspricht somit der benannten Funktion der nachgeordneten bzw. unspezifischen *Kategorial*bestimmungen, auf deren ›ebeneninterne‹ Differenzierungen sie bezogen ist: Mit dem so erreichbaren aktualempirisch erweiterten Wissen über die funktionale Charakteristik der menschlichen Handlungsfähigkeit können die *kognitiven, emotionalen und motivationalen Grundlagen und Implikate* der bewußten menschlichen Bedingungsverfügung *genauer erfaßt* und damit die *Verfügungsmöglichkeiten und ihre Realisierungs-/Behinderungsbedingungen selbst* im Zusammenhang exemplarischer Praxis adäquater bestimmt werden. Somit ist die ›unspezifische‹ Aktualforschung einerseits ein *unselbständiger Teilaspekt* des geschilderten subjektwissenschaftlichen Forschungsprozesses auf dem Niveau gesamtgesellschaftlicher Vermitteltheit individueller Existenz, indem die hier erbrachten Resultate ihren Erkenntniswert für die Klärung und Schaffung der Voraussetzungen der Verfügungserweiterung in Verallgemeinerung auf den ›typischen Möglichkeitsraum‹ innerhalb des metasubjektiven Verständigungsrahmens auszuweisen haben. Andererseits aber sind solche aktualempirischen Resultate, da sie sich auf die psychischen Funktionsdimensionen/-aspekte der gesellschaftlichen Natur des Menschen quasi in *gattungsspezifischer Allgemeinheit* beziehen, in ihrer wissenschaftlichen Funktion nicht auf jeweils *bestimmte* subjektwissenschaftliche Fragestellungen (auf der Ebene gesamtgesellschaftlicher Vermitteltheit) beschränkt, sondern können innerhalb einer *Vielzahl unterschiedlicher Fragestellungen,* wenn nur das jeweilig erforschte psychische Funktionsmoment dafür relevant ist, den erwähnten Beitrag zum Erkenntnisfortschritt leisten. Dies heißt aber, daß solche Forschungen quasi aus den jeweiligen metasubjektivkooperativen Forschungsprozessen mit Bezug auf konkrete Fragestellungen ›ausgelagert‹ sein können, indem sie in gewissem Sinne ›Zuarbeit‹ für alle gegenwärtigen und zukünftigen Forschungsvorhaben unter den kategorialen Prämissen des historisch-subjektwissenschaftlichen Paradigmas leisten. So gesehen könnte man hier von *aktualempirischer Grundlagenforschung* im Rahmen psychologischer Subjektwissenschaft sprechen.

Spezifizierung der methodologischen Kriterien der Gegenstandsadäquatheit sowie der Verallgemeinerbarkeit/Nachprüfbarkeit/Geltungsbegründung innerhalb aktualempirischer Grundlagenforschung

Bei der Explikation der *methodologischen Kriterien* einer solchen aktualempirischen Grundlagenforschung wäre für die angemessene Bestimmung des vorgeordneten *Kriteriums der Gegenstandsadäquatheit* zu bedenken, daß auf kategorialer Ebene die verschieden spezifischen Funktionsdimensionen/-aspekte der gesellschaftlichen Natur des Menschen nicht als irgendwelche ›im‹ Individuum hockenden ›biologischen‹ Eigenarten hypostasiert werden dürfen, sondern als *verschieden spezifische Ebenen des gesellschaftlichen Mensch-Welt-Zusammenhangs* im Prozeß der materiellen Produktion/Reproduktion der Lebensbedingungen gefaßt werden müssen. Demnach müssen auch bei der *aktualempirischen* Grundlagenforschung die *kategorialen* Charakteristika der Ebene des Mensch-Welt-Zusammenhangs, innerhalb derer weitere ›ebeneninterne‹ Differenzierungen herausanalysiert werden sollen, durch die Forschungsstrategien oder Versuchsanordnungen *realisiert* sein.

Für die aktualempirische Grundlagenforschung mit Bezug auf Differenzierungen innerhalb der ›*höchsten*‹ *Ebene der gesellschaftlichen Natur des Menschen,* der *kooperativ-gesellschaftlichen Handlungsfähigkeit* (einschließlich ihrer spezifischen perzeptiv-operativen Implikationen) bedeutet dies, daß hier der aufgewiesene *übergeordnete Systemzusammenhang* zwischen ›*natürlichen*‹ *Potenzen des Individuums und Notwendigkeiten gesellschaftlicher Lebensgewinnung* durch den Ansatz des Forschungsverfahrens zu realisieren ist: Darauf ist im laufenden Text bereits vielfältig Bezug genommen, so im Hinweis darauf, daß das *individuelle Denken* des Menschen nur als Prozeß der Aneignung/Umsetzung *gesellschaftlicher Denkformen* adäquat zu erforschen ist (S. 285 ff), oder daß das menschliche *Gedächtnis* auch in seinen physiologischen Strukturen nur als *Teilsystem eines übergeordneten gesellschaftlichen Speichers vergegenständlichter, verallgemeinert abrufbarer Information* adäquat aktualempirisch untersuchbar ist (S. 349 ff). Ebenso finden sich bei der kategorialen Aufschlüsselung des *ontogenetischen* Prozesses (im 8. Kapitel) mannigfache Verweisungen auf die Notwendigkeit der Erfassung des *genuinen Zueinander* von in der ›gesellschaftlichen Natur‹ des Kindes liegenden Entwicklungs*potenzen* und deren verschieden spezifischen *gesellschaftlichen Realisierungsbedingungen* bei der aktualempirischen Konkretisierung und Differenzierung der kategorialen

Bestimmungen der ontogenetischen Entwicklungszüge und ihrer Bewegungsgesetzlichkeiten.

Generalisiert heißt dies: In dem aktualempirisch berücksichtigten bzw. hergestellten Weltbezug der Betroffenen darf hier *lediglich von den Spezifika der historischen Bestimmtheit gesamtgesellschaftlich vermittelter individueller Existenz abstrahiert* werden, die *allgemeinen Bestimmungen der gesellschaftlichen Existenzweise des Menschen* müssen aber (je mit Bezug auf das untersuchte Funktionsmoment) im Forschungsprozeß *unreduziert erhalten* bleiben. Wie dies im einzelnen zu bewerkstelligen ist und wieweit dabei außer einschlägigen Analysen der Denk/Wahrnehmungsprozesse, Emotionalität, Motivation etc. im Vollzug der alltäglichen Existenzsicherung auch ›realabstraktive‹ *experimentelle Anordnungen,* die den jeweils relevanten gesellschaftlichen Weltbezug des Individuums ›strukturell‹ repräsentieren, im subjektwissenschaftlichen Forschungsprozeß durch die Betroffenen konzipiert werden können etc., dies ist wiederum Sache methodischer Diskussionen und hier außerhalb unseres Themas.

Von diesen Überlegungen aus ergeben sich auch die Gesichtspunkte für die Gegenstandsadäquatheit aktualempirischer Forschungen mit Bezug auf *unspezifischere Niveaus* der Funktionsaspekte menschlicher Handlungsfähigkeit, über die verschiedenen höheren Ebenen der Perzeptions-Operations-Koordination, dabei von ›autarken‹ zu ›subsidiären‹ Formen des Lernens, bis ›hinunter‹ zu den ›festgelegten‹ Funktionsebenen der Aussonderung/Identifizierung und der Gradientenorientierung (vgl. Kap. 6.2 und 7.2): Je *unspezifischer* die jeweilige kategoriale Ebene, innerhalb derer die Fragestellung für die aktualempirische Grundlagenforschung angesiedelt ist, umso weitergehend kann dabei von Spezifika des gesellschaftlichen Mensch-Welt-Bezugs *abstrahiert* werden, umso weitergehend nähern sich die an den Bedeutungskonstellationen zu berücksichtigenden Aspekte also den allgemeinen Zügen der Bedeutungen an, die die Menschen mit anderen Lebewesen gemeinsam haben: nämlich solchen einer *bloß natürlichen, individuellen* ›Umwelt‹. Hier wird also der Prozeß der Aufhebung der ›Entspezifizierung‹ des gesellschaftlichen Bedeutungsbezugs, wie wir ihn als Charakteristikum der ontogenetischen Entwicklung aufgewiesen haben, nach Maßgabe des immer niedrigeren Spezifitätsniveaus der aktualempirischen Fragestellungen quasi methodisch wieder rückgängig gemacht. Dabei ist klar, daß mit diesem forschungsstrategischen Entspezifizierungsprozeß auch der *Stellenwert* des jeweiligen Vorhabens der Grundlagenforschung im Gesamt des subjektwissenschaftlichen Forschungsprozesses reflektiert und bewußt entsprechend ›entspezifiziert‹ werden muß, um *unangemessene Ausweitungen der Resultate über die Ebene ihres Geltungsbereichs hinaus vermeiden* und diese vom *kategorialen Gesamtzusammenhang* her *adäquat einordnen* zu können. (Nähere Erörterungen der darin liegenden methodischen Konsequenzen sollen auch hier unterbleiben.)

Bei der auf der Basis des so gekennzeichneten Kriteriums der Gegenstandsadäquatheit zu erstellenden Fassung der wissenschaftlichen *Objektivierungskriterien* wäre hier wiederum mit der Explikation des Kriteriums der *Verallgemeinerbarkeit* zu beginnen. Den Ansatz dazu findet man in dem funktional-historisch herausgearbeiteten Umstand der Charakteristik der ›gesellschaftlichen Natur‹ des Menschen als Grundlage der menschlich-gesellschaftlichen Lebensgewinnungsweise überhaupt, also als ›*gattungsspezifischen*‹ Tatbestand, der *allen Menschen gemeinsam* ist, und durch dessen spezifische Merkmale sie sich zugleich von allen nichtmenschlichen Lebewesen unterscheiden.[1] Dies schließt aber ein, daß *jedes einzelne menschliche Individuum bzw. jede einzelne menschliche Sozialkonstellation die Charakteristika der ›gesellschaftlichen‹ Natur des Menschen absolut verkörpern muß*: Das ist ein simpler Tatbestand logischer Inklusion. (Statistisch könnte man in dieser Hinsicht von der menschlichen Gattung als einer ›homogenen Verteilung‹ sprechen, durch welche die Kennwerte jedes einzelnen Elements mit den Kennwerten der Population identisch sind, so wie hinsichtlich der Merkmalskombination ›Ziffer 10 – Ähre‹ jeder einzelne Groschen die Gesamtheit aller Groschen voll vertritt.) Dies heißt aber, daß – *sofern* es sich nachweisbar auf Charakteristika der gesellschaftlichen Natur des Menschen (und ihrer unspezifischen Grundlagen) bezieht – *jedes an einem Einzelfall gewonnene aktualempirische Forschungsergebnis absolut auf die Gattung, also auf alle anderen Menschen, verallgemeinerbar* ist. Diese Version der Einzelfall-Verallgemeinerung (in LEWINschen Termini: der Verallgemeinerung vom Einzelfall auf einen ›solchen Fall‹) ist eine *vereinfachte, quasi ›entspezifizierte‹ Fassung* der dargelegten Einzelfall-Verallgemeinerung innerhalb des früher herausgearbeiteten Konzepts der *Möglichkeitsverallgemeinerung* bei gesamtgesellschaftlicher Vermitteltheit individueller Existenz: Die aufgrund der lage- und positionsspezifischen Besonderheit gesamtgesellschaftlich vermittelter individueller Lebensbedingungen erforderliche *Einschränkung* der Einzelfall-Verallgemeinerung auf den jeweiligen Möglichkeitstyp bzw. auf die historisch bestimmten gesamtgesellschaftlichen Verhältnisse, auf die darin verwiesen ist, *entfällt* hier durch die *Abstraktion* von der gesamtgesellschaftlichen Vermitteltheit, damit Lage- und Positionsspezifik etc., sodaß nunmehr von den Merkmalen der ›gesellschaftlichen Natur‹ eines Einzelfalls *direkt auf die ganze ›Gattung‹,* d.h. auf die *allgemeinsten Kennzeichen des psychischen Aspekts gesellschaftlich-›menschlicher‹ Existenz überhaupt,* ver-

---

[1] Wir reden hier in etwas archaischer Weise von der menschlichen ›Gattung‹, obwohl ›Art‹ (Species) natürlich gemäß dem modernen Sprachgebrauch allein richtig wäre. Dies, um die einmalige gesellschaftliche Spezifik der ›menschlichen‹ Art gegenüber allen anderen ›artspezifischen‹ Merkmalen zu qualifizieren.

allgemeinert werden kann. Demgemäß gilt, was früher über die Struktur der Möglichkeitsverallgemeinerung und die sich daraus ergebenden methodologischen Konsequenzen gesagt wurde, sinngemäß vereinfacht auch hier.

Die *Verallgemeinerbarkeit des Einzelfalls* aufgrund seiner *Gattungstypik* gilt – wie schon angedeutet – nicht für jedes beliebige psychische Merkmal von Individuen/Sozialkonstellationen, sondern nur unter der *Voraussetzung,* daß die aktualempirischen Resultate tatsächlich als auf *Charakteristika der gesellschaftlichen Natur* des Menschen in ihrer gattungsspezifischen Allgemeinheit beziehbar interpretiert werden dürfen, also *nicht entweder gattungstypisch irrelevant* oder durch *überdeckende Faktoren wesentlich modifiziert* sind. Beim Versuch der Herausarbeitung der methodologischen Prinzipien, von denen aus diese Voraussetzung gesichert werden kann, nähert man sich der aus dem Zusammenhang subjektwissenschaftlicher Grundlagenforschung ableitbaren Fassung der weiteren Objektivierungskriterien der *Nachprüfbarkeit* und *empirischen Geltungsbegründung* an.

In unserer Konzeption der Verallgemeinerbarkeit vom Einzelfall auf den ›Möglichkeitstyp‹ etc. bei gesamtgesellschaftlicher Vermitteltheit individueller Existenz ist das Problem der ›Störfaktoren‹ von uns dadurch gelöst worden, daß wir sie als historisch bestimmte Realisierungs-/Behinderungsbedingungen in die theoretischen Bestimmungen des Möglichkeitstyps ›hineinnahmen‹ und diesen so als *Verhältnis* zwischen Verfügungsmöglichkeiten und Realisierungsbedingungen charakterisierten. Eine solche Problemlösung ist mit Bezug auf die Grundlagenforschung nicht anwendbar: Zwar sind, wie dargelegt, hier die jeweiligen einzeltheoretischen Annahmen, soweit sie gegenstandsadäquat sein sollen, jeweils als *Verhältnis* zwischen in der gesellschaftlichen Natur des Menschen liegenden funktionalen Potenzen und deren *allgemeinen* gesellschaftlichen Realisierungsbedingungen zu formulieren. Dabei können aber *keinesfalls auch die jeweiligen lage- und positionsspezifischen historischen Konkretisierungen* der Realisierungsbedingungen mit in die theoretischen Bestimmungen hineingenommen werden, da von diesen auf der ›Grundlagen‹-Ebene unterhalb der gesamtgesellschaftlichen Vermitteltheit des Psychischen ja *gerade abstrahiert* ist. So bleiben die jeweils realhistorisch konkreten Realisierungsbehinderungen von Annahmen über Charakteristika der gesellschaftlichen Natur des Menschen hier tatsächlich als *modifizierende bzw. überdeckende Faktoren* ›außen vor‹, und die geschilderte *Verallgemeinerung des Einzelfalls aufgrund seiner Gattungstypik* ist nur soweit berechtigt, wie die *Bestimmtheit der Resultate durch solche realhistorischen Störfaktoren ausgeschlossen* werden kann. Damit ist zugleich die ›grundlagenwissenschaftliche‹ Fassung des Kriteriums der ›*Nachprüfbarkeit*‹ formuliert.

Es ist nicht zu übersehen, daß wir uns mit der so bestimmten methodologischen *Problemstellung* auf der Ebene der ›unspezifischen‹ Grundlagenforschung der ›bedingungsanalytischen‹ Konzeption der traditionellen Psychologie annähern. Dies heißt aber *keineswegs,* daß wir auch deren ›*statistisches*‹ *Modell* als *prinzipielle Lösungsmöglichkeit* übernehmen müßten bzw. könnten: In der methodologischen Universalisierung dieses Modells ist ja impliziert, daß die zu untersuchenden Erscheinungen generell als zentrale Tendenzen innerhalb von zufallsvariablen Verteilungen auftreten, die man nicht mit ›bloßem Auge‹ identifizieren kann, sondern deren Existenz man mittels der Prüfstatistik erst einmal (gegen den Nullfall bloßer Zufallsvariabilität) auf einer festgesetzten Grenze ›wahrscheinlich‹ machen muß. Eine solche Voraussetzung widerspricht aber *radikal der funktional-historischen Ableitung und Charakterisierung der psychischen Aspekte der* ›*gesellschaftlichen Natur*‹ *des Menschen,* um die es hier geht: Die Besonderheiten der ›gesellschaftlichen Natur‹ etc. haben sich ja gemäß unseren Kategorialanalysen als *selektionsbedingte Rückwirkung der neuen Lebensnotwendigkeiten kooperativ-gesellschaftlicher Reproduktion auf die genomische Information* herausgebildet. Ihre Existenz ist damit nur dann aus ihrer evolutionären Entstehung verständlich, wenn man annimmt, daß es sich dabei um psychische Potenzen etc. handelt, die tatsächlich für die *individuell-gesellschaftliche Lebenserhaltung/-erweiterung in entscheidender Weise funktional* sind, also als *Grundlagen menschlicher Handlungsfähigkeit massiv und eindeutig in Erscheinung treten und identifizierbar* sein müssen. Psychische Erscheinungsmomente, die – wie im statistischen Modell hypostasiert – ihrem Wesen nach so ›*schwächlich*‹ sind, daß sie erst mühsam aus zufallsvariablen Prozessen ›herausgemendelt‹ werden müssen, können hingegen auch für die materielle gesellschaftlich-individuelle Lebenserhaltung keine durchschlagende Funktionalität besitzen, und demnach wäre ihre *evolutionäre Entstehung als Charakteristikum der* ›*gesellschaftlichen Natur*‹ *des Menschen total unverständlich.*

Aus diesen Bestimmungen auf kategorialanalytischer Ebene ergibt sich nun aber für die subjektwissenschaftliche Grundlagenforschung ein *gänzlich anderer methodologischer Umgang* mit den genannten ›Störfaktoren‹ wie der in der ›Variablenpsychologie‹ übliche. Sofern nämlich innerhalb eines konkreten Forschungsprozesses hier die Resultate als ›zufallsvariable‹ Verteilungen sich darbieten, so ist dies für uns kein Grund, sie auf etwa darin liegende zentrale Tendenzen im Sinne unserer Hypothese statistisch zu analysieren, sondern (damit kommt hier auch dieses letzte Objektivierungskriterium ins Spiel) die *empirische Geltung der Hypothese* mit Bezug auf Charakteristika der gesellschaftlichen Natur des Menschen *radikal in Frage* zu stellen: Wenn nämlich die in Realisierung dieser Hypothese gewonnenen Resultate sich auf *wesentliche psychische Aspekte der* ›*gesellschaftlichen Natur*‹ und nicht auf Nebenphänomene oder Randbedingungen beziehen würden, so *müßten* diese

Aspekte gegenüber möglichen überdeckenden Faktoren *in einer Größenordnung durchschlagen,* durch welche die *eventuell noch verbleibende ›Streuung‹ vernachlässigbar* und mithin jede prüfstatistische Bearbeitung überflüssig wäre (so, wie etwa kein Mensch auf die Idee kommt, die Geltung der Fallgesetze statistisch zu prüfen, und die Aufstellung einer Fehlerstatistik hier bestenfalls als Fingerübung für Physikstudenten im ersten Semester eingesetzt wird). Zugespitzt könnte man also sagen: Innerhalb subjektwissenschaftlicher Grundlagenforschung liegt *allein* in der *Tatsache,* daß ihre *statistische Prüfung notwendig* wäre, bereits die *Falsifikation* der Hypothese auf der Dimension ihrer ›Stärke-Schwäche‹ mit Bezug auf das jeweilige Phänomen: Jedes mögliche Resultat der statistischen Prüfung ist hier mithin irrelevant, und die statistische Prüfung selbst überflüssig.

Dies alles bedeutet nicht, daß nicht u.U. besondere methodische Vorkehrungen, vielleicht auch innerhalb der erwähnten ›realabstraktiven‹ Experimente, notwendig sein könnten, um bei voller Wahrung der Gegenstandsadäquatheit der Resultate die Durchschlagskraft der Potenzen ›gesellschaftlicher Natur‹ gegenüber den überdeckenden Faktoren im Forschungsprozeß auch tatsächlich zur Geltung zu bringen (wobei möglicherweise bestimmte schon erprobte Formen der Bedingungskontrolle etc. nützlich sein könnten). Was hier nur deutlich werden sollte, ist der Umstand, daß auch innerhalb der aktualempirischen Grundlagenforschung im subjektwissenschaftlichen Forschungsprozeß keine ›Einbruchstelle‹ für die ›variablenpsychologische‹ Hypostasierung des psychologischen Gegenstandes als ›Bedingtheit‹ menschlicher ›Reaktionen‹ innerhalb von Zufallsprozessen samt der damit gesetzten ›statistischen‹ Grunddenkweise besteht, also die Geschlossenheit des subjektwissenschaftlichen Ansatzes in seiner Abhebung vom kontrollwissenschaftlichen Ansatz voll erhalten bleibt.

Eine Komplikation der bis hierher skizzierten methodologischen Auffassung ergibt sich für die Sonderfälle, in denen das in der Grundlagenforschung zu untersuchende *Phänomen selbst* in seiner *Gegenstands*bestimmung ein *Zufallsprozeß mit zentralen Tendenzen* o.ä. ist (so, wenn es etwa um die Klärung von ›Unsicherheiten‹ beim Sich-Erinnern oder beim ›Schätzen‹ von Größen und Entfernungen im elementaren lokomotorischen Orientierungsprozeß auf der Ebene der ›Aussonderung/Identifizierung‹ geht; so ist die ›Größenkonstanz‹ ja selbst ein in sich zufallsvariables Annäherungsverhältnis der Berücksichtigung der Entfernung bei der Perzeption von Größen etc.): In solchen Fällen sind zur *gegenstandsadäquaten einzeltheoretischen Abbildung der Phänomene* u.U. *stochastische Modelle unerläßlich.* Dies könnte in solchen Spezialfällen auch eine ›statistische‹ Prüfung der Hypothese durch Vergleich der angesetzten theoretischen Verteilung mit der empirischen Verteilung der Schätzresultate etc. nahelegen. Diese Konsequenz ist aber keineswegs zwingend: Sofern die *Hypothese inhaltlich ›stark‹ genug ist,* muß sich ihre Bestätigung nämlich auch hier mit ›bloßem Auge‹ feststellen lassen; so ist, wenn zwei Verteilungen sich nicht überlappen, eine statistische Unterschiedsprüfung überflüssig. Die Notwendigkeit der Anwendung von Statistik signalisiert also generell einen *radikal revisionsbedürftigen Stand der Theorienbildung,* und der Prozeß subjektwissenschaftlicher Grundlagenforschung bemißt sich hinsichtlich der *Überprüfbarkeit/Geltungsbegründung* in seinem Fortschritt danach, wieweit ›*Statistik*‹ *als Prüfinstrument in ihm nicht mehr vorkommt* (womit auch der gesamte Rattenschwanz immanenter Widersprüche und Schwierigkeiten der Inferenzstatistik hinter uns läge).

Diese damit nur angedeuteten methodologischen Prinzipien subjektwissenschaftlicher Grundlagenforschung müßten nun in der Kritik/Reinterpretation/Weiterentwicklung des methodologischen Aspekts psychologischer Vorbegriffe inhaltlich entfaltet und präzisiert werden. So käme es darauf an, die vorfindlichen denkpsychologischen, wahrnehmungspsychologischen, entwicklungspsychologischen etc. Untersuchungen kritisch auf darin vollzogene Überschreitungen des Geltungsanspruchs auf die Spezifik menschlicher Lebenstätigkeit hin zu analysieren, ggf. ihren verbleibenden Erkenntnisgehalt innerhalb unspezifischer Ebenen am Kriterium der Gegenstandsadäquatheit zu reinterpretieren, sofern nicht (etwa aufgrund des lediglich ›statistischen‹ Charakters ihrer Resultate) ihre empirische Geltung angezweifelt werden muß. Im Zuge solcher Analysen würde sich dann schnell herausstellen, daß unsere methodologische Forderung nach Verallgemeinerbarkeit vom Einzelfall auf Gattungstypik aufgrund vernachlässigbarer Störfaktoren, damit Überflüssigkeit prüfstatistischer Verfahren etc. keineswegs utopisch oder aus den Fingern gesogen ist, sondern in manchen hervorragenden Untersuchungen innerhalb der traditionellen Psychologie (aber außerhalb der Variablenpsychologie) durchaus erfüllt sein könnte. Ich verweise in diesem Zusammenhang nur auf die bedeutsamen Experimente LINSCHOTENS (1956) zur Tiefenwahrnehmung (in welchen statistische Prüfungen deswegen überflüssig waren, weil aufgrund der ›Stärke‹ der Hypothesen stereoskopische Vorlagen konstruiert werden konnten, bei denen für *alle* Beobachter ein Tiefeneffekt auftrat), weiterhin auf die Standardexperimente der Gestalttheorie, aber auch auf PIAGETS Untersuchungen zur ontogenetischen Entwicklung kognitiver Strukturen, deren wesentliche Resultate ohne irgendwelche ›statistischen‹ Machenschaften mit PIAGETS eigenen Kindern gewonnen wurden. (Damit sind die Ergebnisse einer Reinterpretation solcher Untersuchungen, insbesondere hinsichtlich ihrer Gegenstandsadäquatheit, natürlich nicht vorweggenommen.) Die ›moderne‹ Entwicklung von solchen ›klassischen‹ Anordnungen hinweg zur Universalisierung des statistischen ›Variablen-Experiments‹ würde sich so nicht als methodischer Fortschritt, sondern als die Sackgasse verdeutlichen, aus der immer mehr Psychologen zu entkommen trachten, ohne eine wirkliche methodologische Alternative zu sehen. (Besonders eindrücklich ist in diesem Zusammenhang, wie in neuerer Zeit die Konzeption PIAGETS durch ihre ›statistische Nachprüfung‹ auf den Hund gebracht wird: Indem man hier durch die bewährte ›stochastisierende‹ Datenvervieltältigung ›streuende‹ Verteilungen herstellt, kann man einerseits stolz die statistische Bearbeitbarkeit des PIAGETschen Konzeptes vorweisen und hat andererseits dessen wissenschaftliche Aussagekraft in den so resultierenden vieldeutigen, uninterpretierbaren und kaum reproduzierbaren Ergebnissen ›statistischer Prüfungen‹ aufgelöst.) So eröffnet sich in der methodologischen Analyse die Perspektive einer *Umwertung* der auf die Grundlagenebene beziehbaren traditionell-psychologischen Untersuchungen. Dabei müßten manche gegenwärtig in den Hintergrund gedrängte oder statistisch verwässerte Ansätze und Resultate in ihrer wirklichen Bedeutung erkennbar werden, während die Nichtigkeit der Produkte zeitgenössischer experimentell-statistischer Routine immer offenkundiger werden dürfte.

Literaturverzeichnis

Bände aus der Reihe ›Texte zur Kritischen Psychologie‹, auf die häufig Bezug genommen wird, werden mit folgenden Abkürzungen zitiert:

D   RAINER SEIDEL, Denken – Psychologische Analyse der Entstehung und Lösung von Problemen, Frankfurt/M. 1976

EB   VOLKER SCHURIG, Die Entstehung des Bewußtseins, Frankfurt/M. 1976

M I/II   UTE HOLZKAMP-OSTERKAMP, Grundlagen der psychologischen Motivationsforschung
Bd. I, Frankfurt/M. 1975, Bd. II, Frankfurt/M. 1976

NP I/II   VOLKER SCHURIG, Naturgeschichte des Psychischen Bd. I: Psychogenese und elementare Formen der Tierkommunikation.
Bd. II: Lernen und Abstraktionsleistungen bei Tieren. Frankfurt/M. 1975

SE   KLAUS HOLZKAMP, Sinnliche Erkenntnis, Frankfurt/M. 1973

ABELS, J.: Die Erkenntnis der Bilder. Die perspektivische Darstellungsmethode in der bildenden Kunst der frühen Neuzeit. – (noch unveröffentl. Dissertation)

BEURTON, P.: Zur Dialektik in der biologischen Evolution. – Deutsche Zeitschr. Philos. 23, H. 7, 1975, 913–925

BRAUN, K.-H.: Kritik des Freudo-Marxismus. Zur marxistischen Aufhebung der Psychoanalyse. – Köln 1979 (russ. Moskau 1982)

DREIER, O.: Familiales Sein und familiales Bewußtsein. Therapeutische Analyse einer Arbeiterfamilie. – Frankfurt/M. 1980

GIBSON, J.J.: The perception of the visual world. – Cambridge (Mass.) 1950

GRÜTER, B.: ›Dialektische Psychologie‹ – eine amerikanische Variante kritischer Psychologie? – *Forum Kritische Psychologie* 5 (Argument-Sonderband AS 41), 1979, 157–175

GRÜTER, B., MAIERS, W. u. MARKARD, M.: Zum Verhältnis von demokratischer Studienreform, Mitbestimmung und Wissenschaftsentwicklung. – *Be-*

richt 1. Internat. Kongreß Kritische Psychologie Marburg, Bd. 1, Köln 1977, 233-252
HAUG, F.: Erziehung und gesellschaftliche Produktion: Kritik des Rollenspiels. - Frankfurt/M. 1977
HOLZKAMP, K.: Theorie und Experiment in der Psychologie. Eine grundlagenkritische Untersuchung. - Berlin (West) 1963 (2. Aufl. 1981)
-: Wissenschaft als Handlung. Versuch einer neuen Grundlegung der Wissenschaftslehre. - Berlin (West) 1968
-: Wissenschaftstheoretische Voraussetzungen kritisch-emanzipatorischer Psychologie (Teile 1 und 2). - *Zeitschr. Sozialpsychol.* 1, 1970, 5-21 und 109-141. Nachgedruckt in: HOLZKAMP 1972, 75-146
-: Kritische Psychologie. Vorbereitende Arbeiten. - Frankfurt/M. 1972
-: Sinnliche Erkenntnis - Historischer Ursprung und gesellschaftliche Funktion der Wahrnehmung. - Frankfurt/M. 1973 (4. Aufl. 1978)
-: Gesellschaftlichkeit des Individuums. - Köln 1978
-: Die historische Methode des wissenschaftlichen Sozialismus und ihre Verkennung durch J. Bischoff. - *Das Argument* 84, 1974, 1-75. Nachgedruckt in: HOLZKAMP 1978, 41-128
-: Die Überwindung der wissenschaftlichen Beliebigkeit psychologischer Theorien durch die Kritische Psychologie (Teile 1 und 2). - *Zeitschr. Sozialpsychol.* 8, 1977a, 1-22 und 78-97. Nachgedruckt in: HOLZKAMP 1978, 129-201
-: Kann es im Rahmen der marxistischen Theorie eine Kritische Psychologie geben? - *Bericht 1. Internat. Kongreß Kritische Psychologie Marburg*, Bd. 1, Köln 1977b, 44-75. Nachgedruckt in: HOLZKAMP 1978, 202-230
-: Kunst und Arbeit - ein Essay zur ›therapeutischen‹ Funktion künstlerischer Gestaltung. - In: HOLZKAMP 1978, 17-40
-: Zur kritisch-psychologischen Theorie der Subjektivität I. Das Verhältnis von Subjektivität und Gesellschaftlichkeit in der traditionellen Sozialwissenschaft und im Wissenschaftlichen Sozialismus. - *Forum Kritische Psychologie* 4 (Argument-Sonderband AS 34), 1979a, 10-54
-: Zur kritisch-psychologischen Theorie der Subjektivität II. Das Verhältnis individueller Subjekte zu gesellschaftlichen Subjekten und die frühkindliche Genese der Subjektivität. - *Forum Kritische Psychologie* 5 (Argument-Sonderband AS 41), 1979b, 7-46
-: Individuum und Organisation. - *Forum Kritische Psychologie* 7 (Argument-Sonderband AS 49), 1980, 208-225
-: ›We don't need no education...‹. - *Forum Kritische Psychologie* 11 (Argument Sonderband AS 93), 1982, 113-125
-: Was kann man von Karl Marx über Erziehung lernen? Oder: Über die Widersprüchlichkeit fortschrittlicher Erziehung in der bürgerlichen Gesellschaft. *Demokratische Erziehung*, H. 1, 1983, 52-59
HOLZKAMP, K. und H.-OSTERKAMP, U.: Psychologische Therapie als Weg von der blinden Reaktion zur bewußten Antwort auf klassenspezifische Lebensbedingungen in der bürgerlichen Gesellschaft. - In: KAPPELER, M., HOLZKAMP, K., und H.-OSTERKAMP, U., Psychologische Therapie und politisches Handeln. - Frankfurt/M. 1976, 148-293
HOLZKAMP-OSTERKAMP, U.: Grundlagen der psychologischen Motivationsfor-

schung I. – Frankfurt/M. 1975 (2. Auflage 1977)
–: Grundlagen der psychologischen Motivationsforschung II. Die Besonderheit menschlicher Bedürfnisse – Problematik und Erkenntnisgehalt der Psychoanalyse. – Frankfurt/M. 1976 (3. Auflage 1982)
–: Erkenntnis, Emotionalität, Handlungsfähigkeit. – *Forum Kritische Psychologie* 3 (Argument-Sonderband AS 28), 1978, 13–90
–: Motivationstheorie im Lichte psychologischer Tagesmeinungen. Antwort auf Gottschalch. – *Forum Kritische Psychologie* 4 (Argument-Sonderband AS 34), 1979a, 131–169
–: ›Narzißmus‹ als neuer Sozialisationstyp? – *Demokratische Erziehung* 2/1979b, 166–175
–: Bürgerliches/sozialistisches Bewußtsein und individuelle Existenz. – In: BRAUN, K.-H., H.-OSTERKAMP, U., WERNER, H. und WILHELMER, B., (Herausg.), Kapitalistische Krise, Arbeiterbewußtsein, Persönlichkeitsentwicklung *(Bericht 2. Internat. Kongreß Kritische Psychologie Marburg,* Bd. 4). – Köln 1980a, 94–103
–: Thesen zum Problem des ›autoritären Potentials‹ als Entstehungsbedingungen des Faschismus. – *Forum Kritische Psychologie* 7 (Argument-Sonderband AS 49), 1980b, 225–231
–: ›Mentale Attraktivität‹ des Faschismus? – *Forum Kritische Psychologie* 9 (Argument-Sonderband AS 49), 1980c, 231–234
–: Faschistische Ideologie und Psychologie. – *Forum Kritische Psychologie* 9 (Argument-Sonderband AS 72), 1982a, 155–170
–: Ideologismus als Konsequenz des Ökonomismus – Zur Kritik am Projekt Ideologietheorie (PIT) – *Forum Kritische Psychologie* 11 (Argument-Sonderband AS 93), 1983a, 7-23
–: Gesellschaftliche Unterdrückung oder psychische Unterwerfungstendenz? Zu Frigga Haugs Opfer-Täter-Konzept. – *Marxistische Studien, Jahrbuch des IMSF 5,* Frankfurt/M. 1982b, 192–200. Nachgedruckt in: Das Argument 136, 1982, 828–836
–: Kontrollbedürfnis – In: Sozialpsychologie. Ein Handbuch in Schlüsselbegriffen (Herausg. D. Frey und S. Greif) München 1983b
JÄGER, M., KERSTEN, K., LEISER, E., MASCHEWSKY, W. und SCHNEIDER, U.: Subjektivität als Methodenproblem. Beiträge zur Kritik der Wissenschaftstheorie und Methodologie der bürgerlichen Psychologie. – Köln 1978
JAEGER, S. und STAEUBLE, I.: Die gesellschaftliche Genese der Psychologie. – Frankfurt/M. 1978
KEILER, P.: Ansätze zu einer Ideologiekritik der Wahrnehmungstheorien (Teile 1 und 2). – Zeitschr. Sozialpsychol. 1, 1970, 211–224 und 311–335
–: Zur Problematik des Verhältnisses zwischen historischer Analyse und traditioneller empirischer Forschung in der Psychologie. – *Bericht 1. Internat. Kongreß Kritische Psychologie Marburg,* Bd. 1, Köln 1977, 159–175
KÖHLER, W.: Zur Komplextheorie. – *Psychol. Forsch.* 8, 1926, 236–243
–: Komplextheorie und Gestalttheorie, Antwort auf G.E. Müllers Schrift gleichen Namens. – *Psychol. Forsch.* 6, 1925, 358–416
LEISER, E.: Widerspiegelungscharakter von Logik und Mathematik. – Frankfurt/M. 1978
LENIN, W.I.: Werke (LW). – Dietz Verlag Berlin (DDR)

LEONTJEW, A.N.: Probleme der Entwicklung des Psychischen. – Frankfurt/M. 1973 (2. Aufl. 1977)
–: Tätigkeit, Bewußtsein, Persönlichkeit. – Köln 1982
LEWIN, K.: Werkausgabe (Herausg. C.-F. GRAUMANN), Bd. 1, Wissenschaftstheorie I, (Herausg. A. METRAUX) – Bern/Stuttgart 1982
LINSCHOTEN, J.: Strukturanalyse der binokularen Tiefenwahrnehmung. Eine experimentelle Untersuchung. – Groningen/Göttingen 1956
MAIERS, W.: Wissenschaftskritik als Erkenntniskritik. Zur Grundlegung differentieller Beurteilung des Erkenntnisgehalts traditioneller Psychologie in kritisch-psychologischen Gegenstandsanalysen. – *Forum Kritische Psychologie* 5 (Argument-Sonderband AS 41), 1979, 47–128
–: Kritik des funktionalen Modells in der Psychologie (Arbeitstitel). – Erscheint demnächst
MARKARD, M.: Einstellung – Kritik eines sozialpsychologischen Grundkonzepts. – Frankfurt/M. 1984
MASCHEWSKY, W.: Das Experiment in der Psychologie. – Frankfurt/M. 1977
MARX, K. und ENGELS, F.: Werke (MEW). – Dietz Verlag Berlin (DDR)
MESSMANN, A. und RÜCKRIEM, G.: Zum Verständnis der menschlichen Natur in der Auffassung des Psychischen bei A.N. Leontjew. In: RÜCKRIEM, G., TOMBERG, F. und VOLPERT, W. (Herausg.), Historischer Materialismus und menschliche Natur, Köln 1978, 80–133
MÜLLER, G.E.: Komplextheorie und Gestalttheorie. Ein Beitrag zur Wahrnehmungspsychologie. – Göttingen 1923
–: Bemerkungen zu W. Köhlers Artikel ›Komplextheorie und Gestalttheorie‹. – *Zeitschr. Psychol.* 99, 1926, 1–15
OTTOMEYER, K.: Marxistische Psychologie gegen Dogma und Eklektizismus. Antworten an Michael Schomers und die Kritische Psychologie. – *Forum Kritische Psychologie* 7 (Argument-Sonderband AS 59) 1980, S. 170–207
PILZ, D. und SCHUBENZ, S. (Herausg.): Schulversagen und Kindergruppentherapie. Pädagogisch-psychologische Therapie bei psychologischer Entwicklungsbehinderung. – Köln 1979
PROJEKT AUTOMATION und QUALIFIKATION: Entwicklung der Arbeitstätigkeiten und die Methode ihrer Erfassung. – *Argument-Sonderband* AS 19, Berlin (West) 1978a (2. Auflage 1979)
–: Theorien über Automationsarbeit. – *Argument-Sonderband* AS 19, Berlin (West) 1978b
–: Automationsarbeit: Empirische Untersuchungen Teil 1. – *Argument-Sonderband* AS 43, Berlin (West) 1980
–: Automationsarbeit: Empirische Untersuchungen Teil 2. – *Argument-Sonderband* AS 55, Berlin (West) 1981a
–: Automationsarbeit: Empirische Untersuchungen Teil 3. – *Argument-Sonderband* AS 67, Berlin (West) 1981b
REASON, P. und ROWAN, J. (Herausg.): Human Inquiry. A source book of new paradigm research. – Chichester/New York/Brisbane/Toronto 1981
SARGENT, S.S.: Übertreibt die amerikanische Psychologie die Wissenschaftlichkeit? – In: HARDESTY, F. und EYFERTH, K. (Herausg.), Forderungen an die Psychologie, Bern 1965, 231–239
SCHURIG, V.: Naturgeschichte des Psychischen I. Psychogenese und elementare

Formen der Tierkommunikation. – Frankfurt/M. 1975
–: Naturgeschichte des Psychischen II. Lernen und Abstraktionsleistungen bei Tieren. – Frankfurt/M. 1975
–: Die Entstehung des Bewußtseins. – Frankfurt/M. 1976
–: Gegenstand und Geschichte der Soziobiologie. – *Das Argument* 115, 1979, 410–415
–: Zur Geschichte des Instinktbegriffs (Arbeitstitel). – Erscheint demnächst
SCHNEIDER, U.: Sozialwissenschaftliche Methodenkrise und Handlungsforschung. – Frankfurt/M. 1980
SEIDEL, R.: Denken – Psychologische Analyse der Entstehung und Lösung von Problemen. – Frankfurt/M. 1976
SEIDEL, R. und ULMANN, G.: Gibt es einen Intelligenzbegriff in der Aneignungstheorie? *Bericht 1. Internat. Kongreß Kritische Psychologie* Marburg, Bd. 2, Köln 1977, 139–154
–: Ansätze zu einem neuen Konzept der Intelligenz. In: SCHMIDT, R. (Herausg.), Intelligenzforschung und pädagogische Praxis, München/Wien/Baltimore 1978, 72–119
TOMBERG, F.: Der Begriff der Entfremdung in den ›Grundrissen‹ von Karl Marx. – *Das Argument* 52, 1969, 187–223
ULMANN, G.: Sprache und Wahrnehmung. – Frankfurt/M. 1975

Sachverzeichnis

Abwehr vgl. Realitätsabwehr, Unbewußtes
›Aggressionen‹, kindliche 465
›Aggressionshemmung‹ 105
Akkomodation 87 f.
Aktionsspezifische Bedarfsdimensionen 141 f.
›Aktionsspezifische Energien‹ (Lorenz) 103, 109
Aktivitäts-Ursache-Wirkungs-Relationen (Kausalität) 287 ff.
Aktualempirie vgl. Empirie
Allopsychologie 346, 526 ff.
Aneignung/Vergegenständlichung 176 ff.
›Angeborene auslösende Mechanismen‹ 91 f.
›Angeboren‹/gelernt 128 ff.
Angst
– gesellschaftlich-historisch, 215, 241 f., 243, 276, 406 f., 414
– individualgeschichtlich 461 f., 463 ff., 467 ff.
– phylogenetisch 144 f.
Anlage-Umwelt-Problem 431 f.
Anschauliches Denken 389
Anthropogenese 161
Antizipation 142 ff., 147 ff., 260 ff., 266 ff.
›Appetenzverhalten‹ 109
Apriori, materiales, der Individualwissenschaft 350, 574
›Arbeit als erstes Lebensbedürfnis‹ (Marx) 243
›Arbeit‹/›Handlung‹ 234
›Arbeit‹/Spiel in der kindlichen Erfahrung 478 f.

Arbeitsmittel, Frühformen 176 ff. (vgl. auch Bedeutungen – Arbeitsmittel-)
Arbeitsteilige Kooperation 177 (vgl. auch Positionen)
›Arterhaltung‹ und ›Selbsterhaltung‹ 93
›Aufmerksamkeit‹ 260
›Aushäusigkeit‹, kindliche Erfahrung der 478 ff.
›Ausnahmen‹, variablenpsychologische/subjektwissenschaftliche Sicht 546 ff.
›Außerhäuslichkeit‹, kindliche Erfahrung der 484 ff.
Aussonderung/Identifizierung 87 ff., 253 f.
Autarke Lernfähigkeit vgl. Lernen/Lernfähigkeit, autarke
Automatisierungen, gelernte 156 f., 277 ff.
Autopsychologie/Allopsychologie 346
Axt-Beispiel (Leontjew) 177, 288 f.

›Bedarf nach Umweltkontrolle‹ 145
Bedarfsdimensionen/-zustände 99 ff., 105 f., 112
Bedeutungen (gesellschaftlich-historisch) 280
– Arbeitsmitteln, Bed. von (Mittelbed.) 211 ff.
– gesamtgesellschaftliche Synthese, 229 ff., 235 f.
– Infrastrukturen 359 ff., 363 ff., 367
– Medium zwischen Bedingungen und Handlungen 348

Bedeutungen (individualgeschichtlich) vgl. Bedeutungsverallgemeinerung
Bedeutungen (phylogenetisch) 85 f., 89 f.
- Bedeutungsaktualisierung 96, 99 ff.
- Orientierungs-/Ausführungsbed. 111 f.
- soziale Bed. 113 ff.
Bedeutungsanalyse 358 ff., 485 ff., 491 ff.
- aktualempirische 551 f., 569 f.
- kategoriale/aktualempirische 552
Bedeutungs-Bedürfnis-Dimensionen/Verhältnisse 207 f., 216 f., 219, 239 ff., 296 f.
Bedeutungsverallgemeinerung (individualgeschichtlich) 422 f., 428 ff., 449 ff., 453 f., 455 ff., 457 ff., 472 ff., 477 f.
Bedingte Reflexe 143
Bedingungs-Begründungszusammenhänge 349 ff., 353
Bedingungskontrolle in subjektwiss. Grundlagenforschung 579 ff.
Bedingtheitsmodell, experimentell-statistisches 525 ff., 569 ff.
Bedingtheit/Subjektivität 347 f.
Bedürfnisse (gesellschaftlich-historisch) 242 f., 247, 309 f.
- bewußtes ›Verhalten‹ zu den eigenen B. 244 ff.
- ›materielle‹ und ›kulturell-geistige‹ 309 f.
- primäre 215 ff., 218
- ›produktive‹ und ›sinnlich-vitale‹ 242 f., 246 f.
Bedürfnisse (individualgeschichtlich) 453 f.
Bedrohtheitsfixierung (als Befindlichkeit restriktiver Handlungsfähigkeit) 378 ff.
Befindlichkeit, subjektive 244 ff., 334 ff.
Begreifen/Deuten 296 ff., 394 ff., 397 ff.
Begreifendes/dialektisches Denken 400 ff.

Begriffe
- praktische 26 ff.
- Zeichen, u. 231 f.
Begründetheit/Verständlichkeit von Handlungen, ›Prämissen‹ in gesellschaftlich-individuellen Lebensbedingungen 352 ff.
Begründungsanalyse, aktualempirische 570
Begründungs-/Bedeutungsanalyse entwicklungs-/erziehungsbezogener gesellschaftlicher Infrastrukturen 491 ff.
Beobachtungs-Operations-Koordinationen 271 ff.
›Bevorzugungsaktivität‹ 136 ff.
Bewährung, empirische, vgl. Geltung
Bewegungs-Parallaxe 87
Bewußtes ›Verhalten-Zu‹ 237 ff.
- Bedürfnissen, den eigenen 244 ff.
- individualgeschichtliche Genese 482 ff., 485 ff.
Bewußtsein 216 f., 233 ff., 236 f., 237 ff., 305
Biographie
- kategoriale Konkretisierung aus der eigenen Kindheit 487 ff., 497 ff.
- phänomenale/reale 336 ff.
›Black box‹ 526
Brauchbarkeit/Verwendbarkeit 273
- individualgeschichtliche Genese der B. aus der V. 446 ff.
Bürgerliche Gesellschaftsformation 201 f.
Bürgerlich-ideologische Identifizierung 364 ff., 376, 380, 412

Denken (gesellschaftlich-historisch) vgl. auch Erkenntnis 292 ff.
- begreifendes, vgl. Begreifendes D.
- deutendes, vgl. Deuten
- Handlungszusammenhängen, von 283 ff.
- restriktiver Handlungsfähigkeit 386 ff.
- subjektwiss. Problematik 317
- verallgemeinerter Handlungsfähigkeit 383 ff., 385 f.
Denken (individualgeschichtlich)

432, 453, 455 ff., 482 f., 485 ff., 489, 492 ff.
Denken (phylogenetisch) 149 ff., 167, 261 f., 263, 265
Denken/Wahrnehmen 301
Denk- und Sprachformen, gesellschaftliche 232 ff., 283 ff., 290, 316 ff., 460 ff., 485 ff.
›Deuten‹ 387 ff., 532
Deuten/Begreifen, qualitativer Umschlag 399 f.
Dezentrierung, soziale (individualgeschichtlich) 451
Dialektik, materialistische 27, 33 ff., 41 ff., 55, 48 f., 63 ff., 65 f., 78 ff., 127, 401
Dialektische Denkformen 400 ff.
Dialektisches/begreifendes Denken 400 ff.
Differenzierungslernen, 131 ff., 134 ff., 138 f.
Diskrimination/Gliederung 89 ff., 255 ff.
Disparation, binokulare 88
Dominanzverhalten 138 f.
Dominanzwechsel 76 ff., 80, 130 f., 151, 160 f., 174 ff., 178, 180 ff., 183 ff.
- individualgeschichtlich 424, 426
›Doppelte Möglichkeit‹ der Nutzung/ Erweiterung von Handlungsräumen 354 ff., 368 ff., 370 ff., 377

Ebeneninterne Evolution auf unspezifischen Niveaus 573 ff.
›Einfühlung‹ 409
Einheit von Praxis und Erkenntnisgewinn 560 ff.
Einzelfall (als Individuum oder Kooperationseinheit) 564
›Einzelfall‹, Verallgemeinerung auf ›solche Fälle‹ (Lewin) 560, 578
Einzeltheorien 28 f., 512 ff.
Emotionalität (gesellschaftlich-historisch) 244 f., 297 f., 318 f.
- bewußtes ›Verhalten‹ zur eigenen 317 ff.

- erkenntnisleitende Funktion 276, 319 f.
- ›Gefühl/Verstand‹ 405
- Instrumentalbeziehungen, e. Aspekt 408 f.
- restriktiver Handlungsfähigkeit 404 ff., 406 f.
- Spontaneität, e. 407
- verallgemeinerter Handlungsfähigkeit 403, 410
Emotionalität (individualgeschichtlich) 432, 435 f., 444, 461, 463 ff., 476, 489
Emotionalität (phylogenetisch) 95 ff., 97 ff., 105 f., 107 f., 136 ff.
- Gesamtwertung, als 106
- orientierungsleitende Funktion 107 ff., 144 ff.
Empirie
- Aktualempirie 28 f., 512 ff.
- historische Empirie 50, 512 ff.
- Kategorialbezug/Empiriebezug von Theorien 510 ff., 513 ff.
›Entdeckungsangst‹, kindliche 465, 504
Entwicklung, individualgeschichtliche (vgl. auch Individualgeschichte)
- entwicklungslogische Rekonstruktion/Sequenzen 420 ff., 423 ff.
- Entwicklungsorientiertheit, kindliche 474 f.
- ›Entwicklungsphasen‹/Prozeßtypen 419 f., 424
Entwicklung, phylogenetische 62 ff.
Entwicklungsbehinderungen, formationsspezifische in der bürgerlichen Gesellschaft 475 ff.
Entwicklungsfähigkeit, individuelle (phylogenetisch) 152 ff., 156 f.
›Entwicklungspsychologie‹ 497 f.
Entwicklungswiderspruch
- gesellschaftlich-historisch 414 f.
- individualgeschichtlich 426, 432 ff., 435 ff., 472 f.
- phylogenetisch 72 f., 79, 125 ff., 164 ff.
Erkundungslernen 143 ff.

Erregbarkeit vgl. Reizbarkeit
›Erziehung‹, Widersprüchlichkeit in der bürgerlichen Gesellschaft 476 f.
Evolutionsprinzipien 115 f., 120, 183
Experiment, psychologisches 469 ff., 577, 582 f.
Experimentell-statistisches Variablen-Schema 43 ff., 523 ff., 525 ff., 571 f., 581 ff.

Familiale Lebensformen (phylogenetisch) 153, 167 f.
Familie, bürgerliche 492 f.
Falsifizierbarkeit/Verifizierbarkeit
- subjektwissenschaftliche Kriterien 564 ff., 576 ff., 578 ff.
- variablenpsychologische Kriterien 524
›Faktizität/Potentialität‹ 335, 386
Festgelegtheit/Lernfähigkeit 128 ff.
Festgelegtheit/Modifikabilität 124
Figural-qualitative Merkmale, 89, 255
Formationsspezifisches Verhältnis von Verfügungsmöglichkeiten und -einschränkungen in der bürgerlichen Gesellschaft 202 ff.
- individualgeschichtlich 457 ff., 462 ff., 467 ff., 482 ff.
Fortpflanzung und Lebenssicherung, individuelle, als Funktionskreise (phylogenetisch) 60 ff., 93 ff., 102, 117
Freiheit, menschliche 349, 353 ff., 435 f.
›Funktionale‹ Analyse von Lebensprozessen (›Teleonomie‹) 61 f.
›Funktionale Organe‹ (Leontjew) 277, 302
Funktional-historische Analyse 52 ff., 55 ff., 57 ff., 65 f., 185 ff., 189 ff., 204 f.
Funktionalität, subjektive 350 ff.
Funktionsanalyse, aktualempirische 570
Funktionswechsel 75, 79, 127 ff., 169, 172 ff.
- individualgeschichtlich 424, 426

›Gattungstypik‹, Verallgemeinerung auf 578 ff.
Gedächtnis
- ›funktionales‹ (phylogenetisch) 128, 137, 145 f., 150, 166 f., 170
- menschliches 276 ff., 278, 303, 338 ff., 381, 576
›Gefühl‹/›Verstand‹ 405
Gegenstandsadäquatheit psychologischer Methoden 520 f., 525 ff., 576 f., 578 ff.
›Gegenwärtige Historizität‹ psychischer Erscheinungen 51 ff.
Geld, Funktion in der kindlichen Erfahrung 479 f., 493
Geltung, aktualempirische
- subjektwissenschaftliche Kriterien 556 ff., 560 ff., 564 ff., 576 ff., 578 ff.
- variablenpsychologische Kriterien 524, 566 f.
Geltung, historisch-empirische 53 f., 68 ff., 78 ff., 84, 511 f.
Gesamtgesellschaftliche Synthese von Bedeutungsstrukturen 229 ff., 233
Gesamtgesellschaftliche Vermitteltheit individueller Existenzerhaltung 192 ff., 197 f.
Geschichte, individuelle 333
›Gesellschaftliche Natur‹ des Menschen 55, 178 ff., 186 ff., 209 ff., 250 ff.
Gesellschaftsformationen 198 ff.
Gesellschaftstheoretische Bezugsebene 27 ff., 191, 196, 204 ff.
Gestalttheorie
- /Komplextheorie (Kontroverse zwischen G.E. Müller und W. Köhler) 30
- Kritik 91 ff.
›Gewebedefizite‹ 100 ff.
Gliederung des Wahrnehmungsfeldes 258 ff., 274 ff.
- phylogenetisch (Gl. d. Orientierungsfeldes) 89 ff., 91 ff., 148 ff., 156, 261 ff., 265
›Gnostische Weltbeziehung‹ 236 f.

Sachverzeichnis

Gradientenorientierung 85 f., 252
Greifen, kindliches 439 f.
Gründe, subjektive vgl. Handlungsgründe
Grundlagenforschung, subjektwissenschaftliche vgl. Subjektwissenschaftl. Grundlagenforschung

Habituation 131 ff.
Handgebrauch, entlasteter 162 ff., 165 ff.
– individualgeschichtlich 439 f.
Handlungen
– Frühformen 267
– /Operationen 269 ff., 279 ff., 303 f., 307 ff., 310 ff.
Handlungsbereitschaft, emotionale 317 ff.
Handlungsfähigkeit (gesellschaftlich-historisch) 239 ff.
– Bedrohung der 370 ff.
– interpersonaler Aspekt 327 ff.
– Funktionsaspekte (Erkenntnis/Emotionalität/Motivation) 249 ff., 383 ff.
– relative 335, 371
– restriktive/verallgemeinerte 374 ff., 397 f., 403 ff., 408 ff., 411 ff., 490 ff., 531 f.
Handlungsfähigkeit, restriktive/verallgemeinerte (individualgeschichtlich) 459, 461 ff., 467, 471 f., 491 ff., 500 ff., 506 f.
Handlungsforschung 536 f.
Handlungsgründe, subjektive 350 ff., 487 f.
– individualgeschichtlich 473 ff.
Handlungsmöglichkeiten, gesellschaftliche, für das Individuum 235 f., 364 ff.
Handlungsregulation, kooperativ-gesellschaftliche, vs. interindividuelle Steuerung operativer Regulationen 282 f.
Handlungstheorie 311 f.
Handlungsziele 268, 279 ff., 283 ff., 322
Handlungszusammenhang, gesellschaftlicher 383 ff.

›Handlung‹ und ›Arbeit‹ 234
›Häuslicher‹ Verfügungsrahmen des Kindes
– Überschreitung, Formen der 483 ff.
– Widersprüchlichkeit 477 ff.
Hirnvolumen, Zunahme bei der Menschwerdung 166
Historische Dimension wissenschaftlicher Erkenntnis 41 ff.
›Historische Herangehensweise‹ an den psychologischen Gegenstand (Leontjew) 46 ff.
Historisches Paradigma der Psychologie 47 ff., 511 ff.
Hominidenentwicklung 162 ff.
Humanistische Psychologie, methodologischer Subjektivismus 535

Ich-Bewußtsein, individualgeschichtliche Genese 488
›Ideelles‹ und ›Materielles‹ 227
Ideologie, bürgerliche 202, 376
Ideologische Bedeutungsstrukturen 363 ff.
Ideologische Durchdringung der unmittelbaren Lebenslage 364 f.
Individualgeschichte
– Bedeutungsverallgemeinerung, Entwicklungszug, vgl. diese
– biographischer Aspekt 497 ff.
– formationsspezifische Einschränkungen vgl. diese
– kategorialanalytisch-methodologischer Aspekt 417 ff., 420, 423 f., 425 f., 427 f., 428, 434, 525 ff.
– Sozialintentionalität, vgl. diese
– Unmittelbarkeitsüberschreitung, Entwicklungszug, vgl. diese
– ›Vorlauf‹, unspezifischer (Anfangsstadium) 428 ff., 430 ff., 434 ff., 440 f.
›Individualitätsformen‹ (Sève) 197
Individuell-antizipatorische Aktivitätsregulation 269 ff., 279 ff.
Integration, gesellschaftliche 340 f.
Intentionalität (vgl. auch Sachintentionalität, Sozialintentionalität) 237 f.

Interpersonale Beziehungen 325 ff., 329 f.
Intersubjektivität (vgl. auch Subjektivität) 238
– experimentell-statistische Ausklammerung 526 ff.
– /Instrumentalisierung 375 ff.
– objektive wissenschaftliche Erforschbarkeit 538 ff., 540 ff.
Instrumentalbeziehungen, intersubjektive (Instrumentalverhältnisse, Instrumentalisierung) 375 ff., 377, 390 f., 398 ff., 408 ff.
– individualgeschichtlich 472, 466 f., 502
›Introspektion‹ 44
›Irrationalität‹ 370 f., 381

›Jäger-Treiber-Beispiel‹ (Leontjew) 169, 266 f., 280, 295
Jäger- und Sammlergesellschaften 182
›Jugendphase‹
– individualgeschichtlich 418 f.
– phylogenetisch 152 f.
›Jungenaufzucht‹ 153

Kapitalismus 201 f.
Kategorialanalyse, individualwissenschaftliche 48 ff., 54 ff., 57 ff., 189 ff., 192 ff., 204 ff., 207 ff., 249 ff.
– /einzeltheoretisch-aktualempirische Forschung 417 f., 481, 511 f.
– gegenstandsbezogene und wissenschaftsbezogene 35 ff.
Kategorien, individualwissenschaftliche 27 f., 356, 417, 511 f., 515 ff., 517 f.
– /Einzeltheorien-Aktualempirie 34 f., 513 ff., 516 f., 565 f.
– Kategorialbezug/Empiriebezug von Einzeltheorien 29 ff., 510 ff., 513 ff.
– kategorial-methodologische Bestimmungen 28, 509 ff.
Kausalität 287 ff.
– individualgeschichtlich 453
Kind-Erwachsenen-Koordination 438 ff., 496
Kindheit, in der Erfahrung des ›Erwachsenen‹ 498 ff., 506 f.
›Kinesen‹ 71
Klassenverhältnisse, gesellschaftliche 199 ff.
– bürgerliche Gesellschaft 201 f.
Klassenzugehörigkeit und Möglichkeitsverallgemeinerung 557 f.
Kognition vgl. Denken; Wahrnehmung
Kollektive Aktivitätsorganisation 168 ff.
Kommunikation (phylogenetisch) vgl. Sozialstrukturen (phylogenetisch)
›Kompensation‹ (innerhalb von Instrumentalbeziehungen) 374, 408
›Kompromiß‹ (innerhalb von Instrumentalbeziehungen) 374
Konkurrenz-Verhältnis, interpersonales 374, 379
Konstanz der Größe, Helligkeit, Farbe, Form 88
›Konsumorientierung‹ 310
Kontrollbedarf (phylogenetisch) 153 f., 155, 209 f., 214 f., 341 f.
– sozialer 170 f.
›Kontrollbedürfnis‹ 243
Kontrolliert-exemplarische Praxis 562 ff.
Kontrollwissenschaftlicher/subjektwissenschaftlicher Verfahrensaspekt 532
Konvergenz, binokulare 88
Kooperation (gesellschaftlich-historisch) 177
– gesamtgesellschaftliche/interpersonale 325 ff.
– /Interaktion 326
– /soziale Steuerung von Operationen 283, 326 f.
– subjektwiss. Forschungsprozeß, im 563 f.
– unmittelbare 331, 373
Kooperation (individualgeschichtlich; vgl. auch Bedeutungsverallgemeinerung) 455 ff., 477 ff.

Sachverzeichnis

Kooperative Integration 331
Körperaufrichtung 162
Kritische Psychologie 23 ff., 25 ff., 33 ff., 38, 47 ff.
Kumulation gesellschaftlicher Erfahrung 177 f.
Kunstwerke(n), Wahrnehmung von 313 ff.

Lebensbedingungen, gesellschaftlich-individuelle, als ›Prämissen‹ von Handlungsgründen 353 ff.
Lebenslage/-praxis, unmittelbare 197 f., 358 ff., 361 f., 364 f.
– individualgeschichtlich 459 f.
Lebenslange Entwicklung 418 f.
Lebensperspektive, phänomenale bzw. subjektive 340 f.
Lebensprozesse, vorpsychische 60 ff.
Lebenssicherung, individuelle, und Fortpflanzung als Funktionskreise (phylogenetisch) 93 ff., 101 f., 117 f.
Lebenswelt, kindliche 459 ff.
Lernen/Lernfähigkeit (gesellschaftlich-historisch) 159 ff.
– autarke 245, 260 ff.
– subsidiäre 218, 245, 258 ff.
Lernen/Lernfähigkeit (individualgeschichtlich) 429 f., 439 ff.
– autarke, 430 f., 439 ff., 447 f., 454, 462 f.
– subsidiäre 429 f.
Lernen/Lernfähigkeit (phylogenetisch) 121 ff., 127 ff., 150 f.
– autarke 139 ff., 142 ff., 157 ff.
– Signalverbindungen, von 142 ff.
– subsidiäre 131 ff., 139 ff.
›Lineare Hierarchien‹ (Baerends, Tinbergen) 110 ff.
›Löffelbeispiel‹ (Leontjew) 447
Logisch-historisches Verfahren (genetische Rekonstruktion) 48 ff.

›Machen‹/›Verallgemeinertes Gemachtsein-Zu‹ (individualgeschichtlich) 450 ff.
Manipulationsfähigkeit mit ›Mitteln‹ 162 ff., 165 ff.

Materiales Apriori der Individualwissenschaft 350, 574
Materialistische Dialektik vgl. Dialektik, materialistische
Mensch-Welt-Zusammenhang 187, 190
›Metasubjektiver Verständigungsrahmen‹ 540 ff.
Methodologie/Methoden 48, 509 ff.
Mitforscher, Betroffene als 543 ff., 554 ff.
›Mittelbedeutungen‹ vgl. Bedeutungen von Arbeitsmitteln
Modifikabilität (als unspezifische Vorform der Lernfähigkeit) 123 ff.
›Möglichkeitsbeziehung‹ 263 ff.
– individualgeschichtliche Genese 482 ff., 485 ff.
›Möglichkeitsdenken‹ 400 f.
Möglichkeitsräume, subjektive 368 ff.
Möglichkeitsraum, typischer (Möglichkeitstyp) 551 ff.
Möglichkeitsverallgemeinerung 393, 545 ff., 548 ff., 556 ff., 560, 578 ff.
Motivation (gesellschaftlich-historisch) 170, 263, 298 ff., 320 ff., 331 f.
– restriktive/verallgemeinerte 411 ff., 413 ff.
– Widerspruch 300, 323 ff., 414 ff.
– /Zwang 322 ff., 324, 412 ff.
Motivation (individualgeschichtlich) 432, 453 f., 466 f., 489
Motivation (phylogenetisch) 147 f.

Nachprüfbarkeit
– variablenpsychologische Kriterien 523 f.
– subjektwissenschaftliche Kriterien 556 ff., 576 ff., 578 ff.
Negation der Negation 135, 264, 265
Neolithicum (Jungsteinzeit) 181 ff.
Neugier- und Explorationsverhalten 143
›Normativität‹ deutenden Denkens 390 f.
Notengebung in der Schule 494

Objektivierungskriterien, aktualempirische
- variablenpsychologisch 523 f., 566 f.
- subjektwissenschaftlich 541 ff., 545 ff., 576 ff., 578 ff.
›Okkupationswirtschaft‹ 181 ff.
›Onanie‹, kindliche 470
Ontogenese, vgl. Individualgeschichte
Operationen als Untereinheiten von Handlungen 269 ff., 311 ff.
›Operatives Denken‹ (vs. ›Denken‹ von Handlungszusammenhängen) 284 f.
Opportunismus, individueller 382
Optimale Ausnutzung sensorischer Information 388 ff.
Organisation des Wahrnehmungs-/Orientierungsfeldes vgl. Gliederung des Wahrnehmungs-/Orientierungsfeldes
Organismische Systemerhaltung 60 ff., 62 ff.
Organismus-Umwelt-Zusammenhang 65 ff., 186, 190
Orientierung (phylogenetisch) 85 f., 87 f., 90 ff., 109 ff., 115 f., 146, 165 ff.
Orientierungs-Aktivitäts-Koordination, probierend-beobachtende 251 f., 265
Orientierungsbedeutungen 140 ff., 209 ff.
- soziale 154, 223 f.
Orientierungsreflex 88

Paradigmatischer Anspruch der Kritischen Psychologie 35 ff.
Personalisierung
- Deuten als 390 f.
- restriktiver Handlungsfähigkeit 412
Perzeptions-Operations-Koordination und Orientierungs-Aktivitäts-Koordination 251 f.
Phänomenale Welt- und Selbstsicht 337
Phänomenal-/Realbiographie 336 f.
Phänomenologische Psychologie 534 ff.
›Politische‹ Bedeutungskonstellationen als Verweisungen auf das gesellschaftliche Ganze 363 ff.
›Politisierung‹, individuelle 364 f.
›Positionen‹ (innerhalb der arbeitsteiligen gesellschaftlichen Gesamtstruktur) 196 f., 360 f., 362 f., 365 f.
›Potentialität/Faktizität‹ 335
Prägung 133
Praxis, kontrolliert-exemplarische, im subjektwissenschaftlichen Forschungsprozeß 562 ff.
›Probieren‹/›Beobachten‹ 264
- individualgeschichtlich 439 ff.
›Probieren‹, vier Formen 273 f.
›Probierendes‹ Manipulieren mit Mitteln 166 f.
Produktionsverhältnisse 198 ff.
- kapitalistische 201 f.
›Produktionswirtschaft‹ 181 ff.
›Produktive‹ und ›sinnlich-vitale‹ Bedürfnisse 242 f., 246 f.
Prozeßtypen, individualgeschichtliche (Bedeutungsverallgemeinerung, Unmittelbarkeitsüberschreitung, Handlungsfähigkeitsreproduktion, vgl. diese) 423 ff.
›Prüfen‹ als Rückmeldung von der Aktivität zur Orientierung 262 ff.
›Pseudokonkretheit‹ (Kosik) 361, 395
Psychisches als allgemeinste individualwissenschaftliche Grundform/Grundkategorie 52 ff., 59, 67 f., 69 ff., 74 ff., 76 ff.
- Eliminierung durch die traditionelle Psychologie 43 ff.
- objektive wissenschaftliche Fassung durch Leontjew 46 ff., 67 ff.
Psychische ›Störungen‹ 406
›Psychisierung‹ gesellschaftlicher Widersprüche im Deuten 391
Psychoanalyse, methodologischer Subjektivismus 534 f.
Psychologie, traditionelle, vgl. Variablenpsychologie; Experimentellstatistisches Variablen-Schema

Qualitative Sprünge in der Phylogenese, Analyse 121 f.
Qualität, Umschlag von Quantität in, vgl. Umschlag von Quantität in Qualität

Reafferenzprinzip 88
Realitätsabwehr (vgl. auch Unbewußtes) 379 ff.
- Genese in der eigenen Kindheit 503 ff.
Reflexivität 238
Regression, in deutendem Denken 391 f.
Reinterpretation, kategoriale, psychologischer Vorbegriffe/Methoden 518 f., 569 ff., 582 f.
Reizbarkeit (Irritabilität) 61, 68 f., 70
Relationenerfassen/Ereignisantizipation 149 ff., 264 f.
Relative Handlungsfähigkeit vgl. Handlungsfähigkeit – relative
›Relative Hierarchien‹ 141
›Ritualisation‹ 115

Sachintentionalität 166, 175, 237, 291
- individualgeschichtlich 442, 445, 450, 451, 455 f.
›Selbstanwendung‹ 554 ff.
›Selbsterhaltung‹ und ›Arterhaltung‹ 93
›Selbstfeindschaft‹ (vgl. auch Unbewußtes) 324, 376 ff., 397, 406, 413
- individualgeschichtliche Genese 470 f., 503 ff.
Selbstreproduktion als Grundbestimmung von Lebensprozessen 60 ff.
Selektive Differenzierung 134 ff.
Selektive Fixierung 133
Sensibilität als Signalvermitteltheit (Leontjew) 69 f., 75
Sexualität 219 ff., 222, 258 f., 330, 379
- Unterdrückung kindlicher 461 f., 463, 469 f.
Sinnliche Erkenntnis 314
Sinnlich-stoffliche Weltauseinandersetzung, perzeptiver und operativer Aspekt 302 ff.
›Sinnlich-vitale‹ und ›produktive‹ Bedürfnisse 242 f.
›Situation‹ des Individuums 335 f.
Soziale Orientierungsbedeutungen 154, 223 f.
›Sozialer Kontrollbedarf‹ 170 f.
›Sozialer Werkzeuggebrauch‹ 169
›Soziale Signale‹ des Kindes 440 f.
Sozialintentionalität 169, 175, 237, 291
- individualgeschichtlich 441 ff., 445 f., 452 ff., 464 f., 466 f.
Sozialisation/Soziabilität (phylogenetisch) 154 f.
Sozialismus, realer 382, 402, 531
Sozialkontakt, individualisierter (phylogenetisch) 162 ff.
›Sozialpsychologie des Experiments‹ 527, 567
Sozialstrukturen, phylogenetisch festgelegte 112 ff., 119 f.
Speicher, individueller vgl. Gedächtnis
Spezifitätsniveaus 54 ff., 56 f.
- individualgeschichtlich 425 ff., 427, 434, 458
Spiel/›Arbeit‹ (individualgeschichtlich) 478 f.
›Spielverhalten‹ (phylogenetisch) 153
Spontaneität, emotionale 407
Sprache (gesellschaftlich-historisch) 222 ff., 227 ff., 302
- ›Begriffe‹ und ›Zeichen‹ 231 f.
- begrifflich-symbolischer und lautlich-kommunikativer Aspekt 227 ff.
- gesamtgesellschaftliche Synthese 229 ff.
- praktische Begriffsbildung 226 ff.
- Schrift 230 ff.
Sprache (individualgeschichtlich) 448 f., 453
Sprach- und Denkformen, gesellschaftliche, vgl. Denk- und Sprachformen, gesellschaftliche
Subjekte, gesellschaftliche (kollekti-

ve) 331, 354, 366, 373
Subjekt(s)
- Einheit des 332 f.
- Standpunkt des (gesellschaftliche Genese) 236 ff., 347 f.
Subjekthaftigkeit 233 ff., 354 ff.
- /Verantwortlichkeit 355 f.
Subjektive Bestimmung und objektive Bestimmtheit 354 ff.
Subjektive Funktionalität 370 ff.
Subjektive Handlungsgründe 348 ff.
Subjektiver Möglichkeitsraum 368 ff., 395 ff., 553 f.
Subjektivismus, methodologischer 534 ff.
Subjektivität (gesellschaftlich-historisch)
- /Bedingtheit 347 f., 353 f.
- /Freiheit 393 f.
- /Intersubjektivität 238, 538 ff.
Subjektivität/Intersubjektivität (individualgeschichtlich) 436, 444, 481 f., 488, 496 ff.
Subjektwissenschaft 305, 544 f.
Subjektwissenschaftlicher/kontrollwissenschaftlicher Verfahrensaspekt 532 ff.
Subjektwissenschaftliches Forschungsverfahren (aktualempirisch) 561 ff.
- Experiment 568 ff., 582 f.
- Grundlagenforschung 575 ff.
- Statistik 568 ff., 579 ff., 581 f.
- Objektivierungskriterien 545 ff., 562 ff., 578 ff.
Subsidiäres Lernen, vgl. Lernen/Lernfähigkeit – subsidiäre
›Schichtspezifik‹ und Möglichkeitsverallgemeinerung 557 ff.
Schlüsselreize
- Menschen, beim 258 ff.
- phylogenetisch 91 f.
Schönheit, von Kunstwerken 314
Schrift, Genese der 230 ff.
Schuldgefühle, kindliche 465, 504
Schule 484, 486 f., 490, 493 f.
Schwing-Hangel-Klettern 162
Statistische Verfahren

- variablenpsychologisch 43 ff., 523 ff., 526 ff.
- subjektwissenschaftlich 569 ff., 579 ff., 581 f.
›Stimmung‹ (Jennings) 102 f.
›Stochastisierung‹ von Daten in der Variablenpsychologie 527 f.
Stoffwechsel 60
›Störfaktoren‹ in der Variablenpsychologie/Subjektwissenschaft 546 f., 549 f., 579 ff.

Täuschung durch die Betroffenen in der Variablenpsychologie/Subjektwissenschaft 566 ff.
Tätigkeit 70, 75
Taxien 85
Territorialverhalten 117 f.
Theorien
- ›Einzeltheorien‹, empirisch-wissenschaftliche, als 28 f.
- Empiriebezug/Kategorialbezug 513 ff.
Tier-Mensch-Übergangsfeld 161
›Traditionsbildungen‹ (phylogenetisch) 154
›Traumatisierungen‹ des Erwachsenen durch psychische Verletzungen in der eigenen Kindheit 502 f.
Typischer Möglichkeitsraum 551 ff., 571 f.

Überindividuelle Aktivitätskoordination 169 ff.
Umschlag von Quantität in Qualität 78 ff.
Um- und Neulernen, operatives 278
Unbewußtes 379 ff., 382, 397 f., 413
- individualgeschichtlich 465 f., 503 ff.
Unengagiertheit, emotionale 407
Unmittelbarkeits-Durchbrechung (gesamtgesellschaftlich) 193 ff.
Unmittelbarkeitsüberschreitung, Entwicklungszug der (individualgeschichtlich) 421 f., 480 ff., 482 ff., 500 ff.

Variablenpsychologie (vgl. auch Experimentell-statistisches Variablen-Schema) 43 ff., 523 ff., 529 ff., 566 ff.
Verallgemeinerte Handlungsfähigkeit vgl. Handlungsfähigkeit, restriktive/verallgemeinerte
›Verallgemeinerter anderer‹, gesellschaftliche Denkform 292 ff., 328 f.
- individualgeschichtlich 451 ff.
›Verallgemeinerter Nutzer‹, gesellschaftliche Denkform 291 ff., 359 ff.
›Verallgemeinerter Produzent‹, gesellschaftliche Denkform 291 ff., 359 ff.
›Verallgemeinertes-Gemachtsein-Zu‹, gesellschaftliche Denkform 291 ff., 359 ff.
- individualgeschichtlich 441 f., 446, 450 ff., 456 f.
Verallgemeinerung/Verallgemeinerbarkeit 513 ff., 521 f.
- Einzelfall/Gattungstypik (subjektwiss. Grundlagenforsch.) 576 ff., 578 ff.
- Möglichkeits- (subjektwissenschaftlich) 545 ff., 548 ff.
- Häufigkeits- (variablenpsychologisch) 524, 546 f.
Verallgemeinerung vom ›Einzelfall‹ auf ›einen solchen Fall‹ (Lewin) 560, 578
Verantwortlichkeit des Subjekts 355 f.
Verdrängung (vgl. auch Realitätsabwehr; Unbewußtes) 397 f., 404 ff., 413 ff.
›Vereinzelung‹ 327 ff.
- individualgeschichtlich 488
Vergangenheit, subjektive 341 f.
Vergegenständlichung/Aneignung 176 ff.
›Verhalten-Zu‹, bewußtes, vgl. Bewußtes ›Verhalten-Zu‹
Verifizierbarkeit/Falsifizierbarkeit vgl. Falsifizierbarkeit/Verifizierbarkeit
›Verinnerlichung‹
- organismischen Teilsystemen, von (phylogenetisch) 87 f., 107, 166
- restriktiver Handlungsfähigkeit, bei 98 f., 391, 404 f.
Verletzlichkeit (individualgeschichtlich) 463 ff., 467, 502 f.
›Verständlichkeit‹, intersubjektive 350 ff., 352 ff.
- individualgeschichtlich 473 ff.
›Verstand‹ und ›Gefühl‹ 405
Verstehende Psychologie 534 ff.
Versuch und Irrtum 135 f.
Viehzucht 182
›Vollzüge‹/›Vorgänge dritter Person‹ 335
›Vorbegriffe‹, psychologische 50 ff., 84, 194 f., 198, 205, 515 ff., 518 f.
›Vorgänge dritter Person‹/›Vollzüge‹ 335
Vorherbestimmbarkeit (subjektwissenschaftlich)/Vorhersagbarkeit (variablenpsychologisch) 564
Vorhersagbarkeit, statistische (vgl. auch Experimentell-statistisches Variablen-Schema) 524
- /Vorherbestimmbarkeit (subjektwissenschaftlich) 564

Wahrnehmung (vgl. auch Gliederung des Wahrnehmungsfeldes) 301 ff.
- /Denken 301
- /Handeln 251 f.
- Kunstwerken, von 313 ff.
- /Operationen 276
- Symbol- 312 ff.
Werkzeugherstellung
- gesellschaftliche 176 ff.
- soziale 172 ff.
Widerspiegelung
- funktionale 65 ff., 91 ff.
- psychische 69 ff.
Widerstand, 364 f., 366, 367
- individualgeschichtlich 461 f., 470 ff.
›Wille‹, ›Willentlichkeit‹ 323 f.
Willkür in der Kind-Erwachsenen-Koordination 455 ff., 468 ff.
Wissenschaftssubjekt, Forscher als 541 f.

Zentralnervensystem 77, 87
Zentren-Vielfalt, kindliche Erfahrung der 484 ff.
Ziele vgl. Handlungsziele
Zufallsvariabilität 523 ff.
- subjektwissenschaftliche Sicht 569 ff.
Zukunftsbezug/Vergangenheitsbezug, phänomenaler 340 ff.

Zwang vgl. Motivation/Zwang
›Zweck-Mittel-Verkehrung‹ 172 ff.
- individualgeschichtlich 441 f., 447
Zweibeinigkeit (Bipedie) 164 ff.
- individualgeschichtlich 439
›Zweite Möglichkeit‹ der Verfügungserweiterung (vgl. auch ›Doppelte Möglichkeit‹) 355 f.